中国测绘年鉴

China Surveying And Mapping Yearbook

2008

国家测绘局

中国地理位置图

中国地图出版社多圆锥投影（1983年）

比例尺 1：116 000 000

0 1160 2320 3480 4640千米

中国政区图

图例
首都
外国首都、首府
省级行政中心
地级市行政中心（外国重要城市）
县级行政中心（外国一般城市同）
国界
未定国界
省、自治区、直辖市界
特别行政区界
地区界
军事分界线
山峰、关隘
珊瑚礁
长城
沙漠
常年河、时令河
运河、渠道
时令湖
淡水湖、咸水湖
井、泉
铁路
公路
双标准纬线等积圆锥投影标准纬线25°、47°
新疆维吾尔自治区
西藏自治区
青海
甘肃
四川
云南
乌鲁木齐
拉萨
西宁
兰州
成都
昆明
哈萨克斯坦
吉尔吉斯斯坦
塔吉克斯坦
阿富汗
巴基斯坦
印度
尼泊尔
不丹
孟加拉国
缅甸
老挝
泰国
越南
俄罗斯
蒙古
比什凯克
伊斯兰堡
新德里
加德满都
廷布
达卡
内比都
万象
河内
孟加拉湾
塔克拉玛干沙漠
塔里木盆地
准噶尔盆地
古尔班通古特沙漠
青藏高原
巴丹吉林沙漠
罗布泊

比例尺　1：18 000 000

0　180　360　540　720 千米

图书在版编目（CIP）数据

中国测绘年鉴．2008卷／《中国测绘年鉴》编辑部编．
北京：测绘出版社，2008.7
ISBN 978-7-5030-1868-8
Ⅰ.中… Ⅱ.中… Ⅲ.测绘－工作－中国－2008－年鉴 Ⅳ.P2-54
中国版本图书馆CIP数据核字（2008）第100564号

中 国 测 绘 年 鉴
China Surveying and Mapping Yearbook

2008年卷
国 家 测 绘 局

主　　编　王起民
编　　辑　中国测绘年鉴编辑部　　电　话（010）88364472（传真）
出版发行　测绘出版社　　电　话（010）68512386
编辑部地址　北京市海淀区三里河路9号　　邮政编码　100830
电子邮箱　zgchnj@sbsm.gov.cn
印　　刷　北京画中画印刷有限公司
印　　张　46
开　　本　16开
字　　数　118万字
出版日期　2008年7月
书　　号　ISBN 978-7-5030-1868-8
定　　价　278.00元（国内）
审 图 号　GS（2007）1197号

测绘工作是经济社会发展的一项重要基础工作。一年多来，国家测绘局认真落实中央各项部署，开拓创新，扎实工作，在推进基础测绘工作，加强队伍建设等方面取得了显著成效。希望你们在新的一年里，按照全面贯彻落实科学发展观的要求，进一步完善体制机制，着力科技创新，加快测绘成果应用，不断提高为国民经济和社会发展服务的能力和水平。

曾培炎

2007年1月10日

▲ 2月2日，中共中央政治局委员、书记处书记贺国强（右三）登门看望刘先林院士（右二）。中组部副部长李建华（左二），国土资源部副部长、国家测绘局局长鹿心社（左一）陪同看望。

▲ 9月4日，中共中央政治局委员、国务院副总理曾培炎在国土资源部副部长、国家测绘局局长鹿心社的陪同下，到甘肃看望正在西部测图工程区河西走廊进行野外作业的测绘职工。

▲ 4月4日，全国人大常委会副委员长蒋正华（中）视察陕西测绘局。

▲ 9月4日，刘先林同志先进事迹报告会开始前，全国政协副主席、中国工程院院长徐匡迪会见了刘先林院士。

▲ 11月27日，总参谋部副总长葛振峰（左）到总参测绘局考察指导工作。

▲ 1月13日，国土资源部副部长、国家测绘局局长鹿心社（前左二）观看新农村规划用图立体模型。

▲ 7月24日，国家测绘局和中国气象局启动地理气象信息共建共享。国家测绘局局长鹿心社（左）和中国气象局局长郑国光（右）交换合作协议书。

▲ 7月27日，国家测绘局和总参测绘局第二次局长级会商在北京举行。国家测局局长鹿心社，总参测绘局局长袁树友，国家测绘局副局长王春峰、李维森、谢经荣、闵宜仁，总参测绘局副局长徐广华、薛贵江出席会议。

▲ 8月21日，国土资源部副部长、国家测绘局局长鹿心社（右）会见出席在北京召开的国际摄影测量与遥感学会执行局会议及第21届国际摄影测量与遥感大会顾问委员会会议成员，并与大会执行局主席伊恩·道曼（左）亲切交谈。

▲ 8月31日～9月1日，全国测绘系统法制工作会议在北京召开。会上，国家测绘局领导向受表彰的先进集体颁奖。

▲ 9月4日，由中宣部、中央国家机关工委、国土资源部、中国工程院和国家测绘局联合举办的刘先林同志先进事迹报告会在人民大会堂隆重举行。

▲ 9月29日，国家测绘局、国家质检总局联合召开电视电话会议，部署全国重点测绘工程成果质量监督检查工作。

▲ 10月24日，国家测绘局召开党员干部大会，传达学习贯彻党的十七大精神。

▲ 11月1日，国土资源部副部长、国家测绘局局长鹿心社（左二）在北京会见俄罗斯联邦测绘局局长波罗德科（右二）一行。

▲ 11月23日，由北京奥组委、国家测绘局和北京市政府联合主办的奥运官方网站观众服务地理信息系统开通仪式在北京举行。

▲ 11月30日，《中华人民共和国测绘法》修订实施五周年座谈会在人民大会堂举行。

▲ 10月27日，陕西省测绘行业先进集体、先进工作者表彰暨陕西测绘局建局50周年纪念大会在西安召开。国家测绘局、陕西省有关领导出席会议，全国各省局、陕西省有关部门及有关单位代表600多人参加会议。

▲ 6月25日，国家测绘局副局长王春峰（主席台中）出席国家测绘局规划司与国家发改委地区司联合举办的主题党日活动。

▲ 11月7日，国家测绘局副局长王春峰（前排右）出席甘肃省政务地理信息平台及应用项目设计书评审会暨合作协议签约仪式。

▲ 4月6日，国家测绘局、陕西测绘局和西安市政府三方签署合作建设数字西安地理空间框架协议，国家测绘局副局长李维森（前排中）出席。

▲ 6月20日，SWDC数字航空摄影仪系列产品发布会在北京举行，国家测绘局副局长李维森（左一）出席会议并为产品发布揭幕。

▲ 7月3日，国家测绘局副局长宋超智（左二）会见韩国测量协会代表团。

▲ 9月26日，国家测绘局副局长宋超智（左一）、总参测绘局局长袁树友（右一）等出席由总参测绘局主办的刘先林同志先进事迹报告会。

▶ 7月3日～4日，国家测绘局副局长谢经荣（右三）出席在杭州召开的全国测量标志维护管理工作经验交流现场会，并到龙游县实地考察测量标志保护情况。

▲ 8月31日～9月1日，全国测绘系统法制工作会议在北京召开，国家测绘局副局长谢经荣（中）作工作报告。

▲ 3月15日，国家测绘局副局长闵宜仁（中）出席部分著名山峰高程测量成果评审会。

▲ 6月29日，国家测绘局举行行政许可集中受理厅揭牌仪式，国家测绘局副局长谢经荣（右）、闵宜仁（左）出席揭牌仪式。

▲ 2月13日，国家测绘局召开在京单位民主党派人士迎春座谈会，国家测绘局党组成员、纪检组组长罗兰（右三）出席座谈会。

▲ 11月17日，国家测绘局党组成员、纪检组组长罗兰出席局直属机关工会第四次会员代表大会暨表彰大会并讲话。

▲ 3月14日，济南军区司令员范长龙（左二）在军区副参谋长的陪同下，考察军区某测绘信息中心。

▲ 3月25日，铁道部部长刘志军（左一）在“07年俄罗斯中国年国家展”综合区，参观由总参61512部队制作的“青藏铁路沙盘”。

▲ 11月12日～13日，海军副司令员兼参谋长丁一平（右一）考察海军驻津测绘部队。

▲ 1月5日，江苏省测绘局在南京召开省级基础测绘工作汇报会，江苏省副省长李全林（主席台右五）到会听取汇报并讲话。

▲ 1月9日～12日，海军司令部航海保证部副部长许春明（左一）随中国代表团赴摩纳哥参加国际海道测量组织（IHO）第十七届大会。

▲ 6月5日，河南省副省长张大卫（中）在河南省测绘工程院作业室考察。

▲ 7月21日，海南省副省长姜斯宪（左三）到海南测绘局考察工作。

▲ 8月14日～16日，由江苏省人大副主任叶坚（右五）带队的省人大代表视察组到江苏省测绘局及南京、宿迁两市考察测绘工作。

▲ 8月29日，山西省副省长薛延忠（右四）到山西省测绘局调研。

▲ 9月4日，内蒙古自治区人大常委会副主任陈瑞清（右三）带领执法检查调研组到内蒙古自治区测绘事业局考察。

▲ 10月17日，青海省政协副主席鲍义志（右三）、蒲文成（右五）在青海省测绘局领导陪同下看望测绘职工。

▲ 1月2日，中越陆地边界第九勘界组技术人员共同进行界碑测量。

▲ 1月5日，中、越、老三国技术专家组全体成员在确定的三国交界点界碑位置标志前同当地人员合影。

▲ 1月9日，新疆测绘局举行重新测定中国陆地最低点——新疆艾丁湖洼地最低点海拔高程的测量出征仪式。

▲ 1月14日～18日，国家测绘局第一大地测量队在非洲进行测量工作。

▲ 8月9日～17日，兰州军区测绘部队为上海合作组织成员国武装力量联合反恐演习“和平使命—2007”提供测绘保障。

▲ 西部测图外业队员在罗布泊工作。

▲ 外业队员在西藏测区进行野外清绘。

▲ 科考队员在南极进行GPS观测。

▲ 兰州军区某测绘信息中心承担国家西部大开发重点工程——怒江水电开发基础测绘工程。

▲ 北京市测绘设计研究院的测绘队员为奥运场馆建设提供测绘保障服务。

▲ 长江大桥监测。

▲ 重庆菜园坝大桥轻轨监测。

▲ 测量队员进行地下管网探测。

▲ 7月18日，《中国战争史地图集》首发式暨新闻发布会在北京召开。

◀ 6月11日，成都军区组织爱军精武测绘气象比武竞赛活动。

▲ 4月22日～23日，国家测绘局所属单位首届乒乓球团体赛在陕西举行。

《中国测绘年鉴》编纂委员会

《中国测绘年鉴》编辑部

目　录

特　载

测绘管理工作

测绘业务工作

国家测绘局直属单位工作

地方测绘工作

测绘社团工作

法律法规

公　告

大 事 记

统计资料

附　录

Contents

Highlights

Surveying and Mapping Administration

Surveying and Mapping Work

Activities of Institutions Directly Under SBSM

Local Surveying and Mapping Activities

Activities of Professional Institutes

Law and Regulations

Public Announcement

Memorabilia

Statistics

Appendixes

特　　载

重要文献

国务院关于加强测绘工作的意见

国发［2007］30号　2007年9月13日

各省、自治区、直辖市人民政府，国务院各部委、各直属机构：

测绘是经济社会发展和国防建设的一项基础性工作。改革开放以来，我国测绘事业取得长足发展，测绘法律法规逐步完善，数字中国地理空间框架建设稳步推进，测绘科技水平不断提高，地理信息产业正在兴起，测绘保障作用明显增强。但是，在测绘事业发展中还存在着基础地理信息资源短缺、公共服务水平较低、成果开发利用不足和统一监管薄弱等问题。随着经济社会的全面进步，各方面对测绘的需求不断增长，测绘滞后于经济社会发展需求的矛盾日益突出。为进一步加强测绘工作，提高测绘对落实科学发展观和构建社会主义和谐社会的保障服务水平，现提出以下意见：

一、用科学发展观指导测绘工作

（一）充分认识加强测绘工作的重要性和紧迫性。测绘是准确掌握国情国力、提高管理决策水平的重要手段。提供测绘公共服务是各级政府的重要职能。加强测绘工作对于加强和改善宏观调控、促进区域协调发展、构建资源节约型和环境友好型社会、建设创新型国家等具有重要作用。同时，测绘工作涉及国家秘密，地图体现国家主权和政治主张。全面提高测绘在国家安全战略中的保障能力，确保涉密测绘成果安全，维护国家版图尊严和地图的严肃性，对于维护国家主权、安全和利益至关重要。现代测绘技术已经成为国家科技水平的重要体现，地理信息产业正在成为新的经济增长点。全面提高测绘保障服务水平，对于经济社会又好又快发展具有积极的促进作用。

（二）加强测绘工作的指导思想。坚持以邓小平理论和“三个代表”重要思想为指导，全面贯彻落实科学发展观，把为经济社会发展提供保障服务作为测绘工作的出发点和落脚点，完善体制机制，着力自主创新，加快信息化测绘体系建设，构建数字中国地理空间框架，加强测绘公共服务，发展地理信息产业，努力建设服务型测绘、开放型测绘、创新型测绘，全面提高测绘对促进科学发展、构建社会主义和谐社会的保障服务水平。

（三）加强测绘工作的基本原则。

——坚持统筹规划，协调发展。统筹测绘事业发展全局，推进地理信息资源共建共享，合理规划安排，避免重复测绘，推动国家测绘和区域测绘、公益性测绘和地理信息产业以及军地测绘的协调发展。

——坚持保障安全，高效利用。妥善处理测绘成果保密与开发利用的关系，在确保国家安全的前提下提供有力的测绘保障服务，加强地理信息资源开发与整合，推动测绘成果广泛应用，促进地理信息产业发展。

——坚持科技推动，服务为本。贯彻自主创新、重点跨越、支撑发展、引领未来的基本方针，以科技创新为动力，以经济社会发展需求为导向，紧密围绕党和国家的中心任务，提供可靠、适用、及时的测绘保障服务。

——坚持完善体制，强化监管。健全测绘行政管理体制，理顺和落实各级测绘行政主管部门的职责，强化测绘工作统一监督管理，全面推进测绘依法行政，加大测绘成果管理和测绘市场监管力度。

二、切实提高测绘保障能力和服务水平

（四）加快基础地理信息资源建设。加大基础测绘工作力度，加强基础测绘规划和年度计划的衔接，按照统一设计、分级负责的原则，全面推进数字中国地理空间框架建设。“十一五”期间，开展卫星定位连续运行参考站网建设，改建或扩建大地控制网、高程控制网和重力基本网，加快形成覆盖全部国土、陆海统一的高精度现代测绘基准体系。大力提高基础航空摄影能力和国产高分辨率卫星影像获取能力，实现高分辨率航空航天遥感影像对陆地国土的定期覆盖和局部地区的动态覆盖。到2010年，全面完成陆地国土1∶5万地形图测绘；科学合理确定覆盖范围和更新周期，基本完成1∶1万地形图的必要覆盖和城镇地区1∶2000及更大比例尺地形图测绘；加快各级基础地理信息数据库建设。积极开展海洋基础测绘、海岛（礁）测绘和极地测绘工作。建立健全定期更新和动态更新相结合的更新机制，切实提高基础地理信息的现势性，实现基础地理信息资源数量增加、质量提高和结构优化。

（五）构建基础地理信息公共平台。紧密结合国民经济和社会信息化需求，在各级基础地理信息数据库的基础上，加强资源整合和数据库完善，为自然资源和地理空间基础信息数据库提供科学、准确、及时的基础地理信息数据；针对地方、部门、行业特色，在电子政务、公共安全、位置服务等方面，分类构建权威、标准的基础地理信息公共平台，更好地满足政府、企业以及人民生活等方面对基础地理信息公共产品服务的迫切需要。使用财政资金建设的基于地理位置的信息系统，应采用测绘行政主管部门提供的基础地理信息公共平台。

（六）推进地理信息资源共建共享。加快建立国家测绘与地方测绘、测绘部门与相关部门以及军地测绘之间的地理信息资源共建共享机制，明确共建共享的内容、方式和责任，统筹协调地理信息数据采集分工、持续更新和共享服务工作，充分利用现有和规划建设的国家信息化设施，避免重复建设。使用财政资金的测绘项目和使用财政资金的建设工程测绘项目，有关部门在批准立项前应当征求本级人民政府测绘行政主管部门的意见，有适宜测绘成果的，应当充分利用已有的测绘成果。加强基础航空摄影和用于测绘的高分辨率卫星影像获取与分发的统筹协调，提高利用效率。有关部门应及时向测绘部门提供用于基础地理信息更新的地名、境界、交通、水系、土地覆盖等信息，测绘部门要按有关规定及时提供基础地理信息服务。

（七）拓宽测绘服务领域。大力提高测绘公共服务水平，切实加强测绘成果的开发应用，充分发挥测绘在管理社会公共事务、处理经济社会发展重大问题、提高人民生活质量以及城乡建设、防灾减灾等方面的作用。建设全国测绘成果网络化分发服务系统，及时发布测绘成果目录，提供丰富的地理信息服务。不断丰富产品种类，大力开发适用实用的权威性测绘公共产品，提高产品质量。积极稳妥推出公众版地形图，加快公益性地图网站建设。加强对农村公益性测绘服务，为新农村建设开发适用的测绘产品。积极开展基础地理信息变化监测和综合分析工作，及时提供地表覆盖、生态环境等方面的变化信息，为加强和改善宏观调控提供科学依据。通过加强信息资源整合、开展试点示范等方式，建设各类基于地理信息的政府管理与决策系统。建立健全应急管理测绘保障机制，为突发公共事件的防范处置工作提供及时的地理信息和技术服务。

（八）促进地理信息产业发展。统筹规划地理信息产业优先发展领域，尽快研究制定地理信息产业发展政策和促进健康快速发展的财政、金融、税收等政策。培育具有自主创新能力的地理信息骨干企业，尽快掌握产业核心技术，形成一批具有自主知识产权的先进技术装备，增强我国地理信息产业的整体实力和国际竞争力。引导社会资金投入，推动地理信息的社会化利用，提高测绘对经济增长的贡献率。通过政府采购和项目带动等方式，引导和鼓励企业开展地理信息开发利用和增值服务，促进智能交通、现代物流、车载导航、手机定位等新兴服务业的发展。妥善处理地理信息保密与利用的关系，修订测绘管理工作国家秘密范围的规定，制定涉密地理信息使用管理办法。

三、加快测绘科技进步与创新

（九）完善测绘科技创新体系。加强测绘科研基地、科技文献资源以及科技服务网络等测绘科技基础条件平台建设。完善测绘科技创新政策，充分发挥各类测绘科研机构、高等院校、国家重点实验室、部门开放实验室、工程技术研究中心和有关企业在测绘科技创新中的主体作用，建立健全以需求为导向、产学研相结合、分工协作的测绘科技创新体系，加强测绘科技推广和成果转化。

（十）增强测绘科技自主创新能力。将测绘科技自主创新纳入国家科技创新体系，通过国家和地方科技计划和基金，加大对测绘科技创新的支持力度。加强测绘基础理论研究和软科学研究，加快高精度快速定位、高分辨率卫星遥感、影像自动化处理、地理信息网格以及信息安全保密等方面的关键技术攻关，显著提高我国测绘科技的整体实力。推进信息化测绘体系建设，促进地理信息获取实时化、处理自动化、服务网络化和应用社会化。加强测绘对外合作与交流，积极参加测绘领域的重大国际科技合作项目，不断提高我国测绘的国际地位。

（十一）加强现代化测绘装备建设。在充分利用国内外卫星资源的基础上，加快自主研制发射满足测绘需求的应用卫星，加强卫星应用系统建设。大力加强现代测绘基准体系基础设施建设，积极发展卫星导航定位综合服务系统。加快基础测绘生产基地的装备和设施更新，提高野外测绘高新技术装备水平。加强应急测绘装备建设。改善各级基础地理信息存储管理与服务机构的装备条件。建立和完善国家、省、市级之间互联互通的全国基础地理信息网络体系。

四、加强测绘工作统一监管

（十二）健全测绘行政管理体制。县级以上地方人民政府要进一步落实和强化测绘工作管理职责，加强测绘资质、标准、质量以及测绘成果提供和使用等方面的统一监督管理。各级测绘行政主管部门要根据新时期测绘工作面向全社会提供保障服务的特点，认真履行职责，按照统一、协调、有效的原则，加强自身建设，落实管理力量和工作经费，增强工作能力。

（十三）完善测绘法规和标准。加强依法行政，建立健全适应社会主义市场经济体制的测绘法律法规体系。进一步加强基础测绘、海洋基础测绘和地图管理等方面的立法工作。加强测绘与地理信息标准化工作的管理，健全标准体系，加快测绘与地理信息标准的研究制定，提高标准的科学性、协调性和适用性。

（十四）加强测绘成果管理。严格执行测绘成果汇交制度，政府投资项目的测绘成果必须依法及时向测绘行政主管部门无偿汇交，加强测绘成果汇交执行情况的定期检查和重点抽查。推进测绘档案管理信息化。加强对外提供测绘成果的统一管理，修订对外提供测绘成果的有关规定。加大对重要地理信息数据审核、公布和使用的监管力度。完善测绘成果安全保障体系，落实测绘成果异地备份制度，强化测绘成果保密和使用监管。强化测绘成果安全防范意识，依法打击窃取国家秘密测绘成果和向境外非法提供国家秘密测绘成果的犯罪行为。做好测量标志保护和维护工作，制定测量标志土地使用的有关规定，建立责权利相结合的管理机制。依法规范和审批城市坐标系统建设，开展城市坐标系统的清理。

（十五）加强地图管理。测绘行政主管部门要加强对地图编制的管理，完善地图审核制度，严把地图审核关。提高联合执法能力，进一步加大对地图市场及互联网网站登载地图的监管力度，严格查处和封堵互联网用户上传、标注涉密地理信息，严厉打击各种违法违规编制、出版、传播、使用地图以及侵犯地图知识产权等行为。将国家版图意识教育纳入爱国主义教育和中小学教学内容，提高全社会的国家版图意识。

（十六）加大测绘市场监管力度。进一步加强测绘资质管理，从事地理信息数据的采集、加工、提供等测绘活动必须依法取得测绘资质证书，严格市场准入。健全测绘单位质量管理体系，建立测绘质量监理制度，加强对房产测绘、导航电子地图、重大建设项目等的测绘质量监督。严厉查处无证测绘、超资质超范围测绘、非法采集提供地理信息、侵权盗版和不正当竞争等行为。加强对外国的组织或者个人来华测绘活动的监督管理。鼓励群众积极举报测绘领域的违法违规行为，加强社会监督。加快建立测绘市场信用体系，严格市场准入和退出机制，加强测绘执法监督，形成统一、竞争、有序的测绘市场。

五、加强对测绘工作的领导

（十七）加强对测绘工作的组织领导和统筹协调。地方各级政府要充分认识加强测绘工作的重要性和紧迫性，加强组织领导，抓好测绘发展规划的编制和组织实施，把数字区域地理空间框架和信息化测绘体系建设作为本地区国民经济和社会发展的重要内容加快推进。采取有效措施，切实解决好测绘工作中存在的突出问题，为测绘事业发展创造良好的环境条件。各级测绘行政主管部门要加强测绘工作统一监督管理，提高测绘依法行政能力。有关部门要加大支持力度，加强协作配合，共同做好测绘工作。做好测绘宣传和舆论引导工作，在全社会推广普及测绘知识。

（十八）完善测绘投入机制。各级政府要切实将基础测绘纳入本级财政预算，不断提高经费投入水平。中央财政要继续加强对边远地区与少数民族地区基础测绘的支持。建立健全公共财政对测绘基础设施建设维护、公共应急测绘保障、测绘科技创新、测绘与地理信息标准化等方面的投入机制，加大投入力度。加强财政经费使用的监管和绩效评估，提高财政资金使用效率。

（十九）加强测绘队伍建设。加大测绘人才培养力度，全面提高测绘队伍整体素质。继续推进新世纪测绘人才培养工程，实施测绘领军人才培养工程，完善以测绘高等教育、职业技术教育、继续教育、在职培训相结合的测绘人才培养体系，健全人才引进、使用、评价机制。加强测绘职业资格管理，积极实施注册测绘师制度。稳步推进测绘事业单位结构调整，加强基础地理信息获取和服务队伍建设，形成一支布局合理、功能完善、保障有力的基础测绘队伍。大力改善野外测绘工作条件，对野外测绘队伍人员继续实行工资倾斜政策，完善津贴补贴政策。充分发挥测绘有关社团和中介组织的作用。要教育广大测绘工作者进一步增强责任感和使命感，继续弘扬“爱祖国、爱事业、艰苦奋斗、无私奉献”的测绘精神，脚踏实地，开拓进取，为全面建设小康社会、构建社会主义和谐社会做出更大的贡献。

国家发展改革委 国家测绘局
关于印发《基础测绘计划管理办法》的通知

发改地区［2007］522号　2007年3月5日

各省、自治区、直辖市及计划单列市发展改革委、测绘局，新疆生产建设兵团发展改革委、国土资源局：

为加强我国基础测绘计划管理，按照《中华人民共和国测绘法》的有关规定，我们制定了《基础测绘计划管理办法》，现印发给你们，请按照执行。

附件：基础测绘计划管理办法

基础测绘计划管理办法

第一章　总　　则

第一条　为加强基础测绘计划的统一监督管理，保障国民经济和社会发展对基础测绘成果的需求，根据《中华人民共和国测绘法》和有关法律法规，制定本办法。

第二条　本办法适用于县级以上人民政府发展改革主管部门、测绘行政主管部门开展基础测绘计划编报、组织实施和监督管理工作。

第三条　本办法所称基础测绘计划包括基础测绘中长期规划和基础测绘年度计划。基础测绘计划纳入同级国民经济和社会发展中长期规划和年度计划。

第四条　国家对基础测绘计划实行分级管理。国务院发展改革主管部门和测绘行政主管部门负责全国基础测绘计划的管理；县级以上地方人民政府发展改革主管部门和测绘行政主管部门负责本级行政区域的基础测绘计划管理。

第五条　基础测绘计划是政府履行经济调节、市场监管、社会管理和公共服务职责的重要依据，基础测绘工程项目和基础测绘政府投资必须纳入基础测绘计划管理。

第二章　基础测绘中长期规划

第六条　基础测绘中长期规划是政府对基础测

绘在时间和空间上的战略部署及其具体安排，其主要任务包括加强重大问题研究，理清发展思路，做好重大工程项目的筛选和指标论证；其规划期应当根据基础测绘工作特点、经济建设、社会发展和国防建设的实际需要合理确定，一般至少为五年。

第七条　国务院测绘行政主管部门会同国务院其他有关部门、军队测绘主管部门，根据国家经济建设、社会发展、国防建设等需要，按照国务院发展改革主管部门编制国民经济和社会发展中长期规划的要求，编制全国基础测绘中长期规划，报国务院批准后组织实施。

县级以上测绘行政主管部门会同同级人民政府其他有关部门根据国家和上一级人民政府的基础测绘中长期规划和本级行政区域经济社会发展的实际需要，编制本级行政区域的基础测绘中长期规划，并报本级人民政府批准。

第八条　基础测绘中长期规划原则上应当包括如下内容：发展目标、任务、布局、项目、规划实施的保障措施等，应当有布局示意图和规划项目表，全国基础测绘中长期规划还应当包括简明、准确的发展方针。发展目标应尽可能量化；任务明确，重点突出；布局原则要清晰，明确重点发展的区域及重大项目；保障措施要具有科学性和可操作性。

第九条　列入基础测绘中长期规划的基础测绘项目，由同级政府通过财政资金和固定资产投资保证实施，并根据项目前期工作的开展情况分别纳入基础测绘年度计划或者跨年度基础测绘专项计划中组织实施。

第十条　基础测绘中长期规划应当按照下列程序进行编制：

（一）测绘行政主管部门研究确定基础测绘中长期规划编制工作方案，会同有关部门开展相关重大问题研究工作。

（二）起草规划文本。

（三）测绘行政主管部门组织参与规划工作的各有关部门对规划内容进行会商，并将会商后的规划与相关规划进行衔接。

（四）对规划指标、规划项目等规划内容进行论证。

（五）规划编制完成后，测绘行政主管部门按程序报同级人民政府批准。

第十一条　基础测绘中长期规划的编制过程应当公开，采取适当的形式广泛听取社会各界的意见建议，并委托有资质的咨询机构或专家组对规划草案进行评估论证。

第十二条　县级以上地方测绘行政主管部门会同有关部门编制的基础测绘中长期规划，在获同级人民政府批准后30个工作日内，报上一级测绘行政主管部门备案后组织实施。

第十三条　全国基础测绘中长期规划在获批准后2个月内，县级以上地方测绘行政主管部门组织编制的中长期规划在报上一级测绘行政主管部门备案后2个月内，除有保密要求的，测绘行政主管部门应在测绘行业报纸或政府相关网站上公布规划文本的部分或者全部内容。

第十四条　在规划实施过程中，应当适时开展规划评估工作，评估内容应主要围绕规划提出的主要目标、重点任务和政策措施进行，对规划执行效果和各项政策的落实情况做出分析评价，并针对环境变化和存在的问题，提出调整和修订规划的意见。评估报告和规划调整方案应及时提交规划批准机关审批。

第十五条　县级以上测绘行政主管部门会同有关部门调整后的基础测绘中长期规划，应按规定程序上报备案和公布。

第三章　基础测绘年度计划

第十六条　基础测绘年度计划是基础测绘中长期规划的年度实施计划。

第十七条　国务院发展改革主管部门会同国务院测绘行政主管部门，根据国民经济和社会发展年度计划编制要求和基础测绘中长期规划以及当年国家经济建设的实际需要，编制全国基础测绘年度计划。

县级以上地方人民政府发展改革主管部门会同同级测绘行政主管部门，根据本级行政区域基础测绘中长期规划和当年经济建设的实际需要，编制本级行政区域的基础测绘年度计划。

第十八条　全国基础测绘年度计划由国家级基础测绘计划和地方级基础测绘计划组成。

第十九条　列入国家级基础测绘年度计划的内容主要包括：

（一）全国统一的大地基准、高程基准、深度基准和重力基准的建立和更新。

（二）全国统一的一、二等平面、高程控制网，重力网和A、B级空间定位网的建立和更新。

（三）全国1:100万、1:50万、1:25万、1:10万、1:5万和1:2.5万系列比例尺地形图、影像图的测制和更新。

（四）组织实施国家基础航空摄影、获取基础地理信息的遥感资料。

（五）国家基础地理信息系统的建立和更新维护。

（六）国家基础测绘公共服务体系的建立和完善。

（七）需中央财政安排的国家急需的其他基础测绘项目。

第二十条 列入省级基础测绘年度计划的主要内容原则上应包括：

（一）在国家统一的大地控制网和空间定位网的框架内建立本省统一的平面控制网、高程控制网和空间定位网。

（二）测制省级基本比例尺地形图和影像图。

（三）建立省级基础地理信息系统。

（四）组织实施省级基础航空摄影、获取基础地理信息的遥感资料。

（五）按基础地理信息更新周期，对基本比例尺地图及其数据库进行更新维护。

（六）省级基础测绘公共服务体系的建立和完善。

（七）省级政府部门及其他有关部门急需的其他基础测绘项目。

第二十一条 市、县级基础测绘年度计划的指标内容，由各省、自治区、直辖市发展改革主管部门会同同级测绘行政主管部门确定，并报国务院发展改革主管部门和测绘行政主管部门备案。

第二十二条 纳入基础测绘年度计划的基础测绘项目应符合基础测绘中长期规划要求，并已按有关规定履行完基础测绘项目立项程序。

第二十三条 国家和省级基础测绘年度计划指标体系由国务院发展改革主管部门和测绘行政主管部门统一研究制定，市、县级基础测绘年度计划指标体系由省级发展改革部门和测绘行政主管部门研究制定后报国务院发展改革主管部门和测绘行政主管部门审查批准。

第二十四条 根据测绘科学技术发展水平的实际要求，应当及时对基础测绘年度计划指标体系进行调整，其中国家和省级基础测绘年度计划指标体系由国务院发展改革主管部门和测绘行政主管部门统一调整，市、县级基础测绘年度计划指标体系由省级发展改革主管部门和测绘行政主管部门提出调整意见后报国务院发展改革主管部门和测绘行政主管部门批准。

第二十五条 基础测绘年度计划编制按照下列程序：

（一）国务院测绘行政主管部门根据国民经济和社会发展年度计划编制要求和全国基础测绘中长期规划，组织编制并提出全国基础测绘年度计划建议，报国务院发展改革主管部门。

（二）县级以上地方测绘行政主管部门根据国民经济和社会发展年度计划编制要求和本行政区域基础测绘中长期规划，组织提出本行政区域基础测绘年度计划建议，报经同级发展改革主管部门平衡后，在10个工作日内由测绘行政主管部门和发展改革部门分别报上一级测绘行政主管部门和发展改革主管部门。

（三）国务院发展改革主管部门对上述计划建议进行汇总和综合平衡，编制全国基础测绘年度计划草案，作为全国国民经济和社会发展年度计划的组成部分，正式下达给国务院测绘行政主管部门和省级发展改革主管部门。

（四）市、县级基础测绘年度计划的编制程序由省级发展改革主管部门会同测绘行政主管部门研究确定。

第四章 组织实施与监督评估

第二十六条 国务院测绘行政主管部门负责国家级基础测绘计划的组织实施；县级以上地方政府测绘行政主管部门负责本级基础测绘计划的组织实施。

国务院测绘行政主管部门要对全国基础测绘年度计划的实施进行指导。

第二十七条 县级以上人民政府发展改革主管部门会同同级测绘行政主管部门对基础测绘中长期规划和年度计划的执行情况进行监督检查。

第二十八条 县级以上地方人民政府测绘行政主管部门逐级向上一级测绘行政主管部门上报基础测绘年度计划执行情况，并抄送同级发展改革主管部门；国务院测绘行政主管部门根据各地上报情况进行综合评估，并将结果报国务院发展改革主管部门。

第五章 附　　则

第二十九条 本办法由国务院发展改革主管部

门和国务院测绘行政主管部门负责解释。

第三十条　本办法自印发之日起施行。

关于印发《注册测绘师制度暂行规定》、《注册测绘师资格考试实施办法》和《注册测绘师资格考核认定办法》的通知

人事部　国家测绘局

国人部发［2007］14号　2007年1月24日

各省、自治区、直辖市人事厅（局）、测绘行政主管部门，国务院各部委、各直属机构人事部门，中央管理的企业：

为了加强测绘行业管理，提高测绘专业人员素质，规范测绘行为，保证测绘成果质量，人事部、国家测绘局依照《中华人民共和国测绘法》要求，决定在测绘行业建立注册测绘师制度。现将《注册测绘师制度暂行规定》、《注册测绘师资格考试实施办法》和《注册测绘师资格考核认定办法》印发给你们，请遵照执行。

附件：1. 注册测绘师资格考核认定工作领导小组成员名单（略）

2. 中华人民共和国注册测绘师资格考核认定申报表（略）

注册测绘师制度暂行规定

第一章　总　　则

第一条　为了提高测绘专业技术人员素质，保证测绘成果质量，维护国家和公众利益，依据《中华人民共和国测绘法》和国家职业资格证书制度有关规定，制定本规定。

第二条　本规定适用于在具有测绘资质的机构中，从事测绘活动的专业技术人员。

第三条　国家对从事测绘活动的专业技术人员，实行职业准入制度，纳入全国专业技术人员职业资格证书制度统一规划。

第四条　本规定所称注册测绘师，是指经考试取得《中华人民共和国注册测绘师资格证书》，并依法注册后，从事测绘活动的专业技术人员。

注册测绘师英文译为：Registered Surveyor。

第五条　人事部、国家测绘局共同负责注册测绘师制度工作，并按职责分工对该制度的实施进行指导、监督和检查。

各省、自治区、直辖市人事行政部门、测绘行政主管部门按职责分工，负责本行政区域内注册测绘师制度的实施与监督管理。

第二章　考　　试

第六条　注册测绘师资格实行全国统一大纲、统一命题的考试制度，原则上每年举行一次。

第七条　国家测绘局负责拟定考试科目、考试大纲、考试试题，研究建立并管理考试题库，提出考试合格标准建议。

第八条　人事部组织专家审定考试科目、考试大纲和考试试题。会同国家测绘局确定考试合格标准和对考试工作进行指导、监督、检查。

第九条　凡中华人民共和国公民，遵守国家法律、法规，恪守职业道德，并具备下列条件之一的，可申请参加注册测绘师资格考试：

（一）取得测绘类专业大学专科学历，从事测绘业务工作满6年。

（二）取得测绘类专业大学本科学历，从事测绘业务工作满4年。

（三）取得含测绘类专业在内的双学士学位或者测绘类专业研究生班毕业，从事测绘业务工作满3年。

（四）取得测绘类专业硕士学位，从事测绘业务工作满2年。

（五）取得测绘类专业博士学位，从事测绘业务工作满1年。

（六）取得其他理学类或者工学类专业学历或者学位的人员，其从事测绘业务工作年限相应增加2年。

第十条 注册测绘师资格考试合格，颁发人事部统一印制，人事部、国家测绘局共同用印的《中华人民共和国注册测绘师资格证书》，该证书在全国范围有效。

第十一条 对以不正当手段取得《中华人民共和国注册测绘师资格证书》的，由发证机关收回。自收回该证书之日起，当事人3年内不得再次参加注册测绘师资格考试。

第三章 注 册

第十二条 国家对注册测绘师资格实行注册执业管理，取得《中华人民共和国注册测绘师资格证书》的人员，经过注册后方可以注册测绘师的名义执业。

第十三条 国家测绘局为注册测绘师资格的注册审批机构。各省、自治区、直辖市人民政府测绘行政主管部门负责注册测绘师资格的注册审查工作。

第十四条 申请注册测绘师资格注册的人员，应受聘于一个具有测绘资质的单位，并通过聘用单位所在地（聘用单位属企业的通过本单位工商注册所在地）的测绘行政主管部门，向省、自治区、直辖市人民政府测绘行政主管部门提出注册申请。

第十五条 省、自治区、直辖市人民政府测绘行政主管部门在收到注册测绘师资格注册的申请材料后，对申请材料不齐全或者不符合法定形式的，应当当场或者在5个工作日内，一次告知申请人需要补正的全部内容，逾期不告知的，自收到申请材料之日起即为受理。

对受理或者不予受理的注册申请，均应出具加盖省、自治区、直辖市人民政府测绘行政主管部门专用印章和注明日期的书面凭证。

第十六条 省、自治区、直辖市人民政府测绘行政主管部门自受理注册申请之日起20个工作日内，按规定条件和程序完成申报材料的审查工作，并将申报材料和审查意见报国家测绘局审批。

国家测绘局自受理申报人员材料之日起20个工作日内作出审批决定。在规定的期限内不能作出审批决定的，应将延长的期限和理由告知申请人。

国家测绘局自作出批准决定之日起10个工作日内，将批准决定送达经批准注册的申请人，并核发统一制作的《中华人民共和国注册测绘师注册证》和执业印章。对作出不予批准的决定，应当书面说明理由，并告知申请人享有依法申请行政复议或者提起行政诉讼的权利。

第十七条 《中华人民共和国注册测绘师注册证》每一注册有效期为3年。《中华人民共和国注册测绘师注册证》和执业印章在有效期限内是注册测绘师的执业凭证，由注册测绘师本人保管、使用。

第十八条 初始注册者，可自取得《中华人民共和国注册测绘师资格证书》之日起1年内提出注册申请。逾期未申请者，在申请初始注册时，须符合本规定继续教育要求。

初始注册需要提交下列材料：

（一）《中华人民共和国注册测绘师初始注册申请表》；

（二）《中华人民共和国注册测绘师资格证书》；

（三）与聘用单位签订的劳动或者聘用合同；

（四）逾期申请注册的人员的继续教育证明材料。

第十九条 注册有效期届满需继续执业的，应在届满前30个工作日内，按照本规定第十四条规定的程序申请延续注册。审批机构应当根据申请人的申请，在规定的时限内作出是否准予延续注册的决定；逾期未作出决定的，视为准予延续。

延续注册需要提交下列材料：

（一）《中华人民共和国注册测绘师延续注册申请表》；

（二）与聘用单位签订的劳动或者聘用合同；

（三）达到注册期内继续教育要求的证明材料。

第二十条 在注册有效期内，注册测绘师变更执业单位，应与原聘用单位解除劳动关系，并按本规定第十四条规定的程序办理变更注册手续。变更注册后，其《中华人民共和国注册测绘师注册证》和执业印章在原注册有效期内继续有效。

变更注册需要提交下列材料：

（一）《中华人民共和国注册测绘师变更注册申请表》；

（二）与新聘用单位签订的劳动或者聘用合同；

（三）工作调动证明或者与原聘用单位解除劳动或者聘用合同的证明、退休人员的退休证明。

第二十一条　注册测绘师因丧失行为能力、死亡或者被宣告失踪的，其《中华人民共和国注册测绘师注册证》和执业印章失效。

第二十二条　注册申请人有下列情形之一的，应由注册测绘师本人或者聘用单位及时向当地省、自治区、直辖市人民政府测绘行政主管部门提出申请，由国家测绘局审核批准后，办理注销手续，收回《中华人民共和国注册测绘师注册证》和执业印章：

（一）不具有完全民事行为能力的；

（二）申请注销注册的；

（三）注册有效期满且未延续注册的；

（四）被依法撤销注册的；

（五）受到刑事处罚的；

（六）与聘用单位解除劳动或者聘用关系的；

（七）聘用单位被依法取消测绘资质证书的；

（八）聘用单位被吊销营业执照的；

（九）因本人过失造成利害关系人重大经济损失的；

（十）应当注销注册的其他情形。

第二十三条　注册申请人有下列情形之一的，不予注册：

（一）不具有完全民事行为能力的；

（二）刑事处罚尚未执行完毕的；

（三）因在测绘活动中受到刑事处罚，自刑事处罚执行完毕之日起至申请注册之日止不满3年的；

（四）法律、法规规定不予注册的其他情形。

第二十四条　注册申请人以不正当手段取得注册的，应当予以撤消，并由国家测绘局依法给予行政处罚；当事人在3年内不得再次申请注册；构成犯罪的，依法追究刑事责任。

第二十五条　被注销注册或者不予注册的人员，重新具备初始注册条件，并符合本规定继续教育要求的，可按本规定第十四条规定的程序申请注册。

第二十六条　国家测绘局应及时向社会公告注册测绘师注册有关情况。当事人对注销注册或者不予注册有异议的，可依法申请行政复议或者提起行政诉讼。

第二十七条　继续教育是注册测绘师延续注册、重新申请注册和逾期初始注册的必备条件。在每个注册期内，注册测绘师应按规定完成本专业的继续教育。

注册测绘师继续教育，分必修课和选修课，在一个注册期内必修课和选修课均为60学时。

第四章　执　业

第二十八条　注册测绘师应在一个具有测绘资质的单位，开展与该单位测绘资质等级和业务许可范围相应的测绘执业活动。

第二十九条　注册测绘师的执业范围：

（一）测绘项目技术设计；

（二）测绘项目技术咨询和技术评估；

（三）测绘项目技术管理、指导与监督；

（四）测绘成果质量检验、审查、鉴定；

（五）国务院有关部门规定的其他测绘业务。

第三十条　注册测绘师的执业能力：

（一）熟悉并掌握国家测绘及相关法律、法规和规章；

（二）了解国际、国内测绘技术发展状况，具有较丰富的专业知识和技术工作经验，能够处理较复杂的技术问题；

（三）熟练运用测绘相关标准、规范、技术手段，完成测绘项目技术设计、咨询、评估及测绘成果质量检验管理；

（四）具有组织实施测绘项目的能力。

第三十一条　在测绘活动中形成的技术设计和测绘成果质量文件，必须由注册测绘师签字并加盖执业印章后方可生效。

第三十二条　修改经注册测绘师签字盖章的测绘文件，应由该注册测绘师本人进行；因特殊情况，该注册测绘师不能进行修改的，应由其他注册测绘师修改，并签字、加盖印章，同时对修改部分承担责任。

第三十三条　注册测绘师从事执业活动，由其所在单位接受委托并统一收费。因测绘成果质量问题造成的经济损失，接受委托的单位应承担赔偿责任。接受委托的单位依法向承担测绘业务的注册测绘师追偿。

第五章　权利、义务

第三十四条　注册测绘师享有下列权利：

（一）使用注册测绘师称谓；

（二）保管和使用本人的《中华人民共和国注册测绘师注册证》和执业印章；

（三）在规定的范围内从事测绘执业活动；

（四）接受继续教育；

（五）对违反法律、法规和有关技术规范的行为提出劝告，并向上级测绘行政主管部门报告；

（六）获得与执业责任相应的劳动报酬；

（七）对侵犯本人执业权利的行为进行申诉。

第三十五条 注册测绘师应履行下列义务：

（一）遵守法律、行政法规和有关管理规定，恪守职业道德；

（二）执行测绘技术标准和规范；

（三）履行岗位职责，保证执业活动成果质量，并承担相应责任；

（四）保守知悉的国家秘密和委托单位的商业、技术秘密；

（五）只受聘于一个有测绘资质的单位执业；

（六）不准他人以本人名义执业；

（七）更新专业知识，提高专业技术水平；

（八）完成注册管理机构交办的相关工作。

第六章 附 则

第三十六条 对本规定印发之日前，长期从事测绘专业工作，并符合考核认定条件的专业技术人员，可通过考核认定，获得《中华人民共和国注册测绘师资格证书》。

第三十七条 通过考试取得《中华人民共和国注册测绘师资格证书》，并符合《工程技术人员职务试行条例》工程师专业技术职务任职条件的人员，用人单位可根据工作需要优先聘任工程师专业技术职务。

第三十八条 需注册测绘师签字盖章的文件种类和办法、继续教育的内容、测绘单位配备注册测绘师数量、注册执业管理等工作的具体办法，由国家测绘局另行规定。

第三十九条 符合考试报名条件的香港和澳门居民，可申请参加注册测绘师资格考试。申请人在报名时应提交本人身份证明、国务院教育行政部门认可的相应专业学历或者学位证书、从事测绘相关专业实践年限证明。台湾地区专业技术人员考试办法另行规定。

外籍专业人员申请参加注册测绘师资格考试、申请注册和执业等管理办法另行制定。

第四十条 在实施注册测绘师制度过程中，相关行政部门和相关机构，因工作失误，使专业技术人员合法权益受到损害的，应当依据《中华人民共和国国家赔偿法》给予相应赔偿，并可向有关责任人追偿。

第四十一条 实施注册测绘师制度的相关行政部门和相关机构的工作人员，有不履行工作职责，监督不力，或者谋取其他利益等违纪违规行为，并造成不良影响或者严重后果的，由其上级相关行政部门责令改正，对直接负责的主管人员和其他直接责任人员依法给予行政处分；构成犯罪的，依法追究刑事责任。

第四十二条 本规定自 2007 年 3 月 1 日起施行。

注册测绘师资格考试实施办法

第一条 人事部、国家测绘局共同成立注册测绘师资格考试办公室（以下简称考试办公室，设在国家测绘局），负责考试相关政策研究及考试管理工作。具体考务工作委托人事部人事考试中心负责。

各省、自治区、直辖市人事行政部门和测绘行政主管部门共同负责本地区考试工作，并协商确定具体工作的职责分工。

第二条 国家测绘局成立注册测绘师资格考试专家委员会，负责注册测绘师资格考试大纲的编写和命题工作，研究建立考试试题库。

第三条 注册测绘师资格考试设《测绘综合能力》、《测绘管理与法律法规》、《测绘案例分析》3 个科目。考试分 3 个半天进行。《测绘综合能力》、《测绘管理与法律法规》2 个科目的考试时间均为 2.5 小时，《测绘案例分析》科目的考试时间为 3 小时。

第四条 参加注册测绘师资格全部（3 个）科目考试的人员，必须在一个考试年度内参加全部（3 个）科目的考试并合格，方可获得注册测绘师资格证书。

第五条 对符合注册测绘师资格考试报名条件，并于 2005 年 12 月 31 日前评聘为高级工程师专业技术职务的人员，可免试《测绘综合能力》科目，只参加《测绘管理与法律法规》、《测绘案例分析》2

个科目的考试。在一个考试年度内，参加前述2个科目考试并合格的人员，方可获得注册测绘师资格证书。

第六条　参加考试由本人提出申请，携带所在单位证明及相关材料，到当地考试管理机构报名。考试管理机构按规定程序和报名条件审核合格后，发给准考证。参加考试人员在准考证指定的时间、地点参加考试。

国务院各部门所属单位和中央管理企业的专业技术人员按属地原则报名参加考试。

第七条　注册测绘师资格考试考点原则上设在直辖市和省会城市的大、中专院校或者高考定点学校，如确需在其他城市设置，须经人事部和国家测绘局批准。考试日期为每年第三季度。

第八条　坚持考试与培训分开的原则。凡参与考试工作（包括试题命制与组织管理等）的人员，不得参加考试和参与或者举办与考试内容有关的培训工作。应考人员参加相关培训按照自愿的原则。

第九条　注册测绘师资格考试及有关项目的收费标准，须经当地价格行政部门核准，并向社会公布，接受公众监督。

第十条　考试考务工作应严格执行考试工作的有关规章制度，切实做好试卷命制、印刷、发送过程中的保密工作，遵守保密制度，严防泄密。

第十一条　考试工作人员要严格遵守考试工作纪律，认真执行考试回避制度。对违反考试纪律和有关规定的，按照《专业技术人员资格考试违纪违规行为处理规定》处理。

注册测绘师资格考核认定办法

一、考核认定申报条件

长期在测绘岗位从事测绘专业工作，业绩突出，遵守中华人民共和国宪法和各项法律、法规，恪守职业道德，身体健康，并符合下列条件（一）或者条件（二）的在职在编人员。

（一）中国科学院院士或者中国工程院院士。

（二）评聘为高级工程师专业技术职务，年龄在70周岁（含）以下，并同时具备下列条件1、2、3中各一项条件的人员。

1. 学历和职业年限

（1）1980年12月31日前取得测绘类专业中专学历，累计从事测绘业务工作满20年。

（2）1985年12月31日前取得测绘类专业大学专科学历，累计从事测绘业务工作满15年。

（3）1990年12月31日前取得测绘类专业大学本科及以上学历或者学位，累计从事测绘专业工作满10年。

（4）在上述规定的日期前取得其他理学类或者工学类专业学历或者学位的人员，其从事测绘业务工作年限相应增加5年。

2. 专业水平与业绩成果

（1）在有甲级测绘资质的单位中，担任正、副总工程师职务（负责测绘专业技术工作）满5年。

（2）在有测绘资质的单位中，担任测绘项目主要技术负责人，完成1项国家级重大项目（测绘业务），或者国家级测绘重点科研项目。

（3）在有测绘资质的单位中，担任测绘项目主要技术负责人，完成2项省（部）级重大测绘生产项目，或者省（部）级重点测绘科研项目。

（4）获得与测绘专业相关的国家级科技进步奖（科技成果奖）的主要技术负责人（前5名）。

（5）获得测绘专业省（部）级科技进步（科技成果）一等奖项的主要技术负责人（前5名）；或者获得部级优秀测绘工程金奖、优秀地图作品奖的主要技术负责人（前3名）。

（6）获得2项测绘专业省（部）级科技进步（科技成果）二等以上奖项主要技术负责人（前3名）；或者获得2项部级优秀测绘工程银奖的主要技术负责人（前3名）。

（7）获得3项测绘专业省（部）级科技进步（科技成果）三等以上奖项的主要技术负责人（前3名）。

3. 学术水平

（1）在有国内统一刊号（CN）的期刊或者在有国际统一书号（ISSN）的国外期刊上，作为第一作者发表过测绘专业论文不少于3篇（每篇不少于2000字）。

（2）在正式出版社出版过统一书号（ISBN）的测绘专业著作，本人独立撰写的章节不少于3万字。

（3）受聘担任注册测绘师资格考试专家委员会成员，并参加编写考试大纲或者承担首次考试试题设计任务的专家。

二、考核认定组织

人事部、国家测绘局共同成立“注册测绘师资格考核认定工作领导小组”（以下简称领导小组，名单见附件1），负责全国注册测绘师资格考核认定工作。领导小组办公室设在国家测绘局。

三、考核认定申报材料

（一）各省、自治区、直辖市或者国务院有关部门、中央管理企业、军队人事部门推荐意见函。

（二）《中华人民共和国注册测绘师资格考核认定申报表》一式两份（见附件2）。

（三）中国科学院院士或者中国工程院院士证书复印件。其他人员应提供以下证明材料的复印件：学历或者学位证书、高级工程师专业技术职务聘书、获奖证书、生产项目和研究项目成果证书、单位测绘资质证书、获奖项目的主要文件和签署证明、主要技术负责人的任命文件（或者聘书）。

（四）获奖者应附有效证明，即奖状、个人证书或者正式公布的获奖人名单。对奖项未颁发个人证书或者未正式公布获奖人员名单的，应提供符合国家规定人数的单位申报奖项的人员名单、获奖项目主要文件的复印件，经单位负责人签字并加盖公章。

（五）所在单位出具的职业道德证明、省级测绘行政主管部门认可的测绘业务业绩证明。

四、考核认定程序

（一）符合考核认定条件的测绘专业技术人员，可向所在单位提出申请，经单位审核同意后，由所在单位向单位所在地（聘用单位属企业的向本单位工商注册所在地）的省、自治区、直辖市测绘行政主管部门推荐。

国务院有关部门所属单位和中央管理企业的人员，由本部门、本企业负责测绘业务工作管理机构统一向国家测绘局推荐。

（二）各省、自治区、直辖市测绘行政主管部门，国务院有关部门和中央管理企业负责测绘业务工作的机构，对本地区、本部门、本企业申报人员的材料进行审查，提出审查意见，并经本地区、本部门、本企业人事部门复审后，提出推荐名单送领导小组办公室审核。

军队测绘专业人员的申报，由总政干部部门按照本办法规定的程序和要求，提出推荐名单送领导小组办公室。

（三）领导小组办公室组织有关专家对推荐人员的材料进行审核，并将审核结果和拟认定人员材料，报领导小组复核。

（四）领导小组召开会议，对领导小组办公室的审核结果和申报人员材料进行复核。对复核合格的人员，由领导小组办公室进行公示。经公示无异议，由人事部、国家测绘局批准后，向社会公布获得《中华人民共和国测绘师资格证书》人员的名单。

对未通过考核认定的申请人，由领导小组办公室向其说明不通过的理由。

五、申报时间及要求

（一）各省、自治区、直辖市测绘行政主管部门和人事行政部门，国务院有关部门、中央管理企业负责测绘业务的机构和人事部门，应当对推荐人员材料进行认真审查和复审。于2007年8月1日前完成审查和复审工作，签署审查和复审意见，并在《中华人民共和国注册测绘师资格考核认定申报表》相应栏目中加盖印章后，将全部申报人员的材料送领导小组办公室。

（二）国家对考核认定人员数额实行总量控制。考核认定工作须在国家统一考试前完成，实施资格考试后不再进行。

（三）各省、自治区、直辖市和国务院有关部门、中央管理的企业及军队，应推荐具备申报条件、能力业绩突出、业内认可且仍在岗从事测绘业务工作的专业技术人员。

（四）各省、自治区、直辖市和国务院有关部门、中央管理的企业及军队，在审查、复审申报人员材料时，均须核查各类证书、相关证明及有关材料的原件。向领导小组办公室报送的各类证书等相关材料的复印件，应由所在单位测绘业务机构和人事部门负责人，对其真实性签署意见并加盖单位印章。

（五）已通过特许或者考核认定的方式取得其他专业职业（执业）资格证书、现在公务员岗位工作、正在申报其他专业职业（执业）资格考核认定和已办理离、退休手续的人员，均不在申报范围。凡因测绘业务工作中违法违纪或者发生重大失误，受到刑事处罚或者行政处罚的人员，一律不得申报。

（六）各省、自治区、直辖市和国务院有关部门、中央管理的企业及军队，要切实加强领导，坚持标准，严格要求，认真按程序做好申报、审查、复审等各环节工作。凡不认真把关或者弄虚作假的，一经发现，停止该地区或者部门、单位的申报权和取消个人申报的资格，并依据相应法律和有关规定，对直接负责的主管人员和其他直接责任人员进行处理。

关于开展向刘先林同志学习活动的决定

国测办字［2007］19号　2007年8月7日

各省、自治区、直辖市、计划单列市测绘行政主管部门，新疆生产建设兵团测绘主管部门，局所属各单位，机关各司（室）：

刘先林同志是我国自己培养的摄影测量与遥感学家，1962年毕业于武汉测绘学院，1986年加入中国共产党，现为中国工程院院士、中国测绘科学研究院名誉院长。几十年来，他致力于摄影测量和航测仪器的研究，取得了一系列重大科研成果，曾两次获得国家科技进步一等奖，多项成果填补国内空白，为打破先进测绘仪器长期依赖进口的局面，推动我国测绘从传统技术体系向数字化测绘技术体系的跨越式发展作出了突出贡献。刘先林同志是第六届全国人大代表、中共十四大代表，先后荣获全国先进工作者、中央国家机关优秀共产党员、测绘系统劳动模范等多项荣誉称号。

刘先林同志是坚持自主创新的时代先锋，是我国测绘行业的杰出代表。他心系祖国、自觉奉献，求真务实、勇于创新，不畏艰险、勇攀高峰，团结协作、淡泊名利，是测绘战线广大党员干部职工学习的楷模。日前，中央各大新闻媒体集中报道了刘先林同志的先进事迹，在测绘行业及社会各界引起强烈反响。为了大力倡导刘先林同志的优秀品格和崇高精神，激励广大测绘工作者献身测绘事业，国家测绘局决定，在全国测绘系统开展向刘先林同志学习的活动。

向刘先林同志学习，就要学习他矢志报国、无私奉献的爱国精神。刘先林同志常讲，我是中国人，要为中国争气，要把自己的国家建设得更好。人生的价值是创造，是奉献。几十年来，他怀着报效祖国的赤子之心，自觉地把个人前途与祖国的测绘事业紧密联系在一起，多次谢绝国外的邀请和优厚的条件待遇，潜心研究国产测绘仪器，将我国测绘仪器研制水平推进到世界先进行列，为我国测绘赢得了国际声誉。他虽已年近七十，仍担纲重任，奋斗在科研工作第一线，他以“随叫随到”的服务赢得了用户的赞誉，他以实际行动进一步弘扬了“爱祖国、爱事业、艰苦奋斗、无私奉献”的测绘精神。

向刘先林同志学习，就要学习他求真务实、自主创新的科学精神。刘先林同志深知，真正的尖端技术是不可能引进的，只能依靠自主创新。只有将创新与国家需要和市场需求紧密结合起来，科技创新才有生命力。几十年来，他不唯书，不崇洋，用宽广的视野和敏锐的眼光，以严谨求实的科学态度和科学方法，准确把握现代科技发展趋势和测绘事业发展需求，紧密结合测绘生产实际，脚踏实地，刻苦钻研，大胆探索，不断创新，在测绘科研领域取得了一个又一个成果，解决了测绘生产中一个又一个技术难题。他的每一项成果，都成功实现了产业化，转化成了现实生产力。他身体力行，致力于自主创新成果的推广和普及，取得了良好的社会和经济效益。

向刘先林同志学习，就要学习他不畏艰辛、顽强拼搏的探索精神。刘先林同志坚信，科研没有止境。每个科研成果都要经历无数次的起起落落，如果没有顽强的意志和坚忍不拔的毅力，都不可能成功。几十年来，他从不自满，永不懈怠，敢为人先，大胆创新，不断挑战自我，勇于攀登高峰。在科研工作遇到阻力时，他总是鼓励大家要树立自信心，相信外国人能做到的中国人也能做得到。正是凭着这种顽强意志、钻研精神和永不服输的劲头，使他在科技创新方面不断取得重大成果。他主持自主研制的数控测图仪、解析测图仪、全数字摄影测量系统、数字航空摄影仪等先后问世，对提高我国测绘技术装备水平，建立数字化测绘技术体系起到了关键作用。

向刘先林同志学习，就要学习他甘为人梯、淡泊名利的团队精神。刘先林同志认为，他这一代人是承上启下的过桥板、铺路石，一定要虚心学习老一辈测绘专家的经验，带好年轻一代科技工作者。几十年来，他待人真诚，甘为人梯，总是毫无保留地把自己的学识和经验传授给年轻同志。在每一个科研项目中，他都能合理安排任务，统筹各方力量，把不同专业成员的知识和特长发挥到极致。他所带领的团队是一支团结和谐的团队，是一支充满战斗力和创造力的团队。他搞科研不满足于鉴定、评奖、出论文，而是要让科研成果更好地服务于经济建设。他远离浮躁、心无旁骛、朴实无华、淡泊名利的人格魅力，深深吸引着身边的每一个人。

学习刘先林同志的先进事迹，对于进一步推进党的先进性建设，切实加强测绘系统干部人才队伍建设和测绘职工队伍的精神文明建设，进一步弘扬“爱祖国、爱事业、艰苦奋斗、无私奉献”的测绘精神，充分调动测绘战线广大干部职工的积极性、主动性和创造性，进一步振奋精神、凝聚力量，加快测绘科技创新步伐，大力推进信息化测绘体系建设，进一步提高我国测绘工作的整体实力，促进测绘事业又好又快发展，更好地为全面建设小康社会提供测绘保障和服务，具有十分重要的意义。

各单位、各部门要把开展向刘先林同志学习的活动与学习贯彻胡锦涛同志在中共中央党校的重要讲话精神紧密结合起来，与贯彻落实党中央、国务院对测绘工作的重要指示精神紧密结合起来，与做好当前各项工作紧密结合起来。要切实加强对开展向刘先林同志学习活动的组织领导，把学习活动纳入重要议程，周密部署，精心组织，结合各自实际，制定具体方案。要采取报告会、座谈会、演讲会等多种形式组织开展学习活动，确保学习活动取得实际效果。要充分发挥网络、报刊等媒体的作用，加强信息通报工作。各单位、各部门要及时将学习刘先林同志先进事迹的情况和各方面的反映报送国家测绘局。

国家测绘局号召，全国测绘系统广大干部职工要以刘先林同志为榜样，迅速掀起学先进、赶先进、争当先进的热潮，奋发进取，开拓创新，全面贯彻落实科学发展观，为国民经济和社会发展努力做好测绘保障服务，以优异的成绩迎接党的十七大胜利召开。

关于对2006年十大测绘违法典型案件的通报

国测法字［2007］1号　2007年2月28日

各省、自治区、直辖市、计划单列市测绘行政主管部门，新疆生产建设兵团测绘主管部门，局所属各单位：

2006年，各级测绘行政主管部门继续强化统一监管职责，加强测绘行政执法工作，进一步加大对测绘违法行为的查处力度，依法及时查处了扰乱测绘市场秩序、损害国家利益、危害国家安全的测绘违法案件。全年各级测绘行政主管部门共查处测绘违法案件571件，其中做出行政处罚决定案件109件。通过对测绘违法案件的查处，进一步规范了测绘行为，维护了测绘市场秩序。现将2006年测绘违法的典型案例通报如下：

一、日本公民大林成行等人在新疆和田非法测绘案

日本株式会社国土情报研究所大林成行所长2005年9月随日本旅游团到新疆，途中脱离旅游团，与其同事东俊孝携带手持GPS接收机，采用GPS动态差分测量技术，未经批准在我国新疆和田地区非法采集地理信息数据，从事危害国家安全的测绘活动，被国家安全部门当场抓获。大林成行、东俊孝的行为，违反了《中华人民共和国测绘法》第七条的规定，新疆维吾尔自治区国家安全厅做出责令限期离境，暂扣有关设备和资料的决定；新疆维吾尔自治区测绘局调查取证后于2006年4月10日依据《中华人民共和国测绘法》第五十一条规定，对大林成行、东俊孝做出没收测绘成果和测绘工具，并处罚款人民币80000元的行政处罚。

二、威海韩世电子有限公司（华仁农场有限公司）未经批准非法测绘案

威海韩世电子有限公司（华仁农场有限公司）与山东省威海市某镇蒲湾村签订2500亩土地租用协议，该镇政府主要负责人擅自为其提供了该区域局部1:10000比例尺地形图复制资料。2006年9月，威海韩世电子有限公司（华仁农场有限公司）未经测绘行政主管部门批准，聘用韩国籍测绘技术人员进行实地测绘，并以1:10000地形图为底图，编辑了1:2000比例尺地形图。威海韩世电子有限公司（华仁农场有限公司）的行为，违反了《中华人民共和国测绘法》第七条规定，威海市国土资源局于2006年12月7日依据《中华人民共和国测绘法》第五十一条规定，对威海韩世电子有限公司（华仁农场有限公司）做出没收测绘仪器，并处罚款人民币30000元的行政处罚。威海市某镇政府主要负责人的行为，违反了《中华人民共和国测绘法》第七条、《山东省测绘管理条例》第二十九条规定，威海市国土资源局于2006年12月7日依据《山东省测绘管理条例》第四十四条规定，对该镇政府做出罚款人民币50000元的行政处罚，并向威海市开发区监察审计局建议给予该镇政府主要负责人行政处分。

三、浙江省水利水电勘测设计院违法复制涉密测绘成果案

浙江省水利水电勘测设计院2006年7月未经提供测绘成果部门批准，擅自复制国家机密级1:50000比例尺地形图4幅（图号分别为H-50-106-丁、H-50-107-丙、H-50-118-乙、H-50-119-甲）。浙江省水利水电勘测设计院的行为，违反了《浙江省测绘管理条例》第三十五条第二款的规定，浙江省测绘局于2006年8月1日依据《浙江省测绘管理条例》第五十七条规定，对浙江省水利水电勘测设计院做出警告的行政处罚。

四、北京城际高科信息技术有限公司无资质测绘案

2006年9月，测绘行政主管部门接到北京城际高科信息技术有限公司涉嫌无资质测绘的举报。经调查，该公司在未取得导航电子地图制作资质的情况下，擅自从事导航电子地图制作，并将制作的"城际通"坤达N500等型号的电子导航仪在市场上公开销售。北京城际高科信息技术有限公司的行为，违反了《中华人民共和国测绘法》第二十二条的规定，北京市规划委员会于2006年12月29日依据《中华人民共和国测绘法》第四十二条规定，对北京城际高科信息技术有限公司做出责令停止导航电子地图制作活动，并处罚款人民币51600元的行政处罚。

五、杭州星遥地理信息技术开发研究所无资质测绘案

浙江杭州星遥地理信息技术开发研究所在未取得地图编制测绘资质的情况下，于2004年12月擅自为瑞安市交通局编制《瑞安市卫星影像康庄工程规划图》，印刷300张，合同约定金额41000元人民币，获利12510元人民币；2005年1月，该所又擅自为瑞安市民政局编制《瑞安市卫星影像图》，印刷130张，合同约定金额92000元人民币，获利36220元人民币。杭州星遥地理信息技术开发研究所的行为，违反了《中华人民共和国测绘法》第二十二条规定，浙江省测绘局于2006年3月16日依据《中华人民共和国测绘法》第四十二条规定，对杭州星遥地理信息技术开发研究所做出没收印刷的卫星影像图及违法所得48730元人民币，并处罚款人民币48730元的行政处罚。

六、河南省经纬地图信息技术有限公司非法制印地图案

河南省经纬地图信息技术有限公司于2006年4月擅自编制、印刷《焦作市区图》，未经测绘行政主管部门审核。河南省经纬地图信息技术有限公司的行为，违反了《中华人民共和国测绘法》第二十二条、《河南省测绘管理条例》第二十四条规定，河南省测绘局于2006年12月5日依据《河南省测绘管理条例》第三十四条规定，对河南省经纬地图信息技术有限公司做出没收擅自编制、印刷的《焦作市区图》，并处罚款人民币5000元的行政处罚。

七、新疆建工集团第五建筑公司损毁测量标志案

新疆伊犁州昭苏县国土资源局在2005年7月测量标志普查工作中发现，新疆建工集团第五建筑公司某项目部在进行公路建设挖沙时，人为地将位于昭苏镇库尔吾孜克村伊昭公路西北19.7公里处的国家二等水准点故意损毁。新疆建工集团第五建筑公司的行为，违反了《中华人民共和国测绘法》第三十五条、《中华人民共和国测量标志保护条例》第二十二条规定，新疆伊犁州昭苏县国土资源局于2006年8月21日依据《中华人民共和国测绘法》第五十条、《中华人民共和国测量标志保护条例》第二十三条规定，对新疆建工集团第五建筑公司做出罚款人民币49500元的行政处罚。

八、海南恒量房地产测绘有限公司超越资质范围违法测绘案

海南恒量房地产测绘有限公司为丁级房产测绘资质单位，2006年8月在昌江市从事房产测绘期间，超越其资质登记许可范围，承揽昌江县环城西路1:1000的带状地形图测绘活动。海南恒量房地产测绘有限公司的行为，违反了《中华人民共和国测绘法》第二十四条规定，海南测绘局于2006年9月12日依据《中华人民共和国测绘法》第四十三条规定，对海南恒量房地产测绘有限公司做出没收违法所得人民币10000元和相应测绘成果，并处罚款人民币10000元的行政处罚。

九、吉林新文化报社非法刊登国家版图图形案

吉林省长春市新文化报社在2006年6月28日《新文化报》第4版刊登香江集团形象宣传广告中使用的国家版图图形，未按照规定送测绘行政主管部门审核，国家版图图形存在严重错误。新文化报社的行为，违反了《中华人民共和国地图编制出版管理条例》第十七条、第十八条规定，吉林省测绘局于2006年10月30日依据《中华人民共和国地图编制出版管理条例》第二十五条规定，对新文化报社做出立即停止违法行为、收回已售出的该期报刊，并处罚款人民币500元的行政处罚。

十、宁波市江东金诚房地产测绘有限公司以欺骗手段取得测绘资质案

浙江省宁波市江东金诚房地产测绘有限公司在2005年底申请《测绘资质证书》时，提供某技术人员与其原单位脱钩的虚假材料，以满足测绘资质申报条件，并取得了《测绘资质证书》。宁波市江东金诚房地产测绘有限公司以虚假证明材料申请《测绘资质证书》的行为，违反了《中华人民共和国行政许可法》第三十一条、《测绘资质管理规定》第九条规定，浙江省测绘局于2006年6月15日依据《中华人民共和国行政许可法》第七十九条、《测绘资质管理规定》第十八条规定，对金诚房地产测绘有限公司做出吊销《测绘资质证书》，并在3年内不得再次申请测绘资质的行政处罚。

各级测绘行政主管部门要继续加大对测绘市场的监管力度，加强测绘行政执法工作，并将测绘行政执法工作作为今后的重要工作来抓；查处测绘违法案件要做到有法必依，执法必严，违法必究。国家测绘局将在政府网站开设测绘行政执法专栏，适时对重大、典型案例予以曝光。

关于做好外国的组织或者个人来华测绘有关工作的通知

国家测绘局　国家保密局

国测法字［2007］2号　2007年2月28日

国务院各有关部门，各省、自治区、直辖市测绘行政主管部门、保密工作部门：

根据《中华人民共和国测绘法》（以下简称《测绘法》）的有关规定，2007年1月19日，国土资源部以第38号令发布了《外国的组织或者个人来华测绘管理暂行办法》（以下简称《暂行办法》），将于2007年3月1日起施行。为保障《暂行办法》的顺利实施，做好外国的组织或者个人（以下简称外国人）来华测绘的管理工作，现对贯彻实施《暂行办法》的有关工作通知如下：

一、充分认识《暂行办法》颁布实施的重要意义

随着改革开放的不断深入，我国在经济、科技、文化等领域的国际交流日益频繁，其中涉及外国人来华开展测绘活动的合作项目和内容也越来越多。但是，近年来外国人未经批准，擅自在我国从事测绘活动的事件时有发生，损害了我国的安全和利益。为保证并推进我国与国际间经济、科技、文化的交流与合作事务顺利、有序地开展，规范和引导外国人在我国领域和管辖的其他海域依法从事测绘活动，根据《测绘法》和《中华人民共和国行政许可法》的规定，《暂行办法》确立了外国人来华测绘应当遵循的原则，规范了外国人从事测绘活动的形式，明确了对外国人从事测绘活动的限制。《暂行办法》规定了中外合资合作企业禁止从事的业务范围、外国人来华测绘的审批程序、外国人来华测绘成果的管理、对外国人来华测绘的监督管理，对于加强对外国人在中华人民共和国领域和管辖的其他海域从事测绘活动的管理，维护国家安全和利益，推进测绘依法行政，促进中外经济、科技和文化的交流与合作具有重要意义。

二、认真学习贯彻《暂行办法》

《暂行办法》对《测绘法》的相关规定进行了细化。明确在外国人来华测绘的形式方面，只能采取如下两种形式：一是合资、合作形式，即依法设立合资、合作企业，并依法取得测绘资质；二是一次性测绘形式，即经国务院及其有关部门或者省、自治区、直辖市人民政府批准，外国人来华开展科技、文化、体育等活动时，需要进行的测绘活动。在外国人来华测绘限制方面，外国人来华测绘应当符合《测绘管理工作国家秘密范围的规定》；合资、合作测绘企业必须中方控股，且不得从事大地测量、测绘航空摄影、行政区域界线测绘、海洋测绘、地形图和普通地图编制、导航电子地图编制以及国务院测绘行政主管部门规定的其他测绘活动；合资、合作测绘或者一次性测绘的，应当保证中方测绘人员全程参与具体测绘活动。在外国人来华测绘审批程序方面，《暂行办法》根据外国人来华测绘的两种不同形式分别进行了规定，明确了国家测绘局和军队测绘主管部门会同审批的工作衔接，赋予了省级测绘行政主管部门对外国人来华测绘进行初审的职责。在外国人来华测绘成果管理方面，《暂行办法》强调来华测绘成果的管理依照有关测绘成果管理法律法规的规定执行；来华测绘成果归中方部门或者单位所有的，未经批准，不得以任何形式将测绘成果携带或者传输出境。在法律责任方面，明确违反《暂行办法》规定，法律法规已规定处罚的，从其规定；对违反《暂行办法》的规定，但法律法规未规定处罚的，设定了法律责任。

各级测绘行政主管部门要组织相关工作人员认真学习《暂行办法》，使他们能够全面掌握《暂行办法》的内容，正确执行《暂行办法》的各项规定。国家测绘局将于今年上半年举办《暂行办法》培训班，对省级测绘行政主管部门的有关人员进行培训。各级测绘行政主管部门要将《暂行办法》纳入测绘“五五”普法的重要内容，加强宣传教育，使社会各方面都能了解《暂行办法》的主要内容，增强管理相对人遵守《暂行办法》的自觉性。

各省、自治区、直辖市测绘行政主管部门要切实履行好外国人来华测绘的初审职责，认真核实申请材料的真实性，并结合本地实际情况，提出初审意见。必要时，可征求本地保密、国家安全和省军区等有关方面的意见。

外国人在中国领域内从事测绘活动，事关国家主权、安全和利益，各级测绘行政主管部门要正确处理好长远利益与近期利益、国家利益与单位利益、全局利益与局部利益的关系，本着既要维护国家安全和利益，又要依法为外国人来华测绘服务的原则，认真做好《暂行办法》的贯彻落实工作。

三、加强测绘活动中的保密管理

根据《测绘法》关于外国人来华从事测绘活动，不得涉及我国国家秘密和危害国家安全的规定，测绘委托方不得将涉及我国国家秘密或者国家安全的项目委托给中外合资、合作企业进行测绘；中外合资、合作测绘企业应当在《测绘资质证书》载明的业务范围内从事测绘活动，并且不得违反法律法规规定承接涉及国家秘密或者国家安全的测绘项目。

具体项目是否涉及国家秘密，由项目委托方按照《测绘管理工作国家秘密范围的规定》以及有关主管部门的国家秘密范围规定来确定。凡拟将项目委托中外合资、合作企业进行测绘的，项目委托方应当事先按照《测绘管理工作国家秘密范围的规定》以及有关部门的保密规定，对拟将委托的项目进行审查，确定项目是否涉及国家秘密。将涉及国家秘密或者国家安全的项目委托给中外合资、合作企业测绘的，依法追究项目委托方及其直接责任人的法律责任。

国务院有关部门应明确本业务系统的国家秘密范围，明确不允许合资、合作测绘的具体项目，以便测绘委托方遵照执行。有关规定请抄送国家保密局和国家测绘局。

四、强化来华测绘的监督管理

加强对来华测绘成果的保密管理和监督管理，是各级测绘行政主管部门和保密工作部门的重要职责。保密工作部门要会同测绘行政主管部门做好外国人来华测绘的保密管理工作，定期组织开展测绘成果保密检查。测绘行政主管部门要从合资、合作测绘的资质审查和一次性测绘的审批入手，加强对测绘成果的提供、使用和管理的监督，建立健全来华测绘成果汇交制度，严肃查处未经审批将测绘成果携带或者传输出境的行为，保证我国测绘成果的安全。

县级以上地方人民政府测绘行政主管部门、保密工作部门要加强对外国人来华测绘监督检查力度，定期检查本行政区域内的来华测绘活动是否涉及国家秘密。要加大行政执法力度，及时查处违法测绘活动，保障国家秘密的安全。县级以上地方人民政府测绘行政主管部门要建立外国人来华测绘监督检查机制。加强对本行政区域内外国人来华测绘的监督管理。定期对外国人来华测绘活动的范围、测绘成果汇交、参加测绘活动的人员等内容进行检查。同时，外国人来华测绘可能涉及到的相关部门和单位也要强化国家安全意识和依法测绘意识，结合本部门、本单位的工作实际，采取切实有效的措施，规范外国人来华测绘行为，保证将《暂行办法》的各项规定落到实处。

关于印发《全国测绘行政执法依据》和《全国测绘行政执法职权分解》的通知

国测法字［2007］10号 2007年7月26日

各省、自治区、直辖市测绘行政主管部门：

为进一步推行行政执法责任制，落实各级测绘行政主管部门的执法职责，全面推进依法行政，根据《国务院办公厅关于推行行政执法责任制的若干意见》（国办发［2005］37号）的要求，我局在对现行有效并且全国适用的测绘行政执法依据进行全面梳理、对测绘行政执法职权进行科学分解的基础上，形成了《全国测绘行政执法依据》和《全国测绘行政执法职权分解》。现印发给你们，请按以下要求贯彻执行：

一、充分认识推行行政执法责任制的重要意义。要加强组织领导，采取切实措施，进一步转变行政管理职能，加强行政执法工作，提高监管水平，推进依法行政。

二、切实抓好测绘行政执法工作。要按照《全国测绘行政执法依据》和《全国测绘行政执法职权分解》的要求，并结合执法工作实际，将执法职权进一步分解到具体执法岗位和执法人员，明确执法程序和执法标准，确定执法责任，建立健全行政执法评议考核制度，进一步提高测绘行政执法质量和水平。

三、加强对市、县级测绘行政主管部门测绘行政执法工作的指导。落实测绘行政执法职权的重点在市、县，省级测绘行政主管部门要督促检查市、县级测绘行政主管部门落实各项测绘行政执法职权的情况，总结市、县推行行政执法责任制工作的经验，及时研究反馈执行中发现的问题。

全国测绘行政执法依据

序号	名　称	发布机关	生效时间
法律（1部）			
1	中华人民共和国测绘法	全国人大常委会	2002.12.1
行政法规、国务院文件（6件）			
2	中华人民共和国测绘成果管理条例	国务院	2006.9.1
3	中华人民共和国测量标志保护条例	国务院	1997.1.1
4	中华人民共和国地图编制出版管理条例	国务院	1995.10.1
5	关于对外提供我国测绘资料的若干规定	国务院	1983.12.16
6	国务院对确需保留的行政审批项目设定行政许可的决定	国务院	2004.7.1
7	关于印发国家测绘局职能配置、内设机构和人员编制规定的通知	国务院办公厅	1998.6.12

续表

序号	名 称	发布机关	生效时间
	部门规章（7件）		
8	外国的组织或者个人来华测绘管理暂行办法	国土资源部	2007.3.1
9	地图审核管理规定	国土资源部	2006.8.1
10	重要地理信息数据审核公布管理规定	国土资源部	2003.5.1
11	房产测绘管理办法	建设部 国家测绘局	2001.5.1
12	测绘行政处罚程序规定	国家测绘局	2000.1.4
13	测绘行政执法证管理规定	国家测绘局	2000.1.4
14	国家基础地理信息数据使用许可管理规定	国家测绘局	1999.12.22
	规范性文件（9件）		
15	基础测绘计划管理办法	国家发展和改革委员会 国家测绘局	2007.3.5
16	注册测绘师制度暂行规定	人事部 国家测绘局	2007.3.1
17	基础测绘成果提供使用管理暂行办法	国家测绘局	2006.9.25
18	测绘资质监督检查办法	国家测绘局	2005.10.1
19	测绘资质管理规定	国家测绘局	2004.6.1
20	测绘作业证管理规定	国家测绘局	2004.6.1
21	国家基础航空摄影经费管理办法	财政部	2003.1.1
22	基础测绘经费管理办法	财政部	2001.12.5
23	测绘市场管理暂行办法	国家测绘局 国家工商行政管理局	1995.7.1

全国测绘行政执法职权分解

一、行政许可（共12项）

（一）测绘资质审批

1. 实施机关：国家测绘局、省级测绘行政主管部门

2. 法律依据：

（1）《中华人民共和国测绘法》第二十二条第一款“国家对从事测绘活动的单位实行测绘资质管理制度。”

（2）《中华人民共和国测绘法》第二十三条第一款“国务院测绘行政主管部门和省、自治区、直辖市人民政府测绘行政主管部门按照各自的职责负责测绘资质审查、发放资质证书，具体办法由国务院测绘行政主管部门商国务院其他有关部门规定。”

（二）地图审核

1. 实施机关：国家测绘局、省级测绘行政主管部门

2. 法律依据：

（1）《中华人民共和国测绘法》第三十三条第一款“各级人民政府应当加强对编制、印刷、出版、展示、登载地图的管理，保证地图质量，维护国家主权、安全和利益。具体办法由国务院规定。”

（2）《中华人民共和国地图编制出版管理条例》

第十七条“出版或者展示未出版的绘有国界线或者省、自治区、直辖市行政区域界线地图（含图书、报刊插图、示意图）的，在地图印刷或者展示前，应当依照下列规定送审试制样图一式两份：（一）绘有国界线的地图，跨省、自治区、直辖市行政区域的地图，以及台湾、香港、澳门地区地图，报国务院测绘行政主管部门审核；（二）省、自治区、直辖市行政区域范围内的地方性地图，报有关省、自治区、直辖市人民政府负责管理测绘工作的部门或者国务院测绘行政主管部门审核；（三）历史地图、世界地图和时事宣传图，报外交部和国务院测绘行政主管部门审核。”

（三）编制中小学教学地图审批

1. 实施机关：国家测绘局、省级测绘行政主管部门

2. 法律依据：

《中华人民共和国地图编制出版管理条例》第十四条“全国性中、小学教学地图，由国务院教育行政管理部门会同国务院测绘行政主管部门和外交部组织审定；地方性中、小学教学地图，可以由省、自治区、直辖市人民政府教育行政管理部门会同省、自治区、直辖市人民政府负责管理测绘工作的部门组织审定。

任何出版单位不得出版未经审定的中、小学教学地图。”

（四）建立相对独立的平面坐标系统审批

1. 实施机关：国家测绘局、省级测绘行政主管部门

2. 法律依据：

《中华人民共和国测绘法》第十条第一款“因建设、城市规划和科学研究的需要，大城市和国家重大工程项目确需建立相对独立的平面坐标系统的，由国务院测绘行政主管部门批准；其他确需建立相对独立的平面坐标系统的，由省、自治区、直辖市人民政府测绘行政主管部门批准。”

（五）采用国际坐标系统审批

1. 实施机关：国家测绘局

2. 法律依据：

《中华人民共和国测绘法》第九条第二款“在不妨碍国家安全的情况下，确有必要采用国际坐标系统的，必须经国务院测绘行政主管部门会同军队测绘主管部门批准。”

（六）永久性测量标志拆迁审批

1. 实施机关：国家测绘局、省级测绘行政主管部门

2. 法律依据：

《中华人民共和国测绘法》第三十七条“进行工程建设，应当避开永久性测量标志；确实无法避开，需要拆迁永久性测量标志或者使永久性测量标志失去效能的，应当经国务院测绘行政主管部门或者省、自治区、直辖市人民政府测绘行政主管部门批准；涉及军用控制点的，应当征得军队测绘主管部门的同意。所需迁建费用由工程建设单位承担。”

（七）外国的组织或者个人来华从事测绘活动审批

1. 实施机关：国家测绘局

2. 法律依据：

《中华人民共和国测绘法》第七条第一款“外国的组织或者个人在中华人民共和国领域和管辖的其他海域从事测绘活动，必须经国务院测绘行政主管部门会同军队测绘主管部门批准，并遵守中华人民共和国的有关法律、行政法规的规定。”

（八）对外提供我国测绘成果资料审批

1. 实施机关：国家测绘局、省级测绘行政主管部门

2. 法律依据：

（1）《中华人民共和国测绘法》第二十九条第二款“测绘成果属于国家秘密的，适用国家保密法律、行政法规的规定；需要对外提供的，按照国务院和中央军事委员会规定的审批程序执行。”

（2）《中华人民共和国测绘成果管理条例》第十八条“对外提供属于国家秘密的测绘成果，应当按照国务院和中央军事委员会规定的审批程序，报国务院测绘行政主管部门或者省、自治区、直辖市人民政府测绘行政主管部门审批；测绘行政主管部门在审批前，应当征求军队有关部门的意见。”

（九）利用属于国家秘密的基础测绘成果审批

1. 实施机关：县级以上测绘行政主管部门

2. 法律依据：

《中华人民共和国测绘成果管理条例》第十七条第一款“法人或者其他组织需要利用属于国家秘密的基础测绘成果的，应当提出明确的利用目的和范围，报测绘成果所在地的测绘行政主管部门审批。”

（十）测绘计量检定人员资格审批

1. 实施机关：县级以上测绘行政主管部门

2. 法律依据：

（1）《中华人民共和国计量法》第二十条“县级以上人民政府计量行政部门可以根据需要设置计量检定机构，或者授权其他单位的计量检定机构，执行强制检定和其他检定、测试任务。执行前款规定的检定、测试任务的人员，必须经考核合格。”

（2）《中华人民共和国计量法实施细则》第二十九条“国家法定计量检定机构的计量检定人员，必须经县级以上人民政府计量行政部门考核合格，并取得计量检定证件。其他单位的计量检定人员，由其主管部门考核发证。无计量检定证件的，不得从事计量检定工作。计量检定人员的技术职务系列，由国务院计量行政部门会同有关主管部门制定。”

（十一）测绘行业特有工种职业技能鉴定站审批

1. 实施机关：国家测绘局

2. 法律依据：

《国务院对确需保留的行政审批项目设定行政许可的决定》（国务院第412号令）第454项：

454	设立测绘行业特有工种职业技能鉴定站审批	国家测绘局

（十二）测绘专业技术人员执业资格审批

1. 实施机关：国家测绘局

2. 法律依据：

《中华人民共和国测绘法》第二十五条“从事测绘活动的专业技术人员应当具备相应的执业资格条件，具体办法由国务院测绘行政主管部门会同国务院人事行政主管部门规定。”

二、非行政许可审批（共1项）

（一）基础测绘规划备案

1. 实施机关：国家测绘局、省、市级测绘行政主管部门

2. 法律依据：

《中华人民共和国测绘法》第十二条“国务院测绘行政主管部门会同国务院其他有关部门、军队测绘主管部门组织编制全国基础测绘规划，报国务院批准后组织实施。县级以上地方人民政府测绘行政主管部门会同本级人民政府其他有关部门根据国家和上一级人民政府的基础测绘规划和本行政区域内的实际情况，组织编制本行政区域的基础测绘规划，报本级人民政府批准，并报上一级测绘行政主管部门备案后组织实施。”

三、行政处罚（共57项）

（一）未经批准，擅自建立相对独立的平面坐标系统

1. 实施机关：省、市、县级测绘行政主管部门

2. 处罚种类：警告，责令改正，罚款

3. 法律依据：

《中华人民共和国测绘法》第四十条第一项“违反本法规定，有下列行为之一的，给予警告，责令改正，可以并处十万元以下的罚款；构成犯罪的，依法追究刑事责任；尚不够刑事处罚的，对负有直接责任的主管人员和其他直接责任人员，依法给予行政处分：（一）未经批准，擅自建立相对独立的平面坐标系统的；”

（二）建立地理信息系统，采用不符合国家标准的基础地理信息数据

1. 实施机关：省、市、县级测绘行政主管部门

2. 处罚种类：警告，责令改正，罚款

3. 法律依据：

（1）《中华人民共和国测绘法》第四十条第二项“违反本法规定，有下列行为之一的，给予警告，责令改正，可以并处十万元以下的罚款；构成犯罪的，依法追究刑事责任；尚不够刑事处罚的，对负有直接责任的主管人员和其他直接责任人员，依法给予行政处分：（二）建立地理信息系统，采用不符合国家标准的基础地理信息数据的。”

（2）《中华人民共和国测绘成果管理条例》第二十九条第一项“违反本条例规定，有下列行为之一的，由测绘行政主管部门或者其他有关部门依据职责责令改正，给予警告，可以处10万元以下的罚款；对直接负责的主管人员和其他直接责任人员，依法给予处分：（一）建立以地理信息数据为基础的信息系统，利用不符合国家标准的基础地理信息数据的；”

（三）未经批准，在测绘活动中擅自采用国际坐标系统

1. 实施机关：省、市、县级测绘行政主管部门

2. 处罚种类：警告，责令改正，罚款

3. 法律依据：

《中华人民共和国测绘法》第四十一条第一项“违反本法规定，有下列行为之一的，给予警告，责令改正，可以并处十万元以下的罚款；构成犯罪的，依法追究刑事责任；尚不够刑事处罚的，对负有直

接责任的主管人员和其他直接责任人员，依法给予行政处分：（一）未经批准，在测绘活动中擅自采用国际坐标系统的；”

（四）擅自发布中华人民共和国领域和管辖的其他海域的重要地理信息数据

1. 实施机关：国家测绘局、省级测绘行政主管部门

2. 处罚种类：警告，责令改正，罚款

3. 法律依据：

（1）《中华人民共和国测绘法》第四十一条第二项“违反本法规定，有下列行为之一的，给予警告，责令改正，可以并处十万元以下的罚款；构成犯罪的，依法追究刑事责任；尚不够刑事处罚的，对负有直接责任的主管人员和其他直接责任人员，依法给予行政处分：（二）擅自发布中华人民共和国领域和管辖的其他海域的重要地理信息数据的；”

（2）《中华人民共和国测绘成果管理条例》第二十九条第二项“违反本条例规定，有下列行为之一的，由测绘行政主管部门或者其他有关部门依据职责责令改正，给予警告，可以处10万元以下的罚款；对直接负责的主管人员和其他直接责任人员，依法给予处分：（二）擅自公布重要地理信息数据的；”

（3）《重要地理信息数据审核公布管理规定》第十五条“国务院有关部门具有下列情形之一的，由国务院测绘行政主管部门依法给予警告，责令改正，可以并处十万元以下罚款；构成犯罪的，依法追究刑事责任；尚不够刑事处罚的，对负有直接责任的主管人员和其他直接责任人员，依法给予行政处分：（一）擅自发布已经国务院批准并授权国务院有关部门公布的重要地理信息数据的；（二）擅自发布未经国务院批准的重要地理信息数据的。”

（4）《重要地理信息数据审核公布管理规定》第十六条“单位和个人具有下列情形之一的，由省级测绘行政主管部门依法给予警告，责令改正，可以并处十万元以下罚款；构成犯罪的，依法追究刑事责任；尚不够刑事处罚的，对负有直接责任的主管人员和其他直接责任人员，依法给予行政处分：（一）擅自发布已经国务院批准并授权国务院有关部门公布的重要地理信息数据的；（二）擅自发布未经国务院批准的重要地理信息数据的。”

（五）不汇交测绘成果资料

1. 实施机关：县级以上测绘行政主管部门

2. 处罚种类：责令限期汇交，罚款，［暂扣测绘资质证书，吊销测绘资质证书］（发证机关决定）

3. 法律依据：

《中华人民共和国测绘法》第四十七条“违反本法规定，不汇交测绘成果资料的，责令限期汇交；逾期不汇交的，对测绘项目出资人处以重测所需费用一倍以上二倍以下的罚款；对承担国家投资的测绘项目的单位处一万元以上五万元以下的罚款，暂扣测绘资质证书，自暂扣测绘资质证书之日起六个月内仍不汇交测绘成果资料的，吊销测绘资质证书，并对负有直接责任的主管人员和其他直接责任人员依法给予行政处分。”

（六）测绘成果质量不合格

1. 实施机关：县级以上测绘行政主管部门

2. 处罚种类：责令补测或者重测，责令停业整顿，［降低测绘资质等级，吊销测绘资质证书］（发证机关决定）

3. 法律依据：

《中华人民共和国测绘法》第四十八条“违反本法规定，测绘成果质量不合格的，责令测绘单位补测或者重测；情节严重的，责令停业整顿，降低资质等级直至吊销测绘资质证书；给用户造成损失的，依法承担赔偿责任。”

（七）未按照测绘成果资料的保管制度管理测绘成果资料，造成测绘成果资料损毁、散失

1. 实施机关：省、市、县级测绘行政主管部门

2. 处罚种类：警告，责令改正，没收违法所得，依法承担赔偿责任

3. 法律依据：

《中华人民共和国测绘成果管理条例》第二十八条第一项“违反本条例规定，测绘成果保管单位有下列行为之一的，由测绘行政主管部门给予警告，责令改正；有违法所得的，没收违法所得；造成损失的，依法承担赔偿责任；对直接负责的主管人员和其他直接责任人员，依法给予处分：（一）未按照测绘成果资料的保管制度管理测绘成果资料，造成测绘成果资料损毁、散失的；”

（八）擅自转让汇交的测绘成果资料

1. 实施机关：省级测绘行政主管部门

2. 处罚种类：警告，责令改正，没收违法所得，依法承担赔偿责任

3. 法律依据：

《中华人民共和国测绘成果管理条例》第二十

八条第二项“违反本条例规定，测绘成果保管单位有下列行为之一的，由测绘行政主管部门给予警告，责令改正；有违法所得的，没收违法所得；造成损失的，依法承担赔偿责任；对直接负责的主管人员和其他直接责任人员，依法给予处分：（二）擅自转让汇交的测绘成果资料的。”

（九）未依法向测绘成果的使用人提供测绘成果资料

1. 实施机关：省、市、县级测绘行政主管部门

2. 处罚种类：警告，责令改正，没收违法所得，依法承担赔偿责任

3. 法律依据：

《中华人民共和国测绘成果管理条例》第二十八条第三项“违反本条例规定，测绘成果保管单位有下列行为之一的，由测绘行政主管部门给予警告，责令改正；有违法所得的，没收违法所得；造成损失的，依法承担赔偿责任；对直接负责的主管人员和其他直接责任人员，依法给予处分：（三）未依法向测绘成果的使用人提供测绘成果资料的。”

（十）在对社会公众有影响的活动中使用未经依法公布的重要地理信息数据

1. 实施机关：省、市、县级测绘行政主管部门

2. 处罚种类：责令改正，警告，罚款

3. 法律依据：

《中华人民共和国测绘成果管理条例》第二十九条第三项“违反本条例规定，有下列行为之一的，由测绘行政主管部门或者其他有关部门依据职责责令改正，给予警告，可以处10万元以下的罚款；对直接负责的主管人员和其他直接负责人员，依法给予处分：（三）在对社会公众有影响的活动中使用未经依法公布的重要地理信息数据的。”

（十一）未取得测绘资质证书，擅自从事测绘活动

1. 实施机关：省、市、县级测绘行政主管部门

2. 处罚种类：责令停止违法行为，没收违法所得和测绘成果，罚款

3. 法律依据：

《中华人民共和国测绘法》第四十二条第一款“违反本法规定，未取得测绘资质证书，擅自从事测绘活动的，责令停止违法行为，没收违法所得和测绘成果，并处测绘约定报酬一倍以上二倍以下的罚款。”

（十二）以欺骗手段取得测绘资质证书从事测绘活动

1. 实施机关：国家测绘局、省级测绘行政主管部门

2. 处罚种类：吊销资质证书（发证机关决定），没收违法所得和测绘成果，罚款

3. 法律依据：

《中华人民共和国测绘法》第四十二条第二款“以欺骗手段取得测绘资质证书从事测绘活动的，吊销测绘资质证书，没收违法所得和测绘成果，并处测绘约定报酬一倍以上二倍以下的罚款。”

（十三）超越资质等级许可的范围从事测绘活动

1. 实施机关：县级以上测绘行政主管部门

2. 处罚种类：责令停止违法行为，没收违法所得和测绘成果，罚款，责令停业整顿，[降低资质等级，吊销测绘资质证书]（发证机关决定）

3. 法律依据：

《中华人民共和国测绘法》第四十三条第一项“违反本法规定，测绘单位有下列行为之一的，责令停止违法行为，没收违法所得和测绘成果，处测绘约定报酬一倍以上二倍以下的罚款，并可以责令停业整顿或者降低资质等级；情节严重的，吊销测绘资质证书：（一）超越资质等级许可的范围从事测绘活动的；”

（十四）以其他测绘单位的名义从事测绘活动

1. 实施机关：县级以上测绘行政主管部门

2. 处罚种类：责令停止违法行为，没收违法所得和测绘成果，罚款，责令停业整顿，[降低资质等级，吊销测绘资质证书]（发证机关决定）

3. 法律依据：

《中华人民共和国测绘法》第四十三条第二项“违反本法规定，测绘单位有下列行为之一的，责令停止违法行为，没收违法所得和测绘成果，处测绘约定报酬一倍以上二倍以下的罚款，并可以责令停业整顿或者降低资质等级；情节严重的，吊销测绘资质证书：（二）以其他测绘单位的名义从事测绘活动的；”

（十五）允许其他单位以本单位的名义从事测绘活动

1. 实施机关：县级以上测绘行政主管部门

2. 处罚种类：责令停止违法行为，没收违法所得和测绘成果，罚款，责令停业整顿，[降低资质等级，吊销测绘资质证书]（发证机关决定）

3. 法律依据：

《中华人民共和国测绘法》第四十三条第三项“违反本法规定，测绘单位有下列行为之一的，责令停止违法行为，没收违法所得和测绘成果，处测绘约定报酬一倍以上二倍以下的罚款，并可以责令停业整顿或者降低资质等级；情节严重的，吊销测绘资质证书：（三）允许其他单位以本单位的名义从事测绘活动的。”

（十六）测绘项目的发包单位将测绘项目发包给不具有相应资质等级的测绘单位或者迫使测绘单位以低于测绘成本承包

1. 实施机关：省、市、县级测绘行政主管部门

2. 处罚种类：责令改正，罚款

3. 法律依据：

《中华人民共和国测绘法》第四十四条“违反本法规定，测绘项目的发包单位将测绘项目发包给不具有相应资质等级的测绘单位或者迫使测绘单位以低于测绘成本承包的，责令改正，可以处测绘约定报酬二倍以下的罚款。发包单位的工作人员利用职务上的便利，索取他人财物或者非法收受他人财物，为他人谋取利益，构成犯罪的，依法追究刑事责任；尚不够刑事处罚的，依法给予行政处分。”

（十七）测绘单位将测绘项目转包

1. 实施机关：县级以上测绘行政主管部门

2. 处罚种类：责令改正，没收违法所得，罚款，责令停业整顿，［降低资质等级，吊销测绘资质证书］（发证机关决定）

3. 法律依据：

《中华人民共和国测绘法》第四十五条“违反本法规定，测绘单位将测绘项目转包的，责令改正，没收违法所得，处测绘约定报酬一倍以上二倍以下的罚款，并可以责令停业整顿或者降低资质等级；情节严重的，吊销测绘资质证书。”

（十八）未取得测绘执业资格，擅自从事测绘活动

1. 实施机关：市、县级测绘行政主管部门

2. 处罚种类：责令停止违法行为，没收违法所得，罚款

3. 法律依据：

《中华人民共和国测绘法》第四十六条“违反本法规定，未取得测绘执业资格，擅自从事测绘活动的，责令停止违法行为，没收违法所得，可以并处违法所得二倍以下的罚款；造成损失的，依法承担赔偿责任。”

（十九）外国的组织或者个人未经批准，擅自在中华人民共和国领域和管辖的其他海域从事测绘活动

1. 实施机关：省、市、县级测绘行政主管部门

2. 处罚种类：责令停止违法行为，没收测绘成果和测绘工具，罚款，责令限期离境（公安机关决定）

3. 法律依据：

《中华人民共和国测绘法》第五十一条第一项“违反本法规定，有下列行为之一的，责令停止违法行为，没收测绘成果和测绘工具，并处一万元以上十万元以下的罚款；情节严重的，并处十万元以上五十万元以下的罚款，责令限期离境；所获取的测绘成果属于国家秘密，构成犯罪的，依法追究刑事责任：（一）外国的组织或者个人未经批准，擅自在中华人民共和国领域和管辖的其他海域从事测绘活动的；”

（二十）外国的组织或者个人未与中华人民共和国有关部门或者单位合资、合作，擅自在中华人民共和国领域从事测绘活动

1. 实施机关：省、市、县级测绘行政主管部门

2. 处罚种类：责令停止违法行为，没收测绘成果和测绘工具，罚款，责令限期离境（公安机关决定）

3. 法律依据：

《中华人民共和国测绘法》第五十一条第二项“违反本法规定，有下列行为之一的，责令停止违法行为，没收测绘成果和测绘工具，并处一万元以上十万元以下的罚款；情节严重的，并处十万元以上五十万元以下的罚款，责令限期离境；所获取的测绘成果属于国家秘密，构成犯罪的，依法追究刑事责任：（二）外国的组织或者个人未与中华人民共和国有关部门或者单位合资、合作，擅自在中华人民共和国领域从事测绘活动的；”

（二十一）编制、印刷、出版、展示、登载的地图发生错绘、漏绘、泄密，危害国家主权或者安全，损害国家利益

1. 实施机关：省级测绘行政主管部门

2. 处罚种类：责令停止发行、销售、展示，罚款，没收全部地图及违法所得

3. 法律依据：

（1）《中华人民共和国测绘法》第四十九条“违反本法规定，编制、印刷、出版、展示、登载的

地图发生错绘、漏绘、泄密，危害国家主权或者安全，损害国家利益，构成犯罪的，依法追究刑事责任；尚不够刑事处罚的，依法给予行政处罚或者行政处分。”

（2）《中华人民共和国地图编制出版管理条例》第二十五条第一款第三项、第四项“违反本条例规定，有下列行为之一的，由国务院测绘行政主管部门或者省、自治区、直辖市人民政府负责管理测绘工作的部门责令停止发行、销售、展示，对有关地图出版社处以300元以上10000元以下的罚款；情节严重的，由出版行政管理部门注销有关地图出版社的地图出版资格：（三）地图上国界线或者省、自治区、直辖市行政区域界线的绘制不符合国家有关规定而出版的；（四）地图内容的表示不符合国家有关规定，造成严重错误的。”

第二款“有前款第（三）项、第（四）项所列行为之一的，还应当没收全部地图及违法所得。”

（二十二）未按规定送审地图的或者擅自使用未经审核批准的地图

1. 实施机关：省级测绘行政主管部门

2. 处罚种类：责令停止发行、销售、展示，责令限期改正，警告，罚款

3. 法律依据：

（1）《中华人民共和国地图编制出版管理条例》第二十五条第一款第一项“违反本条例规定，有下列行为之一的，由国务院测绘行政主管部门或者省、自治区、直辖市人民政府负责管理测绘工作的部门责令停止发行、销售、展示，对有关地图出版社处以300元以上10000元以下的罚款；情节严重的，由出版行政管理部门注销有关地图出版社的地图出版资格：（一）地图印刷或者展示前未按照规定将试制样图报送国务院测绘行政主管部门或者省、自治区、直辖市人民政府负责管理测绘工作的部门审核的；”

（2）《地图审核管理规定》第二十五条第一项“违反本规定，有下列行为之一的，由国务院测绘行政主管部门或者省级测绘行政主管部门责令限期改正，给予警告，并可以处五千元以上二万元以下的罚款：（一）未按规定送审地图的或者擅自使用未经审核批准的地图的；”

（二十三）专题地图在印刷或者展示前未按照规定将试制样图报有关行政主管部门审核

1. 实施机关：省级测绘行政主管部门

2. 处罚种类：责令停止发行、销售、展示，罚款

3. 法律依据：

《中华人民共和国地图编制出版管理条例》第二十五条第一款第二项“违反本条例规定，有下列行为之一的，由国务院测绘行政主管部门或者省、自治区、直辖市人民政府负责管理测绘工作的部门责令停止发行、销售、展示，对有关地图出版社处以300元以上10000元以下的罚款；情节严重的，由出版行政管理部门注销有关地图出版社的地图出版资格：（二）专题地图在印刷或者展示前未按照规定将试制样图报有关行政主管部门审核的；”

（二十四）地图上国界线或者省、自治区、直辖市行政区域界线的绘制不符合国家有关规定而出版

1. 实施机关：省级测绘行政主管部门

2. 处罚种类：责令停止发行、销售、展示，罚款，没收全部地图及违法所得

3. 法律依据：

《中华人民共和国地图编制出版管理条例》第二十五条第一款第三项“违反本条例规定，有下列行为之一的，由国务院测绘行政主管部门或者省、自治区、直辖市人民政府负责管理测绘工作的部门责令停止发行、销售、展示，对有关地图出版社处以300元以上10000元以下的罚款；情节严重的，由出版行政管理部门注销有关地图出版社的地图出版资格：（三）地图上国界线或者省、自治区、直辖市行政区域界线的绘制不符合国家有关规定而出版的；”

第二款“有前款第（三）项、第（四）项所列行为之一的，还应当没收全部地图及违法所得。”

（二十五）地图内容的表示不符合国家有关规定，造成严重错误

1. 实施机关：省级测绘行政主管部门

2. 处罚种类：责令停止发行、销售、展示，罚款，没收全部地图及违法所得

3. 法律依据：

《中华人民共和国地图编制出版管理条例》第二十五条第一款第四项“违反本条例规定，有下列行为之一的，由国务院测绘行政主管部门或者省、自治区、直辖市人民政府负责管理测绘工作的部门责令停止发行、销售、展示，对有关地图出版社处以300元以上10000元以下的罚款；情节严重的，

由出版行政管理部门注销有关地图出版社的地图出版资格；（四）地图内容的表示不符合国家有关规定，造成严重错误的。”

第二款“有前款第（三）项、第（四）项所列行为之一的，还应当没收全部地图及违法所得。”

（二十六）未取得相应测绘资质，擅自编制地图

1. 实施机关：省、市、县级测绘行政主管部门

2. 处罚种类：责令停止违法行为，没收违法所得和测绘成果，罚款

3. 法律依据：

（1）《中华人民共和国测绘法》第四十二条第一款“违反本法规定，未取得测绘资质证书，擅自从事测绘活动的，责令停止违法行为，没收违法所得和测绘成果，并处以测绘约定报酬一倍以上二倍以下的罚款。”

（2）《中华人民共和国地图编制出版管理条例》第二十四条“违反本条例规定，未取得相应测绘资格，擅自编制地图的，由国务院测绘行政主管部门或者其授权的部门，或者省、自治区、直辖市人民政府负责管理测绘工作的部门或者其授权的部门，依据职责责令停止编制活动，没收违法所得，可以并处违法所得一倍以下的罚款。”

（二十七）未在地图上载明依法核发审图号

1. 实施机关：省级测绘行政主管部门

2. 处罚种类：责令限期改正，警告，罚款

3. 法律依据：

《地图审核管理规定》第二十四条第一项“违反本规定，有下列行为之一的，由国务院测绘行政主管部门或者省级测绘行政主管部门责令限期改正，给予警告，并可以处三千元以上一万元以下的罚款：（一）未在地图上载明国务院测绘行政主管部门或者省级测绘行政主管部门核发的审图号的；”

（二十八）经审核批准的地图，未按规定报送备案样图

1. 实施机关：省级测绘行政主管部门

2. 处罚种类：责令限期改正，警告，罚款

3. 法律依据：

《地图审核管理规定》第二十四条第二项“违反本规定，有下列行为之一的，由国务院测绘行政主管部门或者省级测绘行政主管部门责令限期改正，给予警告，并可以处三千元以上一万元以下的罚款：（二）经审核批准的地图，未按规定报送备案样图的。”

（二十九）经审核批准的地图，未按审查意见修改

1. 实施机关：省级测绘行政主管部门

2. 处罚种类：责令限期改正，警告，罚款

3. 法律依据：

《地图审核管理规定》第二十五条第二项“违反本规定，有下列行为之一的，由国务院测绘行政主管部门或者省级测绘行政主管部门责令限期改正，给予警告，并可以处五千元以上二万元以下的罚款：（二）经审核批准的地图，未按审查意见修改的。”

（三十）弄虚作假、伪造申请材料，骗取地图审核批准

1. 实施机关：省级测绘行政主管部门

2. 处罚种类：警告，罚款

3. 法律依据：

《地图审核管理规定》第二十六条第一项“违反本规定，有下列行为之一的，由国务院测绘行政主管部门或者省级测绘行政主管部门给予警告，并处二万元以上三万元以下的罚款：（一）弄虚作假、伪造申请材料，骗取地图审核批准的；”

（三十一）伪造或者冒用地图审核批准文件和地图审图号

1. 实施机关：省级测绘行政主管部门

2. 处罚种类：警告，罚款

3. 法律依据：

《地图审核管理规定》第二十六条第二项“违反本规定，有下列行为之一的，由国务院测绘行政主管部门或者省级测绘行政主管部门给予警告，并处二万元以上三万元以下的罚款：（二）伪造或者冒用地图审核批准文件和地图审图号的。”

（三十二）在测量标志占地范围内烧荒、耕作、取土、挖沙或者侵占永久性测量标志用地

1. 实施机关：市、县级测绘行政主管部门

2. 处罚种类：责令限期改正，警告，罚款，承担赔偿责任

3. 法律依据：

（1）《中华人民共和国测量标志保护条例》第二十三条“有本条例第二十二条禁止的行为之一，或者有下列行为之一的，由县级以上人民政府管理测绘工作的部门责令限期改正，给予警告，并可以根据情节处以5万元以下的罚款；对负有直接责任的主管人员和其他直接责任人员，依法给予行政处

分；造成损失的，应当依法承担赔偿责任：”

（2）《中华人民共和国测量标志保护条例》第二十二条第二项“测量标志受国家保护，禁止下列有损测量标志安全和使测量标志失去使用效能的行为：（二）在测量标志占地范围内烧荒、耕作、取土、挖沙或者侵占永久性测量标志用地的；”

（三十三）在距永久性测量标志 50 米范围内采石、爆破、射击、架设高压电线

1. 实施机关：市、县级测绘行政主管部门

2. 处罚种类：责令限期改正，警告，罚款，承担赔偿责任

3. 法律依据：

（1）《中华人民共和国测量标志保护条例》第二十三条“有本条例第二十二条禁止的行为之一，或者有下列行为之一的，由县级以上人民政府管理测绘工作的部门责令限期改正，给予警告，并可以根据情节处以 5 万元以下的罚款；对负有直接责任的主管人员和其他直接责任人员，依法给予行政处分；造成损失的，应当依法承担赔偿责任：”

（2）《中华人民共和国测量标志保护条例》第二十二条第三项“测量标志受国家保护，禁止下列有损测量标志安全和使测量标志失去使用效能的行为：（三）在距永久性测量标志 50 米范围内采石、爆破、射击、架设高压电线的；”

（三十四）在测量标志占地范围内，建设影响测量标志使用效能的建筑物

1. 实施机关：市、县级测绘行政主管部门

2. 处罚种类：警告，责令改正，罚款，承担赔偿责任

3. 法律依据：

（1）《中华人民共和国测绘法》第五十条第四项“违反本法规定，有下列行为之一的，给予警告，责令改正，可以并处五万元以下的罚款；造成损失的，依法承担赔偿责任；构成犯罪的，依法追究刑事责任；尚不够刑事处罚的，对负有直接责任的主管人员和其他直接责任人员，依法给予行政处分：（四）在测量标志占地范围内，建设影响测量标志使用效能的建筑物的；”

（2）《中华人民共和国测量标志保护条例》第二十三条“有本条例第二十二条禁止的行为之一，或者有下列行为之一的，由县级以上人民政府管理测绘工作的部门责令限期改正，给予警告，并可以根据情节处以 5 万元以下的罚款；对负有直接责任的主管人员和其他直接责任人员，依法给予行政处分；造成损失的，应当依法承担赔偿责任：”

（3）《中华人民共和国测量标志保护条例》第二十二条第四项“测量标志受国家保护，禁止下列有损测量标志安全和使测量标志失去使用效能的行为：（四）在测量标志的占地范围内，建设影响测量标志使用效能的建筑物的；”

（三十五）在测量标志上架设通讯设施、设置观望台、搭帐篷、拴牲畜或者设置其他有可能损毁测量标志的附着物

1. 实施机关：市、县级测绘行政主管部门

2. 处罚种类：责令限期改正，警告，罚款，承担赔偿责任

3. 法律依据：

（1）《中华人民共和国测量标志保护条例》第二十三条“有本条例第二十二条禁止的行为之一，或者有下列行为之一的，由县级以上人民政府管理测绘工作的部门责令限期改正，给予警告，并可以根据情节处以 5 万元以下的罚款；对负有直接责任的主管人员和其他直接责任人员，依法给予行政处分；造成损失的，应当依法承担赔偿责任：”

（2）《中华人民共和国测量标志保护条例》第二十二条第五项“测量标志受国家保护，禁止下列有损测量标志安全和使测量标志失去使用效能的行为：（五）在测量标志上架设通讯设施、设置观望台、搭帐篷、拴牲畜或者设置其他有可能损毁测量标志的附着物的；”

（三十六）擅自拆除设有测量标志的建筑物或者拆除建筑物上的测量标志

1. 实施机关：市、县级测绘行政主管部门

2. 处罚种类：责令限期改正，警告，罚款，承担赔偿责任

3. 法律依据：

（1）《中华人民共和国测量标志保护条例》第二十三条“有本条例第二十二条禁止的行为之一，或者有下列行为之一的，由县级以上人民政府管理测绘工作的部门责令限期改正，给予警告，并可以根据情节处以 5 万元以下的罚款；对负有直接责任的主管人员和其他直接责任人员，依法给予行政处分；造成损失的，应当依法承担赔偿责任：”

（2）《中华人民共和国测量标志保护条例》第二十二条第六项“测量标志受国家保护，禁止下列有损测量标志安全和使测量标志失去使用效能的行

为：（六）擅自拆除设有测量标志的建筑物或者拆除建筑物上的测量标志的。”

（三十七）其他有损测量标志安全和使用效能

1. 实施机关：市、县级测绘行政主管部门

2. 处罚种类：责令限期改正，警告，罚款，承担赔偿责任

3. 法律依据：

（1）《中华人民共和国测量标志保护条例》第二十三条“有本条例第二十二条禁止的行为之一，或者有下列行为之一的，由县级以上人民政府管理测绘工作的部门责令限期改正，给予警告，并可以根据情节处以5万元以下的罚款；对负有直接责任的主管人员和其他直接责任人员，依法给予行政处分；造成损失的，应当依法承担赔偿责任：”

（2）《中华人民共和国测量标志保护条例》第二十二条第七项“测量标志受国家保护，禁止下列有损测量标志安全和使测量标志失去使用效能的行为：（七）其他有损测量标志安全和使用效能的。”

（三十八）干扰或者阻挠测量标志建设单位依法使用土地或者在建筑物上建设永久性测量标志

1. 实施机关：市、县级测绘行政主管部门

2. 处罚种类：责令限期改正，警告，罚款，承担赔偿责任

3. 法律依据：

《中华人民共和国测量标志保护条例》第二十三条第一项“有本条例第二十二条禁止的行为之一，或者有下列行为之一的，由县级以上人民政府管理测绘工作的部门责令限期改正，给予警告，并可以根据情节处以5万元以下的罚款；对负有直接责任的主管人员和其他直接责任人员，依法给予行政处分；造成损失的，应当依法承担赔偿责任：（一）干扰或者阻挠测量标志建设单位依法使用土地或者在建筑物上建设永久性测量标志的；”

（三十九）工程建设单位未经批准擅自拆迁永久性测量标志或者使永久性测量标志失去使用效能的，或者拒绝按照国家有关规定支付迁建费用

1. 实施机关：市、县级测绘行政主管部门

2. 处罚种类：责令限期改正，警告，罚款，承担赔偿责任

3. 法律依据：

《中华人民共和国测量标志保护条例》第二十三条第二项“有本条例第二十二条禁止的行为之一，或者有下列行为之一的，由县级以上人民政府管理测绘工作的部门责令限期改正，给予警告，并可以根据情节处以5万元以下的罚款；对负有直接责任的主管人员和其他直接责任人员，依法给予行政处分；造成损失的，应当依法承担赔偿责任：（二）工程建设单位未经批准擅自拆迁永久性测量标志或者使永久性测量标志失去使用效能的，或者拒绝按照国家有关规定支付迁建费用的；”

（四十）违反操作规程使用永久性测量标志，造成永久性测量标志损毁

1. 实施机关：市、县级测绘行政主管部门

2. 处罚种类：警告，责令改正，罚款，承担赔偿责任

3. 法律依据：

（1）《中华人民共和国测绘法》第五十条第六项“违反本法规定，有下列行为之一的，给予警告，责令改正，可以并处五万元以下的罚款；造成损失的，依法承担赔偿责任；构成犯罪的，依法追究刑事责任；尚不够刑事处罚的，对负有直接责任的主管人员和其他直接责任人员，依法给予行政处分：（六）违反操作规程使用永久性测量标志，造成永久性测量标志损毁的。”

（2）《中华人民共和国测量标志保护条例》第二十三条第三项“有本条例第二十二条禁止的行为之一，或者有下列行为之一的，由县级以上人民政府管理测绘工作的部门责令限期改正，给予警告，并可以根据情节处以5万元以下的罚款；对负有直接责任的主管人员和其他直接责任人员，依法给予行政处分；造成损失的，应当依法承担赔偿责任：（三）违反测绘操作规程进行测绘，使永久性测量标志受到损坏的；”

（四十一）无证使用永久性测量标志并且拒绝县级以上人民政府管理测绘工作的部门监督和负责保管测量标志的单位和个人查询

1. 实施机关：市、县级测绘行政主管部门

2. 处罚种类：责令限期改正，警告，罚款，承担赔偿责任

3. 法律依据：

《中华人民共和国测量标志保护条例》第二十三条第四项“有本条例第二十二条禁止的行为之一，或者有下列行为之一的，由县级以上人民政府管理测绘工作的部门责令限期改正，给予警告，并可以根据情节处以5万元以下的罚款；对负有直接责任的主管人员和其他直接责任人员，依法给予行政处

分；造成损失的，应当依法承担赔偿责任：（四）无证使用永久性测量标志并且拒绝县级以上人民政府管理测绘工作的部门监督和负责保管测量标志的单位和个人查询的。”

（四十二）损毁或者擅自移动永久性测量标志和正在使用中的临时性测量标志

1. 实施机关：市、县级测绘行政主管部门

2. 处罚种类：警告，责令改正，罚款，承担赔偿责任

3. 法律依据：

《中华人民共和国测绘法》第五十条第一项“违反本法规定，有下列行为之一的，给予警告，责令改正，可以并处五万元以下的罚款；造成损失的，依法承担赔偿责任；构成犯罪的，依法追究刑事责任；尚不够刑事处罚的，对负有直接责任的主管人员和其他直接责任人员，依法给予行政处分：（一）损毁或者擅自移动永久性测量标志和正在使用中的临时性测量标志的；”

（四十三）侵占永久性测量标志用地

1. 实施机关：市、县级测绘行政主管部门

2. 处罚种类：警告，责令改正，罚款，承担赔偿责任

3. 法律依据：

《中华人民共和国测绘法》第五十条第二项“违反本法规定，有下列行为之一的，给予警告，责令改正，可以并处五万元以下的罚款；造成损失的，依法承担赔偿责任；构成犯罪的，依法追究刑事责任；尚不够刑事处罚的，对负有直接责任的主管人员和其他直接责任人员，依法给予行政处分：（二）侵占永久性测量标志用地的；”

（四十四）在永久性测量标志安全控制范围内从事危害测量标志安全和使用效能的活动

1. 实施机关：市、县级测绘行政主管部门

2. 处罚种类：警告，责令改正，罚款，承担赔偿责任

3. 法律依据：

《中华人民共和国测绘法》第五十条第三项“违反本法规定，有下列行为之一的，给予警告，责令改正，可以并处五万元以下的罚款；造成损失的，依法承担赔偿责任；构成犯罪的，依法追究刑事责任；尚不够刑事处罚的，对负有直接责任的主管人员和其他直接责任人员，依法给予行政处分：（三）在永久性测量标志安全控制范围内从事危害测量标志安全和使用效能的活动的；”

（四十五）擅自拆除永久性测量标志或者使永久性测量标志失去使用效能，或者拒绝支付迁建费用

1. 实施机关：市、县级测绘行政主管部门

2. 处罚种类：警告，责令改正，罚款，承担赔偿责任

3. 法律依据：

《中华人民共和国测绘法》第五十条第五项“违反本法规定，有下列行为之一的，给予警告，责令改正，可以并处五万元以下的罚款；造成损失的，依法承担赔偿责任；构成犯罪的，依法追究刑事责任；尚不够刑事处罚的，对负有直接责任的主管人员和其他直接责任人员，依法给予行政处分：（五）擅自拆除永久性测量标志或者使永久性测量标志失去使用效能，或者拒绝支付迁建费用的；”

（四十六）擅自向第三方提供或者转让国家基础地理信息数据

1. 实施机关：国家测绘局、省级测绘行政主管部门

2. 处罚种类：没收测绘成果和违法所得，罚款，承担赔偿责任

3. 法律依据：

《国家基础地理信息数据使用许可管理规定》第二十九条第一项“使用单位违反本规定，有下列行为之一的，由省级以上测绘主管部门收回国家基础地理信息数据和有关资料，根据国家基础地理信息数据制作的衍生成果或者已取得的非法收入一并没收；情节严重的，可以并处3万元以下的罚款；造成损失的，使用单位应当承担赔偿责任：（一）擅自向第三方提供或者转让国家基础地理信息数据的；”

（四十七）未经提供单位许可使用国家基础地理信息数据

1. 实施机关：国家测绘局、省级测绘行政主管部门

2. 处罚种类：没收测绘成果和违法所得，罚款，承担赔偿责任

3. 法律依据：

《国家基础地理信息数据使用许可管理规定》第二十九条第二项“使用单位违反本规定，有下列行为之一的，由省级以上测绘主管部门收回国家基础地理信息数据和有关资料，根据国家基础地理信

息数据制作的衍生成果或者已取得的非法收入一并没收；情节严重的，可以并处3万元以下的罚款；造成损失的，使用单位应当承担赔偿责任：（二）未经提供单位许可使用国家基础地理信息数据的；”

（四十八）使用单位的身份变更或者改变国家基础地理信息数据的用途又不及时向提供单位提出申请并重新签订使用许可协议

1. 实施机关：国家测绘局、省级测绘行政主管部门

2. 处罚种类：没收测绘成果和违法所得，罚款，承担赔偿责任

3. 法律依据：

《国家基础地理信息数据使用许可管理规定》第二十九条第三项“使用单位违反本规定，有下列行为之一的，由省级以上测绘主管部门收回国家基础地理信息数据和有关资料，根据国家基础地理信息数据制作的衍生成果或者已取得的非法收入一并没收；情节严重的，可以并处3万元以下的罚款；造成损失的，使用单位应当承担赔偿责任：（三）使用单位的身份变更或者改变国家基础地理信息数据的用途又不及时向提供单位提出申请并重新签订使用许可协议的；”

（四十九）对获得的国家基础地理信息数据保管不当，造成数据全部或者部分丢失、被窃，又不及时向提供单位报告

1. 实施机关：国家测绘局、省级测绘行政主管部门

2. 处罚种类：没收测绘成果和违法所得，罚款，承担赔偿责任

3. 法律依据：

《国家基础地理信息数据使用许可管理规定》第二十九条第四项“使用单位违反本规定，有下列行为之一的，由省级以上测绘主管部门收回国家基础地理信息数据和有关资料，根据国家基础地理信息数据制作的衍生成果或者已取得的非法收入一并没收；情节严重的，可以并处3万元以下的罚款；造成损失的，使用单位应当承担赔偿责任：（四）对获得的国家基础地理信息数据保管不当，造成数据全部或者部分丢失、被窃，又不及时向提供单位报告的；”

（五十）使用国家基础地理信息数据时，不按规定标示版权所有者或者擅自改变版权所有者

1. 实施机关：国家测绘局、省级测绘行政主管部门

2. 处罚种类：没收测绘成果和违法所得，罚款，承担赔偿责任

3. 法律依据：

《国家基础地理信息数据使用许可管理规定》第二十九条第五项“使用单位违反本规定，有下列行为之一的，由省级以上测绘主管部门收回国家基础地理信息数据和有关资料，根据国家基础地理信息数据制作的衍生成果或者已取得的非法收入一并没收；情节严重的，可以并处3万元以下的罚款；造成损失的，使用单位应当承担赔偿责任：（五）使用国家基础地理信息数据时，不按规定标示版权所有者或者擅自改变版权所有者的。”

（五十一）伪造身份或者掩盖其对国家基础地理信息数据的真实使用用途，骗取国家基础地理信息数据

1. 实施机关：国家测绘局、省级测绘行政主管部门

2. 处罚种类：没收测绘成果和违法所得，罚款

3. 法律依据：

《国家基础地理信息数据使用许可管理规定》第三十条“伪造身份或者掩盖其对国家基础地理信息数据的真实使用用途，骗取国家基础地理信息数据的，由省级以上测绘主管部门责令停止使用，收回其取得的国家基础地理信息数据和有关资料，根据国家基础地理信息数据制作的衍生成果或者已取得的非法收入一并没收；情节严重的，可以并处非法所得50%至100%的罚款；构成犯罪的，由司法机关追究其刑事责任。”

（五十二）在房产面积测算中不执行国家标准、规范和规定

1. 实施机关：国家测绘局、省级测绘行政主管部门

2. 处罚种类：降级或者取消房产测绘资格

3. 法律依据：

《房产测绘管理办法》第二十一条第一项“房产测绘单位有下列情形之一的，由县级以上人民政府房地产行政主管部门给予警告并责令限期改正，并可处以1万元以上3万元以下的罚款；情节严重的，由发证机关予以降级或者取消其房产测绘资格：（一）在房产面积测算中不执行国家标准、规范和规定的；”

（五十三）在房产面积测算中弄虚作假、欺骗

房屋权利人

1. 实施机关：国家测绘局、省级测绘行政主管部门

2. 处罚种类：降级或者取消房产测绘资格

3. 法律依据：

《房产测绘管理办法》第二十一条第二项“房产测绘单位有下列情形之一的，由县级以上人民政府房地产行政主管部门给予警告并责令限期改正，并可处以1万元以上3万元以下的罚款；情节严重的，由发证机关予以降级或者取消其房产测绘资格：（二）在房产面积测算中弄虚作假、欺骗房屋权利人的；”

（五十四）房产面积测算失误，造成重大损失

1. 实施机关：国家测绘局、省级测绘行政主管部门

2. 处罚种类：降级或者取消房产测绘资格

3. 法律依据：

《房产测绘管理办法》第二十一条第三项“房产测绘单位有下列情形之一的，由县级以上人民政府房地产行政主管部门给予警告并责令限期改正，并可处以1万元以上3万元以下的罚款；情节严重的，由发证机关予以降级或者取消其房产测绘资格：（三）房产面积测算失误，造成重大损失的。”

（五十五）以伪造证明文件、提供虚假材料等手段，骗取一次性测绘批准文件

1. 实施机关：国家测绘局

2. 处罚种类：撤消批准文件，责令停止测绘活动，罚款，收缴测绘成果

3. 法律依据：

《外国的组织或者个人来华测绘管理暂行办法》第十八条第一项“违反本办法规定，有下列行为之一的，由国务院测绘行政主管部门撤销批准文件，责令停止测绘活动，处3万元以下罚款。有关部门对中方负有直接责任的主管人员和其他直接责任人员，依法给予行政处分；构成犯罪的，依法追究刑事责任。对形成的测绘成果依法予以收缴：（一）以伪造证明文件、提供虚假材料等手段，骗取一次性测绘批准文件的；”

（五十六）超出一次性测绘批准文件的内容从事测绘活动

1. 实施机关：国家测绘局

2. 处罚种类：撤消批准文件，责令停止测绘活动，罚款，收缴测绘成果

3. 法律依据：

《外国的组织或者个人来华测绘管理暂行办法》第十八条第二项“违反本办法规定，有下列行为之一的，由国务院测绘行政主管部门撤销批准文件，责令停止测绘活动，处3万元以下罚款。有关部门对中方负有直接责任的主管人员和其他直接责任人员，依法给予行政处分；构成犯罪的，依法追究刑事责任。对形成的测绘成果依法予以收缴：（二）超出一次性测绘批准文件的内容从事测绘活动的。”

（五十七）未经依法批准将测绘成果携带或者传输出境

1. 实施机关：国家测绘局

2. 处罚种类：罚款

3. 法律依据：

《外国的组织或者个人来华测绘管理暂行办法》第十九条“违反本办法规定，未经依法批准将测绘成果携带或者传输出境的，由国务院测绘行政主管部门处3万元以下罚款；构成犯罪的，依法追究刑事责任。”

四、行政监督检查（共9项）

（一）测绘成果质量的监督检查

1. 实施机关：县级以上测绘行政主管部门

2. 法律依据：

《中华人民共和国测绘法》第三十四条“测绘单位应当对其完成的测绘成果质量负责。县级以上人民政府测绘行政主管部门应当加强对测绘成果质量的监督管理。”

（二）基础测绘经费使用情况的监督检查

1. 实施机关：县级以上测绘行政主管部门

2. 法律依据：

《基础测绘经费管理办法》第十八条“基础测绘经费的管理与使用要严格遵守国家有关财务、会计制度和财经纪律。

财政部门和测绘主管部门应对基础测绘经费的使用情况进行监督检查。基础测绘项目组织实施单位和承担单位应接受审计、监察等部门的审计与监督。对于弄虚作假、截留、挪用、挤占基础测绘经费等违反财务制度和财经纪律的行为，要给予有关责任人经济和行政处罚；构成犯罪的，移交司法部门处理。”

（三）测绘资质的监督检查

1. 实施机关：县级以上测绘行政主管部门

2. 法律依据：

《测绘资质监督检查办法》第三条“测绘资质监督检查是指测绘行政主管部门对测绘单位资质进行的监督检查，以及对测绘单位是否在资质许可的范围内从事测绘活动和履行测绘法律法规制度情况进行的监督检查。

各级测绘行政主管部门是测绘资质监督检查机关。”

（四）测绘市场的监督检查

1. 实施机关：县级以上测绘行政主管部门

2. 法律依据：

《测绘市场管理暂行办法》第三条“县级以上人民政府测绘主管部门和工商行政管理部门负责监督管理本行政区域内的测绘市场。”

（五）对外国的组织或者个人来华测绘的监督检查

1. 实施机关：县级以上测绘行政主管部门

2. 法律依据：

《外国的组织或者个人来华测绘管理暂行办法》第十六条“县级以上地方人民政府测绘行政主管部门，应当加强对本行政区域内来华测绘的监督管理，定期对下列内容进行检查：（一）是否涉及国家安全和秘密；（二）是否在《测绘资质证书》载明的业务范围内进行；（三）是否按照国务院测绘行政主管部门批准的内容进行；（四）是否按照《中华人民共和国测绘成果管理条例》的有关规定汇交测绘成果副本或者目录；（五）是否保证了中方测绘人员全程参与具体测绘活动。”

（六）对基础测绘成果的使用情况的监督检查

1. 实施机关：县级以上测绘行政主管部门

2. 法律依据：

《基础测绘成果提供使用管理暂行办法》第十六条第二款“测绘行政主管部门应当依法对基础测绘成果的使用情况进行跟踪检查。”

（七）地图审核监督检查

1. 实施机关：国家测绘局、省级测绘行政主管部门

2. 法律依据：

《地图审核管理规定》第三条“国务院测绘行政主管部门统一监督管理全国的地图审核工作。省、自治区、直辖市测绘行政主管部门（以下简称省级测绘行政主管部门）监督管理本行政区域内的地图审核工作。”

（八）基础测绘中长期规划和年度计划的执行情况监督检查

1. 实施机关：县级以上测绘行政主管部门

2. 法律依据：

《基础测绘计划管理办法》第二十七条“县级以上人民政府发展改革主管部门会同同级测绘行政主管部门对基础测绘中长期规划和年度计划的执行情况进行监督检查。”

（九）对航摄项目经费的实施进行监督、检查

1. 实施机关：国家测绘局

2. 法律依据：

《国家基础航空摄影经费管理办法》第二十四条“财政部、国家测绘局对航摄项目经费的实施进行监督、检查。对违反国家有关法律、法规和财务规章制度的，要按照国家有关规定进行处理。”

五、行政奖励（共3项）

（一）测绘科学技术进步奖励

1. 实施机关：县级以上测绘行政主管部门

2. 法律依据：

《中华人民共和国测绘法》第六条“国家鼓励测绘科学技术的创新和进步，采用先进的技术和设备，提高测绘水平。

对在测绘科学技术进步中做出重要贡献的单位和个人，按照国家有关规定给予奖励。”

（二）测绘标志保护工作奖励

1. 实施机关：县级以上测绘行政主管部门

2. 法律依据：

《中华人民共和国测量标志保护条例》第七条“对在保护永久性测量标志工作中做出显著成绩的单位和个人，给予奖励。”

（三）测绘成果管理工作奖励

1. 实施机关：县级以上测绘行政主管部门

2. 法律依据：

《中华人民共和国测绘成果管理条例》第五条“对在测绘成果管理工作中做出突出贡献的单位和个人，由有关人民政府或者部门给予表彰和奖励。”

六、其他行政执法行为（共20项）

（一）不予批准升级和增加测绘业务范围

1. 实施机关：国家测绘局、省级测绘行政主管部门

2. 法律依据：

《测绘资质管理规定》第十六条第二款“申请升级的测绘单位在申请之日前2年内有下列行为之一的，不予批准升级和增加测绘业务范围：（一）

采用不正当手段承接测绘项目的；（二）将承接的测绘项目转包或者违法分包的；（三）测绘成果质量不合格，造成损失且情节严重的；（四）有其他违法行为的。”

（二）注销《测绘资质证书》

1. 实施机关：国家测绘局、省级测绘行政主管部门

2. 法律依据：

(1)《测绘资质管理规定》第二十条“有下列情形之一的，发证机关应当注销《测绘资质证书》：(一)《测绘资质证书》有效期届满未延续的；(二)测绘单位依法中止的；（三）测绘资质审查决定依法被撤销、撤回的；(四)《测绘资质证书》依法被吊销的；（五）测绘单位在2年内未承接测绘项目的；（六）法律法规规定的应当注销《测绘资质证书》的其他情形。”

(2)《测绘资质监督检查办法》第十九条“测绘资质发证机关对1年内未参加年度注册的测绘单位予以公告；对2年内未参加年度注册的测绘单位，注销其《测绘资质证书》。”

（三）缓期注册

1. 实施机关：国家测绘局、省级测绘行政主管部门

2. 法律依据：

《测绘资质监督检查办法》第十三条“有下列行为之一的，予以缓期注册：（一）未按时报送年度注册材料的、年度注册材料不符合规定要求的；(二）应当变更的事项未变更的；（三）未按规定登记测绘项目的。”

（四）不予注册测绘资质证书

1. 实施机关：国家测绘局、省级测绘行政主管部门

2. 法律依据：

《测绘资质监督检查办法》第十四条“有下列行为之一的，不予注册：（一）年度注册材料弄虚作假的；（二）不符合相应测绘资质标准条件的；(三）单位信用不良，被投诉且造成较大影响，并经核查属实的；（四）测绘成果质量不合格给用户造成损失且情节严重的；（五）缓期注册的测绘单位逾期未整改的；（六）有严重违反测绘法律法规行为的。”

（五）收回其测绘作业证并及时交回发证机关

1. 实施机关：市、县级测绘行政主管部门

2. 法律依据：

《测绘作业证管理规定》第十五条“测绘人员有下列行为之一的，由所在单位收回其测绘作业证并及时交回发证机关，对情节严重者依法给予行政处分；构成犯罪的，依法追究刑事责任：（一）将测绘作业证转借他人的；（二）擅自涂改测绘作业证的；（三）利用测绘作业证严重违反工作纪律、职业道德或者损害国家、集体或者他人利益的；（四）利用测绘作业证进行欺诈及其他违法活动的。”

（六）基础测绘规划组织实施

1. 实施机关：县级以上测绘行政主管部门

2. 法律依据：

《中华人民共和国测绘法》第十二条“国务院测绘行政主管部门会同国务院其他有关部门、军队测绘主管部门组织编制全国基础测绘规划，报国务院批准后组织实施。

县级以上地方人民政府测绘行政主管部门会同本级人民政府其他有关部门根据国家和上一级人民政府的基础测绘规划和本行政区域内的实际情况，组织编制本行政区域的基础测绘规划，报本级人民政府批准，并报上一级测绘行政主管部门备案后组织实施。”

（七）地籍测绘规划编制与组织管理

1. 实施机关：县级以上测绘行政主管部门

2. 法律依据：

《中华人民共和国测绘法》第十八条“国务院测绘行政主管部门会同国务院土地行政主管部门编制全国地籍测绘规划。县级以上地方人民政府测绘行政主管部门会同同级土地行政主管部门编制本行政区域的地籍测绘规划。

县级以上人民政府测绘行政主管部门按照地籍测绘规划，组织管理地籍测绘。”

（八）永久性测量标志保护

1. 实施机关：县级以上测绘行政主管部门

2. 法律依据：

《中华人民共和国测绘法》第三十九条“县级以上人民政府应当采取有效措施加强测量标志的保护工作。

县级以上人民政府测绘行政主管部门应当按照规定检查、维护永久性测量标志。

乡级人民政府应当做好本行政区域内的测量标志保护工作。”

（九）接收汇交的测绘成果副本或者目录，未

依法出具汇交凭证

1. 实施机关：国家测绘局、省级测绘行政主管部门

2. 法律依据：

《中华人民共和国测绘成果管理条例》第二十六条第一项“违反本条例规定，县级以上人民政府测绘行政主管部门有下列行为之一的，由本级人民政府或者上级人民政府测绘行政主管部门责令改正，通报批评；对直接负责的主管人员和其他直接责任人员，依法给予处分：（一）接收汇交的测绘成果副本或者目录，未依法出具汇交凭证的；”

（十）未及时向测绘成果保管单位移交测绘成果资料

1. 实施机关：国家测绘局、省级测绘行政主管部门

2. 法律依据：

《中华人民共和国测绘成果管理条例》第二十六条第二项“违反本条例规定，县级以上人民政府测绘行政主管部门有下列行为之一的，由本级人民政府或者上级人民政府测绘行政主管部门责令改正，通报批评；对直接负责的主管人员和其他直接责任人员，依法给予处分：（二）未及时向测绘成果保管单位移交测绘成果资料的；”

（十一）未依法编制和公布测绘成果资料目录

1. 实施机关：国家测绘局、省级测绘行政主管部门

2. 法律依据：

《中华人民共和国测绘成果管理条例》第二十六条第三项“违反本条例规定，县级以上人民政府测绘行政主管部门有下列行为之一的，由本级人民政府或者上级人民政府测绘行政主管部门责令改正，通报批评；对直接负责的主管人员和其他直接责任人员，依法给予处分：（三）未依法编制和公布测绘成果资料目录的；”

（十二）收回注册测绘师资格证书，3 年内不得参加资格考试

1. 实施机关：国家测绘局

2. 法律依据：

《注册测绘师制度暂行规定》第十一条“对以不正当手段取得《中华人民共和国注册测绘师资格证书》的，由发证机关收回。自收回该证书之日起，当事人 3 年内不得再次参加注册测绘师资格考试。”

（十三）注销注册，收回注册证和执业印章

1. 实施机关：国家测绘局

2. 法律依据：

《注册测绘师制度暂行规定》第二十二条“注册申请人有下列情形之一的，应由注册测绘师本人或者聘用单位及时向当地省、自治区、直辖市人民政府测绘行政主管部门提出申请，由国家测绘局审核批准后，办理注销手续，收回《中华人民共和国注册测绘师注册证》和执业印章：（一）不具有完全民事行为能力的；（二）申请注销注册的；（三）注册有效期满且未延续注册的；（四）被依法撤销注册的；（五）受到刑事处罚的；（六）与聘用单位解除劳动或者聘用关系的；（七）聘用单位被依法取消测绘资质证书的；（八）聘用单位被吊销营业执照的；（九）因本人过失造成利害关系人重大经济损失的；（十）应当注销注册的其他情形。”

（十四）不予注册

1. 实施机关：国家测绘局

2. 法律依据：

《注册测绘师制度暂行规定》第二十三条“注册申请人有下列情形之一的，不予注册：（一）不具有完全民事行为能力的；（二）刑事处罚尚未执行完毕的；（三）因在测绘活动中受到刑事处罚，自刑事处罚执行完毕之日起至申请注册之日止不满 3 年的；（四）法律、法规规定不予注册的其他情形。”

（十五）撤消注册，3 年内不得申请注册

1. 实施机关：国家测绘局

2. 法律依据：

《注册测绘师制度暂行规定》第二十四条“注册申请人以不正当手段取得注册的，应当予以撤消，并由国家测绘局依法给予行政处罚；当事人在 3 年内不得再次申请注册；构成犯罪的，依法追究刑事责任。”

（十六）市、县级基础测绘年度计划指标内容确定

1. 实施机关：省级测绘行政主管部门

2. 法律依据：

《基础测绘计划管理办法》第二十一条“市、县级基础测绘年度计划的指标内容，由各省、自治区、直辖市发展改革主管部门会同同级测绘行政主管部门确定，并报国务院发展改革主管部门和测绘行政主管部门备案。”

（十七）市、县级基础测绘年度计划指标内容

备案

1. 实施机关：国家测绘局

2. 法律依据：

《基础测绘计划管理办法》第二十一条“市、县级基础测绘年度计划的指标内容，由各省、自治区、直辖市发展改革主管部门会同同级测绘行政主管部门确定，并报国务院发展改革主管部门和测绘行政主管部门备案。”

（十八）基础测绘年度计划指标体系制定

1. 实施机关：国家测绘局、省级测绘行政主管部门

2. 法律依据：

《基础测绘计划管理办法》第二十三条“国家和省级基础测绘年度计划指标体系由国务院发展改革主管部门和测绘行政主管部门统一研究制定，市、县级基础测绘年度计划指标体系由省级发展改革部门和测绘行政主管部门研究制定后报国务院发展改革主管部门和测绘行政主管部门审查批准。”

（十九）市、县级基础测绘年度计划指标体系审查批准

1. 实施机关：国家测绘局

2. 法律依据：

《基础测绘计划管理办法》第二十三条“国家和省级基础测绘年度计划指标体系由国务院发展改革主管部门和测绘行政主管部门统一研究制定，市、县级基础测绘年度计划指标体系由省级发展改革部门和测绘行政主管部门研究制定后报国务院发展改革主管部门和测绘行政主管部门审查批准。

（二十）基础测绘年度计划指标体系调整意见批准

1. 实施机关：国家测绘局

2. 法律依据：

《基础测绘计划管理办法》第二十四条“根据测绘科学技术发展水平的实际要求，应当及时对基础测绘年度计划指标体系进行调整，其中国家和省级基础测绘年度计划指标体系由国务院发展改革主管部门和测绘行政主管部门统一调整，市、县级基础测绘年度计划指标体系由省级发展改革主管部门和测绘行政主管部门提出调整意见后报国务院发展改革主管部门和测绘行政主管部门批准。”

关于印发《国家测绘局关于加快推进测绘信息化发展的若干意见》的通知

国测财字［2007］5号　2007年3月21日

各省、自治区、直辖市、计划单列市测绘行政主管部门，新疆生产建设兵团测绘主管部门，局所属各单位，机关各司（室）：

为加快测绘信息化步伐，充分发挥测绘在国家信息化建设中的作用，现将《国家测绘局关于加快推进测绘信息化发展的若干意见》印发给你们，请遵照执行。

国家测绘局关于加快推进测绘信息化发展的若干意见

本世纪头20年，是我国全面建设小康社会、构建社会主义和谐社会的重要战略机遇期，也是测绘事业加快信息化步伐，全面迈向科学发展轨道的关键时期。近年来，测绘信息化工作成效显著，对于提高测绘统一监管水平、增强测绘保障服务能力、促进地理信息产业发展发挥了重要作用，但也存在着信息资源不丰富、开发利用不足、自主创新能力不强、信息安全保障体系不健全、基础设施薄弱等亟待解决的问题。为按照《2006－2020年国家信息化发展战略》和《全国基础测绘中长期规划纲要》等的要求做好测绘信息化工作，充分发挥测绘在国家信息化建设中的作用，提升测绘对经济社会发展的保障能力和水平，现就“十一五”期间的有关工作，提出如下意见。

一、充分认识测绘信息化工作的重要意义

测绘信息化是充分利用信息技术，推动测绘事业优化升级，充分发挥测绘在国家经济和社会发展中的作用，并逐步形成信息化测绘体系的工作过程。随着我国信息化步伐的不断加快，测绘的重要作用日益突出、应用领域更加广泛，经济社会对测绘管理和保障服务的要求越来越高，测绘信息化工作面临着新的机遇和挑战。《国民经济和社会发展第十一个五年规划纲要》提出，要“丰富和开发利用基础地理信息资源，发展地理信息产业”；《国家电子政务总体框架》将自然资源和地理空间基础信息库作为优先建设的重点领域；《全国基础测绘中长期规划纲要》强调，数字中国地理空间框架是国民经济和社会信息化的基础平台。地理信息资源作为国家重要的基础性、战略性信息资源，已经成为推动信息化发展的重要基础。加快推进测绘信息化，加速信息化测绘体系建设，是完善测绘体制机制、提高测绘依法行政能力的重要途径，是全面提高测绘保障服务能力、推进测绘事业持续健康发展的迫切需要，对于推动国家信息化发展具有十分重要的意义。

二、进一步理清测绘信息化工作的总体思路

坚持以邓小平理论和“三个代表”重要思想为指导，全面贯彻落实科学发展观，根据国家信息化发展战略的总体部署和《全国基础测绘中长期规划纲要》的要求，准确把握测绘信息化工作的特点，促进测绘业务信息化与政务信息化的协同发展。坚持以测绘信息化带动测绘事业发展全局，促进测绘工作在完善体制机制、科技自主创新、快速传送信息等方面取得新的突破，全面提高测绘部门的利用、监管、保障和服务水平。按照统筹规划、国家主导，标准统一、共建共享，面向需求、深化应用，确保安全、务求实效的方针，以推进国家信息化发展全局为着眼点，以国家电子政务建设为契机，以数字中国地理空间框架建设为重点，以地理信息资源开发利用为主线，以满足经济社会对测绘保障服务的需求为出发点和落脚点，加快信息化测绘体系建设，健全测绘公共服务体系，逐步实现地理信息的获取实时化、处理自动化、服务网络化和应用社会化，显著提高测绘行政管理的信息化水平。大力促进地理信息产业发展，为全面建设小康社会和构建社会主义和谐社会提供更加有力的测绘保障。

三、积极推进基础地理信息资源建设

紧紧围绕数字中国地理空间框架建设的总体目标，加快构建基础地理信息数据体系，不断提高基础地理信息资源保障能力。按照分级管理的原则，国家重点完善1:5万基础地理信息数据库，各地区重点推进1:1万和城镇大比例尺基础地理信息数据库建设。充分利用新技术、新工艺，加强对基础地理信息系统的改造和优化升级，积极开展各级各类专题数据库建设。将基础地理信息更新工作摆在更加突出的位置，加紧研究建立新形势、新技术条件下的基础地理信息更新机制，加快信息更新步伐，切实提高基础地理信息的现势性。加强各级各类基础地理信息资源的整合，积极推进各级测绘部门之间以及测绘部门与有关部门之间的信息共享，实现不同数据源、不同类型、不同尺度基础地理信息数据的集成应用。尽快形成中央和地方测绘部门分级管理、标准统一、种类齐全、互联互通的基础地理信息共享平台，为实现测绘部门基础地理信息快速传送和充分利用创造更加有利的条件。

四、着力加强地理信息资源的开发利用

切实将地理信息资源开发利用作为测绘信息化工作的重中之重，创新产品模式，转变服务方式，拓展应用领域。加大基础地理信息公共产品开发力度和应用程度，不断提高地理信息资源利用水平。依托基础地理信息数据库，积极配合各级党委、政府及有关部门开展各类地理信息应用系统建设，主动做好支持服务，确保各类系统的业务化运行。加快地理空间基础信息库建设，为电子政务建设提供地理空间支撑平台。针对构建社会主义和谐社会、新农村建设、国土资源管理、生态环境保护、公共安全、社会保障、国家主体功能区规划等方面的急需，发展公众版地形图产品和地理信息数据产品，加快经济与社会信息统计、基于位置服务、公共应急保障等方面的地理信息平台建设。进一步完善政府基础地理信息门户网站，开发网上产品，丰富信息内容，提高服务质量，扩大服务范围。妥善处理地理信息利用和保密的关系，进一步促进地理信息产业的发展，大力推进地理信息的社会化服务，支持和鼓励企业对地理信息的增值开发和商业服务，推动导航定位、智能交通、电子商务、现代物流等新兴产业的发展，让地理信息产品进入千家万户。

五、切实抓好测绘部门电子政务建设

按照国家电子政务建设的总体要求，加强测绘部门的电子政务建设，创新管理方式，大力提高测绘行政管理的水平和效率。依托国家电子政务网络，稳步开展测绘部门的政务网络建设，为政府的决策管理提供及时的政务和业务服务。建立国家测绘局与各直属单位、地方测绘部门统一的政务平台，提高测绘部门政务联网水平，实现政务连通和业务协同。加快测绘部门政府网站体系建设，加快测绘政务信息公开步伐，编制测绘政务信息公开和共享目录，建立测绘政策法规、测绘科技教育、测绘人力资源、测绘法人单位等测绘政务信息数据库。在完善网上地图审查系统、测绘资质审查系统的基础上，逐步健全各项测绘行政许可的网上办公服务系统，不断提高在线办事能力和水平，到2010年，确保50%以上的行政许可项目能够实现在线办理，更好地履行测绘统一监管和依法行政职能。

六、努力提高测绘自主创新能力

始终把自主创新摆在重要的战略位置，制定和完善测绘科技创新政策，积极创造有利于自主创新的体制机制。加强测绘科研院校和测绘生产基地、地理信息中心等测绘单位的协作，建立产学研相结合的创新体系，增强自主创新能力。加强测绘信息化发展战略研究，探索符合中国国情的测绘信息化发展道路。深入研究符合信息化测绘要求的现代测绘生产组织管理技术，提高测绘生产组织管理的信息化程度，继续推进测绘生产组织结构调整。加强测绘和信息技术基础理论研究，大力开展现代空间技术、信息技术、网络技术等在测绘领域集成应用的科技攻关，加快解决地理信息安全的关键技术，开发自主知识产权的地理信息软硬件平台，推出形式多样的地理信息产品。加强测绘学科建设，建立以高等教育、继续教育、在职培训为基础的测绘人才培养体系，完善测绘人才引进、使用和评价机制，特别要注重创新人才、科技带头人的培养，为科技自主创新和测绘信息化建设提供人才和智力保障。

七、高度重视信息安全工作

以促进地理信息安全、应用和产业发展的和谐为目标，根据国家关于信息安全的统一要求，进一步研究建立适用有效的地理信息安全等级保护制度，强化网络环境下保守国家秘密的政策手段，完善信息安全保障体系。加紧制定地理信息安全应急处置预案，加大信息安全监控力度，提高信息安全的自主保护能力和对安全事件的防范应对能力。进一步完善国家基础地理信息使用许可制度，积极探索网络环境下基础地理信息使用许可的管理方式和实现技术手段。建立网络信任体系。积极推进基础地理信息异地存储备份系统建设。大力提高测绘从业人员的信息安全意识，逐步完善维护测绘信息安全的长效机制。

八、大力推进信息化测绘基础设施建设

进一步加大对测绘基础设施的投入力度，不断提高信息化测绘基础设施自主保障能力。要全面推进国家测绘基准体系基础设施建设，积极开展高分辨率立体测图卫星及相关测绘卫星应用系统建设，促进地理信息变化监测体系建设，增强地理信息的快速获取和更新能力。充实完善数字化测绘生产基地和测绘外业的技术装备，促进测绘生产技术体系及其管理手段的优化升级，提高地理信息采集、处理、加工的整体实力。加快测绘成果档案存储与分发服务设施建设，提高测绘成果存储管理和分发服务的现代化水平。建立相互联通的地理信息交换中心，推进各级基础地理信息的网络化共享，实现地理信息的快速传递。切实加强测绘信息的安全保障基础设施建设，及时配备必需的关键设备，提高信息安全的基础支撑能力。要抓紧对本地区信息化基础设施的立项建设进行前期研究和科学论证，做好项目规划，按照基本建设的管理权限和程序尽快启动有关工作。

九、继续强化标准化工作和政策法规建设

积极参与和跟踪国际上的地理信息标准化工作，通过引进、吸收先进的地理信息标准化理念，不断提高我国地理信息标准化水平。在世界范围内积极推广我国先进的地理信息标准，为测绘以及地理信息产业的企事业单位参与国际竞争和合作创造有利条件。依托重大测绘工程和科技成果，进一步加快地理信息标准体系建设，完善地理信息采集、数据库建设、信息编码、交换共享、应用服务、产品模式、安全保密等技术规范和标准。充分发挥全国地理信息标准化技术委员会对地理信息标准化工作的推进作用，建立地理信息标准执行情况的跟踪和反馈机制，加快实现地理信息标准的协调统一。加强地理信息提供使用、安全保障、共享和社会化利用、知识产权保护等有关政策的研究工作，加快测绘信息化立法步伐。开展构建信息化测绘政策研究，探索信息化测绘管理体制和运行机制建设。进一步加强地理信息标准、政策的宣传和培训工作。

十、加快完善测绘信息化的领导协调机制

国家测绘局信息化领导小组要按照国家信息化工作的总体部署，加强对全国测绘信息化工作的统一领导、统筹协调和业务指导，组织制定测绘信息化的方针、政策和发展战略。加快形成国家测绘局与各地方测绘部门之间测绘信息化的领导协调机制。各地测绘部门要进一步认识测绘信息化工作的迫切性，转变观念，统一思想，建立健全测绘信息化工作推进机制，统筹规划好本地区的测绘信息化工作。国家测绘局信息化领导小组办公室要进一步加强与国务院信息化工作办公室和有关部门的工作联系，做好与地方测绘信息化工作的沟通衔接，积极组织开展信息化发展状况的调查研究，紧密跟踪国际上测绘信息化发展的趋势和动向，及时提出我国测绘信息化发展的思路和对策，配合国家有关部门做好信息化统计指标体系的制订工作，完善信息化工作报告的制度。尽快建立测绘信息化工作的决策咨询机制。各地要将测绘信息化推进工作所需经费纳入部门预算，确保各项工作的顺利开展。

关于正确使用中国示意性地图的通知

国测图字［2007］3号　2007年3月6日

各省、自治区、直辖市、计划单列市测绘行政主管部门，新疆生产建设兵团测绘主管部门，局所属各单位、机关各司（室）：

最近，各地陆续发现一些商品包装、广告、宣传品等使用的中国示意性地图，未能完整、准确地反映中国领土范围，或随意用其他图形遮盖中印边界走向、台湾岛等，在社会上引起了强烈反响。为进一步规范中国示意性地图的使用，现将有关要求重申如下：

一、充分认识使用正确中国示意性地图的重要性

中国示意性地图作为国家版图的表现形式，具有严肃的政治性和严格的法定性。各级测绘行政主管部门要本着对国家主权、领土完整、民族尊严负责的精神，从讲政治的高度，充分认识使用正确中国示意性地图的重要性，大力开展国家版图意识宣传教育活动，提高广大人民群众使用完整、准确中国示意性地图的自觉性。

二、进一步规范中国示意性地图的展示、登载行为

任何单位和个人在生产、经营、科研、教学、宣传等活动中，公开展示、登载中国示意性地图，都必须完整、准确反映中国领土范围，保持国界线的形状特征，不得随意删减或用其他图形遮盖。属于新编制的，必须按照国务院批准发布的《中国国界线画法标准样图》绘制，要特别注意台湾岛、南海诸岛、钓鱼岛、赤尾屿等重要岛屿和中印边界线走向的正确画法；从国家测绘局或者省级测绘行政主管部门网站下载直接使用的，不得对其内容进行编辑改动；由国外设计、编制的中国示意性地图，凡不符合我国国界线画法的，不得直接使用。

三、严格依法履行中国示意性地图送审程序

中国示意性地图在出版、展示、登载、引进、生产、加工前，必须送国务院或者省级测绘行政主管部门审核，经批准后才可出版、展示、登载、生产和加工。直接使用国家测绘局或者省级测绘行政主管部门网站上提供下载的地图，未对其地图内容进行任何编辑改动、删减、遮盖的，可以不送审。

各级测绘行政主管部门要切实履行好地图市场的统一监管职能，并充分发挥广大人民群众的监督作用，通过设立“问题地图”举报电话（电子邮箱），建立和完善快速应对地图突发事件的工作机制。一经发现地图违法违规案件，坚决予以查处，最大限度消除“问题地图”产生的不良影响，维护国家主权和领土完整。

关于导航电子地图管理有关规定的通知

国测图字［2007］7号　2007年11月19日

各导航电子地图制作资质单位，有关出版社：

为进一步加强导航电子地图管理，规范导航电子地图市场秩序，根据《中华人民共和国测绘法》以及有关规定，现就有关事项通知如下：

一、导航电子地图的数据采集活动，应当由具有导航电子地图测绘资质的单位承担，必须按照《导航电子地图安全处理技术基本要求》（GB20263-2006）进行，不得采用任何测量手段获取不得采集的内容。

二、导航电子地图的编辑加工、格式转换和地图质量测评等活动，属于导航电子地图编制活动，只能由依法取得导航电子地图测绘资质的单位实施。没有资质的单位，不得以任何形式从事上述导航电子地图编制活动。

三、公开出版、展示和使用的导航电子地图，不得以任何形式（显式或隐式）表达涉及国家秘密和其他不得表达的属性内容。必须按照《公开地图内容表示若干规定》、《导航电子地图安全处理技术基本要求》等有关规定与标准，对上述内容进行过滤并删除，并送国家测绘局指定的机构进行空间位置的保密技术处理。

四、导航电子地图在公开出版、展示和使用前，必须按照规定程序送国家测绘局审核。未依法经国家测绘局审核批准的导航电子地图，一律不得公开出版、展示和使用。

五、经审核批准的导航电子地图，编制出版单位应当严格按照地图审核批准的样图出版、展示和使用。改变地图内容的（包括地图数据格式转换、地图覆盖范围变化、地图表示内容更新等），应当按照规定程序重新送审。

六、导航电子地图编制单位，必须按照地图审核批准书上载明的用途使用导航电子地图，严格实行“一图一审”，不得“一号多用”。对于公开出版的导航电子地图，出版（或编制）单位应当自出版之日起60日内向国家测绘局地图技术审查中心送交样品一式两份备案。

七、公开出版、展示和使用的导航电子地图，应当在地图版权页或地图的显著位置上载明审图号。导航电子地图著作权人有权在地图上署名并显示著作权人的标识。

八、导航电子地图测绘资质单位申请使用地图保密插件，须报国家测绘局批准，由国家测绘局指定的机构负责办理。在地图保密插件使用过程中，应当严格遵守国家保密法律法规规定，确保国家秘密和相关保密技术的安全。未经批准，不得擅自超数量使用地图保密插件。

九、除依法取得导航电子地图测绘资质的外，其他单位和个人在使用导航电子地图过程中，不得携带其他带有空间定位系统（如GPS等）信号接收、定位功能的仪器开展显示、记录、存储、标注空间坐标、高程、地物属性信息，以及检测、校核、更改导航电子地图相关内容等测绘活动。

十、由导航电子地图、导航软件、导航设备构成的导航产品，不得设置以文本或数据库等任何形式显示、记录、存储涉密基础地理信息数据（坐标、高程等）的功能选项。

十一、导航电子地图测绘资质单位要加强对地图数据的保密管理，配备必要的设施，采取必要的措施，确保涉密测绘成果资料的安全。未经依法审批，不得向外国的组织和个人以及在我国注册的外商独资和中外合资、合作企业提供涉密测绘成果资料。

十二、外国的组织和个人在我国境内不得从事地图数据采集、编辑加工、格式转换和地图质量测评等导航电子地图编制出版活动。公开出版的导航电子地图产品需要出口的，应当执行国家出版管理的有关规定。

十三、各省、自治区、直辖市测绘行政主管部门要进一步加大导航电子地图市场的监管力度，严肃查处各种违法违规行为。对违反有关规定的导航电子地图资质单位，国家测绘局在年度注册时将予以缓期注册，并限期整改；情节严重的，将不予注册，并依法予以降低测绘资质等级、注销测绘资质直至吊销测绘资质的处罚。

关于进一步加强国家测绘局政府网站建设的意见

国测办字［2007］15号 2007年7月16日

各省、自治区、直辖市、计划单列市测绘行政主管部门，新疆生产建设兵团测绘主管部门，局所属各单位，机关各司（室）：

为深入贯彻落实党的十六大和十六届三中、五中、六中全会以及全国电子政务工作座谈会精神，按照《国务院办公厅关于加强政府网站建设和管理工作的意见》（国办发［2006］104号）、《国务院办公厅关于进一步做好中央政府门户网站内容保障工作的意见》（国办发［2006］61号）精神，现就进一步加强国家测绘局政府网站（以下简称“局政府网站”）建设工作提出如下意见：

一、深刻领会、提高认识，增强办好局政府网站的紧迫感

政府网站是各级人民政府以及政府部门在互联网上发布政务信息和提供在线服务、与公众互动交流的重要平台。随着社会信息化的发展，政府网站已成为政府应用信息技术履行职能的重要形式。办好政府网站，有利于促进政府依法行政，提高社会管理和公共服务水平，保障公众知情权、参与权和监督权，对于加强政府自身建设和推进行政管理体制改革具有重要意义。

各单位、各部门要以邓小平理论和“三个代表”重要思想为指导，全面落实科学发展观，按照构建社会主义和谐社会的要求，认真学习、深刻领会、积极贯彻国务院关于电子政务建设的一系列决策和部署；要高度重视局政府网站建设工作，进一步提高认识，增强责任感和紧迫感；要对局政府网站建设工作进行统筹规划，重点围绕政务信息公开、在线办事和公众参与三大功能，努力把局政府网站办成政务公开的重要窗口和建设服务机关、效能机关的重要平台。

二、丰富内容、挖掘深度，着力加强政府信息发布

各单位、各部门要按照严格依法、全面真实、及时便民的要求，做好政府信息发布，推进政务公开。

（一）及时发布政务信息。局政府网站要及时更新机构概况、领导简介等栏目，公布测绘法规、规划及实施情况、重大工作部署、重要会议和活动、重要人事任免等信息，不断提升信息发布的广度和深度。国家测绘局举办的重要活动要逐步实现局政府网站直播。

（二）适时推出专题、专栏政务信息。围绕局重点工作，以及社会公众关注的热点问题，局政府网站要适时发布政策法规解读、热点政务介绍等权威测绘信息，引导公众进一步了解、支持测绘工作。各单位、各部门要积极配合，立足测绘特色，研究拟定专题。

（三）规范发布程序，保证政务信息质量。要建立严格规范的信息采集、审核和发布制度，按照有关保密工作的规定，加强审查，层层把关，确保发布的信息内容、发布的程序合法合规；要研究制定政务信息的分类标准，编制信息公开目录，明确信息发布的时限。

三、拓宽范围、面向需求，切实提高网上服务水平

各单位、各部门要坚持以服务为导向，捕捉、发掘社会公众的需求，增强服务意识，加强网站的服务功能建设。

（一）拓展服务范围。要认真梳理本单位、本部门的服务事项，局政府网站建设部门在此基础上，整合信息资源，协调设计建设局政府网站。要针对不同受众和群体，逐步在局政府网站提供各类主题服务和公益服务，满足社会和公众的需求。

（二）提高在线办事能力和水平。要逐步推进行政许可项目的在线办理，确保“十一五”期间我局50%以上行政许可项目实现在线办理。要在局政府网站上提供切实有效的服务路径和办理流程，按照外网受理、内网办理、外网反馈的在线办理模式，通过一点受理、抄告相关、并联审批、限时反馈，为社会和公众提供便捷的服务。

（三）逐步实现“一站式服务”。局政府网站主管部门要统筹协调测绘系统政府网站体系建设，整合和发掘现有网站资源，加强局政府网站门户功能建设，逐步面向测绘单位和社会公众提供“一站式服务”。

四、发掘热点、创新栏目，稳步推进互动交流

各单位、各部门要按照总体规划、分步实施、严格审理、确保安全的原则，加强局政府网站互动栏目建设，不断丰富互动交流方式，为公众参与互动交流创造条件。

（一）加强对热点问题的宣传和引导。要围绕局重点工作，密切关注并准确把握网上舆情热点，通过在线访谈、热点解答、网上咨询等栏目，做好宣传和解疑释惑工作。局政府网站建设部门要积极策划各级测绘行政主管部门以及所属单位的负责人在局政府网站进行在线访谈，扩大社会影响。

（二）做好信息受理和反馈。要通过局长信箱、公众监督信箱、公众留言等，接受公众的建言献策和情况反映。局政府网站主管部门针对网上反映的问题，要及时组织反馈材料；要及时在网站发布有关负责人对网上涉及问题所作的批示、处理情况。

（三）逐步推进网上调查。要围绕测绘重大决策和与公众利益密切相关的事项，积极开展网上调查、网上听证、网上评议等工作，征集公众的意见和建议，及时分析汇总，为决策提供参考。

五、推进研发、维护安全，提升局政府网站技术保障能力

各单位、各部门要加强基础设施的建设，进一步提高网站建设的技术水平。

（一）不断推进技术研发。局政府网站建设部门要根据网站运行和内容建设的需要，加强网络技术平台和重要业务应用系统建设以及功能性软件研发。在条件具备的时候，逐步统一测绘系统政府网站的网络技术平台和重要业务应用系统。

（二）进一步做好安全建设。局政府网站建设部门要按照电子政务安全规范和技术要求，完善局政府网站的安全基础设施，制定完备的安全策略和应急预案，加强安全技术手段的应用。要做好日常巡检和随时监测，不断提高对网络攻击、病毒入侵、系统故障等的安全防范和应急处置能力，确保网站全天候工作、信息页面正常浏览、办事和互动平台畅通有效。

六、统筹协调、明确责任，完善局政府网站运行管理机制

做好局政府网站建设的关键是各单位、各部门合理分工、积极配合，并逐步形成一套完善的机制。

（一）统一管理、合作分工。国家测绘局办公室是局政府网站主管部门，负责对局政府网站建设工作进行统筹规划，指导、监督和协调；国家测绘局管理信息中心是局政府网站建设部门，负责对局政府网站建设和管理，提供相应的技术保障；机关各司（室）以及其他各单位、各部门要积极配合，主动为局政府网站建设提供内容保障。

（二）完善网站运行管理机制。国家测绘局逐步建立和完善局政府网站的信息保障、栏目共建、信息处理和反馈、办事服务、互动交流等各方面的工作机制，并进一步明确工作责任。各单位、各部门要认真执行各项制度，明确具体责任人和联络人，积极为局政府网站建设提供内容保障。

（三）建立监督和考核评估机制。对已经建立的各项机制，各单位、各部门对其执行情况要加强监督，并定期对执行效果进行评估。要制定监督和考核评估的办法，考核评估包括服务效率和服务质量两方面。各单位、各部门要将考核情况纳入年度绩效考核工作内容。

（四）加强对省级测绘主管部门政府网站建设的指导。国家测绘局在做好局政府网站建设的同时，要加强与省级测绘主管部门政府网站的沟通和联系，为其提供必要的技术保障，支持省级测绘主管部门政府网站建设。

七、深化建设、协同推进，做好中央政府门户网站内容保障工作

中央政府门户网站开通以来，各部门积极配合国务院办公厅做好内容保障工作，使中央政府门户网站的内容不断丰富，功能逐步增强，日益成为政务公开的重要窗口和建设服务型政府的重要平台。各单位、各部门要按照国务院办公厅的要求，通过深化局政府网站建设，进一步做好对中央政府门户网站的内容保障工作。

（一）完善内容保障的工作制度。要积极协助局政府网站建设部门做好内容保障工作，及时提供所需的各种信息。要建立健全内容保障工作的信息采编、报送、审核、发布等工作制度，保证各个环节运行顺畅；逐步完善业务规范，建立快速反应机制。

（二）推进业务协调和资源共享。要根据内容保障工作的要求，逐步实现本单位、本部门网站与局政府网站在网络技术平台、业务应用系统、网站栏目设置等方面的对接或兼容，以方便重要信息的网上抓取和及时报送。局政府网站建设部门要对各单位各部门的网站建设及时提供指导。

（三）做好业务培训工作。要培养一批在实际工作中能抓住新闻点快速报道、熟练进行专题制作、熟练进行采编发的业务人员；要通过定期开展不同层次、不同内容的培训和交流，提高业务人员的工作能力和水平。

做好局政府网站建设工作意义重大，任务艰巨。各单位、各部门要进一步转变观念、扎实工作、狠抓各项工作措施落实，不断提高局政府网站的建设和服务水平。

关于印发《中共国家测绘局党组关于对党员领导干部进行诫勉谈话和函询的暂行办法》、《中共国家测绘局党组关于党员领导干部述职述廉的暂行办法》的通知

国测党字［2007］14号　2007年5月17日

局所属各单位，机关各司（室）：

《中共国家测绘局党组关于对党员领导干部进行诫勉谈话和函询的暂行办法》、《中共国家测绘局党组关于党员领导干部述职述廉的暂行办法》已经局党组审议通过，现予印发，请认真遵照执行。

中共国家测绘局党组关于对党员领导干部进行诫勉谈话和函询的暂行办法

第一条　为加强和改进对党员领导干部的日常教育和管理，根据中央纪委、中央组织部《关于对党员领导干部进行诫勉谈话和函询的暂行办法》，并结合我局的实际，制定本办法。

第二条　根据局党组要求，局人事司和纪检监察室按照干部管理权限，负责对党员领导干部的诫勉谈话和函询的组织实施。

第三条　对党员领导干部进行诫勉谈话和函询，要严格履行审批程序。党员领导干部有需要进行诫勉谈话和函询的情况时，局人事司和纪检监察室要及时进行沟通。根据需要诫勉谈话和函询的内容，由局人事司或纪检监察室牵头提出意见，报分管局领导审批，涉及正司、局级党员领导干部的，必须报局党组书记批准。

第四条　党员领导干部有下列情况之一的，应当对其进行诫勉谈话：

（一）不能严格遵守党的政治纪律，贯彻落实党的路线方针政策和上级党组织决议、决定以及工作部署不力；

（二）不认真执行民主集中制，作风专断，或者在领导班子中闹无原则纠纷；

（三）不认真履行职责，给工作造成一定损失；

（四）不严格执行《党政领导干部选拔任用工作条例》，用人失察失误；

（五）不严格执行廉洁自律规定，造成不良影响；

（六）其他需要进行诫勉谈话的情况。

第五条　根据需要诫勉谈话的对象确定谈话人，一般由局人事司和纪检监察室负责同志对党员领导干部进行诫勉谈话；局机关职能部门和所属单位正职党员领导干部，由局党组书记或分管、联系其部门和单位的局领导进行诫勉谈话，局人事司、纪检监察室负责同志参加；局所属单位副职党员领导干部，也可根据具体情况委托其所在单位党委（党组）、总支的主要负责人进行诫勉谈话；局机关处级党员领导干部，也可以委托所在部门党支部书记进行诫勉谈话。

第六条　诫勉谈话时，应当向谈话对象说明谈

话原因，认真听取其对有关问题的解释和说明，指出需要注意的问题，并要求其提出改正措施。

第七条　局人事司和纪检监察室应当采取适当方式，对诫勉谈话对象存在的主要问题的改正情况进行了解。对于没有改正或者改正不明显的，应当根据局党组的意见，予以批评教育并督促改正，或者作出组织处理。

第八条　局人事司和纪检监察室针对群众反映的党员领导干部政治思想、道德品质、廉政勤政、选人用人等方面的问题，也可以用书面形式对被反映的党员领导干部进行函询。

第九条　党员领导干部在收到函询的十五个工作日内，应当实事求是地作出书面回复。如有特殊情况不能如期回复的，应当在规定期限内说明理由。对函询问题未讲清楚的，可再次对其进行函询或者采取其他方式进行了解。对无故不回复的，应当责令其尽快回复。

第十条　党员领导干部接受组织诫勉谈话和函询，要如实回答问题，不得隐瞒、编造、歪曲事实和回避问题，不得无故不回复组织函询，不得对反映问题的人进行追查，更不得打击报复。对违反者，应当进行批评教育，情节严重的给予组织处理或者纪律处分。

第十一条　党员领导干部的诫勉谈话记录（需经本人核实）和回复组织函询的材料，由实施诫勉谈话和函询的牵头部门留存。

第十二条　有关工作人员对党员领导干部进行的诫勉谈话和函询内容要严格保密。对失密、泄密者，按照有关规定处理。

第十三条　非中共党员领导干部，需要进行诫勉谈话和函询的，适用本办法。

第十四条　本办法由国家测绘局人事司商纪检监察室解释。

第十五条　本办法自发布之日起施行。

中共国家测绘局党组关于党员领导干部述职述廉的暂行办法

第一条　为加强对党员领导干部的管理和监督，根据中央纪委、中央组织部《关于党员领导干部述职述廉的暂行规定》，制定本办法。

第二条　本办法适用于局直属单位领导班子中的党员干部和局机关司级党员领导干部。

上述单位的非中共党员领导干部，适用本办法。

第三条　领导干部述职述廉由各单位（部门）党委（党组、总支、支部）负责组织实施，每两年结合领导班子民主生活会进行一次。

第四条　述职述廉的主要内容：

（一）学习贯彻邓小平理论、“三个代表”重要思想、科学发展观和党的路线方针政策情况。

（二）执行民主集中制情况。

（三）履行岗位职责和党风廉政建设责任情况。

（四）遵守廉洁从政规定情况。

（五）存在的突出问题和改正措施。

（六）其他需要说明的情况。

第五条　述职述廉的主要程序：

（一）各单位（部门）党委（党组、总支、支部）应结合实际制定述职述廉方案，报局党组同意后组织实施。

（二）各单位（部门）党委（党组、总支、支部）征求本单位（部门）干部群众对领导干部的意见，对意见进行汇总并报局党组。

（三）将干部群众的意见如实反馈给本人。其中，对主要负责人的意见，由局党组委托有关负责同志反馈；对其他领导成员的意见由单位（部门）主要负责人反馈。领导干部本人也要通过谈心等形式，充分听取意见。

（四）领导干部根据要求和组织反馈的意见撰写个人述职述廉报告。

（五）领导干部在党委（党组、总支、支部）组织召开的民主生活会上述职述廉。适当扩大参加述职述廉会议的人员范围，一般为副处以上干部，局机关各司（室）和人数较少的局直属单位要扩大到全体干部职工。

（六）局人事司和纪检监察室派人参加述职述廉会议，并结合当年的年度考核组织民主评议或民主测评。

（七）党委（党组、总支、支部）于本单位（部门）述职述廉工作结束后一个月内，将述职述廉工作总结和领导干部述职述廉报告报局党组。

第六条　对在述职述廉中干部群众反映的问题以及提出的意见、建议，领导干部应采取积极态度认真整改，并在所在单位（部门）一定范围内通报整改措施。整改措施落实情况要在下次民主生活会上予以说明。

第七条 局人事司和纪检监察室要加强对领导干部开展述职述廉工作的指导协调和督促。

（一）人事司会同纪检监察室提出年度述职述廉单位建议名单，报党组同意后，确定年度述职述廉工作计划。

（二）派人参加述职述廉会议，了解有关情况，并形成综合报告。

（三）建立领导干部述职述廉档案。

第八条 发现领导干部在述职述廉中隐瞒、回避重要问题，以及对存在的突出问题不认真改正的，根据局党组的意见，按照有关规定对其进行诫勉谈话，情节严重的给予组织处理。

第九条 本办法由国家测绘局人事司商纪检监察室解释。

第十条 本办法自发布之日起施行。

领导讲话

中共中央政治局委员、国务院副总理曾培炎看望野外测绘职工的讲话

2007 年 9 月 4 日

同志们：

你们好！大家辛苦了！野外测绘是一项艰苦的工作，长期以来，你们跋涉在沙漠戈壁，辗转在崇山峻岭，不畏艰辛、默默奉献，提供了大量可靠的地理信息，为我们国家经济发展、社会进步、国防巩固做出了巨大贡献。在这里，我代表党中央、国务院向大家表示亲切慰问和衷心感谢！并通过你们向全国测绘工作者表示敬意！

测绘是经济社会发展的基础性、公益性事业，也是准确掌握国情国力的重要手段。通过测绘获得的地理信息，已经成为经济建设、社会发展、人民生活和政府决策不可或缺的信息资源。世界主要国家都把开发利用地理信息资源放在十分重要的战略位置。我国要全面建设小康社会，加快推进社会主义现代化建设，必须加强测绘工作。

当前，我国测绘事业发展很快，从过去主要靠人工地面测量，发展到航空航天遥感、卫星导航定位，测绘科技达到了世界先进水平。但野外测绘仍然是航拍、航测无法替代的。你们的工作在国家基础测绘中占有重要地位，应该受到各界的尊重。这里，我提出几点希望：

一是实施好重大基础测绘工程。随着经济社会发展加快，国民经济各个领域对基础测绘提出了更高要求。按照“十一五”规划，到2010年，我们陆地国土 1∶5 万基础地理信息覆盖率要达到95%以上，1∶1 万实现必要的覆盖。西部 1∶5 万测图工程、1∶1 万数字化测图工程都是国家基础测绘的重点项目，对于促进西部地区发展十分重要，希望你们按期、按质完成。

二是切实抓好安全生产。野外测绘经常要在恶劣的自然条件下工作，一定要提高安全保障水平。要完善安全生产制度，尽可能采用新技术、新装备，减轻野外劳动强度。测绘工作者要增强自我保护意识，提高突发情况下的自我保护能力。各级政府和有关部门要更加关心支持测绘工作，提高装备水平，改善生活条件，解除职工后顾之忧。

三是大力弘扬测绘精神。测绘事业使命光荣、任务艰巨。要继续发扬测绘人“爱祖国、爱事业、艰苦奋斗、无私奉献”的光荣传统。头顶蓝天、脚踏实地、一丝不苟、扎实工作，高质量、高水平地提供准确的地理信息，以优异的成绩迎接党的十七大胜利召开！

国土资源部副部长、国家测绘局局长鹿心社在国家测绘局直属单位基础测绘建设工作电视电话会议上的讲话

2007年2月12日

同志们：

今天我们召开国家测绘局直属单位基础测绘建设工作电视电话会议，总结2006年国家基础测绘计划执行情况，部署2007年国家基础测绘任务，对于切实做好2007年的基础测绘工作，全面推进《全国基础测绘中长期规划纲要》和《测绘事业发展十一五规划纲要》的贯彻实施，具有重要的意义。刚才，少华同志代表国土司对2006年工作做了简要总结，提出了2007年思路，各直属单位领导同志做了很好的发言。

过去的一年，各直属单位、项目牵头单位和承担单位对国家基础测绘项目的实施给予了高度重视，加强统筹协调，狠抓制度建设，以西部测图工程、1:5万数据库更新工程等重大项目为龙头，在项目管理、生产组织、质量控制、成果归档等方面做了大量工作，确保了绝大部分项目按时完成年度目标。广大干部职工发扬“爱祖国、爱事业、艰苦奋斗、无私奉献”的测绘精神，团结协作，密切配合，为测绘事业发展付出了大量辛劳，各项工作取得显著成绩。特别是我们的外业职工，克服了生活、工作中的很多困难，为各项测绘任务的完成做出了重要贡献。我去年国庆前夕去青藏高原看望外业职工，感受很深。当时我接受中央几家新闻媒体记者联合采访时，就谈到：“测绘工作非常重要，我们的测绘队员很辛苦，很敬业，很可爱。希望社会各界都来关心、理解、支持测绘。”12月份中央电视台《决策者说》栏目的记者专访我时，我也讲到这个事情。大家为测绘事业的发展，为国家经济建设、国防建设做出了无私奉献。在此，我代表国家测绘局党组，向出席今天会议的同志们，并通过你们向奋战在一线的广大干部职工致以亲切的慰问和衷心的感谢！下面，我谈几点意见。

一是要进一步增强责任感。基础测绘作为一项公益性事业，是政府履行公共服务职能的重要内容。为经济社会发展提供强有力的测绘保障服务，是测绘工作的出发点和落脚点。去年，国务院批准了《全国基础测绘中长期规划纲要》，明确了未来15年特别是“十一五”期间全国基础测绘发展的指导思想、奋斗目标、主要任务和保障措施，对基础测绘工作提出了更高的要求。我们要从测绘事业发展全局的高度，充分认识基础测绘工作的重要性，不断增强责任感，切实做好基础测绘组织实施工作，大力提高测绘对经济社会发展的保障能力和服务水平。

二是要加强组织领导。组织领导能力和水平的高低决定着基础测绘建设的成效。各单位要切实加强对2007年国家基础测绘工作的组织领导，完善项目立项审查、设计审批、质量管理等制度，认真把好项目的立项关、设计关和质量关；建立健全项目执行监督、绩效考评制度，保证项目的按期实施和成果质量，全面提高基础测绘组织实施的水平。

三是要加强团结协调。今年基础测绘工作任务重、参加单位多、协调工作量大。各级管理部门要做好深入细致的组织协调工作，做好为基层单位的服务工作；各参加单位要从大局出发，发扬风格，听从管理部门和牵头单位的指挥，密切配合、互相支持；全体作业人员要加强学习、提高技术、勤奋工作，优质、高效、圆满地完成承担的基础测绘任务，为测绘事业的发展做出自己的贡献。

四是要注重安全生产。今年基础测绘项目的外业工作量进一步加大，一定要进一步把安全生产抓好。各级管理部门和项目承担单位领导要高度重视，切实加强安全生产的宣传教育培训，全面落实安全生产责任制，加大投入，加强督促检查，在去年安全生产取得较好成绩的基础上，创造更加良好的安全生产环境，确保全体职工平安和安全。

同志们，构建社会主义和谐社会、全面建设小康社会对测绘工作提出了新的需求，我们要增强责任感、使命感和光荣感，努力工作、开拓创新，推进基础测绘工作的全新发展，以优异的成绩迎接党的十七大的胜利召开。春节即将来临，在此给同志

们并通过你们给奋战在一线的广大干部职工及家人拜个早年！祝大家新春快乐、家庭幸福、万事如意！

加强基础测绘计划管理 提高测绘保障服务水平

国土资源部副部长、国家测绘局局长鹿心社在贯彻落实《基础测绘计划管理办法》视频会议上的讲话

2007 年 4 月 3 日

同志们：

这次由国家发改委、国家测绘局共同组织召开的贯彻落实《基础测绘计划管理办法》视频会议，是对我国测绘事业发展有重要意义的会议。我首先代表国土资源部、国家测绘局对国家发改委和各级发展改革部门多年来对测绘工作的支持表示感谢。刚才，杜鹰副主任作了重要讲话，从国民经济和社会发展全局的高度，阐述了基础测绘工作在促进国民经济和社会发展中的重要作用，论述了基础测绘计划管理的重要意义，并从五个方面对贯彻实施《管理办法》提出了明确要求。杜主任的讲话，对于落实《管理办法》具有重要的指导作用，我们要认真学习贯彻。下面，我结合全国基础测绘工作的情况，讲三个方面的意见。

一、基础测绘计划管理制度不断完善，促进基础测绘取得长足发展

测绘事业是经济建设、国防建设和社会发展的基础性事业。基础测绘是公益性事业，是各级政府履行公共服务职能的重要内容。改革开放以来，在党中央国务院的重视和关怀下，我国的基础测绘工作有了长足的发展。

（一）基础测绘计划管理的法规政策逐步健全

1997 年，在原国家计委的支持和努力下，基础测绘正式纳入我国国民经济和社会发展计划，明确了基础测绘工作的政府职责，初步建立了基础测绘工作的财政支撑体系，成为测绘事业发展进程中的一个重要标志，有力地推动了测绘事业的发展。到目前为止，绝大多数省、自治区、直辖市和计划单列市将基础测绘工作纳入当地国民经济和社会发展年度计划，建立了相应的经费投入机制。2002 年，《测绘法》修订出台，从法律上确立了基础测绘作为基础性、公益性事业的重要地位，明确了国家对基础测绘实行分级管理，并对基础测绘规划和计划的编制提出了原则要求。根据《测绘法》，国家测绘局会同有关部门加大了基础测绘管理配套法规的建设步伐。起草了《基础测绘条例》，已纳入国务院 2007 年立法计划；出台了《基础测绘经费管理办法》、《基础航空摄影专项经费管理办法》和《基础测绘项目管理办法》；现在，国家发改委、国家测绘局又联合制定了《基础测绘计划管理办法》。这些法规政策，为基础测绘持续健康协调发展提供了有力的保障。

（二）基础测绘建设取得重要进展

近年来，全国基础测绘建设取得了很大进展：一是由国家和地方各级平面控制网、高程控制网、卫星定位控制网以及重力基本网等组成的测绘基准体系不断完善；二是测制和更新了系列基本比例尺地形图，1∶5 万和 1∶1 万地形图分别覆盖陆地国土约 80% 和 44%，大比例尺地形图基本覆盖了全国城镇地区；三是建成 1∶400 万、1∶100 万、1∶25 万、1∶5 万国家基础地理信息数据库，29 个省（自治区、直辖市）开展了 1∶1 万基础地理信息数据库建设，部分大中城市已经建成大比例尺基础地理信息数据库；四是全国基础测绘队伍全面实现了从传统的测绘技术体系向数字化测绘技术体系的跨越，基础测绘生产力水平得到显著提高。基础测绘成果广泛应用于经济社会发展的各个领域，对促进经济社会又好又快发展起到了保障作用。

（三）基础测绘发展思路更加明确

2006 年 8 月，国务院办公厅转发了国家测绘局会同国家发改委等部门制定的《全国基础测绘中长期规划纲要》，明确了未来 15 年全国基础测绘发展的指导思想、基本原则、总体目标和重点任务等。要逐步建立起完善的基础测绘管理体制和运行机制，建成结构完整、功能完备的数字中国地理空间框架，形成以地理信息获取实时化、处理自动化、服务网

络化和应用社会化为特征的信息化测绘体系，全面提升基础测绘保障能力和服务水平。根据《规划纲要》，结合地区实际，各地积极开展了本地区基础测绘规划的编制工作。到2006年底，已有31个省级基础测绘规划编制完成。市、县级基础规划编制工作也取得重要进展，如：浙江、甘肃分别已有约80%的市、县完成了基础测绘规划编制。各级基础测绘规划的相继制定出台，为国家和地区基础测绘的发展奠定了良好的基础。

二、全面落实《基础测绘计划管理办法》，认真做好基础测绘计划管理工作

《基础测绘计划管理办法》的出台，标志着基础测绘计划管理走上了规范化、科学化、法制化的轨道，是我国测绘事业发展的一件大事，要认真做好《管理办法》的贯彻落实工作。

（一）充分认识《基础测绘计划管理办法》的重要作用

《管理办法》进一步明确了各级政府在推进基础测绘工作中的职能定位，明确了基础测绘计划管理的主体是各级政府发展改革和测绘行政主管部门，规定了基础测绘计划的主要内容、编制原则和程序、以及组织实施与监督评估等，是各级政府和有关部门做好基础测绘计划管理工作的重要依据，是在社会主义市场经济体制下，充分发挥国家计划的宏观调控作用、促进基础测绘持续健康协调发展的有力保障。《管理办法》对于加强基础测绘规划与政府其它规划之间的衔接，加强基础测绘规划、年度计划和财政预算之间的衔接，作出了明确规定。《管理办法》的实施，将有利于加强对国家和地区基础测绘工作的统筹协调；有利于促进基础测绘与经济社会发展实际需要紧密结合；有利于进一步健全基础测绘经费保障机制；有利于加快推进基础地理信息资源建设和开发利用，全面提高基础测绘的保障服务能力。

（二）认真做好基础测绘年度计划编制和实施工作

各级测绘行政主管部门要认真学习《管理办法》，进一步提高对基础测绘计划管理工作重要意义的认识。要准确理解《管理办法》的内涵，明确职责和任务。要积极配合发展改革部门，围绕党和国家的中心工作，根据《全国基础测绘中长期规划纲要》和本地基础测绘规划，按照《管理办法》的规定，编制好基础测绘年度计划。年度计划项目的提出要以广泛深入的需求调查为基础，以提供及时、可靠、适用的测绘保障服务为目标，统筹考虑、科学安排、突出重点、保障急需。要加大基础测绘计划组织实施的力度，切实增强计划的严肃性、约束性，确保收到实效。要加快建立国家和地区间基础测绘建设的统筹机制和协作机制。国家测绘局将进一步加强对全国基础测绘计划实施的宏观指导。

（三）加强基础测绘计划执行情况的监督评估

各级测绘行政主管部门要主动配合发展改革和财政部门，加快建立与规划、年度计划、预算、项目以及财务管理衔接一致的基础测绘计划执行情况监督评估机制。进一步规范基础测绘项目立项、论证、申报以及预算执行、跟踪问效等管理程序，完善项目审批、执行监督、资金使用、绩效考评等管理制度。要逐步建立计划执行情况监督评估工作体系，形成稳定的工作机制，加强对规划、年度计划执行情况以及各项指标完成情况的监督检查和评估。切实改变规划、年度计划与预算脱节，重编制轻落实的现象。建立和完善基础测绘项目绩效考评办法，加强绩效评估，提高财政资金使用效益。

三、扎实推进基础测绘工作，不断提高基础测绘保障服务水平

当前，全面建设小康社会，构建社会主义和谐社会的新形势对测绘工作提出了新的更高要求。要以《管理办法》实施为契机，进一步加强基础测绘工作，为经济社会发展提供可靠、适用、及时的测绘保障。要重点推进以下三个方面工作。

（一）加强基础地理信息资源建设

基础地理信息资源是测绘服务经济社会发展的重要基础，是国民经济和社会信息化建设的重要内容。要加快构建权威、统一的基础地理信息公共平台，为各类自然资源信息、经济社会信息的集成、共享提供地理空间框架。重点要加快现代测绘基准体系基础设施建设，进一步开展国家1:5万、省级1:1万和城市大比例尺地形图测制与更新，启动海岛（礁）测绘工程，大力推进各级基础地理信息数据库建设。要加快建立基础地理信息更新机制，提高基础地理信息覆盖率与现势性。要充分利用各种资源，提高基础地理信息的可靠性、适用性与标准化程度，尽快形成中央和地方分级管理、标准统一、种类齐全、互联互通的基础地理信息资源格局。

（二）大力开发基础测绘公共产品

大力开发基础测绘公共产品，是测绘公共服务体系建设的重要任务。要加快研究促进基础地理信息高效利用的保密技术和政策，处理好测绘成果保密与应用的关系。紧密围绕社会主义新农村建设、资源节约型和环境友好型社会建设、社会主义和谐社会建设等党和国家的中心工作，加快发展种类多样、内容丰富的基本地形图产品和基础地理信息数据产品。大力推进公众版地形图开发。建立健全基础地理信息分发服务体系，进一步完善政府基础地理信息网站，丰富信息内容，提高服务质量。

（三）充分发挥基础测绘的保障作用

为国民经济和社会发展提供有力的测绘保障，是测绘工作的出发点和落脚点。测绘系统各单位要主动与有关部门和单位加强沟通和协作，不断拓展服务领域，提高服务水平，充分发挥基础测绘在加强和改善宏观调控、促进区域协调发展、加强国土和自然资源管理、生态环境保护和公共应急管理、推进国民经济信息化等工作中的重要作用。要大力促进基础地理信息资源的产业化开发，促进地理信息产业发展，不断满足社会公众对地理信息服务日益增长的需求。

各级测绘行政主管部门要加强与发展改革、财政等部门的沟通，进一步完善基础测绘和测绘基础设施投入机制，形成基础测绘投入与经济社会发展需求相适应的良好机制，保证基础测绘计划实施的资金切实到位。要进一步完善基础航空摄影投资体制和运行机制，逐步形成中央和地方对基础航空摄影配套投入的新格局。要发挥边远地区、少数民族地区基础测绘专项补助经费对地方基础测绘投入的引导作用。要积极争取国家和地方科技计划和基金的支持，围绕测绘信息化建设，加强科技自主创新，为基础测绘提供有力的科技支撑。希望发展改革部门在加强计划管理的同时，从经济社会发展的宏观角度进一步加强对基础测绘工作的指导和支持。

同志们，家宝总理在前不久召开的两会上强调，要转变政府职能，加强社会管理和公共服务。向社会提供基础测绘成果和服务是公共服务的重要内容，加快全国基础测绘建设，责任重大，任务艰巨。我们要以邓小平理论和“三个代表”重要思想为指导，全面贯彻落实科学发展观，以实施《管理办法》为契机，齐心协力，锐意进取，开创测绘工作的新局面，为经济社会发展做出更大贡献。

国土资源部副部长、国家测绘局局长鹿心社在国家测绘局党组2007年专题民主生活会情况通报会上的讲话

2007年4月20日

同志们：

根据中央纪委、中央组织部《关于以加强领导干部作风建设为主题开好县以上党和国家机关党员领导干部专题民主生活会的通知》要求，国家测绘局党组于3月29日召开了专题民主生活会。会议由我主持，党组成员除宋超智同志因公务出差外全部出席会议（宋超智留有书面发言，由罗兰同志代为宣读），谢经荣副局长列席会议。中纪委四室派员参加会议并进行指导。

这是一次以加强领导干部作风建设为主题的专题民主生活会。这次生活会主题明确，准备充分，是一次严肃认真、团结和谐的会议，对进一步加强局党组领导班子作风建设，推进局机关和直属单位领导干部作风转变将起到重要作用。下面，我着重从两个方面通报这次会议的有关情况。

一、会议基本情况

一是党组从思想上高度重视这次专题民主生活会。在接到中纪委、中组部的《通知》后，党组成员都认真学习了《通知》精神，大家一致认为：党员领导干部民主生活会制度，是党内政治生活中的一项重要制度，是解决领导干部思想作风问题的有效途径。中央之所以要求各级领导班子增开一次以加强领导干部作风建设为主题的专题民主生活会，就是要通过民主生活会的形式，推进领导干部进一步转变作风，确保领导干部作风建设取得实效。我们从思想上高度重视这次专题民主生活会，及时把准备工作纳入了工作议程，提前部署，精心筹划，并委托局直属机关党委和人事司拟定具体方案报党

组审定。由于我这两个月在中央党校学习，不便于过多请假，故将这次会议的开法确定为：集中的时间为一天，主要内容是个人对照检查和研究整改措施，学习、谈心和相互批评的环节都放在会前进行。

二是会前准备充分，为专题民主生活会顺利召开奠定了良好的基础。由于这次专题民主生活会的开法略有变化，我们更加强调要把功夫花在会前。由于准备充分，为会议的顺利召开奠定了良好的基础。主要体现在：

1. 认真学习和对照检查。在确定了会议方案后，于2月16日印发了关于召开专题民主生活会的通知，明确了会议初步安排和具体要求。党组成员认真学习了党的作风建设的有关文件，深入学习了中央纪委第七次全会特别是胡锦涛同志重要讲话精神，根据会议主题和有关要求，认真进行了对照检查。党组成员针对征求上来的群众意见进行了逐条分析，并结合各自分管工作，对自己的工作情况和作风表现作了进一步反思，查找了不足。

2. 广泛征求群众意见。根据民主生活会的主题，党组委托直属机关党委在局机关全体干部职工和在京直属单位领导班子成员范围内广泛征求了意见。直属机关党委按照“原汁原味”的原则，将征求到的群众意见进行了汇总，共梳理出26条，其中：有关领导干部作风建设的意见12条，有关业务工作及具体问题的意见14条。党组提前将这次会议的时间安排、具体开法和征求到的群众意见，向中纪委、中组部、中央国家机关工委做了书面报告。同时，将群众意见印发给了党组成员。

3. 认真开展谈心活动。会前，党组成员之间认真开展了谈心活动。谈心过程中，既肯定成绩，又与人为善地指出对方的不足，开展了相互批评，达到了交流思想、沟通感情、增进团结、共同提高的目的。

4. 认真撰写发言提纲。党组成员在对自身的思想作风、学风、工作作风、领导作风、生活作风等方面的情况进行认真总结的基础上，根据征求到的群众意见以及谈心活动和相互批评中反映出的问题，反复对照胡锦涛同志提出的八个方面良好风气的要求，认真撰写并多次修改完善了发言提纲。

三是通过认真学习提高了对加强领导干部作风建设重大意义的认识。党组同志在发言中都畅谈了学习胡锦涛同志在中央纪委第七次全会上重要讲话的体会。大家一致认为，胡锦涛同志提出的加强领导干部作风建设要大力倡导的八个方面的良好风气，内涵丰富，寓意深刻，具有很强的针对性和指导性，对于促进和实现领导干部作风的转变，推动全党进一步落实科学发展观、构建社会主义和谐社会，进一步提高党的执政能力、保持和发展党的先进性，进一步做好新形势下的反腐倡廉工作，具有重大的现实意义和深远的历史意义。党的作风体现党的宗旨，关系党的形象，关系人心向背，关系党和国家的生死存亡。党的作风主要通过党员和各级领导干部在现实生活中的言论和行为表现出来，因此抓好党的作风建设，领导干部是关键。作风是一个领导干部综合素质的反映，干部作风正派才能得到群众的信任和支持；相反，一些领导干部违法违纪，都是从作风上放松要求开始的，领导干部良好的作风是抵御消极腐败现象和保持清正廉洁的重要保障。因此，必须把领导干部作风建设作为党的建设的一项战略任务，常抓不懈。

四是会上对照检查严肃认真，研究整改措施求真务实。会上，党组成员按照准备好的发言提纲依次发言。在分析局党组、局机关和直属单位领导干部作风建设现状的基础上，紧紧围绕会议主题，进行了自我对照检查。党组成员本着严肃认真的态度，按照胡锦涛同志提出的八个方面良好风气的要求，认真检查了自己在思想作风、学风、工作作风、领导作风、生活作风等方面存在的主要问题，开展了自我批评，剖析了思想根源，提出了努力方向。同时，党组高度重视整改措施的制定。会前，就把整改放在突出的位置上进行考虑，并提出了整改的初步意见。会上，党组成员针对群众意见和会上查找出的作风方面的主要问题，对整改措施进行了集中讨论，并提出了修改意见。会后，我们对整改措施作了进一步修改和完善，增强了整改措施的针对性，明确了整改任务，突出了整改重点。

二、存在的主要问题及整改措施

局党组经过认真对照检查，一致认为：局党组一班人在领导干部作风方面整体上说是好的，但按照胡锦涛同志着重强调的在工作中要大力倡导的八个方面良好风气的要求，还存在差距，主要表现为：在理论联系实际、抓大事谋全局、勇于开拓创新方面有差距；在深入基层调查研究、突出工作重点、狠抓工作落实方面有差距；在抓班子、带队伍，严格要求、大胆管理方面有差距。局党组对机关和直属单位领导干部作风方面存在的主要问题进行了初步分析，查找了党组自身在抓领导干部作风建设方面存在的不足。

为了切实加强局党组领导班子作风建设，针对党组存在的主要问题，现提出以下整改措施：

（一）坚持学以致用，努力开拓创新

党组要做勤奋好学、学以致用的表率。要牢固树立终身学习的思想，加强理论学习，优化知识结构。进一步完善局党组中心组理论学习制度，坚持集中学习与自学相结合，提高理论学习的系统性、针对性和实效性。发扬理论联系实际的学风，着眼于解决测绘事业发展中面临的政策法规、体制机制、科技人才、队伍建设等重大问题和实际问题，认真学习，深入思考，注重把学习成果转化为谋划工作的思路、促进工作的措施、领导工作的本领。

党组要做善谋全局、会抓大事的表率。要树立大局观念和机遇意识，坚持以科学发展观为指导，把测绘放在党和国家工作大局中去思考和谋划，紧密结合贯彻落实科学发展观和构建社会主义和谐社会的需要，紧密结合经济社会发展以及人民群众生活的需要，选好结合点，找准突破口，进一步提高从宏观和全局进行战略思维和推动测绘事业发展的能力。

党组要做与时俱进、开拓创新的表率。要坚持解放思想、实事求是、与时俱进的思想路线，坚持一切从实际出发，不断研究新情况，解决新问题，积极探索，开拓创新，创造性地开展工作。要根据新形势新任务的需要，在把握规律的基础上，勇于开拓，大胆实践，不断推进理念创新、体制创新、服务创新、科技创新，以新思路谋划发展，以新理念指导工作，以新举措抓好落实。

（二）坚持求真务实，抓落实求实效

要突出重点，狠抓落实。要善于统揽全局，抓住主要矛盾和矛盾的主要方面，突出重点工作和重点项目。根据国家测绘局2007年工作思路和目标任务，要按照时间进度，着重抓好理顺体制机制、推进依法行政、实施重大项目、促进成果应用、推动自主创新等几个方面的重点工作，在抓落实上下功夫。要善于调动各职能部门和所属单位各方面的积极性和主动性，统一思想，形成合力，共同推动测绘事业又好又快发展。

要抓住关键，攻坚克难。根据各自职责和分管工作，在落实重点工作的过程中，要善于抓住组织实施中的关键环节和难点问题，讲求工作方式和方法，集中精力，统筹谋划，合理安排，精心组织，以锲而不舍的精神攻难关、解难题，力求取得新突破、新进展。要督促指导有关司（室）加强与业务主管部门的联系与沟通，积极争取各方面的支持，营造良好的外部发展环境。

要加强督促检查，进一步推动机关作风转变。要督促机关进一步转变职能，落实责任，规范程序，加强督办。定下来的事情就要雷厉风行，抓紧实施，部署了的工作就要抓紧落实，务求实效。要加强机关管理，严格工作纪律，强调沟通协调，加强督促检查，提高工作效率。要进一步改进会风和文风，精简会议和文件。要大力提倡艰苦奋斗、勤俭节约的良好风气，创建节约型机关。

（三）要加强调查研究，密切联系群众

要加强对测绘事业发展重大问题的调查研究。局党组成员要带头开展调查研究，落实我局调研工作制度，不断改进调查研究方法，注意将调研成果转化为具体的政策举措。要通过深入调查研究，切实把握测绘事业发展面临的新情况、新问题，为科学决策、民主决策、依法决策提供依据，对影响测绘事业发展全局的重大问题，及时研究出台面向测绘系统或行业的政策性指导意见。

要深入基层调研，帮助解决实际问题。党组成员要带头深入基层，通过专题调研和检查工作等多种方式，注意了解基层单位的实际情况，广泛接触基层干部职工，注意倾听基层群众的意见，对调研中了解到的重要问题和基层反映的实际问题，要督促有关部门和单位及时研究处理，帮助基层解决实际问题。

要广泛听取意见，关心职工群众。党组成员要进一步密切联系群众，广泛听取意见和建议，督促有关部门及时研究处理并进行反馈。采取多种方式深入了解干部职工的真实思想和在工作、学习、生活上遇到的困难，注意带头做好干部职工的思想政治工作，帮助解决关系职工切身利益的突出问题。进一步抓好离退休干部工作，关心离退休人员的身心健康，加强情况沟通与思想交流。

（四）要加强领导，严格要求，切实推动领导干部作风转变

要加强对领导干部作风建设的领导，进一步加大抓班子带队伍的力度。要把领导干部作风建设作为抓班子带队伍的重要基础工作，继续贯彻落实《局党组关于加强直属单位领导班子建设的意见》，

把领导干部作风建设贯穿到领导班子建设和干部管理的各个环节，把干部的作风表现作为领导干部考察考核的重要内容。党组成员要进一步加强对分管和联系单位领导干部的教育和监督，严格要求，严格管理。

要把党员领导干部作风建设摆在党建工作的突出位置来抓。要进一步加强党组对局直属机关党建工作的领导，把党员领导干部作风建设作为党的先进性建设的重要内容，摆在党建工作的突出位置，切实抓紧抓好。要指导直属机关各级党组织不断健全和完善保持共产党员先进性长效机制，引导党员领导干部带头弘扬新风正气，抵制歪风邪气。

要进一步加强对党风廉政建设和反腐败工作的领导。要继续贯彻落实《建立健全教育、制度、监督并重的惩治和预防腐败体系实施纲要》，抓好局党组2007年党风廉政建设和反腐败工作各项任务的落实，进一步把党内监督各项制度落到实处，切实加强对领导干部作风状况的监督，及时发现和纠正领导干部在作风和廉洁自律方面的苗头性、倾向性问题。

以上整改措施，请大家予以监督。对于群众意见中反映的一些具体问题，我们已经按照分工请党组成员责成有关部门抓紧研究，能够解决的问题，要尽快解决；对于一些由于客观条件限制不能解决的问题，要向群众说明情况。

同志们，局党组在认真查找自身作风建设方面存在问题的同时，对局机关和直属单位领导干部作风状况也进行了初步分析。近年来，通过开展保持共产党员先进性教育活动，巩固和扩大先进性教育成果，特别是去年以来加大了抓班子带队伍的力度，领导干部的作风和机关作风有了比较明显的转变，推动了各项工作的开展。我局机关和直属单位领导干部作风从总体上来说是好的或比较好的，但用胡锦涛同志提出的八个方面良好风气的要求对照检查，仍有不少差距，在一部分领导干部身上还不同程度地存在这样那样的作风方面的问题。对于领导干部作风建设面临的艰巨任务，我们必须有清醒的认识。有的领导干部学习劲头不够足，存在不学习照样能够干工作的想法，学习满足于一知半解，缺乏深入思考，理论联系实际不够；有的领导干部创新意识不够强，思想不够解放、按部就班，凭经验办事，不善于攻坚克难、解决矛盾，进取心不强；有的领导干部抓落实不够到位，存在浮躁情绪，办事拖拉，效率不高；有的领导干部深入基层、调查研究不够，为基层主动服务的意识还不强；有的领导干部民主作风和共事能力有待进一步增强。这些问题虽然发生在个别领导干部身上，但不利于领导干部能力素质的提高，不利于领导班子整体功能的发挥，影响事业的发展，我们必须高度重视。

局机关和直属单位各级领导干部要认真贯彻胡锦涛同志大力倡导的八个方面良好风气的要求，切实改进思想作风、学风、工作作风、领导作风和生活作风。要在领导机关和领导干部中进一步弘扬求真务实、真抓实干，坚持原则、敢抓敢管，加强调研、科学决策，深入基层、体察民情，艰苦奋斗、勤俭节约的良好政风，进一步形成察实情、讲实话、出实招、办实事、求实效的工作作风，定了的事要抓紧干，朝前赶，争主动。要以局直属机关第十次党代会为契机，不断加强直属机关党的建设，切实做好干部职工的思想政治工作。要通过扎扎实实地抓好领导干部作风建设，促进领导干部作风转变，大力弘扬新风正气，推进各项工作落实，以优异的成绩迎接党的十七大胜利召开。

加强领导　服务大局　努力开创测绘法制工作新局面

国土资源部副部长、国家测绘局局长鹿心社在全国测绘系统法制工作会议上的讲话

2007年8月31日

尊敬的宋照肃副主任、各位来宾、同志们：

这次全国测绘系统法制工作会议，是在全国人民认真学习胡锦涛总书记在中央党校的重要讲话、深入贯彻落实科学发展观、加快构建社会主义和谐社会、加快建设法治政府、全面推进依法行政的新形势下，国家测绘局召开的一次重要会议，也是测

绘法修订颁布五周年之际召开的一次重要会议。会议的主要任务是：总结测绘法修订颁布五年来的测绘法制工作，交流测绘法制工作经验，表彰全国测绘系统法制工作先进集体和先进个人，部署今后一个时期的测绘法制工作。首先，我代表国家测绘局，向长期以来关心和支持测绘法制工作并莅临今天大会的全国人大环资委、全国人大常委会法工委、司法部、国务院法制办等部门的领导表示衷心的感谢！向受到表彰的全国测绘系统法制工作先进集体和先进个人表示热烈的祝贺！向辛勤工作在测绘法制工作岗位上的同志们表示诚挚的慰问！

根据日程安排，经荣同志将作会议报告，我先谈三点意见。

一、进一步提高对测绘法制工作重要性的认识

2002 年 8 月 29 日，第九届全国人大常委会第二十九次会议审议通过了修订的测绘法。测绘法修订颁布五年来，各级测绘行政主管部门认真贯彻依法治国基本方略，全面落实科学发展观，测绘法制工作取得了显著成绩。《测绘成果管理条例》、《重要地理信息审核公布管理规定》、《地图审核管理规定》、《外国的组织或者个人来华测绘管理暂行办法》等重要法规、规章相继颁布实施，地方测绘立法日趋完善，适应社会主义市场经济体制的测绘法律体系初步建立。各级测绘行政主管部门认真贯彻国务院《全面推进依法行政实施纲要》，测绘依法行政工作全面推进。测绘行政执法工作不断加强，执法力度不断加大，行政执法责任制得到落实。测绘行政许可制度进一步完善，集中受理逐步推行，网上审批工作取得进展，行政审批制度改革不断深入。测绘法制宣传教育工作深入开展，社会公众对测绘法律法规的认知程度和守法自觉性不断增强。在肯定成绩同时，我们也要清醒的认识到，测绘法制工作还存在一些亟待解决的问题，主要表现在：部分测绘行政主管部门的领导对测绘法制工作重要性的认识还不到位，测绘立法质量有待进一步提高，测绘行政执法工作仍然薄弱，测绘依法行政的能力有待进一步增强。

当前，我国进入了改革发展的关键时期，对法制工作提出了新的更高要求。测绘法制工作是社会主义法制建设的重要组成部分。各级测绘行政主管部门要进一步提高对测绘法制工作重要性的认识，增强做好测绘法制工作的责任感和紧迫感。

（一）加强测绘法制工作，是维护测绘市场秩序的迫切需要。随着社会主义市场经济体制改革的不断深化，测绘市场在快速发展的同时，也出现了一些新情况、新问题。统一监管机构薄弱，测绘市场秩序不够规范，“问题”地图屡禁不止，测量标志人为破坏严重，测绘成果失泄密以及违法涉外测绘案件时有发生，危害了国家安全和利益。地理信息产业的发展、互联网地图的出现、电子导航地图新产品等新兴测绘领域的快速发展，在为经济社会、人民生活带来方便的同时，也给测绘法制工作带来了新的挑战。这些都需要通过完善测绘法律法规对测绘市场加以规范，并通过严格执法来维护测绘市场的正常秩序。

（二）加强测绘法制工作，是提高测绘保障服务能力的必然要求。党中央、国务院十分关心和重视测绘工作，中央、国务院多次对提高测绘的保障服务能力作出明确指示。随着我国经济社会的快速发展，测绘工作越来越重要。区域发展规划、重大工程建设、电子政务商务、公共应急体系、卫星导航定位等都需要测绘技术和测绘保障服务。随着测绘技术的普及和人民生活水平的提高，测绘已同人民群众的旅游、出行等日常生活密切相关。测绘成果的广泛应用和地理信息的共建共享等都为测绘事业发展提供了广阔的空间，也提出了新的要求。这些都需要测绘法律法规保障和促进，都需要通过严格执法来监督落实。

（三）加强测绘法制工作，是全面推进测绘依法行政的重要保障。《全面推进依法行政实施纲要》明确提出了“经过十年左右坚持不懈的努力，基本实现建设法治政府的目标”。各级测绘行政主管部门认真贯彻落实《纲要》的各项要求，测绘依法行政工作取得了明显进展。从根本上解决测绘部门职责“错位”、“缺位”和工作中存在的有法不依、执法不严、违法不究、法制观念淡薄、不依法办事等问题，需要全面加强测绘法制建设，从制度上强化测绘公共服务和市场监管职责，大力推行行政执法责任制。按照合法行政、合理行政、程序正当、高效便民、诚实守信、权责统一的要求，不断提高测绘行政主管部门依法行政的能力和水平。

二、测绘法制工作的主要任务

今后一个时期，测绘法制工作要坚持以邓小平理论和“三个代表”重要思想为指导，全面贯彻落实科学发展观和依法治国基本方略，完善测绘法规体系，推进测绘依法行政，为测绘事业健康发展创造良好的法制环境。总的要求是：围绕“一个中心”、实现“两个提高”、注重“三个加强”。

“一个中心”。就是以促进测绘法贯彻实施为中心，不断完善测绘法规体系，强化测绘行政执法。

“两个提高”。一要提高测绘立法质量。配合立法机关加强立法调研和法规草案起草，定期对法规规章实施情况进行评估；二要提高测绘执法水平。规范测绘执法程序，提高依法行政能力。

“三个加强”。一要加强对市县测绘行政主管部门依法行政工作的指导。要按照《全面推进依法行政实施纲要》要求，开展对贯彻实施情况的监督检查。二要加强测绘行政执法人员教育培训。要不断提高测绘行政执法人员的执法能力和水平。三要加强测绘法制理论政策研究工作。要围绕测绘事业发展和测绘法制建设的热点、难点问题，认真开展理论政策研究。

当前要着重抓好五个方面的工作：

（一）加快测绘法配套法规建设。要以加快测绘法配套法规、规章的制定、修订工作为重点，配合国务院法制办做好已上报国务院审议的《基础测绘条例》和《地图管理条例》的立法审查工作。要加快《测量标志保护条例》和《测绘质量管理条例》的修订、起草工作。要组织高层次的专家学者、测绘工作者和执法一线的同志，科学论证，集思广益，拿出高水平、高质量的法规规章草案，不断提高测绘立法质量。在地方测绘立法过程中要结合本地实际和测绘事业发展的新情况，在一些热点、难点问题上探索创新，拓展制度建设内容，做到切实解决地方测绘管理工作中存在的突出问题，为国家的测绘立法积累经验。

（二）加大测绘行政执法力度。要进一步落实行政执法责任制，在对测绘行政执法权进行梳理的基础上，明确划分各层级执法权限，下移执法重心，充分发挥市、县级测绘行政主管部门的作用。要做到执法主体明确、执法流程清晰、执法要求具体，责任分解到部门、明确到执法人员。针对测绘违法行为技术性强、流动性强、隐蔽性强的特点，建立测绘行政执法巡查、测绘违法行为举报等制度。建立测绘违法行为信息库，推行执法案卷、执法文书规范化。重点查处危害国家安全的违法涉外测绘等重大案件。

（三）全面推进测绘依法行政。推进测绘依法行政要以推进市、县级测绘行政主管部门依法行政为重点，不断规范测绘行政行为。加强对规范性文件的监督管理，建立发文前的法规审查制度，确保规范性文件合法有效。建立重大决策和重大行政审批前的法律论证和专家论证机制，确保决策审批科学、合法、合规。加强对测绘行政执法行为的规范和监督，确保测绘法律法规的全面正确实施。以贯彻实施《政府信息公开条例》为契机，进一步加大测绘部门的政务公开力度。加强测绘依法行政的培训，全面提高各级测绘行政主管部门干部特别是领导干部的依法行政意识和能力，以适应推进测绘依法行政的要求。

（四）加强测绘市场统一监管。依法将测绘市场管理纳入法制化的轨道，要转变测绘市场监管的方式，实现由主要运用行政手段向运用经济、法律手段转变；由重事前审批，向重事后监管转变；由重静态管理，向重动态管理转变。依法加强对测绘工程项目招标投标活动的监督管理。努力打破测绘市场的部门保护、行业垄断和地区封锁，创造公平、公正、公开的测绘市场环境。推行测绘工程项目监理制度，加强对测绘成果的质量监督。加强测绘市场信用体系建设，以测绘服务合同履约、测绘成果质量、依法测绘情况等为记录重点，逐步建立健全测绘市场活动主体的信用分类管理、守信信息的激励和负面信息披露制度，提高对测绘市场的监管水平。

（五）广泛开展测绘宣传教育。测绘法律法规具有技术性强、内容专业的特点，要切实把测绘法律法规宣传纳入当地法制宣传教育中，进一步提高社会的测绘法制意识。积极争取宣传、司法等部门的支持，把测绘法宣传纳入普法教育的年度计划，做到年年有内容、年年有重点、年年有进展。要争取通过党校、行政学院加强各级领导干部的测绘法制教育，提高领导干部的测绘法治意识和法律素养。要增强测绘法制宣传工作的针对性，加强对有关部门和单位涉外测绘管理法规宣传，开展重点测绘资质单位法定代表人的测绘法制宣传，提高他们依法从事测绘活动的自觉性。开展测绘法律及相关知识进机关、进企业、进农村、进社区活动，形成良好的测绘法治社会氛围。

三、做好测绘法制工作的几点要求

测绘行政主管部门要切实把测绘法制建设摆上重要位置，做到认识到位、领导到位、支持到位。

（一）要加强组织领导。测绘法制工作是一项综合性、专业性、政策性很强的工作，既涉及到对法规政策的把握，又涉及到对外职责的协调，可以说，测绘法制工作很大程度上体现了测绘行政主管部门依法行政的能力和水平。因此要切实加强对法制工作的领导，把测绘法制工作纳入重要议事日程，做到有部署、有检查、有考核。要结合各地实际情况，认真组织制定年度法制工作计划，完善配套制度和措施，做到年年有计划，逐级抓落实，整体推进测绘法制工作。

（二）要增强创新意识。各级测绘行政主管部门法制工作机构要根据测绘市场主体多元化、测绘技术高科技化、测绘成果数字化的新形势，勇于进取，积极探索，开拓创新，大胆实践，用创新的思路和办法解决发展中的矛盾和问题，认真研究进一步加强基础测绘、成果应用和统一监管工作的有效途径和方式，使测绘法制工作更好地保障测绘事业发展。要认真总结、交流测绘法制工作的经验，结合本地实际，不断创新工作机制，不断提升测绘法制工作水平。

（三）要加强队伍建设。各级测绘行政主管部门要进一步加强测绘法制工作机构建设，加强对测绘法制工作的事业单位支撑，充分发挥国家局和省局所属事业单位在法制工作中的重要作用。要进一步加强测绘法制工作队伍的建设，使法制工作机构的设置和人员的配备，同本地区、本单位的法制工作任务相适应。要积极采取措施，有条件的省局要设立独立的法制工作机构或者加挂法制机构牌子，配备法律专业人员。有条件的市、县测绘行政主管部门也要配备法律专业人员。要将测绘法制工作所需经费列入预算。要通过教育培训、实践锻炼和国内外考察调研等途径，努力提高测绘法制工作人员工作能力和水平。测绘法制机构及其工作人员要加强对党和国家重大方针政策的学习，进一步增强政治意识、大局意识；要充分认识肩负的重要责任，切实增强责任感和使命感，加强自身建设，大力提高政治素质、业务素质和工作能力；要紧密围绕测绘中心工作，积极主动地当好本部门领导在测绘法制建设和测绘依法行政方面的高级参谋、得力助手、合格顾问。

同志们，测绘法制工作责任重大，任务艰巨，使命光荣。让我们高举中国特色社会主义伟大旗帜，以邓小平理论和“三个代表”重要思想为指导，以科学发展观统领测绘工作全局，振奋精神，开拓进取，扎实工作，努力开创测绘法制工作的新局面，为促进测绘事业又好又快发展做出新的更大贡献，以实际行动迎接党的十七大胜利召开！

谢谢大家！

强化测绘质量监督管理 提高测绘保障服务水平

国土资源部副部长、国家测绘局局长鹿心社在全国重点测绘工程成果质量监督检查启动会上的讲话

2007年9月29日

同志们：

为了依法加强对测绘成果质量的监督管理，进一步提升测绘质量水平，国家测绘局、国家质检总局决定，今年10月至12月，联合开展针对全国重点测绘工程成果质量的监督检查活动。今天，我们召开电视电话会议，对监督检查活动进行动员和部署。下面，我讲三个方面的意见。

一、充分认识测绘质量的重要性

产品质量关系到人民群众切身利益、关系到经济发展、关系到国家利益。党中央、国务院高度重视质量工作。胡锦涛总书记、温家宝总理多次就加强产品质量作出重要指示。日前，国务院召开全国质量工作会议，研究加强产品质量的政策措施，对今后一个时期质量工作作出部署安排，提出了明确要求。测绘质量工作作为产品质量工作的重要组成部分，要按照党中央、国务院的有关要求，切实抓紧抓好。面对新的形势，我们必须充分认识测绘质量工作的重要性，增强做好这项工作的责任感。

（一）加强测绘质量监督管理，是保障国家重大建设工程质量的基础保证

测绘广泛服务于经济建设、社会发展和人民生活的各个方面。各项重大工程的建设都离不开测绘

的基础保障。测绘成果质量特别是基础测绘和重大测绘工程的成果质量关系到交通、能源、水利、环保等重大工程规划决策的科学性、准确性，关系到各项建设工程的质量和安全。国家重大建设工程，都需要以测绘成果为基础进行规划设计，需要以精准测绘成果为保障进行施工建设。不合格的测绘成果，将直接影响工程建设的质量，造成国家财产损失，甚至给人民的生命财产造成威胁。要切实加强测绘质量监管，提高测绘质量水平，确保测绘质量为重大工程建设提供可靠的测绘保障。

（二）加强测绘质量监督管理，是保障人民群众切身利益的现实需要

近年来，党中央国务院把提高对各类公共应急突发事件的处置能力，切实保障人民群众的生命健康和财产安全放到了更加突出的位置。基础测绘成果、地理信息公共平台，是构建公共应急突发事件处置指挥系统的重要基础。测绘成果的质量，直接关系到应急突发事件处置指挥系统的科学性、准确性、有效性。同时，测绘工作与人民群众生活息息相关，事关人民群众的切身利益。无论是土地使用、买房置业，还是人们出行导航、旅游观光等，都离不开各种形式的测绘成果。加强测绘质量监管，提高测绘质量水平，有利于提高政府的公共应急反应能力，保障人民群众生命和财产安全，有利于维护产权人的合法权益，减少因土地、房产面积纠纷造成的争议事件，维护社会稳定，促进社会和谐，有利于提高人们的出行质量，提高人民群众的生活水平。

（三）加强测绘质量监督管理，是维护国家主权和利益的客观要求

测绘工作所提供的基础地理信息数据资源，是国家重要的基础性、战略性信息资源，涉及国家秘密和国家利益。地图体现国家主权和政治主张，地图的质量关系到国家主权及政治主张的表达与宣示。地理信息和现代测绘技术也是加强国防建设、维护国家安定、保障国家安全的重要支撑条件。加强测绘质量监管，提高测绘质量水平，全面提高测绘在国家安全战略中的保障能力，对于维护国家版图尊严和地图的严肃性，维护国家主权和利益，保障国家安全至关重要。

二、认真做好本次监督检查工作

国家测绘局与国家质量监督检验检疫总局联合开展的这次全国重点测绘工程成果质量监督检查活动，是贯彻《测绘法》有关规定和《国务院关于加强产品质量和食品安全工作的通知》的一项重要举措，也是两局落实中央有关精神、加强联合执法的一次重要行动。这次全国重点测绘工程成果质量监督检查活动时间紧、任务重、要求高，各单位要在领导小组的统一领导下，密切配合，互相支持，精心组织，确保监督检查活动的质量和成效，确保整个监督检查活动圆满成功。

（一）要明确目标

这次活动将集中对投资额在100万元以上的国家和省级重大测绘工程项目、工程测量、城市控制测量进行抽检。通过监督检查，全面了解和掌握重点测绘工程成果质量的现状，及时发现和处理存在的测绘质量问题；通过监督检查活动，检验近年来测绘行政主管部门质量管理工作的成效，为健全测绘质量管理制度、强化测绘统一监督管理职能奠定实践基础；通过监督检查，营造全行业重质量、讲信誉的良好氛围，切实提高测绘成果和服务质量。各级测绘部门一定要高度重视这次测绘质量监督检查工作，明确工作目标，采取有效措施，确保各项工作顺利开展。

（二）要精心组织

为切实做好这次监督检查，国家测绘局、国家质检总局已经联合成立监督检查领导小组，统一领导和协调本次监督检查工作。两局也已制定了监督检查的工作方案和抽检技术方案。国家测绘局国土测绘司作为这次活动的具体组织者，要按照工作方案，加强统筹，认真组织实施，及时解决进程中遇到的问题，重大事项及时向领导小组报告。国家测绘产品质检中心要切实承担起监督检验的技术支持和业务保障工作，做好抽检人员的培训，严格按照国家有关技术标准和政策规定进行抽样、检验和质量评定，抽检过程要公开、公平、公正，客观准确地形成每一项结论，确保监督检查结果经得起考验。各级测绘部门的领导同志一定要讲政治、讲大局、讲纪律，不搞地方保护主义，为监督检查提供必要的人力、资金和技术装备保障。受检单位要积极配合抽检组的检验工作，如实向抽检组提供依法需查阅的项目合同、质量文件、成果资料等有关材料。

（三）要加强监督

要认真组织实施好对检查活动的监督，充分发挥新闻媒体的宣传和舆论监督作用，宣传监督检查成效，揭露并曝光制造伪劣成果的行为。要及时向媒体通报监督检查活动的工作进展、检查结果和整

治成效，及时向国务院产品质量和食品安全领导小组办公室报送相关材料。同时，还要通过举办这次活动，向全社会宣传、普及测绘基本知识，增强测绘质量意识，让确保测绘成果质量成为大家的自觉行动。

三、切实提高测绘质量总体水平

加强测绘质量监督管理是各级测绘部门的重要职责。在各级质量监督部门的大力支持下，测绘质量监督管理不断加强，监督检查力度不断加大，测绘单位质量体系建设不断完善并逐步与国际接轨，测绘质量总体较好。但也发生过一些因忽视测绘质量管理造成危害重大工程建设、损害人民群众切身利益乃至危及生命安全的教训。当前，经济社会发展对测绘保障服务的需求更加迫切，胡锦涛总书记、温家宝总理、曾培炎副总理等中央领导同志多次对测绘工作作出重要指示。近日，印发的《国务院关于加强测绘工作的意见》从党和国家的中心任务、从经济社会发展的大局、从宏观和战略的高度，对加强测绘工作提出了全面要求。我们要认真履行好党和人民赋予的职责，切实加强对全国测绘质量工作的统一监督管理，推进我国测绘质量整体水平迈上新台阶。

（一）加强测绘质量管理法规制度建设

新的经济技术和环境条件下，测绘事业面临着技术手段、应用层次和资源配置方式等深刻变化。测绘质量管理工作，必须要适应这种转变的要求。要切实加强测绘质量管理政策研究与法规制度建设。尽快建立健全适应社会主义市场经济体制、适应信息化测绘发展需求的测绘质量法规制度。要切实加快基础测绘成果质量分级分类管理制度、测绘监理制度、重大测绘项目成果质量文件备案制度、测绘质量信用监管制度等测绘质量管理重大政策的研究，加快研究起草《中华人民共和国测绘成果质量管理条例》及其配套规章，进一步完善地方测绘质量管理的法规制度，建立健全测绘质量管理的法制基础。

（二）完善测绘单位质量管理体系

各级测绘部门要尽快研究制定测绘单位质量管理体系认定管理办法，制定不同资质等级质量管理体系的量化标准，进一步加强对测绘与地理信息企事业单位质量管理体系建立和运行的指导与监督。要积极引导和鼓励测绘与地理信息企事业单位牢固树立“质量第一”的观念，自觉建立并有效实施测绘质量管理体系，建立权责明确的质量责任制，健全质量管理规章制度和管理机构，广泛开展质量教育活动，有计划、分层次地组织岗位技术培训，实行持证上岗，切实履行法定的质量责任和义务。

（三）加大测绘质量监督检查力度

各级测绘部门要加强与质检、工商、新闻出版等部门的沟通和协调，建立和完善联合执法机制，进一步加大监督检查的力度。要加强对重要地理信息系统、房产测绘、导航电子地图、重大建设工程测量等涉及国家主权和形象、关系人身和财产安全、社会反映强烈的重点领域和重点项目的测绘成果质量监督，进一步加大对发现质量问题较多的测绘单位、新认证测绘单位的监督检验力度。要依法运用经济、法律和行政等手段，做好监督抽查的后处理工作，提高监督的有效性。要建立健全以执法责任制、过错追究制为主的内部监督制约机制，不断提高执法水平。要加快建立测绘质量诚信体系，尽快建成测绘成果与地理信息产品质量数据库、测绘与地理信息企事业单位质量信用数据库、测绘质检专家信誉数据库和测绘质量举报投诉系统等，及时通报测绘质量诚信情况，营造诚实守信的测绘市场环境。

（四）狠抓基础测绘成果质量

基础测绘是测绘事业的立业之基。要管好全行业的测绘质量，必须首先抓好基础测绘成果质量。要严格基础测绘项目立项审查、设计审批、执行监督、竣工验收、绩效考评等方面的质量管理制度，逐步推行设计、生产、质量检验互相分立的组织结构体系；加强对基础测绘项目设计的审批工作，建立一套行之有效的项目设计审查制度；强化基础测绘生产过程的质量监控，推行全程质量监管；改进基础测绘项目验收制度，不得以专家评审等形式代替成果质量检验，确保基础测绘成果质量。

（五）提高测绘质检工作水平

要高度重视测绘质检机构的建设和发展，研究建立有利于质检机构独立、客观、公正行使质检职能的体制机制，加大对测绘质检机构在人员、经费、设备和技术培训等方面的投入和支持力度，全面提高测绘质检机构履行职责的能力。要加快制定系列数字化测绘成果检查验收技术规程，完善测绘质量评价标准，研究建立适应数字化测绘生产的测绘成果质量评价体系和检验技术方法体系。要完善测绘仪器检定制度，加快测绘计量技术机构的改革与发展，切实发挥计量工作的技术基础保障作用。

同志们，全面提高测绘质量水平，既是当前一项紧迫的重要工作，又是一项长期艰巨的重大任务。我们要充分认识测绘质量工作的重要意义，切实增强做好这项工作的责任感和主动性，认真负责，狠抓落实，努力把测绘成果质量、工程质量和服务质量提高到一个新的水平，全面提高测绘对经济社会发展的保障能力和服务水平。

再过两天就是国庆节了，在此，我代表国家测绘局，向全国测绘系统、质检系统的广大干部职工，致以节日的问候和诚挚的祝福。

谢谢大家。

国土资源部副部长、国家测绘局局长鹿心社在国家测绘局党组中心组（扩大）理论学习暨务虚会上的讲话

2007 年 11 月 21 日

同志们：

我们开了一个很好的理论学习和务虚会。四个调研组、各司（室）、局属有关单位的负责同志都做了很好的发言，局领导班子的同志也都谈了很好的意见。下面，我谈三方面内容。

一、关于这次务虚会

这次局党组中心组（扩大）理论学习暨务虚会的主要任务是：深入学习党的十七大精神，深入研究贯彻党的十七大精神和落实《国务院关于加强测绘工作的意见》的思路和措施。

会议有四个特点。一是时机好。这次会议，是在全党全国深入贯彻党的十七大精神，各级政府和测绘系统深入贯彻落实《国务院关于加强测绘工作的意见》（以下简称“国务院《意见》”），我们积极筹划 2008 年工作的重要时刻召开的。二是任务重要。本次会议，是局党组中心组（扩大）集中学习党的十七大精神的重要会议；是结合测绘工作实际，结合落实国务院《意见》，研究贯彻落实党的十七大精神的重要会议；是为将于年底召开的全国测绘局长会议做准备的重要会议。三是准备充分。11 月上旬和中旬，局里组成四个调研组，以实地调研和分片座谈会等形式，比较全面地了解了各地测绘部门学习贯彻党的十七大精神、贯彻落实国务院《意见》的情况。每个调研组都进行了认真总结。会前，同志们都结合测绘工作实际，结合本单位、本部门的工作，对学习贯彻党的十七大精神和落实国务院《意见》进行了深入思考。四是研讨深入。两天的会上，大家谈了学习十七大精神的体会和认识，谈了党的十七大对测绘工作的新要求，对测绘发展全局中的问题从不同角度和方面提出了很好的意见和建议。

简单归纳，本次会议主要有以下收获：

一是进一步加深了对党的十七大精神的理解。通过学习研讨，大家对党的十七大的主题，坚持中国特色社会主义道路和中国特色社会主义理论体系，深入贯彻落实科学发展观，实现全面建设小康社会奋斗目标的新要求，党对社会主义经济建设、政治建设、文化建设、社会建设等方面的重大部署，以及全面推进党的建设新的伟大工程等有了比较深刻的领会，进一步增强了发展中国特色社会主义的理想信念，进一步增强了政治意识和大局意识。

二是进一步增强了以科学发展观统领测绘工作全局的自觉性。通过学习研讨，大家对科学发展观的科学内涵、精神实质和根本要求有了更深刻的理解。进一步深刻认识到，科学发展观是对党执政经验和规律的科学总结，是对我国经济社会发展规律和历史经验的科学总结，也是对人类社会发展规律的科学总结，是马克思主义社会发展观的新发展。切实增强了以科学发展观统领测绘工作全局的自觉性和坚定性，进一步增强了做好新时期测绘工作的责任感、使命感和紧迫感。

三是进一步明确了贯彻党的十七大精神和落实国务院《意见》的思路与重点。大家在学习和调研的基础上，紧密结合贯彻落实国务院《意见》，对贯彻落实党的十七大精神进行了深入思考，紧密围绕健全测绘行政管理体制，加强基础测绘工作，促进测绘成果利用，推动测绘科技创新，深化测绘领域改革等重点内容和关键环节，进行了深入研讨，

对今后一个时期的测绘工作进行了认真谋划，进一步明确了工作思路与重点。

二、深入学习党的十七大精神，准确把握党的十七大对测绘工作的新要求

党的十七大是在我国改革发展关键阶段召开的一次十分重要的会议。胡锦涛总书记的报告，鲜明地回答了党在改革发展关键阶段举什么旗、走什么路、以什么样的精神状态、朝着什么样的发展目标继续前进的重大问题。报告是在新的历史起点上继续发展中国特色社会主义的政治宣言和行动纲领。认真学习宣传贯彻党的十七大精神，关系党和国家工作全局，关系中国特色社会主义事业长远发展。学习贯彻党的十七大精神，是我们当前和今后一个时期的重大政治任务。

（一）要把对党的十七大精神的学习不断推向深入

学习党的十七大精神，首先，要深刻领会党的十七大的主题。抓住了主题，就抓住了党的十七大精神的总纲和灵魂，就能更好地把思想统一到党的十七大精神上来。这个主题就是：高举中国特色社会主义伟大旗帜，以邓小平理论和“三个代表”重要思想为指导，深入贯彻落实科学发展观，继续解放思想，坚持改革开放，推动科学发展，促进社会和谐，为夺取全面建设小康社会新胜利而奋斗。中国特色社会主义伟大旗帜，是当代中国发展进步的旗帜，是全党全国各族人民团结奋斗的旗帜。解放思想是发展中国特色社会主义的一大法宝，改革开放是发展中国特色社会主义的强大动力，科学发展、社会和谐是发展中国特色社会主义的基本要求，全面建设小康社会是党和国家到二〇二〇年的奋斗目标，是全国各族人民的根本利益所在。

第二，要深刻领会科学发展观。科学发展观，是对党的三代中央领导集体关于发展的重要思想的继承和发展，是马克思主义关于发展的世界观和方法论的集中体现，是同马克思列宁主义、毛泽东思想、邓小平理论和“三个代表”重要思想既一脉相承又与时俱进的科学理论，是我国经济社会发展的重要指导方针，是发展中国特色社会主义必须坚持和贯彻的重大战略思想。科学发展观，第一要义是发展，核心是以人为本，基本要求是全面协调可持续，根本方法是统筹兼顾。要深刻理解和把握科学发展观的时代背景、科学内涵、精神实质和根本要求，增强贯彻落实科学发展观的自觉性和坚定性，把科学发展观贯彻到思想和工作的各个方面。

第三，要全面准确学习领会党的十七大精神。深刻领会党的十六大以来党和国家取得的重大成就，更加自觉地贯彻党的理论路线和方针政策；深刻领会改革开放的伟大历史进程和宝贵经验，改革开放是决定当代中国命运的关键抉择，是发展中国特色社会主义、实现中华民族伟大复兴的必由之路；深刻领会中国特色社会主义道路和中国特色社会主义理论体系，坚持中国特色社会主义道路，就是真正坚持社会主义，坚持中国特色社会主义理论体系，就是真正坚持马克思主义，高举中国特色社会主义伟大旗帜，最根本的就是要坚持这条道路和这个理论体系；深刻领会实现全面建设小康社会奋斗目标的新要求，深刻领会党对社会主义经济建设、政治建设、文化建设和社会建设等方面的重大部署，自觉为夺取全面建设小康社会新胜利而奋斗；深刻领会以改革创新的精神全面推进党的建设新的伟大工程，加强执政能力建设和先进性建设等。

第四，要注重学习和领会党的十七大的新提法。比如：中国特色社会主义从“建设”到“发展”；一条伟大道路和五条具体道路；到二〇二〇年，国内生产总值力争比二〇〇〇年由“总量”翻两番到“人均”翻两番；“建设生态文明”；“统筹兼顾”多种重大关系，国内国际两个大局摆上重要位置；把“工业化、城镇化、市场化、国际化”扩展为“工业化、信息化、城镇化、市场化、国际化”；把“转变经济增长方式”变为“转变经济发展方式”；“推动社会主义文化大发展大繁荣”等。

（二）准确把握党的十七大对测绘工作的新要求

学习党的十七大精神，要紧密联系测绘工作实际，准确把握党的十七大报告提出的新目标、新任务对测绘工作的新要求。十七大报告虽然没有提到“测绘”二字，但全篇都对测绘工作、对测绘部门提出了新的要求。一是要求我们高举中国特色社会主义伟大旗帜，坚持中国特色社会主义道路，用中国特色社会主义理论体系武装头脑、指导实践、推动工作；二是要求我们解放思想、转变观念、改革创新，完善体制机制，不断增强测绘创新和发展能力；三是要求我们深入贯彻落实科学发展观，推动测绘事业新发展，为国民经济又好又快发展提供有力的测绘保障；四是要求我们不断提高测绘服务水平，为社会建设和人民群众生活提供广泛、适用、便捷的测绘服务。

1. 要高举中国特色社会主义伟大旗帜。旗帜指引前进方向，旗帜指引胜利道路。测绘系统的广大干部职工，必须坚定不移地高举中国特色社会主义伟大旗帜，始终不渝地坚持中国特色社会主义道路和中国特色社会主义理论体系。我们要坚定理想信念，从中国国情和中国测绘发展的具体实践出发，用马克思主义中国化的最新理论成果武装头脑、统一思想，把发展中国特色社会主义的积极性和主动性转化为推动测绘事业发展的强劲动力，进一步理清发展思路，完善发展举措，切实推动工作发展，走出一条中国特色的测绘发展道路。

2. 要深入贯彻落实科学发展观。科学发展观是我国经济社会发展的重要指导方针。测绘系统贯彻落实科学发展观，一要推进测绘系统自身的科学发展。要着力转变不适应不符合科学发展观的思想观念，着力解决测绘发展中的突出问题，紧紧把握科学发展观的基本要求和根本方法，自觉把科学发展观贯彻落实到测绘工作的各个方面，推进测绘事业全面协调可持续发展。二要主动为推动经济社会科学发展做出应有贡献。要紧密围绕党的十七大的各项部署，充分发挥测绘作为准确掌握国情国力、提高管理决策水平重要手段的作用，切实加大测绘成果和测绘高新技术的推广应用，为促进国民经济又好又快发展，加快推进以改善民生为重点的社会建设等提供强有力的测绘保障服务。

3. 要大力推进测绘领域的改革创新。党的十七大报告要求，要勇于变革、勇于创新，永不僵化、永不停滞，不为任何风险所惧，不被任何干扰所惑，使中国特色社会主义道路越走越宽广。当前，测绘事业发展机遇良好。但同时，也面临诸多方面的严峻挑战。我们要进一步解放思想，转变观念，增强改革创新意识，完善改革创新机制，营造改革创新环境，把改革创新作为推动测绘事业发展的重要举措。要加快推动政事、政企、事企分开，加快健全测绘行政管理体制，深化测绘事业单位分类改革，不断完善测绘发展体制。要加快职能转变，加强制度创新，不断完善和创新测绘发展法规政策，切实加强对全国基础测绘工作的统筹协调，强化测绘工作统一监管，提高测绘保障服务水平。要继续实施科技兴测、人才强测战略，加快信息化测绘体系建设，为建设创新型国家做出贡献。

4. 要切实搞好测绘保障服务。党的十七大报告要求要建设服务型政府，强化公共服务，要把实现好、维护好、发展好最广大人民的根本利益作为党和国家一切工作的出发点和落脚点。贯彻落实党的十七大精神，要把测绘工作放到经济社会发展的大局中去谋划和推动，要不断强化服务意识，为经济社会发展和人民群众生活提供可靠、适用、及时的测绘保障服务。要加强服务型机关建设，加快发展电子政务，提高测绘依法行政能力和水平；进一步加强基础测绘，完善测绘公共服务体系，大力开发测绘公共产品，切实增强测绘公共服务能力；积极主动围绕各级党委、政府的中心工作做好公益性测绘保障服务；大力引导和促进地理信息产业健康发展，着力满足经济社会发展和人民群众生活对测绘成果和地理信息技术日益增长的多元化、全方位的需求。

三、深入贯彻党的十七大精神，全面提高测绘保障服务能力和水平

党的十七大对测绘工作提出了新的更高要求。测绘系统要把学习贯彻党的十七大精神和学习贯彻国务院《意见》紧密结合起来，统揽全局，突出重点，抓好落实。

当前和今后一个时期的测绘工作，要以党的十七大精神为指导，深入贯彻落实科学发展观，全面落实《国务院关于加强测绘工作的意见》，坚持把为经济社会发展提供保障服务作为测绘工作的出发点和落脚点，按照建设服务型、开放型、创新型测绘的要求，深化测绘改革，加强统一监管，着力科技创新，推动测绘转型，加快建设信息化测绘体系，全面提高测绘依法行政能力、创新发展能力和保障服务能力。

贯彻落实科学发展观，推进测绘事业又好又快发展，要着力处理好五个关系。

一是测绘工作国家与地方的关系。妥善处理好测绘工作中国家与地方的关系，是保障事业全面协调发展的基本要求。要切实加强对全国测绘工作的统筹，形成全国一盘棋，充分发挥中央和地方两个积极性，增强测绘部门的整体优势。要合理划分测绘行政管理职责权限，充分发挥地方的作用。要加强基础测绘统筹规划，国家测绘和地方测绘相互支持、共享成果。

二是测绘统一监管与部门管理的关系。强化测绘工作统一监管，就是要认真履行在测绘法规、资质资格、市场监管、标准、质量等方面的管理职责，把该管的事情坚决管住。要科学合理界定测绘统一监管的内容和范畴，充分发挥其他部门管理本部门测绘工作的作用，支持其他部门做好本部门测绘工作。要向其他部门提供基础测绘成果，通过成果汇交和共建共享机制充分利用其他部门可用于基础测绘更新的相关信息，提升我国测绘的整体实力。

三是基础测绘建设与应用的关系。基础测绘建设的目的在于应用，基础测绘成果应用的广度、深度和效益反过来影响政府和社会各界对基础测绘建设的关心、重视和支持程度。基础测绘建设规划编制、计划安排、项目实施等，都要充分考虑应用需求，坚持需求牵引、按需测绘。要通过成果的广泛应用，促进基础测绘建设的快速发展，形成基础测绘建设与应用相互促进的良好局面。

四是测绘成果保密与利用的关系。测绘成果的生命力在于应用，经济社会发展对测绘成果的需求日益旺盛。但相当一部分测绘成果涉及国家秘密，使用范围受到限制。要站在国家安全和经济社会发展全局的高度，加强制度创新和技术创新，从政策、技术、操作等层面上，加快研究协调这对矛盾的具体措施，在确保国家安全的前提下，实现测绘成果的广泛高效利用，使更多的人能够共享测绘发展的成果。

五是基础测绘与地理信息产业的关系。基础测绘是地理信息产业形成和发展的基础和依托，属于公共服务范畴。地理信息产业是开发利用地理信息资源的新兴产业，是现代服务业中新的经济增长点。地理信息产业的发展和繁荣，提高了测绘对国民经济增长的贡献率，并对基础测绘提出了更高要求。地理信息产业发展有赖于基础测绘，地理信息产业可促进基础测绘的建设和发展。在加强基础测绘工作的同时，要鼓励、支持、引导和规范地理信息产业发展。

测绘部门深入学习贯彻党的十七大精神，全面推进国务院《意见》的贯彻落实，重点要做好五个方面的工作。

（一）加强基础测绘，切实提高测绘保障服务能力

1. 创新基础测绘发展思路。新时期，做好基础测绘，必须解放思想，创新观念。一要全面统筹、系统协调。要协调好各级测绘部门内部、测绘部门与其他相关部门之间的关系，加强上下联动和横向联合，加强力量整合，发挥整体功能。二要需求牵引、科学安排。基础测绘建设要与社会需求相适应，要结合实际情况，区分轻重缓急，科学安排基础测绘计划和实施。三要项目支撑、全面推进。要通过实施一批国家和地方的重大测绘项目，推动基础测绘的发展。同时，要通过重大项目的实施，更新装备，锻炼队伍，提高能力。四要部门合作、借力发展。要加强部门合作，共建共享。积极主动与有关部门合作，充分利用有关部门的测绘成果，加快基础测绘建设和更新速度。

2. 加强基础测绘能力建设。提升基础测绘发展质量，队伍素质、装备条件是关键。一要通过当前正在实施或即将实施的重大测绘项目，配置一批重大关键装备，培养一批高级管理和技术人才，锻炼出一支能打硬仗的队伍。二要按照信息化测绘体系建设对测绘基础设施的要求，切实抓好当前重大项目的立项和实施，并尽早筹划新的装备项目。

3. 加快构建基础地理信息公共平台。必须下大力气尽快改变当前基础测绘成果不好用、不适用的状况。基础地理信息公共平台是新时期基础测绘内容的发展。要针对用户需求，加快建立标准、通用、可供应用部门进一步开发利用的基础地理信息公共平台，推进基础测绘成果的利用。

（二）强化应用服务，做好全面建设小康社会测绘保障

1. 做好重点领域测绘保障。当前，重点要抓好为政府加强和改善宏观调控，转变经济发展方式，统筹城乡发展，推进社会主义新农村建设，加强资源保护和开发利用，保护生态环境，推动区域协调发展，优化国土开发格局，推进国民经济和社会信息化建设，健全公共应急突发事件处置体系以及国防和军队现代化建设等方面的测绘保障服务，发挥好测绘的保障功能。

2. 不断提高社会服务水平。要按照服务社会、贴近民生的要求，不断拓展服务领域，创新服务手段和方式，大力推进多层次、全方位的测绘保障服务。要全面提高测绘公共服务水平，充分发挥测绘在管理社会公共事务、处理经济社会发展重大问题等方面的作用。要引导和规范地理信息产业健康快速发展，服务社会发展和人民生活等对测绘保障多方面、个性化的需求，不断提高社会服务质量和水平。

（三）加快科技创新，大力推进信息化测绘体系建设

1. 加快测绘科技进步与创新。要按照信息化测

绘体系建设的总体部署和要求，准确把握我国测绘科技发展的战略重点，通过抓住一批重大关键技术，实施若干重大测绘科技专项，全面提升我国测绘科技自主创新能力。要着力研究地理信息获取实时化、处理自动化、服务网络化和应用社会化方面的重大关键技术，为信息化测绘体系建设提供技术支撑。当前重点要做好正在实施和即将实施的重大测绘工程的技术保障，加强地理信息安全保密等方面的关键技术攻关，切实推进科技兴测战略实施。

2. 完善测绘科技创新体制机制。要深化测绘科技体制改革，建立健全产学研相结合的测绘科技创新体系，加强自主创新，加快建设创新型测绘，着力促进测绘科技成果向现实生产力转化。推动将测绘科技自主创新纳入国家科技创新体系，加大对测绘科技创新的支持力度。加强测绘对外技术合作与交流，充分利用国际测绘科技资源，不断提升我国测绘的自主创新能力。

（四）完善体制机制，不断强化测绘工作统一监管

1. 健全测绘行政管理体制。要按照国务院《意见》提出的统一、协调、有效的原则，从国家利益和有利于事业发展的高度，采取有效措施，健全测绘行政管理体制，力求做到：基本统一、主体合法、职能落实、事权清晰。即：基本统一测绘行政管理机构设置模式，解决测绘管理机构和管理人员的执法主体地位，全面落实市、县测绘行政管理机构，合理界定各级测绘行政管理机构的职责。同时，要深入研究测绘生产力布局，推进测绘事业单位分类改革和测绘单位内部的组织结构调整，优化测绘科技创新资源和测绘出版资源的配置，充分发挥测绘有关社团和中介组织的作用。

2. 全面推进测绘依法行政。要加快完善测绘法规体系，加快测绘立法进程，严格立法程序，提高立法质量，加快制定或修订基础测绘、地图管理、测量标志保护、测绘质量管理等方面的法规，进一步完善《测绘法》有关配套法规，确保有法可依。要切实提高测绘执法能力，当前重点要加强对网上地理信息、导航电子地图、外国人来华测绘等的监管，要采取分管领导负责，司（室）牵头，事业单位支持等方式，组织专门力量，针对上述监管工作的重点和难点，深入认真研究，管、疏并举，切实推进问题的解决。

（五）加强党的建设、干部队伍建设和测绘文化建设

1. 加强党的建设。要系统学习把握中国特色社会主义理论体系，着力用马克思主义中国化最新成果武装头脑。进一步健全民主集中制，发挥好领导班子整体功能。加强基层党组织建设，增强党组织的凝聚力、战斗力。加强先进性建设，全面巩固和发展先进性教育活动成果。加强廉政建设，强化领导干部廉洁自律，完善监督机制。

2. 加强测绘队伍建设。要不断深化干部人事制度改革，关心测绘职工的生产生活。加强对处级以上干部的培训，提高适应社会主义市场经济和依法行政的能力。加强对市县测绘行政管理人员、执法人员的培训，提高测绘管理和执法水平。加快测绘领军人才、高技术人才、高技能人才培养，继续深入开展向刘先林院士的学习活动，努力营造优秀人才脱颖而出的环境，为每一位职工的素质提高和自身发展提供条件和机会。

3. 加强测绘文化建设。要加强测绘系统广大干部职工社会主义核心价值体系和中华优秀文化传统教育，大力弘扬“爱祖国、爱事业、艰苦奋斗、无私奉献”的测绘精神，大力倡导爱岗敬业、开拓进取、诚实守信、团结友爱的新风尚。加强测绘宣传工作、科普工作和地图文化建设。支持工会、共青团、妇联等组织开展丰富多彩的活动，促进和谐单位、和谐系统、和谐测绘建设，不断增强测绘系统的凝聚力和战斗力。

同志们，这次务虚会，是我来局工作后召开的第三次务虚会。每次务虚会，对每位同志都是很好的学习交流机会；每次务虚会，大家想大局、谋大局的宏观思维能力都有进一步提高。在大家的共同努力下，测绘工作取得了新成绩，但还存在不少问题。当前，测绘工作机遇难得，任务艰巨。希望大家进一步增强忧患意识，进一步增强责任感和紧迫感，开拓进取，努力奋斗。各单位要继续组织干部职工深入学习党的十七大精神，逐条逐句学习国务院《意见》，逐项抓好落实。要进一步加强与地方政府和有关部门的联系，努力工作，积极争取，把握利用好难得的机遇。我相信，只要我们共同努力，奋力进取，坚持不懈，就没有克服不了的困难，就没有解决不了的问题，测绘事业就一定会有新的更好的发展。

会后，局办公室要对大家在会上提出的工作思路和建议认真归纳，抓紧做好全国测绘局长会议的

准备工作。各单位要按照党的十七大精神、国务院《意见》的要求和本次会议形成的基本思路，认真抓落实，尽快完成今年各项任务，认真思考安排明年工作。

国家测绘局副局长王春峰在部分省、区、市测绘规划工作座谈会上的讲话

2007 年 1 月 12 日

同志们：

根据国家关于“十一五”规划编制工作的总体安排，两年来，各级测绘行政主管部门都认真开展了以基础测绘规划和测绘事业规划为主的测绘规划研究和编制工作。今天，我们在这里召开座谈会，主要任务是对前一阶段的规划工作进行总结，交流经验，统一思想，提高认识，并进一步研究探讨规划实施的有关政策措施，切实抓好《测绘事业发展第十一个五年规划纲要》和《全国基础测绘中长期规划纲要》两个规划纲要的落实工作。下面，我讲几点意见，供大家讨论。

一、认真总结规划编制工作取得的经验

从 2004 年开始，各级测绘行政主管部门以建设服务型测绘、开放型测绘、创新型测绘，全面提升测绘保障能力和服务水平为目标，深入认真地开展了测绘规划编制工作。与以往相比，这次规划编制工作表现出许多新的特点。

（一）组织保障有力，规划程序规范

为做好测绘规划编制工作，国家测绘局在深入调查研究后，于 2004 年 12 月印发了《关于开展测绘发展规划编制工作的通知》（国测财字［2004］80 号文件），对全国的测绘规划编制工作进行了全面部署。同时，国家测绘局在深化测绘发展战略研究的基础上，制定了规划编制工作方案，建立了规划编制领导协调机制，开展了“测绘事业发展第十一个五年规划纲要”的研究和编制，并会同国家发展改革委等 9 个部门进行了“全国基础测绘中长期规划纲要”的研究和编制工作。各地测绘行政主管部门也健全了相应的机制，完善了规划编制的组织保障，严格按照前期研究、广泛听取意见、加强科学论证和衔接等程序，有计划、有步骤地开展规划编制工作，提高了规划的宏观性、政策性、指导性和科学性。

经过近两年的努力，2006 年初，国家测绘局正式印发了《测绘事业发展第十一个五年规划纲要》（国测规字［2006］1 号文件）。2006 年 8 月，国务院办公厅转发了《全国基础测绘中长期规划纲要》（国办发［2006］59 号文件）。在两个规划纲要的指导下，全国 31 个省、自治区、直辖市和 5 个计划单列市共完成了 46 个规划的编制工作，其中省级规划 40 个，计划单列市规划 6 个。到 2006 年底，已有 17 个规划得到本级政府的批准，还有近 20 个规划正在等待政府审批。

（二）协调管理得到加强，规划体系基本合理

为发挥规划在宏观调控中的作用，避免规划过多过滥，《国务院关于加强国民经济和社会发展规划编制工作的若干意见》（国发［2005］33 号文件）对规划体系提出了明确要求。为此，国家测绘局在开展规划编制工作的同时，加强了专题规划编制的协调和管理，明确规划编制工作要以两个规划纲要为重点，尽可能减少专题规划的数量。各省、自治区、直辖市测绘部门在有效压缩省级测绘规划数量的同时，加强了对省以下测绘规划编制工作的指导、协调和管理。海南、湖南、湖北、浙江、青海、吉林、山西等省专门印发有关文件，要求市、县要加强基础测绘规划编制工作；四川、浙江、新疆还专门举办培训班，有力地促进了市、县规划编制工作的顺利开展。甘肃省为加强规划编制和组织实施工作，由省发改委、国土资源厅、测绘局联合下发了《关于加强市县基础测绘规划管理工作的通知》，由省财政厅、国土资源厅、测绘局联合下发了《甘肃省市县基础测绘经费管理办法》，对加强市县基础测绘规划和年度计划管理、加大基础测绘经费投入力度等起到了很好的推进和保障作用。

在各级测绘行政主管部门的共同努力下，基本形成了国家、省、市、县四级，以基础测绘规划和

测绘事业规划为重点构成的测绘规划体系。其中，国家测绘局除完成《全国基础测绘中长期规划纲要》和《测绘事业发展第十一个五年规划纲要》两个规划纲要的编制外，为了进一步明确测绘科技等领域的发展思路，推进两个规划纲要的组织实施，又专门组织开展了《测绘科技发展“十一五”规划》等5个专题规划的编制工作。各省、自治区、直辖市和计划单列市所编制的规划都是以基础测绘规划和测绘事业规划为主。省以下的规划编制工作也取得重要进展，湖南14个市、州完成了市级基础测绘规划的编制和评审工作；浙江60个县中有43个县的基础测绘规划正在审批；山西大部分县级基础测绘规划已编制完成，有11个市的基础测绘规划通过了政府批准或正在进行论证；甘肃已有62个市、县基础测绘规划经过同级政府审批，约占全部市、县的78%。

（三）发展思路得到统一，目标任务更加明确

上世纪80年代以来，测绘部门充分利用遥感、卫星定位、地理信息系统等高新技术，对传统测绘技术进行了升级改造，实现了地理信息获取、处理、服务和应用全过程的数字化，测绘技术体系实现了历史性的跨越。与此同时，随着我国现代化建设的全面推进，特别是国家信息化进程的加快，经济社会对测绘的需求不断增长。在全面分析测绘发展面临的机遇和挑战的基础上，两个规划纲要确定今后一个时期的总体思路是：坚持以邓小平理论和“三个代表”重要思想为指导，全面贯彻落实科学发展观，把为经济社会发展提供保障服务作为测绘工作的出发点和落脚点，完善体制机制，着力自主创新，加快信息化测绘体系建设，着力构建数字中国地理空间框架，加强测绘公共服务，发展地理信息产业，努力建设服务型测绘、开放型测绘、创新型测绘，全面提升测绘对促进科学发展的保障能力和服务水平。

围绕测绘事业发展的总体思路，《测绘事业发展第十一个五年规划纲要》提出了到2010年的总体目标是：测绘管理体制和运行机制基本完善，测绘统一监督管理显著加强，数字中国地理空间框架基本建成，信息化测绘体系基本形成，测绘保障能力和服务水平全面提升，较好地满足经济社会发展对测绘的需求。根据这一总体目标，各地区从本地区的实际需要出发，客观分析本地区测绘事业发展的财力、政策等支撑保障环境，经过认真的调查研究和科学论证，实事求是地描绘了本地区基础测绘中长期发展目标和“十一五”测绘事业发展目标，明确了“十一五”测绘工作的主要任务和需要实施的重大测绘工程。与过去相比，各地规划所确定的目标和任务更加合理、更具可操作性。同时，规划由政府批准，更加有利于规划的实施，为规划目标的实现奠定良好基础。

二、扎实推进测绘规划的组织实施

规划已经清晰地表述了今后一个时期工作的指导思想、基本原则、发展目标、主要任务和保障措施，各级测绘行政主管部门必须深入贯彻落实科学发展观，集中精力，咬定目标，切实将规划作为安排工作、使用资源、统筹力量、谋划发展的基本依据。

（一）创新管理制度，完善规划实施机制

《全国基础测绘中长期规划纲要》和《测绘事业发展第十一个五年规划纲要》的组织实施涉及全国，各级测绘行政主管部门要紧密配合，分工协作。国家测绘局将进一步做好重大项目的争取和组织实施，以大项目的实施推动两个规划纲要的落实。同时，要加快建立规划、计划和预算的有机衔接机制，充分发挥计划和预算在规划实施中的作用。各级测绘行政主管部门要树立全国一盘棋的思想，根据两个规划纲要实施的要求，确定本地区规划实施的工作计划和步骤，切实保证两个规划纲要所确定的各项指标能够完成。要加强规划实施过程中的信息交流，国家测绘局将通过政务信息等渠道向各地及时通报两个规划纲要实施动态。各地也要将本地区规划实施中有参考价值和借鉴意义的信息及时报国家测绘局，以便更好地推动规划的实施。要积极探索建立规划实施的激励机制，可将规划实施情况与测绘系统党政领导干部考核体系相关联，充分调动各级测绘行政主管部门实施规划的积极性和主动性。

各级政府对测绘发展规划的批准实施，为我们争取财政资金、保障规划实施奠定了基础，准备了前提。但是，规划的各项工作是否真正能够得到落实，还需要我们开展多方面的工作。要广开规划实施思路，在相关政策和制度上有所创新，在具体方法和措施上做适当调整，调动一切积极因素形成合力推进规划实施。要加快基础航空摄影投入机制和运行机制改革，充分发挥中央财政对地方财政的投资引导作用，调动地方政府的积极性，逐步形成中央和地方对基础航空摄影配套投入的新格局。发挥

边远地区、少数民族地区基础测绘专项补助经费对地方政府基础测绘投入的引导作用，使其成为规划实施的有效资源。加快建立测绘部门之间基础测绘生产的相互协作机制和基础地理信息的双向交流机制，逐步实现测绘系统内部更加有效的基础地理信息资源的共建共享。要积极采取有效措施，建立测绘部门与有关部门之间的地理信息共享机制。

（二）提高生产效率，保证规划目标实现

“十一五”规划的实施过程也是推动测绘从以地图生产为主向以地理信息服务为主转变，加快实现信息化测绘的过程。要实现地理信息获取实时化、处理自动化、服务网络化和应用社会化，客观上要求必须深化测绘行政管理体制改革和生产组织结构调整，加快测绘技术和作业方式的创新。各地区对这一问题要有足够的认识，加快推进测绘管理、产品服务、市场监管等方面的改革，逐步建立起适应新技术要求的测绘行政管理体制。要重点围绕规划项目实施工作，以提高测绘生产效率为目标，搞好信息化测绘生产支撑环境建设。一是要进一步完善测绘生产工艺流程。传统测绘生产中形成的一些生产工艺和组织方式，已经不再适应现代测绘生产的需要，要结合规划的实施，研究探讨适应新形势要求的测绘生产工艺流程。要根据测绘部门长期积累的宝贵经验，高度重视技术创新工作，按照推动测绘信息化建设的要求，通过大力采用新技术和新工艺，提高测绘生产效率，丰富测绘产品，提升产品质量，增强产品的权威性和适用性。二是要适时调整测绘生产组织结构。根据传统的布局方式，测绘生产主要按照大地、航测、制图等专业类型进行组织，随着数字化测绘技术体系的建立，这种组织结构模式虽然进行了一些调整，但仍然存在着生产效率不高、单位之间协调配合不够等问题，已经不能适应信息化测绘发展的要求，也带来了不正当竞争、产品质量得不到保障等一些不良影响。各级测绘行政主管部门在规划的实施过程中，要切实按照“深化测绘事业单位改革，逐步形成职责分明、结构完整、布局合理、装备精良的现代化测绘组织体系”的总体要求，积极研究，探索生产组织结构调整的新路子，不断完善测绘生产组织机构支撑体系。

（三）推进成果应用，提高规划实施效果

规划的实施工作要以促进测绘成果的应用为出发点和落脚点，以经济社会发展的急需确定优先实施的规划项目。在规划项目的实施过程中，要特别注意把握以下三点。一是要从应用服务出发创新规划实施方式。国办发［2006］59 号文件已经明确，规划实施工作不只是测绘部门的职责，各有关部门要积极配合。因此，各地在规划实施过程中要切实贯彻开放型测绘的思想，在明确规划实施计划后，要加强与有关部门的沟通，根据各部门业务工作的急需，优先安排测绘工作相关内容。同时，要推动与有关部门的相互协作和信息共享，在向有关部门提供基础地理信息数据的同时，也要争取有关部门为测绘规划实施提供必要的支持。二是要高度重视基础地理信息服务。基础地理信息服务是连接基础测绘与成果应用的桥梁。各级测绘行政主管部门要从发展信息化测绘的高度，加快推进基础地理信息网络化服务。同时要加紧研究有关政策措施，形成适应信息化需要的服务模式和服务政策。三是要创新基础地理信息应用平台建设和公共产品开发方式。各级测绘行政主管部门要密切结合本地信息化发展的需要，重点针对电子政务建设和地理信息产业发展的需要开展应用平台建设和产品开发。有条件的地区要争取将其纳入本地区信息化发展总体规划。要改变过去由测绘部门单独出资、出技术、出人员、出数据的“单打一”模式，形成多部门共同投入、共同受益的基础地理信息资源开发利用新模式。

三、几点工作要求

（一）加强规划工作的组织领导

测绘发展规划是测绘部门履行政府职能的重要依据，是引领测绘事业发展的总纲。测绘发展规划的组织实施事关测绘事业发展全局，各级测绘行政主管部门必须进一步认清规划的意义和作用，将规划工作作为重中之重的大事抓紧抓好。要结合规划实施，切实加强政策研究工作，及时解决规划实施中出现的各种问题。要形成分管领导负总责，规划部门牵头，各部门相互配合的工作机制。要通过报纸、杂志和网站等媒体大力宣传规划实施工作中表现突出的先进人物和事迹，大力宣传规划实施的成果和效益。

（二）加强规划实施的财力保障

各级测绘行政主管部门要加强与发展改革、财政等部门的沟通，建立和完善基础测绘投入机制，并努力争取公共财政对基础测绘投入的持续增长，保证基础测绘规划实施的资金落实到位。同时，在向各级政府申请有关项目时，要本着对国家、对事业负责的态度，加强项目立项前的研究论证，确保财政资金的投资效益。要通过落实项目、落实经费，从根本上解决规划与实际工作“两张皮”的问题，使规划从以前的“纸上画画，墙上挂挂”切实变成推动测绘事业健康快速发展的重要手段。

（三）加强规划执行情况的监督评估

按照国家有关规划管理的要求，加强计划管理、预算管理、项目管理以及财务管理的有机衔接，加快形成完善的规划监督评估机制。要通过规划项目执行情况、年度计划执行情况和规划指标完成情况等几个方面加强评估，分阶段、有重点地对规划实施情况进行监督检查。要下大力气做好财务监管工作，严格执行各项财务制度，确保规划实施中各项资金使用的合理有效。要切实加大财务内审力度，及早发现和解决问题，杜绝重大财务违纪事件。

（四）加强规划组织体系建设

目前，获得政府批准的测绘发展规划，数量之多、质量之好令人鼓舞，为促进测绘事业发展奠定了很好的基础。要切实落实好这些规划，还需要坚强有力的组织保障。因此，各地测绘部门务必加强规划管理组织建设，进一步健全规划工作机构，充实工作人员，明确工作内容，落实工作职责。要加强对规划人员的培训工作，提高规划人员素质，确保规划实施取得预期效果。

同志们，做好测绘规划的组织实施工作，责任重大，任务艰巨，让我们以科学发展观为指导，齐心协力，开拓创新，扎实工作，为实现规划目标努力奋斗。在此，我也代表国家测绘局向各位代表预祝新春愉快，身体健康。

以科学发展观统领测绘财务工作　大力促进测绘事业和谐发展

国家测绘局副局长王春峰在国家测绘局直属单位财务工作会议上的讲话

2007 年 4 月 17 日

同志们：

这次会议的主题是：总结、交流近年来我局财务工作情况，认真分析测绘财务工作面临的形势，部署财务工作的主要任务，为实现测绘事业“十一五”规划做好财务保障。下面，我讲三点意见，供大家讨论参考。

一、近年来我局财务工作的简要回顾

“十五”以来，测绘事业取得了很大发展。我局财务工作在局党组的正确领导下，以科学发展观为指导，坚持依法理财，按照规划确定的发展目标，齐心协力，锐意进取，开拓创新，不断完善各项财务制度，努力实现测绘投入的持续增长，为保障测绘事业发展做出了贡献，突出表现在以下几个方面。

（一）适应国家财政体制改革的测绘预算管理体制不断健全

多年来，我局根据国家财政体制改革的总体部署，积极探索，扎实工作，逐步建立了与公共财政体制相适应的测绘预算管理体制。

一是测绘部门预算改革工作进一步深化。我局在财政部的统一部署和指导下，积极推进和深化测绘部门预算改革，初步确立了一套比较科学的测绘部门预算管理模式，预算制度的统一性、完整性和公平性在测绘部门预算管理模式中得到了初步体现。预算的法制观念不断增强，预算的严肃性得到进一步重视；预算的编制形式、方法、程序和内容等日益完善，预算编制质量明显提高；预算的执行、财政资金的使用和绩效评价，尤其是预算项目的立项、论证、评审、申报等管理程序逐步实现了规范化、制度化和科学化。

二是政府采购工作逐步完善。政府采购作为执行部门预算的一个重要环节，得到各单位的高度重视和支持。通过多年的实践，我局政府采购工作逐步规范，体现了公开、公平、公正的原则，而且节约了财政资金，并取得了一定的社会效益。我局部购工作多次受到财政部的表扬和审计部门的肯定。同时政府采购的规模不断扩大，从 2001 年到现在，仅国家局本级就累计实现航空摄影和技术装备采购金额 6 亿多元。

三是稳步推进了国库管理制度改革。目前，我局所属预算单位的国库管理制度改革工作已经到位。通过国库集中支付制度改革，从制度上保证了国库集中采购财政资金运行的高效和安全，同时也促进了测绘部门预算的规范化管理，提高测绘部门执行预算的透明度，保证了财政资金的合理有效使用；增强了预算资金使用的计划性，杜绝了预算临时调整的随意性；强化了收支两条线管理，规范了会计核算行为。

四是政府收支分类改革工作进展顺利。政府收支分类是财政预算管理的一项重要的基础性工作，直接关系到财政预算管理的科学化和规范化，是公共财政体制建设的一个重要环节。去年，财政部实施了政府收支分类改革，并将我局作为项目支出预算按经济分类编制预算的试点部门。这项改革环节多、工作量大，为了做好这项工作，我局制定了工作实施方案，举办了培训班。在大家的共同努力下，不仅完成了2006年部门预算按新科目的数据转换工作，而且完成了2007年部门预算按新科目编制的工作，尤其是项目支出按经济分类编制预算的工作。

（二）测绘资金保障能力不断加强

不断提高资金保障能力一直是我们测绘财务工作的首要任务。近年来，财务工作紧紧围绕测绘中心工作，以提高对测绘事业发展的资金保障能力为目标，深化改革，加强管理，在国家发改委、财政部等部门的大力支持下，测绘事业发展的资金保障能力得到了显著提高。我局的财政补助收入，2006年是5.8亿元，今年是7.7亿元（含西部测图工程2亿元，可能还要多）。

特别是近些年来，我局和各单位积极开展工作，主动向发改委、财政等综合部门汇报测绘工作情况，一些重大测绘项目预算争取工作得到落实，为我们全面履行测绘管理职能和事业发展提供了有力的资金保障。如2006年国家局在这方面就做了三项重点工作，一是为了保障西部1:5万地形图空白区测图工程的顺利实施，我局积极协助财政部制定了相应的经费管理办法，按财政部要求，组织、指导项目部编制了项目总体预算、分年度预算和相关申报文本，并通过了财政部组织的评审。二是为落实《测绘法》关于“国家对边远地区、少数民族地区的基础测绘给予财政支持”的规定，积极配合财政部落实相关投入政策，制定了专项经费管理办法，从2006年开始，中央财政连续3年每年安排3000万元用于支持边远地区、少数民族地区的基础测绘工作。三是高分辨率立体测图卫星项目的立项工作进展顺利，国家现代测绘基准体系基础设施建设项目和国家海岛（礁）测绘工程项目也在积极争取中。

再有，“十五”期间，四个直属局不仅完成了国家局赋予的组织实施全国基础测绘和其他重大测绘项目的职责，同时还很好地履行了主管当地测绘工作的职责。在大家不断的努力下，按照基础测绘分级管理的原则，地方财政对测绘工作支持力度不断加大。例如四川测绘局通过努力，2006年取得了省基础测绘经费投入的重大突破，“十一五”期间，四川省发改委将安排9000多万元的省级基础测绘经费。陕西、黑龙江、海南也不同程度得到了地方的财力支持。这不仅促进了测绘事业的发展，同时也有力地促进了我们为地方经济和社会发展提供测绘保障和服务。

（三）严格依法理财，财务监督管理进一步规范

近年来，我局和各单位财务部门积极履行财会监管职责，为保证资金安全、有效地使用，进一步加大财务监督和内部审计工作力度，强化了财务资金监管措施，收到了较好的效果。

一是加强了制度建设。多年来，为完善内部财务预算管理机制，我局在现行的测绘财务、会计、价格和费用定额等规章制度的基础上，相继出台了《国家测绘局项目支出预算管理办法（试行）》、《国家测绘局项目支出预算编制与评审指南》、《国家测绘局政府采购实施办法》、《国家测绘局财政国库管理制度改革试点资金收付管理实施办法》等，为依法行政、依法理财奠定了良好的基础。为规范测绘项目支出预算编制行为，提高预算编制质量，我局还启动了《测绘生产成本费用定额》的修订工作。为规范测绘成果成图资料收费行为，启动了《测绘成果成图资料收费标准》的修订工作。为加强我局内部审计工作，规范内部审计行为，组织开展了《国家测绘局内部审计工作管理办法》的研究制定工作。各单位也出台了一系列监管制度和防范风险的措施，使财务监管工作更加规范化、制度化。

二是加大了监督检查力度。积极配合审计和财政部门的检查工作，并认真落实审计、财政部门的审计检查决定和意见，切实纠正工作中存在的问题。同时，我局也认真开展了内部审计工作，特别是离任经济责任审计、重大项目审计等内部审计工作。并积极开展各种专项检查工作，如去年，我局根据财政部要求，组织开展了基础测绘和航空摄影项目的绩效考评工作；针对财务决算汇审过程中发现的问题，组织开展了2005年度财务决算专项稽核工作；为了规范预算执行行为，加大基础测绘项目执

行力度，我局国土测绘司和财务司建立了基础测绘项目预算执行情况联检制度，组成检查组，对基础测绘年度预算执行情况进行专项检查。上述工作，强化了财务监督，遏制了违规违纪问题的发生，同时对检查中发现的问题，督促有关单位及时进行了整改。财务监督和审计工作力度的不断加大，不仅加强了财务工作，而且有力地促进了我局的党风廉政建设工作。

（四）国有资产管理工作得到了加强

行政事业单位国有资产管理是公共财政管理的重要组成部分。随着公共财政体制改革的不断深入，国家对行政事业单位的保障力度进一步加大，行政事业单位国有资产的规模也在不断扩大。据统计，2005年底，我局所属单位国有资产总额达21亿元，其中行政事业类13.8亿元。这些年来，我局加强对国有资产的管理力度，围绕保值增值和防止国有资产流失、建立健全国有资产产权登记、国有资产保值增值考核、国有资产统计报告等项制度方面开展工作，初步解决了资产处置不规范和对非经营性资产投入生产经营活动的管理弱化等问题，使重使用轻管理的现象得到缓解。不少单位也健全和完善了相关制度，强化了国有资产管理，为防止国有资产的流失，实现国有资产保值增值，做出了积极的努力。

（五）测绘财会队伍整体素质进一步提高

“十五”以来，随着测绘事业的快速发展和财政改革的逐步深化，加之财会管理新理论、新技术、新方法的不断涌现，对测绘财务人员的知识结构、能力和素质有了更高的要求。为了不断提高财务人员素质，近年来国家局与各单位都十分重视财务队伍建设，普遍加强了对会计人员的培训，注重对在职财务人员的继续教育工作，使得测绘财务队伍人员结构得到了初步优化，财务队伍的整体素质明显提高。

同时，我们的会计核算、财务决算等基础工作质量也有明显提高，国家局的年度财务决算工作连续四年受到财政部的表扬。总之，近年来测绘财务工作所取得的成绩，使我们感到欣慰，它为“十一五”的工作奠定了良好基础，这也是各单位财务部门和相关业务部门积极进取，努力工作的结果。借此机会，向在座的同志们并通过你们向每位相关人员表示衷心的感谢！

二、当前测绘财务工作面临的形势和问题

今年是“十一五”规划实施的第二年，也是重要的一年。测绘事业发展“十一五”规划已经明确了测绘工作的总体思路和发展目标，测绘财务工作就是要紧紧围绕测绘事业发展新目标，迎接新挑战，服务新任务，开创新局面。分析当前测绘财务工作面临的形势，以下几个方面需要认真注意把握：

（一）测绘财务资金需求压力大

按照《全国基础测绘中长期规划纲要》和《测绘事业发展第十一个五年规划纲要》确定的测绘事业发展的主要任务，一些重大测绘项目，如国家测绘档案存储与服务设施项目、西部测图工程、国家基础地理信息系统1∶5万数据库更新工程、国家测绘基准体系基础设施项目、高分辨率立体测图卫星应用系统、海岛（礁）测绘工程等正在实施或启动。所需经费总投资将比“十五”有较大幅度的增长，测绘事业经费供需矛盾扩大。这必将给我们做好测绘财务工作提出更高要求。

（二）国家财政体制改革力度大

近几年，国家在财政预算体制方面进行了一系列的深化改革措施，每一项改革，都对测绘财务工作提出了新的要求。财政预算制度改革的不断深化，部门预算、国库集中支付、政府采购、政府收支分类和国有资产管理改革等对我们的财务预算工作提出了更高的要求。比如：在编制测绘部门预算中，如何做好规划、计划与预算的衔接，如何完善现行的测绘生产成本费用定额和测绘收费标准；在预算执行过程中，如何做好政府采购工作和国库集中收付工作；在测绘事业单位改革和财政体制改革过程中，如何加强国有资产管理，防止国有资产流失，确保国有资产的保值增值。要解决好这些问题，就要求我们各级测绘财务部门的工作人员要不断地更新理念、加强学习、提高水平、实践创新。

（三）加强财务监管的要求更加严格

随着财政资金投入强度的加大，财务管理工作量的增加，在保障资金安全与效益方面，财务管理面临着更多的风险，给财政资金管理增加了难度和不确定因素。如何更好地坚持依法理财，建立有效的资金监管机制，使测绘财务工作全面实现规范化、制度化和法制化，保证各项资金的安全和有效使用，都需要财务部门认真完善机制，切实加强监管，确保各项规定、制度得到落实，防范各种财务违法、违纪问题的发生。

（四）多次审计、检查、稽核结果应切实引起

重视

虽然总体上我们的测绘财务工作是好的，但是通过近几年的审计、财政检查以及年度决算审核工作，也反映出我们的财务工作确实还存在一些不容忽视的问题。对此，财务司另有专题报告，对测绘财务工作中存在的不足和问题进行了梳理，这些问题应引起我们的高度重视，并采取切实有效的措施加以改进。

三、近期测绘财务工作的主要任务

根据当前测绘事业发展面临的形势和任务，今后一个时期测绘财务工作的基本思路是：按照全国财政工作会议的要求，坚持以科学发展观为指导，紧紧围绕测绘事业发展的目标和任务，继续深化测绘部门的财务制度改革，进一步强化依法理财，努力争取加大测绘投入力度，建立健全测绘财务工作的监督评估机制，为测绘事业的发展提供有力的财力保障和财务服务。

根据上述基本思路，近期测绘财务工作主要有六个方面的任务。

（一）进一步巩固和完善基础测绘投入机制

当前，我们财务工作的一个重要任务，是要进一步巩固和完善基础测绘投入机制，不断提高投入水平，并着重做好以下工作：

一是要研究完善基础测绘的财政投入与经济社会发展需求相适应、与现代测绘技术发展相协调、与国家和地区间基础测绘协调发展相匹配，长期稳定的基础测绘投入机制，并努力实现公共财政对基础测绘投入的持续增长。

二是要进一步完善基础测绘的分级管理体制。尤其是四个直属局要抓住国家建立公共财政框架的有利时机，依据《中华人民共和国测绘法》的有关规定，按照基础测绘分级管理的原则，将基础测绘纳入当地国民经济和社会发展年度计划与财政预算体系，并建立稳定的投入渠道。特别是前不久国家发改委和我局联合印发了《基础测绘计划管理办法》，并召开了视频会议。我们要充分利用好这个办法和机遇，切实做好相关工作。

三要切实加强基础测绘项目库建设，加强重大项目的争取工作。当前，要根据“十一五”规划确定的工作目标，根据国民经济和社会发展的实际水平、国家和地方的财力可能等，合理提出“十一五”期间基础测绘以及相应基础设施、技术装备对财政投入的总需求，组织好相关项目的立项论证工作，建立基础测绘项目库，并按照相应的投入渠道开展争取工作，力争为“十一五”基础测绘工作的开展创造良好的条件。

（二）切实做好测绘部门预算管理工作

加强预算管理工作是争取财政支持的重要基础。这些年来我们按照财政部的要求，积极推进我局的部门预算制度改革，虽然取得了一定成效，但是还存在许多不足。主要表现在：预算编制程序不够规范；项目支出预算管理尚需强化，还没有建立起一套规范、科学的立项申报程序，项目库还没有真正建立起来，项目支出预算编制质量不高；预算执行力度和结余资金管理工作尚需加强等。为此，我们必须要在总结经验的基础上，潜心研究国家财政政策，切实做好部门预算管理，不断提高预算编制水平。

各单位的主要领导及领导班子成员要充分认识预算编制工作的重要性，高度重视，切实加强领导，精心组织；要做好培训，认真学习和领会财政部关于编制年度部门预算有关文件精神，掌握预算编制内容、程序和方法；要明确职责分工，建立分工合理、相互协作的预算组织体系，扎扎实实做好本单位预算编制的各项工作。

要继续深化部门预算改革工作。进一步规范预算编制行为，对编制的年度预算，要增强前瞻性、计划性，要突出重点，特别是要强化规划在年度预算编制工作中的指导作用，即项目预算要以我们事业发展规划为依据，且各年度预算之间应具有连续性，重大工作项目要提前论证、评审，建立预算项目库，实行项目滚动管理。并对各项支出预算的编制要做到科学、准确、合理，要符合财政资金的支出范围和开支标准。今后，我局要进一步加强项目支出预算的审核力度，完善相应的申报和批复程序，进一步提高项目支出预算的细化、量化程度；建立项目支出的绩效评价制度和重大项目审计制度，并加强监督检查。

进一步整合资金资源，调整支出结构，保证重点工作。在资金资源整合上，要逐步实现综合预算。要将本单位所有收支统一纳入预算管理，包括事业收入、经营收入、其他收入和相应的支出、自筹基建支出等，要做到一个单位一本预算，保证本单位预算的全面和完整，不能将资金游离于预算管理之外，脱离财务管理与监督。在资金投向上，要优先保障测绘行政事业单位人员和正常业务工作经费，保障测绘队伍稳定，保障测绘行政事业单位履行测绘行政管理和事业任务的完成；要坚持以人为本，贯彻科学发展观，优先保证测绘事业发展“十一五”规划确定的主要工作任务；重点支持国民经济和社会发展急需的重大测绘项目；支持增强测绘事业单位自主创新和自我发展能力的建设。

（三）加强测绘财务监督检查工作

一是加强预算支出管理，严格执行批复的预算。各单位要增强对预算严肃性的认识，强调预算的刚性原则；要严格执行国家的政策及规定，不得擅自扩大基本支出开支的范围和提高开支标准，不得随意挪用、挤占。要按照国库管理制度的要求，切实根据工作进度认真编制用款计划，尤其是要加强项目预算支出管理和成本核算。要按照财政部的有关规定，加强对财政拨款结余资金的管理。

二是加强监督检查和审计工作。加强财务监督检查和审计是关系资金是否规范使用并落到实处的重要手段。为此，各单位要切实做好对各项财政资金实行事前、事中、事后的监督，并制定严格的经费使用报批程序。要建立健全内部审计制度，特别是对重大项目经费要建立项目审计制度。国家局将继续实施对基础测绘等重大项目财务运行情况的定期检查制度。

三是进一步规范政府采购行为，扩大政府采购范围。各单位使用财政资金及其配套资金采购货物、工程和服务的支出都必须按照规定编报政府采购预算。对批复预算中的基本建设类、修缮类、购置类等项目，除了列入部门集中采购预算、由国家局组织实施的采购项目，各单位也要按照政府采购管理的有关规定，做好政府采购计划，对应采购的商品、服务以及工程等依法进行以公开招标为主的政府采购工作，不应改变用途和随意采购。各单位要大力推行公开招标采购方式，规范政府采购活动，杜绝政府采购领域中的商业贿赂现象。

四是不断完善财务管理制度和内部控制机制。我们要根据国家财政体制改革的要求，加强建章立制的工作力度，尽快制定和完善有关测绘财政投入、事业性收费、成本费用定额、产品价格、会计核算、内部审计等一系列的测绘财务管理与监督办法，逐步建立起符合测绘事业发展特点的财务管理与监督体制及运行机制。要严格执行财务管理制度，进一步加强会计核算、财务管理和内部审计工作。

同时，我们还要逐步建立健全绩效评价制度。要在做好预算编制、预算评审和财务决算的基础上，不断完善重大项目绩效评价制度，研究制定测绘部门项目支出预算绩效评价办法，把绩效管理理念与方法引入我们的财务预算管理工作中。

（四）扎实推进政府收支分类和国有资产管理改革

2006 年，为了健全公共财政体制、深化财政预算制度改革，财政部着力推进两项重大改革。一个是，积极推进政府收支分类改革，2007 年是全面实施政府收支分类改革的第一年，部门预算编制将按照新的政府收支分类体系进行。同时，财政部决定在 14 个中央部门进行项目支出按经济分类编制预算试点工作，我局是其中之一。另一个是，从去年下半年开始，开展行政事业单位国有资产清查工作，并要求今年上半年完成基本情况清理、账务清理、财产清查等工作。这两项工作，都是时间紧、任务重，希望各单位积极认真地按照财政部要求，组织好并按时做好有关工作。

（五）抓增收节支，坚持勤俭节约

增收节支是财务工作永恒的主题。近年来，我们的财政补助收入和事业收入都有了一定的增长，不仅促进了测绘事业的持续快速发展，而且大大改善了工作条件、生产和生活环境。收入的增长来之不易，我们要把有限的财力切实用在事业发展的刀刃上。要切实按照建设节约型社会和“两个务必”的要求，以科学的发展观和正确的政绩观来指导财务管理工作，严格按预算控制支出的增长，严格控制计算机、办公设备、小轿车等设备的购置，严格差旅费和会议费管理。要处理好收入分配与单位可持续发展、眼前利益与长远利益、个人利益与集体利益的关系，既要保证公务员工资制度和事业单位收入分配制度改革的落实，又不能在收入分配制度上互相攀比，甚至挪用、挤占项目经费，随意增加工资性支出。总之，我们要弘扬“爱祖国、爱事业、艰苦奋斗、无私奉献”的测绘精神，严肃财经纪律，厉行节约，勤俭办事业。

（六）加强测绘财务队伍建设

加强测绘财务队伍建设，对于做好“十一五”测绘财务工作意义明显。各单位有关领导应该高度重视和支持财务工作，要按《会计法》要求加强财务会计机构建设和配备财务会计人员；要及时研究和解决财务管理中出现的新情况新问题，要支持财会人员履行《会计法》赋予的职责；要切实加强财务工作队伍的思想建设、作风建设和廉政建设；要严格实行会计从业人员资格管理制度，加强对财务管理人员和会计人员的培训工作，切实提高有关人员的业务能力和依法理财水平。要抓好财务干部队伍梯队建设，保持队伍相对稳定；要有计划地培养锻炼年轻的财务干部，给他们提供多种方式的锻炼机会，让他们在实践中锻炼成长。要继续加强测绘财务管理现代化建设，加大财会办公现代化建设的投入。完善有关财务管理信息系统建设，并强化管理，确保系统安全稳定运行。

同志们，近期我们的财务工作任务繁重、责任重大，我们要坚持以科学发展观为指导，按照局党组的总体部署，加强学习，抓住机遇，开拓创新，求真务实，扎实工作，为测绘事业的可持续发展做出更大贡献。

谢谢大家!

国家测绘局副局长李维森在国家测绘局直属单位基础测绘建设工作电视电话会议上的讲话

2007 年 2 月 12 日

同志们:

刚才鹿局长就加强国家基础测绘工作做了重要讲话，对 2006 年国家基础测绘工作给予了充分肯定，并对 2007 年的工作从增强基础测绘的责任感、加强组织领导、加强统筹协调、注重安全生产四个方面提出了明确的要求，我们要认真组织学习并在 2007 年工作中贯彻执行。各直属单位的领导就 2006 年国家基础测绘项目完成情况作了汇报，并对今后的工作提出了许多好的意见和建议，国土司对 2006 年国家基础测绘工作进行了较全面的总结，并对做好 2007 年国家基础测绘项目计划做了通报。局所属单位的主要领导、局机关各司室的负责同志也出席了今天的会议，这既是对基础测绘建设工作的全面了解，也是对基础测绘工作的积极支持。根据大家的发言，下面就如何贯彻鹿局长的讲话精神、做好 2007 年的工作讲几点具体意见。

一、2006 年工作的简要回顾

2006 年基础测绘工作任务重、涉及面广、难度大，经过大家共同努力取得了较好成绩，圆满完成了各项任务。概括起来可以归纳如下:

在国家局党组和鹿心社局长的正确领导下，2006 年初我们召开了全国基础测绘建设工作会议，进一步理清了基础测绘工作思路，明确了目标和任务，确定了上下联动、全面推进基础测绘建设的方针，出台了数字中国、数字城市地理空间框架建设、加强航空摄影工作等方面的政策文件；西部测图、1:5万数据库更新开局良好、方案可行、试验有效、进展顺利；中越勘界、中尼联检工作出色、成就显著，弘扬了测绘精神，为国家测绘局增了光；长城测量建立了良好的工作模式和机制，为部门的合作树立了典范；数字城市建设调动了相关市政府的积极性，以政府投资为主、测绘直接服务于政府、发挥测绘管理与技术优势，为政府信息化建设搭建地理信息公共服务平台，并实现中央、省、市三级测绘数据共享，取得显著成绩；新农村建设的测绘保障工作初见成效；其他基础测绘项目建设也都进展顺利。各单位，特别是各测绘院积极开拓进取，面向经济建设、社会发展和国际市场提供服务，取得了良好的经济效益和社会效益，并为走出国门积累了大量的成功经验。去年安全生产做到了有布置、有检查，工作扎实到位，全年未出现重大安全事故。但是，我们工作中仍然存在着不少问题：如统筹协调的能力还不强，各级管理者在组织项目、处理问题等方面站位还不够高，考虑本单位利益过多，全局整体一盘棋观念还需进一步的理解和深化、强化，各级项目管理的程序化、规范化程度不够，局、项目部、直属单位在项目管理的职责上还存在界定不清、责任不明的地方，精干高效的管理体制机制还未建立起来。这些都需要我们各级领导者、管理人员在今后的工作中认真思考，加以改进，不断提高。

二、认真做好重大项目的组织实施

2007 年是西部测图、1:5 万更新两大项目实施全面展开的关键一年。如何组织好、实施好，是对国土司的协调指导能力、项目部的组织计划协调能力、方案准备、资料保障等能力，以及直属局的管理能力和各院的生产工作能力的一次大检验。两个工程项目部是相对独立运行的工程组织实施机构，负责工程总体目标的实现和任务的完成，要主动、全面地担当起这一重大职责和责任，要做好计划安排、质量管理、技术培训等方面的前期准备工作，有招投标要求的项目还要做好招投标准备，各项任务的确定，要紧密结合有关部门和社会需求，要做到边生产边出成果边应用。各单位要积极支持、全力配合，并带领队伍认真组织实施，要在总结2006年生产试验的基础上，提出更好、切实可行的方案、方法，把2007年的项目组织好、实施好。

三、积极做好合作项目的实施管理

中越勘界、中尼联检、数字城市、新农村建设测绘保障等项目，虽然经费投入不大，但是有着重要的影响，有些是有极为重要的政治意义的项目。各级领导要对此高度重视，要站在国家高度，代表国家测绘局来组织完成好这些项目。2006年中越勘界、中尼联检的测绘工作受到了外交部、云南、广西省（自治区）政府的高度赞扬，可以说我们的测绘队伍是好样的，能打硬仗的。2007年是关键年，要一如既往、全力以赴，发挥测绘的技术优势，配合外交部做好测绘保障工作。数字城市受到地方政府的高度重视，是测绘为经济建设主战场、为地方政府直接服务的典型实例，为政府信息化建设搭建地理信息公共服务平台是测绘在信息化建设中的一项重要职责和任务，务必做实做好。

四、做好2008年项目的各项谋划准备工作

要按照“规划指导、需求牵引、突出重点、兼顾平衡”的原则谋划2008年的基础测绘项目。一是要以国务院批准的《全国基础测绘中长期规划纲要》和我局印发的《测绘事业发展第十一个五年规划纲要》为指导，提出2008年基础测绘项目要点。二是要以服务于国家重大战略、国家重点工程为出发点，确定2008年的项目，急用先行。三是要以西部测图、1∶5万数据库更新工程为重点，加快推进数字中国地理空间框架建设，加大测绘基准体系基础设施建设、海岛（礁）测绘和高分辨率立体测图卫星应用系统等项目申请的力度。四是生产任务要根据各单位的生产能力及内、外业任务量统筹安排。做好省级基础测绘保障是直属局的重要职能，直属局要加大省级基础测绘工作的争取力度，要将省级基础测绘纳入省的国民经济发展规划，加大省级财政投入力度，同时要及时发挥基础测绘成果在地方经济建设中的保障作用，做到边建设边应用。

五、加强科技、标准和质量管理工作

要充分发挥科技在测绘事业发展中的引领和支撑作用，认真贯彻全国测绘科技大会精神，把《测绘科技发展“十一五”规划》落到实处。2007年要加大信息化测绘体系建设力度，加强科技自主创新体系建设和创新基地建设；加强与有关部门的沟通，争取重大科技项目资金的更大支持和项目的落实；加快科技成果的转化，要注重发挥科技在重大项目中的作用，突出创新的优势，及时体现科技成果的应用价值，为重大基础测绘工程提供科技支撑，提高工程生产效率和效益，减轻生产劳动强度，加快工作速度。要履行好测绘质量与标准化管理的政府职能，抓好2007年全国测绘标准与质量工作会议的筹办工作，开好全国测绘标准与质量工作会议。

六、加强管理，提高能力，增强实力

一是加强制度建设，尽快修订、完善基础测绘项目管理办法、航空摄影管理办法。二是加强学习，学习马列主义理论、党和国家的方针政策、科技知识和业务知识，通过学习提高队伍的整体素质，增强综合实力。三是进一步理清局主管司、项目部、直属局、各测绘院等各级组织管理机构的项目管理职能，职责要准、界面要清、权限要明、责任要到位，管理工作要规范化、程序化，程序要简洁、可操作性强，形成优化的组织管理模式、简洁易行又具有监督机制的工作程序。四是强化直属单位的内部管理。要根据计划内项目与市场项目的不同性质分清管理责任，直属局是承担国家任务的直接责任人，要担当起做好计划内项目组织实施的主要责任，而对市场任务或院招标承担的任务，院则是直接责任人。各直属局要针对近期及今后国家、省的基础测绘项目，结合市场需求，加强对生产队伍的组织结构的研究，适时进行一些必要的调整。各测绘院要继续做好市场开拓，通过对有影响力项目的开发建设，增强队伍的实力，提高单位的经济效益。

七、增强安全生产意识，确保生产安全

各测绘生产单位要以科学发展观为指导，牢固树立“安全第一，以人为本”的思想，深入贯彻国务院安全生产电视电话会议精神，巩固成绩、强化监管、加强领导、着力宣传、狠抓落实，切实做好测绘安全生产工作，确保生产安全。近期我们要印发2007年安全生产工作要点，今年还将出台安全生产管理办法、安全生产规程等。总之各级领导务必高度重视安全生产工作，确保不出现安全生产重大事故。

同志们，2007年的基础测绘任务十分艰巨，鹿局长对今年的基础测绘建设工作提出了新的要求，对大家给予了极大的鼓励和鞭策。我们要按照鹿局长讲话精神，从测绘事业发展的高度，真抓实干，齐心协力，不断提高基础测绘的管理及组织实施能力和水平，全面完成好2007年的各项任务，以优异的成绩迎接党的十七大的胜利召开。

加强统筹 强化监管 全面履行测绘标准与质量管理政府职能

国家测绘局副局长李维森在全国测绘标准与质量管理工作会议上的讲话

2007年4月12日

同志们：

标准和质量是经济社会发展的一项重要基础性工作，是事关全局的战略性问题，是技术管理的两个重要关口；产品与成果的标准化程度和质量水平是一个国家整体经济、科技、教育和管理水平的综合反映。为了切实加强测绘标准与质量管理，提高全系统标准化与质量的管理水平，推动全行业标准质量工作上一个新的台阶，今天，我们在苏州召开这次全国测绘标准与质量管理工作会议，总结交流经验，明确工作思路，研究部署“十一五”期间的主要工作。下面，我讲四个方面的意见，供大家讨论。

一、测绘标准与质量管理工作的简要回顾

（一）基本建立了测绘标准与质量管理的组织体系

在国家测绘局和省级测绘行政主管部门的努力下，我国基本建立了测绘标准与质量管理的组织体系。国家测绘局组建了测绘标准化研究所和测绘标准化工作委员会；经国家标准化管理委员会批准，成立了全国地理信息标准化技术委员会；我国成为国际标准化组织地理信息技术委员会ISO/TC211的积极参与（P）成员国；国家测绘产品质检中心、29个省级测绘质检站以及一批测绘仪器检测机构也相继成立。

（二）初步形成了测绘标准与质量管理的工作机制

标准化方面，已基本建立测绘与地理信息标准化各有侧重、相互联系的标准化工作机制；制定发布了《国家地理信息标准化“十一五”规划》和《测绘标准化工作“十一五”规划》。质量管理方面，制定了测绘质量监督管理、测绘生产质量管理、测绘产品监督抽查管理等方面的规章制度，一些地方测绘质量管理的法规制度也相继出台。制定了测绘计量管理暂行办法，建立并实施了测绘计量器具定期检定制度；出台了测绘计量检定人员资格认证办法，并积极开展了全国测绘计量检定从业人员资格考试和认定工作等。

（三）研究制定了一批测绘与地理信息标准

20世纪90年代以来，研究制定了一批数字化测绘生产、基础地理信息数据库建设和地理信息共享等方面的国家标准和测绘行业标准。截至2006年底，由国家测绘局组织攻关研究的测绘与地理信息标准化科研项目和标准制修订项目就超过300项。全国绝大多数省、自治区、直辖市，也相继开展了测绘与地理信息标准的研究制定和应用工作。与此同时，我国还加强了与相关国际标准化组织的联系，根据我国的实际和需要，转化或直接采纳了部分国际标准。“十五”期间，国家测绘局还组织对当时执行的140多项国家标准和行业标准进行了清理、分析和适应性评价。

（四）积极开展了测绘质量监督检查活动

2002年全国测绘质量工作会议召开后，测绘质量监督检查力度逐步加大。国家测绘局组织的全国性活动包括2003年的全国测绘质量监督检查、2004年的全国房产测绘质量专项检查以及2006年的全国1:10000基础测绘成果质量专项监督检查等。地方各级测绘行政主管部门在积极配合上述活动开展的同时，还组织开展了大量区域性监督检查活动。总体来看，“十五”期间全国基础测绘整体质量情况良好。

但是，我们也必须清醒地看到，测绘标准与质量管理工作依然存在不少问题。一是认识不足、重视不够。重对系统内部、直属单位的管理，轻对行业的统一监管；重标准制定、质量的内部检查验收等业务和技术的一面，轻行政管理和政府职能的履行，没有完全树立起对标准和质量实施统一监管是测绘行政管理重要职责的意识；对组织机构建设、技术发展、人才培养、基础设施建设、宣传培训等的重视不够，投入不足，质量让位于效益的情况时有发生。二是法规制度不完善。新《测绘法》实施后相关配套法规建设没有跟上；标准化管理的统筹力度不够，协调机制、监督检查机制不完善，部门间相关标准重复交叉、过于零散，甚至使用混乱；质量管理体系不健全，质量统一监管缺乏力度和有效的措施，对质检机构的管理、建设和长远发展重视不够。三是标准化水平总体偏低。标准制修订速度慢，严重滞后于技术发展和社会需求，基于新技术、新工艺、新数据源的基础地理信息更新、网络化分发服务以及社会化应用等方面的标准建设尤其薄弱；缺乏较为成熟的标准体系的指导，标准间一致性和协调性不够。四是质量监管的深度和广度不够。监督检验的权威性和有效性不强，抽检范围不广，抽检频率较低，处罚力度不大；缺乏针对数字化测绘的有效的质检技术手段和方法；对热点重点领域和重大测绘项目的质量监管乏力；以及还存在着不敢执法、不善于执法的现象等。

二、充分认识加强测绘标准与质量管理工作的重要意义

（一）加强测绘标准与质量管理是贯彻落实科学发展观、促进和谐社会建设的基本要求

测绘与地理信息标准化是推动测绘事业和地理信息产业技术进步、产业升级、质量提高的技术基础，是打破国外技术壁垒、保护知识产权和保障国家信息安全的重要手段。测绘质量是事业产业发展的生命线，不仅关系到国民经济的又好又快发展，关系到国家主权、安全和民族尊严，也事关人民群众的切身利益。多年来，测绘工作为经济建设、国防建设、科学决策等提供了大量可靠的保障服务，发挥了重要作用。但同时也出现过一些因忽视测绘质量和标准管理造成危害重大工程建设、损害人民群众切身利益乃至危及生命安全的事件。如某大桥建设因测量错误造成南北桥面0.4米的误差险些无法对接；再如，近年来房产测绘中不执行国家标准、损害群众利益的事件时有发生等。进入新时期，贯彻落实科学发展观、促进和谐社会建设对测绘保障服务的需求日益旺盛和迫切，测绘的地位和作用更加突出。测绘成为可持续发展的基础性工具和加强国防建设、保障国家安全的重要支撑条件，基础地理信息资源成为国家重要的基础性、战略性信息资源，地理信息产业正在成为现代服务业中新的经济增长点。测绘保障服务的广阔性和全面性，测绘的基础性和先行性，决定了测绘必须为经济社会发展提供标准、可靠的成果和技术服务。各级测绘行政主管部门必须认真贯彻落实胡锦涛总书记“要加强重要技术标准制定的指导与协调”和“加强产品质量监督”的要求，切实将测绘标准与质量管理工作抓紧、抓实，抓出成效。

（二）加强测绘标准与质量管理是推进测绘依法行政、强化测绘工作统一监管的重要内容

2006年，温家宝总理指出：“测绘和地理信息产业关系到经济、社会发展和国防建设，测绘局是国家不可缺少的要害部门，在信息化时代愈来愈重要，不可小看。”这充分体现了党中央国务院对测绘工作的高度重视，充分体现了信息时代测绘工作越来越重要的地位。但是，当前我们对测绘标准化与质量工作的统一监督管理仍然比较薄弱，还普遍存在着体制不顺、意识不强、监管乏力、处罚无力等问题。拟定测绘技术标准并依法监督实施，指导监督测绘成果质量，依法查处全国性或重大的测绘违法案件等，是法律法规和“三定规定”赋予各级测绘行政主管部门的重要职责，是测绘统一监管的重要内容。加强测绘标准和质量管理工作，既是当前强化测绘统一监管的突破口和切入点，也是提高测绘部门执行力和公信力的两个有力抓手。全面履行测绘标准与质量管理职能，杜绝测绘标准和质量管理工作中的“缺位”和“失位”现象，是测绘依法行政的必然要求，是各级测绘行政主管部门必须认真履行的政府职能和法律责任。

（三）加强测绘标准与质量管理是加快信息化测绘体系建设、繁荣地理信息产业的迫切需要

随着技术的不断进步，我国测绘发展在实现了从传统模拟测绘技术体系向数字化测绘技术体系的跨越之后，正朝着信息化测绘体系建设的方向迈进。走信息化发展道路，建设信息化测绘体系，实现从

以地图生产为主向以地理信息服务为主的重大战略转变，成为新时期测绘发展的首要任务和必然要求。新的经济技术和环境条件下，测绘事业正面临着技术手段、应用层次和资源配置方式的深刻变化。与此同时，以测绘为基础发展形成的地理信息产业呈现出了迅猛发展的势头，地理信息服务已经走入千家万户。测绘标准和质量管理工作，作为测绘信息化和地理信息产业发展的重要内容、基本保障和先行性工作，必然要加快实现战略性转变和突破性发展。技术发展日新月异，社会需求千变万化，处在战略转型期的测绘标准与质量管理工作较以往任何时候都要重要和迫切，必须引起我们各级测绘行政主管部门领导的高度重视。

三、“十一五”测绘标准与质量管理工作的指导思想和目标

（一）指导思想

坚持以邓小平理论和“三个代表”重要思想为指导，贯彻落实科学发展观，按照国家全面实施技术标准战略和质量振兴、以质取胜的总体要求，健全法规制度，完善体制机制，强化统筹协调，加强标准和质量的统一监管，加快测绘与地理信息标准体系建设，不断提高测绘与地理信息标准的科学性、协调性和适用性，不断提高测绘成果质量、工程质量和服务质量，全面提升测绘服务于经济建设、国防建设和社会发展的整体质量和水平。

（二）目标

1. “十一五”测绘与地理信息标准化工作的目标是：形成较完备的测绘与地理信息标准形成机制和一致性测试机制，建成较为科学合理的测绘与地理信息标准体系；完成100项左右测绘与地理信息国家标准或行业标准的制修订，初步解决标准数量不足、严重滞后、质量不高的问题，并使国家标准的标龄达到5年以内；标准统筹协调机制进一步完善，宣传培训力度进一步加大，贯彻执行情况明显改善。

2. “十一五”测绘质量管理工作的目标是：深入贯彻落实《测绘法》，努力争取《中华人民共和国测绘质量管理条例》的出台，测绘质量管理的法规制度进一步完善，质量管理的体制机制基本健全；监督检查范围明显扩大；针对人民群众和社会关注的热点、重点领域组织开展的全国性和区域性测绘质量监督检查活动成效显著，监督力度明显增强；测绘质检队伍整体素质不断提高，技术水平和检验能力大幅提升；测绘与地理信息企事业单位的质量管理体系基本确立，测绘成果质量进一步提高。

四、“十一五”测绘标准与质量管理工作的主要任务和措施

（一）完善标准化工作机制

1. 加强标准化制度建设。国家测绘局要加强对标准化工作的统筹协调，积极与行业各部门沟通和互动，建立强有力的综合协调机制；加强全国地理信息标准化技术委员会和国家测绘局测绘标准化工作委员会的建设，充分发挥其协调、指导、服务职能，完善标准化决策、咨询机制；尽快研究出台《测绘与地理信息标准化管理办法》，明确有关组织机构的职责分工和任务，明确国家强制性标准的编制范围，明确标准立项、研制、征求意见、审查、发布、宣传贯彻等各个环节的程序和要求。地方测绘行政主管部门要进一步落实在测绘与地理信息标准化方面的职责，加强制度建设，并积极做好《测绘与地理信息标准化管理办法》出台后的贯彻落实工作等。

2. 完善标准形成机制。一是实行标准项目公开申报制，畅通标准申报渠道，面向全社会公开征集标准项目建议；二是加强对标准项目的规划与指导，加强各级各类标准项目、内容之间的协调，避免重复立项和内容交叉；三是建立开放性的标准制修订工作机制和技术协调机制，鼓励具有相应技术条件和基础的企事业单位，承担或参与标准制定与修订工作，建立标准研制与科技研发、测绘生产紧密结合的联动机制，对于适用且成熟的地方标准、企业标准和项目成果，积极予以完善、转化和提升；四是严格标准审查程序，充分征集和听取各方面对标准立项和标准草案的意见，加强对标准编制过程中的管理与指导，严格标准立项审查和报批前技术审查，严把标准“出口”关。

（二）加快标准研究制定

1. 建立并不断完善标准体系。根据技术发展和社会需求的变化，结合地理信息获取、处理、管理、服务与更新各环节的新特点，研究建立结构合理、层次分明、重点突出、科学适用、满足测绘事业与地理信息产业发展需要的测绘标准体系和地理信息标准体系，并作为国家权威的、共同遵循的标准体系予以正式发布，指导标准制修订立项和项目实施工作。同时，要依据标准体系，积极开展对现行标准的适应性评价和清理工作，加快标准更新。

2. 加快强制性、基础性标准制修订。国家测绘局将根据《国家地理信息标准化“十一五”规划》和《测绘标准化工作“十一五”规划》，紧密围绕信息化测绘体系建设和地理信息产业发展的需求，面向地理信息安全保密、公众版测绘成果的加工和编制、测绘基准建立、基础地理信息系统建设等方面，加快制修订一批能够统领全局、规范测绘事业和地理信息产业发展的关键性和基础性国家标准，尤其要出台一批强制性国家标准；同时还要面向地理信息资源建设、地理信息共享与公共服务、地理信息产业发展等领域，制修订一批急需、适用的推荐性国家标准和行业标准，初步解决标准数量不足、滞后于需求的矛盾。

3. 注重地方标准制修订。省级测绘行政主管部门在做好国家标准、行业标准贯彻实施和监督管理工作的同时，要紧密结合本地区的实际，充分利用地方标准来规范和引导本地区测绘事业与地理信息产业的发展。对于尚无国家标准和行业标准，而又确需在本省内统一技术要求的，省级测绘行政主管部门可组织制定相应的地方标准，一方面满足急需，另一方面也为今后制定相应的行业标准和国家标准奠定基础。但各地在地方标准制定工作中，必须注意与国家标准和行业标准的衔接，不得违背相关国家标准和行业标准，并于地方标准发布后30天内，向国家测绘局备案。

（三）加大标准统一监管的力度

1. 强化标准执行监督。从事地理信息数据采集、处理、管理、产品生产、应用、服务、软件开发和销售等的各项活动，必须执行测绘与地理信息强制性国家标准的各项条款，国家鼓励和引导测绘与地理信息企事业单位积极采用和执行推荐性标准。各级测绘行政主管部门要依据《测绘法》和《标准化法》，强化测绘与地理信息标准执行的监督。要研究建立有利于促进标准执行的制度和措施，如在国产地理信息软件测评和进口地理信息软件准入控制中增加地理信息国家标准符合性测试的要求，实施对重大测绘与地理信息工程项目贯彻执行国家标准情况的强制性检查等。要加大对标准执行情况的监督力度，对落实情况不好的单位依法进行通报和查处。

2. 建立标准一致性测试评价体系。国家测绘局将在充分借鉴国内外相关领域成果和经验的基础上，研究建立与我国国情相适应、与测绘质量检测控制体系相协调的测绘与地理信息标准一致性测试评价体系。将研究我国测绘与地理信息标准一致性测试评价体系的构成、对象、过程和方法，出台一致性测试管理、授权等方面的政策规定和测绘规程，研发测试软件平台。同时，将积极开展针对已有和在研标准以及测绘与地理信息数据产品、设备、软件、数据库、信息系统等的一致性测试和评价工作。

3. 提高标准信息服务水平。加强对全国已有测绘与地理信息标准信息服务资源的整合和共享，加快建设网络化的标准信息共享服务平台，畅通信息渠道，为全社会提供及时、准确、高效、权威、便捷的测绘与地理信息标准化信息服务。充分利用“中国测绘标准网”、“地理信息标准网”、“测绘标准化期刊”以及各级测绘行政主管部门的门户网站等，及时通报国内外测绘与地理信息标准制定、发布、实施等方面的相关信息，积极主动为各类用户提供标准咨询技术服务，广泛征集各方面对标准化工作的需求和建议等。

4. 加大标准宣传与培训力度。各级测绘行政主管部门要加大对测绘与地理信息标准的宣传贯彻力度，扩大标准的影响，促进标准的实施。国家测绘局测绘标准化工作委员会、全国地理信息标准化技术委员会以及广大测绘与地理信息企事业单位，要经常开展标准培训活动，全面、系统地培训标准的主要技术内容、与相关标准的联系和标准执行中应注意的事项等；对于新发布的标准，要及时进行宣传并举办培训班，以促进标准的贯彻执行。

（四）强化测绘质量监管

1. 加强政策研究和法规建设。国家测绘局将在政策研究和试点工作的基础上，抓紧起草《中华人民共和国测绘质量管理条例》，加强与国务院法制办的沟通和联系，争取尽早出台《条例》及其系列配套规章。要通过《条例》的出台，建立起我国重大建设工程测绘质量强制检验、测绘监理等重大测绘质量监管制度，为测绘质量管理依法行政提供强有力的法规保障。各级地方测绘行政主管部门要积极配合《条例》的起草和意见征集工作，并积极开展《条例》配套政策的前期研究，进一步完善地方测绘质量管理的法规制度。

2. 加大测绘质量监督力度。各级测绘行政主管部门要在进一步规范测绘质量监督检查工作程序和技术方法的基础上，加大监管力度和范围，通过监督抽检、行业统检和定检等方式强化对测绘成果质量的政府监管。要加强对涉及国家主权和安全、关系人身和财产安全、社会反映强烈的重点领域、重点项目的测绘质量监督，如重要地理信息系统建设、房产测绘、导航电子地图生产、重大建设工程中的测绘质量等。要进一步加大对发现质量问题较多的测绘单位、新认证测绘单位的监督检验力度，适当提高抽查频次。要研究建立重大测绘质量事故报告制度和测绘质量全社会通报制度，积极推进举报投诉系统建设。要依法运用经济、法律和行政等手段，做好监督抽查的后处理工作，提高监督的有效性。要建立健全以执法责任制、过错追究制为主的内部监督制约机制。加强对质检机构的指导与监管，充分发挥质检机构的作用，促进测绘质量管理的依法行政、合理行政、程序正当、高效便民和权责统一。

3. 完善企事业单位质量管理体系。在继续推行GB/T 19001－2000/ISO 9001:2000质量管理体系标准贯标认证工作的基础上，国家测绘局将研究制定测绘单位质量管理体系认定管理办法，制定不同资质等级质量管理体系的量化标准。各级测绘行政主管部门要进一步加强对测绘与地理信息企事业单位质量管理体系建立和运行的监督和指导，积极引导和鼓励企事业单位自觉建立并有效实施质量管理体系，并加强对企事业单位质量管理体系的定期考核和检查。测绘与地理信息企事业单位要牢固树立“质量第一”的观念，建立权责明确的质量责任制，健全质量管理规章制度和管理机构，经常性开展质量教育活动，有计划、分层次地组织岗位技术培训，逐步实行持证上岗，严格实施质量管理体系内审制度，确保质量管理体系运行的有效性和持续性，切实履行法定的质量义务，做到依法生产和经营。

4. 建立测绘质量诚信体系。各级测绘行政主管部门要加强对测绘与地理信息企事业单位及相关人员诚信行为的管理，加快建立健全测绘质量信用监管制度，营造诚实守信的测绘市场环境。要建设测绘诚信信息管理系统，制定诚信标准，建立测绘成果与地理信息产品质量数据库、测绘与地理信息企事业单位质量信用数据库和测绘质检专家信誉数据库等，及时向社会发布诚信行为记录信息。加快建立测绘质量监管与资质资格管理的协调配合机制，将测绘资质单位的成果质量情况作为测绘资质认证、复查、年度注册和注册测绘师注册、认定的重要依据。强化行业自律，探索建立测绘资质单位质量诚诺自律制度等。

（五）提高测绘质检能力

1. 加强测绘质检队伍建设。测绘质检机构是测绘行政主管部门履行测绘质量统一监管职能的技术保障单位和业务执行机构。要高度重视质检机构的建设和发展，加快健全和完善省级测绘质检机构，进一步明确和落实质检机构的职能和事业单位性质，加大在人员、经费、设备和技术培训等方面的投入和支持力度，全面提高质检机构履行职责的能力。要针对不同类型的测绘质量检验活动，研究建立有利于质检机构独立、客观、公正行使质检职能的机制和制度。加强对测绘质检机构和质检从业人员的准入控制，测绘质检从业人员应当通过相应的专业考试和业务考核方可上岗。广大质检机构在认真做好测绘行政主管部门下达的监督检验任务的同时，要依法做好委托检验、仲裁检验等质检业务，加强自身建设，加大人员培训力度，不断提高质检技术水平和权威性。与此同时，要加快测绘计量技术机构的改革与发展，完善技术保障体系，提高服务质量和竞争能力，切实发挥计量工作的技术基础保障作用。国家测绘局将在试点和实践的基础上，加快研究制定加强测绘质检和仪检单位规范化建设的相关办法，将有关措施落到实处并制度化。

2. 加快质量控制与质检工作的科技创新。测绘质量控制与质检工作的科技创新是测绘科技创新的重要内容，在信息化时代尤为重要。要切实加大对测绘质量控制与质检工作的科技投入，研究建立适应数字化测绘生产的测绘成果质量评价体系和检验技术方法体系，制定系列数字化测绘成果检查验收技术规程，完善质量评价标准；加快测绘质检信息化建设，研发和推广适应数字化、网络化、自动化、智能化测绘生产和服务的质检技术、方法和软硬件，不断提高质检工作的公正性、科学性、权威性和工作效率；加强对质检专业人才队伍的培养和建设，加大对测绘质检科技进步与创新的奖励。

（六）狠抓基础测绘质量

1. 健全基础测绘质量责任制。组织实施基础测绘是测绘部门的重要职能，向社会提供质量合格的基础测绘成果是我们应尽的职责和义务，因此要管好全行业的测绘质量，必须首先从狠抓基础测绘质量做起。要严格基础测绘项目立项审查、设计审批、执行监督、竣工验收、绩效考评等方面的质量管理制度，逐步推行设计、生产、质量检验互相分立的组织结构体系，从项目立项到验收的各个环节，都要有明确的责任人，实行责任追究制和终身负责制。测绘行政主管部门要对项目审批负责，设计单位要对设计质量负责，承担实施工作的领导以及项目责任人、项目成果检查责任人等要对各阶段的作业质量、工作质量负责，承担质量检验的机构和质检专家要对质检结果负责，承担验收工作的机构和专家要对验收结论负责。

2. 进一步加强基础测绘项目质量管理。各级测绘行政主管部门要切实将基础测绘项目的质量管理当作关系测绘事业兴衰的大事来抓，确保基础测绘成果的质量经得起国家和人民最严格的考验。对此，我们首先要提高设计质量。加强对基础测绘项目设计的审批工作，强化设计单位的程序控制和质量管理，对设计文件实施严格的技术质量校核，要建立一套行之有效的项目设计审查制度。二是实施单位要强化生产过程的质量监控。要推行全程内部质量监管制度，树立测绘成果前端质量控制观念，要加强从技术培训、过程监督检查、最终质量检查等全过程的前端质量监控，建立一套程序化、可行的逐级负责的过程质量监控体系，提高过程质量监控手段的自动化，要根据现代技术的发展趋势，进一步完善传统的“两级检查、一级验收”的测绘成果检查验收制度。三要改进验收制度。将质检报告作为项目验收的必要依据，只有质量检验合格的项目方可进入最终验收环节，质检报告具有一票否决权，不得以专家评审等形式代替成果质量检验。四要提高质检报告的公正性和科学性。要使承担质检工作的机构在经费、人员管理等方面独立于项目承担单位；要加大对承担质检工作的机构和人员的监督和管理，质检的方法、过程与技术必须严格按照国家标准和有关规定执行。

同志们，这次会议任务重、内容多、信息量大，但概括起来说，“十一五”期间测绘标准和质量管理工作就是要在强化标准与质量的统一监督管理认识的同时，完成下列主要任务：

颁布一部条例，即《中华人民共和国测绘质量管理条例》。

出台两个文件，即《测绘与地理信息标准化管理办法》、《关于加强测绘质量管理的若干意见》。

建好两支队伍，即测绘标准化队伍和测绘质检队伍。

建立三个制度，即测绘与地理信息标准统筹协调制度、重大测绘项目强制检验制度和测绘监理制度。

完善三个体系，即测绘与地理信息标准体系、测绘与地理信息标准一致性测试评价体系、测绘与地理信息企事业单位质量管理体系。

开展三项活动，即测绘与地理信息标准执行情况检查、重大建设工程和社会热点测绘质量监督检查、测绘与地理信息标准宣贯和培训。

同志们，新时期加强测绘标准与质量管理工作的机遇令人鼓舞，挑战催人奋进。我们广大测绘标准和质量管理工作者要增强责任感、荣誉感和使命感，以邓小平理论和“三个代表”重要思想为指导，全面贯彻落实科学发展观和构建社会主义和谐社会等重大战略思想，加大工作力度，采取有效措施，与时俱进，开拓创新，相互支持，密切配合，共同开创测绘标准与质量管理工作的新局面！

关于测绘宣传工作的几点思考

国家测绘局副局长宋超智在测绘宣传工作务虚会上的讲话

2007 年 2 月 13 日

今天召开测绘宣传工作务虚会，主要是和大家共同探讨如何贯彻中宣部加强测绘宣传工作的精神，进一步加强测绘宣传工作，为测绘事业发展提供强有力的精神动力和舆论支持。刚才听了大家的发言，感觉大家对于加强测绘宣传工作，特别是如何做好 2007 年的测绘宣传工作做了深入的思考，围绕局中心工作，结合各单位各部门的实际，谈到的想法和建议有思路、有创意、有操作性，谈的都很好。局办公室要会同宣传中心对大家的建议进行认真消化，进一步完善 2007 年测绘宣传工作思路，细化 2007 年的宣传工作方案。下面，我对 2007 年的测绘宣传工作，谈几点意见。

一、要进一步增强做好测绘宣传工作的责任感和使命感

新闻宣传工作关系党和国家的工作全局。毛泽东同志曾经说过："一张报纸，有极大的组织、鼓舞、激励、批判、推动的作用"。邓小平、江泽民同志也明确指出：新闻是重要的意识形态，新闻事业是意识形态上层建筑的重要组成部分，党的新闻事业与党和人民祸福攸关。胡锦涛总书记强调："做好统一思想的工作，必须进一步唱响主旋律、打好主动仗，充分发挥舆论宣传的重要导向作用"。

测绘宣传工作是测绘事业的重要组成部分，对于宣传测绘工作、凝聚测绘行业力量、营造测绘事业发展良好氛围等具有十分重要的作用，这已被大量实践所证明。局党组高度重视测绘宣传工作。鹿心社局长到任后不久，专门就做好测绘宣传工作进行了调研，多次就做好测绘宣传工作作出重要指示，提出了测绘宣传工作要做到"长流水、不断线，不时掀起小高潮"的明确要求。2006 年 10 月召开了首次全国测绘系统宣传工作会议，对今后一个时期的测绘宣传工作作出了全面部署。为加强对测绘宣传工作的指导和管理，出台了《关于加强测绘宣传工作的意见》、《国家测绘局新闻发布管理办法》、《新闻宣传重要稿件送审管理办法》、《政府网站登载时政信息审核规定》等制度，测绘宣传工作逐步走上规范化、制度化的轨道。2006 年，我们围绕国家局建局 50 周年、1: 5 万基础地理信息数据库建成、西部测图工程、国家版图知识竞赛、网络版地图发布等中心工作，组织开展了集中的宣传报道，在测绘行业引起了很大反响，在社会上产生了广泛影响，对于增进社会各界了解测绘、认识测绘起到了积极的作用。应该说，在局党组的正确领导下，通过局办公室、中国测绘宣传中心的不懈努力，在局机关各司（室）、局所属各单位和全系统的密切配合下，在中央各主要新闻媒体的大力支持下，2006 年的测绘宣传工作取得了明显成效。但同时我们也要看到，测绘宣传工作与测绘事业发展的需要还有差距，在整个社会层面上测绘的声音还不够强。

新形势下测绘宣传工作的任务更加繁重。中共中央政治局常委李长春在参观全国测绘成果成就展时指出，"要大力宣传我国测绘工作取得的成绩和测绘工作者的优秀事迹"，对测绘宣传工作提出了明确要求。今年是实施国务院批准的《全国基础测绘中长期规划纲要》和国家局制定的《测绘事业发展第十一个五年规划纲要》的重要一年，应当说测绘事业发展的思路更加清晰，目标更加明确，任务更加艰巨，迫切需要进一步加大测绘宣传工作力度，优化发展环境，推动各个目标的实现，促进测绘更好地服务经济社会发展。

测绘宣传工作事关测绘事业发展全局，涉及到工作的方方面面，不仅仅是局办公室、中国测绘宣传中心的工作，也是全机关、全系统工作的重要组成部分。我们必须从事业发展全局的高度，深化对测绘宣传工作重要性和必要性的认识，切实增强责任感和使命感。各单位、各部门领导，全系统干部职工都必须进一步解放思想，转变观念，树立测绘宣传工作新理念，树立大宣传的理念，把测绘宣传工作作为一个系统工程来抓。测绘宣传工作要按照科学发展观和构建社会主义和谐社会的要求，围绕党和国家中心工作，服务测绘事业发展大局；要坚持正确的舆论导向，唱响主旋律，打好主动仗；要加强领导，健全机制，拓宽渠道，精心策划，提高宣传水平，增强宣传效果，为推动测绘更好地服务经济社会发展营造良好的舆论环境。

二、要做好几篇大文章

测绘宣传工作要扩大影响，取得实效，必须要有抓手。1991 年，我们以宣传国测一大队的先进事迹为抓手，有力促进了测绘事业发展外部环境的优化。2005 年和 2006 年，我们分别以珠峰复测和建局 50 周年系列活动为抓手，有力促进了社会各界了解测绘、认识测绘、关心测绘、支持测绘。近日，中宣部明确提出了今年加强测绘宣传的工作方案，指明了测绘宣传的方向，明确了今年的宣传重点，对于加强测绘宣传工作意义重大。我们要认真贯彻中宣部加强测绘宣传的工作方案精神，围绕 2007 年测绘重点工作，选准突破口，打好主动仗，全面推动测绘宣传工作上新台阶。

一是以宣传典型人物和单位为抓手，大力宣传测绘工作者的时代风采。2 月 2 日，贺国强同志代表中央看望了刘先林院士，中央领导同志专程到家看望测绘专家这在测绘系统还是第一次。目前，刘先林院士已纳入 2007 年全国人才宣传计划。要紧紧抓住这一有利时机，通过宣传刘先林院士，宣传测绘科技工作者求真务实的实践，宣传测绘高新技术及其作用，让群众进一步了解测绘科技创新对我国经济社会发展的重要推动作用，了解测绘部门在推进测绘科技创新、促进测绘成果社会化应用，服务经济社会发展和人们生活方面所做的努力和取得的成效，宣传测绘科技工作者的时代风采。同时，要大力宣传国测一大队的先进事迹，宣传在平凡工作岗位上辛勤工作、默默奉献的测绘工作者的先进事迹，展现新时代测绘人的风采，进一步弘扬“爱祖国、爱事业、艰苦奋斗、无私奉献”的测绘精神。

二是以宣传测绘重大事件为抓手，大力宣传测绘工作的成就。2005 年珠峰复测宣传工作和2006 年系列宣传工作之所以取得了前所未有的宣传效果，其中一条基本经验就是测绘宣传工作必须抓住社会关注的热点、测绘工作的亮点，加大面向社会公众的宣传力度。2007 年，我们要深入挖掘测绘工作的重点、亮点，精心组织策划，通过丰富多彩的形式，使宣传力度越来越大，效果越来越好。要认真做好重要地理信息发布、西部测图工程、长城测量、中越勘界、地理信息数据市场整顿等重大事件的宣传报道，同时要宣传报道好测绘为构建和谐社会提供服务保障，为社会主义新农村建设、为信息化建设服务的典型事例，从多角度、多层次进行宣传，进一步扩大测绘工作的社会影响。

三是以拍摄测绘题材的电影或电视为抓手，进一步推动测绘文化建设。以社会主义核心价值体系为根本，推进和谐文化建设，是时代赋予宣传工作的重要任务。测绘文化作为测绘行业在长期实践中形成的反映测绘职工精神风貌的管理思想、管理方式、群体意识、观念形态和行为规范的总和，是和谐文化的重要组成部分。要通过电影、电视剧等多种方式，以引人入胜的故事情节和特点鲜明的人物塑造，宣传测绘工作在国家经济建设、国防建设、科学研究和社会发展中的重要作用，展现测绘工作者开拓进取、勇于创新的时代风采，深入挖掘提炼和全面反映新时代的测绘文化，彰显新时代的测绘精神。同时，要加大测绘科普宣传，为提高公民的科学素养服务，也为测绘产品走进千家万户打基础。

四是以办好一报一刊一网为抓手，进一步抓好测绘宣传阵地建设。《中国测绘报》、《中国测绘》杂志和国家测绘局政府网站作为测绘宣传工作的重要阵地，近年来不断加大对测绘工作的宣传力度，为推动测绘事业发展作出了积极贡献。但是，我们的一报一刊一网在社会上的影响力还不够。要进一步明确办报办刊办网的指导思想，围绕中心工作，唱响主旋律，打好主动仗。要从内容和形式各方面加强和改进宣传报道，不断扩大测绘宣传边际，不断提高质量，增强创新意识，努力推出一批群众喜闻乐见的名牌栏目、精品文章。要落实“三贴近”原则，改进作风、改进文风，努力增强报道的可读性，增强趣味性，增强吸引力。要加强队伍建设，加强人员培训，不断提高编辑记者的业务能力和工作水平。一定要充分利用好一报一刊一网这个阵地，增强社会影响力，更好地发挥其应有的作用。

三、要形成测绘宣传大格局

一是要进一步在全系统树立宣传工作的新理念。各级干部要转变观念，要树立宣传工作的新理念，不断强化宣传工作的意识。首先，要树立宣传是测绘工作重要组成部分的观念，切实把宣传工作摆在测绘工作大局中统筹考虑。要树立大宣传的意识，视野要更宽一些，让宣传的边际更大一点。其次，要改变以往“只做不说”的观念。埋头苦干、默默奉献是测绘人的优良品质，但是这还不够，还要善于对所做的工作、对测绘的成果和作用广泛宣传，做到“既做又说”。各单位主管宣传的负责同志要拿出一定精力抓宣传。第三，要改变对宣传的狭义认识。不要把宣传仅限于政治思想宣传工作，而是要从思想宣传走到科技、成果、科普、人物等多领域的宣传大格局中，形成行政管理工作、测绘业务工作、党务工作等工作领域处处需要宣传的理念。不仅要宣传国家测绘局的工作，还要宣传全系统、全行业的工作，形成全系统宣传工作一盘棋。第四，要不断拓展宣传受众面。要把宣传的受众面从测绘系统、测绘行业向全社会拓展，这样才能进一步扩大测绘工作的影响力，社会各界了解测绘、关心测绘、支持测绘的氛围才可能形成。第五，要变被动宣传为主动宣传。我们应当清醒地认识到，测绘在各级领导和新闻媒体记者眼中并不是“热门”的行业，测绘在整个社会层面上的声音还比较弱。只有采取积极的态度，拿出“铁头、铜嘴、蛤蟆肚子、兔子腿”的精神，克服困难，打好主动仗，才能开创测绘宣传工作的新局面。

二是要注重加强宣传策划。加强宣传策划、主动引导舆论，是增强宣传效果的有效方法。要在抓策划上下功夫，在抓选题上下功夫，要在组织素材上下功夫，切实加强宣传策划工作，突出宣传重点，抓好宣传“亮点”，要把宣传工作作为一项系统工程来抓，增强宣传工作的计划性，变被动宣传为主动宣传。凡是有利于形成宣传规模的选题，都要统筹规划、精心组织，力求形成规模、形成声势。对于重大事件、重大活动、重大任务的宣传报道，要坚持早作准备、精心策划、及时调控，深入挖掘内涵，做新、做深、做活。工作中要讲究策略、掌握火候，使测绘宣传既要得力，又要得当，还要得法；要把握时机、讲究分寸，做到适度而不失度，力求最佳效果，使宣传工作常流水、不断线。

三是要善于运用大众传媒宣传测绘工作。我们要进一步加强和中央主要新闻媒体的沟通联系，争取更多的支持和关注。要通过与电视台、广播电台、报刊、网络等联合举办专刊、专栏、专版等，对重点工作进行深度宣传和集中报道，努力形成规模、形成声势，不断扩大测绘工作的社会影响。要完善新闻发布制度，定期向新闻媒体通报测绘工作不同阶段的工作重点，及时通报重大活动和重要举措，让媒体及时了解测绘工作动态，增强宣传的时效性、针对性。要定期组织新闻媒体深入基层现场采访，挖掘鲜活的素材和典型事例，帮助他们进一步熟悉测绘、了解测绘，更好地宣传测绘。

四是要建立健全测绘宣传工作联动机制。要进一步明确各单位、各部门在测绘宣传工作中的职责。各单位、各司（室）在谋划和部署业务工作时，要同时提出相应的宣传工作建议方案，并及时通报重大工作进展。局办公室要抓好测绘宣传的统筹协调，做好重大宣传活动的策划和组织，指导中国测绘宣传中心、局管理信息中心做好测绘宣传工作。中国测绘宣传中心要围绕国家局的中心工作，主动提出有关宣传活动预案，做好新闻素材、新闻背景材料等的准备工作，组织协调好中央媒体的宣传报道，并认真做好测绘报刊的宣传报道。管理信息中心要认真做好国家局政府网站时政信息的发布工作。局机关各司（室）、局各直属单位、测绘系统各单位要积极提供有关的宣传素材，主动配合，共同做好测绘宣传工作。测绘系统各单位的宣传工作机构要围绕本单位中心工作，积极开展宣传策划和组织实施。要整合各种测绘宣传资源，充分利用政务信息、测绘报刊、测绘网站在宣传方面的优势，形成宣传合力，扩大宣传效果。

同志们，做好新时期的测绘宣传工作，是我们义不容辞的责任。我们要勇挑重担，不辱使命，与时俱进，开拓创新，不断提高测绘宣传工作水平，为推进测绘更好地服务于经济社会发展作出新的贡献！

国家测绘局副局长宋超智在全国测绘系统政务暨外事工作会议上的讲话

2007 年 4 月 19 日

与会的各位领导、同志们：

上午好！

出席两年一次的全国测绘系统政务暨外事工作会议，有机会和全国测绘系统分管政务、外事工作的领导和同志见面，感到很高兴。这次会议的主要任务是：以邓小平理论和“三个代表”重要思想为指导，按照科学发展观和构建和谐社会的要求，认真总结近两年来测绘系统政务和外事工作，加强政风建设，提高工作能力，研究国家测绘局网站建设的意见，部署下一阶段的工作。测绘政务和外事工作不仅重要，而且非常繁重，大家非常辛苦。借这个机会，我代表国家局和鹿局长向大家表示亲切的问候，向大家付出的辛勤劳动表示衷心的感谢！下面，我代表局党组讲三点意见。

一、政务和外事工作面临的新形势

（一）两年来政务和外事工作取得了较大成绩

2005 年广东佛山会议以来，全国测绘系统办公室和外事工作部门主动适应测绘事业发展的新形势、新任务，坚持以邓小平理论和“三个代表”重要思想为指导，深入学习贯彻党的十六大及三中到六中全会精神，认真落实科学发展观、构建社会主义和谐社会等重大战略部署，紧紧围绕测绘事业发展中心工作，解放思想、转变观念，开拓进取、勇于创新，扎实工作、注重实效，工作质量和水平有了不断提高。

在政务工作方面，一是更加注重沟通联系，加强统筹协调，积极争取各级党委、人大、政府领导和有关部门对测绘工作更多的支持，据了解各省局办公室发挥了很好的作用；二是更加注重宣传工作，扩大宣传效应，努力为测绘事业发展营造良好的社会氛围；三是注重调查研究，提高政务信息工作水平，主动为领导决策当好参谋；四是注重督办督查，狠抓工作落实，促进了本单位各项工作的开展；五是注重制度建设，规范办事程序，不断提高科学管理水平；六是注重保障服务，保障了单位的日常运转，促进了和谐机关、和谐单位、和谐系统建设。

在外事工作方面，一是紧紧围绕国家外交战略和测绘事业发展中心工作，深化双边合作，保持并扩大双边交流；二是积极参与国际测绘事务，举办重要测绘国际会议，推荐我国专家在国际测绘组织中担任重要职务，提高我国测绘国际地位，扩大我国测绘国际影响；三是开拓国外培训渠道，培养技术和管理人才，推进测绘自主创新，促进测绘劳务和产品出口，测绘对外交流合作进一步收到实效；四是扎实开展2008年国际摄影测量与遥感大会筹备工作。

一会儿，兆琪主任要做工作报告，对两年来测绘系统政务和外事工作进行全面总结，我在这里就不多谈了。可以说，这两年，各单位办公室和外事工作部门干部职工克服了人手少、事情多、任务重的困难，充分发挥积极性、主动性，表现出了爱岗敬业的职业道德和无私奉献的精神，各项工作都很有成效。国家局党组对全国测绘系统政务和外事工作是十分满意的。

（二）测绘事业发展的新形势对政务和外事工作提出了新要求

近年来，党中央国务院对测绘工作更加重视。胡锦涛总书记多次对测绘工作作出重要指示，强调指出，要“加强测绘统一监督管理和基础测绘工作”、“推进数字中国地理空间框架建设，加快信息化测绘体系建设，提高测绘保障服务能力”。2006年4月，温家宝总理指出：“测绘和地理信息产业关系到经济社会发展和国防建设。测绘局是国家不可缺少的要害部门，在信息化时代愈来愈重要，不可小看”。2006年10月，在国家测绘局建局50周年纪念活动前夕，温家宝总理又专门作出重要批示，要求我们“要再接再厉，继续努力，在完善管理体制、科技自主创新、快速传递信息方面取得新的突破，抓好关键技术和重大项目的组织实施，提高利用、监管、保障、服务水平。”去年10月，中共中央政治局常委李长春参观了全国测绘成果成就展，强调“要大力宣传我国测绘工作取得的成绩和测绘工作者的优秀事迹”。去年8月，曾培炎副总理专门听取测绘工作汇报，研究部署“十一五”的测绘工作；去年10月，培炎副总理亲切接见了全国测绘系统先进集体先进工作者代表，并做重要讲话，参观了全国测绘成果成就展览。今年初，培炎副总理又强调，要“进一步完善体制机制，着力科技创新，加快测绘成果应用，不断提高为国民经济和社会发展服务的能力和水平”。中央领导同志的关怀和指示，为测绘事业的发展指明了方向，提出了新的更高要求。办公室作为领导机关的参谋部，要带头学习、带头领会、带头贯彻落实。

当前，经济社会发展为测绘事业发展提供了难得机遇。加强和改善宏观调控，转变经济增长方式离不开测绘保障服务；扎实推进社会主义新农村建设，促进城乡协调发展，落实区域发展总体战略，加强环境治理保护迫切需要测绘保障服务；建设服务型政府，强化社会管理和公共服务职能离不开测绘保障服务；完善应急管理体制机制，加强国家安全工作和国防建设对测绘工作提出了新要求。2006年，国务院转发了国家测绘局会同有关部门制定的《全国基础测绘中长期规划纲要》，国家测绘局制定印发了《测绘事业发展第十一个五年规划纲要》，明确了今后一段时间测绘工作的指导思想、基本原则、发展目标和主要任务。要完善测绘管理体制和运行机制，加强测绘统一监督管理，基本建成数字中国地理空间框架，基本形成信息化测绘体系，全面提升测绘保障能力和服务水平，较好满足经济社会发展对测绘的需求。新时期，新阶段，测绘工作的任务更加艰巨，办公室和外事工作部门作为对内、对外的窗口，作为机关和单位工作的中心和枢纽，任务也必然更加繁重。

同时，建设法治政府和服务型政府对测绘系统政务和外事工作提出要求。党的十六届六中全会明确指出：“加快建设法治政府，全面推进依法行政”。在今年3月召开的十届全国人大五次会议上，家宝总理在《政府工作报告》中强调要以转变政府职能为核心，规范行政权力，改进政府管理和服务方式，大力推行政务公开，加快电子政务和政府网站建设，全面提高行政效能。并强调，当前要解决一些行政机关存在的严重铺张浪费的问题。无论是推进职能转变，创新管理方式，还是推行政务公开，降低行政成本，都与办公室和外事工作部门的工作密切相关，许多落实工作办公室还是牵头部门。办公室和外事工作部门应该在政府自身建设和管理创新方面起到表率作用，作出应有贡献。

二、当前国家测绘局正在开展的主要工作

今年以来，国家局按照年初工作部署，狠抓落实，各方面工作都取得了显著进展。利用这个机会，我简要向大家通报一下当前国家局正在开展的主要工作情况。

一是在基础测绘建设方面，国家测绘局党组始终把基础测绘建设作为工作的重中之重，把基础测绘作为测绘事业的立足之本。3 月 5 日，国家发改委、国家测绘局联合印发了《基础测绘计划管理办法》，4 月 3 日，国家发改委、国家测绘局又联合召开视频会议，贯彻落实《基础测绘计划管理办法》。会上，国家发改委副主任杜鹰，鹿心社局长分别做了重要讲话，对贯彻实施办法提出了明确要求。这对于加强基础测绘计划管理，进一步规范基础测绘中长期规划和年度计划的编制、执行和监督检查工作，推动测绘事业的发展具有重要意义。可以说是为各地测绘部门加强与发展改革、财政等部门的沟通，争取有关项目和经费，奠定了非常良好的基础。希望各单位办公室密切关注有关情况，协调、督促好《基础测绘计划管理办法》和几位领导重要讲话的贯彻落实工作。目前，国家局正在按计划组织实施西部测图工程、1∶5 万数据库更新工程、中越边界勘界测绘、测绘档案存储与服务设施建设项目等重大工程。

二是在测绘依法行政方面，1 月 24 日，人事部和国家测绘局联合印发了《注册测绘师制度暂行规定》、《注册测绘师资格考试实施办法》和《注册测绘师资格考核认定办法》，这标志着我国注册测绘师制度正式建立，今年，将开展考核认定工作。2 月 28 日，国家局和国家保密局联合印发了《关于做好外国的组织或者个人来华测绘有关工作的通知》，对加强外国人来华测绘管理，做好有关保密工作提出了若干具体措施和要求。对于外国人来华测绘，原则是规范而不是限制，在宣传中要把握好尺度、统一宣传口径，要和国家的外交方针政策保持一致。

三是在测绘成果应用服务方面，国家局和国家文物局正在联合组织开展长城测量；正和国防科工委加快推进电子导航地理信息公共平台建设。同时，积极组织和引导为社会主义新农村建设、第二次全国土地调查等做好测绘保障服务。国家局也在积极推动高分辨率测绘卫星项目的启动工作。

四是在宣传工作方面，今年中宣部加强了对测绘宣传工作的指导，制定了《关于加强测绘宣传的工作方案》，确定了 4 项宣传内容，一是要大力宣传测绘自主创新的典范——刘先林院士，二是要大力宣传艰苦奋斗、无私奉献的典型——国家测绘局第一大地测量队，三是重要地理信息数据发布，四是长城资源调查和测量工作。中央主管宣传的最高机关制定关于加强测绘宣传工作的方案，这是第一次。国家局正在抓紧开展有关实施准备工作，4 月 27 日就将在国务院新闻办召开新闻发布会，公布我国 19 座著名山峰的地理信息数据。

同时，国家局正在努力配合国务院下发《国务院关于加强测绘工作的意见》。这也是当前国家测绘局工作中重中之重的一件大事。经过国家测绘局将近一年的调研和反复征求各方面意见，代拟稿已基本形成，拟于最近报送国务院。通过国务院出台这个文件，要达到呼唤全社会对测绘工作的重视、解决测绘事业发展中的突出问题、指引今后一段时期测绘事业发展方向的目的。总之，国务院出台这个文件，是关系测绘事业长远发展的大事，具有十分重要的现实意义和深远影响。

三、对下一步政务和外事工作的要求

改革开放和测绘事业发展的新形势对测绘政务和外事工作提出了新要求。办公室和外事工作部门的同志要进一步增强责任感和使命感，进一步增强政治意识、大局意识和责任意识，以更加蓬勃的朝气、更加昂扬的锐气，做好各项工作。

1. 转变思想，树立新观念。思维方式决定行为方式，行为方式决定发展方式。观念陈旧，思想不够解放是困扰我们测绘系统发展的一个较长期的问题。我们在调研中了解到，在测绘系统部分领导干部中重微观、轻宏观，把测绘工作置于国家战略中思考不够；重生产、轻应用，生产和应用相脱节，保障服务意识不强；重审批、轻监管，一手硬、一手软，执法意识不强；重计划、轻市场，唯基础测绘，忧患意识不强等问题还是有所表现。各单位办公室和外事工作部门的同志要带头转变思想，树立新观念。结合本职工作，要强化三个意识：一是要强化服务意识。服务是政务和外事工作的本质，办公室和外事工作部门所有的工作都要围绕服务来进行。要为领导做好服务，使领导更加信任；为基层做好服务，使基层工作更加顺利；为群众做好服务，使群众更加满意。要以主动服务的热情、超前服务的眼光、高效服务的能力做好每一项工作。要在繁杂事务中把握大局，在重点服务中兼顾全面，在被动服务中争取主动。二是要强化责任意识。责任心是办公室和外事工作部门同志必须要具备的基本政治素质和必须遵循的基本职业道德。办公室工作面广、头绪多、责任大，无论是重要文稿的起草审核，还是文件传递、机要保密，都不允许出差错。外事工作无小事，任何小的纰漏都有可能带来严重的后果。这就要求办公室和外事工作部门的同志具有更强的责任心。三是要强化高效意识。面对新形势、新任务、新要求，办公室和外事工作部门要进一步加快工作节奏，提高工作效率。要进一步树立效率意识，优化工作流程，明确细节标准，每一项工作目标任务都要尽可能地进行细化、量化、深化，落实到处（室），落实到每一个人，做到不让领导交办的工作在你手里延误、不让办理的文件在你手里积压、不让各种差错在你身上发生。

2. 转变职能，加强政务工作。政务工作的质量，是反映办公室工作地位、作用和服务质量高低的重要标准，是整个办公室工作的重中之重。抓住了政务这个重点，就抓住了办公室工作的关键。一是要大力提高服务决策能力。要提高调研水平，发挥办公室的“智囊团”、“参谋部”作用。办公室要为领导决策搞好服务，必须把调查研究工作摆在首要位置。比如，在全国测绘工作（局长）会议、各省测绘工作会议等重要文稿的起草中，要做好充分的调研工作，不能闭门造车。同时，政策研究工作多是由各单位办公室承担，因此，每年各单位办公室都应围绕本单位的重点工作组织开展调研活动，撰写一两篇有情况、有分析、有措施、有建议的调研报告，供领导决策参考。如国家局办公室去年参与承担了局重点政策研究，今年将会同有关单位共同开展文化建设研究。二是要大力提高宣传工作能力。多数省局对外宣传工作是由办公室承担，测绘宣传工作是测绘事业的重要组成部分，这已成为国家测绘局系统的共识。今年，中宣部第一次制定了加强测绘宣传的工作方案，国家局年初专门召开了测绘宣传务虚会，印发了宣传工作要点，对测绘宣传工作提出了明确的要求，我们要围绕2007年测绘重点工作，全面推动测绘宣传工作上一个新台阶。要以宣传典型人物和单位为抓手，大力宣传测绘工作者的时代风采；以宣传测绘重大事件为抓手，大力宣传测绘工作的成就；以拍摄测绘题材的电影或电视为抓手，进一步推动测绘文化建设；以办好测绘报刊和网站为抓手，进一步抓好测绘宣传阵地建设。三是要进一步提高协调能力。办公室要发挥好协调作用，这是办公室的职能和地位确定的。要在日常工作中发挥好沟通、联系作用，保障机关日常工作运转流畅；要在重要会议、重大活动安排方面发挥好综合协调作用，确保各项活动协调有序开展。四是要进一步提高督办落实能力。各单位分管办公室工作领导是督查工作的第一责任人，要像抓决策制定那样抓决策落实。办公室要进一步发挥督查工作职能部门的作用，承上启下、主动协调，及时督促、及时提醒，确保各项工作部署落到实处，确保各项工作取得实效。五是要进一步提高公文处理能力。要按照“快节奏、高标准、严要求”的原则，进一步加强公文处理工作，强化责任，提高效率，保证质量。

3. 转变作风，提高工作效能。办公室作为各级机关的牵头部门，其工作作风代表了机关的作风。要按照胡锦涛同志在中纪委第七次全体会议上所提的“八个方面”良好风气的要求，抓好办公室和外事干部队伍作风建设。一是要勤奋好学、学以致用。要坚持理论联系实际的马克思主义学风，努力在建设学习型机关中走在前列，把学习的体会和成果转化为提高政务和外事工作能力、促进测绘事业向前发展的能力。二是要加强团结，搞好协作。团结才有战斗力，团结才能出人才，团结才能促发展。领导与下属之间、干部职工之间要以诚相待，相互支持、相互谅解，大事讲原则，小事讲风格。要弘扬正气，形成心齐风正的局面，促进单位和谐、机关和谐。三要开拓创新，寻求主动。办公室的工作特点是随机应变的事情较多，在这种情况下要寻求主动，提高服务质量和水平，就必须在创新二字上下功夫。要创新工作思路，坚持用新思维谋划工作，逐步实现由搞好事务向注重政务转变；要创新工作方法，在工作中要善于抓好主要矛盾和矛盾的主要方面，要忙在点子上，抓在关键上，进一步提高工作质量和效率。

4. 搞好网站建设，推进政务公开。去年，国务院办公厅印发的《关于加强政府网站建设和管理工作的意见》明确指出，政府网站已成为政府应用信息技术履行职能的重要形式，是各级人民政府以及政府部门在互联网上发布政务信息和提供在线服务、与公众互动交流的重要平台。加强政府网站建设是建立服务型政府的一个有力“抓手”，有利于推行政务公开，更好地实现人民群众的知情权、参与权和监督权；有利于科学民主决策，拓宽联系群众的渠道；也有利于提升政府的服务功能，促进和谐发展。今年初，国务院又审议并原则通过了《中华人民共和国政府信息公开条例（草案)》，以此进一步推进和规范全国政府信息公开工作，更好地发挥政府信息对人民群众生产生活和经济社会活动的服务作用。

国家局党组高度重视测绘系统政府网站建设工作。不久前，国家局制定了《关于加快推进测绘信息化发展的若干意见》。《意见》指出，测绘部门政府网站作为信息化发展的一个组成部分，要按照国家电子政务建设的总体要求，依托国家电子政务网络，加快测绘部门政府网站体系建设，建立国家测绘局与各直属单位、地方测绘部门统一的政务平台，提高测绘部门政务联网水平，实现政务连通和业务协同，为政府的决策管理提供及时的政务和业务服务。各单位要按照国务院和本地政府的要求，根据国家测绘局的部署，结合本单位实际，加大人力物力财力投入，加快本单位网站建设步伐，提高建设水平。据了解，有部分省局网站建设和电子政务建设尚有距离，可喜的是，这项重要工作已引起了各省局的高度重视。甘肃、陕西等多个省局到国家测绘局办公室、管信中心考察了解情况。下一步，局办、管信中心、研究院要在搞好国家局网站和电子政务建设的基础上，积极支持各省局的建设。网站和电子政务系统的建设要把握好几个原则：一要加强软硬件建设，保障运行环境，确保运行安全、高效；二要加强内容建设，加强信息发布，提供在线办事，发挥测绘优势，拓展公益服务；三要推进制度建设，完善运行体制机制；四要加强人才队伍建设，配备优秀人才，加强业务培训，提高业务水平。总之，各单位要高度重视信息化工作，高度重视网站建设，要把信息化建设作为一个重要的抓手，推动本单位工作上台阶，上水平。

5. 加强外事工作，提升外事实效。测绘外事工作是我国测绘事业的重要组成部分，也是我国整体外交工作和科技外事工作的组成部分。推进测绘自主创新离不开外事工作创造条件；培养测绘管理和高技术人才需要充分利用国际测绘强国的智力资源；提升测绘装备水平需要借鉴、引进国际先进设备和技术；实施重大测绘工程，拓展测绘服务领域同样需要学习借鉴有关国际经验。加强和改进新形势下的测绘外事工作，既是更好地为我国测绘事业发展服务的需要，也是更好地为国家总体外交服务的需要。

当前，做好测绘外事工作，必须准确把握当今科技革命的特点和科技发展内在规律，准确把握当今经济、科技全球化的新特点，准确把握科技在当今国家竞争和外交工作中的重要作用，准确把握加强自主创新对国际科技合作的新要求，紧密联系测绘工作实际，开拓创新，积极进取，务求实效。首先，要配合国家总体外交战略，加强对外沟通，积极拓宽交流合作渠道。要不断深化双边合作，拓展合作领域，取长补短、优势互补，把双边交流做深、做大、做细；要不断扩大多边合作，加强与测绘国际组织的合作与交流，不断提高我国的国际地位和国际影响力。各省局、各单位要密切配合国家局做好有关双边、多边合作工作，要积极选派管理和技术骨干参与双边、多边合作，为有关会议的召开、有关考察活动的安排等做好服务工作。目前，要认真筹备好第21届国际摄影测量与遥感大会，充分利用大会机会，展示我国测绘发展成就，拓展测绘发展空间。各省局、各单位要积极参与2008年大会筹备工作。要通过筹备和举办2008年大会，进一步增强系统、行业的凝聚力。其次，要进一步加强外事管理，规范外事工作程序。要加强外事统筹，严格把好项目计划、审批关，加强国际合作项目管理，科学安排出访计划，避免发生无实质性内容或针对性不强的出访，要严格做到出国目的明确，出国前各项预案准备充分，回国后有成果，坚决杜绝违规组团出访现象。各单位要认真执行各项外事管理规定，规范办事程序，严格遵守各项外事纪律。第三，要创新测绘合作方式，确保外事工作实效。要树立“大测绘”观念，利用国家局的双边和多边国际合作交流渠道，为测绘系统和行业单位提供更多的项目支持和咨询服务；要扩大技术输出和人员交往，推动科研机构和企业“走出去”。去年，国测一大队在阿尔及利亚承揽了道路建设工程测量项目，去了70多位同志，外办给予了积极的协助。要积极参加国际组织及其活动，鼓励测绘科技人员到国际组织任职；要在测绘对外交流过程中造就一支政治素质高、业务能力强、组织纪律严、经得起风浪考验的测绘外事干部队伍；要紧紧围绕测绘事业发展的中心任务，开展有助于提升我国测绘技术的合作项目，促进我国测绘科技自主创新能力不断提高。当然国家局也会给省局及各单位积极创造条件，开拓培训渠道，打通合作渠道。今年将派出近20名局级干部参加培训；选派年轻的优秀技术人员到国外读研究生；组织学术技术带头人到国外考察学习；利用参加国际会议，选派一些同志学习考察、开拓眼界；推动合作项目，继续与芬兰、德国，并开辟和巴西、澳洲等国的合作项目。

同志们，政务和外事工作至关重要。进一步做好新形势下的政务和外事工作，责任重大，使命光荣。我们一定要以邓小平理论和“三个代表”重要思想为指导，全面贯彻落实科学发展观，抓住机遇，开拓进取，为测绘事业发展做出更大的贡献。

交流经验 统一思想 加强测量标志维护管理工作

国家测绘局副局长谢经荣在全国测量标志维护管理工作经验交流现场会上的讲话

2007年7月4日

同志们：

今天，国家测绘局在浙江省召开全国测量标志维护管理工作经验交流现场会。这次会议的目的，就是要通过交流经验，取长补短，相互学习，统一思想，增强信心，进一步加强全国测量标志维护管理工作。

这次会议，是继1994年全国测量标志维护管理总结表彰暨工作会议后的又一次全国性的测量标志维护管理工作方面的会议。鹿心社局长很重视这次会议，告诉我要精心准备，把这次会开好，开出实效，促进全国的测量标志保护工作。首先，我代表国家测绘局向为我国测量标志维护管理工作付出辛勤劳动、作出奉献的广大测绘工作者和测量标志义务保管员们表示诚挚的问候！

这次会议之所以选在浙江省召开，是因为近年来浙江省积极探索在新形势下保护测量标志的新举措，开展了测量标志维护管理工作试点，取得了很好的经验。通过在龙游县试点现场的参观学习和浙江、吉林、江苏、山东、湖北、新疆测绘局代表在大会上介绍经验，大家都会有所收获。各省、自治区、直辖市测绘行政主管部门应当积极借鉴这些好经验，做好本地区测量标志维护管理工作。

下面我就测量标志维护管理工作取得的成绩、存在的问题和今后工作谈一些意见，供会议讨论。

一、取得的主要成绩

多年以来，在各级政府和有关部门的支持下，在各级测绘行政主管部门和测绘行业以及广大测量标志保管人员的共同努力下，测量标志维护管理工作取得了一些可喜成绩。

（一）各级人民政府和有关部门积极采取有效措施，在加强测量标志保护方面取得一定成效。近年来，国家测绘局积极采取措施，推动测量标志维护管理工作。2004年和2005年，组织部分省局开展加强测量标志保护的研究，其研究成果对一些地区开展测量标志维护管理工作起到了指导作用。2006年国家测绘局将加强测量标志保护列入重点政策研究项目。2007年将修订测量标志保护条例列入国家测绘局立法计划，并召开全国测量标志维护管理工作经验交流现场会，推动测量标志维护管理工作。

一些省政府领导深入到省测绘行政主管部门调研，听取关于测量标志保护情况汇报，对测量标志维护管理给予大力支持，为测量标志维护管理创造良好的条件。例如，2004年，湖北省政府主要领导到省测绘局调研后，当即指示有关部门落实测量标志维护管理工作经费。山东省成立以分管副省长为组长的“山东省测量标志管理工作领导小组”，随后各市县也成立了相应的管理组织，大部分乡镇也明确了管理部门。江苏省人民政府办公厅转发省测绘局关于开展全省永久性测量标志维护工作的意见，全省各级人民政府及有关部门高度重视，使测量标志维护管理工作得到有效地落实。

（二）测量标志维护管理职责逐步向基层落实，分级管理体制正在建立。一些地方建立省、市、县、乡分级管理的体制，把职责落实到基层，使测量标志维护管理工作得到强有力的组织保障。江苏省在测量标志普查中，层层落实责任，直至明确各乡镇国土所为当地测量标志普查工作负责单位，具体负责普查和委托保管工作，形成上有专人抓，下有专人管理的网络。浙江省将原由省测绘局管理的三等以下测量标志成果全部委托市、县测绘行政主管部门管理，成果由市、县提供，迁建由市县审批，赔偿费用由市县收取。吉林省专门设立测量标志管理站，在测量标志维护管理中发挥了重要作用。

（三）测量标志维护管理经费有所增加，一些地方经费不足问题得到解决或有所缓解。例如，江苏省财政投入1100万元，市、县投入约800万元，用于测量标志维护。湖北省2006年和2007年，省财政分别预算461万元和400万元开展测量标志普查、维护、保管工作。新疆维吾尔自治区及县（市）两级共落实普查经费总计超过1000万元。山东省青岛市每年有16万元测量标志维护专项经费。这些做法，为全国各地的测量标志维护管理工作起到了很好的示范作用。

（四）有关部门相互协调、密切配合，测量标志保护齐抓共管的局面逐步形成。各级测绘行政主管部门与公安、司法等有关部门以及新闻单位协调一致和密切配合是保护测量标志的重要手段。近年来，许多地方在这方面取得了很好的成效和经验。例如，浙江省测绘局与国土资源部门、规划部门密切配合，解决了测量标志用地的权属问题，把测量标志保护纳入规划审批和用地审批程序，对减少工程建设破坏测量标志起到重要的作用。许多地方测绘行政主管部门与公安、司法、军队等有关方面联合印发文件，在测量标志附近设立警示标志，加强测量标志巡查，查处破坏测量标志违法案件，对于保护测量标志起到了很好的作用。

（五）摸清标志现状，实现信息化管理，测量标志普查维修工作得到加强。近年来，许多省、自治区、直辖市测绘行政主管部门陆续开展普查，全面摸清测量标志的现状，建立测量标志管理信息系统，实现信息化管理。通过互联网实现省、市、县测绘行政主管部门之间的信息共享和交换，为使用者提供方便快捷的服务。在普查的基础上，对测量标志进行维护维修，采取防护措施，有效地保护测量标志。湖北省从2005年起用三年时间在全省开展测量标志实地详查工作，重新明确测量标志保管人员，建设测量标志管理信息系统，同时做好维护维修工作。

（六）积极探索，创新制度，建立适应发展要求的测量标志维护管理新机制初见成果。近年来，一些地方认真研究解决维护管理中出现的新问题，探索有效措施。这次会议参观学习的龙游县试点经验就是这些探索的缩影。龙游县试点经验可以归纳为以下几点：一是针对测量标志量大面广，进行全面维护管理十分困难的特点，采取分类保护的方法，将测量标志划分为重点保护管理、一般保护管理两类，分别采取保护措施。二是确定测量标志用地界址、测定界址点坐标、办理土地权属登记。三是将测量标志纳入规划审批系统和用地审批系统。四是将无偿的义务保管方式改变为责权利相结合的委托保管方式，与保管者签订委托保管协议、发放津贴等。

（七）强化执法，不断加大查处违法案件的力度，严惩破坏标志行为。对于测量标志违法案件不进行严肃的查处，就难以形成全社会保护测量标志的良好氛围。近年来，有的地方与公安机关密切配合，有的地方将测绘执法纳入规划、土地执法，加大测量标志违法案件查处力度，查处案件数量上升。例如：新疆维吾尔自治区立案查处破坏测量标志案件11起，山东省查处毁标案件60多起，其中蓬莱市刘学军等人盗窃测量标志钢标案，被烟台市中级人民法院判处无期徒刑，通过媒体公开曝光，引起很大震动，使广大群众对测量标志的重要性有了更深刻的认识。吉林省在这方面也做了很多工作。

二、存在的突出问题

这些年来，我们在测量标志维护管理方面取得一定的成绩。但是，问题还比较突出。根据2004年调查统计，建国以来测绘系统以及其他有关部门建造的90余万座测量标志，仅存42万座，占总数46.71%。测量标志不断建设，不断遭到破坏的现象没有得到遏制。在1994年测量标志维护管理工作会议时，被破坏的标志占33.1%，2004年上升为53.3%，每年上升2个百分点，让人吃惊、痛心。出现这些问题，除有许多客观原因以外，主观原因也不少，充分说明测量标志维护管理工作还没有到位。

从全国的情况来看，在测量标志维护管理工作上，地区差别较大，发展很不平衡。有些地区测量标志维护管理工作很有成效，测量标志损坏率明显减少。有些地区测量标志维护管理工作进展缓慢，成效甚微，测量标志损坏率很高，有的已经超过80%。一个地区，测量标志维护管理工作的好坏，与经济发展水平有一定的关系，但是主要还是取决于认识是否到位，工作是否努力、是否主动。新疆维吾尔自治区所取得的成绩和经验值得我们很多地区的同志们学习、借鉴。

分析测量标志维护管理存在的问题，主要有以下几个方面：

（一）测量标志维护管理的职责落实不到位，经费投入普遍不足。近年来，部分地方在职责落实和经费投入方面取得一些成绩，但就全国而言问题依然比较突出，有些地方既缺少专门机构，也缺少专职管理人员，多数地方尚未建立延伸到乡镇的测量标志维护管理网络。有些地区虽然建立了机构，但由于缺少经费等原因，实际上还没有正常开展工作。这种状况很不适应测量标志维护管理工作的要求。

（二）工程建设造成测量标志损坏的现象比较普遍，管理措施跟不上。从已经建成的测量标志来看，标志所在地往往是工程建设频繁地区，测量标志遭到破坏很难避免。根据测绘法的规定，工程建设应当避开测量标志，确实无法避开的要经过审批后迁建。但是，大多数开发建设项目没有主动避开测量标志，也没有申请迁建。测量标志遭到破坏，主管部门也没有得到报告，不能及时发现，更没有主动查处。尚未建立起发现、制止破坏测量标志的机制和有效的措施。

（三）土地利用变更造成测量标志破坏的问题突出，测量标志用地权属长期不清。在城市开发建设、道路改造征地和在农村土地承包经营中，测量标志所占用土地没有被扣除；在土地开发建设审批过程中相关部门也没有重视测量标志，土地使用人对测量标志影响其利益也有不满。在这种情况下，测量标志遭到破坏或者使测量标志失去使用效能后，难以追究责任和追偿索赔。

（四）测量标志保管制度不完善，保管责任难落实。保管单位或者人员的责任是经常检查测量标志、制止破坏行为、发现问题及时报告、协助查处违法案件、监督测量标志的使用等。从目前情况看，由于是义务保管，保管人员缺乏积极性，义务保管制度缺乏强制性，保管责任难以落实，是测量标志遭到破坏的主要原因之一。

（五）一些群众测量标志保护意识淡薄，测量标志保护宣传和查处违法案件力度有待加强。很多测量标志的破坏是由于人们缺乏对测量标志重要性的认识和缺乏保护意识造成的，说明保护测量标志的普及宣传教育还不到位。测量标志损坏率很高，而查处的案件数量很少，说明查处力度不够，查处案件不到位。

（六）建设测量标志的标准不统一，保护设施简陋。由于测量标志建设标准不统一，随意性大，形式多样，缺乏必要的保护设施，不利于保护。有些测量标志仅仅埋在地下，地面上没有任何保护设施和警示标识，无法引起人们的重视，难以实施有效保护。当然，还存在其他方面的问题。这些问题希望大家认真思考，深入调研，不断探索，逐步解决。

三、今后一个时期的工作思路和主要工作

（一）统一思想，提高对测量标志保护重要性的认识

当前，随着科学技术的发展，测绘工作已经进入空间技术时代，对于测量标志的依赖程度有所降低，使用率也下降，被破坏的测量标志也逐渐可以实现快速恢复和补充。在这种情况下，出现了是否还要保护测量标志的疑问。在这个问题上，各级测绘行政主管部门必须要统一思想，提高对测量标志保护重要性的认识。

要清醒地认识到，测量标志是国家投入巨资建造的重要测绘成果，是国家重要的基础设施，是重要的国有资产，全国测绘工作者还在使用测量标志为国家经济建设和社会发展完成大量的测绘成果，为全社会提供着测绘服务，这说明测量标志还有使用价值，具有很大的经济价值，在特殊情况下还有不可替代的作用。

测量标志是广大测绘工作者多年辛勤工作的成果，凝聚着数万人、几代人的心血，在特殊地区甚至有些人为此付出了生命，很多测量标志具有重要的文化价值，是我们测绘文化的重要组成部分，也能体现我们“爱祖国、爱事业、艰苦奋斗、无私奉献”的测绘精神。

测量标志维护管理是各级测绘行政主管部门的法定责任，无论是法律、行政法规，还是地方性法规，都对此做出了明确的规定，做好测量标志维护管理工作是依法行政的重要组成部分，是测绘主管部门的法定职责。保护测量标志是各级测绘行政主管部门的重要工作，在我们的“三定”方案中有明

确的规定。所以，加强测量标志维护管理工作不能动摇。各级测绘行政主管部门要把思想统一到法律法规上来，树立信心，主动地开展工作，开创测量标志维护管理工作新局面。

（二）积极试点，探索建立适应市场经济发展的测量标志维护新制度新机制

在这次会议期间，一些地区介绍了很好的经验，这些经验涉及组织建设、经费投入、监管机制、分类保护、加固维修、用地制度、委托保管等方面。在组织建设上，有建立省、市、县、乡管理网络的经验，有建立专门测量标志维护管理机构的经验。在经费投入上，有专项投入的经验，有建立长效经费投入机制的经验，也有各级财政配套投入的经验。在监管机制上，有部门配合、共同监管的经验，有建立巡查工作机制的经验，有进行科学化、信息化管理的经验。在分类保护方面，有将测量标志划分为重点保护和一般保护等类别，因类制宜，分别采取不同维护管理措施的经验。在测量标志维修加固方面，有因地制宜，砌防护井、防护墙、防护沟的经验，也有建立景观型测量标志的经验。在土地使用方面，有确定用地范围、进行权属登记、取得土地使用证的经验，有将测量标志纳入规划审批系统和用地审批系统的经验。在委托保管方面，有签订保管协议，实行义务保管与津贴相结合、明确责权利的经验。

各省、自治区、直辖市测绘行政主管部门要以本次会议为契机，学习先进经验，结合本地实际情况积极试点，探索建立适应市场经济发展的测量标志维护管理新制度新机制，推进本地的测量标志维护管理工作。要进一步完善管理网络和经费投入机制，协调有关部门，有选择的在分类保护、土地确权、有偿保管、监管制度以及其他方面进行探索，创出更好、更有效的维护管理模式，通过试点积累经验，将成熟的做法进行推广。

修订《测量标志保护条例》是今后一个时期的重点工作，力争从法律制度上解决测量标志维护管理工作中遇到的难点问题，为做好测量标志维护管理工作提供法律依据。但是，建立新的测绘法律制度，需要有相应的实践基础，没有各地积极探索，取得经验，条例修订工作也难以进行。各省、自治区、直辖市测绘行政主管部门不能等待，要积极地行动起来，探索新制度新机制。大家试点成功了，被大家、被社会接受了，才能总结上升为法规。从这个角度讲，大家的探索、试点是为条例的修订奠定基础的。

（三）摸清家底，积极探索测量标志保护的科学方法

在本次会议上，一些地区介绍了开展测量标志普查工作的经验，其他地区要在学习这些经验的基础上，结合本地情况开展普查工作。在普查中，要充分发挥市、县测绘行政主管部门和乡（镇）政府的作用，确保普查工作全面、准确。

测量标志遭到破坏的一个重要原因是对于测量标志的维护措施差、水平低。近几年以来，一些地方积极探索测量标志保护的科学方法，开展测量标志维护加固工作，维护后的测量标志十分坚固，有界桩、有标注、有警示标志、有工作平台，不易被损坏，这些经验值得学习借鉴。各地在借鉴这些经验时，要学习这些地方积极探索的精神，学习科学严谨的作风，学会科学的方法，高质量地做好维护工作。

目前，一些三角点觇标由于年久失修自然损坏和人为破坏濒临倒塌，发生了一些觇标倒塌伤人和砸坏房屋等事件。鉴于 GPS 技术的应用，对于觇标的依赖程度大大降低，那些失去使用价值、且已经濒临倒塌的觇标可以进行拆除，但必须采取科学有效的措施加强地面标石的保护。

（四）加强宣传教育，严格依法办事，遏制破坏测量标志的违法行为

深入宣传保护测量标志的重要意义和法律知识是保护测量标志的重要手段。各级测绘行政主管部门要充分利用各种媒体和渠道，采取多种形式，在城乡各地，特别是在广大农村地区向社会广泛宣传，使公众普遍知晓保护测量标志的意义和作用，增强法律意识，自觉地保护测量标志。

加强测量标志拆迁审批工作。测量标志拆迁审批是保护测量标志的重要措施。各级测绘行政主管部门要认真履行职责，从严审批，对于不符合条件的坚决不批。加强审批后的跟踪检查，对未经审批擅自拆迁的要坚决查处，要多抓典型，多曝光，多通报，营造保护测量标志的良好氛围。

继续加大查处案件的力度，要督促测量标志保管人员及时报告破坏测量标志的事件，建立社会公众举报破坏测量标志案件的机制，属于各级测绘行政主管部门查处的案件，要认真进行查处；属于违反治安管理处罚规定或触犯刑法的，要积极提请公

安司法部门查处，并做好相应的配合协助工作。

同志们，做好测量标志维护管理工作是测绘行政主管部门的重要职责，各级测绘行政主管部门要以邓小平理论和“三个代表”的重要思想为指导，深入贯彻科学发展观，进一步提高对测量标志维护管理工作重要性的认识，学习先进经验，结合测量标志维护管理工作实际，团结一致，以高度责任感，开拓创新，做出一流的成绩，开创测量标志维护管理工作的新局面。

谢谢大家！

把握机遇 迎接挑战 开创测绘行政执法工作新局面

国家测绘局副局长谢经荣在全国测绘系统行政执法工作座谈会上的讲话

2007年9月13日

同志们：

前不久，国家测绘局在北京召开了全国测绘系统法制工作会议，鹿心社局长出席会议并做了《加强领导 服务大局 努力开创测绘法制工作新局面》的重要讲话，会议强调要以促进测绘法贯彻实施为中心，不断完善测绘法规体系，努力提高测绘行政执法水平。今天，我们在吉林省延吉市召开全国测绘系统行政执法工作座谈会，会议的主要任务是全面总结近年来测绘行政执法工作取得的成绩，分析目前执法工作中存在的问题，研究对策与措施，探索新形势下做好测绘行政执法工作的新思路。目的是把握形势，交流经验，明确任务，进一步深入贯彻落实鹿心社局长的讲话精神。下面，我结合前一阶段测绘行政执法工作，谈几点意见。

一、统一思想，充分认识测绘行政执法工作面临的机遇与问题

正确认识当前测绘行政执法工作面临的机遇与问题，把握执法工作的特点与规律，进一步提高对执法工作重要性的认识，是做好执法工作的前提。当前，测绘行政执法工作既面临着前所未有的良好机遇，又面临着十分严峻的挑战。

（一）党中央、国务院对行政执法工作的高度重视为测绘行政执法工作提供了强大动力

党中央、国务院高度重视行政执法工作。2004年3月，《国务院关于印发全面推进依法行政实施纲要的通知》明确要求理顺行政执法体制，加快行政程序建设，规范行政执法行为。2004年6月28日，温家宝总理在全国依法行政工作电视电话会议上指出，行政执法是行政机关大量和经常性的管理活动，是全面推进依法行政、建设法治政府的重要环节，各级政府、各部门要按照有法必依、执法必严、违法必究的要求，从体制、机制和队伍建设等方面入手，进一步加强和改善行政执法工作，做到严格执法、文明执法、公正执法。近年来，党中央、国务院领导同志对一些重大测绘违法案件连续做出了重要批示，要求我们协调有关方面，采取措施，防范打击各种非法测绘活动，研究防止类似事件再次发生。党中央、国务院领导同志的一系列重要批示，对测绘行政管理和测绘行政执法工作提出了要求，指明了方向，提供了强大动力，对进一步做好测绘行政执法工作具有重要的指导意义。

（二）测绘事业的快速发展为测绘行政执法工作提供了广阔舞台

测绘是国家重要的基础性、前期性事业，对推动我国信息化建设、促进可持续发展、建设资源节约型和环境友好型社会具有重要的保障支撑作用。近年来，社会对测绘服务的需求越来越旺盛。目前，全国测绘行业持证单位近万家，测绘从业人员约30万人，测绘产品广泛地服务于城市建设、环境保护、国土资源、交通、水利以及军事等众多领域。据有关资料显示，2006年我国地理信息产业总规模约380亿元人民币。预计到2010年，我国地理信息产业年总产值将超过800亿元。在测绘市场进一步繁荣的同时，各种测绘违法行为也越来越多，涉案金额越来越高，社会影响也越来越大。根据不完全统计，2006年全国各级测绘行政主管部门共发现测绘违法案件759件，执法工作的任务越来越重，压力越来越大。只有辨证地看待执法工作面临的新形势，从压力中激发动力，从挑战中把握机遇，从有为中确立有位，才能为测绘行政执法工作开拓更为广阔

的舞台。

（三）测绘行政管理职能转变为测绘行政执法工作提出了迫切要求

行政执法工作作为行政机关的经常性管理活动，其质量和水平的高低是检验行政管理能力的重要标志。严格依法行政，贯彻落实测绘法律法规，做好测绘行政执法工作，是提高测绘行政管理能力的重要方面。2002 年修订后的测绘法明确规定了四级测绘行政主管部门的统一监管职能，把国家、省两级管理体制延伸到了市、县。测绘行政管理也逐步由“重项目、抓生产”的传统模式向主要通过法律手段进行行政管理转变。同时，随着现代战争对地理空间信息的依赖越来越强，测绘已经不再是单纯意义上的经济社会发展的基础，也是国家安全防卫体系的重要组成部分。近年来，涉外测绘违法案件屡有发生，对国家安全构成了严重隐患。只有进一步加强测绘行政执法工作，加大对测绘违法行为的查处力度，切实维护国家安全和利益，才能真正履行好国家赋予各级测绘行政主管部门的统一监管职能，做到监督有效、保障有力，善于运用法律手段管理和处理新形势下各种复杂的测绘事务和突发事件。

二、总结经验，充分认识全国测绘行政执法工作取得的新进展

近年来，各级测绘行政主管部门深刻认识行政执法工作的重要性，切实加强领导，认真履行执法职责，从加强执法机构和队伍建设着手，按照“权责明确，行为规范，监督有效，保障有力”的要求，稳步推进各项执法工作，取得了可喜的成绩，得到了各级领导和社会的充分肯定。

（一）执法体制机制建设取得新突破

近年来，各地测绘行政主管部门积极和当地编制管理部门沟通，落实测绘行政执法主体或具体执法机构，逐步健全测绘行政执法体制。目前，湖北省已经有 14 个市、州、省直管市成立了测绘局。新疆自治区测绘局增设了执法办公室。江苏省测绘局成立了江苏省测绘市场管理中心。执法主体的确立和具体执法机构的成立进一步增强了执法力量，加强了执法工作。

测绘工作涉及领域广，测绘成果事关国家秘密，测绘行政执法工作常常涉及国家安全、保密等多个部门，协调性要求高。为做好涉外测绘违法案件查处工作，加大监管力度，各地测绘行政主管部门与有关部门积极沟通，建立相关联合工作机制，形成执法合力。去年 8 月，国家测绘局等七部门共同印发了《关于加强外国的组织或者个人来华测绘管理工作的通知》。今年 7 月，针对近期以来涉外测绘违法案件的多发态势，国家测绘局会同国家保密局联合印发了《关于加强测绘保密工作的通知》，国家测绘局行业管理司和国家安全部八局在新疆联合召开了涉外测绘违法案件查处工作座谈会，就进一步加强协调配合，建立联合工作机制，加大查处力度，加强涉外测绘活动监管等问题进行了深入探讨。今年 6 月，湖北省政府建立了“湖北省加强外国的组织或者个人来鄂测绘管理工作联席会议制度”，包括湖北省测绘局和省国家安全厅、省保密局、武汉海关等 12 个成员单位，通过联席会议制度加强沟通，协调重大案件的查处工作。新疆自治区测绘局和自治区国家安全厅联合印发了有关涉外测绘违法案件通报，与自治区公安厅联合印发《关于加强全区测量标志保护工作的通知》，建立了联检制度。这些工作机制的建立为进一步开展联合执法行动，形成齐抓共管的良好局面奠定了基础。

（二）行政执法责任制建设进一步加强

《国务院办公厅关于推行行政执法责任制的若干意见》印发以来，全国各级测绘行政主管部门积极加强领导，制订实施方案，确认执法主体，梳理执法依据，分解执法职权，落实执法责任，强化责任追究，创新评议考核，建立相关配套制度，在推行行政执法责任制方面做了大量工作。2006 年 3 月，国家局印发了《关于进一步做好行政执法责任制有关工作的通知》，对在全国测绘系统推行行政执法责任制做了统一部署。今年七月，国家局印发了《全国测绘行政执法依据》和《全国测绘行政执法职权分解》，并对贯彻落实工作提出了具体要求。各省级测绘行政主管部门也积极探索，深入推行行政执法责任制。吉林、河北、江苏等 21 个省级测绘行政主管部门认真梳理执法依据，分解执法职权，开列了“权力清单”。贵州、江苏、河北、宁夏等地通过建立执法过错和错案责任追究、行政执法评议考核等配套制度，进一步落实了执法责任，提高了测绘行政执法质量和水平。

（三）测绘违法案件查处力度不断加大

近两年来，各地测绘行政主管部门不断完善执法程序，规范执法行为，强化执法检查，畅通投诉举报渠道，加大案件查处力度，进一步加强了执法工作。去年底，国家局印发了《2006年度测绘行政执法监督情况通报》，经统计2006年全国各级测绘行政主管部门共开展测绘行政执法检查1709次，查处测绘违法违规案件571件，做出行政处罚决定案件109件。今年以来测绘违法案件数量仍呈上升趋势。上半年各级测绘行政主管部门共做出行政处罚41起，是去年同期的2.7倍。新疆、宁夏、江苏、上海、江西等地测绘行政主管部门相继查处了一批重大典型测绘违法案件。针对涉外测绘违法案件的多发态势，各地测绘行政主管部门积极应对，加大涉外测绘违法案件查处力度。今年以来，新疆、上海、江西、宁夏等地测绘行政主管部门与国家安全、保密等有关部门密切配合，组织查处了5起涉外测绘违法案件，根据已经掌握的材料，还有多起涉外测绘违法案件正在查处过程之中，进一步加强了对涉外测绘活动的监管，有力地维护了国家安全和利益。

（四）执法队伍素质普遍提高

为完善测绘行政执法人员资格制度，提高测绘行政执法队伍的业务素质和执法水平，进一步做好测绘行政执法工作，从2006年起，全国测绘行政执法人员岗位培训工作全面展开。全国各级测绘行政主管部门认真贯彻落实《测绘行政执法人员岗位培训方案》，积极开展培训工作，目前整个培训工作进展顺利。国家局将于今年完成省级执法人员和市级分管执法工作领导的培训工作。河北、江苏、云南等地已经完成了本省的培训任务，去年全国共有近2000名测绘行政执法人员参加了岗位培训，提高了执法队伍的整体素质和执法水平，增强了广大执法人员的执法意识。国家局下一步将按计划核发测绘行政执法证件，力争于2008年以前实现全部执法人员持证上岗的目标，使全国测绘行政执法队伍的整体执法水平上一个新台阶。

（五）执法宣传工作不断深化

知法才能守法。近年来，全国各级测绘行政主管部门按照《中央宣传部、司法部关于在公民中开展法制宣传教育的第五个五年规划》要求，把法制宣传与法律服务结合起来，深入开展“法律六进”活动，将测绘法律知识进机关、进测绘生产单位作为这项活动的重要内容，增强了全社会和其它部门对测绘工作的了解，增进了人们对测绘工作在社会发展中重要作用的认识。目前，很多测绘违法行为就是通过群众举报发现的，促进了测绘行政执法工作的深入开展。与此同时，各级测绘行政主管部门还充分利用电视、广播、报刊、网络等媒体，曝光典型案件，加强执法宣传。今年3月，国家测绘局与中央电视台共同制作了《违法测绘危及国家安全，七部门将联手整治》新闻专题片。不久前，针对近期涉外测绘违法案件的多发态势，国家测绘局有关局领导接受了中央电视台的采访，一系列的新闻播出后社会反响强烈，起到了良好的警示和教育作用。

这些可喜的成绩，是各级测绘行政主管部门领导高度重视，加强领导的结果，也是广大测绘行政执法人员积极进取、善打硬仗、严格执法的结果，同时也有在座各位同志的努力，在这里，我向大家表示衷心的慰问和敬意！成绩的取得也使我们更加深刻地认识到执法工作的重要性，使我们更加积极地探索执法工作的新思路，努力完善执法体制，健全执法机制，加强队伍建设，进一步做好测绘行政执法工作。

三、把握机遇，迎接挑战，开创测绘行政执法工作新局面

同志们，近年来，通过大家的共同努力，测绘行政执法工作取得了很大进展，成绩值得肯定。但同时我们也应该注意到，执法工作中仍然有一些深层的问题和普遍存在的现象并没有得到很好的解决，测绘行政执法工作面临的挑战仍然十分严峻：测绘违法行为总体呈现多发态势，涉外测绘违法案件屡有发生；执法体制机制仍然没有理顺，不少基层测绘行政主管部门的执法工作难以顺利开展；执法队伍需要进一步充实，执法能力亟待提高；执法经费保障不到位，导致执法装备和执法手段落后，难以适应工作需要。因此，我们要深刻认识测绘行政执法工作面临的困难与挑战，立足科学发展，抓住发展机遇，进一步做好以下几方面的工作：

（一）提高认识，高度重视测绘行政执法工作

随着政府行政管理体制改革的不断深化，测绘行政管理正在逐步向适应市场经济发展的方向转变。各级测绘行政主管部门领导要提高认识，高度重视，把主要工作转到推进依法行政、加强市场监管、创造发展环境、提供优质的公共服务上来。而行政执法作为行政机关大量的经常性的活动，是测绘行政主管部门重要的行政管理手段之一，它直接面向社会和公众，执法水平和质量的高低直接关系行政机关的形象。各级测绘行政主管部门要把行政执法工

作摆到推进政府职能转变、提高依法行政能力和保障测绘事业发展的重要位置上来，切实加强领导，健全执法体制，完善执法机制，加强执法队伍建设，落实执法经费，改善执法装备，进一步做好测绘行政执法工作。

（二）深化改革，加快理顺执法体制和机制

建设一个“权责明确，行为规范，监督有效，保障有力”的测绘行政执法体制是做好测绘行政执法工作的前提。《国务院全面推进依法行政实施纲要》明确规定，要深化行政执法体制改革，减少行政执法层次，下移执法重心；对与人民群众日常生活、生产直接相关的执法活动，主要由市、县两级行政执法机关实施。各级测绘行政主管部门要按照要求，尽快理顺执法体制，落实测绘法要求的四级测绘行政统一监管体制，抓紧建立健全市、县级测绘行政执法主体，继续深入推行行政执法责任制，确立执法主体，明确执法权限，落实执法责任，切实履行好各项法定执法职责。

近年来，越来越多的跨部门、跨地域的测绘违法案件不断涌现，探索建立条块结合、上下联动的执法工作机制，已经成为摆在各级测绘行政主管部门面前的一项重要课题。各地要在横向上积极建立部门间信息通报、案件移送、配合调查、联合办案等工作机制；在纵向上要建立上下联动、指导协调、请示报告、应急处理等机制，以整合执法力量和资源，形成齐抓共管的良好局面，提高执法工作的整体效能。

（三）健全制度，规范测绘行政执法行为

健全的行政执法制度，是规范和约束执法行为的重要保证。各级测绘行政主管部门要进一步加快执法制度建设，加强对执法工作的管理。从目前的执法实践看，执法工作中亟待建立以下制度：一是具体办案制度。包括案件受理、调查取证、案件听证、案件移送等制度；二是执法案卷制度。各省级测绘行政主管部门在执法工作中应统一执法文书格式，建立规范的行政执法案卷，明确案卷内容，并定期对案卷质量进行检查和评估；三是执法人员管理制度，包括证件管理、学习培训、错案责任追究等制度；四是投诉举报受理和举报奖励等制度。各级测绘行政主管部门要按照条件成熟、突出重点的原则，科学合理地确定执法制度建设年度计划，用三到五年的时间，建立健全测绘行政执法制度体系，进一步规范测绘行政执法行为。

（四）强化监督，加大测绘行政执法力度

各级测绘行政主管部门要按照《国务院办公厅关于推行行政执法责任制的若干意见》要求，进一步加强对行政执法工作的监督。一要强化机关内部监督，形成执法依据公开、执法职责明确、执法程序规范的执法工作格局，确保执法人员严格遵守法定的现场检查、调查取证、行政处罚和行政许可等执法程序。二要主动接受人大、政协和社会的对测绘行政执法工作的外部监督，进一步完善测绘行政处罚的听证制度和重大测绘违法案件的备案、通报制度，建立健全执法评议考核和过错追究制度，落实执法责任。各级测绘行政主管部门要抓住执法工作中的关键环节，加大执法力度，严厉打击各种测绘违法行为。要深入开展测绘执法检查，严格贯彻落实各项测绘法律制度。要严把测绘市场准入关，着力强化源头监管。要经常组织明察暗访，加强现场执法。要加强对科研、教育、旅游等领域内有关涉外测绘活动的动态监管。通过严厉查处各种测绘违法行为，始终保持对测绘市场有力的监管态势，确保测绘市场秩序进一步规范。

（五）突出重点，深入开展专项整治工作

针对当前测绘违法案件的多发态势，各级测绘行政主管部门要继续加大执法力度，要突出重点，依法查处各种测绘违法案件。从近年来国家局组织开展专项整治活动的经验来看，开展专项整治不仅有效打击了各种测绘违法行为，同时还有力地带动了测绘行政执法工作，提升了执法的力度和深度，锻炼了队伍。国家测绘局将会同国家安全部、信息产业部、国家工商行政管理总局、新闻出版总署、国家保密局六部门在全国范围内联合开展整顿和规范地理空间信息数据市场秩序工作，严厉打击各种非法测绘活动，消除各种泄密隐患，维护地理空间信息数据市场秩序，切实维护国家安全。各级测绘行政主管部门要从维护国家安全和利益的高度，针对地理空间信息数据市场中存在的问题，切实加强领导，精心组织实施，并及时督促检查，推进整顿和规范地理空间信息数据市场秩序工作顺利进行，确保专项治理工作取得明显成效。

（六）提高能力，切实加强执法队伍建设

随着社会经济和测绘事业的不断发展，测绘科技发展日新月异，各种新的测绘违法行为不断出现，对测绘行政执法人员的执法能力提出了新的要求。切实提高测绘行政执法队伍的整体素质和执法能力，将直接关系到执法工作的顺利开展。各级测绘行政主管部门一要加强对执法队伍的思想政治教育，树立自觉贯彻依法治国方略，自觉推行依法行政的意识，转变“重业务轻执法”、“重实体轻程序”等传统观念，增强执法意识；二要完善执法人员资格制度。所有执法人员必须经过培训并考试考核合格，颁发测绘行政执法证件后，才能履行执法职责；三要努力提高执法队伍的执法能力。有针对性地、经常性地、多渠道地对行政执法人员进行测绘知识、法律知识和执法实践等方面的培训，努力提高执法能力和执法水平；四要积极争取财政部门的支持，抓好执法经费列入财政预算科目的落实工作，并积极解决执法装备、办公条件等问题，为执法工作提供必要的物质保障，努力建立一支业务精通、作风优良、纪律严明、行为规范、监督有效、保障有力的测绘行政执法队伍。

（七）总结经验，研究测绘行政执法的新问题

各级测绘行政主管部门要总结交流工作经验，不断研究执法过程中出现的各种新情况、新问题。要做好测绘违法案例汇编，加强对个案的分析研究，细化执法标准，提高法律法规的可操作性。目前，我国对外国人来华测绘有明确规定，《外国的组织或者个人来华测绘管理暂行办法》对外国人来华测绘管理的有关程序做了规定，但在实际执法工作中操作性并不强。现代测绘技术发展一日千里，越来越实用化、普及化、大众化、日常化，根据测绘法对测绘的定义，外国人在我国正常的科研、旅游、探险等活动中涉及测绘活动的情况越来越多。对于正常的国际交往、科研合作等活动我们要依法予以保护，对于危害国家安全和利益的非法测绘行为我们要坚决予以打击。因此，在现代测绘技术越来越普及的背景下，要进一步加强研究外国人来华测绘行为，细化执法标准，提高法律法规的可操作性。要在测绘违法案件分析研究的基础上，对测绘违法态势做出评估，把精力集中到打击那些典型、影响大和严重危害国家安全的案件上来，进一步提高我们执法的效率，把我们的执法工作做的更好。

同志们，当前我国测绘事业正处于快速发展的重要时期，做好测绘行政执法工作是测绘事业健康发展的重要保障，也是推进依法行政，建设法治政府的必然要求，意义重大，任重道远。各级测绘行政主管部门要以科学发展观统领全局，团结奋斗，开拓创新，努力完善体制机制，提高执法能力，严格依法行政，全面推进测绘行政执法工作，为测绘事业的健康、快速发展做出更大贡献！

谢谢大家！

强化管理　规范使用　依法审核公布重要地理信息数据

国家测绘局副局长闵宜仁在重要地理信息数据审核公布工作总结会上的讲话

2007年6月5日

各位代表：

上午好！

4月27日，国务院新闻办公室召开新闻发布会，国务院授权国家测绘局、建设部联合公布了我国第一批19座著名山峰高程新数据，国家测绘局新闻发言人李维森副局长介绍了我国重要地理信息数据审核公布政策等方面的有关情况并答记者问。这是继2005年公布珠穆朗玛峰高程后，我国再一次公布山峰类重要地理信息数据，对依法规范重要地理信息数据审核公布和使用意义重大、影响深远。

在国务院领导支持和建设部等有关部门协助下，根据国家测绘局的统一要求，有关省级测绘行政主管部门精心组织，施测单位科学规范作业，第一批19座著名山峰高程测量工作取得了初步成功。在此，我谨代表国家测绘局向为著名山峰高程测量及审核公布工作无私奉献的测绘工作者表示衷心感谢！我们召开此次会议，旨在以科学发展观为指导，总结第一批19座著名山峰高程数据的审核公布工作，通报表扬一批做出重要贡献的有关人员，统一思想，提高认识，交流经验，分析形势，研究提出近期及今后一个时期依法进一步加强重要地理信息数据审核公布管理的工作思路，部署下一批著名山峰高程审核公布的有关工作。下面，我讲三点意见。

一、讲大局，重协作，第一批19座著名山峰高程公布效果明显

根据《中华人民共和国测绘法》和《中华人民共和国测绘成果管理条例》，国家测绘局统一安排部署，有关省级测绘行政主管部门和单位共同努力，密切配合，第一批19座著名山峰高程测量及审核公布工作达到了预期目的，取得了明显成效。

（一）统筹规划，统一部署，组织协调系统到位

首先，领导重视，部署有序。国家测绘局领导始终高度重视著名山峰高程测量与审核公布工作。国土资源部副部长、国家测绘局局长鹿心社明确要求必须“切实加强重要地理信息数据审核和发布管理”，“精心谋划，扎实准备，把‘亮点’拨亮”。有关涉及重要地理信息数据审核公布及宣传工作的几位副局长多次召开局长专题会，听取有关工作进展汇报，研究部署各项工作，协调解决各种问题。其他局领导也对相关工作进行了指导和协调。2006年4月至7月，国家测绘局先后印发了《关于进一步加强重要地理信息数据审核公布管理工作的通知》、《关于做好审核公布国家部分名山海拔高程数据准备工作的通知》、《关于开展国家部分名山海拔高程数据确定等工作的通知》，要求各省、自治区、直辖市测绘行政主管部门依法加强重要地理信息数据审核公布的监督管理，并对著名山峰高程测量的技术方案、精度要求、完成时间、成果报送等工作作出部署。

其次，沟通及时，协调有效。著名山峰高程测量是一项技术规范严格，涉及地域广阔，参与单位和人员众多，时间要求紧，精确度要求高的系统性工程，为确保著名山峰高程测量和审核发布按计划实施，测绘成果管理与应用司加强了与相关地方测绘行政主管部门的沟通，认真分析影响工作的关节点和难点，努力攻难点，突破关节点，确保了著名山峰高程审核公布工作按计划落实。

（二）不畏艰险，确保精度，施测检校严谨可靠

第一，各省精心组织。按照国家测绘局统一部署，在地方景区管理部门等的大力支持与积极配合下，有关省级测绘行政主管部门成立了领导小组和工作机构，积极组织协调开展著名山峰高程测量工作，科学规范地完成了相关山峰高程测量的方案设计、外业观测、数据处理计算、质检验收等任务。山东省国土资源厅在2006年6月初第一个启动了泰山测高工作，安徽省国土资源厅（测绘局）于2006年7月开始实施“黄山、九华山主峰峰顶高程测定项目”，陕西测绘局要求国测一大队发扬2005珠峰高程测量的精神，快速高效完成华山高程测量任务。

第二，方案科学合理。著名山峰高程测量主要采用了三种观测方法：一是直接通过水准测量确定峰顶高程，二是GPS测定峰顶大地高，利用大地水准面直接归算至正常高，三是利用GPS、水准测量、三角高程测量、导线测量等多种手段，通过辅助测量点获得峰顶高程成果等。其中GPS技术得到了普遍采纳，卫星定位技术的便利、高精度特性提高了外业数据采集的质量。部分方案采用传统测量手段作为检核，验证了大地水准面成果的可靠性。

第三，施测不畏艰险。第一批19座著名山峰有的高耸险峻、道路崎岖，有的植被茂盛、环境复杂。江西省第一测绘院的同志们头顶8月的烈日，肩扛几十公斤重的仪器，爬山涉水、风餐露宿，庐山、井冈山、三清山、龙虎山一一被队员们征服。山西省工程测绘院的测量队员踏着近1米厚的积雪攀登了整整6个小时，在8级大风、零下38摄氏度低温的恶劣气候环境中坚持顽强作业，确保了五台山主峰叶斗峰测量结果的准确无误。其他有关省局的测量队员们也克服了许多难以想象的困难，及时、精确、出色地完成了外业测量任务。

第四，内业精益求精。测量的价值在于精度，内业处理直接关系著名山峰高程公布的效果，有关省局组织精干力量迅速开展有关数据处理和计算工作，并按照质量控制要求进行检查与监督，获得了较为精确的数据。国家测绘局大地数据处理中心对著名山峰高程测量的总体方案和技术路线提出了许多建议，并承担了大量后续数据处理工作。国家基础地理信息中心组织人员加班加点对技术资料进行了归纳整理，对计算结果进行验证，并撰写了项目报告。经过严谨科学的计算和检校，最终确定了第一批19座著名山峰正常高数据，其中80%以上的高程数据精度评定优于0.1米，最大值为0.3米。

（三）科学论证，依法会商，审核报批规范高效

2007年3月15日，国家测绘局在北京组织召开了“我国部分著名山峰高程测量成果”评审会，由有关部门、军队、科研院所、高校的12名专家组成的评审委员会（包括宁津生、陈俊勇、陈述彭等7名院士）认真听取了著名山峰高程测量的工作报告和技术报告，进行了质询和讨论。评审委员会一致

认为“第一批19座著名山峰高程测量的目标明确，技术方案科学合理，外业施测和后期数据处理严谨认真，符合规范要求，最终成果真实、可靠”，“建议国家测绘局尽快组织第二批著名山峰的高程测量工作”。

在著名山峰高程审核过程中，国家测绘局依法多次与有关部门进行了会商。2006年7月21日，国家测绘局组织召开了国土资源部、建设部、国家环境保护总局、国家林业局参加的会商会议。2006年10月征求了中科院、民政部、旅游局等部门以及军队有关方面的意见和建议。综合考虑知名度、影响力、社会需求、测量条件、国防安全等因素，国家测绘局将国家级风景名胜区（包括世界遗产）中的78座著名山峰高程纳入了国家公布的重要地理信息数据范围，并确定了第一批公布高程的19座著名山峰。在专家评审基础上，国家测绘局进一步加强了与建设部、总参测绘局的沟通，共同确认了高程公布的内容、精度、程序等。国家测绘局与建设部还就联合设立著名山峰高程标志达成一致。

经建设部、总参测绘局会签同意，3月23日国家测绘局将第一批19座著名山峰高程测量与审核的最终成果以及有关公布建议通过国土资源部转呈国务院，4月5日国务院批准并授权国家测绘局和建设部联合公布第一批19座著名风景名胜山峰高程新数据。

（四）周密策划，广泛宣传，新闻发布反响强烈

根据中宣部新闻局的有关方案，国家测绘局办公室、成果司、中国测绘宣传中心精心策划宣传方案，周密安排媒体采访，协同开展新闻发布等工作。国家测绘局管理信息中心认真筹备并在国家测绘局政府网站开通了“著名山峰 高程公布”专栏。中央、地方众多新闻媒体对著名山峰高程数据公布进行了大规模的深度报道，在全社会形成了宣传测绘的热潮，效果显著。

4月27日的新闻发布会，新华社、中央电视台、中央人民广播电台、人民日报、光明日报、经济日报、科技日报、中国青年报、法制日报、中国新闻社、凤凰卫视、中国测绘报等众多媒体记者到会采访。中央电视台第四套节目进行了长达1个多小时的现场直播，中国网、中央政府网、人民网、新华网、国际在线等同时进行了网络直播。新华社当天播发了5篇电讯、19座名山高程图表以及测绘队员在井冈山开展测绘工作的照片，并被100多家媒体、网站转载刊用。人民日报要闻版刊发了题为《十九座中华名山有了准确“身高”》的专题报道，新华网、新浪网、搜狐网、中青网、中国经济网、光明网、千龙新闻网、腾讯网等数十家网站进行了转载。新闻发布会的当天，国家测绘局网站“著名山峰 高程公布”专栏的访问量高达10859人次。

二、再推进，抓重点，依法加强重要地理信息数据审核公布工作

（一）认清形势，理清思路，满足重要地理信息数据的社会需求

近年来，未依法公布和使用重要地理信息数据的现象较为严重。一方面，目前许多重要地理信息数据不一致、不准确，在对社会公众有影响的活动中缺乏统一规范的权威数据。另一方面，一些地区、部门甚至个人，未按规定报批，擅自公布或炒作一些在全国乃至世界具有一定影响的国家重要地理信息数据。这种行为不仅损害了国家法律法规的尊严，而且造成了同一位置多种数据的混乱局面，甚至可能会在国家主权、领土完整、国家安全和民族尊严等敏感问题上导致严重后果。

随着经济社会的发展，社会大众对重要地理信息数据的需求不断增长。为了规范重要地理信息数据审核公布行为，引导社会公众依法使用权威的重要地理信息数据，根据《中华人民共和国测绘法》和《中华人民共和国测绘成果管理条例》，国家测绘局正在依法积极履行政府职能，进一步加大对重要地理信息数据的审核公布和监督管理力度。一是健全法规体系。进一步明确重要地理信息数据的具体内容，便于实施管理和实际操作；进一步确定省级测绘行政主管部门的职责，便于省级测绘行政主管部门依法主动开展工作；进一步界定市县级测绘行政主管部门监督管理职责，便于发挥基层测绘行政主管部门的作用。重点是做好《重要地理信息数据审核公布管理规定》（国土资源部令第19号）的修订，适应当前和今后一个时期重要地理信息数据管理审核公布工作的需要。二是加快审核公布。在受理社会各界有关建议的同时，加强与有关方面的协商，制定重要地理信息数据公布规划，有计划依法进行审核公布，包括国界和海岸线长度、领土与领海面积、岛礁数量和面积、名山大川高程或长度等。三是强化监督管理。明确各级测绘行政主管部门监管职责，开展对已公布的重要地理信息数据的清理工作，坚决制止、及时纠正擅自公布重要地理

信息数据或未按规定使用依法公布的重要地理信息数据等违法违规行为，情节严重的依法严肃处理。

（二）加强协商，再接再厉，切实按计划开展近期有关重点工作

第一，做好《重要地理信息数据审核公布管理规定》修订工作。修订工作已列入国家测绘局2007年立法计划，受国家测绘局委托，江西省测绘局正在起草修订草案，重点明确各级测绘行政主管部门的职责，规范建议人申报行为，加大对违规事件的处罚力度。一是建立分级管理制度。进一步明确地方各级测绘行政主管部门职责，充分调动和发挥各地、各部门的主动性与积极性。未纳入国家测绘局审核公布范围的有关重要地理信息数据，省级或市县级测绘行政主管部门可依法进行审核，经与同级有关部门会商一致并征求上级测绘行政主管部门同意后，报同级人民政府批准公布。二是严格审核与公布程序。科学合理规定重要地理信息数据公布建议提出、受理、审核、报批程序，从严控制由国务院批准公布的重要地理信息数据的数量与范围。为保证建议内容的质量，规范申报行为，要求建议人在提出建议和量测、计算重要地理信息数据前，必须向相应测绘行政主管部门提出初审和技术方案论证申请。三是准确界定违法行为。对擅自公布和未依法使用重要地理信息数据行为的定义、发生条件、认定程序等作出具体规定，细化对违法违规事件的处罚措施，明确各级测绘行政主管部门对违法行为的监管责任、处罚权限与处理程序和措施。

第二，做好重要地理信息数据目录（第一批）确定和公布工作。为满足社会大众对重要地理信息数据的需求，根据《中华人民共和国测绘成果管理条例》，国家测绘局正在商有关部门制定详细的重要地理信息数据目录，拟以国家测绘局公告的形式不定期公布。目前，成果司已提出了相应的细化建议，并初步征求了有关部门司级职能机构的意见。考虑到重要地理信息数据的范围难以一次性全部确定，必须具备可扩充性，重要地理信息数据目录拟分批予以公布。国家测绘局计划今年择机公布第一批重要地理信息数据目录。省级测绘行政主管部门可以按照确保重点，避免重复的原则，商省级有关部门并征得国家测绘局同意后，适时确定并分批公布本行政区域内的有关重要地理信息数据目录。

第三，做好第一批19座著名山峰高程标志设立与监管工作。4月27日，国家测绘局、建设部联合向19座著名山峰所在的山西、江苏等11个省级测绘行政主管部门和建设行政主管部门下发了《关于在第一批19座著名风景名胜山峰设立高程标志的通知》（国测办字［2007］12号），对著名山峰高程标志设立工作进行了部署并提出了明确要求。有关省级测绘行政主管部门要充分认识高程标志设立的重要意义，与相应省级建设行政主管部门统筹协调，精心组织，密切配合，严格按要求于2007年6月30日前完成第一批19座著名山峰高程标志的设立任务，同时对原有高程标志进行清理。各级测绘行政主管部门还应加强对已公布重要地理信息数据的监督管理，及时发现并纠正未依法使用19座著名山峰高程新数据的行为。

第四，做好下一批著名山峰高程等重要地理信息审核公布工作。著名山峰是传承中华文明的载体，集中了我国重要的人文景观和自然资源，凸显了中国五千年的文化内涵、精神底蕴。国家测绘局计划在两年的时间内，分两批审核公布剩余的59座著名山峰高程，其中2008年拟为30座。成果司正在筹划下一批著名山峰高程审核公布工作，有关省级测绘行政主管部门应根据国家测绘局的统一部署以及本次会议的有关要求，建立相应的工作机制认真及时进行落实，共同完成下一批著名山峰高程的审核公布任务。与此同时，在充分会商的基础上，国家测绘局还将进一步做好国家陆地最低点（艾丁湖）、长城长度等重要地理信息数据审核公布的技术准备，条件成熟后严格依法审核公布，有关省级测绘行政主管部门要做好有关协同工作。

三、深谋划，抓落实，全面推进重要地理信息数据审核公布工作

重要地理信息数据在行政管理、新闻传播、对外交流、教学等活动中影响广泛，具有严肃的政治性、严密的科学性和严格的法定性。各级测绘行政主管部门必须统一思想，狠抓落实，全面推进有关工作。

（一）加强组织领导

依法进行重要地理信息数据的审核公布，是测绘行政主管部门有效履行政府职责、强化行政管理的重要体现，有利于规范重要地理信息数据的审核公布行为，引导社会公众使用权威的重要地理信息数据；有利于强化公民国家版图意识，增强对祖国大好河山的热爱，弘扬爱国主义精神；有利于树立资源保护意识和科学理念，促进旅游业的可持续发

展。各级测绘行政主管部门要切实把重要地理信息数据审核公布工作摆在测绘工作大局中统筹考虑，按照国家测绘局的统一部署和要求，高度重视，精心组织，密切配合，及时、高质量推进有关工作，并严格按计划和有关规定切实做好项目归档管理工作。

（二）加强制度建设

各级测绘行政主管部门应根据国家测绘局的统筹规划，结合本地的实际情况，建立健全管理制度。一是将重要地理信息数据审核公布工作纳入年度工作计划，列入基础测绘项目经费预算，抓好落实，采取切实可行的措施保证有关各项工作的顺利进行。二是建立规范高效的工作机制和激励机制，分工明细，责任到人，组织精干力量落实和实施有关重要地理信息数据审核公布工作。三是依法建立监督机制，尤其要强调市县级测绘行政主管部门执法和监督的主体作用，做到监管职能到位、措施到位、力度到位，提高针对性和有效性。

（三）加强规划编制

在受理社会各界有关建议的同时，各级测绘行政主管部门要积极加强与有关方面的协商，制订重要地理信息数据公布规划，有计划、有步骤、分阶段、分批次依法进行审核公布。国家测绘局将进一步商有关部门，依法制定国家一级的公布规划，其中对国家主权、政治主张有重大影响的重要地理信息数据（如领土、领海、毗连区、专属经济区面积，国界、国家海岸线长度等）建议由国务院直接公布，其他的建议由国务院批准授权公布。省级或者市县级测绘行政主管部门要依据地方有关法规，编制本级行政区域内有影响、有意义的有关重要地理信息数据的公布规划。为避免重复和冲突，下一级测绘行政主管部门编制的有关重要地理信息数据公布规划要以审核性备案的方式，征求上一级测绘行政主管部门意见。

（四）加强宣传报道

宣传工作是重要地理信息数据审核公布工作的重要组成部分，各级测绘行政主管部门必须充分认识到做好宣传工作的重要性，切实加强宣传策划，突出宣传重点，抓好宣传“亮点”，将宣传工作与重要地理信息数据审核公布工作同谋划、同部署、同落实、同检查。充分发挥新闻媒体宣传主阵地作用，开辟重要地理信息数据审核公布专题、专栏、专版，大力宣传有关重要地理信息数据审核公布的法规政策和程序，及时登载依法公布的重要地理信息数据，重点曝光非法公布和非法使用重要地理信息数据的典型案例。通过宣传和警示教育，促使社会大众充分认识到重要地理信息数据的重要性和复杂性，自觉遵守法律法规。

同志们，信息化社会的快速发展对重要地理信息数据审核公布提出了新的更高的要求，我们要全面贯彻落实科学发展观，进一步深谋划、再推进、抓落实、求突破，强化管理，规范使用，依法审核公布重要地理信息数据，推动测绘事业健康快速发展。

进一步贯彻测绘成果管理条例 提高测绘成果管理工作水平

国家测绘局副局长闵宜仁在全国测绘成果管理工作会议上的讲话

2007 年 8 月 23 日

同志们：

这次全国测绘成果管理工作会议，是在《中华人民共和国测绘成果管理条例》颁布实施一周年之际召开的。会议的主要任务是：以邓小平理论和“三个代表”重要思想为指导，以科学发展观为统领，总结测绘成果管理工作成绩，分析测绘成果管理工作面临的形势，研究提出进一步贯彻实施测绘成果管理条例的工作措施，提高测绘成果管理工作水平。

近年来，党中央、国务院十分关心和高度重视测绘工作。胡锦涛总书记多次对测绘工作做出重要指示，强调要加强测绘统一监督管理和基础测绘工作，推进“数字中国”地理空间框架建设，加快信息化测绘体系建设，提高测绘保障服务能力。温家宝总理 2006 年 4 月 21 日指出：测绘和地理信息产业关系到经济社会发展和国防建设。测绘局是国家不可缺少的要害部门，在信息化时代愈来愈重要，不可小看。2006年10月12日，又专门做出重要批示，强调测绘是经济社会发展的一项基础性工作，充分肯定50年来我国测绘事业取得了辉煌成就，提出了“要再接再厉，继续努力，在完善管理体制、科技自主创新、快速传递信息方面取得新的突破，抓好关键技术和重大项目的组织实施，提高利用、监管、保障、服务水平”的明确要求，进一步指明了测绘工作的发展方向。去年，李长春同志在参观经纬之光——全国测绘成果成就展之际，对测绘工作做重要指示，提出殷切希望。曾培炎副总理多次听取汇报，对测绘工作做出重要指示、批示。国务院同意并以国务院办公厅文件形式转发了《全国基础测绘中长期规划纲要》。党中央、国务院对测绘工作的要求为测绘事业发展指引了方向，对于切实做好新形势下测绘成果管理工作有着十分重要的指导意义。

“十五”以来，全国测绘成果管理工作坚持把保障服务作为工作的出发点和落脚点，不断创新服务模式、完善监管机制，取得了可喜成绩。

一是测绘成果管理法规与政策体系初步建立。修订实施后的《中华人民共和国测绘法》，对测绘成果做出专章规定。《中华人民共和国测绘成果管理条例》以国务院第469号令公布施行。《国家重要地理信息数据审核公布管理规定》及《外国的组织或者个人来华测绘管理暂行办法》等先后发布实施。各省、自治区、直辖市已修订出台的测绘管理地方法规对成果管理均做出专门规定；江苏、湖北、四川、甘肃、安徽、江西、贵州、山西、陕西、宁夏等省、自治区还专门颁布或正在立项制、修订测绘成果管理地方政府规章或专门的管理政策。《测绘管理工作国家秘密范围的规定》、《基础测绘成果提供使用管理暂行办法》等一系列国家和地方重要规范性文件相继出台。

二是测绘成果统一监管力度逐步加大。目前，河北、吉林、黑龙江、福建、河南、新疆等十几个省、自治区测绘行政主管部门成立了专门的成果管理处，着力理顺市、县级测绘成果管理体制，加大管理力度。涉密基础测绘成果提供使用制度改革取得阶段成果，审核内容更为准确、全面，审批程序进一步规范；全国大部分省级测绘行政主管部门实施行政审批制度，甘肃、北京、广东、福建、湖南、青海等地在贯彻执行行政审批制度上进行了有益探索。测绘成果汇交制度逐步落实，汇交成果逐年增加，江西、江苏、广东、云南、河南等省还结合本地实际，积极探索落实汇交制度的有效措施。外国人来华测绘管理不断加强，管理效果初步显现。新疆、江西、江苏、山东、贵州等地严肃查处了外国人来华非法测绘案件，湖北建立了部门联席会议制度，切实维护了国家利益。测绘成果跟踪监管工作取得新进展。全国各级测绘行政主管部门按照国家测绘局的部署，着重加强了涉密测绘成果的跟踪检查；许多地区还会同保密工作部门，联合开展检查，收到明显效果。

三是基础测绘成果归档入库初显成效。随着各级财政对基础测绘的投入稳步增长，基础测绘成果日益丰富，基础测绘项目成果资料归档入库工作紧迫而繁重。从各地报送的情况看，2006年国家和省级基础测绘成果保管单位（档案资料馆或者基础地理信息中心）分别接收包括国家绝对重力网复测和加密、国家二等水准网平差、华北地区大地水准面精化、遥感数字正射影像数据、1:5万核心地形要素数据库（DLG）、国家地图档案资料扫描数字化成果，以及三等精密水准测量、国家C级GPS点、大比例尺真彩色航空摄影扫描数据、1:1万基础测绘数字化成果、模拟印刷图、境界测量、应用项目成果等一大批国家级、省级基础测绘成果。其中，上海、天津、重庆、广西、青海、深圳、厦门、宁波等地及新疆生产建设兵团，基础测绘项目成果归档入库及时完整。基础测绘成果异地备份存放工作有序开展，测绘成果安全保管制度得到进一步落实。国家基础地理信息中心、陕西、四川、江苏、福建省测绘局等单位已经实施异地备份存放基础测绘数据。

四是以科技支撑的基础设施建设稳步推进。近几年，随着传统测绘技术体系向数字化测绘技术体系的转变，测绘成果管理基础设施也相应得到不同程度的完善。各地根据本地情况，开展了测绘资料档案体系标准化、规范化、信息化建设工作，购置了现代化的基础测绘成果存储、查询、保管、提供等设施设备，一批测绘成果管理、分发服务、信息发布等信息系统得到开发应用，提高了测绘成果分发服务的质量和水平，方便了用户的查询和使用，促进了档案数字化、办公自动化、服务信息化，有力保护了测绘成果的安全。国家基础地理信息中心和浙江、江苏、福建、广东、陕西、重庆、海南、内蒙古、辽宁、深圳、青岛、大连等地许多测绘成果保管单位建立了各级、各类测绘成果、档案管理信息服务系统，便利了用户，提高了管理服务效率。新技术条件下测绘成果保密审查与技术处理工作取得切实进展。中国测绘科学研究院、浙江省测绘局、甘肃省测绘局等单位在保密技术处理上开展了大量研究工作，进行了有益尝试。为切实履行成果管理条例赋予测绘行政主管部门的保密技术处理职责做了前期技术准备。

五是测绘成果保障服务能力不断增强。根据本次各地报送的材料统计，2001 年至 2007 年一季度末，全系统测绘成果提供量为：地形图 426.7 万张，挂图 38.8 万张，航摄影像 237.7 万片，大地测量成果 59.1 万点，数字成果资料（4D 产品）333.9 万幅；测绘成果用户覆盖国土资源、规划建设、能源水利、农业林业、航空航天、生态环保、交通通讯、教科文卫、防灾减灾、公共安全和国防建设等诸多部门和领域，以及地理信息产业中的众多单位。为领导机关决策、国家和地方重大战略实施、重大工程建设以及地理信息产业发展等提供保障和支持。测绘成果在管理社会公共事务、处理经济社会发展重大问题、提高人民群众生活质量等方面发挥着越来越重要的作用。

这些成绩的取得，是在党中央、国务院正确领导下，测绘系统全体干部职工特别是测绘成果管理战线上的同志们共同奋斗的结果，我代表国家测绘局向长期辛勤工作在测绘成果管理岗位上的广大干部职工以及你们的家属表示诚挚的问候和衷心的感谢。

下面，我就进一步贯彻测绘成果管理条例，提高测绘成果管理工作水平讲四点意见，供大家讨论。

一、进一步认清形势，增强做好测绘成果管理工作的责任感和紧迫感

测绘是经济社会发展必不可少的基础保障，是准确掌握国情国力、提高管理决策水平的重要手段，测绘公共服务是各级政府的重要职能。全面提高测绘保障服务水平，对于贯彻落实科学发展观，建设服务型政府，促进经济社会又好又快发展意义重大。与此同时，测绘工作涉及国家秘密，地图体现国家主权和政治主张，切实保障测绘成果安全，对于维护国家主权、安全和利益至关重要。当前是我国全面建设小康社会的关键时期，是我国经济社会发展的重要战略机遇期，也是测绘事业发展的有利时期。

1. 经济社会发展对测绘成果服务提出了更高要求

在全面建设小康社会的进程中，测绘工作首先要为促进科学发展提供保障。以人为本，统筹兼顾，全面协调可持续的发展，需要更多地运用地理信息分析国家实施宏观调控、促进区域协调发展、建设资源节约型和环境友好型社会等方面的重大问题，建设社会主义新农村、实施西部大开发战略、振兴东北等老工业基地、促进中部地区崛起、加快东部沿海地区发展和城镇化发展也都需要测绘在规划、实施、监测和评估过程中，提供全程性和多方位的保障服务。其次，测绘工作要为构建和谐社会服好务。公共事件应急处理、改善城市交通状况发展智能交通、搞好城市规划、建设良好人居环境等，离不开地理信息和测绘技术支持。随着全面建设小康社会的步伐不断加快，国民经济和社会发展各个领域对测绘工作不断提出新的更高的要求。

2. 科学技术进步极大拓展了测绘成果服务领域

进入 21 世纪，科技进步日新月异，新科技革命迅猛发展，一方面带来基础地理信息数据获取的实时化、数据处理的自动化、公共产品的知识化、信息传输的网络化和信息服务的社会化，另一方面也使得具有数字化、信息化、知识化特征的现代测绘成果，广泛应用于人类认识、适应、改造自然和社会的活动中。基础地理信息成为重要的公益性、基础性、战略性信息资源。测绘的技术手段、产品形式和服务方式等正在并将继续发生深刻变化。测绘成果的用户群结构、用户性质也在发生较大改变。成果管理面临许多新课题。

3. 地理信息产业快速发展给成果管理提出新要求

随着我国科技和经济社会持续快速发展，以地理信息资源建设与开发利用为主要内容的地理信息产业得到迅猛发展。从事地理信息数据加工、服务的企业如雨后春笋般发展起来，尤其是智能交通、位置服务、网络地图等基于位置信息、服务普通百姓的休闲旅游、日常出行和查询搜索，以及物流运输等导航信息企业发展势头强劲，现势性强、实用性广的地理信息产品不断丰富。在促进现代服务业的发展、为经济社会提供服务、提高人民生活水平的同时，也暴露出许多问题，如：数据格式、标准不统一，成果难以共享，低水平重复建设现象普遍；开发服务单位无资质，市场竞争无序，质量无保障；国家重要地理信息数据存在安全隐患等。急需着力研究解决重要地理信息的安全、技术标准的统一、保密政策的适当调整、知识产权的保护等问题。我国地理信息产业发展的客观情况迫切需要政府部门加以引导和规范。

面向未来，我们也必须清楚地认识到，在测绘事业发展中还存在着统一监管薄弱、基础地理信息资源短缺、公共服务和成果开发利用水平较低等亟待解决的问题，测绘滞后于经济社会发展需求的矛盾日益显现。测绘事业整体性的矛盾和问题在测绘成果的汇交、保管、利用及统一监管等方面均有不同程度的体现与反映。

当前突出问题主要表现在：一是测绘成果汇交制度尚未切实执行，制约了测绘成果利用率和地理信息资源共享水平。二是涉密测绘成果提供使用行为尚未切实规范，影响了测绘成果安全保密管理效果。三是测绘成果统一监管较为薄弱，测绘部门履行成果管理职能的能力有待进一步增强。

同志们，测绘成果管理工作的地位和作用主要就在于能否为经济社会发展提供安全可靠及时的基础地理信息保障服务。我国测绘事业的发展正处关键阶段，机遇与挑战并存。我们必须切实增强大局意识、忧患意识、责任意识和服务意识，切实增强责任感、使命感和危机感、紧迫感，抓住机遇、破解难题，转变观念、开拓创新，统筹协调、上下联动，理清思路、狠抓落实，努力开创测绘成果管理工作的新局面。

二、进一步理清工作思路，不断提高测绘成果管理工作水平

测绘成果管理是测绘部门一项重要的政府职能，具有很强的政策性，肩负着行政管理和公共服务两项主要任务。管理是手段，服务是目的；以管理促服务，以服务带管理。管理与服务相互促进，共同发展。我们要紧紧围绕这两项任务，考虑问题，安排工作。

（一）指导思想

当前和今后一个时期测绘成果管理工作的指导思想是：以邓小平理论和三个代表重要思想为指导，深入贯彻科学发展观，认真落实国务院关于测绘工作的指示，健全政策法规，加强统一监管，完善工作机制，提高服务能力，加快信息化测绘成果服务体系建设，健全测绘成果管理制度体系和安全保障体系，大力促进地理信息产业发展，为经济社会发展提供安全可靠的测绘成果服务。

（二）基本原则

——围绕中心，服务大局，切实把经济社会发展需要作为管理工作的着眼点。要根据全面建设小康社会、构建社会主义和谐社会的大局，考虑和安排测绘成果管理工作，转变服务观念，创新服务模式，提高服务质量。妥善处理测绘成果保密与开发利用的关系。统筹管理测绘成果与地理信息产品，保障安全高效利用。

——依法行政，加强监管，切实把统一监管作为管理工作的职能之本。按照依法行政的要求，大力推进测绘成果管理法规政策体系建设，全面落实测绘成果管理职能，切实做到职能到位。改进和创新监管手段与方法，切实做到监管到位。努力提高依法行政的能力和水平。

——保障服务，促进发展，切实把保障服务作为管理工作的出发点和落脚点。要把为经济社会发展提供安全可靠及时测绘成果保障服务作为工作准则，认真贯彻落实到成果汇交、保管、利用等各个方面。坚持统筹安排、突出重点、抓好关键；对影响全局、具有瓶颈制约作用的管理问题，集中力量研究解决，实现重点突破。不断拓展服务领域。

——完善机制，提高能力，切实把机制建设作为管理工作的重要手段。要建立健全测绘成果管理工作投入机制，加强基础设施建设维护，加大科技支撑力度；大力推进部门间、系统内的基础地理信息资源的共建共享机制建设；建立公共应急测绘保障机制，进一步加强成果管理机构和队伍建设，努力提高测绘成果保障服务和统一监管能力。

（三）工作目标

当前和今后一个时期测绘成果管理的工作目标是：通过全系统的共同努力，基本健全《测绘法》以及《测绘成果管理条例》框架下的适应社会主义市场经济体制要求的测绘成果管理法规和政策体系，测绘成果汇交、保管、利用等各项基本管理制度得到贯彻落实，初步形成新形势下具有科学性、协调性和适用性的测绘成果管理主要技术标准，测绘成果依法行政、规范管理水平有明显提高；随着中央、省、市、县四级测绘行政管理机构的不断健全，测绘成果管理职能得到切实落实，成果管理队伍建设得到加强，测绘成果管理各项审批、审核制度得到切实执行，测绘成果统一监管能力有明显增强；依靠科技进步和政策推进，测绘成果安全保障体系基本完善，地理信息安全保密管理机制基本健全，地理信息资源共建共享机制初步建立，地理信息流动和传输的网络化模式初步形成，公共事件应急处置的测绘保障机制基本建立，测绘部门引导和规范地理信息产业健康发展、推动地理信息社会化利用的能力有明显加强。测绘成果安全保障能力和快速服务水平得到全面提升。

三、进一步明确工作任务，不断增强测绘成果管理工作的能力

“十一五”是测绘事业发展实现战略性转变的重要时期，近几年尤为关键。我们要在成果管理工作方面精心部署、合理安排、集中力量、齐心协力，扎扎实实地完成各项任务，为测绘事业健康快速发展贡献力量。

（一）认真贯彻落实测绘成果汇交制度，加快推进测绘成果综合利用和地理信息资源共享进程

1. 尽快完善测绘成果汇交管理机制

测绘成果汇交是《测绘法》规定的一项重要制度，其目的是最大限度地提高测绘成果利用率，促进基础地理信息资源共享，避免重复投入、重复测绘。之所以执行不力，主要是汇交范围界定不清、基本制度内容执行不好、违法行为处置不力。我们要依据法律法规，进一步完善测绘成果汇交管理机制。一是制定出台测绘成果副本和目录汇交管理办法。二是依法商国务院有关部门，制定并公布汇交测绘成果资料的范围。三是依法明确国家、省级测绘成果保管单位的职责和义务，落实必要的工作经费。四是明确主管领导和具体负责人员，落实岗位责任。五是将测绘成果汇交与测绘资质考核、基础测绘成果提供使用工作挂钩，实施综合管理。六是研究制定测绘成果副本或者目录汇交标准，及时公布测绘成果汇交信息，以利成果共享。七是建立测绘成果汇交激励机制，表彰和奖励做出突出贡献的单位和个人。八是发挥新闻媒体的舆论作用，宣传汇交测绘成果的意义和要求。

2. 切实加强基础测绘项目档案管理

测绘成果档案是测绘生产建设工作结果的原始记录和开展服务应用的基础资料，各级测绘行政主管部门要重视和加强成果档案管理，切实抓好成果档案基础设施设计与实施，积极开展成果档案信息处理和信息发布系统建设工作。当前，要针对基础测绘项目归档工作中存在归档不及时、建档不完整、立卷不规范的问题，采取有力措施加以改进。一是要进一步完善测绘档案管理办法，使档案的分类、入库、保管要求等，与测绘高新技术成果的管理、开发和应用相适应。二是将立卷归档入库纳入基础测绘项目的管理程序中，凡立卷建档不合格，不得入库，更不得验收项目。三是完善测绘单位领导干部考核体系，对不及时按要求归档入库者，不予考核或认定为不合格。四是修订完善基础测绘项目成果立卷归档标准，进一步加强规范化管理。五是测绘成果保管单位要明确具体负责人员，切实落实工作责任；对重大基础测绘工程项目，要明确专人跟踪管理，项目牵头单位和项目承担单位也要明确专人负责，并与测绘成果保管单位相衔接。六是建立基础测绘项目成果归档信息系统，便于管理、查询及编制成果目录。

3. 及时编制发布成果资料目录

依法定期编制测绘成果资料目录并向社会公布是法律、行政法规赋予测绘行政主管部门的一项职责，也是测绘行政主管部门成果分发服务的一项具体工作。各级测绘行政主管部门要结合国家基础测绘成果网络化分发服务系统建设，按照统一的模式和标准，建立健全分发服务使用的测绘成果元数据采集和更新机制。测绘成果目录编制及发布工作应纳入年度计划，所需经费纳入财政预算。

受委托开展编目工作的测绘成果保管单位，应当按时完成测绘成果目录汇总编辑工作，报同级测绘行政主管部门，通过政府网络及其他媒体途径及时向社会公布。

4. 强化成果汇交和归档入库监督检查

各级测绘行政主管部门要依法定期检查成果汇交和基础测绘项目成果归档入库工作，强化监督管理职能。一是将定期安排检查基础测绘成果立卷归档入库制度执行情况，并逐步制度化。二是从今年起，有计划、分阶段地安排测绘成果汇交制度监督检查，按照直属单位、测绘系统、测绘行业的顺序分步推进。三是严格依照《测绘法》和《测绘成果管理条例》的规定，对违反成果汇交制度的行为，依法给予严肃处理。四是对基础测绘项目归档不及时、不完整、不规范的，测绘成果保管单位要依照规定予以纠正，拒不服从的，要报请同级测绘行政主管部门予以处理。五是测绘行政主管部门要上下联动、内部职能部门要相互配合，依法运用各种有效措施，扭转当前不利局面。

（二）依法规范涉密基础测绘成果提供使用审批行为，进一步健全测绘成果提供使用管理机制

国家秘密基础测绘成果直接关系国家安全、主权和利益。为加强基础测绘成果管理，维护国家安全，促进测绘成果的利用，《测绘成果管理条例》设定了测绘成果提供使用审批制度，改变了传统的测绘成果索取使用方式，强化了成果管理工作。同时，条例还重申了对外提供涉密测绘成果的审批要求。我们一定要认真学习领会，切实贯彻执行。

1. 规范涉密基础测绘成果提供使用审批程序

要依照《测绘法》、《行政许可法》及《测绘成果管理条例》等法律法规，贯彻维护安全、方便应用的方针，进一步完善基础测绘成果提供使用管理办法，在涉密基础测绘成果的申请、受理、审批、提供、保管、使用等环节做出明确具体规定，并向社会公布。国内的法人或者其他组织，需要使用涉密基础测绘成果的，必须依法提出使用申请，并依据各自隶属关系，分别经相应测绘行政主管部门、中央国家机关或者单位司局级以上机构、军队或武警部队师级以上机构出具证明，报测绘成果所在地的测绘行政主管部门审批。审批行为必须符合行政许可法的要求，及时受理，按时审批，出具相应的书面凭证。各级测绘行政主管部门要研究制定具体的行政审批程序，明确审批环节，规范审批行为，分清审批责任，提高服务效率。测绘成果资料保管单位必须按照批准文件提供基础测绘成果，签订相关使用许可协议。

2. 健全涉密基础测绘成果提供使用管理机制

要依法科学、合理划分各级测绘行政主管部门审批提供基础测绘成果的内容和范围，不得越级审批；委托审批的，要符合法律规定的委托审批要求，并办理委托手续。申请使用涉密基础测绘成果，应当符合法定的条件，必须具有明确、合法的使用目的和相应的使用范围，同时具备成果保管、保密的基本设施与条件。严格测绘成果无偿使用条件及相关手续，除法律另有规定外，应当依法实行有偿使用。推行涉密基础测绘成果使用单位签署测绘成果安全保密责任书制度，进一步明确和落实使用单位的保密责任。涉密基础测绘成果的审批文件应当抄送相关机关，便于他们依法开展日常管理工作。各级测绘行政主管部门要进一步加强监管，组织必要的技术指导，依法监督使用单位安全、合法、高效利用涉密测绘成果。

3. 改进对外提供使用涉密测绘成果审批工作

现行对外提供涉密测绘成果的管理规定是1983年颁布实施的，年代久远，有关内容已不适应当前科技发展水平和新形势下对外开放的要求，应当依据《测绘法》和《测绘成果管理条例》，尽快完善对外提供测绘成果审批管理制度，充实审批内容，完善审批方法，规范审批程序。满足对外开展经济、文化、科学技术合作中向外提供我国测绘资料的需要，为改革开放提供测绘保障服务。

4. 加强重要地理信息统计分析，提高测绘应急保障服务能力

重大突发事件往往会对国民经济的发展、甚至国家安全构成重大威胁，为突发公共事件的应急处置提供测绘保障是我们的一项重要任务，要从构建社会主义和谐社会的高度认识和对待这项工作。要尽快构建统一指挥、反应灵敏、协调有序、运转高效的应急服务协同工作机制。各级测绘行政主管部门要明确或组建负责应急服务的专门机构，明确职责，落实人员；加快构建上下联动、横向配合、信息共享、快速反应的测绘应急服务网络。加大重要地理信息统计分析工作力度，加快应急服务地理信息平台建设，适时推出反映地理信息变化的白皮书，提升测绘综合应急服务技术水平和能力。要加强领导，周密部署，制定工作制度，尽快做出工作安排，实现准确、快速和高效服务。

（三）高度重视测绘成果保密与安全，切实维护国家安全和民族根本利益

成果安全是测绘工作的生命线。在当前国际安全形势和军事科技发展水平条件下，我们要居安思危，更加注重完善测绘成果安全保障体系，健全地理信息安全保密管理机制。

1. 完善测绘成果保密技术处理手段和工作机制

要积极落实和认真履行《测绘成果管理条例》规定的保密技术处理职责，建立健全涉密测绘成果及其衍生品公开使用保密技术处理制度，明确保密审查与技术处理的工作程序和要求；尽快组织力量集中研究数字化条件下的保密处理技术方法，经严格论证评审后使用；深入研究并积极开展基础地理信息要素细化分层及其保密属性分析确认工作；省级测绘行政主管部门要明确负责管理保密技术处理的机构，建立或指定负责本地区保密技术处理的单位，明确任务落实责任，建立健全工作机制。

强化外国人来华测绘管理。要认真贯彻外国的组织或者个人来华测绘管理暂行办法，准确把握政策界限，严格掌握审批条件，严格履行审批程序，

严格管理测绘成果，严格执行监管要求，严肃查处违法行为。

2. 开展地理信息保密安全工程建设

着手研究建设运行于网络环境下、支持海量存取的涉密基础地理信息数据安全管理系统，有效实施对常用类型地理空间信息数据进行加载、权限分配、发布、举报监察等环节可控管理，实现涉密基础地理信息的安全管理。研究涉密测绘成果来源和流转渠道检验技术，建立涉密测绘成果跟踪管理系统。

开展保密审查与辅助密级鉴定技术研究，开发测绘成果涉密审查、鉴定的有效技术工具，制定保密审查技术标准，强化涉密测绘成果的监管手段，适应新形势下、新技术条件下快速、高效、准确地开展涉密审查、鉴定工作的需要。

深入开展测绘成果保密与应用的政策研究工作。

3. 加强成果档案存储基础设施建设

在数字化测绘技术体系下，维护测绘成果安全的任务尤为突出，《测绘法》和《测绘成果管理条例》已就测绘成果安全做出明确要求。我们要结合测绘成果档案存储服务设施建设项目的实施，配合做好前期总体设计、顶层设计工作；要抓紧制定基础测绘成果资料异地备份存放办法，具体落实异地备份存放制度。当前，各地要根据自身条件，统筹安排异地备份存放工作；对本地区重大基础地理信息成果，必须尽快实施异地备份存放。

4. 加强数据市场监管和测绘成果的跟踪管理

今年下半年，国家测绘局拟将联合国家安全部、信息产业部、国家工商行政管理总局、新闻出版总署、国家保密局在全国范围内共同开展整顿和规范地理空间信息数据市场秩序的活动。采取集中行动和专项治理的方式，严肃查处、严厉打击非法获取、提供、使用、生产、出版和传输地理空间信息数据的行为，重点查处泄密、窃密案件，加强法制建设和宣传教育。用两年时间，使地理空间信息数据市场秩序明显好转；政府对涉密地理空间信息数据管理和保密监督的力度明显加强，建立长效监管机制，消除各种泄密隐患，确保涉密地理空间信息数据的安全。各级测绘行政主管部门要以此为契机，切实完善机制，认真研究和落实好测绘成果提供使用的跟踪管理，逐步扭转市场地理信息数据流通混乱的局面。

（四）强化成果管理职能，加大统一监管力度，促进测绘成果广泛应用与地理信息产业健康发展

1. 完善成果管理法规政策

要依据《测绘法》和《测绘成果管理条例》等法律法规，有计划有步骤地开展测绘成果管理法规政策研究制定修订工作，完善测绘成果管理政策法规体系。今后一个时期，主要是开展法规政策体系设计，制定修订测绘成果汇交、基础测绘成果提供使用、对外提供测绘成果资料、测绘成果档案、基础测绘成果异地备份存放和重要地理信息数据审核公布等方面规章制度，以及成果管理中各项行政审批、审核事项的受理审批程序规定，基本满足管理工作需要。

抓紧研究制定测绘成果管理工作急需的技术标准。

2. 健全测绘成果管理体制

要健全省级测绘成果管理机构，并随着市县级测绘行政管理机构的逐步建立，切实落实法律法规和政府“三定”方案赋予的测绘成果管理各项职能，为加强成果统一监督管理、促进成果安全高效利用提供组织保证。要依法切实强化各级涉密基础测绘成果保管单位的公益性、基础性事业单位性质，这是由基础测绘性质、法律地位、法定组织管理方式，以及基础测绘成果法定保管、提供、使用要求所决定的，我们要深刻认识、准确把握，依法理顺涉密基础测绘成果保管体制，为经济社会发展提供安全可靠的测绘成果服务。进一步完善测绘成果管理工作的奖励制度，充分调动成果管理与保管人员的工作积极性、主动性和创造性。

3. 加强测绘成果统一监督管理

加强测绘成果统一监管是《测绘法》及《测绘成果管理条例》赋予的一项重要职责。要充分认识统一监管的法定性，敢于抓、大胆管。要定期组织开展涉密基础测绘成果保密检查，并使之制度化经常化，常抓不懈，警钟长鸣，不断增强涉密单位和人员的保密意识与自觉性。加大涉密成果的跟踪监管力度，严肃查处非法提供、非法使用、非法复制等违法行为。进一步加大培训教育力度，尤其要加强市县级测绘管理人员的法规培训工作，制定计划，认真组织，不断提高监督管理能力和依法行政水平。

四、进一步统筹协调，加大测绘成果管理工作的保障力度

在我国经济社会科技持续快速发展的形势下，测绘成果应用服务领域空前广泛，产品形式空前丰

富，测绘成果管理工作面临诸多新情况、新问题。我们要深入开展调查研究，掌握真实情况，抓住主要矛盾，解决突出问题。要创新工作思路、创新思维方式、创新领导方法。要从国家大局和测绘事业发展全局分析问题，从经济社会发展需求来研究问题，从法律法规赋予测绘部门的职能思考问题，开动脑筋，改进方法，提出措施。

（一）在加强领导与指导上下功夫

各级领导要重视和支持成果管理工作，加强领导和指导，促进测绘成果管理工作适应当前形势和任务的要求。工作成效大小关键在领导，测绘系统的各级领导要提高思想认识，强化责任意识，坚定信心，振奋精神，研究分析成果管理面临的新情况，探索解决实际问题的方法和措施。各级领导及上级机关，要主动听取成果管理工作汇报，督促检查工作落实情况，及时研究解决工作中的困难和问题，指导开展工作。各级领导要主动关心下属人员的学习和生活，加强教育培养，给他们创造增长才干的机会，提供展示才华的舞台，增强本单位的凝聚力、战斗力，形成做好成果管理工作的合力。

（二）在加大创新力度、提升科技支撑水平上下功夫

要解决成果保密与应用的矛盾，加强测绘成果及地理信息产品的知识产权保护，必须大力推进科技创新，提高解决问题化解矛盾的能力。

要充分利用现代科技手段，大力推动各项成果管理工作走向科学化、规范化、信息化、现代化。在确保不妨害国家秘密的前提下，逐步推行网上汇交成果目录，逐步开展网上行政审批；充分利用政府门户网站，发布成果目录信息，公布审批结果，公布重要地理信息数据，方便公众查询、检索和使用，提高信息共享水平。建立完善的成果档案管理信息系统、测绘成果综合管理系统，研究建设现代化、自动化保密审查与鉴定技术系统，提高综合监督管理能力。

（三）在加强队伍建设上下功夫

做好测绘成果管理与服务工作，关键在队伍，关键是人。要坚持公益性的发展方向，按照一流装备、一流技术、一流人才、一流馆舍的目标，加强测绘成果综合管理、档案技术与信息服务队伍建设，努力建设一支高效精干、装备精良、布局合理、管理科学、保障有力的测绘成果管理保障服务队伍。

要加强领导班子建设和职工队伍建设。各级领导要把统一监管和公共服务作为成果管理的两项主要任务抓紧抓好，加强管理，提高质量，确保安全；要继续大力弘扬“爱祖国、爱事业、艰苦奋斗、无私奉献”的测绘精神，开展理想信念教育和职业道德教育，加强岗位技术与技能培训，特别要加强青年科技和管理人才培养，不断优化人才结构。通过学习培训，实践锻炼，不断提高干部职工队伍的政治素质、业务能力，不断培养干部职工真抓实干、求真务实的作风，造就一支高素质的干部人才队伍。

（四）在经费投入上加大力度

测绘成果是国家基础性、战略性地理信息资源，是国家的宝贵财富，是广大测绘职工长期艰苦奋斗、无私奉献的劳动结晶，凝结了几代测绘人的心血和汗水，是测绘部门为经济社会发展提供保障服务的基本形式，是测绘事业赖以发展壮大的基础物质条件；测绘成果管理是法律法规和政府“三定”方案赋予测绘部门的一项政府职能，是测绘统一监督管理的一项重要内容。要确保必要的成果管理经费，建立稳定的成果管理投入机制，保障成果管理与保管维护工作的正常开展。

要不断加大测绘成果与档案管理信息化建设、网络化成果资料管理分发服务系统建设、实施基础测绘成果资料异地备份存放制度、日常维护成果档案的安全有效等各项基础工作的经费支持；也要努力保证开展成果管理法规、规章、政策研究、实施成果汇交、行政审批、保密管理、重要地理信息数据审核公布、监督检查等各项管理工作所需的财力支撑。

（五）在加强宣传教育上下功夫

要不断加强宣传教育工作，积极争取有关部门、社会公众和广大测绘职工对测绘成果管理工作的了解、认识、关心和支持。要充分利用报纸、期刊、广播、电视、网络等新闻媒体，适时、适度地做好测绘成果管理宣传工作，加强地理信息安全意识宣传教育。有关部门、社会各界，甚至测绘战线上的职工对成果管理工作的了解还很不够，有时还产生误解。这就要求我们尤其注意加强宣传工作。要增强宣传意识，不能只顾埋头苦干，在安排工作时要一并考虑如何做好相关的宣传工作；要善于从业务工作中提炼出社会关注的“亮点”和“热点”；要积极主动准备丰富、翔实、适用的宣传素材，供新闻单位采用和策划宣传活动。通过切实有效的宣传，

让各级领导、社会各界了解、关心和支持我们的工作，从而更好地为经济社会发展提供安全可靠的测绘成果服务，促进测绘事业又好又快的发展。

同志们，我们面临的任务光荣而艰巨，紧迫而繁重，让我们紧密团结在以胡锦涛同志为总书记的党中央周围，以邓小平理论和“三个代表”重要思想为指导，以科学发展观统领测绘成果管理工作，积极贯彻实施测绘成果管理条例，认真落实党和政府对测绘工作的要求，解放思想，振奋精神，开拓创新，求真务实，不断提高测绘成果监管能力和服务水平，齐心协力、真抓实干，用优异成绩迎接党的十七大胜利召开。

围绕测绘事业发展的中心工作 不断开创局直属机关党的建设工作新局面

国家测绘局党组成员、纪检组长罗兰在中共国家测绘局直属机关第十次代表大会上的讲话

2007 年 3 月 31 日

各位代表：

这次大会是在全面贯彻落实科学发展观，努力构建社会主义和谐社会的新形势下召开的。大会的主要任务是，总结国家测绘局直属机关第九次党代会以来的主要工作，对进一步加强局直属机关党的建设工作作出部署，选举产生局直属机关第十届党委、纪委，动员局直属机关广大党员，同心同德，不辱使命，努力开创测绘工作新局面，以优异的成绩迎接党的十七大胜利召开。

现在，我受局直属机关第九届党委的委托，向代表大会报告工作，请予审议。

一、四年来主要工作的回顾

自2002年第九次党代会以来，局直属机关党委的工作在局党组和上级党组织的领导下，按照中央的部署和要求，坚持围绕中心、服务大局，认真学习贯彻邓小平理论和“三个代表”重要思想以及党的十六大、十六届三中、四中、五中和六中全会精神，全面开展了以实践“三个代表”重要思想为主要内容的保持共产党员先进性教育活动，在思想建设、组织建设、作风建设和制度建设等方面做了大量工作，取得了实际成效，为推动局机关和在京单位各项工作的开展提供了坚强的思想政治保证。

（一）坚持把理论武装和思想教育放在首位，扎实开展系列教育活动，党员干部的思想政治素质进一步提高

四年来，局直属机关各级党组织始终把思想政治建设放在党建工作的首位，通过组织开展学习贯彻“三个代表”重要思想活动、保持共产党员先进性教育活动、学习贯彻党章活动以及经常性的形势任务教育活动，使党员干部的理论水平和思想政治素质不断提高。

学习贯彻“三个代表”重要思想活动深入持久。各级党组织按照围绕主题、把握灵魂、领会精髓、狠抓落实的总要求，组织党员干部认真学习党的十六大精神，通过组织辅导报告会、举办理论学习班、召开座谈会、开展知识竞赛等形式，在局直属机关兴起了学习贯彻“三个代表”重要思想新高潮。局机关、地图出版社、测绘科学研究院、地理信息中心和宣传中心都分别举办了理论培训班和专题讲座，以“三个代表”重要思想为指导，紧密结合测绘事业发展和本部门、本单位的工作实际，进行了深入探讨和理论思考。《江泽民文选》出版后，各单位又组织党员干部进行了认真学习。通过深入开展学习教育活动，党员干部逐步加深了对“三个代表”重要思想时代背景、实践基础、科学内涵和精神实质的理解，进一步增强了用“三个代表”重要思想武装头脑、指导实践、推动工作的自觉性和坚定性。

保持共产党员先进性教育活动扎实有效。2005年，按照中央的统一部署和局党组的要求，局机关和在京单位分别有条不紊地开展了保持共产党员先进性教育活动。整个活动筹划到位、组织到位、实施到位，扎实开展了学习动员、分析评议、整改提高三个阶段的各项工作，还认真组织开展了“回头

看”，对建立健全保持共产党员先进性长效机制进行了积极探索。通过开展先进性教育活动，党员受到了一次深刻教育，普遍增强了学习意识、党员意识和党性观念；党支部的作用充分发挥，基层党组织的创造力、凝聚力和战斗力进一步增强；局机关职能和作风进一步转变；各项工作得到了有力推动，基本实现了提高党员素质、加强基层组织、服务人民群众、促进各项工作的目标要求，取得了实际成效。这次活动成效的取得，是各级组织得力、领导干部带头、党员群众积极参与、大家共同努力的结果。

学习贯彻党章活动组织有力。认真落实中央关于开展学习贯彻党章活动的要求和局党组的部署，组织局机关和在京单位的党员集中开展了“学习党章、遵守党章、贯彻党章、维护党章”活动。请中央党校教授作了专题辅导，组织机关党员观看了辅导录像，并进行了集中讨论。召开了学习贯彻党章交流大会，各单位党员代表分别畅谈了学习贯彻党章的心得体会。各级基层党组织也结合实际制定了学习计划，开展了学习贯彻党章的系列活动。组织了学习党章知识测试，对党员干部学习党章的成效进行了检验和巩固。通过集中学习教育活动，基本达到了使党员干部认真学习党章、自觉遵守党章、切实贯彻党章、坚决维护党章的目标要求。

形势任务教育常抓不懈。坚持组织党员干部认真学习科学发展观、构建社会主义和谐社会等马克思主义中国化最新成果，及时学习党中央国务院重要会议、文件精神。紧紧围绕党员干部关心的重点问题，积极开展国内国际形势和当前主要任务的教育活动。地图出版社、宣传中心结合新闻出版单位的实际，开展了“三项学习教育活动”，各单位都积极开展了形势任务和时事政策教育活动，提高了党员干部的理论水平和政策水平，增强了党员干部的改革创新意识。

理论武装格局初步形成。各单位党委（总支）坚持中心组学习制度，年初有计划，年终有总结。同时，各单位加大了对处以上党员干部和青年干部的集中培训和教育力度，有的放矢地开展理论武装工作。在各单位中心组理论学习的带动下，各支部的学习也日趋经常化、规范化。以中心组学习为龙头、处级干部为重点、从战略高度加强青年干部教育、党支部抓落实的理论武装格局初步形成。

（二）坚持把基层党组织建设作为工作着力点，围绕中心工作抓党建，党组织的凝聚力和战斗力进一步增强

四年来，局直属机关党委始终把基层党组织建设作为工作的着力点，切实加强各直属党委（总支）领导班子建设和党支部建设，重视发挥基层党组织的政治核心作用和监督保证作用，促进了局机关和在京单位中心工作的顺利进行。

各直属党委（总支）的政治核心作用进一步发挥。直属机关党委始终坚持围绕中心、服务大局，在建设一流队伍、培育一流作风、创造一流业绩方面做了大量工作。各级党组织认真贯彻《局党组关于加强局直属单位领导班子建设的意见》，普遍加大了抓班子、带队伍的工作力度。各直属党委（总支）注意针对存在的问题，切实加强班子自身建设，认真贯彻民主集中制，坚持党员领导干部民主生活会制度，增强领导班子解决自身问题的能力。进一步完善党委会议制度和党政联席会议制度。地图出版社、测绘科学研究院、地理信息中心、宣传中心党政领导班子分别围绕地图出版形势的变化、科技体制改革和科技创新、加强测绘成果管理和应用服务、加大测绘宣传工作力度等重大问题，及时调整和完善工作思路，科学谋划改革与发展，较好地发挥了政治核心作用，有力地保证了党和国家方针政策和局党组决策部署的贯彻落实。

党支部自主开展活动的能力进一步增强。在局机关，坚持了部门主要负责人兼任支部书记的“一岗双责”制度，支部书记“两手抓，两手都要硬”的意识进一步增强，支部自主开展活动的能力进一步提高。局机关和在京单位的党支部，大都能够按时换届改选，坚持组织生活制度，注重对党员的经常性教育、管理和监督，围绕本单位的中心任务开展各种活动。局机关和在京单位离退休干部党支部在协助党委做好离退休干部党员的学习教育、管理服务和维护稳定等方面发挥了重要作用。各级党组织注重对入党积极分子的教育和培养，重视在工作第一线和高知识群体、青年中发展党员，遵循“坚持标准、保证质量、改善结构、慎重发展”的原则，四年来共发展党员 64 名，预备党员转正 75 名。直属机关党委通过举办支部工作培训班，提高基层党务工作者的思想素质和工作能力。积极开展“争先创优”活动，坚持每两年评选一次先进党支部、优秀共产党员和优秀党务工作者。四年来，先后共表彰了 12 个先进党支部、54 名优秀共产党员和 25 名

优秀党务工作者。

党建工作的制度和党员教育管理的机制逐步完善。为了健全和完善局直属机关党委内部的工作制度和运行机制，制定了《国家测绘局直属机关党委工作规则》，规范了局直属机关党委的议事决策程序。地图出版社制定的《关于加强领导班子自身建设转变工作作风，密切联系群众、全面贯彻民主集中制原则的决定》、地理信息中心制定的《中共国家基础地理信息中心党委工作规则》，都是加强党委制度建设的具体体现。根据局直属机关基层党支部建设的现状，组织了局直属机关党支部工作情况的调研活动，结合先进性教育活动的实践经验，制定了《关于加强党支部建设的意见》。贯彻中央《关于加强党员经常性教育的意见》等四个保持共产党员先进性长效机制文件，积极建立适合我局直属机关党员教育、管理和监督的有关制度，起草了关于局直属机关开展党员党性分析活动、开展民主评议党员活动以及加强党员教育培训工作的有关意见。

（三）坚持从严治党方针，切实加强作风建设，推动了反腐倡廉工作的深入开展

四年来，局直属机关各级党组织坚持“党要管党，从严治党”的方针，认真贯彻落实中央纪委历次全会和国务院廉政工作会议精神，加强思想教育和作风建设，推进制度建设，加大监督力度，着力构建教育、制度、监督并重的惩治和预防腐败体系，党风廉政建设和反腐败工作取得成效。

加强思想教育和作风建设，促进党员领导干部廉洁自律。局直属机关党委坚持对党员进行理想信念和党的宗旨教育，开展党的优良传统和优良作风教育，认真贯彻“两个务必”和“八个坚持、八个反对”的要求。通过抓党风建设促进机关进一步转变作风，大兴求真务实、真抓实干之风。组织党员干部认真学习了党纪条规和廉洁自律的有关规定，并开展了相关知识测试活动。积极开展示范教育和警示教育，先后组织党员干部学习了郑培民、牛玉儒等模范人物的先进事迹，观看了有关王怀忠、刘方仁等违法违纪案件的录像片和大型反腐法制专题电视片——《天职》。通过开展党风廉政教育活动，进一步增强了党员干部廉洁自律的自觉性和拒腐防变的能力。

加强制度建设和监督工作，加大从源头上防治腐败的力度。根据中央的统一部署和局党组的要求，认真贯彻落实《建立健全教育、制度、监督并重的惩治和预防腐败体系实施纲要》，协助党组制定了落实《实施纲要》的具体意见和任务分工，明确了各项任务的牵头和配合部门，专门召开会议进行部署，并注意抓好检查落实。在京单位都结合自身实际，制定了实施意见，明确了任务分工。继续配合有关部门深入推进行政审批制度、财务管理制度、干部人事制度等三项制度改革。配合有关部门坚持实行“收支两条线”，认真执行政府采购和工程项目招投标等制度；认真完善了测绘行政审批的各项配套制度，进一步规范了审批行为；大力推进依法行政工作，健全了政务公开、办事公开和电子政务的有关制度；进一步健全了干部选拔、任用、监督和考核制度，加大了竞争上岗和干部交流的力度。在京单位实行了干部聘任制，健全和完善了职代会制度。全面落实党风廉政建设责任制，协助局党组制定了廉政谈话、诫勉函询、述职述廉等制度，加强对各级领导班子执行民主生活会制度和党风廉政建设责任制情况的监督检查。

重视信访举报和调查核实工作。四年来，直属机关纪委共接到群众举报43件，根据信访反映的问题和线索，认真进行分析，按照干部管理权限，分别进行了调查核实或转送有关单位处理。在局党组领导下，由纪检等部门组成调查组对地图出版社资本运作中出现的严重问题进行了有关调查核实工作，尚在进一步查处中。协助上级纪检机关和北京市检察机关开展了有关调查工作。对群众反映领导干部的一些苗头性、倾向性问题，及时进行谈话提醒和诫勉。按照中央关于开展治理商业贿赂专项工作的部署，在党组领导下组织开展了测绘领域治理商业贿赂专项工作，测绘领域不正当交易行为自查自纠的工作已基本完成。

（四）坚持以人为本，切实加强思想政治工作和精神文明建设，干部职工的精神面貌发生较大变化

四年来，局直属机关党委按照局党组的要求，始终坚持以人为本、注重实效，积极探索新时期思想政治工作和精神文明建设的新路子，取得了较好的成效。

思想政治工作一以贯之。四年来，各级党组织坚持以人为本，及时了解和掌握职工的思想动态，有针对性地开展思想政治工作。直属机关党委采取问卷调查、召开座谈会、个别谈话等多种方式，开展职工思想状况调查，并将调查分析报告上报党组，为党组有针对性地改进工作、加强干部职工队伍建

设提供了基础材料。各级党组织在防治“非典”斗争中，在生产组织结构调整、科研体制改革、干部人事制度改革、《公务员法》的实施、工资制度改革、机构调整、干部调整等工作中，都能积极做好政策宣讲、解疑释惑、化解矛盾、理顺情绪的工作，产生了较好的效果。同时，各单位坚持把解决思想问题与解决实际问题紧密结合起来，切实为职工办实事、做好事、解难事，较好地保证了各单位安定团结的大好局面。

道德建设重点突出。为了贯彻实施《公民道德建设实施纲要》，直属机关党委把测绘职业道德建设列为重点调研课题，充分发挥中国测绘职工思想政治工作研究会的作用，研究制定了《中国测绘职工职业道德规范（试行）》，并经国家测绘局批准，正式颁布实施。同时，对开展测绘职工职业道德规范教育活动作出了部署。组织开展了“测绘职业道德大家谈”征文活动，并进行了评奖。召开了政研会第四届理事会扩大会议，对优秀研究成果和优秀组织单位进行了表彰。各单位围绕《中国测绘职工职业道德规范（试行）》的颁布，积极开展了各种教育活动。测绘职工职业道德建设正在进一步推进。

精神文明建设成绩可喜。四年来，直属机关广大干部职工大力弘扬中华民族“一方有难、八方支援”的优良传统美德，积极开展“扶贫济困送温暖”活动，先后向国内贫困地区和灾区、郑州测校贫困生、东南亚地震和海啸受灾国家人民等共捐款326281.60元，捐衣物5689件。引导干部职工广泛参与文明单位创建活动，在局机关开展了“创建文明机关、促进政风建设，坚持执政为民、争做人民满意公务员”活动。局机关和在京单位都获得了中央国家机关文明单位称号，其中地理信息中心、测绘科学研究院近几年连续获此殊荣。还有一大批党员、干部职工受到中央国家机关工委的表彰。通过开展精神文明创建活动，干部职工团结进取、积极向上的精神风貌进一步展现。

维护稳定的工作狠抓不放。积极开展同“法轮功”邪教组织的斗争，坚决维护稳定大局。认真贯彻落实中央和工委关于同“法轮功”邪教组织斗争的方针政策和各项部署，及时召开会议，组织传达有关维护稳定的精神。进一步落实稳定工作责任制，采取切实有效的措施巩固已取得的教育转化成果，开展了对有关单位分散教育转化人员的验收工作。由于对稳定工作高度重视，狠抓不放，从而保证了局机关和在京单位各项工作的顺利开展。

（五）坚持做好统战工作和群众工作，调动各方面的积极性，充分发挥工青妇群众组织的作用

四年来，局直属机关党委高度重视统战工作，进一步加强对工青妇群众组织的领导，积极支持群众组织在调动积极因素、构建和谐氛围、促进事业发展等方面充分发挥作用，取得了实际成效。

统战工作逐步深入。加强了与直属机关民主党派人士和党外高级知识分子的联系，重视发挥党外人士建言献策和民主监督的作用。协助局党组坚持每年召开两次民主党派及党外高级知识分子座谈会，请局领导通报情况，听取意见，并将意见和建议整理后提请相关部门和单位研究处理，不少好的建议对促进测绘事业发展产生了积极作用。同时，认真做好归侨侨眷等工作，积极组织参加了国土资源部侨联的有关活动。

工会工作有效开展。各级工会组织围绕民主参与、民主管理和民主监督，积极维护职工权益，在推动本单位职代会制度建设和做好职代会的服务工作中发挥了应有的作用。开展了创建“职工之家”活动。积极为职工的工作、生活创造条件，进一步改善职工福利，开展丰富多彩的文体活动，积极主动地为困难职工“送温暖”，把为职工办实事、办好事经常化、制度化。组织局机关和在京单位职工积极参加了中央国家机关第二届运动会和国土资源部第一、二届职工运动会，均取得了优异成绩。加强自身建设，组织召开了直属机关工会第三次会员代表大会。

共青团工作富有活力。按照上级团组织的部署和要求，认真开展了增强共青团员意识主题教育活动，其中开展的“版图 历史 青春”主题团日活动荣获中央国家机关十大优秀主题团日活动。开展了两届局直属机关杰出（优秀）青年评选和表彰活动。积极参加了团工委的“争先创优”活动，其中，2个团组织被评为中央国家机关“五四”红旗团组织，1人获2005年度“全国青年岗位能手”称号，12人次先后受到中央国家机关团工委的表彰。组织参加了“全国青年公务员学习《行政许可法》知识竞赛”和“服务‘三农’、捐赠电脑”活动。坚持开展了青年登山比赛、定向运动比赛和篮球比赛。加强自身建设，组织召开了局直属机关第六次团代会。

妇女工作稳步推进。妇委会根据妇女自身特点，

组织开展了各种健康有益的活动。地理信息中心商瑶玲的家庭被授予全国“五好”文明家庭荣誉称号。组织参加了中央国家机关妇工委举办的优秀女领导干部评选活动、国土资源系统妇女“九大”代表的推荐工作以及其他各种妇女活动。

回顾四年来局直属机关党的建设工作，我们主要有以下几点体会：第一，国家测绘局党组的重视和领导是做好党建工作的关键。第二，围绕中心，服务大局是直属机关党委和各单位党组织开展工作的根本。第三，基层党组织坚强有力和广大党员充分发挥先锋模范作用是党建工作取得实效的基础。第四，加强制度建设是党建工作走向科学化、规范化的保证。我们在肯定成绩、总结经验的同时，必须清醒地看到，局直属机关的党建工作与局党组和上级党组织的要求、与广大党员干部职工的期望还有不少差距，如：党建工作方式须进一步转变、创新，保持共产党员先进性长效机制须进一步完善、落实，对党员领导干部的监督还须加大力度，党风廉政建设还存在薄弱环节。我们一定要发扬成绩，改进不足，以高度的责任感和使命感，创造性地开展工作，把局直属机关党的建设工作不断推向前进。

二、对今后工作的意见

今年10月份，党的十七大将胜利召开。这次大会是我国全面建设小康社会、加快推进社会主义现代化进入关键时期的一次重要会议。今后一个时期，局直属机关党的建设的总体要求和思路是：以邓小平理论和“三个代表”重要思想为指导，以迎接十七大胜利召开和学习贯彻十七大精神为主线，坚持围绕中心，服务大局，着眼于提高党员干部素质，进一步加强理论武装工作；着眼于推动测绘事业发展，进一步加强基层党组织建设；着眼于树立新风正气，进一步加强党风廉政建设和反腐败工作；着眼于构建和谐单位，进一步加强思想政治工作和精神文明建设，努力把局直属机关党的建设工作提高到一个新水平。

（一）着眼于提高党员干部素质，进一步加强理论武装工作

各级党组织要继续组织党员干部深入学习马克思列宁主义、毛泽东思想、邓小平理论和“三个代表”重要思想，深入学习科学发展观和构建社会主义和谐社会等重大战略思想，重点掌握贯穿其中的基本观点和基本方法，不断增强运用理论观察事物、判断形势、分析问题的能力。党的十七大胜利召开后，要把学习贯彻十七大精神摆上重要日程，精心组织，周密安排，在党员干部中兴起学习贯彻十七大精神的高潮，用十七大精神统一党员干部的思想和行动。在抓好理论学习的同时，继续抓好时事政策教育和形势任务教育，把理论学习同现代经济、科技、社会管理、法律等方面知识的学习结合起来，不断引导党员干部完善知识结构，增强综合素质，提高工作能力。

各级党组织要继续强化以中心组学习为龙头、处级干部为重点、从战略高度加强青年干部教育、党支部抓落实的理论武装格局。不断改进和加强各级中心组学习，带动和促进广大党员干部的理论学习。要将党员自学、支部学习和党员集中学习教育三种方式有机结合起来，在学习内容、时间要求、保障措施、学习效果、检验手段上统筹安排，各有侧重。要引导党员领导干部做勤奋好学、学以致用的模范，进一步促进学习成果的转化和应用，不断增强用马克思主义中国化的最新成果武装头脑、指导实践、推动工作的自觉性和坚定性。要创新学习形式，激发学习热情，提高学习质量，保证学习效果。同时，要继续有计划地选送党员领导干部到各级党校、行政学院和干部培训学院轮训，接受系统的理论教育。

（二）着眼于推动测绘事业发展，进一步加强基层党组织建设

各单位党组织要继续坚持围绕中心，服务大局，按照党章的规定，认真履行职责，充分发挥作用。要根据测绘事业发展的要求，紧紧围绕提高测绘保障服务能力，谋全局，抓大事，出思路，继续发挥政治核心和监督保证作用。要坚决贯彻民主集中制，不断完善党委内部的议事和决策机制，坚持重大事项集体研究决定。要坚持民主生活会制度，进一步提高民主生活会的质量，增强领导班子解决自身问题的能力。要充分发扬民主，广泛听取意见，严格按制度和程序办事。要切实加强党的先进性建设，继续完善保持共产党员先进性长效机制，进一步健全党员学习、教育、管理、联系群众等方面的制度，逐渐建立和完善党内情况通报制度、情况反映制度、重大决策征求意见制度，逐步推进党务公开，增强党组织工作的透明度，切实保障党员的民主权利。

各级党组织要继续切实加强党支部建设。直属机关党委要坚持抓好支部书记和委员的培训工作，提高支部书记的素质和水平。各直属党支部要继续

贯彻落实部门主要负责人兼任支部书记的“一岗双责”制度，进一步提高支部书记“两手抓”的意识，增强支部自主开展活动的能力。党支部要围绕和服务中心工作，严格组织生活制度，做好党员的日常教育、管理与监督，积极探索创建学习型党支部，努力实现党支部工作的制度化、规范化和科学化。要认真贯彻落实中组部《关于进一步加强和改进离退休干部党支部建设工作的意见》，按照组织健全、制度完善、管理规范、活动经常的总体要求，切实加强离退休干部党支部建设，使离退休干部党员做到政治坚定，思想常新，理想永存。要继续开展“争先创优”活动，大力表彰不断涌现出来的先进党支部、优秀共产党员和优秀党务工作者。要重视在工作第一线和青年、高知识群体中发展党员，遵循“坚持标准、保证质量、改善结构、慎重发展”的方针，扎实做好发展党员工作。

（三）着眼于树立新风正气，进一步加强作风建设和反腐倡廉工作

各级党组织要认真组织党员干部深入学习贯彻胡锦涛同志在中央纪委第七次全会上的重要讲话精神，把党员领导干部的作风建设摆在党建工作的突出位置来抓，大力弘扬胡锦涛同志倡导的八个方面的良好风气，全面加强领导干部作风建设。党员领导干部要带头弘扬新风正气，抵制歪风邪气，自觉做到“为民、务实、清廉”。局机关要通过抓领导干部作风建设进一步促进机关政风建设。各级党组织要继续抓好局党组关于贯彻《建立健全教育、制度、监督并重的惩治和预防腐败体系实施纲要》具体意见的落实。继续加强党风廉政教育工作，重点抓好党员干部的理想信念和从政道德教育、党的优良传统和作风教育、党纪条规和廉洁自律教育。要通过正反两方面的典型事例，深入开展示范教育和警示教育，增强党员干部拒腐防变的能力。要进一步完善规章制度，建立风险防范机制，努力形成用制度管权、按制度办事、靠制度管人的局面。继续配合有关部门深入推进行政审批制度、财务管理制度、干部人事制度等三项制度改革，推进政务公开、办事公开，加大从源头上惩治和预防腐败的力度。认真落实党内监督各项制度，加强对权力运行的制约监督，促使领导干部正确行使权力。加大对贯彻落实科学发展观情况的监督检查。认真落实领导干部个人事项报告、述职述廉、民主评议、诫勉谈话、经济责任审计等制度。要加大违法违纪案件的查处力度，重点查办党员领导干部中滥用职权、贪污贿赂、腐化堕落、失职渎职案件。

各级党组织要继续认真落实党风廉政建设责任制，进一步健全反腐败领导体制和工作机制。坚持把党风廉政建设和反腐败工作与业务工作和精神文明建设紧密结合，一同部署、落实、检查和考核。各级纪委要在同级党委的领导下，全面履行党章赋予的各项职责，发挥好组织协调职能，协助党委加强党风建设和组织协调反腐败工作。纪检监察部门要充分发挥各职能部门的作用，协调各方，整合力量，形成齐抓共管、各负其责的反腐倡廉工作局面。

（四）着眼于构建和谐单位，进一步加强精神文明建设

各级党组织要继续以社会主义核心价值体系为根本，倡导和谐理念，培育和谐精神，继续加强社会主义荣辱观教育和测绘精神、职业道德教育，开展和谐文化建设，努力构建和谐单位。要进一步加强和改进思想政治工作，紧密围绕改革发展稳定的大局，紧密结合事业单位改革、人事制度改革、工资制度改革和广大干部职工关心的热点难点疑点问题，多做得人心、暖人心、稳人心的工作。要把握干部职工思想动态，认真分析原因，有针对性地做好教育和引导工作。要认真开展党员干部谈心活动，加强人文关怀和心理疏导，引导干部职工树立自尊自信、理性平和、积极向上的良好心态。直属机关党委要继续指导中国测绘职工思想政治工作研究会积极开展工作。要以迎接和举办北京 2008 年奥运会为契机，按照巩固成果、扩大队伍、提高质量、体现特色为目标，广泛开展群众性精神文明创建活动，继续争创中央国家机关文明单位和首都文明单位，力求以此为载体振奋精神，凝聚力量。要坚持不懈地开展与“法轮功”邪教组织的斗争，注意协调好各方面的利益关系，妥善处理人民内部矛盾特别是涉及群众切身利益的矛盾，做好新形势下的群众工作，为单位的改革、发展创造一个和谐稳定的环境。

各级党组织要进一步加强对工青妇群众组织的领导，积极支持工青妇组织根据各自的特点和优势，创造性地开展工作。工会组织要切实维护职工合法权益，做好职代会的日常工作，在扩大民主参与、民主管理和民主监督的过程中，积极发挥作用。共青团组织要围绕青年的成长成才，积极组织开展符合青年特点的各种活动，团结和带领广大团员青年，为测绘事业的发展贡献聪明才智。妇委会组织要维

护妇女权益，教育帮助女职工树立自尊、自信、自强、自立的新时代女性的良好形象，继续为女职工办实事、办好事。各级党组织要继续加强同各民主党派和党外高级知识分子的联系与合作，定期通报工作情况，听取他们的意见和建议。

同志们，测绘工作是国民经济和社会发展不可或缺的一项基础性工作，党中央国务院对测绘工作高度重视，社会各方面对测绘的需求日益迫切，测绘事业迎来了令人振奋的发展机遇，同时也面临严峻挑战。党中央国务院已经明确了测绘事业的发展方向。局党组以科学发展观统领测绘工作全局，对“十一五”测绘事业发展已作出全面部署。落实“十一五”测绘发展规划，任务十分艰巨，局直属机关各级党组织和每一位共产党员都肩负着义不容辞的责任。让我们紧密团结在以胡锦涛同志为总书记的党中央周围，继续发扬我们重视党建工作的优良传统，适应新形势、新要求，与时俱进，开拓创新，保持奋发有为的精神状态，发扬求真务实的工作作风，努力把局直属机关党的建设工作提高到一个新水平，为测绘事业又好又快发展提供强有力的思想政治保证，以优异的成绩迎接党的十七大胜利召开！

国家测绘局党组成员、纪检组长罗兰在中共国家测绘局直属单位纪检监察干部培训班上的讲话

2007 年 4 月 27 日

同志们：

刚才，各单位都汇报交流了一年来本单位党风廉政建设的主要情况和今年的工作思路，大家讲得很好，有不少好做法、好经验，我听了很受启发。

2006 年是“十一五”规划的开局之年，在党中央、国务院的领导和关怀下，测绘系统全面贯彻落实科学发展观，为经济社会发展和人民生活努力提供测绘保障和服务，测绘事业取得重要进展，各项工作都取得了显著成绩。按照中央的部署和国家局党组的要求，局所属各单位的纪检监察部门紧紧围绕部门和单位的中心工作，狠抓反腐倡廉各项工作任务的落实，有效推动了各单位党风廉政建设和反腐败工作的深入开展。

一年来，我们认真贯彻中央纪委第六次全会精神，在广大党员干部中深入开展了学习贯彻党章活动，组织开展了多种形式的社会主义荣辱观教育，坚持不懈地抓好反腐倡廉教育，提高了党员领导干部廉洁自律意识和拒腐防变能力。加强对贯彻落实科学发展观情况的监督检查，并与贯彻落实党中央、国务院关于测绘工作重要指示、落实全国测绘局长会议各项部署的监督检查紧密结合。认真贯彻落实国家局党组关于贯彻落实《建立健全教育、制度、监督并重的惩治和预防腐败体系实施纲要》的意见，切实抓好局党组关于 2006 年反腐倡廉工作各项部署的落实，召开了国家局直属单位纪检监察负责人会议，检查了有关重点工作的落实情况。认真贯彻《国家测绘局党组关于加强直属单位领导班子建设的意见》，进一步加大了对领导干部监督的力度。认真组织开展治理测绘领域商业贿赂专项工作，组织开展了测绘领域不正当交易行为的自查自纠。认真做好信访举报和有关案件的查处工作。这些工作的开展，为国家局和局所属各单位中心工作的顺利完成提供了重要的政治保障，这其中凝聚着各单位纪检监察部门和全体纪检监察干部的艰辛与奉献。借此机会，我代表局党组，向局所属单位全体纪检监察干部表示诚挚的问候和衷心的感谢！

2007 年是测绘部门继续全面贯彻落实科学发展观，实现测绘“十一五”目标的重要一年。做好今年的工作给纪检监察部门提出了新的任务和要求。关于 2007 年党风廉政建设和反腐败工作，中央纪委第七次全会和国务院第五次廉政工作会议已经全面部署，国家局党组关于 2007 年党风廉政建设和反腐败工作的实施意见已经印发。各单位结合各自的实际情况都做了具体安排。下面，我按照局党组的要求，就做好 2007 年党风廉政建设和反腐败工作，再强调几点。

一、进一步贯彻落实中央纪委第七次全会精神，大力推进领导干部作风建设

胡锦涛总书记在中央纪委第七次全会上的讲话，深刻阐述了全面加强新形势下领导干部作风建设的极端重要性，强调要在领导干部中大力倡导八个方面的良好风气，具有很强的针对性和指导性，对于促进领导干部作风转变，全面贯彻落实科学发展观、构建社会主义和谐社会，不断提高党的执政能力，保持和发展党的先进性，进一步做好新形势下的反腐倡廉工作，具有重大的现实意义和深远的历史意义。作风是一个领导干部综合素质的反映，干部作风正派才能得到群众的信任和支持；相反，一些领导干部违法违纪，都是从作风上放松要求开始的，领导干部良好的作风是抵御消极腐败现象和保持清正廉洁的重要保障。因此，必须把领导干部作风建设摆在党建工作的突出位置，作为党风廉政建设的一项战略任务，常抓不懈。

最近，国家局党组按照中央要求召开了以领导干部作风建设为主题的专题民主生活会，对照八个方面良好风气的要求查找了不足，制定了整改措施。同时，对局机关和直属单位领导干部作风状况也进行了初步分析。从总体上说，我局机关和直属单位领导干部作风状况是好的或比较好的，但用胡锦涛同志提出的八个方面良好风气的要求对照检查，仍有不少差距。比如：有的领导干部学习劲头不够足，理论联系实际不够；有的领导干部思想不够解放，进取心不强；有的领导干部抓落实不够到位，存在浮躁情绪；有的领导干部深入基层调查研究不够，为基层主动服务的意识还不强；有的领导干部民主作风和共事能力有待进一步增强。对于领导干部作风建设面临的艰巨任务，我们必须有清醒的认识。

各级党员领导干部要按照中央的要求认真做好对照检查，提出整改措施，切实解决在思想作风、学风、工作作风、领导作风和生活作风方面存在的问题。要通过扎扎实实地抓好领导干部作风建设，促进领导干部作风转变，大力弘扬新风正气，推动党风廉政建设取得新的成效。各级纪检监察部门要协助本单位党委（党组）抓好领导干部作风建设，切实加强对领导干部作风状况的监督，及时发现和纠正领导干部在作风和廉洁自律方面的苗头性、倾向性问题。

二、坚持教育、制度、监督并重，深入推进《实施纲要》的落实

建立健全惩治和预防腐败体系是党中央作出的重大战略决策。深入推进《实施纲要》贯彻落实，对于不断拓展从源头上防治腐败工作领域，深入开展党风廉政建设和反腐败斗争，具有十分重要的意义。我们要进一步深刻认识贯彻落实《实施纲要》的极端重要性，切实增强使命感、责任感和紧迫感，谋划好全局，安排好阶段性工作，责任、目标要明确，措施要得力，狠抓各项工作的落实。

要以思想道德教育为基础，以树立社会主义核心价值体系为重点，继续深入学习贯彻党章，进一步加强理想信念教育、党的优良传统教育和社会主义荣辱观教育、党纪条规和国家法律法规教育，推进廉政文化建设，开展示范和警示教育，不断增强党员干部的廉洁自律意识，筑牢思想道德和党纪国法两道防线。要以制度建设为根本保证，深化体制改革和制度创新，健全完善防范腐败的体制机制，真正形成用制度管权、按制度办事、靠制度管人的有效机制。要抓住正确行使权力这个关键，切实加强对权力运行的制约和监督。认真执行党内监督条例，加强对领导干部特别是主要领导干部的监督。要坚持和完善民主集中制，健全领导班子议事规则，积极推进党务公开、政务公开，认真执行民主生活会、述职述廉、诫勉谈话和函询、党员领导干部报告个人有关事项、经济责任审计等制度，加强对执行情况的监督检查。要加强对贯彻落实科学发展观、贯彻落实党中央、国务院和上级领导机关各项工作部署以及各项规划、计划执行情况的监督检查。各级纪检监察部门要充分发挥组织协调作用，协助党委（党组）抓好督促检查，主动加强与有关部门和单位的联系，互相配合，发挥好整体合力。要加强对党风廉政建设责任制执行情况的督促检查。对发生重大以权谋私、违纪违法问题的单位，要追究主要负责人的责任。国家局纪检组今年下半年将对局所属单位执行党风廉政建设责任制的情况进行督促检查。

三、抓住重点，把握关键，推进治本抓源头的各项工作

要深刻把握新形势下反腐倡廉工作的规律、特点，抓住重点领域、瞄准热点部位、把握关键环节，坚持以改革统揽反腐倡廉工作，将反腐倡廉工作融入测绘部门和单位的各项行政业务工作之中，拓宽从源头上预防腐败的领域，加大从源头上防治腐败的力度。

要结合测绘系统的实际，配合有关部门进一步清理测绘行政审批项目，规范审批程序和方式，积极推进测绘行政审批事项的集中受理，完善网上地图审核，继续推进测绘资质审批结果的公开，不断完善测绘行政审批责任和监管制度；进一步推进测绘政务公开，编制测绘政务公开目录，规范公开内容和形式，建立健全测绘政务公开制度；进一步深化干部人事制度改革，完善和落实干部交流轮岗、考核、监督等方面的规章制度，进一步规范测绘事业单位招聘行为，建立岗位管理制度，转换用人机制；继续深化部门预算改革，修订“预算编制指南”和“预算评审指南”，进一步完善测绘部门预算项目库的建设，完善政府采购管理制度，严格执行“收支两条线”规定，严格公共资金的使用和管理；进一步健全和完善基础测绘管理和测绘成果管理制度，不断加大对基础测绘和测绘成果管理的力度。要继续推进测绘事业单位的党风廉政建设，进一步规范管理，实行办事公开，完善职代会制度，坚决查处侵害职工群众利益的行为。

四、坚持不懈地抓好领导干部廉洁自律，严肃查办违纪违法案件

胡锦涛总书记在中央纪委第七次全会上强调，要认真执行党内监督各项制度，抓好领导干部廉洁自律，切实解决领导干部廉洁从政方面的突出问题。要按照中央纪委的统一部署，坚决清理纠正领导干部利用职权和职务的影响，在商品房买卖置换中以明显低于市场价格购置或以劣换优谋取不正当利益，以借为名占用他人住房、汽车，参与赌博或以变相赌博等形式收钱敛财，借委托他人投资证券或其他委托理财的名义获取不正当利益，为本人谋取预期的不正当利益或以各种方式为配偶、子女和其他亲友谋取不正当利益等问题。坚决防止和纠正超标准超编制配备使用小汽车、违规集资建房、违规超标准多占住房等问题。继续严肃查处领导干部违反规定收送现金、有价证券和支付凭证等问题。加强对领导干部配偶、子女从业情况的监督检查，开展申报登记，纠正存在的问题。各单位要严格执行“四大纪律八项要求”和各项廉政规定，结合各单位的实际，切实解决领导干部廉洁自律方面存在的突出问题。

要严肃查办违纪违法案件，当前要继续重点查办党员领导干部中滥用职权、贪污贿赂、腐化堕落、失职渎职的案件；严肃查办利用人事权、审批权、行政执法权等谋取私利，严重损害国家利益、侵害群众利益的案件；严肃查处有令不行、有禁不止等行为。继续深入开展测绘领域治理商业贿赂专项工作，完善规范测绘市场竞争行为和惩治商业贿赂的法规制度，探索建立测绘领域防治商业贿赂的长效机制。进一步加强信访举报、案件检查和审理工作。畅通信访举报渠道，及时处理群众来信来访，加大对反映问题的核查和督办力度。认真贯彻执行党员权利保障条例，切实维护党员的权利。

五、加强自身建设，不断提高纪检监察干部素质

胡锦涛总书记在中央纪委第七次全会上强调，各级纪律检查机关要继续加强领导班子和干部队伍建设，不断提高队伍政治素质、业务素质和执纪能力，不断提高做好纪律检查工作的本领和水平，以过硬的素质、优良的作风、奋发有为的精神状态履行好党和人民赋予的神圣职责。我们一定要按照胡锦涛总书记的要求，加强理论学习，不断拓宽视野，不断更新知识，努力提高执行党纪政纪的能力和水平。要带头学习江泽民同志反腐倡廉理论，学习胡锦涛同志关于反腐倡廉的一系列重要论述，用马克思主义中国化的最新成果武装头脑。要学习纪检监察业务知识，进一步把握纪检监察工作特点和规律，提高从源头上预防和治理腐败的能力。要学习法律、经济、金融、科技和社会管理等方面的知识，努力改善知识结构，增强专业素养，提高处理疑难案件和复杂问题的能力。要加强作风建设，按照胡锦涛总书记倡导的八个方面良好风气的要求，带头执行“八个坚持、八个反对”，带头廉洁自律，带头接受监督，做到立党为公、执政为民，一身正气、永葆本色，进一步树立纪检监察干部可亲、可信、可敬的形象。

同志们，今年的党风廉政建设和反腐败工作任务已经明确，希望大家回去后狠抓落实，努力完成今年反腐倡廉的各项任务，不断把党风廉政建设和反腐败工作引向深入，保障和促进测绘事业的发展，以优异成绩迎接党的十七大胜利召开！

重要会议

2007 年度军事测绘工作会议

会议名称：2007 年度军事测绘工作会议

主办单位：总参测绘局

时间：2007 年 1 月 4 日 ~6 日

地点：哈尔滨

参加人员：各军区、军兵种和总参谋部、总装备部的有关代表共 96 人参加了会议。

议题（主要内容）：会议总结了 2006 年度军事测绘建设情况，部署了 2007 年军事测绘建设的重点任务，明确了年度测绘工作的主要措施和具体要求。

中共国家测绘局直属机关第十次代表大会

会议名称：中共国家测绘局直属机关第十次代表大会

主办单位：国家测绘局

时间：2007 年 3 月 31 日

地点：河北涿州

参加人员：国土资源部党组成员、副部长、国家测绘局党组书记、局长鹿心社，国家测绘局党组成员、纪检组长、直属机关党委书记罗兰，国土资源部直属机关党委常务副书记李建勤，局直属机关的 96 名党员代表参加会议。

议题（主要内容）：国家测绘局党组成员、直属机关党委书记罗兰代表局直属机关第九届党委作题为《围绕测绘事业发展的中心工作 不断开创局直属机关党的建设工作新局面》的工作报告。代表们审议了直属机关党委、纪委工作报告，选举产生了中共国家测绘局直属机关第十届委员会和纪律检查委员会，并一致通过了中共国家测绘局直属机关第十次代表大会关于第九届委员会工作报告的决议和中共国家测绘局直属机关第十次代表大会关于纪律检查委员会工作报告的决议。国土资源部党组成员、副部长、国家测绘局党组书记、局长鹿心社出席大会并讲话，对进一步加强局直属机关党的建设工作提出明确要求；国土资源部直属机关党委常务副书记李建勤向大会表示热烈祝贺，对新一届党委、纪委提出希望。会后，十届党委和纪委还分别召开了第一次全委会，选举产生了党委书记、副书记和纪委书记。

贯彻落实《基础测绘计划管理办法》视频会议

会议名称：贯彻落实《基础测绘计划管理办法》视频会议

主办单位：国家发展和改革委员会、国家测绘局

时间：2007 年 4 月 3 日

地点：北京

参加人员：国家发改委副主任杜鹰，国土资源部副部长、国家测绘局局长鹿心社，国家测绘局副局长王春峰、李维森，国家发改委、财政部有关部门负责人在北京主会场参加会议。在主会场参加会议的还有国家发改委有关部门和国家测绘局有关司（室）、在京直属单位负责人及北京市有关部门和单位负责人。全国 31 个省、自治区、直辖市和 5 个计

划单列市及新疆生产建设兵团设立分会场，江西省还在赣州市增设了分会场。

议题（主要内容）：会议的目的是进一步明确和提高对基础测绘计划管理办法重要意义的认识，部署改善基础测绘计划管理工作的有关事项，动员各方力量把基础测绘计划管理办法落到实处，从而进一步提高基础测绘计划的管理水平，促进经济社会发展的各项工作。国家发改委副主任杜鹰，国土资源部副部长、国家测绘局局长鹿心社出席会议并就贯彻落实《基础测绘计划管理办法》作重要讲话，国家发改委地区经济司司长范恒山作会议总结。

全国测绘标准与质量管理工作会议

会议名称：全国测绘标准与质量管理工作会议

主办单位：国家测绘局

时间：2007 年 4 月 12 日

地点：苏州

参加人员：国家测绘局副局长李维森，国家质检总局、科学技术部、国家标准化管理委员会有关负责人，苏州市副市长程惠明，来自全国各省、自治区、直辖市、计划单列市测绘行政主管部门以及国家测绘局直属单位和局机关的 130 多名代表参加了会议。

议题（主要内容）：国家测绘局副局长李维森作了题为《加强统筹 强化监管 全面履行测绘标准与质量管理政府职能》的工作报告，国家质检总局、科学技术部、国家标准化管理委员会的有关负责人讲话，苏州市副市长程惠明到会祝贺并致辞。会议总结了测绘标准化与质量管理工作的成就和存在的问题，分析了测绘标准化与质量管理工作的重要意义，提出了“十一五”期间测绘标准化与质量管理工作的指导思想和发展目标，部署了“十一五”期间测绘标准化与质量管理工作的重点任务与措施。江苏省测绘局等 9 个单位作了大会典型经验交流，会议还对即将颁布出台的测绘标准化与质量管理方面的有关文件进行了讨论。

全国测绘系统政务暨外事工作会议

会议名称：全国测绘系统政务暨外事工作会议

主办单位：国家测绘局

时间：2007 年 4 月 19 日

地点：北京

参加人员：国家测绘局副局长宋超智，国家测绘局办公室负责人，各省、自治区、直辖市测绘行政主管部门和局所属各单位分管办公室（外事）工作的领导及办公室（外事、网站建设）负责人，计划单列市测绘行政主管部门、新疆生产建设兵团测绘主管部门的有关领导等 110 多人参加了会议。

议题（主要内容）：以邓小平理论和“三个代表”重要思想为指导，按照科学发展观和构建社会主义和谐社会的要求，认真总结近两年来测绘系统政务和外事工作，加强政风建设，提高工作能力，研究国家测绘局网站建设的意见，对测绘系统当前和今后一个阶段的政务和外事工作进行部署。国家测绘局副局长宋超智作了讲话。

重要地理信息数据审核公布工作总结会

会议名称：重要地理信息数据审核公布工作总结会

主办单位：国家测绘局

会议时间：2007 年 6 月 5 日

地点：北京

参加人员：国家测绘局副局长闵宜仁，国家测绘局机关有关司（室），国家测绘局所属有关单位，全国各省、自治区、直辖市测绘行政主管部门有关负责人等90多人参加会议。

议题（主要内容）：总结第一批19座著名山峰高程数据审核公布工作，提出依法进一步加强重要地理信息数据审核公布管理的工作思路，部署下一步著名山峰高程审核公布工作。国家测绘局副局长闵宜仁出席会议并作了题为《强化管理 规范使用 依法审核公布重要地理信息数据》的讲话，江西省测绘局、山西省测绘局及陕西测绘局作大会典型发言。会议还通报表扬了在第一批19座著名山峰高程测量、数据审核与公布工作中做出重要贡献的有关人员。

全国测绘成果管理工作会议

会议名称：全国测绘成果管理工作会议

主办单位：国家测绘局

时间：2007年8月23日

地点：兰州

参加人员：国家测绘局副局长闵宜仁，全国各省、自治区、直辖市、计划单列市测绘行政主管部门，新疆生产建设兵团测绘主管部门，局直属各单位、局机关有关司（室）的领导出席会议。

议题（主要内容）：总结测绘成果管理工作成绩，分析测绘成果管理工作面临的形势，提出进一步贯彻实施测绘成果管理条例的措施。国家测绘局副局长闵宜仁作了讲话，河北、江苏，浙江，江西、甘肃、新疆等省（自治区）测绘行政主管部门以及中国测绘科学研究院、国家基础地理信息中心的代表在会上作了交流发言。会议对《测绘成果副本和目录汇交管理办法》（征求意见稿）、《基础测绘成果异地备份存放管理办法》（征求意见稿）等进行了讨论。

全国测绘系统法制工作会议

会议名称：全国测绘系统法制工作会议

主办单位：国家测绘局

时间：2007年8月31日~9月1日

地点：北京

参加人员：全国人大环境与资源保护委员会副主任委员宋照肃，国土资源部副部长、国家测绘局局长鹿心社，国家测绘局副局长谢经荣，全国人大常委会法制工作委员会经济法室主任黄建初，司法部法制宣传司司长肖义舜，国务院法制办公室农业资源环保法制司副司长刘时山，以及来自全国各省、自治区、直辖市、计划单列市测绘行政主管部门分管法制工作的领导和有关职能部门负责人，受到表彰的先进集体和先进个人代表，国家测绘局在京直属单位主要领导和局机关各司（室）有关负责人参加了会议。

议题（主要内容）：总结测绘法修订实施以来的测绘法制工作，表彰测绘法制工作先进集体和先进个人，交流测绘法制建设先进经验，部署今后一个时期的测绘法制工作。鹿心社作了题为《加强领导 服务大局 努力开创测绘法制工作新局面》的讲话，谢经荣作了题为《加强测绘法制工作 推进测绘依法行政 为测绘事业健康发展提供有力的法制保障》的工作报告；9个先进集体和先进个人代表进行了经验交流；会议表彰了39个全国测绘系统法制工作先进集体和95名先进个人；与会代表就各地区、单位的测绘法制工作情况进行了交流。

全国重点测绘工程成果质量监督检查启动电视电话会议

会议名称：全国重点测绘工程成果质量监督检查启动电视电话会议

主办单位：国家测绘局、国家质量监督检验检疫总局

时间：2007年9月29日

地点：北京

参加人员：国土资源部副部长、国家测绘局局长鹿心社，国家质检总局副局长蒲长城，国家测绘局副局长李维森，全国重点测绘工程成果质量监督检查领导小组成员及联络员，国家测绘局机关各司（室）负责人，国家质检总局相关司（室）负责人，北京市规划委员会和北京市质量技术监督局有关负责人，国家测绘局在京直属单位负责人，国家测绘产品质量监督检验测试中心负责人，在京甲级测绘单位领导及所属相关机构的负责人在主会场参加会议。各省、自治区、直辖市测绘行政主管部门主要领导和有关负责人，各省、自治区、直辖市质量技术监督局有关负责人，各省、自治区、直辖市测绘质检站和各甲级测绘单位负责人在各分会场参加会议。

议题（主要内容）：国家测绘局、国家质检总局联合部署开展全国重点测绘工程成果质量监督检查工作。国土资源部副部长、国家测绘局局长鹿心社，国家质检总局副局长蒲长城作重要讲话，对监督检查工作提出要求。国家质检总局、中央人民广播电台、国家测绘局的三位代表从410个备选项目中，现场随机抽选30个受检项目作为国家抽检项目。

信息化测绘论坛

会议名称：信息化测绘论坛

主办单位：国家测绘局国土测绘司、中国测绘学会

时间：2007年11月4日~5日

地点：长沙

参加人员：国家测绘局副局长李维森，中国测绘学会理事长杨凯，两院院士陈俊勇、李德仁、宁津生、刘经南、王家耀、张祖勋，以及全国测绘系统和行业400多人参加了论坛。

议题（主要内容）：国家测绘局副局长李维森作重要讲话，会议围绕信息化测绘论坛主题进行了学术交流，邀请陈俊勇、李德仁、宁津生、刘经南、王家耀、张祖勋6位院士和杨凯等16位专家学者就信息化测绘体系建设的重要意义，信息化测绘的内涵、目标、任务、措施以及地理信息产业发展作了专题报告。

国家测绘局党组中心组（扩大）理论学习暨务虚会

会议名称：国家测绘局党组中心组（扩大）理论学习暨务虚会

主办单位：国家测绘局

时间：2007年11月20日~21日

地点：北京

参加人员：国家测绘局领导班子全体成员，局机关各司（室）主要负责人，局所属各单位党政主要负责人参加会议。

议题（主要内容）：会议的主题是，深入学习贯彻十七大精神，推动测绘事业新发展。会议进一步学习了党的十七大精神，以党的十七大精神为指导，紧密结合贯彻落实《国务院关于加强测绘工作

的意见》，对测绘事业发展的全局性、战略性、前瞻性问题进行了深入研讨。国家测绘局副局长王春峰、李维森以及局有关司（室）负责人分别代表国家测绘局党组派出的4个调研组，就赴全国各地调查研究的情况作了发言。与会人员畅谈了学习十七大精神的体会，围绕健全测绘行政管理体制、加强基础测绘工作、促进测绘成果利用、加强测绘科技创新、深化测绘领域改革等重点问题提出了意见和建议。

《中华人民共和国测绘法》修订实施五周年座谈会

会议名称：《中华人民共和国测绘法》修订实施五周年座谈会

主办单位：全国人大环境与资源保护委员会、全国人大常委会法制工作委员会、国务院法制办公室、国土资源部、司法部和国家测绘局

时间：2007年11月30日

地点：北京

参加人员：全国人大常委会副委员长蒋正华，国土资源部部长徐绍史，国土资源部副部长、国家测绘局局长鹿心社，全国人大常委会法制工作委员会副主任安建，全国人大环境与资源保护委员会委员蒋承菘、姜云宝，国务院法制办公室副主任部风涛，科技部副部长曹健林，水利部副部长鄂竟平，国家工商总局副局长王东峰，国家质检总局党组成员、国家标准化管理委员会主任刘平均，总参测绘局局长袁树友，国家测绘局副局长谢经荣，国家海洋局副局长王宏，国家保密局局长助理杜永胜，以及全国人大环资委、国家发改委、国防科工委、国家安全部、财政部、人事部、司法部、国土资源部、交通部、信息产业部、水利部、国家工商总局、国家质检总局、国家环保总局、新闻出版总署、中国地震局、中国气象局、国家海洋局、国家保密局等部门的有关领导和部分省测绘局代表参加会议。

议题（主要内容）：蒋正华作重要讲话，强调测绘是准确掌握国情国力、提高管理决策水平的重要手段，要切实抓好测绘法的贯彻实施工作，进一步提高测绘工作的保障能力。徐绍史讲话指出，测绘工作是一项重要的基础性工作，测绘法修订实施五年来，测绘事业取得了长足发展，国土资源部将一如既往地重视和支持测绘工作，为测绘事业发展创造良好的环境。鹿心社、部风涛、曹健林、袁树友以及浙江省测绘局局长陈建国分别就《中华人民共和国测绘法》修订实施五年来的情况作了发言。

重大事件

北斗卫星导航系统建设

2007年2月3日发射的第四颗北斗导航试验卫星，进一步提高了我国北斗导航试验系统的性能和可靠性。在北斗导航试验系统的基础上，我国正在实施建设北斗卫星导航系统（Compass Navigation Satellite System，简称COMPASS）。北斗卫星导航系统的空间段由5颗静止轨道卫星和30颗非静止轨道卫星组成，可提供开放服务和授权服务两种服务方式。开放服务是在服务区免费提供定位、测速和授时服务，定位精度为10米，授时精度为50纳秒，测速精度0.2米/秒；授权服务是向授权用户提供更安全的定位、测速、授时和通信服务以及系统完好性信息。

2007年4月14日4时11分，第一颗北斗导航卫星发射成功，标志着北斗卫星导航系统进入新的发展建设阶段。我国将在未来几年里陆续发射系列北斗导航卫星，计划两年内满足中国及周边地区用户的需求，并进行系统组网和试验，逐步扩展为全

球卫星导航系统。我国自行研制生产的北斗卫星导航系统，不仅具备在任何时间、任何地点为用户确定其所在的地理经纬度和海拔高度的能力，而且在定位性能上有所创新。北斗卫星导航系统与美国GPS系统和俄罗斯GLONASS系统最大的不同，在于它不仅能使用户知道自己的所在位置，还可以告诉别人自己在什么地方，特别适用于需要导航与移动数据通信的场所，如交通运输、调度指挥、搜索营救、地理信息实时查询等。这个系统将主要用于国家经济建设，为测绘、交通运输、气象、石油、海洋、森林、通信、公安等部门以及其他特殊行业提供高效的导航定位服务。

济南军区司令员范长龙中将考察军区某测绘信息中心

2007年3月14日，济南军区司令员范长龙中将在军区副参谋长的陪同下，到军区某测绘信息中心检查工作。在听取该中心全面建设汇报、观看一体化训练保障中心演示、检查新装备管理使用情况后，范长龙充分肯定了中心近年来的工作成绩，并就中心今后的建设提出了具体要求。

日本企业在沪非法测绘被查处

2007年3月26日，日本爱信艾达株式会社北京代表处未经国家测绘行政主管部门批准，擅自派遣日本籍员工在上海从事导航软件检测活动，被有关部门当场查获。经上海市测绘管理办公室调查认定，其行为违反了《中华人民共和国测绘法》第七条的规定。上海市测绘管理办公室向国家测绘局请示后，依据测绘法第五十一条规定，对其作出责令停止违法测绘行为，没收测绘成果和测绘工具，并处罚款人民币2万元的行政处罚。此案引起了国家测绘局高度重视，通过此案以及以往其他省市发现的类似情况，国家测绘局制定发布了《关于导航电子地图管理有关规定的通知》，确认导航产品软硬件测试行为属于测绘活动，必须由具备测绘资质的单位开展。

SWDC系列数字航空摄影仪研制成功

2007年5月30日，SWDC系列数字航摄仪顺利通过产品鉴定。该产品是在国家测绘局、科技部中小企业创新基金的扶持下，由中国工程院院士刘先林为首的科研团队研制的、具有自主知识产权的数字航摄仪，作为空间信息获取与更新的重要技术手段，填补了国内空白。该产品体积小，重量轻，对天气条件要求不高，可广泛应用于国土、测绘、水利、公路、铁路、城建、环保、旅游等部门。

全国首例数字化地图著作权案终审判决

2007年6月15日，上海市高级人民法院对历时近四年的全国首例数字化地图著作权案作出终审判决，认定上海城市通网络信息技术公司、新世界数码科技（上海）有限公司、上海易图通信息技术有限公司等对上海市测绘院“1:2000上海数字化道路图著作权”侵权事实成立，驳回上诉，维持原判。

国家测绘局实施测绘行政许可集中受理制度

2007年7月1日起，国家测绘局正式实行测绘行政许可集中受理制度，设在国家基础地理信息中心的“国家测绘局行政许可集中受理厅”，集中受理涉密基础测绘成果资料提供使用审批和地图审核申请。申请人可向集中受理厅的服务窗口直接递交或者邮寄申请材料，可通过国家测绘局地图远程审查系统提出地图审核申请，由集中受理厅向申请人统一送达行政许可决定书。测绘行政许可实行集中受理是国家测绘局贯彻落实《中华人民共和国行政许可法》，全面推进测绘依法行政，进一步改革行政审批制度，切实推行政务公开和加强廉政建设的一项重大举措，是简化办事手续，提高办事效率，为申请人提供快捷、优质服务的便民措施。

数字摄影测量网格 DPGrid 研制成功

2007年7月12日，由中国工程院院士、武汉大学教授张祖勋领衔研制的具有完全自主知识产权、国际首创的新一代航空航天数字摄影测量处理平台——数字摄影测量网格 DPGrid，顺利通过产品鉴定。

该系统的应用将使地形图测绘速度达到目前数字摄影测量工作站处理速度的8倍以上，可以实时处理大面积高精度、多光谱遥感影像，在整体技术水平上达到国际先进水平，其中数字摄影测量网格 DPGrid 并行处理技术、影像匹配技术和网络全无缝测图技术达到国际领先水平。

刘先林院士先进事迹在社会各界引发强烈反响

自2007年8月5日起，人民日报、新华社、中央人民广播电台、中央电视台等全国主要媒体对刘先林院士的先进事迹作了集中广泛深入的报道。国家测绘局党组作出关于开展向刘先林同志学习活动的决定；全国政协副主席、中国工程院院长徐匡迪专门致信刘先林院士，称赞他为国家和人民作出的贡献。9月4日，刘先林同志先进事迹报告会在北京人民大会堂举行。全国测绘系统、科技界、教育界纷纷掀起向刘先林院士学习的热潮，在社会各界引发了强烈反响。

全国人大环境与资源保护委员会执法调研

2007年8月31日，全国人大环境与资源保护委员会主任委员毛如柏等听取了国土资源部副部长、国家测绘局局长鹿心社关于《中华人民共和国测绘法》贯彻实施情况的汇报。9月，全国人大环资委会同国家测绘局组成3个执法调研组，赴新疆、四川、江西三省区对测绘法贯彻实施情况进行了执法调研。期间，调研组听取了三省区政府及调研市、州、县政府关于测绘法贯彻实施情况的汇报，与地方人大、政府及相关部门进行了座谈，并实地考察了测绘单位和测量标志保护情况。通过全国人大环资委的执法调研，发现了测绘法贯彻实施中存在的问题，并有针对性地提出了改进建议，有力地促进了测绘法的贯彻实施。

中共中央政治局委员、国务院副总理曾培炎看望野外测绘职工

2007年9月4日，中共中央政治局委员、国务院副总理曾培炎在国土资源部副部长、国家测绘局局长鹿心社陪同下，到甘肃嘉峪关测区看望正在从事国家基础测绘重点工程——西部1:5万测图工程、1:1万数字化测图工程的野外测绘职工，代表党中央、国务院向野外测绘职工表示亲切慰问和衷心感谢，向全国测绘工作者表示敬意。曾培炎强调，要实施好重大基础测绘工程，切实抓好安全生产，大力弘扬测绘精神。国务院副秘书长张平，甘肃省委书记陆浩、省长徐守盛及国务院有关部门负责人陪同慰问。

中国北斗成为全球卫星导航定位“核心供应商”

2007年9月4日~7日，全球导航卫星系统国际委员会（ICG）第二届会议在印度召开。中国、美国、俄罗斯、印度、日本、意大利、马来西亚、沙特阿拉伯等国代表团以及欧盟、联合国外层空间事务司、国际计量局（BIPM）、国际测量师联合会（FIG）、国际大地测量联合会（IAG）、国际导航学会联合会（IAIN）、国际无线电科学联合会（URSI）等政府间组织和非政府组织的代表参加了会议。会议主要回顾并讨论了全球导航卫星系统（GNSS）及其广阔的应用前景；成立了供应商论坛，明确中国北斗卫星导航定位系统（英文名称COMPASS）、美国GPS系统、俄罗斯GLONASS系统和欧盟伽利略GALILEO系统一起被列为全球卫星导航定位“核心供应商”，确立了北斗卫星导航定位系统在国际上的重要地位。

国务院印发《国务院关于加强测绘工作的意见》

2007年9月13日，国务院印发《国务院关于加强测绘工作的意见》（国发［2007］30号），从全面贯彻落实科学发展观，推进经济社会又好又快发展的高度，针对测绘工作的实际，提出了加强测绘工作的指导思想和基本原则，明确了测绘事业发展的主要任务、总体目标和保障措施，为新时期的测绘工作指明了方向，是对全国测绘工作具有重要指导意义的纲领性文件。

国家西部测图工程宣传报道

2007年9月，中央新闻单位对国家西部测图工程进展情况展开集中报道。中央人民广播电台连续3次进行现场直播，中央电视台在10月4日晚《新闻联播》节目中播出头条新闻，中央主要媒体刊发、播出一批消息、通讯、报道和图片新闻。

全国测绘系统认真学习贯彻党的十七大精神

2007 年 10 月 15 日，党的十七大胜利召开，国家测绘局党组随后印发了《关于认真学习贯彻党的十七大精神的通知》，就学习贯彻十七大精神作出全面部署；派出 4 个调研组，赴全国九省就贯彻落实十七大精神和《国务院关于加强测绘工作的意见》情况进行专项调研；举办专家辅导报告会和十七大精神研讨培训班，局机关全体党员干部，在京所属单位领导班子成员、党办主任和部分党员参加研讨培训。按照局党组的统一部署，全国测绘系统迅速掀起学习贯彻十七大精神的热潮。

解放军 61540 部队成功参与探月卫星测控

2007 年 10 月 25 日 6 时 47 分，61540 部队 VLBI 昆明观测站根据“嫦娥一号”卫星的飞行控制计划，在第一时间成功捕获卫星信号。当卫星实现第一次变轨后，该单位昆明站与北京密云站首先承担轨道测量任务，之后又相继与上海佘山站、乌鲁木齐南山站成功联网，实施精确跟踪测量，并将所测数据实时传送到北京航天飞行控制中心，为测控部门适时调控卫星运行起到了重要作用。这也是我国 VLBI 联网技术首次应用于航天工程。11 月 21 日，该单位绘制的我国首幅月球三维立体图像正式完成。这是继前期成功参与“嫦娥一号”探月卫星 VLBI 联网测控、“嫦娥一号”探月能力评估和“CCD 立体相机方案设计”等多项任务后，该单位利用 CCD 三线阵立体摄影测量技术成功对月球表面实施三维立体测量与成像的又一探月工程重大成果。月面三维图像的成功获取与制作宣告了此次探月工程首要科学探测目标的胜利实现。

海军副司令兼参谋长丁一平考察海军驻津测绘部队

2007 年 11 月 12 日 ~ 13 日，海军副司令兼参谋长丁一平中将考察海军驻津测绘部队。丁一平听取了海军司令部航海保证部、海军出版社、92859 部队等单位的情况汇报，参观了各测绘部队驻地，观看了多项测绘科研成果汇报演示，并就海军海洋测绘发展战略，面向国防、国民经济建设提供保障等问题提出要求。

总参谋部副总参谋长葛振峰到总参测绘局检查指导工作

2007 年 11 月 27 日，总参谋部副总参谋长葛振峰上将到总参测绘局检查指导工作。总参测绘局局长袁树友汇报了当前军事斗争准备情况和军事测绘长远建设设想。葛振峰就贯彻党的十七大精神、推动军事测绘又好又快发展提出明确要求，并到 61512 部队看望了一线作业官兵，观摩了部分作业成果。

测绘管理工作

政策研究

专项调查研究

为认真贯彻落实党的十七大精神和《国务院关于加强测绘工作的意见》，做好全国测绘局长会议有关准备工作，根据国家测绘局党组提出的“改进作风抓落实，认真准备开好会”的要求，11月，国家测绘局组成4个调研组，深入测绘系统、测绘行业有关单位开展专项调查研究工作。

国家测绘局党组对此次专项调研工作非常重视，党组书记、局长鹿心社专门主持召开局务会议进行研究部署。专项调研工作按照《中共中央关于认真学习宣传贯彻党的十七大精神的通知》要求，将学习宣传贯彻十七大精神与贯彻落实《国务院关于加强测绘工作的意见》紧密结合，重点围绕加强测绘统一监管、加强基础测绘、推进测绘应用服务和深化测绘领域改革4个方面组织开展，共分为4个小组，分别由4位局领导带队，有关司（室）负责人和相关人员参加。从11月5日开始，4个调研小组分别深入到天津、河北、江苏、浙江、贵州、广西、宁夏、甘肃等部分省、自治区、直辖市和地（市）进行了为期一周的调研，并分片区召开了8个座谈会。通过专项调研，了解了测绘系统、测绘行业学习贯彻十七大精神的情况，听取了测绘基层单位对结合测绘实际深入贯彻十七大精神的建议，在全国测绘系统、测绘行业迅速掀起了学习贯彻十七大精神的热潮，对推动测绘事业发展、提高测绘保障服务水平发挥了重要作用。

重点政策研究

9月，国务院印发《国务院关于加强测绘工作的意见》（以下简称《意见》）。从2006年开始，在国家测绘局领导的亲自指导、带领和部署下，成立了由局办公室、测绘发展研究中心有关人员组成的《意见》起草小组，承担《意见》代拟稿和有关材料的研究、起草和修改完善工作。2007年，《意见》（代拟稿）广泛征求了中央、国务院、军队等有关部门的意见，并进行了多次修改。《意见》（代拟稿）上报国务院办公厅后，经反复交流和沟通，协助国务院办公厅完成了《意见》修改完善和定稿工作。

《意见》印发后，在国土资源部副部长、国家测绘局局长鹿心社的指导和国家测绘局副局长宋超智、谢经荣的牵头组织下，局机关有关司（室）和测绘发展研究中心密切配合，在测绘重点政策研究、测绘发展战略研究的基础上，对测绘事业发展全局进行了深入分析，结合《意见》精神和《中华人民共和国测绘法》、《全国基础测绘中长期规划纲要》等，编写了约13万字的《〈国务院关于加强测绘工作的意见〉辅导读本》（以下简称《辅导读本》）。《辅导读本》紧密围绕《意见》内容，全面分析总结了测绘工作取得的成就、存在的问题和面临的形势，对《意见》确定的当前和今后一个时期加强测绘工作的总体思路、主要任务和政策措施等进行了解读。《辅导读本》包括以下十部分内容：我国测绘事业发展取得巨大成就；测绘工作面临的机遇和挑战；以科学发展观统领测绘工作；加快基础测绘建设；提高测绘公共服务水平；加快信息化测绘体系建设；加强测绘科技自主创新；大力发展地理信息产业；全面推进测绘工作统一监管；为测绘事业发展创造有利条件。《辅导读本》的编写出版，为各级测绘行政主管部门、各级政府相关部门、测绘行业广大干部职工及社会各方面全面理解《意见》内容，准确把握《意见》精神，更好地贯彻实施《意见》发挥了重要作用。

测绘发展研究

在对未来20年我国测绘发展总体战略进行研究的基础上，经过有关单位的努力，测绘发展研究取得了良好进展。一是完成了“测绘科技发展战略和到2020年测绘发展关键技术预测”项目研究工作，开展了“测绘成果保密与应用政策研究”、“信息化测绘体系研究”、“地理信息产业发展政策研究”和“基础地理信息共享机制研究”等专题研究，形成了《测绘科技发展战略和关键技术预测》研究报告、《影响测绘发展的关键技术预测专家建议汇编》、《测绘成果保密与应用政策研究（初稿）》、《测绘信息化发展研究报告（初稿）》和《关于促进地理信息产业发展若干意见（初稿）》等研究成果。二是开展了“近年来深化科技体制改革研究成果综述及新时期推进改革重大问题分析”、“北京市基础测绘在国家基础测绘中的地位研究”以及“加强航空摄影统一监管的研究”等软科学研究项目，形成了《近年来深化科技体制改革研究成果综述及新时期推进改革重大问题分析研究报告》、《近年来深化科技体制改革研究成果资料汇编》、《北京市基础测绘在国家基础测绘中的地位研究报告》、《全国基础测绘发展规划目标选编》和《全国基础测绘发展规划编制情况选编》等研究成果。三是收集国外测绘法律法规政策，进行编译整理工作，汇编形成了5.5万字的《加拿大政府地理数据分发服务》，收集整理形成了《世界主要国家测绘管理体制概况》，为测绘发展提供了决策参考。四是国家测绘局重点研究项目“测绘发展战略研究”获得了首届全国信息化研究成果优秀奖。

法制建设

测绘立法

【行政法规】

国务院法制办公室完成了两轮《中华人民共和国基础测绘条例》征求意见工作，并根据修改意见进行了进一步沟通协调和修改；《中华人民共和国地图管理条例》于1月31日经国土资源部报国务院审议，国务院法制办公室已完成第一轮征求意见，并根据反馈意见进行了修改；配合国务院法制办公室开展了《海洋基础测绘条例》的立法工作。

【部门规章】

1月19日，《外国的组织或者个人来华测绘管理暂行办法》以国土资源部令第38号发布，3月1日起施行。暂行办法的颁布施行对于加强涉外测绘管理，维护国家安全和利益，促进中外经济、科技的交流与合作具有十分重要的意义。

【重要规范性文件】

1月24日，人事部、国家测绘局以国人部发［2007］14号文印发了《注册测绘师制度暂行规定》，对于建立测绘执业资格制度，进一步提高测绘专业技术人员素质，保证测绘成果质量，维护国家和公众利益具有重要意义。

4月5日，国家发展改革委、国家测绘局联合颁布实施《基础测绘计划管理办法》，进一步规范基础测绘计划管理。

6月25日，国家测绘局修订了《国家测绘局地图审核程序规定（试行）》，根据规范集中受理、明确工作职责的要求，进一步完善地图审核程序，提高地图审核效率。

6月27日，国家测绘局印发《关于印发国家涉密基础测绘成果资料提供使用审批程序规定（试行）的通知》，进一步加强国家涉密基础测绘成果提供使用审批的管理，规范审批程序和方式。

12月28日，国家测绘局印发了《基础测绘成果应急提供办法》，对在应对突发事件过程中主动快速提供基础测绘成果服务，维护国家和人民生命财产安全，起到了积极作用。

【法规规章清理】

按照《国务院办公厅关于开展行政法规规章清理工作的通知》（国办发［2007］12号）要求，国家测绘局印发了《关于开展行政法规规章清理工作的通知》，对涉及测绘的现行行政法规规章进行了全面、认真清理，清理工作完成后，分别向国务院法制办公室和国土资源部上报了行政法规和部门规章的清理意见。

【《中国人民解放军测绘条例》修订工作】

随着中国特色军事变革的深入发展和新的《中华人民共和国测绘法》的颁布施行，根据建设信息化军队、打赢信息化战争对军事测绘提出的新要求，对1996年制定的《中国人民解放军测绘条例》（以下简称《测绘条例》）进行了修改完善。

新修订的《测绘条例》以科学发展观为指导，着眼有效履行新世纪新阶段军队历史使命，在原《测绘条例》的基础上，进一步完善了军事测绘运行机制，增加了信息化建设的内容，细化了军事测绘成果的应用、管理制度，强化了军事测绘成果的保密规定，充实了军事测绘建设的相关规定，从而为做好新形势下的军事测绘工作提供了更加完备的法规依据。

依法行政

【总结部署】

4月4日，国家测绘局召开了推进依法行政工作领导小组第二次会议，确定了调整后的领导小组职责，总结了国家测绘局2006年推进依法行政工作情况，审议了《国家测绘局2007年推进依法行政工作要点》。4月9日，国家测绘局印发了《国家测绘局2007年推进依法行政工作要点》，对2007年的测绘依法行政工作进行了部署。向国务院法制办公室报送了《全面推进依法行政实施纲要》贯彻实施情况，对近年来测绘依法行政工作进行了全面总结，提出了下一步工作思路；向国务院行政审批工作领导小组办公室报送了近年来测绘行政审批制度改革工作总结。

【测绘行政许可集中受理】

按照国务院行政审批制度改革的有关精神，国家测绘局积极推进测绘行政许可集中受理工作，印发了《国家测绘局关于对部分测绘行政许可实行集中受理的通知》，自7月1日起对国家涉密基础测绘成果资料提供使用审批和地图审核两项测绘行政许可实行集中受理，受理地点设在国家基础地理信息中心，申请人向受理窗口直接递交或者邮寄申请材料，行政许可决定书由受理窗口向申请人统一发放。经过半年的试运行，受理工作取得初步成效。

至2007年底，共受理210家单位的成果提供使用申请，发出允许使用决定书548件、不允许使用决定书5件；收到送审图1462件，开具受理通知书1307件，材料补正通知书35件，未予受理120件。在已受理的申请中，经国家测绘局审核批准开具的地图审核批准书1091件，不予批准书131件，出具协审意见25件，其余60件或在审核或因申请人原因主动退审。

【测绘行政审批项目清理】

根据《国务院办公厅关于进一步清理取消和调整行政审批项目的通知》（国办发［2007］22号）要求，国家测绘局开展了行政审批项目清理工作，对12项行政许可项目和1项非行政许可审批项目进行了认真清理，并将结果上报国务院行政审批制度改革工作领导小组。

行政执法

测绘行政执法工作是测绘事业健康发展的重要保障，2007年，全国各级测绘行政主管部门继续提高测绘统一监管水平，加大测绘行政执法力度，加强测绘行政执法监督，严厉查处测绘违法案件，进一步规范了测绘行为，维护了测绘市场秩序，保障了国家安全和利益，为测绘事业发展提供了良好环境。

【查处测绘违法案件】

各级测绘行政主管部门加大执法检查力度，依法查处各类测绘违法案件。全国各级测绘行政主管部门全年共开展测绘行政执法检查2295次，开展重大专项执法行动257项，发现违法行为为568起，查处违法案件348件，其中，做出行政处罚案件109件，查处涉外测绘违法案件9件。

在依法查处测绘违法案件的同时，国家测绘局印发了《2006年测绘行政执法监督情况通报》、《2006年十大测绘违法典型案件通报》和《关于近期涉外测绘违法案件查处情况的通报》，进一步加强了对测绘行政执法情况的分析研究和对地方各级测绘行政主管部门执法工作的指导，积极探索测绘行政执法工作新思路。

【推行行政执法责任制】

为贯彻落实《国务院办公厅关于推行行政执法责任制的若干意见》，国家测绘局召开了测绘系统行政执法责任制建设工作会议，就推行行政执法责任制工作进行了总结和交流，并提出了今后的工作要求。7月26日，国家测绘局印发了《关于印发〈全国测绘行政执法依据〉和〈全国测绘行政执法职权分解〉的通知》，共梳理执法依据23部（件），其中法律1部，行政法规4部，国务院文件2件，部门规章7件，规范性文件9件；梳理执法职权102项，其中市、县级测绘行政主管部门具有执法权49项，约占全部执法项目的50%，通知的印发对推动各级测绘行政主管部门切实履行政府职能，起到了积极的促进作用。

【整顿和规范地理空间信息数据市场秩序】

为做好整顿和规范地理空间信息数据市场秩序工作，国家测绘局多次组织有关部门召开工作会议，通报情况，审议《关于整顿和规范地理空间信息数据市场秩序的意见》。8月2日，《关于报送〈关于整顿和规范地理空间信息数据市场秩序工作的意见〉的请示》由局领导签发后报送国土资源部请各部门会签；根据各部门的会签意见对文稿做了进一步的修改后，上报国务院办公厅。

为配合做好专项整治工作，拟订了《整顿和规范地理空间信息数据市场秩序工作实施方案》；组织各有关部门和部分省局成立了专项整治文件汇编编写小组，编写了《整顿和规范地理空间信息数据市场秩序文件汇编》和《地理空间信息数据市场案例汇编》。

【开展测绘行政执法人员岗位培训】

按照《测绘行政执法人员岗位培训方案》，印发了《关于举办全国测绘行政执法人员岗位培训班的通知》，部署了2007年全国测绘行政执法人员培训工作。根据通知安排，分别于7月16日、9月1日、12月7日在内蒙古自治区呼和浩特市、河北省秦皇岛市和海南省文昌市举办了三期全国测绘行政执法人员岗位培训班。至此，国家测绘局共举办了六期全国测绘行政执法人员岗位培训班，800多名测绘行政执法人员参加了培训和考试，基本完成了对省级测绘行政执法人员和市级测绘行政主管部门分管领导的培训工作。各省级测绘行政主管部门也积极开展本行政区域测绘行政执法人员的岗位培训工作，截至2007年底，全国测绘系统已经完成了80%的培训任务，进一步提高了执法队伍的整体素质，也为实现2008年底前全部测绘行政执法人员持证上岗的目标打下良好基础。

法制宣传教育

2007年是落实“五五”普法的关键之年，全国测绘系统按照中共中央国务院转发中央宣传部、司法部《关于在公民中开展法制宣传教育的第五个五年规划》（中发［2006］7号）的要求，紧紧围绕测绘工作大局，深入开展法制宣传教育活动。

【制定年度法制宣传教育工作要点】

3月，国家测绘局根据年度工作要点，印发了《2007年测绘系统法制宣传教育工作要点》，对全国测绘法制宣传教育工作做出了统一部署。要点确定了18项法制宣传教育内容，要求在总结经验的基础上，切实加强领导，以宪法为核心，针对重点对象，通过组织专项活动，创新宣传形式，大力推进依法治理，力求取得宣传实效。

各地测绘行政主管部门根据《2007年测绘系统法制宣传教育工作要点》，制订了年度测绘法制宣传教育工作计划或要点，细化了工作目标，提出了具体步骤、措施和要求，并狠抓计划和要点的贯彻落实。

【组织法制宣传教育活动】

为动员社会公众广泛参与测绘法制宣传教育活动，6月，国家测绘局通过《中国测绘报》和国家测绘局政府网站，面向社会组织了“2007年全国测绘法宣传日主题、口号、公益短信和宣传标识有奖征集活动”，得到社会各界的积极响应。经征集，最终确定2007年测绘法宣传日宣传主题为“发展测绘事业，构建和谐社会”，并确定了宣传口号、公益短信和宣传标识。7月27日，国家测绘局印发了《关于开展测绘法宣传日活动的通知》，对全国测绘法宣传日宣传工作进行了统一部署。7月30日，邀请司法部等有关部门召开了测绘法宣传日宣传工作通气会，向新华社、经济日报、法制日报、中央电视台等10多家新闻媒体通报了全国测绘法宣传日宣传工作部署情况和总体安排。

“8·29”测绘法宣传日当天，《经济日报》第二版刊登了鹿心社局长署名文章《大力发展测绘事业，提高保障服务能力》；《中国测绘报》记者专访了鹿心社局长，刊登了访谈文章《加强测绘法制建设，保障测绘事业发展》；《法制日报》刊登了有关测绘法制工作的消息。各新闻媒体的集中报道，加大了对测绘工作和测绘法制的宣传力度。在测绘法宣传日期间，各地测绘行政主管部门也举办了形式多样、丰富多彩的宣传活动，大力宣传测绘工作和测绘法制，取得了良好的社会效果。

为配合做好测绘法制宣传教育工作，推动测绘法的贯彻实施，国家测绘局组织开展了多项活动。3月，与中央电视台共同制作了《违法测绘危及国家安全，七部门将联手整治》新闻专题片，为加强涉外测绘监管营造良好的社会氛围；3月下旬，召开了测绘系统行政执法责任制建设工作会议；8月，召开了全国测绘系统法制工作会议，向全国人大环资委汇报了测绘法的贯彻实施情况；9月初，配合全国人大环资委赴新疆、江西、四川开展了测绘法执法调研；9月中旬，召开了全国测绘系统行政执法工作座谈会；11月，与全国人大环资委、全国人大常委会法工委、国务院法制办、国土资源部、司法部联合召开测绘法修订实施五周年座谈会。

规划与计划

规划编制

按照《国务院办公厅关于转发测绘局等部门全国基础测绘中长期规划纲要的通知》（国办发［2006］59号）和《全国基础测绘中长期规划纲要》电视电话会议精神的要求，国家测绘局完成了对各地区省级测绘发展规划编制和组织实施工作的跟踪检查，编辑完成《测绘发展规划选编》和《测绘发展规划续编》。

规划实施

为加快《全国基础测绘中长期规划纲要》的实施，国家测绘局完成规划的细化工作，编制并印发《全国基础测绘中长期规划纲要“十一五”规划项目表》；以此为依据，开展了2008年中央预算内基础测绘项目预算编报工作，对建立基础测绘规划、计划和预算的有效衔接机制进行了有益的探索。

年度计划

为加强基础测绘计划管理，国家测绘局联合国家发改委印发《基础测绘计划管理办法》，并于4月召开贯彻落实《基础测绘计划管理办法》视频会议。《基础测绘计划管理办法》的制定实施，进一步明确了政府在推进基础测绘工作中的职能定位，体现了依法行政的基本要求，健全了基础测绘事业发展的保障机制。此后，对全国31个省（自治区、直辖市）测绘行政主管部门贯彻落实该办法的情况进行了跟踪调研并将结果予以通报。完成2008年度全国基础测绘计划的编报和固定资产投资计划的编报和下达工作。

9月，与国家发改委地区司联合启动了“基础测绘与宏观调控”的专题研究工作。

基础测绘管理

基础测绘计划

2007年，国家测绘局根据财政部批复的国家基础测绘项目预算，下达了2期国家基础测绘项目计划，共计包括国家1:5万基础地理信息更新工程、数字区域地理空间框架建设示范、社会主义新农村建设测绘保障服务示范、信息化测绘前沿技术试验、测绘成果保密研究与公众版地图设计开发等20项基础测绘项目，对列入计划的项目进行了严格的总体方案论证工作，重点审核项目的设计思路、组织管理、进度计划以及质量控制等方面内容，强化了监督指导与工作协调。

基础测绘项目

国家测绘局根据《全国基础测绘中长期规划纲要》以及《国务院关于加强测绘工作的意见》中有关建设“服务型测绘、开放型测绘、创新型测绘”的要求，提出了2008年基础测绘项目要点，部署项目申报工作。针对各单位提出的项目建议，对项目目标、工作内容、工作量、建设周期、经费预算等内容进行了遴选、审查，其中“国家一等水准网建设前期准备”、“地心坐标系推广应用”、“信息化测绘数据处理关键技术试验”、“测绘高新技术成果推广、应用示范及产业化”、“信息化测绘前沿技术试验”、“资源三号卫星改进方案及关键技术研究”、“测绘成果保密研究与公众版地图设计开发”、“基础地理信息公共服务平台建设”、“测绘成果、档案的管理与维护”等项目通过立项论证，与有关延续项目一并列入报财政部的2008年基础测绘项目计划。

基础测绘质量

2007年，国家测绘局加大对重大基础测绘工程的质量监督，在综合考虑重大基础测绘工程需要以及与现行测绘和地理信息标准协调性的基础上，对国家1:5万更新工程项目部报送的16项技术规定和西部测图工程项目部报送的13项技术规定进行了必要性、协调性审查，并提出了具体指导意见。

基础航空摄影

国家测绘局根据近年来航空摄影市场出现的新情况、新问题，对全国航摄市场基本能力和需求情况进行了调查摸底，在初步完成航摄市场需求统计及分析的基础上，组织开展了我国航空摄影统一监管的研究，深入探讨了困难摄区航摄资料获取方法，提出了解决思路和实施方案，组织开展了《国家基础航空摄影管理办法》编制工作。

为满足国家级与省级基础测绘和重大工程的需求，2007年，国家基础航空摄影计划编制工作进一步加大了对国家与地方需求的统筹协调，并同总参测绘局交换了年度航摄计划，以便充分利用资源，避免重复航摄；优化了方案设计，对需求相同的区域，按分辨率要求高的比例尺、需求面积大的区域进行设计；落实了经费配套政策，按中小比例尺数据源由省区配套10%～20%经费、大比例尺数据源由省区配套60%～70%经费的原则，落实地方配套经费，缓解了中央财政投入的不足；加强同已有数据源的单位共享成果的协调力度，保证了已有成果的有效共享。

国家基础航空摄影和西部无图区影像订购是用政府采购方式运作的项目。在多年来已形成的一套比较完善的国家基础航空摄影政府采购流程的基础上，2007年，国家测绘局进一步完善了有关制度。结合航空摄影管理工作的特点，在政府采购专家管理系统中建立了航空摄影与遥感专家库；按照政府采购程序择优确定了国家基础航空摄影项目政府采购的代理机构；允许具有乙级测绘航空摄影资质的航摄单位参与国家基础航空摄影项目的投标，扩大了航摄资源利用范围；进一步细化了评标细则，更加重视航摄单位项目实施方案的可行性；对所有项目实行全过程监控，通过实地检查、地方局协助监督、督促航摄单位每周报告项目进度等方式，及时了解航摄进展情况，多方面获取合同履行的基本信息；通过国家基础航空摄影网站及《国家基础航空摄影简讯》，及时通报工作情况、阶段性汇总情况和年度完成情况预计。

组织完成了《GPS 辅助航空摄影技术规定（试行）》、《IMU/DGPS 辅助航空摄影技术规定（试行）》两个技术规定的修订工作，开展了《数字航空摄影技术规定（试行）》编制的前期准备工作；在西部无图区、戈壁、密林等野外作业困难地区，广泛使用了无地面控制或少地面控制的 IMU/DGPS 辅助航空摄影技术和 GPS 辅助航空摄影技术，有效降低了控制测量的外业工作量，为保障人员安全、提高作业效率奠定了基础；为推进国产数字航摄仪的应用，安排了近 1 万平方千米采用 SWDC 系列数字航空摄影仪的试生产，从系统的可靠性、稳定性、数据处理等方面进行了全方位的测试，为全面提升国产数字航空摄影仪的硬件性能、优化系统提供了验证数据。

安全生产

2007 年测绘安全生产总体形势良好，安全生产规章制度进一步完善，各项安全措施落实到位，全年未出现安全生产责任事故。国家测绘局组织修订了《国家测绘局测绘安全生产管理规定》和《测绘安全生产规程》，并将《测绘安全生产规程》作为强制性测绘行业标准列入标准化项目计划；转发了加强安全生产工作的系列文件，加强了对西部测图和 1:5 万数据库更新等重大工程的安全生产指导。

市场监管

测绘资质管理

【修订甲级测绘资质审批程序】

为进一步完善甲级测绘资质审批程序和方式，贯彻行政许可的公开、便民、高效原则和国务院关于推进政务公开的精神，国家测绘局于 4 月 28 日向各省、自治区、直辖市测绘行政主管部门印发了修订后的《甲级测绘资质审批程序规定》。规定建立了会审制度，要求专业性较强的测绘业务由国家测绘局有关司进行会审；建立了公示制度，将拟作出的行政许可决定向社会公示，接受公众监督；建立了公开制度，经批准的甲级测绘单位，其名称、地址、邮编、法人代表、资质证号、发证日期、有效期、业务范围等在国家测绘局政府网站上公开。

【网上办理甲级测绘资质审批】

按照《关于推广应用测绘资质管理信息系统的通知》要求，5 月 1 日起，测绘资质管理信息系统开始试运行，通过系统和网络受理和审批甲级测绘资质。截至 2007 年底，系统完成了向甲级测绘单位和各省、自治区、直辖市测绘行政主管部门的推广应用，甲级测绘资质审批正式实现由纸质办公转变为网上办理。

【资质政策批复】

国家测绘局继续加强对全国测绘资质管理工作的指导，先后对安徽、上海、浙江、江苏、北京、陕西等省级测绘行政主管部门关于测绘资质管理政策性问题的请示作出批复，明确了资质标准条件、资质年度注册、界定测绘活动、涉外测绘管理等方面的政策。

【规范来华测绘审批程序】

为加强对外国的组织或者个人来华测绘的管理，规范审批程序，6 月 15 日，国家测绘局和总参测绘局向各省、自治区、直辖市、计划单列市测绘行政主管部门和新疆生产建设兵团测绘主管部门，联合发出了《关于外国的组织或者个人来华测绘有关审批工作的通知》。通知规定了国家测绘局和总参测绘局审批工作的职责分工、审查流程、许可期限和格式文本，强调要通过密切配合、加强合作，共同做好来华测绘审批工作。

测绘质量监督

【政策研究与制度建设】

为了认真贯彻执行《中华人民共和国测绘法》的有关规定，加大测绘质量统一监管力度，规范测绘市场秩序，国家测绘局进一步加强了测绘质量管理的政策研究和制度建设，将《中华人民共和国测绘质量管理条例》的研究起草列入重点工作，在充分调研和广泛征求意见的基础上，多次组织专家对该条例涉及的测绘监理等重大制度和问题进行深入研究，经全国测绘标准与质量会议、起草组会议等反复讨论和修改，完成了征求意见稿并印发测绘系统和国务院有关部门征求意见，通过专家论证后进入报审阶段。

【全国重点测绘工程成果质量监督检查】

为了加强测绘质量统一监管，提高测绘质量水平，国家测绘局与国家质量监督检验检疫总局联合开展了全国重点测绘工程成果质量监督检查。两局联合下发《关于联合开展全国重点测绘工程成果质量监督检查的通知》，并召开监督检查启动会，对此项工作作出部署，国土资源部副部长、国家测绘局局长鹿心社和国家质检总局副局长蒲长城出席会议并讲话。此次受检的30个项目在启动会上随机抽取产生，覆盖了上海、河北、新疆等22个省（自治区、直辖市），涉及建设、国土、水利、石油、铁路、交通、电力等多个行业。监督检验工作由国家测绘产品质量监督检验测试中心（以下简称质检中心）牵头组织实施，在全国范围内抽调32名测绘质检专家组成8个监督抽检组具体执行，监督检查技术方案由质检中心组织编制。10月14日～11月25日，监督抽检组实施了外业检验与内业数据资料处理工作；12月25日，形成初步检查结论并通过了专家评审；12月28日，质检中心按照《产品质量国家监督抽查管理办法》的要求，向受检项目的承担单位发送《测绘成果质量监督抽查/复查检验结果通知单》和检验报告。异议期结束后，国家测绘局、国家质检总局将依法联合发布监督检查质量公告。

测绘市场监管

【测绘资质年度注册】

依照《中华人民共和国测绘法》、《测绘资质管理规定》和《测绘资质监督检查办法》的有关规定，截至11月底，各省、自治区、直辖市测绘行政主管部门全部完成2007年测绘资质年度注册工作。全国共有9552家测绘单位参加注册，其中，通过注册8938家，缓期注册461家，不予注册82家，注销测绘资质64家，降低测绘资质等级7家。12月12日，国家测绘局印发《关于做好2008年测绘资质年度注册工作的通知》（以下简称《通知》），对2008年测绘资质年度注册的范围、组织实施、注册方式、检查内容、检查方式、注册意见等进行了统一部署。《通知》规定2008年甲级测绘单位年度注册实行网络申报、受理和审核，要求各级测绘行政主管部门进一步加大对测绘单位执行测绘法律法规和诚实守信情况的检查力度，并建立测绘单位的信用档案。

【起草加强测绘市场监管工作的意见】

为贯彻落实《国务院关于加强测绘工作的意见》精神，进一步加大测绘市场监管力度，为测绘事业持续健康发展创造良好的市场环境，国家测绘局于11月底起草完成《国家测绘局关于加强测绘市场监管工作的意见（征求意见稿）》，并印送各省、自治区、直辖市、计划单列市测绘行政主管部门和有关单位、部门征求意见。

测量标志管理

【召开测量标志保护工作现场会】

为总结测量标志维护管理先进经验，做好全国测量标志保护工作，国家测绘局于7月3日～4日在杭州召开了全国测量标志维护管理工作经验交流现场会。各省、自治区、直辖市测绘行政主管部门和浙江省各市测绘行政主管部门的负责人共80多人参加了会议；国家测绘局副局长谢经荣出席会议并讲话，浙江省人民政府副秘书长陈国平到会祝贺并致辞，浙江、吉林、江苏、山东、湖北、新疆等省（自治区）测绘局的代表分别作了会议交流发言；与会代表赴浙江省永久性测量标志保护管理工作试点县——龙游县，考察观摩了测量标志保护现场和试点成果资料。会议要求，各级测绘行政主管部门要学习推广先进经验，积极开展试点工作，探索科学有效方法，认真搞好标志普查，深入开展宣传教育，依法严惩毁标行为，开创测量标志维护管理工作新局面。

【调研起草加强测量标志保护工作的意见】

为做好加强测量标志保护工作意见的起草工作，全国测量标志维护管理工作经验交流现场会结束后，国家测绘局向各省、自治区、直辖市测绘行政主管部门发函调研各地测量标志维护管理工作情况，在归纳分析各地维护情况以及进一步了解掌握测量标志土地登记和用地确权等方面政策的基础上，找出了存在的突出问题，明确了解决的政策措施，起草完成了《国家测绘局关于加强测量标志保护工作的意见（初稿)》。11 月 19 日，国家测绘局召开局长办公会议研究测量标志管理工作，会议肯定了前一阶段的工作，对后续工作提出了具体要求，并理顺了国家测绘局内部的测量标志管理职能。

【调研起草测量标志保护条例修订稿】

为做好《中华人民共和国测量标志保护条例》修订工作，国家测绘局就需要研究解决的问题向各省、自治区、直辖市测绘行政主管部门进行了书面调研，并于 11 月初起草完成修订草案初稿。

地图管理

地图市场监管

2007 年，国家测绘局、中宣部、外交部、教育部、民政部、信息产业部、商务部、海关总署、国家工商总局、新闻出版总署等 10 部门组成联合检查组，对天津市地图市场监管情况进行了监督检查，并现场要求不符合有关规定的地图产品一律下架，不得在市场上销售。

国家测绘局加强对导航电子地图资质企业的管理，组织各地开展查处“城际通”非法导航电子地图行动，消除了危害国家安全的隐患；面向社会通报了《南方周末》刊登“问题地图”、黑龙江“民乐香”牌大米包装盒使用“问题地图”、家乐福（中国）网站使用“一中一台”地图、湖北公交车站广告使用“问题地图”等四起地图违法典型案件，多家新闻媒体进行了报道，引起了较大反响；针对地图市场存在的问题，先后印发了《关于正确使用中国示意性地图的通知》和《关于加强导航电子地图管理有关规定的通知》，进一步规范了中国示意性地图的使用，加强了导航电子地图的管理。

各地进一步加强地图市场日常监管，严格查处各类违法违规编制地图的行为。据不完全统计，2007 年各省级测绘行政主管部门牵头开展地图市场行政执法检查 900 多次，查处各类地图违法案件 390 多起，查封、收缴违法违规地图产品 13 万件，其中，涉及政治性问题的地图产品有 1.7 万件。各级工商、商务、海关等部门严把地图产品市场准入、加工贸易、审批备案和进出口关，有效阻止了“问题地图”的流通。

网络地图监管

为加强互联网上地图的管理，避免监管漏洞，国家测绘局、外交部、公安部、信息产业部、国家工商总局、新闻出版总署、国务院新闻办、国家保密局等 8 部门共同起草了《关于加强互联网地图和地理信息服务网站监管的意见》，报请国务院办公厅转发。国家测绘局联合国家体育总局，敦促女足世界杯官方网站撤换了有损中国主权的“问题地图”，维护了国家版图尊严。国家测绘局组织研发了互联网地图搜索系统，通过网上搜索和重点抽查的方式，检查出登载地图图片的网站 8962 个，地理信息服务网站 595 个。设立了网上地理信息服务监管举报电话和电子邮箱。

地图审核管理

国家测绘局印发《国家测绘局地图审核程序规定（试行)》，地图审核实行集中受理，审核时间由原来的 30 天缩短为 20 天。2007 年，国家测绘局共受理地图审核申请 2374 件，批准 2139 件，并在国家测绘局政府网站上公布了审核结果。全国共批准地图审核 4200 多件。

国家版图意识宣传教育

2007年，国家测绘局、中宣部、外交部、教育部、民政部、信息产业部、商务部、海关总署、国家工商总局、新闻出版总署等10部门在所属网站和报刊发布国家版图和地理信息安全网络公益广告有奖征集启事，在全国范围内开展征集活动；举办全国地图审核人员培训班，对来自各省级测绘行政主管部门的地图管理和地图审查人员、各地图审核申请单位的地图编制人员和地图制品生产厂家的有关人员共计160多人进行了培训，并对63名地图管理和地图审查人员进行了地图内容审查上岗资格考试，有49人考试通过，并在国家测绘局政府网站上予以公布。各地充分利用测绘法宣传日、科普宣传日等契机，通过发放宣传资料、设置展板、发送短信、招募志愿者等多种形式，向社会宣传国家版图意识，普及地图知识。据不完全统计，2007年全国各地开展宣传教育活动500多次，发放宣传品118万份，地图131万张；各地还举办国家版图意识和地图知识培训班（讲座）100多期，上万人次参加了培训。

成果管理

制度建设

为加强测绘成果管理，2007年国家测绘局完成《重要地理信息数据审核公布管理规定》修订草案的起草工作，提出《重要地理信息数据目录》；就《测绘成果副本和目录汇交管理办法》及《测绘成果副本或者目录的汇交范围》、《涉密基础地理信息数据成果管理暂行办法》和《基础测绘成果资料异地备份存放管理办法》等规章制度，广泛征求省级测绘行政主管部门及有关直属单位的意见；组织开展测绘成果应用与保密政策研究；对测绘成果管理法规规章和行政审批项目实施了清理。

成果汇交与分发

【测绘成果归档与汇交检查】

11月19日～23日，国家测绘局在直属单位范围内开展了测绘成果归档与汇交检查，并在工作中切实贯彻督促工作、引起重视、发现问题、研究整改措施、完善管理制度等原则，推进测绘成果依法汇交。

【规范行政审批行为】

国家测绘局制定出台《国家涉密基础测绘成果资料提供使用审批程序规定（试行）》，实行用户涉密基础测绘成果安全保密责任书制度，贯彻公开、便民、高效原则，实行涉密基础测绘成果提供使用审批集中受理，办理成果审批事项800余件/次。进一步完善了测绘成果分发服务管理机制，促进测绘成果安全规范利用。

成果使用与保密审查

【成果监管与检查】

2007年初，国家测绘局在全国范围内部署开展基础地理信息数据管理与使用情况保密自查，受到国务院有关部门、各省级测绘行政主管部门、有关测绘资质单位及广大基础测绘成果用户单位的高度重视。各地区分别采取召开专题会议，会同当地保密、国家安全等部门联合发文以及实地检查等方式，精心组织，在涉密测绘成果生产、保管、使用单位普遍开展集中检查活动。通过检查，发现了一些管理薄弱环节，提高了涉密单位的安全保密意识，强化了安全保密管理措施，促进了管理制度的完善与落实。

【对外提供测绘成果管理】

根据数字化测绘成果的特点，国家测绘局不断完善对外提供涉密测绘成果审批工作机制，妥善处理国际体育赛事用图和合作开展科学研究数据的提供等事宜；依据《外国的组织或者个人来华测绘管理暂行办法》，妥善办理了外国的组织和个人来华测绘审批事项。

【成果保密审查与鉴定】

2007年，国家测绘局进一步加大行业单位公开使用测绘成果的保密审查与保密技术处理工作力度，配合国家安全、保密等部门做好密级测绘成果的鉴定工作。全年共受理保密审查、技术鉴定与技术处理申请150多件/次。

联合国家保密局、总参测绘局共同召开测绘保密工作座谈会，研究讨论新形势下妥善处理涉密地理信息保密与利用的关系问题；根据中央要求，部署开展了计算机信息系统安全等级保护工作；组织开展系统内测绘成果保密抽查及调研工作。

【导航电子地图管理】

针对市场反映的导航电子地图问题，国家测绘局对导航电子地图测绘资质企业开展了测绘成果的使用与保密管理专项检查。通过检查，摸清了导航电子地图测绘资质企业的保密工作现状，纠正了存在的问题，督促其健全制度、明确人员、完善设施、管理到位；进一步规范导航电子地图保密技术插件的使用与管理，堵塞漏洞，维护国家安全，保障了导航电子地图资质企业健康发展。

【地形图保密处理技术应用】

9月28日，国家测绘局、总参测绘局和国家保密局共同召开会议，研究了地形图保密处理技术及其在导航领域试用情况，肯定了地形图保密处理技术在导航电子地图产品生产和应用上的安全性和可靠性，认为该技术在保证国家安全的前提下极大地推进了导航电子地图产业健康有序地发展，可在导航电子地图领域推广使用，并决定在已有成果基础上，进一步扩大地形图保密处理技术的应用领域。会议的成功召开，有力地推动地形图保密处理技术的应用，为测绘成果高效广泛利用开启了一道安全闸门。

标准化与计量管理

标准化制度建设

【标准化制度建设】

为加强对测绘与地理信息标准制修订工作的统一管理与协调，完善标准形成机制，国家测绘局组织编写了《测绘标准化工作管理办法》、《地理信息标准化工作管理办法》，通过全国测绘标准与质量会议、测绘标准化工作委员会全会及地理信息标准化技术委员会全会等会议广泛征求意见，并对征求到的39个国务院部门、单位的意见进行了整理、分析、采纳，修改形成了论证稿并组织专家论证，根据论证意见修改后已形成两个办法的报批稿。

【标准化委员会规范化管理】

2007年，国家测绘局加大了对有关标准化委员会的规范化管理，指导国家测绘局测绘标准化工作委员会、全国地理信息标准化技术委员会分别制定印发了《国家测绘局测绘标准化工作委员会章程》、《国家测绘局测绘标准化工作委员会秘书处工作细则》和《全国地理信息标准化技术委员会章程（试行）》、《全国地理信息标准化技术委员会通讯成员工作细则》等文件，完成了《地理信息国家标准项目提案审查办法》、《地理信息国家标准送审稿审查办法》和《全国地理信息标准化技术委员会工作组工作细则》等3个文件的征求意见稿。全国地理信息标准化委员会充分发挥统筹协调作用，进一步加强对地理信息领域国家标准立项的协调与把关，严格按照《国家地理信息标准化“十一五”规划》的要求，对2007年地理信息国家标准立项工作进行规范，避免了“标出多门”现象的出现。

测绘与地理信息标准化

【地理信息标准制修订计划】

2007年，《基础地理信息标准数据基本规定》等29项国家标准制修订项目列入国家标准化管理委员会2007年国家标准制修订计划；国家测绘局指导并组织地理信息标准化技术委员会印发了《地理信息国家标准项目指南（2007）》，面向社会征集标准项目提案。

【测绘标准化工作委员会全体会议】

12月18日，国家测绘局测绘标准化工作委员会（以下简称测标委）2007年全体会议在北京召开，国家测绘局副局长、测标委主任委员李维森主持会议。会议审议并原则通过了《国家测绘局测绘标准化工作委员会2007年工作总结及2008年工作要点》、《2007年测绘标准化项目进展和2008年项目计划》，审议了《测绘标准体系框架》。

【地理信息标准化技术委员会全体会议】

12月17日，全国地理信息标准化技术委员会2007年全体会议在北京召开。国家测绘局副局长、地理信息标准化技术委员会主任李维森主持会议并讲话，国家发改委副司长陈宣庆、科技部巡视员邵立勤、国家基础地理信息中心主任陈军及国家标准化管理委员会有关人员出席会议并讲话。会议审议通过了《全国地理信息标准化技术委员会2007年工作总结及2008年工作要点》、《2007年地理信息国家标准制修订项目申请立项建议》、《地理信息国家标准制修订项目建议提案及标准草案送审稿审查办法（讨论稿）》、《全国地理信息标准化技术委员会工作组工作职责（讨论稿）》、《全国地理信息标准化技术委员会工作组调整建议（讨论稿）》和《全国地理信息标准化技术委员会2007年度发展通讯成员的建议》等有关材料。会议还听取了地理信息电子政务工作组、地理信息软件与互操作工作组以及地理信息标准咨询组的工作汇报。

【测绘与地理信息标准宣传贯彻活动】

为了加大标准宣传贯彻力度，国家测绘局继续组织开展新发布的测绘与地理信息标准的宣传贯彻工作。组织中国测绘科学研究院、全国地理信息标准化技术委员会与测绘标准化工作委员会举办了《地理信息 元数据》等国家标准、行业标准培训班；向各省级测绘行政主管部门和所属单位印发了《关于开展测绘与地理信息标准化专项宣传活动的通知》；10月9日，组织全国地理信息标准化技术委员会与中国GPS协会联合举办了“服务于智能交通的地理信息标准”研讨会。国家测绘局与国家标准化管理部门加强联络与沟通，按照国家标准化管理委员会（以下简称国标委）的要求，先后组织完成了国际标准化组织高层人才选拔、标准化公益性行业科研专项申报、标准创新贡献奖申报、国家标准计划执行情况自查等工作，并多次邀请国标委有关负责人出席测绘与地理信息标准化活动并给予指导，强化了测绘与地理信息标准化在国家标准化工作中的地位和作用，为今后开展工作奠定了基础。

计量检定

【全国测绘计量检定人员资格认证工作】

8月~12月，国家测绘局在总结2006年全国测绘计量检定人员行政审批工作经验的基础上，认真做好2007年全国测绘计量检定人员资格考试的资格审查、试题编写与颁发证书工作。根据《测绘计量检定人员资格认证办法》规定，景琦等35人通过了所在省级测绘行政主管部门的初审，并在参加2007年全国测绘计量检定人员资格考试合格后，经国家测绘局审核批准，被颁予测绘计量检定员证。河北、江西、河南、湖南、陕西等5省测绘行政主管部门具有测绘计量检定人员资格认证行政许可权，其资格认证和颁证工作由本省测绘行政主管部门组织进行。

科技管理

科技制度建设

【管理制度建设】

为加强实验室和工程中心制度建设，国家测绘局制定并印发了《国家测绘局重点实验室建设与管理办法》（试行），研究起草了《国家测绘局工程技术中心管理办法》和《国家测绘局科技项目管理办法》并向相关单位征求意见。

【科技自主创新体系建设】

国家测绘局按照科学布局、优化配置、完善机制、提升能力的指导思想，初步形成了由中国测绘科学研究院、国家基础地理信息中心、国家测绘局直属局、国家测绘局重点实验室、国家测绘局工程研究中心和地方有关单位等多元化主体组成的测绘科技创新组织体系，基本形成了以需求为导向、产学研相结合的测绘科技创新体系。指导并批准中国测绘科学研究院组建“对地观测技术国家测绘局重点实验室”，国家基础地理信息中心组建“基础地理信息国家测绘局工程技术研究中心”；批准武汉大学、陕西测绘局联合组建“地理空间信息与数字技术国家测绘局工程技术研究中心”；批准河南理工大学、河南省测绘局联合组建“矿山空间信息技术国家测绘局重点实验室”；组织召开2007年重点实验室和工程研究中心建设工作会，开展了部分重点实验室评估工作，进一步加强了管理。

科技项目

【测绘科技项目】

国家测绘局围绕“十一五”测绘科技规划的目标和任务，根据《2007测绘科技项目指南》，完成了测绘科技项目的申请、受理、遴选、专家评审和批复工作，结合测绘生产和基础地理信息更新与服务等需要解决的关键技术问题，安排新增项目37项（含实验室和工程中心），在信息化测绘技术体系、基于地形图缩编和影像综合判调的基础地理信息更新、LIDAR和SAR地形测绘等方面开展关键技术研究与攻关。

大力支持直属局科技创新，形成国家测绘局给予一定财政支持、直属局予以配套的机制。年内共安排项目经费340万元，项目向一线科研人员和技术骨干倾斜，充分调动了直属局生产单位科技创新的积极性和主动性。

积极引导地方科技发展与自主创新，安排项目支持江苏、广东、浙江等地的科技创新活动。

【科技部和其他部委科技项目】

由国家测绘局等部门申报的“海岛（礁）测绘关键技术”研究已纳入国家863计划地球观测和导航领域，“中华舆图志编制及数字展示”已纳入科技基础性工作专项；“高分辨率立体测图卫星成像模型及应用关键技术”研究纳入民用遥感卫星应用技术研究项目，积极参与国家探月工程科学数据应用研究计划；召开了科技支撑计划重点项目“信息化测绘技术服务体系关键技术研发与应用”启动会。

【资源三号卫星立项工作】

根据国家测绘局局长办公会精神，组织完成了对高分辨率立体测图卫星应用系统项目建议书的修改工作。

参加中共中央政治局委员、国务院副总理曾培炎主持的《航天发展“十一五”规划》审议会，对《航天发展“十一五”规划》提出了审议意见，资源三号卫星以及卫星测绘应用中心等内容已被列入该规划文本。

出席国家中长期科技发展规划确定的重大专项“高分辨率对地观测系统”领导小组第一次会议及专家组第一、二、三次全体会议。根据国家基础测绘中长期规划及测绘事业发展的需要，组织向国防科工委报送测绘对高分辨率对地观测系统的重大需求，并推荐专家参与重大专项实施方案编制工作，对重大专项实施方案提出修改意见。

出席国防科工委与国家发改委联合召开的第三次民用航天工作会暨全国卫星应用推广交流会，组织编写相关卫星应用交流材料。

【数字省区地理空间框架建设】

国家测绘局组织召开数字省区建设工作经验交流会，研究明确了数字省区地理空间框架的基本内涵、主要作用、建设内容、建设方法等基本问题，进一步修改和完善了《数字省区地理空间框架建设技术大纲》。

【科研项目管理工作】

国家测绘局组织了对“长三角生态环境和耕地监测评价预警技术”、“数字区域地理空间基础框架建设总体技术方案与示范工程”和“测绘卫星方案论证和高分辨率立体测图卫星深化论证与关键技术”的项目验收；受科技部委托，组织了对科学仪器改造项目“大长度实验室检测平台自动化改造”的验收。

科技成果

【测绘科技奖励工作】

国家测绘局组织2007年国家科技奖项目推荐工作，所推荐的“基于3S集成技术的LD2000系列移动道路测量系统及其应用”和“2005珠穆朗玛峰高程测量”获得国家科学技术进步奖二等奖。指导并完成中国测绘学会科技奖评选工作。

【科技成果转化】

国家测绘局在核心技术和关键技术攻关方面，重点支持一批具有自主知识产权的技术。组织召开了刘先林院士的“SWDC系列数字航空摄影仪”产品鉴定会，积极宣传，取得较大社会影响；组织张祖勋院士的“航空航天遥感数据集群并行处理系统”成果鉴定，并召开该产品推广应用座谈会，起草产品推广应用协议并组织成果推广工作。通过这两项技术的突破，缓解了我国在航空遥感数据获取与快速处理过程中对外国产品的依赖，加速推进了信息化测绘体系建设的进程。

国家测绘局组织了对武汉大学完成的“载码相位式数字水准仪”、“精密三角高程测量方法研究”、“仿唐木构建筑群现代工程监理与真三维数字建筑信息系统的研制”，广东省国土资源厅完成的“广东省连续运行卫星定位服务系统”，山西省测绘局完成的“基于 ADS40 数字航空摄影测量生产体系的研究”和武汉市勘测设计研究院完成的“武汉市现代测绘基准体系建设”等科技成果的鉴定，加速其成果转化。

财务管理

预决算管理

【预算管理】

按照财政部的统一部署和要求，国家测绘局按时完成了对所属单位 2007 年度各项经费的预算批复工作，同时，对各单位的预算管理提出明确要求，努力提高预算管理水平，确保 2008 年预算执行工作顺利进行。为做好国家测绘局 2008 年项目支出预算编制工作，提高预算编制质量，印发了《关于编制 2008 年测绘部门项目支出预算的通知》，明确了项目支出预算编制的范围、要求和编报时间，召开了项目支出预算编制协调会，对 2008 年项目支出预算编制工作进行了部署和协调。在此基础上，组织完成了 2008 年部门预算的编报和争取工作。

国家测绘局被确定为 2008 年财政部项目支出按经济分类编制预算的试点单位。为了做好政府收支分类改革的有关工作，根据财政部确定的政府收支分类改革工作安排，结合实际情况，制定了政府收支分类改革工作计划并认真组织实施；布置了 2008 年部门细化预算数据按照政府收支分类改革方案进行编制的相关工作；对局所属单位财务人员进行了培训，具体讲解了项目支出按经济分类编制预算的方法和相关要求。在编制 2008 年“二上”部门预算时，完成项目支出按经济分类编制预算的相关工作。

【决算管理】

根据财政部对 2006 年度各项决算编审的总体要求，国家测绘局分别组织编制、审核、汇总、报送了行政事业、测绘出版、基本建设、住房改革、政府采购等财务决算报表。其中，国家测绘局 2006 年度行政事业财务决算再次获得财政部二等奖。

【预算执行】

为进一步加强项目资金预算管理，切实提高财政资金运行效率，确保国家测绘局 2007 年度项目预算的顺利完成，国家测绘局建立了预算执行情况周报制度，及时对所承担项目的执行情况做出分析和说明，并提出加快预算执行进度的具体措施，确保了年度项目预算执行的顺利完成。

财务监管

【直属单位财务管理工作会】

4 月 17 日 ~19 日，国家测绘局在北京召开了直属单位财务管理工作会，总结、交流了近年来财务工作情况，部署了今后一个阶段财务工作的主要任务，进一步加强所属单位财务管理，提高会计核算水平，规范财务行为。

【会计法落实】

为深入贯彻落实《会计法》和《会计从业资格管理办法》，进一步加强中央国家机关会计管理工作，6 月起，国家测绘局在所属各单位开展了以会计人员从业资格和会计机构负责人任职条件为主要内容的《会计法》落实情况专项检查工作。

财务审计

国家测绘局依据《中华人民共和国审计法》、

《审计署关于内部审计工作的规定》，结合实际情况，制定了《内部审计工作管理办法》（暂行）；组织开展了对国家测绘局机关服务中心原主任刘新英、四川测绘局原局长张建国、海南测绘局原局长胥燕婴等三人的离任经济责任审计工作。

政府采购

国家测绘局组织所属各单位参加国管局举办的政府集中采购业务培训班，进一步提高了政府采购工作人员的业务水平，推动了政府集中采购工作的深入开展。

国有资产管理

为全面规范和加强国家测绘局行政事业单位国有资产管理，提高测绘行政事业单位国有资产使用效益，进一步推动测绘部门预算管理制度改革，根据《财政部关于开展全国行政事业单位资产清查的通知》（财办［2006］51号）要求，国家测绘局精心组织、认真安排，积极开展了行政事业单位国有资产清查工作。为保证工作顺利进行，成立了资产清查工作领导小组及办公室，召开了资产清查工作会议，举办了培训班。2月，各单位按规定进行了自盘点和取证工作，在认真做好基本情况清理、账务清理和财产清查的基础上，编制了资产清查报表。5月，国家测绘局积极协助审计机构开展对各单位的资产清查审计工作，在完成审计工作的基础上，及时对国家测绘局行政事业单位的资产清查结果进行审核、汇总，按时上报了局资产清查报表。

人事人才管理

机构编制

国家测绘局开展了健全测绘行政管理体制研究等工作，由局人事司牵头，局办公室、法规司、管理信息中心、测绘发展研究中心相关人员参与，形成了研究报告，并送交机构编制管理部门参考。组织开展了国家测绘局职业技能鉴定指导中心的重新组建工作，办理了该中心事业单位法人登记。为进一步理顺测绘出版社管理体制，就中国地图出版社、测绘出版社相对独立运营问题进行认真研究，并组织、指导两社相对独立运营的实施工作。组织对国家测绘局地图技术审查中心和海南测绘局内设机构调整有关问题的研究，提出了机构调整的建议，完成了两单位内设机构调整的审批工作。

干部管理

【年度考核】

国家测绘局开展了直属单位领导班子和领导干部以及局机关公务员年度考核工作。按照局党组的统一部署，参考中组部《体现科学发展观要求的地方党政领导班子和领导干部综合考核评价试行办法》，制定了新的年度考核测评办法，并成立了考核组，对陕西测绘局等13个直属单位领导班子和班子成员、局机关司级干部2006年度工作情况进行了考核，首次在司局级干部中评选优秀等次、确定基本合格等次，发挥了年度考核鼓励先进、鞭策落后、明确导向的作用。考核结束后，在对测评数据进行认真汇总分析的基础上，向局党组提交了直属单位领导班子年度考核情况分析材料。做好年度考核情况的反馈工作，促进了直属单位领导班子不断改进工作方法，提高领导能力和水平。根据人事部颁布的《公务员考核规定》，认真研究了近年来机关公务员年度考核实际情况，修订了《国家测绘局机关公务员年度考核暂行办法》，完成了局机关及挂靠单位工作人员的2006年度考核工作。

【干部管理】

根据《中共国家测绘局党组关于加强直属单位领导班子建设的意见》，在局党组的领导下，对四川测绘局、海南测绘局、中国地图出版社、国家基础地理信息中心、国家测绘局管理信息中心、国家测绘局地图技术审查中心、国家测绘局测绘发展研究中心、国家测绘局职业技能鉴定指导中心等10个单位有关领导岗位进行了调整补充，进一步加强了直属单位领导班子建设。按照《中共国家测绘局党组关于党政领导干部任职试用暂行规定》，组织开展了直属单位张继贤等5人任职试用期满的考核工作，办理了正式任职手续，并将考核情况及时向本人进行了反馈。根据《中共国家测绘局党组关于机关领导干部交流工作暂行办法》，加大了司局级干部交流力度，全年有10名司局级干部进行了交流轮岗。

根据《中华人民共和国公务员法》、《党政领导干部选拔任用条例》、《国家测绘局机关竞争上岗工作暂行规定》，在局党组的统一部署下，对机关空缺的6个副司级领导职位开展了竞争上岗工作，报名范围首次扩大到测绘系统。全系统共有30人报名参加竞争上岗，通过笔试、面试、民主测评、组织考察等环节的工作，最终有5人晋升到副司长领导岗位。根据任职试用期的规定，对机关任职试用期满的3名司级领导干部和7名处级领导干部进行了考核，办理了正式任职手续，并将考核情况及时向本人进行了反馈。

为贯彻落实中纪委、中组部《关于党员领导干部述职述廉的暂行规定》，加强对领导班子和领导干部的监督管理，国家测绘局研究起草了《中共国家测绘局党组关于党员领导干部述职述廉的暂行办法》，经局党组审议通过后颁布施行。按照党员领导干部个人重大事项报告制度，集中组织开展了首次报告工作，同时开展了领导干部个人收入申报工作。按照局党组的部署，会同局直属机关党委和局纪检监察室组织协调直属单位领导班子召开专题民主生活会。认真贯彻执行《党政领导干部选拔任用工作条例》和《国家测绘局直属单位中层领导干部任免备案管理暂行规定》，加强对直属单位中层领导干部任免工作的监督管理。

根据国家测绘局《公务员法实施方案》，严格按照规定的范围、步骤、条件，对4直属局公务员登记、职务与级别确定等工作进行了审核，经局党组审定，批准了4直属局机关共189名公务员的身份登记和职务级别确定。按照人事部的要求，完成了国家测绘局已进行登记的270名公务员的信息采集、录入、汇总、审核和上报工作。组织局机关和4直属局机关公务员开展了《行政机关公务员处分条例》的学习和宣传。按照中组部、人事部的部署，组织陕西、四川、海南测绘局开展了2007年公务员考试录用工作。按照《公务员法实施方案》和《国家测绘局公务员登记细则》，对局机关及4直属局2006年新录用的19名公务员以及2007年新调任的16名公务员进行了身份登记、备案。

劳动工资

经人事部批准，按照《国家测绘局事业单位收入分配制度改革实施意见》等文件，组织指导在京事业单位开展工资收入分配制度改革工作，按规定时间全部完成了基本工资套改。与人事部、财政部相关部门组成联合调研小组，赴西部测图工程西藏测区进行调研，通过走访西藏测区外业作业人员、召开座谈会等形式，详细了解了测绘工作人员的野外工作环境、生活条件及野外津贴执行情况，加深了这些部门对测绘工作的感性认识，为下一步研究制定符合测绘工作人员特点的野外津贴补贴制度奠定了基础。

按照人事部《事业单位岗位设置管理试行办法》及其实施意见，组织开展了局属事业单位岗位设置工作，起草了《国家测绘局事业单位岗位设置管理实施办法》，拟定了岗位设置总体方案及岗位设置说明，开展了事业单位岗位设置模拟测算工作，并多次就相关情况与人事部进行了沟通，经人事部审核批准，印发了相关文件。召开了事业单位岗位设置管理实施工作启动会，对局属事业单位岗位设置管理实施工作作出了总体部署和安排。

为贯彻落实《事业单位公开招聘人员暂行规定》，规范事业单位人员招聘，按照人事部统一部署，国家测绘局组织开展了局属事业单位进人督导检查工作，并根据检查结果，向人事部报送了相关报告。

人才队伍建设

【落实人才会议精神】

为贯彻落实全国测绘人才工作会议精神，国家测绘局对系统内各单位贯彻落实会议情况进行了全面检查。经检查，绝大部分单位都按照会议精神布置了工作，制定了人才工作和教育培训工作的意见或规划。

按照全国测绘人才工作会议精神，国家测绘局继续对西部测绘单位实施人才援助和智力支持。组织开展了首次测绘专家西部行活动，邀请陈俊勇等

5位院士和部分国家测绘局青年学术和技术带头人送教上门，赴青海、甘肃、宁夏三地作巡回科技报告，举办学术讲座，开展技术交流，进一步促进西部地区测绘人才的培养。该活动在三省区引起强烈反响，青海省、宁夏回族自治区的主要领导分别会见了参加此次活动的专家，当地主要媒体对活动进行了报道。国家测绘局研究提出了“十一五”期间人才援藏工作方案，向局属各单位下发了《关于继续做好人才援藏工作的通知》，在各单位推荐的基础上，择优确定了3名援藏人员。继续免费举办面向西部地区高层次专业技术人员培训班，支持新疆维吾尔自治区测绘局选派专业技术人员和管理干部到国家测绘局直属单位学习培训。

【专家推选工作】

根据中国工程院的统一部署，国家测绘局组织开展了院士候选人的推荐和遴选工作。根据人事部、科技部、教育部等7部委制定的新世纪百千万人才工程实施方案，开展了局百千万人才工程国家级人选的选拔推荐工作，经局所属单位推荐，专家委员会评审，向人事部推荐了7名百千万人才工程国家级人选的候选人，刘纪平、商瑶玲当选。经局推荐，国务院批准，周社等3人享受2006年度政府特殊津贴。按照中组部、人事部、中国科协的要求，开展了推荐第十届中国青年科技奖候选人的工作，推荐2人参评，刘纪平获奖。

国家测绘局组织开展了青年学术和技术带头人的考评和增选工作，经系统各单位推荐，评审委员会评审并报国家测绘局批准，有50名带头人考评合格，继续作为国家测绘局青年学术与技术带头人进行培养管理，并对评选出的8名优秀带头人进行了表彰奖励；在考评的基础上，新增选20名国家测绘局青年学术和技术带头人。进一步加强对青年学术和技术带头人的培养和管理，组织举办面向青年学术和技术带头人的培训班，邀请院士授课，并开展学术交流，组织出版了第二期带头人论文集；对国家测绘局青年学术和技术带头人科技活动进行资助，有32名带头人获得资助，资助总经费45万元左右；为掌握国（境）外测绘科技的发展动向，加快青年测绘科技专家的知识更新，组织部分带头人赴荷兰ITC交流学习。面向测绘系统专业技术人员受理了公派出国留学申请，向留学基金委推荐了3人；布置所属各单位申报海外留学回国人员科技活动项目择优资助经费工作，向人事部提交了申请项目。

为了在测绘系统营造尊重劳动、崇尚技能的良好氛围，国家测绘局组织开展了第二届测绘技术能手评选活动，经省级测绘行政主管部门推荐、测绘技术能手评审委员会评审、局研究审定，确定杨梦梅等17人为第二届测绘技术能手；按照劳动和社会保障部的要求，推荐杨梦梅等3人为第九届全国技术能手候选人。

教育培训

根据“十一五”教育培训规划，国家测绘局制定了2007年专项教育培训计划和机关公务员教育培训计划，下达了2007年教育培训经费，并认真组织实施，全年共培训党政人员、专业技术人员、经营管理人员和技能人员2900人次。为保证教育培训计划得到落实，开展了教育培训计划执行情况的检查工作，对进度较慢的项目进行督促，对个别项目作出适当调整，确保了培训任务的如期完成。

为加强各级领导班子和党政干部队伍建设，国家测绘局制定了2007年领导干部脱产进修选派方案，对局机关及在京直属单位处级及以上领导干部，京外直属单位副局级以上领导干部、处级干部中的后备干部及重点培养干部的脱产培训做了具体安排，并按方案组织落实。全年共选派31人赴中央党校、中央国家机关分校、国家行政学院脱产学习。

在总结“十五”测绘局长培训工作的基础上，对“十一五”期间测绘局长培训工作进行了研究，对国内外培训内容进行了重新设计，提出了培训方案，确定了国外施培单位及考察内容等。举办青年学术与技术带头人国外培训班，11名带头人赴荷兰等欧洲国家进行了短期学习访问。将测绘专家西部行、青年学术和技术带头人培训班结合举办，在培训方式上有了新的突破，收到了良好的效果，获得了一致好评。

职业资格建设与管理

【职业资格建设】

1月24日，人事部和国家测绘局联合颁布了《注册测绘师制度暂行规定》、《注册测绘师资格考试实施办法》、《注册测绘师资格考核认定办法》，启动了我国测绘执业资格制度建设工作。根据人事部的指导意见，结合测绘工作实际，研究制定了测绘执业资格制度实施工作方案并组织实施。

为做好宣传和贯彻实施工作，在局政府网站上开辟专栏，对测绘执业资格制度宣传贯彻情况进行及时报道，并通过网上留言方式及时解答公众有关问题，同时在《中国测绘报》进行大力宣传；印刷发行《注册测绘师制度暂行规定》及配套办法单行本；举办了注册测绘师制度贯彻实施研讨班，对骨干人员进行了培训。

根据《注册测绘师资格考核认定办法》，向各省、自治区、直辖市，国务院有关部门，中央管理的有关企业和军队有关部门发出通知，布置开展注册测绘师资格考核认定工作，明确相关要求，并利用培训机会，对首批注册测绘师资格考核认定工作及相关工作进行了指导。指导职业技能鉴定指导中心做好材料的受理、初审等工作，并就初审过程中发现的问题及军队人员考核认定问题多次与人事部沟通、协商，印发了《关于明确注册测绘师资格考核认定申报条件有关问题的通知》，对相关政策作了进一步的解释和说明，并对材料的补报进行了部署。

为做好注册测绘师资格考试大纲的编写及测绘执业资格制度完善的准备工作，开展了注册测绘师资格考试专家委员会组建工作，提出了委员会组成原则，并请有关单位推荐了专家，提出了专家组建议名单；就考试大纲编写工作进行调研，研究制定了大纲编写计划，为下一步顺利开展工作打下基础；进一步健全、完善测绘执业资格制度的配套规章制度，组织制定需注册测绘师签字盖章的文件种类和办法，并列入局立法计划。

【职称管理】

根据国家关于职称工作的政策以及所属单位的实际情况，国家测绘局在总结近年来职称管理工作的基础上，将《国家测绘局专业技术职务任职资格评审办法（试行）》修订为《国家测绘局专业技术职务任职资格评审管理办法》，进一步规范了局职称管理工作。为鼓励和表彰在测绘工作中取得优异成绩和作出突出贡献的工程技术人员，根据有关规定制定了《国家测绘局开展成绩优异的高级工程师选拔评审工作方案》，经局长办公会审议后予以实施。全年对3个工程系列、1个出版专业高级专业技术职务评审委员会和1个工程系列中级专业技术职务评审委员会进行了调整，组建了1个工程系列中级专业技术职务评审委员会，全年共批准具备高级工程师任职资格人数42人。

【职业技能鉴定管理】

按照国家测绘局机关2007年重点工作安排，为了规范测绘行业职业技能鉴定工作，研究拟定了《国家测绘局职业技能鉴定质量督导管理办法》和《国家测绘局测绘职业技师考评管理办法》，并征求各省级测绘行政主管部门和相关单位的意见，经局审定后印发。按照劳动和社会保障部的要求，组织开展了测绘行业职业技能鉴定许可证的换证工作。

离退休干部管理

2007年，国家测绘局以高度的政治责任感，从政治上尊重、思想上关心、生活上照顾老干部，以构建和谐社会为目标，牢牢把握工作重点，切实把老干部政策和老干部政治、生活待遇落到实处，充分发挥老干部在“三个文明”建设中的作用，进一步丰富了老干部的精神文化生活。

【落实老干部政治待遇】

国家测绘局坚持每月组织离退休干部进行政治学习，及时向离退休干部传达中央、国务院文件，发放各种理论学习材料；为每位离退休干部订阅《中国老年报》和《中国测绘报》，为老干部活动站（室）订阅20余种报纸杂志；做好老干部机要文件的阅读服务工作。

在局直属机关党委的统一领导下，离退休党支部坚持党的民主生活会和学习日制度，顺利完成了换届改选工作。

把落实老干部的政治待遇与理论学习相结合，认真组织离退休干部参加局机关各种学习报告会，组织了第五届离退休干部政治理论培训班和各种参观活动。5月，组织离退休干部赴革命圣地井冈山、庐山进行参观考察。

为了深入学习贯彻党的十七大精神，11月20日，邀请国防大学战略研究所教授，为局机关及在京直属单位离退休干部举办《全球化与中国的全球大国特征》专题辅导报告会，使离退休干部进一步了解了当前的国际形势和对外工作。

6月13日，邀请全国人大常委会法律工作委员会有关专家讲授《中华人民共和国物权法》有关知识，对局机关及在京直属单位离退休干部学习物权法进行了专题辅导。

2007年，国家测绘局领导两次向局机关离退休干部通报国家测绘局工作情况。

【落实老干部生活待遇】

国家测绘局切实做好各项服务工作，按时向老干部发放离退休费及生活补贴；按规定及时报销医药费，及时到医院探望住院的老同志；定期对长期卧病的老同志进行家访，组织离退休干部进行全面的身体检查。

国家测绘局把开展广泛的文体活动作为一项日常性的工作，贯穿于老干部工作的始终，坚持做到经常化、制度化。2007 年，为局机关现有的三个老干部活动站添置了 9 件健身器材，组织了台球、沙弧球、书画、棋牌、太极拳、交谊舞等各种活动，共有 500 多人次参加。通过一系列的活动，广大离退休干部锻炼了身体，陶冶了情操，丰富了晚年生活，展现了健康向上的精神风貌。

4 月，参加了中央国家机关工委举办的首届“中央国家机关离退休干部台球比赛”。国家测绘局离退休干部代表队获得了团体第七名、个人第四名的好成绩。

8 月，组织在京直属单位离退休干部参加国土资源部举办的“老同志喜迎党的十七大书画摄影展”，获得优秀组织奖。

春节期间，国家测绘局为离退休干部举办了形式多样、生动活泼的春节团拜会，并对离退休老领导及离世老领导的遗属、抗日战争期间参加革命的老干部、长期卧病的老同志进行走访慰问。

【组织老干部发挥作用】

围绕落实科学发展观、构建社会主义和谐社会，国家测绘局组织广大离退休干部发挥他们的政治、经验和威望优势，在促进经济发展、加强党的建设、维护稳定大局、构建和谐社会、关心教育下一代等方面取得了可喜的成绩。有的老同志被聘为测绘学会、中国 GIS 协会、中国 GPS 协会领导成员，有的老同志用自己的专业知识编写著作，为测绘建设贡献力量，还有的老同志参加社区工作等等，为建设富裕、文明、开放、和谐的新社会发挥了余热，贡献了力量。

对外合作与交流

2007 年，国家测绘局配合国家总体外交战略，以推动测绘事业发展为目标，围绕年度中心工作，积极开展测绘对外交流与合作，继续拓宽测绘对外合作领域，双边与多边合作成效显著，外事管理工作不断加强。

全年，国家测绘局共审批、派出出访团组 67 个，283 人次，涉及 34 个国家和地区；共接待来访团组 14 个，196 人次，涉及 27 个国家和地区。

双边合作

国家测绘局继续保持并发展已有的双边合作交流关系，与美国、俄罗斯、德国、荷兰、日本、韩国、巴基斯坦等国的双边测绘合作进展顺利，合作研究、技术考察交流和人才培养等项目按计划完成；进一步开拓了与澳大利亚等国家的双边合作渠道，签署了双边合作协议；接待了美国地质调查局局长、俄罗斯联邦测绘局局长、荷兰国际地理信息科学与地球观测学院院长、日本国土地理院副院长、韩国测量协会会长等率团来访。

国家测绘局同国外对口部门和机构新签和续签的双边合作协议以及为执行双边合作协议而签署的会谈纪要包括：《中华人民共和国政府和巴基斯坦伊斯兰共和国政府关于延长测绘科技合作议定书有效期的协议》、《中国国家测绘局与澳大利亚新南威尔士大学合作谅解备忘录》、《中国国家测绘局与德国联邦测绘局会谈纪要》和《中国国家测绘局与日本国国土地理院关于测绘科技合作执行协议联合工作组第五次会议纪要》等。

国家测绘局继续利用并开拓国外培训渠道，对测绘系统局级领导干部、中层技术管理干部和青年学术带头人进行针对性培训，更新测绘管理和技术知识，提高管理和技术水平；继续对各直属单位申请国际科技合作项目、参与国际市场竞争和承揽国际测绘项目给予支持，提高我国测绘科技自主创新能力，推动我国测绘技术、产品和劳务输出。

多边合作

2007年，国家测绘局继续积极参与国际测绘组织的相关事务与活动，加强多边合作与交流，不断扩大中国在国际测绘界的影响。

国家测绘局组团参加了相关国际组织的一些主要会议，包括国际地图制图协会（ICA）第14次代表大会和第23届国际制图大会、国际测量师联合会（FIG）2007年工作周、国际大地测量与地球物理联合会/大地测量协会第24届代表大会、国际摄影测量与遥感学会（ISPRS）执行局会议、国际标准化组织地理信息技术委员会（ISO/TC211）第24次全体会议和工作组会议、亚太地理信息系统基础设施常设委员会（PCGIAP）第13次全会等。

国家测绘局在相关国际组织任职的人员继续增加，参与力度不断加强。中国代表当选为国际地图制图协会（ICA）副主席，由国家测绘局主办的国际标准化组织地理信息技术委员会（ISO/TC211）第25次全体会议和工作组会议、国际摄影测量与遥感学会（ISPRS）基于影像的地理空间数据库更新国际学术研讨会暨第五届多维动态GIS国际学术研讨会分别在西安和乌鲁木齐举行。

由中国测绘学会、国家测绘局承办的国际摄影测量与遥感学会（ISPRS）第21届国际摄影测量与遥感大会筹备工作进展顺利。大会将于2008年7月3日～11日在北京举行。2007年，大会的各项筹办工作全面展开，组织召开了大会国家指导委员会第一次全体会议，承办了ISPRS执行局及技术委员会主席联席会议，举办了大会国际顾问委员会会议；争取到科技部、教育部、中科院、中国工程院和中国科协等多个部委作为大会的支持单位；大会各项活动安排，国内外代表参会以及单位参展等工作按计划顺利推进。

港澳台工作

11月19日～25日，由大陆、台湾、香港和澳门相关部门和机构共同筹划的第五届海峡两岸测绘发展研讨会在台湾新竹交通大学举行，来自两岸四地的测绘专家、技术和管理人员200多人参加了会议。会议期间，研讨会指导委员会初步决定，第六届海峡两岸测绘发展研讨会将于2009年11月在澳门举行。

外事管理

2007年，根据《国务院关于加强测绘工作的意见》和《测绘事业发展第十一个五年规划纲要》，国家测绘局向各省、自治区、直辖市、计划单列市测绘行政主管部门及国家测绘局所属各单位印发了《“十一五”期间测绘外事工作基本思路》。

政务与信息

建议提案办理

国家测绘局自觉接受人大监督和政协民主监督，认真负责地做好全国人大建议和政协提案办理工作，2007年共承办人大代表建议9件，政协委员提案2件。建议、提案内容主要涉及提高测绘市场准入条件、设立财政转移支付专项启动新农村测绘工程、建立国家航空摄影遥感资源统一监管机制、开展地理空间信息资源法立法工作、建立现代化监管国家土地方法等方面，并重点关注了新疆、海南等地方测绘工作，提出了加强新疆空间信息基础设施建设的建议和将海南省民族自治县基础测绘列入国家边远地区和少数民族地区基础测绘专项的提案。国家测绘局党组高度重视建议和提案的答复办理工作，收到人大建议和政协提案后，专门召开局机关内部交办会，部署建议、提案的答复办理工作，要求各承办部门、单位从建设社会主义政治文明、推动社会主义民主政治、构建社会主义和谐社会、密切同人民群众联系的高度认识和开展此项工作，注意沟通，讲求实效，不断提高建议和提案办理工作的水平、质量和效率。各承办部门、单位积极主动与代表、委员沟通和联系，广泛听取意见和建议，共同商讨解决问题的办法，通过精心组织，深入研究，按要求保质保量地完成了建议、提案的答复办理工作。通过建议、提案的答复办理，积极采纳建议人、提案人的合理建议，促进了测绘各项工作，推动了测绘事业发展。

文秘档案管理

国家测绘局认真履行档案行政管理职能，加强对档案工作的监管，各级领导高度重视，有力地保障了档案工作的顺利开展。按照《国家档案局关于做好〈机关文件材料归档范围和文书档案保管期限规定〉宣传贯彻工作的通知》要求，对所属单位的贯彻落实工作进行了部署，提出具体要求；按照国家档案局《关于评选表彰全国档案工作优秀集体和优秀档案工作者的通知》要求，对档案评先工作做了认真的部署和组织；组织开展国家测绘局所属各单位的档案安全检查，加强对涉密文件资料的管理，印发了《关于加强涉密文件资料管理的通知》，确保档案安全；加强对重大活动档案的归档工作，对国家测绘局在建局50周年系列活动中生成的各类档案归档进行了督促、指导和监督检查。

夯实档案基础业务，积极推进国家测绘局机关档案工作信息化。进一步充实完善照片档案信息管理系统，收集了国家测绘局近年来在重要活动中形成的照片400多张，整理后进行数字化处理；组织完成了2004年~2006年形成的文书档案的数字化工作，并在内网开通查询服务，满足局机关利用档案的需求；开展了2006年度机关文书档案的归档工作，制定切合实际的归档范围，并对机关各司（室）的归档工作进行监督指导与培训，加强重要事项档案的追踪，确保机关归档文件齐全完整，整理出归档文件991件。

积极推动档案的提供利用，为领导决策和局机关日常工作、《中国测绘年鉴》的编写提供了大量详实的档案资料；利用局机关档案编辑了《国家测绘局文件汇编（2005~2006年）》、《历任党和国家领导同志对测绘工作的题词和指示》；档案信息系统充分发挥作用，网上2007年度利用档案694件（次），443人次。

强化机关机要文件和印章管理，对机要文件严格按照中共中央、国务院文件阅读管理办法进行管理，保证了机关工作政令畅通；按照局印章管理规定严格履行用印手续，并印发了关于印模使用有关工作的通知。

2007年，国家测绘局推荐的“国家测绘局陕西测绘资料档案馆”被国家档案局评选为全国档案工作优秀集体；国家测绘局档案信息化管理工作在全国档案工作暨表彰先进会议上受到表扬；国家档案局致信国家测绘局，对国家测绘局2007年档案工作给予充分肯定。

政务信息

2007年，政务信息工作围绕测绘事业发展，进一步提高工作水平和质量，为中央领导人、中央有关部门和测绘系统各级领导及时、全面、深入了解工作情况、掌握工作动态、更好地进行科学决策发挥了积极作用。

进一步办好《内部情况通报》，发挥其重要信息交流和传递平台的作用。全年共编发《内部情况通报》54期，主要收录了国家测绘局领导在重要会议和重要活动上的讲话；结合督办检查工作，发挥通报特点，就国家测绘局年初工作要点每季度落实情况在局机关和所属单位范围内进行通报；发挥信息交流作用，就各地贯彻《国务院关于加强测绘工作的意见》情况、各单位2007年工作总体情况分期分批进行了摘编；结合测绘重点工作，就基础测绘进展情况、测绘法规建设情况等进行了通报；关注地方测绘部门工作亮点，就江苏省出台《省测绘项目招标投标管理办法》、河南省测绘工作情况编发了通报。

进一步发挥《测绘专报》报送测绘重大工作情况的作用。全年编发7期，报送党中央和国务院等有关部门，对于宣传测绘工作、展示测绘成就发挥了积极作用。《测绘专报》的选材，突出测绘工作的最新进展情况，突出测绘工作和经济社会发展的密切关系，突出测绘工作对经济建设和社会发展的重要保障服务作用，围绕涉外测绘违法案件查处、刘先林先进事迹宣传活动等社会各界关注的焦点，充分反映了测绘系统的大事、要事。

进一步编好《局内要情》，全年共编发48期。《局内要情》每周一期，主要收录局领导重要批示和参加的重要会议活动、局发重要文件和测绘系统重要信息，对于系统内部及时交流情况起到了积极的促进作用。

围绕测绘重点工作，及时、准确地向上级部门报送信息，提高政务信息质量，促进了有关工作的顺利开展。全年向国务院办公厅报送信息21条，其中7条被采用；组织研发建设了政务信息报送系统，并在有关单位配合下进行了试运行，为规范政务信息工作，提高工作水平和效率做好了技术保障。测绘系统各单位把政务信息工作作为一项重要工作来抓，加大政务信息报送力度，完善工作制度，加强队伍建设，建立健全信息收集、分析、归纳和报送机制，及时向国家测绘局、地方省委、省政府和省级有关部门报送信息，有力推动了当地测绘工作的发展。

保密工作

国家测绘局保密工作在中央保密委员会和国家保密局的指导下，取得了新进展。一是认真贯彻落实中央要求，严格落实责任制。制定印发了局保密委员会2007年工作要点；召开了党组扩大会议，学习贯彻中央国家机关保密工作会议精神，研究提出了贯彻落实措施；对局保密委和保密办成员进行了调整补充，健全了局保密组织机构。二是开展保密教育，完善规章制度。组织收看保密教育录像片，学习国家保密局、公安部等部门有关文件15件；制定出台了《国家涉密基础测绘成果资料提供使用审批程序规定（试行）》、《国家测绘局地图审核程序规定（试行）》以及相关格式文本等制度。三是推进保密技术研究与应用，加强保密基础设施建设。开展了基础地理信息要素细分及其保密属性分析确认工作；构建了人防、物防和技防相结合的三防体系；局机关投资7万元购置了国家保密局指定的计算机系统保密检查工具。四是扎实开展保密督查，强化保密要害部门部位管理。认真执行涉密文件和资料档案保密管理规定，完善公文流转、密件复印的审批登记手续，执行各类文件和涉密载体的销毁程序。五是扎实开展保密督查工作。组织了6次测绘保密检查，涉及单位近1000家；组织开展了重要地理信息系统安全等级保护定级工作。六是加强涉密测绘成果的管理。严格执行涉密测绘成果提供审批有关规定；全年共办理涉密基础测绘成果资料提供使用审批800多件（次），地图审核2002件，受理审批保密审查、技术鉴定与特许使用申请150多件（次）；牵头成立了由13个部门组成的网上地理信息安全监管工作协调组，建立了网上地理信息安全监管工作机制；认真贯彻实施《外国的组织或者个人来华测绘管理暂行办法》，积极配合有关部门查处涉外测绘案件，涉外测绘成果管理取得实效。

政务信息化建设

2007年，国家测绘局根据国务院关于加强政府部门网站建设的有关精神和要求，对国家测绘局政府网站进行了改版，国家测绘局新版政府网站（http：//www.sbsm.gov.cn，以下简称新版网站）于11月8日开始试运行。新版网站以建设测绘部门政府门户网站为目标，围绕政府网站的政务公开、办事服务和互动交流功能，从栏目设置、功能设计、服务内容和表现形式等方面作了较大幅度的调整。新版网站设立综合信息板块、局内设机构子网站和局领导子网站，增加干部任免、财政公开等政务公开栏目，进一步加强了政务信息的网上公开；增加公文查询、信息查询、网上咨询、在线办理、地图服务、成果分发和表单下载等服务栏目，提高了网上服务能力；实现并开通意见征集、网上调查、在线访谈、测绘论坛等公众互动栏目，扩大了公众参与的深度和广度。此外，新版网站还与各省级测绘行政主管部门、计划单列市测绘行政主管部门、局所属单位、测绘社团网站以及国内外主要业务网站建立链接，扩充了门户功能，在整合测绘部门信息资源、为社会提供“一站式服务”方面有了较大提高。新版网站的建成，在促进政务公开、改进行政管理、提高行政效率、宣传测绘工作等方面发挥了重要作用。

加强电子政务综合应用平台建设，按照“稳步推进、逐步完善”的原则，对局电子政务综合应用平台（以下简称应用平台）进行了升级。升级后应用平台新增发文的催办功能、领导批示内容查询功能、附件内容查看功能和发文关联项；优化了发文和收文的版面栏目设置，调整了批核列表项目；解决了附件无法直接修改、任务提示排序、内部邮箱群发和个别文件丢失等问题。

维护稳定工作

2007年，维护稳定工作围绕构建社会主义和谐社会的总目标，牢牢把握重要战略机遇期对维护稳定工作的要求，按照十七大报告提出的“健全党和政府主导的维护群众权益机制”的要求，贯彻落实第六次全国信访工作会议精神，严格执行《国家测绘局信访工作规定》，坚持以科学发展观为指导，标本兼治，整体协调推进各方面的工作，达到了以稳定保障和谐、促进发展的目的。

国家测绘局党组高度重视信访工作，认真落实胡锦涛等中央领导人对信访工作的一系列指示精神，以贯彻落实《信访条例》、预防群体事件为工作重点，采取一系列政策措施，加大工作力度，使测绘系统信访工作取得成效。全年办理信访事项130件，接待来访群众29人次，同比下降34%。

国家测绘局认真做好安全保卫工作，加强和谐机关、和谐单位建设。根据国务院办公厅有关工作要求，在重要节日和“两会”前，组织召开局机关及在京单位安全保卫工作会议，部署相关工作，提出工作要求；在主管领导带领下，对在京局所属单位的安全保卫工作和值班情况进行抽查，对不履行职责、措施不到位的单位进行了通报，有力地保证了安全保卫工作要求的贯彻落实；起草下发《关于切实做好2007年国庆节和党的十七大期间安全保卫工作的通知》，确保局机关及在京各单位十七大期间的安全稳定；加强保安队伍的管理和教育，使保安人员的作风面貌和责任心有了较大提高，局机关的安全环境得到改善，全年局机关未发生不安定事件。

测绘宣传

测绘宣传综述

2007年，测绘新闻宣传工作以邓小平理论和“三个代表”重要思想为指导，以科学发展观为统领，按照中央关于新闻宣传工作的总体要求和部署，认真贯彻中央政治局常委李长春关于大力宣传测绘工作的重要指示精神，认真落实全国测绘宣传工作会议要求，强化宣传意识，拓宽宣传渠道，筹划宣传亮点，创新宣传方式，按照“三贴近”的原则，大力开展测绘宣传工作，为测绘事业发展创造了良好的舆论氛围。

测绘宣传工作充分利用电视、广播、报刊、网站等新闻媒体，在中央主要新闻单位的大力支持和积极配合下，深入宣传测绘系统认真贯彻党的十六届五中、六中全会和党的十七大精神，大力宣传在测绘依法行政和测绘统一监督管理、“十一五”规划实施和数字中国地理空间框架建设、测绘成果的广泛应用和地理信息产业发展、自主创新和信息化测绘体系建设等方面取得的进展和成就；依托测绘报刊、网站，重点开展了刘先林院士先进事迹、首批19座著名风景名胜山峰高程数据公布、测绘法颁布实施5周年、《国务院关于加强测绘工作的意见》、测绘科技自主创新、长城测量、西部测图工程等专题宣传工作，充分展现了测绘工作在全面建设小康社会和构建社会主义和谐社会中的重要作用。

全年中央主要媒体刊（播）发有关测绘的新闻报道240多篇（次），其中，中央电视台播报测绘新闻30多条，仅《新闻联播》栏目播报就达12条；国家测绘局政府网站向中央政府网报送新闻稿件275篇，被采用206篇。中央主要新闻单位对测绘宣传工作的大力支持有效提升了测绘工作的社会影响力和知名度，极大地促进了测绘事业的发展。

宣传制度

为了加强测绘宣传工作，推进政务公开，促进与社会公众的沟通和联系，根据国务院办公厅《关于进一步改进和加强政府新闻发布制度建设的意见》精神，国家测绘局制定了《国家测绘局新闻发布管理办法》。该办法对国家测绘局新闻发布工作的指导思想、主要任务、管理和组织实施、发布内容、发布方式、发布程序等做了明确规定。该办法的出台是国家测绘局加强宣传工作，推进测绘新闻发布工作制度化、规范化的重要举措。

宣传专题

【党中央国务院重视和关心测绘工作宣传报道】 2月2日，中央政治局委员、书记处书记、中组部部长、中央人才工作协调小组组长贺国强专程看望刘先林院士，新华社播发了《贺国强春节前在京走访慰问专家学者》、《贺国强：为构建和谐社会大力培养创新型科技人才》等报道，中央主要媒体、重点新闻网站进行了转载，体现了中央领导对测绘工作者的关怀和爱护。

9月初，中共中央政治局委员、国务院副总理曾培炎到甘肃嘉峪关地区看望了在河西走廊野外作业的测绘职工，现场听取了工作汇报，并与外业队员合影留念。人民日报、新华社、中央电视台给予了重点报道，各地测绘部门组织职工收看、阅读了相关报道，认真学习了曾培炎副总理讲话精神。

9月下旬，中央主要新闻媒体集中报道了《国务院关于加强测绘工作的意见》（以下简称《意见》），大力宣传加强测绘工作的重要意义。人民日报、经济日报、新华社、中国新闻社等刊（播）发了《意见》全文，人民日报配发了评论员文章；中央人民广播电台《新闻和报纸摘要》、中央电视台《新闻联播》节目播报了国务院出台《意见》的消息，着重宣传了国务院关于加强测绘工作的要求和部署。

【测绘工作者先进典型宣传报道】

3月，国家测绘局向中宣部推荐“劳动者之歌”宣传人选，配合中央主要媒体做好对国测一大队作业组组长任秀波事迹的采访工作。4月5日，新华社播发通稿《任秀波：一个参与测量珠峰“身高”的测量员》；中央电视台《新闻30分》、《新闻联播·劳动者之歌》栏目播发了任秀波的事迹；人民日报、光明日报、经济日报、法制日报、科技日报、中央人民广播电台等中央主要媒体集中进行了宣传报道，使社会各界对普通测绘工作者的工作、生活有了更深入的了解。

7月，经国家测绘局积极努力，由中宣部、中组部组织，22家中央主要新闻单位及其他主要媒体集中对中国工程院院士刘先林的先进事迹进行深入采访。8月5日起，中央主要新闻媒体和主要新闻网站在“时代先锋”大型人物宣传栏目中连续多天宣传报道刘先林先进事迹。20多家权威媒体，集中深入宣传刘先林的先进事迹，人民日报、光明日报、经济日报、科技日报、法制日报、新华社、中央人民广播电台、中央电视台、人民网、新华网、央视国际、光明网、中国广播网等媒体刊发通讯、评论及社会反响等原创报道100多篇。

【测绘统一监督管理宣传报道】

国家测绘局组织中央主要媒体大力宣传加强外国人来华测绘管理、加强国家版图意识宣传教育与地图市场监管等工作。《外国的组织或者个人来华测绘管理暂行办法》发布之后，光明日报、法制日报、新华社等陆续刊登办法出台的消息；中央电视台《新闻30分》就整治地理空间信息数据市场，查处地理空间信息数据泄密、窃密案件进行深入报道；中央人民广播电台、中国新闻社也做了有针对性的报道，引起社会各界广泛关注。

4月27日，国家测绘局和建设部在国务院新闻办联合召开新闻发布会，公布19座名山高程新数据。中央电视台第四套、中国网、人民网、新华网等对发布会进行了现场直播；新华社连续播发《我国首次为19座名山定“身高”》、《国家测绘局：任何单位和个人不得擅自公布重要地理信息数据》等5篇报道，被100多家地方媒体、网站转载；中央电视台《新闻联播》、《新闻30分》、《整点新闻》、《朝闻天下》均做了不同篇幅的报道，宣传效果显著，影响广泛。

【基础测绘建设和测绘成果应用宣传报道】

9月初，国家测绘局组织光明日报、经济日报、新华社、中央人民广播电台、中央电视台等媒体记者，历时15天，深入西部测图工程在青海省和西藏自治区测区的第一线进行现场采访报道。中央主要媒体刊（播）发消息、通讯、电视新闻、广播要闻、现场直播、深度报道、图片新闻等30多篇，在宣传报道西部测图工程的重大意义及最新进展的同时，展示了测绘工作者朴实无华、无私奉献的精神面貌。

中央主要新闻媒体以长城测量项目总体方案鉴定会召开为契机，对测绘工作为长城资源调查提供保障进行集中宣传报道，大力宣传测绘在文物保护等领域的重要作用。新华社刊发了《北京段长城测量调查工作进入全面实测阶段》、《长城资源调查工作启动 摸清长城“家底”》、《河北启动大规模长城资源调查》等多篇新闻报道；中国新闻社刊发新闻《陕西启动境内长城资源调查 为保护规划提供依据》；光明日报刊登《明长城测量项目总体方案出台》等报道。

【测绘科技创新成就宣传报道】

5月30日，由刘先林院士主持研制的SWDC系列数字航空摄影仪通过产品鉴定。国家测绘局组织中央主要媒体大力宣传测绘部门贯彻建设创新型国家系列重大战略决策，致力于提高测绘科技创新能力和水平方面的举措，以及以刘先林院士为代表的测绘科技工作者的创新精神和创新成果。新华社刊发《我国科学家研制出自主知识产权的数字航空摄影仪》，光明日报刊发了《拥有自主知识产权的国产数字航空摄影仪问世》，科技日报刊发了《航空摄影测量"鸟枪换炮"我国研制出自主知识产权的数字航空摄影仪》。6 月 20 日，国产 SWDC 数字航空摄影仪系列产品发布会在北京举行，科技日报刊发了《国产航摄仪发展前景广阔》。

6 月 15 日，国家测绘局、国务院信息办、黑龙江省政府举行共建黑龙江省地理信息产业园签约仪式，并组织中央有关新闻单位及时报道，广泛宣传地理信息产业发展的政策措施和发展成效。光明日报刊发了《与世界高地对接——黑龙江省测绘局打造地理信息产业园纪实》，科技日报刊发了《全国首个地理信息产业园正式开园 我国加大对地理信息产业支持力度》，经济日报刊发了《世界规模最大的地理信息产业园区落成》。

网站宣传

国家测绘局政府网站按照局党组的部署和关于充分发挥网站宣传作用的要求，着力加强网站建设，充分发挥网站优势，紧紧围绕国家测绘局的中心工作，创新思路，精心策划，及时、准确地向社会报道测绘政务信息，解答网民留言，宣传测绘工作成就，收到了良好的社会效果。

建设新版网站，提升服务功能。新版网站为网站群架构，设有主站、局领导子站、各司（室）子站，并与局属各单位和各省、自治区、直辖市测绘行政主管部门，新疆生产建设兵团测绘主管部门，计划单列市测绘行政主管部门的网站链接，在整合测绘信息资源、实现"一站式服务"和"政务公开、在线办事、公众参与"三大定位等方面具有强大功能，突出了测绘政务特色和测绘行业特色，使国家测绘局政府网站成为局政务公开的窗口和宣传测绘、服务社会的平台。

开设专题栏目，深入报道测绘工作。制定了年度网站宣传工作方案，及时开通了著名山峰高程公告、长城资源调查与测量、基础测绘计划管理办法、注册测绘师、测绘标准与质量管理、测绘典范、数据共建共享、测绘成果应用经验交流、测绘新思路、测绘法宣传日、时代先锋——刘先林、陕西测绘 50 周年、重点测绘工程质量监督检查、学习贯彻国务院意见、学习贯彻十七大精神等 15 个专题栏目，从不同侧面深入地报道了国家测绘局和地方测绘行政主管部门加强测绘统一监管、服务社会经济发展的工作进展情况和重大测绘事件。

开通英文网站，扩大受众面。向世界介绍中国测绘事业发展历程，展示改革开放以来尤其是近几年取得的成就，为世人了解中国测绘、为中国测绘走向世界架起了一座空中桥梁。

国家测绘局政府网站充分发挥网站媒体的时效快、交互强、信息多、受众广、灵活多样的优势，不断拓展宣传渠道，扩大宣传成果，为测绘事业发展营造良好的舆论环境等方面的作用日益彰显。

统计工作

制度建设

2007 年，国家测绘局完成了《测绘统计报表制度》修订工作。修订后的报表制度于 9 月 13 日得到国家统计局的批复，同意实施。此次统计报表制度修订，取消统计年报 3 种、专业统计报表 9 张，新增专业统计报表 13 张，涉及修改统计报表 60 多张、统计指标 120 多项。

为加强测绘统计工作的监督检查，确保统计资料的准确性和及时性，国家测绘局积极探索建立测绘统计巡查制度的必要性和可行性，研究起草了《国家测绘局统计巡查工作试行办法》，并在统计业务培训时进行了调研和征求意见，为统计巡查制度的建立奠定了基础。

国家测绘局进一步完善和健全测绘统计年报、半年报和快报制度；继续实行测绘统计年报汇审制度，2月，对2006年测绘统计年报进行了集中汇审，认真审核了各单位各专业统计年报报表及数据，有效地保障了年报数据质量。

统计信息化

国家测绘局在对《测绘统计报表制度》修订后，及时对测绘统计系统软件（包括单机汇总版、单机基层版和测绘行业统计基层版）进行升级更新和修改完善，修改了软件中报表内容，完善了软件的部分功能，增强了软件操作的便捷性。该软件不仅满足了各单位专业统计工作需要，减少了统计人员的工作量，也大大提高了统计工作的效率。

在完成2006年测绘统计年报、快报和2007年测绘统计半年报的基础上，组织对统计数据库进行更新和完善，保证了数据库的完整和有效应用。

统计培训

10月，国家测绘局组织举办了全国测绘系统统计业务培训班，分2期对测绘系统各单位的综合统计人员和部分专业统计人员共90多人进行了统计业务集中培训，就修订后的《测绘统计报表制度》及其配套软件的技术操作进行了详细讲解和辅导，并针对2007年快报、年报工作及有关专项统计调查工作提出了具体要求。通过培训，进一步提高了各单位统计人员的业务水平，确保测绘统计各项工作的顺利推进和《测绘统计报表制度》的贯彻执行。

统计信息服务

国家测绘局组织完成了2006年测绘统计年报、快报和2007年测绘统计半年报的编印工作。

为贯彻落实《国务院关于加强测绘工作的意见》，国家测绘局管理信息中心、局人事司、局行业管理司共同组织了全国省、市、县测绘管理机构的专项统计调查，研究制发的专项统计表涵盖30多项统计指标，涉及3000多个统计单位。对获取的统计数据进行汇总、分析后形成书面统计分析资料，及时提供局有关部门使用。通过此次专项统计调查，准确地了解和掌握了省、市、县测绘管理机构设置和测绘管理职能落实情况，为实现测绘统一监管提供了必要的基础数据。

2007年，国家测绘局在2006年测绘统计年报汇编完成的基础上，对近两年测绘统计数据进行了认真细致的梳理和全面深入的对比分析，并根据分析中遇到的问题设计了调查问卷，向20多个省级测绘行政主管部门进行了书面调研，形成了实用性较强的统计分析资料，并编写了《统计简报》等参考资料，为科学决策和行政管理提供了重要依据。

国家测绘局按时向国家统计局（《中国统计摘要》、《中国统计年鉴》、《中国科技统计年鉴》、劳动统计年报、测绘服务财务状况统计表）和国土资源部（《中国国土资源年鉴》）提供了有关测绘统计资料。

党的建设与精神文明建设

党建工作

【理论武装工作】

2007年，国家测绘局组织党员干部认真学习十六届六中全会精神，不断深化党员干部对构建社会主义和谐社会重要性的认识和理解。国家测绘局直属机关党委请中央党校教授吴忠民作了专题辅导报告。中纪委七次全会召开后，直属机关党委及时作出部署，组织党员通过支部集中学习讨论、观看辅导录像等形式，认真学习了中纪委七次全会特别是胡锦涛同志的重要讲话精神，增强了党员干部弘扬八个方面良好风气的自觉性。

为了深入学习贯彻胡锦涛总书记6月25日在中央党校发表的重要讲话精神，局党组书记鹿心社围绕如何学习领会讲话精神上了一堂党课。根据局党组的指示，直属机关党委印发了《关于认真学习贯彻胡锦涛总书记在中央党校重要讲话精神的通知》，各级党组织通过组织党员干部认真学习，切实加深了对讲话重大意义和精神实质的理解。

党的十七大召开之际，国家测绘局各级党组织及时组织党员干部收听收看了十七大开、闭幕式实况及相关报道，并组织学习讨论。国家测绘局党组印发了《关于认真学习贯彻党的十七大精神的通知》，国家测绘局直属机关党委印发了《关于学习贯彻党的十七大精神有关安排的通知》，举办了专家辅导报告会和十七大精神研讨培训班，国家测绘局机关全体党员干部，在京所属单位领导班子成员、党办主任和部分党员共140人分两批参加了研讨培训班。各基层党组织也通过集中学习、观看辅导录像、上党课、举办培训班等形式组织开展了学习活动，增强了党员干部用十七大精神武装头脑、指导实践、推动工作的自觉性和坚定性。

为了用身边的先进典型教育和引导党员干部，国家测绘局直属机关党委邀请刘先林在直属机关范围内以优秀共产党员的身份讲述了他的先进事迹。组织机关部分党员干部及时收看了中央电视台《新闻联播》及《焦点访谈》关于刘先林先进事迹的宣传报道，印发了《关于开展向刘先林同志学习活动的决定》，分别组织召开了局机关和在京所属单位党员干部学习刘先林先进事迹座谈会，联合有关部门举办了刘先林先进事迹报告会，组织开展了“学习时代先锋刘先林，永葆共产党员先进性”专题学习讨论活动。通过开展以上活动，党员干部切实领会到了爱国精神、科学精神、探索精神和团队精神的深刻内涵。

国家测绘局党组坚持中心组理论学习制度，全年进行了4次集中学习和研讨，充分发挥了中心组理论学习的带头示范作用。直属机关党委认真履行局党组中心组学习秘书的职责，做好服务工作。为了加强对各支部理论学习的指导，直属机关党委每季度向各直属党支部印发理论学习指导意见，明确学习重点，提出学习要求；各支部根据指导意见制定理论学习计划，上报有关重点内容的学习情况，支部理论学习趋向制度化。局直属机关党委向各基层党组织发放了“宣讲家”网站的上网卡，方便了党员干部登陆“中央国家机关理论武装在线”，引导党员干部利用现代媒体进行理论学习。

【基层党组织建设】

2007年，国家测绘局召开了中共国家测绘局直属机关第十次代表大会，总结了第九届直属机关党委四年以来的主要工作，并对今后一个时期国家测绘局直属机关党建工作作出部署；选举产生了中共国家测绘局直属机关第十届委员会和纪律检查委员会，为进一步做好国家测绘局直属机关党建工作提供了强有力的组织保障。

根据中纪委、中组部《关于以加强领导干部作风建设为主题开好县以上党和国家机关党员领导干部专题民主生活会的通知》（中组发［2007］3号），国家测绘局党组在开好班子自身专题民主生活会的同时，及时对在京直属各单位领导班子和局机关各支部召开专题民主生活会的工作进行了部署。各单位领导班子和各直属党支部按照规定程序和要求，分别召开了以加强领导干部作风建设为主题的民主生活会和组织生活会。通过认真查找不足，剖析思想根源，提出努力方向，增强了党员干部转变作风的自觉性。

国家测绘局按照加强领导、坚持标准、严格程序、精心组织的原则，认真组织实施，充分发扬党内民主，确保党员的知情权、参与权、选择权和监督权，完成了十七大代表候选人预备人选的推荐提名工作。经中央国家机关党代表会议选举，局党组书记、局长鹿心社高票当选为党的十七大正式代表。

根据中央国家机关工委和中央办公厅有关要求，国家测绘局先后两次对保持共产党员先进性四个长效机制文件精神的贯彻落实情况进行了自查，总结了过去的执行情况，提出了改进方向，对更好地贯彻落实四个长效机制文件起到了检查和督促的作用。

“七一”前夕，国家测绘局组织召开了纪念建党86周年暨“两优一先”表彰大会，对2005～2006年度直属机关先进党支部、优秀共产党员和优秀党务工作者进行了表彰。

在国家测绘局直属机关党委的指导下，任期届满的直属党支部完成了换届选举工作，职业技能鉴定指导中心新成立了党支部。为了更好地发挥机关各支部的战斗堡垒作用，召开了机关支部书记座谈会，提高了支部书记履行“一岗双责”的意识和能力。坚持认真学习贯彻中组部《关于进一步加强和改进离退休干部党支部建设工作的意见》，积极支持离退休干部支部开展各种活动。加强对入党积极分子的培养，重视在工作第一线和青年、高知识群体中发展党员，遵循“坚持标准、保证质量、改善结构、慎重发展”的方针，2007年共发展新党员8名，预备党员转正16名。根据工资改革情况，重新核算了党员应交纳党费的数额，开展了党内统计信息库建库工作。

【统战工作】

2007年，国家测绘局召开了两次在京单位民主党派人士座谈会，分管局领导向与会代表通报了工作情况，并认真听取意见和建议。会后，将意见和建议整理后提请相关部门和单位研究处理。根据中央国家机关工委的要求，完成了北京市第十三届人大代表和第十一届政协委员的推荐工作。

党风廉政建设

【反腐倡廉教育】

国家测绘局组织党员认真学习贯彻中纪委七次全会精神和国务院第五次廉政工作会议精神。按照中纪委有关通知要求，组织局机关及在京直属单位党员干部观看了《赌之害》等警示教育片和最高人民检察院举办的“惩治与预防职务犯罪展览”；根据《中纪委关于严格禁止利用职务上的便利谋取不正当利益的若干规定》，国家测绘局纪检组及时印发了学习贯彻的通知，国家测绘局纪检监察室组织党员进行了认真学习和对照检查活动；组织广大党员干部认真学习讨论了几起领导干部严重违反廉洁自律规定收受礼金案件，引导大家引以为戒，做到警钟长鸣；举办了国家测绘局直属单位纪检监察干部培训班，所属单位80余名纪检干部参加了培训。

【惩治和预防腐败体系建设】

根据中纪委、中组部《关于对党员领导干部进行诫勉谈话和函询的暂行办法》，局党组印发了《中共国家测绘局党组关于对党员领导干部进行诫勉谈话和函询的暂行办法》和《中共国家测绘局党组关于党员领导干部述职述廉的暂行办法》。为了进一步落实党风廉政建设责任制，印发了《中共国家测绘局党组关于2007年党风廉政建设和反腐败工作实施意见》及《中共国家测绘局党组关于2007年党风廉政建设和反腐败工作任务分工》。

【信访举报和案件查处工作】

国家测绘局各级纪检组织高度重视信访举报工作，根据信件反映的内容和干部管理权限，及时作出了处理。加大违纪违规案件的查处力度，对中国地图出版社违规投资造成重大经济损失问题进行了立案查处，对违纪的3名局级干部追究了相应的党纪政纪责任。

【治理商业贿赂专项工作】

根据国家测绘局《关于印发测绘领域开展治理商业贿赂专项工作实施方案的通知》和《关于开展测绘领域不正当交易行为自查自纠工作的通知》要求，开展了局机关和在京单位测绘领域不正当交易行为自查自纠工作的评估验收工作，并向中央治贿办上报了有关情况。

【清理评比达标表彰活动】

为贯彻落实《国务院办公厅转发监察部等部门关于清理评比达标表彰活动意见的通知》和监察部等9部门召开的全国清理评比达标表彰活动工作电视电话会议精神，印发了《关于清理评比达标表彰活动工作的通知》，对国家测绘局举办的面向本系统、本行业的各种评比达标表彰活动以及局直属单位和社团组织举办的各种评比达标表彰活动进行了认真的清理，并按照监察部有关要求，完成了清理评比达标表彰项目的上报工作。

思想政治工作

根据中国政研会《关于开展社会主义和谐社会建设思想政治工作先进典型调查研究的通知》精神，印发了《关于开展和谐单位调研活动的通知》，在测绘系统组织开展了调研成果的征集工作，并向中国政研会推荐了三篇调研成果。

根据中央国家机关工委要求，各基层党组织以“迎接党的十七大胜利召开，保持共产党员先进性”为主题，认真开展了参观爱国主义教育基地、参观成就展览、慰问老党员和困难党员、重温入党誓词、座谈讨论、“我读红色经典”等党日活动，强化了广大党员的组织观念和党性意识，增强了基层党支部的创造力、凝聚力和战斗力。

为纪念我国恢复对香港行使主权，按照工委的安排，组织国家测绘局机关党员干部参观了香港特别行政区十周年成就展，党员干部从中感受到10年来中央成功落实“一国两制”伟大构想的重大成就。

文化建设

2007年，国家测绘局积极开展“送温暖、献爱心”社会捐助活动，为灾区困难群众捐款40846元，棉衣被246件；根据中央国家机关工委要求，继续推进群众性精神文明创建活动；开展了“迎奥运、讲文明、树新风”活动，印发了实施计划，明确了职责分工，并发放了《机关文明礼仪》读本，引导干部职工树立文明风尚；国家测绘局机关荣获2006年度“中央国家机关文明单位”称号。

积极推动测绘和谐文化建设，开展了“‘中图社杯’弘扬测绘精神，建设和谐文化”诗歌散文有奖征文活动，有关作品陆续在《中国测绘报》和《中国测绘》期刊上刊登发表。

国家测绘局召开了直属机关工会第四次会员代表大会，选举产生了第四届工会委员会和经费审查委员会，对优秀工会工作者、优秀工会积极分子和优秀职工之友进行了表彰。国家测绘局成功举办了局所属单位首届乒乓球团体赛；组队参加了国土资源部第六届乒乓球团体赛和国土资源系统乒乓球比赛，分别荣获冠军和最佳组织奖；参加了中央国家机关第四届“公仆杯”乒乓球比赛，其中，女队荣获普通组第二名。“三八”节期间，国家测绘局组织女同志参观了北京世界花卉大观园，开展了丰富多彩的活动。

国家测绘局直属机关团委举办了以“与测绘共奋进，伴测绘共辉煌”为主题的“与局直属机关杰出（优秀）青年面对面访谈活动暨‘我读经典原著’”系列活动启动仪式，该主题团日活动荣获中央国家机关十大优秀主题团日活动纪念奖；组织参加了“我为国土资源献一策”活动，获得二等奖和三等奖各一项；积极参加了中央国家机关团工委的“争先创优”活动，共有5人分别获得第七届中央国家机关优秀青年、青年“学习奖”、青年“奉献奖”和“2005至2006年度中央国家机关优秀共青团员”荣誉称号。

测绘业务工作

基础测绘

【西部1∶5万地形图空白区测图工程】

2007年是西部测图工程开展科技、安全、成果、管理等“四个创新”工程的关键之年。国家测绘局积极推动西部测图工程的实施，全面完成年度工作任务。全年测区面积约50万平方千米，跨青海、西藏、新疆、甘肃四省区。在4个多月的外业工作中，测绘人员行程超过300万千米，完成了近1000幅1∶5万地形图的野外控制和调绘任务。主要工作如下：

一、以科技为先导，大力提供技术支撑保障。编制完成了塔里木东部等4个区域的测图项目设计及专业技术设计；完成了《地形图要素数据规定》等技术规定的制定印发工作；完成了《2007年度西部测图工程生产技术试验指南》和《2007年度开放课题申请指南》编制工作，开展了“高分辨率遥感影像地形自动提取技术试验”等4个方面的技术试验；研制了GPS高动态单历元差分定位软件和数据质量检查软件；完成了机载合成孔径雷达平台建设前期工作。

二、获取多源影像，全面提供数据资料保障。制定了《西部测图工程2007年度航空航天遥感影像数据获取方案》及实施方案；完成塔里木东部13万平方千米的光学航空摄影及数据验收与发放工作；完成塔里木东部、青藏高原东部和青藏铁路沿线遥感卫星影像的采购工作。

三、集中优势力量，全面开展地形测绘任务。顺利完成了三江源区域262幅DLG、DEM、DOM的制作和印前数据生产工作，完成了262幅地表覆盖图的数据生产；建立、运行6个临时GPS连续运行参考站，完成了青藏高原东部和塔里木东部区域968幅图的像控测量、799个像控点和6个GPS跟踪站的数据处理、外业影像调绘、专题要素调查、景观图片采集及客观条件和环境状况等资料的收集。

四、加强成果应用，逐步开展数据建库工作。完成了三江源区域262幅图的入库数据制作和地理信息数据入库的前期准备工作；开展了测区景观图片集、测区影像判读标志样片集、西部交通与人文地图集、三江源地区生态与环境地图集等的前期设计和资料收集工作。加强成果应用的共建共享，展开与西部有关省区的积极合作，启动了新疆维吾尔自治区应急指挥系统基础地理信息平台、青海省柴达木经济循环区地理信息系统、三江源地区生态环境遥感动态监测及预警地理信息系统、甘肃省基础地理信息平台及应用系统、云南地理空间信息系统平台等项目建设，完成设计方案的编制，与部分省区的有关部门签定了合作协议。

【国家基础地理信息系统数据库建设】

1∶5万数据库更新的生产组织及技术日趋成熟，各项工作全面开展，更新生产进展顺利。2007年，国家测绘局组织开展了2053幅综合判调、1254幅DOM生产、564幅外业控制测量，落实了18家单位615幅缩编更新任务的合同签订；完成了与总参测绘局合作开展1∶5万数据库更新工程协议书的编写，落实了合作分工任务范围，在计划、技术和资料等方面进行了协调；组织制定了相关的更新生产技术规定及质量检查验收规定，指导完成了质量检查软件的开发和缩编更新软件的完善等；加强对更新生产成果质量的监督检查，组织开展了对更新生产中间成果或样图数据的质量抽查，以及缩编和质检方面的技术培训等；组织开展了更新生产成果汇交与检查入库工作。全国1:5万境界更新基本完成，12个省的数据已完成检查入库；综合判调、DOM生产、外业控制生产计划已全部完成，缩编更新生产基本完成。

2001年5月～2007年8月，总参测绘局组织61363部队等单位完成了军方生产的4495幅1:5万基础地理信息数据质量监理验收、两局（国家测绘局、总参测绘局）21101幅数据交换以及全国21101幅数据整理入库工作。

【数字城市地理空间框架建设】

2007年，国家测绘局遴选了郑州、佳木斯等23个城市开展数字城市地理空间框架建设示范。示范城市成立了由主管市领导任组长的领导小组，建立了项目协调办事机构；组织审查了17个项目设计书；与有关省级测绘行政主管部门、城市人民政府签署了共建共享协议书。2006年批准的7个试点项目稳步推进，基础数据生产更新工作基本完成，公共平台及典型应用开发工作取得初步成绩，起到了良好的示范效应，促进了城市地理信息资源的共享，提高了城市管理决策、应急保障以及公共服务能力，提升了城市信息化水平。组织开展了数字城市地理空间框架建设试点调研工作，了解试点开展情况，及时发现问题，指导督促试点工作顺利进行；开展了有关标准的研制工作，印发了《数字城市地理空间信息公共平台技术规范》、《数字城市地理空间信息公共平台地名/地址分类、描述及编码规则》等指导性技术文件，指导试点城市开展有关工作。

【基础航空摄影与遥感影像获取】

2007年，全国基础航空摄影与遥感影像获取工作成效显著，实现了国家与省级基础航空摄影计划的有效结合，获取的数据量和数据质量获得“双丰收”。全年实现航空摄影75万平方千米，获取遥感影像229万平方千米，产品合格率100%，优良率达到63%，较2006年有大幅增长；同时，从军队、地方局协调共享航空航天影像资料达30万平方千米，较好地解决了测绘保障服务对数据源的需求并避免了重复测绘。为国家和省级基础测绘、全国第二次土地调查、水利交通建设、城市规划设计、生态环境保护、防灾减灾、国防建设和科学研究等提供了可靠的影像数据源保障。

2007年，解放军61363部队完成了真彩色航空摄影数十万平方千米、黑白航空摄影数万平方千米，冲洗处理彩色、黑白胶卷数百筒等任务，为地形图更新和建立我军作战、训练信息化平台提供了丰富的影像数据。

【航空图制作】

一、全国第一代1:50万数字航空图建库完成

空军95956部队承担的全国第一代1:50万数字航空图建库及出版任务，自2003年展开至2007年底，完成了全部国土范围245幅图的编制及数字化任务，优良率达99.59%。

二、1:25万数字航空图研制成功

2007年，为满足低空及超低空领航需要，空军95956部队成功研制了1:25万数字航空图，并已完成某地区1:25万数字航空图编制及数字化任务34幅，优良率达100%。编制1:25万数字航空图在国内尚属首次，该项任务的开展为制作我国大比例尺航空图积累了经验。

三、香港、澳门地区多尺度航空图编制出版

4月，空军95956部队率先采用“2000中国大地坐标系”，完成了全开16拼幅《香港特别行政区飞行管制图》（1:2万）和香港、澳门地区1:5万、1:10万、1:25万、1:50万、1:100万5种比例尺航空图的编制出版任务。

【中国大陆环境构造监测网络工程】

中国大陆环境构造监测网络工程是中国地震局、总参测绘局、中国科学院、国家测绘局、中国气象局和教育部联合申请的重大科学基础设施建设工程，已获国家发改委批准。2007年，完成了工程立项，编写了项目实施方案，并开展了项目实施的相关工作，包括24个全球导航卫星系统（GNSS）连续运行站、320个区域站和数据系统的设计和建设等；完成6个GNSS连续运行站的施工设计，组织实施了湖南、贵州、云南省和广西壮族自治区69个区域站的选建任务。

【中国地壳运动观测网络工程】

按照分工，国家测绘局维护北京、武汉、西宁、乌鲁木齐、拉萨、哈尔滨6个基准站的正常运行，承担且末和普兰2个临时基准站的观测，承担新疆、西藏和青海测区148个区域网点的GPS观测。3月15日～8月16日，顺利完成区域网第四次GPS联测工作。

3月20日~7月16日，解放军61365部队完成了263个中国地壳运动观测网络区域站的GPS联测任务，并根据《中国地壳运动观测技术规程》对上交的观测资料、观测手簿、仪器检验、光盘刻录的质量进行了评定。

【其他基础测绘项目】

电子政务空间辅助决策测绘保障示范项目实施情况良好。中国测绘科学研究院开发完成了第五代自主版权政府管理与决策地理信息系统1.0版本，实现了海量空间数据可视化建库，以及基于Web的二维、三维信息集成服务，系统已在国务院办公厅测试运行；完成了2007年国务院办公厅防汛气象信息服务工作，得到了国务院办公厅电子政务办公室的表扬；研制了新一代电子政务地理信息系统软件平台，建立了国务院全国空间信息系统，完成了专题信息网站的改版。基础地理信息系统运行与维护、全球底图数据库建立及数字地图产品研制、川滇大地水准面精化等国家基础测绘项目按计划稳步推进，执行情况良好。

【重大测绘项目立项】

国家现代测绘基准体系基础设施建设工程的申请立项工作有了新的进展。根据国家发改委压缩投资规模、分期立项的意见，按照“一期工程完成专项主要建设内容，初步实现专项预期目标；二期完成后续工作，全面实现专项目标；两期工程相对独立、有机结合、前后衔接、优化运筹”的要求，对工程建议书进行了完善，对整体规划、阶段性目标、全球导航卫星系统（GNSS）连续基准站数量、卫星大地控制网密度等内容进行了修订，10月，重新向国家发改委申报。同时，开展了国家现代测绘基准体系基础设施建设工程项目的总体设计。

界线测绘

2007年，界线测绘工作进展顺利。国家测绘局开展了中越勘界、中尼边界联检、国界管理信息系统建设和中老边界测绘培训工作，加强了中越勘界外业的组织实施；指导制订了中尼边界第三次联合检查议定书附图的制作方案；装载有中哈、中越、中朝、中缅等边界数据的日常界务管理子系统和公众国界信息发布子系统已在外交部安装运行；与老方议定了对老方测绘技术人员的培训计划，完成了摄影测量与遥感、DLG制作两个专题的培训工作。同时，由总参测绘局负责的中俄国界东段勘界工作全部完成；由海军负责的我国领海基点建设专项顺利实施。

【中越陆地边界勘界测绘】

2007年是中越勘界工作重要的一年，国家测绘局加强了勘界测绘保障工作的力度。1月，国家测绘局参加了外交部中越政府代表团南宁工作会议和中越政府级第13轮谈判，协助外交部制定了“一揽子解决方案”，为勘界的后续工作奠定了基础。8月，国家测绘局副局长李维森参加国务院中越勘界工作协调会，表示国家测绘局将精心组织、紧密配合，确保勘界测绘工作的顺利实施。

1月~11月初，中越勘界共确定基本碑位271处（累计1301处），辅助界碑39处（累计233处）；竖立界碑319个（累计1247个），测量界碑293个（累计1238个），确认解算数据的界碑425个（累计1182个），勘定边界线约784千米；检查验收界标登记表377份、界线走向叙述108段，验收边界线长度约423千米，并按技术规定检测了若干界碑等。至此，完成的野外勘界成果已占总任务量的85%。

【中尼边界联检】

4月，中尼边界第三次联合检查委员会第五次会议在中国西安市举行。中尼双方商定了对地图进行重测和局部修测的初步工作计划；中尼边界第三次联合检查测绘办公室组织编制的《中尼边界第三次联合检查议定书附图修测规定》，通过外交途径提交尼方，尼方及时反馈了相关意见和建议；组织国内相关部门就外业上界事宜、联检议定书附图修测经费预算等相关工作进行了充分协商和认真筹备；开展了中尼边界联检工作所需卫星影像的订购工作；开展了技术试验及相关实施方案的制定等工作。

【中俄国界东段勘界工作】

中俄国界东段黑瞎子岛和阿巴该图洲渚两地段勘界是中俄两国全部解决边界问题进程中的重要组成部分。勘界测绘工作的主要任务是实地确定两地段国界线的具体位置，测定竖立界桩的坐标，起草勘界议定书，绘制详细的国界地图。2006 年 3 月，总参谋部下达完成两地段勘界测绘工作的任务。总参测绘局负责组织勘界测绘工作，沈阳军区某测绘大队和北京军区某测绘大队共同承担实地测量工作。中俄勘界组的 6 名测量人员于 2007 年 4 月赴实地展开测量工作。8 月底，4200 多千米的中俄国界两地段勘界测绘工作全部完成。

【我国领海基点建设专项】

领海基点是计算领海、毗连区、专属经济区和大陆架的起始点，是维护我国海洋权益和宣示主权的重要标志。2004 年 2 月，国务院、中央军委批准设立了“我国领海基点建设”国家专项，对我国领海基点进行标志性工程建设和维护。该专项由外交部、总参谋部牵头，海军负责具体实施，至 2007 年底，海军海洋测绘部队已完成 58 座石碑标志和 2 座灯塔标志建设，动用兵力 4000 多人次，船艇 600 余艘次，累计航程 38000 余海里。

海洋测绘

【中国第二届国际海道测量师/海图制图师论坛】

11 月 23 日 ~24 日，中国第二届国际海道测量师/海图制图师论坛在大连举办，来自国家测绘局、交通部、海军、同济大学等 30 多个部门和单位的 70 多名专家、代表参加了论坛，论坛主题是“海洋测绘的职业化、规范化、标准化”。先后有 10 余位专家和代表针对海洋测绘的发展问题做了专题报告。海军大连舰艇学院院长、海军司令部航海保证部副部长、辽宁省测绘学会秘书长出席论坛并讲话。此次论坛的召开对我国海洋测绘事业的发展具有重要意义。

【香港水域海洋测绘】

为满足海军部队履行香港防务需要，海军组织南海舰队海洋测绘部队赴香港执行了昂船洲舰艇大队营区、军港码头以及港池、出港航道、海军锚地测量任务，出版了香港、澳门海区海图并交付驻港部队使用。这是驻港部队首次在香港海区使用我国实地测量资料编制出版的海图。

【中国航海图公开出版发行】

在国家新闻出版总署的指导下，按照国家和军队有关出版物的管理法规和规定，2005 年 6 月，海军司令部航海保证部正式登记注册“中国航海图书出版社”。2005 年 10 月开始出版发行全套中国海区航海图。该套图采用 WGS－84 世界大地坐标系、墨卡托投影，图式符号采用国家标准 GB12319－1998《中国海图图式》，内容依据国家标准 GB12320－1998《中国航海图编绘规范》编绘。截至 2007 年 10 月，随着第 101 号海图——《中国海区及相邻海区》海区总图的编制完成，由海军司令部航海保证部编制、中国航海图书出版社出版的全套使用国际标准书号的中国海区航海图 413 幅完成公开出版发行。

【新一代国际标准数字海图完成装船试验】

2007 年初，新一代南中国海 1∶100 万数字海图完成多次装船试验。中国数字海图首次采用国际标准编制，标志着由海军测绘部门研制完成的数字海图及相关系统全面实现与国际接轨，技术性能日臻完善，数据存取更加迅捷，涵盖海域更为广阔，将为我国舰船远航提供强有力的保障。

新一代国际标准数字海图，不仅具备第一代数字海图各项通用功能，而且能广泛适用于各类导航定位系统、雷达系统、船舶自动识别系统。除国防应用外，还可用于海上交通、海洋工程规划、海洋环境监测、海上石油开发、海疆界线确定等领域。

【中国航海图书出版社工作】

2007 年，中国航海图书出版社共编制和公开出版各类海图 150 幅、各类航海书表 21 册，编发中文和英文《航海通告》各 52 期、《临时通告汇编》1 册。通过出版和改版中国海区及港口的海图，对在版的航海图书进行及时更新和改版维护，满足了国家海上交通运输、渔业生产、海洋资源开发、海洋环境保护和海域划界等各方面的需要。

2007年，该社对中国沿海的主要港口重新进行了年度调查，并搜集了部分国外海区资料。全年共调查40多个港口，搜集各种图件资料2000余份，文字资料50多万字，并对搜集的资料进行了深入分析和整理。出版了12拼《世界全图》1套，《船舶号灯、号型示意图》等海事法规类挂图4幅。这些海图的出版发行，及时地反映了我国港口和海区的变化情况，增强了中国航海图书的现势性。

【中国周边海峡通道航海图出版发行】

为满足船舶在中国周边海峡通道的航行安全需要，由海军司令部航海保证部编制、中国航海图书出版社出版发行的中国周边海峡通道航海图，12月正式上市。首批共编制出版44幅海图，出图范围主要为我国周边主要海洋通道及其附近水域，包括宗谷海峡、津轻海峡、朝鲜海峡、大隅海峡、宫古海峡、台东海峡、巴士海峡、巴林塘海峡、巴布延海峡、民都洛海峡、巴拉巴克海峡、锡布图海峡、巴西兰海峡、望加锡海峡、卡里马塔海峡、龙目海峡、巽他海峡、新加坡海峡、马六甲海峡等。

【世界全图出版发行】

11月，由海军司令部航海保证部编制、中国航海图书出版社出版发行的《世界全图》印刷完成。《世界全图》为该部首次使用国际标准书号公开出版发行的彩色挂图，采用最新的世界政区、交通、地形等资料编制，由12幅全开图拼接组成，长390厘米、宽210厘米。该图内容丰富，制作精细，色彩鲜明，是国内最大幅面世界全图。

【基础教育】

2007年，海军共招收海洋测绘专业本科生10人、硕士研究生12人、博士研究生5人；毕业本科生25人、硕士研究生17人、博士研究生1人。为海洋测绘部队、科研院所和机关输送了一批高素质人才。

【专业培训】

2007年，来自海军各部队的25名专业技术军官在海军大连舰艇学院接受了系统的海道测量、海图制图专业培训。近年来，该院为海军培训了大量海洋测绘专业技术人员，增强了我国海洋测绘技术力量。

【海军92859部队博士后科研工作站成立】

2006年12月，经国家人事部和解放军总政治部批准，海军92859部队成立博士后科研工作站。工作站聘请高俊、宁津生、李德仁、刘先林、王家耀、沈昌祥、许其凤等院士为学术指导委员会委员。2007年8月10日，该博士后科研工作站首位科研人员进站并举行了开题报告会。

【中国第二期国际海道测量师培训班结业】

11月，中国第二期国际海道测量师培训班结业。来自天津海事局、广州海事局、大连九成测绘信息有限公司等单位的6名学员经过1年的系统培训，完成了20门课程的学习，获得国际海道测量师A级资格证书，提高了我国在海洋测绘工程技术方面的国际竞争力。

地图编制出版

【地图与图书】

2007年，全国各地图出版社公开出版地图、图书共2451种，新出版地图1229种，再版地图1222种，包括测绘图书623种，教学图书559种；总印数12870.18万幅/万册，总印张375022.8千印张。

【实用参考图】

2007年，全国各地图出版社在实用参考图选题策划和设计方案论证工作中，积极开拓大众地图市场，促进地图产品的多样化、普及化和社会化，出版数十种精品实用参考地图。其中，中国地图出版社（测绘出版社）推出了包括世界分国地图、世界地形图、中国分省地图集、中国城乡路网、中国公路交通、中国自然环境等在内的大中型参考地图集以及若干省、市综合地图集、影像地图集，由北京奥组委授权编制了《北京奥运场馆旅游交通图——场馆篇》、《北京奥运场馆旅游交通图——环境篇》。

中国地图出版社（测绘出版社）出版的《国家版图教育读本·中国版图知识（初中版）》入选中

宣部“三个一百原创图书”,《中华人民共和国行政区划图集》获首届中国出版政府图书奖,《中国国家自然地图集——中国自然资源与环境的形象显示与虚拟》获首届中国出版政府音像电子网络奖提名奖;《珠峰到底有多高》被新闻出版总署列为2007年全国青少年推荐百种优秀图书,《数字工程的原理与方法》获2007年教育部普通高等学校精品教材,《〈国务院关于加强测绘工作的意见〉辅导读本》为宣传贯彻国务院关于加强测绘工作的意见发挥了积极作用。成都地图出版社出版的《中国实用地图集》获中国西部优秀科技图书一等奖。

【电子地图】

2007年,我国导航电子地图产业取得了令人瞩目的成就,产业队伍日益壮大,产品品质不断提高。全年导航电子地图共出版79种,地图范围覆盖了31个省级行政区划单位、333个地级行政区划单位和2858个县级行政区划单位,覆盖公路里程总量达到170多万千米,占全国公路总里程的95%以上。导航电子地图产品主要应用于车辆自主导航、物流配送、智能交通、城市管理和公安管理等多个领域。部分地图出版社还出版了多种以光盘为载体的其它电子地图和初、高中地理多媒体备课系统等。

【特种地图】

中国地图出版社(测绘出版社)设计制作了北京地区旅游专题地图《北京——八达岭长城》(中、英文版)立体地形图,为新闻出版总署制作了《全国农家书屋工程建设形势图》(四拼无缝背光地图),并与其他单位合作开发了4种金属地球仪。

【教学地图】

中国地图出版社(测绘出版社)按照我国新一轮教学课程改革的要求,根据教材市场的需要,完成了地理和历史学科不同版本、不同学习阶段的教学地图册、填充图册以及教学挂图的编制出版工作,通过了地图审查和教材审查,并已在全国各地推广使用;开展了《中学教师地图集》(中国卷、世界卷、专题卷)和《中国自然地图集》的再版修订工作。

测绘成果与档案建设

测绘档案

【国家测绘档案资料馆馆藏】

2007年,国家测绘档案资料馆继续对馆藏档案资料进行整理,数量略有增长,测绘档案类目与2006年相同。

库房密集架514组(1744节),馆藏的现代测绘科技档案资料中主要包含:大地测量档案13894件;1994年~2007年累计航摄底片4209筒、988339片,航摄拷贝片945筒、258727片;2000年~2007年累计卫星遥感资料31687景、120618709平方千米,数据量8838.14GB;1∶1万~1∶200万地形图档案466244张;国外地形图资料10486张;国内外专题地图资料15144张,国内外地图集3775册;数据档案介质4909盘(磁带、光盘),异地贮存数据467盘(磁带、光盘);测绘项目档案77807件;设备档案2606件;专业图书期刊资料2642件;清代以前的古地图档案403件;拷贝磁带144盘,刻录光盘8盘。

【2007年测绘档案资料馆藏总量统计】

2007 年测绘档案资料馆藏总量统计表

类　　目	卷藏量	件数量	点/片/景	备　　注
大地测量档案	1596	13894		
航摄底片		4209（筒）	988339	
航摄拷贝片		945（筒）	258727	
卫星遥感资料			31687	景
地形图档案	7040	466244		
国外地形图档案	120	10486		
黑图档案	53703	312715		
国内专题图档案	293	11163		
国外专题图档案	115	3981		
国内地图集档案	1307	3463		
国外地图集档案	230	312		
特种地图档案	5	10		
数据档案		4909		
异地贮存数据		467		
古地图档案	57	403		
民国地图档案	723	106247		
测绘项目档案	2164	77807		
设备档案	198	2606		
专业图书期刊资料		2642		
全宗卷	111	1351		
合计	67662	1023854	1278753	

2007 年地形图馆藏档案统计表

比例尺	版别	档案实物件（张）					档案实物	合幅图数
		一份	二份	三份	小计	总计	卷数	
1∶10000	五四系	106396	88224	88126	282746	282787	4515	121
	八零系	41			41		7	
1∶25000	五四系	10578	9316	1734	21628	21628	299	119
1∶50000	五四系	38673	34840	21813	95326	114487	1010	173
	八零系	6387	6387	6387	19161		231	
1∶100000	五四系	13103	11858	4725	29686	29821	531	124
	八零系	45	45	45	135		6	
1∶200000	五四系	2726	2572	721	6019	6019	75	20
1∶250000	五四系	866	866	866	2598	2598	69	7
1∶500000	地形图	710	704	536	1950	2547	42	3
	航　图	298	281	18	597		33	
1∶1000000	内　部	60	60	60	180	6118	3	476
	秘　密	145	145	144	434		3	
	拼　音	15	15	15	45		3	
	影　像	63	63	63	189		3	
	世界地形图	1481	1389	448	3318		124	
	世界航图	969	965	18	1952		77	
1∶2000000	世界地形图	62	62		124	239	4	4
	世界航图	58	56	1	115		5	
合计		182676	157848	125720	466244	466244	7040	1047
五四系		172342	147676	117985	438003		6499	
八零系		6473	6432	6432	19337		244	

2007 年地形图档案馆藏统计表

出版年代	幅　数
1950 年～1960 年	154
1961 年～1970 年	825
1971 年～1980 年	24990
1981 年～1990 年	69219
1991 年～2000 年	1738
无出版年代	9632
2001 年～	1300
合计	107858

注：实物总数为 107737 件（含合幅图）

测绘档案资料规范化管理和信息化建设

【测绘档案资料收集】

2007 年，国家测绘档案资料馆收集获取档案资料信息 4358 条，累计收集 37 批次，共收集资料 39253 件。其中，国内外存档地形图 789 幅 1691 张，补充、更新供应库地形图 430 幅 32037 张，国内外地图集 274 本，专题图 79 张，成果目录等其他资料 5138 件，国外地理信息期刊 34 本。

按照全面、系统、完整的要求，对全国测绘成果成就展筹办、实施等各个阶段形成的资料、文献和展示系统、实物进行收集、整理归档，形成 64 卷 64 盒、580 件的档案成果，刻录 DVD 光盘 206 张，约 350GB。2 月通过了国家测绘局验收。

【馆藏档案规范化管理】

2007 年，国家测绘档案资料馆完成国外地图、民国时期外文地形图翻译 13238 幅；完成 1∶2.5 万、1∶2 0 万、1∶25 万、1∶50 万、1∶100 万地形图二底图（主要用于再次印制地形图）档案整理组卷、数据采集 10386 幅（卷）43340 张（件）；编制了《测绘科技档案著录细则》、《测绘科技档案信息分类标引细则》、《测绘科技档案信息分类表》、《测绘科技档案整理组卷细则》、《测绘档案扫描数字化技术规定》等，促进了馆藏档案的规范化管理。

【测绘档案信息化建设】

对“国家馆藏测绘档案资料信息库管理与服务系统”部分功能进行升级，完成了系统 2.0 版的升级工作；完成各种目录数据库制作 25 个。

【国家基础测绘项目归档】

全年累计接收 1∶5 万全国矢量要素采集、华东华中大地水准面精化、国家大地测量图集续编等基础测绘项目归档 19 个，归档案卷 1033 个；接收纸质档案 1187 卷，其中文档 22716 件、数据 1943GB。

测绘共建共享

2007 年，国家测绘局积极开展部门间地理信息资源共享与合作，推进国家基础地理信息数据在国民经济各领域的应用。同时，国家测绘局与有关部门联合印发通知，指导省级有关部门开展合作，加强省级数据资源的共享。全国测绘成果共建共享工作稳步推进。

【签订共建共享协议】

国家测绘局与中国气象局签署《关于加强地理气象信息数据资源共享与技术合作协议书》，与中央财经领导小组办公室签署《关于电子财经信息系统建设的合作协议书》，与国家安全部联合印发《关于加强地理信息资源共享与合作的通知》。同时，积极推进与国家减灾委员会、国家防汛抗旱总指挥部、国家林业局等部门的共享与合作。

【落实共建共享协议】

国家测绘局按协议要求向各有关部门提供了协议中明确的基础数据，数据已用于有关部门的系统建设中。中国气象局等部门已向国家测绘局提供了专题数据，用于相关数据库的更新和应用项目的建设。各有关部（局）提供的数据包括：中国气象局提供的 1971 年～2000 年累年各月气象统计资料；公安部提供的《中华人民共和国全国分县市人口统计资料》（2005年）；国土资源部提供的陆地边界20千米带状区域范围内矿产资源的有关数据；中国地震局提供的国家第二期一等水准网复测成果资料，1990年以后施测的可构成网型的最新一期精密水准及其GPS联测资料，地震重力区域网、网络工程重力网和中国数字地震观测网络重力基本网的重力资料。

【省级部门共建共享工作情况】

各省级测绘行政主管部门根据国家测绘局与相关部（局）签署的协议和关于促进省级测绘行政主管部门与相关部门共享与合作的相关文件要求，与本省交通、地震、公安、安全、气象、民政、国土、水利等部门以及其他省、自治区、直辖市测绘行政主管部门间签订共建共享协议，建立数据交换和更新制度，联合开展多种形式的项目合作，促进省级部门共建共享与合作工作的开展。据不完全统计，截至2007年底，省级测绘行政主管部门与省相关部门签署合作协议65份，开展合作项目39个。

测绘服务与应用

测绘保障服务

【全球地理底图数据库建设及数字地图产品研制】

全球地理底图数据库建设及数字地图产品编制项目建设工作历时3年，2007年全部完成。该项目的建设目标是为各级政府部门的管理决策提供技术支撑服务，至今，国家测绘局已先后为国家发改委、安全部、外交部、总参谋部、中国卫星气象中心等部门和单位建立专题信息系统、制作专题地图提供了大量基础地理底图数据，在反恐维稳、国家安全、陆地国界信息管理等方面发挥了良好的作用；以地理底图数据为基础，快速编制各类工作用图，为国务院领导办公室制作了《世界全图》、《中国全图》和世界五大洲地图；先后向中央办公厅、中央组织部、国家统计局、国家林业局、国家发改委、财政部、总参谋部等党、政、军部门无偿赠送《世界全图》、《中国全图》近150幅（套），产生了很好的社会效益。

【新农村建设测绘保障工作】

2007年，国家测绘局大力推进社会主义新农村建设测绘保障工作，指导各省围绕新农村建设规划、涉农重大工程、农村基础设施建设、农业综合信息服务平台建设及提高农业生产力水平和农民生活质量等开展测绘保障服务工作。以陕西、黑龙江、四川、海南及北京、吉林、甘肃、江苏、内蒙古、宁夏、云南、福建、大连等13个省区市共14个试点县市为调查对象，开展了新农村测绘保障工作情况的调查，审批了服务保障示范项目实施方案。

【明长城资源调查测绘保障工作】

国家测绘局与国家文物局联合组织召开了涉及13个省的长城资源调查工作启动会议，协调成立了两局联合的长城资源调查领导机构，完成了长城测量总体方案论证；与国家文物局联合下发了《关于积极做好第三次全国文物普查工作的通知》，在落实测绘工作经费、确定长城资源调查范围以及提供航空摄影数据和信息系统建库技术支持等方面与国家文物局进行了多次协商。指导国家基础地理信息中心编制了明长城测量项目总体实施方案、总体技术方案和测量经费预算方案，指导有关省测绘局配合省文物局联合完成了省级长城测量项目实施方案的编写工作。

【国家动态地图网服务工作】

国家测绘局认真做好国家动态地图网的信息维护与服务工作，及时更新数据。通过定期获取和整理网络数据资源，目前已有5155个数据表格、38400多个数据项可供使用，访问量超过51万人次。

【“和平使命—2007”联合军演测绘保障】

8月9日~17日，上海合作组织成员国武装力量联合反恐演习“和平使命—2007”，分别在中国乌鲁木齐和俄罗斯车里雅宾斯克举行。担任此次演习测绘保障任务的兰州军区测绘部队先后投入作业力量300余人，赴俄8人，并动用大量保障装备为演习准备阶段的各方战略磋商、战役筹划，演习实施阶段实兵的各种行动，提供了全面精准的测绘保障，出色完成了矢量地图和地形沙盘的制作、要图标绘和军事地理资料分析报告的撰写等任务。

【酒泉、太原、西昌卫星发射中心测绘保障】

4月~9月，解放军61365部队赴酒泉、太原、西昌卫星发射中心执行相关测绘保障任务。先后完成了风云、资源、环境等卫星的发射射向标定、跟踪设备站址测量、测试厂房惯性平台子午线标定、导弹飞行试验等测绘保障任务。

【68011部队完成输油输气管道测量项目】

2006年~2007年，兰州军区68011部队受中国石油天然气股份有限公司管道分公司等单位委托，先后承担了兰成渝线（兰州-成都-重庆）1320千米输油管道、新疆阿独线（阿拉山口-独山子）246千米输油管道和兰银线（兰州-银川）477千米输气管道的测量项目，同时还完成了兰银线竣工图阶段260千米的航空摄影测量任务。提交了不同坐标系下的遥感影像、矢量数据成果，为管道工程完整性研究提供了地理信息基础数据服务。

【青藏铁路沙盘在俄展出】

2007年3月20日~11月6日，总参61512部队制作的"青藏铁路沙盘"在俄罗斯举办的"2007年俄罗斯中国年国家展"综合区核心位置展出，中国国家主席胡锦涛、俄罗斯总统普京曾莅临参观。

【72946部队开展大地水准面精化及高程联测】

3月~7月，济南军区72946部队受淄博市国土资源局委托，为建立淄博市卫星导航系统连续运行参考站，进行大地水准面精化及高程联测，联测水准近300千米，联测GPS点26个。成果被评为优秀。

【72946部队参与完成山东省地形图更新项目】

6月~9月，济南军区72946部队参与山东省国土资源厅地形图更新项目，完成肥城地区1:1万地形图80幅。

国家级基础测绘成果提供

国家测绘局通过设置在国家基础地理信息中心的服务窗口，全年接待申请使用国家级基础测绘数据和模拟测绘成果资料的用户约8500人次，提供1:1万、1:5万、1:25万、1:100万等数字栅格数据（DRG）、核心地形要素数据（DLG）、数字高程模型数据（DEM）、数字正射影像数据（DOM）共61694幅，4575.19GB。其中，无偿提供57429幅，4563.24GB，有偿提供4265幅，11.95GB。向测绘系统的单位提供航摄底片80400片，像片30332片，扫描数据19880片，合计130612片；向非测绘系统的单位提供航摄像片2031片，扫描数据1810片，合计3841片；为国家和省级基础测绘、全国第二次土地调查、水利交通建设、城市规划设计、生态环境保护、防灾减灾、国防建设和科学研究等提供了可靠的遥感影像数据保障。

【模拟成果和测绘档案资料】

国家基础地理信息中心向用户供应各种比例尺地形图19504幅（相同图号的图幅按1幅计），44479张；提供大地成果16165点。

该中心全年接待档案查询用户64人次，借阅档案1330件；为浙江测绘档案馆、广州市档案局、四川测绘局等单位扫描、处理、打印和提供古今中外地图105幅。

【测绘成果编目与发布】

国家基础地理信息中心组织人员开展《全国测绘资料目录集》的数据录入工作，共录入水准点数据15599条，其它各类目录数据3742条。撰写了《档案目录数据外网建库与发布方案》，并试发布63个目录库数据。

【遥感资料和航摄资料】

一、遥感资料接收

国家基础地理信息中心接收航摄资料、正射影像成果和卫星影像数据共20.3TB（含45个摄区的航摄资料）。入库资料包括航摄底片231筒77374片，拷贝片4筒1738片，像片206730片，扫描数据75564片，数据量约19TB；接收入库SPOT5卫星资料182万平方千米，高分辨率卫星遥感资料1.66万平方千米，接收数据量约515GB；接收1米分辨率1:5万航空数字正射影像（DOM-AP）数据1862幅，2.5米分辨率卫星遥感数字正射影像（DOM-RS）数据187幅，以及24个城市的航摄高分辨率正射影像数据，25个城市的高分辨率卫星正射影像数据，接收数据量约850GB。

二、卫星遥感资料提供

向用户提供原始卫星影像及正射影像、土地覆盖等成果数据约5.9TB。其中，为国家减灾委员会、国家林业局、国家气象局等60多家单位提供了正射影像和原始卫星影像等数字成果数据3.5TB。为中尼边界第三次联检紧急订购并提供高分辨率卫星影像数据4400平方千米；向安徽、山西、湖北、重庆等7省（直辖市）提供航摄资料16万平方千米，高分辨率卫星遥感影像近1万平方千米，及时满足了第二次全国土地调查进行调查底图生产的需要；向青海、贵州、西藏等20个省（自治区、直辖市）提供航摄资料约33.7万平方千米，SPOT5、IKONOS等卫星遥感影像42.2万平方千米，满足了省级基础测绘的需要；为陕西测绘局、宁夏回族自治区测绘局、广东省国土资源厅、江苏省测绘局等单位提供正射影像（DOM－SPOT）3016幅，53751MB；为黑龙江测绘局、广东省国土资源厅、宁夏回族自治区测绘局等单位提供正射影像（DOM－TM）846景，961310MB；为陕西测绘局、江西省测绘局、山东省国土资源厅等单位提供IK/QB高分辨率数据39525平方千米，217370MB；为陕西测绘局、黑龙江测绘局、四川测绘局等单位提供土地覆盖数据139幅，1034MB；为重庆测绘院、陕西测绘局、四川测绘局、海南测绘局等单位提供1米分辨率数字航空正射影像（DOM－AP）数据1969幅，753470MB；为陕西测绘局、黑龙江测绘局、四川测绘局等单位提供SPOT5卫星原始影像114景，43300MB。此外，为西部测图工程提供SPOT5卫星原始影像143.6万平方千米，316800MB；提供IK/QB高分辨率数据3986平方千米，69800MB。

三、航摄资料提供

向陕西测绘局、四川测绘局等单位多次提供航摄资料，用于国家和省级基础测绘工作，提供底片80400片，扫描数据19880片，像片30332片，提供的数据量约3.6TB；向青海、贵州、西藏等20个省（自治区、直辖市）提供航摄资料约33.7万平方千米，用于省级基础测绘工作；向安徽、山西、湖北、重庆等7省（直辖市）提供航摄资料16万平方千米，用于第二次全国土地调查工作；向北京、内蒙古、河北等13个省（自治区、直辖市）提供航摄资料约1.3万平方千米，保障了全国长城资源调查测绘工作的顺利展开；向烟台、潜江、威海、石河子等数字城市地理空间框架建设项目提供大比例尺航摄资料0.4万平方千米。此外，还为国土资源管理、水利交通建设、城市规划设计、生态环境保护与可持续发展、防灾减灾、科学研究和国防建设等方面提供了数据源保障服务。

测绘科技

【信息化测绘体系建设】

国家测绘局组织开展了信息化测绘相关研究工作，明确了信息化测绘的概念和内涵，确立了以科技为动力，促进信息化测绘体系建设的总体思路；组织召开院士专家贯彻《国务院关于加强测绘工作的意见》、加强测绘科技自主创新、推进信息化测绘体系建设座谈会，鹿心社局长出席并作重要讲话；组织中国测绘学会研究制定了信息化测绘体系建设纲要，组织中国测绘科学研究院研究制定了信息化测绘技术体系总体技术方案。

11月4日～6日，国家测绘局国土测绘司与中国测绘学会在长沙组织召开信息化测绘论坛，论坛围绕信息化测绘主题进行了学术交流，邀请包括陈俊勇、李德仁、宁津生、刘经南、王家耀、张祖勋6位院士在内的16位专家学者，就信息化测绘体系建设的重要意义、信息化测绘的内涵、目标、任务、措施以及地理信息产业发展等作了专题报告，400多人参加了论坛。

【国家测绘局科学技术委员会工作】

组织召开国家测绘局科学技术委员会2007年第一次全体会议，会议就信息时代的信息化测绘、信息化测绘的概念和内涵、信息化测绘技术体系的构建及应用示范听取了院士、专家的报告，并进行了深入讨论，投票遴选了国家测绘局参评2007年度国家科学技术进步奖的候选项目。

【国家测绘局测绘科技项目】

一、高分辨率立体测图卫星应用系统论证

该项目开展了高分辨率立体测图卫星平台与传感器技术指标深化论证，对原方案中卫星平台及其有效载荷进行优化，优化后的性能指标均超过原有技术任务书的要求；吸收国内外已有地面应用系统建设的成功经验，在有关测绘生产单位开展了对测绘卫星应用系统的需求调研，包括提供的数据类型、时效性以及提供数据的方式等，在充分调研分析的基础上，完成了系统总体方案的设计与论证；开展了高分辨率立体测图卫星核心技术攻关，建立了高分辨率立体测图卫星影像几何仿真系统和卫星轨道的高精度模拟系统，制定了高分辨率立体测图卫星星地一体化定标技术方案，建立了高分辨率立体测图卫星精确成像模型及有理函数模型，研制了相应的解算软件。

二、信息化测绘技术体系总体方案设计

该项目的目标是研究新形势下通过测绘科技攻关和创新建设信息化测绘技术体系，促进我国测绘信息化建设。项目组采取调研、讨论、专题会等方式，咨询了有关部门、单位专家的意见，完成了《信息化测绘技术体系总体方案设计（初稿）》的编写工作。总体方案针对国家与经济社会信息化对测绘保障的需求，吸取信息化测绘技术体系建设过程中的10多项国家重大测绘科技专项建议，提出了信息化测绘技术体系建设的总体目标、阶段任务以及组织与保障措施，指出信息化测绘技术体系涵盖了地球观测基准构建与实现技术、实时化地理信息数据获取技术、自动化地理信息数据处理技术、网格化地理信息管理技术、全方位地理信息共享与服务技术以及多元化地理信息集成与应用技术6个部分。

三、面向多种卫星导航的空间定位数据处理与分析软件

该项目旨在研究解决基于GPS、GLONASS、GALILEO（3G）的多种卫星导航定位系统联合空间定位关键技术。年内研究了多种卫星导航定位系统空间定位关键技术，提出多种卫星导航定位系统时空基准（坐标系统、时间基准）的统一、转换数学模型，开展了单卫星与多卫星系统估计参数协方差分析，提出了多卫星系统定位软件质量控制算法；完成了多卫星系统定位软件总体设计，以及不同卫星系统空间定位子系统接口模块设计；开展伽利略卫星导航定位系统仿真软件研制，开发了单卫星系统高精度静态数据处理子系统，包括基线处理模块，坐标框架选择模块，多天解网平差模块等；研制数据预处理子系统和数据分析子系统，包括时间序列分析模块，地球动力学形变分析模块等。

四、国家基础地理信息动态数据库技术

该项目针对当前国家基础测绘生产和管理过程中面临的历史数据管理问题，研究并实现了基础地理信息动态数据库管理技术。提出并设计了具备通用时空数据建模能力的“版本－差量”式时空数据模型，实现了“版本管理－动态关联”以及“动态分级索引”技术；研究并实现了多时态矢量空间数据的动态关联技术，通过对时空数据的变化机理分析、基本变化类型划分和关联操作算子的设计与开发，支持自动关联、人机交互关联、关联结果修正，实现了多时态矢量实体的动态关联与回溯分析；研究并实现了顾及时态约束的数据编辑功能，研究并实现了快照式、差量式、插值式和动态符号库模式时空数据的动态可视化表达技术；自主研发了时空数据库管理平台STDBInfo V1.0和时空数据处理系统STDBMaker V1.0，并申请了2项软件的著作权。

五、1:1万基础地理信息影像综合判调更新技术方法研究

该项目结合我国1:1万省级基础地理信息数据快速更新的迫切需求，分析了用于1:1万基础地理信息快速更新的数据源的情况，建立了一体化的基础地理信息更新体系架构，开发和实现了传统扫描影像和数码相机传感器的摄影测量立体采编和更新模式，基于数字摄影测量的基础理论实现了基于三维地理要素采集、编辑一体化系统的作业方式，开发并实现了基于普通微机作业环境，利用带滚轮的普通鼠标在立体模型上进行立体采集、立体编辑的1:1万基础地理信息更新系统，为内外业一体化作业模式创建了一个实用的平台。提出了数字化调绘－立体采集－立体编辑航测法技术，为基于多源信息共享机制下基础地理信息数据的单要素或局部区域快速更新指出了可行的发展方向。软件系统已在湖北省测绘局和浙江省测绘局生产中试用。

六、直属局科技创新项目

陕西测绘局承担的“国家地理格网编码方案研究”项目旨在研究适合我国特点的国家格网设计和编码方案，提出了服务于1:1万基础地理信息数据的格网体系，开展了新地理格网编码与国家地理格网和大地坐标间的转换研究以及转换软件开发工作，已开展的“矢量空间数据库共享研究”、“大地测量外业记簿软件与内业数据处理集成”和“制图与建库数据生产与管理的一体化技术体系研究”项目取得了部分研究成果。黑龙江测绘局完成了“基于Web的测绘生产车辆监控调度系统”、“基于Web测绘计算服务平台建设的技术研究”和“简易型近景无加密立体测量方法的研究”等项目，项目成果已推广到生产单位。四川测绘局完成了“基于网络环境的遥感影像快速纠正处理技术研究”、“成都市食品质量安全电子监管系统”和“水准测量外业生产方式改进的研究”等项目。海南测绘局承担的“海岛礁测绘前期技术试验”完成了琼州海峡精密高程传递技术试验的整体方案设计以及部分外业工作。

【军事测绘科研、装备与成果】

一、2007年军事测绘装备科研工作

2007年军事测绘装备科研工作共安排各类科研项目167项，其中预先研究项目28项，型号研制项目3项，军内科研项目66项，技术革新项目14项，技术基础项目56项；装备建设工作安排采购各类装备近4000台（套），安排测绘专用车底盘维修400多辆，建设底盘维修中心2个。

二、2007年度军事测绘获奖项目

2007年度，军事测绘共有54项成果获得国家、军队科技进步奖，其中国家科技进步二等奖1项，军队科技进步一等奖2项、二等奖12项、三等奖39项。通过实施科技奖励，对装备科研工作起到激励与导向作用，促进了人才培养和科技创新，增强了装备科研发展的后劲。

三、全数字摄影测量系统工程建设（一期）通过验收并投入生产

3月27日～28日，总参测绘局在济南军区72946部队召开了全数字摄影测量系统工程建设（一期）验收总结会。会议总结了工程建设的成功经验，交流了系统试生产的做法，对后续系统建设发展作了部署，并就如何使用管理好系统提出了明确的要求；会议代表还现场观摩了济南军区72946部队全数字摄影测量系统建设情况，观看了各测绘部队生产的数字测绘产品成果展示。全数字摄影测量系统的正式建成并投入使用，标志着我军摄影测量生产已进入数字摄影测量阶段，同时对其他军事测绘信息工程建设具有示范和借鉴意义。

四、数字航摄相机正式装备

3月8日，总参测绘局在解放军61363部队召开了数字航摄相机验收会。总参测绘局局长袁树友到会，并就新装备如何尽快发挥规模生产效能提出了具体要求。

五、兰州军区建成测绘装备计量站

8月，兰州军区68011部队建成测绘装备计量站。现已建成配套设施齐全、功能完善、能够满足实验室要求条件的计量工作室，建成了“全站仪综合检定装置”，可开展全站仪、水准仪的综合检定。

六、航摄相机镜头检定实验室建成并通过验收

2006年9月，解放军61363部队经两年研发建设，建成了全军测绘装备内业计量中心航摄相机镜头检定实验室，并投入使用。该中心于2006年12月通过了总参测绘局验收，2007年12月通过总装计量标准考核并颁发计量标准证书。航摄相机镜头检定实验室拥有航摄相机畸变测量仪标准装置，Ⅲ型光学检定仪等主力装备，将主要承担我军航摄相机的维修、维护和镜头检定工作。

七、航空重力测量Ⅱ期及新设备试生产

6月11日～10月31日，解放军61365部队完成了航空重力测量Ⅱ期任务及第二套航空重力测量系统的飞行试验任务。任务测区主要覆盖湖南、广西、贵州3个省区。

八、济南军区测绘部队建立应急测绘保障系统

济南军区于2007年组织所属测绘部（分）队在全军范围内率先进行了应急测绘保障系统建设。该系统在军区组织的综合演习中经受了检验并取得成功。

九、军事测绘计量体系初具规模

截至2007年底，总参测绘局已建成军用时频中心、测绘仪器外业检修中心、测绘装备内业计量中心、陀螺经纬仪检定中心等4个计量站，军事测绘计量体系初具规模。

十、《中国战争史地图集》首发式暨新闻发布会召开

7月18日，由中国革命军事博物馆编著、星球地图出版社编制并出版的《中国战争史地图集》首发式暨新闻发布会在北京京西宾馆召开，总参测绘局局长袁树友、国家新闻出版总署副司长马国仓、中国人民革命军事博物馆馆长郭得河等出席首发式。

十一、香港、澳门地区多媒体数控沙盘研制成功并顺利移交

为满足驻港澳部队履行任务需要，总参测绘局于2006年12月～2007年5月，组织了第二批香港、澳门地区多媒体数控沙盘的研制。按照驻澳部队要求，多媒体数控沙盘集成了北斗导航定位系统，增加了显示要素，丰富了显示方法，完善了兵要地志数据库，集成了测绘信息化成果和技术，创新了应用，代表了我军新一代信息化沙盘的先进水平。

十二、启用2000中国大地坐标系相关工作

8月～12月，解放军61363部队参与制定了测绘各专业启用2000中国大地坐标系技术方案、特殊测绘启用2000中国大地坐标系实施方案，研究建立了国内各常用坐标系与2000中国大地坐标系之间的“转换参数模型”，并编制完成了相关坐标转换软件。该成果已在全军推广应用。

十三、开展改造民用测绘产品为军事应用的技术研究

自2005年8月起，兰州军区68011部队组织开展了改造民用测绘产品为军事应用的技术研究，这是兰州军区继西北五省（区）军地测绘合作研讨会后，为加强军地测绘资源共享所进行的重要技术开发项目。该项目主要目标是将民用测绘产品改造为军用测绘产品，使其符合军事测绘产品的标准和要求，研究建立相关技术体系和技术方案，满足军事测绘保障工作需要。2007年，该项目成果通过总参测绘局组织的技术鉴定，各项成果指标均达到设计要求。

十四、军队院校地图保障重大改革

为贯彻落实胡锦涛主席和军委、总部关于加强高素质新型军事人才培养的指示精神，适应军队院校教育转型需要，从2007年起，将全军院校教学用图（含数字地图）纳入全军地图保障体系，实行统一计划保障。

测绘教育

武汉大学

【人才培养】

一、本科生教育

2007年，武汉大学测绘学院、遥感信息工程学院、资源与环境科学学院及印刷与包装系等3院1系共招收本科新生1267人，毕业的本科生共707人。其中，279人被录取为硕士研究生，占测绘学科毕业总人数的39.5%；29人出国留学深造，占测绘学科毕业总人数的4.1%；本科毕业生平均就业落实率达92.24%。

2007年底，武汉大学测绘学科在校本科生共4496人，比2006年同期增加875人。

二、研究生教育

（一）硕士研究生培养

截至年底，武汉大学测绘学科拥有硕士学位授权点18个，分别由3院1系以及测绘遥感信息工程国家重点实验室、中国南极测绘研究中心、国家卫星定位系统工程技术研究中心（以下简称7个教学、科研单位）共享。7个教学、科研单位拥有硕士研究生指导教师202人，全年共招收硕士研究生549人，毕业的硕士研究生482人，授予硕士学位480人。

年底，7个教学、科研单位在校硕士研究生共1110人。

（二）博士研究生培养

截至年底，7个教学、科研单位共拥有博士学位授权点13个，拥有博士研究生指导教师130人。全年共招收博士研究生166人，毕业的博士研究生150人，授予博士学位149人。

年底，7个教学、科研单位在校博士研究生共790人，比2006年同期增加33人。

（三）博士后培养

2007年，武汉大学测绘学科在地球物理学、测绘科学与技术、环境科学与工程、公共管理、地理学5个一级学科及9个二级学科设立博士后科研流动站。全年进站25人，出站9人，在站43人。

三、成人高等学历教育及网络教育

2007年，武汉大学测绘学科的成人高等学历教育共开设13个专业。其中，本科专业7个（测绘工程、地理信息系统、环境科学、环境工程、土地资源管理、资源环境与城乡规划管理、印刷工程）、专科专业6个（测绘工程、地籍测绘与土地管理、地理信息系统、工程测量技术、数字媒体技术、土地资源管理），面向全国18个省、直辖市招生；另有网络教育本科专业3个（地理信息系统、环境科学、印刷工程）、专科专业4个（地理信息系统、环境科学、印刷工程、地籍测量与土地管理）。2007年，武汉大学测绘学科招收各类成教生1869人，网络生595人，毕业的成教生703人，网络生184人。截至年底，各类在校成教生4069人，网络生821人。

四、承办测绘培训班

根据国家测绘事业发展需求，武汉大学测绘学科覆盖的7个教学、科研单位按照国家测绘局教育培训计划，全年承办各类短期训练班10个，招收学员494人。各类短期培训班学员均按期结业。

五、外国留学生教育

2007年，武汉大学测绘学科覆盖的7个教学、科研单位共招收外国留学生2人，毕业的外国留学生3人。截至年底，在校的外国留学生共14人。

【科学研究】

一、科研成果

2007年，测绘学科科研机构共38个，科研人员共282人，在研项目651项，比2006年增加151项。其中，测绘遥感信息工程国家重点实验室承担国家"973"项目29项、国家"863"项目23项、国家自然科学基金项目24项、国防项目2项；到账科研经费10991万元。测绘学科7个教学、科研单位获得国家及省、部级以上奖励项目共23项。其中，测绘遥感信息工程国家重点实验室李德仁院士主持的"3S集成技术的LD2000系列移动道路测量系统及其应用"项目获得国家科技进步二等奖，测绘学院王新洲教授参与研究的"地球空间数据与空间分析的不确定原理"项目获国家自然科学二等奖，资源与环境科学学院侯浩波教授主持的"基于工业废渣的高强耐水土壤固化剂的研究及其应用"项目获高等学校科技进步一等奖，杜予民教授主持的"壳聚糖改性与组装的分子设计及其功能化应用"项目获湖北省自然科学一等奖，测绘学院李建成教授主持的"我国1厘米精度城市大地水准面及高精度三维大地测量基准研究"项目获测绘科技进步一等奖。

2007年，武汉大学测绘学科7个教学、科研单位共获得专利权17项。其中，发明专利11项，实用新型专利6项。出版学术专著22部，比2006年增加5部；发表学术论文778篇。

二、极地科学考察

武汉大学测绘学科自1984年参加中国首次南极科学考察开始，连续24年先后派出90多人次参加中国南、北极科学考察共29次。参加第23次南极科学考察的2位科研人员已返校，3位科研人员仍在站工作。2月8日，派出王泽民、艾松涛、兰蔚等4位科技和工作人员分别参加中国第24次南极科学考察和第6次北极科学考察，其中赴南极长城站1人、中山站2人，北极黄河站1人。

三、科技开发

8月~11月，武汉大学遥感信息工程学院先后有4项科技开发项目进入开题研究，分别是林志勇主持的"数字地图数据矢量化和数据精度测试系统"，万幼川主持的"珠海市基础地理信息系统"，刘亚文主持的"武汉市三环内（不包括主城区）1:1万、1:3.8万快速影像图制作"和张永军主持的"以线或面特征代替控制点的影像几何纠正算法研究与验证"。测绘学院共有6项科技项目进入开题研究，其中"武汉市区域大地水准精化"、"徐州市大地水准面精化研究"通过了鉴定。

7月12日，张祖勋院士主持研究的"数字摄影测量网格（DPGrid）"，由国家测绘局主持召开成果鉴定会，专家一致认为该产品达到国际领先水平。

12月25日，遥感信息工程学院刘良明教授主持完成的"MODIS与风云卫星数据在环境灾害监测中的应用研究"，通过了由湖北省科技厅主持召开的成果鉴定会。专家一致认为，该成果系统完整，创新显著，总体上达到国内领先水平，其中"'云参数法'遥感干旱监测方法"等3个子项目达到国际先进水平。

【图书期刊收藏与刊物出版】

2007年，武汉大学图书馆信息分馆馆藏图书期刊总量为43.17万册（含地图10万多张）。其中，当年新购图书1.27万册、外文期刊79种、中文期刊1128种、报纸98种。

2007年，武汉大学测绘学科主办学术刊物《武汉大学学报（信息科学版）》、《地球空间信息科学学报》（英文刊名：Geo-spatial Information Science）以及《测绘信息与工程》3种，年度总发行量为5000册。

【师资队伍建设】

2007年，武汉大学测绘学科覆盖的7个教学、科研单位共有教职工438人。其中，教授122人，副教授104人，讲师83人，助教6人；聘请兼职教授48人，客座教授19人，名誉教授3人。教师队伍中有中国科学院院士1人、中国工程院院士4人、国际欧亚科学院院士2人、第五届国务院学位委员会学科评议组成员3人、第五届教育部科技委员会委员2人、教育部地球科学和环境科学与工程教学指导委员会委员6人；国家级有突出贡献的中青年专家8人、国家杰出青年科学基金获得者4人、国家百千万人才工程入选者5人、国家新世纪百千万人才工程入选者4人、国家高等学校教学名师1人、湖北省高等学校教学名师1人、长江学者奖励计划特聘教授5人、长江学者奖励计划讲座教授2人、“长江学者和创新团队发展计划”创新团队入选者2人、新世纪优秀人才支持计划入选者7人、珞珈特聘教授2人。

【国际学术交流与合作（含港澳台）】

2007年，武汉大学测绘学科共接待来自世界各地的大学、科研团体、国际组织、政府机构的代表团组来校参观、访问、讲学、学术交流与合作研究共348人次；组织出国（境）考察、访问、讲学、参加国际学术会议、进行学术交流与合作研究共128人次；主办国际学术会议9个；与外国的大学和科研机构签订交流合作协议8份。

郑州测绘学校

【教学与科研】

2007年上半年，郑州测绘学校全日制在校生3955人，下半年达到4004人。学校坚持质量第一，通过加强日常教学管理、教学督导、教学检查、教学评议等，确保教学质量。全年完成对全日制在校生5个专业67个教学班58700学时的授课任务，比2006年增长了5.8%；组织了武汉大学39个函授班、141门函授课程的面授与成绩考核。

积极稳妥地推进“2+1”（招收的3年制初中毕业生在校学习2年，顶岗实习1年）、“1+1”（招收的2年制高中毕业生在校学习1年，顶岗实习1年）办学模式改革，已在2年制制图专业尝试实行“1+1”办学模式，缩短学生毕业后的上岗适应期。组织了包括水平角观测比赛、水准测量比赛以及语文知识与能力竞赛在内的学生技能竞赛活动，激发了学生的学习热情和学习兴趣。

郑州测绘学校承担了“河南省职业教育教学改革研究项目”4项，其中2项已于年底结题。全年有35名教师获得省级奖励。其中，一等奖7人，二等奖17人，三等奖10人，优秀奖1人。在CN级杂志发表论文40多篇。

【教材及师资队伍建设】

2007年，郑州测绘学校组织新编（修订）了8本专业教材，完成了测绘行业职业技能鉴定培训教材测量员版7本教材的编制和出版工作，组织教师参加了河南省中等职业教育12本系列教材的编写工作。

该校与武汉大学联合举办了测绘工程领域工程硕士研究生课程班，共有26名专业教师参加了学习。开展了专业教师测绘职业技能培训与鉴定工作，23名教师取得了2级（技师）职业任职资格，39名教师取得了3级（高级工）职业任职资格。经河南省教育厅考核批准，该校2007年被确定为河南省中等职业学校教师教育技术能力培训基地，面向全省中等职业学校教师开展培训；2007年暑假，学校对全体专、兼职教师进行了培训。开展了“以爱心感动学生，以言行感化学生”为主题的师德教育活动，采取以老带新等方式，促进青年教师成长，提高教育教学质量。

【招生与就业】

扩大省外招生数量、提高生源质量是郑州测绘学校2007年招生工作的重点。学校积极挖掘办学潜力，稳步扩大在校生规模，共招收全日制学生1365人，其中省外学生609人，省外招生数量比2006年有所增长。认真抓好武汉大学郑州函授站的招生工作，共录取2008级函授生1532人，至2007年底，武汉大学郑州函授站在站学生1897人。

该校不断加强毕业生的就业指导工作，加强与测绘用人单位的联系，拓宽毕业生的就业渠道和测绘专业的服务领域。11月下旬，学校举办了2008届毕业生供需洽谈会，128家测绘单位到校选聘毕业生，除个别不需要学校推荐就业的毕业生外，1301名毕业生中的1178人与用人单位签订了就业协议，签订协议的毕业生占毕业生总数的90.5%。

【基础设施建设】

郑州测绘学校完成了塑胶运动场的建设工程，改造了运动场主席台，完成了学校电力增容，继续做好校园的绿化与美化等工作，使学校的办学条件得到了改善。

【产教结合及实用人才培训】

郑州测绘学校积极推行产教结合，锻炼专业教师队伍，提高学生对测绘生产的适应能力。2007年，学校承接了郑州市两个新农村示范基地1:500数字化地形图的测绘工作，周口供电公司主体大楼、周口中医院门诊大楼的变形观测工作，以及南阳市约2000平方千米范围的像控点测绘工作。国家测绘局测绘职业技术教育培训基地（郑州测绘学校）还面向社会举办了3期测绘实用人才培训班，培养学员近50人。

【党建、思想政治工作及精神文明建设】

2007年，郑州测绘学校按照河南省高校工委、河南省教育厅的部署，组织开展了“讲正气、树新风”主题教育活动，把“切实转变工作作风、切实为教学提供更好的服务、切实解决学校发展中面临的问题”确定为“讲正气、树新风”主题教育活动的主要工作目标。通过活动的开展，增强了全体党员干部搞好作风建设的自觉性，加强了领导班子与教职工、党员干部与群众间的沟通，明确了改进工作的重点，增强了各支部、各部门和广大党员干部的服务意识和责任意识。

该校把党支部建设作为党的建设的一项重要工作，注重支部工作研究，强化工作重点，较好地发挥了党支部在干部教育、师德教育、法制教育等方面的作用。学校认真落实党内各项制度，完善流动党员管理办法，增强党员队伍的凝聚力和战斗力；通过多种形式组织党员学习贯彻党的十七大精神；常年坚持学生马列主义读书会活动，举办了两期学生业余党校，对学生中近240名要求入党的积极分子进行了培训。全年发展新党员35名（其中教职工1名）。

该校开展了“两创两争”（争创文明学校，争创文明班级，争当文明教师，争当文明学生）活动和以“营造自律、诚信、进取、向上氛围，建设平安、健康、文明、和谐校园”为主题的第13个文明礼貌月活动；充分发挥共青团的作用，通过团日活动和各种形式的教育，引导学生树立正确的世界观、人生观、价值观；组织学生开展各种社团活动，举办了校园文化周、田径运动会、经纬杯足球赛、雄鹰杯篮球赛等活动，推进了校园文化建设，锻炼和提高了学生的综合素质与能力。

【学生管理及德育培养】

2007年，郑州测绘学校对《郑州测绘学校学生手册》做了全面修订，加强了对学生日常行为的管理。聘请法律专家到校举办法律讲座，开展法制纪律、文明礼仪、行为规范教育；举办了以班主任、辅导员为主体的学生管理与教育工作研讨会；成立了足球俱乐部、篮球俱乐部、学生合唱团、陶然文学社等7个学生社团和俱乐部，安排专门教师组织和引导学生开展健康有益的文体活动，提高学生的综合素质。

该校坚持“五育并举，德育为先”，认真贯彻《中共中央国务院关于进一步加强和改进未成年人思想道德建设的若干意见》和教育部《中等职业学校德育大纲》，完善了《郑州测绘学校辅导员工作实施办法》，加强了学生思想品德、职业道德等方面的教育，并把德育工作渗透到教学、行政管理、后勤服务等各个方面。

【民主评议学校行风】

5月~11月，郑州测绘学校按照河南省纠正行业不正之风办公室、河南省教育厅的部署，开展了民主评议学校行风工作。学校制定了《郑州测绘学校2007年民主评议学校行风工作实施方案》，把规范办学行为和收费行为、师德师风建设、校务公开、为学生服务、对群众投诉问题的解决和答复等情况列为2007年民主评议学校行风的范围，其中师德师风建设及为学生服务情况被列为2007年行风评议工作的重点。学校采取召开座谈会、问卷调查等多种方式，广泛征集意见与建议，并认真进行整改。12月，河南省纠风办公布了2007年民主评议医院和学校行风评议问卷测评及考核结果，郑州测绘学校在河南省教育厅直属中专学校中名列第一，在省管中专学校中名列第七。

【民主建设】

郑州测绘学校在原有教代会实施办法的基础上，制定了《郑州测绘学校教职工代表大会暨工会会员代表大会实施细则》，进一步完善了教代会制度；坚持政务公开、校务公开，坚持在推举先进、职称评定、干部选拔、招生与就业、工程建设、大宗设备购置等方面的公示制度，并积极落实教代会提案，提高了管理的科学化、规范化、制度化水平。

【市场调研】

为进一步优化人才培养方案，增强教育教学工作的针对性，郑州测绘学校于2007年暑假组织专业教师及部分管理人员分赴19个省（直辖市、自治区），就测绘技术发展和应用、毕业生工作情况、人才需求情况等开展了调研。调研活动分5个调研组进行，各组均由学校领导带队，深入3至4个省（直辖市、自治区）的测绘单位，通过实地考察、召开生产单位技术负责人座谈会及毕业生代表座谈会等方式，了解情况、征求意见、探讨问题，为不断提高毕业生适应测绘生产的能力收集必要的材料。

测绘与地理信息标准化

【标准制修订工作】

2007年，国家测绘局组织完成了《国家大地测量基本技术规定》等7项国家标准、《测绘作业人员安全规范》1项测绘行业标准以及《数字城市地理空间信息公共平台技术规范》等3项测绘行业指导性技术文件的专家审查；完成了《基础地理信息标准数据基本规定》等8项国家标准的审核、报批工作，批准发布了《基础地理信息数字产品1:1万 1:5万生产技术规程》等4项测绘行业标准和《数字城市地理空间信息公共平台技术规范》等3项测绘行业标准化指导性技术文件。

【标准体系研究】

国家测绘局组织完成了《国家地理信息标准体系框架》的编写工作，并通过多次专家论证，印送国务院有关部委及有关单位征求意见，于10月15日正式印发。该标准体系框架由通用类、数据资源类、应用服务类、环境与工具类、管理类、专业类和专项类共7大类44小类标准构成，是继国家测绘局与国家标准化管理委员会联合印发《国家地理信息标准化“十一五”规划》后出台的又一项指导地理信息标准化工作的重要文件。

组织完成了《测绘标准体系框架（送审稿）》的编写工作，经测绘标准化工作委员会全体会议审议，修改完善后正式印发。

【ISO/TC 211第25次全体大会】

由国家测绘局、国家标准化管理委员会主办，国家基础地理信息中心、陕西测绘局、全国地理信息标准化技术委员会共同承办的国际标准化组织地理信息技术委员会（ISO/TC 211）第25次全体会议及工作组会议于10月29日~11月2日在西安召开。来自22个国家、14个国际及地区组织的137位代表和专家参加了会议，其中国外代表110人。会议的成功举办对促进地理信息领域标准化工作的交流合作，提高我国地理信息标准化的影响力，进而实质性地参与国际标准化活动具有重要意义。

【重要标准介绍】

一、国家标准

（一）地理空间数据交换格式

《地理空间数据交换格式》自2007年12月1日起实施，规定了矢量和栅格两种空间数据的空间数据模型、标准格式、文件结构基本组成元素、文件类型和组成方式等的交换格式，适用于矢量、影像和格网空间数据交换。

（二）国家基本比例尺地图图式

1.《国家基本比例尺地图图式 第1部分：1:500 1:1000 1:2000地形图图式》自2007年12月1日起实施。该标准是《国家基本比例尺地图图式》系列的组成部分，规定了1:500、1:1000、1:2000地形图上表示的各种地物、地貌要素的符号，注记的等级、规格、颜色标准，图幅整饰规格，以及使用这些符号的原则、要求和基本方法；对原标准中一些符号式样作了修改，对符号尺寸进行了有比例的调整，增加了卫星定位连续运行站点、磁浮铁轨、轻轨线路、特别行政区界线等50多个符号。该标准适用于1:500、1:1000、1:2000地形图的测绘，是各部门使用地形图进行规划、设计、科学研究的基本依据，编制其他图种的地理底图或测制相应比例尺的地图可参照使用。

2.《国家基本比例尺地图图式 第4部分：1:250000 1:500000 1:1000000地形图图式》自2007年12月1日起实施。该项标准是《国家基本比例尺地图图式》系列的组成部分，代替《1:250000编绘规范及图式》、《1:500000编绘规范及图式》及《1:1000000编绘规范及图式》等三项标准中的图式部分。该标准规定了1:25万、1:50万、1:100万地形图上表示的各种地物、地貌要素的符号，注记的等级、规格、颜色标准，图幅整饰规格，以及使用这些符号的原则、要求和基本方法；对原标准中一些符号式样作了修改，对符号尺寸进行了有比例的调整，增加了卫星定位连续运行站点、特别行政区界线等10多个符号。该标准适用于1:25万、1:50万、1:100万地形图测绘，是各部门使用地形图进行规划、设计、科学研究的基本依据，编制其他图种的地理底图可参照使用。

（三）基础地理信息要素数据字典

《基础地理信息要素数据字典 第1部分：1∶500 1∶1000 1∶2000基础地理信息要素数据字典》和《基础地理信息要素数据字典 第4部分：1∶250000 1∶500000 1∶1000000基础地理信息要素数据字典》，是新修订的国家标准，自2007年12月1日起实施。这两项标准规定了1∶500、1∶1000、1∶2000、1∶25万、1∶50万、1∶100万基础地理信息要素数据字典的内容结构与要素的描述，采用表格形式对上述比例尺所涉及的要素从要素名称、要素描述、要素分类代码、要素的属性表、几何表示、几何表示示例与制图表示示例、相关要素和关系诸方面逐一进行了描述，填补了我国这方面标准的空白，适用于1∶500、1∶1000、1∶2000、1∶25万、1∶50万、1∶100万基础地理信息数据的生产、建库、更新和维护，1∶500、1∶1000、1∶2000、1∶25万、1∶50万、1∶100万基础地理信息数据的分析应用与制图输出可参照执行。

（四）基础地理信息标准数据基本规定

《基础地理信息标准数据基本规定》是强制性国家标准，自2008年3月1日起实施。该标准规定了基础地理信息标准数据的平面坐标系统、高程系统、比例尺系列、投影方式和分幅编号，规定了数据内容应包括测量控制点、水系、居民地及设施、交通、管线、境界、地貌、植被与土质、地名、数字正射影像、地籍测量及其他数据，规定了生产过程中设计、数据源、生产技术方法、质量控制和设备要求，以及数据认定的过程和方法等，适用于基础地理信息标准数据的生产、认定和使用。

二、行业标准

（一）基础地理信息数字产品1∶1万、1∶5万生产技术规程

1.《基础地理信息数字产品 1∶10000 1∶50000生产技术规程 第1部分：数字线划图（DLG）》，自2007年7月1日起实施。该标准规定了采用航空摄影测量法、航天遥感测量法、地形图扫描矢量化法、数字线划图缩编法等制作数字线划图的数据采集技术及其相应的生产作业流程、作业方法和质量控制要求，适用于1∶1万、1∶5万数字线划图的采集、更新与建库，其他以数字线划图为对象的产品制作与应用可参照有关内容执行。

2.《基础地理信息数字产品 1∶10000 1∶50000生产技术规程 第2部分：数字高程模型（DEM）》，自2007年7月1日起实施。该标准规定了采用航空摄影测量法和地形图扫描矢量化法等制作数字高程模型的数据采集技术及其相应的生产作业流程、作业方法和质量控制要求，适用于1∶1万、1∶5万数字高程模型的采集、更新与建库，其他以数字高程模型为对象的产品制作与应用可参照有关内容执行。

3.《基础地理信息数字产品 1∶10000 1∶50000生产技术规程 第3部分：数字正射影像图（DOM）》，自2007年7月1日起实施。该标准规定了采用航空摄影测量法、航天遥感测量法等制作数字正射影像图的数据采集技术及其相应的生产作业流程、作业方法和质量控制要求，适用于1∶1万、1∶5万数字正射影像图的采集、更新与建库，其他以数字正射影像图为对象的产品制作与应用可参照有关内容执行。

4.《基础地理信息数字产品 1∶10000 1∶50000生产技术规程 第4部分：数字栅格地图（DRG）》，自2007年7月1日起实施。该标准规定了采用地形图扫描数字化法、数字线划图矢量变换法等制作数字栅格地图的数据采集技术及其相应的生产作业流程、作业方法和质量控制要求，适用于1∶1万、1∶5万数字栅格地图的采集、更新与建库，其他以数字栅格地图为对象的产品制作与应用可参照有关内容执行。

（二）数字测绘成果质量检验报告编写基本规定

《数字测绘成果质量检验报告编写基本规定》是测绘行业标准化指导性技术文件，自2008年2月1日起实施。标准规定了测绘成果检验报告编写的基本内容、格式等，对检验工作概况、受检成果概况、抽样情况、检验内容及方法、存在的主要问题及处理意见、质量综述及样本质量统计和附件等方面提出了明确要求，并对报告的页面、封面、注意事项、联系方式、正文及其他格式进行了详细的规定。该标准适用于测绘成果质量检验单位编写测绘成果质量检验报告。

（三）数字城市地理空间信息公共平台技术规范

《数字城市地理空间信息公共平台技术规范》是测绘行业标准化指导性技术文件，自2008年2月1日起实施。该标准明确了数字城市地理空间信息公共平台（以下简称公共平台）的内涵和构成，确定公共平台是城市其它专业信息空间定位、集成交换和互联互通的基础，是数字城市地理空间框架的重要组成部分，由数据集、管理服务软件系统和支

撑环境三部分构成。标准围绕公共平台建设的核心内容——公共平台数据集，提出了数据源、数据尺度等方面的建设要求及数据提取、数据扩充、数据重组等建设方法，并对管理服务软件系统和支撑环境提出了具体要求。

（四）数字城市地理空间信息公共平台地名/地址分类、描述及编码规则

《数字城市地理空间信息公共平台地名/地址分类、描述及编码规则》是测绘行业标准化指导性技术文件，自 2008 年 2 月 1 日起实施。该标准针对公共平台中的地名/地址要素，提出了城市地名/地址规范化表达的方法，明确地名/地址的分类至少应当包括行政区域地名、街巷名或小区名、标志物名或兴趣点名或门（楼）址三个层次的信息；提出了地名/地址的代码结构和编码方法，明确了地名/地址地理空间位置表示的方法，规定采用其对应空间实体的中心点坐标表示、坐标信息的获取可从基础地理信息标准数据中采集或通过外业测量采集。

地理信息产业

【发展概况】

2007 年，我国地理信息产业从业人员已超过 30 万人，企事业单位超过 1 万家，总产值已超过 400 亿人民币，作为我国“十一五”规划中国家重点扶持、优先发展的产业，地理信息产业展现出巨大的发展潜力。地理信息技术已广泛应用于电子地图、卫星导航、手机地图、数字城市等产业领域，有力地支持了我国的信息化建设。

国产 GIS 软件在我国的市场占有率已超过 50%，在电子政务、电子商务和大众应用中发挥着重要作用，部分产品已出口海外；大型平台软件、服务器以及支持各类操作系统的 GIS 软件基本形成，在海量数据管理和信息安全等方面都有创新，部分优秀产品如 SuperMap、MapGis、Geostar 已达到或超过国际先进水平；涌现出一批 GIS 软件骨干企业，承接了部分国家重点项目。

在 GIS 应用市场方面，目前仍以政府部门为主体，企业应用正在启动之中，未来将以大众地理信息服务为发展方向。GIS 已成为 IT 的重要组成部分，它与遥感、卫星导航等集成应用，形成空间信息的整体解决方案。GIS 的应用除传统的测绘、国土、规划、资源环境与交通外，已进入考古、统计、农业等领域。

近年来，国家继续加大对地理信息产业领域科技创新的支持力度，国家 863 计划、2006－2020 国家重大科技专项、国家科技支撑计划等均对对地观测与导航、网格地理信息系统软件的研究给予重点支持；GIS 理论研究成果不断涌现，“地球空间数据与空间分析的不确定性原理” 2007 年获国家自然科学奖；我国的 GIS 研究在国际上的影响越来越大，多篇论文在国际学术刊物上发表，GIS 最权威的刊物 IJGIS 新一届编委中有 5 名来自中国。

在 GIS 教育方面，我国已初步形成了世界上最大的、多层次的 GIS 人才培养体系。GIS 基础理论、技术与实践课程基本建设齐备，包括综合、师范、地质、农林、测绘、信息等多类院校在内的约 180 所高校开设 GIS 本科专业；约 80 所院校与科研院所开展 GIS 硕士与博士研究生教育，部分院校在相关系科下设立 GIS 研究；3 门 GIS 概论课被评为“国家精品课”，GIS 教材与教学丛书达 100 多种。

【优秀工程评选】

为推动地理信息产业发展，促进地理信息产业健康成长，中国地理信息系统协会组织开展了 2007 年 GIS 优秀工程评选活动。3 月 23 日～10 月 30 日，评审委员会依照评审标准，按申报、初审、复审、现场答辩、实地考察、网上公示的工作流程，完成了 2007 年度 GIS 优秀工程评选工作，共评出金奖 9 项，银奖 31 项，铜奖 16 项。

2007年地理信息系统优秀工程评选表彰名单

金奖工程

柳州市国土资源局土地信息系统建设
业主单位：广西壮族自治区柳州市国土资源局
承建单位：北京超图地理信息技术有限公司

苏州数字城市三维基础平台系统工程
业主单位：苏州市规划局
承建单位：苏州市城市规划编制（信息）中心
北京灵图软件技术有限公司

福建电网生产管理系统（Grid production Management System，GPMS）
业主单位：福建省电力有限公司
承建单位：福建省电力有限公司
厦门亿力吉奥信息科技有限公司

石家庄城市数字房产地理信息系统
业主单位：石家庄市房产管理局
承建单位：石家庄房产信息中心
石家庄房屋资产权属登记监理中心

无锡市地理信息共享交换平台
业主单位：无锡市信息化办公室
承建单位：南京师范大学地理信息科学江苏省重点实验室

北京市政务信息图层共享服务系统
业主单位：北京市信息资源管理中心
承建单位：北京山海经纬信息技术有限公司

绍兴市“数字国土”系统建设
业主单位：绍兴市国土资源局
承建单位：绍兴市土地勘测规划院
杭州浙大数维信息系统工程有限公司

数字烟台三维城市规划信息系统
业主单位：烟台市规划信息中心
承建单位：烟台市规划信息中心
北京时空信步科技有限公司

佛山供电局配网地理信息系统
业主单位：广东电网公司佛山供电局
承建单位：佛山亿龙天讯科技有限公司

银奖工程

石家庄市地籍（地形）管理信息系统
业主单位：石家庄市国土资源局
承建单位：石家庄市土地利用规划院
北京超图地理信息技术有限公司

常州市基础地理信息系统
业主单位：常州市规划局
承建单位：常州市规划局
广州城市信息研究所有限公司

北京市燃气集团专业市政燃气管网地理工程系统
业主单位：北京市燃气集团有限责任公司
承建单位：北京通宇泰克科技有限公司

青岛市城阳区“数字城阳”（一期）工程建设项目
业主单位：青岛市城阳区城市规划建设管理局
承建单位：北京建设数字科技有限责任公司
北京灵图软件技术有限公司

基于IMU/DGPS技术的南京市大比例尺数字航空影像库系统工程
业主单位：南京市国土资源信息中心
承建单位：中测新图(北京)遥感技术有限责任公司

广西省级三维景观地理信息服务平台　业主单位：广西壮族自治区测绘局
承建单位：广西壮族自治区基础地理信息中心

连云港市市区城乡一体化现代地籍建设工程　业主单位：连云港市国土资源局
承建单位：南京国图信息工程有限责任公司
江苏省基础地理信息中心
国家测绘局第三大地测量队

武汉市基础地理信息集成与综合管理系统　业主单位：武汉市勘测设计研究院
承建单位：武汉市勘测设计研究院

深圳市公安局南山分局警力资源综合信息管理系统　业主单位：深圳市公安局南山分局
承建单位：深圳市永泰软件工程有限公司

宁波市森林防火指挥信息系统　业主单位：宁波市林业局
承建单位：国家林业局华东林业调查规划设计院

石家庄供电公司10kV及以上配电地理信息系统　业主单位：石家庄供电公司
承建单位：石家庄供电公司
上海杰狮信息技术有限公司

淄博市城市综合地下管线信息管理系统　业主单位：淄博市城乡建设档案馆
承建单位：山东正元地理信息工程有限责任公司
淄博市城乡建设档案馆

数字义乌基础地理空间框架建设及典型应用工程　业主单位：义乌市勘测设计研究院
承建单位：义乌市勘测设计研究院
中国测绘科学研究院

北京市崇文区网格化城市管理信息系统　业主单位：北京市崇文区城市管理监督中心
承建单位：北京市超图地理信息技术有限公司

杭州市高新区（滨江）供排水管网信息系统　业主单位：杭州高新（滨江）水务有限公司
承建单位：武汉中地数码科技有限公司

武汉市江汉区城市网格化管理和服务系统　业主单位：武汉市江汉区信息中心
承建单位：武汉武大吉奥信息工程技术有限公司

北京市降雨产流测报系统　业主单位：北京市水务局
承建单位：中国水利水电科学研究院
北京市水文总站

杭州市民政地理信息系统及地名数据标准化与更新管理平台
业主单位：杭州市民政局
承建单位：北京超图地理信息技术有限公司

济南市城市规划三维辅助决策支持系统　业主单位：济南市勘察测绘研究院
承建单位：北京灵图软件技术有限公司

黑龙江省土地利用现状调查工程——1∶1万正射影像图制作
业主单位：黑龙江省国土资源厅
承建单位：国家测绘局黑龙江基础地理信息中心
（黑龙江省遥感信息中心）

鄞州区城镇地籍管理信息系统　业主单位：宁波市国土资源局鄞州分局
承建单位：武汉中地数码科技有限公司

重庆市规划局电子政务平台　业主单位：重庆市规划局
承建单位：重庆市规划信息服务中心

上海数慧系统技术有限公司

重庆市工程地质信息管理系统 业主单位：重庆市建设工程勘察质量监督站
承建单位：重庆市勘测院
重庆数字城市科技有限公司

绥化市地下管线探测工程与地下综合管网信息管理系统
业主单位：绥化市规划局
承建单位：绥化市规划设计勘察测绘院
北京中地时空数码科技有限公司

厦门市规划基础数据库管理系统 业主单位：厦门市规划局
承建单位：北京吉威数源信息技术有限公司

温州港航管理局航道管理 GIS 系统 业主单位：温州市港航管理局
承建单位：北京灵图软件技术有限公司

沈阳市基础地理信息系统 业主单位：沈阳市规划和国土资源局
承建单位：沈阳市勘察测绘研究院

重庆市三维地理信息系统 业主单位：重庆市地理信息中心
承建单位：重庆市地理信息中心
北京时空信步科技有限公司

黄土高原小流域坝系规划三维可视化决策支持系统 业主单位：黄河水利委员会水土保持局
承建单位：中国科学院遥感应用研究所

新乡新奥燃气管网地理信息系统 业主单位：新乡新奥燃气有限公司
承建单位：北京中地时空数码科技有限公司

新疆奎屯市国土资源基础数据库建设 业主单位：奎屯市国土资源局
承建单位：新疆维吾尔自治区第二测绘院

铜奖工程

长江航运信息网络工程资源库及业务 GIS 系统 业主单位：长江航运信息中心
承建单位：北京北大千方科技有限公司

新疆石油管理局供水公司地理信息系统 业主单位：新疆石油管理局供水公司
承建单位：新疆地矿测绘院

吉林省公路地理信息系统 业主单位：吉林省公路管理局
承建单位：东方永德软件（北京）有限公司

杭州市规划局规划成果管理系统 业主单位：杭州市规划局
承建单位：上海数慧系统技术有限公司

上海市宝山区环保地理信息系统一期 业主单位：上海市宝山区环境保护局
承建单位：上海数慧系统技术有限公司

长沙市规划管理局综合信息管理系统 业主单位：湖南省建设厅
承建单位：长沙市规划信息服务中心

上海市基础地理数据元数据管理与服务系统 业主单位：上海市测绘院
承建单位：上海市测绘院

怀柔区全国产化电子政务地理信息系统 业主单位：北京市怀柔区人民政府信息中心
承建单位：北京超图地理信息技术有限公司
北京市信息资源管理中心

山东省工商行政管理经济户口地理信息系统 业主单位：山东省工商信息咨询服务中心

	承建单位：山东省地理信息中心
北京市崇文区区域信息资源共享交换平台	业主单位：北京市崇文区信息化工作办公室 承建单位：北京超图地理信息技术有限公司
安阳市虚拟现实辅助决策信息系统	业主单位：安阳市城市规划管理局 承建单位：安阳市城市地理信息中心 北京森迪特科技有限公司
佛山市城市指南网站	业主单位：佛山市规划局 承建单位：佛山市城市地理信息中心
武汉王家墩地区地理信息系统	业主单位：武汉市汉口机场迁建开发有限公司 承建单位：武汉市勘测设计研究院
廊坊市一体化地籍信息系统	业主单位：廊坊市国土资源局 承建单位：武汉瑞得信息工程有限责任公司
重庆大学城三维仿真系统	业主单位：重庆大学城城区建设委员会 承建单位：重庆市勘测院
北京经济技术开发区三维城市信息系统工程项目	业主单位：北京经济技术开发区国土资源和房屋管理局 承建单位：北京市苍穹数码测绘有限公司

国家测绘局直属单位工作

陕西测绘局

国家基础测绘

【概况】

2007 年，陕西测绘局共承担 9 项国家基础测绘项目，主要包括国家 1∶5 万基础地理信息数据库更新一期工程、社会主义新农村建设测绘保障服务示范、数字西安地理空间框架建设试点、云南地区大地水准面精化、国家基础地理信息动态数据库技术试验、国家基础地理信息系统网络运行与维护以及测绘公共信息服务系统建设等。

【主要基础测绘项目】

一、国家 1∶5 万基础地理信息数据库更新一期工程

2007 年，陕西测绘局承担内蒙古、陕西、湖北和青海四个测区 1∶5 万综合判调更新任务。国家测绘局第一、二地形测量队，国家测绘局第一航测遥感院承担了具体测量任务。全年共完成像片控制测量 257 幅、数字正射影像（DOM）生产 403 幅、综合判调更新 555 幅。各生产单位注重技术创新，提高生产效率，保证了项目的顺利推进。

二、社会主义新农村建设测绘保障服务示范

根据国家测绘局安排，陕西测绘局负责新农村建设测绘保障服务示范项目牵头工作。为履行牵头单位职责，陕西测绘局成立了项目领导小组和项目管理办公室，协助国家测绘局有关部门组织了 2007 年度示范单位和项目的遴选工作，确定 14 个试点单位和项目，协助审批示范项目实施方案；开展了全国新农村测绘保障服务工作调研活动，形成了调研报告；组织《新农村建设测绘保障服务技术指南》编制工作。同时，组织开展了西安市临潼区村镇 1∶2000规划用图测制、乡镇影像地图生产，为新农村建设提供及时的测绘保障。

三、数字西安地理空间框架建设示范项目

数字西安地理空间框架建设示范项目是经陕西测绘局遴选推荐，国家测绘局批准建设的数字城市地理空间框架建设示范项目。本项目由国家测绘局、陕西测绘局、西安市人民政府三方共同建设，预计 2008 年底完成。项目主要内容包括西安市基础地理信息数据生产与更新、地理空间框架数据库系统建设和两个典型应用示范项目建设。2007 年，该项目各项工作均按计划推进。

国家重大专项测绘

【国家西部测图工程】

2007 年是国家西部测图工程大规模生产的第一年，陕西测绘局制定了详细的工作预案，从生产进度、工程质量、后勤保障和安全生产等方面充分准备，保证项目顺利实施。陕西测绘局承担格尔木和五道梁两个 GPS 连续运行参考站的运行维护工作；完成青藏高原东部 D 区 1∶5 万地形图测绘外业生产任务，其中像片控制点及检查点 43 点、地表覆盖专题要素调查和地形要素调绘各 178 幅；完成塔里木东部 A2 区 1∶5 万地形图测绘外业生产任务，其中控制点及检查点 20 点、地表覆盖专题要素调查和地形要素调绘各 60 幅；完成青藏铁路沿线 147 幅 1∶1 万数字正射影像（DOM）的外业测绘任务。2007 年度承担西部测图工程共计 799 个像片控制点的数据处理工作，完成三江源测区航片 24 幅、卫星影像 76

幅的数字高程模型（DEM）、数字正射影像（DOM）、数字线划地图（DLG）的生产。

黑龙江测绘局

国家基础测绘

【概况】

2007年，黑龙江测绘局组织完成国家测绘局下达的9项国家基础测绘项目，主要包括国家1:5万基础地理信息数据库更新工程、中国南极考察地区基础测绘、重要地理信息统计分析系统建设试点、社会主义新农村建设测绘保障服务示范、地图公共产品开发、测绘公共服务信息系统建设以及数字城市地理空间框架建设试点等。全年实现测绘服务总值25017.7万元，与2006年相比增长23.4%；其中，国家基础测绘6404.5万元，省基础测绘1157.1万元，市场项目17456.1万元。

【主要基础测绘项目】

一、国家1:5万基础地理信息数据库更新工程

2007年，黑龙江测绘局承担的项目工作内容有：缩编更新176幅、综合判调更新874幅、DOM制作849幅（其中航片DOM 290幅，卫片DOM 559幅）、卫片像控480幅，测区涉及北京、天津、河北、辽宁、吉林、黑龙江6省市，全部生产任务已按照年度计划如期完成。

二、齐齐哈尔市数字区域地理空间框架建设示范工程

本项目是国家测绘局首批启动的数字城市建设试点项目之一，目标是应用测绘高新技术，通过建立省市两级分布式地理空间框架数据库，面向政府部门、行业和社会公众建立基于互联网的公众服务、基于政务网的应用服务、基于局域网的空间数据管理与应用等三种运行服务模式，并就环境保护和地下管网管理开展应用与服务示范。本年度地理空间框架数据库及服务平台已搭建完成，进入试运行阶段。

三、重要地理信息统计分析系统建设试点

本项目以黑龙江省为示范区，以遥感技术为主要手段，通过采集黑龙江省重要地理信息（主要包括行政区划、交通路网、水系、湿地、林地、荒漠化、城镇建成区、自然保护区、重要旅游景区（点）、地形地貌以及示范城市的水域、绿地、路网等信息），建立黑龙江省重要地理信息数据库，开发重要地理信息统计分析系统和统计分析成果光盘等。本项目年度计划如期完成，进入验收准备阶段。

四、极地基础测绘及海岛（礁）测绘试点

在第23次南极科考工作中，黑龙江测绘局科考队员完成了长城站站区GPS控制网改造6点，1:500数字测图1.0平方千米，并为站区新油罐区及管线线路放样、旧房改造提供了测绘支持，解决了第24次南极科考长城站站区规划建设急需大比例尺地形图的问题。

五、社会主义新农村建设测绘保障服务示范

本项目以新农村建设可持续替代生计和政府参与可持续资源管理为切入点，为五常市政府提供空间基础数据和各种专题地图；通过整合空间数据和非空间数据，集成五常市的自然、地理、经济和人文等信息资源，建设以“县—乡—村”三级行政区划为空间分析统计单元的地理信息管理与服务平台，为县域经济发展提供地理信息数据和技术支持。年底已完成此项目的调研、设计、试生产、数据格式转换等工作。

六、地图公共产品开发（森林防火应急系统）

本项目利用已建立的伊春小兴安岭地区防火通信网络和基础设施，通过改造森林防火专题信息数据库，为伊春小兴安岭森林防火辅助决策和应急指挥提供较以往更详实、更现势、更大尺度的基础地理信息数据（高分辨率卫星遥感和航摄影像、1:5万DLG/DEM/地名、GPS路网数据等），并建立森林防火地理信息应急辅助决策系统。年底已完成此项目的调研、设计、试生产、数据整理及更新等工作。

七、测绘公共信息服务系统建设（黑龙江试点）

本项目在充分调研国家基础测绘数据库特点的基础上，研发并建立基于API技术的，可以提供给各应用部门在不直接操作数据库的情况下，通过各级身份验证、各种逻辑规则访问的数据共享服务平台。本年度完成资料收集、调研、方案设计、空间数据建库等工作，系统开发按计划正常进行。

八、佳木斯市数字区域地理空间框架建设示范工程

本项目通过建立佳木斯市地理空间框架数据库、开发数据库管理系统，建立面向政府、行业（企业）、社会公众的示范应用服务系统，为数字城市建设提供统一的、标准的地理空间基础信息。本年度已完成调研、技术设计书编写、生产培训、系统设计等工作。

国家重大专项测绘

【国家西部测图工程】

2007 年，黑龙江测绘局承担的西部测图工程年度计划任务有三江源 B 区 74 幅图内业生产，青藏高原东部 B 区 168 幅图、I 区 22 幅图，塔里木盆地东部 A1 区 60 幅图的像控点测量、外业调绘、地表覆盖调查、景观图采集、地形地物测绘等工作。年内完成了三江源区域 92 幅 1∶5 万 DEM、DOM、DLG 数据内业生产，34 景 SPOT5 整景正射影像数据内业生产，74 幅 1∶5 万地表覆盖图印前数据内业生产及成果验收工作；完成了青藏高原东部 2 个 GPS 临时运行站的选址、建站和运行观测，以及青藏高原东部 B、I 区和塔里木盆地东部 A1 区的区域网空三加密工作。

通过向国家测绘局西部测图工程项目部投标，黑龙江省测绘产品质检站中标承接的青藏高原东部 D、E、F、G、H、I 区共 317 幅图的外业监理工作，按计划如期完成。

四川测绘局

国家基础测绘

【概况】

2007 年，四川测绘局经过精心组织，圆满完成了国家测绘局下达的各项基础测绘和重大专项测绘任务，主要包括国家西部 1∶5 万地形图空白区测图、全国 1∶5 万地形数据库更新等，并完成了其他一些全国性和地方性的重大测绘保障项目，共完成测绘服务总值 16457.7 万元。

【主要基础测绘项目】

一、全国 1∶5 万地形数据库更新项目

四川测绘局完成 1∶5 万 DOM 数据生产任务 807 幅，于 2007 年 9 月成果汇交至国家基础地理信息中心；完成1∶5万综合判调更新任务 787 幅，于 2007 年 10 月底成果汇交至国家基础地理信息中心。承担 2007 年度1∶5万 DLG 更新任务 516 幅、外业像控 24 幅、DOM 生产 274 幅，截至年底，已完成所有外业工作，正在开展内业数据采集及编辑工作。

二、精化大地水准面项目

2007 年度本项目分为两部分。其一：四川省区域大地水准面精化，截至目前已经完成 GPS 点选埋及点之记整理等有关的内业数据资料整理工作，正在进行外业 GPS 观测和水准联测；其二：部分省（区）精化大地水准面精度检测工作。受国家测绘局委托，四川测绘局对北京、天津、福建、浙江、江西、山西、陕西、河北、河南、安徽、湖北、湖南、山东、江苏、青海、广东、广西等十七个省（自治区、直辖市）已经完成的区域似大地水准面精化成果精度进行了检测，截至目前，已完成全部检测工作的外业部分。

三、基础地理信息系统（网络）运行与维护系统建设

本项目为多年延续项目，由四川省遥感信息测绘院与四川省基础地理信息中心共同承担，目前已通过对现有软硬件设备运行状况的分析、检测，完成了对关键业务系统软、硬件设备的调试和升级，正在全面实施维护管理。

四、基础测绘标准制修订工作

已完成《测绘产品质量检验基本规定》、《地形图产品质量检验技术规程》、《房产测绘产品质量检验技术规程》、《数字测绘产品质量检查验收规定与质量评定》、“国家基础测绘单位质量管理体系认定办法”研究、《1:5 万 DLG 更新内业、外业检查验收规定与质量评定》等项目的征求意见稿或初稿的编写工作，目前正在按计划征求意见。

国家重大专项测绘

【国家西部测图工程】

2007 年，四川测绘局承担的任务主要分为三部分：一是三江源测区 110 幅内业测图工作，已全部完成；二是青藏高原东部（C）测区项目，158 幅外业工作已经完成，内业测图及土地覆盖数据解译等工作正在陆续展开；三是塔里木东部（A3）测区，56 幅外业工作已经完成，内业工作正在全面展开。

【中越陆地边界勘界测绘】

2007 年，四川测绘局完成确定基本碑位 1239 个，占 80.6%；增设辅助碑位 224 个；树立界碑 1225 个，占 79.7%；测定界碑 1203 个，占 78.3%；勘定界线 771.61 千米，占 57.3%。

海南测绘局

国家基础测绘

海南测绘局 2007 年承担的国家基础测绘项目主要有：国家 1:5 万基础地理信息数据库更新一期工程、国家西部 1:5 万地形图空白区测图工程、数字城市地理空间框架建设与应用示范、社会主义新农村建设测绘保障服务示范、陆海统一基准与海岛（礁）测绘生产性试验。海南测绘局认真组织开展国家基础测绘项目的实施，圆满完成国家下达的各项基础测绘任务。

一、国家 1:5 万基础地理信息数据库更新一期工程

承担 1:5 万数据库综合判调更新任务 195 幅，其中国家测绘局第四航测遥感院承担 90 幅（广东测区 41 幅，江西测区 49 幅）；国家测绘局第七地形测量队承担 87 幅（广东测区 42 幅，江西测区 45 幅）；国家测绘局海南基础地理信息中心承担 18 幅（位于江西测区）。海南基础地理信息中心承担完成 1:5 万正射影像数据生产共 74 幅（位于江西测区）。

二、国家西部 1:5 万地形图空白区测图工程

根据西部测图工程项目部印发的《国家西部 1:5 万地形图空白区测图工程 2007 年生产技术试验指南》要求，海南测绘局组织进行了“高分辨率卫星影像 1:5 万地形图全流程生产试验”项目的技术设计工作，编报了《国家西部 1:5 万地形图空白区测图工程技术设计书》，举办了 3 期西部测图工程培训班。

三、数字城市地理空间框架建设与应用示范

完成项目设计书的编写并通过了评审，编报 1:4000基础航空摄影计划；完成了 81.6 平方千米的 1:4000 真彩色数码基础航空摄影、数字儋州空间数据集、1:1000 DOM 和矢量地理数据的生产。

四、社会主义新农村建设测绘保障服务示范

以海口市为典型示范区，利用已有 1:2.7 万、1:8000航空摄影资料修测 11 个乡镇中心区 1:2000 地形图，制作 2400 平方千米 1:5000 正射影像图；整合示范区内已有其他多尺度、多种类基础地理信息资源和规划成果，为海口市新农村建设规划搭设基础地理信息服务平台。

五、陆海统一基准与海岛（礁）测绘生产性试验

国家测绘局第七地形测量队开展海南大地水准面精化基础和琼州海峡精密高程传递工作。海南大地水准面精化完成 24 座 GPS 点选埋，168 千米的一等水准和 335 千米的二等水准普查、补埋工作，并进行 GPS A、B 级点以及水准观测；琼州海峡精密高程传递完成 15 座 GPS 点选埋，350 千米 GPS 点二等水准联测路线选埋。

六、基于 3S 技术的海南省重要水源地生态保护示范应用研究

该项目由海南基础地理信息中心承担，完成对海南松涛水库流域的土地覆盖/利用信息解译工作，建立松涛水库生态保护示范数据库及管理系统。

中国地图出版社（测绘出版社）

主要业务进展

【概况】

中国地图出版社（测绘出版社）是中央级专门地图出版机构，在编制涉及标准境界线、行政管辖权等体现国家意志的法定地图方面具有权威性。1954年建社以来，累计出版各类地图及书刊10000多种，发行量超过30亿册/幅，占全国地图发行总量的90%；近5年年均销售码洋6亿元，年均上缴利税5千多万元，在全国出版社中综合实力位居前列。经过50多年的不断创新和发展，中国地图出版社（测绘出版社）形成了实用参考地图、教材教辅地图、测绘图书期刊、数字新媒体地图四大系列产品格局。

【实用参考图出版情况】

2007年，中国地图出版社（测绘出版社）共完成361个参考图品种的出版工作，其中新编品种108种。推出了许多精品实用参考图，主要包括《世界分国地图集》、《世界地形图》、《中国分省地图集》、《中国城乡路网》、《中国公路交通图集》、《中国公路交通实用图集》、《中国自然环境系列地图》、《中国地图册》（英文版）、《赤峰市影像地图集》、《通辽市影像地图集》、《中国文物地图集》（江苏分册）、《内蒙古自治区地图集》、《浙江省地图集》等大中型参考地图集，以及《北京奥运场馆旅游交通图——场馆篇》、《北京奥运场馆旅游交通图——环境篇》等。

上述实用参考图中，《中国城乡路网》、《中国公路交通图集》、《中国公路交通实用图集》的出版，标志着该社全国性交通图集出版取得重大突破；《世界地形图》（2全张）为建社以来首次编制出版的世界地形挂图，在一定程度上填补了我国地图出版事业的空白。

《中国自然环境系列地图》是基于已出版的《中华人民共和国国家自然地图集》，由《中国地势图》、《中国地貌图》、《中国地质图》、《中国土壤图》、《中国植被图》、《中国自然景观图》、《中国生态地理区域图》、《中国海底地势图》八幅专题地图组成，该系列地图是我国第一套统一设计、统一协调的全国自然环境综合系列挂图，填补了我国该方面的空白。

由北京奥组委授权中国地图出版社（测绘出版社）编制出版的《北京奥运场馆旅游交通图——场馆篇》、《北京奥运场馆旅游交通图——环境篇》已成功上市。《北京奥运场馆旅游交通图》的编制出版，是测绘服务于北京2008年奥运会的重要方式，在为奥运会的参与者、观光者提供北京奥运会的地理信息、文化信息、旅游信息的同时，进一步宣传了绿色奥运 、人文奥运、科技奥运的宗旨。

【电子地图出版情况】

2007年，中国地图出版社（测绘出版社）完成了《北京电子地图》（2007版）、《北京电子地图（企业版）》、《中国电子地图》、《中国电子地图（企业版）》等编制出版工作。

该社在导航电子地图出版领域继续保持领先地位，与多家获导航电子地图制作资质的公司合作出版了多种车载、PDA、PC导航电子地图，地域范围覆盖中国大陆31个省、自治区、直辖市的300多个城市以及香港、澳门特别行政区。

【特种地图出版情况】

中国地图出版社（测绘出版社）与青岛鑫源公司合作开发金属地球仪4个品种，设计制作完成北京地区旅游专题地图《北京－八达岭长城》（中、英文版）立体地形图，为新闻出版总署制作了《全国农家书屋工程建设形势图》（四拼无缝背光地图）。

【教材出版情况】

中国地图出版社（测绘出版社）着力打造精品教材，始终把教材质量放在第一位，在重点做好地理、历史、生物和信息技术等课程标准高中实验教材的内容修订、开本规范等工作的同时，根据教材市场的需要，主动加强与地方教育部门的合作，进一步完善各个版本的配套教材，共完成新编教材100多种，修编和重版教材600多种，并通过了教育部和相关地方教育部门的审查，出版的小学、初中、高中教材包括教科书、地图册、填充图册、教师教学用书、教学挂图、教学参考图和配套光盘等，满足了全国不同地区、不同学科、不同学习阶段的师生教学用书，获得了积极的评价，推动了我国新一轮课程改革和教材建设的顺利进行。

【测绘专业图书出版情况】

中国地图出版社（测绘出版社）全年共出版测绘专业图书品种 29 种，其中新品种 25 种，主要新品种有《国务院关于加强测绘工作的意见（辅导读本）》、《测量数据处理的统计理论和方法》、《城市测绘数据库时空数据模型》、《中国地理信息产业政策研究》、《空间信息技术与资源环境保护》、《全球导航卫星系统原理与应用》、《工程的变形监测分析与预报》、《地下管线探测和管网信息系统》、《中国测绘学科发展蓝皮书（2007 卷）》等。

【期刊杂志出版情况】

中国地图出版社（测绘出版社）按时保质完成了《测绘学报》、《测绘通报》、《地图》杂志的组稿、编辑、出版、发行及经营工作，各刊发行量与 2006 年相比均有不同程度的增长。

6 月，《测绘学报》顺利通过中国科协精品科技期刊工程项目专家评审委员会审查验收，获得专项资助，同时，《测绘学报》在入选美国《工程索引》（EI）的基础上，接受 SCI 的审查，在国际四大著名检索系统中，已进入两大系统。2007 年正值《测绘学报》创刊 50 周年，中国地图出版社（测绘出版社）于 12 月成功举办了“测绘科技与学科建设暨《测绘学报》创刊 50 周年高端论坛”。

为提高《测绘通报》刊物档次，抓住学科发展动态和新技术在行业中的应用热点，自 2007 年第 1 期起增设了“测绘学科发展动态”专栏，并与有关单位合作，开辟了“徕卡新技术应用”和“中国南极科考”两个栏目，取得了良好的社会影响。

《地图》编辑部在选题方面精心策划，采写大型选题，关注生活地理、文化现象、热点话题，与发行公司进行深入的合作，发行量较 2006 年同期翻了一番。

科技创新与人才培养

【科技创新】

一、基础业务设施建设

中国地图出版社（测绘出版社）大力加强基础业务设施建设，将创新落到实处。建立了适合公开版地图生产的中国 1:100 万地图数据库；将带有地理属性的地图数据库与传统制图软件进行了紧密结合，形成了基于地图数据库的制图生产工艺；自主开发了能够满足上述工艺的制图平台；建立了现势资料网络化发布平台；推进了编、印、发、财一体化出版管理系统的建设，并完成了该系统一期工程建设。

二、产品创新

中国地图出版社（测绘出版社）利用地图数据库制作了《中国公路交通实用图集》，该图资料新，成图周期短，较好地检验和证实了基于地图数据库制图工艺的优势。《中国分省地图集》、《世界分国地图集》等产品，在内容和形式上不断创新，出版后市场反映良好。

【人才培养】

2007 年，中国地图出版社（测绘出版社）对新接收的大学毕业生开展了以社史、社情、国家版图意识和市场观念教育为重点的入社教育工作，增强了新职工的爱岗敬业意识。积极组织相关人员参加新闻出版总署以及有关行业组织的岗位培训和学历教育，其中，12 人参加出版等业务培训，1 人参加保卫干部培训，3 人参加中央党校干部培训班（局级干部 1 人），1 人参加编辑室主任培训，2 人参加在职研究生学习（另推荐 2 人参加在职研究生入学考试），20 人参加财务人员继续教育等。同时，根据新闻出版总署教育培训中心的要求稳步推进远程教育培训工作。

对外合作与交流

2007 年，中国地图出版社（测绘出版社）在国家测绘局的指导和支持下，顺利完成了年度出国（境）参展、访问、考察任务和外宾来访的接待工作。全年共完成 8 个团组（25 人次）出国（境）参展、访问和考察任务，组团参加了坤舆出版社有限公司董事会、第 14 届法国戛纳电子多媒体展览、第 23 届国际制图大会、第 59 届法兰克福国际图书博览会、第 3 届海峡两岸图书交易会、第 5 届海峡两岸测绘发展研讨会、第 5 届京港澳测绘技术交流会，赴金门进行图书交流及考察活动，访问日本帝国书院、武扬堂等。全年接待外宾来访 3 次（13 人次），先后接待了韩国韩国学中央研究院韩国文化交流中心及韩国教育部编修部代表团、日本昭文社代表团、俄罗斯联邦测绘局代表团的来访。

制度建设

【实行社务公开制度】

2007年，中国地图出版社（测绘出版社）通过召开全体职工大会、中层干部大会、向老社领导汇报工作、向离退休职工通报工作、社长接待日等形式，严格执行社务公开制度，提高了社务执行的透明度。

【职工代表大会情况】

中国地图出版社（测绘出版社）积极推进基层民主建设，进一步加强职代会制度建设。10月，召开了全社第二届职工代表大会暨工会会员代表大会，审议通过了新修订的《中国地图出版社职工代表大会条例》及其他涉及该社发展的相关议案，并完成了职代会和工会的换届选举工作。

【规章制度建设】

2007年，中国地图出版社（测绘出版社）在原有各项规章制度的基础上，新制定和修订了《中国地图出版社差旅费管理办法》、《中国地图出版社京外机构管理办法（暂行）》、《离退休高级专家聘用管理办法》等13项规章制度，进一步规范了行政、业务管理工作。其中，《中国地图出版社职工管理有关事项的规定》对坚持在全社实行文明办公起到了积极作用；《中国地图出版社督办工作暂行规定》进一步明确了对各部门的工作要求，保证了各项工作按时保质完成。

党的建设与精神文明建设

【党建工作】

2007年，中国地图出版社（测绘出版社）按照国家测绘局党组和国家测绘局直属机关党委的统一部署，组织党员代表参加了国家测绘局直属机关第十次党代会；组织部分党员参加了国家测绘局纪念建党86周年大会；组织参加了国家测绘局“构建社会主义和谐社会”专题辅导报告会；组织收听收看了中央各大媒体关于刘先林事迹的新闻报道，参加了由中央宣传部、中央国家机关工委、国土资源部、中国工程院、国家测绘局在人民大会堂联合举办的刘先林事迹报告会；组织收听收看了十七大的新闻报道，听取了鹿心社局长传达十七大会议精神，参加了国家测绘局直属机关党委举办的学习贯彻十七大精神辅导报告会等。此外，还组织党员干部参观了在首都博物馆举办的“香港特别行政区回归十周年成就展”、在军事博物馆举办的“我们的队伍向太阳——新中国成立以来国防和军队建设成就展”、“复兴之路”大型主题展览；组织民主党派人士观看统战部举办的中秋文艺演出等。

【党风廉政建设】

中国地图出版社（测绘出版社）按照国家测绘局直属机关纪委要求，组织全体纪委委员集中学习了胡锦涛总书记在中纪委第七次全会上的重要讲话，并结合工作实际制定了《2007年纪委工作要点》。7月，组织部分党委委员、纪委委员及党员干部参观了北京市人民检察院和宣武区人民检察院联合举办的“预防职务犯罪警示教育展”。8月下旬，为加强党员领导干部作风建设，组织处级以上领导干部集中学习，传达中共中央纪委《关于几起领导干部严重违反廉洁自律规定收受礼金案件的通报》，对进一步加强党风廉政建设和对领导干部执行廉洁自律规定提出要求，并组织观看《抵制诱惑警示录》和《慎独慎微警示录》录像教育片。9月，按照国家测绘局要求，组织党员参观了最高人民检察院主办的“惩治与预防职务犯罪展览”等。

【思想政治工作】

中国地图出版社（测绘出版社）针对实际情况，不断加大思想政治工作的力度，在工作中不断探索新情况、新问题，把思想政治工作同管理工作、生产经营工作有机结合起来，充分调动党员的积极性，确保党员队伍思想稳定；把提高党员整体素质及队伍建设作为处理改革、发展和稳定关系的结合点，在稳定中推进改革和发展。具体做法是：工作从处室抓起、矛盾在原地解决、不使矛盾扩大化、不影响全社大局的稳定，在解决实际问题过程中渗透思想教育，在平等的谈话中沟通思想、交流感情。

【文化建设】

中国地图出版社（测绘出版社）在纪念“五四”运动88周年之际，组织30多名团员参加了国家测绘局直属机关团委举办的以“与测绘共奋进，伴测绘共辉煌”为主题的与局直属机关杰出（优秀）青年面对面访谈活动暨“我读经典原著”系列活动启动仪式；为深入学习和践行党的十七大精神，团委积极开展“关注民生，关爱生命”主题团日活动，组织21名团员到北京智光特殊教育培训学校参观，与学校的孩子一起游戏、交流，并开展了献爱心活动。

【群众性文体活动】

中国地图出版社（测绘出版社）积极组织开展社内文体活动，游泳、篮球、羽毛球等协会先后多次开展活动，与兄弟单位组织友谊比赛。

该社为迎接2008年北京奥运会的召开，积极参加迎奥运系列文体活动。组队参加了“宣武区迎奥运倒计时500天”青年拔河比赛，夺得女子组第三名；参加迎奥运和谐社区杯乒乓球比赛，获女子中青年组单打冠军；参加国家测绘局直属单位首届乒乓球团体赛，获冠军；在北京测绘学会举办的“2007年春季定向越野赛”中，取得了男子组（标准距离5~8千米）第一名、女子组（标准距离4~6千米）第三名的优异成绩。组织了以“提高自身素质，以实际行动迎接奥运”为主题的环湖跑比赛；组织参加了“出版杯”足球赛和“北测杯”足球赛；在12月举行的国家测绘局直属机关第六届篮球赛中，以三战全胜的战绩获得冠军。

作为白纸坊地区文体协会会员单位，该社积极选送舞蹈、小品以及绘画、书法、手工刺绣等作品参加白纸坊街道文化艺术节，被授予“和谐文化贡献奖”。

【福利保障工作】

2007年春节前夕，中国地图出版社（测绘出版社）工会及有关部门领导上门慰问享有全国和省部级劳模称号的老同志，并送去了慰问金。此外，该社对生活困难的职工给予了生活补助，传统节日前为全社职工发放了节日物品。

【社会捐助活动】

2007年，中国地图出版社（测绘出版社）积极参加社会捐助活动，在“幸福工程·救助贫困母亲行动”中全社捐款8671元，在“送温暖、献爱心”活动中全社捐款17066元。在社会捐助活动中，社领导率先垂范，党员干部带头捐款，职工群众踊跃参加，有的党员先后两次捐款，纷纷向受灾群众奉献自己的爱心。

在团委组织开展的“关注民生，关爱生命”主题团日活动中，团员向北京智光特殊教育培训学校捐赠图书300多本、衣物70多件，现场捐款2400元。

【各项荣誉】

2007年，中国地图出版社（测绘出版社）2个党支部、4名党务工作者和11名党员分别被授予“国家测绘局直属机关先进党支部”、“国家测绘局直属机关优秀党务工作者”和“国家测绘局直属机关优秀共产党员”称号；周敏被评为“中央国家机关优秀女科技工作者”；芦仲进荣获中央国家机关青年“学习奖”。

该社出版的《国家版图教育读本·中国版图知识（初中版）》入选中宣部“三个一百原创图书”；《中华人民共和国行政区划图集》获中国出版政府奖图书奖；《中国国家自然地图集——中国自然资源与环境的形象显示与虚拟》获中国出版政府奖音像电子网络奖提名奖；徐根才获中国出版政府奖优秀出版人物奖。

该社在由新闻出版总署指导、中国出版工作者协会、中国书刊发行业协会组织的全国出版发行业界“诚信经营、优质服务”出版、发行单位互评活动中，被评选为“诚信经营、优质服务”单位。

中国测绘科学研究院

主要业务进展

【概况】

2007年，中国测绘科学研究院认真学习贯彻党的十七大会议精神和《国务院关于加强测绘工作的意见》，全面贯彻落实科学发展观，按照《中国测绘科学研究院科技发展“十一五”规划》的要求，抓住机遇，求真务实，拼搏进取，在自主科技创新、开拓服务领域、提升技术保障水平等方面取得了新的成绩。

【科技立项工作】

中国测绘科学研究院围绕国家“十一五”科技规划，进一步加强国家863、973、科技支撑、自然基金等科技计划项目的申报和落实工作。共落实自然科学基金项目1项、863计划项目的课题（子课题）6项、国家科技支撑计划项目的课题（子课题）4项。

一、自然科学基金项目

申报自然科学基金项目9项，落实面上项目1项，项目名称为“陆地卫星测高关键技术研究”，落实经费30万元。

二、863计划课题

落实863计划的课题（子课题）包括：地球观测与导航领域目标导向类专题课题1项“海岛（礁）精确测量集成应用技术”，探索导向类专题课题4项，分别是“多模卫星导航系统完备性监测技术”、“基于三维场景的移动目标自适应定位与监控技术”、“本体驱动的地理信息检索与服务技术”、“高性能遥感数据集群处理关键技术”，落实“多源遥感数据综合处理与服务系统”重点项目课题的子课题1项。共落实863项目经费976万元。

三、国家科技支撑计划项目

落实国家科技支撑计划项目的课题（子课题）包括：国家测绘局主持的“信息化测绘技术服务体系关键技术研发与应用”项目的“自主产权的城市基础地理信息集成管理系统”课题1项，国务院应急管理办公室主持的“国家应急平台体系关键技术研究与应用示范”项目的“国务院应急平台数据库系统设计和综合应用系统研发”课题的子课题1项，国家中医药管理局主持的“中药资源可持续利用及产业共性技术研究”重点项目的“道地药材生态适宜性分析技术研究”课题的子课题1项，国土资源部主持的“农村土地实时监测技术研究与系统研制”重点项目的“无人飞行器土地执法监察系统集成与装备研制”课题1项。全年共落实国家科技支撑项目总经费720万元。

【项目验收工作】

中国测绘科学研究院承担的科技部2005年技改项目“大长度实验室检测平台自动化改造”项目和“长三角生态环境和耕地监测技术研究”通过验收。

4项来自相关部门的项目及横向课题通过验收，分别是“太原市基础测绘成果展示系统及城区电子地图系统”、“基于国产地理信息系统的数字城市软件平台研发及应用”、“基于IGS网络资源的完备性监测研究”和“中国早期伽利略服务应用”。

国家973计划“高性能遥感影像网格计算与信息解译智能方法”、国家863计划海洋技术领域的“水下多目标高精度定位系统关键技术研究”、地球观测与导航技术领域的“基于卫星定位的沙尘暴源区综合卫星监测技术研究”和“长距离单历元网络RTK关键技术”等通过项目中期检查与验收。

国家自然科学基金项目“Galileo系统及多卫星导航系统完备性监测算法的研究”、“高分辨率卫星影像人工地物提取方法研究”、“利用SAR干涉点目标技术测量城市地面沉降”、“模糊空间要素模型的理论和方法研究”等通过年度检查。

科技创新与人才培养

【测绘科学技术研究与创新】

一、测绘科技成果

2007年，中国测绘科学研究院按照《中国测绘科学研究院科技发展“十一五”规划》的要求，发挥测绘科技创新排头兵作用，大力加强自主创新，推动测绘科学基础理论及应用技术的发展，解决了一批测绘前沿技术和关键技术重大问题。

（一）数码航空相机研发成功

以刘先林院士为核心的科研团队研制的最新成果SWDC数码航空相机系列产品通过了国家级技术鉴定并召开了新产品发布会。该产品作为空间信息获取与更新的重要技术手段，填补了国内空白，整体技术指标达到国际先进水平，是我国引进消化吸收再创新的成功典范。目前，该产品已在基础测绘、城市大比例尺基础地理信息数据获取、国土资源调查等领域得到了应用，产品整机除了在国内销售外，还向日本等国际市场进行了推广。

（二）大范围高精度稀少控制点卫星影像测图技术得到完善

大范围高精度稀少控制点卫星影像测图技术利用高分辨率卫星影像，采用稀少或无地面控制条件下的高精度地形测绘技术，快速生成大范围作业区域的1:1万、1:5万测绘产品。针对集成区域网平差的现状，利用卫星影像高精度定位、高分辨率遥感影像地形测绘、遥感影像融合和地物提取等高新技术，研发了具有自主知识产权的高分辨率光学遥感影像数据处理及测图生产作业软件平台

Sat－DEMaker；在与相关生产单位合作的基础上，不断完善和改进软件系统，为形成多源遥感数据的快速测绘技术体系打下基础。

（三）西部测图安全监控系统投入使用

西部测图安全监控系统集成了海事卫星、北斗卫星的定位、通讯和消息功能，通过安全的网络实现监控数据的自动与实时交换，同时部署在总指挥部、分中心和流动站三级站点上。在卫星定位技术和网络技术支持下，实现对无人区作业的野外车辆与人员的空间定位和行进线路跟踪，为指挥中心及时了解车辆与人员的作业位置、保障人身安全提供了技术支撑手段。经过近一年的试用、测试与完善，安全监控系统日趋稳定，功能更加实用，部分参加国家西部测图工程的省局安装了该系统并已正式投入使用。

（四）基础地理信息动态数据库技术取得软件著作权

针对基础测绘数据生产和管理模式，提出并建立了"版本—差量"式时空数据模型；采用"版本管理—动态关联"以及"动态分级索引"技术实现时态地理数据的存储管理和查询检索；建立了"空间分幅—时间分区—版本—时空对象"的四级数据管理模式，在这些数据之间建立起动态连接；自主底层开发完成动态数据库建库系统（STDBMaker 1.0版）与动态数据库管理系统（STDBInfo 1.0版），开展了1∶25万全国基础地理信息数据和1∶5万部分基础地理信息数据建库试验，并在陕西测绘局和国家基础地理信息中心进行了测试和试运行；提交了一项专利（时空数据库管理方法及其系统，申请号200710147561.4）申请材料，取得了两项软件著作权（时空数据编辑处理系统，时空数据库管理平台）。

二、测绘技术应用

2007年，中国测绘科学研究院面向政府机关和有关部门，以用户需求为目标，在地理信息系统建设、管理、应用等方面提高新技术应用含量，进一步拓展测绘技术和成果的应用领域，推进测绘科技在社会发展与公共服务中的应用。

（一）遥感数据综合处理软件ImageInfo

开发的遥感数据综合处理软件ImageInfo在西部测图工程、二次土地调查等国家重大工程中得到广泛应用，形成多个满足国土资源调查与监测、西部测图工程的专业化应用软件系统CASM LandXpress、高分辨率遥感影像立体测图软件系统DEMaker、地震勘探卫星遥感数据处理与应用系统SSImage等；借助院属企业北京四维数码技术有限公司，进行了Sat－DEMaker的产业化工作。

（二）地形图保密处理与插件

为北京四维图新导航技术有限公司、高德软件有限公司、北京长地万方科技有限公司等多家具有导航电子地图制作资质的公司进行了数据保密处理工作。地形图保密处理技术及配套的保密插件技术为导航电子地图产品投放市场提供了安全保障，为培育和发展导航电子地图市场作出了贡献，促进了地理信息产业的发展。

（三）开发区规划地理信息系统

建立了烟台开发区多尺度、多类型数据一体化集成的基础地理信息数据库；开发完成网络化规划管理信息系统，并已投入实际运行。前期项目成果获得2006年度山东省科技进步二等奖。

（四）航空摄影与低空遥感系统

该院所属中测新图公司全年完成航摄项目9个，合同金额达3396万元；集成研制的低空数码遥感系统转战西北、华北、西南等地155天，行程约23000千米，安全飞行一百多个架次，完成了国土资源开发区监测、中小城市规划、油气工程等行业应用示范，为系统的产业化推进和基地化推广积累了宝贵经验。

（五）全数字摄影测量设备

该院所属四维远见公司研制开发的新一代基于计算机网络的全数字摄影测量系统，完成了多种数据源的立体测量软件开发；"国产数码相机的推广与应用"项目通过专家鉴定；基于PDA手机的"便携式数码影像调绘系统——eMars"，为中小比例尺空间数据的采集和更新提供了一种全新的途径和应用方法，提高了工作效率；超自然真三维地理信息系统取得新进展，可在三维信息平台基础上进行三维立体统计分析。

（六）支持构建西部省区级地理空间信息公共平台

依托西部测图工程，先后完成"新疆应急指挥系统基础地理信息平台"、"三江源区生态环境遥感动态监测及预警地理信息系统"、"柴达木循环经济试验区地理信息系统"、"甘肃省政务地理信息系统平台及应用"等项目实施方案的编写、数据库设计和应用软件开发，以技术成果支持地方建立基础地理信息平台和社会安全应急系统。

（七）部门级电子政务平台建设

完成中联部党政外交信息化一期工程中的电子政务平台建设，并与其它参研单位的软件系统实现了集成，已完成国外近70个重要城市的空间数据建库。

（八）承担国家广电总局的事业管理系统建设

承担广播电视事业管理系统（二期）任务，涉及广电总局计划财务司、科技司、人事教育司、国际合作司、安全播出指挥中心及其地方相关业务部门，完成了信息管理系统和电视覆盖、运行维护、人事教育等子系统，实现了多源信息整合与共享。

（九）为新一代政府专网的地理信息应用打好基础

完成国家发改委示范工程“基于CNGI的政府地理信息系统应用示范”项目现有系统在CNGI网络的部署与应用示范，建立了IPv6实验网，用于支持开展地理信息系统软件开发和实验；与中国科学院计算机网络信息中心合作，以专用光纤方式接入CNGI主干网；完成了“地学之窗”软件平台移植以及多尺度基础空间数据库和遥感影像数据库的移植，研发基于CNGI的下一代政府GIS关键技术，在国内率先系统地实现了GIS在CNGI及IPv6环境下的移植与运行。

（十）无人机遥感技术在国土监测中成功应用

国土资源大调查项目“基于无人机遥感技术和车载GPS技术的国土资源快速监察系统的建立与应用示范”，开发出可以面向市场推广的工程化、实用化的低空遥感平台，进行了飞行的工程化改造和系统升级，实现了无人机的定高飞行自动化控制，在贵州省和湖南省的偏远地区进行了采矿点监测与土地利用遥感监测，快速监察系统应用示范取得成功。

（十一）扩大与部门、地方的合作范围

与中国环境监测总站签署了监测总站外网门户网站建设和水、大气、噪声等环境监测业务系统建设的合作协议；与河南省签署了电子政务平台建设合同；与浙江省测绘局签署了空间数据共享平台建设合作合同等。

（十二）提出“国防交通公开版地图编制”新思路

与解放军总后勤部交通局展开研讨，提出在机密版军事交通图的基础上，研究相关内容删减和精度降低的处理技术，进行国防交通公开版地图的图式符号、版式和产品形式的设计与编制，使其能够适应军地各部门在经济建设中对交通信息的不同用图需求，拓展其使用范围。

（十三）国防交通空间数据平台建设及制图工程

完成了全国七大军区和31个省（不含港澳台）交通资料的收集，涵盖铁路、公路、航运以及航空等各类信息，目前，再版编制已经完成了数据整理，并完成分省军事交通图和省会城区图共计66个全开幅面地图的编制工作；军事交通地理信息系统的初期版本已经开发完成，进入二次开发接口和军队标号系统的研制阶段。

三、测绘保障服务

围绕国家测绘局“十一五”期间的重大测绘工程，中国测绘科学研究院充分发挥科技排头兵作用，着力解决科技难题，为重大工程的实施提供了技术保障。

（一）构建西部测图工程技术支撑体系

中国测绘科学研究院作为西部测图工程项目部挂靠单位，以建设“创新工程、安全工程、优质工程”为目标，本着科技创新、管理创新、成果创新和安全创新的原则，在技术支撑体系建设、航空航天遥感影像获取、地形地物测绘与地图制印、基础地理信息数据库与专题数据库建设、装备与安全保障体系建设等五个方面与项目部共同推进了西部测图工程的技术保障服务。

该院提出了遥感、全球定位系统和地理信息系统等现代地理空间信息技术相结合的工程技术方案，建立了由稀少控制的航空摄影测量、稀少控制的高分辨率卫星影像测图、机载干涉合成孔径雷达测图技术、多源遥感影像地物要素解译量测技术、全数字地图测绘生产一体化技术、集成化的数据库建库技术等高新技术和标准规范、工艺流程、生产作业软件共同构成的技术支撑体系，提高了工程的科技创新水平，支持和引导传统测绘生产作业模式向一体化生产的现代作业模式的改革，提高了生产作业效率，保证了工程的顺利进展。

（二）构建海岛（礁）测绘技术体系

为保障海岛（礁）测绘工程的实施，该院开展了海岛（礁）测绘关键技术研究，为工程提供技术支撑；对岛礁大地控制网建立、岛礁定位与高程测定、海岛地形图测绘、海岸带地形图地物要素提取以及浅海地区水深测量技术进行了全面研究。

（三）为我国地心坐标系的建立和应用提供技术支撑

该院提出将现有大地坐标框架纳入2000国家大

地坐标框架以及将现有地图数据库纳入到2000国家大地坐标系的方案；建立起全国统一的亚厘米级精度三维地心动态大地定位基准框架；提供地心坐标系转换的社会服务方案；对基准运行和维护中的关键技术进行研究，进一步完善了我国地心坐标参考框架。

（四）深化测绘卫星应用系统调研与设计

该院开展了我国高分辨率立体测图卫星应用系统深化论证工作，制定了合理的卫星技术方案；开展对国内外已经建立的遥感卫星地面应用系统、卫星应用需求的调研，制定了应用系统总体设计方案，完成应用系统产品设计及与地面系统、测控系统等的接口设计，主要技术指标设计，系统硬件体系和环境设计，应用系统与测绘部门其他单位接口设计等。

（五）为国土资源调查与监测提供技术支撑

该院继续承担全国土地利用遥感动态监测工作，完成了2007年度土地利用动态监测任务。围绕第二次全国土地调查工作的目标，研究形成高精度土地利用信息快速提取的标准化技术流程，开发外业调查系统和质量监督评价系统，形成完整的技术方案。参加了西藏自治区第二次土地调查前期工作；中测新图公司获得第二次全国土地调查的监理资格和信息核查资格；四维空间数码公司获得了2个标段的调查底图生产任务，编制了4套工具软件，在全国范围内发放使用，为省级农村土地调查、建库工作提供技术服务。

（六）为国防建设提供技术支撑

该院开发了“和平使命2007”空军三维地理信息保障系统，在联合军演中应用，受到军方首长和参演部队的一致好评。

四、国家西部测图工程实施

西部测图工程在2007年大规模展开，截至12月初，在青海、新疆、西藏等省（自治区）50多万平方千米、平均海拔4000米的地域上，20多家实施单位共投入600多名生产人员、150多台车辆，建立、运行6个临时GPS连续运行参考站，完成了青藏高原东部和塔里木东部区域968幅图的像控测量、799个像控点和6个跟踪站的数据处理、外业影像调绘、专题要素调查、景观图片采集及人文、经济、地理、地质、气候等客观条件和环境状况等资料的收集。

完成近1000幅1:5万地形图的野外控制和调绘任务，完成三江源区域262幅DLG、DEM、DOM的制作和印前数据生产工作以及262幅地表覆盖图的数据生产。

西部测图工程在项目实施过程中，以科技为先导，大力提供技术支撑保障，利用IMU/DGPS技术、高分辨率卫星影像测图技术、稀少或无控制的测图技术及现有技术成果，配备先进的技术装备，在青藏高原东部和塔里木东部区域大面积采用基于稀少控制的高分辨率航空/航天遥感影像测图技术、IMU/DGPS技术，减少了外业工作量，解决了西部困难地区像控点测量难的问题，保障了西部测图工程的进展。

五、科技期刊与信息服务

（一）《测绘科学》

《测绘科学》在第一届测绘优秀期刊评选中被中国测绘学会评为优秀期刊一等奖。2006年《测绘科学》的影响因子为0.749（扩展版为1.014），在测绘类期刊中其影响因子排名第四；论文基金比为0.58%。在对期刊5年的统计中，《测绘科学》5年载文量618篇，被引率0.466，被引频次581次，影响因子0.940。首创的品牌栏目“院士特稿”推出以来，产生了较大影响。

（二）《遥感信息》

《遥感信息》在第一届测绘优秀期刊评选中被中国测绘学会评为优秀期刊二等奖。2006年《遥感信息》的影响因子为0.529（扩展版为0.788），在测绘类期刊中其影响因子排名第六。

（三）《测绘文摘》

为了满足读者对国外科研动态和高水平情报综述性文章的迫切需求，《测绘文摘》编译报道了一批能够反映国外测绘科技发展的高水平的情报综述性文章，包括《75年间测量技术变革》、《大地测量的发展历程》、《美国测量发展史：1930年至今》、《俄罗斯〈大地测量与制图〉杂志挑战〈大地测量学杂志〉》、《行星地图学国际术语汇编》简介和《国家制图机构角色的改变》等。

（四）期刊及电子数据库的订购、维护和网上运行

电子数据库在继订购清华同方的《中国期刊全文数据库》、《中国博士学位论文全文数据库》、《中国优秀硕士学位论文全文数据库》之后，又增加了《中国重要会议论文全文数据库》的在线使用，年访问量达到25.5万人次，比去年增加3.74万人次；下载文章65.6万余篇，比去年增加1.38万余篇。

与相关出版社签订测绘类专业图书购置协议，逐步更新图书馆馆藏专业图书。

六、获奖科技成果

中国测绘科学研究院参与完成的“先进机载合成孔径雷达关键技术与装备的开发与应用”获2006年度国家科技进步一等奖，排名第四；“2000国家大地控制网”成果获2006年度国家科技进步二等奖，排名第六。

“自主产权超轻型飞机低空数码遥感系统研制与应用”、“测绘科学数据共享服务体系”获测绘科技进步一等奖，“地理空间信息专题数据库应用示范工程”获测绘科技进步二等奖；“基于IMU/DGPS技术的南京市大比例尺数字航空影像库系统工程”获全国地理信息系统优秀工程银奖；“广播电视统计信息管理系统”获广电总局科技创新二等奖；“国家测绘局电子政务综合应用平台”被评为第七届全国办公自动化典型应用系统。

七、发表著作和论文

2007年，中国测绘科学研究院在国际国内学术刊物和学术会议上共发表论文近百篇，其中张继贤、刘正军等专家的论文分别在国际、国内权威学术刊物上发表。唐新明、张继贤等主编的ISPRS系列丛书《Advances in Spatial - Temporal Analysis》一书由国际著名的Taylor&Francis出版社出版，党亚民等著的《全球导航卫星系统原理与应用》一书由测绘出版社出版，李成名等著的《数字城市三维地理空间框架原理与方法》一书由科学出版社出版。

【人才培养】

一、人才队伍建设

（一）完成干部考核和续聘工作

按照《中国测绘科学研究院中层机构聘用人员聘期考核暂行办法》，中国测绘科学研究院完成了对17个中层机构领导岗位、6个一般管理岗位、57个公益研究机构专业技术岗位的聘期考核工作。考核称职占63%，优秀占30%。在考核的基础上，完成了岗位调整、补充和续聘工作。

（二）加强人才梯队建设

加强中国测绘科学研究院中层机构领导班子建设，选聘中层机构正职2人，调聘1人；选聘中层机构副职4人，调聘1人。加大高层次专业技术人才的培养和选拔力度，院级青年学术和技术骨干增加到22名，局级青年学术和技术带头人增加到10名。刘纪平研究员获中国青年科技奖并入选百千万人才工程。通过人才队伍建设的各项工作，院60年代、70年代和80年代，10年一个台阶的人才梯队建设目标已初步实现。

（三）注重后备人才培养

2007年，在读研究生达到33人，联合培养博士、硕士研究生共80人，博士后科研工作站稳步发展。通过参与科研项目，这些高素质人才在科技创新活动中发挥了积极作用。目前，研究生与公益型研究机构的工作人员比例接近1∶1，有效地补充了公益性研究机构的科研资源。

二、健全人才培养机制

制定《中国测绘科学研究院人才建设“十一五”规划》，明确了人才建设的总体思路和发展目标以及人才队伍建设的重点任务，提出了实现上述目标和任务的若干组织保障措施；通过设立院专项基金项目，鼓励35岁以下的年轻科研骨干勇挑重担，独立承担科研任务，在人才建设上取得重大突破；通过制定《中国测绘科学研究院中层机构聘用人员聘期考核暂行办法》，建立了对公益型研究机构聘用人员的聘期考核制度和正常的人才流动机制。

对外合作与交流

【举办国际会议】

1月，中国测绘科学研究院在北京举办了“中韩测绘科技最新进展研讨会”，来自韩国测绘学会的12名代表和中国测绘科学研究院有关领导以及科技人员参加了会议。中韩双方介绍和展示了最新测绘科技成果，并在成果应用方面交流了经验。

9月，中国测绘科学研究院与四川测绘局、北京建筑工程学院等单位在成都联合举办了“合成孔径雷达与光学影像融合及其应用国际研讨会”，来自10个国家的80多名代表参加了会议，会上交流了国际最新研究成果。

【参与国际合作项目和科研活动】

中国测绘科学研究院参与了科技部与欧洲空间局牵头的“龙计划”合作项目的奥运专题子项目，利用遥感影像对2008年奥运会场馆周围的变化提供分析数据。

与芬兰大地测量研究所等单位合作申报的2010年上海世博会“基于位置服务的三维个人导航”项目已被列入中国科技部和芬兰贸工部合作计划；与芬兰大地测量研究所、英国诺丁汉大学合作进行的欧盟第六框架项目“GPS/GALILEO 组合增强系统原型的开发及演示验证”通过验收。

与波兰测绘研究所（IGIK）共同向中波科技合作委员会申请的合作研究项目“用 SPOT HRS 进行高原制图关键技术研究及编写《卫星测量原理（中、英文版）》”，已经中波科技合作委员会华沙会议批准，列入 2007 中波科技合作计划。

参与了法国 ICT－Asia 合作项目中的“自然灾害的建模与模拟”联合研究，参加此项目的还有法国、泰国、马来西亚等国家的教育和科研机构。

【出访和来华接待】

2007 年，中国测绘科学研究院出访 30 多人次，接待来访 70 多人次。

制度建设

中国测绘科学研究院制定了《中国测绘科学研究院外聘人员管理办法》、《中国测绘科学研究院基本科研业务费项目管理办法》、《中国测绘科学研究院外聘人员补充医疗保险管理办法》、《中国测绘科学研究院中层机构聘期考核暂行办法》、《中国测绘科学研究院科技发展“十一五”规划》、《中国测绘科学研究院人才建设“十一五”规划》等，健全了各项管理制度。

党的建设与精神文明建设

【党建活动】

一、组织中心组理论学习

按照年初制定印发的《中国测绘科学研究院党委 2007 年理论学习计划》，中心组组织了 4 次理论学习，其中召开了三次由中心组全体成员参加，院党委委员、院属各单位主要负责人列席的中心组（扩大）学习会，集体学习胡锦涛总书记在中纪委第七次全会上重要讲话和 6 月 25 日在中共中央党校发表的重要讲话；学习国家测绘局《关于认真学习贯彻〈曾培炎副总理看望野外测绘职工讲话〉精神的通知》和《国务院关于加强测绘工作的意见》；学习党的十七大精神。通过理论学习，深入探索科研单位领导班子工作的特点、规律、方法，谋划院可持续发展的战略和政策问题。

二、完善和健全党委工作制度

制定了《中共中国测绘科学研究院委员会工作规则》、《中共中国测绘科学研究院委员会党员发展工作规程》、《中国测绘科学研究院中层机构领导岗位选拔聘用暂行规定》等规章制度，进一步加强和改进了党委的集体领导，使党委议事决策、干部选拔和组织发展等工作进一步规范化、制度化。

三、加强党支部建设

在国家测绘局直属机关党委表彰的 2005～2006 年度国家测绘局直属机关先进党支部、优秀共产党员和优秀党务工作者中，中国测绘科学研究院有 2 个支部获先进党支部称号，9 人获优秀共产党员称号，4 人被评为优秀党务工作者。推选出 26 名党员代表参加国家测绘局直属机关第十次党员代表大会。

北京四维远见信息技术有限公司党支部、测绘科技信息中心党支部和退休党支部在建党 86 周年之际，组织党员和积极分子参观董存瑞烈士陵园；翔达物业管理中心支部和西部测图项目部党支部组织全体党员职工去革命老区参观学习；地图学与地理信息系统研究所党支部组织开展了“登中华泰山，游孔子故里”活动；摄影测量与遥感研究所党支部等支部以不同形式召开座谈会，学习刘先林院士先进事迹。

【党风廉政建设】

中国测绘科学研究院认真贯彻落实中央和国家测绘局党组关于领导干部廉洁自律和党风廉政建设的要求，全面履行党章赋予的职责，提出了进一步加强和改进纪检监察工作的新思路：一是组织纪委委员、支部书记共 6 人参加了局纪检干部培训班；二是院纪委参与中层干部的考察、任期考核和选拔聘用工作；三是参与院部分基本建设项目的招标工作。

【文化建设】

一、探索自主创新文化

中国测绘科学研究院以学习刘先林院士坚持自主创新和成果转化的先进事迹为契机，积极倡导拼搏进取、自觉奉献的爱国精神和求真务实、勇于创新的科学精神，推进以“爱祖国、爱事业，艰苦奋斗，无私奉献”的测绘精神为核心的文化建设；鼓励和支持年轻科技人员自主选题、自由探索，锻炼队伍，培育新的学科生长点，营造百花齐放、百家争鸣的学术气氛和创新环境。

二、开展职工文体活动

院工会举办了职工乒乓球、羽毛球、篮球三步上栏等比赛活动和消防演练。院党办组织职工参加刘先林同志先进事迹报告会和学习宣传劳动合同法部长报告会；组织参观“全国检察机关惩治与预防职务犯罪展览”等。院离退休人员服务中心组织离退休职工参加“重阳节”健身比赛和“加强人口和计划生育”知识竞赛以及“国土资源部老同志喜迎十七大书画摄影展”等。

三、人文关怀活动

元旦春节期间，中国测绘科学研究院开展送温暖走访慰问活动，看望老领导、慰问长期生病人员和生活困难的老同志，将过节食品、慰问金、补助费送到他们手中，关心职工生活帮助解决困难。组织离退休人员到北戴河等地休养，为离退休人员安装999家庭急救呼叫系统。

四、“送温暖、献爱心”捐助活动

根据国家测绘局直属机关党委统一部署，全院干部职工积极参与“送温暖、献爱心”等捐助活动，共捐款6280元，捐赠棉衣被等物品290多件；组织院职工参加了“向实行计划生育的贫困母亲献爱心”捐款活动。

五、和谐社区建设

从确保单位稳定的大局出发，该院所属的翔达物业管理中心本着通过物业服务为住户、居民送去一份温暖，送去一份真诚和热情，使职工减少一份烦恼的理念，开展多项便民服务，加强大院安全保卫和消防工作，继续改进大院环境，做好卫生清洁工作。中国测绘科学研究院第八次荣获中央国家机关文明单位。

六、对刑释解教“法轮功”人员的回访帮教

根据国家机关工委和国家测绘局直属机关党委要求，中国测绘科学研究院开展了对刑释解教“法轮功”人员的回访帮教工作。通过走访，把各级领导的关心传达给有关人员，加大与“法轮功”邪教斗争的力度，加强了对“法轮功”分子的防范和教育转化工作。

国家基础地理信息中心

主要业务进展

【基础测绘项目】

2007年，国家测绘局分两期下达给国家基础地理信息中心年度国家基础测绘计划项目11项（19分项），其中延续项目7项（12分项），新增项目4项（7分项）。分两期下达了西部测图项目2项，全部按期完成。

2006年度的结转项目“国家馆藏测绘档案资料信息库管理与服务系统”、“一等水准路线的踏勘、埋石”、“华东、华中区域大地水准面精化”等三个项目通过国家测绘局组织的验收；“测绘成果公共服务系统”按国家测绘局要求提交了项目总结报告；其他项目如期完成。

2007年度延续项目中，完成了“数字区域地理空间框架建设示范”、“全球基础地理底图数据库的建设及数字地图产品编制”、“国家基础地理信息动态数据库技术”、“基础地理信息系统网络运行与维护”、“基础测绘应用专题数据库示范”等项目的阶段性工作目标；按计划逐步启动了“地图公共产品开发”、“基础测绘标准制修订与质量控制”、“生产性技术试验”、“测绘公共信息服务系统建设”等一批新项目，项目进展基本顺利。

【项目申请与立项】

一、国家基础测绘项目申报

根据国家测绘局要求并结合国家基础地理信息中心职责，提出了新项目建议十多项，其中，国家一等水准网建设前期准备、测绘高新技术成果推广、应用示范及产业化、信息化测绘前沿技术试验、测绘成果保密研究与公众版地图设计开发、基础地理信息公共服务平台建设等6项列入2008年计划。

二、国家科技项目申报

该中心组织申报国家自然科学基金项目2个，分别是“GIS数据空间冲突检测与处理的计算模型研究”和“基于国家大地测量多源数据反演青藏高原变形及其动力学机制”。其中“GIS数据空间冲突检测与处理的计算模型研究”项目获得国家自然科学基金的资助。

组织申报国家软科学研究计划2项，分别是“战略资源（基础地理信息）全球获取数据问题研究”和“我国地理信息产业与政策研究”。

协助完成了国家科技支撑计划“面向信息化测绘的空间数据处理及社会化应用技术开发与示范”项目建议书的编写工作，以及“陆地国界精准化关键技术研究及示范”项目建议书和可行性研究报告的编写工作。

三、国家863计划项目申报

该中心组织申报中国高技术研究发展（863）计划1项，完成了“大规模基准网数据处理与服务技术”项目的立项申请和课题经费预算的编制工作，该项目获得863计划的资助。

四、国际合作项目

该中心组织申报科技部国际合作计划2项，即中芬国际合作项目“面向服务的多尺度地理空间数据框架构建技术”和“基于全球导航卫星系统（GNSS）连续运行站系统的广域实时动态（RTK）定位研究”。

【“四库一馆”建设】

一、地图数据库

2007年，国家基础地理信息中心按计划完成1:5万数据库更新工程的更新数据检查和入库工作。

二、遥感影像数据库

该中心完成了2006年生产的1862幅1:5万航空数字正射影像（DOM－AP）数据及187幅卫星遥感数字正射影像（DOM－RS）数据的检查与入库工作；完成了45个摄区75564片航片的元数据录入、电子文档整理工作；接收入库228万平方千米的SPOT5遥感资料，1万平方千米的高分辨率卫星遥感资料；完成1米分辨率航空摄影数字正射影像图（DOM－AP）数据的检查与入库工作，入库图幅累计达1221幅，数据量约0.5TB。

向30个省、市、自治区测绘局发出了《关于请协助对本省高分辨率卫星正射影像成果及城市大比例尺航摄正射影像成果资料情况进行统计确认的函》，对2003年～2005年高分辨率卫星资料及2001年～2005年大比例尺航摄资料正射影像数据生产情况进行调查，并收集已生产的正射影像数据。根据回复情况，收集到湖南、黑龙江、贵州、青海、福建、广西、新疆、吉林等8个省测绘局的正射影像数据，并完成24个重点城市正射影像数据的检查入库工作。

三、大地数据库

该中心完成大地测量成果数据库的移植工作，新数据库与老数据库保持并行运行和测试状态，情况良好。

四、专题数据库

该中心完成国土资源部1:5万基础地理数据管理及应用系统、中国土地勘测规划院全国第二次土地调查工作中分省国土面积精准量算项目等一批专题应用服务项目。

五、国家测绘档案资料馆

该中心对“国家馆藏测绘档案资料信息库管理与服务系统”部分功能进行升级，完成该系统2.0版的升级工作；完成各种目录数据库制作25个。

【1:5万数据库更新】

为保证1:5万数据库更新工程的顺利开展，国家基础地理信息中心提供了全部生产区域的1:5万DLG、DRG、地名、车载道路等数据和交通整合数据；对新收到的2500幅1:5万地形图进行扫描，并提供生产使用；14个省的境界更新数据和全国的公路整合数据已入库；启动了2768幅综合判调成果和2050幅DOM成果以及部分缩编成果的入库检查工作。

该中心组织完成“1:5万地形要素数据检查验收和质量评定”标准的制定，已由国家测绘局批准实施；制定了“数据汇交规定”、“1:5万数据库更新工程铁路线名称代码”、“1:5万数据库更新工程铁路车站名称和代码”、“1:5万数据库更新工程全国国省道路线名称代码”、“缩编专业技术设计书编写要求”等项目使用的标准，已发作业单位实施。

该中心对各单位综合判调更新、缩编更新设计书进行了审批；根据1:5万更新技术规定的要求，对20多个单位报送的上百幅缩编试生产样图数据进行检查，及时回复检查意见，以保证各单位之间缩编成果的协调一致。派技术人员赴省测绘局，开展技术支持和协调工作。数据质量检查软件经生产性测试和完善后，8月，将正式版配发给更新生产单位。继续开展缩编更新软件的技术支持和改进工作。组织召开4次技术协调与培训会，召开了1:5万更新技术与成果评估会，肯定了1:5万数据库更新的成果形式、目标及技术方案等。组织综合判调更新生产的5个直属单位派技术人员，进行了数据的检查和修改工作。

在国家测绘局的指导下，通过与总参测绘局的协调，确定了国家测绘局和总参测绘局双方合作的总体技术路线；开展了1:5万更新与西部测图两个项目技术方案分析对比工作，形成分析报告，为下一步两项目技术协调工作的开展提供了基础。

【现势资料收集与处理】

共有30个省测绘局汇交现势资料，汇交的主要内容有水利、居民地、各种设施资料、交通、管线、界线、土质和植被等资料；从各种报刊杂志收集、整理现势动态信息，每月在网上发布，并随时更新与维护；收集了各种专题地图资料、图集、图册及相关资料共80多册。

将2006年搜集的各省现势资料整理成册，印制了3本现势资料信息集，并全部进行扫描或照相处理，作为1:5万数据库更新的资料，提供给更新生产单位使用。

【航空摄影】

受国家测绘局委托，国家基础地理信息中心组织实施航空摄影任务，分期完成了包括以前年度的结转项目、2007年1期招标项目和2期招标项目共63个；完成航摄面积75万平方千米，其中，黑白航空摄影73.9万平方千米，彩色航空摄影1.1万平方千米，可结算经费7014万元。2007年，接收航摄底片231筒，底片77374片；拷贝底片4筒，1738片；完成了包括2006年结转项目，2007年QUICKBIRD、IKONOS、SPOT5、TM等遥感资料新增项目技术设计和政府采购工作，可结算经费约1384.4万元。

【大地测量】

一、西部测图GPS跟踪站数据采集和处理

国家基础地理信息中心完成了哈密、格尔木、五道梁、若羌、玉树和尼玛等6个站的数据收集工作，建立了数据传输网络和采集系统，对所采集的数据与国家GPS跟踪站网框架进行联合解算，确定国家坐标框架下的精确地心坐标，并且提供国家测绘局大地测量数据处理中心解算成果，用于像控点地心位置的确定。通过与西部测图项目办的沟通，逐步统一了GPS跟踪站数据格式、天线类型以及站信息，GPS跟踪站数据情况良好，数据处理工作顺利。

二、一等水准路线埋石

2月5日~8日，对15个省市一等水准路线埋石项目资料进行了检查验收，各作业单位提交验收的资料质量被评为优质。4月18日，项目通过了验收。

三、国家GPS跟踪站运行与监测网观测管理

对国家测绘局8个连续运行基准站进行环境和设施维护、数据采集和国家坐标框架处理与维护，完成海南、西安、乌鲁木齐站系统检测和设备更新工作。

四、华东、华中区域大地水准面精化

“华东华中区域大地水准面精化”项目是国家测绘局继浙、闽、赣区域似大地水准面精化试点，华北地区似大地水准面精化后，组织开展的第三期区域似大地水准面精化项目，由国家和地方财政共同投资，国家基础地理信息中心负责提交项目工作报告、外业技术报告、外部检核报告。6月17日，国家测绘局在北京召开了项目验收会，通过了该项目的验收。

五、中国地壳运动观测网络基本网GPS观测

GPS区域网第四次联测任务由国家基础地理信息中心牵头组织，国家测绘局第一、第二、第三大地测量队承担观测任务。该中心对国家测绘局负责完成的观测任务组织监理工作，并参加了区域网第四次联测观测资料质量一级监理，国家测绘局观测结果全部达到优级品的标准。

六、中国大陆构造环境监测网络工程

配合中国大陆构造环境监测网络工程项目组，协助有关单位完成了项目可行性研究和初步设计工作。国家基础地理信息中心作为国家测绘局方项目法人单位，编写了项目实施方案；完成国家测绘局承担建设的24个基准站的初步设计工作；完成了伊宁、大同、营口等站的二次堪选工作；对各站站址进行了观测环境测试、地质环境调查以及土地使用、规划的落实；根据项目实施安排，完成6个GNSS连续运行站的施工设计工作，其余各站的施工设计工作正在进行中；组织实施了湖南、贵州、云南省和广西壮族自治区69个区域站的选建任务，年底进行外业选埋质检工作。

七、航摄地面基准控制服务

航摄地面控制点数据处理包括临时跟踪站、像控点、加密点以及机载GPS数据处理，工作任务主要包括设计方案、观测方案优化及地面控制网、检校场、航摄数据的处理和分析；为吉安、石保沧等地区提供了GPS空中三角测量服务，为重庆、辽宁以及山东航摄提供了数据处理服务。

【应用与服务】

一、全球地理底图数据库建设及数字地图产品编制

国家基础地理信息中心历时3年，于2007年完成“全球地理底图数据库建设及数字地图产品编制”项目的全部建设工作。全部地名数据均已进行翻译，共约30万条。该项目在进展过程中，数据成果已经逐步服务于国民经济的多个部门，先后为国家发改委“国民经济和社会发展决策支持地理信息系统”、外交部“中国陆地国界信息管理系统”等项目提供地理底图数据；在应急服务、快速编制各类工作用图等方面发挥了地理底图数据的优势，提供了快速、直观的有效手段，为国务院领导办公室制作了《世界全图》、《中国全图》和世界五大洲地图；先后为国务院领导办公室、中央办公厅、中央组织部、国家统计局、国家林业局、国家发改委、财政部、总参谋部等党、政、军部门无偿赠送《世界全图》、《中国全图》近150幅（套），产生了良好的社会效益。

二、中越陆地边界勘界测绘

中越勘界测绘办公室参加了外交部组织的四轮中越联勘委首席代表会晤（19~22次）和两轮联勘委专家组会晤（10~11次），形成了《中越陆地边界地图制图技术规则》、《中越陆地边界地图印刷技术规则》、《勘界工作用图标绘和修正的有关规定》的补充规定等技术文件；多次随外交部组团赴边界实地考察调研，具体指导勘界组工作。

中越勘界测绘办公室在积极组织勘界外业测绘的基础上，加大了对勘界内业工作的组织实施力度；加强了中越边界界碑点外业测量技术支持、数据收集、处理和存档等工作；加快了与越方比对和确认界碑点成果的工作。中越陆地边界原设计界碑约1500个，目前已完成约1100个界碑的比对、确认工作。

三、中华人民共和国陆地国界信息管理系统建设

在国家基础地理信息中心等项目承担单位的密切合作下，完成了“中华人民共和国陆地国界信息管理系统”的总体技术设计与技术规范的制定、中越与中哈数据整合处理、数据库框架构建以及主系统开发等多项工作。初步建成的主系统于11月在外交部试运行。

四、中国长城测量

以需求为驱动，紧密结合长城调查及长城数据管理等业务，完成了长城资源信息系统总体设计、明长城测量项目中系统设计、长城资源调查数据采集系统（PDA版和笔记本版）数据库和软件功能详细设计等工作；完成了长城资源信息演示系统、长城资源调查数据采集系统（PDA版和笔记本版）等软件功能开发。在系统数据库建设工作中，完成了演示系统数据库、长城资源调查数据采集系统数据库等建设工作。长城资源调查数据采集系统已应用于14个长城沿线省级文物局的田野调查工作中，并已通过专家评审。

五、自然资源和地理空间基础信息库－测绘分中心初步设计与建设实施

国家基础地理信息中心受国家测绘局委托，自2002年开始承担国家发改委组织的“国家电子政务工程－自然资源与地理空间基础信息库－测绘分中心建设工程”的项目建议、可行性研究、初步设计等工作。2007年8月，初步设计获得国家发改委的正式批复，项目进入正式实施阶段。至2007年底，已完成机房装修、政务外网接入工程，启动了实施方案编写与项目协调管理工作，以及详细技术设计与相关标准编制工作。

六、全国反恐维稳地理信息数据平台建设示范

对国家安全部、公安部、武警部队等相关部门进行调研，确定了示范区的范围，收集相关数据，完成网络与安全设计，编写了《反恐维稳地理信息数据平台建设前期技术试验方案》，撰写了反恐维稳专用地理信息平台项目申请报告。

七、全国主体功能区规划遥感地理信息支撑系统研究

根据国家发改委的项目要求，完成了2006年全国县级行政区划信息变化统计工作，计算全国范围内5类坡度下各类土地类型面积，制作完成土地适应性评价图。

八、重要地理信息统计分析系统建设技术方案设计

“重要地理信息统计分析系统建设技术方案设计”是2007年基础测绘项目，根据项目任务完成了重要地理信息统计分析总体方案的编写工作，主要内容包括重要地理信息总体定义与分类、重要地理信息统计指标、重要地理信息统计生产技术流程、主要统计算法与模型等；详细规定了基于数字地形数据的陆地边界、海岸线、行政区域、城镇建成区、道路与铁路、水系等信息统计方案，基于数字高程模型的中国三大台阶分界、全国海拔分级、区域重要地势等信息统计方案，基于影像的一级土地利用与地表覆盖信息统计方案，并通过试验对上述方案进行了验证。

九、移动通信专题地理数据研制及技术服务

继续做好云南等省移动通信专题地理数据研制

与技术服务工作，完成了河北、黑龙江、吉林、山东、福建、四川、云南、贵州等省的数据研制工作，数据研制成果于6月、12月分批通过用户组织的验收，并交付使用；为用户研制并提供天津市、汕头市行政区域范围20米采样间隔精度专题地理数据服务；为用户提供广州市、深圳市主城区5米精度及广东全省行政区域20米采样精度的专题地理数据研制、更新及技术服务。

十、城市（框架）地图及其他专题地图数据制作与技术服务

完成北京等12个大中型城市框架电子地图的数据制作并交付使用；完成北京市25幅A0幅面的专题地图制作输出；完成陕京输配气管道的专题地图制作及输出；完成大理等19个机场的专题数据制作。

十一、国家社会经济统计地理信息数据平台与地图发布系统建设

按照项目计划，初步完成全国1∶100万、1∶25万分省及北京市、山西省1∶5万和部分试验区1∶2000的统计地理数据的整合与技术处理工作。

十二、应急服务

为中央办公厅、国务院办公厅和国家发改委制作了多种规格多种样式的专题地图，为国家体育总局制作了国际动力伞比赛用图，为武警司令部及国家发改委领导安装了领导出访系统，为中国残疾人联合会制作了《第二次全国残疾人抽样调查示意图》，为外交部制作《全球分国底图》225幅。根据国家发改委全国主体功能区划规划研究课题组提出的技术指标，已完成部分全国范围内宏观层面的数据处理、统计分析计算工作；及时为课题的开展提供系列基础数据和统计分析计算结果。完成了交通部和内蒙古基础数据库建库项目、国家检疫检验总局数据加工任务；先后三次为财政部计算部分地区和全国各县高程数据，提供应急地图制作服务。

【测绘档案资料规范化管理和信息化建设】

国家基础地理信息中心完成了1∶2.5万、1∶20万、1∶25万、1∶50万、1∶100万纸黑图、薄膜黑图立卷、装袋、标识和数据录入10386幅，约43340张；打印、装订黑图、印刷图归档文件、案卷目录113册；采集全国测绘目录集第七至十二册数据14370条；完成馆藏民国时期外文地图的翻译整理工作，共计13238张；完成89幅测图档案的数据录入；完成19个归档项目1033个归档材料的组卷；完成48件2044幅古地图扫描数据的精处理；开展新进馆地形图组卷、录入、标识工作，其中1∶2.5万图120幅360张，1∶5万图200幅600张；组织测图档案装盒、贴标识800幅，5600件；组织1∶2.5万地形图第三份装盒、标识共计3580幅，盒上标识112个；拷贝磁带144盘，刻录光盘8盘；制作馆藏古地图珍品仿制品211幅。

该中心完成了《测绘科技档案著录细则》、《测绘科技档案信息分类标引细则》、《测绘科技档案信息分类表》、《测绘档案扫描数字化技术规定》、《测绘科技档案整理组卷细则》的编写工作。

【基础地理信息提供与服务】

作为国家测绘局向社会提供基础地理信息服务的总窗口，国家基础地理信息中心积极配合国家测绘局实施测绘行政许可，努力做好基础测绘成果提供、专题应用系统开发与应急服务等工作，逐步建设信息化测绘服务体系，切实完善服务体制和机制，不断丰富信息服务形式，进一步提高信息服务能力，全面提升信息服务工作水平。

一、基于网络的基础地理信息分发服务系统维护与更新

对基于网络的基础地理信息分发服务系统进行改版和正常维护，改版后的网站已作为国家测绘局政府网站的子网站正式运行。

二、国家动态地图网

国家动态地图网（http://www.webmap.cn）经过两年的运行，系统运行稳定，访问量已超过51万人次；定期获取和整理网络数据资源，截至2007年底，共有5155个数据表格，计38400多个数据项可供使用，时间上涵盖了1982年~2007年，最新数据时间为2007年5月。

三、国家基础地理信息网站更新

对国家基础地理信息网站（http://ngcc.sbsm.gov.cn）进行了改版。

【行政许可受理审批管理系统】

为了确保7月1日测绘行政许可集中受理厅正式运行，国家基础地理信息中心组织开发了行政许可受理审批管理系统，为测绘行政许可集中受理工作奠定了良好的基础。

科技创新与人才培养

【科技项目进展】

国家基础地理信息中心2007年承担的科技项目

包括国家自然基金委项目4项、863计划1项、科技支撑计划2个课题、国家自然基金委国际合作项目1项；2006年度结转项目3项。

国家自然科学基金委面上项目“GIS空间数据库更新的模型与方法研究”与“基于直线摄影测量的矢量地图自动化变化检测研究”，中德合作项目“GIS三维数据建模与更新”，香港、澳门青年学者合作研究基金“地理学、土壤学和遥感”项目成效显著；863计划项目“海岛（礁）精确测量集成应用技术”顺利推进；科技支撑计划项目“信息化测绘技术服务体系关键技术研发与应用”中的“基于自主产权的基础地理信息集成管理系统开发”和“基础地理信息分发服务系统研究与开发”课题6月正式启动；2006年度结转的国家自然科学基金项目“基于Voronoi邻近的数字地图认知研究”、“运用地理空间建模方法研究中美两国潜在的生物入侵”和“测绘学”等项目研究进展顺利。

一、GIS空间数据库更新模型与方法研究

本项目是国家自然科学基金重点项目。年内完成了基于模式匹配的客户数据库更新方法研究、道路网缩编更新的方法研究、基于高分辨率全色遥感影像的城镇居民地提取方法研究、利用遥感影像提取道路隔离带信息的模型与方法研究等。在国内核心期刊上发表研究论文4篇，在国际GIS核心期刊上发表论文1篇，完成专著1部，培养博士生7人。

二、基于直线摄影测量的矢量地图自动化变化检测研究

结合1∶5万基础地理数据快速更新工程，完成基于影像的居民地、道路等地物（半）自动识别与提取，影像快速正射纠正等方面的算法和理论技术研究，开发了正射影像快速正射纠正系统，实现矢量数据与影像的自动配准；开发基于高分辨率遥感影像的居民地自动提取软件原型系统；发表论文2篇。

三、GIS三维数据建模与更新

本项目是国家基础地理信息中心主持并联合国内多家单位共同承担的国际（中德）合作交流项目，实施年限为2007年~2009年。该项目主要目的在于通过加强中德两国的科研队伍在GIS领域的交流与合作，在GIS三维建模与更新方面取得技术突破。2007年8月，按照国家自然科学基金国际（地区）合作交流项目工作计划，在乌鲁木齐组织召开了第一次中德双边研讨会，深入交流了中德双方在GIS三维数据建模与更新方面的研究进展以及存在的问题，并磋商形成了2008年度的合作研究计划。中德双方互派学者进行互访15人次，进行了深入的合作研究。

四、信息化测绘技术服务体系关键技术研发与应用

本项目是国家科技支撑计划项目，其中两个课题“基于自主产权的基础地理信息集成管理系统开发”和“基础地理信息分发服务系统研究与开发”的研究工作顺利推进。

“基于自主产权的基础地理信息集成管理系统开发”项目在6月启动后，完成了课题实施方案的编写，开展了国产GIS平台关于基础地理数据管理功能的调研和地球空间数据交换格式在国家基础地理信息数据方面的需求分析，完成试点城市地理空间公共平台的调研、需求分析；继续完善国产GIS平台功能，实现了地球空间数据交换组件设计及部分功能；完成城市空间数据管理平台总体设计。

“基础地理信息分发服务系统研究与开发”课题6月启动，主要工作是落实课题的研究任务，确定课题的总体实施方案。

五、运用地理空间建模方法研究中美两国潜在的生物入侵

本项目是国家自然科学基金项目。经过项目组的共同努力，在执行期2004年1月~2007年3月之间，顺利完成课题的研究任务，发表论文6篇，出版学术专著1部，培养了博士2名、硕士1名。该项目提升了我国这一领域的研究水平，为我国防治外来入侵物种提供了新的发展思路，并推动了国际上该方向的研究与交流。

六、基于现代空间技术的高精度时空基准

2006年，国家基础地理信息中心与武汉大学联合申请了863项目“基于现代空间技术的高精度时空基准”，2007年，该项目研究工作按计划启动，主要工作有：基于地球物理模型NNR－NUVEL－1A，利用板块运动实测数据研究确定满足无整体旋转条件的动态模型；研究利用我国CORS站维持和更新国家基准的技术，提出我国现代时空基准的实现方案；参与定轨和轨道综合方面的研究等。

七、大规模基准站网数据处理与服务技术

2007年，国家基础地理信息中心申请了863项目“大规模基准站网数据处理与服务技术”，主要完成了利用全国GNSS连续运行站数据资源开展数据处理与时间序列分析、GPS气象研究、GPS精密定轨研究、地球动力学模型建立、大规模基准站网数据的集成化处理、基于Internet的数据处理技术研究、卫星导航多模和多频数据的联合平差等。

八、基于网络工程资料的我国地心坐标框架质量分析

承担地理空间信息工程国家测绘局重点实验室课题“基于网络工程资料的我国地心坐标框架质量分析”，主要通过对网络工程累积资料的分析处理，对我国地心坐标框架的精度、可靠性、稳定性与现势性进行评价。课题执行情况顺利，已经按照要求提交论文3篇，其中EI收录1篇。

九、利用长期高精度GPS三维可降水汽量序列研究城市上空大气动力学及其变化特征

本项目是2006年申请的中国气象局北京城市气象研究所城市气象科学研究基金项目。2007年，项目组完成了2006年全国跟踪站的天顶对流层参数计算以及部分研究内容。由于缺少密集的跟踪站数据做层析试验，北京城市气象研究所修改了研究内容，利用项目组掌握的多年连续观测数据，重点研究相关城市的水汽变化特征。

十、不同版本地形数据的增量更新信息提取系统

“不同版本地形数据的增量更新信息提取系统”是国家科技支撑项目子课题。完成了项目需求分析报告、项目实施方案设计与评审，完成了支持版本和时空的基础地形数据的编码和数据定义体系的设计，初步完成了地形数据增量信息的数据结构和表达模型的设计工作，开发了基于新旧版本数据的道路增量信息的提取软件。

【卫星导航应用的电子地图资源共享平台建设】

国家基础地理信息中心自2005年起承担国防科工委“北斗二号民用市场开发与产业化——卫星导航应用的电子地图资源共享平台（地理框架数据建设）”项目，2007年底完成全部项目内容，主要包括以下方面：

一、导航地理框架数据生产与建库

完成全国范围高速公路与国省道导航地理框架数据生产与建库，总长度34万千米；完成北京、天津、山东、河北域内16个地市示范区高速公路、国省道、县乡道（约合计1:5万图幅423幅）与城市道路（合计1:1万图幅约43幅）导航地理框架数据生产与建库，面积约10.6万平方千米。

二、导航地理框架数据相关标准编制

完成《导航地理框架数据内容》、《导航地理框架数据生产技术规定》、《导航地理框架数据质量检查技术规定》、《导航地理框架数据元数据》编制工作，已经过规模化生产使用验证，并通过了专家评审。

三、导航地理框架数据生产与管理服务软件开发

完成“野外数据采集”、“数据编辑与处理”、“质量控制”等三个工具软件的编程；完成“导航地理框架数据库管理系统”、“导航地理框架数据信息共享服务系统”等管理服务软件的研发工作。

四、相关政策研究

形成了《导航地理框架数据保密政策研究报告》、《导航电子地图生产企业市场准入制度研究报告》、《导航地理框架数据的持续更新机制研究报告》、《导航地理框架数据应用的版权保护政策研究报告》和《导航地理框架数据提供使用的价格政策研究报告》。

【职工教育培训】

国家基础地理信息中心先后分2批组织职工进行集中培训，主要学习了测绘成果保密与网络安全、新劳动合同法、技术市场规定、政府采购及报销制度等内容；该中心领导分别就地理信息标准化工作及演讲技巧等向职工做了介绍，使职工对本单位规章制度和发展思路有了更深入的了解。

【人才队伍建设】

根据年度用人计划，国家基础地理信息中心完成了1名博士后、2名博士和4名硕士毕业生的公开招聘工作，接收了2名军队转业干部。

对外合作与交流

【外宾来访接待】

国家基础地理信息中心继续配合国家测绘局做好外事接待和宣传工作，先后接待来自挪威、奥地利、韩国、俄罗斯、日本等十多个国家的测绘代表团来该中心参观访问。此外，还接受了美国DIGITALGLOBE公司、日本航业公司、加拿大PCI公司、法国SPORT公司、美国微软公司等近十家国际公司总裁和高级官员以及ISPRS技术委员会主席的来访，为本单位与各国业界开展合作和交流打下基础。

该中心组织或协助组织在华国际学术会议或工作会议4次，包括8月在北京进行的ISPRS执行局会议、在新疆举行的中德双边研讨会、地理空间数据库更新研讨会，10月在西安举行的ISO/TC 211第25次全体会议及工作组会议。

【ISPRS2008 年大会筹备工作】

国家基础地理信息中心配合国家测绘局开展了第 21 届国际摄影测量与遥感大会各项前期筹办工作，利用网站、简报、工作通讯、国内外会议和国际国内知名专业报刊杂志等多种形式持续开展宣传推广活动；确定了学术活动的会场使用方案，完成并开通了大会在线论文提交和评审系统，完成 2790 篇论文摘要接收，并进入摘要评审阶段；完善大会筹办工作机构，成立大会联合办公室和全国联络委员会，发动全国有关学术团体、行业机构和单位参加大会；举办国际摄影测量与遥感学会（ISPRS）执行局及技术委员会主席联席会议，听取筹备工作汇报，考察会场及其它相关设施，评估大会学术和社会活动安排等；在新疆举办地理空间数据库更新研讨会。大会各项筹备工作正在有条不紊地进行，得到了 ISPRS 执行局的充分肯定。

【参加 ISO/TC211 会议】

由国家测绘局、国家标准化管理委员会主办，国家基础地理信息中心、陕西测绘局、全国地理信息标准化技术委员会共同承办的国际标准化组织地理信息技术委员会（ISO/TC 211）第 25 次全体会议及工作组会议于 10 月 29 日 ~11 月 2 日在西安召开，ISO/TC 211 国内技术归口办公室组织中国代表团参加了会议。

【出国访问和考察】

根据所承担的重大项目或核心业务工作需要，国家基础地理信息中心安排了 6 人次赴芬兰、挪威、法国等国进行基础地理信息处理技术与更新机制考察。

根据我国在国际/区域组织中所承担的任务和与有关国家的双边合作协议，安排相关人员参加了 ISPRS执行局会议、PCGIAP 工作会议；为跟踪了解国际遥感、地理信息系统及卫星定位系统相关领域的技术前沿，安排有关人员参加 FIG、ISPRS、ICA、IUGG、ISO/TC211 等国际学术组织召开的国际学术会议 48 人次。

【技术与学术交流】

根据业务工作需要，国家基础地理信息中心多次组织了与美国 ESRI 公司、国外相关部门和厂商的技术交流和培训，学习和跟踪国外先进技术。

制度建设

【制度建设】

国家基础地理信息中心初步建立目标责任管理与绩效考核机制。根据中心经济运作管理办法，结合中心年度任务和经费收支情况，制定了 2007 年奖金分配实施方案；各部门制定了部门目标责任书，明确了各部门年度任务、考核指标与奖金额度等。提出处级干部轮岗和提拔工作新举措，进行部分正处级干部轮岗；通过个人报名、组织审查、演讲答辩、代表评分、党委研究等公开竞聘程序，提拔了 6 名副处级干部；根据人事部和国家测绘局人事司关于事业单位岗位设置的有关要求，完成了中心岗位设置测算工作；中心干部人事档案目标管理通过国家测绘局验收，被评为目标管理三级达标单位；制定了《国家基础测绘项目档案立卷归档暂行规定》、《关于执行中央国家机关和事业单位差旅费管理办法》等制度。加强安全保密措施，完成门禁与监控系统整改、中心涉密与非涉密信息系统备案以及单位密钥更换工作。按照固定资产新的分类编码对原有分类进行更正，完成了财政部下达的事业单位资产实物清查工作。

党的建设与精神文明建设

【党的建设】

6 月，国家基础地理信息中心完成了党委、纪委换届工作，选举产生了新一届党委和纪委。严格落实党内民主生活制度，中心领导班子召开了以“加强领导干部作风建设”为主题的民主生活会。

开展了学习贯彻党的十七大精神活动，组织职工收看了十七大开幕式直播，召开了中层以上干部和党支部委员学习十七大精神座谈会，制定了学习贯彻十七大工作安排；在中心内网开设了学习十七大网站；各支部组织党员和职工观看了十七大辅导录像，结合工作实际交流学习体会。积极组织开展向刘先林院士先进事迹学习活动，增强了职工做好本职工作的意识。

【精神文明建设】

2007 年，国家基础地理信息中心作为项目牵头单位获优秀测绘工程金奖 1 项，测绘科技进步二等奖 2 项、三等奖 2 项；作为项目主要参与单位获测绘科技进步一等奖 1 项、三等奖 1 项。孙占义获中央国家机关青年“奉献奖”，在精神文明建设工作中获得局级或部级表彰的职工 18 人次。被 SCI 检索的论文 12 篇。

10 月，选举产生了新一届工会委员会和经费审查委员会；为离退休困难职工送温暖，及时向离退休职工通报中心工作情况。关心职工身体健康，组织职工参加体育活动和健康体检；开展激励机制与文化建设专题调研，提出单位文化建设措施，促进了单位和谐文化的创建；改善了图书阅览室设施，在本单位内网开辟电子图书专栏，方便了职工查阅浏览图书；举办了百胜村大院消防培训班；修缮改造了办公楼和集体宿舍；组织职工献爱心活动，累计捐款9470元。

中国测绘宣传中心（中国测绘报社）

主要业务进展

【国测一大队先进事迹宣传报道】

2007年上半年，中国测绘宣传中心（以下简称宣传中心）协调组织中央媒体展开以国测一大队“艰苦奋斗，无私奉献”为宣传主题的宣传工作，组织新闻素材，深入挖掘亮点，提前深入陕西测绘局，准备国测一大队的基本情况和有关珠峰测量、边界测量、西部测图等重大工程作业的视频及文字资料，总结提炼了近40万字的宣传素材，为中央媒体的采访打下了基础。

4月5日，新华社播发了国测一大队任秀波先进事迹的通稿，中央电视台《新闻30分》和《新闻联播》劳动者之歌栏目播出了任秀波的先进事迹。《人民日报》、《光明日报》和中央人民广播电台等均报道了任秀波的先进事迹。任秀波的事迹体现了国测一大队成长起来的年轻一代对“爱祖国、爱事业、艰苦奋斗、无私奉献”的测绘精神的继承和发扬，展示了新时代青年测绘职工良好的精神风貌，此次宣传取得了良好的社会效果。

【刘先林院士先进事迹宣传报道】

刘先林院士先进事迹的宣传被列入中宣部、中组部“时代先锋”宣传计划，宣传中心精心制定策划方案，认真准备采访素材，协助服务中央媒体。全国22家中央主流媒体，历时报道近一个月，规格之高、周期之长、规模之大，堪称测绘宣传史上新的里程碑。此次宣传活动的影响已经超越测绘系统本身，达到了一个新高度，不仅鼓舞了测绘战线广大职工的斗志，催人奋进，更为测绘事业的快速发展创造了良好的舆论氛围和社会环境。

7月27日~29日，由中宣部新闻局领导带队，22家媒体的30余名记者组成庞大的记者团，对刘先林进行了集中采访。宣传中心承担了联络员、全程录像、协调陪同、接待各媒体单位采访等工作，宣传中心领导和业务骨干一起，到中国测绘科学研究院配合中央各大媒体记者出色地完成了采访任务，受到中宣部领导和中央媒体记者的一致肯定。

8月5日起，全国20多家主要新闻媒体和重要新闻网站以多个视角，通过平面媒体、广播电视、互联网等传播手段，连续多天广泛、深入宣传报道刘先林的事迹。中央人民广播电台在《新闻和报纸摘要》节目中播出通讯，中央电视台《新闻联播》节目连续播出两篇报道、《焦点访谈》节目播出专题、《科技人生》制作介绍刘先林院士科技生涯的专题节目；新华社、人民日报和光明日报等媒体连续刊发长篇通讯、评论员文章以及引起社会各界强烈反响的原创报道100余篇。刘先林先进事迹的宣传报道，在社会各界引起热烈反响，测绘界、科技界、大专院校反响尤其强烈，全国迅速掀起学习高潮。

人民网等几家主要新闻网站组织网友与刘先林就“测绘如何造福百姓”等主题进行在线交流，同时进行图文、音视频直播，吸引了大批网民前来交流、浏览，使报道主题进一步拓展。

宣传中心充分发挥自身优势，4月以来，先后采访了国家测绘局和直属单位、各地测绘单位和职工、科技界人士、学生、工人、农村干部、新闻工作者和教师，以及与刘先林院士有较多接触的客户共40多人，整理了15万字的第一手材料，为各大媒体提供了近4万字丰富详实的文字和图片资料，并为中央电视台提供了影像素材。同时，派专人陪同刘先林进行各大新闻网站的直播，为中央国家机关工委等五部门举办的刘先林先进事迹报告团撰写修改了5篇发言稿，并请来中央人民广播电台专家对报告团成员进行培训。9月4日上午，刘先林先进事迹报告会在人民大会堂举行，取得圆满成功。

中国测绘报开设《向刘先林学习》大型主题系列深度报道栏目，并适时扩版，从“深、特、活、长”四方面加强测绘报刊的宣传报道，连续发表报道刘先林事迹的长篇通讯、系列评论员文章、贺信和专访，编发中央新闻媒体和全国各地各类媒体报道刘先林事迹的盛况，报道测绘系统、行业及社会各界对刘先林事迹的反响、学习动态和成效。

《中国测绘》杂志提前40天出版发行《刘先林院士专号》，继《珠峰复测》专号、《经天纬地五十年》增刊后，再次打造了一份文化精品。

中国测绘新闻网精心推出“创新之魂”大型专题报道，采集了消息、通讯、评论、视频、音频等各种形式的报道百余篇。

【重大测绘工程项目宣传报道】

一、19座名山高程数据发布的宣传报道

宣传中心精心策划，组织大量宣传素材，周密安排媒体采访。4月27日上午，国务院新闻办公室举行首批19座著名风景名胜山峰高程数据公布新闻发布会，中央和地方众多媒体记者到会采访，中央电视台第四套节目对发布会进行了现场直播，新华网、新浪网、中国国际广播电台等媒体在现场同步网络直播。

新华社、人民日报、中央人民广播电台以及凤凰卫视等媒体用较大篇幅进行了重点报道。中央人民广播电台《今日论坛》栏目邀请国家基础地理信息中心副主任彭震中作为嘉宾，就国家为什么会统一公布这些重要的地理信息数据，这些数据对国家和社会有什么意义，以及如何更好的利用这些数据进行了讨论。中央电视台《新闻30分》、《新闻联播》和新闻频道《整点新闻》、《朝闻天下》均做了不同篇幅的报道，在全国范围引起广泛关注。

二、长城测量工作宣传报道

长城资源调查部署会议和长城测量项目总体方案鉴定会议召开后，宣传中心积极保持与中央电视台、人民日报、新华社等中央主要新闻媒体沟通，协商、策划长城资源调查和测量进一步宣传方案。新华社连续刊发《长城资源调查工作启动 摸清长城“家底”》等多篇新闻报道，中新社、光明日报等多家媒体刊登消息。

三、西部测图工程宣传报道

按照国家测绘局的工作部署，宣传中心组织了由新华社、光明日报、经济日报、中央人民广播电台、中央电视台、中国测绘报6家中央新闻媒体和行业媒体单位组成的9人采访团，深入西部测图工程在青海和西藏的测区进行现场采访近一个月，获取了大量第一手采访素材。期间，中央主要媒体刊发、播出了30多篇消息、通讯、电视新闻、广播要闻、现场直播、深度报道、图片新闻等，全方位展示了国家西部测图工程的意义及最新进展，讴歌了测绘人朴实无华、无私奉献的精神面貌，向全社会展示了测绘工作的真实风貌。

中央电视台新闻频道《整点新闻》栏目中播出长达2分零3秒的西部测图新闻报道，10月4日晚，《新闻联播》节目播出了长为1分零8秒的西部测图头条新闻。

中央人民广播电台连续三次对西部测图工程进行现场直播报道，取得良好宣传效果；《新闻和报纸摘要》节目4次播发了西部测图工程的报道；中国广播网刊发了大量来自西部测图前线的文字和图片报道。

四、测绘法律法规宣传报道

2007年，国家测绘局相继出台了《外国的组织或者个人来华测绘管理暂行办法》、《基础测绘计划管理办法》以及与注册测绘师制度相关的规章制度。宣传中心适时进行了宣传报道，并对全国各地贯彻执行情况进行了及时报道，特别是对新疆测绘局查处外国人来华非法测绘案件的追踪报道，在全国起到了很好的警示教育作用。

为配合测绘法颁布实施5周年宣传，《中国测绘报》利用大量篇幅报道了5年来在贯彻落实测绘法实践中取得的成果和成效，积极开展测绘法宣传日主题、口号的征集活动，并对15年来设立测绘法宣传日这一形式取得的成效进行了深度报道；对测绘法颁布5周年座谈会开展了及时、深入和全面的跟踪报道。此外，人民日报、新华社、中央人民广播电台和中央电视台等媒体也作了针对性报道，使国家测绘局的重点工作受到各行业的普遍关注，取得了良好的宣传效果。

【制作“经纬之光——全国测绘成果成就展”电视专题片和大型画册】

根据国家测绘局的要求，宣传中心制作了一部全面记录“经纬之光——全国测绘成果成就展”的电视专题片和一本大型画册。该专题片是对展览组织策划的背景情况、展览实况和各界群众踊跃参观展览的情景、中央和各级领导参观展览的纪实资料。专题片和画册的制作完成，使测绘战线广大职工能够更深入地了解和热爱测绘工作，增强测绘系统的行业凝聚力。

10月中旬，宣传中心向全国测绘行政主管单位和其他行业单位赠送了专题片光盘和画册。

改革创新与人才培养

【深化报刊改革】

一、版式及内容的设置

中国测绘报紧密围绕国家测绘局中心工作，着力抓好头版头条选题策划，严格按要求上报需国家测绘局审阅的稿件，报纸的时效性大大增强，工作效率明显提高，基本做到了重要消息当期见报，刊发了不少有深度、有影响、有价值的好文章。继续办好月末版，每期月末版均有深度报道见报，深受读者的欢迎。下半年，围绕学习刘先林院士、贯彻落实《国务院关于加强测绘工作的意见》和学习贯彻十七大精神等，加强了言论刊发。

《中国测绘》杂志连续扩版，从最初的48页扩版到64页，之后到92页，版面增加了近一倍。为提升杂志的影响力和品位，加大了对热点话题的关注和报道，把封面专题系列报道作为拳头产品来打造，树立自身的品牌。在栏目策划上，通过读者调查和深入研究探讨，设置了《信息广场》、《科技视野》、《海外采风》、《边走边看》和《测绘单位动态》等栏目，在行业信息、科技热点、测绘文化、国际测绘、基层动态以及人文历史、自然风物等方面广采博纳，一方面注重文章的可读性和含金量，另一方面注重视觉效果，加大图片映衬说明的力度，为读者打造赏心悦目的信息大餐。

二、专栏、专版、专题的宣传报道

测绘报刊深入报道国家领导人关于大力宣传测绘工作的指示和《国务院关于加强测绘工作的意见》，连续报道各地深入学习贯彻落实情况，在测绘系统起到了良好的鼓舞作用。同时对国家测绘局重大工程、重点工作进行重点报道，《中国测绘》杂志第6期以封面专题报道的形式，全方位报道了国家西部测图工程。同时，积极报道各地学习落实科学发展观和十七大精神的情况，全年刊登了近20个省局领导的访谈并作了深度报道，刊发了近10篇贯彻科学发展观的理论文章，对各地树立科学发展的观念起到了积极的推动作用。

【《中国测绘》杂志理事会工作】

6月5日，《中国测绘》杂志理事会2007年年会暨测绘单位管理方略论坛在吉林省延吉市召开，来自全国测绘行业的120多名理事或理事代表参加会议。宣传中心主任、理事会理事长何锋在年会报告中提出宣传中心为全行业打造八大信息服务平台，即：办好《中国测绘报》，加强新闻舆论阵地建设；办好《中国测绘》杂志，打造测绘文化品牌；以中国测绘新闻网为载体，营造一个网上的信息交流平台；精心组织年会，大力推动行业信息交流；策划行业论坛，提供决策参考；组织学习考察，拓宽知识视野；加强新闻策划，积极做好对外宣传；重视影视宣传，打开新的局面。

论坛上，部分副理事长、理事和特约嘉宾作了专题报告，受到与会者欢迎。代表们相继发言，充分肯定了《中国测绘》杂志理事会的平台作用，认为通过这个平台，调动了全行业对测绘媒体的共同关心、爱护和支持，使测绘新闻宣传工作打开了新局面。

【中国测绘新闻网站建设】

2007年，对中国测绘新闻网站进行了全面改版，加大了对网站建设的资金投入，配备专门人员对网站进行维护，改版后的网站栏目和版式更加合理，内容更加丰富，信息更加及时快捷，时效性大大提高，在年度重大宣传项目上发挥了很大作用。

【干部职工教育培训】

坚持以党总支中心组学习为龙头，带动全体干部的理论学习。2007年，宣传中心党总支书记为全体党员上党课2次，1人参加了行政学院的脱产培训，2人参加了中央党校为期3个月的脱产培训，1人加入党组织，2人递交了入党申请书。“七一”期间，宣传中心1个党支部、1名党员受到国家测绘局直属机关党委表彰。

认真落实国家测绘局人才工程战略。一是把建设学习型单位活动扎扎实实坚持下去，引向深入，结合整合新闻资源、创新新闻宣传形式和方法等举措，逐步营造浓厚的学习氛围，牢固树立终身学习、务实创新、不断提高素质的意识，做到学习工作化，工作学习化；10月下旬～12月中旬，开展了“学习宣传贯彻党的十七大精神”活动，各支部认真组织学习，每名党员都提交了学习心得体会；组织职工参观《复兴之路》大型主题展览，使广大职工深受教育，激发了工作热情。二是积极引进人才，根据业务需要，经中心主任办公会研究和国家测绘局批准，公开考聘录用了4名急需人才，全部补充到编采第一线；全年选派3人参加新闻出版总署举办的业务培训班，4人参加了国家测绘局举办的各类培训班。

宣传中心党总支重视每年一次的民主生活会，认真贯彻民主集中制原则，会前征求群众意见，会后对整改意见进行反馈。领导班子分工明确，各司其职做好分管工作，并在工作中互相协调、配合、支持，把党风廉政建设列入重要议事日程，与总体工作、业务工作一起布置，一起检查落实。涉及宣传中心的重大事务由集体研究决定，评选先进、重大项目建设以及涉及职工切身利益的事情全部公开。

制度建设

【领导班子自身建设和职工队伍建设】

继续认真开展党员先进性教育活动，建立了“党员受教育、组织增活力、发展出成果、群众得实惠”的长效目标和机制。宣传中心党总支应用党员先进性教育的成果，建立了学习、工作、议事、廉政等一系列制度，坚持以党总支中心组为龙头，带动全体干部的理论学习，在加强中心党总支班子和党支部建设上取得了新成效。3月，根据国家测绘局党组的要求，召开了一次加强领导干部作风建设民主生活会，听取广大职工的意见，对中心领导班子的工作进行监督。

【建立完善各项规章制度】

一、管理工作

加强制度建设，健全完善绩效考核、出勤、财务管理、安全保卫、评先评优、奖励等一系列制度，并加强日常监督落实和考核。全年无一例违反单位规章制度事件，无治安、刑事案件，无受党纪、政纪处分人员，无失盗、失窃事件发生，消防设备完好率达100%，无重大火灾隐患。主动承担辖区办事处分配的各项社会公益活动，计划生育工作任务、责任落实到位。

二、资产清查工作

在资产清查工作中，宣传中心虽然未被列入审计单位，但依然按照审计标准完成此项工作。通过资产清查工作，摸清了“家底”，了解了资产使用状况，发现了一些资产管理上的不足，建立起了完整的清查系统，包括卡片及报表系统，为以后对资产进行科学、有效、动态的管理奠定了基础。对在资产清查工作中暴露出来的问题、原因进行了分析并提出整改措施。

【基础建设】

2007年，为提高设备水平，改善办公条件和环境，一是投入近50万元，重点建设了中国测绘新闻网站；更新了部分办公设施，配备了电视后期非线编辑制作设备，为实现与中央电视台的业务对接提供了物质保障，为今后测绘新闻事业快速发展奠定了基础。二是加大节能减排工作力度，积极想办法节支增效。协调电话局改造了电话线路，安装了长途IP卡，节省了电话费；一次性投入4万多元改造了电力线路，消除了安全隐患，提高了安全性，节约了能源，减少了成本开支。三是对部分办公室进行了调整布置，优化了办公环境，提高了办公效率。四是克服办公用房紧张的困难，落实专项经费，建立了职工活动室，丰富了职工的文体生活。

精神文明建设

【开展“迎奥运、讲文明、树新风”活动】

为促进职工文明素质的提高，为迎接奥运营造文明和谐的社会环境，宣传中心激发全体干部职工的参与热情，开展了如下活动：一是开展文明风尚宣传普及活动。深入开展社会主义荣辱观教育实践活动，用社会主义荣辱观引领社会风尚，把“八荣八耻”的基本要求转化为职工的日常行为；实施文化环保工程，促进社会文化环境改善。二是实施行业文明服务工程。深入开展新闻业务、文明礼仪、职业精神和社会责任等一系列业务培训，提高宣传水平和宣传质量。三是参与“全民健身与奥运同行”活动，引导干部群众积极参与体育健身，提高健康水平。四是开展文明交通行动，以迎接奥运会为契机，在机动车驾驶人中组织开展“文明驾驶，安全出行”活动。

【工会、共青团工作】

宣传中心工会在党总支的统一领导下，结合单位实际，认真开展各项工作。一是充分利用公告栏，通过经常性地公布宣传中心日常的学习工作情况、定期通报评优创先活动开展情况和展出干部职工创作的优秀摄影作品，使广大干部职工从思想上、行动上参与单位的精神文明建设；二是鼓励职工积极参加社会救助，开展献爱心活动，共捐款近3千元；三是关心职工的身心健康，组织全体职工赴北戴河学习休养，安排全体人员进行一次全面体检，为全体人员办理了工伤保险，理顺了职工养老保险。

2007年，1人在国家测绘局直属机关工会第四次会员代表大会上被选为第四届委员会委员。

【综合治理工作】

宣传中心切实加强综合治理的各项管理工作，一是修订了职工绩效考核办法，把岗位、职责和绩效结合起来，调动了职工的工作积极性，通过加大督查和考核力度，各项规章制度和管理规定得以全面贯彻落实，管理工作有了新的进步；二是注重安全生产，确保万无一失；三是加强记者站和记者证的管理，杜绝违规现象的发生。

3月，中国测绘宣传中心被中央国家机关精神文明建设协调领导小组评为“二〇〇六年中央国家机关文明单位”，这是连续第2年获此殊荣。

国家测绘局管理信息中心

主要业务进展

【政府网站工作】

一、网站宣传

根据国家测绘局2007年测绘工作要点和新闻宣传工作要点，国家测绘局管理信息中心（以下简称管理信息中心）制定了《2007年国家测绘局政府网站宣传工作方案》。按照方案部署，全年制作著名山峰高程公告、长城资源调查与测量、基础测绘计划管理办法、注册测绘师、测绘标准与质量管理工作、测绘典范、数据共建共享、测绘成果应用经验交流、测绘新思路、测绘法宣传日、时代先锋——刘先林、陕西测绘50周年、重点测绘工程质量监督检查、学习贯彻国务院意见、学习贯彻十七大精神等15个专栏，专栏主题鲜明，内容丰富，时效性强，在社会上产生了积极的反响。

管理信息中心围绕国家测绘局工作计划主动组稿，利用《测绘要闻》和《工作动态》栏目及时宣传、报道国家测绘局和地方测绘行政主管部门在依法行政、测绘管理、服务经济建设和社会发展等方面取得的成就和重大测绘事件。全年局政府网站共编辑、制作新闻稿件6000多篇，同比2006年增加了550%；积极向中央政府门户网站报送稿件，共有206篇报道被中央政府门户网站采纳；转载《中国测绘报》、人民网、新华网等有关媒体稿件350多篇。网站的社会影响力和关注度显著增强，全年访问量达到350多万人次。

二、政府网站改版

鉴于旧版网站不适应形势发展需要的现状，根据国家对政府网站建设的新要求，管理信息中心在充分调研和论证的基础上，制定了《国家测绘局政府新版网站栏目设计方案》和《国家测绘局政府新版网站建设方案》，配合局办公室组织了新版网站的建设招标工作，并与中标单位共同完成了新版网站的建设工作，11月8日，新版网站正式上线试运行。此次网站改版以建设测绘部门政府门户网站为目标，对网站的栏目设置、功能设计、服务内容和表现形式等做了大幅度调整，重点突出了政务公开、办事服务和互动交流三大功能，加强了测绘部门信息资源的整合，初步建成了包括地方测绘单位在内的测绘行政管理与应用服务网站群，网站的门户功能得到了大幅提升。此外，为了向外籍人士和国外用户宣传测绘，新版网站还增设了英文版。

三、管理信息服务

管理信息中心通过搜集、整理互联网上有关测绘工作的报道，编印了29期测绘管理信息简报，整理信息699条，及时上报局领导和机关各司（室），供日常工作参考；通过对互联网上提供地图服务的国内几家主要商业网站的栏目设置、服务内容、服务方式等情况的调查和对国家测绘局旧版网站公众留言栏目内容的统计和分析，制作了2期《管理信息专报》，方便了局领导和机关各司（室）及时了解有关情况。

【政务办公系统建设】

一、国家测绘局机关政务办公系统升级改造

国家测绘局机关政务办公系统是机关内部办公必不可少的工作平台。为保障系统的正常稳定运行，管理信息中心建立了完善的数据备份制度，制定了各种突发事件的应急预案，及时解决了用户在使用过程中出现的各类问题。为进一步增强系统的实用性、易用性，根据机关各司（室）的需求，管理信息中心牵头对办公系统进行了升级改造，更新了使用手册，完成了对相关用户的使用培训。此次升级改造新增了发文催办系统，对原系统的附件功能、收文功能、批核设置、系统内收发文提示、界面项目及各类提示信息进行了调整优化。改造期间同时对系统已形成的1292件无编号文件进行了全面清理，对418件公文与相关文件重新进行了关联，使系统信息的准确性、完整性得到进一步提高。

二、开发业务管理系统

管理信息中心联合中国测绘科学研究院对局机关相关业务管理系统建设项目进行了调研分析，在反复征询各使用单位意见和建议的基础上，编制了《国家测绘局机关业务管理系统建设方案》，并于2月通过局办公室组织的专家论证；之后，管理信息中心按照方案组织完成了政务信息、外事管理、行政执法、机关公务员及直属单位领导班子成员考核和财务日常管理等5个业务管理信息系统的开发和测试工作。业务管理系统的建设，使局办公自动化系统依托国家测绘局政府网站延伸到了互联网，政务信息管理系统实现了各测绘单位政务信息上报的网络化、自动化、智能化，便于对政务信息员进行统一管理和考核；行政执法管理信息系统使各省、市、县级测绘行政主管部门可以利用该系统完成测绘行政执法证申请、执法人员上报、执法单位汇总等项网上办理，实现了对全国测绘执法人员、单位的有效管理，并提供面向社会公众的测绘行政执法证查询服务。

三、网络系统建设与日常维护

（一）机房基础设施及网络安全建设

在充分调研的基础上，管理信息中心撰写了《国家测绘局机关机房基础设施及网络安全改造项目规划方案》，为未来几年机房的基础设施和网络安全环境建设打下了坚实的基础。2007年主要针对现有机房和网络建设的薄弱环节及存在的风险，购置了服务器、交换机、机房专用空调等设备，改善了机房的物理环境，优化了现有的网络资源，保障了网络的安全运行。为了提高局机关网络应对各种突发事件和风险的能力，使维护人员在遇到突发事件时有章可循，编写了《国家测绘局机关网络应急操作手册》，针对可能的突发情况，提出了切实可行的应急措施。

（二）建立值班制度

为保障局政府网站及局机关办公自动化系统的正常运行，及时发现故障并妥善处理，管理信息中心制定了《国家测绘局政府网站及局机关办公自动化系统的运行维护值班管理暂行办法》，实行在职人员轮流值班、中心领导轮流带班的值班制度，设置了值班电话，编写了值班人员设备操作说明，并认真执行值班制度，保证了外网和内网的正常运行。针对现有的国家测绘局内外网、国务院政务资源专网、中国测绘网国家测绘局节点、财政部结算专网国家测绘局节点等系统的实际部署情况，重新制定了各系统的备份策略，并对重要系统部署了冗余环境，保证了各链路畅通和局政府网站、电子邮件系统、内网办公系统等应用系统的安全平稳运行。

（三）办公设备更新维护

管理信息中心坚持服务为本的原则，认真完成办公设备更新、安装调试和维护等相关工作，并协助有关部门做好相应的固定资产登记工作，全年设备采购金额达60多万元；在保证局机关办公耗材及时供应的基础上，认真做好领用登记工作，避免了资源浪费；继续做好局机关的计算机、打印机等终端设备的维护工作，及时解决局机关工作人员在计算机使用过程中遇到的各种问题。

【测绘统计工作】

一、统计业务工作

在对测绘系统各单位2006年各项专业统计年报进行汇审的基础上，管理信息中心编印了《2006年测绘统计年报》，并对数据库进行了更新；完成了2006年测绘统计快报、2007年统计上半年报和快报的资料收集和汇编工作；通过对各单位上报的专业统计年报、半年报、统计快报进行分析，全年编发了6期《统计简报》；向国家统计局（《中国统计年鉴》、《中国科技统计年鉴》、劳动统计年报、测绘服务财务状况统计表）和国土资源部（《中国国土资源年鉴》）及时提供了2006年有关测绘统计资料，为领导机关的科学管理提供了可靠的依据。

二、提高统计分析能力

为了切实做好统计分析工作，管理信息中心对近两年的测绘统计数据进行了认真梳理和全面对比分析，并根据分析需要设计了调查问卷，向20多个省级测绘行政主管部门进行了书面调研。在对反馈资料进行认真分析的基础上，形成了实用性较强的统计分析资料，并以《统计简报》的形式提供给局领导和局机关各司（室）参考。为贯彻落实《国务院关于加强测绘工作的意见》，管理信息中心联合局人事司、行业管理司组织开展了全国省市县测绘管理机构基本情况的专项统计调查工作，编制了涵盖30多项统计指标的专项统计表，完成了数据汇总和分析工作，并将资料提供给局领导和有关司（室）。此次专项统计调查，有助于准确了解省市县测绘管理机构设置和测绘管理职能落实情况，为实现测绘统一监管提供必要的现势性基础数据，体现了统计信息服务的主动性。

三、修订《测绘统计报表制度》

为适应测绘事业的发展，满足测绘行政管理工作对统计信息的实际需求，管理信息中心在深入调研和广泛征求意见的基础上，对《测绘统计报表制度》进行了全面修订，并得到国家统计局的批复同意。此次修订取消统计年报3种、专业统计报表9张，新增专业统计报表13张，涉及修改统计报表60多张、统计指标120多项；根据修订的报表制度，对测绘统计系统软件单机版（单机汇总版、单机基层版和行业统计基层版）进行了相应的修改，对软件的功能进行了完善，进一步增强了软件操作的便捷性；为了保证报表制度的顺利实施，举办了两期统计业务培训班，对测绘系统各单位的综合统计人员和部分专业统计人员共90多人进行了集中培训，对修订后的《测绘统计报表制度》及其配套软件进行了详细讲解和技术辅导。

四、启动统计巡查制度建设

为加强对测绘统计工作的监督检查，确保统计资料的准确性和及时性，管理信息中心启动了建立测绘统计巡查制度的前期工作，研究起草了《国家测绘局统计巡查工作试行办法》，并在统计业务培训时进行了调研和征求意见。

【《中国测绘年鉴》编制工作】

2007年，《中国测绘年鉴》编制工作走上规范化轨道。年初，中国测绘年鉴编辑部组织修订了年鉴框架结构和组稿细则，进一步调整、理顺了各栏目内容和相互关系，首次收录了军事测绘内容，并在广泛征求各编委意见的基础上，经专家论证最终定稿；3月，国家测绘局组织召开了年鉴编制工作会议，总结首部年鉴编制工作，表彰先进，部署年鉴（2007年卷）的编制工作，编委会讨论通过了《中国测绘年鉴编委会章程》和《中国测绘年鉴编辑管理暂行办法》；8月下旬，《中国测绘年鉴》（2007年卷）正式出版发行。

为做好年鉴（2008年卷）的编制准备工作，10月，中国测绘年鉴编辑部在总结两部年鉴编制工作经验的基础上，提出了《中国测绘年鉴》（2008年卷）框架结构和组稿细则修订稿；12月，印发了组稿通知，布置了年鉴（2008年卷）的组稿供稿工作，为2008年的编制工作打下良好的基础；根据编辑工作需要，编制了《中国测绘年鉴》通讯编辑培训教材，并在年底举办了通讯编辑培训班，对通讯编辑进行业务培训。

此外，管理信息中心及时完成了《中国国土资源年鉴（2007年卷）》中测绘部分的撰稿和报送工作。

机构管理与人才队伍建设

【调整内设机构职责】

根据国家测绘局赋予的职责，管理信息中心对内设机构职责进行了调整，原由综合处（人事处、测绘年鉴编辑部）承担的财务管理和后勤事务工作调整由统计处承担。

【中层管理岗位聘任】

为适应事业单位改革的要求，促进各项工作开展，管理信息中心结合现有人才队伍情况和相关岗位的实际需求，按照国家测绘局核定的中层管理岗位职数，先后组织了2次中层管理岗位人员的公开竞聘工作；为使聘任工作规范化，制度化，制定了《国家测绘局管理信息中心中层管理岗位职务聘任暂行办法》，并在2次聘任工作中制定了明确的实施方案；全年共有5人被聘任到中层管理岗位，并根据事业单位改革要求签订了聘用合同，实行岗位聘任制。

【人才队伍建设】

按照国家测绘局人事司的要求，结合所承担的工作职责、人才规划和队伍建设情况，管理信息中心对岗位设置进行了模拟测算，并报局人事司；根据业务工作需要，招录了2名应届硕士研究生并签订聘用合同，截至9月，在职在编的所有人员（除局管干部）全部实行了聘任制；按照事业单位人事制度改革和劳动社会保障部门的有关要求，在医疗、失业保险的基础上，为全体职工办理了社会统筹的工伤保险，保障了职工的合法权益。

制度建设

为使管理制度更加科学化、人性化，管理信息中心出台了《国家测绘局管理信息中心工作规则》、《国家测绘局管理信息中心中层管理岗位职务聘任暂行办法》、《国家测绘局管理信息中心人事档案管理暂行规定》、《国家测绘局管理信息中心年度考核暂行办法》，修订了《国家测绘局管理信息中心在职人员学习进修管理试行办法》、《国家测绘局管理信息中心考勤管理试行办法》和《国家测绘局管理信息中心财务管理试行办法》、《国家测绘局管理信息中心固定资产管理试行办法》。

党的建设与精神文明建设

2007年，管理信息中心按照直属机关党委的部署，组织全体党员和职工认真学习党的十七大精神，深入开展学习贯彻新党章和学习刘先林院士先进事迹等活动；通过座谈讨论、参观烈士纪念馆等多种形式，加强对全体职工的理想信念教育，加深对科学发展观和社会主义和谐社会的理解，加强领导干部作风建设，推进理论武装工作不断深入。中心党支部注重对入党积极分子的培养和锻炼，1名入党申请人被列为入党积极分子培养对象，1名预备党员按期转正，1名职工递交了入党申请书。在建党86周年之际，管理信息中心党支部被评为局直属机关先进党支部，受到国家测绘局直属机关党委的表彰。

国家测绘局地图技术审查中心

主要业务进展

【地图内容审查】

国家测绘局地图技术审查中心（以下简称审图中心）按照《地图审核管理规定》、《国家测绘局地图审核程序规定》和《公开地图内容表示若干规定》与有关标准样图，对送审地图进行严格审查。全年完成地图内容审查2500件，比2006年增加35%，达到历史最高。

地图内容审查工作始终坚持为测绘行政许可、测绘行政管理、测绘行政执法、地图市场监管、测绘宣传提供保障与服务。审查中发现并纠正了大量漏绘国界线、重要岛屿和重要注记、错绘敏感地区、地图内容表示泄漏国家秘密等问题。

为保障地图内容审查质量，审图中心建立了地图内容审查考核和地图审查三审制度，考核每个审查人员的工作质量，确保地图审查万无一失。全年地图内容审查合格率达到100%，没有出现失误和差错。

在地图内容审查量连年增长，审查时间由过去的20个工作日调整为15个工作日的情况下，审图中心克服审查人员不足的困难，对工作量进行测算，合理调配人员，积极开展内部改革挖潜，顺利完成全年地图内容审查工作。

在完成日常地图内容审查工作的同时，审图中心还为国务院全国污染普查领导小组、国家发改委、人民日报社、中央电视台、北京奥组委等单位提供地图“即送即审”服务，向地图送审单位提供地图技术咨询和地图修改方面的服务。

【地图鉴定】

为满足国家测绘局和有关省测绘行政主管部门调查处理违法案件的需要，审图中心按照地图内容审查标准，对在地图市场监管和测绘行政执法中发现的涉案地图进行鉴定。为满足国家测绘局有关司（室）行政管理工作需要，对有关地图数据进行鉴定核查，为测绘行政主管部门依法行政工作提供了保障和支持。全年共鉴定地图22件。

【互联网地图监督检查】

为贯彻落实国家测绘局《2007年测绘工作要点》提出的“开展网络地图和地理信息服务网站专

项治理工作”，审图中心开展了对互联网地图和地理信息服务网站的监督检查。通过采用网上搜索和重点抽查的方式，检查出登载地图图片的互联网站8962个，互联网地理信息服务网站595个，发现互联网地理信息服务网站的矢量地图绝大部分没有送审，部分网上地图和上网的地理信息存在重大问题。

建立网上地图监督检查日记，记录日常检查情况，及时将有问题的网络地图和地理信息服务网站向国家测绘局做书面报告并提出查处意见和建议，为国家测绘局地图市场监管工作提供了支持和保障。

【接受违法举报】

受国家测绘局委托，审图中心接受对测绘违法行为的举报和情况反映，承担互联网地理信息服务网站和互联网地图监管举报电话及电子邮件的举报受理工作。在举报受理工作中，按照权限和分工，注意收集有价值的线索和信息，答复举报人的咨询，及时向国家测绘局有关部门报告。全年共接受有关举报29件。

【地图市场调查】

审图中心对地图市场上部分违法违规情况进行了调查。重点调查了北京市场上教材、教辅出版物和导航电子地图制作、出版中出现的问题，发现了一些没有送审就擅自出版、更新资料，再版不送审，没有按照审查意见修改就出版的包含地图内容的教材和教辅出版物与导航电子地图。调查结束后，将有关情况报告了国家测绘局。

【地图备案】

审图中心对没有按照《地图审核管理规定》和《地图审核批准通知书》的要求报送备案样图的地图审核申请人发出地图样图备案催促函，并抄送国家测绘局。还向这些单位说明了依法备案样图是地图审核申请人的法定义务，不按照要求进行备案要承担相应的法律责任。

对于经催促仍未履行备案的地图审核申请人，将其违法情况上报国家测绘局；对收到的备案样图进行登记、整理、入库。

【重点项目进展】

一、地图远程审查系统

审图中心采取主动上门调查和服务的方式，协调有关单位与部门，解决系统运行中存在的技术问题，并组织开发人员对系统操作和管理人员进行集中培训，开展地图远程审查系统的试运行工作。目前，已有140多个用户申请注册网上地图远程审查并通过系统认证。

二、网上地图监管和服务系统

基本完成《网上地图监管和服务系统》研发；解决了系统试运行过程中发现的重复搜索、无效搜索等问题。

三、更新和开发网络版地图

向社会各界推广介绍418幅网络版地图，并向他们征求使用意见和建议。根据这些意见和建议，对418幅网络版地图内容进行部分更新，并为继续发布新品种网络版地图做准备。

【承办地图审核培训班】

审图中心受国家测绘局委托，承办了全国地图审核人员培训班。为培训班准备了培训教材、培训资料和学习用品，并为参加培训的160多名学员讲授《地图编制出版基础知识》、《地图内容审查基本要求》等课程，组织全国测绘行政主管部门63名地图管理和地图审查人员参加地图内容审查岗位资格考试。经阅卷评分及审核，首批有49人考试合格。

【地图审查档案服务】

按照《地图审核管理规定》的要求，审图中心负责保管地图审核申请材料的原始图件和备案样图。根据有关人民法院、公证处和单位的申请，经国家测绘局同意后，为其提供了有关图件与样图，为人民法院案件审理、地图著作权争议调解提供服务。

对外合作与交流

审图中心派2人参加了国际制图协会（ICA）第14次全体代表大会暨第23届国际制图大会；派1人参加了第五届海峡两岸测绘发展研讨会。

制度建设

为规范审图中心内部各项工作，保障职工权益，更好地履行国家测绘局赋予的职责，完成国家测绘局交办的任务，编写了《国家测绘局地图技术审查中心管理制度汇编》（以下简称《制度汇编》）。《制度汇编》紧密围绕中心职责，总结了中心成立以来的各项工作经验，内容贴近实际，简明精炼，易于执行。对于中心工作的制度化，促进各项工作进步，创建和谐单位，将发挥重要作用。

党的建设与精神文明建设

【思想政治教育活动】

审图中心始终把学习贯彻中国特色社会主义理论体系和党的路线方针政策作为一项重要工作来抓，按照要求组织全体干部职工开展思想教育活动。

向全体职工传达了局党办关于学习胡锦涛在中央纪律检查委员会第七次全体会议上所作的《全面加强新形势下的领导干部作风建设，把党风廉政建设和反腐败斗争引向深入》的重要讲话精神，并且组织了深入的学习。

传达学习了《中共中央纪委关于严格禁止利用职务上的便利谋取不正当利益的若干规定》（以下简称《规定》）的通知。通过学习讨论，全体干部职工熟悉了《规定》的内容，领会了《规定》的精神实质，认识到贯彻实施《规定》的重要意义和加强领导干部廉洁自律工作的极端重要性和紧迫性。

按照国家测绘局的要求，开展向刘先林同志学习的活动，要求全体干部职工自觉地把个人前途与测绘事业紧密联系在一起，以实际行动弘扬“爱祖国、爱事业、艰苦奋斗、无私奉献”的测绘精神。

开展学习《国务院关于加强测绘工作的意见》（以下简称《意见》）活动，将《意见》和国家测绘局《关于认真学习贯彻〈国务院关于加强测绘工作的意见〉的通知》印发给每位干部职工，并订购了《意见》的辅导读本，使干部职工把学习活动与贯彻落实党中央、国务院对测绘工作的一系列重要指示精神结合起来。

组织职工收看十七大开幕式，并组织了讨论座谈活动。按照局党组和党办的要求，制定了学习贯彻党的十七大精神工作方案，明确了学习重点、学习方式、学习计划和学习要求，及时以简报方式向党办报告了学习情况。组织党员和入党积极分子到北京市门头沟区冀热察挺进军司令部旧址参观，开展“迎接党的十七大胜利召开 保持共产党员先进性”主题党日活动。

【支部建设】

根据《国家测绘局直属机关党委2007年工作要点》，制定了《国家测绘局地图技术审查中心党支部2007年工作要点》、《国家测绘局地图技术审查中心党支部2007年党风廉政建设和反腐败工作方案》和《党风廉政建设和反腐败工作任务分工及工作人员行为准则》。

按照局直属机关党委要求，完成了支部改选工作，选出了新的支部书记、组织委员和宣传委员。确定了1名入党积极分子，2人向支部递交了入党申请书。

【其他活动】

组织职工向实行计划生育的贫困母亲捐款；参加“送温暖、献爱心”活动，向受灾群众捐款捐物；参加国家测绘局精神文明建设办公室与直属机关党委组织的文体活动；参加国家测绘局所属单位首届乒乓球团体赛，获优秀组织奖。

国家测绘局测绘发展研究中心

主要业务进展

【配合完成《国务院关于加强测绘工作的意见》相关工作】

国家测绘局测绘发展研究中心（以下简称测绘发展研究中心）参与了《国务院关于加强测绘工作的意见》（代拟稿）及相关材料的研究、起草和修改完善工作，并配合局机关开展了与国务院办公厅及有关部门的沟通、协调工作。《国务院关于加强测绘工作的意见》印发后，参与了有关宣传贯彻工作，组织开展了《国务院关于加强测绘工作的意见辅导读本》的编写工作，承担了其中大部分内容的编写和全书的统稿工作。

【参与起草国家测绘局有关重要文稿】

测绘发展研究中心参加了《基础测绘计划管理办法》电视电话会议、全国测绘标准与质量管理会议等会议报告的起草工作；参与了测绘质量管理条例等文件的起草工作；参与了国家测绘局有关调研报告的起草工作，完成了测绘信息化最新进展等文稿的编写工作；受国家测绘局委托，参与了国土资源部《国土资源信息共享平台初步设计方案》的有关工作。

【参与有关项目的立项和争取工作】

测绘发展研究中心积极配合国家测绘局有关司争取国家973项目，参与了国家重点基础研究发展计划（973计划）建议和《国家科技支撑计划地球观测领域“十一五”发展规划》的组织编报工作，协助开展了973项目的立项工作。

【推进测绘发展研究】

一、开展测绘成果保密与应用政策研究

针对我国测绘成果保密管理的现状，在借鉴国外相关经验的基础上，就现有测绘成果保密管理规定对公共服务和产业发展的影响进行评估；以满足我国经济社会发展对基础地理信息资源的迫切需求为前提，研究提出测绘成果保密与应用工作的指导原则和方针，明确测绘成果保密内容与范围，提出修订《测绘管理工作国家秘密范围的规定》的具体建议。

二、开展信息化测绘体系研究

通过对测绘信息化、信息化测绘、信息化测绘体系等重要概念的研究，分析国内外测绘信息化的发展现状、趋势和主要特点，提出测绘信息化建设的总体思路和信息化测绘体系建设的主要任务和对策措施，为推进信息化测绘体系建设，加快测绘信息化步伐提出政策建议。

三、开展基础地理信息共享机制研究

根据经济学理论和新公共管理理论，分析我国基础地理信息共享现状，找出阻碍共享的原因，在借鉴国内外信息共享有益经验的同时，基于公共物品理论、新公共管理理论、博弈论等理论，探索我国符合市场经济规律的基础地理信息共建共享的新机制，并提出相应的措施建议。

四、拓宽发展研究服务领域

受科技部、北京市测绘管理办公室和国家基础地理信息中心等单位委托，承担了“近年来深化科技体制改革研究成果综述及新时期推进改革重大问题分析”、“北京市基础测绘在国家基础测绘中的地位研究”以及“加强航空摄影统一监管的研究”等研究项目，所提交的研究成果得到了有关部门和专家的肯定。

【整理和丰富测绘相关资料】

测绘发展研究中心积极收集国外测绘法律法规政策，形成了近10万字的翻译稿，编译形成了近6万字的《加拿大政府地理数据分发服务》参考资料，整理形成了《世界主要国家测绘管理体制概况》。

科技创新与人才培养

【获奖研究成果】

测绘发展研究中心主持完成的“测绘发展规划设计研究”获2007年中国测绘学会测绘科技进步二等奖。该项目站在国家的高度，客观、全面地分析了当前我国测绘工作面临的形势，对影响当前测绘发展的突出问题进行了系统、深入的调查研究，梳理出了影响基础测绘和测绘事业发展的全局性关键问题，深入剖析了造成这些问题的根源，提出了“十一五”测绘事业发展和“十一五”到2020年基础测绘发展的指导思想、基本原则、发展目标、主要任务和保障措施。研究成果对于加强基础测绘工作，促进测绘事业的全面可持续发展具有重要意义。

测绘发展研究中心主持完成的“测绘发展战略研究”项目获首届全国信息化研究成果优秀奖。

【教育培训】

测绘发展研究中心组织职工参加各类培训29人次，在职人员2人获得武汉大学硕士学位，全年在学术刊物和会议上发表论文8篇。

对外合作与交流

测绘发展研究中心派2人次参加国际会议，对有关国家和地区测绘管理、地理信息获取与应用、地理信息产业发展等方面的情况进行了考察。

制度建设

【人才队伍建设】

测绘发展研究中心进一步充实人才队伍，3人获研究员任职资格，完成了5名专业技术人员的岗位聘任，通过公开招聘择优录用4名应届毕业生。

【建立完善各项规章制度】

测绘发展研究中心制定并发布了《国家测绘局测绘发展研究中心工作规则（试行）》、《国家测绘局测绘发展研究中心公文处理实施细则（试行）》、《国家测绘局测绘发展研究中心设备管理规定（试行）》、《国家测绘局测绘发展研究中心差旅费管理办法（试行）》、《国家测绘局测绘发展研究中心考勤管理办法（试行）》、《国家测绘局测绘发展研究中心无偿献血管理办法（试行）》、《国家测绘局测绘发展研究中心医疗管理办法（试行）》、《国家测绘局测绘发展研究中心计划生育管理办法（试行）》、《国家测绘局测绘发展研究中心项目经费管理办法（试行）》、《国家测绘局测绘发展研究中心职工住房补贴实施办法》等10项规章制度，使中心的各项活动有章可循、有据可依。

党的建设与精神文明建设

【支部建设】

测绘发展研究中心党支部不断完善党内教育、管理、监督等制度，健全组织生活制度，加强政治学习，组织开展了理想信念、光荣传统、思想道德等基础教育，组织了党的十七大报告、新党章、胡锦涛总书记在中央党校的重要讲话精神、时代先锋刘先林事迹等内容的学习，组织了重温入党誓词主题党日和我读红色经典活动。从单位自身建设需要出发，结合党的十七大报告与《国务院关于加强测绘工作的意见》，进行了专题辅导和讨论，提高了党员干部的战略思维能力。年内有2名预备党员转正，2人列为入党积极分子考察对象，新接收党员3人，预备党员1人。

【精神文明建设】

测绘发展研究中心结合当前国家经济社会发展的实际情况，适时开展了社会主义核心价值体系、中华优秀文化传统和职业道德等教育，在中心内部倡导爱岗敬业、开拓进取、诚实守信、团结友爱的新风尚。积极开展工会活动，丰富了职工的业余生活和精神文化生活；积极响应上级号召，为贫困母亲募捐。

国家测绘局职业技能鉴定指导中心

主要业务进展

【组织召开职业技能鉴定工作交流会】

10月，国家测绘局职业技能鉴定指导中心（以下简称职业技能鉴定指导中心）在湖南组织召开了测绘行业特有工种职业技能鉴定工作交流会，会上回顾了测绘职业技能鉴定各项工作的进展情况，总结成绩，指出问题，提出思路；听取了部分代表的发言，介绍了成功经验并进行交流讨论；针对鉴定工作中存在的问题，参会代表就职业资格证书与测绘单位资质审查、测绘产品质检和岗位设置挂钩等问题提出政策性建议。

【培训教材编写工作】

职业技能鉴定指导中心继续完善与新职业标准相配套的教材，组织郑州测绘学校等编写单位按照新修订的国家职业标准进一步编写职业技能鉴定培训教材（大地测量员、摄影测量员、地图编绘员、工程测量员、地籍测绘员、房产测量员），其中初、中、高三个等级的教材于11月底出版发行，为进一步推动测绘行业职业技能鉴定工作奠定了良好的基础。

【题库建设】

职业技能鉴定指导中心正式启动题库建设工作，在劳动和社会保障部组织召开的关于国家题库工作的会议上，研究讨论了建立测绘行业职业技能鉴定试题库的时间安排和技术帮助，得到劳动和社会保障部的认可和支持，拟定了题库建设的实施方案，对题库建设的初步任务进行了布置。

【注册测绘师资格考核认定工作】

职业技能鉴定指导中心按照注册测绘师资格考核认定工作领导小组的安排，承担了注册测绘师考核认定材料的初审工作，精心调配相应人力，对参与初审的人员进行严格的业务培训，严明工作纪律，规范审查工作流程；根据《注册测绘师资格考核认定办法》制订了详细的工作方案，包括初审分类原则、初审工作步骤、进度安排等内容，与局人事司积极沟通，确保工作的顺利开展。经过两轮初审，各地、各部门的申报情况基本梳理清楚，将初审中发现的问题进行了汇总，对初审结果和统计数据等情况进行了认真分析，并提出相应的建议，为领导小组针对存在的问题进一步明确有关政策提供了决策参考依据，为下一步开展的专家评审工作奠定了基础。

【其他工作】

职业技能鉴定指导中心配合国家测绘局人事司进行了第二届测绘技术能手评选活动的组织实施工作，完成候选人材料审核、评审方案拟定等具体工作，通过选拔产生了17名测绘技术能手，并在此基础上进一步评选出4名全国技术能手候选人。

职业技能鉴定指导中心进一步加强对各省测绘职业技能鉴定工作的组织协调和指导服务，全年共开展了130批次的测绘行业职业技能鉴定，制作并颁发国家职业资格证书7000多人次。

制度建设

职业技能鉴定指导中心十分注重制度建设，先后拟定了《国家测绘局职业技能鉴定指导中心工作规则》、《国家测绘局职业技能鉴定指导中心财务管理办法》、《国家测绘局职业技能鉴定指导中心固定资产管理办法》、《国家测绘局职业技能鉴定指导中心考勤管理规定》、《国家测绘局职业技能鉴定指导中心岗位津贴发放暂行办法》、《国家测绘局职业技能鉴定指导中心人事档案管理办法》、《国家测绘局职业技能鉴定指导中心学习进修暂行规定》和《国家测绘局职业技能鉴定指导中心计算机系统安全暂行规定》等各项规章制度，并于年内陆续印发执行，使中心各项工作逐步纳入科学化、规范化轨道。

党的建设与精神文明建设

【支部建设】

12月，职业技能鉴定指导中心成立党支部，并召开第一次支部会议，选举产生党支部成员。党支部成立后，全面加强党组织和党员的思想、组织、作风建设，积极开展党团活动，建立学习规划；开展职业道德培训，制定职业道德规范，使党员进一步解放思想，更新观念，转变作风，树立科学发展观，充分发挥党员的先锋模范作用和党组织的战斗堡垒作用；中心党支部严格组织生活，坚持“三会一课”制度，进行党风、党纪教育，结合单位实际加强对党员的培训工作；加强支部建设，以支部建设带动队伍建设，促进中心各项事业的健康有序发展。

【政策理论学习】

职业技能鉴定指导中心把认真学习、全面贯彻党的十七大精神作为2007年政治理论学习的首要任务，制定了切实可行的学习计划；在学习阶段，组织了两次集中学习，同时组织职工参观《复兴之路》大型主题展览、收听收看电视节目；在交流阶段，组织开展了“学习十七大和新党章，我为测绘事业作贡献”的专题讨论会，全体职工结合自身感受和岗位实际，探讨热点问题，交流学习心得；在统一辅导培训阶段，组织全体党员参加了国家测绘局直属机关党委组织的集中辅导报告会和脱产学习培训班。通过学习，进一步提高了全体职工特别是党员干部对十七大报告精髓的理解和认识，增强了党员干部的使命感和自豪感；职工结合个人经历和工作实际写了学习心得，2人向党组织递交了入党申请书，2名入党积极分子写了思想汇报，学习活动收到了实效。

【队伍建设】

职业技能鉴定指导中心针对单位组建后所面临的人员新、业务新、任务重、人手少、压力大等实际问题，以科学发展观为指导，认真分析，深入研究，拟定了发展思路：以学习教育为前提，以制度建设为保证，以队伍建设为关键，促进事业稳固发展。同时，制定了以队伍建设促业务发展的具体措施：第一，加强学习教育。针对人员新、任务新的特点，通过开展多次职工岗前、岗中教育培训，拟定职工岗位细则；把学习刘先林院士的先进事迹作为一项长期活动，将“测绘精神”落实到每个职工的岗位职责中。第二，加强队伍作风建设。提出了“树理想，讲奉献，树正气，讲效率”的口号，大力倡导单位自身文化建设，创造良好工作氛围，促进工作质量提高。同时，中心进一步加强对新进人员的培养和锻炼，力求新人在岗位中锤炼，在实践中成长；做好“传、帮、带”工作，以老带新，力求尽快造就一支优秀的人才队伍。

国家测绘局重庆测绘院

主要业务进展

【国家基础测绘】

2007年，国家测绘局重庆测绘院（以下简称重庆测绘院）承担了国家西部1:5万地形图空白区测图工程青藏高原东部E、H区，共64幅控制、调绘、地表覆盖调查及景观图片采集、数字高程模型（DEM）、数字正射影像（DOM）、数字线化地图（DLG）、地表覆盖图的生产任务；在重庆市与湖南、贵州等省交界区域，完成国家1:5万数据库更新工程项目121幅地形要素数据综合判调及数据入库，完成37幅数字正射影像（DOM）生产；完成全国二次土地调查底图生产项目重庆范围内1376幅数字正射影像（DOM）的制作；完成中国大陆构造环境监测网络工程贵州区域网的2个全球定位系统（GPS）观测站的勘选设计和墩标建设。

【地方基础测绘】

重庆测绘院承担了部分四川省和重庆市的地方基础测绘任务，包括四川1:1万地形图更新项目自贡测区外业调绘97幅，利用重庆市1:1万数字线划地图（DLG）缩编1:5万数字线划地图（DLG）43幅，完成重庆市1:1万数字正射影像图（DOM）制作1447幅，完成200多平方千米的1:2000地形图的航测生产，承担重庆市1:5万行政区域界线建库项目和重庆市国家基础控制点普查。

【精密工程测量】

一、大桥监测

重庆测绘院对重庆市内石门嘉陵江大桥、牛角沱嘉陵江大桥、石板坡长江大桥等桥梁进行变形观测，为大桥的维护和管理提供实时有效的数据。

二、轨道交通监测

为保证重庆市轻轨的工程质量和顺利运营，重庆测绘院对重庆轨道交通二、三号线进行了桥梁监测、挡墙监测、轨道梁及横梁的监测监控。

【地方重点测绘工程项目】

重庆大学城1:500数字化地形图测量项目是重庆市重点测绘工程，重庆测绘院自2002年起承担该项目共160多平方千米的测量任务，于2007年上半年完工，并顺利通过国家测绘局、国家质量监督检验检疫总局的监督检查。

【地方综合服务项目】

重庆测绘院参与了众多重庆市及其它省市的测绘项目，涉及精密工程测量、地下管网探测、各种比例尺地形地籍测量、土地整理测量、竣工测量、4D产品生产、土地详查、多种建筑物的变形监测、勘界、子午线基线测量、放线、验线、水下地形测量、矿区以及隧道基本控制网测量、地形图缩编更新、建库等，为地方的经济建设作出了突出贡献，得到用户的好评。

参与长寿区化工园区乙烯项目1:500地形图测量、渝中区人防工程测量普查；参与厦门市集美区1:500大比例尺数字图测绘及系列产品、三亚市农村宅基地确权登记发证地籍测量、璧山县璧城片区南片区1:500数字地形图测绘，以及重庆市1:1万缩编更新、1:5万DLG生产等重点工程项目的测量，为重庆统筹城乡综合配套改革试验区确定的“加快”和“率先”目标的实现提供了坚实的测绘保障服务。

科技创新与人才培养

【科技活动】

为保障科技创新持续健康发展，2007年，重庆测绘院制定了《科技创新项目管理办法》、《科技档案归档办法》和《青年学术及技术带头人评定和待遇管理办法》等管理办法，加强对院青年学术人才和技术骨干的培养，初步形成了科技创新激励机制。

在2007“质量年”活动中，重庆测绘院坚持以“有效管理保质量、科技创新促效益”为方针，邀请四川测绘局、Geoway公司、日本古野电气株式会社等单位的专家来院进行先进技术、科技创新等方面的讲学、培训和交流。

重庆测绘院技术人员对作业方法和新技术进行了积极探索，共撰写科技论文20篇，其中3篇分别在《测绘与地理空间信息》、《测绘装备与技术》和《四川测绘》期刊上发表，9篇被重庆市测绘学会论文集收录，其中3篇被学会评为优秀论文。

【科技创新】

为了更好地对1:5万数据库更新工程中矢量数据各方面的正确性进行比较全面的检查，重庆测绘院自主研发了“国家1:5万DLG数据质量检查软件”，该软件具有检查效率高、检查内容全面、检查精度较高、检查成果便于利用等优点，于2007年底通过专家组验收。

【人才培养】

按照国家测绘局党组制定的《关于加强“十一五”测绘人才工作意见》，将人才的引进和培养作为重庆测绘院“十一五”期间的重点基础工作之一来抓，多途径、多渠道培养和引进人才。全年引进大中专学生32人，其中研究生4人，本科生17人，中专生11人，进一步改善了人才队伍结构，优化了职工队伍；选送职工参加各类培训237人次，申报测绘专业技术职称39人。投入培训经费86.7万元，其中投入内部组织的培训费用71万元，送培学习的费用15.7万元。

【制度建设】

2007年，重庆测绘院在原有管理制度的基础上，对57个管理文件进行了规划、起草和修改，经职工代表审议通过后汇编整理成册，形成了一套较完整的规章制度。院属各生产单位依据院管理办法，结合各自工作职责，分别制定了管理细则，对院管理文件进行了细化和规范。

党的建设与精神文明建设

【党支部建设】

重庆测绘院党委根据工作实际，将原有6个基层党支部调整为7个基层党支部。全年组织支部书记集中学习2次，党务知识专题培训1次，召开支部书记会议4次，组织支部书记参观考察教育1次，组织全院党员干部集中学习和上党课6次，开展职工思想教育3次。各基层党支部组织党员学习、过组织生活、召开支委会和支部党员大会等共计37次。

全年各支部按期转正党员3名，发展预备党员2名，确定入党积极分子7名，引进毕业生党员10名，清理合同工党员3名，确保了发展党员的质量和数量。

【党的制度建设】

重庆测绘院在2007年建立起《民主生活会制度》、《党委会议制度》、《领导干部述职述廉制度》、《领导干部廉洁从政谈话与诫勉谈话制度》、《国家测绘局重庆测绘院党员领导干部个人有关事项报告的规定》、《经济活动中的廉政建设规定》及《党风廉政建设责任制》等一系列党风廉政建设基本制度，通过党委会、学习会、班子民主生活会、任前谈话、廉洁从政谈话、年度例行谈话及个别交换思想等形式来抓好各级班子建设，发挥班子核心作用，推进各项工作的顺利开展。

【精神文明建设】

重庆测绘院重视测绘文化建设，自主设计创作了重庆测绘院院旗、院歌，成立了院歌合唱队；以反映测绘文化为主，组建重庆测绘院摄影协会，并举办了第一届职工摄影展。

在“三八”、“五一”、“八一”、重阳节等节日举行了各种活动。“三八”节期间，组织全院女职工举行了趣味运动会；“五一”前后，院工会与团委共同举办了重庆测绘院“经纬杯”管理文件知识竞赛和演讲赛；“八一”建军节召开了转业、复员军人座谈会；重阳节举办了全院离退休人员座谈会和郊游活动。

为迎接2008年北京奥运会，举办了重庆市测绘行业首届“拓普康杯”乒乓球团体赛，包括重庆市规划局机关、重庆市勘测院在内的9个单位80多人组队参加了比赛。

国家测绘局机关服务中心

主要业务进展

【机关服务保障】

2007年，国家测绘局机关服务中心（以下简称机关服务中心）领导班子调整后，要求全体职工进一步提高责任意识，增强服务意识，后勤保障工作取得新的进展。根据与局办公室签订的《机关办公楼物业委托管理合同》、《交通委托管理合同》、《职工住宅物业委托管理合同》，机关服务中心严格执行合同服务项目和预算，全面落实各项服务工作。积极开展了节能减排工作，按照国务院机关事务管理局对节能减排工作的部署和要求，明确了工作部门，制定了相关工作计划，提出了节水、节电、节油等各项措施，并进行了形式多样的宣传，在局机关及宿舍区逐步形成“节约从点滴做起”的良好风气。

较好地完成了局机关及在京单位的社会治安综合治理、交通安全、爱国卫生、计划生育等各方面工作。为不断提高机关食堂伙食质量和服务水平，开展了机关食堂就餐情况调查，征求了机关各司（室）对食堂建设的意见和建议，制定了改进措施，受到机关干部职工的好评。严格执行服务质量的各项标准，办公区域卫生状况明显改善。为改善车道沟宿舍区环境，进行了大量调研工作，宿舍区的基础设施改造进入准备阶段。

【财务管理工作】

加强财务管理工作。一是认真完成国家测绘局赋予机关服务中心代行的局机关及几个单位的财务管理工作，加强与各单位的沟通，改变工作作风，塑造良好窗口形象，为代管财务单位提供良好的服务并当好参谋。二是加强了对机关服务中心内部财务的管理，对机关服务中心财务执行情况进行了认真的研究分析，制定了有效措施；做好财务预算工作，为各项工作开展提供保证；做好财务决算工作，为领导决策提供依据；重视财务日常收支管理，提高资金使用效益。机关服务中心财务部门在认真执行国家有关财务、会计制度的同时，努力提高业务水平和服务意识，通过管财、理财为职工办好事办实事。

【机关固定资产清查】

按照国家测绘局固定资产清查工作领导小组的统一部署，成立清产核资工作小组，制定工作计划，按要求完成了局机关固定资产清查工作。通过资产清查，全面摸清了局机关资产家底，及时发现了资产管理存在的问题和漏洞，为今后提高资产管理水平、进一步建立健全固定资产管理制度、规范固定资产管理行为等提供了基础依据。根据在资产清查中发现的问题，提出了加强固定资产管理的意见，并经过调研着手建立固定资产管理信息系统，有效地推进了局机关固定资产管理工作。

【基建房改工作】

在基建房改工作中，认真执行国家有关政策，加强房产的规范化管理，清理公用住宅房屋的出租使用，开展人防地下空间综合治理工作。按照国务院机关事务管理局2008迎奥运环境整治办公室的统一部署，实施了迎奥运宿舍区住宅楼的外墙粉饰工程，第一批工程已竣工。

按照中央国家机关公务员住宅建设服务中心同国家测绘局签订的建设合作协议，积极推进建设部大院测绘局宿舍楼工程建设，主动配合住宅中心协调同建设部、地区街道办事处等部门的关系，处理好住户搬迁、工程开工前招标等各项工作，加强对工程的监督管理工作，使工程基本顺利进行。

制度建设

【建立健全规章制度】

机关服务中心把建立健全各项规章制度作为一项重点工作来抓。为规范集体议事定事程序，健全民主集中制，制定了《机关服务中心会议制度》；为规范公文管理工作，制定了《机关服务中心公文管理规定》；为规范印章的使用和管理工作，对中心印章进行了清理，制定了《机关服务中心印章使用管理规定》；加强固定资产制度化管理，修订并印发了《国家测绘局机关固定资产管理办法》；健全了机关办公用品的出入库与登记领用制度，完善了医务室药品的登记分发制度；为明确责任，规范管理程序，提高工作质量，制定了车队管理规章制度以及《机关办公楼保洁工作标准》、《机关会议服务工作标准》。

党的建设与精神文明建设

【支部建设】

机关服务中心党支部始终把做好思想政治工作作为支部重点工作，发挥党员在工作中的模范带头作用，树立弘扬正气、抵制歪风邪气的风尚。健全机关服务中心党支部理论学习制度，积极组织开展各项学习活动，认真学习贯彻十七大精神，深刻领会科学发展观的精神实质；认真学习《国务院关于加强测绘工作的意见》和刘先林院士先进事迹，提高广大干部职工的理论水平和认识能力，全面调动职工的工作积极性和工作热情；加强对入党积极分子的培养教育，提高入党积极分子的素质，做好党员发展工作。

【队伍作风建设】

机关服务中心注重人员队伍建设，按照国家测绘局要求，完成了岗位模拟设置，推动事业单位体制改革。在加强思想建设和作风建设的同时，强调政策理论学习的重要性，为干部职工提供学习条件，提升干部职工的管理能力和业务水平；统筹安排、合理配置，充分发挥每个人的作用，注重使用与培养年轻人。加强作风建设，整顿工作纪律，确立工作目标，提高工作效率，转变工作作风，规范办事程序，扎实有效地开展了各项工作，为切实强化服务中心管理，提升服务质量和水平奠定了基础。按照局领导的要求，机关服务中心始终把管理放在首位，较好地完成了各项工作目标，中心广大干部职工思想稳定，工作积极，呈现出良好的精神风貌。

国家测绘局北戴河休养院

主要业务进展

2007年，国家测绘局北戴河休养院（以下简称北戴河休养院）共接待客人6867人次。其中接待测绘系统的会议、培训班及职工休假2100多人次。主要有国家测绘局测绘法规培训班、华北地区测绘工作交流会、郑州测绘学校教职工休假、国家测绘局离退休干部和中国测绘研究院离退休干部学习班等。

科技创新与人才培养

选派了3名中层干部参加地方党校及宾馆管理学习班。

制度建设

制订了北戴河休养院内部会计控制制度和突发事件的应急预案。

党的建设与精神文明建设

在职党支部被评为国家测绘局直属单位2006年度优秀党支部，发展了1名中共预备党员，北戴河休养院获得了北戴河东山派出所颁发的安全先进单位奖牌，餐厅获得了北戴河区政府卫生先进单位奖牌，家属院被评为北戴河东山社区九星级文明家属院。

地方测绘工作

北 京 市

规划与计划

【启动编制北京市基础测绘中长期发展规划】

为促进北京市基础测绘的发展，提高测绘服务与保障能力，北京市规划委员会依据《全国基础测绘中长期规划纲要》，根据北京市人民政府的统一部署，组织开展了《北京市基础测绘中长期发展规划》（以下简称《规划》）编制工作。规划范围是北京市行政区域，规划期为2008年～2020年，《规划》编制工作由北京市勘察设计与测绘管理办公室负责。

为全面分析和预测未来十多年北京市经济社会发展对基础测绘保障的需求，明确基础测绘工作的方向，《规划》编制工作开展了“北京市国民经济和社会发展对基础测绘的需求”、“落实《北京城市总体规划（2004年—2020年）》对基础测绘的需求”、“北京市信息化建设和电子政务对基础测绘的需求”、“北京市公共安全、应急指挥、防灾减灾对基础测绘的需求”、“北京市地理信息产业发展对基础测绘的需求”、“北京市基础测绘在国家基础测绘中的地位”、“北京市测绘科技自主创新与标准化建设”、“北京市基础测绘人才队伍与文化建设”等8个专题的调研，委托北京市测绘设计研究院、清华大学、北京大学等10家单位开展了专题研究。根据调研报告，理清了北京市基础测绘发展规划编制的思路、原则以及规划的重点任务；通过发函的方式征求了北京市各区（县）人民政府、市政府各有关委办局及相关部门意见，经深入研究、充分修改后，提出了北京市基础测绘事业发展的目标和任务。该规划对于加快发展基础测绘，推动北京经济社会又好又快发展具有重要意义。

法制建设与市场监管

【测绘法制建设】

一、发布《关于进一步完善规划监督测量和地籍测绘管理工作的意见》

为完善测绘准入管理制度，针对近年来北京市有关规划监督测量和地籍测绘管理中存在的问题，北京市规划委员会发布了《关于进一步完善规划监督测量和地籍测绘管理工作的意见》，进一步规范了规划监督测量和地籍测绘资质行政许可，提高了许可决定的科学性、合理性。

二、起草《关于进一步加强基础地理信息数据管理的若干意见》

由于非法获取和提供基础地理信息数据、擅自利用基础地理信息数据开发地理信息系统、未经审批擅自上网发布基础地理信息等现象时有发生，在一定程度上威胁到国家安全，扰乱了社会经济秩序，北京市规划委员会在进行专题研究的基础上，起草了《关于进一步加强基础地理信息数据管理的若干意见》。该意见以国家有关法律法规为基础，对北京市基础地理信息数据的生产、保管、提供、使用等环节提出了明确的要求，对加强基础地理信息数据的管理起到积极作用。该意见已上报北京市人民政府。

三、起草《关于开展涉外测绘活动联合监管的实施意见》

根据《关于加强外国的组织或者个人来华测绘管理工作的通知》和《外国的组织和个人来华测绘

管理暂行办法》（国土资源部第38号令）等要求，北京市规划委员会会同北京市教育委员会、北京市科学技术委员会、北京市国家安全局、北京海关、北京市旅游局、北京市国家保密局等单位，研究部署外国的组织或者个人来京测绘管理工作等问题，起草了《关于开展涉外测绘活动联合监管的实施意见》。

【测绘资质行政许可事项】

2007年，北京市关于测绘资质的行政许可申请共138项，其中，准予许可42项，报国家测绘局15项，不予受理70项，不予许可2项，撤件8项，尚在办理过程中的1项。

【测绘市场监管】

一、制定2007年北京市测绘市场监管工作方案

依据国家测绘局2007年工作要点，根据《北京市“十一五”时期测绘事业发展规划》，按照北京市规划委员会对北京市勘察设计与测绘市场监管的工作要求，北京市勘察设计与测绘管理办公室制定了2007年测绘市场监管工作方案，明确了监管目标、主要工作内容、责任人及完成时间。

二、测绘资质年度注册

3月1日~6月1日，开展了在京各测绘资质单位2007年度注册工作。此次年度注册工作成立了专项工作领导小组，聘请行业专家辅助审核，在资料审核基础上，对2006年存在不良记录的单位进行实地考核。参加本次年度注册的测绘单位172家，合格准予注册单位163家，不合格缓期注册单位2家，严重不合格不予注册单位2家；对2006年规划监督测量质量专项检查结果优秀的5家单位，免检准予注册。对缓期注册的单位限期3个月进行整改，根据有关规定整改期间不得承接测绘业务，整改期满组织复查，合格的准予注册，不合格的依据有关规定给予相应处理；对不予注册的单位，按有关规定在本注册期内禁止承接测绘业务。

三、建立健全测绘市场监管机制

在充分调查研究的基础上，建立和完善市场监管体制，创新联合监管机制，落实监管职能，推动测绘市场健康有序发展。包括：一、与北京市建设委员会建立房产测绘市场联合监管机制，对涉及北京市房产测绘管理中的问题及时交流，定期沟通，及时处理问题，化解矛盾；二、与北京市国家保密局、北京市国家安全局建立联动机制；三、与北京市民政局建立合作机制，共同编制发布并更新北京市行政区域界线基础地理底图，满足社会各界的需求。

四、检查监督

2007年，北京市勘察设计与测绘管理办公室共开展执法检查43次，开展专项执法8次（项），发现并及时处理违法行为12起，主要包括：北京市地坛春季书市买卖涉密地形图案件、盗版地图案件，北京某公司销售该公司生产的未经国家测绘局地图审核的导航电子地图产品等。

地图管理与成果管理

【地图审核】

2007年，北京市规划委员会接到涉及地图审核的行政许可申请88项，准予许可70项，不予受理7项，不予许可2项，撤件6项，协助审查3项。

【测绘成果汇交】

北京市全年汇交测绘成果副本12782个，汇交目录16000多条。

【基础地理信息数据管理与使用保密检查】

北京市勘察设计与测绘管理办公室开展了基础地理信息数据管理与使用情况保密检查，发出通知300多份，收回自查报告200多份，实地抽查单位7家。通过检查，强化了数据使用单位的保密意识，推进了基础地理信息数据管理工作。

基础测绘与质量监督

【基本控制测量】

2007年，北京市测绘设计研究院完成了北京市B区（含亦庄工业开发区）城市一、二级导线复测约1500点，玉渊潭水准原点监测网复测（一等水准）及东部沉降区水准观测工程（一、二等水准）约860千米。

【基本比例尺地形图测绘及更新】

北京市测绘设计研究院完成了北京市四环范围1:500地形图更新8449幅，平原地区新测1:2000地形图2513幅，平原地区1:1万地形图更新457幅。

【数据库建设】

北京市测绘设计研究院完成2006年四环范围1:500地形图8449幅和六环范围内西部地区1:2000地形图1585幅的数据加工、入库工作；完成北京市地址地名数据库建设的信息采集、录入工作；完成“城市综合地下管网信息系统”累计3.1万千米地下管线数据的建库管理工作。

【其它基础性测绘项目】

北京市测绘设计研究院配合社会主义新农村规划，开展了郊区新农村测绘工作，共完成519个村镇的地形图测绘。

【质量监管】

一、轨道交通建设工程测绘质量专项检查

4月，北京市规划委员会下发了关于开展轨道交通建设工程勘察设计测绘专项检查的通知，测绘安全质量检查小组对全市轨道交通建设工程的测绘质量进行了专项检查，检查范围涵盖了北京市地铁4号线、8号线、6号线、10号线、机场线和奥运支线，抽检重点为建筑物稠密城区中正建或待建的8个项目。通过检查，掌握了轨道交通建设测绘工程整体情况，排查了测绘在轨道交通建设中可能存在的质量隐患并提出了在今后的轨道交通建设中加强测绘成果质量的建议。

二、测绘成果质量专项检查

为了进一步加强北京市测绘成果质量监督管理，规范测绘市场，确保测绘生产单位为用户提供及时、可靠的成果，根据国家测绘局、国家质量监督检验检疫总局《关于联合开展全国重点测绘工程成果质量监督检查的通知》精神，自10月起，北京市勘察设计与测绘管理办公室开展了北京市测绘成果质量大检查。在各测绘单位根据要求进行自查的基础上，审核各测绘单位的自查报告并进行抽查，抽查重点是前两年未抽查到的测绘资质单位、承担新农村测绘项目的测绘单位以及房产测绘单位。

重大工程测绘

【2008年奥运场馆新建、改建测绘工作】

北京市测绘设计研究院、北京城建勘测设计研究院有限责任公司、北京中建华海工程测绘有限公司等测绘单位，积极参与2008年北京第29届奥运会场馆新建和改建的测绘工作，完成了国家体育场（鸟巢）、国家游泳中心（水立方）、国家体育馆、五棵松体育馆以及网球馆、射击馆、羽毛球馆等奥运场馆的工程测量、竣工测量、变形监测，以及奥林匹克中心区规划道路的定线、拨地测量、管线钉桩和竣工测量等测绘任务。各测绘单位在测量工作中大量采用新技术，保障了各项奥运工程的顺利展开。

【北京市地铁轨道交通工程测量】

北京市15家测绘单位参与北京市地铁轨道交通建设，包括4号线、5号线、6号线、8号线、10号线、机场线和大兴线等轨道交通工程测量，以及与线路有关的地形图测量。

【首都机场导航系统精密测量】

北京市测绘设计研究院于6月完成了首都机场改扩建工程中的导航系统精密测量工程。

【北京市平谷区测绘工程】

北京市测绘设计研究院完成北京市平谷城区39.2平方千米的1:500地形图测绘和地下管线测量（517千米）。

【长城资源调查测绘工程】

北京市测绘设计研究院配合北京市文物局开展了北京地区长城资源调查测绘工程。

测绘共建共享

【基础地理信息共享机制研究】

2007年，北京市勘察设计与测绘管理办公室立项，开展了北京市基础地理信息共享机制课题研究，主要从技术、政策和标准等方面研究北京市地理信息共享体系，旨在消除“信息孤岛”，逐步实现北京市基础地理信息资源共享，促进信息资源的开发利用，适应北京城市管理建设发展的需要。

【系统开发建设】

北京市测绘设计研究院完成了“学院路社区管理系统”、“奥运安保三维系统”、“北京市民防局信息管理办公自动化系统”、“北京市村庄规划管理地理信息系统”和“北京市民防局信息管理系统二期（指挥通信部分）”等项目的开发建设，并对“工程件借阅管理系统”、“数字地形图分发管理系统”进行了修改和完善。

地图编制与出版

【北京市测绘设计研究院】

北京市测绘设计研究院在地图编制方面所做的工作有：完成《新北京·新奥运地图集》的前期编制工作；完成《北京市行政区域基础地理底图》的更新工作，并在北京市规划委员会网站和北京市民政局网站公开发布；完成《北京市公开版电子地图》编制工作；为北京奥组委提供地图服务，编制奥运会和残奥会各类工作用图10余种；为北京市民政局编制《北京市行政区划图志（1949年~2006

年)》；为北京市发改委编制《北京市高速公路建设项目分布图册》；为北京市路政局编制《2007年北京市交通基础设施建设项目图册》。

【北京奇志通数据科技有限公司】

北京奇志通数据科技有限公司为奥组委编制并提供各类奥运交通图765种（张），奥运交通图电子数据726份，包括《第29届奥运会交通常备线路示意图》、《第29届奥运会签约酒店分布图》、《奥运会技术官员住地—场馆线路图》、《好运北京跳水赛住地—场馆行驶线路图》等。

成果应用与服务

【发布、推广并更新政务版电子地形图】

1月16日，北京市规划委员会正式发布了政务版电子地形图（六环范围内比例尺为1:2000，全市域比例尺为1:1万)，该图以北京市基础地理信息数据为基础，以各级政府部门为主要服务对象，已为建设、农业、教育、地震、交通、园林等行业共51家政府部门提供了服务，基本满足各政府部门电子政务工作的需求。8月29日，对该电子地形图进行了更新并发布。

【更新行政区域界线基础地理底图】

根据北京市行政区域界线走向、政区名称及办公驻地位置的变更情况和地理要素变化现状，8月29日，北京市规划委员会同北京市民政局更新并发布了《北京市行政区域界线基础地理底图》，为市民提供最新的底图，满足了社会各界的需求。

【基础测绘成果提供服务】

一、涉密基础测绘成果服务

2007年，北京市规划委员会共受理199件涉密基础测绘成果申请，其中北京市基础测绘数据成果申请审批164件，含政务版电子地形图审批51件，在奥运安保、新闻出版、安全生产、检验检疫、规划、环保、公安通信、经贸发展等方面发挥了重要作用；审核外埠基础测绘成果使用申请，办理基础测绘成果使用证明函35件。

二、基础测绘数据服务

年内新增基础数据用户38家，截至年底，共向160多家政府部门和社会用户提供基础数据和技术服务，收到良好的社会和经济效益。

三、地形图服务

全年向社会各界用户提供各种基本比例尺地形图约8.26万幅。

四、数据分发服务

全年向社会各界用户累计提供电子地形图6万多幅。《北京城市地下管网信息系统》的管线入库数据不断增加，截至12月底，各类主干管线数据累计达3.1万千米。

【新农村建设测绘保障】

根据北京市委、市政府的统一部署，北京市规划委员会为新农村规划（试点)、新农村基础设施以及信息化建设提供了测绘服务保障，在工作中摸索了一套新农村测绘的办法和标准，为实现北京市“十一五”测绘事业发展规划中新农村测绘的目标奠定了基础。

科技创新与人才培养

【科研项目】

北京市勘察设计与测绘管理办公室立项开展了以下研究：

一、北京市基础地理信息主要要素快速更新系统建设。主要利用全球导航卫星定位测绘服务系统和航空航天遥感资料，设计地理信息主要要素更新的模式、流程，建立北京市地理信息主要要素快速更新系统，缩短各种比例尺地形图的更新周期，保障地形图的现势性，为北京市社会经济发展提供可靠、适用、及时的基础地理信息保障。

二、北京市地方测绘基准下GPS技术应用研究。为使地方测绘基准服务适应新技术发展和城市规划建设的需求，建设“北京市全球导航卫星定位综合应用服务系统”，为城市测绘提供高精度、三维、动态的测绘基准服务。

三、制定北京市基础测绘产品质量检查验收标准。旨在进一步明确基础测绘中检验工作的内容、职责和检查验收标准，建立第三方检查验收的工作模式、工作内容，使基础测绘成果质量检验更规范、更科学、更具公信力。

【科技奖励】

2007年，北京市测绘设计研究院多项科技成果获奖，其中，参与完成的“北京市全球卫星定位综合服务系统”和“京津冀晋现代测绘基准体系建设——华北地区大地水准面精化”分别获中国测绘学会测绘科技进步一等奖和三等奖；完成的“基于Web Services架构的多源多尺度数据库集成服务模型研究”、“综合测绘信息服务系统”获中国测绘学会测绘科技进步三等奖；完成的“北京城市系列比例尺数字地形图测绘工程”、“北京市轨道交通首都国际机场线工程”、“北京市集体土地地籍调查四等控制测量及平原地区 1:2000 正射影像图制作过程”分别获中国测绘学会 2007 年优秀测绘工程金奖、银奖和铜奖。

【标准化工作】

根据建设部《关于同意修订国家标准〈地下铁道、轻轨交通工程测量规范〉GB50308—1999 的函》（建标函［2005］89 号）的要求，组织开展了国家标准《城市轨道交通工程测量规范》的修订工作，完成报批稿并报送建设部；组织编写的地方标准《基础地理信息系统数据库建设技术规程》，通过由北京市质量技术监督局和北京市规划委员会组织的专家审查。

为实施测绘与地理信息标准战略，积极探索形成符合首都特点的测绘与地理信息标准体系，北京市规划委员会组织开展了《北京市测绘与地理信息标准体系行业发展规划（2008～2012)》的编制工作，涉及的专业范围包括基础测绘、工程测量、地下管线、地理信息系统、地图纸图、测绘仪器检定及行业管理。

对外合作与交流

【考察与学习】

6 月，北京市测绘设计研究院院长赵通海随中国城市规划协会赴韩国进行公务考察；8 月，北京市测绘设计研究院派员随国家测绘局代表团赴俄罗斯参加国际制图协会第 14 次学术大会；8 月，北京市测绘设计研究院派员参加了中国城市规划协会城市勘测专业委员会组织的城市勘测科技考察团，赴南非、埃及和土耳其进行考察研究；10 月，北京市测绘设计研究院党委书记黄景山随中国城市发展研究会赴英国、芬兰、瑞典等五国考察城市规划；10 月～11 月，北京市测绘设计研究院派员参加荷兰国际地理信息科学和对地观测学院组织的短期培训；11 月，北京市测绘设计研究院派员随中国建筑文化中心赴澳大利亚和新西兰考察学习。

【外事接待】

9 月 28 日，荷兰土地登记及测绘机构专家代表团一行 3 人到北京市测绘设计研究院考察交流；10 月 11 日和 10 月 25 日，德国土地测量工程师协会一行 80 人到北京市测绘设计研究院考察交流，北京市测绘设计研究院按照北京市人民政府外事办公室和北京市规划委员会的要求，完成了接待任务。

党的建设与精神文明建设

【党建工作】

北京市勘察设计与测绘管理办公室党支部按照北京市规划委员会党组和机关党委的要求，围绕勘察设计与测绘管理的中心工作，结合机关实际和干部职工思想，组织开展了社会主义荣辱观教育、党风廉政教育，引导干部职工正确对待手中权力，强化责任意识、风险意识、大局意识、服务意识。2007 年，北京市勘察设计与测绘管理办公室被北京市规划委员会评为优秀、文明单位。

6 月 28 日，北京市测绘设计研究院召开纪念建党 86 周年暨表彰大会，全院 200 多名党员参加了大会。大会表彰了先进党组织、优秀党员和优秀党务工作者，北京市规划委员会直属机关党委副书记赵立军出席会议并讲话，“全国五一劳动奖章”获得者、国家测绘局第一大地测量队队长岳建利作了关于“新时期的测绘精神”的报告。

11 月 14 日，北京市测绘设计研究院举办学习贯彻党的十七大精神报告会。中共中央党史研究室原副主任、北京市学习贯彻党的十七大精神宣讲团成员石仲泉作了题为《当代中国发展的旗帜和理论的最新发展》的报告。

【精神文明建设】

5 月 14 日，北京市测绘设计研究院与北京市门头沟区潭柘寺镇南辛房村结成的对子被首都精神文明建设委员会办公室授予“城乡携手迎奥运、共建文明京郊行”活动“示范对子”称号；12 月 25 日，北京市测绘设计研究院被建设部授予“全国建设系统精神文明建设先进单位”称号。

地方社团工作

【中国城市规划协会城市勘测专业委员会】

7 月 5 日，中国城市规划协会城市勘测专业委员会在牡丹江市召开了以“落实科学发展观，促进城市勘测事业发展”为主题的三届三次（扩大）常务理事会暨全国城市勘测院院长座谈会。会议由城市勘测专业委员会主任委员赵通海主持，第十届全国政协委员、中国城市规划协会会长赵宝江出席会议并讲话，中国城市规划协会秘书长王燕、建设部城乡规划司调研员蔡力群出席会议，城市勘测专业委员会共82名代表参加了会议。

11月9日，中国城市规划协会城市勘测专业委员会在南宁市召开了全国城市勘测新技术研讨交流会，会议由主任委员赵通海主持，南宁市规划管理局局长封宁、副局长高泉、广西城市规划协会理事长雷翔等出席会议并讲话，来自全国58个城市勘测单位的114名代表出席会议。

【北京测绘学会】

受北京市人事局委托，北京测绘学会完成了2007年度北京市初级和中级工程技术系列测绘专业技术职务评审工作。经过评委会评审，初级217人和中级77人通过评审，报人事局审核，待公示通过后即可获得专业技术职务任职资格。

为保证《北京市基础测绘技术规程》的顺利实施，6月12日~15日，北京测绘学会举办了2期《北京市基础测绘技术规程》培训班，来自全市近80家测绘资质单位的132名技术人员和相关领导参加了培训。

6月25日~26日，为提高全球卫星定位技术在北京市测绘行业的应用水平，普及城市连续运行参考站网的应用，北京测绘学会与北京市测绘设计研究院举办了北京市全球导航定位系统测绘服务系统培训班，来自全市近50家测绘资质单位的80多人参加了培训。

为增进海峡两岸民间测绘科技的交流与合作，9月26日，北京测绘学会与台湾宜兰大学签订学术交流与合作协议。北京测绘学会理事长杨伯钢、台湾宜兰大学校长江彰吉代表双方在协议上签字，北京市科协学会部部长刘晓勘，北京测绘学会副理事长朱光，台湾宜兰大学教授胡怀祖、赵涵捷等出席了签字仪式。

天 津 市

规划与计划

3月21日，《天津市测绘事业发展“十一五”规划》经市政府批转执行。该规划以全面落实科学发展观、构建社会主义和谐社会为指导，紧紧围绕天津市国民经济和社会发展的总体战略目标，确定了“十一五”期间天津市测绘事业发展的指导思想、总体目标、主要工作任务和具体保障措施。

法制建设与市场监管

【法制建设】

《关于启用1990年天津任意直角坐标系滨海坐标的通知》和《关于启用1972年天津大沽高程系2003年高程的通知》于6月印发并执行。新标准对滨海坐标和大沽高程的启用范围、数据换算等内容作出具体要求。

【地图市场执法检查】

2007年，天津市规划局对全国商品交易会暨投资洽谈会进行了检查，并联合天津市国家版图意识宣传教育和地图市场监管领导小组各成员单位对地图市场进行了突击检查，严厉打击盗版地图的行为。

【查处问题地图】

3月，天津市规划局按照国家测绘局地图管理司《关于依法查处康师傅方便面外包装使用“问题地图”的函》的要求，联合天津市国家版图意识宣传教育和地图市场监管领导小组有关成员单位立案调查康师傅红烧牛肉面外包装违法使用示意图案件。根据《天津市测绘管理条例》第三十七条规定，对天津顶益国际食品有限公司尚未使用的“问题地图”外包装予以封存和监督销毁，并处以5.2万元罚款。处理决定报送国家测绘局。

地图管理与成果管理

【地图审核】

2007年，天津市受理地图编制审核8件，单张地图5张，书刊插图登载地图3张，通过审核率

100%。

【成果汇交】

2007年，天津市汇交测绘成果3315项，包括大地测量、地籍测绘、工程测量、房产测绘、海洋测绘等项目成果，其中天津市测绘队伍在外省市承担的测绘任务计166项。

【版图意识宣传教育】

11月23日，全国国家版图意识宣传教育和地图市场监管协调小组对天津市贯彻落实《国务院办公厅转发测绘局等部门关于加强国家版图意识宣传教育和地图市场监管意见的通知》（国办发［2005］5号）的工作进行检查。天津市国家版图意识宣传教育和地图市场监管协调小组各成员单位参加接待，并作了工作汇报；检查组对天津市百脑汇电子市场、天津市图书批发市场和河西区平山道小学进行了实地检查。

基础测绘与质量监督

【基础测绘概况】

天津市有关测绘部门全年完成1∶500地形图更新7970幅，1∶2000地形图更新539幅，滨海新区2609平方千米、共计3261幅1∶2000地形图测绘，为政府部门提供各种比例尺基础地理信息数据6万多幅，纸质地图150多幅。

【测绘产品质量检查】

天津市规划局采取测绘产品送检与抽检相结合的检验方式，完成了2007年测绘资质年度注册中有关测绘质量检验工作。全市各测绘资质单位共送检147个测绘项目，合格率为100%；抽检30家测绘单位的30个测绘项目，合格率为87%。对抽检不合格的测绘资质单位，要求在三个月内进行整改，整改结果将作为2008年测绘资质年度注册的依据。

【测量标志管理】

为满足测量标志信息化管理、查询使用、更新维护等工作的需要，经天津市规划局审议，建立天津市测量标志管理信息系统，6月13日启用。

重大工程测绘

【中国大陆构造环境监测网络】

中国大陆构造环境监测网络于2006年6月立项，由中国地震局牵头，国家测绘局、中国气象局、教育部、总参测绘局、中国科学院六部门共同承建。中国地震局第一监测中心作为主要参与单位，如期完成了2007年计划任务。

【天津经济技术开发区供水检修备用管线工程】

天津市经济技术开发区供水检修备用管线水源地为尔王庄水库东南侧引滦明渠，线路全长约47.5千米，天津市水利勘测设计院承担了该项目的地形图测量、纵横断面测量等先行工作，保障了设计工作用图需要。

【京津城际轨道交通工程精密工程测量】

京津城际轨道交通工程是我国第一条设计时速300千米的客运专线铁路，横跨北京、河北、天津，线路全长117千米，拟于2008年6月建成通车。铁道第三勘察设计院承担了该项目的平面、高程精密工程控制网（包括平面控制网中的框架网CPⅠ、线路控制网CPⅡ和轨道设标网CPⅢ，高程精密控制网、施工控制网、沉降监测网）的布网、测量和复测，施工期间的工后沉降与形变监测，区域地面沉降监测，全线轨道精密测量等测绘保障工作。

【石太客运专线精密工程测量】

石太客运专线是我国第一条真正意义上的时速200千米客货共线铁路，经由山西、河北两省，横跨太行山主脉，线路全长206千米，拟于2008年10月建成通车。铁道第三勘察设计院承担了该项目的平面、高程精密工程控制网（包括平面控制网中的框架网CPⅠ、线路控制网CPⅡ和轨道设标网CPⅢ，高程精密控制网、施工控制网）的布网、测量和复测，施工期间的工后沉降与形变监测，世界第三、亚洲第二特长隧道——太行山隧道精密施工控制测量、轨道精密控制测量等测绘保障工作。

【中石化乙烯及配套项目建筑方格网工程】

中国石油化工股份有限公司天津分公司100万吨/年乙烯及配套项目位于大港区北围堤道，共分为乙烯、热电、炼油三个工区，总面积约3平方千米。2007年4月，天津市勘察院完成了该工程三个工区48个建筑方格网的平面测设、高程测量，经检测达到一级建筑方格网的要求，为100万吨/年乙烯及配套项目的施工提供了基础保障。

【渤海超大型船舶航路扫测工程】

根据交通部指令，天津海事局海测大队完成渤海超大型船舶航路扫测工程，自2006年1月开始，2007年8月结束。工程分为老铁山水道至天津港、老铁山水道至仙人岛两部分，整个工程扫测面积为

1227平方千米。工程在国内外取得了两项创新：（一）扫测成果的观测、后处理采用梯阶平滑方法；（二）验潮站的观测数据和水位数据处理采用超大型验潮网平差方法。

【滨海新区中央大道勘测定界测量】

滨海新区中央大道北起汉沽区汉蔡路与津汉快速路交口，途经汉沽区、塘沽区、大港区，南至大港区上高路与海景路，道路全长46.28千米，线路宽80米，涉及征地面积为384.6公顷。天津市勘察院承担该项目的勘测定界任务，涉及3个区、2个镇、3个村、16家国有单位、8个他项权。

【滨海新区津汉快速路勘测定界测量】

滨海新区津汉快速路西起东丽区津岐延长线（东金路）以西1.2千米，向东穿越东丽区、塘沽区、宁河县、北京清河农场、汉沽区，止于汉沽区汉蔡路，路线全长35千米，征地面积为329公顷（不含清河农场征地面积）。天津市勘察院承担勘测定界任务，涉及3区1县、5个乡镇、15个村、16个国有单位、19个他项权。

【西青经济技术开发区1∶2000地形图及燃气、给水管网普查工程测绘】

该项目位于天津市西青经济技术开发区，测区面积40平方千米，燃气、给水管线长度共计300千米，项目计划于2008年1月完成。天津市勘察院承担了该项工程平面、高程控制网的布设、测量和检验，1∶2000地形图的测绘，燃气、给水管线的探查及管线点的测量，管线点特征属性的建库，管线图的编绘等任务，最后按照燃气、给水管网GIS系统的要求制作地形图的SHP文件和管线属性的SHP文件，保证了GIS系统的正常运行，实现了GIS系统预期的功能。

测绘共建共享

天津市测绘院与天津市公安局信息处签订《关于加强地理信息数据资源共享与合作建设警用地理信息应用平台的协议书》。

地图编制出版

天津市测绘部门开发了语音地图和静海挂图等新地图20多种，制作完成《天津市自来水集团土地图集》、新版《天津市交通旅游图》、《东丽行政区划图》、《静海行政区划图》、《天津市学校分布图》、《天津人手册》和《天津市城区图》等专题地图。

成果应用与服务

【服务政府决策】

天津市委市政府及规划局等部门安装使用天津市测绘院利用滨海新区1∶2000正射影像图开发的“金宇影像快速浏览系统”。

【测绘成果应用】

天津市测绘院应用数字航空摄影技术（DMC），完成了贵州、江苏两地影像数据约7900多幅；采用“像素工厂”系统，完成国内外19个地区卫星遥感正射影像500多对和SPOT影像数据处理400景；完成市区、新四区和滨海新区的绿化率统计、外环线500米绿化带规划现状调查等工作。

【武清新城基础地形测绘及地形库建设工程】

武清新城基础地形测绘及地形库建设工程位于天津市武清区，测区面积86平方千米，11月完成基础地形测绘工作，天津市勘察院承担了该项目的地形测绘及数据库建设，完成了武清新城1∶500地形图的测绘、成图，1∶2000地形图的汇编、测量及制图成果的检校，地形要素的分层整理与入库工作。

【天津市中心城区建设用地规划动态管理信息系统】

天津市中心城区建设用地规划动态管理信息系统项目以天津市中心城区334平方千米的基础地形数据、城市规划数据、核定用地数据、规划实施现状数据、规划专题数据、地名数据和行政区划数据等为基础，具备查询定位、制图输出、专项用地规划编制、核定用地统计、拆迁量计算、用地结构分析、存量建设用地分析、选址决策等功能，为城市建设用地的规划管理提供辅助决策支持。天津市勘察院承担了该项目的系统开发和数据库建设工作，完成了项目的可行性研究，数据测绘、整理、入库，系统功能开发，项目审核与验收工作，该系统于7月完成并投入使用。

科技创新与人才培养

【地理信息系统软件开发】

天津市测绘院开发了“遥感影像变化监测软件”、“燃气管网地理信息系统”、“天津市应急指挥系统”等数十项软件系统，“滨海新区基础地理信息公共服务平台”的概念方案设计和功能演示工作基本完成。

【海测软件研发】

天津海事局海测大队自主研发“电子图桌”、“海图小改正软件”，为海图编制、改正通告编辑提供技术保障；研发的“船舶引航系统”为进出港船舶航行安全和提高港口运营效益提供了支持。该项目获天津市科技进步三等奖。

【获奖情况】

天津市测绘院：“天津市基础地理基准框架体系的建立”项目获2007年度天津市科技进步二等奖；“天津市GPS连续运行参考站网系统”和“京津冀晋现代测绘基准体系建设—华北地区大地水准面精化”两个项目获中国测绘学会2007年测绘科技进步三等奖；“天津市蓟县城区地形图测绘及数字地籍”项目获天津市2006年度优秀工程勘察设计二等奖。

铁道第三勘察设计院：“天津地铁1号线工程精密工程测量”获中国测绘学会2007年优秀测绘工程银奖；“高速磁浮系统控制测量标准和方法的研究”获中国铁路工程总公司科学技术二等奖。

【人才培养】

天津市测绘院邀请武汉大学教授讲授GIS软件开发，举办三维虚拟现实技术讲座；天津市水利勘测设计院派遣王江涛等测绘技术人员到武汉参加网络RTK技术和连续运行卫星定位导航服务系统的学习。

对外合作与交流

天津市海事局海测大队派遣工作人员到意大利、日本、大连舰艇学院学习，其中4人获得国际海道测量组织颁发的国际海道测量B级证书，4人获得大连舰艇学院颁发的国际海道测量A级证书；2007年，天津市海事局海测大队5人到美国、法国、加拿大参加国际海道测量技术研讨会及测绘设备研讨会。

党的建设与精神文明建设

【精神文明建设】

天津市测绘院基本完成天测文化手册及宣传手册的制作工作；完善视觉形象系统建设，统一了光盘、文件袋、文件纸、图袋等外部形象；组织开展了多种形式的文体活动，积极组织“大地之子”文化艺术展、《天津市测绘院职工守则》、《十要十不要》、《日常礼貌用语》等职工职业道德培训、新工会法宣传、青年联欢会、演讲比赛、诗歌朗诵、安全生产劳动竞赛、职工慰问、青年职工运动会、五四青年节和八一建军节参观等活动。

【党建工作】

天津市规划局结合学习党的十七大和市委九届二次、三次全会精神开展形势教育、党性教育、廉政教育，组织观看电影《公仆》；天津市勘察院开展“四四五五”工程创建活动，举办党代会知识问答竞赛，举行“七一”入党宣誓等活动。

河 北 省

法制建设与市场监管

【测绘立法】

一、完善测绘法规规章制度

2007年，河北省测绘局协助省政府完成了《河北省基础测绘管理办法》、《河北省地籍测绘管理办法》的修订工作，于4月22日由省政府常务会批准通过并颁布施行。

省测绘局同省建设厅、省国土资源厅、省保密局、省工商行政管理局等政府部门联合下发了规范房产测绘、矿山测量、地图市场等方面的规范性文件，在法律许可范围内制定了一些具体可靠的措施，使测绘法得到延伸。

二、指导各设区市测绘立法工作

2007年，省测绘局加大对各市测绘法制建设工作的指导，在各市测绘管理规章出台前，提出相应的意见和要求。经当地市政府批准并实施了《秦皇岛市测绘管理办法》、《廊坊市测绘管理办法》。

【法制宣传】

3月，根据国家测绘局《测绘系统开展法制宣传教育的第五个五年规划》和《河北省测绘行业法制宣传教育第五个五年规划》的要求，印发了《2007年全省测绘法制宣传教育工作要点》，部署安排了2007年全省测绘法制宣传教育工作。

8月29日，在全国性的测绘法集中宣传活动中，河北省测绘局为确保宣传活动取得实效，制定了宣传方案，下发了宣传活动通知，制作了印有测绘法宣传日宣传标识的纪念品，组织各市征订了10万多份测绘法宣传材料。省测绘局组成了三个巡视组，分赴石家庄、承德、衡水市指导测绘法宣传日活动。各地测绘行政主管部门、相关测绘单位举行了主题突出、形式多样、内容丰富的宣传活动。据不完全统计，在宣传日当天，全省共发放宣传材料40多万份，张贴横幅、标语800多条，制作宣传展板700多块，发送公益短信50多万条，并在城区主要街道设立宣传站400多个，出动宣传车250多辆，直接参加测绘法宣传活动的各级测绘管理人员600多人，解答群众咨询2000多人次。40多家电视台、广播电台在黄金时段播放测绘法宣传活动的新闻，市以上各类新闻媒体刊登测绘新闻30多篇。省人大城建环保工委、省测绘局、石家庄市的有关领导参加了石家庄市的宣传活动。

【依法行政】

一、检查行政许可法贯彻实施情况

按照《河北省人民政府办公厅印发关于行政许可法贯彻执行情况监督实施方案的通知》（办字［2007］45号）要求，有关部门对河北省测绘局贯彻执行行政许可法的情况进行了全面检查，并将检查结果报送省政府。

省测绘局印发了《关于深化行政审批制度改革工作的实施方案》，成立了局深化行政审批制度改革工作领导小组，对全局保留的测绘行政审批事项进行了全面清理，形成《关于测绘行政许可项目调整的处理意见》并及时报送省审改办。

二、建立健全行政执法责任制及其配套制度

按照国家测绘局《关于印发〈全国测绘行政执法依据〉和〈全国测绘行政执法职权分解〉的通知》要求，依据河北省有关测绘法规，河北省测绘局对全省测绘行政执法依据和行政职权进行了认真的梳理和分解，完成了全省测绘行政执法依据和职权分解工作，界定了省、市、县三级测绘行政主管部门的职权。此次工作共梳理分解出测绘行政许可事项9项，非行政许可类审批事项2项，行政处罚58项，行政监督检查11项，行政奖励3项，行政征收3项，其他行政执法行为20项。按照执法重心下移的原则，依据有关法律法规和规章，市、县级测绘行政管理部门的测绘行政职权包括：行政许可3项，行政处罚36项，行政监督检查10项，行政奖励3项，行政征收3项，其他行政执法行为10项。

三、测绘行政权力公开透明运行

4月，河北省测绘局行政处罚与复议委员会成立，其主要职责是：负责全局测绘行政处罚与复议的组织、协调、指导、监督和管理工作，对重大复杂的测绘行政处罚案件、行政复议案件进行审查并做出决定。按照有关要求，该委员会对测绘行政职权进行进一步清理，编制了行政职权公开透明目录和流程图，编印了《测绘依法行政规章制度选编》。

按省政府的要求，行政权力公开透明运行网上审批项目启动，9项测绘行政许可事项上网试运行，相关工作人员接受了网上审批系统操作培训。拟制了《单项行政权力基本情况表》，与《行政权力职权目录》、《行政权力公开运行流程图》一起装订成册，印发执行。

四、开展测绘行政执法评议考核活动

（一）组织开展测绘执法调研工作。9月4日～8日，配合省人大组成两个调研组，深入保定、廊坊、唐山、秦皇岛等市，对测绘法和《河北省实施〈中华人民共和国测绘法〉办法》颁布实施以来各地测绘管理机构、职能落实情况，测绘统一监督管理情况，基础测绘工作开展情况和测量标志保护情况等进行了广泛深入的调研。

（二）开展测绘行政执法评议考核。在5月召开的全省测绘工作会议上，省测绘局表彰了2006年测绘管理先进单位。秦皇岛市等6个国土资源局、青龙满族自治县等28个县（市、区）国土资源局受到表彰。修订完善了《测绘行政执法评议考核标准》，印发了《关于做好2007年测绘行政执法评议考核工作的通知》，对2007年全省测绘行政执法评议考核工作进行了部署安排。

【市场监管】

一、加强测绘统一监管

（一）加强矿山测量管理

3月15日，河北省国土资源厅印发《河北省国土资源厅关于加强矿山储量地质测量工作的通知》，明确要求在全省行政区域内的大中型矿山企业和具备条件的小型矿山企业建立和完善地质测量机构，配备相应的地质、测量、采矿等专业技术人员和技术装备，建立健全本单位测量工作制度。各矿山企业必须依法取得由测绘行政主管部门颁发的相应等级的测绘资质证书，并在资质等级许可的范围内从事矿山测量活动。

（二）测绘资质年度注册和专项检查

2007年，河北省共有492家测绘单位依照规定参加了年度注册，其中通过年度注册的共444家，45家不同资质等级的测绘单位由于未依法进行测绘项目备案登记、未依法汇交测绘成果或上报资料不全等原因被缓期注册，3家单位因为存在违法违规测绘行为不予注册。省测绘局将年度注册工作与加强测绘资质监督检查相结合，制定了《关于加强测绘资质管理、严格测绘资质监督检查工作的意见》，建立了测绘资质许可公示制度、测绘资质申请及年度注册网上申报制度、监督检查制度等一系列新的政策规定，取消了延续多年的《测绘资质证书》公告费的收取；纠正各种违法行为12起，要求有关单位写出承诺保证书4起，注销测绘资质的单位8家，推动了测绘资质监督检查工作的有效开展；开展测绘资质管理信息系统培训工作，全省累计有550多家测绘单位参加了测绘资质管理信息系统培训，为实现测绘资质网上申报和注册制度奠定了坚实的基础。

（三）测绘项目备案登记和测绘作业证办理

2007年，省测绘局直接受理测绘项目备案登记31项，各市、县测绘行政主管部门受理的测绘项目备案登记事项较上年有所增长；为测绘单位办理《测绘作业证》253本，组织开展了2007年度全省测绘作业证注册核准工作；印发《关于开展测绘作业证注册核准工作的通知》，明确规定《测绘作业证》年度注册核准工作由各市国土资源局负责。

（四）测绘行政执法和监督

省测绘局与省保密局联合转发了国家测绘局、国家保密局《关于做好外国的组织或者个人来华测绘有关工作的通知》，并安排人员参加了国家测绘局组织的培训。

省测绘局加强市、县测绘行政执法监督，多次深入基层指导、监督市、县测绘行政主管部门的行政执法工作，要求各级测绘行政管理部门文明、公正执法。2007年，全省各级测绘行政主管部门共查处各类测绘违法案件65起。

二、测绘行政管理人员业务培训

为进一步提高市、县级测绘行政管理人员素质，根据国家测绘局要求，省测绘局制定了《河北省测绘行政执法人员执法岗位培训考核实施方案》，开展了测绘行政执法人员执法岗位培训考核工作。3月28日始，省测绘局对全省450名测绘行政执法人员分3期进行了岗位培训考试。

9月14日，组织召开了全省测绘法制工作座谈会，各市国土资源局主管测绘工作的领导、测绘管理处（科）负责人参加，会议学习贯彻了全国测绘系统法制工作会议精神，总结了近年来全省测绘法制工作情况，部署了今后的测绘法制工作。会后，组织相关人员进行了学习考察。

地图管理与成果管理

【国家版图意识宣传教育】

河北省测绘局印发了《河北省国家版图意识宣传教育和地图市场监管协调指导小组2007年工作要点》，明确了2007年的主要任务。12月，按照国家版图意识宣传教育和地图市场监管协调指导小组的要求，对河北省2007年度国家版图意识宣传教育和地图市场监管工作进行了总结，对开展2008年工作提出了具体意见和建议，并将有关情况报送国家版图意识宣传教育和地图市场监管工作协调小组。

【地图管理】

河北省测绘局贯彻落实《地图审核管理规定》，制定了《河北省地图内容审查标准》，于12月27日通过了专家论证。

根据国家测绘局将河北省列入《地图远程审查系统》试点省份的要求，积极开展地图远程审查系统试点工作，经多次试验，基本实现了地图远程申报、审批的目标。

全省各级测绘行政主管部门共查处各类地图违法案件10起，收缴各种违法地图约22000张（册），收缴违法地球仪700多件，玩具56件，撤换存在严重政治问题的展牌15块，罚款9万多元。

不断完善地图审核档案，全年共建立地图审核档案30卷。加强地图样本备案管理，印发了《关于报送地图出版物样本备案的通知》，依法做好地图出版物样本备案工作，对以前未及时报送地图出版物的样本备案，进行了认真清理。全年共受理各种地图30幅。

【成果管理】

一、地理信息共享

2007年，河北省测绘局共办理了577项成果管理行政审批事项，并为河北省测绘单位使用省外测绘成果办理了70项相关手续。全年共接收全省基础测绘成果12批，测绘成果目录7批；对外提供各类地形图2730幅，其中围绕基础测绘工作提供1∶1万地形图1176幅，1∶5万地形图7幅，1∶10万地形图1幅；为市场任务提供1∶1万地形图1214幅，1∶2.5万地形图2幅，1∶5万地形图270幅，1∶10万地形图49幅，1∶25万地形图8幅，1∶50万地形图3幅；提供各类控制点成果819个；提供基础地理信息数据4D产品2992幅（数据量79.3GB）；完成了河北省苍岩山、天桂山两座著名山峰高程测量工作。

二、测量标志及基础设施维护

省测绘局认真落实测量标志保护职能，全年共避免和查处了损毁测量标志事件7起；认真落实国土资源所管理测量标志的职能，694个军方控制点以及新埋设的221个国家一等水准点委托保管工作已经全部落实，其中，唐山、秦皇岛、衡水、承德、张家口、石家庄、保定、邯郸等市的委托保管工作已全部完成，资料已汇交。个别县由于乡镇国土资源所正在组建，测量标志委托保管工作落实到县。

三、国家测绘成果档案存储与分发服务设施河北省项目

按照国家测绘局的有关通知精神，省测绘局完成国家测绘成果档案存储与分发服务设施河北省项目的设计，按时上报国家测绘局项目办，并被国家测绘局初步确定为项目试点单位。在此同时，省测绘局与北京四维空间数码科技有限公司签署协议，委托对方开发建设“河北省基础测绘成果分发服务系统”。

基础测绘与质量监督

【基础测绘】

2007年，河北省省级基础测绘投入继续加大，及时安排了唐山、秦皇岛区域1∶1万数字线划图573幅、京广线邢邯区域1∶1万数字线划图437幅，全年共完成1∶1万数字线划图1010幅。在省级基础地理信息数据库建设中，全年共完成1∶1万数字线划图入库811幅。截至年底，全省省级基础地理信息数据库已完成1∶1万数字正射影像图8108幅、1∶1万数字高程模型5534幅、1∶1万数字线划图811幅的入库工作。

【质量监督】

一、实施“全国重点测绘工程成果质量监督检查”工作

9月~12月，国家测绘局、国家质量监督检验检疫总局联合开展了全国重点测绘工程成果质量监督检查活动，河北省有5个项目被确定为检查对象。10月14日~11月12日，省测绘局积极配合国家测绘局检查组对5个项目进行了检查验收，确保了该项工作的顺利完成。

二、开展全省测绘成果质量监督检查

省测绘局委托省测绘产品质检站开展了2007年度全省测绘行业质量监督检查活动，检查对象为全省甲、乙、丙、丁级所有测绘持证单位。检查组根据设区市测绘单位数量将全省分为七个独立分区，分别为：承德区，唐山、秦皇岛区，保定、廊坊区，沧州、衡水区，石家庄区，邢台、邯郸区，张家口区。本次监督检查自11月开始，对分区内所有测绘持证单位进行质量管理培训，同时检查其质量体系及质量管理档案情况，并从该区域抽取一定比例的测绘单位进行测绘产品质量检查；检查结果按年度或分区在媒体上公告，并按法律法规的规定对检查中出现的问题进行处理。12月20日，河北省测绘成果质量监督检查工作（承德分区）培训会在承德市召开，为全省开展测绘成果质量监督检查，加强测绘成果质量的统一监管和建立测绘质量诚信体系奠定了基础。

重大工程测绘

【河北省国土资源变化遥感监测项目】

河北省国土资源变化遥感监测项目利用2005年以来的卫星影像数据，对沧州、廊坊和邢台市三个试验区的国土资源进行遥感动态监测，及时获取试验区国土资源变化情况，研建国土资源变化遥感动态监测数据库系统。试验区首次监测项目于2007年10月完成全部工作，12月通过了省国土资源厅专家组的验收。试验区二次监测于9月开始，完成了接收试验区卫星影像数据，12月开始内业提取变化信息工作。

【卫星定位综合服务系统】

河北省卫星定位综合服务系统项目完成了观测墩的基础浇筑和主体土建工作，完成二等水准联测并通过了省测绘质检站的验收。

【河北省资源地图集】

《河北省资源地图集》已经过论证审查，图集的全部印刷工作也已完成。

【利用星载雷达干涉技术监测地下采矿区域变化实验项目】

10月，利用星载雷达干涉技术监测地下采矿区域变化实验项目通过了省国土资源厅组织的审查验收。

测绘共建共享

河北省测绘局积极推动测绘成果的推广应用，拓展基础地理信息数据的服务领域。2007年先后与省气象局、省地震局、省环境地质勘察院等单位签署了基础地理信息数据资源共享与合作协议。在省信息办指导帮助下，召开了由省政府办公厅、省公安厅、省卫生厅、省水利厅、省建设厅等20多个厅局参加的基础地理信息数据应用研讨会，省测绘局详细介绍了基础测绘的建设情况和基础地理信息数据的应用状况，通过交流进一步了解掌握了各部门对基础地理信息的应用需求，并就今后基础地理信息数据的共建共享达成了初步意向。

地图编制与出版

2007年，河北省测绘部门编制了《河北省百家饭店迎奥运图》、《石家庄市经济态势图》、《石家庄中国银行网点分布图》、《北京周边贫困县示意图》、《张石高速公路管理局日常工作用图》等专题地图；编制出版了《石家庄市地图册》，信息量大，方便实用，多家报纸、电视等媒体予以了大力宣传，引起了市场强烈反响，二次加印10000册；完成了《河北省资源地图集》的论证审查和印制工作。

科技创新和人才培养

2007年，河北省测绘局坚持以科学发展观统领测绘科技工作，认真贯彻全国测绘人才工作会议精神，印发了《河北省测绘局关于加强“十一五”期间人事人才工作的意见》。举办了人事工作培训班，组织部分技术人员参加了外语和计算机考试；组织了毕业生的岗前培训和省、局科技带头人的新技术培训；重视高学历的教育，年内有2人通过学位答辩。评选了2名省新世纪“三三三人才工程”第三层次测绘专业人才，并报省人事厅备案。加强对测绘行业特有工种职业技能鉴定工作的指导，举办职业技能鉴定培训班3期，培训350多人；举办了首期专业技术人员创新能力培训班，110多名技术人员参加了培训。完成了河北省注册测绘师材料初审，送省人事厅复审后上报国家测绘局；全年有1人获得测绘专业正高级工程师，24人获得测绘专业高级工程师，24人获得测绘专业工程师技术职务任职资格。

省测绘局加大科技创新力度，“低空数字测绘航空摄影系统”项目获中国测绘学会测绘科技进步二等奖，“多重三维激光扫描在山海关长城测绘中的应用”项目获省科技进步三等奖。深入开展测绘工程创优评选活动，一大批测绘项目受到表彰，评出河北省测绘学会科学技术奖一等奖2项，河北省优秀测绘成果奖一等奖5项、二等奖13项、三等奖15项。完成了省测绘青年科技带头人的考评增选工作，3人考核合格，6人增选为省测绘青年科技带头人。

对外合作与交流

河北省测绘局加强对外技术合作与交流，积极参加测绘领域的重大国际科技合作项目，在与瑞典、德国、澳大利亚加深合作的基础上，开展与日本、韩国、美国、波兰等国的技术交流和合作。2007年，共派出8批46人次出国访问，接待了6批国外专家的来访，有力地推进了合作项目的建设和测绘事业的国际交流。与瑞典海外测量公司合作成立合资公司，为进一步加强与瑞典测绘界的合作奠定良好基础。

党的建设与精神文明建设

【党的建设】

河北省测绘局重视各级领导班子的建设，深入学习贯彻党的十七大和省委七届三次全会精神，学习胡锦涛总书记在中央党校发表的重要讲话，用党的最新理论成果武装党员干部。加强党的先进性建设，进一步建立健全先进性建设长效机制。认真开展了“为民、务实、清廉”主题教育活动，印发了《关于在全局党员干部中开展“为民、务实、清廉”主题教育活动实施方案》，全局参加教育活动的党员322人，参学率100%。开展了解放思想大讨论学习动员部署，举办党支部书记培训班，狠抓基层党组织建设，提高党员素质，增强党员意识；坚持用先进的思想和科学理论教育干部职工，进一步提高党员特别是党员领导干部的理论政策水平，努力加强党的执政能力建设，切实提高思想认识水平和工作水平，着力构建和谐单位。认真落实老干部的政治待遇和生活待遇，坚持联系会议制度，受到了老同志们的好评。不断加强离退休干部党支部建设，完成了老干部新一届党支部的换届选举工作。

【精神文明建设】

河北省测绘局广泛开展“文明单位”、“职工之家、职工小家”建设和创建“十佳青年文明号号长”活动。召开了2006年度全局总结表彰大会、“五四”和“七一”表彰大会。抓好测绘宣传工作，对在2007年度测绘宣传工作中做出突出成绩的人员进行了表彰。组织参观革命军事博物馆建军80周年展览，组队参加了省直第三届职工运动会，并在游泳、田径等项目上取得了优异的成绩。深入开展学习刘先林院士先进事迹活动，召开测绘行业学习刘先林院士先进事迹座谈会，印发《关于开展向刘先林同志学习的决定》，大力弘扬了测绘精神。成立《河北省志·测绘志》编纂委员会，召开了编纂工作第一次会议，编写培训教材，举办了各级测绘管理部门、局机关、省直有关部门及测绘单位三期培训班。

【党风廉政建设】

河北省测绘局加强党风廉政教育和制度建设，认真落实党风廉政建设责任制，逐级签订了党风廉政责任书，促进领导干部廉洁自律，规范权力运行。认真研究解决测绘管理和党风廉政建设中出现的新情况、新问题，建立健全测绘领域治理商业贿赂的长效机制。定期召开各级领导班子民主生活会，树立了干部队伍廉政勤政的作风，有力促进了全局各项工作的开展。

认真学习贯彻《国务院关于加强测绘工作的意见》精神

河北省测绘局高度重视《国务院关于加强测绘工作的意见》（以下简称《意见》）的学习和贯彻，切实把《意见》的各项安排部署落到实处。一是印发通知，对全省测绘行业的学习提出明确要求。二是配合组织国家测绘局工作调研组在河北省召开的测绘行业座谈会，省政府副秘书长于万魁、省国土资源厅厅长周明等会见了国家测绘局副局长谢经荣一行，就学习贯彻《意见》，推动河北测绘工作又好又快发展进行了深入的交流。三是起草了《关于全省测绘工作情况的汇报提纲》，代拟了《河北省国土资源厅关于加强基础测绘工作有关问题的请示》，局领导多次向省国土资源厅、省政府有关领导汇报、协调，有关问题得到了较好地解决。四是代拟了《河北省人民政府关于加强测绘工作的实施意见》（征求意见稿）等文件。

地方社团工作

【测绘行业协会工作】

一、第二届理事会第五次常务理事会议

3月16日，河北省测绘行业协会（以下简称协会）在石家庄市召开了第二届第五次常务理事会议。会议认真总结了协会2006年度的工作，研究通过了行业协会2007年度工作计划。审议通过了《河北省测绘行业2006年发展报告》，并向2006年度“河北省用户满意产品、服务”及“河北省用户满意服务明星”的单位和个人颁奖。

二、二届六次理事会议

11月28日，河北省测绘行业协会二届六次理事会议在石家庄市召开。会议通过了协会2008年3月进行换届选举的提案，审议通过了二届理事会工作报告和财务报告，审议了《河北省测绘行业协会章程（修正案）》起草说明（草案）和《河北省测绘行业协会章程（修正案）》，审议了《河北省测绘行业服务质量标准（草案）》、《河北省测绘行业协会第三届理事、常务理事选举办法（草案）》和《关于调整河北省测绘行业协会会费标准的说明（草案）》等一系列文件。

三、表彰行业“十佳单位”和“优秀测绘单位”

协会根据专家评审委员会的评审结果和省测绘局的审查意见，决定授予中国石油集团东方地球物理公司、河北中色测绘中心、河北省第一测绘院等10家单位2006～2007年度河北省测绘行业“十佳单位”荣誉称号；评选了10家2006~2007年度河北省测绘行业“优秀测绘单位”。

四、2002~2007年协会工作先进单位评选

经会员单位积极申报，各市协会联络处审核上报，协会二届六次理事会审议通过，河北省第一测绘院、河北省第三测绘院等30家单位被评选为2002~2007年度河北省测绘行业协会工作先进单位。

五、2007年“河北省诚信企业”和“用户满意服务明星”评选

根据河北省文明办、省整规办、省工商办、省质检局、省国税局、中国人民银行石家庄分行、省工经联、省消协、省企业家协会的通知精神，协会认真组织会员单位参加相关评选活动。经组织部门评选，河北天元地理信息科技工程有限公司、河北省水利水电第二勘测设计研究院、地质矿产部河北省水文工程地质勘察院等8家测绘单位获得“2007年河北省诚信企业”荣誉称号，占获奖单位总数的3.2%。

按照河北省服务质量促进会、省工业经济联合会等有关部门的要求，经行业协会推荐，河北省制图院院长王明才被评为“2007年度河北省用户满意服务明星”，并获得“全国用户满意服务明星”称号。

六、编制《河北省测绘行业2007年发展报告》

为宣传测绘工作，增强各级领导对测绘工作的认识，适时地为省委、省政府领导决策提供参考，根据省工业经济联合会的要求，按照协会年初工作计划，协会组织有关专家，全面分析了河北省2007年度测绘事业发展状况，找出制约测绘经济发展的瓶颈，对全省2007年度测绘事业发展状况进行了全面、系统的分析和归纳。在充分调研的基础上，起草了《河北省测绘行业2007年发展报告》，并按要求报送省工业经济联合会。

【测绘学会工作】

一、六届理事会第四次常务理事会议

4月20日，河北省测绘学会六届理事会第四次常务理事会议在保定市召开。会议传达了河北省科学技术协会工作会议的精神，审议并原则通过了《河北省测绘学会2007年工作计划》，发出了向中国测绘学会科技信息网分会推荐测绘科技信息先进工作者候选人及2007年全国测绘科技信息交流会和现代空间定位技术应用与研讨交流会有关征文的通知。

二、六届六次理事会议

11月27日，河北省测绘学会在石家庄市组织召开了六届理事会第六次会议。会议传达贯彻了中国测绘学会九届三次理事会暨2007年学术年会会议精神，总结了学会2007年的各项工作，讨论通过了《河北省测绘学会2008年工作计划（草案）》，通报了2006年度河北省测绘学会科技进步奖评选结果，评选出了2002~2007年度学会工作先进集体和先进个人。

三、学术交流与科技培训活动

4月20日，河北省测绘学会在涿州市举办了河北省测绘科技发展及成果应用研讨会，邀请6位专家分别作了《第二代数字摄影测量技术》、《内外业一体化测绘系统》、《城市参考站网及相关技术》、《河北省三维地理信息系统》等专题学术报告。

10月12日~16日，省测绘学会组织12人参加了全国测绘科技信息网在成都市召开的全国测绘科技信息交流大会。会上，2人被评选为全国测绘科技信息工作先进个人，8篇论文参加了大会交流，并被大会论文集收编，4篇论文受到奖励。其中《测绘在社会主义新农村建设中的保障》一文获优秀论文一等奖。

11月4日~5日，省测绘学会组织13人参加了中国测绘学会2007年学术年会。学会推荐的“低空数字测绘航空摄影系统”项目获中国测绘学会测绘科技进步二等奖，“多传感器的航空遥感综合技术系统在秦皇岛市沿海地区测绘的应用”项目获中国测绘学会测绘科技进步三等奖，“武安市1:1000地形测量及地下管线测量”、“秦皇岛市综合地下管线普查工程”项目获全国优秀测绘工程铜奖，这是省测绘学会获得全国测绘科技奖励最多的一年。

11月27日，省测绘学会在石家庄市举办了以“测绘成果应用与集成”为主题的学术年会。会议邀请国家基础地理信息中心、中国测绘科学研究院、北京林业大学、北京四维图新信息技术有限公司等单位的专家围绕测绘成果应用与集成做学术报告，报告涉及测绘成果管理、摄影测量新技术与高分辨率遥感影像测图、导航电子地图应用、超轻型飞机低空数码遥感系统应用、GIS与信息化测绘等内容，为提高测绘成果的应用水平、拓宽测绘服务领域、进一步提升测绘保障服务能力提供了交流平台。

四、评奖工作

8月29日~30日，省测绘学会组织评审委员会在石家庄市召开了河北省优秀测绘成果奖评审会议，评出一等奖5项，二等奖13项，三等奖15项。其中，河北省水利水电勘测设计研究院的“河北省南水北调配套工程D级GPS及首级高程控制测量”、河北省第三测绘院的“河北省1:10万三维地理信息平台”、保定市水利水电勘测设计院的“河北省南水北调配套工程保定市境内输水管线1:2000带状地形图及纵横断面测量”等项目分别获河北省优秀测绘成果一等奖。

根据《河北省测绘学会科学技术奖励办法》的有关规定，8月31日，省测绘学会组织专家进行河北省测绘学会科学技术奖评审，评出一等奖2项，分别是河北省第二测绘院的“低空数字测绘航空摄影系统”项目、河北格瑞空间信息技术有限公司的“多重三维激光扫描在山海关长城测绘中的应用”项目。

五、期刊编辑、发行

2007年，省测绘学会与省测绘行业协会共同编辑发行《河北测绘》期刊4期，总发行量达到4000多册。3月，学会顺利通过了省民政厅组织的财务审计和2007年度社团年检。同时，根据省质量技术监督局的要求，完成了社团代码证的年检工作。4月，《河北测绘》顺利通过了石家庄市新闻出版局的期刊年检。

山西省

规划与计划

【基础测绘规划和年度计划】

2007年，根据省发改委的安排部署，山西省测绘局编报了利用煤炭可持续发展基金项目规划，申请了四个利用煤炭可持续发展基金项目。为了落实规划项目，除按年度编报计划外，还编报了国土测绘项目预算及其项目设计方案。

【市级“十一五”基础测绘专项规划】

2007年，阳泉、朔州、大同、太原、晋城、忻州6个市的“十一五”基础测绘规划已经政府批准，截至年底，全省共有10个市的基础测绘规划获政府批准并报山西省测绘局备案，部分县的基础测绘项目已开始实施。

【山西省基础测绘计划管理办法】

3月5日，国家发改委和国家测绘局联合印发了《基础测绘计划管理办法》，并于4月3日召开了电视电话会议。会后，为切实贯彻办法精神，加强市县基础测绘计划管理工作，山西省测绘局起草了《山西省基础测绘计划管理办法》草案，与省发改委联合行文，印发各市执行。

【山西省测绘局2008～2010年科技人才队伍建设规划】

山西省测绘局起草完成该局2008～2010年科技人才队伍建设规划，规划提出了“十一五”测绘科技人才队伍建设的指导思想、总体目标、主要任务及保障措施；提出到2010年全局测绘科技人员总量要达到职工总数的70%以上，要加强青年学术和技术带头人的选拔、培养工作，大力实施科技领军人才培养工程，大力加强技能人才的培养。

【山西省测绘科技发展“十一五”规划】

山西省测绘局起草完成省测绘科技发展“十一五”规划，规划简要回顾了全省“十五”测绘科技发展情况，提出了“十一五”测绘科技发展的指导思想、工作目标、主要任务及保障条件。该规划的重点是加强航空航天遥感数据的获取、处理与更新等关键技术的研究，加强海量数据的快速处理和存储技术的研究，加强空间数据的网络交换、分发技术的研究，加快GPS基础保障服务体系建设的研究，进一步推进3S集成技术的应用推广。

【山西省测绘局测绘技术装备建设发展“十一五”规划】

山西省测绘局起草完成省测绘局测绘技术装备建设发展“十一五”规划，规划提出了“十一五”测绘技术装备发展的指导思想与工作目标，指出了现有测绘技术装备建设方面存在的问题，提出了现代化测绘技术装备配置的规划，包括数字摄影测量3D数据生产技术流程设想、工艺流程、核心装备配置和数据获取、处理装备规划等。

【建言献策大讨论】

自11月起，山西省测绘局开展了贯彻十七大精神、加强测绘工作建言献策大讨论，重点讨论了“十一五”后三年的工作目标和需要采取的举措，确定了2008年的工作思路。

法制建设与市场监管

【测绘立法】

山西省测绘局向省人大法制委、城建环保工委和省政府法制办报送了五年立法规划建议项目和2008年度立法计划建议项目，其中，申报五年立法规划的两项是山西省矿山测量管理条例、山西省测量标志管理条例。完成了《山西省测绘成果管理办法（修订草案）》的送审、论证等立法工作；会同省保密局起草了《外国的组织或者个人来晋测绘管理实施细则》，根据《山西省行政机关规范性文件制定程序暂行办法》的有关规定，报送省政府法制办审查备案后印发，并在《山西政报》和省政府法制办网站公布。

【依法行政】

按照省规章清理领导组的部署和要求，成立了山西省测绘局规章清理工作领导组及办事机构，制定了工作方案，对所执行的行政法规和地方政府规章进行了全面清理，6月19日，将清理结果上报省规章清理领导组办公室。

按照省规范性文件备案检查组（省政府法制办）的部署和要求，开展规范性文件的备案自查，对2003年1月1日以来山西省测绘局印发的规范性文件进行了全面清理，并规定山西省测绘局机关各处室印发的规范性文件均应依照《山西省行政机关规范性文件制定程序暂行办法》的有关规定报送审查后方可公布。

对《山西省重大行政处罚决定备案办法（草案）》提出修改建议和意见，向省政府法制办报送了重大测绘行政处罚决定罚款备案标准。

山西省测绘局按照国家测绘局的要求，全面推行测绘资质行政许可公示制度。从2007年3月1日起，在对初次申请测绘资质和申请测绘资质升级单位作出行政许可决定前，在局网站进行公示；行政许可决定作出后，公布批准测绘资质单位的名称、地址、资质证书号、发证日期、有效期和业务范围等有关内容，接受社会公众的监督。

【行政审批制度改革】

为落实山西省党风廉政建设干部大会和全省行政监察工作会议精神，山西省测绘局继续开展行政审批制度改革工作，省测绘局行政审批厅圆满通过了山西省行政审批制度改革工作领导组办公室、省行政效能建设领导组办公室、省纪委监委监察综合室、效能监察室联合检查组的检查验收，并受到检查组的表彰。按照联合检查组提出的整改意见，制定了整改方案，认真组织实施，进一步深化行政审批制度改革工作；12月中旬，按照省行政审批制度改革工作领导组办公室的要求，对落实“三个全部”整改工作进行了自查。

《国务院第四批取消和调整行政审批项目的通知》下发后，按照山西省行政审批制度改革工作领导组的部署，山西省测绘局对实施的行政许可项目展开进一步清理，鉴于《中华人民共和国测绘成果管理条例》已修订实施的情况，建议对有关行政许可的依据进行相应修改。

【行政执法责任制】

山西省测绘局开展的推行行政执法责任制工作受到省推行行政执法责任制领导组的表彰，1人获全省推行行政执法责任制先进个人称号。

【测绘普法】

山西省测绘局深入开展测绘普法依法治理工作，对局2006年推进依法行政和测绘法制宣传教育工作进行了总结，安排部署了2007年推进依法行政和测绘法制宣传教育工作，印发了《山西省测绘局2007年普法依法治理工作要点》。组织开展了《中华人民共和国测绘法》修订实施五周年、《山西省测绘管理条例》修订实施四周年宣传活动，举办了大型签名活动，录制了测绘法宣传录音材料并在宣传活动现场播放，在山西省测绘局网站和山西地图网登载了专题宣传网页，散发宣传材料、地图宣传品近万份。组织参加了首届国土资源法律法规知识竞赛，获得组织奖。

2007年，山西省测绘系统共有全国测绘系统法制工作先进集体1个和先进个人3名。

【执法培训】

完成了市、县测绘行政执法人员申领《测绘行政执法证》的执法培训工作；组织山西省测绘局和市级负责测绘行政执法工作的领导参加了国家测绘局举办的3期测绘行政执法人员岗位培训班。截至年底，山西省测绘行政执法人员申领《测绘行政执法证》的执法培训工作基本结束，局机关参加培训14人，市、县589人。此外，在山西省范围内全面展开《测绘行政执法证》的统一配发工作。

按照省委依法治省领导组办公室的要求，组织了2007年度公职人员法律知识考试，山西省测绘局全体人员和局属单位领导班子共69人参加了考试，考试成绩全部合格。

【统一监管】

山西省测绘局行政审批厅2007年共接收各项行政许可申请398件，其中测绘资质申请34件，测绘作业证申请7件，地图审核申请34件，基础测绘成果提供使用申请320件，测绘项目登记申请3件。受理397件，不予受理1件，送达行政许可决定397件。

4月10日，山西省测绘管理工作会议召开，会议对2007年测绘资质持证单位年度注册、测绘行政执法人员申领《测绘行政执法证》培训等工作进行了安排部署。12月27日，测绘资质管理工作会议召开，会议对测绘资质管理信息系统（网络版）进行培训，并部署了2008年测绘资质年度注册和《测绘行政执法证》的配发等工作。

依法对28家申请《测绘资质证书》的单位进行资质审查，准予行政许可28家。开展了2007年测绘资质年度注册工作。2007年，山西省应参加年度注册单位389家，予以注册的单位351家，注销测绘资质单位13家，降低资质等级的单位1家，缓期注册的单位18家，限期整改、延期注册的单位6家。截至年底，年度注册中存在问题的24家单位中有16家单位经过整改符合年度注册要求，同意注册；7家单位在规定的时间未按照要求进行整改，不予注册；1家单位因不符合测绘资质标准，按照国家测绘局有关规定，注销其测绘资质。依法对申请领取《测绘作业证》的7家测绘单位进行审查，对其中符合条件的6家测绘单位核发测绘作业证58个，1家测绘单位申请不符合有关规定不予受理并将申请材料退回。依法办理测绘项目登记3件。

开展了甲级测绘单位测绘项目情况调查和甲级测绘单位2004年～2006年承担测绘项目投资额度调查，为甲级测绘单位测绘成果质量监督抽查的开展做好前期准备。

【测量标志管理】

2007年，完成了晋中市的测量标志警示牌设立工作，埋设三角点警示牌264块、水准点警示牌66块，合计330块；完成了大同市麻黄素厂二等三角点、吕梁市GPS C级点C189的重建工作。

针对测量标志保护和管理工作中的种种困难和问题，山西省测绘局积极探索新方法，年初对晋城市沁水县保护和管理测量标志的做法进行了专题调研，将其做法总结为沁水经验在全省推广。11月20日～21日，在沁水县召开了全省测量标志管理工作经验交流现场会，会议的主要内容是贯彻全国测量标志维护管理工作经验交流会议精神，推广沁水县在加强测量标志管理方面的经验，进一步加强全省测量标志管理工作。

【房产测绘管理】

在临汾市政府办公厅向各县、市、区人民政府和市直各有关部门下发《关于开展全市房产测绘专项检查的通知》后，临汾市测绘管理办公室在全市开展了房产测绘专项检查，对所辖17县（市、区）从事房产测绘单位的资质、业务范围、作业流程、执行规范等情况进行了详细检查，针对发现的问题进行了处理，要求各单位对存在的问题限期整改，维护了房产测绘市场的良好秩序，保护了消费者的权益。

山西省测绘局继续开通房产测绘咨询热线，接待来访和来电咨询人员50余人次。在“3·15”消费者权益保护日前，针对2006年建设部相关人员提出的套型建筑面积引起群众热议的现象，接受了《山西晚报》等媒体的咨询。

【机构编制】

5月24日，经省编办批准，山西省遥感中心办公室更名为山西省遥感中心，单位规格由副处级调整为正处级，编制由40名调整为50名。7月13日，经省编办批准，山西省测绘行业特有工种职业技能鉴定站更名为山西省测绘职业资格管理中心。8月14日，省编办批准增设山西省测绘局离退休人员管理处。12月3日，经省编办批准，山西省综合地理信息中心、山西省测绘产品质量监督检验站机构规格由副处级调整为正处级。12月28日，经省编办批准，山西省测绘职工教育基地更名为山西省测绘宣传中心。

基础测绘与质量监督

【省级基础测绘】

按照2007年省级基础测绘计划，山西省测绘局下达了阳泉测区Ⅱ期223幅控制、调绘及3D产品制作，原平、吕梁测区920幅数据库出图，民国时期1:5万、1:10万地形图数字化存档，山西省2007年现势资料收集调绘等省级基础测绘项目。

【市级基础测绘】

太原市投资609万元，完成123平方千米1:500地形图的测绘工作，全面启动了“数字太原”地理空间框架建设示范项目；建设完成了2006太原独立坐标系，12月1日起正式启用。

5月24日，朔州市政府以朔政函［2007］50号批复，同意实施《朔州市基础测绘五年规划及年度计划》（2006—2010），规划总预算为1083.2万元，按年度列入财政预算。

阳泉市完成辖区内4500平方千米1:2000数字线划图、1:1万正射影像图测制任务，县区政府所在地及建制镇和独立工矿区1:500数字化地形图测制已完成地面控制、航测摄影以及平定地区、南煤集团新矿区共计1560平方千米的成图任务，并已交付使用。

晋中市第一阶段基础测绘1:2000测图项目经市人民政府批准于2003年4月启动，共投资300万元，历时三年于2006年8月完成，并于2007年3月22日通过了专家验收。测区范围为晋中市城市规划区，面积294平方千米，测区共建立控制点224个，其中C级GPS 5个框架点，19个标石点；E级点标石116个，刻设路面标志80个，原城市控制网标志点4个。三等水准路线全长170千米，四等水准路线全长239千米。该项目还完成了测区1:2000的数字线划图（DLG）数据库、正射影像（DOM）数据库、数字高程模型（DEM）数据库，以及基于国产软件平台下的城市地理信息系统建设。4月16日，晋中市第二期基础测绘1:500测图项目获批准启动，全市基础测绘资金到位500万元。

大同市完成了1:2000航测数字化成图640平方千米，飞机航拍1:2000航测图800平方千米，1:500航测图100平方千米。

晋城市六县局共投资380万元，完成26个乡镇、254个村庄、92座煤矿、2个旅游景点490平方千米1:2000基础测绘图490余幅，均通过专家组的评审验收。

长治市投资100万元完成了107平方千米1:2000航测线划图，投资82万元完成长治新区10平方千米1:500数字测图任务，投资10万元作为城市1:500地图修测经费。

5月28日，忻州市国土资源局召开“忻州市城区1:500地形图基础测绘及地籍测绘”项目验收会。验收委员一致通过该项目的验收。该项目在山西省市级国土资源局中首次一次性全面获得地形、地籍、正射影像等多种图种、多种比例尺的项目成果，并首次同时建立了地形图数据库、地籍数据库、正射影像数据库及地形图管理信息系统和地籍管理信息系统。

临汾市城区95平方千米1:1000、1:1万数据将在2007年~2009年分三期（城区25平方千米，城北32平方千米，城南40平方千米）进入数据库。

运城市相关测绘部门5月10日向市政府上报《关于申请2007年度基础测绘经费的报告》，申请基础测绘经费230万元，用于建立和复测城市规划区内120平方千米的平面控制网和水准网点，以及空港新区、中条山前沿等覆盖面为60平方千米的1:1000、1:2000地形图120多幅。9月29日起，进行空港新区基础测绘任务，测区面积20平方千米，总投资额56万元。

【县级基础测绘】

2007年，寿阳县、左权县启动了基础测绘工作；翼城县、曲沃县的基础测绘更新已经全部完成；浮山县、乡宁县资金已经全部落实。山阴县基础测绘规划于9月完成了报批备案工作，并将基础测绘项目列入了县财政年度预算，五年内共投资180万元，2007年已完成50万元测绘任务；平鲁区、怀仁县均已落实了资金，五年内分别投资120万元、200万元，平鲁146平方千米，怀仁220平方千米已进行了航测，怀仁控制测量已完成。古交市完成覆盖全市的1:500地形图7平方千米；娄烦县完成了覆盖城区的1:1000地形图6平方千米；阳曲县完成了城区1:1000地形图4平方千米和开发区56平方千米，基本覆盖了全县辖区；清徐县完成了基础测绘控制网，以及1:500地形图9平方千米。

【大地测量】

2007年，山西省测绘局直属测绘单位共完成GPS控制点测量1858点，其中C级点4点，D级点228点，E级点1626点；完成三等水准测量288千米，四等水准测量1424千米；采用传统野外地形数据采集方法共完成地形图64幅。

【数字摄影测量】

2007年，山西省测绘局直属测绘单位共完成数字线划图 5146 幅，其中 1∶2000 数字线划图 2138 幅，1∶500 数字线划图 3008 幅；完成数字高程模型 3629 幅，其中 1∶1 万数字高程模型 112 幅，1∶2000 数字高程模型 573 幅，1∶500 数字高程模型 2944 幅；完成数字正射影像 14907 幅，其中 1∶1 万正射影像图 162 幅，1∶2000 正射影像图 3065 幅，1∶500 正射影像图 11680 幅。

【测绘质量监督】

2007 年，开展了全省市、县基础测绘成果质量专项监督检查工作。专项检查抽取了运城永济市、晋城陵川县、长治市区、大同市区、阳泉市城区、晋中市榆次区 6 个地区的 1∶500 地形图，分别对这些地区的地形图成果质量进行了专项检测。完成局内基础测绘项目验收 11 个批次，包括山西省 2007 年测绘现势资料调绘，民国时期 1∶5 万、1∶10 万地形与数字化存档项目（217 幅），阳泉测区二期 1∶1 万控制、调绘（119 幅），太原（0.5 米）ADS40 数字摄影 1460 平方千米，太原（0.08 米）ADS40 数字摄影 660 平方千米，太谷（0.2 米）ADS40 数字摄影 220 平方千米等项目。完成委托检验项目 7 个，包括太原市勘察测绘研究院完成的“民营区阳曲县太原新工业园区 1∶1000 地形图”38 平方千米，山西汾西矿业集团曙光煤矿 1∶2000 地形图 43 平方千米，晋城市金匠工业园区 1∶2000 地形图 11.24 平方千米等项目。

完成 GPS 接收机、全站仪、测距仪、经纬仪、水准仪等仪器检测维修 791 台，其中全站仪 302 台，水准仪 205 台，经纬仪 63 台，光电测距仪 6 台，手持测距仪 46 台，GPS 接收机 169 台。

重大工程测绘

2007 年，山西省测绘局完成恒山、五台山主峰的海拔高程测量工作，测量精度分别达到 0.07 米和 0.05 米，受到国家测绘局、山西省劳动竞赛委员会、共青团山西省委、省直工委、省直机关劳动竞赛委员会、省国土资源厅的表彰。

4 月 24 日，省文物局、省测绘局联合召开了全省长城资源调查动员会，部署山西省境内长城资源调查与测绘工作，山西省长城资源调查工作正式启动。

测绘共建共享

1 月 31 日，山西省测绘局与省交通厅举行了地理信息数据资源共享与合作签字仪式，签订了《关于加强地理信息数据共享与合作的协议书》。山西省国土资源厅党组成员、副厅长，省测绘局党组书记、局长牛来有，省交通厅党组副书记、副厅长张润出席签字仪式并讲话。省测绘局副局长于建刚、总工程师孔令礼，以及省测绘局、省交通厅有关职能处室的负责人参加了签字仪式。张润、于建刚分别带表省交通厅、省测绘局在协议书上签字。

2 月 12 日，山西省测绘局与省国土资源厅签署基础地理信息数据资源共享与合作协议。

9 月 9 日，国家测绘局、山西省测绘局和太原市政府签署《数字太原地理空间框架项目建设协议书》，联合启动“数字太原地理空间框架建设”项目。该项目根据太原城市建设和管理的需求，建设统一、权威的城市地理空间信息公共平台，实现信息资源的有效管理、合理利用，更好地为省会城市经济社会发展服务。

全年向省交通厅提供了全省 1∶5 万数字成果用于全省交通信息管理，向省国土资源厅提供了全省 1∶5 万、1∶1 万数字成果用于全省国土资源信息管理和国土资源调查。

地图编制与出版

【地图编制审查】

2007 年，山西省测绘局受理地图审核 41 项，批准 41 项，其中公开出版地图 37 幅（册），公开展示或地图插图即送即审 4 项。会同省教育厅审定教学地图（魅力运城）1 项。

【山西省灾害地图集】

12 月，《山西省灾害地图集》编制出版，该图集由 200 幅地图、图表和 50 余幅照片及 8 万字的说明文字组成，分为序图、地震灾害、地质灾害等 8 个部分，集中反映了对山西省社会经济危害较大且发生比较频繁的各种灾害，内容涉及众多经济领域和学科。图集选题新颖，科技含量高，具有较高的科学性、史料性、艺术性和实用性。

该图集的出版为山西省各级政府和相关专业部门规划管理、制定防灾减灾政策提供全新的基础信息和决策依据，也是山西省乃至国家经济管理、科学研究工作的重要参考文献。

【山西省环境保护地图集】

12 月，《山西省环境保护地图集》编制出版，该图集由200幅环境专题地图、20幅照片及5万文字组成，分为序图、社会环境图、环境功能区划图、环境质量图、污染物排放图、环境保护规划图和环境污染治理保护大事记7个章节。图集反映了山西省的环境现状、环保工作情况和环保工作“十一五”发展规划暨“蓝天碧水工程”，为加快建设“资源节约型、环境友好型”的新山西提供了可靠的环境科学参考依据。

【山西省资源与可持续发展地图集立项论证】

《山西省资源与可持续发展地图集》是山西省“十一五”期间新立项的第一部大型地图集，6月，省政府批准成立图集编委会，按计划确定了图集的内容选题，并编写了设计大纲。10月，编委会召开了图集的总体设计选题论证会，来自省政府经济研究中心、省社科院、省财政厅、山西大学等20多家单位的近40名专家学者参加会议，就图集的内容、结构、编纂思想等进行了讨论，之后，组织相关技术人员对图集的总体设计进行了修改完善。

成果应用与服务

【测绘成果资料提供】

2007年，山西省测绘局共受理测绘成果审批事项329项；提供各种比例尺地形图4262幅（6640张），大地成果1295点，航片2956片，数字成果26259幅。

【为政府决策服务】

7月，国土资源部启动了全国第二次土地调查工作，为充分发挥测绘在山西省二次土地调查中的作用，山西省测绘系统积极向国家测绘局和省国土厅提供现有资料情况，承担了640幅调查底图制作项目。

9月9日，“山西省重要地理信息数据统计分析”试点项目召开了项目设计书评审会，《山西省重要地理信息数据统计分析系统建设总体方案》顺利通过专家评审，项目建设工作顺利启动。该项目主要针对全省矿产资源、旅游、水域、交通、主要城市建成区演变等重要地理信息，研究开发统计分析系统，为政府和有关部门的决策与管理提供重要地理信息服务。

山西省测绘部门对原版《省领导工作用图》和《领导工作用图》进行了重新编制，增加了大中型煤矿、两区及新农村建设、农村地质灾害治理、贫困县分布等社会关注的热点专题内容，系统地反映了山西省最新的省情和全省的经济、社会状况，为各级领导宏观决策、科学管理提供了科学的现势参考依据。从3月开始，先后为中央领导到山西视察工作提供了不同开幅的全省政区、交通地图，太原、运城、晋中等11个地市普通、专题地图等1500多幅，满足了中央领导视察工作的需要。12月中旬，根据省政府的工作需要，编制了1∶150万等专题地图，及时为省领导提供了准确可靠的基础地图信息。

【为社会服务】

2007年，山西省测绘局向社会提供了《1∶100万山西省地图》、《1∶150万山西省地图》、《山西省交通图》、《太原市城区图》、《山西省交通旅游图》（英文版）、《1∶50万山西省政区图》、《1∶50万山西省交通图》、《1∶50万山西省旅游图》，《河曲县政区图》、《柳林县地图》等；为省交通规划部门、省地震局、省机要局、省交战办、晋中吕梁阳泉市交战办制作700多张专题地图。

【测绘成果应用】

山西省测绘部门利用基础测绘成果为10月举行的“中国（太原）国际煤炭博览会”制作了最新的中英文版太原市地图。项目结合太原市城市道路改造工程同时进行，及时更新了太原的交通路网数据，得到山西国际煤炭博览会组委会和太原市政府领导的肯定。

2007年上半年，山西省阳曲、盂县、沁源、安泽等地发生多起森林大火。为满足抢险救灾的需要，应省政府森林防火指挥部的请求，山西省测绘局在4月27日~5月17日分3次无偿提供抢险救灾所需地理信息数据682幅，并采取特事特办，先提供数据后办理相关审批手续的方式，及时保障了抢险救灾的需要。

科技创新与人才培养

【测绘技术升级】

2007年，山西省测绘局进行了大量的设备投资和改造，总费用386万多元，包括更新一批服务器、高端工作站、图形工作站、图形制作软件等。

【山西省高精度三维大地基准的建立及似大地水准面的确定】

1月7日，山西省科技厅组织了由山西省测绘局和武汉大学测绘学院联合完成的“山西高精度三维大地基准的建立及似大地水准面的确定”项目成果鉴定会。国家测绘局副局长李维森参加会议并讲话。由中国工程院院士刘经南、宁津生、魏子卿等组成的专家委员会认为该项目成果在同类研究中达到了国内领先、国际先进水平，一致通过鉴定。

【地理信息系统应用平台开发】

2007年，山西省测绘局完成了一批社会各界急需的地理信息系统（GIS）软件和应用平台的开发工作：

一、针对山西煤炭资源长期过度、无序开采情况，编制完成30个县“全省重点产煤县非法采矿重点区域监控图”，该图包括了全省煤炭开发重点监管区1∶2.5万、1∶5万、1∶10万三种图件成果。

二、完成了“土地利用遥感动态监测系统软件平台”建设。该系统平台围绕“数字国土工程”的实际要求，采用卫星遥感、地理信息系统等高新技术建设，可作为土地利用、管理、监测的基础平台。

三、完善了基于三维空间的地理信息系统应用平台，实现了缓冲分析、路径分析和淹没分析等多项实用功能。

四、“山西省数字生态规划管理信息系统”通过验收。该项目运用卫星遥感技术和地理信息技术，首次建立了“山西省数字生态规划管理信息系统”软件平台及生态数据库，具备了对土地利用现状的查询、统计、分析功能，土地利用变化监测功能，生态规划管理分析功能，空间数据的更新、编辑等管理功能。

五、根据国家测绘局基础测绘项目试点要求，开展了“山西省重要地理信息统计分析技术平台试点工程项目”和“数字城市地理空间框架建设”两个试点项目的前期调研工作，向国家测绘局报送了项目建议书，争取列入全国试点项目。

【测绘科技创新】

2007年，山西省测绘局在测绘科技创新方面完成以下项目：

一、“临汾市生态功能区划信息系统”研建工作。项目综合应用遥感技术和地理信息技术，在解译土地利用、水土流失、植被类型现状的基础上，建立了临汾市土地利用数据库、水土流失数据库、植被数据库以及基础空间数据库，并采用组件化的开发技术进行系统研建，实现了基于1∶5万的全市交通路网、河流、居民地和1∶20万的土地利用、水土流失、植被类型等数据内容的实时浏览、漫游、快速查询定位功能，同时利用三维仿真技术，可实时显示以卫星影像为背景的三维地形，并能对其进行任意角度观测、无级缩放观测及指定线路漫游，为临汾市有关部门进行生态建设、合理制定生态规划提供了科学决策依据，进一步提高了政府部门对生态建设的决策管理水平。

二、“大同市孤山水库工程环境遥感调查”、“介休市龙凤水库工程环境遥感调查”等十几个环境遥感调查项目，利用最新的卫星遥感资料，通过计算机自动判读和目视判读相结合，提取土地、植被和水土侵蚀的专题信息，制作相应的专题图件，然后统计汇总各类型所占的面积百分比，为环保部门进行环境评价提供了科学依据。

三、“山西省公安指挥系统”旅游子系统的数据编辑及系统集成，采用卫星遥感、地理信息、三维建模等高新技术，在山西省首次建立了覆盖全省的真三维旅游信息系统。

【测绘教育与人才培养】

山西省测绘局开展了工程测量员、房产测绘员、地图制图员3个工种的职业技能鉴定工作，1648人参加鉴定，其中技师10人，高级工138人，中级工1380人，初级工120人；开展了山西省测绘行业工程测量、地图清绘、工程制图3个工种的技师和高、中、初级工的考前培训，参加工人技术等级考核人数共200多人。

对各市县测绘行政管理人员和测绘专业技术人员进行了《注册测绘师制度暂行规定》、《注册测绘师资格考试实施办法》、《注册测绘师资格考核认定办法》的培训。组织处级干部参加省直党校学习党章和十七大精神培训，全年培训处级干部48人。

党的建设与精神文明建设

【机关作风建设和行政效能建设】

山西省测绘局制定了《山西省测绘局贯彻落实山西省委加强作风建设狠抓工作落实决定的实施意见》，组织开展以“三服务、三促进”为主要内容的专题教育活动，抓好制度建设，召开专题组织生活会，强化工作纪律，转变工作作风，提高工作效能。

【党员教育】

山西省测绘局通过开展“创建学习型机关、永葆党的先进性”活动和学习培训，提高了党员干部的思想素质，全局在联企帮困、博爱一日捐、送温暖献爱心社会捐助活动等方面走在省直机关前列。

深入开展“人人都是软环境，公仆先是好公民”活动，将服务意识、公仆意识体现在日常测绘管理、公务接待和行政审批工作中。

【文明和谐建设】

8月29日，山西省测绘局召开了五台山主峰高程测量表彰会，省委常委、常务副省长薛延忠出席会议并为获奖人员颁奖。山西省工程测绘院三分院获得“五一劳动奖状”，曾波、李峰、杨瑞彬、贾建朝4人获得“五一劳动奖章”，司强等6人荣立一等功。“五一”前夕，全局申报表彰了2个省直模范单位，1个省直劳模，1个省模范，局工会被评为先进基层工会，秦炎平获得“山西省劳动模范”称号。组织参加全省国土系统创建文明和谐行业演讲比赛，并以五台山主峰高程测量工作为素材，拍摄了五台山主峰高程测量电视短片，获得了演讲比赛特等奖。山西省测绘代表队首次参加第三届全国测绘行业定向越野大奖赛，获测绘青年组团体第三名和体育道德风尚奖。

山西省测绘局机关获省直文明和谐标兵单位称号，6个直属单位保持省直文明和谐单位称号；山西省基础地理信息院保持省直文明和谐单位称号，并获省级文明和谐单位称号，1个单位进入省直文明和谐单位行列。山西省测绘局获综合治理工作模范单位称号。

地方社团工作

【科普工作】

9月16日，山西省测绘学会制作展板，并组织有关单位和人员在太原科技大学参加全国科普宣传日活动。在活动现场，到场的理事及工作人员向群众提供咨询和发放宣传资料，免费发放新版《山西省交通旅游图》和《太原市城区地图》2000多张，取得了良好的社会效应，被省科协授予“全国科普日活动先进单位”称号。

【奖励工作】

山西省测绘学会组织了中国测绘学会2007年测绘科技进步奖山西参选项目的推荐工作。省测绘局完成的“山西省基础地理信息数据库建设”获中国测绘学会2007年测绘科技进步三等奖，参与完成的“1:1万基础地理信息更新与建库技术设计”和“京津冀晋现代测绘基准体系建设——华北地区大地水准面精化”项目分别获得中国测绘学会2007年测绘科技进步二等奖、三等奖。

内蒙古自治区

规划与计划

1月24日，内蒙古自治区测绘工作会议在呼和浩特市召开，会上对自治区各盟、市基础测绘中长期规划、测绘事业发展“十一五”规划的编制工作进行了部署。截至年底，大多数盟、市两个规划的编制已完成。

法制建设与市场监管

【法制宣传】

在“8·29”测绘宣传日系列活动中，内蒙古自治区12家甲级测绘单位在《内蒙古日报》上刊载了专题文章，各盟、市组织所辖地区的测绘单位开展了多种形式的宣传活动。

【市场监管】

2007年，内蒙古自治区国土资源厅对全区符合年度注册要求的313家测绘资质单位进行了年度注册，272家单位通过注册，33家缓期注册，8家不予注册。限令不合格单位进行为期三个月的整改，自治区国土资源厅结合整改情况对其中25家测绘单位进行了通报批评，注销13家、吊销2家单位的测绘资质。

年初，配合国家测绘局对包头市昆区花苑华夏名瓷高档礼品总汇个别摊位销售的“问题”地球仪进行了核实查处，责令“问题”地球仪下架，督促销售商做出不再进行销售的承诺。按照国家测绘局要求，自治区国土资源厅对呼和浩特地区销售导航电子地图仪器的公司进行了全面的检查。

基础测绘及质量监督

【基础测绘】

2007年，内蒙古自治区基础测绘经费投入4166万元，比2006年增加1000多万元。全年完成赤峰、扎赉特旗、鄂伦春自治旗、莫力达瓦、阿拉善盟等地区1:1万地形图测绘外业调绘1802幅，内业成图1497幅；提交质检部门验收的外业调绘1262幅1:1万地形图全部合格；更新包头地区1:1万地形图216幅，覆盖面积5400平方千米；完成1:1万地形图覆盖国土面积3.7万平方千米，增加覆盖率3.1%，全区覆盖率提高到22.4%，其中经济发达和潜在发展地区（40万平方千米）覆盖率提高到58.7%；布设自治区中西部地区30多万平方千米的B、C级GPS网，解决了该地区测绘基准遭破坏无法满足经济建设需求的问题。

加强基础测绘质量管理工作，努力提高成果质量。内蒙古自治区测绘事业局与生产单位签订了《测绘项目责任书》，对有问题的产品坚决执行退回制度；制定并实施了《内蒙古自治区测绘事业局关于作业人员和检查员实行持证上岗管理办法》，凡考核不合格者待岗培训，经考核合格后方可重新上岗。

组织相关人员协助自治区有关盟市编写基础测绘中长期规划和"十一五"测绘事业发展规划，填补了这些地区长期没有规划的空白。

【测绘项目组织与实施】

内蒙古自治区科技厅与测绘事业局联合组织区内外专家对"内蒙古自治区赤峰、兴安盟地区大地水准面精化"项目进行评审，宁津生、张祖勋院士参加了评审会。经专家审议，认为该项目达到了国际先进水平。

内蒙古自治区测绘事业局承接了2006年财政部、国家测绘局下达的筹建呼（呼和浩特市）包（包头市）鄂（鄂尔多斯市）三地区GNSS连续运行参考站项目，邀请自治区地震、气象、国土、规划等部门领导、专家召开座谈会，听取对参考站的需求意见。先后组织技术人员赴呼包鄂三地实地调研考察站址，并协调有关部门充分利用现有资源建站，完成参考站选址和设备采购工作。

自治区测绘事业局积极与包头市政府合作，全力推动全区数字城市试点项目——"数字包头"建设工作，项目设计书已报国家测绘局审批。

自治区测绘事业局自筹资金，组织实施了内蒙古自治区地图出版基础地理信息数据管理系统、网络电子地图制作和基础地理信息数据建设与应用三个项目。

自治区测绘事业局按照国家文物局和国家测绘局统一部署，积极参加明长城资源大调查项目，选派航测院技术人员参加小组调查工作，并编写了技术设计书。

【质量监督】

2007年，完成了对呼和浩特、包头等6个盟、市的部分甲、乙级单位的强制检验；完成了内蒙古自治区蒙泰煤业不连沟工程控制测量D级GPS点、四等水准点37.7千米的验收工作；验收基础测绘外业图1264幅，GPS控制点地形图10幅，基础测绘3D产品2054幅；检测检验GPS接收机137台，全站仪238台，水准仪176台，电子经纬仪43台，光学经纬仪17台，手持测距仪9部。

重大工程测绘

2007年，内蒙古自治区测绘事业局实现对外测绘总产值1600多万元。完成的部分测绘项目有：赤峰市九旗县1:1000航测数字化地形图、乌兰浩特市1:2000数字地形图共计280平方千米，乌兰浩特至阿尔山一级公路地形图测绘，绥满国道主干线甘南—博克图公路地形图测绘，乌审旗1:1万地形图测绘，鄂尔多斯市部分地区1:2000地形图测绘600平方千米，1:1万航内地形图测绘1500平方千米，呼和浩特市金桥热电厂地形图测绘，白塔机场应急救援综合方格网图，呼市地区征地测量，呼和浩特市机场新跑道格网2000点，呼和浩特市机场西导航环平图、气象观测站点测绘，鄂尔多斯新建机场总体平面图、净空障碍物图、管网等各种报批图件及1:2000数字化外业测绘4平方千米，完成海拉尔机场、锡林浩特机场、鄂尔多斯西蒙机场测绘任务，岱海电厂散热塔变形监测，博克图—牙克石公路1:2000航测带状图131千米，十七沟—大饭铺公路1:2000航测带状图107千米，巴彦淖尔市临河区1:1000、1:2000航测外业，内蒙古自治区公路电子地图制作及其地理底图更新，霍林河市国土资源利用现状地理信息系统建设。

完成了上海测区1:500地形图修测872幅43.6

平方千米，1∶1000 地形图修测 690 幅 138 平方千米；天津测区外环 1∶2000 地形图补测、加高 200 幅 160 平方千米；浙江丽水 1∶2000 地形图测绘；宁波市公路工程测绘；非洲尼日利亚工程测绘等。

测绘共建共享

内蒙古自治区测绘事业局与内蒙古自治区交通厅、民政厅、地震局签订了共建共享协议，全面推开基础地理信息共建共享工作。

内蒙古自治区基础地理信息中心与自治区公路局搭建 1∶5 万数据库平台，合作完成了内蒙古自治区公路电子地图，已提交交通部验收。内蒙古自治区地图制印院承制完成了内蒙古公安厅全区监控电子地图。

地图编制与出版

由内蒙古自治区地图制印院承制的向自治区成立 60 周年献礼项目《内蒙古自治区地图集》经多次审查修改，内部版、蒙文版和公开版地图集相继编印出版；由内蒙古自治区测绘事业局和测绘学会策划，组织有关人文、历史地理、档案、文物等方面的专家对编制《内蒙古自治区历史地图集》的可行性进行了论证，该图集已进入资料收集准备阶段；编制完成了呼伦贝尔市新巴尔虎左旗等五旗县挂图、《内蒙古自治区省际大通道标志示意图》、《内蒙古自治区地图》（双全开、单全开）、赤峰市和通辽市影像地图集；更换了自治区领导工作用图。

地图管理与成果应用

2007 年，共审核批准审图号 64 个；向社会提供各种比例尺的纸质地形图 21171 张；提供 4D 产品 582 幅，数据量 5956.4MB；大地成果点 6236 个，其中，B 级 GPS 点 7 个，三角点 4674 个，水准点 1555 个；洗印相片 8321 张，扫描数据 4687 张，卫星遥感影像共提供 4 景 64957 平方千米。

为国家领导人在内蒙古自治区考察工作提供出行线路图，为自治区 60 年大庆重点建设项目提供基础测绘服务，并为 60 年大庆期间的各种活动提供图件支持。全年向社会提供各种比例尺地形图 18000 多张，大地成果资料 6600 多个，GPS 点 84 个。组织实施地理信息公共服务平台项目建设，完成了 2006 年前所有基础测绘数据的入库工作，并实现了测绘数据的实时入库。

科技创新与人才培养

认真办好武汉大学内蒙古函授站，2007 年招收学员 88 人，毕业学员 58 名，16 人获工科学士学位。

强化业务培训工作，邀请专家讲学指导。对 1∶1 万编图软件 GEOWAY 进行了升级；按照新规范和图式要求，修改了 1∶1 万 DLG 生产方案，并组织了培训学习。8 月 12 日，邀请中国科学院、中国工程院院士李德仁，测绘遥感信息工程国家重点实验室教授朱宜萱，瑞士苏黎世联邦理工学院教授阿明·格林赴呼和浩特讲学，全区测绘系统 300 多人听取了基于 3S 技术的移动测量技术及其应用等学术课题的讲授。邀请武汉大学测绘学院院长、博士生导师李建成教授作题为《新一代卫星重力学对大地测量学的影响以及我国地球重力场的研究进展》的学术报告。

内蒙古自治区基础地理信息中心总工王承安经国家测绘局考评，继续被确定为全国测绘系统青年学术带头人，航测院职工郝容梅获自治区测绘技师突出贡献奖。

党的建设与精神文明建设

【党的建设和思想建设】

内蒙古自治区测绘事业局按照党委统一领导、基层支部分工协作原则，认真落实党风廉政建设目标，在全局形成了严格、有效的党风廉政建设责任体系；把党风廉政建设纳入各级领导班子、领导干部目标管理考核中，坚持用制度管人、用制度管事，充分发挥制度的保障性作用；完成了党员教育的组织安排工作，抓好外业职工党员和离退休职工党员的教育工作；认真组织召开中共内蒙古自治区测绘事业局委员会第二届党员代表大会，加强对局院两级党委换届工作的指导。

以党委中心组为龙头，抓紧抓实全局的理论学习，制定并印发了《2007 年局党委中心组学习实施意见》，全年举办 5 次局党委中心组学习会。局机关党支部着力抓好党员长效学习机制的建设，组织机关党员赴延安参观学习，举行了新党员入党宣誓仪式，开展党的革命传统教育。各院馆党委、党支部也以各种形式组织党员参观学习，提高思想认识水平。

组织全局干部职工学习刘先林院士先进事迹，并召开了座谈会；组织学习贯彻《国务院关于加强测绘工作的意见》和曾培炎副总理看望外业测绘职工的讲话精神，制定并下发《关于学习贯彻十七大精神的实施意见》，要求全局干部职工以多种形式学习十七大精神。

【工会、共青团工作】

内蒙古自治区测绘事业局开展了形式多样的文化娱乐活动，组队参加了国土资源杯乒乓球比赛，获优秀组织奖；由局领导带队，多次组织慰问老党员、老干部，送去慰问金；召开局机关离退休人员座谈会，认真听取离退休人员的意见、建议；关心测区一线职工生产生活，对困难家庭进行扶助；为全局系统合同制职工按照国家政策调整了工资，使合同制职工与编制内职工工资水平差距逐步缩小。自治区测绘院为外业一线职工办理了人身意外保险。

工会换届工作圆满结束，组织召开了第二届职工代表大会，全面总结五年来第一届工会工作，选举了新一届工会委员，安排部署下一阶段的工作。

自治区测绘事业局团委组织青年团员召开座谈会，并请局党委书记作报告；“五四”前后，组织青年团员义务植树、参观蒙牛工业基地、重温入团誓词；推荐8名优秀共青团员作为“推优入党”对象。基础地理信息中心团支部成功申报“青年文明号”先进集体，并获批准挂牌，航测院团支部“青年文明号”申报通过了自治区直属机关团工委验收。

【帮扶工作】

2007年底，自治区测绘事业局领导带队赴帮扶点慰问贫困户，送去生活必需品。全年投入帮扶资金37万元，为贫困户新建住房20套，并对已建住房进行了维修、改造。积极配合赛罕区街道办事处，对一名特困学生进行一对一捐助。

地方社团工作

2007年，内蒙古自治区测绘学会各项工作进展顺利，推荐的“内蒙古自治区赤峰市似大地水准面精化”项目获中国测绘学会测绘科技进步三等奖；《平面坐标转换方法探讨及转换软件的设计思路》论文获得全国测绘科技信息交流优秀论文一等奖，《利用遥感摄影测量技术进行土地利用现状调查及建立管理系统技术方案》获二等奖，《内蒙古自治区小比例尺地图投影的探讨》获三等奖；推荐的《内蒙古测绘》期刊，被评为中国测绘学会优秀测绘期刊三等奖。学会秘书长张胜利、副秘书长张保成被评为全国测绘科技信息工作先进个人；4月10日，内蒙古测绘学会被自治区民政厅授予“全区先进民间组织”称号。学会承担的《内蒙古自治区测绘志》的编写工作已全面展开。

4月2日，内蒙古自治区测绘学会教育委员会邀请武汉大学测绘学院院长李建成在内蒙古农业大学进行测绘学科与测绘科技进展学术报告会，参加报告会的师生及测绘工作者近200人。5月19日～20日，教育委员会在内蒙古农业大学举办全区大、中专院校学生“拓普康杯”测量技能竞赛，比赛评出了26个单项奖。

6月23日，内蒙古自治区测绘学会在赤峰市召开了六届五次常务理事会议；12月7日，在呼和浩特市召开了第七次会员代表大会，一致通过了六届理事会工作报告，审议通过了修改章程的报告和财务工作报告，选举产生了内蒙古自治区测绘学会第七届理事会、常务理事会。

全年编辑出版了2期《内蒙古测绘》期刊，共发表科技论文近60篇。

辽 宁 省

规划与计划

依据《全国基础测绘中长期规划纲要》，以2006年编制的《辽宁省基础测绘“十一五”规划》为基础，辽宁省测绘局等部门编制了《辽宁省基础测绘中长期规划》。1月8日，辽宁省人民政府办公厅印发了《辽宁省人民政府办公厅关于转发省测绘局等部门辽宁省基础测绘中长期规划的通知》（辽政办发［2007］1号）。

此外，省测绘局编制了《辽宁省2008年基础测绘计划》，主要内容包括：一、拟在全省建设空间定位连续运行参考站网，为气象、地震等部门和应急系统提供实时监测预报信息，为全省提供新一代高精度、三维、动态测绘基准，推进地心坐标系统的应用，实现省内C、D、E级控制点的快速建立和更新；二、在辽河流域，包括新民市、辽中县等地区测制1:1万数字化地形图，建立辽河流域及全省1:1万地形图数据库，构建数字辽宁地理信息基础框架。

法制建设与市场监管

【法制建设】

全年制定了《辽宁省测绘质量监督管理暂行规定》、《辽宁省测绘质量投诉处理规定》、《辽宁省测绘项目备案登记管理规定》、《关于开展测绘行业诚信建设的意见》等四项制度，印发了《实施辽宁省测绘条例的意见》。举办了辽宁省测绘条例学习班、全省测绘质量检查员培训班。与沈阳市规划和国土资源局共同组织召开了以“落实测绘行政职能职责”为主题的贯彻实施测绘法座谈会，有关部门负责人30余人参加了会议。

【市场监管】

2007年，辽宁省测绘局审查批准了测绘资质33家，其中，新办资质27家，升级1家，增项5家，变更单位名称5家；审核批准地图36件，审批提供地图成果5件，审批工作严格按照国家标准、审批程序办理，从严把关。

按照国家测绘局的统一部署，开展了全省测绘资质年度注册工作，省测绘局负责甲级测绘资质单位的年度注册工作，市测绘行政主管部门负责乙、丙、丁级测绘资质单位的年度注册工作，6月底，全省550家测绘单位的测绘资质年度注册工作圆满完成。

纠正“无证测绘”17起，全省查处违法销售导航电子地图15起；配合安全部门对3个导航电子地图单位监督检查5次；查处了沈阳某报登载错误地图的问题；开展了基础地理信息保密检查和测绘成果使用跟踪检查工作，规范了基础测绘成果管理。

地图管理与成果管理

【地图管理】

为贯彻落实《关于印发全国国家版图意识宣传教育和地图市场监管协调指导小组2007年工作要点的通知》（国图宣教管［2007］2号）精神，辽宁省国家版图意识宣传教育和地图市场监管联席会议办公室部署了2007年辽宁省国家版图意识宣传教育和地图市场监管工作，转发了相关文件。在测绘法宣传日开展地图专项宣传，共悬挂横幅、条幅50多条，展出宣传板100多块，散发传单5000多份，发送“公益短信”5万条。省市测绘行政主管部门对宣传工作高度重视，主管领导参加了活动，市新闻媒体对宣传活动进行了报道。

省测绘局为进一步加强依法行政，完善职能，切实加强了地图市场的日常监管。首先，加强对地图编制出版审核的管理，严查、严管地图编制出版单位的资质，严格执行地图检定、审查制度，规定地图和附有地图的产品必须取得测绘行政主管部门核发的“地图审查批准通知书”才能进入市场。其次，指导各市全面开展地图市场执法检查，全年查处“问题地图”5起；接收送审地图41件，行政受理38件，审核批准36件；生产地球仪备案4件；转送国家测绘局审核地图2件。经审核批准的地图，全部符合国家有关地图管理规定和技术要求。

【成果管理】

一、建立健全辽宁省基础测绘成果提供使用审批的法规和程序

依据《中华人民共和国测绘成果管理条例》，结合辽宁省实际情况，省测绘局制定了《辽宁省基础测绘成果提供使用管理暂行办法》、《辽宁省贯彻〈基础测绘成果提供使用暂行办法〉的实施意见》等3个规定，规范了全省基础测绘成果提供使用审批制度。

二、测绘成果提供使用行政审批工作

全年审查批准8件对外国组织提供基础测绘成果项目，及时满足对外合作需要；审查批准省外单位索取使用辽宁省基础测绘成果资料事项5件；批转辽宁省单位到外省索取使用基础测绘成果资料事项8件。

三、测绘成果保密检查

根据国家测绘局相关文件要求，全省开展了对基础地理信息数据管理与使用情况的保密自查工作，局属单位、测绘资质单位和使用基础测绘成果单位均按要求进行了自查和检查，确保涉密基础地理信息数据安全使用。

基础测绘与质量监督

【基础测绘】

2007年，辽宁省第一、第二、第三测绘院共同完成了锦州地区7500平方千米（353幅）1∶1万数字化地形图基础测绘更新与建库工作，完成的主要内容有外业像片控制测量、内业数字化测图、外业影像图调绘及内业数据编辑工作，该项目顺利通过质检验收，成为“辽宁省基础地理信息数据库”第一批入库数据。完成大连地区36幅1∶5万地形图缩编更新项目，盘锦市1∶1万地形图测绘137幅，鞍山市规划区240平方千米1∶500数字化地形图，凤城市规划区100平方千米1∶500数字化地形图。

【质量监督】

2007年共完成基础测绘和省管限额测绘产品质量监督检验14项；完成锦州、盘锦等地区共计357幅1∶1万成图及数据建库任务的监督检验；完成凌海市、朝阳县、葫芦岛市70幅1∶1万成图的外业检查工作和全省1∶5万地形要素数据库更新项目的数据库监督检查检验工作；完成新民市、大连市等地区1∶500航测数字化地形图350平方千米，大石桥市、新宾县等地区1∶1000航测数字化图1060平方千米的质量检验；完成了辽宁红沿河核电站一期工程次级控制网、鞍钢厂区控制测量、盘锦市地下管线补测工程的监督检验。开展全省测绘产品质量统检工作，对全省甲、乙级单位和房产测绘单位进行统一的质量检查，完成了21家甲级单位、33家乙级单位、15家房产测绘单位的质量监督检查。

完成的测绘计量器具检定包括：GPS接收机97台，全站仪396台，经纬仪131台，水准仪425台，手持测距仪75台，其它74台。全年共监督审查地图（集、册）3项。对锦州、营口、辽阳三市开展测量标志普查维修工程进行了监督检验，检验结果全部合格。

重大工程测绘

2007年，国家海洋环境监测中心承担的辽宁省海岸线修测工程已经完成。辽宁省文物局和辽宁省测绘局开展长城资源调查，编制了《辽宁省长城资源调查工作方案》，完成了2000多千米的测绘调查任务。省测绘局组织辽宁省第一测绘院等三家单位开展辽宁省著名山峰千山、凤凰山、医巫闾山的高程数据确定工作。为满足社会主义新农村建设需要，采用最新影像资料数据为大连、抚顺、本溪等市157个村屯编制了1∶1000彩色影像图。

测量标志普查维修保护

2007年，辽宁省测绘局在辽宁省锦州、营口、辽阳等市开展了测量标志普查维修保护工作。完成普查四等以上三角点、水准点1626点，维修520点，委托保护620点。启动“辽宁省测量标志管理信息系统”二期工程“辽宁省测量标志管理信息系统网络服务版”建设，完成了2006年度测量标志普查维修资料的接收、存档和数据录入工作。组织召开了2007年全省测量标志普查维修工作会议，对2006年测量标志普查维修保护工作进行了总结交流，部署了2007年的工作；会上，演示了“辽宁省测量标志管理信息系统”和“辽宁省阜新市测量标志管理系统”。

成果应用与服务

2007年，辽宁省测绘局完成了各项测绘保障服务工作。在国务院总理温家宝来辽宁视察时，省测绘局启用政府保障服务系统，快速有效地反映出了沈阳装备制造业、抚顺棚户区改造等情况；利用防水写真布输出的《辽宁省首长视察用图》、《沈阳城区装备制造业首长视察用图》、《抚顺城区棚户区改造首长视察用图》等紧急用图均按时编制完成。

为辽宁省委、省政府提供了辽宁省“五点一线”（辽宁丹东产业园区、大连庄河花园口工业园区、大连长兴岛临港工业区、辽宁（营口）沿海产业基地、辽西锦州湾沿海经济区）沿海经济带布局的各种地图；为全国财政局长会议、第二次全国残疾人调查、2008年奥运会新闻宣传等编制完成了大量新编地图和各种地理信息数据。

科技创新与人才培养

【科技创新】

辽宁省测绘局组织开展了全省测绘科技进步奖评审工作，经专家评审，“基于 mapinfo 环境下图形编辑系统的开发”等 9 项荣获一等奖，“吉林—草市高速公路数字地面模型的建立”等 9 项荣获二等奖，还有 8 项荣获三等奖。完成《辽宁省地图集》、《辽宁省城市地图集》、“沈阳市技术质量电子综合监管信息系统”、“沈阳市沈河区地税定位管理综合信息系统”等科技创新成果。

【人才培养】

辽宁省测绘局面向全省测绘行业举办各类测绘技术、质量管理等方面的培训讲座 15 次，参加人员达 1354 人次，全年测绘行业投入测绘人才培养教育经费 176 万元。组织武汉大学地理信息系统工程硕士班（辽宁），35 人参加学习；年内有 261 人取得了测绘专业技术职务任职资格，其中 7 人取得教授级高级工程师任职资格，35 人取得高级工程师任职资格，51 人取得工程师任职资格，168 人取得初级任职资格。举办中级工程测量鉴定班、中级房产测量员技能鉴定班，参加人数达 336 人。

党的建设与精神文明建设

【党的建设】

辽宁省测绘局以坚定党员理想信念、提高党员素质为重点，大力推进思想政治建设，制定了中心组和基层党组织全年学习计划，落实了中心组和基层党组织学习制度，组织开展了党的十七大精神学习活动。大力推进党的先进性建设，不断健全完善基层党建工作的领导体制、工作机制。开展党风廉政建设专项治理，增强制度的制约性，省测绘局全年无一纪检举报信件、无一腐败案件、无一违纪人员，为测绘事业健康发展提供了有力保证。

【精神文明建设】

辽宁省测绘局党委印发了《省测绘局 2007 年精神文明建设规划》、《省测绘局机关工作人员文明服务规范》，开展了“保持先进性、服务在基层”主题实践活动，进一步完善了机关作风建设的长效机制；全面落实扶贫工作计划，推进对口帮扶乡镇的新农村建设和经济发展，全局向对口扶贫乡镇捐赠资金 18.6 万元，衣物 845 件。

省直机关工作目标责任制是省直机关整合行政业务和党建工作的重要举措，是省委、省政府检查考核各厅局工作的主要方式。经省直机关验收检查，省测绘局业务工作、专项工作、机关建设等目标完成情况良好。

地方社团工作

【学会活动】

2007 年，辽宁省测绘学会同辽宁省教育厅、辽宁工程技术大学等单位联合举办了辽宁省普通高等院校大学生首届测绘之星大奖赛，全省有 16 所高校 200 多名选手参加了比赛；与东北大学联合举办了海外地理信息科学协会学术报告会，与武汉大学联合举办了遥感技术发展与展望（辽宁）报告会；与大连海军舰艇学院联合主办了中国第二届国际海道测量/海图制图师论坛。组织测绘行业单位赴南非国家测绘署进行考察及学术交流，与有关单位合作举办了 10 次测绘新技术、新产品报告会，2000 多人次参加了会议。

【科技咨询与技术服务】

辽宁省测绘学会提出了建立辽宁省 GPS 参考网站的意见，安排专家起草全省 GPS 联网的技术方案，向省科协报送专家建议；向省社科联提交了辽宁省测绘发展战略研究调研报告；与沈阳农业大学联合开展了 GIS 市场调查活动；组织辽宁省测绘科技专家撰写《辽宁科普系列丛书》（测绘篇），年内已完成了部分内容。

【奖励情况】

组织参加了中国测绘学会测绘科技进步奖、辽宁省科协自然科学学术成果奖评奖活动。在此次参与评选的项目中，获中国测绘学会测绘科技进步三等奖的 1 项、优秀工程奖 1 项；辽宁省自然科学奖 16 项，其中著作奖 1 项。辽宁省会员撰写的 110 篇测绘与地理信息等科技论文在第九届东北三省测绘学术与信息交流会上交流。出版《辽宁测绘》期刊 4 期，编印《辽宁省房地产测绘论文专集》1 期，共印刷 6500 本。辽宁省测绘学会荣获省科协“2007 年度先进单位奖”。

吉 林 省

规划与计划

【吉林省基础测绘十一五计划】

10月10日，根据《国务院办公厅关于转发测绘局等部门全国基础测绘中长期规划纲要的通知》要求，结合国家发改委、国家测绘局印发的《基础测绘计划管理办法》和《吉林省测绘事业发展“十一五”规划》，在广泛征求各方需求和意见的基础上，吉林省测绘局编制完成了《吉林省基础测绘“十一五”规划》（以下简称《规划》），经省政府同意，由省发改委印发给各市（州）、县（市）人民政府及有关部门。

《规划》确定的基础测绘工作主要目标是：经过五年的努力，基础测绘保障能力和服务水平得到明显提升，基本比例尺地图覆盖率明显提高，建立起及时、可靠、适用、高效的基础地理信息系统，满足吉林省经济建设和可持续发展对基础测绘的需求。

“十一五”期间全省基础测绘工作主要围绕航空摄影和遥感影像获取、县（市）1:500～1:2000地形图数据采集、1:1万基础测绘数据采集、卫星定位连续运行站及其数据传输网络建立、信息交换网络平台建立、法规标准体系制定、图集编制和印刷等10个基础测绘项目展开，计划完成投资3.17亿元，所需经费由国家、省及项目所在地市（州）、县（市）政府共同承担。

《规划》提出的保障措施是：一、紧紧围绕全省发展大局实施基础测绘；二、积极争取、保证项目资金需求；三、加强基础测绘管理，研究制定相关政策，促进共建共享；四、适时开展规划评估工作，发现、解决规划实施中出现的问题，确保规划顺利实施。

【基础测绘计划列入本地发展计划】

12月29日，吉林省发改委与省测绘局联合印发《关于将基础测绘列入市（州）、县（市）国民经济和社会发展计划的通知》，要求各市（州）、县（市）从2008年起编制本级基础测绘计划，根据国民经济与社会发展的现实需求，以适当形式列入本地的年度或中长期国民经济和社会事业发展计划。通知指出，各市（州）、县（市）测绘管理部门，要根据《中国人民共和国测绘法》、《吉林省测绘条例》、《吉林省基础测绘管理办法》，结合《吉林省测绘事业发展”十一五”规划》、《吉林省基础测绘“十一五”规划》，编制本地的年度或中长期国民经济和社会事业发展计划。

依法行政与市场监管

【检查《吉林省测绘条例》执行情况】

根据吉林省人大常委会工作要点的安排，经省人大常委会主任会议同意，省人大常委会决定于2007年对吉林省贯彻执行《吉林省测绘条例》的情况进行检查。3月9日，吉林省人大召开会议，对测绘执法检查工作做出部署，省人大常委会副主任李介车、南相福、杨庆才等出席会议并讲话，省测绘局局长陈勇作了吉林省测绘局关于贯彻落实测绘法律法规情况的汇报。此次检查针对全省各级政府及其有关部门贯彻实施测绘条例的情况，重点检查测绘行政管理机构建设、执法人员配备及执法主体资格合法性等情况，基础测绘规划及年度计划编制和按分级管理将其列入地方财政预算情况，测量标志保护及其维护经费纳入本级财政预算情况，测绘法规宣传、教育培训情况，测绘行业单位遵守测绘法规情况，测绘项目实施前备案的执法情况，测绘成果汇交及应用情况等。检查组一行28人由省人大3位副主任带队，分成3组在3月9日～20日期间赴全省6个地区开展检查工作。此次检查有力地推进了测绘为吉林省经济建设和社会发展服务。

【加强测绘行政管理工作】

吉林省人民政府根据省人大测绘执法检查情况和全省测绘工作存在的实际问题，向各市（州）、县（市）人民政府，省政府各厅委、各直属机构印发了《关于切实加强测绘管理工作的通知》（以下简称《通知》）。《通知》要求各级人民政府及有关部门提高认识，加强领导，把测绘工作作为信息化建设的一项基础性工作，纳入年度重要工作议程，为测绘工作创造有利的环境，不断推进测绘事业发展；健全管理机构，依法履行职责，促进测绘市场健康有序发展；加强基础测绘工作，加快测绘信息化建设，不断提高基础测绘的保障服务能力；加强测量标志的保护管理工作，明确任务，落实责任。《通知》还要求各市（州）、县（市）人民政府要进一步明确工作职责和任务，建立责任制，健全工作机制，形成政府组织领导，部门协调配合，社会共同关注的有利于测绘事业发展的工作格局；省直各有关部门要加强沟通协调、加大支持测绘工作的力度，采取有力措施落实好各项工作。

【处罚境外人员非法测绘】

8月，在吉林省国家安全厅、长春市安全局和白山市安全局的全力配合下，查处三名外籍人员未经批准擅自在吉林省境内对长白山地区进行非法测绘的违法案件。经省测绘局和省国家安全厅联合审查，对3名外籍涉案人员依法做出责令停止违法行为，没收测绘成果和测绘工具，罚款人民币30万元的行政处罚；对吉林某大学教授参与外国人违法测绘的严重违法事实，依据《中华人民共和国测绘法》第四十二条规定，给予没收违法所得人民币10万元的行政处罚。

【测绘法制宣传】

2007年是《中华人民共和国测绘法》颁布实施5周年。8月29日，吉林省在全省范围内开展了测绘法宣传日活动。省人大副主任李世学、省政府副秘书长冯巍、省测绘局局长陈勇、省政协委员韩来发、长春市副市长王学占、市政府副秘书长徐毅夫，以及省政府法制办、省外办、省教育厅、省商务厅、省工商局、省新闻出版局、省海关等有关部门领导，省、市测绘管理部门及驻长春各级测绘行业单位近500人参加了宣传活动。此次活动展出测绘法规及科技知识展板近100张，悬挂彩气球和宣传条幅近100只（条），发放宣传图件及材料各20000多份，并设立测绘服务咨询台，为群众当场解答有关房产、地图、地籍等问题。省内多家电视、广播、报刊等新闻媒体对活动情况进行了宣传报道。当天，全省县以上城市同时开展了测绘法宣传活动。

【依法行政】

按照省政府法制办的要求，吉林省测绘局编制下发了《吉林省测绘行政处罚文书》示范样本，使执法程序更加规范和完善；进一步加强市（州）测绘行政管理工作，促进市（州）测绘行政管理职责的落实，修订了《市（州）测绘行政管理工作考核办法（暂行）》；完成了384家测绘单位资质年度注册工作，持证单位数量已达403家；办理测绘行政审批事项77件，受理地图边界线审查41件，地图行政审批52件，审核图幅1224幅；举办了16期测绘技术业务培训和测绘职业资格培训，对1100名测绘从业人员进行了职业技能鉴定。

【全省测绘工作电视电话会议】

4月10日，全省测绘工作电视电话会议召开。会议总结了2006年全省测绘工作情况，安排部署了2007年的工作；表彰了2006年测绘管理先进集体、个人和测量标志保护先进个人。

国家测绘局副局长谢经荣、吉林省人大副主任刘淑莹、副省长矫正中等领导出席会议，谢经荣和矫正中分别作了讲话。省、市（州）、县（市）的发展改革部门、财政部门，各市（州）、县（市）政府主管测绘工作的领导、测绘部门领导、测绘单位负责人共600多人参加了会议。会议由省政府副秘书长冯巍主持。会议要求全省广大测绘干部职工充分认识新形势下加强测绘工作的重要意义，增强责任感和紧迫感，抓住机遇，转变发展观念，不断开创全省测绘事业发展的新局面。

【学习贯彻《国务院关于加强测绘工作的意见》】

吉林省测绘局向全省各市（州）、县（市）政府转发了《国务院关于加强测绘工作的意见》（以下简称《意见》），制定了学习贯彻《意见》的工作方案，对全省学习贯彻《意见》做出统一安排。省测绘局召开报告会，做专门辅导报告，要求各市（州）测绘主管部门要提出当前和今后一个时期内测绘工作思路、主要任务和配套措施，切实解决好测绘事业发展中存在的突出问题。全省各级测绘行政管理部门和测绘单位均采取了具体措施，确保《意见》的贯彻落实。

地图管理与成果管理

【地图市场监管】

吉林省测绘局开展了网络地图和地理信息服务网站专项治理工作，对政府部门网站地图进行了全面清查，使网络违法地图的流传得到有效的遏制；对长春市、延吉市、敦化市、图们市、安图县的地图市场进行了检查。全年共查处违法地图7件，没收非法地图产品200多幅。及时与省国家安全厅制止并查处了涉外测绘违法案件，联合下发了《吉林省测绘局、吉林省国家安全厅关于进一步加强涉外测绘管理，增强全民国防安全意识的通知》。11月，根据国家测绘局《关于查处北京城际高科信息技术有限公司导航电子地图产品的紧急通知》要求，组成了专项检查组，对长春市区销售导航电子地图产品的汽车装饰店、汽车销售专卖店、电脑科技城等进行了检查，防止了非法地图产品的流入。

基础测绘与质量监督

【基础测绘工作概述】

《吉林省基础测绘“十一五”规划》由省发改委于10月下发各市（州）、县（市）人民政府，长白山管委会，省直各部门；12月，省测绘局与省发改委下发《关于将基础测绘列入市（州）、县（市）国民经济和社会发展计划的通知》。两个文件的下发对加快吉林省基础测绘步伐，推动和协调市（州）、县（市）的基础测绘工作具有十分重要的意义。目前，长春、吉林等部分市（州）、县（市）完成了规划的编制工作。

省级基础测绘继续围绕振兴吉林老工业基地建设等省政府确定的重点工作布局谋划，开展了延吉、白城、长岭、安图、通化等地区1:1万地形图测绘，部分县（市）大比例尺地形图测绘等工作，共完成基础测绘任务3万平方千米；进行了吉林省1:1万数据库建设方案设计、功能模块开发、软件平台选择等前期准备工作；吉林、四平、通化、延吉、龙井、安图、珲春、和龙等市县，完成1:500～1:1000地形图测绘1000平方千米，提高了市县基础测绘的服务保障能力。

【质量管理】

吉林省测绘局对长春市、吉林市、延边州三个地区的22家甲、乙级测绘单位进行了质量监督抽检，对2家测绘单位下发了整改通知；全年完成省级基础测绘生产项目的质量验收23项，产品一次检验合格率为91%；在国家测绘局和国家质检总局联合开展的全国重点测绘工程成果质量监督检查中，受检项目质量合格；为规范地图市场，为人民群众提供准确可靠的地图产品，开展了公开版地图出版物的质量检验工作。

【测绘标准化】

吉林省测绘局推广和应用国家制定的各项新标准，按照国家新标准重新编写了《吉林省1:10000基础地理信息数据采集与更新项目设计书》等一系列技术文件，基本上建立和完善了吉林省在国家新标准框架下的基础测绘生产技术体系，确保测绘标准化管理工作正常有序地开展。在全国率先制定了省级《GPS RTK作业技术规定（暂行)》，并在2007年度基础测绘生产和城镇大比例尺测图中执行，确保了GPS RTK定位成果的精度和可靠性。

重大工程测绘

【吉林省主体功能区规划项目地理信息系统】

按照吉林省发改委编制的“吉林省主体功能区规划”工作安排，吉林省测绘局承担研发“吉林省主体功能区规划地理信息数据库技术平台”项目，并提前完成一期工作。

【新农村测绘保障服务示范项目】

为满足社会主义新农村建设中小城镇规划设计的需要，吉林省测绘局承担长岭县1:1000地形图数字化测绘项目，工程的测绘范围包括隶属于长岭县的永久镇、流水镇、巨宝镇、新安镇、前七号镇五个镇区及其所辖的部分区域，4月中旬进行野外数据采集工作，11月上交了全部测绘成果。

地图编制与出版

【《吉林省地图集项目总体设计书》通过评审】

吉林省测绘局组织召开了《吉林省地图集项目总体设计书》专家评审会，中国工程院院士王家耀、武汉大学教授俞连笙等6位专家出席。与会专家一致认为，《吉林省地图集项目总体设计书》规定的表示方法合理，提出的技术路线可操作性强，提出的图集资料的使用和分析为图集的编纂提供了可靠的保证，一致同意通过评审，设计书经过局部修改后即可进入地图集编纂实施阶段。

【吉林省电子地图】

由吉林省政府公众信息网服务中心、吉林省测绘局等部门联合研建的吉林省电子地图在吉林省政府门户网站上试运行。该电子地图用可视化的方式展现了吉林省的行政区域、地理环境、风土人情和各类社会信息，综合反映了吉林省的全貌，实现了面向公众的数字化信息服务。

【两会专用地图】

在2007年省人大、省政协两会召开前，省测绘局精心编制了一套包括《吉林省区划图》、《吉林省高速公路规划示意图》、《吉林省工业集中区分布图》、《吉林省中部城市供水工程示意图》等图件在内的“两会代表专用图”，反映吉林省自然环境、行政区划、经济资源、基础设施建设状况等，对人大代表、政协委员了解全省经济建设和社会发展情况，研究部署2007年工作，推进吉林经济又好又快发展发挥了积极的作用。

成果应用与服务

【公共服务】

吉林省测绘局参加了吉林省主体功能区规划地理信息数据库建设工作，为吉林省主体功能区规划综合评价，以及对主体功能区监测、评估、调整提供了信息服务的技术支撑平台。为长岭县、辉南县社会主义新农村建设试点规划提供服务保障；为哈达山水利枢纽、宝山风电场、乾安风电场、全省第二次国土资源调查、西部土地开发整理、德龙线铁路设计、延吉机场建设等提供基础测绘成果5502幅、大地控制成果3091点、基础测绘成果数据5770幅；为吉林、延吉、四平市以及通化、安图、和龙、珲春等市县的规划和建设提供基础测绘服务；为吉林省人代会、政协会、吉林省电视台、东北亚经贸博览会、亚冬会、长吉图开放带动先导区、松花江流域治理、吉林年鉴等制作了规划图、专题图等工作图件；为政府部门制作、提供各类专题图件1000多份，满足了省政府及各有关部门在规划管理、决策分析、舆论宣传等方面的需要，充分发挥了测绘部门的公共服务职能。

科技创新与人才培养

【科技创新】

在吉林省第六届自然科学学术成果奖的评选中，测绘行业获二等奖1项，优秀奖5项。省基础地理信息中心引进先进的技术，在地理信息资源共享平台建设和集群网站开发等方面积极创新，推进了电子地图市场开发，加强了测绘成果社会化服务保障的能力；通过和腾讯公司的合作，成功步入无线位置服务领域。

【人才队伍建设】

积极贯彻人才兴业战略，不断完善人才工作机制，促进了人才队伍建设。专业技术人员的学历和整体素质均有较大提高，全省共有高中级技术人员2538人，初级技术人员2688人；完善了青年学术和技术带头人制度，建立起由国家测绘局青年学术和技术带头人、省拔尖创新人才、省有突出贡献青年构成的科技带头人队伍；各单位加大引进和培养力度，充实了专业技术人员，增强了一线的生产能力。

【人事制度改革】

对吉林省地理信息工程院、省基础地理信息中心、省测绘产品质量监督检查站、省测绘特有工种职业技能鉴定站4个单位的13名领导班子成员实行竞争上岗、任期制和任期目标责任制，每一届任期为3年，签订年度目标责任书，并按年度目标进行考核。截至年底，全面完成了局属事业单位人事制度改革。

党的建设与精神文明建设

【党的建设】

为提高机关公务员和党员领导干部思想政治素质和实际工作能力，吉林省测绘局党组在机关公务员和局属单位的处级领导干部中开展了以“树新风正气、促和谐发展”为主题的教育活动。主题教育活动分动员和学习、查找问题、制定整改措施、落实整改措施4个阶段进行，通过该活动，干部职工的思想和工作作风均有较大改进。

【服务型机关建设】

吉林省测绘局进一步完善行政管理体制和运行机制，对局机关各处（室）进行了调整，重新确定了各处（室）主要职责，进一步建立健全各项规章制度，强化了对测绘成果、财务、人事、后勤等工作的管理；为推进依法行政，建设法制政府，开展了行政审批事项流程再造工作和规章清理工作；局机关建立内部办公网，提高了办事效率，使机关工作逐步实现信息化；充分发挥吉林省测绘局网站的功能和作用，积极开展网上公共服务，及时公布重大决策、法律法规和规范性文件，增进与公众的沟通交流，接受公众监督。

【加强测绘宣传】

吉林省测绘局加大对测绘工作的宣传力度，通过长春日报、城市晚报、吉林电视台、吉林人民广播电台、国家测绘局网站、吉林省政府网站等媒体对测绘工作进行及时报道，其中在《中国测绘报》、中国测绘新闻网上刊登吉林测绘新闻30多条，在国家测绘局网站刊登稿件50多条，吉林省测绘局网站发布信息380多条。

【学习刘先林先进事迹】

在中央电视台新闻联播《时代先锋》栏目和中央人民广播电台播出刘先林院士的事迹后，吉林省测绘局组织开展了学习刘先林先进事迹的活动。通过这次活动，激发了广大干部职工的爱岗敬业精神，坚定了做好测绘工作的信心和决心，为振兴吉林老工业基地、构建和谐社会奠定了良好的思想基础。

【创建文明行业活动示范点】

吉林省精神文明建设指导委员会发出通知，确定全省112家单位为创建文明行业活动示范点，吉林省地理信息工程院被确定为示范点并接受了颁发的荣誉牌匾，成为吉林省首家获得创建文明行业活动示范点荣誉的测绘单位。

地方社团工作

吉林省测绘学会和辽宁省测绘学会、黑龙江省测绘学会联合举办第九届东北三省测绘学术与信息交流会，来自东北三省的测绘科技人员近200人参加了会议。会议邀请中国测绘学会理事长杨凯教授，中国测绘学会常务理事、北京大学数字中国研究院产业研究中心副主任乔世赵做专题学术报告。大会编辑并出版了约108万字的《第九届东北三省测绘学术与信息交流会论文集》。

吉林省测绘学会编辑发行的期刊《吉林测绘》获中国测绘学会首届优秀测绘期刊三等奖，推荐的中水东北勘测设计研究院有限责任公司“嫩江干流齐齐哈尔至通让铁路桥段河道地形测量”获中国测绘学会优秀测绘工程银奖。在吉林省第六届自然科学学术成果奖的评选中，吉林省第一测绘院薛晓轩撰写的《RTK使用标准探讨》获二等奖，线东升撰写的《土地利用现状调查的数字化内业处理》获三等奖。

黑龙江省

法制建设与市场监督

【制度建设】

3月，黑龙江测绘局编制了《黑龙江省测绘成果管理办法（草案）》，并报送省政府法制办审批；《黑龙江省涉密基础测绘成果提供审批办法》自2008年1月1日起施行。依据《中华人民共和国测绘法》、《中华人民共和国行政许可法》的规定，为进一步规范行政许可工作，黑龙江测绘局建立了测绘资质行政许可公示制度，对于拟批准的测绘单位需经网上公示无异议后，方可向测绘单位颁发测绘资质证书。按照国家测绘局要求，结合黑龙江省具体情况，及时反馈了针对《全国测绘行政执法依据》、《全国测绘行政执法职权分解与细化》、《中华人民共和国地图管理条例（送审稿）》等法规、规章的修改意见。

【依法行政】

针对黑龙江省哈尔滨、大庆、双鸭山、佳木斯、牡丹江、绥芬河等市屡次发生当地质量技术监督部门对从事房产测绘活动的单位进行强制性计量认证事件，黑龙江省测绘局切实履行测绘管理职责，做好房产测绘计量认证问题的协调与处理，并积极与省政府、省人大沟通协调，将有关情况和材料及时反映到国家测绘局。向各地市下发了《黑龙江省测绘局关于房产测绘计量认证问题的意见》，明确了房产测绘活动由测绘部门统一监管的立场，从法律角度就房产测绘的法定依据、房产测绘资质的管理、房产测绘单位的性质及测绘执法等问题作了进一步的明确，确保全省房产测绘工作正常、有序地进行。

【法制宣传教育】

8月29日，黑龙江测绘局统一部署，各地市集中行动，在繁华街道和广场搭建彩虹门、悬挂宣传条幅、摆放宣传板、设置咨询台，在全省范围内掀起了测绘法宣传日活动高潮。哈尔滨市与宣传活动同步举行了纪念测绘法修订颁布五周年大型文艺演出；佳木斯市通过繁华街道的数字电视，对测绘法全文进行滚动播放；佳木斯、鸡西、伊春市主管测绘工作的副市长均在当地日报上发表了专题纪念文章；大庆市组织20多辆宣传车在同一时段沿繁华街道和主要街区进行流动宣传；哈尔滨、佳木斯、牡丹江、鸡西等市积极与当地的电信部门合作，在宣传日当天，向广大市民发送测绘公益短信上万条，宣传活动成效显著。

【测绘市场监管】

2007年，黑龙江测绘局加强测绘资质审查工作，规范测绘资质的受理程序和材料审查工作，进一步明确了测绘技术人员、仪器设备及资质升级等方面的审查标准。1月～2月，完成了2006年全省420多家测绘单位的统计工作，全面掌握了测绘单位的经济性质、生产产值、测绘人员及仪器设备等情况。2月～5月，组织开展了全省2007年度测绘资质注册工作，450家测绘单位中的409家参加了注册；全年共受理资质申请单位39家，批准36家，正在审查中的单位3家；办理测绘作业证件118本。在注册过程中，把技术人员、仪器设备、质量保障体系运行、测绘项目实施及市场信用等情况列为审查重点，对技术人员重复使用、仪器设备不达标准或未进行检定、市场信用较差的单位进行了全面整改，其中15家单位予以缓期注册，1家单位不予注册，14家单位的测绘资质被依法注销；向社会公告了注册结果。

【全省测绘行业管理工作会议】

12月27日，黑龙江测绘局组织召开了由黑龙江省13个地市、农垦总局参加的2007年测绘行业管理工作会议，会议评选出2007年全省测绘行业管理工作先进集体6家和先进个人6名；各地市测管负责人分别汇报了本地区2007年测绘行业管理工作，对下一步测绘管理工作提出了思路和建议。会议要求进一步贯彻落实《国务院关于加强测绘工作的意见》，加强对测绘工作的统一监督管理，进一步推进“数字龙江”建设，积极争取政府财政支持，大力开展测绘行政执法工作，推动全省测绘工作协调、快速发展。

地图管理与成果管理

【地图管理】

2007年，黑龙江测绘局认真做好全省公开展示、出版各类纸质地图、网络地图、导航电子地图以及建设地理信息系统的受理审查工作。受理各类地图56件2168幅，发放审图号53个，退图3件；审查电子地图2件，数据200千兆，并发放了审图号；初审并转报国家测绘局19件。

【国家版图意识宣传教育和地图市场监管】

黑龙江测绘局联合省委宣传部、教育厅等九部门召开了黑龙江省整顿和规范地图市场秩序领导小组工作会议，制定2007年黑龙江省国家版图意识宣传教育和地图市场监管工作的组织原则、工作方法、工作步骤和工作内容。全省共举办国家版图意识宣传教育和地图市场监管执法培训班6期，培训执法人员75人；与省工商局、省新闻出版局联合检查大庆、伊春、嘉荫等市开展国家版图意识宣传教育和地图市场监管工作执行情况，进一步加强了对“哈洽会”等大型展会使用地图的联合监管和查处力度；大力宣传，增强公民国家版图意识，全省共发放各类宣传品3万份，标准样图2万张，制作悬挂宣传条幅97条；利用省通信管理局提供的网络监听软件，组织经常性的网络地图搜索和监听，对存在问题的网页及时进行处理。

【测绘成果管理】

2007年，黑龙江测绘局加强对基础测绘项目归档的标准化、规范化管理，制定了项目与生产成果归档管理办法，共完成省基础测绘项目中1:1万地形图更新6个测区4292幅成果的入库归档工作和国家基础测绘项目中1:5万地形图更新1596幅的上交归档工作。在成果管理过程中，认真履行行政审批职能，满足生产单位的用图需求，对基础测绘项目成果提供审批74件、对外成果提供审批10件。积极落实测绘成果汇交制度，全省测绘成果汇交首次实行由市（地）测绘行政主管部门负责本行政区域内的市（地）、县级基础测绘成果目录及副本汇交工作制度，由市（地）测绘主管部门汇交到省测绘局，全省297家测绘单位汇交测绘成果目录和副本1922件。

【测量标志管理】

做好全省各等级测量标志日常维护和管理工作，为哈尔滨市周边保存完好的测量标志加挂了“测量标志保护警示标牌”；8月，对大庆市、伊春市等地的测量标志保护情况进行检查，指导地市有关部门处理了一批测量标志损毁案。

基础测绘与质量监督

【基础测绘项目】

根据黑龙江省政府1999年批准的《黑龙江省1:1万比例尺地形图基础测绘实施方案》，黑龙江测绘局完成了绥化、伊春、佳木斯测区2054幅1:1万地形图更新的内业数据生产工作。伊春测区计划任务224幅如期完成；佳木斯测区计划任务560幅，因航摄资料问题有4幅图无法成图，实际完成556幅；完成两测区780幅1:1万全要素数字化地形图更新内业测图任务，生产了成图和入库两种数据。2007年是计划执行的最后一年，标志着黑龙江省基础测绘9年更新计划顺利完成，8400幅1:1万地形图实现了对全省经济较发达的11个地市的必要覆盖，为老工业基地振兴战略实施、哈大齐工业走廊发展、电子政务建设提供了基础空间数据源。

【测绘质量监督】

黑龙江测绘局举办了第八期测绘产品质量检查员培训班，对局属测绘生产单位的153名院、队级检查员进行了岗位培训；对2006年测绘质量监督检查检验中不合格的11家单位进行了复查，对复检不合格单位进行了通报和处理。

【测绘安全生产】

2007年，黑龙江测绘局认真执行《中华人民共和国安全生产法》和国家测绘局《测绘安全生产管理办法》、《测绘安全生产规程》等规章制度，落实安全生产责任制和各项管理措施，开展全局安全生产大检查，先后深入黑龙江第一、第二、第三测绘工程院和地理信息工程院等单位的外业生产一线，进行安全生产指导和检查；根据西部测图生产实际情况，成立了局西部测图工程安全生产领导小组，编制了黑龙江测绘局西部测图工程青东区域安全生产实施细则和应急预案，外业生产单位建立了安全生产前线组织管理体系，组织安装了安全监控软硬件设备，并安排专人定时开展安全监控、安全信息汇总与日报工作。

重大工程测绘

【黑龙江省地理信息公共服务平台建设】

由黑龙江测绘局负责组织实施的黑龙江省地理信息公共服务平台建设，是黑龙江省空间信息基础设施建设的重要组成部分以及省“十一五”重大科技攻关项目。2007年，黑龙江省科技厅给予企业孵化器平台建设支持资金120万元，平台整体构架已搭建完成。围绕平台建设、平台应用、平台服务功能、平台的维护运行等，省测绘局已和省交通厅、省林业厅等十几家厅局和大学、科研院所签约合作，以黑龙江省地理信息公共服务平台为依据，结合行业实际，在相关领域陆续开展应用。

【全国第二次土地调查】

通过向国务院第二次全国土地调查领导小组办公室投标，黑龙江第三测绘工程院中标承接了调查工作底图制作工作，测区在内蒙古自治区呼伦贝尔东部及吉林省西部，覆盖面积约9.3万平方千米；工作任务是利用SPOT 5遥感数据源生产1:1万数字正射影像图（DOM）作为调查工作底图；项目时间是2007年10月~2008年6月。该项目进展顺利，年度计划如期完成。

黑龙江基础地理信息中心所属的黑龙江龙图信源科技发展有限公司中标承接了黑龙江省部分调查工作底图的制作任务，测区位于黑龙江省中部，覆盖7个地级市、36个县（市），面积约为20.1万平方千米。项目以SPOT 5遥感数据为主数据源，生产2.5米分辨率的1:1万数字正射影像图（DOM）作为调查工作底图，截至年底完成全部工作量的80%，其中12%左右通过省级预检，3%左右通过国家监理，并由省二调办下发给调查作业单位。

【成品油管道工程1:2000全数字摄影测量】

“成品油管道工程1:2000全数字摄影测量”项目是经国家发改委批准的重大测绘工程，由黑龙江第三测绘工程院实施全部任务，测区为兰州－郑州－长沙段，全长4795千米，生产带状1:2000全数字地形图，全部工作于2007年6月完成。

测绘共建共享

【签署合作协议】

2月12日，黑龙江测绘局与省气象局签订了共建共享协议，以促进测绘成果在气象领域的应用；10月26日，与省畜牧兽医局签订了共建共享协议，拟为建立黑龙江省草原防火指挥系统提供全省1:5万数字线划图；按照国家测绘局与国家地震局的共建共享合作协议，为黑龙江省地震局提供了全省1:5万数字线划图以及13个地市城区现有的1:1万数字线划图64幅。

【数字齐齐哈尔地理信息公共服务平台建设项目】

“数字齐齐哈尔地理信息公共服务平台建设”项目是国家测绘局、黑龙江测绘局和齐齐哈尔市政府三方签约的共建项目，以齐齐哈尔市为示范对象，通过建立城市地理空间框架数据库，开发管理系统，建立面向政府、行业（企业）、社会公众的示范应用服务系统，为数字城市建设提供统一的、标准的地理空间信息基础。该项目实现了国家863计划科技成果“地理信息共享与集成关键技术”的实用化转化，以及地理信息公共服务平台关键技术、服务与应用模式的集成创新。该项目年内通过了黑龙江测绘局组织的项目成果鉴定，开始试运行。

地图编制与出版

哈尔滨地图出版社全年发行图书222万册（张），完成565种图书的发稿工作和556种出版选题的申报立项工作，其中再版120种；使用标准书号287个，统一书号91个。

全年出版图书393种，其中本版图书包括《中国分省公路地图册》、《中国知识地图集》、《世界知识地图集》、《中国公路速查地图集》、《最新中国交通地图集》、《世界知识地图册》、《中国知识地图册》、《中国高等级公路交通地图集》、《中国城市自助游手册》、《中学地理复习考试地图册（综合版）》及《黑龙江省交通旅游图》、《牡丹江市行政区划图》、《鹤岗市行政区划图》、《方正县行政区划图》等大批新版图集、图册及单张图；对《中国公路网地图集》、《中国公路详查地图册》、《黑龙江省地图册》、《哈尔滨市导游图》、《丹东交通旅游图》等图书和单张图进行了再版；对《江西省旅游交通地图册》、《内蒙古自治区交通地图册》、《山西省旅游交通地图册》、《新疆自治区旅游交通地图册》、《哈尔滨市地图册》、哈尔滨系列单张图及大庆、佳木斯、牡丹江、齐齐哈尔、鸡西交通旅游图等46种图书和单张图进行了改版修订。

成果应用与服务

【概况】

2007年，黑龙江测绘局向国土、水利、农业、林业、交通等部门提供国家等级控制点成果3923点；数据成果23262幅，数据量816.7GB；遥感影像1067景，数据量534GB；航摄底片、像片37921片。完成了“黑龙江省地理信息公共服务平台”、“哈尔滨市人民政府突发公共事件应急预案管理平台”、“综合资源多媒体电子地图”、“黑龙江省位置服务中心”、“黑龙江省地理信息三维可视化系统—遨游龙江”等系统的开发建设。其中，“黑龙江省地理信息公共服务平台”被列为黑龙江省“十一五”重大科技专项，本年度完成了地理空间框架数据处理、公共服务平台数据集建设、公共服务平台应用系统开发等工作，该平台实现了对全省地理空间信息的一体化组织与管理、集成与提供，体现了地理信息在黑龙江省信息化建设中的信息载体和定位基础作用，为政府辅助决策、公众服务、行业专题应用提供了空间技术支撑与服务。此外，为伊春市森林防火指挥部办公室开发制作了“伊春小兴安岭森林防火GPS监控与管理信息系统”，为黑河林业局开发制作了“黑河市林业管护经营监控系统”，为黑龙江省公路局制作了“黑龙江省GPS导航与公路巡检系统”、“哈尔滨长途客运GIS管理系统”等专题应用系统。

【新农村建设测绘保障】

“新农村建设——黑龙江省五常市兴利村”项目选取五常市作为建设示范区，利用黑龙江省基础测绘成果、省土地利用遥感调查成果、试点县各种专题规划和资源成果等，建设“五常市农村资源管理系统（示范）”；按照黑龙江省委开展新农村帮建工作要求，黑龙江测绘局结合帮建村五常市常堡乡兴利村的实际需求，为五常市乡镇制作了遥感影像挂图和五常市农村资源专题图。

科技创新与人才培养

【科技创新】

黑龙江测绘局加大科研开发力度，加快科技创新基础平台建设，初步建立了局科技创新体系。2007年，正式挂牌成立黑龙江省地理信息科技企业孵化器、黑龙江省地理信息工程技术研究中心、ArcGIS数据服务与应用中心、中美地理空间信息处理和应用联合实验室、黑龙江工程学院实习基地、测绘遥感信息工程国家重点实验室863、973科技成果转化测试基地等，围绕LBS自主研发了网络地图服务平台、基于PDA的信息采集工具、移动测量系统、龙图车辆监控系统平台等。

【测绘科技项目】

2007年，黑龙江测绘局申报国家测绘局测绘科技项目4项，并全部立项；申报地理空间信息工程国家测绘局重点实验室课题3项并立项1项；申报国家科技支撑计划项目3项。黑龙江测绘局作为项目主要研究单位申报的《中华舆图志书》已通过科技部评审并立项；确立黑龙江测绘局测绘科技发展基金项目33项。由黑龙江测绘局参与完成的“测绘科学数据共享服务体系”项目获中国测绘学会2007年测绘科技进步一等奖，“国家基础地理信息系统1:5万地形数据库建库工程”项目获中国测绘学会2007年优秀测绘工程金奖；由国家测绘局黑龙江基础地理信息中心（黑龙江省遥感信息中心）完成的“黑龙江省土地利用现状调查工程——1:1万正射影像图制作”项目，分别荣获中国地理信息系统协会2007年地理信息系统优秀工程银奖和中国测绘学会2007年优秀测绘工程铜奖。开展了2005～2006年度黑龙江省测绘科技进步奖评选工作，评选出“组件式GIS开发软件平台SatGIS的研制”、“基于GIS/GPS的巡检系统V2.0”、“遨游龙江（Blackland）——影像网络浏览发布系统”3个项目为一等奖，“水准通”等6个项目为二等奖，“基于数字航摄仪的大比例尺地形图成图技术方法研究”等4个项目为三等奖。

2007年，“简易型近景无加密立体测量方法的研究”、“基于城市三维效果图的本地搜索服务平台开发与示范”、“基于Web测绘计算服务平台建设的技术研究”、“基于Web的测绘生产车辆监控调度系统”等4个国家测绘局基础测绘科技项目进展顺利，部分项目已投入生产应用，其中，“基于Web测绘计算服务平台建设的技术研究”利用B/S计算网站，实现了即时扩充功能，为后期问题的解决及网站的更新提供了技术保障。

【人才培养与队伍建设】

2007年，黑龙江测绘局投入人才培养经费400多万元，选派12人到美国乔治梅森大学（GMU）参加为期2个月的第二期高级地理信息科学证书课程培训；选派3人于6月25日赴美国乔治梅森大学进行为期1年的科学研究工作；选派12人到荷兰国际地理信息科学与地球观测学院（ITC）参加为期2个月的第三期高级地理信息科学培训；2002、2003级武汉大学工程硕士完成了学位论文，6月初顺利通过答辩；举办了地图制图学与地理信息工程、中国现当代文学两个专业的研究生课程班，有29人攻读硕士学位。测绘行业特有工种职业技能鉴定黑龙江站面向全省测绘单位，分3批4个工种3个等级，进行了职业技能培训和鉴定，共有311人参加了鉴定，282人考核合格，取得了国家职业资格证书。

黑龙江测绘局严格按照《党政领导干部选拔任用工作条例》的要求，对2006年试用期满的4名处级干部进行了考核，新提拔试用2名处级干部，对18名处级干部进行岗位交流，对7名列入公务员编制的处级干部和2006年新录用的6名公务员进行了公务员登记；通过网上报名、笔试、面试等程序，公开招聘大学本科以上毕业生17人；加大年度考核力度，对全局副处级以上干部和局机关工作人员进行了量化考核。

黑龙江测绘局制定了《“十一五”教育人才工作规划》和《继续教育培训计划》，结合职称评审委员会的意见和现有专业技术人员情况，制定了配套规定；修改了《黑龙江测绘局青年学术与技术带头人管理办法》，并承担了1名新疆测绘局技术人员的培训工作。初步完成黑龙江省注册测绘师考核工作，明确了黑龙江省注册测绘师考核工作的具体程序，并向全省具备测绘资质的单位下发了相关文件，组织专家对全省注册测绘师申报材料进行考核认定，按时将初审结果上报国家测绘局注册测绘师资格考核认定领导小组。2007年，完成“国家测绘局青年学术和技术带头人”考评、增选的材料上报工作，增选国家测绘局青年学术和技术带头人2名，新增局级学术带头人6名，青年技术骨干11人，黑龙江第一测绘工程院李贵军、黑龙江基础地理信息中心杨爱玲获国家测绘局“第二届测绘技术能手”称号。在国家测绘局2007新世纪百千万人才工程项目中，推荐国家候选人2名，其中1人进入第二轮评选；在黑龙江省青年科技进步奖中，推荐候选人1名。

对外合作与交流

【概况】

黑龙江测绘局积极推进国内外交流与合作力度，加强双边和多边的测绘信息与技术交流，及时了解国内外相关行业科技发展动态，先后邀请11名国内外专家学者做学术交流；共派出出访团组10个，主持接待来访团组7个（36人次），办理国外技术人员入境邀请7次（19人次）。

【国际高层论坛】

6月15日~16日，举办省部共建黑龙江省地理信息产业园签约仪式暨服务外包与地理信息产业发展国际高层论坛，主题为发展地理信息产业，推动服务外包基地建设。全国测绘行业有关领导、中外高校专家学者、相关地理信息公司企业负责人等400多位来宾，围绕地理信息产业发展的最新状况及其在中国服务外包工作中的地位与作用等开展了广泛的交流和探讨。武汉大学校长刘经南、黑龙江测绘局局长李志刚、国务院信息化工作办公室司长赵小凡、国家测绘局国土测绘司司长胥燕婴、国家遥感中心主任张国成在论坛上致辞，荷兰ITC副校长拜伦诗作了题为《地理信息服务外包与产业管理的能力建设》的报告。论坛邀请国外专家15人，国内专家24人，做了7个专题报告，包括地理信息服务外包与产业管理的能力建设、信息资源开发利用和信息服务业的发展、地理信息系统在社区互联网门户中的应用、面向服务外包的空间信息产业化、基于3S集成的地理信息产业发展、新一代GIS架构技术及二次开发模式、测绘行业存储架构评估等。

【与荷兰GIM International杂志社合作】

为了加大国际化宣传力度，不断扩大国际影响力，及时了解国际业界新闻、获取最新资讯，黑龙江测绘局与荷兰GIM International杂志社签署了宣传、网站建设、技术交流与合作方面的谅解备忘录，为荷兰GIM International杂志社的中文网站建设提供了大量的素材，保障了其中文网站的顺利开通。

【访问荷兰地理信息产业园】

为加强黑龙江省地理信息产业园的建设，黑龙江测绘局派代表团访问了荷兰地理信息产业园，分别与入住产业园的Alkyon公司、ARGEOPS公司和ARGOSS公司进行了深入交流。代表团与荷兰地理信息产业园总经理Gert van der Burg博士就今后黑龙江省地理信息产业园与荷兰地理信息产业园的共建及合作进行了讨论。

【参与中芬合作】

4月17日~20日，黑龙江测绘局代表团应邀出席了在天津滨海新区举办的“居住明天——芬兰高科技生态城”研讨暨展示会。会上，与芬兰国家技术研究中心签署了合作备忘录，双方就以下内容达成共识：一、基于芬兰高科技生态城市理念，合作开展生态伊春建设；二、基于芬兰高科技生态城市理念，合作开展生态黑龙江省地理信息产业园建设；三、双方开展包括黑龙江省湿地保护项目在内的环境保护方面的项目合作；四、双方初步计划在黑龙江省地理信息产业园建立合资公司，作为承载生态城市建设和开展环境保护项目合作的载体；五、进一步开展环境保护和能源等方面的技术信息交流和共享。

黑龙江省地理信息产业园建设

【黑龙江省地理信息产业园竣工】

2月，黑龙江省地理信息产业园基础设施建设一期工程竣工，综合办公楼、创业中心、员工公寓及车库等近7万平方米建筑投入使用。黑龙江省海天地理信息技术有限公司、绘远数字信息科技发展有限公司、盛图地理信息科技有限公司、龙图信源科技发展有限公司等企业入驻园区并正式挂牌运营。首批入园企业多数具备多种形式地理信息数据的生产加工和GIS产品应用研发能力，其中，海天公司已与美国、欧洲、日本、加拿大、墨西哥、韩国等众多国外测绘单位建立了良好合作关系，承接多项国际合作项目，自主研发了黑龙江省地理信息公共服务平台、SatGIS. IS WebGIS引擎、车载GPS监控系统等重大项目，扩大了产业园在国际国内地理信息产业市场的影响。

【省部共建签约仪式】

6月15日，国土资源部副部长、国家测绘局局长鹿心社，国务院信息化工作办公室副主任陈大卫，黑龙江省副省长刘学良签署共建黑龙江省地理信息产业园协议，通过省部共建把黑龙江省地理信息产业园建设成为立足黑龙江，辐射全国，在国际上具有较强竞争力的高新技术产业专业园区，推动地理信息资源共建共享和基础地理信息的社会化服务，促进地理信息产业发展。同时，把园区建设成为黑龙江省服务外包示范区，为哈尔滨市争取服务外包基地城市认定，将信息服务产业培育成为黑龙江省新的支柱产业奠定基础。

活动期间，鹿心社、陈大卫、刘学良和武汉大学校长刘经南为黑龙江省地理信息产业园、武汉大学东北研究院剪彩，为黑龙江省地理信息科技企业孵化器、黑龙江省地理信息工程技术研究中心、测绘遥感信息工程国家重点实验室863、973科技成果转化测试基地、ArcGIS数据服务与应用中心、中美地理空间信息处理和应用联合实验室、黑龙江工程学院实习基地揭牌。

【测绘与地理信息科普基地建设】

全国首家测绘与地理信息科学普及基地在省地理信息产业园内建成。基地以推动我国公民科学素质建设，弘扬测绘精神为目的，通过科普画廊、挂图、音像、讲座、动漫、图片、操作体验等形式和手段开展科普宣传教育活动，主要包括测绘发展历程、测绘成果应用和产品、测绘与地理空间信息技术体验中心、极地科普馆、测绘仪器设备等展厅。科普基地得到社会各界的广泛关注和认可，被中国测绘学会命名为哈尔滨科普基地，被国家海洋局极地考察办公室命名为极地科普教育基地，被省科技厅等4家单位联合命名为省青少年科技教育基地，同时被省教育厅命名为省地理信息科学教育基地。

党的建设与精神文明建设

【党建工作】

黑龙江测绘局认真贯彻落实党的十七大精神和《国务院关于加强测绘工作的意见》，全局各级党组织和纪检组织紧密结合本单位实际，着力在贯彻落实科学发展观和创新发展上下功夫。通过召开专题民主生活会，党员领导干部思想作风建设得到了进一步加强；选送青年技术骨干和副处级以上干部参加政治理论培训，提高其运用理论指导实际工作的能力，1名局级干部、3名处级干部参加了中央党校的学习，4名处级干部参加了省直机关党校党的理论知识和支部书记培训班；根据工作需要，调整了机关基层党组织，成立了离退休干部处党总支委员会，为进一步开展机关基层党建工作打下了坚实基础；2人被推荐为省直机关党代会代表。

【纪检监察工作】

积极做好纪检监察工作，进一步加强党风廉政建设和反腐倡廉工作。按照国家测绘局的部署，积极做好国家测绘局直属单位纪检监察干部培训班的承办工作；认真开展测绘领域不正当交易行为自查自纠评估工作，并通过了国家测绘局的验收；进一步加强党风廉政建设，进一步落实《建立健全教育、制度、监督并重的惩治和预防腐败体系实施纲要》。

【精神文明建设】

加强精神文明建设，推进测绘文化建设，组织开展了局属各单位为省地理信息产业园区新建测绘科技图书阅览室图书捐赠活动；举办了职工老照片回顾、西部测图的摄影展览；开展了庆“五一”职工长跑健身活动，举办了职工排球、拔河、比赛等，营造了健康向上的文化氛围，推进了全民健身活动的深入开展；张国林当选为黑龙江省第十届劳动模范。

地方社团工作

由中国地理信息系统协会与黑龙江测绘局主办、黑龙江省测绘学会编辑出版的《地理信息世界》及黑龙江省测绘学会主办的《测绘与空间地理信息》被中国测绘学会评为全国优秀测绘期刊，《地理信息世界》被评为中国科技核心期刊。颁布了《黑龙江省测绘科学技术进步奖评选办法》和《黑龙江省优秀测绘工程奖评选办法》，开展了2005～2006年度测绘科技进步奖的评选工作。组织召开了《地理信息世界》第四次编委会，围绕提高期刊质量进行了广泛的探讨。8月下旬，黑龙江省测绘学会组织召开了七届二次常务理事会议，常务理事38人出席会议；会议听取了《黑龙江省测绘学会团体会员条例》和黑龙江省测绘学会理事人员调整情况的说明，审议通过了该条例和理事调整名单。11月28日，组织召开了《地理信息世界》第五次编委会，讨论了2008年度选题方向和专题组稿办法等，进行了编委调整。

上 海 市

法制建设与市场监管

【法制建设】

一、法规制定

上海市测绘管理办公室2007年制定颁布了《上海市测绘质量管理规定》，梳理完善了《涉密测绘成果提供使用办法》，颁布实施了《测绘资质审批联审制度办法》，全面启动了《地下管线测绘规范》、《1∶500 1∶1000 1∶2000数字地形测量规范》修订工作，起草了《上海市地下管线跟踪测量管理规定》（草案）。

作为国内首部适用于城市规划检查中测量方法、程序、手段和技术要求的强制性技术标准，由上海市测绘管理办公室组织编制的《建筑工程规划检测规范》已经上海市建设和交通委员会批准发布，自2008年2月1日起正式施行。

二、意见核提

上海市测绘院对国家测绘局下发的《全国测绘行政执法依据》、《全国测绘行政执法职权分解与细化》、《测绘管理工作国家秘密范围的规定》（修订）、《测绘统计报表制度》（修订）、《中华人民共和国地图管理条例》（修订草案）、《丙丁级测绘资质标准调研》、《测绘行业技师考评管理办法（试行）》、《测绘行业职业技能鉴定质量督导管理办法》、《中华人民共和国测绘质量管理条例（初稿）》、《测绘成果副本和目录汇交管理办法》、《基础测绘成果异地备份存放管理办法》、《涉密基础地理信息数据保密管理暂行办法》、《测绘成果质量检查验收规范》和《公开地图内容表示若干规定》等14个征求意见稿，核提了60多条建设性修改意见。

【市场监管】

2007年，上海市测绘管理办公室共开展测绘行政执法检查42次，发现并查处测绘违法违规案件15起，对7起案件做出行政处罚；开展测绘质量监督检查3次，对5家成果不合格单位依法作出了处理。

为进一步加强测绘行业监管，规范测绘市场秩序，推进测绘行风建设，上海市测绘管理办公室继续深入推进由测绘管理部门、测绘行业单位、社会公众三方共同参与的测绘诚信建设工作。在测绘管理政府网站上开辟“测绘诚信”栏目，内容包括“诚信自律”、“诚信监管”、“诚信监督”；向社会公布测绘单位诚信承诺和情况简介，包括各单位年度注册情况、质量检查状况和保密检查情况，以增强各单位自身的诚信自律和对社会的诚信承诺。

地图管理与成果管理

【地图市场管理】

为增强上海市国家版图意识宣传教育和地图市场监管协调机构的职能，2007年先后召开三次专题会议，确定年度目标、工作重点和年度总结。年内组织协调机构各单位以及有关部门联合开展地图市场执法检查16起，查处地图违法行为8起；制作《2007上海春运便民图》，向进城务工人员宣传版图知识，在浦东机场免费赠送中英文、多用途地图，开展中小学版图知识竞赛等版图宣传活动；组织对乡镇街道测绘护标员和信息员进行测绘及地图法规培训200多人次，对全市86所中小学100多名地理教师进行版图知识培训。12月中旬，向国家测绘局和上海市政府上报了2007年度开展国家版图意识宣传教育和地图市场监管工作总结以及2008年主要任务。

开展了针对网站地图的专项检查，重点对单位网站进行了全面检查；会同上海市版权局、市文化市场执法大队开展地图市场执法，全年共开展地图执法检查16次，收缴、销毁违法及盗版地图1000多份；审核各类专题地图1221幅，电子地图1盘，批准地图审图号145个，解密多种规格涉外地图500多幅。

【测绘成果管理】

2007年，上海市测绘管理办公室通过测绘资质年度注册、质量专项检查、统计年报等渠道不断加大成果汇交的监管力度，测绘成果的汇交管理工作不断推进。上海的基础测绘成果已经实现100%汇交，非基础测绘成果目录汇交工作正有序进行。

上海市测绘管理办公室不断完善政府网站建设，继续在网上公布测绘成果资料目录、提供办法、申请方式、价格以及更新情况等信息。为进一步贯彻落实关于加强涉密测绘成果保密工作的要求，确保涉密测绘成果的安全，11月起，组织开展了涉密测绘成果使用保管情况检查，对2006、2007两年经批准并已领取、使用和保存涉密测绘成果的用户单位进行了保密检查，对存在问题的单位及时责成整改并进行跟踪复查。

继续深入宣传《中华人民共和国测绘成果管理条例》，并于测绘法宣传日当天，为条例宣传制作了一批主题鲜明、形式活泼的宣传材料，通过区（县）测管部门和行业单位在全市宣传发放。

根据上海城市建设需要，依法审核批准拆迁4个测量标志点；对2007年重新发布数据成果的全市控制点重新办理委托保管手续；对区（县）测量标志管理、维护人员进行测量标志保护方面的法律法规专项培训200人次。至年底，上海市共有水准控制点2055点，平面控制点756点。

基础测绘与质量监督

【基础测绘】

基础测绘更新周期进一步缩短，2007年初制订了上海市基础地理信息“0512”更新机制（即1:500、1:1000、1:2000基础地理信息更新周期分别为0.5年、1年、2年）。

全年完成1:500数字地形图修测10107幅（二轮），1:1000数字地形图修测11320幅，1:2000数字地形图修测2997幅；完成1:500数字地形图缩修1:2000数字地形图645幅，1:1000数字地形图缩修1:2000数字地形图1920幅；完成1:5万数字地形图更新建库33幅；完成9个区县地图的修编绘工作；完成全市新农村建设9个试点先行区总计85.6平方千米的1:2000地形图变1:1000地形图的调整工作；完成中心城区规划红线梳理工作；完成中心城区高层建筑物现场调查、高度测量、资料汇总及分布图编制。此外，上海市行政区域范围约11000平方千米的航空摄影测量工作已于2007年第三季度正式启动。

【质量监督】

一、例行检查

3月~9月，上海市测绘管理办公室对上海市辖区内的新申请资质单位、资质升级单位以及2006年质量检查不合格整改单位进行了质量监督检查，对25家受检单位的26件测绘样品进行了随机抽样检查，其中2件产品不合格，24件产品合格，检查合格率为92.3%。

二、专项检查

4月~9月，对上海市辖区内所有从事地籍测量的测绘单位进行了质量专项监督检查。检查共涉及9家测绘单位的9件地籍测量样品，经实地检查和内业分析检验、审核检验，9件产品全部合格，合格率达到100%。

8月~11月，对外省市在沪从事测绘工作的单位进行了质量监督检查，对11家受检单位的11件测绘产品样品进行了随机抽样检查，其中2件产品不合格，9件产品合格，检查合格率为81.8%。

重大工程测绘

上海市测绘院不断在重大工程测绘保障服务中打造精品，完成的“‘863’磁浮重大专项试验线工程测量”项目获中国测绘学会2007年优秀测绘工程金奖。在继续做好2010年世博会配套工程、虹桥交通枢纽工程和长江隧桥工程测量保障工作的同时，先后承接了崇启通道工程、虹桥机场扩建工程、浦东国际机场第三跑道工程、青草沙长江原水过江管工程等十多个重大工程项目的测量工作。

【上海世博园区工程测量】

上海世博园区建设工程场址规划控制范围总面积约6.68平方千米。上海市测绘院负责该工程的平面高程控制网布测、复测，地形图动态更新，土地腾地动态纲要、图册编制，市政道路工程测量，管线探测和跟踪测量，规划竣工全过程测量，地理信息数据库建设，基础设施信息共享平台建设等及其它保障工作。截至2007年底，控制网布设、测量和复测已完成，其它测量工作正随工程建设同步实施中。

【上海至西安高速公路崇启通道工程测量】

上海至西安高速公路崇启通道连接正在建设中的上海长江隧桥和宁通启高速公路，全长约29.0千米。上海市测绘院承担该工程平面、高程控制测量和复测，1∶500 数字地形图实测，1∶500 水下地形测量，市政工程测量，竣工测量及后期服务等工作，该项工作于2007 年底启动。

【虹桥机场扩建工程测量】

虹桥机场扩建工程是2007 年上海市重点工程。该工程作为虹桥综合交通枢纽的核心部分，包括虹桥机场第二跑道建设、第二航站楼建设以及地铁2号线、地铁10 号线车站、磁浮车站、高速铁路车站等项目。上海市测绘院主要承担该项目的地形测量、设计测量、控制测量、施工监理测量以及运营维护测量等服务和保障工作。截至年底，已完成首期控制网测量。

【浦东国际机场第三跑道工程测量】

浦东国际机场跑道规划共有五条，第三跑道位于已经通航的第一主跑道西侧400 米。该跑道全长3800 米，设计要求能够为世界上最大型的飞机提供起降服务。该工程于2006 年底开工建设，至2007年底，已经建成并且完成试飞工作。上海市测绘院主要完成该项目的地形测量、设计测量、控制测量、施工监理测量以及沉降变形测量等工作。

【青草沙长江原水过江管工程测量】

青草沙水库位于长江南北港分流口下方，青草沙长江原水过江管是将青草沙水库原水输送到浦东陆域的过江管线，采用两根直径5.84 米的管道，设计全长约7.3 千米。上海市测绘院承担该工程平面、高程控制测量和复测，隧道联系测量，隧道贯通测量，隧道及相关配套设施验收测量等任务，技术难点是长距离隧道贯通测量精度估算、长距离隧道贯通测量及联系测量。截至年底，首期控制网测量已完成。

【上海市东西通道（轨道交通14 号线）工程测量】

上海市东西通道（轨道交通14 号线）位于浦东新区，总长约7 千米，是陆家嘴金融区通往东部的一条交通大动脉。上海市测绘院承担该工程平面、高程控制测量和复测，地形图修实测，施工前期测量，已有地下构筑物测量，沉降测量，地铁第三方检测，市政道路工程竣工测量等任务。截至年底，首期控制网测量已完成。

【A15 高速公路工程测量】

A15 高速公路西接浙江省申嘉杭高速公路，东至浦东机场南进场路，全长约83.4 千米，经过青浦、金山、松江、闵行、南汇五区，建成后将成为上海周边地区进出浦东国际机场的快速通道。上海市测绘院承担该工程全线控制测量和复测、中线测量任务，截至2007 年底已完成平面和高程控制测量工作。

【上海市轨道交通9 号线（二期）工程测量】

上海市轨道交通9 号线是上海市轨道网络中构成线网主要骨架的4 条市域主干线之一，也是服务于世博会的一条主要轨道交通线，二期工程线路全长约26.2 千米。上海市测绘院承担该工程平面、高程控制测量和复测，交叉地下构筑物测量任务，截至2007 年底已完成平面、高程控制布测和三次复测以及交叉地下构筑物测量工作。

【黄埔区市政工程管线物探工程测量】

“上海地下空间信息基础平台及其关键技术研究”是上海市科教兴市重大项目之一，其中最为重要的任务就是地下管线的探测及建库。黄浦区路网、地下管线密集，预计地下管线总长超过1600 千米，且历史悠久，探测难度很大。上海市测绘院自2007年11 月开始实施黄浦区范围的管线物探工作，至2007 年底已经完成约400 千米管线的探测工作。

【轨道交通10 号线第三方测量】

上海市轨道交通10 号线是连接虹桥机场高速铁路站与市中心、市东北区的主要轨道交通线，该线一期工程共设车站34 座，线路全长约42 千米。该工程地下隧道施工工程于2007 年初开工，上海市测绘院主要承担一标段的地下车站、区间隧道的第三方监理测量工作。

【网格化管理部件普查工作】

上海市城市管理网格化工作是贯穿“十一五”的一项重要任务，继2006 年实现中心城区网格化管理全覆盖以后，2007 年开始向郊区城市化地区推广。2007 年上海市测绘院为上海网格化管理系统提供了中心城区1∶500 数字地形图和全市范围1∶2000数字地形图更新成果，同时开展了包括公共设施、道路交通、环卫环保、园林绿化等80 多类部件信息的采集工作；并配合相关单位，在浦东新区、嘉定、闵行、宝山、金山、松江、青浦等7 个区的城镇地区开展了部件普查。

测绘共建共享

2007 年，上海市测绘院与上海市房地局、交通局、绿化局等20多家政府管理部门签定了数据共享协议，数据交换和信息交流更加频繁；继续为全市100多家政府管理部门提供基础地理信息支持，并做好数据更新和维护工作；为上海市规划局等3家单位完成了全市1:500入库数据以及1:500、1:1000、1:2000数字地形图和1:2000数字正射影像图的更新，持续推进上海基础地理信息的共建共享。

地图编制与出版

2007年，上海市测绘院制作完成《上海丝绸地图》、《上海旅游地图》、《上海地图——OFFICIAL MAP OF SHANGHAI》等8项公开版地图；制作完成《2007上海特奥专用地图》、《上海市水系分布地图》、《上海网球场地图》等57项内部版地图；完成《上海市道路交通指南》等38项地图的改版工作。

8月，在浦东机场赠阅上海窗口服务品牌之一的《上海地图——OFFICIAL MAP OF SHANGHAI》，方便了中外客人，提升了上海形象；采用了大量象形符号来表示运动项目和公交线路等信息的《2007上海特奥专用地图》，方便了特奥运动员查阅，在2007世界夏季特殊奥运会举办过程中受到了各方好评。《上海市道路交通指南》（2007版）获中国测绘学会优秀测绘工程银奖。

成果应用与服务

2007年，上海市测绘院建立数字产品销售用户档案，对经常购买数字产品的用户和数字产品大用户及时发布数字产品信息，并定期做好信息沟通与反馈工作；全年累计接待用户27000多人次，提供各种比例尺地形图约220000幅；对外提供销售基础地理信息数据项目共计125件，销售金额890多万元；继续向市相关部、委、局等共计20家政府部门赠送基础地理框架数据，为政府、武警等有关部门制作工作地图53个图种计1037幅。编制修改了《上海市高速公路规划布局示意图》、《上海市中心城轨道交通规划示意图》、《上海市市域轨道交通规划示意图》，更新了静安、长宁、徐汇、杨浦、普陀、奉贤、南汇、松江、金山、浦东新区等10个区的区县图。

不断开发GIS领域的新产品，推进基础地理数据应用。2007年先后完成了“机场地理信息系统”、“上海市文化市场行政执法指挥监管系统”、“上海轨道交通站点交互式公共交通信息查询系统”、“轨道交通监护管理信息系统”、“虹口区规划管理系统”等5个GIS类新编项目。

科技创新与人才培养

【科技创新】

上海市测绘院坚持科技创新、科技兴院的战略目标，2007年在不断完善数字化测绘技术体系的基础上，着力探索并开展信息化测绘体系建设。设立“信息应用安全与监控技术研究”、“工程测绘系统的研究”、“基于上海道路交通指南的索引自动编排系统”等科研课题共14项，年内完成项目结题9项；组织完成2个科技奖项申报工作，其中，“GPS基准站数据发布与应用”经评审获中国测绘学会2007年测绘科技进步三等奖，“上海市基础地理数据元数据管理与服务系统”获中国地理信息系统协会地理信息系统优秀工程铜奖。

【人才培养】

2007年，组织上海市测绘行业测绘人员上岗证培训班5期，工程测量初级工培训班1期，参加人数312人，领证率达到90%左右。

上海市测绘产品质量监督检验站会同上海市测绘职业技能培训中心再次举办了1期测绘质检人员培训班，培训检验人员88名。

2007年，上海市测绘院“全年训”共11期，1052人次参加。组织9名新进职工进行了为期半年的集中培训；组织全院245名专业技术人员分3期进行《知识产权公需科目》继续教育培训，经考试全部合格；配合上海市测绘管理办公室组织实施院内10名高级工程师及以上职称人员申报注册测绘师的考核认定和组织推荐工作。2007年新聘高级工程师8人、工程师2人。

党的建设与精神文明建设

【党的建设】

一、党建工作责任制

（一）党内制度建设

2007年，上海市测绘院党委下发了《上海市测绘院党建工作责任制》、《上海市测绘院关于进一步加强党员经常性教育的意见》、《上海市测绘院关于进一步做好党员联系和服务群众工作的意见》、《上海市测绘院关于进一步加强离、退休党支部工作的意见》四个文件，出台《上海市测绘院文明处室（部门）标准及评定办法》、《上海市测绘院文明职工标准及评定办法》、《上海市测绘院先进处室评比办法》等考核办法，完成了2005～2006年度《制度汇编》的编辑、发放工作，推动了党建工作的开展和落实，为进一步规范管理打牢基础。

（二）党建工作开展

1. 组织实施干部换届工作。本着客观、公正的原则，对全体院管干部进行换届考核。考核工作分学习准备、述职测评和汇总反馈三个阶段进行。组织10场述职测评会，共计235人次参加；组织进行14个部门副职职位的竞聘工作，通过公开报名、演讲答辩和民主测评等程序选拔干部。在此次干部换届中，全院交流任职干部10人，新提拔干部9人，其中35岁以下年轻干部3人。

2. 加强基层党支部建设。2007年干部换届后，各党支部按照规定程序完成了支部委员的调整和增补工作，并重点加强对“三重一大”制度的学习和落实；严格贯彻执行“三会一课”制度，采取集中学习、个人自学以及上党课等多种形式开展思想政治教育，促进了党员干部思想观念的更新与提高。

3. 开展机关建设专项活动。在机关处室大力开展加强机关建设专项活动，以细化工作程序、明确岗位设置、核定岗位人员编制及职级、制订岗位说明书和创建计划为重点，加强机关作风建设和制度建设，进一步贯彻落实“完善职责、细化程序、无缝衔接、留下痕迹、提高质量、提高效率”的工作要求。

4. 开展党员民主评议。各党支部组织党员开展批评和自我批评，整理上交了党员民主评议工作小结。4月16日，组织人事处向25名党员居住地所在居委会寄发《住社区党员身份函》和《在职党员社区表现情况征求函》，社区来函来电反映18人，反映率为72%，无不良反映。经党员自评、群众测评、社区参评，各党支部推选，全体党员无记名推荐等程序，5人获“标兵党员”称号。

5. 组织领导班子民主生活会。按照上海市规划局《关于召开2007年度局属单位党员领导干部民主生活会的通知》要求，12月13日，上海市测绘院领导班子召开民主生活会，会上，院党委提出三点要求：多学习，多结合；多深入，多沟通；更细致、更扎实。

6. 组织年度干部述职考核。12月下旬，各部门召开领导班子述职会，对干部进行无记名测评。院组织人事处收集汇总后，院党委提出干部考核等次，填入《2007年度干部考核测评表》，并反馈考核情况。

7. 加强离退休党员教育。按照《上海市测绘院关于进一步加强离、退休党支部工作的意见》要求，离退休党支部在充分酝酿的基础上，选举产生四个党小组长；为进一步加强对离、退休党员的教育管理，院党委讨论制定了《关于加强离、退休党员教育管理的实施意见》。

8. 党员发展工作。全年发展党员5名，按期转正预备党员2名。至2007年底，共有在职党员144名，离退休党员89名。此外，各党支部工作记录簿已按要求换发，并按照上级标准对在职党员党费缴纳标准进行了调整。

（三）党风廉政建设

除了每年两次的党风廉政建设大会以外，2007年，上海市测绘院还组织开展了贯彻落实中纪委《关于严格禁止利用职务上的便利谋取不正当利益的若干规定》的工作，党委精心组织、周密部署，努力做到使职工群众知晓规定，党员了解规定，党员干部熟悉规定，纪检干部精通规定；在集中开展的警示教育活动过程中，参加集中学习和警示教育的党员干部达883人次；处级以上干部都按规定自觉填报了《上海市党员领导干部个人有关事项的集中申报表》。

二、干部教育培训

2007年，组织选送2名中层干部到市委党校参加处级后备干部学习培训；组织选送4名中层干部到建委党校参加一个月的干部能力学习培训；组织16名正、副党支部书记参加市建设系统党校为期3天的支部书记岗位知识培训；组织选送2名团干部到奉贤区龙尖村参加城乡结对帮扶挂职锻炼6个月，分别担任党支部书记助理和村委会主任助理；组织15名干部出国（境）学习培训、考察、交流访问；组织院管干部参加由上海市社科院、市总工会、市图书馆举办的各类报告会和市干部培训中心举办的“双休日讲座”34场，共计参加403人次；全体干部按照《上海市测绘院干部教育培训规定》完成了

40学时的继续教育和培训。

三、民主管理工作

严格按照《上海市测绘院“质疑、合理化建议”评比奖励办法》的规定，积极鼓励干部职工为测绘院的长久持续健康顺利发展提质疑、提建议。2月底，评委会对院管干部提出的72条建议和质疑进行了第一次讨论评审，评选出二等奖1条、三等奖5条。12月底，评委会又对全院干部职工提出的98条建议和质疑进行了第二次讨论评审，评选出一等奖1条、二等奖2条、三等奖2条。

四、城乡结对帮扶工作

按照上级布置和要求，2007年初上海市测绘院党委与奉贤区经济薄弱村——龙尖村党支部举行了城乡结对帮扶签字仪式。上海市测绘院党委认真贯彻“思想认识到位、组织措施到位、统筹协调到位”的精神，成立工作推进小组，讨论出台了《龙尖村困难户援助实施办法》、《上海市测绘院结对帮扶工作资金使用规定》。三年结对帮扶所需总资金约100万元，涉及三大类八项实事工程，还选派2名团干部到龙尖村开展为期半年的结对帮扶挂职锻炼，制定实施计划，探索有效途径和具体方案，督促各项实事工程落实。

【精神文明建设】

一、创建文明单位工作计划（2007年~2008年）

《上海市测绘院创建文明单位工作计划（2007年~2008年）》由上海市测绘院2007年工作会议讨论制定，经上海市测绘院七届四次职工代表大会讨论通过并下发。该计划回顾总结了该院连续20年成功创建上海市文明单位的经验，分析了新一轮创建面临的形势和任务，提出以科学发展观统领测绘工作全局，以“文化立院，哲学思辨”作为文明单位创建的长期指导方针。该计划分六大部分：力求实效，更加注重党的先进性建设；围绕中心，更加注重测绘工作服务社会发展和经济建设；及时迅速，更加注重管理的有效性和全覆盖；团队学习，更加注重学习型组织的学习力；全面发展，更加注重营造和谐氛围构建和谐单位；测绘管理，更加注重管理内容和实效的全面提升；包括党内制度建设、信息化测绘体系建立、民主管理工作推进等24项具体任务。

二、职工素质教育

2007年，继续按照“入耳、入脑”的要求开展职工素质教育，包括文明单位创建历程、测绘文化基本概念、“文化立业”基本要求等方面的内容，坚持上半年开卷考、下半年闭卷考的考试模式，其中年闭卷考全院职工参考率100%，平均分88.4分。继续在职工中开展“舒展身心、丰富知识、强身健体”的“三得益”活动，正式推出共享型学习、思辨型学习、导向型学习和约束型学习四种学习，通过“三得益”讲座深入开展“心态决定一切”、“我与十连冠”等共享型学习。组织职工积极参与上海市综合系统职工摄影展、上海市规划局职工文艺汇演等各类活动，促进职工身心健康。

三、工青妇工作

2007年，上海市测绘院以创建“学习型班组”为抓手，深入推进班组建设和职工小家建设，1个班组被评为“上海市文明班组”，院工会被评为2007年度“上海市模范职工之家”；认真组织一年一度的职工健康体检和女职工体检；顺利举行了第四届职工运动会。大力推进团支部“一团一品”建设，激发基层团支部活力。有重点地策划“一团一品”项目，提出“青年人才培养”、“科研开发小组”、“共享型学习”、“过好组织生活”等工作品牌。团干部积极报名参加城乡结对帮扶工作，通过分三批进行的每期半年的农村挂职锻炼，学习新农村建设经验，干部的奉献意识、工作技能和管理水平获得提高。

四、测绘宣传工作

3月，上海市测绘管理办公室、上海市测绘院召开加强测绘宣传工作专题会议，制定下发了《关于进一步加强测绘宣传工作的意见》。完成《测绘通讯》72期（其中专辑25期），在《中国测绘报》刊登各类报道53篇，向国家测绘局报送信息36条，向上海市综合工作党委报送信息37条，向市规划局报送信息41条，测绘宣传呈现新气象。

五、先进人物学习活动

2007年，上海市测绘院先后开展了向刘先林院士、曹道云、徐辉、范玉恕等先进人物学习的专项活动，广大干部职工紧密结合思想工作实际，坚持“学、议、写”相结合，按照院党委要求撰写了学习心得和体会，并分别在内网和《测绘通讯》上发表。通过党员干部带头学习，在全院营造了学习先进人物、先进事迹的良好氛围。

六、公益活动

2007年是上海市测绘院开展“十年扶贫助学行

动”的第九年，截至6月底，442名干部职工向郑州测绘学校贫困学生捐款合计人民币63780元，九年已累计捐款人民币578950元，提前一年完成了十年捐助50万的行动计划。在7月19日“爱心捐助日”，全院475名党员群众向院“爱心帮困金”捐款48250元，并按照计划分别于1月、4月、6月、9月向32名结对帮困对象发放人民币19100元。全年开展了5大类10个项目的志愿者活动，全院职工累计参加1700多人次，覆盖率超过60%，活动时间超过3100小时，其中党员志愿者1100多人次，覆盖率100%，活动时间超过1900小时。

地方社团工作

为了推动测绘科技进步，加强测绘行业交流，提高测绘学术水平，2007年华东六省一市、苏浙沪两省一市分别在江西南昌和浙江嘉兴召开测绘学术交流会。上海市测绘学会积极做好参会的组织工作和论文推选工作，16篇论文在华东六省一市学术交流中分获一、二、三等奖，7篇论文在长三角测绘论坛学术交流中分获一、二、三等奖。

应东南亚测绘协会第27届理事会和云南省科协、云南省测绘学会邀请，上海市测绘学会组织11名观察员代表，于1月30日在上海旁听了东南亚测绘协会理事会，并与东南亚测绘协会进行了座谈交流。11月，组织6人赴澳大利亚、新西兰考察学习。

上海市测绘学会积极组织会员单位参加由中国测绘学会组织的测绘科技进步奖、优秀测绘工程奖评选工作，上海有4家单位的3个项目获测绘科技进步三等奖，1家单位的2个项目分获优秀测绘工程金奖和银奖。

为鼓励测绘生产单位采用先进技术、生产优质测绘产品，推动测绘生产单位质量管理、整体素质及技术水平的提高，上海市测绘学会继续组织两年一次的测绘产品质量评优工作，共评出4个一等奖、7个二等奖、11个三等奖。

9月，上海市测绘学会配合上海市测绘管理办公室组织了“测绘资质管理信息系统”全面推广应用培训班，全市近百家测绘资质持证单位的分管领导和系统管理员参加了培训。

按计划编制出刊4期《上海测绘》，并及时寄送到各团体会员单位，同时继续与近50家测绘期刊编辑单位实行刊物定期交换。

江 苏 省

规划与计划

【省级基础测绘专项规划】

江苏省测绘局组织编制了《江苏省“十一五”省级基础测绘规划》并由省政府印发，该规划明确了全省“十一五”省级基础测绘工作的指导思想、发展目标和主要任务，提出了确保任务完成的保障措施和进度要求。该规划的特点：一是建立符合需求的更新机制；二是填补省级基础测绘成果空白；三是为城市化和城市信息化服务；四是为重点区域防灾减灾提供测绘保障。

【市（县）级基础测绘规划】

南京、无锡市级基础测绘规划获市政府正式批复；扬州、泰州等市分别编制了“十一五”基础测绘规划，已上报市政府审批；南京市发改委首次将2008年度基础测绘纳入了年度经济社会发展计划；常州市编制完成了基础测绘规划。

法制建设与市场监管

【测绘立法】

江苏省测绘局与省政府有关部门共同制定《江苏省永久性测量标志保管津贴管理办法》、《江苏省测绘成果管理办法》等10多项与《江苏省测绘条例》配套的规范性制度，并汇编成册，分发全省测绘行政主管部门和主要测绘资质单位。为贯彻推进“诚信江苏”建设，省测绘局启动江苏省诚信测绘体系建设，完成《测绘信用信息征集管理规定》、

《测绘信用信息发布查询规定》和《测绘单位信用评定规定》等规范性文件的起草和论证，并已完成管理系统开发相关工作。《南京市测绘条例》被市人大列入立法计划，《南京市地图市场管理规定》颁布实施。盐城市制定了《盐城市基础测绘成果管理暂行办法》等规范性文件。

【行政执法】

江苏省测绘局召开全省测绘管理工作会议，认真贯彻落实国家测绘局和省委、省政府有关会议精神，总结2006年全省测绘管理工作，研究部署2007年测绘管理任务。会后，连云港、无锡、南通、常州等市召开了市（县）、区测管部门工作会议，传达精神，明确目标，为做好全年测绘管理工作打下了良好基础。

省测绘局贯彻《江苏省测绘条例》相关规定，认真执行测绘项目备案和缴纳测绘基础设施费等制度，全年共有45家测绘持证单位167个测绘项目合同备案发证，累计依法收缴测绘基础设施费100多万元；建成招投标项目评标专家库，依法组织对全省测绘市场招投标、监理等进行监督管理；依法批准4家单位的测绘监理资质，培育和规范了全省测绘监理市场；加大执法查处力度，开展测绘市场执法检查，全省共立案调查了13例违规测绘案件。

【测绘普法】

江苏省测绘局以《外国的组织和个人来华测绘管理暂行办法》为宣传主题，认真组织全省“8·29测绘法宣传日”活动，全省散发宣传材料约8万份，召开学习座谈会约50次，近20家市级以上电视台进行了报道，近30家市级以上报刊刊发了宣传文章，几十家政府部门和学校组织参观并接受了测绘科普教育。测绘法宣传日期间，省人大副主任叶坚带队的视察组分别到江苏省测绘局和南京、宿迁等市视察了测绘法律法规实施情况，高度评价江苏省测绘工作，同时指出当前测绘工作中存在的突出问题，提请省政府帮助解决。

【测绘执法培训】

江苏省测绘局加强测绘行政执法队伍建设，举办了全省测绘行政主管部门负责人参加的测绘行政管理制度培训班。根据国家测绘局的统一部署，组织全省部分市、县测绘行政主管部门的分管领导和测绘管理人员赴内蒙、海南参加全国测绘行政执法人员轮训考试。根据省政府法制办统一部署，重新办理了江苏省测绘局行政执法人员的执法证件。有3人通过省政府法制办组织的行政复议培训考试，取得岗位资格证件。

【市县测绘管理机构建设】

南京市规划局增挂“南京市测绘管理办公室”牌子，进一步明确了测绘管理职能。盐城市成立了基础地理信息管理中心，正科级建制，落实事业编制5人。盐城市各县（市）国土资源局（分局）结合各自实际，在地政地籍科加挂测绘管理科或测绘管理办公室牌子，落实1~2人专门从事测绘管理工作。泰州的姜堰市在市国土资源局正式增挂“姜堰市测绘行政管理办公室”牌子。

【测绘资质管理】

2007年，江苏省测绘局共召开5次会议研究测绘资质管理政策和甲乙级资质单位审批政策，从严把握测绘资质审批，全面完成了年度测绘资质注册审查。全年共审查批准新申请测绘资质证书单位33家。资质升（降）级、调整业务范围、到期重办资质共33家。办理测绘基本情况变更手续43家。截至2007年底，全省共有各级别测绘持证单位549家。此外，经省政府办公厅协调，及时妥善处理了城市规划单位测绘资质的审批事宜。

【测量标志管理】

江苏省永久性测量标志维护工作稳步推进，盐城、南通、扬州、泰州、镇江、宿迁等市测量标志维护已通过验收且均达到优良水平。江苏省测绘局及时核拨各市2007年度测量标志维护经费，并首次发放省管测量标志保管员津贴。为扩大测绘影响，经实地考察，批准南京、南通、扬州、徐州、连云港、泰州等市的景观测量标志建设，其中南通市滨江公园内的景观测量标志已建成，观赏和宣传效果良好。因城市规划建设需要，全省依法批准迁建一、二等水准点10个、三角点2个，批准拆除年久失修的一、二等三角点钢标43个。

盐城市国土局与市财政局联合印发《盐城市永久性测量标志保管津贴管理实施细则》，将市、县管理的永久性测量标志保管津贴统一纳入市国土资源局部门预算，由市财政按年度统一核拨。

地图管理与成果管理

【地图市场监管】

江苏省测绘局加大地图市场监管力度，查处8件违法编制和使用地图案。协助南京机场海关查获有严重政治问题的意大利文版刊物，并对刊物上的中国地图进行了定性。盐城市全年开展地图市场检查6次，收缴各类违法违规地图产品18件。泰州市全年共组织3次地图市场专项监督检查，未发现严重的地图违法事件。

【地图审核管理】

江苏省测绘局全年共审批地图114份、地图图形17幅。严格对外提供测绘成果审批，依法审批了南京市京沪高铁、江宁东山新市区规划、江宁区控制性详细规划、扬州市蜀冈地区控制性规划等涉外提供地形图4期。南京市规划局召集全市地图编制单位座谈会，重新启动南京四开版交通旅游图的审批，并初步编写了《南京市地图市场管理规定》等规范性文件。

【网络地图管理】

盐城市国土局与市通讯行业协会联合进行网络地图检查1次，检查各类网络地图15幅，及时将检查情况通报有关方面，指出问题所在，责令限期整改。

【国家版图意识宣传教育】

江苏省测绘局组织召开了全省国家版图意识宣传教育和地图市场监管指导小组成员工作会议，对2006年全省国家版图意识宣传教育和地图市场监管工作进行了总结，对2007年的工作进行了部署，对指导小组成员进行了调整。盐城市组织开展国家版图意识宣传教育活动5次，散发宣传材料800份，组织200人次参与各类地图管理法规答题竞赛。宿迁市国土资源局在6所中小学校开展国家版图意识宣传教育，同时充分利用“8·29”测绘法宣传日活动和媒介组织宣传，营造全民参与维护国家版图的良好氛围。

【成果汇交】

江苏省测绘局开展了全省2004年~2006年测绘成果汇交工作，无锡、南通、盐城、扬州、泰州等市和省测绘工程院等省部属测绘单位完成了测绘成果汇交工作；制定了《江苏省测绘成果汇交管理办法》，对测绘成果汇交副本和目录范围进行了详细规定，确定并下发了测绘成果汇交凭证样式；完成对南京市捷鹰数码测绘公司等10家测绘单位的测绘资料档案认证。

【成果使用与保密审查】

江苏省测绘局与省档案局、省保密局联合下发了《江苏省测绘成果管理办法》。4月~5月期间，江苏省测绘局与省国家保密局组织开展了对全省涉密测绘成果管理与使用情况的保密自查工作，并组成两个工作小组，对全省部分涉密测绘成果生产、保管和用户单位的保密工作进行了抽查，对39家单位进行了检查。受检单位涉及交通、水利、电力、地质、农林、海洋、民政、规划、地矿、测绘等十多个行业。检查结果表明，绝大多数单位对国家密级测绘成果管理严格、制度健全、责任明确，较好地保证了涉密测绘成果的安全；少数单位存在保密意识不强、领导重视不够、资料管理不善等现象。针对存在的问题，相关单位在工作组的指导下制定了整改措施。

【重要地理信息审核与发布】

江苏省测绘局组织完成了云台山、钟山的高程测量工作。国务院新闻发布会授权国家测绘局、建设部联合公布了我国第一批19座著名山峰高程数据，云台山名列其中。

基础测绘与质量监督

【省级基础测绘】

2007年初，江苏省测绘局召开省级基础测绘成果汇报会，向省政府汇报第三轮基础测绘工作及成果应用情况，副省长李全林到会听取汇报并讲话，刘经南、李德仁、王颖等院士和省级机关相关部门负责人参加汇报会。省政协副主席吴瑞林、副秘书长唐立鸣和省政协人资环委员会的领导听取了基础测绘工作情况汇报。

省测绘局与省军区司令部联合印发了《江苏省测绘航空摄影管理办法》，与省发改委联合印发《江苏省省级基础测绘项目管理办法》，进一步规范全省测绘航空摄影和省级基础测绘项目管理工作。创新基础测绘项目质量管理方法，编写了基础测绘项目监理方案和监理实施细则。抓好“十一五”省级基础测绘更新技术研究，修订完善新一轮基础测绘产品标准和技术标准。组织编写了《江苏省1:10000 DOM、DLG更新设计书》、《江苏省1:10000 DLG采集规则》、《江苏省1:10000基础地理信息要素分类、分层与代码规则》，并开展了基础测绘新标准、新技术的培训。

省测绘局完成新一轮省级基础测绘常泰、苏通测区1:1万内业采集832幅、外业调绘550幅和DLG编辑80幅。积极组织国家基础测绘1:5万地形要素数据缩编更新项目；“重要地理信息统计分析系统”分项目“长江（江苏段）岸线资源统计分析系统”被国家测绘局列入国家基础测绘项目，11 月 8 日该项目设计方案通过国家测绘局评审。

【市（县）级基础测绘】

江苏省市（县）基础测绘工作全面展开。南京、镇江、徐州、泰州、盐城、无锡、南通、常熟、吴江、沛县、邳州、赣榆、武进和新沂等市县完成基础测绘年度计划。南通市利用土地利用更新调查成果，建立全市 1:5000 彩色正射影像数据库。泰州市完成了基础控制测量布设。宿迁市域基础控制测量项目已接近尾声，县级基础测绘也相继启动。

【基础地理信息数据库】

为进一步完善江苏省基础地理信息数据库建设，依照新的国家标准，重新组织 1:1 万地图符号库；完成测区间数据接边工作，合并全省十二个测区数据；全面检查核对原始 E00 数据和全省合并各层数据；依据全省最新乡镇合并文件材料，对行政区域、行政驻地点进行了全面核查。

11 月 14 日，江苏省测绘局与省信息化领导小组办公室召开江苏省自然资源与地理空间基础数据库建设工作座谈会。省信息产业厅、国土资源厅、水利厅、林业局、环保厅、海洋局等参建单位有关负责人出席会议。会议讨论了由省测绘局组织起草的《江苏省自然资源与地理空间数据库建设项目建议书》、《江苏省自然资源与地理空间数据库建设项目可研报告》和《江苏省自然资源与地理空间数据库建设方案》，明确了江苏省自然资源与地理空间数据库建设由省测绘部门牵头实施。

南通市基础地理信息系统及其数据库建设通过了市发改委组织的验收。南通市国土资源局联合市发改委、市财政局、市保密局制定了《关于加强南通市基础地理信息系统及其数据库管理工作的意见》，并由市政府办公室转发各地、各部门贯彻执行。宿迁市建成了该市覆盖最全、定位精度最高、信息量最丰富、现势性最强的空间地理信息数据库。镇江市建立了基础地理信息系统及数据库。盐城市区基础测绘控制测量成果和 96.5 平方千米 1:500 数字化航测成果数据已验收入库。

【基础地理信息框架建设】

江苏省测绘局向省发改委上报江苏省地理空间信息基础框架初步设计方案，省发改委批复同意“江苏地理空间信息基础框架一期工程项目初步设计”，项目投资概算 3817 万。12 月 21 日，由江苏省发改委统筹协调、省测绘局组织实施的省地理空间基础框架一期工程正式启动。

江苏省有关测绘部门完成了国家测绘局下达的《数字省区地理空间框架建设技术大纲》修订工作。

由省测绘研究所、省测绘工程院、省遥感中心、南京师范大学等单位组建的江苏省地理空间信息技术工程中心建设方案通过专家评审和政府的审批。

徐州市被列为国家测绘局“数字城市”建设试点城市。

【大地测量】

江苏省测绘局 2007 年度完成的大地测量包括：D 级 GPS 测量 2331 点、E 级 GPS 测量 336 点，三等水准测量 197 千米、四等水准测量 2225 千米。

【数字摄影测量】

江苏测绘局 2007 年度完成数字摄影测量包括：1:1 万 DLG 80 幅、1:500 ~ 1:2000 DLG 5506 幅；1:2000 DEM 285 幅；1:5000 DOM 588 幅，1:1000 ~ 1:2000 DOM 8952 幅。

【测绘质量监督】

江苏省测绘局加强测绘质量管理培训，提高了全省各级测绘行政主管部门和测绘单位的质量意识，全省测绘质量水平继续处于上升趋势。开展全省测绘产品质量检查，进一步掌握了全省测绘产品质量状况；开展全省甲级测绘单位 2004 年 ~ 2006 年重大项目摸底工作；组织全省优质测绘工程评选，评选出一等奖 7 项，二等奖 12 项，三等奖 19 项。江苏省测绘产品质检站完成省级基础测绘 1:1 万 4D 产品的验收 5 项共 2198 幅，全省测量标志维护验收 1 项，省航道测量单航线验收 1 项（1140 千米）；完成市级基础测绘工程项目验收 38 项，监督检验项目 6 项，仲裁检验 1 项。在总计 52 项中，一次性检验合格 42 项，占总数 81%，修改后合格 10 项，占 19%。检定各类测绘专用仪器近 5000 台套。

测绘共建共享

江苏省测绘局承办了苏沪浙地理信息共建共享联席会议，三省市对地理信息共建共享涉及的重大问题达成了共识。省测绘局充分发挥第三轮基础测绘数据成果的优势，与省市有关部门和单位开展了基础地理信息资源共享共建工作。与安徽省测绘局签订了地理信息资源共建共享协议；与省交通厅、省水利厅、省林业局签订了地理信息数据资源共享与合作协议；与省公安厅、省交通厅等部门分别联合下发了加强地理信息数据资源共享与合作的文件，对地理信息数据资源共享与合作进行了规范；与省交通厅联合申报国家省级地理信息数据共享与合作示范点建设项目，并在省交通厅举办了地理信息数据使用培训班；与盐城市、无锡市签订了省、市基础测绘共建共享协议。完成了国家省级地理信息数据共享与合作示范点建设项目。

南通市国土资源局与南通市公安局、地震局、建设局、机关事务管理局签订了基础地理信息、空间信息数据使用和共享协议。南京、盐城测绘行政主管部门积极与本市有关单位开展测绘成果共建共享，促进了当地数字区域的建设。南京市规划局充分发挥“数字南京”GIS协调领导小组的作用，与农林局、卫生局、公安局、土地储备中心等部门展开了数据合作。

地图编制

江苏省测绘单位积极运用现代技术，编制出版各类普通、专题地图。江苏省测绘局主要编制完成了《江苏省政区图》（两全张）、《江苏省地图册》（32开本）、《江苏省交通旅游图》（对开）改版、《江苏省文物图集》、《江苏省区划地名图册》、《江苏省综合省情地图册》、《江苏省教育图集》、《省袖珍地图册》、《江苏省海防工作示意图》、《南京市区地图》（两全开）、《盐城市交通规划地图》、《无锡市水系图》（全开版）、《连云港市水利图》（2全开、1全开）、《无锡市航道规划图》（两全开）、《泰扬盐通商贸地图》、《徐宿淮投资指南图》、《盐城商贸交通图》、《靖江市实用地图册》、《金坛政区图》（对开、4开各一幅）、《新沂市政区图》、《金湖县地图》（4开）。完成了南京、无锡、徐州、常州、苏州、连云港、盐城、镇江、扬州、丹扬、江阴、溧阳、金坛、海门等市交通旅游图等专题地图的制印工作。

成果应用与服务

【测绘成果资料提供】

江苏省测绘资料档案馆全年共为全省经济建设提供控制点969个，纸质地图989幅，喷绘地图2478幅，4D产品15000余幅，数据量达518GB；提供各类行政挂图516份，中国世界地图集187册。全省各级测绘行政主管部门全年为城市规划、建设、管理和其他部门提供了大量的地形图数据。

【为政府决策服务】

江苏省各级测绘行政主管部门利用基础测绘成果资料，为民政、交通、水利、气象、地震、水利、环保等各级政府部门开发了一批示范性的管理信息系统，编制了大量的专题地图。江苏省测绘局为省“两会”、省委办公厅精心制作1∶70万全开江苏省丝绸图5000份、省情手册12000本；为省水利厅、交通厅、民政厅、人防办、地震局、南京市规划局、无锡市国土资源局、盐城市国土资源局、宿迁市国土资源局等提供用于政府决策、社会公益事业和国防建设项目的大量测绘成果；完成了宝应县园林GIS系统、镇江市林业管理信息系统、林业资源信息数字化及属性数据库、江苏省区划地名管理信息系统、连云港市民政GIS、张家港市土地规划系统、常熟市城市应急GIS等一批辅助决策管理地理信息系统建设。

南通市国土资源局利用基础测绘成果，主动为市领导制作重大工程专题影像图，向市有关部门提供南通市1∶500、1∶1000电子地图。盐城市国土资源局快速提供市委市政府领导需要的盐场、滩涂、民政、沿海规划等信息数据资料和图件。泰州市国土资源局分别为市规划局建设规划信息系统、自来水公司区域供水、港口管理局制定港口规划、农业局土壤普查、城区地价监测等项目提供地形图或影像图等基础地理信息数据10余次。

【为国土系统服务】

江苏省测绘局按照第二次全国土地调查的要求做好技术准备工作，组织完成了如东、通州、海安、东台、泰州等县市的土地更新调查任务。赣榆县城1∶1000和盐都区1∶500城镇地籍测量分别通过连云港市国土资源局和盐城市国土资源局的检查验收。江苏省测绘工程院制作的黑白航摄与卫星多光谱数据融合影像地图被国务院第二次全国土地利用调查领导小组办公室评为“最佳样图”。

【为重大工程服务】

江苏省测绘行业坚持“面向社会、服务大局”的工作思路，积极为川气东送、华东石油管线、田湾核电站二期工程、国家林业资源调查、江苏电网输变电系统、南通过江通道、连云港白塔埠机场扩建等国家大型项目和省重点工程建设提供了大量成果数据；完成苏申内港线航道、长湖申线航道、苏北干线航道测量，有力保障了地方经济发展的需要。

【为社会服务】

江苏省测绘局完成了“网上游南京三维虚拟旅游可视化平台”以及“江苏省公众出行交通信息服务系统地理信息子系统”的部分工作，为广大出行者提供一个可视化的地理信息展示平台。

【测绘成果利用】

“江苏省连续运行卫星定位参考站综合服务系统”（简称 JSCORS）由江苏省测绘局和江苏省气象局联合投资建设，江苏省测绘工程院负责建设和维护。JSCORS 是一个覆盖整个江苏省域及周边地区的高精度、高时空分辨率、高效率的全球导航卫星系统综合信息服务网。该系统可用于江苏省的大地测量、工程测量、气象监测、地震监测、地面沉降监测以及城市地理信息系统建设等领域，同时兼顾社会公共定位服务，以满足日益增长的城市综合管理与城市化建设的需求。该系统投入正常运行后受到用户的一致好评。

科技创新与人才培养

【科技制度建设】

江苏省测绘局进一步完善《江苏省测绘科研项目管理办法》，加大科研经费投入，组织开展测绘科技发展和创新关键技术的研究，加强科研成果的转化。

【科技项目】

4 月 26 日，江苏省测绘局在南京组织了 2007 年度江苏省测绘科技项目立项评审，全省 13 个测绘科研项目获局立项资助，12 个科研项目通过验收。

【科技成果】

“LIDAR 技术在海岛礁、滩涂测绘中的应用研究”和“江苏省连续运行卫星定位参考站综合服务系统（JSCORS）研究与建立”2 项科技项目获中国测绘学会测绘科技进步二等奖，由刘经南、宁津生、王家耀、王颖等四位院士及国内有关专家组成的鉴定委员会认为，JSCORS 项目研究成果在同类研究中达到国际先进、国内领先水平。江苏省测绘局联合省科协开展 2007 年省测绘科技进步奖评选，共评出获奖项目 18 个，其中一等奖 4 项，二等奖 6 项，三等奖 8 项。

【科技创新】

江苏省测绘局与中科院地理湖泊研究所联合启动“太湖蓝藻水华遥感动态监测预警系统”项目，11 月 1 日，该项目总体设计方案通过专家论证，并作为国家测绘局社会主义新农村建设测绘保障示范项目立项。与江苏省环保厅合作开发的“江苏省重要生态功能保护区地理信息管理系统”建设项目正式启动。组织开展江苏省沿江开发管理信息系统的数据更新及经济开发区子系统研制工作。11 月 13 日，江苏省测绘工程院完成的“江苏海事局（长江段）地理信息系统”一期工程通过了交通部海事局的验收。启动江苏海事沿海地理信息系统建设项目。与南京邮电大学共建大学生实验基地，双方在科技开发、人才培养等方面进行更加广泛深入的合作。

【人才队伍管理】

江苏省测绘局全年引进本科以上学历毕业生 21 人，其中硕士研究生 2 人、博士生 1 人，进一步优化了人才队伍结构。继续推进干部人事制度改革，加大干部轮岗交流的力度，共考核选拔局党组成员 2 人，提拔处职（级）干部 5 人，调整处职（级）干部 5 人。全年局系统新评聘高级政工师 4 人，政工师 3 人，研究员级高级工程师 4 人，高级工程师 10 人，工程师 3 人。继续加大局系统高层次人才和领军人才的培养，2007 年有 2 人被增选为省“333 高层次人才培养工程”首批中青年科学技术带头人，1 人被确定为省“333 高层次人才培养工程”首批中青年科技领军人才，1 人增选为国家青年学术和技术带头人。

【教育培训】

江苏省测绘局加强机关干部执政能力培养，组织机关处以上领导干部参加“菜单式选学”，科以下干部参加“5 + X”培训；加大行业内专业技术人员继续教育力度，省测绘培训中心全年举办面授班 6 个，培训班 10 个，全省测绘行业共 1116 人次参加学习培训；继续面向全省测绘行业和有关院校开展测绘行业职业技能鉴定，共鉴定 12 个批次 940 人。

【注册测绘师】

5 月初，江苏省测绘局在南京召开全省实施注册测绘师制度工作会议，对全省实施注册测绘师制度作具体部署，并就有关政策规定进行了释义和说明，对若干问题进行了现场答疑。以会议培训和电话通知的方式，向驻南京的 9 家甲级测绘资质单位和 17 家乙级测绘资质单位通报了注册测绘师考核认定的有关条件和政策规定，并对考核认定申报工作提出了具体要求。及时上网公布有关实施注册测绘师制度的文件、政策规定、考核认定条件及相关表格等，便于有关人员学习了解或资料下载。先后受理全省注册测绘师考核认定申报材料74份，按规定对申报材料进行了逐项登记，按照“在职在编”的要求对所有申报人员进行了身份核实甄别。

对外合作与交流

江苏省测绘局坚持外事为经济建设和测绘事业发展服务的指导方针，加强与省外办、省外专局、省国土资源厅等有关部门的工作联系，积极开展对外交流与合作。开展首次境外培训，组织全省测绘行业27名技术骨干和管理人员参加了“现代测绘技术管理与应用”的境外培训，加大与国外测绘机构的合作与交流，形成了内容较丰富、具有较高价值的总结报告和论文汇编，受到省外办和外专局的好评。

党的建设与精神文明建设

【党建与思想政治工作】

江苏省测绘局认真抓好党的建设，召开局系统党的工作会议，深入学习省委、省政府有关会议精神，部署党的工作和纪检监察工作目标任务；全面贯彻落实党建工作和党风廉政建设责任制，认真执行“三会一课”制度；召开局直属机关第四次党代会，选举产生了新一届党委委员和纪委委员；扎实推进强基工程，印发了《中共江苏省测绘局党组关于抓基层党建工作责任制实施意见》，组织机关干部到基层调查研究体验生活；召开建党86周年庆祝暨表彰大会，表彰了局系统3个“五好”党支部、11名优秀共产党员和7名优秀党务工作者。深入开展党员干部的理论武装工作，举办了两期局系统处级干部贯彻学习省第十一次党代会精神学习班，组织学习了《关于认真学习贯彻胡锦涛总书记6.25重要讲话精神的意见》，举办了局系统学习贯彻四个长效机制学习班和物权法辅导报告会，购置2000多册理论学习书籍，分发给局系统每位党员，切实提高了党员干部的理论水平。认真学习贯彻党的十七大精神，局党组制定印发了《关于认真学习贯彻十七大精神的意见》，举办了两期处级干部和基层党支部书记十七大精神学习班，组织局机关全体干部职工学习十七大原文，观看中央党校专家辅导录像，邀请省委党校教授作辅导报告，发放辅导书籍。11月27日，局党组学习中心组被省委组织部、宣传部评为“全省县以上党委（党组）中心组理论学习先进集体”。局系统1个党支部、2个党员分别被省委省级机关工委评为“五好”党支部、优秀共产党员和优秀党务工作者。

【党风廉政建设】

江苏省测绘局在局系统党员中开展了“弘扬新风正气，建设廉洁江苏”主题教育活动，取得较好的效果。按照省委提出的反腐倡廉制度建设提高年的要求，进一步抓好制度建设，依靠制度管人、管事。认真按照中纪委《关于严格禁止利用职务上的便利谋取不正当利益的若干规定》等要求，规范领导干部的行为。开展有测绘特色的廉政文化建设，召开领导干部配偶座谈会，评选廉洁和谐家庭等，在局系统形成以廉为荣、以贪为耻的良好氛围。

【精神文明建设】

江苏省测绘局广泛深入开展“全面达小康，建设新江苏”劳动竞赛活动和有益职工身心健康的群众性文体活动，职工队伍的整体素质得到提高。组织参加全国城市定向越野比赛，取得较好成绩；组织开展“送温暖献爱心”捐助活动，全局系统干部职工共向局扶贫点捐款13万多元，省局被省扶贫领导小组授予“千村万户帮扶先进单位”称号；召开局系统表彰先进暨“五一”劳模先进人物代表座谈会，表彰了有突出贡献的一批先进集体和先进个人。局系统有1人获“2006年度江苏省杰出青年岗位能手”称号；江苏省测绘局连续第5次被鼓楼区政府、鼓楼区人民武装部联合表彰为人民武装工作先进单位。

地方社团工作

【组织建设】

1月20日，江苏省测绘学会第八届常务理事会第五次会议在南京召开，25位常务理事出席了会议。会议传达了中国测绘学会2007年工作会议精神，讨论通过了2007年江苏省测绘学会工作安排。常务理事会就学会的组织工作进行了讨论，决定增补1人为八届理事，1人为八届常务理事。11月24日，江苏省测绘学会八届六次常务理事会议召开，根据学会《章程》决定按期召开第九次会员代表大会，并讨论决定了换届工作方案。2007年，江苏省测绘学会审批吸收了17名新会员。

6月，江苏省测绘职工思想政治工作研究会在南京召开了常务理事务虚会，讨论新时期测绘职工思想政治工作。

【业务活动】

2月，江苏省测绘职工思想政治工作研究会表彰了2006年度省测绘政研会优秀政研成果，编印了《学习与思考》，交流了思想政治工作经验。

4月24日，江苏省测绘行业协会承办了在南京召开的全国省（区）测绘行业协会年会。8月，江苏省测绘协会联合江苏省测绘学会，组织8位专家赴美国、加拿大进行为期10天的学习、考察和交流。为贯彻推进“诚信江苏”建设，江苏省测绘协会承担了“江苏省诚信测绘体系建设”项目，完成有关规范性文件的起草和论证，以及管理系统开发相关工作。

6月22日~7月3日，江苏省测绘学会组织理事代表一行20人赴陕西省、青海省和西藏自治区等地考察，与当地测绘行政主管部门及测绘学会进行学术与工作交流。7月5日，江苏省测绘学会组织参加了在江西南昌举办的第九届华东六省一市测绘学术交流会，江苏省测绘学会有14篇论文分获一、二、三等奖。11月，江苏省测绘学会会同浙江、上海测绘学会在浙江嘉兴举办了第四届长三角科技论坛（测绘分论坛），业内著名学者作学术报告，长三角三地测绘主管部门主要领导全部到会，华东六省一市测绘界派代表参会，江苏省测绘学会有12篇论文分获一、二、三等奖。江苏省测绘学会主编的《现代测绘》期刊全年共出版正刊6期，刊登论文102篇；增刊2册，刊登论文162篇，并获中国测绘学会首届优秀测绘期刊三等奖；同时，该期刊被《中国核心期刊数据库》收录，在全国测绘行业和期刊中产生了较大的影响。

【科普工作】

5月19日，江苏省测绘学会积极参加江苏省科协举办的科普宣传周活动，布置宣传展板，编写试题，向参与科普宣传答题的群众发放南京市交通地图近5000份。江苏省测绘学会举办了定向越野培训班，为全省各测绘单位培训了44名运动员。

浙 江 省

规划与计划

2007年，浙江省已有63个市、县（市、区）基础测绘计划列入本级政府国民经济和社会发展年度计划，占87.5%；54个市、县（市、区）基础测绘纳入财政预算，占75%；省和11个设区市全部公布并实施基础测绘“十一五”规划；46个县（市、区）的基础测绘“十一五”规划公布实施。

法制建设与市场监管

【规章、机构与依法行政】

浙江省测绘局废止2项行政规范性文件，制定了《浙江省测绘局行政执法责任制实施方案》和《浙江省测绘局行政执法评议考核办法（试行）》，按规定对局执法处室和执法人员的行政执法情况进行考评，实行行政责任追究制。市、县测绘行政主管部门根据当地政府的部署开展规范性文件的清理和行政执法责任制的落实工作，4个县（市、区）新成立测绘管理机构，落实编制，增加了测绘管理人员。省测绘局举办测绘法律法规、测绘基础知识培训班，93名市、县测绘管理人员参加培训；42名省、市、县测绘管理人员参加国家测绘局的行政执法人员培训。

【国家版图意识教育与测绘市场监管】

继续开展国家版图意识宣传教育，加强地图市场监管。一是健全省国家版图意识宣传教育和地图市场监管协调指导机构，增加省委对外宣传办公室、省民政厅、省信息产业厅为省协调指导小组成员。二是继续在全省中小学校开展国家版图意识宣传教育“五个一”活动。省测绘局和《小学生报》联合开展“爱我中华——国家版图知识”竞赛，收到浙江、江西、江苏等7省、市的有效答卷10000多份；各级测绘行政主管部门在测绘法宣传日和日常宣传教育中，向群众发送中国版图智力拼图和其他测绘宣传品130000份，向学校赠送地球仪2500个；省测绘局研制各种标准地图，免费提供地图产品企业使用，规范企业生产。三是从地图产品企业生产、销售市场、大型会展、网上地图、地图产品进出口管理入手，加强地图市场监管。各级测绘行政主管部门多次对地图产品主要产销地进行重点检查，对重点企业建立巡查制度；全年查处35起违法地图案件，没收、销毁违规地图产品3000多份；加大测绘资质监督检查和测绘市场监管力度，完成全省400多家单位测绘资质年度注册工作；各级测绘行政主管部门重点查处提供虚假材料申请测绘资质、无证测绘、超范围超限额测绘等违法测绘行为，开展执法检查144次，重大专项执法3次，查处违法案件71件，作出行政处罚18件，发出整改通知书104份；各级测绘行政主管部门对2006年度从省测绘资料档案馆索取的各类国家涉密测绘成果，及从事采集、处理、存储、传输、分发属于国家涉密基础地理信息数据的单位计算机网络系统及存有涉密成果的计算机的管理情况进行检查；省测绘产品质检站实施299个测绘项目成果质量检验，其中监督检验22个，基础测绘项目检验90个，委托检验187个。

【测量标志保护试点工作】

浙江省测绘局在衢州市龙游县开展永久性测量标志保护试点工作，对测量标志实行分类保护管理，依法办理测量标志土地使用权（他项权利）证，与测量标志保管员重新签订委托保管协议书，并发放津贴；把测量标志的有关信息放入土地管理和规划管理信息系统，此举得到国家测绘局的高度重视。7月，国家测绘局在杭州市召开现场会予以推广，并在全省11个设区市中各选1个县（市、区）作为推广试点。

基础测绘

2007年，各级财政对基础测绘的投入有较大幅度增长。省级基础测绘财政投入3805.9万元，比2006增长9.8%；市、县级基础测绘财政投入20113.45万元，比上年增长23.8%。省级基础测绘与市级基础测绘之间，基础测绘与第二次土地调查等重大项目之间实行项目统筹、经费共担、成果共享，走出基础测绘发展新路子。省、市、县按计划组织完成基础测绘项目，基础地理信息资源不断丰富，完成各种比例尺地形图57855幅，完成基本比例尺地形图建库11648幅，完成GPS测量11915点，水准测量15064千米，编制地形图7602幅，完成各种地理信息系统161个，航空摄影10.2万平方千米。国家试点项目嘉兴市、温州市数字城市地理空间框架建设进展顺利；基本建成省级基础地理信息系统，为“数字浙江”建设打下良好基础；统一购买覆盖全省的地面分辨率为2.5米的卫星遥感影像数据，经加工处理后，向政府部门和社会提供使用。全省测绘行业服务总值98634万元，比2006年增长8.3%；全员人均测绘产值12.7万元，比2006年增长7.6%。

测绘共建共享

浙江省10个设区市成立了地理空间信息协调机构，负责地理空间信息资源规划、建设和共享的协调工作。浙江省测绘局继续向各级政府部门无偿提供基础测绘成果，与电力、交通、环保等部门签订了地理信息资源共建共享协议，并与省民政厅、省水利厅等部门共同制定地理信息数据共享标准；省测绘局启动的省地理空间信息数据交换平台建设得到省政府的高度重视和相关部门的大力支持，国家发改委、国家测绘局同意将该平台建设列入国家空间信息基础设施建设项目的试点工程并予以支持。

地图编制与出版

《浙江省地图集》（以下简称《图集》）是一部全面、直观、形象反映浙江省自然地理特征和社会经济发展的大型综合性地图集，也是一项涉及多学科、多领域的地理信息系统工程。《图集》由序图组、人口资源环境图组、社会经济图组、发展规划图组、区域地理图组和索引六大部分组成。全书由中国政区图开篇，以省区图为中枢，分门别类，综揽全省自然与社会经济全貌；以县市图为主体，承载基础地理信息；以城区图为重点，扩展辐面，反映城市现状与发展；辅以文系图，介绍乡土地理，选配景观图片，展示地域风貌。索引收录了县市图中出现的乡镇街道、海岛、山峰、风景名胜区、自然保护区、森林公园、主要旅游点等地名近5000条。《图集》汇集了专题地图52幅，普通地图79幅，城区图74幅，彩色图片350多帧，简介约20万字。《图集》主要表现了浙江的自然环境与资源、社会人文与经济、发展与规划、县级以上行政区划和乡镇界、地形、地貌、水系及基础设施、交通及附属物、居民点分布状况，突出浙江作为经济强省和文化大省的特色，为各级政府制定和实施可持续发展规划提供基础地理资料和科学依据，也为国内外人士了解浙江省情开辟了新窗口。

成果应用与服务

浙江省测绘部门为政府管理决策和经济社会发展做好测绘保障服务工作。一、为政府宏观管理和电子政务服务。浙江省测绘局与省发改委共同完成“浙江省空间规划布局和重大项目选址辅助决策信息系统”、“浙江省主体功能区规划空间信息服务平台”一期工程，与省水利厅共同建设的“浙江省水利地理空间数据库”投入使用。二、开展服务国土资源管理年活动，为土地执法检查，第二次土地调查，地质灾害普查、防治提供基础测绘成果、卫星遥感影像资料和测绘技术服务。三、为新农村和社区建设服务。省测绘局为磐安县、庆元县和仙居县无偿提供省级基础测绘成果和测绘技术服务，实施一镇（乡）一图工程，研制县级新农村综合地理信息系统。四、省测绘资料档案馆提供大地成果14368点。

科技创新与人才培养

围绕基础测绘生产、测绘成果管理和信息化测绘体系建设，开展了不规则三角网TIN和采编一体化研究，1∶1万地形图快速更新研究，涉密测绘成果脱密处理技术和方法研究，电子地图基础数据库生产和开发研究，并取得成果；开展浙江省信息化测绘体系建设的研究与实践，与中国测绘科学研究院签订了共建“浙江分院”的框架协议。“浙江省五万分之一电子地图数据库建设与研究”等2项成果获中国测绘学会测绘科技进步三等奖，“宁波市北仑区1∶500基础数字地形图”获中国测绘学会2007年优秀测绘工程银奖，“瑞安市GPS三等网、三等水准基础控制测量”等5项成果获中国测绘学会2007年优秀测绘工程铜奖。省测绘局召开干部队伍建设和人才工作会议，制定印发《浙江省测绘局2007～2010年干部队伍建设和人才工作意见》。

对外合作与交流

浙江省测绘局派2人随国家测绘局代表团参加了在俄罗斯召开的第二十三届国际制图大会，考察了芬兰、德国的测绘法制建设、测绘行业管理体系；派1人随国家测绘局代表团赴荷兰参加国际研讨班活动；局属单位与局机关共有6人参加了浙江省科技厅、省国土资源厅组团的外事活动。对外交流的主要国家有澳大利亚、德国、瑞士、荷兰、美国；考察交流的主要内容是遥感技术和地理信息系统技术。

党的建设与精神文明建设

【开展“作风建设暨管理年”活动】

浙江省测绘局党委根据省委、省政府的统一部署，开展“作风建设暨管理年”活动，成立领导小组，制定实施意见，深入查找问题；局党委和局属各单位召开了以加强作风建设为主题的中心组理论学习会；开展“树良好风气，创和谐单位”大讨论和征文活动；发放260多份意见表，召开多个层次座谈会征求意见，共征求意见、建议151条，已整改落实123条；局党委作出《关于进一步加强自身作风建设和建立健全作风建设长效机制的决定》。通过一年的活动，各级干部的思想作风、学风、工作作风、领导作风和生活作风得到明显改进；强化管理意识，完善管理制度，狠抓制度执行，内部管理水平有了较大的提升；通过各种措施解决职工群众的实际困难，保障职工的合法权益，进一步改善了党群干群关系。

【加强干部培养】

浙江省测绘局党委重视各级干部的培养，在省国土资源厅党组的支持下，选派下属单位1名副处级、1名正科级干部分别到绍兴市国土资源局和嘉兴市国土资源局挂职锻炼，担任副局长和局长助理；选派1名副科级干部到庆元县四山乡九际村担任农村工作指导员。局属各单位注重干部梯队建设，采取轮岗交流等形式，使年轻干部经受多岗位的锻炼，并及时选拔到上一级领导岗位。

【构建反腐倡廉惩防体系】

浙江省测绘局党委通过不断完善制度，努力推进反腐倡廉惩防体系建设。注重落实党风廉政建设责任制，明确各级党组织、党员领导干部的党风廉政责任，用制度管事，用制度管人。根据“作风建设暨管理年”活动中发现的问题，加大建章立制力度：针对基础测绘项目管理中存在的问题，制定了《省级基础测绘项目管理规定》；为规范财务行为，修订了《浙江省测绘局财务管理规定》；为规范劳务费支出行为，制定和完善了《劳务费支出管理办法》；制定了《局属事业单位奖金分配管理和考核办法》，通过建立考核评价机制，理顺单位积累发展与职工收入分配关系，促进局属单位的和谐发展。

地方社团工作

【浙江省测绘行业协会】

根据浙江省政府关于推进行业协会改革与发展的若干意见，实现政会分离、人员分离、财务分离，制订了《浙江省测绘行业服务标准》，明确规定了测绘行业服务质量要求；修订了《浙江省测绘行业协会会员公约》；通过《浙江省测绘行业简报》和浙江省测绘网站协会专页栏目，及时刊登和传递政府管理部门新出台的测绘法规及信息，宣传单位自主创新取得的科技进步成果及行业动态；积极参与测绘法宣传日活动，定做了5000份图文并茂的测绘法律法规宣传品向公民赠送；积极开展政策调研，收集会员单位关注的热点和难点问题，及时向政府部门反映。认真学习贯彻《国务院关于加强测绘工作的意见》，订购500本辅导读本分发给会员单位学习；协会组织举办了“地下管线探测技术”、“GPS测量技术”、“房屋建筑面积测算技术”和“房屋建筑面积测算应用软件升级应用”培训班，共567人次参加培训；举办第四届测绘职工业余乒乓球赛。

【浙江省测绘学会】

2007年，浙江省测绘学会召开了一次理事会、二次常务理事会和一次常务理事（扩大）会，增补1名理事，增聘2名专业委员会委员，发展新会员70名，吸收单位会员8个。第四届长三角科技论坛（测绘分论坛）暨浙江省测绘学会2007年学术年会于11月召开，会上中国工程院院士张祖勋作了《摄影测量与信息化测绘》专题报告；会议组织优秀论文63篇，编辑出版了优秀论文集（《现代测绘》增刊）。在省科协、省科技厅、省人事厅联合开展的第十四届省自然科学优秀论文评审中，省测绘学会报送的论文10篇获二等奖，12篇获三等奖。《浙江测绘》获中国测绘学会2007年优秀测绘期刊三等奖。在浙江省科技厅、省委宣传部、省科协等单位共同举办的大型科普宣传活动中，省测绘学会以展板等形式向社会公众宣传了国家版图知识。

【浙江省测绘职工政研会】

7月27日，浙江省测绘职工政研会常务理事会在杭州市召开。会议传达了中国测绘职工政研会精神，部署了中国测绘职工政研会开展和谐单位建设的调研活动，确定了政研会常务理事会常务理事更替原则。积极推动政研会开展调研工作，组织人员赴奉化市土地勘测规划院、上虞市测绘中心开展“青年文明号建设”、“文明单位建设”活动调研。批准杭州市规划局为省测绘职工政研会会员单位。

安徽省

规划与计划

根据国家测绘局“十一五”测绘事业发展的总体思路和《安徽省国民经济和社会发展第十一个五年规划纲要》精神，在2006年认真开展基础测绘规划调研和论证的基础上，确定了“十一五”期间安徽省基础测绘工作的指导思想、发展目标、主要任务，提出了规划实施的保障措施，2007年1月上报完成了安徽省基础测绘规划的编制工作。经安徽省政府批准同意，4月3日，安徽省发改委与安徽省国土资源厅正式印发《安徽省基础测绘“十一五”规划》。

法制建设与市场监管

根据《中华人民共和国测绘法》、《中华人民共和国测绘成果管理条例》，将《安徽省测绘成果管理实施办法（修订）》报省政府审议。12月，《安徽省测绘条例》列入省人大立法论证项目。

依据《测绘资质管理规定》等规定，1月15日，安徽省国土资源厅向各市国土资源局下发了《关于做好2007年测绘资质年度注册工作的通知》，6月30日，安徽省测绘资质年度注册工作全部完成。注册完成后，安徽省持有测绘资质证书的单位共318家，其中，新审批取得测绘资质的单位48家（甲级1家、乙级3家，丙、丁级44家），予以注册的单位257家，给予缓期注册的单位13家，注消测绘资质单位1家，审核发放测绘作业证1147本。查处了个别单位原有测绘资质证书超期违法测绘问题。加强了对建设GPS连续运行基准站、参考站测绘资质问题的管理。

8月22日～27日，安徽省政府法制办党组书记、主任张武扬，率领安徽省国土资源厅、安徽省测绘局有关负责人，赴浙江开展测绘管理立法调研。

9月20日，安徽省政府法制办党组书记、主任张武扬，副主任胡孔胜率机关各处室工作人员，到安徽省测绘局调研测绘法制建设和《安徽省测绘管理条例》贯彻落实情况。

地图管理与成果管理

【地图管理】

安徽省国土资源厅查处了《新安晚报》擅自公布未经审核批准的地理信息数据的问题，查处并关闭了擅自登载非法地图的地图网站；对某市政府办公室发文开展旅游商务交通图编制，明文通知收取单位名称标注费的做法，给予了纠正。完成了《安徽省地图册》、《安徽省地图》、《安徽省水利工程位置图》、《安徽省淮河河道工程位置图》、《安徽省长江河道工程位置图》、《安徽省电网图集》、《安徽省电网图》、《安徽省公路里程图册》、《池州市地图册》等的审核工作，通过审查的图件40件，协审3件；完成安庆市水利工程位置模型、宿州市地形沙盘、滁州市交通模型、六安市地形沙盘、桐城市地形沙盘等共计12家立体模型的制作工作。依法对合肥经济技术开发区对外招商提供1∶500地形图及电子地图进行保密处理与审查。

【成果管理】

为加强测绘成果提供使用的管理，保障基础测绘成果的安全、有效应用，规范测绘成果服务，10月26日，安徽省国土资源厅根据《中华人民共和国测绘成果管理条例》和国家测绘局《基础测绘成果提供使用管理暂行办法》等法规、规定，开展了《安徽省测绘成果管理实施办法》部分条款的修订，印发了《关于加强基础测绘成果资料提供使用管理的通知》。为防止基础地理信息数据在使用过程中泄密，根据国家测绘局的通知精神，加强了对外提供测绘成果使用的审批工作；开展了基础地理信息数据的保密检查，在使用单位开展自查的基础上，各市国土资源局进行了抽查。在测绘成果分发服务工作中，严格执行测绘成果使用审批制度，确保测绘成果分发安全。

2007年，安徽省测绘档案资料馆对安铜测区、宁国测区的1∶1万基础测绘更新项目内外业资料和第三代1∶5万地形图资料进行了整理归档，共组卷82卷；对已入库的1∶1万DOM、DEM数据进行了整理归档；对调整后的县级境界进行核对，完成了安徽省分县1∶1万图幅接合表的编制；接收并检查了宁国测区、黄山测区、望江测区1∶1万DLG、DOM、DEM数据各1083幅；接收并清点了黄山、宁国等测区的外业控制调绘资料和内业加密资料；接收了GPS网成果、水准网成果、似大地水准面精化成果及相关资料。会同安徽省保密局鉴定销毁1∶1万、1∶5万等比例尺涉密地形图2983张，并造册登记。

4月5日，安徽省国土资源厅向安徽省各市国土资源局下发了《关于开展测量标志保护情况检查的通知》，部署开展了测量标志保护情况的检查工作；继续开展市、县测量标志普查，安排了铜陵市测量标志普查工作；完成了马鞍山、铜陵市测量标志普查和重新托管的验收工作。

基础测绘与质量监督

【基础测绘】

安徽省有关测绘单位完成安徽省第二次土地资源调查34个调查区1∶1万地形图2888幅、其他种类地形图1900幅；按照国家基础地理信息中心安排，完成1∶5万地形图更新30幅；完成1∶1万4D

数字产品2456幅（数字线划图DLG 614幅，正射影像图DOM 614幅，数字高程模型DEM 614幅，数字栅格图DRG 614幅），入库国家C级以上GPS点和三等以上水准点成果共2775个。

安徽省C级GPS网和三等水准网建设及区域似大地水准面精化项目完成，通过国家测绘局验收。该项目国家测绘局在安徽境内新埋设A、B级GPS点71座、二等水准点394座；安徽省新埋设C级GPS点659座、三等水准点568座，建立临时GPS基准站3座。成果有国家级GPS点932个、水准点1776个，建立了符合精度为±2.3厘米、外部检核精度为±1.9厘米的安徽省高精度似大地水准面。完成了安徽省大地测量成果数据库系统建设和安徽省WGS-84坐标与1980西安坐标、1954北京坐标转换软件的开发工作。

2007年4月，安徽省第一测绘院完成合肥北部新城核心区总面积约50平方千米的1∶1000数字化地形图测绘任务，为合肥城市规划和城市建设提供了及时的测绘保障。

【名山高程测量】

安徽省有关测绘部门完成了安徽省著名山峰黄山、九华山主峰海拔高程的测定工作，测量数据通过国家测绘局审核，并已由国务院批准。4月27日国务院新闻办公室公布了我国19座名山主峰高程，其中黄山莲花峰高程数据为1684.8米，九华山十王峰的高程数据为1344.4米。在此基础上，完成了在黄山莲花峰、九华山十王峰设立高程标志的工作。2007年下半年，根据国家测绘局的部署，组织开展了安徽省第二批著名山峰天柱山、琅琊山和齐云山高程测量工作。

【质量监督】

12月2日，安徽省国土资源厅组织完成“合肥市卫星定位综合服务系统”的省级验收工作；完成合肥市、蚌埠市、霍山县计586平方千米1∶1000地形图和泗县、萧县、砀山县计60平方千米1∶500地形图成果质量验收工作；完成了池州市32平方千米1∶500房产测绘成果质量的监督检验。10月，安徽省国土资源厅配合国家重点测绘工程成果质量监督检查小组，对马鞍山市华东探测技术有限责任公司承接的合肥市主城区排水系统改造工程（综合地下管线探测）进行监督检查，检查结果为批合格。

安徽省测绘仪器计量检定站对1704台（套）常规仪器、电子仪器、GPS接收机等进行了维修、检测；安徽省测绘产品质检站完成各项验收任务5161幅。

测绘共建共享

为促进基础地理信息数据在地震部门的应用，加快“数字安徽”地理空间基础框架建设，按照“相互支持，优势互补，避免重复，实现双赢”的原则，安徽省测绘局与省地震局经协商同意开展地理信息数据资源共享与合作，并正式签署《关于加强地理信息数据资源共享与合作协议书》。

安徽省测绘局与省交通厅、合肥市房产局以及武警、消防、移动、联通公司等部门、单位建立了合作共享共建基础地理资源合作机制，免费为交通部门等提供安徽省1∶5万、1∶1万等比例尺地形数据，并借助基础测绘成果资料，开发了专业管理信息系统。

成果应用与服务

在安徽省信息产业厅的支持下，安徽省基础测绘信息中心完成了安徽省空间地理信息基础数据库示范工程建设，并通过省信息产业厅组织的专家验收。2007年，共完成1∶1万“安徽省空间地理信息基础数据库”DLG、DEM和DOM数据入库各1700幅，DRG数据897幅，同时完成了对库体数据管理的软件开发等工作。

2月，为安徽省发改委提供基础地理信息数据支持，为安徽省建设村级文化活动中心提供了测绘保障服务；为新农村建设提供各种比例尺地形图1573幅；应部分县的急需，及时安排了泗县、霍山、泾县、青阳、庐江县等村镇的大比例尺测图项目。

安徽省测绘档案资料馆向安徽省有关部门、行业提供1∶1万、1∶5万等多种比例尺地形图7195张，各种地形图数据1618幅，大地点成果1055点，航摄像片数据1550卷（片），接待用图客户1420人次。

科技创新与人才培养

1月，安徽省国土资源厅开展2002～2005年度安徽省国土资源科技奖励评审工作。安徽省第一测绘院申报的“深圳市1∶1万地形图航测数字化成图与建库”、中水淮河工程有限公司申报的“南四湖大断面测量”2个项目获2002~2005年度安徽省测绘领域项目质量优秀奖一等奖，安徽省第三测绘院申报的“青阳县地籍调查与测量工程”等10个项目获质量优秀奖二等奖；安徽省第四测绘院申报的《安徽省行政区划图》获2002~2005年度安徽省测绘领域科技进步奖一等奖，安徽省地质测绘技术院申报的《安徽两山一湖生态旅游交通图》等4个项目获科技进步奖二等奖。

总投资1145万元的“安徽省空间地理信息基础数据库示范工程”已完成，并获2007年度安徽省科学技术奖三等奖。该项工程包括数字化成图数据编辑子系统、数字化成图数据处理子系统、数据库应用管理系统、库体建设四大部分，是“数字安徽”及空间地理基础平台建设的重要基础和组成部分。

安徽省测绘局科研人员进行ArcGIS Server + IIS +.Net环境下的网络地理信息系统的软件研究与开发，在安徽省基础地理信息系统平台上实现了基于B/S模式的基础地理信息网上发布；实现了基于AO的三维显示和分析功能软件的开发；进行了WGS 84坐标系与1980西安坐标系互转的试验及软件编写，完成了合徐高速公路、黄山风景区等测绘项目的坐标转换；在黄山风景区DLG、DEM、DOM数据入库的数据整理、色差调整、DLG的Shape文件制作等工作中进行研究和技术创新，开发了Acad上的dwg图形检查及预处理Lisp程序，以及在ArcInfo上的Coverage图形处理AML程序。

3月6日，安徽省人事厅、国土资源厅联合转发了人事部、国家测绘局《注册测绘师制度暂行规定》、《注册测绘师资格考试实施办法》和《注册测绘师资格考核认定办法》；5月9日，安徽省国土资源厅与省人事厅联合印发了《关于注册测绘师资格考核认定工作有关事项的通知》；8月10日，安徽省国土资源厅与省人事厅向国家测绘局推荐上报了安徽省首批符合条件的注册测绘师人员。

举办了工程测量、地籍测绘、房产测量、数字化测量培训等4期培训班，来自安徽省各行业测绘单位的134名技术人员参加了培训、考核和鉴定。

对外合作与交流

10月16日~28日，应澳大利亚新南威尔士大学和新西兰鹰技术公司邀请，安徽省第四测绘院派1人参加安徽省人民政府地理信息系统工作委员会考察团赴澳大利亚考察GIS技术应用情况；受国家测绘局派遣，安徽省基础测绘信息中心派1人作为访问学者赴美国学习深造一年；10月18日~11月8日，安徽省基础测绘信息中心派1人参加安徽省人事厅学术和技术带头人后备人选培训团赴法国培训。

党的建设与精神文明建设

为深入学习宣传贯彻党的十七大精神，11月2日，中共安徽省国土资源厅直属机关委员会印发《关于认真学习宣传贯彻党的十七大精神的通知》。通知要求深刻学习领会、全面准确把握十七大的基本精神，把学习贯彻十七大精神与贯彻落实《国务院关于加强测绘工作的意见》紧密结合起来，把十七大精神转化为谋划测绘事业发展的思路、推动测绘工作的举措，转化为党员干部的自觉行动。

地方社团工作

根据学会章程的规定，安徽省测绘学会按学科设立测绘工程、遥感信息工程、地图学与地理信息工程、测绘仪器四个专业委员会以及教育与科普、咨询两个工作委员会，都完成了新一届组建工作。2007年共审批发展团体会员6家，现共有理事和团体会员单位128家，会员总数约1700名。

7月，邀请中国工程院院士宁津生教授作题为《从数字化测绘到信息化测绘的测绘学科新进展》的专场报告会，来自安徽省各测绘管理部门、生产单位和市级测绘学会的代表近150人参加了报告会；组织参加华东六省一市测绘学会第十次学术交流会和全国测绘科技信息交流会暨信息网成立30周年庆典大会，安徽省基础测绘信息中心的杨友长、合肥市测绘院的李大超被评为全国测绘科技信息网先进个人；参加中国测绘学会九届三次理事会暨2007年“信息化测绘论坛”学术年会，“淮干蓄洪区1:5000地形图测量”获得中国测绘学会优秀测绘工程铜奖，《安徽测绘》获得首届优秀测绘期刊三等奖；举办学术交流年会，组织科技人员参加国内国际考察交流。全年完成《安徽测绘》4期的编辑出版印刷工作，并无偿发送给会员单位。

福建省

规划与计划

【市县基础测绘规划编制】

2007年，福建省测绘主管部门继续加强与市县政府及有关部门的沟通，进一步推进基础测绘规划编制工作。福州、宁德、三明、龙岩四地的设区市级“十一五”基础测绘规划分别于2月、7月、10月、12月以本级政府名义印发实施，至此全省9个设区市圆满完成了规划编制任务，为全省测绘事业发展打下坚实的基础。县级“十一五”基础测绘规划正按照省测绘局的要求和各设区市测绘主管部门的统一部署逐步推进。截至年底，全省共有14个县（市）开展了县级“十一五”基础测绘规划编制工作，未编制规划的县（市）均根据所在市基础测绘规划编制了本行政区域的基础测绘实施计划。

【基础测绘计划管理】

福建省测绘局组织和指导市县测绘行政主管部门，认真编制基础测绘年度计划，并依法纳入各级国民经济和社会发展计划。省级和南平市、三明市基础测绘年度计划分别列入2007年同级政府国民经济与社会发展计划，省级基础测绘工作列入福建省国民经济与社会发展统计年度公报。各市县测绘行政主管部门认真贯彻《基础测绘计划管理办法》，将基础测绘、空间基础地理信息建设与地籍测量结合起来，通过项目带动，落实基础测绘实施经费，市县基础测绘工作逐步加强。三明市下发了《关于加强基础测绘规划及年度计划组织实施管理的通知》，根据全市“十一五”基础测绘规划发展目标，指导和督促各县（市、区）合理有序安排基础测绘年度实施项目；龙岩市继三明市之后将基础测绘工作列入县级政府国土资源管理目标考核，加强了县级基础测绘的统一监管；漳州市将与基础测绘相关的自筹资金或其他建设测绘项目纳入区域基础测绘范畴，统一管理，拓展了基础测绘的运行和服务空间。

法制建设与市场监管

【测绘法制建设】

2007年，福建省测绘局以宣传贯彻《福建省测绘条例》（以下简称《条例》）为契机，不断推进测绘法制建设。认真清理现行测绘行政法规规章，制定《福建省基础测绘成果提供使用管理规定》、《福建省基础测绘成果汇交暂行规定》等规范性文件，加快《福建省测绘成果管理实施办法》修订步伐；在《福建日报》等公众媒介上宣传《条例》实施意义，编写《条例》宣传提纲等学习参考材料，并举办2期培训班，全省各设区市国土资源局分管测绘工作的领导、测绘管理机构负责人及测绘单位负责人共70多人参加。“8·29”测绘法宣传日期间，省测绘局组织全省测绘行政管理部门和有关测绘单位，开展了丰富多彩的法律法规宣传咨询服务活动，共悬挂宣传横幅、张贴标语1700多幅（条），散发测绘法律法规单行本、国家版图意识教育小册子、测绘普法宣传画等宣传材料83000多份，向社会公众发送庆祝测绘法修订实施5周年的公益短信息10万多条，测绘宣传向测绘单位和县乡农村深入。

【测绘依法行政】

福建省测绘局认真贯彻落实《福建省测绘系统贯彻落实全国测绘系统推进依法行政五年规划的实施意见》，进一步推进测绘依法行政。制定印发《福建省测绘局2007年推进测绘依法行政工作要点》，编印《测绘行政执法手册》，加强测绘行政执法人员的教育培训，组织80多人参加2007年度福建省行政执法资格考试。深入推行测绘行政执法责任制，制定《福建省测绘局行政执法职权分解方案》和《福建省测绘行政执法职权分解》（征求意见稿），并根据新颁布实施的《中华人民共和国测绘成果管理条例》等测绘法规及相关规定，对省测绘局行政执法主体和执法行为及其执法依据作了相应补充修订，修订后经省政府审核确认，公布执法主体、执法依据18件，行政执法行为87项，行政执法依据24件。加强政务网站建设，加快建设测绘行政许可网上审批系统，积极推行测绘行政许可公示制度，推进政务公开。

【测绘市场与地图市场监管】

2007年，福建省测绘局依法加强全省测绘市场与地图市场监管，大力规范测绘市场秩序。严格市场准入机制，强化测绘资质管理，做好测绘资质年度注册和测绘作业证核发管理工作。全年完成258家测绘单位的测绘资质年度注册，其中2家单位不符合年度注册条件，予以注销测绘资质；受理审批测绘资质申请23件，受理并核准资质材料变更申请36件，审核发放测绘作业证500多本。截至年底，全省共有测绘资质持证单位348家，其中甲级13家、乙级31家、丙级94家、丁级210家。全省2007年度测绘服务总值为41892.35万元，比上年增长10%，其中私营企业完成测绘服务值为4436.75万元。

组织开展全省测绘法有关制度落实和执行情况的检查活动，检查对象涉及全省各市县国土资源局、测绘资质单位、测绘成果保管单位、测绘成果使用单位及测绘项目发包单位，检查的主要内容是测绘行政管理统一监督管理制度贯彻落实情况、测绘项目和测绘市场制度执行情况、市县国家基本比例尺地图统一分幅编号制度执行情况、依法使用城市坐标系统的情况、测绘成果汇交制度执行情况、基础测绘成果提供使用制度执行情况等。检查结果显示，全省市、县政府和测绘主管部门领导对测绘工作重要性认识不断增强，贯彻落实测绘法律法规的责任感和履职能力明显提高，各项测绘工作取得了明显成效，但也存在测绘行政管理体制不完善等一些亟待解决的问题。

加大测绘违法案件的查处力度，会同公安、新闻出版等部门严厉打击各种地图侵权、盗版违法违规行为。全年依法调查处理测绘违法行为和案件7起，查处纸质“问题地图”15件、网络“问题地图”4件，收缴各种盗版地图和地图产品近1.7万张，其中，国家测绘局督办的“中国消费卡”案件处罚到位，督办的“北京奥运会火炬传递路线图”、北京城际高科信息技术有限公司导航电子地图产品等2件案件调查结束。

地图管理与成果管理

【地图审核管理】

2007年，福建省测绘局完成测绘案件调查需要的地图技术审查2件，完成初审并转报国家测绘局审批8件，受理审核各类地图图稿（图、集、册、盘）69件，图幅数量达928幅，比上年增加93%。《福建省行政区划地图集》、《福建省公路里程地图册》、《福建省旅游交通图》、《厦门市旅游交通图》等76幅（册）公开地图获批准取得地图审图号。

【国家版图意识宣传教育】

福建省国家版图意识宣传教育和地图市场监管协调指导小组于7月10日召开第四次联席会议，研究部署2007年工作计划，协调解决工作中遇到的新情况、新问题。福建省测绘局积极参与全省科技宣传周、科普报告老区行等活动，为闽西老区长汀、连城、漳平等地的中学生举办版图知识讲座，赠送版图知识资料700多份，并编制发布了福建省标准画法地图，促进了社会公众对地图的了解，提高了地图使用效能。在2006年全省政府门户网站地图检查的基础上，省测绘局会同省信息产业厅等部门，扩大对省内地理信息服务网站的监管范围，规范网络地图登载、使用等行为，并设立了举报电话，适时公布“问题地图”典型违法案件以及处理情况。

【测绘成果管理】

福建省积极完善管理制度，加强各类成果资料覆盖情况统计，推进测绘成果副本和目录汇交工作。福州、三明市指定了测绘成果接收保管单位，强化了测绘行政主管部门的测绘成果统一监管职能；福州、厦门、南平、莆田、泉州等市完成测绘成果汇交工作，数字海图、市县级勘界数据以及部分地区遥感影像数据等一大批测绘成果依法进行了汇交；全年共接收4D数据产品7168幅、航片数据36432片、卫星影像数据91景，元数据文件13498个，数据成果技术资料21本；接收调绘、控制片、加密片16089片，图历簿等文档2560本，结合表略图207张。

为进一步规范涉密测绘成果的提供、保管和使用管理，福建省测绘局于4月～5月开展了全省测绘成果保密工作检查，并会同省国家保密局联合举办了涉密测绘成果管理培训班，从涉密载体管理、涉密数据及涉密计算机网络管理、测绘成果的提供和使用以及保密检查等方面，对省直有关单位、各设区市测绘行政主管部门、甲乙级测绘单位的涉密测绘成果管理员近100人进行了培训，并颁发涉密测绘成果保密专管员证书。全省经批准使用涉密测绘成果资料的单位（部门）共有596家，检查涉及的国家基础地理信息数据管理和使用单位187家，从检查结果来看，均建立了完善的涉密数据保密管理制度，配备了具有上岗证书的测绘成果保密管理人员，在涉密数据的领取、接收、传递、使用、加工、保存、销毁等各个环节的管理上基本有严格的手续和保密措施，账册规范、齐全，帐物相符，未发生丢失、泄密现象。省测绘局还定期组织直属单位开展涉密计算机和网络安全检查，全年2次对基础地理信息数据库进行硬盘增量备份，按要求进行基础地理信息数据异地存放，安全销毁3010幅727818张1:1万模拟纸质地形图，通过各种安全措施确保全年安全生产无事故。

【重要地理信息数据审核管理】

福建省测绘局加强对重要地理信息数据审核公布和使用的监管，依法对全省沿海市、县海岸线修测成果和福建省地理区位中心点位置进行审核，并按照国家测绘局的要求和部署，会同有关部门开展福建省内7座著名山峰的高程数据确定工作。2007年完成南平武夷山、福州鼓山、厦门万石山、连城冠豸山、三明建宁白石顶等著名山峰高程标志点的实地位置选定工作，并已开展数据采集工作。

【测量标志管理】

福建省测绘局积极开展测量标志专题工作调研，加强测量标志的普查和维护工作。2007年，审核批准申请迁移永久性测量标志4件，完成“测量标志管理信息系统”开发设计，完成泉州市辖区375座测量标志的普查维修及建库工作。

基础测绘和质量监督

【基础测绘建设】

2007年福建省加快基础测绘更新速度，参与国家项目完成26幅1:5万数据和全省县级以上（含县级）境界更新，完成邵武测区168幅1:1万基础地理信息数据的更新，进一步提高了基础测绘成果的现势性；施测宁德、福州、莆田等测区640幅（4000平方千米）1:5000数字线划图，加强航空航天影像资料获取，积极开展市县基础控制网布设、大比例尺数字测图项目，扩大乡镇及农村区域基本地形图覆盖范围，进一步丰富基础地理信息数据资源。福建省基础地理信息数据库（三期）项目顺利通过省“数字福建”办公室的验收，1:1万DLG、DEM、DOM累计各达到4558幅、4525幅、4642幅，基本覆盖全省。

【重大测绘专项】

全省连续运行卫星定位服务系统建设、《福建省情地图集》编纂、新农村建设用图保障工程、“数字莆田”地理空间基础框架建设项目等重大测绘工程进展顺利。其中，新农村建设用图保障工程获省政府及有关部门和国家测绘局的大力支持，年内完成115个乡（镇）1:1万基础地形图和219个行政村1:2000地形图，连城县被列入国家新农村建设测绘保障服务试点县；《福建省情地图集》完成编制总体方案、总体设计书、专题地图和普通地图设计大纲等文档的编写，编制总体方案通过省政府审批，总体设计方案通过专家论证，开展了资料征集工作，编辑设计专题地图、序图、地理底图和普通图组，年内已完成总体工作量的50%；连续运行卫星定位服务系统建设完成技术调研，编制了实施方案，并组织召开全省各设区市、部分厅局座谈会；“数字莆田”地理空间基础框架建设项目经国家测绘局批准列入2007年数字城市地理空间框架建设试点，完成了有关技术调研和项目设计书编报等前期筹备工作，项目启动取得良好开局。

【标准化管理与质量监督】

福建省测绘局协助国家测绘局完成全国重点测绘工程成果质量监督检查工作，加强GPS控制网、大比例尺全野外地形测量等基础测绘项目和海域勘界及岸线修测、基本农田重点设施建设等全省重大工程测绘项目的质量监督，开展各类质量检验项目80个，检定各类测绘仪器1711台，全省测绘产品质量稳步提升。省测绘产品质检站积极开展测绘产品仲裁检验工作，有效地解决了部分房产测绘成果和1:1000地形图的测绘数据争议。

重大工程测绘

2007年，福建省测绘行业按照省委、省政府提出的“努力把海峡西岸经济区建设成为科学发展的先行区、两岸人民交流合作的先行区”的战略部署，切实围绕中心，服务大局，在促进经济社会又好又快发展中发挥了测绘先行保障作用。

福（州）厦（门）漳（州）高速公路是海峡西岸经济区高速公路网规划的主骨架路段，也是国家高速公路网规划的重要组成部分，因交通运输压力的加大，这条高速公路急需扩建为双向8车道，将通行能力提高2.5倍。扩建工程分为福泉、泉厦、厦漳三段实施。按照设计单位的要求，福建省测绘院认真进行了工程前期准备阶段的测绘工作，完成福州－泉州段的全部外业控制测量，布设C级GPS控制点76个，完成一级导线185千米，完成四等水准353.8千米，完成数字测图8.72平方千米，共测绘1:1000带状地形图508幅；完成泉州－厦门－漳州段的外业控制测量，布设四级GPS控制点44个、一级导线点255个、四等水准点33个、临时水准点86个，施测线路总长241.540千米；补测同安段一级导线控制测量16千米，完成1:1000平板仪测图6.33平方千米、1:1000航测成图43.9平方千米。

厦门东通道（翔安隧道）是厦门市交通干线路网规划主骨架的重要组成部分，也是厦门岛第三条进出岛重要通道，起自厦门岛五通，止于厦门市翔安区西滨，工程全长8.69千米，其中海底隧道长约6.05千米，跨越海域宽约4200米，设计采用三孔隧道方案，隧道最深处位于海平面下约70米。9月～10月，福建省测绘院受委托承担了隧道地面控制网第三次复测工作，共复测一级GPS平面控制网点21个，补充埋石5个；复测五通端和翔安端洞口外及竖井处的部分二等水准高程控制网点，测绘闭合线路总长55千米。复测结果有效地评价了隧道地面控制网点的可靠性，为隧道按规定精度正确贯通和提高施工质量做出积极的贡献。

福建省海岸线长度居全国第二。为了准确反映全省海岸线的实际情况，加强对海域使用的有效管理和监控，进一步开发和保护海岸资源，福建省在2004年全省海域勘界和海河划界基本完成的基础上开展了海岸线修测工作，对全省海岸线的位置变迁、长度变化、海岸类型分布等进行详细调查和修测，由国家海洋局第三海洋研究所和福建海洋研究所承担。全省大陆及乡级以上海岛海岸线实地测量40037点，拍摄照片13978张，整编后形成海岸线标志点88983点，实地测得沿海市、县大陆及乡级以上海岛岸线总长度为4559千米，其中大陆海岸线长度3752千米，乡级以上海岛海岸线长度807千米。修测成果经省测绘产品质检站实地检测，岸线最大点位误差小于图上1.0毫米，转折点的位置误差小于图上0.6毫米，符合《福建省海岸线修测技术规程》的要求。

测绘共建共享

2007年，福建省加强部门之间、各级测绘主管部门之间的交流合作，完善地理空间信息的整合共建和协同更新机制，推进地理空间信息公共平台建设，促进专题数据用于基础地理信息数据更新。福建省测绘局与省水利、海洋、民政、国土资源等部门和有关部队单位建立起数据交换机制，与省公安厅联合申请国家警用地理信息基础应用平台建设示范点。福州市测绘行政主管部门绘制了6张测绘成果分布图和图幅结合图，建立起1:500基础测绘平台，规划红线划定、地籍发证等工作在1:500地形图成果上根据需要进行测绘，并根据部门反馈信息对数据库进行更新，促进了规划、国土、城建用图的统一和共享。厦门、泉州市测绘行政主管部门积极提供地理信息框架数据和基础平台，参与民政部门地名公共服务工程建设。

地图编制与出版

2007年，福建省编制出版了各种纸质地图、多媒体电子地图及地理类知识读物57种，再版重印图书75种。其中，开发出版了《闽南金三角》、《漳州海事辖区图》、《厦门商贸旅游交通图》等地图新品种，修编发行了《福建省地图册》、《福建旅游图册》、《厦门顶好玩》、《福建省交通图》（挂图）及各城市交通旅游图等图书，与浙江、江苏、广西、江西等省测绘部门协作出版了《中国公路、铁路、航空交通图》、《中国交通地图册》、《靖江市实用地图册》等多个地图产品。省地图出版社与泉州市测绘行政主管部门合作，采用最新影像成果编制福建省首部写真地图集——《泉州市影像地图集》；积极参加第十七届全国书市和第三届海峡两岸图书交易会，扩大图书发行交流；全年图书发行量达80万册（幅），销售码洋450万元，比上年增长18.2%。

12月3日，福建省首部以地图形式表现行政区划现状和历史沿革的权威地图集——《福建省行政区划地图集》，由福建省地图出版社编制出版。图集主要内容包括福建省行政区划现状、福建省历史沿革以及地名更迭与变迁，由序图组、历史沿革图组、县（市、区）图组、文字介绍和统计表格4部分组成，采用16开本、双面四色印刷，汇聚了福建行政区划设置调整、行政区域界线勘定、地名标准化和基础测绘的最新成果资料，系统地标绘了法定的乡级以上行政区域界线和各级政区、村级建制的全部标准名称，详细标示了各级政区及政府驻地的分布情况，简要反映了福建2000多年来的行政区划沿革，是一部集法定性、权威性、史料性、实用性为一体的行政区划工具书，在内容编排与表达、色彩符号表现力、制图手段先进性等方面均达到较高水平。

成果应用与服务

【测绘成果分发服务】

2007年，福建省测绘主管部门紧密围绕海峡西岸经济区建设发展大局，向有关部门提供了大量基础地理信息数据和测绘成果资料，为交通、港口、能源等重点工程的规划和建设，国土资源管理和地质灾害防治，公共安全和国防建设，社会主义新农村建设等提供保障；为福建省主体功能区规划、地方经济发展规划等重大战略规划提供服务；向省“两会”、各级政府和有关部门赠送工作用图，向南平市所辖10县（市）的112个乡镇赠送新农村建设用图，服务经济社会发展取得新成绩。省测绘局全年公布《福建省测绘成果目录》公告2期，编制《福建省测绘现势资料》2期；接待用户3869人次，对外提供不同比例尺地形数据22715幅，581GB；模拟地形图5689张；专题地图613幅；新农村建设用图350幅；航摄资料31124片，8.8TB；测绘成果档案279卷，7406件；各等级大地点成果1558点，重力点23309点。省测绘局获国家测绘局批准列入基础测绘成果网络化分发服务系统建设试点单位。

【测绘成果开发利用】

加强测绘成果的开发利用，扩大增值服务，进一步拓展地理信息应用领域和发展空间。三维地理信息平台应用于全省消防应急预演、地震应急指挥、交通营运车辆位置服务等，取得良好效果。3月13日，福建省顺昌县4.9级地震灾害发生后，省级抗震救灾三维地理信息指挥系统为领导和专家直观地浏览震区地质构造、震区空间地形地貌、道路交通、居民地分布，进行震区影响场的标示、地震灾害评估，开展抗震救灾应急指挥等提供有效服务。该系统由省基础地理信息中心与省地震局合作开发，集成了福建省地质构造、地震活动性、各类地震监测台网分布、震中分布等地震信息资源，实现了基于三维基础地理信息的浏览、定位、查询等功能，推进了地震监测预报和防灾减灾信息化建设。宁德市国土资源局利用三个不同年份时段卫星影像数据，组织编制了中心城区120平方千米1:5000和1:3000影像图60幅，为土地执法“百日行动”和政府开展清理违法占地、违规建设活动提供依据，促进海西东北翼宁德经济有序发展。

【公众地理信息服务】

福建省开通运行公众地理信息服务网站——福建地图网（www. mapfj. com），该网站以提供福建省三维城市地图、电子地图公众查询和城市信息分类查询在线服务为主，旨在为社会公众提供方便、快捷、全面的地理位置服务和城市信息查询服务。截至年底，已建成了福州二环内城市三维地图，公众查询系统和省内其它城市三维地图已投入建设。积极为社会建设等领域提供地理信息服务，保障了仙游县2007年农村饮用水安全项目、罗源县供水工程规划、福州新垃圾场选址、清流县北山滑坡治理、连江可门港及黄岐岛供水工程地灾评估、福清生活垃圾处理厂地灾评估等项目建设对测绘成果和地理信息技术的需求。

科技创新与人才培养

【科技创新和科研开发】

2007年，福建省测绘局组织“海量基础空间数据管理及可视化与挖掘技术研究”等6个课题申报国家和省科技重点计划，完成省科技重点项目“基础地理信息网络化分发服务技术研究”和省自然科学基金项目“空间地理信息数据更新的模型和方法研究”研发工作，其中，“基础地理信息网络化分发服务技术研究”项目成果通过省科技厅组织的专家鉴定，成果达到国内领先水平；积极组织申报各类科技奖励，2个课题成果获中国测绘学会测绘科技进步三等奖，3个项目获中国测绘学会2007年优秀测绘工程奖；测绘科技成果首次参加中国·福建科技项目成果交易会，吸引了众多客商的关注，省基础地理信息中心等2家单位的3个项目在会上成功签约。

【人才队伍建设】

福建省大力推进“人才强测”战略，加强青年学术和技术带头人的培养选拔，加强市、县测绘管理人员和测绘职工培训教育。全年近700人次参加各类业务培训，1人被增选为国家测绘局青年学术和技术带头人，1人被评为教授级高级工程师，28人通过高级工程师评审，60人通过工程师评审，10人通过高级技师评审，18人通过注册测绘师申报预审。进一步健全测绘管理体制，继续深化测绘事业单位改革，加快省级基础地理信息获取和服务结构调整，稳步推进市、县测绘管理、执法和公益性服务队伍建设。福州市继成立独立的测绘管理职能处室后，确认测绘管理人员参照公务员管理，并明确测绘执法工作由国土资源监察支队地矿执法大队承担。

党的建设与精神文明建设

2007年，福建省测绘局加强理论武装，认真组织学习贯彻党的十六届五中、六中全会和十七大精神，学习贯彻省委第八次党代会和八届三次会议精神，深入开展学习贯彻党章活动和社会主义荣辱观教育，并开展学习贯彻十七大精神知识竞赛活动，局党组书记何清和、局长陈跃进分别为局机关和直属单位党员干部上了党课。

创新党建工作新机制，进一步加强和改进党的基层组织建设，积极建立教育、制度、监督并重，惩治和预防腐败的工作机制，深入开展党风廉政建设和反腐败工作。组织开展了向刘先林院士学习的活动，大力弘扬先进文化及测绘精神，扎实推进精神文明建设，涌现出了一批先进单位和个人。省测绘局与省人事厅联合表彰了全省测绘系统先进集体14个、先进工作者28人，省测绘与地理信息行业协会、测绘学会联合表彰了测绘行业先进集体31个、先进工作者40人。

地方社团工作

2007年，福建省测绘学会（以下简称学会）和福建省测绘与地理信息协会（以下简称协会）努力发挥群团组织的桥梁作用，积极配合测绘主管部门开展科普宣传，继续加强测绘行业科技及信息交流，加强测绘单位之间的协调联络，推进诚信测绘体系建设，取得了较好的成绩。学会被省科协授予“2007年度先进学会”称号，理事长陈跃进当选省科协“七大”常务委员，副理事长陈智仁被评为“2001～2005福建省科协先进工作者”，副秘书长林蒙安被评为“2007年福建省全国科普日先进个人”。截至年底，学会在册团体会员65家，个人会员总数达865人。

学会、协会组织会员300多人次参加中国测绘学会2007年学术年会、信息化测绘论坛、华东六省一市测绘学术交流会等学术交流活动，提交论文80多篇；组织21人的代表队参加“四维测绘杯”第三届全国测绘行业定向越野大奖赛和“2007年全国学生定向越野锦标赛”，取得青年组团体第二名、个人男子第三名、女子第五名和第六名以及学生组团体第二名、个人女子第二名和男子第四名的成绩，并获得“体育道德风尚奖”；福建省地理空间信息科普基地全年接待省委党校学员、高校师生等300多人次参观。

10月25日～27日，学会围绕“构建信息化测绘体系、服务海西经济建设”的主题，在福州召开省科协第七届学术年会测绘学科分会场暨学会2007年学术年会，150多人参加，特邀中国工程院院士张祖勋作《摄影测量的发展、应用与信息化测绘》学术报告。学会还举办了2007年福建省数字城市暨工程测量学术研讨会、地籍与房产专业委员会第二次学术交流会等活动，参加人数达140人，交流论文材料47篇。7月18日，协会召开首次经营工作协调委员会工作座谈会，全省11家甲、乙级测绘单位的18名代表研讨了建立测绘单位间的协调协商机制，加强跨地区、跨行业的横向联合、经营合作、技术合作等问题。

江 西 省

规划与计划

【市、县基础测绘规划编制】

江西省测绘局采取有效措施，以基础测绘规划的编制作为推动市、县基础测绘工作的切入点，督促指导市、县基础测绘规划编制工作。全省有6个设区市和12个县（市）完成基础测绘规划编制并经同级政府批准实施；3个设区市及32个县（市）完成规划编制，着手报批工作；上饶市本级和12个县级基础测绘规划编制全部完成，并经同级政府批准实施。

【全省基础测绘计划编报】

江西省测绘局按照《基础测绘计划管理办法》的要求，积极组织和指导市、县测绘行政主管部门的计划编报工作，综合各地对基础测绘的需求，及时向国家测绘局、江西省发改委上报了全省2008年度基础测绘计划和固定资产投资计划，江西省发改委已将江西省省级基础测绘项目列为2008年大中型建设项目投资计划。

法制建设与市场监管

【测绘法制建设】

江西省测绘局制定印发了《江西省测绘项目备案办法（试行）》，自6月1日起实施。该办法对测绘项目备案的范围、主体和程序作了明确规定。受国家测绘局委托，省测绘局负责起草了《重要地理信息数据审核公布管理规定》修订草案。在深入开展测绘成果管理立法调研基础上，省测绘局拟定了《江西省测绘成果管理办法（初稿）》，已纳入江西省政府的立法程序。

9月，全国人大环资委、国家测绘局组成调研组，到江西省进行测绘执法调研，并深入到南昌、鹰潭、上饶等市开展执法调研。调研组对江西省测绘工作给予充分肯定，认为“测绘法修订实施五年来，在江西省各级政府及有关部门的高度重视下，江西省测绘工作取得了很大成绩，测绘法规定的重要制度基本得到落实，测绘工作在促进国民经济和社会发展方面起到了重要的基础性、保障性作用”。

【测量标志保护】

江西测绘局加大了测量标志保护工作的力度，召开了全省第二次测量标志普查工作总结表彰会；完成了全省测量标志数据库建库工作；组织有关人员赴九江、宜春等市实地查看测量标志完好情况，帮助解决测量标志保护过程中遇到的问题。各市、县也加大对测量标志的保护力度，新多市国土资源局及时制止了1起测量标志破坏事件，对当事人进行了相关法律法规宣传；安远县国土资源局对1起测量标志破坏案件进行了查处，作出重建测量标志、罚款的行政处罚决定，维护了测量标志保护的严肃性。

【测绘资质管理】

江西省测绘局认真做好测绘资质审查认证工作，全年新批准25家单位的测绘资质申请，办理了504个测绘作业证，250家测绘单位通过了年度注册，6家测绘单位不予注册，2家单位予以注销，并在《江西日报》及局网站予以公告。

【测绘市场管理】

江西省测绘局加大了对违法测绘行为的查处力度，首次查处了一起涉外测绘违法案件，并作出罚款的行政处罚。

【测绘法律法规宣传与培训】

在测绘法宣传日当天，江西省测绘局组织有关人员前往设有一座国家GPS A级点的江西省工业贸易学校，向该校教师和学生免费发放测量标志保护宣传品并进行宣传；在南昌市八一广场设置了彩虹门，在主要街道悬挂了宣传横幅。宜春市国土资源局召开了测绘法宣传座谈会；宜春、上饶、九江等市连续通过电视台、电台、当地报刊播出、刊登有关测绘法宣传口号；抚州市在县（市）主要街道悬挂标语横幅；南昌、景德镇、上饶、鹰潭等市利用手机向市民及相关部门领导发送了测绘法宣传短信；

赣州市大多县在县报和县政府网站上开辟了专题宣传专栏，于都县以点歌方式在电视台宣传。多种形式的测绘法律法规宣传活动扩大了测绘工作的社会影响，营造了较好的依法治测氛围。

江西省测绘局在上饶、新多市以及抚州市南丰县开展了为期半年的测绘行政执法试点工作，各试点市、县均制定了试点工作方案，进行了充分的前期准备及宣传动员工作；对辖区内测绘单位开展了执法检查，取得了良好效果。省测绘局组织全省测绘行政执法人员110多人参加了国家测绘局举办的执法人员岗位培训班，提高了测绘执法人员的整体素质和执法水平。

地图管理与成果管理

【地图审核管理】

2007年，江西省测绘局共受理审核地图40件，其中地图册3件、电子地图2件、政区图23件、交通旅游等其他地图12件，共计334幅图。

【地图市场监管】

“五一”、“十一”黄金周期间，江西省测绘局在九江、庐山、新多市开展了地图市场检查，未发现违法违规现象；组织进行了网上“问题地图”的日常搜寻检查和督促整改工作；组织开展了对南昌、抚州市的地图市场及国家版图意识宣传教育检查，对有关问题及时提出了检查意见并督促整改。

【测绘成果汇交】

江西省测绘局加强测绘成果汇交工作，完成了全省2005、2006年度测绘成果目录和副本的汇交工作，并进行了整理归档；积极建设测绘成果管理信息系统，对全省测绘成果目录进行更新，并实现网上发布。

【保密管理】

江西省测绘局加强对市、县测绘行政主管部门开展测绘成果保密检查工作的指导，深入问题单位查处隐患，进行正面宣传并提出整改措施；会同省国家保密局先后对景德镇、上饶市测绘行政主管部门、部分县级测绘行政主管部门、部分省直测绘成果归口管理单位及部分测绘成果使用单位进行了保密检查；与省保密局联合下发《关于做好外国的组织或者个人来华测绘有关工作的通知》，进一步规范外国人来华测绘行为，保证了江西省重要地理信息数据的安全。

基础测绘与质量管理

【省级基础测绘经费】

江西省测绘局主动争取基础测绘工作实施经费，加强与省财政厅、省发改委等部门的沟通联系，争取到全年的基础测绘实施经费和更多的专项经费，全年江西省省级基础测绘项目总投资1943万元（省发改委基建投资落实650万元，省财政专项资金1293万元），有力地保障了江西省基础测绘规划的实施和年度计划的完成。

【地理空间基础框架建设】

江西省测绘局组织专家、技术人员对《“数字江西”地理空间框架建设总体设计方案》进行反复论证修改，于2007年7月印发实施。该方案的实施有利于进一步规划、指导、推进省地理空间框架建设工作。

江西省测绘局积极推进数字城市建设，在宜春市、萍乡市被列入全国数字城市建设试点后，紧密结合国家测绘局的有关要求，协调完成了项目设计书评审、三方合作协议书的签订等工作。

【丰富基础地理信息数据】

江西省测绘局加快了省级基础地理信息数据库的建设与更新，组织开展了1:5万地形图的更新工作，制作1:1万地形图（3D）产品847幅，面积24055平方千米；1:5000正射影像图（DOM）面积1396平方千米；1:1万数字线划地图（DLG）288幅，面积6475平方千米；1:1万DOM 3565幅；3D产品数据库建库量1645幅，面积46700平方千米，进一步丰富了江西省基础地理信息数据。

【质量管理】

江西省测绘局制定出台了《江西省测绘局基础测绘质量管理办法》和《江西省1:1万基础地理信息数据生产作业手册》，进一步完善了测绘质量管理制度；开展了测绘产品质量监督检验活动，对全省测绘资质持证单位按甲、乙、丙级单位各20%的比例进行抽检，完成了20家测绘单位产品质量检查，公布了检验结果；根据规定，对申报乙级资质的3家测绘单位进行了质量管理体系考核。

重大工程测绘

【合作完成的重大工程测绘项目】

江西省测绘局与中测新图遥感技术有限责任公

司合作，联合开展修铜测区 GPS 辅助航空摄影测量项目实施，具体承担了地面 GPS 观测与数据量算工作，获取了该项新技术在生产中的实践经验。

【局属单位完成的重大工程测绘项目】

江西省测绘局组织完成了新多市塞维太阳能厂选址的 8.5 平方千米 1∶500 数字地形图测量，完成了莲花 - 吉安高速公路 102 平方千米 1∶2000 数字地形图测量，完成了武宁 - 吉安高速公路 84 平方千米 1∶2000 数字地形图测量。

江西省测绘局积极参与全省第二次土地调查工作，做好调查所需的 1∶1 万 DOM（正射影像图）的生产与提供工作；协调组织开展全省第一次土地利用现状图扫描矢量化建库工作；组织完成基于 1∶1 万地形图全省省、市、县三级行政区域国土面积量算与汇总工作；截至年底，已完成全省第二次土地调查工作底图 4589 幅，提供 40 个县市区的工作底图 3296 幅。

【行业单位完成的重大工程测绘项目】

南昌市测绘勘察研究院完成南昌市约 140 平方千米范围的变更地籍调查及城镇地籍数据库建设，实现了地籍成果的科学管理；完成南昌市城区约 80 平方千米范围地下综合管线普查项目监理；完成了江西省多江县土地利用初始数据库、变更数据库的建设。

江西省交通设计院完成九江至瑞昌高速公路 48 平方千米测量，隘岭赣闽界至瑞金高速公路 31 平方千米测量，鹰潭至瑞金高速公路 308 平方千米测量，石城至吉安高速公路 190 平方千米测量，九江长江公路大桥 25 平方千米测量，吉安至莲花高速公路 106 平方千米测量。

江西赣西地质调查大队编制完成《纳米比亚全国 1/100 万地质矿产图》、《中华人民共和国 1/5 万地质图》和《赣州市政区图》等。

江西地矿测绘院完成宁波市鄞州区农业用地所有权登记发证 200 平方千米 1∶2000 地形图测量，江北区 70 平方千米首级控制 GPS（一级）160 点；完成福建省将乐县土地更新调查 2300 平方千米，松溪县土地更新调查 1040 平方千米；江西省九江、上饶两市 14 个县 1∶1 万土地利用现状数据库建设 22360 平方千米。

江西有色地质测绘院完成新多市仙女湖 6 平方千米 1∶500 地形图测量，为仙女湖区域“动漫城规划设计”提供了翔实的图件和数据。

测绘共建共享

江西省测绘局与省水利厅签订地理信息数据资源共享与合作协议，协议双方按照共建共享、对等互惠、优先合作的原则，建立基础地理信息数据和水利、防汛等专题要素信息数据的共享和交换机制，促进基础地理信息框架要素的快速更新和基础地理信息在水利信息化建设和水利管理中的应用；与省地震局签定了地理信息数据资源共建共享协议，建立基础地理信息数据和防震减灾等专题要素地理信息数据的共享和相互交换机制，促进基础地理信息框架要素的快速更新和基础地理信息在地震信息化建设和防震减灾管理中的应用。

地图编制与出版

【《江西省地图集》编纂工作】

《江西省地图集》编纂工作进展顺利，江西省直各部门和各设区市、县（市、区）有关部门给予了大力支持，各成员单位在 2007 年底基本完成了资料的收集工作，进入终审环节。

【地图编制】

江西省第三测绘院编制完成《南昌市城区图》、《新编江西省交通地图》、《九江沿江开发基础设施规划图》，为省委、省人大、省政府、省政协及有关部门的领导提供各类地图 648 册；省基础地理信息中心编制完成了《江西省地图（1∶75 万挂图）》；南昌市测绘勘察研究院完成了首张《南昌市市区基础教育网点分布图》的编制工作。

成果应用与服务

江西省测绘局全年共提供地理信息数据 50GB，基本比例尺地形图 15073 张，大地成果 13000 点；积极为全省第二次土地调查、土地规划修编等提供测绘保障服务，提供 40 个县（市、区）工作底图 3296 幅；继续实行新农村建设保障服务补贴鼓励政策，投资 160 万元为国家测绘局新农村建设试点吉安市青原区 7 个乡镇、480 个自然村测制了大比例尺地形图，局属各单位为 2300 多个村庄测制了新农村建设用图。

江西省第三测绘院制作完成了《萍乡通黄金手册》、《江西移动数字电子地图》、《江西电网污区分布图（电子版）》、《建设银行网点分布图》、《永修县水利信息系统》等一系列电子地图产品；江西省基础地理信息中心完成了江西移动电子地图建库、省防汛抗旱指挥部数据建库、进贤县旅游局电子地图建库、新多市仙女湖区建设局电子地图建库、南昌市园林局电子地图制作、宜春市开发区电子地图制作等。

科技创新与人才培养

【科技推先】

江西省测绘局大力推行科技推先和科技创新工作，组织了2006年度科技推先项目验收，4项科技推先项目全部通过验收，其中有1项被评为优秀项目，江西省基础地理信息中心被评为科技推先项目组织实施优胜单位；完成2007年度科技推先和科技创新项目的申报、评审，受理申报项目15个，批准实施项目12个；全年用于科技创新资金16万元。

【人才培养】

根据测绘事业发展趋势和人才需求状况，江西省测绘局制定印发了《江西省测绘人才队伍建设“十一五”规划》，加强了局、院二级班子建设和干部队伍建设。局属单位面向社会择优录取大学学历人员5人，任免局属单位中层干部29人，人才队伍结构向年轻化、知识化、专业化方向稳步迈进。做好专业人员继续教育工作，江西省测绘学会与武汉大学再次联合举办专升本学习班，来自全省测绘行业单位的40多人参加了学习。

党的建设与精神文明建设

【学习贯彻党的十七大精神】

江西省测绘局党委高度重视学习贯彻党的十七大精神，印发了《江西省测绘局深入学习贯彻党的十七大精神的通知》，召开专题会议研究部署。局党委中心组召开专题理论学习讨论会，结合贯彻《国务院关于加强测绘工作的意见》，认真学习党的十七大文献，畅谈学习体会；局党委成员分别深入局属单位进行党的十七大精神专题宣讲，局属各单位的主要领导也分别在单位内开展学习辅导活动；特邀省委党的十七大精神宣讲团成员、省委讲师团团长李江源教授作关于深入学习贯彻党的十七大精神的辅导报告；举办党支部书记专题学习班并进行座谈研讨；利用简报、宣传栏、局域网等，大力营造学习贯彻十七大精神的良好氛围。

【精神文明创建活动】

江西省测绘局积极开展了“创新测绘，共建和谐”主题实践活动，组织机关干部前往瑞金、兴国、于都等革命老区参观考察，接受革命传统教育；开展了一系列丰富多彩、健康向上的文体活动，丰富职工的精神文化生活，组织干部职工体检、无偿献血等；局机关、省第一测绘院、省第二测绘院、省第三测绘院、省基础地理信息中心等5个单位被评为“省直机关文明单位”。

【党风廉政建设】

江西省测绘局组织干部职工认真学习《国家测绘局党组关于2007年党风廉政建设和反腐败工作的实施意见》和《中共中央关于陈良宇严重违纪问题审查情况和处理决定的通报》，组织党员干部到豫章监狱进行警示教育，教育党员干部始终保持清醒头脑，增强自觉抵御各种错误思想和不正之风侵蚀、影响的能力。

地方社团工作

江西省测绘学会按照章程积极开展各项活动，连续6年荣获年度“省级先进学会”称号。6月5日，江西省测绘学会邀请中国测绘学会常务理事、英盛国际有限公司资深顾问乔世赵为测绘科技工作者作《经济全球化，地球信息技术的发展与企业自主创新》的报告。圆满完成华东六省一市测绘学术交流会承办工作。1月10日，江西省测绘学会举办了2007年“南方杯”校际全站仪测绘竞赛，江西省建设职业技术学院、华东交大理工学院、现代职业技术学院共45人参加了竞赛；组织开展测绘技能鉴定工作，先后4次与江西省建设职业技术学院、南昌工程学院举办工程测量初、中级技能鉴定，参加鉴定人员计750人，合格率达92%。11月13日，首次开展了房产测绘技能鉴定工作，来自全省房产测绘行业人员共86人参加了鉴定。

山东省

规划与计划

【省级基础测绘规划与计划】

为抓好《山东省基础测绘“十一五”规划》的实施，1月，山东省国土资源厅印发《关于贯彻落实〈山东省基础测绘“十一五”规划〉的通知》，要求各市测绘行政主管部门，厅属有关单位认真学习规划，加快本地规划编制和实施工作，推进基础地理信息的共建与合作，切实提高测绘保障服务水平。3月，省国土资源厅召开会议部署省级基础测绘任务，会上确定成立以厅党组副书记、副厅长徐景颜为组长的基础测绘工作领导小组，在国土测绘院设立项目管理办公室，并聘请国内知名专家作为技术顾问。3月底，省国土资源厅向国土测绘院下达2007年度基础测绘计划，主要包括1103幅1∶1万基础测绘更新数据采集与建库、重点规划与建设（电子政务）地理信息平台、GPS基准站规划建设项目，并对这三项任务的主要内容、工作要求等作了规定。

为做好2007年基础测绘工作，4月19日，省国土资源厅向财政厅送交了《关于申请2007年度基础测绘经费的函》。5月21日，省财政厅批准申请，下达给省国土资源厅2007年度基础测绘经费3000万元。

【设区市基础测绘规划与计划】

为推动测绘事业发展，2007年，山东省各市加快了基础测绘规划计划的编制与实施。2月，青岛市人民政府办公厅印发了《青岛市“十一五”基础测绘规划》，该规划是建国以来青岛市第一个测绘方面的专项规划，规划确定了五类共18个基础测绘工程项目，预算资金1.5亿元；目标是以基础测绘任务实施为基础，加快青岛市信息化测绘体系建设，高水平服务于2008年“奥帆赛”和社会主义新农村建设，拓宽基础地理信息服务领域，实现测绘信息资源的有效利用和共享，提高基础测绘的公共保障能力和服务水平。

5月，东营市人民政府印发《东营市基础测绘“十一五”规划》。在基础测绘方面全年主要完成以下工作：一是利用政府投入的30万元基础测绘经费，结合电子政务建设，对中心城区200平方千米的基础地理数据进行了整合、建库。二是完成高程控制测量910千米，平面控制测量GPS D级控制点132个，1∶500地形图154.5平方千米；开展了1∶500地形地籍图测量，并建立了基础地理空间数据库。三是对2006年已完成的全市三等水准网进行了复测，共完成50千米。

7月，聊城市政府印发《聊城市基础测绘“十一五”规划》。“十一五”期间，该市将投入1950多万元，用于购置仪器设备、1∶500地形图更新及数据库建设、专业数据库整合、入库及平台软件开发、平台城区地理信息更新维护等。

法制建设与市场监督

【测绘法制建设】

2007年，山东省国土资源厅继续加强测绘法制建设，先后就地图市场监管、测量标志管理、矿山测量管理、外国的组织或者个人来华测绘等方面制定下发了有关通知，加强了政策指导，规范了测绘行为。

为贯彻落实国家测绘成果管理的有关法规和政策，12月，制定印发了《山东省基础测绘成果提供使用管理暂行规定》，要求各级测绘行政主管部门按照分级管理的原则负责组织实施基础测绘项目，每年编制测绘成果资料目录，向社会公布，为经济社会发展提供及时、准确、适用的测绘保障服务；明确了省、市、县（市）测绘行政主管部门提供、使用的基础测绘成果管理范围，申请使用山东省基础测绘成果的条件，应当提供的材料，对审批程序、时限等作了严格的规定；明确遇有突发应急事件需要成果时，按照特别程序执行；要求测绘行政主管部门设立或指定具体单位负责基础测绘成果的保管和提供工作，保管单位存放的设施和条件应当符合国家保密、消防和档案管理的有关规定和要求；被许可使用人应签署《涉密测绘成果安全保密责任书》，严防泄密；另外，还对被许可使用人如何使用基础测绘成果作了严格规定，避免侵犯知识产权和成果失泄密事件的发生。

【测绘市场监督】

按照国家测绘局部署，1月~3月，山东省开展了测绘资质年度注册工作。经市级测绘行政主管部门审核，省国土资源厅复审，予以注册611家单位，注销资质4家，不予注册8家，缓期注册25家，降低资质2家，并公布了未通过注册单位名单。严格做好测绘资质审批工作，全年共受理测绘资质申请45个，经依法审查，批准24家单位取得相应等级的测绘资质，对申请甲级测绘资质的2家单位进行了初审。严格执行测绘项目登记制度，全省共登记测绘项目5000多项。组织济南、德州、青岛、潍坊、淄博五市开展了丙、丁级测绘单位测绘成果质量监督检查。依法查处了多起无证测绘、不登记测绘等违法测绘案件，打击了不法测绘行为。省国土资源厅与教育厅等七部门联合转发了国家测绘局等七部门《关于加强外国的组织或者个人来华测绘工作的通知》，就提高国家安全和保密认识，加强测绘市场监管，打击违法测绘，确保国家安全提出了明确要求。

地图管理与成果管理

【地图管理】

1月31日，山东省国土资源厅下发《关于进一步加强地图市场监管的通知》，要求进一步强化地图市场监管，做到日常巡查与集中突击查处相结合，保证地图市场繁荣规范、健康有序的发展。

各级测绘主管部门多措并举，继续保持对地图市场监管的高压态势，查获收缴了大量违法地图产品，进一步规范了地图市场秩序。“五一”前夕，各市测绘主管部门根据省国土资源厅部署，与工商、新闻出版、海关等部门联合行动，组织开展了突击查处收缴违法地图活动，检查车站、旅游景点、百货商场等单位、摊点920多家，收缴、封存违法地图产品近8000份，责令撤换以地图为载体的大型广告牌1个，立案查处较大违法编制地图案件1件。3月，菏泽市国土资源局在市文化、公安等部门密切配合下，查获了一起违法编制出版地图案件，收缴违法地图1468本（张）及造假工具。7月~8月，烟台市国土资源局在上级部门指导下，与烟台海关联合查处了深圳某公司出口违法地图产品案件，收缴5600个存在严重政治性问题的充气地球仪。

【测绘成果管理】

2007年，山东省测绘部门以测绘项目登记和测绘资质年度注册为切入点，促进测绘项目汇交工作，全省测绘行业汇交测绘成果副本63套、目录4764条。4月~6月，山东省国土资源厅在省国土测绘院配合下，开展了基础地理信息数据管理与使用情况保密自查活动，对全省484个用图单位2004年~2006年间使用的32884幅测绘成果资料进行了检查，对省直19个用图单位进行了抽查。着力加强测量标志管理工作，印发了加强测量标志管理工作的通知，制定了《测量标志普查维护技术规程》，组织开展了测量标志普查、建库工作，进一步提高测量标志管护水平。

基础测绘与质量监督

【基础测绘】

山东省测绘基准体系建设取得重大进展，全面完成了全省C级GPS网和三等水准网建设工作，通过了国家测绘局组织的专家验收，成果已提供社会使用。组织编制了《山东省卫星定位连续运行综合应用服务系统总体设计方案》，经专家评审论证后印发实施。

省级基础测绘规划有序实施，拟定了《山东省省级基础测绘项目管理暂行办法》，组织编制了《山东省1:1万比例尺基础地理信息数据采集、更新与建库总体设计》及技术方案，通过了专家评审论证；组织开展了1:1万基础地理信息更新与建库工作，基本完成年度计划任务；启动了1:5万数据库更新与应用版地形图更新工作。省国土资源厅下发通知，对青岛市1:1万基础地理信息数据采集与更新的任务范围、内容、技术、时间等提出了要求，进行了部署。

市、县基础测绘工作取得新进展，烟台、威海、聊城、临沂数字城市地理空间框架建设示范项目试点经国家测绘局批准实施；东营等市、县开展了城镇D、E级GPS控制网加密工作；枣庄、济宁、淄博、菏泽、日照等市、县结合城镇地籍调查，开展了城镇1:500地形图测绘工作；东营、聊城等市利用1:500地形图缩编制作1:1000、1:2000、1:5000地形图，满足经济社会发展的需要；济南、淄博市建立了全市GPS连续运行基准站网。

【质量监督管理】

为加强测绘成果质量监督，山东省国土资源厅组织济南、德州、青岛、潍坊、淄博五市开展了丙、丁级测绘单位测绘成果质量监督检查，对存在严重质量问题的测绘单位依法作出了处理。

重大工程测绘

【重大水利工程测绘】

一、南水北调东线一期工程测绘

7月~11月，山东省水利勘测设计院在济宁、泰安、济南市为南水北调东线一期工程完成GPS卫星定位（E级）14点，四等水准243.9千米，横断面测量129.9千米，1:500局部地形图测绘6.29平方千米，1:5000地形图测量0.95平方千米，实测纵断面24.7千米，建筑物调查61处。

二、沂河、沭河、泗河治理工程测绘

1月和4月，山东省水利勘测设计院在临沂市为沂河、沭河、泗河治理工程完成GPS卫星定位（E级）31点，四等水准测量136.5千米，横断面测量135.1千米，断面端点放样893点，1:500地形图测绘1.7平方千米，纵断面测量30千米，护岸、护滩调查10.4千米，1:2000地形图测量0.5平方千米，建筑物调查7处。

三、胶东地区引黄调水工程测绘

1月，山东省水利勘测设计院为山东省胶东地区引黄调水工程征地边界桩放样652点。

四、水库除险加固工程测绘

2007年，山东省水利勘测设计院共为省内12座水库完成GPS卫星定位（D、E级）测量126点，实时动态RTK238点，三等水准76千米，四等水准512千米，横断面测量154.7千米，实测纵断面53.7千米，1:1000地形图3.3平方千米，1:2000地形图测量13.8平方千米，1:5000地形图测量8.9平方千米，1:1万地形图编绘20.5平方千米，纵断面编绘8.3千米，建筑物调查45处。

【菏泽市、巨野县、东明县矿产资源规划数据库建设】

该项目2006年4月启动，利用MAPGIS6.1地理信息系统平台建立矿产资源规划数据库。2007年1月10日，项目通过了国土资源部、山东省国土资源厅组织的专家验收。该项目为矿产资源规划成果管理、规划审查、辅助决策等提供服务并实现数据交换与共享。

【济宁市城区地热资源遥感地质调查】

山东省国土测绘院通过卫星遥感热红外信息分析，发现济宁市城区存在3个相互联系的深部地热异常。经常规地质调查、水井钻孔测温、电测深和热水样分析的验证，结合该区钻探资料，综合分析该区地热地质条件，确认济宁市城区南部存在一个深埋型低温层状地热田，其面积大于300平方千米，热水温度可达50℃，具有91亿元的经济价值。5月，项目通过了省国土资源厅组织的验收，并被评定为优秀成果。

【枣庄四城区土地利用数据库建设】

枣庄四城区土地利用数据库建设主要包括外业调查、内业数字化、数据库建设等三大步骤。利用卫星影像和相关现势资料数据制作1:1万土地利用外业调查工作底图；采用MAPGIS软件对调查底图进行纠正、扫描矢量化和属性录入工作，得到建库基础分幅数据；最后利用MAPGIS土地利用数据库管理系统建立土地利用数据库，实现对土地利用数据的管理、汇总和输出等。6月，项目通过了省国土资源厅组织的专家验收。

【温州港状元岙港区水域对外开放勘测】

受温州市港航管理局委托，中国海洋大学工程勘察设计开发院承担了“温州港状元岙港区水域对外开放勘测”项目。9月~11月，该院对温州中部海域状元岙港区水域中的航道及锚地进行地质勘察、水深测量、扫海和浅剖测量，按计划完成了任务，并通过了海军司令部航海保证部的验收。

【黄山索道测绘项目】

2003年~2007年，山东省经纬工程测绘勘察院承担完成了黄山云谷客运索道改建工程测绘工作。索道勘测包括配合甲方选线到布设首级控制、测制断面图及支架局部地形图等，2007年9月25日索道正常运行。此外，该院为实现黄山“山上游、山下住”的总体规划目标提供了强有力的测绘技术支持和保障。

【新疆矿山勘探开采测绘】

3月~11月，山东省经纬工程测绘勘察院承担了新疆昭苏煤田切特木斯矿区、霍县界梁子矿区和新源县化探普查项目测量工作。共完成1:1万地形测量313.3平方千米，D级GPS点32个，E级GPS点82个，四等水准测量504.8千米，钻孔放样84个，钻孔定测86个，基点及剖控点测量85个，剖面测量33条108039米。

【菏泽市郭屯井田地面测绘】

5月~12月，山东中煤物探测量总公司完成了郭屯煤矿D级控制网建设、近井点测量、井筒十字线恢复、135平方千米的1:2000地形图测绘等工作。项目于12月通过专家组的验收。

【亚美海底光缆（AAG）系统中国海域路由调查】

9月，国家海洋局第一海洋研究所和环球勘探（亚洲）有限公司（EGS）联合承揽了亚美海底光缆（AAG）系统在中国南海的路由调查项目。第一海洋研究所完成了3530.7千米的路由中心线勘测，获得222个地质样品和92个声速剖面资料；分析出17处碎屑、3处沉船、1处疑似集装箱等海底异常现象；完成87个磁力点探测。该海底光缆建设项目对我国通信事业的发展和提高我国在国际及亚洲通信网中的地位具有重要作用。

测绘共建共享

山东省国土资源厅按照“互相支持、优势互补、避免重复、实现双赢”的原则，积极推进基础地理信息共建共享。与省民政厅签署了地理信息资源共享合作协议；与省公安厅联合转发了《国家测绘局公安部关于加强地理信息数据资源共享与合作建设警用地理信息基础应用平台的通知》；与济南军区测绘大队签署了地理信息资源共享与合作备忘录，联合开展1:1万、1:5万基础地理信息更新工作；与省气象局就签订《山东省卫星定位连续运行综合应用服务系统建设合作协议书》达成了共识。

成果应用服务

根据山东省国民经济和社会信息化发展规划，山东省国土资源厅加强基础地理信息社会化应用服务。组织编制了“山东省电子政务地理信息平台”、“山东省突发公共事件应急体系地理空间信息公共平台”项目可行性报告，并为经济社会发展提供了大量基础地理信息数据。其中，仅省地理信息中心就提供各种比例尺地形图4662张，数字产品1080幅、数据量35.3GB，航片758张，各种大地控制点4503点，卫星遥感数据19景、38GB。

地图编制与出版

【专题地图（册）】

2007年，山东省地图出版社在编辑出版了大量交通旅游类地图的基础上，开发了一些适销对路的新品种，如《山东省地图册》、《山东省公路图册》、《高速公路图集（旅游）》等，在社会上产生了一定影响。该社全年共编辑出版100多种地图类图书，完成3.3万个色令，4028千印张。

【地图集编制出版】

一、《山东省国土资源图集》

《山东省国土资源图集》2006年由山东省国土资源厅立项编制，2007年7月，由山东省地图出版社正式出版。该图集为16开本，9个印张，双面四色印刷；分为序图、自然资源、社会经济和区域详图4个部分。图集全面展示了山东省经济社会特别是自然资源的数量、质量和时空分布，具有较强的综合性、地域性、科学性和实用性。

二、《山东省地图集》

《山东省地图集》是《山东省基础测绘“十一五”规划》确定的重要项目。为编纂好该图集，山东省国土资源厅先后组织人员到江苏、北京考察学习地图集编纂经验。2月，省国土资源厅组织召开了《山东省地图集》咨询座谈会，与会专家对图集的框架结构、内容编排、组织形式、资料搜集、装帧设计等提出了许多建议。8月，省政府成立了由姜大明代省长担任主任的编纂委员会，下设编纂委员会办公室，具体负责编纂工作的组织协调工作。8月30日，山东省地图集编纂委员会办公室在济南召开《山东省地图集》座谈会，对地图集总体设计思路、组织实施等进行了深入研究座谈。之后，省国土资源厅根据座谈会的意见对地图集总体设计方案进行了多次修改完善。

科技创新与人才培养

【山东省重点地区矿山开采卫星遥感调查与动态监测】

该项目由山东省国土资源厅立项，省国土测绘院承担，自2006年开始，2007年11月完成验收，历时一年。研究过程中，山东省国土测绘院在国内首次采用了遥感、数据库、三维可视化技术三位一体的监测矿山开采模式。11月15日，省国土资源厅组织召开了项目验收暨成果鉴定会，通过了该项目的验收。

【济南市现代测绘基准体系】

该项目由济南市规划局组织、济南市勘察测绘研究院建设完成。基准体系作为“数字济南”地理空间基础框架的重要组成部分，主要由济南市连续运行卫星定位服务系统、城市高精度GPS网、城市精密水准网和区域似大地水准面精化4个部分组成。12月25日，项目通过了济南市科技局组织的专家鉴定。

【城市规划决策管理三维支持系统】

该项目是建设部科技项目，由济南市规划局组织、济南市勘察测绘研究院承担。项目由设计管理系统、网络发布系统和系统维护系统三大子系统组成，可实现规划项目管理展示、三维城市浏览、地名查询定位等功能。该项目于12月20日在济南通过了建设部专家组验收，并已在济南市详细规划编制、奥体中心周边建设等大型规划项目中得到应用。

【基于无人驾驶飞艇的低空摄影测量系统】

山东省地质测绘院联合山东科技大学进行了“基于无人驾驶飞艇的低空摄影测量系统”研究，在内部设立了3个科技项目：“计算机屏幕遥感解译方法应用研究”、“城镇地籍属性数据快速录入功能的二次开发”、“全数字摄影测量成图方法试验与研究”。年内3个项目均取得了预期的成果。

【获奖项目】

山东省国土测绘院2006年承担完成的“东平湖三维防汛决策支持系统”项目，于2007年2月、10月先后获水利部黄河水利委员会的一等奖和中国测绘学会测绘科技进步三等奖；山东省国土测绘院2006年度承担完成的“山东省工商行政管理经济户口地理信息系统”获得2007年度中国地理信息系统优秀工程铜奖。

对外合作与交流

【与德国的交流合作】

6月11日，山东省国土资源厅与来访的德国巴伐利亚州测量与地理信息局签订了《关于进一步发展和加深测绘合作与交流关系的协议》。协议签订后，双方在山东省国土资源厅举办了报告会，介绍了各自在测绘行政管理、测绘服务保障，以及地籍测绘等方面的发展情况。6月12～16日，巴伐利亚州测量与地理信息局局长君特尔·纳格尔一行到东营、烟台、青岛市国土资源局，考察了地籍信息系统建设、数字城市地理空间信息公共平台建设等。

【与日本的交流合作】

5月7日～14日，山东省国土资源厅组织代表团赴日本访问，与日方的高科股份有限公司就地下水污染调查、地理信息系统软件开发、在第三国承担测绘项目等事项进行了讨论，双方承诺在经济、技术、文化、管理等方面加强交流合作，并签署了建立合资公司的合作协议及合资公司运营章程。另外，代表团赴日本大学GIS研究所等地进行了访问考察。

6月，山东省国土资源厅派测绘代表团参加了日本“2007年全国测量技术大会”，进行了测量与GIS应用技术交流与展览。10月26日，山东省国土测绘院与日本大阪高科株式会社合资成立的济南金图高科信息技术有限公司在济南举行成立庆典，标志山东与日本有关方面的测绘技术合作迈出了较大步伐。

【与法国的交流合作】

2007年，山东省经纬工程测绘勘察院和法国波马公司（索道设计单位）连续合作，先后完成了黑龙江亚布力滑雪场3条快速混合式索道的工程测绘和勘察，乌鲁木齐后峡谷滑雪场4条索道以及浙江安吉大竹海4条（全长11.2千米）索道工程测绘。

【与印尼的交流合作】

3月～11月，山东中煤物探测量总公司受印度尼西亚勘探公司的委托，完成了Anggana井田D级GPS控制网建设和井田40平方千米的地形图测绘，受到了当地专家的高度赞扬。

【与安哥拉交流合作】

索约卡宾达交通通道工程项目旨在连接安哥拉北部扎伊尔省的索约市与卡宾达省的卡宾达市。国家海洋局第一海洋研究所承担该项目工程测量，12月4日完成全部外业工作。此次外业工作完成1∶1万水下地形测量约235平方千米，单波束水深地形测线约1100千米；对所确定的桥位线进行了1∶2000水深地形和旁侧声纳地貌测量，测量区域面积约10平方千米。12月30日，提交了中间成果。

党的建设与精神文明建设

【党的思想和组织建设】

山东省国土资源厅组织召开了厅直属机关党委第一届第二次全会，根据省直工委和厅党组年度工作思路，研究确定厅系统党建2007年工作要点、党组和直属单位年度理论学习中心组学习计划，通过了《厅直属机关党委工作规则》等；继续在基层开展“五个好”先进党组织和“五个好”优秀党员评比活动；组织开展了厅系统2005～2006年度先进基层党组织、优秀共产党员和优秀党务工作者评比活动，1个基层党组织、2名党员、2名党务工作者受到省直机关党工委的表彰；对厅系统党务干部进行了集中培训，组织了党课集中教育活动，提高了党务干部的素质，年内发展新党员20名。

【党风和行风建设】

根据省委和省直党工委的部署，山东省国土资源厅组织开展了“加强作风建设，促进社会和谐”和“加强干部作风建设，创建‘两好一高’机关”学习教育活动，下发了实施意见，召开了动员大会，组织集中收看《忏悔录》等录像资料，开展了“知荣辱、创文明、树形象、强素质、促和谐”教育活动，组织厅机关全体党员到革命圣地西柏坡参观学习，聘请全国劳动模范王乐义给全厅处以上领导干部作专题报告。通过开展多项活动，为深入开展主题教育和创建和谐机关、和谐单位奠定了基础。

表彰了测绘工作先进集体和先进个人，评选东营市国土资源局等25个单位为“全省测绘工作先进集体”，授予杜洪涛等45人“全省测绘工作先进个人”称号。

【学习贯彻党的十七大精神】

山东省国土资源厅系统各级党组织认真学习了党的十六届四中、五中、六中全会精神，胡锦涛总书记在中纪委七次全会和中央党校的重要讲话、省九次党代会精神。党的十七大召开后，党组中心组集中两天时间进行了学习交流；组织举办了全省国土资源系统领导干部贯彻落实党的十七大精神学习班，厅机关各处室、直属事业单位，各市国土资源局主要负责人共70人参加了学习培训，并聘请了省委党校教授进行专题辅导。

【文明机关、文明单位创建活动】

山东省国土资源厅制定下发了工会、共青团工作要点，对工会干部、团干部进行培训；评比和表彰了工会工作先进单位和个人，国土测绘院等4个单位被评为省直机关先进工会；开展了文明礼仪教育、文体比赛、春游等丰富多彩的活动，活跃了职工文化生活；组织了全省国土资源系统乒乓球选拔赛，参加了在北京举行的全国国土资源系统乒乓球比赛，获得团体第五名；积极开展“献爱心、送温暖”和“慈心一日捐”、“爱心图书”捐赠等活动，先后捐款、筹资3万余元；组织厅机关和部分事业单位团员青年到临沂革命根据地学习参观，进行理想信念教育；为庆祝“三八”妇女节，组织厅机关女职工与济南市国土局女职工进行联欢；组织了文明机关和文明单位评比复审工作。

地方社团工作

【组织建设】

2007年，山东省测绘学会召开了常务理事会，学习国家测绘局局长会议精神，总结了2006年的工作，对2007年的工作进行了部署。根据省科协有关文件精神，狠抓自身建设，明确了职责，加强了会员管理，学会办事机构依法办会，照章办事意识不断增强。

【学术交流活动】

6月，山东省测绘学会与山东土地学会在青岛举办了山东省“数字国土”学术交流会，全省78名测绘科技工作者和土地管理干部参加会议。会上介绍了全国第二次土地调查情况及“数字国土”建设经验和土地调查新技术，进行了学术交流，评选了优秀论文。7月，组织10家单位科技人员参加了华东六省一市测绘学会第十次学术交流会，向大会推荐19篇科技论文，其中获一等奖7篇，二等奖6篇，三等奖6篇。

【科普与教育】

7月，山东省测绘学会组织青少年夏令营，参观了山东省地理信息数字化基地、山东省博物馆，组织了定向越野比赛等活动。学会与枣庄市国土资源局组织两支代表队参加了在广西举行的2007年全国学生定向越野锦标赛暨第三届全国测绘行业“四维测绘杯”定向越野大奖赛。9月，举办了2007年“南方测绘杯”大学生测量技能比赛，6所高校14个代表队的70名大学生参加了此次比赛。11月，与省国土资源厅组织了全省“测绘与地理信息技术”专题培训班，中国工程院院士宁津生做了题为

《从数字化测绘到信息化测绘的发展》的学术讲座，张祖勋院士做了题为《摄影测量发展应用与信息化测绘》的讲座，全省17个市的测绘行政管理人员及99家甲、乙级测绘单位的130多人参加了培训学习。

河 南 省

规划与计划

【全省测绘工作要点】

1月22日，河南省测绘局向全省各省辖市测绘主管部门及有关单位下发通知，提出《2007年全省测绘工作要点》，要求从八个方面切实做好全省2007年的测绘工作，即：加强测绘规划的编制与实施，全面启动基础测绘工作；抓好试点，引导全省“数字城市”建设健康发展；强化测绘队伍资质管理，进一步规范测绘市场秩序；进一步加强地图市场监管，强力实施精品地图工程；围绕中心工作，进一步提高测绘成果利用和服务水平；加强监督检查，确保测绘产品质量全面提升；加快测绘科技创新步伐，大力推进信息化测绘体系建设；加强测绘管理队伍建设，全面提高依法行政水平。

【年度测绘工作任务】

2月8日，河南省测绘局召开局系统年度工作会议，明确提出2007年10项工作任务：一、加强测绘规划的编制与实施，进一步加快基础测绘步伐；二、抓好试点，引导全省“数字城市”建设健康发展；三、强化测绘队伍资质管理，进一步规范测绘市场秩序；四、进一步加强地图市场监管，强力实施精品地图工作；五、围绕中心工作，进一步提高测绘成果利用和服务水平；六、加强监督检查，确保测绘产品质量全面提升；七、加快测绘科技创新步伐，大力推进信息化测绘体系建设；八、坚持科学发展观，促进测绘经济增长方式的转变；九、加强和谐单位建设，营造良好的测绘事业发展环境；十、加强党风廉政建设，培养作风过硬的干部队伍。

法制建设与市场监管

【测绘统一监管】

1月9日，河南省测绘局依据测绘法律法规的要求，结合河南测绘管理工作实际情况，修订并印发了《河南省省辖市测绘行政主管部门主要职责的指导意见》、《河南省县（市、区）测绘行政主管部门主要职责的指导意见》和《河南省乡镇测绘行政主管部门主要职责的指导意见》三个文件。其中省辖市测绘主管部门的职责10项；县（市、区）主要测绘管理职责8项，乡、镇主要测绘管理职责4项。

为更好地督促各市、县、乡三级测绘主管部门职能职责的落实，省测绘局制订了《省辖市年度测绘工作目标考核办法》，各省辖市根据省局的测绘工作目标要求，制订了相应的考核办法，促进了全省测绘管理工作目标和任务的落实。

【测绘宣传】

3月15日，河南省测绘局转发国家测绘局2007年测绘系统法制宣传教育工作要点，并在测绘法宣传日开展了形式多样、内容丰富的测绘法律、法规宣传活动；统一印制了带有河南省政区图和郑州市区图的测绘法律、法规宣传品15000份，向社会发放。在全年的测绘法宣传活动中，全省共制作展板1600多块，悬挂横幅1400幅，印制各类宣传品95000份，并在各种新闻媒体上进行了宣传，提高了全社会的测绘法制意识。

7月，省测绘局领导陪同河南省人大环资委领导到省内外做专题调研，随后由省测绘局准备材料，由省人民政府向省人大第32次常委会专题汇报测绘工作。常委会审议后向省政府作出书面反馈，要求省政府加大对测绘工作支持的力度。副省长张大卫对这个反馈意见给予了充分肯定，并赞扬了省测绘局加大对省四大班子和有关部门测绘工作宣传力度的举措。

积极围绕平顶山、郑州“数字城市”地理空间框架建设全国试点，省测绘局与河南理工大学联合申办矿山空间信息技术国家测绘局重点试验室，及时跟踪采访并在新华社、中国新闻社网站和有关报纸等媒体宣传报道了淮河抗洪、中博会、名山测高等热点。中国测绘报河南记者站被中国测绘报社评为“2007年度优秀记者站”，秦福军被评为“优秀记者”。

【依法行政】

2月5日，河南省测绘局制定了“测绘行政执法人员岗位培训方案”，先后举办了三期培训班，有23人取得了测绘行政执法证。

7月27日，省测绘局制定了《河南省测绘行政执法若干规定》，要求各省辖市国土资源局（测绘局）严格执行，切实提高执法效果；对无资质和超越资质等级非法分包、转包测绘项目的案件加大执法力度，全年共查处违法测绘案件3件。

【测量标志管理】

9月14日，河南省测绘局向省发改委呈文《关于开展我省测量标志、标识物改建新建工作的立项请示》；9月21日，省测绘局向省人民政府呈文《关于开展我省测量标志改建工作的立项请示》，申请对全省高等级的Ⅰ、Ⅱ等三角点，全球卫星定位GPS A、B、C级点，等级以上的水准点，军用控制点以及天文点、重力点约9408座测量标志进行改建、新建及维护工作；濮阳市财政投资20万元启动全市测量标志保护工作，并举办由各县（市）区及中原油田有关人员参加的培训班。

【测绘资质管理】

全年河南省共有测绘资质持证单位556家，其中甲级22家，乙级87家，丙级163家，丁级284家；新申请测绘资质证书的单位46家，经审核批准43家。3月初，开展配发测绘作业证和备案工作，全省办理测绘作业证3255个。全年督促落实测绘任务备案58项，其中为外省测绘单位办理了7项任务备案。

6月18日，河南省测绘局印发《测绘行政许可和非许可类事项便民服务手册》，按照便民、利民、公开、公平、公正的原则，对测绘资质审批等行政许可事项和测绘资质年度注册等有法律法规依据的行政管理事项进行了梳理，明确了审批标准、条件、时限和责任，规范了审批程序。

地图管理与成果管理

【地图管理】

3月28日，为贯彻落实《国务院办公厅转发测绘局等部门关于加强国家版图意识宣传教育和地图市场监管意见的通知》和《河南省人民政府办公厅关于加强国家版图意识宣传教育和地图市场监管的通知》精神，省政府将河南省地图市场监督管理联席办公会议更名为河南省国家版图意识宣传教育和地图市场监管协调指导小组，成员单位新增了省委宣传部、省教育厅、民政厅和信息产业厅。省政府副秘书长张庆义任组长，省国土资源厅副厅长李志民、省测绘局局长曹江水任副组长，省测绘局副局长贾志伟任办公室主任。8月1日，河南省测绘局印发《河南省新闻媒体使用中国示意性地图网上传输受理审核程序规定》，9月14日，省测绘局发出《关于开展全省地图市场和网络地图检查的通知》。1月，对经纬地图技术有限公司非法盗版《新乡市全景图》案件进行受理并对其做出罚款5000元的处理；4月，对绿能电动车《河南售后网络分布图》盗版《河南省交通游览图》事件进行查实，并将材料移交给新闻出版局处理。全省全年共查处带有政治性问题地图32件，盗版和“三无”地图1591张，问题地球仪213件，检查带有网络地图的网页2000多个，进一步规范了地图市场。

【成果审批】

为贯彻实施新的《地图审核管理规定》，河南省测绘局出台了《河南省测绘局关于加强地图编制工作的指导意见》，为地图市场健康发展打下了基础。全年共审核河南省地图院、西安地图出版社、中国旅游出版社等单位所呈报的专题地图73幅；受理申请使用测绘成果业务1401起，对外提供测绘成果1起。

【成果汇交】

共收到92家测绘单位提交的测绘成果汇交目录1500多条，收录826条，编制了河南省测绘成果目录（第十四册），搜集了《河南省十八地市挂图》等现势资料。

【成果分发与保密管理】

全年向社会各类用户分发成果包括：1∶5000 DOM 144幅；1∶1万数字化地形图788张；1∶1万DLG数据2250幅，数据量8.67GB；1∶1万二底图（扫描喷绘）14张；1∶1万DOM 1320幅，数据量23.11GB；1∶2.5万地形图5幅；1∶5万地形图950张；1∶5万DLG数据464幅，2.59GB；1∶5万DRG数据66幅，254MB；1∶5万DEM数据475幅，1.3GB；1∶10万地形图91张；1∶20万地形图251

张；1∶25万地形图39张；1∶50万地形图44张；三角点736个，水准点189个，GPS点566个，航摄数据成果1613片，数据量107GB，像片2327片；提供遥感影像共52景，24.3GB。

认真做好测绘成果使用的监督指导工作，向社会各类用户分发成果时，积极宣传测绘成果保管、应用等方面的国家保密工作规定，强化测绘成果保密意识，督促用户做好测绘成果资料使用中的保密管理工作。

基础测绘与质量监督

【基础测绘】

2007年，河南省测绘局提请省政府出台了《河南省基础测绘中长期规划纲要》，促进了基础测绘工作发展。年度下达基础测绘和电子政务项目经费2200万元，比上年增加226万元；组织完成了豫南、豫东和豫西1∶1万地形图更新516幅，“中原城市群”、“郑汴一体化”与平顶山市域第二轮1∶1万地形图更新628幅，1∶1万数据库建设612幅，1∶5万更新10幅；完成33个县（市）挂图工程以及省级电子政务空间地理信息系统续建任务，为社会主义新农村建设启动了“一镇一图”和“数字乡镇”试点工程，先后有20余个乡镇积极申报省级试点，确定8个乡镇列入首批试点计划；在省辖市D级GPS控制网建设方面，继鹤壁、平顶山、新乡、焦作、濮阳、漯河全面完成之后，安阳和商丘两市区正式启动了新一代测绘基准建设工程。

平顶山、郑州被国家测绘局列为首批“数字城市”建设全国试点城市，为此，郑州市成立了市基础地理信息管理办公室和市基础地理信息中心。通过试点项目的带动，开创了数字区域地理空间框架建设的有效途径，密切了省、市、县、乡测绘部门与政府的联系，同时也为省级基础测绘单位搭建了市场开拓平台。

河南省测绘局基础地理信息中心利用全野外控制点和1∶1万DLG数据中明显地物点，对平顶山测区约15000平方千米七景全色SPOT5影像进行正射纠正，制作了符合精度要求的543幅1∶1万DOM。

【市场经营】

河南省测绘局直属生产单位（三院一中心）把开拓测绘市场放在工作的突出位置，大力开发省内省外市场并承担了香港地区二等水准测量和日本航测成图等项目，全年市场经营收入实现3500万元。

【质量监督】

2007年，河南省测绘局召开了测绘生产全面质量管理会议，开展了全省基础测绘质量专项监督检查工作，对承担基础测绘任务的局属单位制定出台测绘生产质量管理和安全生产管理规定，落实责任目标。河南省测绘产品质检站对基础测绘项目实行分区分块检查，年内共检查验收各类基础测绘项目21项，产品质量全部合格；对河南核电项目陆域1∶1000地形测量，平顶山市石龙区地理空间数据源基础测绘工程，漯河市D级GPS控制网，南水北调中线工程，焦作城区段调查管理信息系统等数十个测绘项目进行检查，未发现不合格产品。

重大工程测绘

【沁河河口村水库工程测量】

为在2010年前建成沁河河口村大（Ⅱ）型水库，黄河设计公司测绘信息工程院于2007年8月～9月完成了沁河河口村坝址区、河口电站站址、施工营地和桥涵址及场外交通路线测量。

【武汉长江隧道控制测量】

武汉长江隧道项目是武汉市重点工程和重要的过江通道，隧道全长3214米，地表平面控制测量采用GPS控制网，高程采用二等水准控制。由驻豫的中铁隧道集团有限公司工程测量总队施测完成。

【名山测高】

9月，河南省测绘局按照国家测绘局的部署，全面启动河南境内著名风景名胜山峰的高程测量项目。河南省测绘工程院施测的信阳鸡公山主峰（报晓峰），河南省遥感测绘院施测的安阳林虑山主峰（四方脑），河南省中纬测绘规划信息工程有限公司施测的焦作云台山主峰（茱萸峰）内外业作业均已完成，成果上报国家测绘局。

【其他工程测量项目】

河南省测绘工程院完成洛阳市南绕城高速公路基础控制及1∶2000带状地形图测绘，为洛阳公路勘测设计提供了保障；河南省遥感测绘院完成的“光山县城区1∶1000航测数字化地形图测量”项目，受到光山县县委、县政府赞扬；河南省电力勘测设计院完成的开封——商丘500kV送电线路工程测量项目提前完成，受到河南省人民政府通报表扬；河南省有色测绘有限公司完成嵩县三道沟矿区测量，满足了地质和物探工作的需要；河南省地球物理工程勘察院完成地下管线探测项目，建立了地下管线管理信息系统，为城市规划、发展、改造提供了详实的基础资料；黄河勘测规划设计有限公司先后完成黄河下游防洪工程测量、水利除险加固工程测绘等项目。

测绘共建共享

【“数字平顶山”、“数字郑州”地理空间框架】

“数字平顶山”、“数字郑州”地理空间框架工程全面启动，试点工作由国家测绘局、河南省测绘局、城市人民政府共同合作，按照“需求牵引、设计统一、共同投资、资源共享”的原则组织实施。国家测绘局在总体设计、基础航空摄影、系统集成等方面给予技术和经费支持；河南省测绘局提供各市域1:1万数字化地形图、C级GPS控制网以及技术和经费支持，为数字城市建设提供标准、惟一、公共的支撑平台，实现空间信息共享，避免了重复建设。平顶山市空间数据基础设施建设已投入800万元，此次投入1068万元启动二期工程；郑州市投入4520万元启动本期工程建设。

地图编制与出版

【网络地图】

网络地图公共服务平台于8月开发完毕，进入应用阶段。“河南地图网”是该平台的具体应用，用最新、最详细、最权威的地图数据为政府和社会提供地理信息服务。该系统功能齐全，支持放大、缩小、平移全图，具备点查询、地理空间测距、空间定位功能等，显示电子地图的速度也有所提升。

【地图编制】

河南省测绘局采用最新测绘成果，2006年~2007年历时两年，为河南省18省辖市编制交通旅游系列图并配套电子光盘；为民政系统编制行政区划图20幅，为交通部门编制18市农村公路通达示意图；编制了信阳市、县、农村公路“十一五”规划示意图，中牟县公路图，郑州移动分公司网点分布图，新乡市中行网点分布图，民权县城市总体规划图，郑东新区治安辖区图。为外省编制了《鹤峰县行政区划图》、《湖北省防洪形势图》、《阳新县地图》等。为河南省气象局设计、制作气象立体模型三件，其中“河南省人工降雨防雹立体模型”展示了河南省境内分布的航路、航线空中走廊的立体分布状态，以及省内人工干预气候所用的高炮、火箭炮发射点。2005年立项，2007年底完成全省113个县（市）挂图工程。省测绘局与省民政厅合作，编制《河南省市、县两级行政区域界线详图集》，该项目正在进行中。

【活页地图集】

为满足河南省城市发展和人民群众对地图产品的需求，由河南省测绘局立项，河南省地图院承制，历时三年多的精装活页《河南省地图集》出版发行。该图集采用最新1:1万地形图资料，并使用最新卫星遥感数据及航片补充修改，实地调绘，具有较强的现势性。该图集的出版发行填补了河南省城市系列地图的空白，获得“2007年河南省测绘优质工程一等奖”。

科技创新与人才培养

【科技创新】

河南省测绘局不断完善测绘科技管理制度，提高测绘科技创新能力。组织参与了河南省国土资源厅第三批科技创新人才、青年骨干、青年专家的评比活动，召开了全局测绘科技创新专题报告会；实施科研项目立项审核，有6个项目入选“矿山空间信息技术国家测绘局重点实验室”开放式基金科研项目，13个项目作为河南省测绘局科研项目立项。2007年，评出河南省优质测绘工程（成果）40个，其中一等奖13个，二、三等奖27个；向国家测绘局和中国测绘学会推荐6个项目参加奖项评选，其中5个项目获奖。由河南省测绘工程院完成的“数字平顶山数据源基础测绘”项目获中国测绘学会2007年优秀测绘工程金奖，由黄河水文勘察测绘局完成的“河南省陆浑水库水下地形测量”项目，以及由河南省地质测绘总院完成的“周口市1:1000地形航测”项目获中国测绘学会2007年优秀测绘工程银奖。全省共有11项科研成果获河南省测绘科学技术进步奖。

【人才队伍建设】

河南省测绘局制定了《河南省测绘局“十一五”人才工作规划》，出台了《注册测绘师制度暂行规定》和《注册测绘师资格考核认定办法》，组织开展了全省68名注册测绘师申请人的资格审查，其中18人通过初审。11月，省测绘局组织18个省辖市及省直测绘行业的19个代表团参加了河南省第三届技工比武大会，并联合省人事厅组织了首届“拓普康杯”工程测量技能比赛，全省39名选手入围最后决赛，省测绘局荣获优秀组织奖，省遥感测绘院等单位荣获省直团体一等奖。全省20名测绘工作者被授予“河南省青年测绘科技突出贡献奖”。认真开展职称评审工作，共审查高级职称资格9人、中级47人、初级71人，为200多人发放了2006年职称资格证书。全年地籍测量、房产测量等7个工种共337人参加了技术等级培训；全行业18人通过了人事厅技师考核；356人参加特殊工种技能鉴定，其中328人获得职业资格证书。与武汉大学联合举办研究生班，培训学员30人；省测绘学会组织了多期专题学术讲座、院士报告会、科技论坛学术年会等新技术培训活动。8月14日，省测绘局直属事业单位公开招聘专业技术人员，择优初定了10名拟聘用人员到省测绘局直属单位工作。9月15日，省测绘局致函河南省人事厅，申请对长期从事野外工作的河南省测绘工程院、河南省遥感测绘院职工实行浮动工资，该举措对促进测绘事业发展，推动人才管理和储备产生了深远的影响。

对外合作与交流

【外事交流】

9月16日~9月27日，河南省测绘局派2人参加测绘仪器技贸考察团，赴德国参观国际测绘博览会(INTRGEO 2007)，并对瑞士、法国进行技贸考察。

根据河南省遥感测绘院与煤航（香港）有限公司的合作协议，省测绘局派河南省遥感测绘院10人于12月赴煤航（香港）有限公司就全球定位系统的应用进行技术交流与合作洽谈。

1月，省测绘局派1人随国家测绘局组织的2006年度青年学术和技术带头人研讨班赴澳大利亚，就国际测绘新技术的发展趋势、测绘产业未来的发展模式等进行考察研讨；派1人随中国国际经济技术交流中心组织的土地测绘管理培训班赴德国，就土地测绘管理与新技术等进行培训研讨。

【涉外测绘】

2007年，河南省部分甲级测绘单位开展了国际间的测绘业务交流活动和跨国、跨地区测绘业务。河南省遥感测绘院承担了香港地区二等水准测量工程，河南省地图院承接了日本航测成图，黄河勘测规划设计有限公司测绘信息工程院承担了几内亚吉布洛水电站测绘工作，河南省地质测绘总院与阿尔及利亚 EL. ABED 铅锌矿合作开发“数字矿山”信息系统。

党的建设与精神文明建设

【党建工作】

2007年，河南省测绘局围绕贯彻落实科学发展观，进一步加强基层党组织建设，改进测绘外业党建工作，注重在生产一线发展青年党员，全年有10名入党积极分子参加了省直党校学习，发展新党员8名。重点学习了党的十七大精神，举办专题讲座、知识测验，不断促进党员提高知识理论水平。

【创建省级文明单位】

3月8日，河南省测绘局制定了2007年精神文明建设实施方案，在连续6年保持市级文明标兵单位称号的基础上，开展创建省级文明单位活动。局党委召开创建省级精神文明单位专题会议，印发创建省级文明单位有关制度和办法，通过全局干部职工的共同努力，创建工作已顺利通过省文明委检查验收。省测绘局继续向驻马店市泌阳县派出驻村工作组，并同时开展“扶贫济困送温暖”活动，积极向灾区和贫困地区捐款捐物。

【思想政治工作】

4月16日，河南省测绘局党委印发“讲正气、树新风”主题教育活动实施方案，扎实有效地开展了“讲正气、树新风”活动。通过理想信念教育、党纪国法教育、思想道德教育、干部作风教育，进一步提高了全体干部职工的文明素质，为测绘事业发展提供了精神动力和思想保证。

活动期间，省测绘局出台了谈话制度、机关考勤制度和请销假规定，修订了行政许可及非许可管理的审批程序，印发了行政执法工作的规定，做到了以制度规范工作，以制度督促整改与提高，使党员干部树立了干事创业和为群众谋利益的观念。

【党风廉政建设】

2月5日，河南省测绘局党委印发《关于2007年党风廉政建设工作意见的通知》，要求局机关、局属各单位认真做好各个方面的工作，强化对党风廉政建设的监督，针对具体工作的实施提出四个方面的监督：上级监督、党的监督、群众监督、纪检监察部门监督。认真开展治理商业贿赂专项工作，制定实施方案，明确治理商业贿赂工作的三个重点，即测绘行政审批，测绘经营活动和物质设备采购。

地方社团工作

【省级测绘学会工作】

6月，河南省测绘学会第七次全省会员代表大会召开，河南省测绘局局长、测绘学会理事长曹江水作了第六届理事会工作报告。选举产生了第七届理事会、常务理事会，修改了学会章程。第七届理事会在原设10个专业（工作）委员会的基础上，新增“测绘经济与管理工作委员会”和“测绘史志工作委员会”，中国测绘学会副理事长、解放军信息工程大学测绘学院院长王小同，河南省科协副主席王永军等共229人出席大会。大会邀请王家耀院士作了《关于信息测绘的思考》专题学术报告，举办了测绘应用技术讲座和测绘新设备、新技术展示。2007年河南省青年测绘学术会于9月26日～28日在郑州召开，有关专家作了专题学术报告，全省青年测绘科技工作者120多人参加了会议，交流学术论文52篇，其中15篇在大会上宣读交流。

【市级测绘学会】

平顶山市测绘学会召开了第二次会员代表大会，焦作市测绘学会召开了第七次会员代表大会，洛阳市测绘学会、信阳市测绘学会召开了工作会议并举办学术交流活动，测绘仪器与软件专业委员会、矿山测量专业委员会等相继举办了专题研讨会、学术交流会。通过广泛的学术交流、技术培训和专家学术报告，推动了河南省测绘科技事业的发展。

湖北省

规划与计划

4月初，《湖北省测绘发展“十一五”规划》根据省直相关部门意见修订后，省政府以鄂政发[2007]23号文发布。湖北省测绘局积极推进市、州的基础测绘纳入当地国民经济和社会发展总体规划，促进地方基础测绘工作发展。

法制建设与市场监管

【法制建设】

湖北省测绘局积极协助有关部门做好《湖北省测绘成果管理办法》的修订工作，4月19日，《湖北省测绘成果管理办法》以省政府令第300号发布。《湖北省地图管理办法》（代拟稿）已起草完毕并报送省政府。

【法制宣传教育】

《湖北省测绘成果管理办法》发布后，湖北省测绘局及时印制单行本，组织召开座谈会，大力开展宣传活动；8月，会同省依法治省办、省司法厅联合行文，印制宣传资料，组织市县开展多种形式的宣传活动，有力地推动了测绘法的贯彻实施。组织市州测绘行政主管部门负责人参加了3期测绘行政执法培训班，提高了依法行政意识和执法水平。

【依法行政队伍建设】

2007年，湖北孝昌、云梦等地确立测绘行政管理部门，蕲春、英山、红安等地加挂了测绘局的牌子。截至年底，除随州、十堰地区部分县（市）外，其他县（市）测绘管理机构已基本落实；印发了《2007年全省测绘管理工作要点》，对加强测绘法制建设、完善测绘行政管理体制和机制建设、推进测绘依法行政、加大测绘市场监管力度等方面提出了目标和要求；加强了对市州测绘执法主体建设的指导与考核，组织开展了2006年度市、州测绘行政主管部门测绘行政执法责任制评议考核。

【统一监管】

一、加强市场准入管理

湖北省测绘局认真开展2007年测绘资质年度注

册工作。湖北省持证单位共475家，应参加年度注册的单位465家，通过注册的单位443家，缓期注册9家，注销1家，12家未上报年度注册材料；5月，通报了年度注册情况，要求缓期注册、未上报年度注册材料的单位对存在的问题进行及时、认真整改，有6家单位补报了年度注册材料。年内新办理《测绘资质证书》单位24家，截至年底，全省具有测绘资质的单位共498家。加强测绘作业证管理，按照相关规定办理了63家单位测绘作业证768个，注册166个。年内查处某公司无证测绘违法事件，责令其停止违法测绘活动，没收其违法所得并处一定数额的罚款。

二、开展测量标志维护保管工作

湖北省测绘局完成了对《湖北省测量标志维护技术规程》的修订，召开了2007年测量标志普查、维护工作动员会和普查、维护培训班；按计划普查了25个县（市、区）内的2919个测量标志点，1146点完好，完好率39.3%；按计划开展了53个县（市、区）的测量标志维护保管工作，维护保管经费下拨至县级财政；委托省基础地理信息中心研发的“湖北省测量标志管理信息系统”开发完成；督促鄂州、咸宁测绘主管部门处理测量标志损毁、迁建事项。

三、规范测绘行政许可行为

湖北省测绘局按照省政府法制办的要求，组织开展了湖北省测绘行政法规、政府规章、测绘行政许可和行政处罚的依据、程序的清理并及时报送了清理结果；按照国家测绘局《关于实行测绘资质行政许可公示制度的通知》，对申办测绘资质单位进行了公示；根据《外国的组织或者个人来华测绘管理暂行办法》，对现行的测绘资质行政许可程序进行了完善和修改，补充了相关内容，进一步规范了审批程序；按要求及时向省电子政务办提供了湖北省测绘资质单位的相关信息；组织湖北省甲级单位参加国家测绘局举办的测绘资质信息系统培训班。

四、加强测绘项目登记备案工作

在2007年度注册工作中，湖北省测绘局要求各测绘单位填写《完成项目情况表》，对相关数据进行了收集和统计，收回甲级单位2004年~2006年完成测绘项目情况调查表60多份，整理各测绘单位2006年度测绘项目目录。

地图管理与成果管理

【国家版图意识宣传教育】

湖北省测绘局召开湖北省国家版图意识宣传教育和地图市场监管联席会议，总结了2006年工作；印发了《湖北省国家版图意识宣传教育和地图市场监管2007年工作计划》；积极开展国家版图意识宣传教育活动，利用湖北科技活动周和测绘法宣传日，设立宣传点、悬挂横幅、摆放展板，向群众散发《国家版图小知识》、《国家版图知识与地图管理法规宣传册》，收到较好的效果。

【地图市场监管】

湖北省测绘局督促、指导武汉和荆州等地开展地图市场监管工作，参与荆州、襄樊两地地图市场的检查，与湖北省工商局联合检查了黄冈市的地图市场；督促湖北卫视撤除《故事中国》节目制作的24幅“问题地图”，现场指导中科院武汉植物园修改用盆景制作的中国示意图1幅；查处深圳龙帆广告有限公司武汉分公司在武汉、荆州两地设立的招商广告中“问题地图”240幅，查处《湖北日报》和《长江日报》登载错误中国示意图的行为，敦促湖北日报报业集团制定相关制度，规范其所属报刊和相关网站使用地图的行为；加强网上地理信息监管，公布网上地理信息监管举报电话和电子信箱，依法规范网上地理信息服务；严把地图审核关，审核地图122幅（册），维护国家版图尊严。

【基础测绘成果使用行政审批】

按照国家测绘局有关要求，湖北省测绘局制定了《基础测绘成果提供使用管理暂行规定》。2007年受理行政审批测绘成果使用申请131件，其中使用外省测绘成果的申请97件，使用湖北省测绘成果的申请34件。

基础测绘与质量监督

【基础测绘】

2007年，湖北省GPS C级网及精化大地水准面建设项目全部完成，标志着湖北省新一代测绘基准的正式建成。测制了恩施、武汉城市圈等区域1:1万数字线划图（DLG）约500幅；实施完成全省1:5万地形图数据的建库工作；完成神农顶高程测量项目。

【质量监督】

湖北省测绘局组织各甲级测绘单位负责人参加

国家测绘局、国家质检总局联合召开的全国重点测绘工程成果质量监督检查启动电视电话会议武汉分会场会议；组织召开了2006年甲级测绘单位测绘产品质量定期监督检查情况通报会，总结了2006年甲级单位检查情况，对检查中发现的问题提出了整改建议和措施，部署了2007年质量监督检查活动；加强基础测绘质量监督管理，加大过程监督检查，促进全局基础测绘项目质量提高；组织实施了对14家甲级测绘单位测绘产品质量定期监督检查和6个市（州）52家测绘单位产品质量监督抽查。

重大工程测绘

在国家测绘局的大力支持下，潜江、鄂州两市相继成为国家数字城市地理空间框架建设试点城市。完成了潜江市规划区部分1:500及1:2000基础地理信息数据的采集工作；完成了鄂州1:500数字线划图制作工作。

测绘共建共享

湖北省测绘局积极推进地理信息资源共建共享，先后与省民政厅、省地震局等签订了共享协议，明确了共享的内容、方式和责任，统筹协调地理信息数据持续更新和共享服务，提高数据利用效率。

地图编制与出版

湖北省有关测绘部门开展湖北省市（县）地图和城区地图的编制工作，实现了全省市、州、县公开版地图和城区图的覆盖；实施湖北省动态电子地图网站建设项目，为各级政府电子政务提供最基础的地理信息，为各行业、普通公众提供最新、最详细的电子地图服务；积极开展《湖北省行政区划图集》、《政府部门工作用图》的编制工作。

成果应用与服务

湖北省测绘局承担的省电子政务一期工程省空间基础地理信息系统建设，已完成阶段目标，建成了全省空间基础地理信息规范化管理统一的服务平台；优先安排武汉城市圈区域1:1万地图测制，确保该地区基础测绘成果资料的需求；充分利用测绘高新技术和地理信息资源，根据农业、农村、农民的特点和需求，编制以新农村建设为主题的百镇地图，解决农村地图资源缺乏的现实问题，为新农村建设规划、涉农重大工程和农村基础设施建设、农村综合信息服务平台建设以及提高农民生活质量等提供可靠、适用、及时的测绘保障服务；围绕小城镇规划和建设要求，完成了应城市汤池镇等10个镇的1:2000测图工作；为全省土地更新调查、地震应急救援系统建设、安全生产应急救援指挥平台建设及高速公路建设等提供了大量测绘保障服务。

全年接收1:5万DLG 73幅，湖北省GPS C级网成果数据、1:1万基础地理信息数据821幅以及部分市、州、县公开版地图和测量标志普查资料，提供甲乙类协议175份，提供模拟图2599幅、数据10500幅、航空影像12313片。开发完成“基于INTERNET网络影像发布系统”、“三维GIS可视化软件开发”等8个项目。

人才培养

湖北省测绘局贯彻实施《干部教育培训工作条例》，组织公务员参加公共管理、依法行政等培训并按要求进行统一考试；完成了注册测绘师的申报工作，全省125人申报，报送48人；组织局属单位学习培训劳动合同法，对全局临时用工情况进行清理，制订局劳动用工管理规定。

党的建设与精神文明建设

【党的建设】

湖北省测绘局组织收看中央宣讲团学习领会党的十七大精神报告会，局中心组开展专题讨论，用十七大精神谋划测绘事业新发展；坚持党员干部理论学习制度和中心组学习制度，促进中心组的理论学习日趋制度化、规范化；按照程序严肃、认真地推荐了参加省第九次党代会代表；加强基层党组织建设，指导省测绘成果档案馆（中心）进行了换届选举；按照局党组议事规则，注重对部门预算、基建工程、干部人事、财务审计等重大事项的研究，逐步规范决策程序；按照胡锦涛总书记全面加强作风建设的总体要求，重点开展以加强领导干部作风建设为主题的专题民主生活会活动，统一了思想，增强了团结。

【精神文明建设】

湖北省测绘局大力开展文明单位创建活动，制定了局文明建设实施规划；开展了《湖北省测绘志》的资料收集、整理工作，基本完成《湖北省志·科学技术》（测绘）初稿；加强社会治安综合治理，绿化、美化工作、生活环境。

【廉政建设】

印发了《湖北省测绘局2007年党风廉政建设和纪检监察工作要点》，认真开展“崇廉尚俭、筑牢防线”党风廉政建设宣传教育月活动，签订了年度党风廉政建设责任书；按照《关于严格禁止利用职务上的便利谋取不正当利益的若干规定》要求，开展自查自纠活动；认真清理党政机关办公楼等楼堂馆所建设项目；认真开展治理整顿商业贿赂工作，建立健全防治商业贿赂长效机制；落实党风廉政建设责任制检查考核机制，确保党风廉政建设落到实处。

【测绘宣传】

湖北省测绘局认真贯彻全国测绘宣传工作会议精神，召开了局测绘宣传工作会议，表彰了局宣传报导先进单位和先进个人，部署了今后测绘宣传工作的主要任务、要求和工作目标；大力加强局门户网站建设，加强网站值班制度，及时发布信息、通知和公示，有力地推动政务公开；加大政务信息工作力度，召开了全局政务信息工作总结表彰会；加大媒体宣传力度，发挥《中国测绘报》主宣传阵地作用，刊发稿件100多篇，邀请湖北电视台等新闻媒体参加局重要信息发布，有力地宣传了测绘工作。

地方社团工作

【湖北省测绘行业协会】

湖北省测绘行业协会积极落实会员代表大会精神，将会议通过的决定、决议及纪要报送省民政厅备案，协会章程、监事会名单、行业自律公约等通过了省民政厅的审核，其中《湖北省测绘行业自律公约》已印发到各地测管部门和测绘单位执行。召开了省测绘行业协会常务理事会第六次会议，传达省民政厅《关于对全省性行业性社团开展评估工作的通知》，研讨湖北省测绘行业发展的有关问题。开展了2007年度湖北省优秀测绘工程奖评选，经过评审，评选出一等奖15个，二等奖16个，三等奖17个，鼓励奖2个。

【湖北省测绘学会】

湖北省测绘学会积极开展测绘科普宣传活动，邀请李德仁院士到省委党校作《数字地球和3S技术》专题讲座，近500人参加，取得了良好的社会效应；在全国科普日和省科技周等活动中，通过分发宣传资料、制作测绘科技展板和电脑多媒体演示、GPS导航车等方式进行宣传；开展2006年度湖北省测绘科技进步奖评选工作，评出获奖项目18项，其中一等奖4项，二等奖6项，三等奖8项，印发了《关于2006年度湖北省测绘科技进步奖评奖结果的通报》，并为获奖单位颁发了奖牌和荣誉证书；组织召开全国测绘科技信息网中南分网第二十一次科技交流会议，110人参加；组织湖北省各测绘单位代表参加在成都召开的全国测绘科技信息交流会暨信息网成立30周年庆典。

湖 南 省

规划与计划

湖南省国土资源厅指导落实市级基础测绘规划，全省14个市级基础测绘规划的编制工作全面完成，其中8个市已得到市政府批准。2007年，怀化、娄底、郴州、株洲等4市落实了基础测绘经费，实施了部分基础测绘项目。开展县级基础测绘规划的编制工作，截至12月，78个县开展了基础测绘规划编制工作，56个县通过评审。

法制宣传与市场监管

【法制宣传】

湖南省各级测绘部门结合“8·29”测绘法宣

传日，加大测绘法制宣传力度。全省各地在主要城区的繁华地段悬挂宣传横幅、气球2000多个，摆设宣传展板1000多块，散发宣传材料3万多份，发送短信息20多万条；14个市、州及所辖县、市（区）的测绘单位共设宣传点1300多个，5个市、州政府领导发表专题文章和电视讲话，7名专家在新闻媒体发表专栏文章。

【测绘行政许可】

湖南省国土资源厅不断完善行政许可审批制度，做好行政许可项目网上审批等电子政务建设工作。至11月底，共审批测绘资质单位28家，其中乙级2家、丙级10家、丁级16家，办理测绘作业证135本；审核地图22幅/册，核报地图选题15批186个；审批迁建永久性测量标志5座；审批测绘计量检定人员资格24人。

【测绘资质年度注册】

湖南省国土资源厅对全省持有《测绘资质证书》单位进行了注册登记，重点核查了各单位执行法律法规情况、技术人员结构、仪器设备配置、计量检定以及绩效情况，对违法测绘、弄虚作假、技术人员结构和仪器设备配置不符合规定以及测绘成果质量不合格的单位进行了严肃处理。全省测绘资质单位通过注册的有528家，缓期注册的有6家，不予注册的有9家。

开展测绘产品质量监督检查，要求测绘仪器检定单位将测绘仪器检定的情况在网上公布，并对测绘产品质量进行监督抽检。对常德、衡阳、岳阳、湘潭、郴州市50家测绘资质单位的测绘产品质量进行监督检查，重点检测了工程测量、地籍测绘和房产测绘项目，其中47家单位产品质量合格，3家单位不合格。开展地图技术检定检查，要求发现问题的单位进行限期整改。

【资格考核认定】

湖南省国土资源厅组织相关人员参加测绘计量检定人员资格考试；对通过测绘计量检定人员资格考试的24名测绘计量检定人员进行了资格审查，并颁发了资格证书。

基础测绘

湖南省测绘部门制作的全省三维影像系统，为政府决策提供直观、全面的数据模型；完成全省GPS导航数据采集，为社会各界提供车载导航、定位服务；配合国家测绘局数字城市试点工程，组织开展了数字郴州建设，提供资金配套和技术服务。

5月1日起，湖南省实行测绘成果资料网上审批制度，共提供项目190件。年内汇交测绘成果目录78个，副本26本。开展著名风景名胜山峰高程测量和高程标志设立工作，完成了莨山、韶峰、岳麓山的高程测量工作，设立了南岳衡山的高程标志。

湖南省国土资源厅完成了全省基础地理信息数据库库体建设、数据预处理等工作，启动了全省测量标志数据库建设，安排专款对建国前的旧地图进行抢救、修补、装裱、扫描和建库。

共建共享

湖南省国土资源厅与省民政厅签订了共建共享协议；与长沙市勘测设计院合作开展了利用城市大比例尺测绘成果进行1∶1万基本图缩编试验。

成果管理与应用

湖南省国土资源厅联合省国家保密部门开展涉密测绘成果的使用、管理情况大检查，通报了3家保密设施不合格的单位，提出强化保密责任制、规范许可等4项措施。

开展了相对独立的平面坐标清理工作，健全测量标志保护机制，加强对测量标志的巡查和保护。

2007年，为社会各界提供纸质地形图11734张，大地成果4204点，数字测绘成果2454幅、30978MB。出版公开版地图132种、347.5万幅，测绘图书32种、43.5万册。

8月29日，湖南省国土资源厅举行新闻发布会，宣布湖南省大地水准面精化工程基本完成并对外提供，并提出对政府决策、国土资源管理和社会主义新农村建设等重要项目提供基础测绘成果时给予免费或优惠。

科技创新与人才培养

4月10日，《湖南省地理信息系统建设方案研究》通过专家评审。年内组织进行了无人驾驶飞机航空摄影试验，完成了30平方千米的摄影，影像效果清晰；开展了高分辨率数码摄影正射影像图试验，利用机载GPS进行航空摄影，使用像素工厂进行数据处理，制作1∶1000 DOM和DEM；组织制定大比例尺数字测绘成果地方标准，并已进入专家审定阶段。

湖南省国土资源厅组织对22名测绘党政管理人员、104名管理人员、657名专业技术人员进行了培训；湖南省国土资源系统内10部门获国土资源部、省政府奖励；陈均尧、刘莉被国家测绘局授予“全国测绘系统法制工作先进个人”称号。

广东省

规划与计划

2007年，广东省国土资源厅认真组织实施广东省基础测绘“十一五”规划，继续推进市、县基础测绘规划的编制工作，地级以上市基础测绘规划编制工作取得进展，广州、深圳、韶关、惠州、东莞、湛江、江门、云浮等市已完成基础测绘规划的编制工作，并报经市政府批准实施，其他市也已完成基础测绘规划的编制工作，进入论证或征求意见阶段。

根据广东省基础测绘“十一五”规划，编制下达了2007年省级基础测绘计划，同时，向国家测绘局和省发改委报送了2008年基础测绘计划。与省发改委联合转发了国家发改委、国家测绘局关于印发《基础测绘计划管理办法》的通知，并提出了具体的贯彻落实意见。

法制建设与市场监管

【测绘法规宣传】

广东省国土资源厅组织开展了测绘法规的宣传教育活动，与茂名市国土资源局在茂名市联合举办了“8·29”测绘法宣传日的测绘宣传咨询和有奖知识问答活动，接待来访群众100多人次，发放宣传品2万多份，解答群众提出的问题100多个，受到社会的肯定和好评。各市、县也采取多种形式，广泛开展宣传活动。据不完全统计，在宣传日活动中，全省国土资源系统和300多个测绘单位共3300多名干部职工参加了宣传活动，出动宣传车100多台，悬挂横幅标语9610多幅，设立展台130个，向群众发放测绘法宣传雨伞等纪念品15800多件、《中华人民共和国测绘成果管理条例》等各类宣传资料22000多份。

【测绘资质管理】

广东省国土资源厅组织完成了2007年测绘资质年度注册工作，全省450家测绘单位参加了年度注册，其中，446家测绘单位通过年度注册，3家乙级、1家丙级测绘单位被注销测绘资质。与省人事厅联合开展了注册测绘师考核认证的相关工作。认真做好测绘资质的审批工作，核准测绘资质单位48家，其中，新增测绘资质单位乙级8家、丙级22家、丁级18家，注销乙级测绘资质单位3家。

地图管理与成果管理

【地图管理】

广东省国土资源厅组织开展了地图专项整治，重点抓好网上地图检查和监管，对389个政府部门网站进行跟踪检查。依法查处地图违法案件5件，及时纠正了南方日报、广州日报、广州万信达有限公司和广东科学中心等单位在地图出版、展示中出现的问题，消除了不良影响。根据国家测绘局的指示，以清查北京城际高科信息技术有限公司违法导航电子地图产品为切入点，开展了导航电子地图市场专项检查。在抓好地图监管工作的同时，针对广州日报连续出现违规地图使用的情况，专门为广州日报举办了地图基础知识培训班，对该报全体采编人员进行了培训。加强了标准地图的提供使用工作，从源头上减少“问题地图”的出现。为了加强地图审查工作，确保地图产品质量，5月，经广东省编办批准，成立了广东省地图技术审查中心。认真进行地图审核工作，全年共完成地图审核94件，批准52件、不予批准42件。

【成果管理】

广东省国土资源厅顺利实施了基础测绘成果使

用审批制度，明确和规范了成果使用申请、审批的程序和要求，批准提供使用基础测绘成果 363 宗。按照国家测绘局的统一部署，组织开展了测绘成果保密安全检查，重点检查了涉密测绘成果的索取、使用、管理和对外提供等情况。全省各测绘成果使用单位按照要求开展了自查，各市进行了检查，最后由省组织抽查，重点抽查了广州、韶关、惠州、清远、云浮、珠海、中山、江门、茂名等 9 个市 18 家用户单位。从检查的情况来看，多数被检单位对测绘成果保密工作比较重视，专人管理，制定了相应的管理制度和保密措施，测绘成果保密工作抓得比较到位；少数使用测绘成果的单位存在重使用轻管理、保密设施不符合规定、管理制度不完善、使用手续不完备等问题。对这次检查中发现的问题，在全省进行通报，对保密工作存在漏洞和安全隐患的单位，责令限期整改，整改仍达不到要求的，将停止提供使用基础测绘成果。该项工作有力地促进了测绘成果保密工作的开展。

基础测绘与质量监督

【基础测绘】

广东省测绘行政主管部门组织实施了粤北至粤西包括雷州半岛在内 10 万平方千米的航空摄影计划，为粤北至粤西的基础地理信息数据更新和该地区第二次土地调查的影像图件制作提供数据源；完成了珠江口 240 平方千米浅海滩涂水下地形数据采集；组织完成了粤西茂名至肇庆地区的 1∶1 万基础地理框架要素更新和入库；顺利实施了粤东地区 6 万平方千米、1920 幅 1∶1 万正射影像图更新和 944 幅 1∶1 万基础地理框架要素调绘与更新；利用土地利用现状植被信息，组织开展了 1∶1 万基础地理信息数据库更新工作；推进广东省连续运行卫星定位服务系统二期基准站建设，项目完成后，将有效覆盖全省，形成广东省大地空间定位动态测绘基准；组织实施了全省 A、B、C 级大地控制网整体平差工作，形成全省统一的大地空间定位静态测绘基准；组织实施了国家测绘局统一部署的国家著名风景名胜山峰白云山、罗浮山高程测量工作；结合国家测绘局试点，开展了惠州市数字城市地理空间框架建设国家试点，为广东省全面推动数字区域地理空间框架建设探索经验和方法；组织制定了地图生产与综合服务数据库建设总体方案，并通过了专家论证，进入了实质性建设阶段；开展了测绘成果目录发布系统、大地成果数据库等建设。

【质量监督】

广东省测绘行政主管部门组织制定了全面加强测绘质量管理的办法和实施方案，开展了测绘成果质量互检，对全省 23 家测绘单位的成果质量进行了检查。完成了 6537 幅 1∶1 万 4D 产品、4123 幅大比例尺数字化地形测量等多项基础测绘成果的检查验收。

重大工程测绘

广东省测绘行政主管部门组织实施了粤赣高速公路（和平、连平段）、河龙高速公路、广河高速公路（惠州段）、广州－新化快速路、中山市东部快速路和珠海站场等 1∶500 数字化地形测量；完成了广东省大陆海岸线测量，为广东省发展规划编制、地质灾害气象预报预警系统建设、安全保障系统建设、抗震救灾应急指挥技术系统建设和粤东地区国防工程建设等重大工程提供了测绘保障服务。

测绘共建共享

广东省政府下发了《关于加强地理信息资源整合推进数字广东工程建设的意见》和《关于加快发展我省现代信息服务业的意见》，明确全省各级部门的地理信息系统建设要以广东省基础地理信息数据库为基础，以基础地理信息数据整合全省地理信息数据的原则，确立基础地理信息数据在全省地理信息系统、电子政务建设中的地位和作用。进一步加强了与省有关部门的合作共享，与广州军区合作实施了粤东 6 万平方千米 1∶1 万基础地理信息数据更新；与省气象局合作实施了连续卫星定位服务系统二期建设；与省海洋与渔业局合作，实施并完成了广东省海岸线修测。

地图编制与出版

2007 年，广东省完成地图、测绘图书出版 116 种，其中新版图书 22 种，重版地图 91 种，电子地图 2 种，测绘图书 2 种，地图图书出版服务总值 2106 万元。编制出版了《粤港澳自由行地图册》、

《广州路路通》地图册、《欧洲知识旅行地图册》、《简明世界地图册》、《海南省地图册》、《新编广州市交通游览图》、《中国交通图》、《精彩新马泰旅游图》以及《海南省地图》等，图书结构中，地图、地理、历史类出版物占79%，文化、教育、测绘、旅游等出版物占21%。创新了一批地图产品，如《广东省地图册》（对开）、《广州市中心城区地图》（全开）等吸塑地图。完成了8个市县地图（挂图）、省领导工作用图和测绘宣传用图的编制出版，开发了《凯立德全国导航电子地图》（362城市，香港、澳门）和《凯立德分省导航电子地图》（362城市，香港、澳门）等4种电子地图以及盲文版地图。广东省地图出版社编制出版的《广东历史》、《广东地理》被广东省政府作为地方教材，提供给全省城乡义务教育使用。

成果应用与服务

广东省测绘行政主管部门积极推进基础测绘成果的应用，为政府部门信息化建设、国防建设、国土资源管理和金土工程建设，为石化、核电、天然气、电力等重点工程建设等，提供大量的基础测绘成果。2007年，向社会和各有关部门提供各种比例尺地形图4686幅，基础地理信息数据共23323幅，控制点成果4622点，影像图290幅。

科技创新与人才培养

【科技创新】

2007年，广东省测绘科技创新工作取得新成绩。“广东省连续运行卫星定位服务系统”一期工程获中国测绘学会测绘科技进步二等奖，广东省地图出版社出版的《高中历史练习图册》荣获广东省出版协会第一届广东省优秀出版奖，《广东测绘》期刊被中国测绘学会评为优秀测绘期刊三等奖，“惠州市国土资源管理系统”获广东省科学技术进步二等奖。

【人才培养】

广东省国土资源厅组织举办了2期广东省测绘知识更新培训班，521人参加培训；与省人事厅联合举办测绘高新技术研修班，李德仁、陈俊勇、宁津生、刘经南、张祖勋等分别作了《现代测绘基准与2000国家大地坐标系》、《信息化测绘的创新方向》、《可量测实景影像的概念及应用》、《数字摄影测量网格（DPGRID）与信息化测绘》、《北斗卫星定位系统与全球导航定位系统（GNSS）新发展》等专题讲座；全年全省测绘管理部门和测绘生产单位共745人参加了相关培训。

对外合作与交流

根据粤澳双方达成的合作协议，广东省测绘部门协助澳门特别行政区政府地图绘制暨地籍局完成了澳门航空像片（正片）的扫描工作和新版《澳门特别行政区与周边地区地图》的印制工作。

精神文明建设

广东省国土资源厅认真开展“三服务一促进”（服务基层、服务群众、服务大局，促进社会和谐）主题实践活动，推进精神文明建设。活动重点从五个方面展开：一是积极参与春风送暖行动，开展了扶贫、助学、援灾以及为贫困儿童献爱心等公益活动；二是努力办好窗口办文大厅，推进政务公开；三是大兴调研之风，掌握国土资源的实情和底数；四是狠抓基层维护稳定工作，破解国土信访难题；五是积极开展和谐创建活动，推进精神文明建设。

学习宣传

按照中央的部署和国家测绘局、省委省政府的要求，广东省国土资源系统、测绘行业认真学习贯彻落实党的十七大精神和《国务院关于加强测绘工作的意见》（以下简称《意见》）。通过收看直播，召开干部会议、理论学习会、支部会、座谈会、辅导报告、汇报会等形式，将学习贯彻工作推向深入。紧紧围绕贯彻落实科学发展观，理清测绘发展思路，做好测绘服务保障工作。《意见》下发后，广东省主管副省长、省政府办公厅对贯彻落实工作作出指示和安排，并及时印发至各市、县政府和省直各部门。广东省国土资源厅在全省国土资源系统和测绘行业单位部署学习贯彻工作，要求全省各级国土资源部门和测绘行业结合测绘工作实际，认真学习领会《意见》的精神实质，讨论、研究加强测绘工作的措施，进一步推进测绘工作。按照省政府的要求，省国土资源厅代拟了省政府的贯彻落实意见，经省政府批准，下发全省贯彻实施。按照国家测绘局的统一部署和要求，开展刘先林院士先进事迹学习宣传活动，组织全省测绘单位收听、收看广播、电视对刘先林先进事迹的宣传报道，并采取座谈等形式，组织学习讨论，畅谈学习体会。

地方社团工作

【广东省测绘学会】

一、学术交流

2007 年，广东省测绘学会积极开展各项学术交流。参加了省科协组织的各项活动，选派代表参加省科协第七次全省代表大会，广东省测绘学会副理事长张新长当选为省科协第七届全省委员会委员；组织会员参加全国测绘科技信息网中南分网第二十一次学术交流会和全国测绘科技信息交流会暨信息网创建三十周年庆典，2 人被评为“全国测绘科技信息先进个人”，向大会推荐的两篇论文分别被评为全国测绘科技信息交流优秀论文一等奖和三等奖；召开 2007 年度城市测量与测量工程学术经验交流会，有 33 家测绘行业单位近 100 位代表出席了会议，会议收到交流论文 49 篇；派代表分别参加了中国测绘学会学会工作会议、期刊工作会议和第九届三次理事会暨 2007 年学术年会；全年组织会员单位撰写测绘论文共 158 篇。

二、技术培训

受广东省国土资源厅和广东省人事厅的委托，举办两期全省测绘知识更新研讨班，521 名学员参加了测绘知识更新培训；开办了全省测绘高新技术研修班，国家测绘局陈俊勇、武汉大学宁津生、李德仁、刘经南和张祖勋等院士应邀在研修班上作了专题报告，来自全省各市县测绘主管部门的负责人、有关测绘单位负责人和中高级测绘技术人员共 224 人参加了研修班。

三、期刊出版

做好《广东测绘》期刊的出版和发行工作，全年出版《广东测绘》6 期，刊登论文 86 篇，总印数为 13200 本，免费发放给每位会员及兄弟省市测绘学会。

【广东省遥感与地理信息系统学会】

一、学会换届

7 月 6 日，广东省遥感与地理信息系统学会在惠州市召开了第六届会员代表大会暨学术交流研讨会，广东省科协副主席汤世华、组联部副部长叶小鹰、省国土资源厅副厅长张新民、总工杨林安等出席了会议，来自全省 10 多个地市的有关专家、学者、教授、科研人员及企业代表 180 人参加了会议。会议选举产生第六届理事会，完成了理事会的换届工作。

二、学术交流

召开了学术交流年会，征集论文 78 篇，大会交流论文 20 篇，评选优秀论文 14 篇，编辑出版《3S 技术研究与应用》论文集；参加了广东省科协第七次代表大会，叶炳揩理事长当选为第七届省科协委员，胡胜华秘书长被评为省科协先进工作者；参与筹备第一届珠江三角洲区域环境遥感研讨会，该研讨会由广东省遥感与地理信息系统学会、香港摄影测量与遥感学会、澳门科学技术协进会、香港中文大学太空与地球信息科学研究所共同主办；完成《广东省科协年鉴》学会部分内容的编写。

积极参加相关行业协会或学会的活动，加强学术交流。参加了中国遥感应用协会三届七次常务理事会、中国遥感应用协会 2007 年年会暨学术交流研讨会、第二届区域遥感技术应用论坛、中国地理学会环境遥感分会年会暨学术交流研讨会、第三届区域遥感技术应用论坛筹备会、中国地理信息系统协会第四次会员代表大会以及中国宇航学会卫星应用委员会“2007 中国卫星导航（北斗）系统应用论坛”等一系列活动。

三、工程监理与技术研究

继续抓好珠海市航空遥感测绘项目、基础地理信息系统项目和佛山市国土资源数据工程（基础地理数据整理）项目的监理工作，认真开展国防科工委科技工业民用专项科研技术项目研究——“以国产卫星为主要数据源的珠江三角洲多云多雨地区遥感应用研究”。

广西壮族自治区

规划与计划

【市、县基础测绘规划编制】

2007年，广西壮族自治区测绘局（以下简称广西测绘局）根据《广西壮族自治区基础测绘规划（2006～2020）》的要求，积极协助并指导南宁、柳州、百色、河池、玉林、贵港等6个地级市开展基础测绘规划编制工作。在此基础上，起草并下发了《县级基础测绘规划编制指导意见》，指导田阳、三江等县开展县级基础测绘规划编制工作。截至年底，北海、钦州、来宾、梧州、防城港、百色、柳州、河池、南宁、玉林、贵港等11个地级市编制的基础测绘规划通过了自治区级专家评审；柳州、百色、北海、梧州、来宾、防城港等6个市的基础测绘规划经市人民政府批准实施。

法制建设与市场监管

【法制建设】

一、法律法规贯彻执行

为加强自治区测绘工作的统一监督管理，广西测绘局及时整理和起草《广西测绘局工作汇报》，向自治区人大汇报《广西壮族自治区测绘管理条例》公布实施以来各地贯彻执行的情况，重点汇报了在实施统一监管过程中存在的问题和困难等。根据自治区人大环资委的要求，为人大开展测绘法律法规执行情况调研工作提出了具有针对性的调研提纲：一、各地学习贯彻自治区测绘管理条例的经验、做法，取得的成效及存在的问题；二、测绘工作统一监管情况；三、县级以上测绘行政管理职能、机构落实情况；四、基础测绘规划和实施情况；五、基础测绘成果共建共享情况；六、使用财政资金的测绘项目和使用财政资金的建设工程项目，在批准立项前是否征求同级测绘行政主管部门的意见，有无重复测绘情况；七、测量标志保护情况。全年配合自治区人大完成了7个地级市的调研工作，对广西测绘工作统一监管的落实起到了极大的推动作用。

二、依法行政工作

（一）开展行政复议加强年活动

根据自治区人民政府办公厅《关于开展行政复议加强年活动的通知》和自治区法制办《行政复议加强年活动实施细则》的要求，广西测绘局制定了《自治区测绘局行政复议加强年活动实施方案》，明确了指导思想和工作目标，分阶段开展了活动。通过本次活动，进一步完善了行政复议制度，提高了行政复议人员的素质，畅通了行政复议渠道，提升了测绘行政复议办案质量。

（二）加强机关行政效能建设

根据《全区集中开展转变干部作风加强机关行政效能建设工作方案》的要求，广西测绘局先后组织开展了全局行政许可和非行政许可的再次清理工作，并报自治区法制办批准。在此次清理过程中，按照《中华人民共和国测绘法》、《中华人民共和国行政许可法》等相关法律法规的规定，对所有行政许可项目逐项进行梳理，依法提出取消“向第三方提供汇交的自治区级测绘成果审批”的建议，制定了《首问责任制》、《限时办结制》、《责任追究制》等制度，并制定了一系列保障贯彻落实“三项制度”的细则及有关制度。

根据自治区法制办、效能办的要求，广西测绘局组织完成了全局所有许可项目在审批程序和审批流程上的全面审核，在充分论证的基础上，重新制定了行政审批操作规范和审批流程图，对审批程序做了科学的修订，对各个环节的办结时限重新作出规定，使审批程序更加完善和规范，并已上网向社会公布。

三、法制宣传教育

8月29日，广西测绘局精心组织了以“发展测绘事业，构建和谐社会”为主题的测绘法律法规集中宣传活动。广西测绘局与南宁市国土资源局在南宁市设置宣传站点，通过图文并茂的展板、丰富多彩的地图产品实物和散发宣传材料等形式，宣传测绘事业所取得的成就、测绘成果的管理和利用、国家版图意识以及测绘法律法规等。广西测绘局印发给市、县宣传材料8万份，部分市、县的宣传活动普及到了乡镇和集市，创造了良好的舆论氛围。

为提高市、县测绘行政管理人员的依法行政水平，广西测绘局在玉林市举办了一期全区地市级测绘资质管理专项知识培训班，培训人数42人；先后在百色、柳州市举办了两期市、县测绘行政管理人员测绘基础知识、测绘行政管理培训班，培训人数近百人；利用对甲、乙级测绘资质单位进行实地核查的机会，先后到柳州、桂林、河池、南宁等市国土资源局开展了现场培训工作。

【市场监督】

一、测绘资质管理

2007年，广西测绘局受理并审批测绘资质证书申请40家（其中乙级4家，丙级16家，丁级20家），办理测绘资质单位各类变更共54件。

全面完成了2007年测绘资质年度注册工作。广西全区应参加注册单位314家，通过注册单位289家，不予注册单位9家，未参加注册单位15家，依法注销测绘资质单位1家。截至12月底，全区测绘资质持证单位达363家，其中甲级11家，乙级39家，丙级113家，丁级200家。

2007年度测绘资质注册工作采取广西测绘局统一注册和委托部分市国土资源局注册相结合的方式进行，此举既使各市测绘行政主管部门了解和掌握了本行政区域内测绘单位的基本情况，又锻炼了市级测绘行政管理队伍，较好地树立了基层测绘行政主管部门的威信，收到了良好的成效。

在2006年完成全区丙、丁级测绘单位实地核查的基础上，2007年11月起广西测绘局开展了全区甲、乙级测绘资质的实地核查工作。

二、测绘质量管理

广西测绘产品质量监督检验站检定测绘仪器2067台（套），其中GPS接收机180台、全站仪606台、手持测距仪226台、经纬仪222台、水准仪833台。

为加强产品质量监督管理，广西测绘产品质检站对南宁、北海、钦州、防城港、崇左、百色等6个市进行了测绘产品质量抽检；抽取甲级2家、乙级7家、丙级13家、丁级11家共33家测绘单位的33个项目进行检验，涉及测绘、国土、交通、水电、建设、房产等行业。检查结果除1项房产测量成果不合格外，其余被抽检的测绘产品质量合格，合格率为96.9%。

三、测量标志管理

广西测绘局全年受理并到实地核查测量标志迁建申请9件，依法批准迁建7件，不予批准2件；初步制定出测量标志普查试点工作计划，收集、核对、整理梧州市测量标志资料1108点，确定应进行普查的标志509点，并完成了点之记的整理准备工作。

地图管理与成果管理

【地图管理】

一、地图审核

2007年，广西测绘局受理审核地图50件，包括纸质地图折合16开本490幅，地图册2册，《广西交通电子图》、广西地理信息公众服务平台网站中14个地级市城区电子地图、《广西城区三维电子地图和快鸟卫星影像图》等电子地图29份。

二、地图市场监管

广西测绘局根据整顿和规范市场经济秩序的要求，采取集中行动、专项治理的方式，加大对地图市场监管力度。11月，在接到国家测绘局《关于查处北京城际高科信息技术有限公司导航电子地图紧急通知》后，组织县级以上测绘行政主管部门开展导航电子地图的专项检查，为规范广西的导航电子地图市场奠定了基础。

广西测绘局为“中国－东盟博览会”服务，加强对会展中心现场展图的监管力度，3次派专人到博览会各展厅进行现场检查，发现问题地图十多幅，及时以书面形式通报给博览会事务局，并提出具体修改意见，确保了博览会期间展出地图的规范性，得到了博览会事务局的充分肯定。

三、发挥义务地图监督员作用

为加大对地图市场的监管力度，广西测绘局建立了义务地图监督员制度。自该制度实行以来，陆续收到义务地图监督员以电话、书面等形式反映的地图质量问题，广西测绘局对这些问题调查核实后，督促有关单位及时进行修改。全年督促6个地图编制单位对该单位编制的地图质量、现势性等进行了修改，进一步提高了地图质量。

为切实提高公开版地图质量，广西测绘局启动了网上电子地图服务项目，确定了一批面向公众服务、可随时下载使用的规范化地图。

【成果管理】

一、成果汇交

2007年广西汇交的成果有：

（一）柳州、河池、梧州、肇庆（茂名）、百色航空摄影底片46筒（卷）共12812片，像片17288片（含钦州真彩数码648片）。

（二）SPOT4卫星影像纠正成果数据31景，SPOT5卫星影像原始数据9景。

（三）历史航片扫描数据1820GB，航片资料48718片。

（四）基础测绘4D产品数据量8.4GB；北海、钦州测区1:1万图305幅，光盘77张，数据量共156.4GB；柳州、河池、贺州、南宁测区彩红外和梧州市IKONOS影像，以及东兴、防城、隆林、西林、那坡SPOT5 1:1万DOM数据3045幅。

（五）广西1:1万地名数据采集成果8490幅。

（六）接收外业测量成果有：梧州市D级GPS网点20个、E级GPS网点61个，北部湾（广西）经济区高精度GPS网145点的观测成果。1:1万外业控制资料2790幅。

（七）接收国家测绘局委托保管的1:5万地形图扫描数据174幅。

二、成果管理

2007年，广西测绘局测绘档案资料馆组卷数据档案135卷，文档档案76卷，图历表5卷，质量跟踪卡23卷。协助国家基础地理信息中心搜集2007年现势资料图件29幅（册），向广州军区、成都军区索取2001年~2002年更新的1:5万DRG数据174幅；收集广西全区各县乡镇境界13629份（幅）；搜集不同比例尺航海图18幅。完成航摄底片扫描32244片，数据1172GB，读取像主点5007个，录入元数据42537条。

基础测绘与质量监督

【基础测绘计划】

2007年，广西测绘局安排基础测绘计划项目28项，投入1232万元，实际完成1993.5万元（按成本费用定额计算）。

【基础测绘项目】

2007年，广西开展的基础测绘项目有：北部湾卫星连续运行参考站（CORS）网建设；广西基础地理底图编制；1:1万航测外业控制测量及正射影像图（DOM）编制1049幅，外业调绘327幅；1:1万数字线划地图（DLG）生产310幅，航片扫描78950片；北部湾（广西）经济区多功能GPS和二等水准连测；桂西三等水准路线改造与复测；百色市右江河谷GPS D、E级网建设，三等水准观测；1:5万地形图缩编22幅，1:5万境界采集591幅；龙滩水库淹没区国家水准重建。

【基础测绘质量】

2007年，共完成自治区级基础测绘验收33批次，其中优级品5批次，良级品20批次，合格品8批次。

完成第二次土地调查底图生产验收30批，包括航空摄影成果4185片，航片扫描9213片，航外控制测量1894幅，1:1万DOM产品1887幅，土地利用现状更新调查外业1917幅；其中优级品9批次，良级品17批次，合格品4批次。

【重大测绘专项】

“数字北海地理空间框架建设及应用示范”项目设计通过了国家测绘局组织的专家评审；钦州市启动“数字钦州湾”三维辅助决策支持系统建设，并组织实施一批基础测绘项目；百色市组织实施“右江河谷基础地理信息空间定位框架网建设”项目；柳州市组织实施数字化地形图测绘项目；防城港市组织开展城市规划区基础地形图测绘和建库工作；广西第二次土地调查底图生产完成航空摄影资料验收约23000平方千米、航外控制1896幅、DOM生产1901幅，SPOT5 DOM生产484幅，分发1:1万地形图7354份，正射影像图13732张、7161幅。

重大工程测绘

广西第一测绘院开展了南宁市“数字城管”建设城市部件调查、908项目海岸线测量和宁明花山名山高程测量。

广西航空遥感测绘院为广西石化输油管道工程提供测绘服务，为南宁至广州、贵阳至广州高速铁路建设以及广西交通建设提供测绘保障，为新农村建设测制大比例尺数字化图。

广西地图院与中国测绘科学研究院合作开展了中国军事交通图项目，并为泛北部湾区域经济合作战略研究、中国-东盟博览会提供了及时可靠的测绘保障服务。

测绘共建共享

广西测绘局与广西地质环境观测总站、广西边防总队签订基础地理信息共享协议；与气象局协商形成共建共享 CORS 站的共识，为实现基础地理信息资源和气象信息资源共享奠定基础。

地图编制与出版

2007 年，广西测绘局编制完成泛北部湾、南宁 - 新加坡经济走廊、北部湾（广西）经济区为主题的区域经济专题地图、东盟国家主要城市地图、广西 14 个地级市城区图和区域地图等 142 幅地图。

编制出版了《中国 - 东盟区域经济地图册》、《中国 - 东盟港口图册》、《中国 - 东盟港口发展与合作论坛地图》以及《广西壮族自治区交通旅游图》等。

成果应用与服务

2007 年，广西测绘局向社会提供各种比例尺地形图和 1∶1 万数字正射影像图（DOM）共 26608 张，各等级大地成果点 11147 点，航摄相片 9967 张。利用广西似大地水准面精化成果重新计算大地点成果并提供了 2824 点。

为广西第二次土地调查提供区、市、县三级境界矢量数据 3146 幅，扫描栅格图 3871 幅，城区境界矢量数据 130 幅；为解决土地、林地、房产权属纠纷提供历史航片和新航片 111 片，涉案面积 3112.8 亩。全年向政府部门、单位和个人赠送《广西壮族自治区地图集》、《广西交通旅游图》（布绸图）共 3995 幅。

为自治区领导提供汇报工作用图和会议用图，为自治区人民政府政务大厅制作《自治区立体模型地图》和《自治区区位优势模型》，开发研制了广西区位 GIS 三维系统等。

编制《天等县大石山区基础设施建设大会战项目分布系列地图》、《大化县大石山区基础设施建设大会战项目分布系列地图》，为天等县、大化县新农村建设提供了测绘保障；编制《来宾市“十一五”重点工程布局图》、《中国东盟十一国地图》，为来宾市、崇左市政府决策提供服务；编制印刷了《广西水利电业 110kV、35kV 电网规划图集》、《中国南方电网——广西电网图集》，为电力部门提供测绘保障。

科技创新与人才培养

【科技创新】

由广西测绘局、武汉大学、广西第一测绘院共同完成的“广西现代空间定位基准的建立及似大地水准面的确定”和广西壮族自治区水利电力勘测设计研究院、广西第二测绘院共同完成的“桂中治旱乐滩水库引水灌区工程空间三维 GPS 控制网的优化”获 2007 年度广西科技进步二等奖。

广西第一测绘院完成的“基于工作流技术的动态地籍综合业务管理系统”获 2007 年度广西计算机推广应用成果奖二等奖，“SZCT 数字测量成图系统”获 2007 年度广西计算机推广应用成果奖三等奖，“广西省级空间三维大地测量基准网（A、B 级 GPS 网和二等水准网）测量”获中国测绘学会 2007 年优秀测绘工程银奖，“柳州市城市 1∶500 数值地形图测绘（AD 区）”获中国测绘学会 2007 年优秀测绘工程铜奖。

广西基础地理信息中心完成的“广西省级三维景观地理信息服务平台”获 2007 年度中国地理信息系统优秀工程银奖。

【人才培养】

2007 年，广西测绘局制定了《广西壮族自治区测绘局“十一五”人才工作规划》、《广西壮族自治区测绘局“十一五”干部教育培训规划》；选派 8 名青年学术和技术带头人及高级管理人员赴美国乔治梅森大学和荷兰参加为期 2 个月的地理信息科学高级研修班，选送 2 名处级干部到自治区党校参加为期 2 个月的理论研修班学习；选送 12 名管理人员到广西直属机关党校进行短期培训；与国家测绘局继续教育中心联合举办“网络 RTK 技术与应用”培训班，186 名专业技术人员参加培训并获得结业证书；全年共举办各类培训班 15 期，培训管理人员、技术人员 670 人；认真做好全局青年学术和技术带头人的考评工作，广西基础地理信息中心周涛被被评为国家测绘局青年学术和技术带头人。

对外合作与交流

【老挝南塔河 1#水电进站道路地形测量】

1 月 ~3 月，广西第二测绘院承担了老挝南塔河

1#水电进站道路全长47千米的地形测量任务。共完成E级GPS测量20点，一级导线测量32.6千米，四等水准测量116.48千米，1:2000数字化地形测图5.99平方千米，1:2000纵横断面测量176.18平方千米，经用户验收质量合格率为100%。

【柬埔寨王国松博水电站测量】

3月~6月，广西电力设计院承接了柬埔寨王国松博水电站测量项目，共完成各种比例尺地形测量60.4平方千米，1:200地质裂隙图测量29.2平方千米，1:1000地亩图测量147.2平方千米，一级导线测量68千米和各种比例尺的管线断面测量478.3千米。

【柬埔寨王国柴阿润水电站工程测量】

3月~6月，广西电力设计院承接了柬埔寨王国柴阿润水电站工程测量项目。共完成各种比例尺地形测量9.079平方千米，GPS点埋石53座、刻石15座，Ⅰ、Ⅱ级导线点埋石229座、刻石21座，坝址横断面测量6.937千米、水文横断面测量2.478千米，纵断面测量30.485千米，三角高程测量93.416千米，GPS基线边长测量7条，厂区制调压井带状地形图测量0.182平方千米。

【越南林同省大勒市多洋多摩电站勘测】

9月~11月，广西南宁水利电力设计院承接了越南林同省大勒市多洋多摩电站勘测项目，测量任务主要有：补测库站淹没红线图；补测坝址、隧洞进出口、引水管线、压力管线、升压站、压力前池或调压井厂房范围内地形平面图和纵横剖面图；为电站系统提供基础数据，确定电站可利用水头，拟定装机容量。共完成首级控制点50座，导线控制30千米，水准测量50千米，测图面积8平方千米，提交了控制点成果表、多洋多摩水电站电子版地形图和原始外业数据、测绘技术总结、GPS精度评定过程、测绘产品质量保障体系记录表格、库区淹没界桩校核成果等。

党的建设与精神文明

【党建工作】

一、党建工作

2007年，广西测绘局各级党组织积极开展“创先争优”和“八桂先锋行”、组织生活创新等主题实践活动。党的十七大闭幕后，局党组下发了《关于认真学习宣传贯彻党的十七大精神的通知》，在全局开展学习十七大活动。在深入开展“学习型党组织”创建活动中，广西测绘局直属机关党委荣获自治区直属机关党员干部教育培训工作先进单位一等奖。为推动保持共产党员先进性长效机制建设，制定了《自治区测绘局党组关于加强党员经常性教育的意见》等4个文件。广泛开展“三个最佳”（最佳党课、最佳党日、最佳主题实践活动）活动，增强了基层党组织活力；自治区直属机关工委分别授予广西第二测绘院党委最佳党日活动奖，广西基础地理信息中心党支部、广西地图院第二党支部最佳主题实践活动奖，广西测绘局直属机关党委优秀组织奖。广西测绘局党组在“七一”前夕对在2005~2006年度“创先争优”等项活动中成绩显著的2个先进基层党组织、10名优秀共产党员、5名优秀党务工作者予以表彰；1个基层党组织、1名党务工作者分别被自治区直属机关工委授予先进基层党组织和优秀党务工作者称号。

二、党风廉政建设

广西测绘局认真贯彻中纪委七次全会和自治区纪委二次全会精神，深入学习贯彻胡锦涛总书记在中央纪委七次全会上的重要讲话精神，坚决贯彻执行中纪委《关于严格禁止利用职务上的便利谋取不正当利益的若干规定》，组织收看《廉政中国》电教片《赌之害》，开展警示教育，增强党员干部勤政为民的意识；组织开展转变干部作风、加强机关效能建设活动，制定《自治区测绘局机关行政效能建设监督办法》、《广西壮族自治区测绘局行政过错责任追究制度》，全面贯彻落实首问责任制、限时办结制和责任追究制；局党组与各单位领导班子、局机关各部门领导签订党风廉政建设目标管理责任书；认真开好领导班子民主生活会，坚持领导干部述职述廉制度，充分发挥职工代表大会和职工大会的监督作用，全年无一例违法违规案件发生。

【精神文明建设】

2007年，广西测绘局深入开展创建文明单位活动，细化创建文明单位方案，强化创建措施落实，取得明显成效，经自治区直属机关工委文明办检查，通过了自治区直属机关文明单位的验收；积极开展以转变作风美化环境为主要内容的“城乡清洁工程”活动，利用建党86周年、党的十七大召开、建军80周年、第四届东盟博览会、定向运动、文体活动等平台，结合单位特点开展一系列主题鲜明、内容丰富、形式新颖的文化体育活动，促进了职工身心健康和事业发展；积极开展学习刘先林院士先进事迹和全员“五五”普法教育活动，普法考试参加率达到100%；与驻桂空军开展军民共建活动，被评为南宁市青秀区“双拥”先进单位；坚持以人为本开展形式多样、注重实效的思想政治工作，加强对干部职工的人文关怀和心理疏导，促进测绘队伍建设；加强工会组织建设，召开了广西测绘局第四届工会代表大会，选举产生了新一届工会委员会；开展2006~2007年度“五好文明家庭”评选活动，全局评出“五好文明家庭”769户、学习型家庭16户、事业型家庭19户、和谐型家庭20户；共青团组织开展下农村、进社区“学雷锋树新风”活动，为社区“爱心超市”、残疾人困难户、贫困家庭学子捐款捐物；广西地图院团支部、广西基础地理信息中心林晓媛分别被自治区直属机关团工委授予“五四红旗团组织”和“优秀团干部”称号。

地方社团工作

【广西测绘学会】

3月，广西测绘学会教育工作委员会、测绘仪器专业委员会分别举办学术报告会。4月，广西测绘学会常务理事会议召开，会议总结了2006年工作情况，部署了2007年工作任务。5月，组织了中国测绘学会各类项目的推荐工作，报送项目中获测绘科技进步奖项目3项，优秀测绘工程银奖1项、铜奖2项。6月，教育工作委员会挂靠单位组织的《测量学》课程被确定为国家精品课程。7月，协助广西测绘局、广西定向协会举办“四维测绘杯”第三届全国测绘行业定向越野大奖赛和全国学生定向运动会。8月，《广西测绘局科技发展史》通过专家评审；与广西测绘局教育处联合举办“网络RTK技术与应用培训班”，来自全区测绘、国土资源、水利、电力、交通等单位的180多名测绘科技人员参加了培训。10月，广西测绘学会教育工作委员会组织参加由教育部教育信息管理中心举办的“‘SMART Board’杯第七届全国多媒体课件大赛”，吴虹负责的“遥感地质学”课件获高教理科组特等奖；李景文负责的“地理信息系统”课件获高教文科组一等奖，并获得高教文科组“最佳技术实现奖”。12月，第一工程测绘专业委员会、大地测量专业委员会分别举办了学术报告会。全年编辑《广西测绘与遥感》3期，共印发3990册；《广西测绘与遥感》荣获中国测绘学会首届优秀测绘期刊奖三等奖。

【广西测绘科技信息站】

3月，广西测绘科技信息站2007年工作会议召开，22家成员单位的25名代表参加会议，会议总结了2006年工作，部署了2007年任务；4月，组织召开全国测绘科技信息网中南分网论文专家评审会，推荐16篇论文上报中南分网评审，荣获一等奖2篇，二等奖3篇；9月，组织15名成员单位的代表参加中南地区测绘科技信息交流会；10月，组织11家成员单位代表参加2007年全国测绘科技信息交流会暨信息网创建30周年庆典，广西航空遥感测绘院张俐萍、广西梧州市城乡规划勘察测绘院黎应勤被授予“全国测绘科技信息工作先进个人”称号，桂林工学院吴虹教授等撰写的《基于卫星遥感的珠海—澳门近岸海水污染监测分析》获得全国测绘科技信息交流优秀论文一等奖，广西大学陈伟清教授撰写的《灰色预测在建筑物沉降变形分析中的应用》获全国测绘科技信息交流优秀论文二等奖。

【广西定向协会】

1月，有14个地市国土资源局和甲、乙级测绘单位参加的全区定向工作会议召开，会后柳州、百色、钦州、北海等市国土资源局先后举办了定向越野赛。

6月1日~3日，广西定向运动协会、广西测绘学会联合举办了“广西定向运动初级裁判员教练员培训班”，来自广西各地的77人参加了培训。

7月，举办了全国学生定向越野锦标赛和全国测绘系统定向越野大奖赛，来自全国各地的青年学生1344人和测绘行业职工454人参加大赛，赛事历时5天，是我国举办定向越野竞赛以来人数最多、秩序最好的一次。

海 南 省

规划与计划

【“十一五”人才工作规划】

根据国家测绘局《关于加强“十一五”测绘人才工作的意见》，海南测绘局结合实际，制定了《海南测绘局“十一五”人才工作规划》。规划提出的海南测绘局“十一五”测绘人才工作发展目标和任务为：加强人才资源能力建设，进一步优化人才队伍结构，促进人才资源的合理配置，大力培养和吸引创新型、领军型人才，建立和完善人才工作机制，努力建设规模适当、结构合理、素质较高的党政人才、专业技术人才、经营管理人才和技能人才队伍，为推进测绘事业的全面发展提供坚强的人才保证和智力支持。

【法制宣传教育第五个五年规划】

根据国家测绘局《关于印发〈测绘系统开展法制宣传教育的第五个五年规划〉的通知》和海南省委、省政府《中共海南省委、海南省人民政府批转〈中共海南省委宣传部、海南省司法厅关于在公民中开展法制宣传教育的第五个五年规划〉的通知》要求，结合“十一五”期间海南省测绘事业发展的总体目标和主要任务，海南测绘局制定了《海南省测绘系统开展法制宣传教育第五个五年规划》，规划中明确海南省测绘系统“五五”普法的指导思想、主要目标和工作原则，成立海南测绘局“五五”普法领导小组，并提出了主要工作任务。

法制建设与市场监管

【测绘法规宣传】

为宣传贯彻《中国人民共和国测绘法》、《海南省实施〈中华人民共和国测绘法〉办法》等相关测绘法律法规，海南测绘局下发了《关于开展测绘法宣传日活动的通知》，部署了以“发展测绘事业、建设和谐社会”为主题的全省范围内的法律法规宣传日活动，对各级测绘行政主管部门的宣传内容和工作方式提出具体要求，并印制宣传材料 2 万多份免费发放至各市县。8 月 25 日，全省各市、县测绘行政主管部门组织相关人员在全省主要街道开展了大规模的宣传活动，各地电视台、报纸等媒体对活动做了及时和全面的报道，为促进社会了解测绘、关心测绘、支持测绘营造了良好的氛围，收到了良好的效果。

【测绘资质管理】

海南测绘局认真做好 2007 年度测绘资质年度注册工作，组成年度注册检查组分别对海口、三亚、儋州等地的 17 家测绘单位进行抽查，并对新申请资质的单位进行实地检查核实。2007 年，海南省共有测绘资质单位 76 家，其中甲级 5 家、乙级 10 家、丙级 19 家、丁级 42 家，全省测绘作业持证人员达 600 多人。

【测绘市场监管】

海南测绘局部署开展了全省地图市场大检查，对公共场所销售、展示的地图、示意图和书刊插图进行检查，进一步规范地图市场。海南中寰房地产开发有限公司无编图资质，未经送审就印制散发示意图，造成不良影响，经海南测绘执法总队两次派员会同三亚国土环境资源局执法人员查实，对该公司罚款并没收违规出版的宣传品 10000 多份。在三亚市的地图市场检查中，发现中国联通海南分公司公开展示有严重政治错误的中国示意图，测绘行政执法人员及时通知该公司采取整改措施，并给予相应的行政处罚。

【测绘保密管理】

海南测绘局组织制定《涉密基础测绘成果资料提供使用审批程序规定》、《涉密基础测绘成果资料提供使用办事指南》、《涉密基础测绘成果资料提供使用审批流程图》，进一步完善测绘成果管理制度；开展全省测绘成果保密抽查工作，与省国家保密局组成全省测绘成果保密检查领导小组前往各市县对测绘成果索取和使用单位进行测绘成果保密检查；共检查 7 个市县的 19 个相关单位，涉及气象、地震、院校、农业、旅游、水电、矿产等部门，通过检查增强了市县在测绘成果管理上的保密意识。

地图管理与成果管理

【地图审核】

海南测绘局主动做好地图审核工作，全年受理地图审核36件，发放审图号34个。

【测绘成果管理】

海南测绘局转发了《基础测绘成果提供使用管理暂行办法》，制定并印发《测绘成果目录汇交表样和填报说明》、《基础测绘成果副本汇交具体要求》，进一步完善测绘成果申请使用、汇交和管理的工作机制；会同资料保管部门，对汇交的测绘成果资料进行了接收、移交、编目和登记，完成2006年度国家、省级基础测绘成果副本汇交工作；申请使用琼北摄区1:2.7万基础航空摄影成果。

基础测绘与质量监督

【基础测绘规划落实情况】

海南测绘局加强对市县测绘工作的指导，实行局领导分工联系市县的工作制度，指导各市县国土部门理顺测绘行政管理职能，全省已有8个市县落实测绘管理机构；积极贯彻国家发改委、国家测绘局联合颁发的《基础测绘计划管理办法》，与省发改厅共同推进市、县级基础测绘年度计划的编制工作，争取将各市县基础测绘纳入地方国民经济和社会发展年度计划，全省已有9个市县建立了测绘规划工作机构，其中5个市县落实了2007年度基础测绘计划。

【基础测绘管理】

2007年，海南省发展与改革厅下达“海南1:1万基础地理信息数据更新项目”建设资金350万元，省财政厅于7月拨付该项目建设资金。海南测绘局根据经费和生产情况，向各生产单位下达了该项目2007年度生产计划和经费分配计划。该项目生产任务分别由海南基础地理信息中心、国家测绘局第四航测遥感院、国家测绘局第七地形测量队、海南测绘资料信息中心承担，海南测绘产品质量监督检验站负责项目的检查验收；年内该项目已经完成像片控制测量231幅，数字正射影像图制作92幅。

【测绘质量监督】

海南测绘局会同省技术监督局联合对海南省洋浦经济开发区1:1000航空摄影全数字化地形图、海口港航道港池水深图、洋浦港1至6号锚地扫海测量、大广坝水利水电二期（灌区）工程戈枕枢纽工程施工测量、三亚市地名数据库建设等重大测绘工程的测绘成果质量进行监督检查，并进行质量评定，为重点工程项目提供测绘保障服务；海南测绘产品质量监督检验站积极为重大基础测绘项目实施质量监督检查，承担了国家1:5万地形要素综合判调更新、国家1:5万正射影像生产（1米分辨率）、陆海统一基准与海岛（礁）测绘生产性试验、新农村建设测绘保障服务示范、海南1:1万地形要素数据库数据更新、海南省测量标志普查等基础测绘产品的检验。

【测绘计量考核】

按照《中华人民共和国计量法》、《计量标准考核规范》以及国家质检总局计量建标考核的要求，不断完善测绘仪器检定装置。桂林洋比长基线场光电测距仪、全站仪检定装置和海南GPS检定场全球卫星定位系统接收机校准装置各项技术指标符合国家规范要求，通过国家计量标准考核，取得了计量标准的考核合格证。

重大工程测绘

海南测绘局承担了海南省乡（镇）行政区域界线勘界、海南东环城际客运专线1:2000测图、五指山市1:1000数字地形图测绘、海口市园林土方测绘、琼海市1:500地形测量、西沙东岛公路测绘、澄迈县公路测量、三亚道路纵横断面测量、粤海铁路南北港水下测绘、湖南省高速公路测绘等重大工程任务。

测绘共建共享

海南测绘局与省地震局签署合作协议，开展有关项目和技术合作，向省地震局提供海南省基础地理信息数据，用于海南省抗震救灾指挥系统基础地理信息平台建设和地震预测预报。根据国家测绘局与相关部（局）联合印发的通知精神，积极与省交通厅、公安厅、安全厅协商，开展测绘成果共建共享等方面的合作。

地图编制与出版

2007年，海南测绘局编制了《三亚交通旅游图》、《海南交通旅游图》、《三亚旅游地图》、《海南省地图》、《海南省实用地图》、《海南省地图册》、

《海口市区地名图》等一批地图产品。

成果应用与服务

【成果提供】

2007年，海南测绘局共对外提供数字地形图1357张、模拟地形图921张、控制点成果81点，用于气象预报、地震安全性评价、开发区规划、农村饮水工程建设、农田水利规划、农田整治与综合开发、生态文明村建设、文物保护规划、解决土地权属纠纷、地质灾害环境评估和地质调查、河流综合治理开发规划、旅游资源开发等。

【测绘成果应用】

海南测绘局继续为行政管理与决策提供服务，做好为省领导及综合部门免费提供工作用图工作，制作综合省情汇报演示系统。利用地理信息资源和技术优势，积极为水利、电信、交通、民政、地震、土地等部门服务，开发了行政区域界线管理信息系统、海南省地名管理信息系统、海南防洪电子沙盘信息系统（二期），完成海南电信号码百事通地理信息系统，完成了地震应急指挥系统电子地图、海南城区电子地图、琼北地区第二次全国土地调查基础图件的制作。

人才培养

【人才队伍建设】

海南测绘局制定印发了《海南测绘局“十一五”人才工作规划》、《海南测绘局青年学术和技术带头人管理办法》，修订了《海南测绘局引进优秀人才和鼓励科技人员充分发挥作用的若干规定》和《海南测绘局关于鼓励职工进修学习的有关规定》，进一步加强队伍建设。大力实施干部交流和挂职锻炼工作，安排3人分别到机关和事业单位挂职锻炼，8人进行了岗位交流调整。海南测绘局招聘工作人员19名，新录用公务员1人，组织完成4名新录用公务员试用期满的登记工作。开展事业单位在编人员招录工作，组织国家测绘局第七地形测量队和国家测绘局海南基础地理信息中心招录7名工作人员。

【教育培训】

海南测绘局着力建设高素质的人才队伍，大力开展教育培训工作。制定《2007年海南测绘局机关事业单位培训计划》，教育培训项目共计52项；全年出国考察培训8人次，选送党校学习2人，并举办了处级干部理论培训班；所属各事业单位举办培训班53个，参加培训932人次。

【职业资格建设与管理】

海南测绘局完成2007年度测绘专业技术职称评审工作，共评定高级工程师10人，工程师20人，助理工程师44人，技术员31人；完成2007年度全省测绘行业工人技能鉴定考核工作，共评定高级工6人，中级工6人，初级工30人，高级技师3人，技师2人；按照国家测绘局要求，积极做好注册测绘师的申报工作。

对外合作与交流

7月2日~12日，海南测绘局派员赴意大利参加国际大地测量与地球物理联合会会议；7月29日~8月16日，海南测绘局派员参加省委组织部、省直机关工委在德国举办的行政监管与绩效评估管理培训班；8月2日~11日，海南测绘局派员赴俄罗斯参加国际制图协会第十四次学术大会；9月20日~30日，国家测绘局第四航测遥感院派员参加国家基础地理信息中心组织的考察团赴芬兰、挪威、法国等地对基础地理信息数据处理技术与更新机制进行考察；11月2日~31日，海南测绘局局长张燕平随国家测绘局外事访问团赴德国、英国等欧洲国家访问。

党的建设与精神文明建设

【党建工作】

2007年，海南测绘局着力抓好基层党组织建设，进一步发挥基层党组织作用；严格党内生活制度，要求局党组成员以普通党员身份参加支部组织生活，将5位党组成员调整至各个基层党支部；有计划地做好发展党员工作，全年共吸收预备党员4人，7名预备党员按期转正，18名积极分子向党组织递交了入党申请书；选派8名发展对象参加了省直工委举办的入党积极分子培训班，党员队伍不断壮大，党支部的凝聚力不断增强。

【党风廉政建设】

海南测绘局按照中共中央《建立健全教育、制度、监督并重的惩治和预防腐败体系实施纲要》的要求，以责任考核和责任追究为重点，认真抓好党风廉政责任制的落实。制定了《2007年党风廉政建设和反腐败工作的具体意见》，局党组分别与机关各处（室）、直属单位主要负责人签订了2007年党风廉政建设责任书，明确年度党风廉政建设的责任内容，使党风廉政建设和反腐败工作更加规范化、制度化。根据省纪委和国家测绘局党组纪检组要求，组织召开全局党员干部大会，集中学习中纪委《关于严格禁止利用职务上的便利谋取不正当利益的若干规定》，认真开展了对照检查。

【思想政治工作】

海南测绘局坚持不懈抓好理论学习，结合胡锦涛同志“6·25”讲话精神、党的十七大以及海南省五次党代会精神，举办中心组理论学习会，加强领导班子思想政治建设。举办学习贯彻十七大精神辅导报告会，请省委党校廖逊教授作报告，使党员干部进一步加深了对十七大精神实质的理解；组织出版《学习贯彻十七大精神宣传专栏》，组织全局党员、副科级以上干部观看《党的十七大报告的几个重要思想》专题辅导录像；组织党员干部学习十七大报告和党章，召开各种形式的座谈会和交流会，开展深入的学习和讨论，畅谈学习心得体会。通过理论学习，全局党员的政治意识进一步得到强化。

【精神文明建设】

2007年，海南测绘局加强精神文明建设，继续开展“五型”（学习型、创新型、服务型、和谐型、平安型）文明单位创建活动，全面提升干部职工的综合素质。一批先进集体和个人受到表彰，其中被省委、省政府评为精神文明建设工作先进个人1人；局机关工会被授予“省直机关先进职工之家”称号，被评为省直机关优秀工会工作者1人、省直机关优秀女工干部1人、省直机关优秀工会积极分子2人；局团委被省直团工委授予“五四红旗团委”称号，国测七队团支部被授予“五四红旗团支部”称号，被评为省直机关优秀团干1人、省直机关优秀团员1人、省直机关巾帼建功标兵1人；遥感院3S开发部被省直妇工委和海南省妇联分别授予“省直机关巾帼文明岗”和“海南省三八红旗集体”称号。

测绘学会工作

【加强学会组织建设】

12月13日，海南省测绘学会理事会召开第三次理事会议，采取无记名投票方式选举林杰锋为海南省测绘学会第六届理事会理事长；广泛发动测绘科技工作者加入学会组织，参加学会活动，全省有211名会员给予登记发证。

【学术交流活动】

海南省测绘学会积极开展各项学术交流活动，发动测绘科技工作者围绕当前经济建设中心任务撰写论文，并积极参加全国各类测绘学术交流活动。2007年，海南省测绘学会征集35篇论文送交全国测绘科技信息网中南分网第二十一次学术交流会进行交流，其中3篇论文被评为一等奖，7篇论文被评为二等奖。10月，在四川省成都市召开的2007全国测绘科技信息交流暨信息网成立30周年庆典大会上，省测绘学会报送的8篇论文被《测绘科技信息交流论文集》录用，《土地利用数字化调查中两个技术问题的探讨》被评为全国测绘科技信息网论文集二等奖。

【测绘科普活动】

为提高海南省测绘工作者的技术水平，海南省测绘学会多次组织技术讲座，邀请刘经南、李建成、孙红星、陈锐志等一批专家学者作学术报告。组织人员参加在广西南宁举行的2007年全国定向越野锦标赛暨“四维测绘杯”第三届全国测绘行业定向越野大赛，获得体育道德风尚奖。

重庆市

法制建设与市场监管

【法制建设】

一、《重庆市基础性测量标志保护办法（试行）》

重庆市规划局根据已完成的基础性测量标志普查中出现的问题，配合《重庆市测绘事业发展“十一五”专项规划》提出的改造现代测绘基准的要求，起草完成了《重庆市基础性测量标志保护办法（试行）》。办法主要就基础性测量标志概念、各级政府管理职能、测量标志的经费投入、测量标志建设、保管单位或个人的权利和义务、档案管理等方面做出规定。该办法已通过了局法制领导小组的审查和局务会的批准。

二、《中华人民共和国测绘成果管理条例》培训

4月6日，重庆市规划局组织开展了《中华人民共和国测绘成果管理条例》和《基础测绘成果提供使用管理暂行办法》培训工作。重庆市县级测绘管理部门和各测绘单位约120人参加了培训，培训内容主要包括测绘成果质量监督管理、汇交制度、提供使用制度、保密制度、保管制度和利用制度等方面，并对基础测绘成果提供使用的程序进行了重点讲解，为测绘成果管理条例的全面实施打下了基础。

三、“8·29”测绘法宣传日

重庆市规划局发文要求各区县（自治县）测绘行政主管部门和各测绘单位开展“8·29”测绘法宣传日活动，各单位采取报纸载文、设置标语、有线电视报道和召开座谈会等方式进行了测绘宣传。重庆市规划局组织重庆市地理信息中心通过“数字重庆”和“规划在线”等网络媒体，以有奖答题的方式面向全社会进行测绘宣传，收到了较好的效果。

【市场监督】

一、县级测绘管理机构建设

重庆市规划局印发《关于建立健全区县级测绘管理机构和职能的通知》，要求各区县（自治县）在2008年底之前必须健全测绘行政管理职能，建立、完善测绘管理机构，并经当地编制办批准。重庆市规划局将该项工作纳入了重庆市人民政府对各区县（自治县）人民政府规划目标考核责任书中。2007年末，万州、涪陵、黔江、合川、江津和南川6个区域性中心城市，以及梁平、垫江、武隆、荣昌4个县建立了测绘管理科，完善了测绘管理职能，基本实现了重庆市经济相对发达地区测绘管理职能的落实。

二、国家级地理信息数据保密自查

4月，按照国家测绘局的统一部署，重庆市规划局组织了涉密国家级地理信息数据保密自查工作。自查工作的重点单位是重庆市地理信息中心和重庆市勘测院2个单位。经检查，2个单位均符合国家测绘局《关于对基础地理信息数据管理与使用情况进行保密自查的通知》要求，顺利通过国家测绘局保密委员会检查组的检查验收。

三、测绘资质管理

重庆市规划局完成了2007年度测绘资质注册登记工作。91家测绘单位通过注册，1家单位缓期注册，1家单位由丁级升为丙级，8家单位新领了测绘资质证书，其中丙级7家，丁级1家。

地图管理与成果管理

【地图管理】

2007年，重庆市规划局完成了16项地图审核工作，其中，地图集（册）有《重庆市地图集》、《重庆市遥感影像地图集》、《重庆指南图》、《重庆市地图册》和《走遍重庆》插图5项，单张地图有《重庆市地图》、《重庆市主城区图》、《重庆新图》、《重庆带路——1小时经济圈旅游交通图》、《重庆带路——新重庆经济旅游交通图》、《江北区经济旅游交通图》、《江津区经济旅游交通图》、《南岸区旅游交通图》和《巴南区经济旅游交通图》9项，专用地图有《CAR CARD汽车信用卡特惠商户重庆指引地图》和《重庆市第二次全国残疾人抽样调查样本（市、区）示意图》2项。

【成果管理】

为了促进测绘成果服务信息化、网络化，重庆市地理信息中心开发完成了重庆市档案管理系统以及重庆市成果目录发布系统。系统充分结合重庆市现有基础地理信息、档案、数据、应用的实际，多角度地为全市基础地理信息管理和发布建立了完善的档案元数据流程管理和社会化应用服务窗口。系统的建设完成标志着重庆市测绘档案管理和成果分发服务流程全面迈向信息化管理，尤其是成果目录发布系统的建成，为有基础地理信息服务需求的各部门搭建了一个平台，有效促进了全市地理空间信息的社会化应用服务。

基础测绘与质量监督

【基础测绘】

一、测绘基准改造

按照重庆市“十一五”专项规划，根据“城乡统筹”和“一圈两翼”的发展战略，重庆市规划局启动了重庆市现代测量基准改造建设工程。完成了建立全市GPS连续运行参考站系统、B级全球卫星定位网、C级全球卫星定位网和已有区县坐标成果及地形图的转换方案论证及技术设计工作，完成市域60个B级点全球卫星定位网的布设、选埋与观测，完成了合川、江津、璧山、铜梁、双桥等环都市区区县城市坐标系统与北京坐标系、西安坐标系和重庆独立坐标系的转换。

二、航空摄影

2007年，重庆市规划局继续组织开展大比例尺航空摄影测量，完成1:8000真彩色航空摄影1000平方千米，主要覆盖主城区外围，为测制1:2000地形图打下了基础。

三、1:5万地形图

重庆市规划局组织完成了全市域1:5万地形图数据更新项目，完成数字线划图83幅；完成了全市涉及省、县两级行政境界的1:5万境界数据库建库工程。这两个项目都是国家测绘局下达的指令性任务，分别由国家测绘局重庆测绘院和重庆市勘测院承担。

四、1:1万地形图

重庆市勘测院完成城口测区、荣昌测区1:1万地形图的更新任务，生产数字线划图和数字高程模型各193幅。自2003年启动到2007年底，重庆市1:1万地形图更新项目基本结束，完成了数字线划图(DLG)、数字高程模型（DEM）、数字栅格地图(DRG）各3278幅，正射影像图（DOM）2000幅，基本实现了全市域1:1万基础地理空间信息数据全覆盖。另外，完成了1:1万数字线划图数据库第一、二期工程的建设，共入库3085幅。

五、1:2000地形图

由重庆市规划局牵头，重庆市地理信息中心组织实施，重庆市勘测院与国家测绘局重庆测绘院共同承担的重庆市都市圈1:2000地形图测绘工程实施顺利，累计埋设高程点40点、完成三角高程测量400千米、野外像控点测量1500点，完成了1969.7平方千米的空三加密，生产了1:2000真彩色数字正射影像图（DOM）1900幅，数字线划图（DLG）700幅，数字高程模型（DEM）700幅。

六、1:500地形图

重庆市规划局都市圈指令性计划完成1:500地形图测量92平方千米，地形图更新面积123.96平方千米，新测管线1554.78千米，地形图数据库第一期建设共入库7200幅图。计划外项目主要完成合川1:500低空遥感生产性科研项目，成图面积约20平方千米；璧山完成80平方千米地形图测量。

七、影像数据库

11月，重庆市地理信息中心建设完成“重庆市遥感影像数据库”。数据库集中管理了自2000年以来重庆市获取的遥感影像数据，包括航片3140景，约306GB；QuickBird数据1034景，约9.53GB；IKONOS数据204景，约21.97GB；SPOT数据94景，约21.5GB；ALOS数据2景，约639MB；TM数据22景，约2.6GB。

【质量监督】

一、测绘成果质量大检查

4月，重庆市规划局组织开展了全市测绘成果质量大检查，主要检查了重庆市各测绘单位从2005年以来生产的测绘成果质量，分测绘单位自查、检查组抽查和总结三个阶段进行。测绘单位自查围绕测绘成果质量和管理进行；检查组主要抽查测绘成果质量和自查报告的真实性和全面性，以及质量管理体系建立运行情况，并对被抽检单位随机抽取1~2个具备代表性的项目成果进行质量检查。共完成50个测绘项目的抽查，重庆市测绘产品质量监督站负责审查工作，其中全内外业检查5项，内业检查45项。通过检查，加强了对测绘生产单位的技术指导，加大了对技术落后单位的重点帮扶，加快了各生产单位建立质量管理体系的进度，使测绘生产单位的技术水平和成果质量有较大提高。

二、测绘产品质量监督站工作

重庆市测绘产品质量监督站为规范测绘产品质量检查工作，制定了《重庆市测绘产品质量监督站暂行管理办法》和《重庆市测绘产品质量审查技术要则》等规章制度，初步形成了重庆市质检管理体系；开发完成了重庆市测绘产品质量检查系统软件，有效规范了质检工作，提高了质检效率；制定了《GPS RTK作业技术规定（初稿)》，对利用全球卫星定位RTK技术开展测量作业进行了规范。

在重庆市规划局协调下，测绘产品质量监督站完善了重庆市“测绘产品质量检查人员专家库”。专家库共有22人，其中教授级高级工程师2人，高级工程师15人，工程师5人，基本包含了测绘各专业技术人员，为进一步提高重庆市测绘产品质量监督检查技术水平打下了基础。

三、质量日常检查

全年重庆市测绘产品质量监督站完成质量检查项目302项，检查了327平方千米1:500地形图，1969.3平方千米1:2000正射影像图，10573.7千米地下管线探测（包括333千米中小工程测量管线）。

重大工程测绘

【重庆市主城区地下管线普查】

重庆市主城区地下管线普查工作2005年3月正式启动，2006年底完成全部外业探测工作。2007年，重庆市地理信息中心完成了管线数据的内业清理、质量检查、综合管线图编辑和数据入库工作，建立了管线数据库；依托规划行政管理、测绘成果管理和质量监督等多种管理途径，建立了地下管线动态更新机制，并将管线信息纳入全市地理空间平台，边建边用。地下管线普查成果已应用于重庆市市政三级排水改造、电力线设计、工程钻探等多项建设工程中，成为城乡规划建设与管理等领域不可缺少的支撑。

【轨道测量】

轨道交通一号线是重庆市主城区第一条地铁线路，全长17千米。1月~9月，重庆市勘测院负责完成了全线精密导线测量和物探，1:500地形图测量3平方千米，1:2000地形图缩编6平方千米，地下管线探测450千米。轨道交通六号线一期全长25千米，4月~8月，重庆市勘测院测量了1:500地形图5平方千米，水下1:500地形图0.8平方千米，缩编1:2000地形图10平方千米，地下管线探测380千米。

【双碑嘉陵江大桥工程】

双碑嘉陵江大桥工程从石马河跨越嘉陵江到双碑，然后穿越中梁山到大学城，线路全长10千米，7月~9月，重庆市勘测院负责了桥梁建设前期测量准备工作，全线测量1:500地形图2平方千米、1:2000地形图2平方千米。

【重庆主城区人防工程普查】

4月~12月，重庆市勘测院完成了江北、沙坪坝、九龙坡、大渡口、巴南、南岸等6个区的人防工程普查。

测绘共建共享

12月，重庆市召开地理空间信息协调委员会第三次年度会议，重庆市副市长余远牧主持会议，市政府办公厅、市发改委、市财政局、市规划局等20多个政府部门参加了会议，会议通过了《关于加强重庆市地理空间信息共建共享的意见》（草案），有效地推动了全市地理信息共建共享。

重庆市地理信息中心与市发改委、市卫生局、市环保局、市国土资源和房屋管理局四个部门签订了共建共享协议，并与多家市级部门合作实施了共建共享项目。通过共建共享，重庆市地理信息中心向全市多个市级部门提供了各类地理信息130GB，向市发改委提供覆盖全市域的基础空间信息，支撑重庆市主体功能区划分；向市国土资源和房屋管理局提供1:1万DLG、DEM各3000多幅，高等级控制点160点，数据量40GB，成为重庆市第二次土地调查工作的基础数据；向市环保局提供8.2万平方千米1:1万全要素建库数据80GB，用于建立全市环境保护基础空间数据库及GIS应用服务平台；此外，为市公安局、市交委、市政委等政府部门提供了用于各项管理工作的各类地理空间信息。

地图编制与出版

【重庆市地图集】

6月，重庆市规划局和重庆市勘测院编制的《重庆市地图集》公开出版，填补了重庆市无大型综合性地图集的空白，为重庆市直辖十周年贡献了庆献礼。该图集由重庆市市长王鸿举作序，开本为8开，共250页，分为地理概况、人口资源环境、经济与社会、区县图、发展与规划5大版块，涵盖了重庆市的历史变革、地理位置、人口、资源、环境、经济、社会和可持续发展的成果，集区县和城市地图之大成，充分展示了重庆市直辖十周年来的成就。出版后发行量近3500册，社会反映良好。

【重庆主城区影像地图集】

6月，为庆祝重庆市直辖十周年，重庆市规划局和重庆市地理信息中心编制了《重庆主城区影像地图集》，由西安地图出版社出版，全年发行约3000册。地图集以2005年、2006年航空影像作为基础资料，整合有关地理信息数据编制而成，共105幅影像地图210页，包括索引图、分幅图和相关地理信息索引三部分。地图集覆盖了重庆市主城区，其中主城核心区地图比例尺为1:5000，外围比例尺为1:1万。

【应急制图】

2007年7月，重庆市遭遇百年不遇的特大洪灾，重庆市规划局组织编制了《重庆市地图》、《重庆市都市圈地图》、《重庆市洪灾分布图》和《重庆市水系图》等专用地图，为胡锦涛总书记赴重庆视察工作提供了服务。洪灾期间，重庆市地理信息中心、重庆市勘测院还及时提供了大量的地形图和地理信息服务。

【其他地图】

3月，重庆市市长王鸿举在全国人大会议期间，提出了“重庆是三个月就出版一版地图的城市”，在全国引起很大的反响。6月，重庆市勘测院缩短了《重庆市交通旅游图》的出版发行周期，由原来的每三个月更新一次缩短为每个月更新一次。全年共发行《重庆市交通旅游图》30万张。

重庆市规划局组织编制了《重庆市一小时经济圈图》，反映了重庆市“一小时经济圈”内的人口、资源分布、交通地理状况，为各级政府部门、研究机构和企事业单位制订发展计划、研究经济布局、进行总体规划、开发利用资源等提供重要的科学依据，有力地配合了重庆市“一小时经济圈”的建设。

成果应用与服务

【三大地理信息服务平台】

一、基础地理信息服务平台

重庆市地理空间信息协调委员会办公室组织、重庆市地理信息中心牵头编制了《重庆市地理空间信息数据库建设技术规范》、《重庆市地理空间信息内容及要素代码标准》、《重庆市基础地理信息电子数据标准》；建设了1∶500、1∶1万矢量地形图、遥感影像、主城区地下管线等数据库，建立了符合重庆经济社会发展需求的基础数据更新机制；开发基础电子数据质检系统、数据库管理系统和数据分发服务系统，有效地实现了基础地理信息的管理、更新和应用。

二、政务地理信息服务平台

重庆市地理信息中心编制完成重庆市都市区政务电子地图，包括境界、地名、交通、水系等11个大类37个基础图层，以及政府机构、医疗卫生、学校、旅游景点、市政服务设施等15个大类138个专题图层，共计175个数据图层。通过图层设计、管理模式和地址匹配等技术的研究，实现了基础空间信息数据的共享、交换、服务和政务信息管理空间化，满足了各级政府部门电子政务对空间信息数据的应用需求。

三、社会化地理信息服务平台

10月，重庆市勘测院建设完成三维城市信息发布平台（www. yoy360. com），通过Internet网络向社会公众发布。该平台完成现有地理精细模型的制作处理和网上发布60余平方千米；完成重庆市主城范围1200平方千米的高分辨率影像的网上发布；完成重庆市主城范围1200平方千米的道路名称和道路网的制作；启动快速建模工作，已经完成渝中区15平方千米的快速建模，江北近70平方千米快速建模工作完成1/3工作量，完成3万多POI数据录入。该平台的建立，拓宽了地理空间信息的社会服务领域，推进了测绘信息化进程。

12月，重庆市地理信息中心建设完成新版“数字重庆”网站。

【为政府重大决策服务】

2007年，重庆市地理信息中心为重庆市“一小时经济圈”建设提供了全面的信息保障和技术支撑。其中，为一小时经济圈规划提供了2.87万平方千米的地形图资料和境界资料；利用解译和空间分析手段，提供一小时经济圈交通通达度图、交通综合图、土地利用图、遥感影像图等；完成了土地适宜性评价和交通通达度分析成果，策划并启动了“一小时经济圈规划地理信息平台”项目。在立足重庆市空间布局规划的基础上，整合土地利用规划、国民经济和社会发展规划以及环境容量规划等，实现技术层面的“四规合一”。

【重点行业应用】

一、重庆市应急平台

重庆市地理信息中心承担了重庆市应急平台建设，积极与全市各主要应急管理部门衔接，共同推动重庆市应急地理空间信息平台的建设。整合处理卫生、公安等专业点位信息8万多条，为全面建设重庆市应急信息管理体系打好基础。

二、数字化城市管理

重庆市地理信息中心全面推进重庆市数字化城市管理建设工作，编写了《重庆市数字城市管理信息系统综合普查规程》、《重庆市数字化城市管理系统技术规程》，规范全市数字城管技术体系；对各区开展数字化城管工作的部门进行技术培训，为2007

年开展数字城管的6个区处理并提供了约70平方千米的基础图件；完成了建设部试点区高新区的数字化城管系统建设工作，保障了项目顺利通过建设部专家组验收；负责实施了渝中区数字城市管理综合普查工作，被重庆市市政委确定为全市数字化城市管理综合普查工作典范。

三、城乡规划

重庆市地理信息中心为城乡规划建设提供了强有力的信息保障和技术支撑。为重庆市规划局系统33个项目提供了信息保障，其中为重庆市一小时经济圈规划、渝东南城乡总体规划提供遥感影像以及基础地理信息支撑；为梁平、垫江、长寿、黔江、合川、武隆等区县城乡总体规划编制提供1∶1万基础地理信息数据；为28个区县新农村总体规划提供了基础底图；为主城区密度分区规划、都市区中小学布点规划提供了现状专题地理信息；为多个控规整合项目提供地下综合管线及高精度遥感影像支撑；为重庆市规划局系统提供技术服务60多次，完成成果268项，包括主城区用地分类解译及统计；为“四山禁建”项目提供林地覆盖解译，利用空间分析，结合地形，快速准确划定管制区域；为直辖十年城乡结合部拆违提供影像资料和技术支撑；为各类规划编制提供土地利用现状分析、林地专题信息提取以及坡度、坡向、高程分析；利用各类空间数据库，建立实时动态三维模型，为华宇·秋水长天项目与沙坪坝气象局观测台站关系审核提供空间分析支持；为金紫山地区高度控制规划提供三维可视化模拟分析。

四、其他行业

重庆市地理信息中心进一步推进了地理空间信息在通讯、交通等行业的应用，建设完成了支撑电信资源管理的基础地形图数据库，完成了重庆市农村公路及国省道电子地图制作，为电力、燃气等单位提供了多次空间信息服务和技术支撑。

【社会化应用】

一、网站地图

重庆市地理信息中心利用“数字重庆”网站地图服务平台，与重庆市广电总局交通广播电台初步达成提供地图服务的意向；同时，实现了中国移动重庆公司车辆GPS定位地图服务。

二、全球卫星定位系统

重庆市地理信息中心积极推进重庆市GPS综合服务系统的应用，举办了1期差分GPS技术培训班，与重庆市勘测院、重庆市土地房屋勘测院等多家单位签订了差分GPS系统使用协议，进一步加大了GPS综合服务系统在非测绘行业的应用；为重庆市气象局等单位提供成果，为重庆市环保局等部门提供精确定位服务。

三、三维仿真

2007年，重庆市勘测院承担了北部新区高新园、大渡口区二期工程、江津区东部新城及老城区、九龙园区规划道路网等三维仿真系统建设项目11个，已完成6个项目，其余项目正按计划推进。利用1∶2000数字高程模型和航空影像数据建立三维仿真模型，对中发公司用地是否影响地面微波站的信号发射进行了分析，得出了可靠结论。

科技创新与人才培养

【科技创新】

一、《重庆市基础地理信息电子数据标准》（试行）

10月10日，重庆市规划局发布《重庆市基础地理信息电子数据标准》（试行）。该标准由重庆市地理信息中心主编，重庆市勘测院、国家测绘局重庆测绘院参编，用于重庆市基础地理信息矢量图形数据的生产、更新、数据交换、数据库建设等。11月，重庆市测绘产品质量监督站举办了《重庆市基础地理信息电子数据标准》培训班，全市70多家测绘生产单位及区县测绘管理部门160多人参加培训。

二、省级应急平台建设技术研究

为支撑城市应急机制建立，重庆市地理信息中心牵头实施国家重大科技项目“省级应急平台和城市应急联动技术研发与示范（重庆市）”，着手构建重庆市应急指挥联动示范系统。年底该项目已完成包括疾病监测信息报告管理系统、重庆市水库安全管理系统、重庆市地震应急指挥综合展示系统在内的12个专业信息系统的集成整合，实现了各部门应急系统的互联互通。

三、三峡库区保护技术研究

为服务三峡工程建设及库区移民工作，重庆市地理信息中心于3月完成国家重点科技项目“三峡库区污水厂群管理信息系统”建设，并已在重庆市环保局投入运行；策划启动了“三峡库区综合信息空间集成平台”建设，通过广泛调研形成了相关报告。

四、城乡规划建设技术研究

重庆市地理信息中心完成“城市建成区土地利用遥感监测应用研究”和“遥感在城乡规划中的技术研究”课题；承担重庆市建委科技项目“市区一体化数字城市管理平台技术研究”，开展了相关的研究工作；10月，完成重庆市城镇体系规划管理信息集成平台建设。在充分整合1:1万基础地理信息库、规划成果库和审批成果库基础上，结合3S技术，为多个城乡规划编制和研究项目提供了技术支撑。

五、遥感应用技术研究

为了加大遥感技术在全市各重点行业的应用，重庆市地理信息中心挂牌成立重庆市遥感中心。2007年，遥感中心开展了以下研究工作：一、编写完成《重庆市城乡规划用地遥感解译分类标准及代码》，统一了全市城乡用地分类；二、编制了《重庆市遥感影像处理技术规程》，规范了遥感影像解译涉及的技术要求、方法、精度指标等；三、初步形成重庆市遥感技术研究应用体系，先后进行了土地资源遥感监测、资源环境遥感监测、城市重点区域地质灾害遥感监测评估、农作物遥感估产、林业资源遥感监测、国民经济辅助决策等方面的研究。同时，重庆市遥感中心首次利用雷达影像遥感数据（ENVISAT）对重庆市三峡库区的水资源、森林进行了监测研究，填补了重庆市遥感应用研究的空白。

六、其他科技研发项目

重庆市勘测院开发出以Skyline三维GIS软件和ArcGIS二维GIS软件为基础，二、三维GIS软件为一体的三维GIS城市仿真系统；开发出以Virtools4.0三维游戏引擎为基础的新一代三维城市虚拟仿真系统，增加了电子地图、自动导航漫游、人工漫游及常规量算等功能，并重新设计了软件平台界面和操作方式；开发出Dgn转Coverage、自动裁切影像图等工具软件，对控制成果系统软件进行了改进，增加了RTK成果表的查询输入、输出等功能。

【人才培养】

2007年，重庆市规划局在测绘行业引进1名教授级高级工程师、1名博士生、4名硕士研究生、13名本科生、2名大专生。

重庆市规划局加强对局属测绘单位职工的继续教育培训工作，通过国内外进修学习、担任重点工程负责人、参加国家测绘局青年学术和技术带头人培训班等多种形式，有针对性地进行人才培养，全年开展教育培训1355人次，平均每人次接受培训78学时。加强人事制度改革，按岗位性质、责任大小确定各岗位的工资待遇，建立起重实绩、重贡献，向优秀人才和关键岗位倾斜的内部分配制度。

党的建设与精神文明建设

【党的建设】

重庆市规划局圆满完成机关党委、基层党组织换届工作，积极开展党务干部培训，增强了基层党组织的凝聚力和战斗力。健全反腐倡廉宣传教育机制，加强干部职工思想道德教育、党性党风教育和职业道德教育，组织了《中华人民共和国物权法》、《中华人民共和国公务员法》、《中国共产党党员纪律处分条例》、《中国共产党党内监督条例》、《中华人民共和国城乡规划法》等法律法规培训，举办了预防职务犯罪和干部作风建设专题报告会；对新提任和轮岗交流领导干部进行了集体廉政谈话，在全局开展廉洁自律自查自纠活动；实行建设项目跟踪监督卡制度，积极探索建立治理商业贿赂长效机制，党风廉政建设责任制得到落实。

【精神文明建设】

重庆市规划局组织参加全市作风建设知识竞赛、文艺汇演等活动取得好成绩，开展了局系统运动会、读书活动、征文比赛和“情系三峡、走进库区”大型主题教育活动，成功举办直辖十年规划测绘工作总结与展示系列活动，编辑出版了《直辖十年重庆城乡规划理论与实践》、《直辖十年重庆城市交通规划与实践》以及重庆市直辖十年优秀建筑、优秀住区图集、《重庆市地图集》、《重庆市影像地图》等系列图书。继续开展文明单位创建活动，大渡口区规划分局、市规划信息中心、市规划展览馆通过了市级文明单位验收，局办公室、法规监察处、市勘测院、市地理信息中心通过局级文明单位（处室）验收。

地方社团工作

【测绘学会】

一、学术交流

重庆测绘学会工程测量专业委员会针对GPS网络RTK技术在城市测量中的应用，先后组织3次推广培训活动，来自全市各测绘单位的70多人参加了培训。

航测与遥感专业委员会、地籍房产测量专业委员会共同组织召开交流会，探讨遥感影像在地形图测绘工程中的应用以及在第二次全国土地大调查中如何发挥作用，重庆测绘院、重庆土地勘测规划院等单位约40人参加。航测与遥感专业委员会还邀请拓普康公司相关人员到重庆测绘院进行技术交流。地籍房产测量专业委员会多次组织专家对《重庆市房屋面积测算实施细则》进行研讨和修改，进一步完善了房产测绘的技术标准。

为了充分发挥高校教师在重庆市测绘事业发展中的作用，测绘学会联系教育专业委员会、市测绘管理部门和部分测绘单位领导召开一次高校座谈会，听取高校教师的意见。来自高校的20多位教师和研究生参加了座谈。

二、测绘技术培训工作

重庆测绘学会积极配合测绘主管部门开展测绘特有工种职业鉴定工作，截至2007年共举办培训班24期，1505人参加了培训并通过考试，分别获得初、中、高级工资格；其中2007年有70人参加了培训并通过考试。

2月~3月，航测与遥感专业委员会协助重庆测绘院对员工进行了为期2个月的1:5万更新、1:5万缩编、西部无图区测图等项目的技术培训，50多人参加了培训。

4月，地籍房产测量专业委员会协助重庆市土地勘测规划院举办了“数字化房产测绘管理系统”技术培训班2期，参加人数60人。

5月，为了提高区县规划管理水平，学会和工程测量专业委员会共同举办了1期“竣工测量技术要求”培训班，各区县测绘单位的30多名技术人员参加了培训。

7月，地籍房产测量专业委员会邀请有关专家，针对即将开展的重庆市第二次土地调查的实施方案，举办了2期培训班，参加人数80人。

三、评奖工作

重庆测绘学会举办了第三届优秀测绘工程暨优秀论文评选活动，评选出优秀测绘工程一等奖1项、二等奖3项、三等奖6项、优秀奖3项，优秀论文18篇。测绘学会出版了《城乡建设中的测绘高新技术研究与应用》一书，收集论文96篇。

四 川 省

规划与计划

【四川省基础测绘中长期规划纲要】

2007年，四川省基础测绘规划管理工作得到进一步加强。省政府批准实施了《四川省基础测绘中长期规划纲要》，全省21个市（州）中完成规划编制的市（州）已超过50%，成都、宜宾、绵阳基本落实了规划经费，其中成都市“十一五”期间基础测绘投入超过5000万元。四川测绘局对尚未完成规划报批工作的市（州），加大了指导、督促力度，并要求已经通过规划编制、报批、备案工作的市（州）尽快组织实施，实现市（州）、县（市、区）基础测绘计划列入本地国民经济和社会发展计划，经费列入财政预算，确保基础测绘步入良性循环的轨道。

法制建设与市场监管

【测绘法制建设】

5月18日，《四川省测绘成果管理办法》经省政府第118次常务会议通过，自2007年8月1日起施行；4月，省人大赴江苏、浙江进行《四川省测绘成果管理办法》上升为地方性法规的前期调研；组织完成《四川省基础测绘管理办法》（草案）的起草、调研和相关论证，并于10月报送省政府提请列入2008年立法计划。

【执法检查】

四川省人大以及测绘部门加大了测绘行政执法检查力度，9月，按照国家测绘局的统一部署，配合全国人大测绘法执法检查组对四川省贯彻《中华人民共和国测绘法》、《四川省测绘管理条例》的情况开展了执法检查，并到部分市、县和测绘单位进行了实地检查和调研。5月～7月，省测绘局组成检查组赴成都、德阳、雅安、阿坝和甘孜等市（州）、县实地检查，帮助当地政府提高对加强测绘统一监管工作的认识，促进市县级测绘管理机构和职能的落实。截至年底，全省21个市（州）全部落实了测绘管理机构，100多个县落实了测绘管理机构。

【测绘法制宣传】

四川省有关部门认真做好“五五”普法规划的落实工作，加强测绘法律法规的宣传教育。组织开展3期“四川省测绘法律法规学习班”，参加学习人员350多人，学习内容涉及《中华人民共和国测绘法》、《四川省测绘管理条例》、《中国人民共和国测绘成果管理条例》、《四川省成果管理办法》和成果保密知识、国家版图知识；省测绘局组织855人参加四川省“五五”普法百万公民法律知识竞赛活动；组织开展全省“8·29”测绘法宣传日活动及省市县测绘行政管理人员法律法规知识答题。

【行政执法责任制】

四川测绘局着力提高依法行政的能力和水平，加强市县级测绘行政执法队伍建设，组织完成2007年全省测绘行政执法培训工作，参加学习人员100人；加强对市（州）测绘行政主管部门的业务指导和监督检查；推行政务公开，做好测绘行政许可事项的集中统一受理和过程监督，分等级制定了测绘质量和档案管理制度的示范文本。

【测绘资质管理】

四川测绘局做好测绘资质的受理、审批、变更和事后监督工作，从3月1日起按国家测绘局要求对新申办资质和资质升级的单位在颁发资质证书前实行网上公示，更大范围接受监督。全年受理、审批测绘资质单位56家；完成资质变更94家，其中降级1家，注销4家；与资质配套使用的测绘成果专用章配发率100%。依法加强对测绘资质单位日常的实地监督检查，完成测绘单位的实地监督检查54家；完成2007年测绘资质的年度注册工作，应参加注册单位413家，实际注册398家，注册率达96%；办理测绘作业证件1200多个；及时准确地完成统计年报工作，应报486家，实报472家，填报率97%。加强测绘质量监督检查工作，促进测绘资质监管和质量监管的有机结合。抓好测绘资质管理信息系统建设工作，组织完成甲级测绘单位的测绘资质管理信息系统建设和试运行工作，以及市（州）测绘行政主管部门和乙级测绘资质单位的信息系统培训工作。

【市场监管】

加强对房产测绘工作的管理，维护当事人的合法权益，减少社会矛盾；加强《四川省房产测绘实施细则》执行情况的检查，进一步规范房产测绘市场和行为；处理和化解房产测绘纠纷和矛盾数十起。依法做好测绘项目备案登记工作，完成省级备案项目26项；指导市（州）依法加强对无证测绘的查处和引导，以及对测绘工程项目招投标工作的管理；加强引导和指导，进一步规范和促进地理信息产业市场健康发展。

地图管理与成果管理

【地图管理】

四川测绘局进一步完善地图审核制度，规范地图审查工作，截至11月底，完成审核地图品种62项；对《中华人民共和国地图管理条例》（修订草案）提出了修改意见；开展导航电子地图产品的检查工作，对成都市数码广场、新世纪电脑城、百脑汇电脑城、东华电脑商场等上百家经营电脑软件和车载导航产品的商家进行了检查。

【成果管理】

认真做好提供国家涉密基础测绘成果资料的审批工作，全年共受理审批约900项；继续开展“十五”期间四川省测绘成果目录的整理和编纂工作，汇总“十五”期间省级各部门、各测绘单位完成的6731项测绘项目，筛选出1732项编辑印刷成《四川省测绘成果目录（第六集）》，并进行了公布、分发；开展对基础地理信息数据管理与使用情况的保密自查工作，向省内43家成果使用单位下发了自查通知，对4家单位进行了重点抽查；开展测绘成果保密检查，省测绘局与省国家保密局组成联合检查组，对成都市50家使用国家密级测绘成果的单位进行了保密检查。

【测量标志保护】

四川省有关测绘部门加强测量标志维护管理，对简阳市、井研县因建设需撤迁的中国地壳运动观测网络的2座测量标志进行了实地踏勘；审批迁建旺苍县三角测量标志1座，审批迁建金沙江溪洛渡水电工程水准测量标志17座；泸州市全年完成316座测量标志普查并通过了检查验收。

【独立平面坐标系统的清理】

四川测绘局开展全省城市相对独立的平面坐标系统的清理工作，省政府办公厅下发了《关于开展全省城市坐标系统清理工作的通知》，成都、凉山、绵阳、泸州、宜宾、自贡、广安、甘孜、阿坝启动了清理工作，对成都、自贡、宜宾、泸州等市的城市独立坐标系统清理情况进行了检查。

基础测绘与质量监督

【概况】

2007年，四川省各测绘单位扎实开展省级基础测绘生产，实施了四川省地理空间框架建设、数字城市地理空间框架建设示范工程、新农村测绘保障服务等项目，并加强测绘成果质量控制，为地方经济建设提供了大量及时可靠的测绘保障。

【四川省地理空间框架建设项目】

2007年，四川省地理空间框架建设项目除继续完成2006年的计划任务外，还开展了四个单项的建设，包括：一、大地控制基准建设。计划完成C级GPS网选埋400点，实际完成600点；计划完成三等水准观测3072千米，实际完成4000千米。二、地理空间数据采集。完成外业控制80幅（1:1万图幅，下同），外业调绘579幅，DLG立体测图680幅，航片DOM生产680幅；完成已有数据改造法DEM、DLG生产281幅；完成扫描矢量化法DEM生产139幅、DLG生产409幅。三、数据建库，开展前期试验工作。四、启动基础地理信息系统子项目建设，开展技术设计和前期试验工作。

为配合项目的顺利实施，修订了《四川省地理空间基础框架建设项目1:10000数据字典》、《四川省地理空间基础框架建设项目1:10000技术规定》；编写了《四川省地理空间基础框架建设项目1:10000数据入库标准》；对项目生产中的一些关键技术进行研究，开发了自主知识产权的1:1万地形图建库、制图一体化软件并投入项目建设，优化了生产工艺，提高了产品质量；针对四川地区航空摄影特别困难的客观情况，开展了利用SPOT5卫星（2.5米）遥感影像和P5卫星（2.5米立体）遥感影像进行1:1万基础地理信息更新试验，为有效利用多种数据源，解决影像获取困难的现实问题探索道路。

【数字城市地理空间基础框架建设示范工程】

四川省数字城市地理空间基础框架建设示范工程项目分为两部分，一、继续完成2006年度的“数字德阳”地理信息公共平台和示范工程建设项目，截至年底，该项工作已全部完成；二、攀枝花市作为四川省第二个“数字城市”建设试点已通过立项，该项目的所有前期准备工作已全部完成。

【社会主义新农村测绘保障服务项目】

在2006年启动通江县社会主义新农村建设测绘保障服务试点的基础上，2007年具体完成了《通江县交通旅游图》编制印刷、6个重点村集中居住区1:2000地形图测绘等工作，启动了通江县综合县情地理信息系统的研发工作。

【质量管理】

四川测绘局加强对基础测绘项目的质量监督管理，组织对17名检查人员进行了理论考试，并发放了检查员资格证书；指导局属生产单位进一步健全基础测绘质量保证体系；组织完成国家1:5万矢量地形数据（DLG）更新、国家西部1:5万地形图空白区测图、四川省1:1万基础地理信息更新等16个国家和省基础测绘项目的验收工作，无不合格项目。

加强全省测绘成果质量监督检查，组织对49家测绘单位进行质量监督检查，要求质量体系被评为基本符合、不符合及产品质量不合格的37家单位限期整改；举办面向丙、丁级非房产测绘单位的测绘质量管理培训班，共有110多家测绘单位的149人参加了培训；依法开展测绘仪器检定工作，四川省测绘计量检定站共检定各类测绘仪器3172台。

重大工程测绘

2007年，四川省测绘单位为全省重大经济建设项目和社会发展积极提供测绘保障，围绕天然林保护、退耕还林、退牧还草等生态工程建设、社会主义新农村建设、土地规划与整理开发、城镇规划与建设、公路和铁路建设、水电资源开发、油气勘探开发、煤炭资源开发、成都地铁工程勘测、城市地下管线管理等实施了一大批重大工程测绘项目。四川测绘局作为技术牵头单位，与海南测绘局等单位在全国第二次土地调查底图生产项目中共同完成各省部分区域1:1万航空遥感土地调查底图生产任务6561幅，总面积约181896平方千米。四川省森林防火地理信息系统建设项目列入了2007年~2008年度国家测绘局支持的基础地理信息应用示范项目，完成了项目前期需求调研、资料收集及分析、初步设计方案沟通和讨论，编写了项目设计书并通过了国家测绘局组织的专家评审。

测绘共建共享

四川省测绘局积极与省交通厅、省地震局、省畜牧食品局等部门合作，就地理信息数据资源共建共享签订了协议。省测绘局分别无偿向上述部门提供1∶25万、1∶5万、1∶1万和核心地形要素、数字高程模型、数字正射影像等基础地理信息数据及其更新数据，以及有关地理信息数据等；上述部门无偿向省测绘局提供全省公路（含国、省、县、乡、村道）数据、内河航道基础地理信息数据，全省重力、水准数据及其相关资料，全省GPS点坐标、GPS连续运行参考站数据，全省有关畜牧业草原等信息。与省核工业办、省卫生厅就处理突发应急事件无偿提供国家秘密基础测绘成果事宜进行了协商。

地图编制与出版

【地图编制出版】

成都地图出版社全年完成图书出版印刷任务共457种（印次），合计258种图书，其中新书97种，再版重印161种，总印数314万册，印刷总码洋约2500万元。对《中国交通——公路营运行车指南》、《贵州省交通图册》、《浙江省交通旅游图册》等9种资料陈旧的图书进行了较大修改，34种图书改版，对《中国地图册》、《中国交通地图集》等40多种畅销书进行全面修改或改编，完成《在路上，在埃及》、《四川旅游》《车伴风吟——自驾旅游图册》、《中学地理高考复习图册》、《中国分省交通图系列》等多种新编图书的编制、制作、出版工作。

2007年，成都地图出版社编制出版的图书取得了多项荣誉，《都江堰灌溉区域图》获得国际地图展览会优秀地图三等奖（我国送展作品中唯一获奖作品），《中国实用地图集》获第十五届西部优秀科技图书一等奖，《青海影像地图集》、《认识世界系列》分别获第十四届西部装帧设计交流会一等奖、三等奖，《最新实用中国地图册》、《世界知识地图集》、《江苏省实用地图册》、《世界知识地图册》、《中国公路网图册》获得四川省书刊印刷优秀成果奖，22种图书中标省新闻出版局组织的“农家书屋”招标活动。

成果应用与服务

2007年测绘成果应用涉及交通、铁路、地矿、规划、农业、科教、军事等众多领域，服务的大型项目有普光油气田开发、新农村建设、交通设施建设、土地资源调查、水利电力设计、四川省主体功能区划分等项目；全年接待用户1400多人次，提供各种比例尺地形图23379张，大地成果7673点，DLG 98幅、DEM 74幅、DRG 459幅，影像数据1030景，县乡道等专题数据2622幅；为四川省突发公共卫生事件应急指挥中心和四川省国防科技工业办公室免费提供了四川省1∶25万DLG数据和部分地区1∶5万DLG数据，地图回放427幅，地图缩放、专题图制作等154幅；为1∶5万DLG数据库更新、西部无图区测绘、四川省地理空间基础框架建设等项目提供了测绘资料；为高新区检察院提供影像数据作为判案重要证据，破获了一起虚报城市拆迁项目案，为国家挽回经济损失160万元。

科技创新与人才培养

【测绘科技】

2007年，四川测绘局按照国家测绘局测绘科技发展“十一五”规划要求，制定印发了《四川测绘局关于加强测绘科技工作的意见》，大力实施“科教兴测”战略，加强测绘科技创新，促进了全省测绘事业的发展。

组织开展科技项目的申报立项工作，全年共立项8个局级科技项目，资助经费24万元；组织局属有关单位向国家测绘局申报了3项基础测绘科技项目，并获得了立项批准；组织局属各单位积极申报国家测绘局有关重点实验室开发项目，共申报4项，其中成都地图出版社申报的“三维城市公开版电子地图制图技术研究”项目获得了数字制图与国土信息应用工程国家测绘局重点实验室的批准；组织局属有关单位向省科技厅申报了3项2008年四川省科技计划项目。

搞好全局科技项目管理工作，组织13个在研局级科研项目的实施，完成6个局级科研项目的验收工作；对省测绘局承担的3项国家测绘局2007年度基础测绘科技项目的实施情况进行了定期督促检查，组织编写上报了项目实施方案，确保项目按计划完成。

组织开展了首届四川省测绘科技进步奖评选活动，评出一等奖4项、二等奖6项、三等奖4项，经公示后印发了奖励决定；组织5项成果申报中国测绘学会测绘科技进步奖，1项成果申报四川省科技进步奖，其中西南交大报送的“基于Internet的网络GPS/VRS数据处理技术”获中国测绘学会测绘科技进步二等奖，四川省遥感信息测绘院完成的“GeoSceneMap地理信息系统研究”和川测三院完成的“PDA数字化地形测图系统”获中国测绘学会测绘科技进步三等奖，川测一院完成的“水准测量外业记录软件包”获四川省2007年科技进步三等奖。

积极开展产、学、研结合，与武汉大学吉奥公司和武汉大学遥感信息工程学院开展了技术合作；在数字制图与国土信息应用工程国家测绘局重点实验室的建设中，与武汉大学资源环境学院联合申报了一项国家测绘局基础测绘科技项目，总经费80万元。

【人才培养】

四川测绘局加强职工教育培训工作，按计划举办各类培训班25个，1781人参加培训，其中331人参加了由国家测绘局继续教育中心举办的西南地区地理信息技术应用培训班、大比例尺数字测图技术培训班和测绘技术管理干部培训班。同武汉大学联合开办的第二期工程硕士研究生课程进修班已圆满完成研修阶段的任务，第三期工程硕士研究生课程进修班有24人就读，二、三期学员中已有23人被武汉大学录取攻读硕士学位。开展继续教育验证工作，642名技术人员通过了验证。

2007年，全省共有测绘专业高级工程师594人、工程师2758人、助工2185人，其中四川测绘局有测绘专业高级工程师98人、工程师348人、助工400人，享受政府特殊津贴12人，国家测绘局青年学术和技术带头人4人，四川测绘局青年技术带头人8人。

对外合作与交流

组织成都地图出版社2人赴日研修，选派8人赴境外参加国际大地测量与地球物理联合会、第五届海峡两岸测绘发展研讨会、国际制图协会（ICA）第14次学术大会、天宝公司用户大会、边界会谈等学术交流活动。做好外事接待，接待参加SAR与光学影像融合及其应用国际研讨会的70多名中外代表。

成都地图出版社对外测绘技术合作不断扩大，接待日本国（株）武扬堂专家5人来访；与日本国（株）武扬堂合作，承担完成道路情况调查系列图、部分行政区域生活指南图、部分道路管理区域服务设施图、1:20万全日本道路交通地图集、部分省较详细的交通图、部分地铁站服务指南图、全日本道路交通时刻图、各类观光旅游地图、东北地方各省管内送电线路图制作等，产值约85万元人民币。四川省遥感信息测绘院完成与日本公司合作的空中三角测量和二、三维测图以及数字正射影像图和数字高程模型生产项目，与美国公司合作的空中三角测量、数字正射影像图制作，与巴基斯坦公司合作的卫星影像测图等项目，总产值236万元。

党的建设与精神文明建设

【领导干部作风整顿】

根据省委实施意见，2月中旬~5月底，四川省测绘局在全局开展了领导干部作风整顿建设活动，较好地完成了学习动员、对照检查、集中整改、作风建设四个阶段的工作，查找了问题，制定了相应的整改方案，确立了总体发展思路，全体干部进一步树立了用科学发展观统领测绘工作的思想。

【创建学习型机关】

四川测绘局严格执行《中共四川测绘局党组关于开展创建学习型机关活动的意见》、《中共四川测绘局党组中心组学习制度》和《四川测绘局直属单位党委（总支）中心组学习承办部门工作职责》，分层次、有重点开展学习活动，主要学习了党的十七大精神、省委第九次党代会精神、胡锦涛总书记在省部级干部进修班上的讲话精神，开展了向优秀党员林强和测绘创新楷模刘先林院士学习的活动，重点组织学习了《国务院关于加强测绘工作的意见》和《曾培炎副总理看望野外测绘职工的讲话》。

【基层党组织建设】

加强基层党支部建设，重点抓好党支部书记的配备和培训，完成了机关部分支部的改选补充工作；重视抓好离退休党支部的建设，认真抓好制度建设和落实，坚持支部生活制度。2007年完成了四川省第一测绘院和成都地图出版社党委、纪委的换届改选工作，完成了四川省基础地理信息中心党总支换届改选工作。加强党员队伍建设，做好党员发展工作，2007年全局发展党员21名。

【党风廉政建设和反腐败工作】

认真分解落实《党风廉政建设和反腐败工作任务分工表》，切实履行党员领导干部廉洁自律各项规定，认真开好领导班子民主生活会，坚持领导干部述职述廉制度，坚持开展民主评议党员等制度；认真开展测绘领域治理商业贿赂专项工作，规范测绘市场竞争行为；按照中纪委《关于严格禁止利用职务上的便利谋取不正当利益的若干规定》开展自查自纠，全年无一例违法违规事件发生。

【精神文明创建活动】

充分发挥工会、团委、妇委会的作用，重视职工思想政治教育，加强社会公德、职业道德和家庭美德教育，抓好“文明单位”创建活动。至2007年，四川测绘局有省级文明单位4个、省级机关文明单位1个。局工会被评为省级单位先进工会，有“模范职工之家”6个，“模范职工小家”1个；3个单位被评为民主管理先进单位，10个单位被评为“创争”活动先进单位，1人获“创争”活动标兵称号，9人获“创争”活动先进个人称号。至2007年底，全局有3个团委被团省委授予“五四红旗团委”称号，6个团支部被授予“五四红旗团支部”称号，省级青年文明号9个。全年有省级青年创新带头人2人、青年岗位能手1人、先进个人3人。1个单位被全国妇联授予全国巾帼文明岗，1人获巾帼建功标兵称号。2个单位被评为省级巾帼文明岗，2人获“三八”红旗手称号。举办了局第十一届职工棋牌赛、“爱党 爱国 爱测绘”主题教育活动、“欢度重阳 喜迎奥运”老年趣味定向健步赛、全局“老年杯”钓鱼比赛、2007经纬杯“迎奥运 促和谐”青年运动会，开展了“共青人精神大讨论”等活动；参加省直机关第二届职工运动会，获团体第七名的好成绩。热心参与社会公益活动，为达县灾区和甘孜州捐建太阳灶；参加“金秋助学”活动，为留守学生捐款捐物15万多元，被省直工委评为捐款先进单位。

地方社团工作

四川省测绘学会充分发挥科技社团组织的优势，紧密团结全省广大测绘科技人员，搭建平台，创造机会，指导全省10个专业委员会分别召开了各学科的学术交流会，积极组织全国测绘科技信息网分会优秀论文的推荐工作，推荐了7篇优秀论文，有2篇获二等奖。召开了九届二次理事会，对学会领导班子进行了调整；举办全国科技信息网分会年会，参会代表200多人；组织了全省22名测绘系统职工子弟赴广西南宁参加全国定向越野比赛，获全国青少年测绘组男子团体第一、二、三名，女子团体第一，并有6人获得名次。做好《四川测绘》发行工作，对编委会成员进行了部分调整，《四川测绘》荣获中国测绘学会2007年优秀测绘期刊三等奖。

贵州省

规划与计划

【规划】

2007年，贵州省人民政府将基础测绘规划编制与实施列入国土资源管理政府责任目标，由省政府与各市（州、地）政府（行署）签订了目标责任书。同时，在国土资源系统内全面启动地籍测绘规划编制工作。《贵州省基础测绘“十一五”规划》和《贵州省测绘事业发展第十一个五年规划纲要》经省人民政府同意，由贵州省国土资源厅印发并组织实施；九个市（州、地）政府（行署）全面批准了当地的基础测绘规划；贵州省国土资源厅批准印发了《贵州省地籍测绘编制指南》；各市（州、地）国土资源局成立了地籍测绘规划编制组织机构和编制工作小组，九个市、州、地国土资源部门全面启动了地籍测绘规划的编制工作。

【计划】

2007年，贵州省共下达航测3D数字化产品生产与建库等基础测绘计划项目17个，合计安排计划任务经费868万元。

法制建设与市场监管

【法制建设】

根据省人民政府法制工作部门的要求，贵州省国土资源厅继续开展行政审批事项的清理。上报并经省人民政府批准废除的省政府规章有：1997年2月27日以省人民政府第29号令颁布的《贵州省地图编制出版管理办法》、1999年5月25日以省人民政府第41号令发布的《贵州省测量标志保护管理办法》。贵州省人民政府法制部门将《贵州省测绘成果管理办法》列入立法计划，并组织相关人员到江西、江苏等省进行了立法调研。贵州省国土资源厅出台了《关于建立和完善测量标志保护制度 切实加强测量标志保护的意见》，依法批准了三个点测量标志的迁建；举办了测绘行政执法培训班，共有108人参加；严肃查处测绘违法案件，其中，配合安全部门查处涉外测绘违法案件1宗，测绘行政管理部门立案查处违法案件2宗。

【市场监管】

依据《测绘资质管理规定》，继续开展测绘资质的审核、批准。截至2007年底，全省共有测绘资质单位344家，其中，甲级10家，乙级45家，丙级109家，丁级180家。将资质注册与测绘单位的测绘市场行为、测绘成果资料汇交、测绘项目备案、测绘单位信用、测绘生产业绩、测绘质量管理、履行测绘行政主管部门交待的工作职责义务相结合，在年度注册中，通过注册280家，缓期注册5家，注销5家，并将注册情况在《贵州日报》上通告。

在2006年对房产测绘市场秩序进行清理规范的基础上，贵州省国土资源厅、贵州省建设厅联合开展房产测绘市场秩序清理规范工作的专项检查，检查覆盖了九个市（州、地）各1~2个县、市。检查结果证明，各市（州、地）国土资源、房管（建设）部门按照2006年省国土资源厅、省建设厅共同印发的房产测绘市场秩序清理规范工作方案，较好地完成了房产测绘市场清理任务，省国土资源厅、省建设厅据此进行了工作总结。此次房产测绘清理规范工作中发现，部分县级房管部门因测绘专业技术人员、设备条件达不到国家测绘资质申报条件未予注册相关测绘资质，但这些部门实际上承担了部分房产测绘工作，针对这种情况，省国土资源厅、省建设厅结合《测绘资质管理规定》中省制定单项业务资质的政策，共同制定印发了房产测绘单项业务资质标准，并在全省推行了房产测绘机构布局方案制度，使房管部门存在不规范的房产测绘行为得到了妥善的解决。

地图管理与成果管理

【地图管理】

贵州省国家版图意识宣传教育和地图市场监管协调指导小组进一步要求全省各地深入开展国家版图意识知识教育，加强地图市场监管。各市（州、地）国土资源部门在“4·22”地球日，“6·25”土地日、“8·29”测绘法宣传日中，将国家版图标准样图印成宣传资料散发给群众，全省共计发放国家版图标准样图5000多份。同时，各级国家版图宣传教育和地图市场监管协调指导小组采取多种形式广泛开展国家版图意识宣传教育，继续组织对学校教育用图、户外广告用图和车站、民航、旅游风景区展示的国家版图和地图市场的检查监管活动，全省共计检查50多次，检查中责令拆除问题地图宣传广告2幅，收缴销毁问题地图宣传广告3000余份。

【地图审核】

依据《地图审核管理规定》，做好地图审核工作，全年共批准《贵阳市交通旅游图》、《贵州省开发区图集》、《贵州省地震区划图集》、《贵州省三叠纪地层露头分布图集》、《贵州省地球化学图集》、《贵州省喀斯特石漠化综合防治图集》等地图审核图号23个，出版发行379幅、10万余集（册、张）。

【成果管理】

贵州省国土资源厅组织2004~2006年度优秀测绘产品评选，全省参评项目24项，经专家组评选，青藏铁路石冻以桥代路特大桥控制测量和放样测量、贵州省万亩大坝调查及万亩大坝地图集、澜沧江西藏内昌都以下河段规划阶段控制测量、贵州省黄果树地理数据测量、光照水电站枢纽建筑物变形观测控制网、贵州兴义市1:500~1:2000地形图摄影测量、嘉兴市洪合工业园区1:500数字地形测量、杭州市2004数字国土调查项目（第四标段）、坝王河雨寨小井水电站工程测量、《贵州省地图集》、《贵州省开发区图集》、仁怀市园满贯水电站工程测量等13个项目被评为2004～2006年度优秀测绘产品。

【成果提供与汇交】

为贵州省经济建设累计提供大地控制点1038点，地形图30981幅（其中含数字化产品5651幅）、航摄像片5427片。

全年共汇交10万元以上产值的测绘成果50多项。

基础测绘与质量监督

【基础测绘】

成立《贵州省国土资源地图集》编委会，召开2次编委会会议，收集图集图件51幅，完成了90%的编制工作量；完成“数字贵州”地理空间框架总体设计和贵州省基础地理信息平台技术设计，并经专家论证通过；完成250个C级GPS点的选点、埋设工作；完成贵州省测绘资料成果网页的建设；完成航摄、航测档案管理系统的数据库建库，其中有数据26万多条；完成遵义市红花岗、汇川区1:1万（DLG）更新生产任务（9幅）；完成贵州省成果目录查询系统建设和25个重点县（市）城市地理信息数据库建设；完成了1:75万《贵州省地图（挂图)》的编制工作。

【航空摄影】

国家测绘局将贵州重点建设地区（黎平摄区：1:2.5万2.2万平方千米，兴义摄区：1:2.5万1.6万平方千米）列入2007年国家航空摄影计划并组织实施。其中黎平摄区已完成70%的工作量；兴义摄区由于贵州地理、气候因素，两次招投标流拍。贵州省国土资源厅积极联系承担广西与贵州交界航摄任务的太原万维公司来承担航摄，经多次协商，与万维公司签订了相关工作协议，并得到国家测绘局的批准。

【质量管理】

贵州省将测绘单位质量体系建设、测绘产品质量管理作为各级测绘行政主管部门的重要工作组织落实，要求乙级以上资质单位全部通过ISO9000质量体系认证或复评，申请乙级或丙级升乙级的单位以通过ISO9000质量体系为基本条件。贵州省国土资源厅直接检查了11家测绘单位的质量体系建设工作，同时，向省测绘产品质检站下达了30家测绘单位的产品质量抽检计划。经质量体系建设和测绘产品质量检查，全省有2家测绘单位因达不到质量体系建设和产品质量要求，被省国土资源厅向社会公开通报，责令其整改。省测绘产品质检站开展测绘仪器的监督检验服务工作，共检定测绘仪器1089台，其中水准仪350台，经纬仪231台，全站仪423台，GPS 85台。贵州省第一测绘院承担的“天生桥水电站”测绘项目，顺利通过全国重点测绘工程成果质量检查。

重大测绘工程

各测绘资质单位，积极为国家重点工程、省重点工程和经济建设提供测绘服务保障。贵州省第一测绘院完成的重大工程测绘项目有：都匀测区1:1万地形图更新112幅，花溪小碧重点建设区1:500、1:2000地形测量及坐标转换，青岩10平方千米1:2000地形测量，清镇10平方千米地形测量，大方30平方千米1:2000地形测量，遵义新蒲科教园28平方千米1:500地形测量。贵阳市测绘院完成的重大测绘工程项目有：1:500地形图916幅的测制任务，1:500地形图640幅更新，贵阳市中心城区和重点区域共计5500平方千米的1:8000真彩照片航摄；8034平方千米1:1万数据入库和500平方千米1:2000数据入库；“贵阳市连续运行（GPS）卫星定位参考站网服务系统工程”进展顺利，已完成6个参考站的选点和设备采购招标工作。中铁五局集团公司测量队完成的重大测绘工程有：武广客运专线XXTJ－IV标段控制测量，石太客运专线太行山隧道出口端控制测量，宜万线堡镇隧道控制测量，玉蒙线通海隧道控制测量，武吉高速公路九岭山隧道出口端控制测量，哈大客运专线第1标段控制测量，京沪高速铁路JHTJ－5标段控制测量，广西田德线TD1标段控制测量，沈阳地铁第4标段控制测量，四川雅江水电站大梁子公路隧道控制测量，西格二线GZHQ6标段控制测量。

测绘共建共享

贵州省国土资源厅委托贵州省第三测绘院建设的“贵州省测绘成果目录查询系统”基本完成；与省交通厅、省公路局、省高等级公路管理局、省地震局、贵阳市测绘院等多家单位和部门签订了信息资源共建共享协议并进行了数据交换；国土资源电子政务进一步向县级拓展，9个市、州、地88个县国土资源部门（含测绘管理办公室）全面完成了局域网建设，实现了测绘业务的网上办理；修改完善了“贵州测绘管理”对外公众网页总体建设方案，按方案对原“贵州测绘管理”网页进行了改版，相关测绘政务信息及时上网公开，进一步推进了测绘管理政务公开；推进甲级测绘资质单位管理信息系统的实施，初步实现了甲级测绘单位与国家测绘局的网上业务办理。

科技创新与人才培养

【科技创新】

中国测绘科学研究院、贵州省第三测绘院继续实施国土资源部“贵州省国土资源无人机遥感监测技术与应用”科技项目，选定赫章、大方两县进行试飞试验，取得了用于监测目的的高分辨率影像数据；贵州省第三测绘院完成的“‘数字小河’地理空间框架标准体系与数据体系及应用平台建设方案”、“贵州省危险品重大危险源安全监管系统”通过专家验收；由贵州省第三测绘院建设的“贵州省测绘成果目录查询系统”采用国内较为先进的AJAX技术，实现了图形成果详细信息的查询和网页的动态刷新。

【人才培养】

贵州省国土资源厅制定印发测绘管理干部培训计划，将测绘职工培训纳入到各市（州、地）国土资源局、厅测绘直属事业单位目标责任中进行管理，要求干部职工全年培训时间不少于5天、培训人员占在岗人员的80%以上。从年度目标检查结果看，各市（州、地）国土资源部门、厅直属事业单位都较好地完成了任务。国家测绘局继续教育中心在贵州施秉县举办了测绘新技术培训班。贵州省国土资源厅举办的培训班有：学习《国务院关于加强测绘工作的意见》暨测绘行政执法培训班，测绘新设备、新技术培训班，测绘职业技能培训班。据不完全统计，参加培训人员达700多人次。贵州省测绘一院、二院、三院，测绘产品质检站、资料馆继续组织在职职工的继续教育，有20多名职工参加了武汉大学、中国农业大学的在职函授教育。

省人事厅、省国土资源厅联合转发了人事部、国家测绘局推进注册测绘师制度的相关文件，两厅成立了推进注册测绘师制度工作领导小组和审核评审专家组，依条件组织了注册测绘师审核评审，全省共有25人申报注册测绘师资格，通过初审的有14人，经审核评审后报人事部、国家测绘局。

党的建设与精神文明建设

根据中共贵州省委、省人民政府的安排，省国土资源系统全面组织开展了机关作风教育整顿，省国土资源厅的机关教育整顿工作于8月中旬通过检查验收；认真贯彻落实党的十七大、《国务院关于加强测绘工作的意见》、中央领导同志对测绘工作的指示精神；积极组织刘先林院士先进事迹学习活动。党风廉政建设继续推进，贵州省第三测绘院组织开展了廉政文化周活动。在测绘单位中广泛组织争创四型单位（学习型、服务型、竞争型、创新型）和开展“三优一满意（优良作风、优质服务、优美环境、让服务对象满意）”活动。精神文明建设取得新进展，贵州省国土资源厅电子政务窗口被全国妇女“巾帼建功”活动领导小组、省妇女“巾帼建功”活动领导小组授予全国、全省“巾帼英雄岗”称号；贵州省第一测绘院被国家税务局、省地方税务局授予A级纳税信用企业称号，被省直属机关党委授予“优秀青年文明号”称号；贵州省第三测绘院被贵阳市精神文明办评为“精神文明先进单位”；贵州省测绘产品质量监督检验站被贵阳市精神文明办评为“创建精神文明”先进单位。

地方社团工作

4月17日，贵州省测绘学会因工作需要对秘书长进行调整，吴先银任秘书长。

5月28日，贵州省测绘行业协会召开第四次会员代表大会，选举产生第四届理事会、常务理事会、秘书长、会长、副会长。汪福亚当选为贵州省测绘行业协会会长。新一届贵州省测绘行业协会领导机构制定印发了《贵州省测绘行业自律公约》，组织了23名测绘职工到北戴河疗养，组织了26名测绘单位领导到新疆测绘局考察学习。

云南省

规划与计划

云南省测绘局与云南省发改委印发了《云南省省级基础测绘“十一五”规划》后，积极推动各州(市)、县（市、区）基础测绘规划编制工作。2月，省测绘局编制了《州县级基础测绘规划编制资料汇编》，指导各地开展基础测绘规划编制工作，昆明、德宏、红河、大理、文山、怒江等州、市的基础测绘规划编制工作已正式启动，德宏和红河州成立了以副州长为组长的基础测绘规划编制领导小组，红河州的基础测绘规划方案已通过专家评审。

法制建设与市场监管

【依法行政】

一、制度建设

2007年，云南省测绘局出台《测绘行政执法责任制及追究办法》，依法界定和分解行政执法职责，建立和完善行政执法评议考核机制，明确行政执法的种类和内容、责任追究的范围、责任追究的程序保障和承担方式，基本建立了依法行政监督机制。此外，省测绘局对现行的行政许可项目和非行政许可审批项目进行了清理，并帮助昆明市做好《昆明市测绘管理办法》的起草工作。

二、执法检查

云南省测绘行政主管部门配合省人大常委会对昆明市、曲靖市贯彻执行《中华人民共和国测绘法》、《云南省测绘条例》情况开展调研，与省政府法制办联合对昆明市、德宏州贯彻执行测绘法律法规情况开展执法检查。通过执法调研和检查工作，掌握了昆明、曲靖、德宏三地贯彻测绘法律法规、测绘行政执法主体建设、测绘执法行为规范和测绘统一监督管理等方面的情况；解决了个别州、市测绘行政管理工作中存在的一些长期得不到解决的难点问题，对全省统一监管中的薄弱环节，如进一步理顺测绘行政管理体制，统一坐标系统，落实测绘成果汇交制度，建立规范的基础测绘投入机制，加强永久性测量标志保护及经费投入等，提出了明确的整改要求和建议。

三、岗位培训及法制宣传

2007年，云南省测绘局先后举办了3期测绘行政执法人员岗位培训班，对各州（市）、县（市、区）399名测绘行政执法人员进行了培训，并组织参加了国家测绘局执法人员岗位统一考试，申请办理了执法证件。云南各州、市为提高测绘行政管理人员的能力，通过专项培训或以会代训的方式开展了相应的培训工作。

云南各地测绘主管部门、测绘资质单位认真组织开展了“8·29”测绘法宣传日活动，采取多种方式开展广泛宣传，据统计，全省共悬挂宣传横幅3200多条，张贴标语15410条，发放宣传资料127295份，出板报、墙报、宣传专栏254期，接待咨询人员8804人，出动宣传车辆731次。中国测绘报、中国测绘新闻网、国家测绘局网站等媒体对宣传活动进行了报道，收到了良好的宣传效果。

【测绘市场监管】

云南省测绘局开展测绘资质年度注册工作，对538家持证单位进行年度注册审查，经过审查，准予注册525家，缓期注册2家，不予注册11家，新增测绘资质单位36家；《云南省测绘项目施测交验测绘资质证书管理规定》进一步贯彻落实，对低价竞争单位实行项目质检，将测绘单位是否合法经营作为年度注册的考核依据，把测绘单位技术质量保证体系建设及运行工作抓实抓牢；加大测绘市场违法违规行为的查处力度，对部分省外、省内单位测绘项目未按规定交验证的行为进行了查处，督促其按规定办理相关手续；查处了呈贡市个人无证违法地籍测绘案件，作出没收违法所得的行政处罚；进一步规范新建坐标系统的监管工作，完成了“2006年临沧坐标系”的评审论证工作并上报国家测绘局。

地图管理和成果管理

【地图市场管理】

2007年，云南省测绘局继续加大对地图市场的监管力度，把执法检查任务安排到县，充分发挥县级测绘行政主管部门在地图市场监管中的作用。各地地图市场监管工作机制逐步形成，测绘部门与公安、工商、文化稽查、保密等部门加强联系，形成合力，联合开展对地图市场的执法检查。怒江州部署四县国土资源局对辖区范围内经营地图的书店、报刊亭进行专项检查，并多次对流动书摊开展巡查；红河州所属县（市）制定周密执法检查方案，抽调专门执法人员，与有关部门联合，对涉及销售、展示地图的74家单位进行了检查；德宏州各县（市）采取专项检查与日常管理相结合的方式，对地图市场进行定期和不定期检查；昆明市对导航电子地图市场开展专项执法检查，查处了昆明某地产杂志封面使用“问题地图”、某航空公司售票点使用“问题地图”印制定票宣传资料等案件。云南省测绘局邀请昆明市主要地图编制单位召开会议，通报当前地图市场存在的违法情况，就进一步加强地图管理、规范地图广告、提高地图质量、共同构建健康有序的地图市场进行探讨。

【地图编制与出版】

2007年，云南省测绘行政主管部门共受理审核地图55件，印刷数量25.7万张，主要包括《云南省交通旅游图》、《潞西市交通旅游图》、《丽江城图》、《现代新昆明建设发展图》、《昆明人手册》系列插图、《滇池流域图》、《云南省第二次全国残疾人抽样调查样本县（市、区）分布示意图》等，满足了云南经济社会发展对公开版地图的需求。

【测绘成果保密检查】

根据国家测绘局统一部署，云南省测绘局与云南省国家保密局组成联合检查组，对云南省内管理与使用基础地理信息数据的单位开展了专项保密检查。通过开展测绘成果保密检查，各单位保密意识得到普遍提高，民航昆明空管中心主动邀请联合检查组对其保密归口管理的昆明新机场建设指挥部、云南机场集团公司、中国东方航空云南分公司使用测绘成果的保密情况进行检查，指导其做好保密工作。云南各州、市为配合省测绘局的保密检查，联合当地保密等有关部门认真组织开展了对辖区内使用涉密测绘成果资料单位的保密检查工作。

基础测绘与质量监督

【基础测绘】

2007年，云南省各级测绘部门完成三等水准观测1141.6千米，云南全省三等水准网建设全面完成；组织协调云南省省级大地控制网（GPS C级）点的选埋和观测，完成GPS C级点选埋376点、观测732点；完成1:1万地形图外业调绘298幅、内业数字化测图547幅；完成云南首个边疆少数民族地区基础测绘补助项目“勐腊1:1万空白区测图项目”131幅图的测制。

2007年，争取到2个空白区航摄项目，涉及云南香格里拉、广南等地，摄区面积达34935平方千米；“云南省GPS C级网观测与数据处理”列入国家测绘局和财政部2007年度边疆少数民族地区基础测绘补助项目；由国家测绘局与云南省测绘局共同建设的云南省似大地水准面精化工程按计划实施；西部测图工程中由云南承担的资料收集和专题数据库建设两个分项目正有序开展；完成国家测绘局安排的1:5万数据库缩编与更新项目试验工作，进入正常生产阶段；完成全省1:5万境界数据建库工作。

加强基础地理信息数据库建设，完成1548幅1:1万数字线划图、数字高程模型、数字正射影像图的入库工作；完成《云南省基础地理信息1:1万空间数据库设计》、《云南省基础地理信息数据库1:1万数据入库生产技术规定》、《昆明、大理、个开蒙测区1:1万（716幅）基础地理信息数据库建库技术设计》及其数据分析报告，开展了入库数据的整理工作。

【基础地理信息公共服务平台建设】

按照云南省政府要求，完成云南省和国家测绘局“数字乡村”建设试点任务——“勐腊县数字乡村地理信息系统服务平台”项目。该系统平台紧密结合云南省新农村建设的发展目标，以现有的基础地理信息数据为基础，利用地理信息系统技术、网络技术、数据库技术，通过加载“数字乡村”建设的各类专题信息，采用图、文、声、像和多媒体形式，直观地反映勐腊县的自然、社会、农业经济信息和新农村建设信息，为各级政府了解掌握勐腊县新农村建设的基本情况提供方便、快捷的查询工具和有效的信息管理平台。

配合云南省政府编制《“十一五”期间云南省突发公共应急体系建设规划》，向云南省政府提交了

《云南省突发公共事件应急基础地理信息平台项目建议书》。

提出“中国（云南）－东盟自由贸易区－南亚区域合作联盟空间信息公共平台”项目建议，并向云南省政府提交了有关材料。该项目得到国家测绘局支持，已列入国家西部测图工程应用示范项目，并得到启动经费。

测绘共建共享

8月，云南省测绘局与云南省地震局签订了地理信息数据资源共建共享协议。云南省测绘局向省地震局无偿提供国家基础地理信息数据相关资料及其更新数据，即云南1:5万全要素基础地理信息矢量数据和已有的州、市中心城市1:1万地形图全要素基础地理信息矢量数据，用于抗震救灾指挥系统建设和地震预测预报；云南省地震局向省测绘局无偿提供地震监测网相关地理信息数据、重力和水准数据、云南人口数据及以上更新数据，用于基础地理信息数据库的更新。双方还决定联合开发建设抗震救灾指挥系统基础地理信息平台，并建立基于国家基础地理信息资源的持续维护、更新的运行模式；联合开展专题数据库建设、编制专题图，双方共同或相互支持向云南省财政申请专题立项，加快行业信息化建设；开展针对基础地理信息数据库建设、地理信息系统开发、抗震专题信息及相关专业技术等方面的培训，全方位推进双方合作。

11月，云南省测绘局与云南省交通厅签订了地理信息数据资源共建共享协议。云南省测绘局向省交通厅无偿提供1:5万全要素、数字高程模型、数字正射影像等基础地理信息数据及相应元数据，2005版1:25万基础地理信息数据；云南省交通厅向省测绘局无偿提供云南公路数据，含国、省、县、乡、村道的公路位置、名称、技术等级、行政等级、路线编码、路面宽度及相应附属物等数据，云南范围内航道电子地图数据以及上述数据的更新数据，提供公路技术等级标准规范。双方决定建立分工维护的互动更新机制，共同开展全省公路数据及其它基础地理信息数据的更新维护，每年12月底交换已有的最新成果；联合开展专题数据库建设、编制交通地图集及各种专题地图；双方还就共建共享工作的组织领导与协调、经费、知识产权、成果使用限制与资料保密等方面达成一致，决定立足长期合作，统筹规划基础测绘生产和基础地理空间信息数据的整合工作，共同建立数据交换制度，统一数据标准，为最终实现相关数据的同步更新奠定基础。

成果应用与服务

2007年，云南省各级测绘部门为云南省委、省政府和省有关部门提供各类地图3072幅。为温家宝总理视察普洱“6.3”地震灾区制作视察线路图；向社会提供各种比例尺地形图15239幅21693张，提供大地控制点成果资料6081数组，为各用户单位提供各种数字地图、遥感影像数据3772幅/景，数据量达185GB。

在测绘成果应用方面，应云南省发改委要求，编制完成了《云南省省域主体功能区划空间决策支持系统设计方案》，与昆明市防震减灾局合作完成昆明市防震减灾应急系统电子地图建设项目，与云南省烟草科学研究院合作开展了“云南省烟叶适应性评价和种植管理空间地理信息系统”的研究开发，为第七届全国残疾人运动会编制《第七届全国残运会昆明志愿服务导航图》，相继建成大理古城地理标识和迪庆州松赞林寺地理标识。

科技创新与人才培养

【测绘科技】

2007年，确立了“精密单点定位技术在省级基础测绘中的应用研究”等9个项目作为2007年度测绘科技项目；“YMCS数字化图检查系统研究”、“昆明市连续运行GPS参考站系统”获中国测绘学会测绘科技进步三等奖，“思茅市城建1:1000、1:5000数字化地形测量”与“弥勒县城西南部1:500地形测量”获中国测绘学会2007年优秀测绘工程铜奖。

【人才队伍建设】

云南省测绘局积极做好人才培训工作，提升测绘队伍素质，安排部分处级干部到云南省委党校参加中青年干部进修班学习；以新知识、新理论、新技能、新信息为主要内容，开展专业技术人员培训工作，共举办培训班32个，参加人数1208人次；举办2期共95人参加的测绘职业技能培训，开展测绘行业特有工种技能鉴定，鉴定人数138人；完成了云南省测绘局学术和技术带头人考核及增选工作；

组织完成云南省注册测绘师认证申报工作。

对外合作与交流

1月，老挝国家地图局局长通赞一行访问云南省测绘局，希望云南省测绘局帮助老挝制作专题地图，并以此为开端，进一步加强合作，帮助老挝推进基础测绘工作。双方确立了“从小到大、从简单到复杂、逐步推进”的基本合作原则，云南省测绘局在资金、技术等方面给予无偿支持，帮助老挝制作旅游图。

6月，云南省测绘局组团回访老挝国家地图局，向老挝送交了1万份《老挝旅游图》，该图由云南省地图院承制，使用老方提供的最新资料，采用全数字化制图方式，反映了老挝的主要城市、旅游景点以及主干河流、国际大通道等信息，突出了湄公河沿岸著名景点，并配有景点的文字介绍和精美图片。该图采用中、英、老三种文字编制，填补了中文版老挝地图市场空白。

云南省测绘局与老挝国家地图局就测绘科技及测绘事业现状进行了交流，并达成合作意向，一是建立老挝旅游图更新机制；二是定期开展双方互访活动；三是由云南省测绘局帮助老挝国家地图局测制老挝国家基本比例尺1:5万地形图。双方成立联合工作组，着手准备前期的项目规划和技术设计方案，并决定此项目从老挝北部省份开始，逐步向南推进。

党的建设与精神文明建设

云南省测绘局党组把学习贯彻党的十七大精神作为2007年的首要政治任务来抓。会议期间，组织全局系统党员和干部群众积极收听、收看、阅读各类新闻媒体的相关报道；大会闭幕后，根据云南省委和国家测绘局的安排部署，及时召开会议，认真研究深入学习贯彻十七大精神的工作方案，印发了《云南省测绘局党组关于认真学习贯彻党的十七大精神的通知》，组织全局处以上干部利用3天时间，集中学习十七大精神。云南省测绘局深入贯彻落实《公民道德建设实施纲要》，邀请云南省内知名教授作社会主义荣辱观专题辅导，组织全局干部深入学习刘先林院士先进事迹。

省测绘局不断加强新形势下领导干部作风建设，组织全局处以上干部、机关全体人员、局属单位科以上干部参观云南省直机关“廉政文化建设”图片展，从违法违纪案件中汲取经验教训，提高广大干部职工的廉洁自律意识。印发了《云南省测绘局直属机关党委工作规则》、《云南省测绘局直属机关党委关于加强党支部建设的意见》，举办党务干部培训班，提高了党务干部工作能力。

地方社团工作

【学会建设】

2007年，云南省测绘学会队伍进一步扩大，影响面越来越广，学会对全体会员进行了清理和重新登记，初步建立了信息库，截至年底，云南省测绘学会个人会员有1640人，单位（团体）会员有112个。12月14日，云南省测绘学会完成换届，选举产生了第八届理事会成员，随后，学会第八次全省会员代表大会通过了新的《云南省测绘学会章程》。

8月，学会刊物《云南测绘》获中国测绘学会首届优秀测绘期刊三等奖。10月，学会副理事长李寓昆、理事夏天被评为全国测绘科技工作先进个人。

【学术交流】

受东南亚测量协会的委托，云南省测绘学会在云南省科协的帮助下，于1月29日~2月4日在上海市承办了东南亚测量协会第27届理事会。

6月10日~11日，云南省测绘学会组团赴越南河内参加东南亚测量协会第28届理事会，会上，云南省测绘学会申请作为理事单位，得到参会理事的一致通过。会议期间，云南省测绘学会代表团出席了越南国土管理测绘学术交流会，访问了越南国家测绘机构；应柬埔寨城市规划建设与国土资源管理部邀请，与其所属的地理和地籍总局进行了合作洽谈，促进了互相了解；在泰国测绘协会的安排下，考察了曼谷的空间技术信息发展处与卫星地面接收站，详细了解卫星遥感资料获取的情况；考察了泰国朱拉隆宫大学的测量工程系。

10月，云南省测绘学会组团前往新西兰参加东南亚第九届测量师协会代表大会，进行学术交流。

西藏自治区

基础测绘

2006年国家给予西藏的450万元基础测绘专项补助经费于2007年初正式划拨到西藏自治区测绘局（以下简称西藏测绘局）。在该经费的支撑下，西藏测绘局共启动了3个基础测绘项目，分别是编制汉文版1:100万西藏自治区行政区划图、地形图、卫星影像图，拉萨、林芝河谷地带1:1万数字线划地形图航测成图，羊卓雍湖控制测量及数字化水下地形测绘（前期启动准备）；其中，前两个项目为跨年度项目。此外，结合西藏特点新立了西藏自治区地图集编制项目。

2007年，国家测绘局给予西藏基础测绘专项补贴380万元。

西藏测绘局积极向国家测绘局反映，提出需要解决的具体问题，经努力，国家测绘局为西藏测绘局解决了如下困难：

一、《自治区“十一五”基础测绘规划》确定的“一江三河河谷地带1:1万地形图航测成图”项目，经西藏测绘局申请，国家测绘局研究，决定改变原定航摄区域范围，满足西藏测绘局提出的对一江三河河谷地带进行航摄的要求，免费提供该区域用于编制1:1万地形图的航摄数据。

二、国家测绘局根据西藏测绘局的工作需要，在直属局中精心挑选了3名援藏干部，其中，熟悉基础测绘规划和航空摄影测量的专业人员1名，熟悉测绘法律法规的工作人员1名，熟悉测绘资料数据档案管理的工作人员1名。

三、国家测绘局通过国家基础地理信息中心免费为西藏测绘局提供拉萨市300平方千米航空摄影扫描数据，满足西藏测绘局编制拉萨市正射影像图的需要；中国地图出版社、成都地图出版社免费向西藏测绘局提供了新版西藏自治区地图册和1:100万中国西藏自治区地图数据，满足了自治区人民政府和各部门的急需。

四、全国各省、自治区、直辖市测绘行政主管部门响应2006年国家测绘局发出的倡议，继续对西藏测绘局进行各方面的支持，截至年底援助金额已达150万元。

法制建设与市场监管

【测绘法制宣传】

为宣传测绘法，普及地图知识，增强公民的国家版图意识，西藏测绘局在“科技日”、“测绘法宣传日”、“地球日”、“土地日”举行了各种科普宣传活动，在拉萨采取有偿销售各种公开版地图、无偿提供小型单张公开版地图、向行人发放各种测绘法制宣传材料以及设点提供测绘咨询服务等形式开展宣传工作。同时，西藏测绘局在西藏地区开展了地图市场专项大检查，执法人员利用大检查的机会在山南、林芝、日喀则、那曲等地区大力宣传《中华人民共和国测绘法》、《中华人民共和国地图编制出版管理条例》等国家测绘法律法规，在群众中广泛宣传国家版图知识和维护国家版图尊严的重要性，取得了良好的社会效果。

【测绘资质管理】

按照国家测绘局有关测绘资质复审换证的文件规定，西藏测绘局对全区22家测绘持证单位进行了测绘资质年度注册，按规定不参加年度注册的单位8家，新办理测绘资质单位2家。截至年底，全区测绘资质单位共计32家。

地图管理与成果管理

【地图审核】

2007年，西藏测绘局依据相关管理规定对送审的各类地图进行了审核，共审核各类地图9件，批准出版8件。

【地图市场管理】

西藏测绘局针对西藏地图市场出现各类非法盗版地图的现象和地图市场不规范情况，开展了严厉打击各种违法违规编制、出版和侵犯地图知识产权等行为的地图市场执法大检查。西藏测绘局牵头，自治区整规办、工商局、新闻出版局、旅游局4个部门参与，联合成立了2007年西藏地区地图市场专项检查组，并制定了严格的检查制度。5月初～10月底，对拉萨市、林芝地区八一镇、山南地区泽当镇、日喀则市、那曲地区那曲镇等旅游比较发达的地区和机场、火车站、宾馆、饭店、书店、旅行社等单位进行了地图市场大检查，共查收各种违法地图36种，没收近2万幅不同形式的非法出版地图和书籍。此次检查有效地打击了各种违法违规编制、出版、销售地图的行为，遏制了非法地图的编制出版，净化了西藏地区的地图市场。

重大工程测绘

2007年，国家西部1:5万无图区测绘工程项目在西藏自治区境内主要实施了实地踏勘工作，并对部分区域进行了航空摄影。为了配合国家测绘局西部测图项目的工作部署，2月，调整了国家西部1:5万测图工程西藏自治区协调领导小组人员，保证了协调领导小组的工作正常运行。根据《关于建立国家西部测图工程应急救援联动工作机制的通知》精神，4月，西藏测绘局与武警西藏总队成立了国家西部测图工程西藏自治区应急救援协调领导小组，建立了应急救援联动机制。加强与国家西部测图项目办的联系，主动做好协调工作，帮助国家测绘局解决困难，年内，进藏作业队在林芝和那曲地区的作业中，2次提出紧急求助，西藏测绘局均按特急事件处理，在最短的时间内进行沟通协商，保证了国家测绘局测绘作业队在藏的正常工程作业。

测绘共建共享

西藏测绘局积极参与全国第二次土地详查和第三次文物普查工作，为其提供了相应的测绘服务。

西藏测绘局与西藏自治区旅游局签定了共同编制出版《西藏自治区旅游地图》的协议，在年内完成了编辑、审核、印刷、出版发行等工作。

地图编制与出版

2007年西藏测绘局编制出版了1:100万中国西藏自治区地图、1:135万西藏自治区地图、西藏自治区旅游图、拉萨市旅游图和2007年版西藏自治区地图册，并投入市场。

双全开拉萨市城区图、双全开拉萨市正射影像图、1:200万西藏自治区地图进入最后审校阶段。

成果应用与服务

【测绘成果服务】

西藏测绘局认真贯彻执行有关法律法规，做好基础测绘成果、数据的提供、搜集、整理工作，保证了各种密级测绘成果、数据无失误和泄密事件的发生。根据西藏经济社会发展对基础测绘资料的需求，按照国家测绘局和国家物价局的有关文件规定，经西藏自治区物价局同意，从2007年起对国家基础测绘产品价格进行了适当调价，使基础测绘产品的价值与其科技含量和投入相适应。截至12月30日，西藏测绘局向有关单位有偿提供各种密级各种比例尺地形图1579幅，各种控制点数据257点，内部用地图1049幅，各种公开版地图61732幅（册），资料收入总计达58.04万元。与2006年同期相比，国家机密级地形图提供图幅数下降30%，收入与2006年持平，对外发行公开版地图数量增长4倍。

西藏测绘局通过各种途径收集到了1:100万中国西藏自治区地图数据、西藏自治区地图册数据、拉萨市1:8000航摄扫描数据（669幅）、阿里狮泉河镇1:2000地形图数据及控制点成果、阿里普兰县1:2000地形图数据（9幅）、云南省测绘局基础地理信息中心TM数据等各种数据。

西藏测绘局自筹资金数万元对已出版的1:100万中国西藏自治区地图和1:135万西藏自治区地图进行裱版装饰，为自治区党委、政府、人大、政协和有关厅（局）免费上门安装地图。同时，在2007年内向政府部门和有关单位无偿提供公开版测绘成果10841幅（册），扩大了测绘部门的影响，得到了自治区领导和各厅（局）的好评。

【为经济社会发展提供测绘保障服务】

2007年是西藏自治区全面落实和完善草场承包经营责任制的第二年，西藏测绘局继续积极参与该项工作，与各地、市、县农牧局取得联系，向展开草场承包经营责任制的县派出技术人员深入农牧区指导草场承包工作中的划界工作并承担相应图件绘制工作，共完成班嘎县、亚东县、南木林县、萨嘎县、定日县、定结县、措那县、曲松县等的图件绘制工作，在西藏完善草场承包经营责任制工作中起到了重要的作用。西藏测绘局充分利用自身的优势，为阿里地区普兰县境内神山、圣湖，林芝地区米林县、林芝县风景旅游区，拉萨市202电台等部分单位测制了局部1∶1000、1∶500地形图，承揽测绘市场项目十余项，全年产值达80万元。

科技创新与人才培养

西藏测绘局持续向上级有关部门反映机构规格、人员编制、队伍状况和人才现状，引起了自治区人民政府及有关部门的高度重视，5月27日，西藏自治区机构编制委员会下发了《关于自治区测绘局机构编制调整的批复》（藏机编发［2007］5号），对西藏测绘局提出的部分问题给予较好地解决。局机关增设国土测绘科，原国土测绘资料档案管理科调整为测绘资料档案馆，局机关增加人员编制5名，并纳入参照公务员管理序列；测绘大队由科级机构调整为副处级，更名为西藏自治区测绘院，增加人员编制10名，经费来源由原来差额拨款调整为财政全额拨款。

为全面提高测绘职工整体素质，西藏测绘局共安排12人次参加各种类型的学习、培训；鼓励中青年干部参加成人教育，2人分别完成本科和专科学习，2人到内地大学进行深造，2人参加成人教育。按照国家测绘局的部署，西藏测绘局完成测绘资质管理信息系统建设和相关的培训工作，培训人员30人；购买和安装测绘资质管理信息系统软件的单位17家，初步建立测绘资质管理信息系统，提升了管理手段。

西藏测绘局首次组织科级干部赴内地测绘部门学习、考察，使基层干部了解现代测绘技术发展趋势，与内地同行交流测绘行政、测绘执法、测绘规划、测绘生产经验，进一步开阔眼界，明确目标，增强做好西藏测绘工作的信心。

对外合作与交流

2007年，拉萨GPS+GLONASS跟踪站每天分别向中国地壳运动观测网络数据中心、国家气象局气象预报中心、国家基础地理信息中心和德国国家大地测量局WETTZELL基准站以及国际IGS数据中心提供主、副点不同采样率的日数据量达1805312KB，小时数据量达2573312KB，还为地壳网络第四次基本网联测提供了为期半年的日数据。每年向上述单位发送全年的日数据量达7221248KB，全年小时数据量达10293248KB。

党的建设与精神文明建设

【党的建设】

2007年，西藏测绘局开展了机关和测绘大队2个支部的选举工作，明确了党务工作任务和责任。局机关党支部被评为2007年自治区国土资源厅系统先进党支部，边巴被评为先进党务工作者，局机关扎西多吉和测绘大队次仁旺堆被评为国土资源厅系统优秀共产党员。

【精神文明建设】

根据国土资源厅的安排，西藏测绘局选派1名中层干部赴日喀则地区定日县盆吉乡开展扶贫工作，扶贫期间先后两次组织向困难群众捐款、捐物活动，捐款总额达2万多元，捐物100多件，圆满地完成了2007年度的扶贫工作。西藏测绘局重视加强单位内部的安全保卫、安全生产、维护稳定等社会治安综合治理工作，圆满完成了各项预定指标，被自治区国土资源厅评为2007年社会治安综合治理目标管理先进集体，边巴、扎西多吉被评为先进工作者。

编写《西藏自治区地方志·测绘志》是西藏自治区人民政府和西藏自治区方志办交给西藏测绘局的任务，通过多年努力，《西藏自治区地方志·测绘志》终审稿内容的增补和修改工作于2007年完成，并通过了终审。

地方社团工作

西藏自治区测绘学会在中国测绘学会、西藏自治区科协和测绘局的关心支持下，以促进西藏测绘事业发展为目标，团结广大测绘科技工作者，在科技创新、学术交流、科技教育、测绘法制宣传、岗位培训等方面作了大量的工作，取得了较好的成绩。

2007年初，召开了西藏自治区测绘学会理事会，传达学习自治区科协四届三次会议精神，总结2006年度工作，研究部署2007年的工作安排；补选西藏自治区测绘学会第四届理事会常务理事、秘书长（兼），吸收2家测绘单位为测绘学会团体会员。

截至年底，团体会员有32家，会员有379人。

根据自治区国土资源厅、自治区整顿和规范经济秩序办公室、自治区科协等有关部门的安排，开展了“世界地球日”、“世界知识产权日”、“测绘法宣传日”、“科普一条街”、“土地宣传日”、“全国法制宣传日”等宣传活动，发送测绘法律、法规材料及各种地图8000张（幅）。

根据国家测绘局的统一安排，西藏测绘局以测绘学会名义召集在拉萨市的丙级以上测绘单位举办了学习刘先林院士先进事迹座谈会，参加人员20人。

陕西省

规划与计划

【陕西省“十一五”基础测绘经费计划】

4月，陕西省政府同意陕西测绘局与陕西省发改委制定的数字陕西地理空间基础框架建设“十一五”期间主要工作任务和经费概算，数字陕西地理空间基础框架建设二期工程正式启动。“十一五”期间，陕西省基础测绘的主要任务是以数字陕西地理空间基础框架二期工程建设为龙头，开展测绘基准现代化建设、基础地理信息获取与更新、基础地理信息数据库及网络分发服务体系建设、重要地理信息统计分析与发布、政府辅助决策公共地理信息平台建设，实施新农村建设用图测绘保障工程。总经费约1.49亿元，其中申请国家财政投入5100万元，陕西省投入9800万元。

【市县级基础测绘规划编制】

5月9日，经陕西省政府同意，陕西测绘局印发《关于加强“十一五”基础测绘规划工作的通知》，进一步明确了基础测绘规划的主要内容，提出了市县级基础测绘规划工作的具体要求。6月，陕西省发改委与陕西测绘局联合向各设区市发改委、测绘行政主管部门转发了《基础测绘计划管理办法》，要求各设区市切实做好基础测绘规划和年度计划的编制及管理工作。至年底，渭南、西安、咸阳、宝鸡、汉中、榆林已完成“十一五”基础测绘规划编制工作。

法制建设与行政管理

【法制建设】

一、行政许可项目清理

陕西测绘局完成测绘行政许可项目的新一轮清理工作。根据《中华人民共和国测绘成果管理条例》相关规定，依法增加“对涉国（境）外的组织或个人提供未公开的测绘成果的审批”行政许可项目一项；完成经陕西省政府审批的8项行政许可职能，制定相应行政许可项目规范性程序文件并报送陕西省行政审批制度改革工作领导小组。

二、法律法规宣传

2007年初，印发了《陕西省测绘局2007年法制宣传教育工作要点》，部署全省测绘法律法规宣教工作。各设区市测绘行政主管部门积极开展测绘法实施五周年宣传活动，测绘法宣传日当天，陕西各级测绘行政主管部门和测绘单位通过各种形式宣传测绘法，印发宣传材料2万余份。陕西测绘局开展了测绘行政执法人员岗位培训工作，推行行政执法责任制。

三、贯彻落实测绘法律法规

陕西测绘局分两次会同陕西省人大、省政府法制办公室组成检查小组，对全省测绘法律法规贯彻落实情况进行监督检查。检查小组在各设区市测绘行政主管部门自查的基础上，先后对安康、商洛、宝鸡、渭南、咸阳等5个设区市进行实地检查，与各设区市政府沟通测管机构职责、人员和经费事宜，督促测绘法律法规的进一步落实。11月，陕西测绘局印发《关于学习贯彻〈国务院关于加强测绘工作的意见〉的通知》，部署全省各级测绘行政主管部门学习贯彻《国务院关于加强测绘工作的意见》，落实测绘行政管理职能。陕西测绘局成立《陕西省贯彻落实〈意见〉实施意见》起草工作小组，启动了相关的调研、起草工作。

【行政管理】

一、测绘市场监督检查

陕西省各级测绘行政主管部门积极开展测绘市场监督检查，打击非法编制、出版、展示地图产品的违法行为；开展了导航电子地图专项执法检查。陕西测绘局执法队依法查处涉外测绘违法案件，责令其停止违法活动，没收测绘成果和工具，并处罚款。

二、测绘单位资质管理

陕西省各级测绘行政主管部门全年共完成237家测绘资质单位的资质审批工作，并将全省测绘单位资质管理情况在《陕西日报》上通报。陕西测绘局完成32家甲级测绘资质单位的年度注册初审和转报工作；完成205家测绘资质单位年度注册工作，其中乙级单位48家，丙级单位72家，丁级单位85家；受理测绘资质申请25家，新审批乙级以下测绘单位23家，丙级升乙级单位4家，换发测绘资质证单位5家；全省10个设区市测绘行政主管部门根据陕西测绘局的委托，完成157家丙、丁级测绘资质单位年度注册初审和转报工作。

三、测绘保密管理

5月，陕西测绘局组织开展保密宣传月活动，通过保密宣传教育报告会、保密知识答题、笔记本电脑专项保密检查等形式，宣传贯彻保密法律法规，提高全局干部职工保密意识和保密素质，杜绝笔记本电脑在任何情况下使用或存储涉密测绘资料。陕西测绘局先后组织开展了保密工作大检查、计算机信息系统保密检查、涉密载体和涉密文件管理工作检查，完成信息系统安全等级保护定级工作，全局保密工作制度体系进一步健全。

基础测绘与质量监督

【基础测绘】

一、省级基础测绘概况

2007年，陕西省开展了测绘基准现代化建设项目、1∶1万基础地理信息数据采集和更新、基础地理信息数据库更新和维护（二期）、陕西省大地测量成果整理及发布等项目，完成秦岭重点地区的航空摄影，实施临潼骊山、宝鸡天台山高程测量项目。

二、重点基础测绘生产项目

（一）陕西省基础地理信息数据库二期工程建设

陕西省基础地理信息数据库是数字陕西地理空间框架的重要组成部分，也是陕西省“十一五”重点基础测绘项目。在“十五”完成一期工程的基础上，陕西测绘局于2007年正式启动陕西省基础地理信息数据库建设（二期工程）。该工程主要包括陕西省三维地理信息应用平台、陕西省电子地图制作及发布、数据库数据更新和软件升级三部分建设内容。数据库更新和软件升级后，将实现陕西省基础地理信息数据的高效管理和分发，构建全省范围的三维地理信息应用平台，提供数据内容丰富、检索方便、表达清晰的高质量电子地图。该项目由国家测绘局陕西基础地理信息中心具体组织实施，到2007年底，已完成数据库更新和系统平台升级以及部分城市电子地图制作等工作。

（二）陕西省长城资源调查

按照国家测绘局和国家文物局关于开展全国长城资源调查工作的总体部署，结合陕西省长城遗迹具体情况，陕西省测绘行政主管部门和文物行政主管部门联合开展长城资源调查。该项目4月正式启动。7月，国家测绘局第二地形测量队正式开展陕西省长城资源调查基础地理信息数据外业生产，完成107幅1∶1万标准图幅的数字高程模型（DEM）、数字正射影像（DOM）、数字线划地图（DLG）的外业生产。测绘部门为文物部门田野调查做好测绘技术保障服务，提供1∶5万地形图61幅、1∶1万地形图294幅、1∶1万调绘片349幅，为下一步长城专题要素数据生产做好了准备。

【测绘质量监督】

一、测绘质量行政管理

2007年，陕西测绘局继续开展陕西省测绘质量监督检查，加强测绘质量监督管理工作。印发了《关于开展2007年度陕西省测绘质量监督检查工作的通知》和监督检查实施方案，部署检查工作。组织对省内35家测绘资质单位进行了质量监督检查，检查的单位数量占全省测绘资质单位总数的14%；抽查的成果以省内重点工程项目的测绘成果、资质升级单位的测绘成果和与人民群众密切相关的房产、地籍测绘成果为主。同时，陕西测绘局开展了城市独立平面坐标系统检查工作，依法对榆林市建立城区独立平面坐标系统进行了审批。

二、测绘生产质量管理

陕西测绘局所属各测绘生产单位进一步规范质量管理体系，相继通过上海质量审核认证中心专家组的监督审核。各生产单位严格执行ISO9000质量体系标准，强化质量管理，严格生产过程质量控制和成果检验，利用新技术提高和完善数字测绘成果的质量控制和检验手段，成果质量稳步提高。经陕西测绘局验收的24项基础测绘和统管测绘项目成果一次验收合格率达100%，可评定等级的测绘成果优良级品率达到95%。经陕西测绘局优质测绘产品评委会评选，7项产品获得局优质测绘产品称号，4项产品获得局评优表彰产品称号。

地图管理与成果管理

【地图管理】

陕西测绘局开展了《陕西省地图管理办法》的立法工作，完成草稿和立法说明，报陕西省政府法制办公室审查。全年受理审核审批地图50件。

【测绘成果管理】

一、测绘成果汇交

2007年，陕西测绘局进一步明确测绘成果汇交主体、接收主体以及目录汇交范围及汇交格式，在全省开展了测绘成果目录汇交工作，对各测绘资质单位在2003~2006年期间承担的陕西省境内测绘项目的成果目录进行统一汇交；建成陕西测绘局测绘成果目录汇交查询系统，组织编制全省测绘成果目录，及时向政府部门、用图单位和社会公众发布测绘成果目录信息。

二、测绘成果档案管理

（一）测绘成果科技档案资料整理

国家测绘局陕西基础地理信息中心全年接收数据成果821幅、1∶5万更新外业控制资料146幅、陕西省大地测量成果16件、华山和太白山主峰海拔高程测定项目大地测量档案22件、陕西省汇交测绘成果目录71件等，对接收的各类档案资料做到及时整理、入柜、标图、制作标识、建帐。开展了馆藏档案整理，全年完成档案资料整理3819幅。

（二）测绘成果档案资料管理的规范化和信息化建设

陕西测绘局开展了“陕西省测绘成果资料和档案管理服务信息化平台建设”，该项目以现有资料档案管理模式为依据，以先进的技术手段，建立基于盘阵、光盘、磁带“三位一体”的网络存储管理体系以及测绘成果资料档案的管理和分发服务体系。年内，基本完成陕西省测绘成果资料档案管理与服务系统的建设，为全面建设数字化、网络化和高效化的数字档案馆奠定基础；初步建立测绘科技档案和成果资料的科学分类体系，完成馆藏测绘成果档案资料的目录信息采集和录入，完成了系统运行的支撑环境搭建、组织存储和系统功能的开发等工作，完成测绘科技档案文件级和案卷级信息录入52189条。

财务管理与审计监察

【财务管理】

一、财务计划与管理

陕西测绘局顺利完成2007年全局事业财务决算、企业财务决算、基建财务决算、统计决算和陕西省财政厅2007年部门决算、基建财务决算、2008年部门预算编报等财务管理工作；完成各级税务机构的监督检查和会计事务所的财务审计工作；开展了测绘外业单位完全成本分析与控制研究项目，为提高测绘外业单位经济效益，促进测绘外业单位稳定、持续发展提供了理论基础；对全局财务人员和设备管理人员进行了系统的业务知识培训，提高了全局财物装备人员的整体业务能力。

二、国有资产清查

陕西测绘局严格按照《财政部关于开展全国行政事业单位资产清查的通知》和国家测绘局《关于开展行政事业单位资产清查工作的通知》要求，开展了建局以来规模最大的国有资产清查工作。在清查过程中，对全局现金、银行存款、应收票据、应收账款、预付账款、其他应收款、财政应返还额度、存货、应付账款、对外投资、固定资产等25项内容进行了全面清查。通过资产清查工作，进一步理清了单位资产的对应关系，摸清了家底，为进一步提高财务管理水平和资产管理水平打下了良好的基础。

【审计监察】

一、审计工作

（一）工程决算审计

2007年，陕西测绘局审计工作采取从工程招标开始，全程跟踪的审计办法，提高了审计工作的效率和质量。项目工程竣工验收合格后，审计部门要求项目工程管理部门报审全部工程资料，包括各种招投标文件、工程监理材料、施工单位工程决算书等，提高了审计质量，节约了建设资金，有效地预防了不正当竞争和腐败问题的滋生。陕西测绘局全年共完成审计项目26项，审计总金额1113万元，审减金额35.7万元。

（二）领导干部经济责任审计和财务收支审计

根据审计署《内部审计准则》和《陕西省测绘局内部审计工作实施办法》的规定，陕西测绘局有计划地开展领导干部任期经济责任审计、主要领导干部经济问责及领导干部离任审计，强化责任追究制度；对审计中发现的问题有针对性地提出了审计意见和建议，促进被审计单位进一步完善制度、规范管理、防范风险，确保资金安全运作，同时加强了对领导干部权力运行的制约和监督。

二、纪检监察

陕西测绘局根据国家测绘局党组纪检组《关于学习贯彻〈中共中央纪委关于严格禁止利用职务上的便利谋取不正当利益的若干规定〉的通知》（以下简称《规定》）和陕西省纪委的有关要求，开展了学习贯彻《规定》的活动，全局957名从事公务的党员逐条对照自查自纠，并填写了《个人自查自纠情况报告表》；开展了清理评比达标表彰活动，经陕西省纪委清理评比达标表彰活动领导小组同意，全局保留8项评比项目；对全局拟选拔、提任的17名干部进行廉政考察和廉政鉴定工作；全年共接收各类群众来信和上级部门转来反映问题的信件19件，接待来访12人次。

重大测绘工程

【西安连续运行卫星定位参考站系统】

2007年，西安市正式开始建设西安连续运行卫星定位参考站系统。该系统是西安和咸阳空间数据基础设施的重要组成部分，其建设宗旨是在西安和咸阳部分地区建立综合性GPS应用服务网，把GPS技术应用于西安和咸阳城市规划、市政建设、交通管理、城市基础测绘和工程测量、气象预报、灾害监测、农林资源环境管理、精确授时等，实现一网多用，服务于“数字西安”、“数字咸阳”，为政府决策提供支持。该系统由西安市勘测院和咸阳市勘测院主建，西安市气象局、西安测绘研究所等单位协作完成，共设7个基准站和2个数据处理中心，覆盖面积约7000平方千米。整个工程分两期建设，预计2008年6月建成。

【“引汉济渭——南水北调工程”测绘保障】

“引汉济渭——南水北调工程”是陕西省“十一五”时期的重大战略性水利工程，工程建设的实施将有效缓解全省水资源的瓶颈制约，从根本上改变陕西省关中地区长期缺水的局面，促进陕西省经济可持续发展，维持渭河流域的生态环境。在工程前期论证、可行性研究阶段，陕西测绘局为省政府及相关部门提供大量详实的测绘资料；在工程建设中，陕西基础地理信息中心承担了“引汉济渭”项目秦岭山脉约485平方千米的1:1万数字地形图测绘任务。

【陕西省地震应急基础数据库】

陕西测绘局与陕西省地震局共同开发了陕西省地震应急基础数据库，构建了陕西省抗震救灾指挥系统的基础和核心。该数据库建设工作历时半年，共完成覆盖全省范围的50510个属性要素的采集、处理，进行686幅数字线划地图（DLG）、173幅数字正射影像（DOM）数据处理，完成384个要素级元数据、21类属性表入库工作。在空间数据库矢栅一体化集成、专题空间数据与属性数据关联等方面采用了最新方法和技术，实现了合理的集成及有机的关联。

【西安市新农村建设测绘保障二期工程】

2007年，陕西测绘局在完成西安市1:2000新农村规划用图测绘保障的基础上，与规划部门合作，开展了西安市新农村测绘保障二期工程建设。国家测绘局第一航测遥感院完成秦岭北麓1:1万航测数字化地形图测制、峪口新农村建设规划1:1000航测数字化地形图测制工程，成功建设西安市新农村建设规划地形图图幅信息管理系统，及时提供各种技术服务。

测绘共建共享

陕西测绘局积极推进与省政府各部门之间地理信息数据交换和更新机制的建立，促进部门信息化建设。与陕西省交通厅签署《关于加强地理信息数据资源共享与合作的协议书》，促进两部门共同开展数据库和交通地理信息平台的建设；与陕西省文物局签署《关于合作开展陕西省长城资源调查及文物保护测量协议书》，推进两局在陕西省长城资源调查、文物普查、大遗址保护等工作中的合作；与陕西省民政厅签署《关于加强地理信息数据资源共享与合作的协议书》，实现测绘和民政部门在地名数据库建设、图集编制、勘界管理系统、基础地理信息数据库更新等领域的合作；与陕西省地震局签署《关于加强地理信息数据资源共建共享合作协议书》，两局联合开展陕西省应急指挥技术系统基础地理信息平台和基础数据库建设，并建立地理信息资源的持续维护和更新模式。

地图编制与出版

【概况】

2007年，《中华人民共和国大地测量图集（2004年版）》和《陕西省行政区划图集》相继编辑出版。西安地图出版社全年出版图书408种（含再版196种），出版专题图106幅、地图集（册）60幅，全年销量243万册（张），完成产值2629.57万元，达年计划122.3%。

【主要项目】

一、中华人民共和国大地测量图集（2004年版）

2007年初，《中华人民共和国大地测量图集（2004年版）》（以下简称《图集》）在西安正式出版发行。《图集》由国家测绘局大地测量数据处理中心和国家基础地理信息中心编制，在1986年编制完成的《中华人民共和国国家大地测量图集》的基础上，对建国以来至2003年期间由国家测绘局、总参测绘局以及各部委、各省（自治区、直辖市）在全国陆地和部分海域布设的大规模大地测量成果和图件资料进行了全面的综合分析、检核、取舍，吸收了近年来我国大地测量的一系列生产与科研成果。《图集》按专业需要编制了建国50多年来大地测量各专题图件，包括序图组、空间大地测量图组、重力测量图组、水准测量图组、天文测量、三角测量和长度测量图组、1966～1998年间4次珠穆朗玛峰临近地区大地测量专题图、中华人民共和国邻海基线图等7个部分，展示了我国近20年现代大地测量取得的成就。《图集》由中国地图出版社出版发行，西安地图出版社印刷。

二、陕西省行政区划图集

陕西省于1996年启动行政区域界线勘定工作，到2001年底完成了省、市、县、乡四级行政区域界线的勘定，结束了全省各级行政区域无法定边界线的历史。2006年8月，陕西省民政厅和陕西测绘局开始编制《陕西省行政区划图集》，至2007年12月11日，该图集正式出版发行。该图集是陕西省出版发行的第一部法定的，权威标定省、市、县、乡（镇）四级行政区域界线标准画法的专题地图集，也是迄今为止全国第一部以标准画法标定的省级行政区划图集。

成果应用与服务

【概况】

2007年，陕西测绘局共接待用户1279人次，向石油、煤炭、公路、地质、水利、考古等行业提供多种比例尺地形图7886幅，10994张；提供各类数据成果1579幅、航摄像片扫描数据4261片，加工航摄像片4105片；提供大地测量成果475点、测绘科技档案查询203卷等，发挥了基础测绘成果的保障作用，为经济建设和社会公众提供了全方位测绘服务。

【为政府决策服务】

陕西测绘局协助陕西省发改委完成了《陕西省自然资源与地理空间信息库建设工作计划》、《陕西省自然资源与地理空间信息库建设总体方案大纲》和《陕西省自然资源和地理空间信息库建设试点方案》等相关文件的编制，并启动项目实施前的各项准备工作；完成西（安）－咸（阳）经济一体化建设决策用图制作，为陕西省领导决策与规划提供了直观、详实的依据；完成秦岭地区海拔高度1500米以上乡镇面积计算、《陕西省遥感影像图》、《陕西省水系图》、明长城资源调查调绘片、陕北行政区划图（卫星影像）制作等，为政府决策提供了生动、详实的专题图件。

【为地方经济建设服务】

陕西测绘局完成了陕西省地震应急基础数据库建设、榆林能源化工基地榆神工业区供水工程地形图测绘、陕西省环境资源图集编制等重点建设项目；完成引汉济渭流域全数字地形图测量项目，咸阳市公路更新及规划交通图制作，为省级重大战略性水利工程项目和城市交通规划提供了测绘保障服务；完成陕西省测绘成果目录资料信息发布系统、陕西省测绘成果网络化信息发布系统、陕西省电子地图系统和陕西省公路路况信息服务系统、西部测图安全监控系统等与测绘工作密切相关的应用服务系统的建设。

科技创新与人才培养

【科技创新】

一、概况

2007年，陕西测绘局初步建立起以生产单位为主体、项目为纽带、产学研相结合的科技创新体系，局、院两级科技创新投入机制初步建成，全局科技创新项目经费总投入近150万元，比上年增长50%；引进了国际领先的skyline三维地理信息系统软件等大型软件平台，对大型数据库和GIS系统软件进行升级，掌握了一批核心领先技术；开发完善数据检查及修改系统，合作研制开发PDA调绘系统，完善一体化更新技术体系，为重点项目的顺利实施提供技术支持；研发空间地理信息数据处理与质量控制软件“4D Mapper”，应用于1∶5万地形数据库更新和西部测图等项目，促进了生产效率和产品质量的提高。

二、重点实验室（工程技术研究中心）建设

10月，陕西测绘局与武汉大学联合申请的地理空间信息与数字技术国家测绘局工程研究中心成立，并在西安挂牌；开展了陕西省地理信息工程研究中心的申报筹建工作；现代工程测量国家测绘局重点实验室根据国家测绘局《测绘科技发展“十一五”规划》和《国家测绘局2007年测绘科技项目指南》，上报了2007年测绘科技项目“国家地理格网编码方案研究”、“大地测量外业记簿软件及内业数据处理集成”；国家测绘局第一航测遥感院与长安大学测量工程系联合申报的“制图与建库数据生产与管理的一体化技术体系研究”等科研项目获得国家测绘局立项。

三、科技创新项目

（一）国家测绘局科技创新项目

2007年，陕西测绘局承担国家测绘局科技创新项目6项，包括：国家测绘局信息化测绘技术研究项目“自动化与智能化的遥感信息解译与提取技术”、“数字区域地理空间基础框架建设示范工程”、《地形图测绘基本原则》修订研究项目和“国家基础地理信息标准的制定与修订”、“基于基础地理信息数据库的数字制图示范工程”、国家测绘局重点实验室项目“国家三、四等三角成果与国家基础地形图坐标转换技术的研究”等。国家测绘局测绘标准化研究所与武汉大学资源与环境学院合作，承担国家863项目一个。各项目均按预定计划顺利开展。

（二）陕西测绘局科技创新项目

2007年，陕西测绘局根据生产实际和发展需求，共设立9个局级科技创新项目，包括：似大地水准面精化成果的精度检测与评定方法、面向地图出版超媒体平台关键技术研究、地理信息空间数据处理、质检软件研发、基于网络环境的局级测绘生产管理平台建设、测绘事业单位财务内控与成本核算研究、测绘科学标准实验场建设的前期研究、三维地理信息数据采集（基于Lidar）关键技术研究与试验、基础地理信息数据集自动生成数字地形图技术研究等。

陕西测绘局科技委分别对2006年陕西测绘局科技创新项目“实用化大地软件开发与集成”、“基于互联网的陕西省电子地图的研发”、“基于陕西省基础地理信息数据库历史数据管理方案的研究”、“基础地理信息要素保密敏感度及其度量指标的研究”、“GPS辅助空三、IMU/DGPS辅助航空摄影精度对比分析”、“陕西测绘局多种经营未来几年发展战略研究”、“基础测绘规划设计信息管理系统”、“测绘外业单位财务内部控制与成本核算模式研究”、“相对重力测量外业记簿软件的开发”和“基于影像的DLG内外业一体化更新模式研究”等10个项目进行了验收。

四、获奖工程项目

2007年，陕西测绘局共有9个科技项目获奖，其中“珠穆朗玛峰高程测量”获国家科技进步二等奖；“现代‘图经’—‘图志’”获首届中华优秀出版物（论文）奖；“测绘科学数据共享服务体系”获中国测绘学会2007年测绘科技进步一等奖；“1∶1万基础地理信息更新与建库技术设计”获中国测绘学会2007年测绘科技进步二等奖；“中尼边界第三次联合检查测绘任务”项目和“国家基础地理信息系统1∶5万地形数据库建库工程”获中国测绘学会2007年优秀测绘工程金奖；“银川市基础控制网改造与厘米级似大地水准面精化”、“国家大地测量图集编制及电子版制作”和“南京市首级高程测量工程”获中国测绘学会2007年优秀测绘工程铜奖。

【人才培养】

一、干部队伍建设

陕西测绘局按照《党政领导干部选拔任用工作条例》及相关规定，制定干部调配方案，完成5个基层单位主要领导干部配备工作；通过公开选拔，竞争上岗，补充基层单位副处级领导干部6人；完成了局机关领导干部空缺岗位干部选拔任用工作。制定出台《陕西测绘局处级党政领导干部管理办法（暂行）》，进一步加强全局处级干部选拔、任用和考核工作。继续推进干部交流工作，轮岗、交流处级干部7人。

二、专业技术人才培养

陕西测绘局开展职工素质建设工程，提高全局干部职工的学习能力、创新能力、竞争能力和创业能力。全局共有2617人次参加岗位培训、继续教育、学历教育，其中，举办各类岗位培训班97期，培训学员2027人次，局所属各单位经过培训持证上岗的职工均达到95%以上；举办以高新技术内容为主的学术报告会、研讨会4期，学习人数为410人次；先后派出147人次参加国家测绘局继续教育中心及陕西省、西安市有关部门举办的各类培训班；局共有14名职工报考并攻读博士、硕士研究生，39名职工接受各类成人高等教育。

对外合作与交流

【对外交流】

2007年，陕西测绘局共派出14人次参加国际测量师联合会2007年工作周会议、国际标准化组织地理信息技术委员会第24次全体会议、国际大地测量与地球物理联合会（IUGG）会议、国际制图协会（ICA）第14次学术大会等国际会议。同时，多名国际知名测绘专家到陕西进行学术交流活动。奥地利格拉茨技术大学校长Hans Suenkel教授，德国布朗施维格大学教授、第21届国际摄影测量与遥感大会国际顾问委员会委员Hans Knoop博士到陕西测绘局进行参观讲学和学术交流；奥地利维也纳大学Kainz教授带领该校13名学生到陕西测绘局进行学术交流。陕西测绘局在建局50周年纪念活动期间，在西安市召开了地理信息标准化与测绘可持续发展国际学术报告会，9位来自国内外测绘界的专家学者应邀到会作学术报告。

【国际测绘市场项目合作】

陕西省测绘单位积极走出国门，参与国际测绘市场竞争。国家测绘局第一大地测量队继续承揽阿尔及利亚东西高速公路测量；国家测绘局第一航测遥感院承揽了“日本河川数字地图制作”、“日本栅格图数字化”、“日本三维数据采集延续项目”、“日本正射影像图”、“美国DTM数据采集延续项目”、“迈阿密DOM数据生产”和“加拿大DEM数据采集”、“奥地利空三加密”等项目，与欧洲、美国、韩国的测绘公司建立起合作关系。

后勤保障服务

【基础设施建设】

国家测绘局西安外业生产基地建成交付使用，国家测绘局第一大地测量队和国家测绘局第一、第二地形测量队办公条件得到改善。陕西测绘局住宅西区三栋24层职工住宅楼主体完工，内部装修施工进入收尾阶段，各项配套设施工程按预期目标推进；完成陕西测绘局北大门整修工程、绝对重力实验室建设前期准备工作和大地原点一期维修改建工程；启动了陕西测绘局燃气锅炉改造工程、局配电设施改造工程等项目；完成5000kV高低压配电工程和中心花园篮球场建设。

【后勤管理制度建设】

制定《陕西测绘局后勤管理规定汇编》，规范后勤工作人员行为和后勤管理办法；召开陕西测绘局后勤工作会议，审议通过了《陕西测绘局后勤服务内容与工作标准》和《陕西测绘局后勤收费管理办法》，全局后勤管理向制度化、规范化迈进。

党的建设和精神文明建设

【党的建设】

一、思想建设

陕西测绘局坚持各级党组（委）中心组学习制度，全年以学习贯彻党的十六届六中全会、胡锦涛总书记重要讲话、《国务院关于加强测绘工作的意见》和党的十七大精神为主要内容，开展理论学习，努力提高各级领导班子的政策理论水平，提高领导干部科学决策和驾驭全局的能力。组织全局党员收听收看党的十七大会议开幕式；下发十七大学习读本、新党章各900多册，并在全局党员中开展党章知识学习竞赛；在全局组织开展学习刘先林院士先进事迹活动；举办全局处级以上干部学习十七大精神研讨班；组织380多名党员干部参观陕西省贯彻落实十七大精神反腐倡廉大型展览。陕西测绘局思想政治工作研究会开展了主题为“加强和谐文化建设，为发展提供强有力的精神动力和智力支持”的调研工作。

二、组织建设

（一）基层党员、入党积极分子培训

陕西测绘局加强基层党建工作，针对近年来局属各单位党支部书记人员变动较大的情况，于5月下旬和12月中旬举办两期党支部书记学习班，对全局60多名党支部书记进行业务知识培训；11月中旬举办了全局入党积极分子培训班，对48名入党积极分子进行系统学习培训；在全局开展了陕西省十一次党代会代表的推选工作，国家测绘局第一大地测量队队长岳建利当选省十一次党代会代表，并于5月下旬参加了会议。

（二）评优表彰

“七一”前夕，陕西测绘局召开纪念建党86周年暨表彰大会，在全局评选出“先进党支部”7个，“优秀共产党员”12名，“优秀党务工作者”9名。通过评选活动树立榜样，促进党员先锋模范作用、党支部战斗堡垒作用的发挥。6月，召开学习贯彻省十一次党代会精神暨“七一”表彰大会，全局处以上党员干部、党办主任、党支部书记、受表彰的先进集体和个人100多人参加了会议。

【精神文明建设】

一、召开陕西省测绘行业先进集体、先进工作者表彰暨陕西测绘局建局50周年纪念大会

10月27日，陕西测绘局隆重举办陕西省测绘行业先进集体、先进工作者表彰暨陕西测绘局建局50周年纪念大会。国家测绘局副局长王春峰、宋超智，陕西省副省长罗振江、陕西省政协副主席陆栋，全国政协委员、国家测绘局原局长陈邦柱，中国科学院、中国工程院院士李德仁，中国工程院院士宁津生、刘先林、魏子卿出席大会。国家测绘局副局长王春峰、陕西省副省长罗振江分别讲话，肯定陕西测绘局建局以来取得的巨大成就。陕西测绘局副局长白贵霞回顾了陕西测绘局建局50年来的发展历程；陕西测绘局和陕西省人事厅表彰了全省测绘工作先进集体和先进工作者。为展现建局50周年的辉煌历程，陕西测绘局以“回顾历史，凝聚人心，共谋发展，构建和谐”为主题，围绕“测绘成就、测绘文化、测绘科技”三条主线，从10月25日起陆续推出了陕西测绘50年成果成就展和建局50周年职工书画摄影展、测绘高新装备推介会、地理空间信息与数字技术国家测绘局工程研究中心揭牌仪式、庆祝建局五十周年“合众思壮杯”有奖征文活动、地理信息标准化与测绘可持续发展国际学术报告会、职工文艺汇演等系列活动，扩大了测绘工作的影响。

二、承办国家测绘局所属单位首届乒乓球团体赛

4月22日~23日，国家测绘局所属单位首届乒乓球团体赛在陕西测绘局召开，国家测绘局党组成员、纪检组长罗兰出席开幕式。此次赛事由国家测绘局精神文明建设办公室和直属机关党委主办，陕西测绘局和国家测绘局直属机关工会承办，陕西测绘局承担赛事具体组织协调和后勤保障工作。来自国家测绘局所属单位10支代表队的60多名运动员参加了此次比赛，陕西测绘局代表队获团体第三名。

三、文明单位建设情况

2007年，陕西测绘局开展了局级文明单位验收、复审和检查评比工作。年初，对4家局级文明单位进行复审，并对2家新申报的2006年度局级文明单位进行了考核。12月，对局属各单位精神文明建设情况进行抽查，评定等级。

四、职工文化活动建设

陕西测绘局坚持以职工文化活动建设为主线，积极推动测绘文化建设，在全局干部职工中开展为陕西南部受灾困难群众募捐活动，弘扬互帮互助的传统精神；举办了迎新春职工交响音乐会、元宵节系列活动、金秋文化月系列活动，丰富了职工文化生活；积极组织离退休职工参加健康向上的文化体育活动，组团参加了陕西省政府举办的“陕西省第三届老年人运动会”，取得优异成绩；注重发挥陕西测绘局老年书画协会、老年体协的凝聚力，丰富离退休职工生活。

五、获奖情况

“五一”前夕，国家测绘局陕西基础地理信心中心获“陕西省先进集体”荣誉称号，国家测绘局第二地形测量队薛兆元获“陕西省先进工作者”荣誉称号。国家测绘局第一地形测量队陈召军获“陕西省优秀青年岗位能手”荣誉称号。陕西测绘局和陕西省人事厅联合授予国家测绘局第一大地测量队等15家单位为“全省测绘行业先进集体”，授予国家测绘局第一地形测量队张长安等20人为“全省测绘行业先进工作者”。

【宣传工作】

陕西测绘局坚持为团结稳定鼓劲、正面宣传为主的方针，围绕中心工作加大测绘宣传工作力度。建设了陕西测绘局网站（陕西省地图网站），发布信息、新闻近500条，向国家测绘局网站报送信息150多条；配合国家测绘局完成了国测一大队宣传工作基础材料的搜集整理。完成全国人大常委会副委员长蒋正华视察陕西测绘局、华山高程发布、西部测图工程等重要事项的宣传报道工作。

中国测绘报陕西记者站按照陕西省新闻出版局要求进行了记者站自查自纠工作，举办了数码摄影培训，组织承办了中国测绘报专题会议西部地区片会。在中国测绘报社年度会议上，陕西记者站被评为“2006年度先进记者站”。

地方社团工作

【陕西省测绘学会】

陕西省测绘学会举办各种学术报告会、讲座7场次，邀请国内外测绘专家和学者到陕西作学术报告；参加陕西省第十五届“科技之春”活动，组织有关会员单位和在校大学师生、测绘单位职工500多人参观中华人民共和国大地原点；组织会员单位参加中国测绘学会举办的科技进步奖和优秀工程奖评选活动；陕西省测绘学会学术工作委员会组织青年科技工作者撰写论文，经过评选，推荐8篇学术论文参加陕西省第十届自然科学优秀学术论文评选。陕西省测绘学会继续被评为陕西省四星级学会。

甘肃省

规划与计划

2007年，甘肃省测绘局全面落实甘肃省“十一五”基础测绘规划，积极督促市县基础测绘规划的实施，全省基础测绘保障出现了新的局面。

【落实《基础测绘计划管理办法》】

3月，国家发改委和国家测绘局印发了《基础测绘计划管理办法》，4月26日，甘肃省测绘局会同省发改委联合召开视频会议，进一步部署贯彻落实《基础测绘计划管理办法》，推动市县基础测绘规划的编制和实施。

【省级基础测绘年度计划】

甘肃省测绘局会同省发改委，按照急需先测的原则，优先安排城市及交通沿线、重点开发区和具有开发潜力的重点地区的基础测绘更新任务。安排了定西、天水测区30498平方千米新一轮航空摄影覆盖，敦煌、景泰测区控制加密25347平方千米/994幅，酒泉、永昌测区1:1万数字化地图更新25500平方千米/1000幅，酒泉、永昌测区1:1万缩编1:5万地形图20400平方千米/50幅，17县（市）城区独立坐标系统改造，酒泉、永昌测区1:1万3D产品数据入库25066平方千米/983幅、酒泉地区1:5万DLG数据入库122400平方千米/300幅。编制了《甘肃省地图集》，修编了《甘肃省地图册》；完成国家首期边远地区和少数民族地区基础测绘专项补助临夏市基础测绘项目。按照省政府批准的《甘肃省“十一五”基础测绘规划》，从2007年起，省级基础测绘经费投入由500万元增加到1000万元（省发改委400万元、省财政厅400万元、省测绘局200万元），1:1万数字化地图更新由原来每年12500平方千米增加到25000平方千米。

【市县基础测绘规划】

甘肃省测绘局会同省发改委联合下发了《关于编报2008年基础测绘计划有关事项的通知》，促进了市县基础测绘规划编制工作的进展，截至年底，全省已有70个市县的基础测绘规划通过了同级政府批准，并已上报甘肃省测绘局备案，同时有98%的市县落实了2008年基础测绘计划。

法制建设与市场监管

甘肃省测绘局认真履行测绘管理职能，从依法行政、统一监管、提高执法水平等方面开展工作，确保了测绘法规的有效实施和全省测绘统一监管工作的顺利开展。

【规范依法行政】

甘肃省测绘局全面规范了行政许可事项，完成了依法设置的46项测绘执法事项的清理和程序规范，制定下发了《关于梳理市县测绘行政执法的指导意见》，大多数市（州）按照指导意见，确立了测绘行政执法地位，为测绘执法人员办理了测绘执法证；为进一步加强测绘法制建设，按照《中华人民共和国测绘法》和《甘肃省测绘管理条例》，完善了相关配套法规和规范性文件。张掖市国土资源局获全国测绘法制工作先进单位称号，张掖市测绘管理办公室主任梁新民、临夏州测绘管理办公室主任徐梅生、庆阳市测绘管理办公室主任葛新民获全国测绘法制工作先进个人称号。

【测绘法制宣传】

甘肃省测绘局围绕测绘法律法规的贯彻实施，开展了一系列宣传工作。测绘法宣传日期间，各市州测绘主管部门和辖区测绘单位统一行动，开展了丰富多彩的宣传活动，共印发宣传材料57000份，悬挂和张贴宣传标语3150条，在电视台播放节目12期，播放电视、广播节目累计约600小时，出动宣传车50台次，较好地扩大了宣传的覆盖面和影响力，取得了一定的效果。

【测绘资质管理】

甘肃省测绘局按照国家测绘局的部署，认真完成了测绘资质年度注册工作。截至年底，全省注册测绘资质单位276家，新增21家，依法吊销测绘资质单位7家。在注册过程中，坚持公开、公平、公正、便民的原则，进一步改善服务态度，做到随到随办，按时办结，受到了测绘单位的好评。

【注册测绘师制度实施】

甘肃省测绘局会同省人事厅联合转发了《人事部、国家测绘局关于印发〈注册测绘师制度暂行规定〉、〈注册测绘师资格考试实施办法〉、〈注册测绘师资格考核认定办法〉的通知》，结合甘肃实际，明确了测绘人员申报考核认定工作的相关问题，并完成测绘人员申报材料的审查和上报工作。

【测绘特有工种职业技能鉴定】

甘肃省全年有753人参加了测绘行业特有工种职业技能鉴定培训和考试，并将通过考试的人员分批上报国家测绘局审批发证，同时在甘肃省测绘局网上公布。

地图管理与成果管理

【地图管理】

一、地图审核

为进一步规范地图编制、出版行为，甘肃省测绘局加大了地图编制、出版前的审核力度，重点从编图资质、编图内容等方面严格把关，全年共审核编制地图26幅、电子地图17幅（套）、地图册（集）3册，核发审图号46个。

二、地图市场监管

按照国家整顿和规范地图市场办公室部署，甘肃省各级测绘行政主管部门对245家单位开展了测绘执法检查，重点督查了街头、网上展示的地图，共依法查处24起地图违法案件；对存在的问题逐一提出整改措施，并要求限期将整改情况上报甘肃省测绘局；提前介入兰洽会等一些大型活动，主动协商沟通，对宣传涉及的版图、地图插图进行严格把关，预防了“问题地图”的出现；针对地图编制中存在的不规范行为，重申了地图编制中不得收取标名费的规定，并向全社会公示，进一步规范了全省地图编制行为。

【成果管理】

一、测绘成果汇交

在各市（州）测绘行政主管部门的积极配合下，甘肃省测绘成果目录汇交工作于4月底全部完成，240家测绘单位汇交测绘成果14414项，从中筛选出791个测绘成果项目上网公布，促进了应用共享，受到了社会的好评。

二、完善测绘成果监管制度

甘肃省测绘局按照《中华人民共和国测绘成果管理条例》规定，在修订完善测绘成果分发服务管理制度的同时，在局网站上开通了测绘成果提供预审查业务，方便了远途用户，提高了服务效率。

三、测绘成果监管

为掌握保密测绘成果的应用和流向情况，甘肃省测绘局进一步加大了对测绘保密成果的监管力度，2007年初，下发了《关于开展2007年度测绘成果质量监督检查工作的通知》，重点抽查了天水、定西、陇南等三市10家保密测绘成果使用单位，共检查1∶1万、1∶5万等保密地形图318幅。通过检查发现，大多数单位保密意识比较强、制度比较健全、管理比较规范；对检查中发现的问题提出了限期整改意见，并将整改单位作为下年度重点抽查对象。

基础测绘与质量监督

【基础测绘】

一、省级基础测绘

甘肃省测绘局针对省级基础测绘任务大幅度增加的情况，进一步调整了生产结构、技术力量、仪器装备，整合了全局航测力量，开展基础测绘生产；

积极引进、消化新技术，基本上实现了图库一体化作业，大幅度提高了生产效率，向测绘信息化迈进了一大步。在局属单位的共同的努力下，完成了河西地区25000平方千米1:1万数字化地图更新任务。

二、市县基础测绘

甘肃省测绘局加强了对市县基础测绘规划实施的指导，促进了市县基础测绘规划编制工作的开展。张掖市政府在一市六县区总体规划框架下，编制了《张掖市城市规划区基础测绘实施方案》，认真组织实施，六县区全部完成了规划确定的项目任务，通过了省级验收；定西市有一市五县实施了航测数字化地形图测绘等基础测绘项目，先后投入265万元。随着张掖、定西、嘉峪关等一批市县城市规划区基础测绘项目的完成，全省市县基础测绘规划实施呈现新局面。

三、市县城区独立坐标系统改造

甘肃省测绘局在市县政府的积极配合下，投入技术和经费，从2005年开始，共完成58个县市城区独立坐标系统改造任务，加上市（州）自行安排改造的项目，至今共有63个市县城区完成了坐标系统改造，全省城市基础控制进入高精度、规范统一的时期。

四、重点测绘保障项目

甘肃省测绘局积极争取国家支持，获得国家测绘局直接投入达1000多万元，先后用于航空摄影、西部测图、临夏市基础测绘、甘肃省政务地理信息平台建设、数字城市试点、新农村测绘保障试点等项目。

（一）国家首期边远地区、少数民族地区基础测绘专项补助临夏市项目

甘肃省测绘局会同省财政厅共同申报国家首期边远地区、少数民族地区基础测绘专项补助项目，遴选了临夏市为首期试点，国家财政经费支持200万元，省测绘局安排配套资金49万元，建立了城市测绘基准，完成了城市测绘数据库建设，配备了相应的软硬件设备。10月，该项目通过了省测绘局、省财政厅组织的项目验收。该项目的实施全面改善了临夏市区基础测绘严重滞后的状况，对加快临夏市的基础设施建设，推动旧城改造和新城区建设发挥了基础性保障作用。

（二）西部测图项目

甘肃省测绘局积极参与国家西部测图工程，完成了三江源东摄区、罗布泊、额济纳旗摄区等多个测区的航空摄影、卫星定位数据同步采集工作；主动参与西部测图工程竞标，中标完成了跨甘青新的塔里木东区A6分区2万平方千米共49幅1:5万地形图外业控制和调绘任务；积极参与国家1:5万数据库更新工作，完成地形要素数据库更新8000平方千米共20幅。

（三）新农村建设测绘保障试点

金昌市新农村建设测绘保障项目列入全国试点，完成“一乡一图”和重点村镇规划用图测绘。通过项目实施，探讨利用已有成果和测绘能力为新农村规划建设提供测绘保障的方法，为甘肃新农村建设测绘保障积累了经验。

（四）航空摄影

为确保省级基础测绘更新进度，满足各项建设对基础测绘的需求，甘肃省测绘局完成定西、天水测区航空摄影31700平方千米，国家测绘局和甘肃省测绘局以85:15的比例，共投入210多万元，为2008年开展1:1万数字化地图更新打下了基础。

（五）土地调查测绘保障

积极配合做好全国第二次土地调查工作，保证了试点区对基础测绘资料的需求。

【测绘质量监督】

甘肃省测绘局直属单位结合ISO9000质量管理体系复审换证工作，进一步完善了质量管理制度，重点强化了生产过程质量监控，使空间数据生产、入库的质量管理和检验体系得到了完善，职工质量意识得到了增强，产品质量明显提高。

在测绘行业质量监督方面，甘肃省测绘局为全面了解全省测绘资质单位的产品质量状况，变以往对测绘资质单位进行抽查为巡查，掌握了测绘市场监管和市场信用体系建设的第一手资料。2007年初，该局印发了《关于开展2007年度测绘成果质量监督检查工作的通知》，明确了时间、范围和主要检查内容。各测绘单位在市州测绘行政主管部门的督促下，按照通知要求，认真开展自查工作。根据自查情况，对天水和定西两市12家甲乙级测绘资质单位的测绘产品质量进行了监督检查。同时，配合国家测绘局、国家质检总局联合开展“全国重点测绘工程成果质量监督检查”，对兰渝铁路项目进行了监督检查。

重大工程测绘

【兰州北部地区1:5000地形图测绘】

兰州移山造地项目对于兰州发展十分重要，省

市政府非常关注。甘肃省测绘局针对时间紧、工期短、任务重的情况，多次召开专题会议，统一部署，甘肃省测绘工程院、航测项目部、省基础地理信息中心利用基础测绘数字化生产基地的技术优势，形成了内外业一体化、规模化生产作业能力。从7月24日开始，加班加点，连续工作50天，完成了航空摄影560平方千米、1:5000数字化测绘560平方千米、外业控制86点，建设了三维真立体数字模型，直观再现开发区原貌，为领导决策和规划开发提供了可靠的基础资料，得到了省市领导和开发商的高度赞扬。

【长城资源调查测绘】

甘肃省测绘局按照甘肃省长城资源调查领导小组的部署，成立了长城资源调查测绘项目组，配备了相应的技术人员和设备，负责技术文件编写、测绘资料准备、人员培训、外业控制测量、田野调查、数据处理等工作。

一、资料准备工作

依据《长城资源调查手册》，测绘技术人员协助文物部门编写了《甘肃省长城资源调查技术方案》和《甘肃省长城资源调查专业技术设计》，对测绘数据的生产、田野调查、资料整理、质量控制等内容进行了详细的规定；根据有关甘肃历代长城的文字记载资料，结合1:1万和1:5万地形图上长城注记，开展了甘肃历代长城分布线路图的标绘，共涉及1:1万和1:5万地图1304幅。

二、外业控制测量和内业加密

甘肃省历代长城分布地区大部分在戈壁、沙漠地区，需布设249个像控点。为确保任务按时完成，测绘项目组投入技术人员13人，汽车2台、GPS接收机8台，从3月初开始，历时4个多月，完成像控点251个，内业加密点2542个。

三、田野调查

田野调查是长城资源调查的重点，像片调绘是长城专题测绘、长城长度测量的基础。为配合文物部门做好田野调查工作，测绘项目组抽调了5名经验丰富的作业员参加田野调查，共完成航片调绘253张，确保了长城资源调查测绘工作年度任务的顺利完成。

测绘共建共享

【甘肃省政务地理信息平台建设】

甘肃省测绘局按照省政府办公厅批转的《关于加强数字甘肃地理空间框架建设与应用服务的指导意见》，全面整合了技术方案，推进甘肃省政务地理信息基础平台建设及应用工作。甘肃省政务地理信息平台建设项目得到了西部测图项目数据库建设专项的支持，11月7日，国家测绘局和甘肃省人民政府签订了甘肃地理空间信息平台建设合作协议，国家测绘局陆续提供测绘成果，投入经费支持。

【专题应用系统建设】

甘肃省测绘局通过一批有影响的专题应用系统的示范带动，推动了实用型地理信息系统的建设。与省政府信息化办公室协作建设的省情信息系统二期，完成了空间数据和经济数据融合等工作；与省政府应急办协作完成了危险源在线标注系统建设；与省民政厅协作建设的数字边界地理信息系统初步完成；与省国土资源厅协作建设的基本农田保护信息系统实现了技术方案贯通。

【数字白银地理空间框架建设】

按照国家测绘局有关通知精神，甘肃省测绘局针对白银市编制的《白银市基础测绘规划》和《数字白银建设规划》等情况，向国家测绘局上报了《关于申请数字白银地理空间基础框架建设试点工作的报告》，获得了国家测绘局批准立项，同意纳入国家测绘局数字区域地理空间框架建设示范工程。12月10日，数字白银地理空间框架建设项目设计通过了国家测绘局组织的专家评审，同时，国家测绘局、甘肃省测绘局和白银市人民政府签署了数字白银地理空间框架建设合作协议，标志着该项目正式启动。截至年底，已完成了项目总体设计方案、城市基准建设、航空摄影等工作。

地图编制与出版

【市州系列地图集编辑出版】

甘肃省测绘局开展的市（州）地图集编制工作在市（州）测绘行政主管部门努力下，得到了市（州）政府的支持，张掖、庆阳、酒泉、兰州等市成立了由市政府领导牵头的编辑委员会，加强了对地图集编制工作的协调和领导；甘肃省地图院设立了图集编辑部，开展资料整理和编辑工作，截至年底，完成了张掖、庆阳等市地图集编制工作，酒泉、兰州等市地图集编制工作进展顺利。

【专题地图编制出版】

甘肃省地图院完成了《甘肃省地图集》和《甘

肃省地图册》编制工作；与交通部门合作编制完成了《社会主义新农村试点村道路建设规划图集》，该图集包括全省公路图、14 个市（州）新农村试点村分布图和 100 个试点村“一村一图”的道路建设规划图；与民政部门合作完成了酒泉市等 10 多个市县行政区划图的编制工作；开发编制了甘肃交通旅游系列地图等一批专题地图、电子地图及公共地图产品。

成果应用与服务

甘肃省测绘局全年向 1000 多家用图单位提供了基础测绘成果，提供总面积达 267 万平方千米，基础测绘成果应用持续增长，在全省经济社会发展中发挥了重要的保障作用。局属各单位在完成基础测绘和国家西部测图等重点项目的同时，围绕重大工程建设、国土资源调查、城市规划、环境监测、土地整理、高等级公路、铁路建设、输配电选线、水电枢纽资源开发、新农村建设等 100 多项工程的论证立项、规划设计和项目建设，提供了测绘保障。数字边界地理信息系统、省情信息系统二期工程等项目的建设，扩大了基础测绘成果应用范围，充实了省政府地理信息系统。

科技创新与人才培养

【测绘科技成果】

甘肃省测绘局各单位针对测绘生产和服务的难点、热点技术问题，开展了课题攻关，在航测数字化基地建设及相关软件完善、图库一体化研究、三维立体系统建设及政务应用、内网数据及软件系统快速恢复、省情系统升级建设、Skyline 软件在专题应用上的衔接与消化、遥感影像数据对照监测、测绘数据的批处理、测绘数据脱密处理研究等多个方面上取得了进展，提高了测绘效率，推进了成果应用。“综合省情信息系统”和“测绘数字化改造及其相关技术研究”分别获省科技进步二、三等奖。“甘肃省似大地水准面精化”、“市域综合电子地图集的设计与集成技术研究”和“兰州市防空三维环境地理信息系统”等项目，通过了省科技厅组织的成果鉴定。

【人才培养】

甘肃省测绘局认真贯彻《甘肃省事业单位实行聘用合同制管理办法》，在 2006 年局属事业单位完成全员聘用改革工作的基础上，2007 年初，建立了有利于测绘事业发展的新型管理运行机制。新的职工分配制度建立后，规范了岗位管理，妥善处理了相关问题，巩固了改革成果，调动了职工的创新积极性；进一步加大了技术人才的培养力度，局系统共举办各种专题讲座和培训 15 场（次），技术人员素质明显提高，硕士层次的人员继续增加，局系统共有国家测绘局青年科技带头人 1 人，甘肃省“555 人才工程”队伍 1 人，省测绘局科技带头人 9 人。

2007 年初，机关处室正职轮岗，促进了轮岗人员主动学习意识和开展工作调研，树立了全局意识；对事业单位管理层干部进行公开选聘，促进了干部队伍建设。

党的建设与精神文明建设

【党的建设】

甘肃省测绘局党委按照省委要求，建立了两级党委理论学习、党员培训、队伍建设等长效机制。通过加强基层党组织建设，党组织的凝聚力和战斗力进一步提高，党员先锋模范作用在工作中得到了进一步发挥。结合庆“七一”活动，召开了创新党支部工作座谈会，检查了先进性教育长效机制的落实，表彰了优秀党支部和优秀共产党员；向离退休老干部通报情况，把全局党员干部的思想统一到十七大精神上来，统一到贯彻落实《国务院关于加强测绘工作的意见》的具体行动上来。

【精神文明建设】

甘肃省测绘局以争创省级文明单位为目标，积极开展了构建和谐单位活动。局工会开展了以“我与测绘”为主题的征文书法摄影活动，局妇委会组织了“和谐发展 开拓创新”为主题的文艺联欢，局团委开展了以“放飞青春梦想 唱响和谐乐章”为主题的登山歌咏宣讲活动。通过一系列积极向上的职工文化创建活动，凝聚了职工队伍，促进了测绘事业健康发展。

【测绘宣传工作】

甘肃省测绘局以测绘服务实例和测绘依法行政为重点，开展了系列测绘宣传活动。共有 156 条新闻稿件被人民日报、甘肃日报、中国测绘报、甘肃经济日报、中央电视台、甘肃省电视台等媒体采用；

协助中央电视台《探索·发现》栏目组完成了《守护莫高窟》拍摄工作；对局门户网站版面栏目进行了调整充实，增加了查地图、用地图栏目，与国家动态地图网进行了链接，网站全年点击次数达到18万次以上；召开宣传工作会议，对测绘宣传工作进行部署，并成立了宣传工作和电子政务建设工作领导小组。

地方社团工作

【甘肃省测绘学会科学技术奖】

9月12日，甘肃省科技厅正式批准设立“甘肃省测绘学会科学技术奖”，奖励对象是已提供用户使用的测绘成果和在技术创新与开发、科技成果推广与应用、高新技术产业化以及工程管理实施等方面做出突出成绩的项目、单位和个人。“甘肃省测绘学会科学技术奖”每年评奖一次，按科技水平、技术难度、社会经济效益和对测绘行业科技进步的作用，分设测绘科技进步奖和测绘科技专项奖。

【甘肃省测绘学会理事会议】

11月，甘肃省测绘学会召开理事会议，讨论通过了甘肃省测绘学会测绘科学技术奖评审和奖励委员会组成人员名单；讨论了《甘肃省测绘学会科学技术奖奖励（暂行）办法》、《甘肃省测绘学会科学技术奖奖励（暂行）办法实施细则》。

【测绘学术交流】

一、测绘专家西部行学术报告会

7月22日，测绘专家西部行学术报告会在兰州举行。中国科学院院士、中国工程院院士李德仁作了“新一代数字摄影测量技术”报告，中国工程院院士刘先林作了“航空数码相机技术”报告，国家测绘局系统青年科技带头人徐开明、廖安平、何忠焕、燕琴分别作了学术报告，130多名测绘技术人员参加了报告会。

二、各专业委员会举办的学术交流

3月，地图学与GIS专业委员会举办了地图学与地理信息系统发展趋势研讨会，兰州军区地理信息中心主任王明孝作了“青藏铁路ITCS系统动态GPS精确定位技术应用研究”专题报告。6月，卫星定位与导航专业委员会举办了卫星与大地测量前沿应用技术研讨会，邀请中国工程院院士许其凤作了“我国卫星导航定位技术发展”的报告，邀请兰州军区第一测绘大队郭群长作了“我国大地测量基准建设现状及趋势”的报告。

青海省

规划与计划

【贯彻落实《国务院关于加强测绘工作的意见》】

青海省测绘局召开专题会议，深入学习和贯彻《国务院关于加强测绘工作的意见》，结合青海测绘工作实际，制定了有针对性和可操作性的贯彻落实计划，从构建基础地理信息公共平台、提高基础测绘保障服务能力、加强现代化测绘装备建设、加快地理空间信息资源共建共享和加强基础航空航天遥感资料成果的统筹协调等方面提出了实施意见，使青海测绘事业的发展有了明确目标。

【西宁市“十一五”基础测绘发展规划】

6月19日，西宁市人民政府办公厅批准实施《西宁市“十一五”基础测绘发展规划》（以下简称《规划》）。《规划》提出了西宁市“十一五”期间基础测绘发展的指导原则、主要目标、重点任务和保障措施，以指导全市基础测绘工作的开展，为促进西宁市经济社会发展和全面建设小康社会提供优质的基础测绘服务。《规划》提出“十一五”期间西宁市基础测绘的重点任务是：完善空间基础地理信息系统平台建设，完善西宁市大地水准面的精化，建立西宁市卫星定位连续运行综合服务系统，应用航空航天遥感技术，测绘和修测更新大比例尺地形图，拓宽地图制图应用的新领域。为切实做好“十一五”基础测绘工作，《规划》还提出了法律、组织、财力、技术、安全和人才保障措施。“十一五”期间，西宁市计划基础测绘总投资4180万元，完成2006年~2010年市级基础测绘规划重点建设项目，实施基础测绘的经费由公共财政投入，纳入财政预算。

法制建设与市场监管

【测绘法制】

10月，青海省测绘局根据青海省政府法制办公室关于法规规章清理的通知，上报并经省政府法制办公室批准，废止与国家新修订的规章不一致、已失去使用效能的规章两件（《青海省测绘成果管理实施办法》和《青海省测量标志保护实施办法》）。

【测绘依法行政】

一、落实行政执法职责

9月，青海省测绘局完成向省内各州（地）、市、县测绘行政主管部门提供行政执法依据的工作，并将行政执法职责具体分解情况向省以下各级测绘行政主管部门公布。公布的行政许可包括测绘单位资质、拆迁永久性测量标志审批等6项，行政处罚包括未经批准擅自建立相对独立的平面坐标系统，伪造身份或者掩盖其对国家基础地理信息数据的真实使用用途、骗取国家基础地理信息数据等48项和其它具体行政行为3项。

二、测绘行政执法证换发工作

9月，根据青海省政府法制办的安排，省测绘局完成了行政执法证和执法督察证的换证工作，10人更换了行政执法证，2名相关领导更换了行政执法督察证，为进一步加强测绘行政执法奠定了基础。

三、举办测绘行政执法人员培训班

为加强全省的测绘行政执法工作，6月13日~15日，省测绘局组织举办全省州（地）、市、县测绘行政管理部门主要领导和管理干部参加的培训学习班，邀请省政府法制办的同志和测绘专业人员，系统地讲解了《中华人民共和国测绘法》、《青海省实施〈中华人民共和国测绘法〉办法》、《行政许可法》、《行政处罚法》、《行政复议法》、《行政诉讼法》，使参加培训的人员对测绘行政执法工作有了系统的了解。参加培训的34人还参加了省政府法制办组织的培训考试，取得了培训合格证。在此基础上，省测绘局积极派人参加全国测绘行政执法人员岗位培训班，选派4人分别参加了第二期、第三期岗位培训班，提高了测绘行政执法人员队伍的业务素质。

【测绘法制宣传教育】

一、测绘法宣传日活动

为普及测绘法律知识和测绘专业知识，8月29日，青海省测绘局组织西宁地区20多家测绘单位在西宁市开展了测绘法宣传日活动。参加宣传活动的人员达300多人，悬挂大幅标语40多条（幅），摆设宣传展板60多块，发放宣传材料2万多份。青海电视台、西宁电视台、西宁晚报、西海都市报、青海法制报等新闻单位对宣传活动进行了现场采访和报道。青海省各州（地）、市、县国土资源局及各测绘单位在办公地点悬挂宣传横幅、标语；海东地区、海南州、海北州、黄南州、海西州、格尔木市也在当地开展了丰富多彩的宣传活动。

二、测绘法律知识竞答

为认真贯彻落实《青海省实施〈中华人民共和国测绘法〉办法》，7月，青海省测绘局组织全局干部职工开展了《青海省实施〈中华人民共和国测绘法〉办法》知识竞答，全局近400人参加了竞答活动，取得了较好的学习效果。10月，组织干部职工参加了全省第八次普法统一考试，考试合格率达100%。

三、法制宣传教育获奖情况

8月，在全国测绘法制工作会议上，青海省海东地区测绘局荣获“全国测绘系统法制工作先进集体”称号，海东地区测绘局局长解宝清、青海省格尔木市测绘管理处副主任陈复辰、青海省海西州国土资源局主任科员韩明雄荣获“全国测绘系统法制工作先进个人”称号，青海省基础地理信息中心保密委员会副主任年光延荣获青海省“‘四五’全国保密法制宣传教育先进工作者”称号。

【测绘市场监管】

一、理顺测绘管理机构

青海省海东地区机构编制委员会作出决定，将该地区地、县两级测绘行政管理职能由建设局正式移交到国土资源部门，同时在地、县两级国土资源局加挂测绘行政管理机构牌子，该举措为健全测绘行政管理体制，实现测绘工作统一监管打下基础。

二、加强测绘行政执法

青海省测绘局坚持测绘法制工作与测绘行政执法工作并举，以加强国家版图意识宣传教育和地图市场监管为契机，重点对西宁地区的车站、宾馆、书店、商场及全国连锁的餐饮、医疗企业等单位使用、销售、展示的地图和网上地图进行检查。通过检查，有关企事业单位和使用地图的相关部门对地图的政治性、科学性和法定性有了新的认识，国家版图意识得到了进一步增强。

全年共开展测绘行政执法23次，发现违法行为15起；查处违法案件11件，其中8件违法案件通过下发责令改正通知书予以纠正，3件违法案件依法做出行政处罚。

【测绘资质管理】

一、出台测绘资质管理规定

青海省测绘局向全省各州（地）、市、县国土资源局（测绘局）印发《青海省测绘资质审批程序规定》，对测绘资质的受理、审查、公示、业务范围的变更等作出具体规定。

二、举办测绘资质管理信息系统培训班

青海省测绘局在南京举办了应用测绘资质管理信息系统培训班，全省52家测绘行业单位60多人参加了培训。通过培训，参训人员对测绘单位资质审查、换证、年度注册、测绘作业证的网上申报等功能有了系统的了解。

三、测绘资质年度注册

2007年，青海省测绘局共对62家测绘持证单位进行了资质注册，通过注册57家，其中甲级7家，乙级17家，丙级22家，丁级11家；缓期注册4家，取消1家。

地图管理与成果管理

【地图审核管理】

为规范集中受理、明确工作职责，青海省测绘局制定了《青海省测绘局地图审核程序规定（试行）》，进一步完善地图审核程序，提高地图审核效率；印发《关于专题地图再版或重印有关事宜的通知》，规范了专题地图的再版或重印工作；受理了《青海省影像地图集》、《青海省道路营运里程图集》等22个单位送审的地图编制项目，共计660幅，核发审图号18个。

【成果管理】

一、测绘成果提供使用审批管理

为加强涉密基础测绘成果提供使用审批管理，进一步规范审批程序和方式，满足测绘行政许可集中受理的工作需要，青海省测绘局制定了《青海省涉密基础测绘成果资料提供使用审批程序规定（试行）》，并在直属单位开展了测绘成果汇交和归档检查工作，针对存在的问题采取了相应的措施，建立责任制，将数字产品保管、检查、拷贝、提供等相关环节都落实到人。

二、测绘成果汇交

根据《青海省测绘成果汇交制度》和《青海省汇交测绘成果副本的实施细则》，2007年，青海省测绘局组织开展了全省测绘资质单位的测绘成果汇交工作，各测绘行业单位共汇交测绘成果目录3540条，测绘成果副本37项，同时编制测绘成果目录并向社会发布。

三、测绘成果保密工作

为切实做好测绘成果保密的各项工作，青海省测绘局向相关的14家单位下发了《关于对基础地理信息数据管理与使用情况进行保密自查的通知》，布置国家级基础地理信息数据使用保密自查和抽查工作。通过检查，进一步宣传了测绘成果管理的法律法规，提高了测绘成果使用单位的保密意识，规范了测绘成果保密工作管理行为。

基础测绘与质量监督

【基础测绘经费】

“数字青海”空间地理信息基础设施建设项目经批准立项，该项目主要建设内容包括基础设施建设、标准体系建设、基础数据库建设、基础地理信息系统开发和专业应用平台建设五个方面。项目总投资3200万元，建设期为2006年～2010年。为加强青海省的基础测绘工作，促进测绘事业全面发展，青海省财政厅2007年下达基础测绘专项经费300万元，用于1:1万地形图测绘任务；下达2007年边远地区、少数民族地区基础测绘项目经费340万元，用于青海省东部农业区1:1万地形图测绘任务；下达黄河谷地土地资源综合开发信息系统、建立国家地理标志支出预算155万元；国家测绘局投入西部测图经费1252.82万元。

【基础测绘项目】

一、航空摄影项目

在国家测绘局、财政部、青海省发展与改革委员会的大力支持下，青海省测绘局对东部农业区及黄河沿岸区域黄河龙羊峡－寺沟峡段约20000平方千米的区域实施了航空摄影，用于国土大调查急需的1:1万地图更新测绘。

二、青海省主体功能区规划编制项目

青海省主体功能区规划编制项目主要由青海省基础地理信息中心承担。该项目是全国和青海省“十一五”期间的一项重要工程，主要任务是收集、整理、分析与青海省经济发展相关的可利用土地资源、水资源、环境容量、生态系统、自然灾害、人口、经济状况、交通等12大类数据，通过多种分析方法来科学地划分青海省的主体功能区。

三、黄河谷地土地开发整理测绘项目

青海省黄河谷地土地开发整理是黄河谷地综合开发的核心任务，省基础地理信息中心承担了项目区可新增耕地面积预测工作。技术人员采用卫星影像数据、数字高程模型、土地利用现状数据等，通过GIS空间分析，用最短的时间测算出了项目区内的现状数据、可新增耕地面积、新增耕地来源等多项综合数据，并编制了多幅挂图，提供给项目组作为依据。

四、地理空间信息资源开发利用项目

2007年，青海省人民政府与国家测绘局联合签署《加强青海省地理空间信息资源开发利用合作协议》，协议确定的合作项目“柴达木循环经济试验区地理信息系统”和“三江源地区生态环境遥感动态监测及预警地理信息系统”由青海省测绘局实施。受国家测绘局委托，青海省测绘局在西宁组织召开该两项目设计评审会，专家组一致同意通过评审。

五、西宁市测绘院实施的基础测绘项目

国家测绘局、青海省测绘局、西宁市人民政府共同签署了数字区域地理空间框架建设示范工程协议书。“西宁市综合地理信息系统”项目批准立项，并纳入国家测绘局数字区域地理空间框架建设示范工程计划，西宁市测绘院完成该项目设计，并通过专家组评审；完成西宁市区1:2.5万、1:5万、1:10万土地利用现状图数据更新工作；完成青藏铁路复线用地范围界线放线及耕地等各类用地情况的调查和用地面积量算工作，为勘测定界图的制作、征地拆迁提供了测绘保障。

【测绘质量监督】

青海省测绘产品质检站重点对青海省土地统征整理测绘项目、青藏铁路复线勘测定界项目（西宁－天峻）、西宁市大比例尺航测图北川测区（数字高程模型DEM、数字线划图DLG）项目、青海省2007年度1:1万地图测绘项目、国家西部1:5万地形图测图工程三江源测区等重大测绘项目进行了质量检验，检验结果均为合格；派出监理人员参加了国家西部1:5万地形图测图工程青藏高原东部测区监理项目。9月～12月，国家测绘局、国家质检总局联合组织开展了全国重点测绘工程成果质量监督检查，青海省测绘产品质检站配合国家测绘产品质检中心对“引大济湟总干渠调水工程”测量项目进行了抽检，检验结果为合格。

【测绘安全生产】

2007年，青海省测绘局结合“安全生产周”活动，组织对局属各单位的环境设施、仪器设备、档案资料等进行了一次安全检查，特别是对涉密计算机、密级测绘成果、网络安全等进行了重点检查，对不符合相关规定的及时提出整改意见；为提高安全防范能力，给局属各生产单位配备了海事卫星电话、手持定位安全监控系统及通讯设备，还与武警青海省总队司令部建立了国家西部测图工程应急救援联动机制，把承担国家西部测图工程项目各生产单位的安全保障落到实处。

重大工程测绘

【制作农村公路网电子地图】

青海省基础地理信息中心配合青海省公路局完成青海省1:5万农村公路电子地图制作任务，该电子地图通过在基础地理数据上迭加专题公路数据层，开发管理系统，实现了对全省农村道路的网络化管理，主要用于全省农村公路的规划、建设和管理养护。

【新农村建设规划测图项目】

青海省测绘局根据新农村建设需要，针对循化县2007年新农村建设规划的重点，委派省第一测绘院、省第二测绘院、省基础地理信息中心帮助完成该县2007年新农村建设规划用图项目，并为开展此项村镇测绘工作补贴资金15万元。

【《青海省影像地图集》】

由青海省测绘局、青海省科技厅编制，青海省副省长马建堂作序的《青海省影像地图集》正式出版。该图集由序图组，州（地）、市、县影像图组，典型区域地貌景观图组和区域对比图组等四大部分组成，采用最新的高分辨卫星影像和青海省1:25万地形图数据，以大比例尺地形图作为参考资料，直观、形象、系统地反映了青海省的行政区划、区域地理景观、城镇面貌等。该图集不仅为各级领导和管理部门进行宏观决策提供科学的参考依据，也为环境保护、城镇规划、土地、水利、交通、农林业、地矿、旅游、电力、公安、科研、教育、灾害监测与防治等领域提供全面详实的基础信息服务。

【公路铁路测绘项目】

青海省第一测绘院利用卫星影像，完成了青藏铁路沿线格尔木南山口至沱沱河200多千米的青藏铁路像控试验项目的补充方案制作，为青藏铁路像控试验项目提供测绘服务；完成国道215线当金山至大柴旦K363－K417里程段公路1∶2000带状地形图测绘项目。

青海省第二测绘院组织40人进驻西藏测区，完成西藏自治区省道203线申扎县至南木林县段改建工程控制测量、地形测量及放线任务和1∶2000带状地形测绘220千米。

【水利水电工程测绘项目】

黑泉水库是青海省的一项大型水利枢纽工程，也是“引大济湟”的反调节水库。青海省水利水电勘测设计研究院承担了该工程的测量任务，共完成200多千米四等红外测距导线测量，200多千米四等水准测量，1∶500地形图120幅、1∶1000和1∶2000地形图100幅，为工程的设计和施工提供了精确的测绘成果。

【长城资源调查测绘项目】

青海古长城被国家文物局和国家测绘局正式纳入全国长城资源调查范围，青海省测绘局、省文物局组织长城资源调查人员开展长城图上标绘工作。

【文物保护测绘项目】

青海省基础地理信息中心受省文物部门委托，完成国家级文物保护单位循化撒拉族自治县西路红军革命旧址地形图测绘工作；完成国家级文物保护单位黄南藏族自治州隆务寺、海东地区互助土族自治县却藏寺地形图测绘任务；分别制作了上述文物保护单位保护范围和建设控制地带彩色挂图及文物分布图。

测绘共建共享

【地理信息数据资源共享合作协议】

为贯彻落实《国务院关于加强测绘工作的意见》，加快“数字青海”空间地理信息基础框架建设，实现地理信息资源的有效利用，青海省测绘局和省国家安全厅、财政厅、地震局、发改委、科技厅、旅游局、人事厅、统计局、卫生厅等部门签署了青海省地理信息数据资源共享合作协议书。协议商定，省测绘局向共享合作单位提供全省区域内与其相匹配的基础地理信息数据和技术支持，协同进行专题地理信息应用系统开发和建设；共享合作部门向省测绘局提供用于基础地理信息更新的地名、境界、交通、水系、土地覆盖等信息。同时还就双方的责任、义务、组织、实施与协调做了规定，建立了稳定的信息交换机制，形成优势互补的工作格局。

【“青海东昆仑成矿带共享信息平台”科研合作项目】

中国科学院遥感应用研究所、青海省基础地理信息中心启动了“青海东昆仑成矿带共享信息平台”科研合作项目。青海东昆仑成矿带项目主要研究内容有八项，共享信息平台建设是其中的一项科研课题，由青海省基础地理信息中心承担。该课题的主要内容包括共享平台的建设和完成相关靶区的正射卫星影像制作，2007年完成正射影像的加工，2008年完成建设并提交成果。

【“三江源区‘黑土滩’退化草地本底调查”项目】

青海省畜牧兽医科学院、青海省基础地理信息中心（青海省测绘遥感信息中心）和中国科学院遥感应用研究所合作完成了“三江源区‘黑土滩’退化草地本底调查”项目。在该项目中，省测绘遥感信息中心负责通过卫星影像遥感解译的手段，调查三江源区“黑土滩”的面积和分布情况，并负责建立三江源区“黑土滩”退化草地地理信息系统。

【建立国家地理标志合作项目】

由青海省测绘局、旅游局、气象局共同完成的青海省《建立国家地理标志青海湖与三江源区测量技术方案设计》通过评审。实施方案确定，在精确测定青海湖、三江源地理标志位置坐标的同时，采用全球卫星系统、地理信息系统和遥感技术进行量算，精确测定出青海湖的湖区面积。

地图编制与出版

2007年，青海省测绘局编制了《青海省流域周边地区生态环境综合治理图》、《青海省农村牧区饮水安全总体规划基础图》、《西宁市居民购房指南图》、《循化县新农村规划图》、《湟源县行政区划图》、《青海三江源生态保护和建设工程移民社区布置图》等。《西宁市卫星影像图》由青海省第一测绘院利用卫星影像资料制作完成，该图集装饰性和实用性为一体，制作精良，内容丰富；由青海省基础地理信息中心编制的《青海中英文交通旅游图》由西安地图出版社出版发行，该图包含了青海省图、西宁市至拉萨市示意图、西宁市城区图和航空线路示意图，以及旅游精品线路推介等内容，美观实用。

成果应用与服务

2007年，青海省测绘局为青海藏区经济社会发展提供的测绘保障服务包括：青藏铁路宗地编绘、西藏南申公路测绘、西藏阿里机场勘测定界测绘、海西州加让勘测定界测绘、格尔木市宗地图测绘、格尔木供水网工程带状图测绘、德令哈至大柴旦公路地形测绘、大柴旦至当金山公路地形测绘、大通黑泉水库数字地图测绘、西宁市城北区新农村规划建设测绘、青海乡村道路改建测绘、石头峡水电站测绘、甘河工业区地形图测绘等，还建立了三江源区遥感本底数据调查数据库；向全省各州（地）、市、县赠送《青海省影像地图集》共计800余册。截至年底，青海省基础地理信息中心为经济社会发展提供各类比例尺地形图4172张，大地成果863点。这些测绘成果被广泛应用于土地沙漠化治理、矿产资源开发、环境评估、水利水电、退耕还林、长城保护调查和公路建设等领域。

科技创新与人才培养

【测绘科技创新】

一、青海省似大地水准面精化项目

2003年批准实施的青海省似大地水准面精化项目由青海省测绘局、武汉大学测绘学院共同完成。该项目的目标是确定青海省高精度高分辨率的似大地水准面，满足青海省空间技术应用和信息化建设的需要。2007年3月，在青海省科学技术奖励大会上，青海省似大地水准面精化项目获2006年度青海省科技进步二等奖。

二、黄河拉西瓦水电站拱坝施工测量计算软件的开发

黄河拉西瓦水电站拱坝设计采用对数螺旋线双曲高拱坝方式，其大坝空间体形复杂，施工测量难度大。中国水利水电第四工程局勘测设计研究院克服种种技术难题，开发出“黄河拉西瓦水电站拱坝施工测量计算软件”，经测试，计算成果准确无误，大大提高了测量工作效率，保证了工程质量。该软件的研发成功，引起了国内水利、电力行业的广泛关注。

【人才培养】

为扭转青海长期以来测绘专业技术人才短缺的局面，由青海省国土资源厅牵头，在省人事厅以及青海大学的大力支持下，从2007年开始，青海大学每两年招收一次测绘专业本科班。结合测绘工作实际，青海省测绘局争取到省人才工程经费支持，选送5名技术骨干到武汉大学进行短期技术培训；此外，还组织局属各单位举办航测内外业、地籍测量等培训班6次，取得了良好的效果。

党的建设与精神文明建设

【党的建设】

青海省测绘局把学习、贯彻十七大精神作为全局首要的政治任务来抓，全年组织党委中心学习组进行了13次集中学习和研讨。在党的十七大召开之际，局党委及时组织全体党员干部和群众收看实况转播，局副处级以上领导干部集中学习了胡锦涛总书记在党的十七大会议上所作的报告，结合实际工作展开积极的讨论，收到良好效果。

为加强作风建设，青海省测绘局积极开展“作风建设年”主题实践活动，通过开展活动，党支部的凝聚力和战斗力明显增强，党员的先锋模范作用明显提高。局党委书记、局长杨俊岭被授予青海省国土资源厅系统“2006年度优秀领导干部”荣誉称号，并当选为青海省第十一次党代会代表；2个先进基层党支部、2名优秀共产党员、1名优秀党务工作者受到青海省国土资源厅党委的表彰。

局党委加强对入党积极分子的培养，重视在生产第一线和青年中发展党员，全年共发展新党员5名；在加强政治理论学习的基础上，重视干部职工的科学文化、业务等知识的学习教育，党员参加学习率达到90%以上。为庆祝建党86周年，邀请西宁市委党校讲师给全体党员进行了领导干部作风建设专题讲座，组织全局党员开展了形式多样、内容丰富的庆祝活动。

【党风廉政建设】

青海省测绘局把党风廉政建设工作同认真贯彻

落实党的十七大精神和《国务院关于加强测绘工作的意见》有机地结合起来，建立健全教育、制度、监督并重的惩治和预防腐败机制；围绕“抓党风，带行风，改进作风，廉洁从政”的工作思路，全面推行党风廉政建设目标责任制，按照“谁主管，谁负责”的原则，局党委分别与局属各单位签订了《党风廉政建设目标责任书》，局属单位党委也与基层单位层层签订了《党风廉政建设责任书》；局纪委按照测绘行业的特点，及时向全局下发了《中共青海省测绘局党委关于2007年党风廉政建设和反腐败工作的实施意见》；按照省委和省国土资源厅的部署，开展了“作风建设年”活动，针对作风建设方面存在的问题，及时召开了以加强作风建设为主题的局党委民主生活会，将收集到的意见进行客观分析，提出解决办法和解决时限。

青海省测绘局党风廉政建设工作从建章立制、以防为主、加强监督入手，从源头上治理和预防腐败。通过开展测绘领域不正当交易行为的自查自纠，使测绘行业广大职工普遍受到守法、诚信、公平竞争的教育；严格财务制度，坚持对局属各单位财务专项审计，采取集中对帐、集中审计的办法，加强财务监督和管理；坚持领导干部述廉述职制度，接受群众监督；积极推进廉政文化建设，组织全局党员和副科级以上干部观看反腐倡廉电视片，并进行研讨。全局共撰写6篇廉政理论研讨论文，其中2篇分别获青海省国土资源厅系统一、二等奖。省测绘局获得优秀组织奖。在青海省国土资源厅组织的党风廉政建设责任制考核中，青海省测绘局领导班子考核成绩为优秀。

【精神文明建设】

青海省测绘局不断推进全局精神文明建设工作，深入开展文明单位、文明处室、文明职工等群众性精神文明创建活动，结合“作风建设年”主题实践活动和树立社会主义荣辱观学习教育活动，着力弘扬青藏高原精神和培育民族精神，不断提高全局干部职工思想道德和科学文化素质；坚持开展“讲文明、讲卫生、讲科学、树新风”活动，组织职工学习《公民道德建设实施纲要》，营造诚信友爱、充满活力、安定有序、人与自然和谐相处的和谐氛围；为丰富和活跃职工的精神文化生活，举办了第十二届“测绘文化周”活动；为弘扬扶弱济困的传统美德，营造扶残助残的社会氛围，在全局范围内开展了“爱心助残”专项募捐活动，共筹集捐款13370元；开展“送温暖”活动，捐款10018元；开展“博爱一日”捐款活动，捐款7187元；在元旦和春节期间，慰问局离退休和困难职工，向离退休人员发送慰问信200多封，发放慰问金93200元。

地方社团工作

2007年，青海省测绘学会针对高原测绘工作实际，积极组织会员单位开展省内外测绘学术交流、技术合作等活动；省测绘学会第十届三次理事会授予中国水利水电第四工程局测绘中心、青海省基础地理信息中心、西宁市测绘院“青海省测绘学会2007年度先进会员单位”荣誉称号，授予杨生德、魏孝成、孟苏菊、李兆钧、赵杰、赵存俊、景钦刚、杜德红“青海省测绘学会2007年度先进工作者”荣誉称号，对评选出的《青海测绘》2007年度6篇优秀论文和文学作品的作者进行了奖励。省测绘学会还积极组织参加中国测绘学会“信息化测绘论坛”学术交流活动，推荐的《数字地面模型及其在电力工程中的应用》获优秀论文奖。省测绘学会全年编辑、发行《青海测绘》期刊4期，总发行量1600册。

宁夏回族自治区

规划与计划

【主体功能区规划】

11月，宁夏回族自治区测绘局（以下简称宁夏测绘局）受自治区政府的委托，筹备全区主体功能区规划数据库技术方案的编制和建设。根据协议，宁夏测绘局为项目承担单位，经费使用按照国家有关财务制度执行。

【"十一五"人才资源发展规划】

5月16日，《宁夏测绘局"十一五"人才资源发展规划》经审查通过并报送国家测绘局。规划总结了"十五"期间宁夏测绘局人才资源状况，制定了"十一五"人才资源发展的指导思想和目标任务。目标任务主要包括以下几方面：一是人才队伍建设。重点加强对中青年干部的培养、使用，为培养后备干部夯实基础。二是人才培养措施。立足于现有人才的开发使用，加强管理人员、专业技术人员、技工专业人才的继续教育培训，"十一五"期间，与武大合作筹办一期测绘工程硕士研究生课程班，培养20名测绘工程硕士生。同时鼓励在岗各类人员积极参加高层次的学历教育。三是人才激励机制。修订《宁夏测绘局培养科学技术带头人实施方案》和《宁夏测绘局职工教育规定》；建立宁夏测绘局科学技术带头人奖励基金；对积极进行科学技术创新、攻关的专业技术人员，优先派出学习进修，并保障其学习经费和时间；对生产一线上业务精湛、勇于创新、做出突出贡献的专业技术人才破格提拔职务或晋升职称。

法制建设与市场监管

【立法工作】

2007年，宁夏测绘局加快了《宁夏回族自治区测绘管理条例》（以下简称《条例》）配套的规范性文件的制定工作，结合自治区测绘工作的实际，启动了《宁夏回族自治区测绘成果管理办法》的调研论证和修订工作。11月7日，自治区法制办将《宁夏回族自治区测绘成果管理办法》列入2008年立法计划，使宁夏地方测绘法规体系有望得到进一步完善。

【立法效果评估】

4月9日，自治区人大常委会法工委启动了修订《条例》的立法效果评估工作，评估主要包括法规实施三年来的绩效、法规中的实体和规定程序、立法技术规范等方面。经评估认定，《条例》的修订是非常必要和及时的。

【行政许可】

截至12月31日，经自治区法制办审定，宁夏测绘局共有行政许可事项9项，即：测绘成果资料使用审批，编制地图审核许可，平面坐标系统建设许可，重要地理信息发布审核，测绘作业证，测量标志拆迁许可，地图广告审批，测绘资质审批，测绘专业技术人员执业资格审批。

【依法行政】

一、行政执法责任制工作规范汇编

3月6日，《宁夏回族自治区测绘局测绘行政执法责任制工作规范汇编》经自治区人民政府法制办审核同意后下发实施。该汇编分解了执法责任，制定了行政执法过错责任追究办法、行政执法评议考核办法和测绘违法案件备案管理规定，完善了行政执法管理制度。

二、修订行政执法责任制度

按照自治区人民政府《关于在全区各级行政机关全面推行行政执法责任制的实施意见》的规定，及时修订了《宁夏测绘局测绘行政执法责任制度》，认真梳理了法律、行政法规、地方性法规和部门规章等行政执法依据，分解了行政执法职权，明确了对行政机关领导人员和直接责任人员测绘执法行为的行政责任追究办法，规范了测绘行政执法人员的执法行为。

【法制宣传教育】

一、测绘法宣传日活动

测绘法宣传日活动前，宁夏测绘局向各市、县测绘管理部门和各测绘资质单位下发了《关于开展测绘法宣传日活动的通知》，要求各地区、各单位结合当地测绘事业发展的实际和行业特点进行测绘法宣传。8月29日，由宁夏测绘局领导带队，在银川市繁华地段设置了测绘法宣传咨询点，悬挂横幅、标语，摆放展板，散发宣传品，开展法律咨询，组织有奖猜谜等活动。共展出专题宣传展板5块，悬挂横幅标语6条，现场散发测绘法律法规、测绘行政执法等方面的宣传材料3000多份，发送测量标志宣传画、国家版图知识宣传册、国家版图小知识、国家版图意识宣传教育宣传画等宣传品1000多册（幅），并现场提供测绘咨询服务。此外，银川市、石嘴山市、吴忠市、永宁县等市、县测绘管理部门和测绘资质持证单位设立宣传点，组织开展了丰富多彩的测绘法宣传日活动。新消息报、法治新报、华兴时报、中国测绘报宁夏记者站、宁夏新闻网等媒体对活动进行了采访和跟踪报道。

二、法制宣传日活动

2月6日，宁夏测绘局印发《宁夏测绘局2007年法制宣传教育工作安排的通知》。12月4日，宁夏测绘局以"落实'五五'普法规划，促进和谐社会建设”为主题，在银川市开展了测绘法制宣传咨询活动，广泛宣传了测绘相关法律法规及开展全区国家版图意识宣传教育活动的具体做法、意义及成效，并接受了市民的法律咨询，发放了《宁夏回族自治区测绘管理条例》、《宁夏回族自治区基础测绘管理办法》、国家版图知识宣传相关材料以及旅游图等资料500多份。

三、执法培训

8月31日和12月7日，宁夏测绘局分别组织市、县测绘管理人员参加国家测绘局举办的第二期、第三期全国测绘行政执法培训班。

【测绘资质管理】

2007年，宁夏测绘局测绘资质注册工作采取日常检查与专项检查相结合的方法，重点检查了测绘资质单位测绘成果及资料档案的管理情况，并将测绘仪器计量检定列入检查范围；针对一些持证单位到外省区检定仪器的情况，派专人到有关省区核查，以确保测绘资质单位的利益和仪器检定的真实性。截至12月31日，宁夏共有81家测绘资质单位，其中甲级单位2家、乙级单位13家、丙级单位24家、丁级单位42家。

【测绘市场监管】

一、涉外非法测绘案件查处

7月30日，宁夏回族自治区安全厅将境外一起非法测绘案件移交宁夏测绘局处理。宁夏测绘局组成专案调查组，在国家测绘局的具体指导及自治区安全部门的配合下，对该起案件进行调查。8月10日，宁夏测绘局对此案作出了行政处罚决定。鉴于此次涉案人员擅自采用国际坐标系统进行无资质测绘，且编制的导航电子地图数据量大，涉及地域广，给国家安全造成的危害严重等事实，依据《中华人民共和国测绘法》第四十一条、第四十二条、第四十六条的规定，对其做出罚款、没收测绘成果及工具的行政处罚。

二、测量标志损毁案处理

2006年6月，宁夏测绘局调查一起国家永久性测量标志“基北”一等三角点被破坏的案件，并依法移交当地公安部门立案侦查。2007年1月25日，银川市公安局西夏区分局经审查认为没有证据证实嫌疑人主观上有犯罪故意，根据《中华人民共和国刑事诉讼法》第八十六条的规定，决定不予立案，并向宁夏测绘局送达通知书。

三、地图市场整治

2007年，宁夏测绘局在全区测绘资质专项治理和地图市场整治中查处违规测绘案件9起，查封收缴违法地图产品450张。

【测量标志管理】

椐8月6日概略统计，宁夏全区原有一、二等天文点、三角点247点，完好、半完好的89点，破坏、失踪71点，情况不明87点；全区原有一、二等水准点716点，完好263点，破坏、失踪270点，情况不明183点；B级GPS点完好2点、半完好1点、情况不明3点。

年初，宁夏测绘局向全区各市、县测绘管理部门重新提供一套标注有测量标志位置的1∶10万地形图及相关测量标志管理资料，加强了对永久性测量标志维护管理人员的技术培训工作。5月30日，宁夏测绘局印发《关于加强测量标志保护 进一步落实测量标志管理工作的通知》。

地图管理与成果管理

【地图审核管理】

根据《中华人民共和国地图编制出版管理条例》、《地图审核管理规定》、《宁夏回族自治区测绘管理条例》等法律法规，宁夏测绘局依法从严审核各类送审地图，规范地图产品生产环节。2007年，共受理审核各类地图22件276幅、公开出版的地图册1册，规范了宁夏地图产品生产行为。

【成果管理】

一、明确成果管理职责

根据职责划分，宁夏测绘局国土测绘处负责测绘资料管理、测绘成果保密检查指导并承办对外测绘成果的审批工作；宁夏基础地理信息中心（测绘成果档案馆）负责测绘成果档案的收集、鉴定、编纂、保护，为社会提供测绘成果服务。

二、完善成果管理制度

2007年，宁夏基础地理信息中心重点自查了资料提供手续是否齐全、提供的密级地形图是否加盖单位资料章等情况，统一了保密编号；根据《宁夏测绘局测绘成果管理办法》及有关测绘法规，修订和完善了原有的管理制度，制定了《宁夏基础地理信息中心保密管理办法》、《宁夏基础地理信息中心成果档案管理规定》、《网管中心安全管理规定》、《涉密信息管理规定》、《安全生产综合治理规定》等11项管理制度。

三、严格测绘成果审批程序

宁夏测绘局严格履行测绘成果审批程序，对于数字化测绘成果（电子版）的提供除履行必要的程序外，均与使用单位签订使用许可协议；对传统纸质地形图的提供，在自治区范围内仍履行归口管理程序；省与省之间相互提供测绘成果按照新颁布的《中华人民共和国测绘成果管理条例》及已有法律法规执行，测绘成果的提供逐步按照证明函、申请表、受理通知书、使用许可协议书、回执抄送等新规定程序办理。

【测绘成果资料提供】

截至12月17日，根据宁夏基础地理信息中心的统计，全年为经济建设各部门、单位提供1:1万、1:2.5万、1:5万、1:10万、1:20万地形图1600幅(3296张)，三角点809点，水准点366点，提供服务百余次；根据与地震局签订的共享协议，为宁夏地震局提供1:5万DLG数据171幅。

【成果保密】

4月23日，宁夏测绘局根据国家测绘局《关于对基础地理信息数据管理与使用情况进行保密自查的通知》要求，向全区各用户单位下发通知，在2000年以来索取宁夏数据的用户中开展保密自查工作。5月5日，根据自治区保密委的安排，宁夏测绘局开展以“信息保密与警示教育”为主题的保密法制宣传月活动，通过展板、收看录相、传达文件等方式强调了保密工作的重要性。全年未发生失密、泄密事故。

基础测绘与质量管理

【基础测绘项目】

一、基础测绘投入

宁夏基础测绘二期工程2004年开始，预计2008年结束。2007年，宁夏发改委拨付经费150万元，宁夏财政拨付经费50万元用于基础测绘建设。

二、1:1万地形图更新

2007年计划安排基础测绘1:1万地形图更新124幅，3187平方千米。由于安排生产时使用的是2002年航摄资料，普遍存在局部压平异常的问题，年度计划未能按正常作业流程进行。截至12月底，宁夏第一测绘院完成1:1万基础测绘控制任务416幅中的216幅，宁夏第二测绘院完成1:1万基础测绘地貌测绘152幅。

三、1:5万数据库更新

宁夏测绘局计划在“十一五”期间安排34幅1:5万地形要素数据更新任务。为配合国家1:5万数据库更新项目，组织宁夏区域1:5万地形数据库更新设计并进行试生产，截至2007年底，已安排4幅1:5万地形要素数据的更新试验，由宁夏基础地理信息中心承担。

【重大测绘专项】

一、宁夏基础地理信息数据库系统

宁夏基础地理信息数据库系统建设项目于2006年12月立项，实施单位为宁夏基础地理信息中心，国家测绘局陕西基础地理信息中心负责指导建设工作，同时负责开发数据库系统，并进行管理和维护。8月14日，宁夏测绘局在银川市组织专家对《宁夏基础地理信息数据库技术设计方案》进行了评审。通过评审后，项目实施单位开始组织实施，自治区财政核拨数据库建设启动经费30万元。

二、边远地区、少数民族地区基础测绘项目

4月11日，自治区财政厅核拨2006年边远地区、少数民族地区基础测绘项目经费250万元，用于宁夏平面基准GPS C级网及三等水准复测建设项目、领导工作系列用图项目、宁夏区域经济基础地理信息系统项目的建设。宁夏测绘局已组织局属有关单位进行上述三个项目的实施。截至12月底，宁夏第一测绘院完成布设三等水准线路约600千米，埋设水准点111座，施测三等水准约50千米；埋设GPS C级网标石104座，其中施测41座。编制了20幅领导工作专题用图。

三、新农村建设试点项目

7月17日，宁夏永宁县被国家测绘局确定为新农村建设测绘保障试点之一，项目由宁夏测绘局组织实施，宁夏测绘产品质检站负责成果验收，项目承担单位为宁夏第二测绘院。项目共需测绘经费83.2万元，其中国家测绘局支持试点经费25万元，宁夏测绘局支持10万元，剩余48.2万元由宁夏建设厅、永宁县人民政府解决。2007年已完成35个村庄的规划编制。

【测绘质量管理】

一、测绘产品质量检验

1月5日，宁夏国土资源厅组织成立了吴忠市红寺堡开发区土地利用更新调查项目成果验收组。宁夏第一测绘院承担了该项目的检验任务，经检验，符合项目要求。1月16日，宁夏国土资源厅、宁夏测绘局联合举办红寺堡开发区土地利用更新调查项目验收会，通过了该项目的验收。

二、测绘仪器检定

2007 年，宁夏测绘产品质检站制定了相应的规定，明确了仪检与维修的职责权限，投入 3 万多元改善钢卷尺检定装置，并于 10 月投入使用。全年共检定全站仪 101 台、水准仪 396 台、经纬仪 170 台、钢卷尺 245 把。

重大工程测绘

【国家重点工程】

5 月 ~6 月，宁夏第一测绘院参与“西气东输”石油管线项目宁夏段测图任务及管线图册的编制，测绘 1∶1 万石油管线图 220 千米。宁夏第二测绘院参与了太中银（太原 - 中卫 - 银川）铁路宁夏段放线测绘任务，绘制了铁路勘界图及上报图件 100 多幅；使用航摄像片 1081 张制作野外控制图 100 幅；制作 1∶1 万 DEM 100 幅、DOM 100 幅、DLG 100 幅；完成了中太银铁路征地测量 10 平方千米，同时普查登记了地面附着物等地理信息。

【明长城资源调查】

3 月 29 日，宁夏测绘局和宁夏文物局联合制定《宁夏长城资源调查工作实施方案》和《宁夏长城资源测量测绘实施方案》。4 月 3 日，宁夏长城资源调查盐池县试点启动仪式暨调查人员培训班在宁夏盐池县举行。由宁夏文物、测绘部门合作开展的长城资源调查，计划分 3 个阶段执行，将对宁夏境内长城的地理位置、分布、历史沿革及长城沿线的遗迹、遗物进行调查和测绘，这是自治区历史上规模最大、内容最完整、数据要求最高的一次长城资源调查。

测绘共建共享

5 月 15 日，宁夏测绘局与宁夏地震局在银川签署地理信息数据资源共享合作协议。根据协议，宁夏测绘局向宁夏地震局无偿提供、定期更新 1∶5 万分幅的数字线划图（DLG）、数字正摄影像（DOM）及其元数据，用于宁夏抗震救灾指挥系统基础地理信息平台建设和地震预测预报；宁夏地震局提供相关重力、水准数据，用于宁夏基础地理信息数据库的更新。

地图编制与出版

2007 年，宁夏测绘局完成了《宁夏回族自治区办公用图》、《宁夏经济社会发展地图集》（修编再版）、《宁夏旅游观光图》、《宁夏通志 · 地理环境卷》（插图）的编辑出版。编绘马惠宁（马家滩 - 惠安堡 - 中宁）输油管线图册 30 套，编绘固原城区 1∶1 万地形图 173 平方千米，编绘中卫城区 1∶1 万、1∶2 万地形图 887 平方千米，制作中卫海原红羊、九牛顶项目区 1∶1 万现状图 11 幅，编绘“1236”工程项目四、五干渠有关上报图件 12 幅。

成果应用与服务

【宁夏第一测绘院参与完成的区内外测绘服务】

宁夏第一测绘院参与完成区内外数字化测图 150 多平方千米，其中，自治区境内的有：太阳山开发区一期 1∶1000 数字化测图 30 平方千米，太阳山开发区二期 1∶1000 数字化测图 30 平方千米，太阳山带状图补测 6 千米，中卫市 1∶2000 数字化测图 13 平方千米，彭阳 1∶2000 数字化测图 15 平方千米，大武口隆湖开发区新农村 1∶500 数字化测图计 2.2 平方千米，大武口隆湖供暖管道断面图测绘 9 千米，固原黑城 1∶1000 数字化测图 27 平方千米，青铜峡 1∶500数字化测图 10 平方千米，中卫李旺 1∶1 万地形图修测 25 平方千米，宁夏消防图调绘约 800 平方千米，灵武 1∶1000 数字化测图 1 平方千米，宁夏电力线外业补测约 2000 千米，大武口地籍测量 2 平方千米和变形测量等。在自治区境外完成浙江省杭州测区 1∶500 地形图数字化测量 14.3 平方千米，陕西省榆林机场平面图测绘 9 平方千米，广东佛山测区 1∶500地形图修测 21.3 平方千米。

【宁夏第二测绘院参与完成的测绘服务】

宁夏第二测绘院为新农村建设进行了 1∶2000 和 1∶500 地形测绘，对吴忠市 40 个庄点和惠农县 38 个庄点测绘并形成成果图件，为当地基础设施建设、村庄规划编制、农民新居工程等提供了第一手的资料。

参加长城资源普查，截至 2007 年底，完成宁夏境内长城外业测绘 400 千米，绘制 1∶1 万长城资源调查图 173 幅。

制作完成青铜峡旅游库区 1∶2000 正射影像图 234 幅、宁夏地震局数据转换及采集 77 幅、自治区领导用图 20 幅；完成青铜峡旅游库区、中卫美利工业园区、红寺堡行政区划图及定边靖边公路图、石嘴山标准地名图等制图任务。

【宁夏基础地理信息中心参与完成的测绘服务】

5月~6月，宁夏基础地理信息中心参与宁夏消防指挥信息系统建设，为宁夏消防总队制作1:5万、1:2000数字地图。

科技创新与人才培养

【测绘科技创新】

2007年，宁夏测绘局建立了宁夏全区厘米级精度大地水准面，为各项建设提供现代测绘基准；重点建设1:1万DOM、DEM、DLG基础地理信息数据库，为国家经济信息系统和各专业信息系统提供三维空间信息，为全区各行业信息系统建设提供了基础平台。

【人才培养】

一、专业技术人员培训和继续教育

4月23日，宁夏测绘局与武汉大学遥感信息工程学院联合开办测绘工程领域研究生课程班，宁夏测绘局有11名职工参加；20多人参加了专科、本科等相关专业的在职学历教育学习。宁夏测绘局全年开办专业技术人才和管理人才培训班13个，共培训专业技术和管理人员265人次，外派管理人员30多人次参加学习培训。

二、人才队伍建设

宁夏测绘局会同自治区人事厅在宁夏全区开展了注册测绘师执业资格考核认定工作，11人提交了申报材料，经审核，6人基本符合条件要求，已推荐上报国家测绘局。2007年推荐上报专业技术任职资格人选9人，其中高级1人、中级3人、初级5人。截至12月底，宁夏测绘局共有专业技术人员157人，其中高级20人、中级42人、初级87人。

对外交流

10月~12月，宁夏测绘局选派3人赴荷兰参加“欧洲地理信息产业发展”培训学习，了解和学习国外测绘科技的最新发展。

党的建设与精神文明建设

【党的组织建设】

2007年，宁夏测绘局在国土资源厅党组的领导下，落实党建工作目标责任制，制定了党务工作计划，完善了党务工作制度，坚持民主生活会制度和党员活动日制度。开展了普通党员讲党课活动，鼓励党员提出改进思想、纪律和作风的建议，认真查找自身存在的问题和不足，使每位党员都受到了深刻的教育和启发。

【党风廉政建设】

4月19日，宁夏测绘局制定了《2007年党风廉政建设和反腐主要任务分工》，与党员领导干部签订了责任书，开展了治理商业贿赂专项工作。

【文化建设】

3月20日~26日，宁夏测绘局举办职工运动会，丰富了职工文化生活；为庆祝2008年北京奥运会倒计时一周年，8月8日，宁夏测绘局组织干部职工开展集体广播体操活动，全局100多人参加了该活动。

【精神文明建设】

11月28日，宁夏测绘局响应自治区号召，在全局范围开展“送温暖一日捐”活动，共向南部山区困难群众捐款18020元；开展“冬寒人心暖”活动，为对口扶贫支援村募捐衣物、用品450多件；筹集水利工程建设资金41000元；赠予扶贫村小学价值3000元的体育用品和学习用具。

2007年，宁夏测绘局连续第五年保持了“区直文明机关”荣誉称号。

地方社团工作

宁夏回族自治区测绘学会现有个人会员386人，理事26人，内部发行刊物为《宁夏测绘》。

新疆维吾尔自治区

规划与计划

【地州测绘规划】

2007年，新疆维吾尔自治区博州、巴州、克州、伊犁州、塔城地区、阿勒泰地区、阿克苏地区、哈密地区、克拉玛依市等9个地、州、市基础测绘规划经当地政府（行署）审批通过。

法制建设与市场监管

【法制建设】

根据国家新的法律法规，新疆维吾尔自治区测绘局（以下简称新疆测绘局）对《新疆维吾尔自治区测绘管理暂行规定》、《新疆维吾尔自治区测绘成果有偿检验办法》、《自治区测绘局关于加强测绘市场管理保护测量标志建立议案号测绘生产秩序的意见》、《新疆维吾尔自治区测绘成果管理实施办法》提出废止建议；对《新疆维吾尔自治区地图管理办法》提出不予废止的建议。

2007年，新疆测绘局、伊犁哈萨克族自治州国土资源局获“全国测绘系统法制工作先进集体”荣誉称号，刘戈青、张蔷、邓尚志三人获“全国测绘系统法制工作先进个人”荣誉称号。

【市场监管】

一、测绘资质管理

新疆测绘局全年审核批准测绘资质单位14家，2家单位增加业务范围，审查办理变更单位名称（法人代表、地址）23家，开展了测绘资质管理软件运行工作；完成全区2007年测绘资质年度注册工作；为部分测绘资质单位颁发1084个测绘作业证。

二、测量标志普查保护

2007年，新疆测绘局在全区各地开展了测量标志保护宣传教育活动，检查巡查了重点测量标志保存情况和委托保管情况，查处了破坏测量标志的违法行为。其中，和田地区、阿克苏地区对测量标志巡查工作高度重视，在城乡广泛宣传保护测量标志的法律法规、测量标志的地位和重要作用，全面巡查了辖区内的测量标志；塔城地区、克州、博州、伊犁州建立健全了测量标志保护台帐和巡查记录，加强乡镇国土资源所的监管责任，形成保护网络；哈密地区、吐鲁番地区不间断地开展对辖区，特别是重点建设项目区测量标志的巡查、保护；石河子市、喀什地区、昌吉州部分县（市）与公安机关积极协调，建立联合巡查机制，对保管人员发生变动的重新签订了委托保管责任书。巡查结果显示，2007年未发生测量标志损毁或破坏现象。

验收了2006年下达的20个县（市）测量标志普查工作，至此，全区各地、州、市测量标志普查工作全部完成；完成对木垒哈萨克自治县测量标志用地确权登记发证试点工作的验收；全年审批6个测量标志地面觇标的拆迁。

三、加强涉外测绘管理

与自治区保密局联合转发国家测绘局、国家保密局印发的《外国的组织或者个人来华测绘管理暂行办法》；与新疆军区司令部作战处联合转发总参测绘局、国家测绘局的有关通知；组织各地测绘行政主管部门和有关单位开展相关文件的学习活动。

四、推进测绘依法行政

新疆测绘局关于“对外提供属于秘密的测绘成果的审批”和“利用属于国家秘密的基础测绘成果的审批”两项变更行政许可事项通过了自治区人民政府的批准，并在《新疆日报》公告；办理答复了自治区人大代表马建华《关于加强对测量标志进行维修保护的建议》的议案；制定了《2007年自治区测绘系统法制宣传教育工作要点》、《自治区测绘局2007年推进依法行政工作要点》和依法行政工作要点工作分解，以及《自治区测绘局开展第四个“宪法、法律宣传教育月”活动的通知》。

五、加强对地州测绘行政主管部门工作指导

新疆测绘局在检查验收测量标志、测绘资质年度注册、办理测绘行政执法证等工作中，对行业测绘管理工作进行调研，对了解到的问题提出解决意见，对测绘行政管理不到位的单位进行督促指导。2007年，组织召开了部分单位参加的房产测绘工作座谈会。

地图管理与成果管理

【地图管理】

一、建立监管工作长效机制

为贯彻国家和新疆自治区人民政府关于加强国家版图意识宣传教育和地图市场监管工作意见精神，新疆测绘局有效地开展了国家版图意识宣传教育和地图市场监管工作，自治区14个地、州、市先后成立了由本地区政府（行署）分管领导和有关部门主要领导组成的国家版图意识宣传教育和地图市场监管工作领导小组，建立了工作机构，明确了工作职责。

二、国家版图意识和法制宣传教育

2007年，组织开展了“8·29”测绘法宣传日活动，新疆测绘局在《新疆日报》上刊登专版宣传国家版图知识；制作了两期维吾尔语专题片《迈向信息化时代的新疆测绘事业》，并在新疆电视台维吾尔语频道播出，用民族语言向少数民族干部群众宣传新疆测绘事业的发展，宣传国家版图意识，普及地图基础知识。乌鲁木齐市国土资源局组织行业单位制作了24块展板，在乌鲁木齐市展出，并在大型电子屏幕上滚动播放宣传标语。塔城地区托里县沿211县道设立永久性宣传牌；吐鲁番地区行署领导在电台发表测绘法宣传讲话，利用“吐鲁番葡萄节”宣传测绘工作，宣传国家版图知识；石河子市利用网站发布有关测绘法律、法规，国家版图知识等方面的信息；阿克苏地区用维汉两种文字印制“强化版图意识，爱我中华河山”等宣传单向社会公众发放。测绘法宣传日期间，自治区近2000人参加了测绘法宣传活动，悬挂宣传横幅660条，发放各种宣传资料约16万份，制作宣传展板330块，出动宣传车80辆，发送公益短信覆盖受众70多万户。各地还在“4·22”地球日、“6·25”土地日、法制宣传日等活动中宣传国家和新疆自治区有关地图管理的法律法规，普及国家版图知识。

新疆测绘局对各地、州、市、县测绘行政管理人员进行地图基本知识、地图行政审核管理和地图市场监管等方面的培训；对全区乙级测绘持证单位的法人代表进行依法测绘、国家版图意识教育、履行地图送审制度等方面的培训。石河子市国土资源局把国家版图意识宣传教育送进校园，广泛开展青少年国家版图知识教育和法制宣传教育。

三、地图市场监管

2007年，新疆测绘局修订了《新疆维吾尔自治区地图审核管理规定》，明确了自治区测绘行政主管部门与各地、州、市测绘行政管理部门的地图审核工作权限和职责、地图审核程序、地图审核内容、地图审核依据等事项，为依法管理地图市场提供了依据，满足了自治区各地各部门就近、方便、快捷地送审地图的需要。为防止“问题地图”在报刊、电视、广告、互联网等媒体和宣传品上传播，分别编制了《新疆维吾尔自治区地图标准画法示意图》、《新疆维吾尔自治区各地、州、市、县（市）地图标准画法示意图》两种版本共205幅标准样图，在自治区基础地理信息中心网站上向社会公布，供用户免费浏览和下载使用。印发了《关于提前做好本地区“乌洽会”参展企业制作附有地图宣传品监管工作的通知》，发给各参展团组；自治区测绘、工商、质量技术监督、海关等部门组成联检组深入“乌洽会”中心场馆，对洽谈会39个贸易团体1212个企业展位的附有地图图形的广告宣传品、产品说明书等进行依法检查，对发现的“问题地图”依法进行查收并在全区予以通报。针对无证编制地图、非法出版地图、非法盗用旅游行政主管部门名义监制地图等违法情况，新疆测绘局与自治区新闻出版局联合在新闻媒体上发布《严查非法编制地图行为的公告》，与自治区旅游局联合发出《严查非法以旅游行政主管部门名义监制地图的行骗行为的通知》。

新疆测绘局全年查收非法地图产品14608张、“问题地图”宣传品7280幅（张），查处了乌鲁木齐市阶梯书业资讯有限公司无测绘资质证书非法编制出版地图案件和新疆欣文联播网络有限公司非法委托无证单位编制地图案件。按照国家测绘局有关通知要求，对自治区导航电子地图市场进行了拉网式的执法检查，加大了自治区地图市场的监管和治理整顿力度。

【成果管理】

一、测绘成果提供使用的制度建设

新疆测绘局编制了《新疆维吾尔自治区利用属于国家机密的基础测绘成果的审批管理暂行办法》，8月1日起施行。

二、测绘成果目录汇交

新疆测绘局对自治区208家符合测绘成果汇交要求的单位出具了汇交凭证，对汇交内容不符合要求和未汇交测绘成果的63家测绘资质单位进行了通报并要求限期整改，对限期内未整改的单位，年度测绘资质注册时缓登或不予注册。对汇交的1646个项目的成果目录及部分项目的副本，编制测绘成果目录并在网站上发布。

三、对外提供测绘成果的审批

新疆测绘局建立和完善了测绘成果资料用户档案和信用制度。向用户提供涉密数据时与用户签订保密协议，明确用户对涉密数据的管理责任；对擅自复制涉密地形图或未按有关要求管理和使用涉密数据的用户，将其记入用户档案，视为不守信用户；对不执行保密管理要求的，拒绝为其提供基础测绘成果。

全年共受理审批测绘成果3145个批次。

基础测绘与质量管理

【基础测绘】

2007年，新疆自治区1:1万地形图基础测绘主要安排为：哈密地区54幅约1350平方千米，和田地区124幅约3100平方千米，克孜勒苏柯尔克孜自治州87幅约2175平方千米，喀什地区150幅约3750平方千米，巴音郭楞蒙古自治州154幅约3850平方千米，阿克苏地区64幅约1600平方千米，昌吉回族自治州448幅约11200平方千米，博尔塔拉蒙古自治州62幅约1550平方千米，阿勒泰地区54幅约1350平方千米，塔城地区96幅约2400平方千米，吐鲁番地区60幅约1500平方千米。截至年底，共测制地形图1353幅约33825平方千米。

【基础测绘生产管理】

2007年，新疆测绘局修订了《自治区基础测绘项目管理办法》，制定了《自治区测绘局基础测绘1:1万地形图地理精度质量评定规定和自治区测绘局基础测绘1:1万项目成果验收时间规定》；共投入基础测绘资金1825万元，其中自治区投入1300万元、地州配套132万元，测绘局筹款393万元（用于准东煤电煤化工产业园区基础测绘）。加强对各地基础测绘规划编制工作的指导，博州、巴州、克州、伊犁州、塔城地区、阿勒泰地区、阿克苏地区、哈密地区、克拉玛依市等9个地、州、市基础测绘规划经当地政府（行署）审批通过；完成和田、喀什、克州、阿克苏、吐鲁番、哈密、昌吉州、博州、塔城、阿勒泰、巴州等地、州的基础测绘项目设计11个，审批1:1万地形图基础测绘航测内外业专业技术设计书26个。

【质量管理】

2007年，新疆维吾尔自治区测绘产品质检站完成各类检验（检查）项目146批次，其中基础测绘验收项目32个批次（其中复验12个批次），局下达其它验收项目3个批次，2006年度定期检验复检12个批次，委托检验任务6个批次。

3月~12月，质检站对自治区行业持证单位下发定期检验通知书，对上报项目和资料的资质单位按计划分批进行了检验（检查），共完成定期检验95个批次，检验（检查）工作覆盖率达100%。

重大测绘工程

2007年，新疆测绘局完成国家西部1:5万测图工程外业测量100幅，内业成图75幅；完成国家1:5万数据库新疆区域境界的更新；开展了国家1:5万数据库更新缩编的培训、试验工作，完成一、二期共108幅图的任务；协调相关地、州做好1:5万数据库更新综合判调和地壳监测GPS联测相关工作；国家测绘成果档案存储与服务设施新疆分项目设计基本完成；完成乌鲁木齐南山国家精密比长基线场征地和前期设计工作，已埋设观测墩17座，进行了首次量线；为自治区重点工程——昌吉州煤电煤化工产业园基地规划建设项目的启动提供测绘保障服务；4月25日，完成重测艾丁湖洼地最低点海拔高程的全部外业测量，取得最低点数据，该数据由国家大地数据处理中心进行内业精密计算和论证后，报国家测绘局审批并正式发布；12月初完成国家西部测图工程A4、A5区域80幅外业测图任务；完成新疆乡镇行政区域界线挂图（29幅）和新疆界线详图集（599幅）；完成新疆准东地区煤电煤化工产业设施规划方案及产业带选址三维景观系统和1:5万地形要素数据缩编更新等。

测绘服务产值

2007年，新疆测绘行业共完成测绘服务产值20863万元，其中测绘系统3103.20万元，建设系统3295.49万元，地矿系统2718.50万元，水电系统

1897.56 万元，交通系统 651.70 万元，煤炭系统 510.45 万元，冶金系统 111.30 万元，石油系统 2222.50 万元，有色系统 200 万元，铁道系统 93 万元，国土系统 2597.97 万元，地震系统 200 万元，核工业系统 97.70 万元，教育科研系统 44.30 万元，农业系统 40 万元，建材系统 90 万元，其他系统 2988.89 万元。

测绘共建共享

5 月 22 日，新疆测绘局与新疆交通厅签署《地理信息数据与资源共享合作协议》，协议规定新疆测绘局为交通厅无偿提供用于制作全区公路电子地图、交通信息化管理和交通地理信息平台建设的 1∶5 万核心地形要素、数字正射影像、全区 1∶25 万基础地理信息等国家标准格式数据及更新数据；交通厅为测绘局无偿提供最新自治区公路数据和相关元数据的最终成果及更新数据，用于自治区 1∶5 万、1∶25 万基础地理信息数据库交通要素的数据更新。

7 月 19 日，国家测绘局与新疆维吾尔自治区人民政府在乌鲁木齐共同签署了《新疆维吾尔自治区应急平台体系基础地理信息平台建设合作协议书》，项目由新疆测绘局和中国测绘科学研究院共同承担，自治区人民政府应急管理办公室、电子政务办公室、信息产业厅及其他有关专业部门协作完成。11 月 22 日，成立了由自治区党委常委、自治区副主席努尔兰·阿不都满金任组长的自治区应急平台体系基础地理信息平台项目建设领导小组。截至年底，项目实施方案编制完成，已报国家测绘局审批。

10 月 23 日，新疆测绘局与新疆公安厅签署《地理信息数据资源共享与合作建设警用地理信息综合应用平台协议》，协议规定新疆测绘局为公安厅无偿提供用于警用地理信息应用平台建设所需的全区 1∶25 万数字线划图、全区 1∶5 万数字线划图、数字高程模型及地名数据库、全区重点区域 1∶1 万数字线划图、数字高程模型以及航空正射影像数据和高分辨率卫星影像数据等基础地理信息数据；公安厅为测绘局无偿提供以全区州、地（市）、县（市、区）为地理单元的人口统计、公安局、派出所、治安点（报警点）、消防局（队）、消防栓（井）、交警队、车管所、驾训场所位置等相关信息，用于基础地理信息数据库的更新、优化和丰富；双方还就共同建立警用地理信息平台持续更新维护的长效合作机制、开展数据资源共享与合作试点、合作建立警用地理信息应用示范项目、推广警用地理信息应用平台建设等方面达成共识。

地图编制与出版

【地图编制】

新疆维吾尔自治区第二测绘院编制的各类地图有：

一、地图册

《乌鲁木齐实用地图册》、《吃在乌鲁木齐》。

二、涤绸版地图

《新疆行政区划图》、《乌鲁木齐行政区划图》、《乌鲁木齐城区图》、《乌鲁木齐－昌吉回族自治州地图》、对开涤绸版《和田地区地图》。

三、单张旅游图系列

《神秘之湖－喀纳斯》、《丝路明珠－喀什》、《塞外江南－伊犁》、《火州－吐鲁番》、《华夏第一州－巴音郭楞》、《新疆旅游交通图》（中英文对照）、《塞外江南－伊犁》、《龟兹神韵－阿克苏》、《玉石之都－和田》（中文、英文版）、《天山第一城－哈密》等图。

四、挂图

《新疆行政区划图》（双拼）、《乌鲁木齐城区图》（双拼）、《和硕县地图》（2 全开，加晕渲）、《阿勒泰地区挂图》等。

五、其他专题地图

为其他各行业制作了各种专题地图，主要有新疆州界/县界标准画法示意图 102 幅、《新疆水利规划图》、《新疆交通规划图》、《新疆能源矿产图》、《新疆地图册》（改版）、《新疆旅游地图册》（改版）、新疆教育出版社出版的小学地理教材插图、《乌鲁木齐红色旅游图》、《乌昌工业园区分布图》、《乌市工业园区分布图》等。

新疆第一测绘院编制完成《昌吉市城区卫星遥感影像图》、《昌吉州辖区大幅面彩色晕渲图》。

新疆基础地理信息中心以高分辨率卫星影像技术为基础，制作出版了《乌鲁木齐卫星影像图》（商贸旅游版）。

成果应用与服务

【服务重大工程建设】

为保障准东煤电煤化工产业园规划建设对地理

信息的需求，2007 年实施了第一期 1∶1 万地形图 154 幅并交付有关部门使用；为新疆铁路路网规划提供地图资料；承担了克拉玛依油田建设测绘工程、嘉峪关至乌鲁木齐西站 GPS 控制测量工程、南疆二线电力线路测量等项目。

【服务国家和地方重大战略】

为贯彻落实国务院办公厅《兴边富民行动第十一个五年规划》，新疆测绘局研究制定了实施项目和今后五年测绘工作规划；为社会主义新农村建设、南疆抗震安居工程、扶贫项目提供测绘保障服务。

【服务国防建设】

为打击"三股势力"（恐怖主义、民族分裂主义和极端主义）暴力恐怖活动提供服务，向公安、武警部队紧急提供帕米尔高原山区覆盖面积约 26 万平方千米的 1∶10 万地形图，为摧毁在自治区南部"东突"恐怖分子训练基地做出了贡献；为兰州军区制作完成北坡经济带重点区域满足军事需要的 1∶1 万各类基础地理信息数据。

【服务社会、经济建设】

受自治区民政厅委托，新疆测绘局启动了全区 90 个县市的乡镇行政区域界线标准画法挂图编制项目，已完成 39 个县市挂图的编制并通过验收；与自治区文物局联合成立了自治区第三次文物普查和长城资源调查工作领导小组，开展了 600 个文物点的资料收集、培训和测量试点工作；运用地理信息数据为自治区人事厅工改办测算地、州、市、县、乡（镇）工资津贴标准提供科学依据；应用测绘技术为规范乌鲁木齐市清理规范校园周围网吧提供执法依据；《亚心之都－乌鲁木齐市地图册》等地图已出版；昌吉市卫星遥感影像图和昌吉州彩色晕渲图在昌吉州、市政府使用后受到好评。

科技创新与人才培养

【科技创新】

2007 年，新疆测绘局通过了自治区科技兴新领导小组的评估验收，继续保持了自治区科技兴行业先进厅局荣誉称号。

全年完成新疆大地测量成果信息管理系统、王家梁数字社区信息管理系统、北三巷数字社区信息管理系统、基础测绘控制资料整理软件、数字线划图编辑系统开发、外业调绘电子清绘、新疆应急平台体系基础地理信息平台建设等软件和应用系统的开发研建，创造服务产值 154.4 万元。

【获奖情况】

自治区第一测绘院的"喀什市城区地籍调查"项目和"喀什、阿图什、阿克陶基础测绘航空摄影测量外业"项目获中国测绘学会 2007 年优秀测绘工程奖铜奖。

自治区第二测绘院的"GPS 辅助空中三角测量在新疆基础测绘中的应用"项目获中国测绘学会 2007 年测绘科技进步三等奖；《新疆维吾尔自治区地图集》（汉文、维文、哈萨克文版）项目荣获中国测绘学会 2007 年优秀测绘工程银奖；"新疆奎屯市国土资源基础数据库建设"项目获中国地理信息系统协会 2007 年地理信息系统优秀工程银奖；"重新测定中国陆地最低点海拔高程技术方法与设计"和"IMU/DGPS 辅助航测技术在 1∶1 万航测成图中的应用试验"获全国测绘科技信息优秀论文三等奖。

自治区测绘档案资料馆（地理信息中心）刘斌入选国家测绘局新世纪百千万人才工程国家级人选，并获得自治区"2006 年度优秀科技工作者"荣誉称号。

【人才培养】

一、人才队伍建设和教育培训

2007 年，新疆测绘局统筹全区测绘人才队伍建设和测绘教育培训工作，制定出台了《自治区测绘局人才工作"十一五"规划》、《自治区测绘教育培训"十一五"规划》；完善人才培养和激励机制，在承担重大项目中一批技术人才的工作能力得到锻炼和提高；派员赴荷兰国际地理信息科学与地球观测学院（ITC）进行短期培训，学习欧洲先进的测绘技术和管理经验，掌握地理信息和遥感等前沿技术。

二、测绘行业培训

全年举办测绘行业行政管理、专业技术人员继续教育、测绘行政执法人员岗位培训、贯彻执行《中华人民共和国测绘成果管理条例》和地图审核培训、乙级测绘资质持证单位法人培训等各类培训班 6 期，培训 779 人次。

三、职业技能鉴定

2007 年，新疆测绘局开展第八期测绘行业特有工种职业技能培训、鉴定工作，全区有 572 人通过了国家职业资格的鉴定。组织完成了注册测绘师资格考核认定推荐工作。

党的建设与精神文明

【党的建设】

2007年，新疆测绘局完成了机关党委换届，选举产生新一届机关党委；深入开展学习刘先林院士先进事迹和“加强作风建设，构建和谐机关”活动；加强全局工会、妇女、共青团工作，自治区第二测绘院制图分院、数字化分院获得区直机关“巾帼文明岗”称号，自治区第一测绘院六分院等5个单位获得自治区“青年文明号”称号；加强对离退休人员思想教育和管理，做到政治上关心，生活上照顾。

【精神文明】

新疆测绘局和局属各单位继续保持“自治区级文明单位”荣誉称号，组织了好公民道德建设教育月、民族团结教育月、党政廉政教育月、安全生产月等各项活动；做好扶贫帮困工作，为帮扶村修建了村委会办公场所、群众文化活动室和抗震安居房；积极参与“送温暖、爱心一日捐”和见义勇为募捐活动。加强测绘宣传力度，全年自治区党委、人民政府采纳新疆测绘局政务信息57条，自治区各大媒体、《中国测绘报》、各网站共发表新疆测绘新闻1000多篇，新疆电视台制作播出2期反映测绘事业发展的维吾尔语专题片；为支持新疆科技馆建设，与新疆科技馆签订了240平方米地理信息展厅的捐建协议。

地方社团工作

【测绘学会】

2月9日，新疆维吾尔自治区测绘学会（以下简称新疆测绘学会）在乌鲁木齐市召开了第八届会员代表大会，全区85家测绘单位140多名代表参加会议。会议听取了第七届理事会工作报告，选举产生了由96位理事组成的新疆测绘学会第八届理事会和由48位成员组成的常务理事会，确定了各专业委员会的挂靠单位及各专业委员会主任。大会特邀有关专家举办了“GIS与数字制图”、“GPS－RTK在测绘生产应用中带来的变革”等学术讲座。完成中国测绘学会“2007年优秀测绘工程奖”和“2007年测绘科技进步奖”的项目推荐工作，其中新疆地矿局“巴基斯坦喀喇昆仑公路改建工程测绘项目”获中国测绘学会2007年优秀测绘工程金奖，新疆公路规划勘察设计院的“库车－阿拉尔－和田公路建设工程”和“省道313线伊犁河大桥建设工程”，新疆第一测绘院“喀什市城区地籍调查项目”和“喀什、阿图什、阿克陶基础测绘航空摄影测量外业”获中国测绘学会2007年优秀测绘工程铜奖；新疆地震局“天山及邻近地区现代地壳运动研究”获中国测绘学会测绘科技进步三等奖。新疆测绘学会薛侃获自治区科协系统先进工作者称号，学会理事长常戈军当选自治区科协第七届委员会委员。

7月23日，新疆测绘局、新疆测绘学会、新疆测绘行业协会在乌鲁木齐市联合举办“摄影测量与遥感新技术及高分辨率遥感影像测图”学术报告会。9月15日，组织新疆第二测绘院、新疆基础地理信息中心参与2007年“全国科普日”活动。完成《新疆测绘》的改版及每年四期的编制印刷工作。

【测绘科技信息专业委员会（信息站）】

2月，新疆测绘局确定了新疆测绘科技信息站与新疆测绘学会的归属关系，重组了新疆测绘科技信息专业委员会（简称信息站）新的领导班子，霞英当选为主任；组织完成全国测绘科技信息分网成立30年周年庆典暨科技信息交流大会的论文征集工作，新疆共征集论文19篇，向大会推荐论文16篇，其中2篇论文获优秀论文二等奖；许映林、霞英2人获“全国测绘科技信息工作先进个人”荣誉称号。

【测绘协会】

4月20日，新疆维吾尔自治区测绘行业协会在乌鲁木齐市成立，自治区国土资源厅党组成员、自治区测绘局党组书记刘戈青当选协会会长。

新疆生产建设兵团

规划与计划

【基础测绘“十一五”规划】

新疆生产建设兵团国土资源局（以下简称兵团国土资源局）认真开展《新疆生产建设兵团基础测绘“十一五”规划》（以下简称《规划》）的编制工作，经过多次研讨和修改，《规划》顺利通过了专家委员会的论证。10月16日，兵团办公厅下发了《关于印发新疆生产建设兵团基础测绘“十一五”规划的通知》,《规划》的颁布和实施进一步促进了兵团基础测绘事业的顺利发展。

《规划》明确了“十一五”期间兵团基础测绘的主要任务是，满足兵团经济社会发展的全局性、战略性需求，全面推进测绘事业的发展，强化基础工作，坚持测绘科技进步，不断提高科技创新能力，充分调动科技人才积极性，加强科学管理，拓宽测绘服务领域，促进兵团空间信息基础设施建设和基础测绘事业发展。《规划》总体目标是：争取完成兵团重点区域国家标准的大地控制网，包括C、D级GPS控制网和Ⅲ、Ⅳ等水准网基础测绘工作；争取完成500幅覆盖兵团的1:1万地形图和兵团重点小城镇1:2000及更大比例尺地形图测绘，基本满足兵团“十一五”期间重点发展区域和重点项目对基础测绘成果资料的需要；争取基本建成基础地理信息系统，加强兵团基础地理信息成果的共享和应用，为兵团各项事业发展提供测绘服务保障。

【基础测绘计划】

根据国家测绘局的要求，兵团国土资源局配合兵团发改委，制定了兵团2008年基础测绘计划。该计划主要以兵团重点区域的C级GPS控制网测量为重点，建立C级GPS控制点110个，施测四等水准2200千米，测制1:1万和1:1000地形图110幅。

法制建设与市场监管

【测绘法制宣传】

为加强测绘法制宣传，兵团国土资源局召开专题会议，制定宣传方案，落实宣传经费，向各师测绘主管部门下发了开展测绘法宣传日活动的通知，在全兵团范围内开展了形式多样的测绘法宣传日活动。在测绘法宣传日活动中，兵团国土资源局与兵团勘测规划设计研究院测绘分院（以下简称测绘分院）联合，在办公场所附近悬挂宣传横幅10条，张贴宣传标语100多幅；在乌鲁木齐市设立宣传站1处，摆放宣传展板55块，散发宣传材料2000余份，接受数百人咨询；各师、团与宣传、司法、农业、基建等部门以及测绘单位密切联系，广泛合作，利用有线电视网和有线广播、报刊、网站等媒体，通过举办专题讲座、发表电视讲话、发送短信息、悬挂横幅、张贴标语、设立宣传站等方式开展宣传活动；部分师还出动宣传车在主要街道巡回宣传，为测绘法宣传日活动营造了良好的氛围，扩大了测绘法制宣传教育的影响。

【测绘市场监管】

根据国家测绘局《关于对基础地理数据管理与使用情况进行保密自查的通知》要求，兵团国土资源局在兵团范围内开展了自查工作。各用户单位高度重视基础地理数据管理与使用情况的保密自查工作，相继组织成立了领导小组，确立了自查工作的指导思想、范围重点、方法步骤和具体要求，对检查工作做了精心安排、部署、督促和排查。从自查情况看，兵团范围内各用户单位在涉密测绘基础地理数据的领取、接收、传递、使用、加工、保存和销毁等环节没有违法违规情况，基础地理数据的管理、使用情况较好。

基础测绘

2007年，兵团国土资源局完成高程控制测量7700千米，平面控制测量C、D级控制点472个（其中C级GPS控制点181个），分别占年计划的118%和134%；开展了农一师阿拉尔市、农二师且末开发区、农三师图木舒克市、农六师五家渠市、农七师天北新区、农八师石河子市、农九师和农十师184团、185团、186团等区域的基础测绘工作。

重大工程测绘

9月~11月，测绘分院接受赴巴基斯坦穆扎法拉巴德市进行灾后重建项目测绘工作，共计完成市政道路6千米、山区道路8千米的测图、选线、放线任务。

11月~12月，测绘分院承担兵团农十四师224团固沙防风生态经济林测绘项目，完成5.2万亩的土地平整设计工作。

12月，测绘分院完成了兵团基础测绘GPS控制网（一期）项目。

科技创新与人才培养

【科技成果】

测绘分院“兵团农十四师皮墨垦区十二万亩土地平整测量设计”项目获中国测绘学会2007年优秀测绘工程铜奖。

【人才培养】

测绘分院全年有58人次参加各类学习培训。

截至2007年底，测绘分院共有技术人员76人，其中，高级工程师11人，工程师36人。

党的建设与精神文明建设

【开展主题实践活动】

兵团国土资源局坚持把“完善体制、提高素质”工作作为党内开展“创先争优”活动的重要抓手来抓，通过“我为党旗添光彩”、“迎接党的十七大、加强机关作风建设”、局领导上党课、到基层开展组织生活等主题实践活动，增强了广大党员的政治意识、责任意识、大局意识，加强了基层党组织建设，提高了党员干部的凝聚力和战斗力，营造了广大党员立足本职、开拓进取、扎实工作的良好氛围。兵团国土资源局党总支和机关第一支部分别获兵团直属机关工作委员会颁发的2007年度“先进基层党组织”奖。

【学习贯彻党的十七大精神】

兵团国土资源局把学习好、贯彻好党的十七大精神作为重大政治任务来抓，在局工作会议和党员干部大会上，进行学习动员和安排部署。一是局机关和各师局根据兵团、师党委的统一安排，结合工作实际深入贯彻学习，副处以上干部分批次到兵团党校、兵团直属机关党校和各师党校进行为期六天的集中学习；二是局机关采取局领导做专题讲座、处室领导谈体会、广大党员干部写学习心得等方式进一步把党的十七大精神学深学透。通过学习交流，兵团国土资源局进一步转变了观念、职能、作风，完善了工作目标、任务、思路，为推进测绘管理工作的改革创新，提高测绘对落实科学发展观和构建社会主义和谐社会的保障服务水平奠定了基础。

【党风廉政建设和反腐败工作】

2007年，兵团国土资源局坚持以邓小平理论和“三个代表”重要思想为指导，按照胡锦涛同志提出的“为民、务实、清廉”的要求，以科学发展观为指引，进一步改进工作作风，扎实开展党风廉政建设和反腐败工作。严格落实党风廉政建设责任制，把宣传教育作为党风廉政建设的一项重点工作抓好、抓实，加强对全系统党员干部特别是领导干部树立正确的发展观、政绩观和权力观的教育，牢记党的性质和宗旨，正确认识和对待手中的权力；贯彻落实《中共国家测绘局党组关于2007年党风廉政建设和反腐败工作的实施意见》，全面推进教育、监督和惩处工作，从严管理，严格执法，按制度规定和工作程序办事，发挥惩治和预防的整体效能；切实加强干部队伍廉政建设，规范行政权力运行，从源头上防止腐败，促进各项工作的健康发展；深入开展遵守“四大纪律、八项要求”的党风廉政教育，使广大干部从思想上廉洁守法，从行为上防微杜渐；认真贯彻执行党内监督条例，重点抓好规范政务公开、完善党务公开工作，规范党政干部自身的行为，树立良好的精神面貌和工作作风。

【工会工作】

兵团国土资源局工会组织广大工会会员认真开展了第25个民族团结教育月活动，广泛深入地开展“爱党、爱祖国、爱社会主义”主题教育活动。2月，参与了新疆自治区国土资源系统职工文艺表演活动，组织排演的大型舞蹈“军垦情”、男声四重唱《重回军垦的土地》，获得了优秀编导、优秀演出和优秀组织奖，展现了兵团国土资源系统的风采。在4月22日第37个“世界地球日”之际，举行了

"善待地球——从身边做起"主题公益劳动及宣传活动，组织广大工会会员到农场与职工群众一起参加捡拾残留地膜劳动。关心离退休会员的生活和学习，为离退休会员定期准备学习资料，举办适宜离退休人员参加的健身锻炼活动，组织出外学习调研，保证老有所学，老有所乐，安享晚年。

青岛市

规划与计划

【规划编制】

2007年，为贯彻落实《青岛市"十一五"基础测绘规划》，青岛市国土资源和房屋管理局下发《关于开展基础测绘规划编制工作的通知》，启动县级基础测绘规划的编制工作。青岛市城阳区国土资源分局向区政府起草专题报告，申请立项和专项经费，获得批准，随后率先完成了《城阳区基础测绘规划》的编制工作；其他区、市均已将规划编制工作列入计划。

法制建设与市场监管

【法制宣传教育】

8月29日，开展测绘法宣传日活动。活动日当天，发送公益短信1200多条，设立宣传点10个，摆设宣传展板24个，张贴宣传标语1217条，悬挂宣传横幅176条，答疑解惑580人次，发放宣传材料9580多份。

【测绘资质管理】

1月4日~3月10日，开展全市82家测绘资质单位年度注册工作，经山东省国土资源厅审核批准，同意注册76家，缓期注册3家，不予注册3家。

依据测绘资质管理有关规定，2007年经测绘单位申请，青岛市国土资源和房屋管理局初审，山东省国土资源厅审查，批准青岛市2家单位取得丁级测绘资质，全市持证测绘单位达84家。

【测量标志管理】

一、测量标志普查

7月~11月，青岛市国土资源和房屋管理局组织开展全市测量标志普查工作。此次测量标志普查工作是在2003年普查的基础上开展的，计划普查1001座，实际普查1439座，其中三角点255座，水准点453座，GPS点699座，水文点1座，军控点31座，实际完好的标志点942座，完好率为65%。将测量标志信息数据入库，建立标志管理信息化体系，实现测量标志信息数据的快捷更新和多方共享，并在市、县（区）、乡镇所逐级签订了《青岛市测量标志管护责任状》，将测量标志管护纳入国土资源乡镇所的管理职责。

二、建立水准原点管理信息系统

为更好地保护国家水准原点网这一重要的基础设施，青岛市国土资源和房屋管理局组织有关人员，采用ARCGIS图形平台，以1:1万DLG、2.5米卫星影像数据库、0.6米卫星影像数据、1:500地形图为底图，开发完成"国家水准原点网管理信息系统"，针对国家水准原点网、备用水准原点网及其32个联测点的日常管理，实现了图形查询、属性查询、定位显示、安全保护区域查询、标志管护日志、各种图形打印等功能，为国家水准原点网规范化管理打下基础。

三、测量标志迁建

2007年，依法办理了1座GPS C级点和1座Ⅰ级导线点的迁建工作。

地图管理与成果管理

【地图市场管理】

青岛市国土资源和房屋管理局下发了《关于加强我市地图市场监管工作的通知》，确定今后每年的"五一"、"十一"节日前最后一个周末，集中组织查处收缴违法地图产品活动。4月27日和9月27日，组织开展了两次覆盖面较大的地图产品检查，查处了青岛鸿通策划有限公司印制的无审图号的《房地产导购指南》违法地图产品，下达了停止展示、销售的处罚决定。

【测绘成果管理】

青岛市国土资源和房屋管理局组织开展了全市基础地理信息数据管理与使用情况保密检查，与青岛市安全局、青岛市保密局联合成立了测绘成果保密检查小组，对23家使用涉密测绘成果的单位进行了审查，重点检查了3家涉及使用基础地理信息数据的单位，增强了使用涉密测绘成果单位的保密观念和保密意识。

基础测绘与质量监督

2007年，为规范测绘市场行为，提高测绘成果质量，青岛市国土资源和房屋管理局组织开展了全市丙、丁级单位测绘成果质量监督检查工作，委托山东省测绘产品质量检验站具体实施。此次检查以内业检查为主，实地检查为辅，对67家丙、丁级测绘单位进行了质量监督检查；对未参加质量监督检查的4家单位，予以通报批评，限期报送材料检验；对综合评定为良好的8家单位予以表扬；对测绘产品质量不合格的11家单位，予以通报批评，一年内不予办理增加业务范围和资质升级事项。

重大工程测绘

【GPS参考站网（QDCORS）建成】

2007年，青岛市GPS参考站（QDCORS）系统建设全部完成，该系统由青岛市勘察测绘研究院、青岛市气象局和总参测绘局联合建设，由10座基准站和一个数据中心组成，覆盖整个青岛市1.1万平方千米区域。项目综合运用了卫星导航定位技术、计算机技术、网络技术和地理信息系统等，是“数字青岛”地理空间基础框架的重要组成部分，是全市统一、高精度、实用的现代测绘基准体系，为城市建设和管理提供了多方位服务。

【青岛胶州湾隧道工程首级测量控制网工程】

6月，青岛市勘察测绘研究院完成了青岛胶州湾隧道工程首级控制网测量任务，包括首级GPS平面控制网和一等控制网测量；其中B级GPS控制点选埋23点，观测24点，精密测距边检测6条，水准点选埋8点，环胶州湾一等水准环线网观测313.4千米。9月30日，该项目通过专家组的验收。控制网测量采用现代大地测量GPS卫星定位技术，全网由27个（含4个起算点）GPS点组成，参照国家B级网的要求进行方案设计，且GPS数据观测时间远高于B级网要求，基线精化处理采用目前国际公认的GAMIT软件，保证了成果的可靠性。

测绘共建共享

【签署合作协议】

2007年，国家测绘局、青岛市政府和国务院信息化办公室三方合作开展“奥帆赛公众地理信息服务平台建设”。10月20日，青岛市政府组织召开“奥帆赛公众地理信息服务平台建设国家示范项目设计书评审暨共建共享协议签署仪式”，青岛市市长助理张旭明、国家测绘局司长胥燕婴、国务院信息化办公室司长赵小凡出席签字仪式。

【共建共享项目】

青岛市国土资源和房屋管理局与中国人民解放军某部建立合作共享机制，签订了地理信息数据共享协议，青岛市国土资源和房屋管理局向该部无偿提供青岛测区范围1:1.8万航摄底片1套，用于青岛市92幅1:1万数字线划地形图的更新。

科技创新与人才培养

【测绘科技成果】

2007年，青岛市国土资源和房屋管理局大力实施“科技兴测”战略，一批测绘科技成果获得奖励，“基于中高分辨率卫星影像的城市动态监测系统”、《青岛市地图集》、“青岛空间信息基础框架建设与共享研究”获第二届山东省国土资源科学技术一等奖；“青岛市路网管理信息系统”、“国家水准原点网管理信息系统”、“青岛崂山海拔高程测量”获第二届山东省国土资源科学技术二等奖。

【人才培养】

10月，根据国家测绘局的安排，青岛市国土资源和房屋管理局选派1名测绘系统技术骨干赴荷兰国际地理信息科学和对地观测学院（ITC）参加了为期9周的短期培训。

大连市

规划与计划

大连市规划局将《大连市“十一五”基础测绘工作方案》、《大连市2007年度基础测绘计划》报送给大连市发改委，作为大连市政府2007年重点推进项目立项。大连市市长夏德仁批示同意市规划局、市财政局上报的“关于实施大连市基础测绘工作方案的请示”。市政府批准在“十一五”期间，由市财政投入2.8亿元人民币，作为基础测绘经费，其中市政府本级财政投入1.47亿元，共余由县（市）级财政投入。

法制建设与市场监管

大连市规划局如期完成测绘资质年度注册工作，注销测绘资质单位2家，新批准测绘资质单位10家。年底，大连辖区有测绘资质单位87家，其中甲级单位3家，乙级单位21家，丙级单位45家，丁级单位18家。

地图管理与成果管理

大连市规划局协助辽宁省测绘局审查沈阳北陆图形信息技术有限公司编制的《大连交通旅游地图》、辽宁省基础地理信息中心编制的《大连先导区（开发区、保税区、高新园区）图》、大连市勘察测绘研究院有限公司编制的《大连美食地图》和《走遍大连系列地图》等地图产品。

基础测绘与质量监督

【基础测绘】

大连市勘察测绘研究院有限公司完成大连市城区300平方千米1:500数字化地形图的更新，并通过省级验收；完成大连经济技术开发区1:2000数字化地形图更新96.96平方千米，1:500道路网测量29.6平方千米，道路总长370千米，并通过省级验收。

【技术标准】

2007年，大连市规划局编写了《大连市地理空间框架数据标准》、《大连市基础测绘技术规程》、《大连市基础地理信息数据库系统建设技术规程》等，进一步完善测绘法规体系。

【质量监督】

大连市规划局协助辽宁省测绘局、省测绘产品质检站开展大连市域内甲、乙级测绘资质单位和房地产测绘资质单位的测绘成果质量年度检查检验工作；完成大连市级测绘产品质量检验工作，抽查检验了16家丙、丁级测绘资质单位的测绘成果质量。

成果应用与服务

为保障辽宁省“五点一线”庄河花园口工业园区规划任务的顺利实施，大连九成测绘信息有限公司施测园区70平方千米地形图，提供了1:5000数字化地形图12幅、1:1万数字化地形图10幅、1:5万数字化地形图1幅和土地利用总体规划图。

宁波市

规划与计划

根据《宁波市基础测绘“十一五”规划》，9月~10月，宁波市发改委会同市规划局编制了《宁波市2008年度基础测绘计划》，该计划安排了等级平面控制测量1291点、等级高程控制测量3760千米、中小比例尺地形图测制及数字化入库78幅、大比例尺地形图测制及数字化入库6726幅，包括宁波市区地面沉降水准网监测、宁波市三江片工程控制网扩建与复测、宁海和象山地区1:1万数字地形测量、电子政务普通地图编制和三江片社区地图编制等60多个项目。

法制建设与市场监管

【制定测绘市场管理规范性文件】

宁波市制定了《宁波市测绘市场不良行为记录和公示暂行办法》、《外地测绘单位进甬市场管理暂行办法》和《宁波市测绘项目备案管理实施细则（暂行）》等规范性文件，进一步强化了测绘资质与测绘市场管理。

【测绘法规宣传】

为保证测绘法律法规的贯彻落实，提高全市的测绘法律意识和国家版图意识，创造良好的社会舆论环境，促进测绘事业的全面发展，8月26日，宁波市规划局在全市开展了测绘法规宣传活动，在市中心中山广场设立咨询点，悬挂宣传横幅、彩旗，摆设宣传展板，发放《泡沫中国地图拼图》、《浙江省交通地图》和《宁波市交通地图》等宣传资料6400多份；制作了“刘先林先进事迹介绍”、“宁波市历史演变图”和“宁波城市演变图”（包括历史各朝代、近代及当代的地图），以及宁波市政区图、宁波市区影像图、宁波市城区图和宁波市卫星遥感图等10块宣传展板；共接待市民2000多人次，并对市民关心的地图产品、基础测绘、测绘成果、遥感影像以及房产测绘等情况提供咨询服务200多人次。

【国家版图意识宣传教育与地图市场监管】

一、中小学国家版图意识宣传教育

为提高中小学生的国家版图意识，维护国家版图尊严，引导中小学生正确使用中国地图，宁波市规划局与市教育局在全市开展国家版图意识宣传教育活动。该活动主题包括：每个班级开好一次主题班会，学校办好一期宣传专栏，老师上好一堂国家版图意识教育课，统一张贴标准的中国地图、世界地图，参加一次国家有关部门组织的国家版图知识竞赛等。11月，市规划局与市教育局对部分中小学开展国家版图意识宣传教育的情况进行了实地检查，各校均按照要求开展了“五个一”教育活动，部分学校结合本校实际安排了丰富的特色教育，使学生对我国版图有了进一步认识，增强了学生的爱国热情。

二、地图市场监督检查

为做好国家版图意识宣传教育和地图市场监管工作，严厉打击非法生产、编制、出版和销售地图行为，促进地图市场健康有序发展，宁波市规划局联合市工商局、市文广新闻出版局分别于7月和12月组织开展了地图市场专项检查，检查重点为公开出版、展示、登载的地图，各类生产、销售的地图产品，中、小学校园张贴、绘制及电视、报刊等媒体使用的各类地图等，共检查单位、场所112家，开具“责令停止违法行为通知书”18份、“地图产品技术鉴定意见书”4份，收缴各类盗版地图580多份。

【测绘资质注册】

为加强测绘资质统一管理，规范测绘市场准入，维护测绘当事人的合法权益，促进宁波市测绘市场健康有序发展，宁波市规划局在全市范围内开展了丙、丁级测绘单位测绘资质年度注册工作。市规划局印发了《关于做好2007年测绘资质年度注册工作的通知》，对报送合格材料的30家丙、丁级测绘单位进行了核实，重点核实了测绘技术人员情况、测绘仪器及鉴定证书、单位测绘项目及质量、单位信用情况、应该变更而未变更的事项等，经核查，22家测绘单位通过注册，8家测绘单位不予注册，对13家未报送材料的测绘单位缓期注册。针对未通过年度注册的单位的情况，市规划局印发了《关于做好测绘资质年度注册及有关事项的通知》，要求相关单位做好年度注册的后续工作，对缓期注册和不予注册的测绘单位，告之注册结果，令其提出整改措施，并将2007年度测绘资质注册结果在宁波市测绘网上进行公布。通过整改，在缓期注册的测绘单位中，有8家完成了注册工作。

【测绘资质监督检查】

为加强测绘资质和测绘质量管理，宁波市规划局开展了测绘资质和测绘质量监督检查工作，印发了《关于要求做好2007年度测绘资质和测绘质量监督检查准备工作的通知》，要求各测绘单位做好自查自纠工作，及时报送相关材料；在测绘单位自查的基础上，市规划局对各单位进行了实地抽查，并与各单位领导进行座谈，要求对检查中发现的不规范情况进行限期整改，共发出整改告之单40

多份。

通过此次测绘资质和测绘质量监督检查工作，宁波市测绘单位更加重视自身建设，依法测绘和服务意识不断增强；各级测绘行政主管部门加大管理力度，进一步掌握相关法律法规，依法行政和责任意识不断增强，管理水平明显提高。

地图管理与成果管理

宁波市规划局在全市范围内开展了测绘成果及计算机网络系统保密检查工作。印发了《关于做好测绘成果及计算机网络系统保密自查工作的通知》，要求各成果使用单位做好自查自纠工作，并及时报送相关材料；共发放自查表55份，检查了1:5万地形图33幅、1:1万地形图1326幅、大地控制点成果71点，以及宁波市独立坐标系1:500地形图1779幅。在各成果使用单位自查的基础上，市规划局会同市保密局实地抽查了市安监局、市内河处、市广播电视局和江东区城管局等7家单位。通过检查发现，各使用单位的测绘成果存档情况完好，基本具备相应的库房和防范措施，未出现成果缺失、涉密成果计算机上网、向境外提供密级测绘成果等情况。

基础测绘与质量监督

【基础测绘】

一、基础测绘完成情况

各地根据规划要求，结合年度基础测绘计划情况，认真组织实施，全市共完成了等级高程控制测量1710千米、等级平面控制测量60点、大比例尺地形图测制及数字化入库5759幅。全市完成基础测绘投资4260万元，其中市本级投入为1200万元，包括控制网改造、地形图测制及更新、地下管线普查和地理信息系统建设等50多个项目。

二、地下管线普查

2007年，宁波市地下管线普查工作主要完成了以下任务：一是组织完成宁波市地下管线普查综合验收工作；二是完成宁波市综合管线信息平台的开发建设；三是完成市区4400千米管线数据入库；四是完成地下管线普查资料的整理与移交工作；五是完成了近年来管线竣工测量数据的整理与入库工作。市综合管线信息平台的投入使用，实现了数据共享，为城管部门和专业管线单位提供了管线数据库在线服务。

三、宁波市连续运行卫星定位系统建设

宁波市连续运行卫星定位服务系统是宁波市现代测绘基准体系建设项目之一，是宁波城市空间数据基础设施的重要组成部分。该项目由宁波市规划局组织，市气象局、市科技局参与合作，宁波市测绘设计研究院负责具体实施。

该系统建设的总体目标是通过8个固定式GPS连续运行参考站，形成宁波市高精度、高时空分辨率的连续运行卫星导航定位综合服务信息网，把GNSS这一高新技术综合应用于大地测量、工程测量、气象监测、地震监测、城市地理信息系统及社会公共定位服务等领域，以满足日益增长的城市综合管理与城市化建设的需求。GPS连续运行参考站建成后系统覆盖面积可达5330平方千米。参考站网利用气象观测场地有利的GPS观测条件和网络通讯设施，采用GSM、GPRS、CDMA等多种通讯形式实现实时数据的发播及差分数据的网上发播。

四、市规划区似大地水准面精化

宁波市规划区高精度似大地水准面精化项目是宁波市基础测绘“十一五”规划的重点项目之一，该项目由宁波市规划局组织，宁波市测绘设计研究院具体实施，武汉大学负责技术方案设计和数据处理。

该项目综合运用GPS定位技术、水准测量技术、重力测量技术以及数字地形模型，建立市规划区高精度似大地水准面精化成果；项目建成后，将改变宁波市传统高程测量模式，代替低等级水准测量，有效减少测绘工作量。该项目7月正式启动，12月完成了全部的观测、计算和精化任务。

五、宁波市区地面沉降水准网监测

为提高宁波市区沉降监测能力、预报能力和防御能力，宁波市建立了地面沉降水准网的定期观测机制，各期监测成果已为全市规划、建设、国土、交通和水利等部门在城市规划、建设和管理决策中提供了科学依据。

宁波市区地面沉降水准网监测（七期）仍以保国寺基岩点和江东基岩点为起算点，根据其他基岩点分布情况，将原一等监测网的水准路线布设成5个闭合环，构成整个监测网的框架，监测范围涉及江北、江东、海曙、镇海、北仑和鄞州6个区；

二等监测网在一等监测网的框架基础上进行加密布设,包括5个闭合环和26条附合路线。一等水准共联测138个监测点，包括6个基岩点，总计257千米；二等水准共联测141个监测点，总计215千米。

六、宁波市基本水准网（二、三等）复测

2007年，宁波市启动了宁波市基本高程控制网的第三期复测。复测三期在保留原施测线路及水准等级的基础上，进一步将市区地面沉降水准网纳入市基本高程控制网，同时将规划区的三等水准网升级改造为二等网。宁波市基本高程控制网以国家一等水准点为起算点、二等水准网为核心骨体框架，在余姚、慈溪、奉化、宁海和象山区域均匀布设三等水准网，形成了宁波市新一代高精度的高程控制基准。二等水准网由51个闭合环和6条附合路线（相对独立）及2条水准支线组成，水准路线总长1351千米，共计二等水准点572个；三等水准网由3个结点网和6条单一附合路线组成，水准路线总长524千米，共计三等水准点112个。

七、测量标志维护

为加强测量标志管理，维护测量标志安全，宁波市规划局进一步理顺了测量标志保管制度，落实保管人员，完成了836座测量标志的委托保管工作，并对市辖区二等和城区三、四等测量标志发放了委托保管津贴。为使测量标志更好地为城市建设服务，市规划局及时更新测量标志管理信息系统，对新增测量标志和已破坏或拆迁的测量标志进行了动态更新。

【质量监督】

为加强测绘产品质量监督，宁波市要求所有使用财政资金的测绘项目必须委托测绘质检机构进行检验。2007年，全市共有控制测量、地形测量、地籍测绘和地下管线普查等34个批次的测绘产品委托浙江省测绘产品质检站进行检查验收，经检验，测绘产品质量良好，报验产品均一次性通过验收。

测绘共建共享

【促进地理信息资源共享】

宁波市加快地理空间信息基础设施建设和应用速度，建立了良好的公共信息网络基础设施，建成了“宁波市基础地理信息系统”和一批专业地理信息系统。为充分发挥地理空间信息在社会信息化和推进经济结构调整中的作用，促进信息资源整合共享和广泛应用，市规划局与市城管局、市公安局、市气象局等部门签订了共建共享协议。

【成立地理空间信息协调委员会】

为促进地理空间信息的共享和应用，进一步推动宁波市地理空间信息产业发展，经市政府批准，宁波市成立了地理空间信息协调委员会，市政府分管市长任协调委员会主任，市政府副秘书长和市规划局副局长任协调委员会副主任，成员由市发改委、市财政局、市信息产业局、市建委、市公安局、市国土资源局、市民政局、市水利局、市交通局、市科技局、市农业局、市海洋与渔业局、市环保局、市军分区等部门和各县（市）、区人民政府组成。市地理空间信息协调委员会下设办公室，办公室设在宁波市规划局，由宁波市规划局分管领导兼任办公室主任，负责日常工作。

地图编制与出版

2007年，宁波市地图市场有序发展，地图产品日益多样化、市场化，宁波市规划局编制出版了各种普通和专题地图，包括各地交通旅游图、生活地图、市情图志、街巷地名图、公交购物观光导游图、房产交易指南图、商贸旅游图和电子服务地图等各种图件20多种，为市民生活提供了方便。积极向社会提供地理信息公共产品，市规划局投资30万元对宁波电子地图服务网（www.86NB.com）进行更新维护，为社会公众提供门牌查询、地名搜索、公交换乘、企业门牌号码等信息服务，受到社会各界好评。

成果应用与服务

宁波市规划局除做好市综合部门的测绘保障外，还积极为市国土资源局、市建设局、市城管局、市公安局、市水利局、市气象局和市自来水公司等部门和单位提供了大量基础地理数据和遥感资料，为宁波市宏观决策和行政管理创造条件。

宁波市各级测绘部门积极服务于建设工程项目，为杭州湾大通道（杭州湾宁波跨海大桥）、甬台温铁路、北仑港码头、绕城高速公路、镇海炼化、北仑电厂和宁海西溪水库等重大工程建设项目提供了测绘保障；为城市工程建设项目提供基础测绘资料2406份，提供各种比例尺地形图12978张，各级控制点成果288点。

科技创新与人才培养

【科技创新】

一、数字地形图（CAD）水印系统

宁波市规划局委托市测绘设计研究院开展了“数字地形图（CAD）水印系统”课题研究。该课题建设数字地形图（CAD）水印系统的实现与应用方案，提高地形图在规划和其他数据应用中的安全性，确保地形图CAD数据的安全，使地形图CAD数据使用和管理更加规范。

二、基础地理信息系统改造

“宁波市基础地理信息系统改造项目”在市局、分局两级业务专网的基础上，以测绘管理业务为纽带，统筹管理市局、分局两级部门在基础地理信息数据生产、更新、管理和应用上的工作。该项目以全面提升宁波市地理信息共享服务为目标，集成了城市地理信息管理应用领域的先进技术，建成业务管理和数据管理相统一的系统，并建成全市范围内准确、动态、高效的共享型基础地理空间数据库，保障地理信息数据的分级维护存储管理。

三、综合管线信息平台建设

7月，宁波市综合管线信息平台正式投入使用。该平台不仅实现常规模式下的管线信息共享，而且通过采用GIS及网络服务技术，实现面向信息化建设的数据库共享服务，使其他部门的信息系统可通过电子政务内网直接访问和使用综合管线数据库的信息资源。

【人才培养】

为适应新形势的要求，宁波市加快人才培养与引进步伐。2007年，市规划局与武汉大学联合举办测绘工程研究生班，共有40名测绘技术人员参加学习；加大人才引进力度，全年全市引进测绘专业研究生6名，本、专科生30多名。

党的建设与精神文明建设

宁波市规划局坚持以邓小平理论和“三个代表”重要思想为指导，认真贯彻落实科学发展观，促进三个文明建设。始终把建设学习型机关，提高干部队伍的整体素质作为文明机关创建的重要内容来抓，局党委中心组坚持理论学习制度，深入学习马克思主义基本原理、邓小平理论和“三个代表”重要思想，以及党的十六届六中全会和十七大精神。组织学习胡锦涛同志“6·25”重要讲话，专门组织召开了由处（室）和分局主要领导参加的党委中心组理论学习会，取得了良好效果；为贯彻落实市委关于落实科学发展观，推进现代化国际港口城市建设的要求，组织开展了大讨论活动，并开辟网上学习园地，为机关干部参加理论学习和交流提供了平台。做好《中纪委关于严禁利用职务之便利谋取不正当利益的若干规定》的贯彻落实工作；组织开展“六个一”活动，分批组织市局机关和规划分局24名处级以上干部到黄湖监狱接受警示教育；组织全体干部职工观看反腐倡廉警示教育片。

地方社团工作

2007年，宁波市测绘学会圆满完成年度各项任务。加强组织建设，发展新会员41名，截至年底共有个人会员541名，团体会员43个；举办5次学术交流活动，在全国及省级会议上，提交论文70多篇，在大会上报告和发表论文20多篇；在“2005～2006年度市自然科学优秀论文”评选活动中，向宁波市科协推荐了10篇论文，其中1篇论文获市青年优秀科技论文二等奖。

宁波市测绘设计研究院完成的“基于要素的地理数据联动更新研究”、“北仑区1:500基础数字地形图”分别获中国测绘学会测绘科技进步三等奖和优秀测绘工程银奖；宁波冶金勘察设计研究股份有限公司完成的“舟山条帚门公共航道整治工程水文测验和扫海测量”、“诸暨市1:2000全数字航空摄影测量”分获全国冶金行业第十二次部级优秀工程勘察一、二等奖。

深圳市

规划与计划

【测绘年度计划】

深圳市国土资源和房产管理局（以下简称深圳市国土房产局）根据《深圳市“十一五”测绘发展规划》和《深圳市测绘事业发展中长期规划》制定了2007年测绘年度计划，经深圳市财政局批准下达2007年测绘计划项目15个，核定费用3500万元。

市场监管

2007年，深圳市国土房产局共受理测绘资质申请7家，完成了深圳市33家持证单位年度注册工作。

地图管理与成果管理

【地图管理】

2007年，深圳市国土房产局共受理地图审批10件。按照国家测绘局和广东省国土资源厅整顿规范地图市场的要求，组织有关执法人员在全市范围内进行大规模的检查，净化全市地图市场。

【成果管理】

为加强测绘成果管理，规范测绘资料提供程序，深圳市国土房产局根据《中华人民共和国测绘法》、《中华人民共和国测绘成果管理条例》、《国家基础地理信息数据使用管理规定》、《测绘管理工作国家秘密范围的规定》、《城市测绘资料管理方法》以及《广东省测绘管理条例》、《广东省测绘成果资料档案管理认定办法》等要求，结合深圳市实际情况，制定了《深圳市测绘成果使用管理规定》。

基础测绘与质量监督

【基础测绘】

2007年，深圳市国土房产局完成79.625平方千米1∶1000数字化地形图动态修补测1429幅；地下管线动态探测1158.725千米，涉及1∶1000图574幅；完成地界放点1023宗，测点512宗，测放点10115个，竣工验线405宗；完成房屋建筑面积竣工测量1525.57万平方米。

【质量监督】

深圳市国土房产局负责项目计划编制、项目管理及成果应用管理工作，深圳市测绘产品监督检验中心对项目实行全过程的跟踪监理和检查，深圳市规划国土房产信息中心负责接收最终成果并对数据格式进行检查。

重大工程测绘

深圳市测绘部门为做好第二次全国土地调查工作，开展全市范围的航空摄影，并制作正射影像图，项目预计投入1100万元；完成岭澳核电站二期工期扩建、深港西部通道竣工测量、厦深铁路拆迁、地铁三号线拆迁等重点工程项目的测绘保障服务。

测绘服务

深圳市国土房产局参与深圳市金土工程建设，完成了地籍数据库、土地利用数据库及基础地理信息数据库整合；为深圳市土地利用总体规划修编和深圳市城市规划修订提供基础测绘数据、土地利用数据和地籍数据；为深圳市数字城市管理信息系统建设提供基础测绘数据、正射影像数据；为城市建设开发完成了测绘公众服务地理信息系统。

地图编制与出版

由深圳市民政局申请，深圳市国土房产局协助并提供相关数据，编制了《深圳行政区划图》、《宝安行政区划图》和《龙岗行政区划图》。测绘地籍处完成了影像图集和中英文深圳地图的编辑出版工作。

成果应用与服务

根据《中华人民共和国测绘成果管理条例》，深圳市国土房产局不断加强测绘成果的社会应用服务。2007 年共对外提供测绘成果应用审批 544 批次，提供地形图 166299 幅，管线资料 14553 千米，影像数据 2453 幅，宗地数据 261467 宗，专题图 3543 幅。向政府部门、单位和个人赠送《深圳市写真地图集》近 500 册，《深圳市地图》（丝绸图）200 幅，各类行政区挂图、专题图近20000 套。

人才培养

2007 年，深圳市测绘部门组织深圳市各测绘单位技术人员参加了由广东省举办的高级测绘技术管理人员培训班学习。

全年各测绘生产单位从外省引进教授级高工 1 人，从测绘院校招聘应届毕业生数 10 人。深圳市国土房产局录取了 3 名公务员补充到测绘管理岗位，测绘地籍处 1 名工作人员考取了博士研究生。

对外合作与交流

深圳市国土房产局派 3 人参加国家测绘局组织的赴俄罗斯考察学习；派员赴欧洲多国学习测绘生产管理和地籍管理。

党的建设与精神文明建设

2007 年，深圳市国土房产局重点组织学习了十七大报告精神，局党组制定了《全面学习贯彻党的十七大会议精神实施方案》，组织处级领导干部参加市委党校举办的十七大精神学习班，深入贯彻落实科学发展观，坚持改革创新精神，进一步加强干部思想作风和行政执行力建设，提高测绘保障服务能力。

为预防职务犯罪，深圳市国土房产局联合深圳市检察院共同召开廉政建设座谈会。为活跃干部职工文化生活，举办了“弘扬延安精神创建优良作风”演讲比赛，组织干部职工参加深圳市直属机关“好作风杯”篮球比赛等。

测绘学会工作

【学术交流】

5 月 11 日 ~17 日，深圳市测绘学会组织参加在香港举办的 FIG（国际测量师联合会）工作周会议，了解国外测绘管理先进经验和测绘先进技术；组团参加在湖南省长沙市举办的中国测绘学会 2007 年学术年会暨“信息化测绘论坛”，推荐的 6 个项目获得了大会颁发的 2007 年优秀测绘工程奖；10 月 12 日 ~14 日，参加在成都召开的 2007 全国测绘科技信息交流会暨信息网成立 30 周年庆典；8 月 20 日 ~29 日，组织考察团赴英国、德国、荷兰、法国等地进行了测绘科技考察，听取了国外教授的学术报告，与有关专家进行了讨论与座谈，实地考察国外测绘档案建设、地籍测绘、航空航天遥感技术、测绘信息化建设与管理等。

【组织建设】

4 月 27 日，深圳市测绘学会召开了三届一次常务理事（扩大）会议；6 月 10 日，学会领导参加了深圳市民间组织管理局倡仪的民间组织“五关”行动启动仪式，并签署了行动宣言；2007 年学会发展团体会员 3 个，编印《学会动态》5 期。

【科普工作】

深圳市测绘学会召开了 2006 年优秀测绘产品（工程）评审会议，共有 17 项测绘项目参评；6 月 21 日，在深圳市笔架山公园举办深圳市测绘行业第二届定向越野赛，30 多家测绘单位共 300 余人报名参赛；8 月 29 日，举办测绘法宣传日活动，围绕“发展测绘事业，构建和谐社会”宣传主题，深入宣传测绘有关法律法规，普及国家版图知识。

【新技术培训】

5 月 24 日 ~25 日，深圳市测绘学会联合中海达测绘仪器公司举办 2007 测绘新技术（GPS）应用培训班，共有 180 余人参加了培训；6 月 ~8 月，组织深圳市各测绘单位数十名测绘管理人员参加广东省测绘学会在广州市举办的两期广东省测绘知识更新研讨班。

厦 门 市

规划与计划

【实施基础测绘“十一五”发展规划】

2007年，根据《厦门市基础测绘“十一五”发展规划》，厦门市国土资源与房产管理局（以下简称厦门市国土房产局）研究提出年度基础测绘任务，完成了项目申报、实施、监理和验收工作。会同财政部门，完成了2007年基础测绘项目财政支出绩效考评和2008年基础测绘项目财政支出事前绩效考评，进一步规范了基础测绘项目管理。

【推进测绘项目列入国民经济与发展计划】

厦门市国土房产局认真落实国家发改委、国家测绘局联合召开的贯彻《基础测绘计划管理办法》电视电话会议精神，与厦门市发改委研究形成《关于贯彻〈基础测绘计划管理办法〉，加强基础测绘工作的意见》（讨论稿），并向市发改委申报1:2000航空数码摄影测量和连续运行卫星定位服务系统2个重大项目，进一步拓展测绘服务保障范围及成果应用领域。

法制建设与市场监管

【国家版图宣传教育与地图市场监管】

1月，厦门市国土房产局对某商家制作的涉嫌违规使用中国版图的消费卡问题进行查处，责成商家回收消费卡并作出书面检查。对某外资银行登载中国地图的巨幅广告牌存在漏绘南海诸岛和海上国境线等问题，进行现场取证并向其宣传《中华人民共和国测绘法》和《中华人民共和国地图审核管理规定》等法律法规，发出整改通知；与有关单位现场检查对台贸易及机电产品展会、“9·8”投洽会展会用图，督促12家参展商整改不规范使用中国地图的问题，杜绝“问题地图”出现。10月，配合福建省测绘局对厦门可口可乐公司关于奥运接力路线图（广告用图）涉嫌问题地图进行查处。11月，为落实国家测绘局关于查处北京某公司违规生产导航电子地图的紧急通知，检查厦门导航地图销售市场，未发现违规产品。

【组织国家版图知识培训】

11月，厦门市国土房产局会同厦门市工商局组织了厦门市广告从业人员国家版图知识培训。厦门市160多家公司的广告从业人员参加培训，系统学习了国家版图知识，提高了规范使用中国示意性地图的意识。

【“8·29”测绘法宣传日活动】

组织“8·29”测绘法宣传日活动，在厦门市国土房产局办公大楼、各分局办公地点以及辖区测绘单位的办公地点悬挂宣传横幅；在《厦门日报》出专刊，回顾宣传《中华人民共和国测绘法》颁布实施5年来厦门测绘事业取得的巨大进步；测绘法宣传日当天，向广大市民发送5万条宣传测绘法的手机短信，设立咨询宣传点，发送宣传地图、开展业务咨询活动。

基础测绘与质量监督

【大比例尺地形图测绘】

为保障辖区新农村规划建设和厦门西客站（厦门铁路枢纽站）配套片区规划用图的需求，在需求调研和现场勘测基础上，测算测区范围，确定了1:500地籍精度测图项目灌口镇、西客站等重点区域约32平方千米的数字地形图等8个系列产品。该项目由国家测绘局第六地形测量队、国家测绘局第四地形测量队和国家测绘局重庆测绘院分别承担。

【电子地图项目通过审查】

3月，厦门市国土房产局组织规划、建设、公安、信息等12个部门召开电子地图暨测绘成果征集意见会。根据各部门的建议，对地图进行了多轮修改。项目通过了福建省测绘局的审核。

【卫星遥感影像采集应用】

卫星遥感数据项目完成采购覆盖厦门市辖区约2100平方千米、获取厦门市面积约80%的快鸟影像数据，并完成影像处理工作。该项目成果已用于厦门市第二次全国土地调查和全市卫星影像成果保障。

地图编制与出版

4月，厦门市国土房产局通过内部编辑和外购等方法，及时将厦门市地图、厦门岛地图、福建省地图等9个版本共27份地图交市领导和发改委，及时保障了决策用图需求。

厦门市国土房产局与市发改委、市环保信息中心共同搜集重点工程、基础产业布局分布等资料和SPOT卫星影像数据，完成2007年版《厦门市地图》（内部宣传版）1:14万地图编制，印刷了13000张，及时满足领导决策和政务管理的急需。1:5万厦门市地图（2007内部版）经民政局审核后，印刷3000张并陆续分发政府各部门使用。

成果应用与服务

【保障厦门市第二次全国土地调查任务】

为辖域土地调查提供1:500基础图件，计划用2~3年时间完成140平方千米建制镇、独立工矿和农村居民点等1:500地籍精度数字测图，并完成相应系列空间基础地理信息数据库建设，加速厦门辖域基础测绘事业的发展，项目落实经费1600万元。

【确立统一购买卫星遥感影像数据的工作机制】

厦门市国土房产局与厦门市财政局、信息产业局联合发布《关于统一购买卫星遥感影像数据的通知》，明确卫星遥感数据由厦门市国土房产局统一购买、分发，有效避免了多头管理与重复购买。

【测绘成果保障】

截至11月底，厦门市国土房产局编制完成影像挂图3张，提供给市政府；受理审查审批民政、交通管理等36个部门、单位测绘成果和空间基础地理信息的需求申请，分发各种比例尺空间基础地理数据14863幅。

测绘行政管理

【测绘资质年度注册】

根据福建省测绘局的工作部署，组织辖区14家丙、丁级测绘资质单位开展2007年度测绘资质注册工作，有12家通过注册，2家延缓半年注册；对厦门市7家甲、乙级测绘资质单位年度注册情况进行实地检查，召集24家资质单位开会讲评资质证书注册检查情况；对4家新申请测绘资质单位进行资料审核和实地检查并提出整改意见。

【厦门市测绘工作会议】

5月10日，厦门市国土房产局组织召开了厦门市2007年度测绘工作会议，厦门市测绘资质单位和在厦门承担基础测绘项目的单位及有关人员50多人参加了会议。会议回顾了2006年厦门市测绘工作，表彰了4家优秀测绘单位，点评了地籍房产测绘工作，并特邀律师就房产测绘项目举案说法。

【建立厦门测绘中介机构信息】

根据厦门市政府的部署，借助“厦门企业和中介机构（其他社会组织）信用网”平台，及时采集、录入厦门市26家测绘资质单位的机构、信用等信息以及测绘从业人员的信用信息等，建立信用档案，方便市民查询与举报，有效加强了对测绘单位和从业人员的信用监督，深化了诚信服务。

地理信息建设

【地理信息数据库建设】

2007年，科技测绘管理处调济50万元基础测绘项目经费用于1:1000线划图和1:5000影像图数据建库，保障了“金土工程”配套数据急需；与市信息产业局协调解决基础地理空间数据库建设项目经费80万元，用于1:500和1:5000线划图数据整合建库。

【数据中心机房竣工投入使用】

厦门市国土房产局投入经费114万元，启动数据中心机房扩容改造项目。局信息办组织专家论证建设方案，审核扩容改造预算方案，由厦门市测绘与基础地理信息中心具体组织实施，新机房于10月8日正式投入使用。

科技创新与人才培养

【人才培养】

2007年，厦门市测绘与基础地理信息中心加大教育投入，招聘引进10名土地管理、地理信息、测绘工程本科学历人才；有针对性地开展多层次、多方位、灵活多样的职工教育培训活动，先后选派1名业务骨干出国参加短期专业进修，11人参加

ORACLE数据库管理软件、ARCGIS 地理信息系统平台软件、VRMAP 三维空间数据管理和服务平台软件应用以及网络信息安全等专业培训，选送 10 人到武汉大学测绘学院在职深造，组织 50 多人参加《中华人民共和国物权法》、《第二次土地调查规范》等理论知识与业务技能培训，对 10 名新招聘人员开展岗前强化培训和“一对一培训”活动，并与福建师范大学、集美大学、华侨大学举办对口业务交流及各种培训。

党的建设与精神文明建设

2007 年，厦门市国土房产局加强党的建设和领导班子建设，建立党员领导干部党建工作联系点制度，积极推进党建工作“三级联创”；加大对先进典型表彰和宣传的力度，营造奋发向上的良好氛围，共表彰 5 个“五好党支部”，16 名优秀共产党员；加强党务干部培训，提高党务干部素质，近 70 名党务干部参加了培训；持续开展“当好三个表率，服务跨越发展”主题实践活动，激励党员干部立足岗位作奉献，服务发展作表率。

【加强队伍建设】

扎实推进完善体制提高素质活动，实施法律进机关示范点工作，开展普法教育，共举办《中华人民共和国物权法》培训 5 期；将法律培训考试与干部选拔任用相结合，在全市率先推出中层领导干部任前法律知识考试制度；按照德才兼备原则和“四化”方针，坚持公开、公平、公正选拔任用干部；加强非在编人员考核及管理，提高队伍整体素质。

【全方位开展国土房产宣传和文化工作】

全方位开展国土房产宣传和文化工作，抓住“4·22”世界地球日、“6·25”土地日、“8·29”测绘法宣传日等重要时机，通过厦门日报、厦门晚报、中国国土资源报、海峡资源报、中国建设报等媒体宣传厦门市国土房产管理的做法和政策措施；组队参加了全国国土资源系统迎奥运乒乓球比赛，获“优秀赛风奖”；组建合唱团，参加节约用地先进企业颁奖晚会，展现了国土房产人的精神风貌。

【工青妇和老干部工作】

积极做好工青妇和老干部工作，组织完成老干部活动中心的搬迁工作，不断丰富离退休干部文化活动内容；组织形式多样的文体活动，进一步丰富职工文化生活。局机关工会获厦门市“先进职工之家”称号，厦门市国土房产局被厦门市综治办评为“2006 年度平安单位”。

测绘社团工作

中国测绘学会

学术交流和学科发展

【召开中国测绘学会2007年学术年会】

11月4日~6日，中国测绘学会在湖南长沙召开了以“信息化测绘创新发展”为主题的2007年学术年会。会议代表400多人，中国测绘学会理事长杨凯主持会议。年会期间还举办了“信息化测绘”论坛，16位专家在大会及论坛专场上围绕信息化测绘主题进行了研讨交流。会议共征集论文143篇，并制作成光盘发给与会人员。

【编辑出版《中国测绘学科发展蓝皮书（2007卷）》】

为促进学科发展和学术繁荣，4月27日，中国测绘学会召开了《中国测绘学科发展蓝皮书》编写工作会议，经研究，决定突出信息化测绘与科技创新方面的内容，由此《中国测绘学科发展蓝皮书(2007卷)》的栏目变更为测绘发展综述、创新方向研究、信息化测绘论坛、科技创新基地、科技成果报道、期刊论文综述、国际测绘交流、学会活动纪事等。10月，该书由中国地图出版社编印出版。

【分支机构学术活动】

一、大地测量专业委员会

11月14日~17日，大地测量专业委员会在青岛召开综合学术年会，征集论文60多篇。

二、摄影测量与遥感专业委员会

8月，摄影测量与遥感专业委员会召开了“摄影测量与遥感新技术进展”学术研讨会，11位专家作了学术报告，与会人员围绕摄影测量与遥感等相关学科最新技术进展进行了广泛的讨论与交流。

三、地图学与GIS专业委员会

11月，地图学与GIS专业委员会在湖南长沙召开了学术会议；11月上旬，邀请国际制图协会主席威廉·卡特赖特教授到郑州、西安讲学；12月，召开“军事地图制图与地理信息工程发展战略研究”学术会议。

四、工程测量分会

10月12日~15日，工程测量分会在西安市召开了第二届全国交通工程测量学术研讨交流会。会议主题为“3S技术与数字交通”，收到论文72篇并编印成《论文集》，出席会议的代表有100多人；魏子卿、张祖勋院士分别作了题为“现代大地测量的发展与应用”和“摄影测量的发展与应用”的学术报告。11月22日~25日，与中国全球定位系统技术应用协会环境监测委员会在广州联合召开了现代空间定位技术研讨交流会，与会人员120多人，征集论文40多篇；陈俊勇院士作了题为“我国大地测量基准建设”的报告，中国卫星导航研究中心主任郭树人作了题为“我国北斗定位系统开发与应用”的报告。

五、海洋测绘专业委员会

9月10日~16日，海洋测绘专业委员会在江西省九江市召开了第十九届海洋测绘综合性学术研讨会，120多位委员、论文作者和测绘仪器厂商等代表参加了会议。会议共收到学术论文124篇，其中113篇收入《第十九届海洋测绘综合性学术研讨会论文集》，出版160册。28篇论文和新产品介绍在大会上进行了交流。

9月，为庆贺中国测绘学会海洋测绘专业委员会成立25周年，该专业委员会与《海洋测绘》编辑部联合开展了“南方测绘杯”有奖征文活动。活动征集论文130多篇，编印出版了《论文集》，评出优秀论文17篇，其中一等奖2篇，二等奖5篇，三等奖10篇。

2007年，由海军司令部主管、海军某海洋测绘研究所主办的《海洋测绘》杂志，被中国测绘学会评为首届优秀测绘期刊二等奖。年内出版《海洋测绘科技信息》11期，发行6900余册。

六、矿山测量专业委员会

10月23日～24日，矿山测量专业委员会在中国矿业大学召开了环境岩土工程与可持续发展国际研讨会。11月5日～9日，在厦门召开第七届矿山测量学术会议，110多人参会，征集论文60多篇。

七、地籍与房产测绘专业委员会

10月23日，地籍与房产测绘专业委员会在重庆召开2007年度工作会议暨学术会议，60多人参会，刘耀林、杨志强、李满春教授分别作专题演讲。与会代表就当前地籍与房产测绘的发展以及亟待解决的问题展开了深入的讨论。会议共收到论文43篇，经专家评选出优秀论文35篇，编辑出版了《地籍与房产测绘综合学术论文集》。

八、测绘仪器专业委员会

11月26日～30日，测绘仪器专业委员会在海南省海口市召开了综合学术年会，征集论文67篇，评选出优秀论文10篇。

九、测绘教育工作委员会

7月，测绘教育工作委员会召开了全国测绘学科教学改革研讨会，约150位测绘教育工作者到会，15所高校的代表在会上作了交流发言。

十、科技信息网分会

10月12日～16日，科技信息网分会在成都召开了2007全国测绘科技信息网交流会暨信息网成立30周年庆典，200多人参加了会议。会上作学术报告10个，征集论文200多篇，表彰了优秀论文60多篇。会议还组织了全国测绘科技信息工作先进个人评选和优秀论文评选活动。

十一、测绘经济与管理专业委员会

4月，测绘经济与管理专业委员会在郑州召开主任委员工作会议，编辑出版《测绘经济与管理研讨文集》。

十二、《测绘学报》编辑工作委员会

8月4日～6日，《测绘学报》编辑工作委员会召开九届二次编委会工作会议，完成了科协精品科技期刊工程项目答辩；12月12日～14日，举办了“测绘科技与学科建设暨《测绘学报》创刊50周年高端论坛”。

十三、测绘学名词审定工作委员会

测绘学名词审定工作委员会完成了2006年度收集的测绘学新词1280条的分类整理工作，确定新增新词439条，落实了《海峡两岸测绘学名词对照》的编辑出版事宜。

十四、测绘史志工作委员会

测绘史志工作委员会积极参与并完成《中国测绘年鉴》（2007年卷）的编制工作，召开座谈会讨论1990年～2004年15年测绘史志文献资料的编纂工作。

【全国测绘期刊工作交流会议】

为推动测绘期刊事业发展，加强测绘期刊之间的交流和联系，探索建立测绘学术期刊交流平台，中国测绘学会于6月27日～28日在西宁市召开了全国测绘期刊工作交流会。会议由学会专职副秘书长易杰军主持，理事长杨凯到会并讲话，与会代表就有关测绘期刊编辑业务进行了广泛的交流。大会公布了首届优秀测绘期刊评选结果，《测绘学报》等8种期刊获一等奖，《测绘科学与工程》等12种期刊获二等奖，《测绘标准化》等12种期刊获三等奖。经九届五次常务理事会讨论通过，设立“中国测绘学会优秀测绘期刊奖”，纳入测绘科技专项奖，并制定了评选办法。

另外，李建成、宁津生、陈俊勇等4人在《测绘学报》发表的论文“联合TOPEX/Poseidon，ERSI和Geostar卫星测高资料确定中国近海重力异常”被中国科协评选为第五届优秀学术论文。

【青年优秀论文评选】

为鼓励测绘青年科技工作者进行科技创新，撰写高质量的科技论文，中国测绘学会组织开展了“中地数码杯”青年（40周岁以下）优秀论文评选。评选委员会由陈俊勇院士、杨凯教授等12位专家组成，共评出一等奖论文1篇，二等奖论文3篇，三等奖论文8篇，并为获奖者颁发了证书与奖金。

科技咨询服务

【开展“信息化测绘体系建设纲要”研究】

信息化测绘体系建设是21世纪头20年我国测

绘事业发展的一项重大战略任务，《国务院关于加强测绘工作的意见》明确提出要加快信息化测绘体系建设，国家测绘局提出要制定《信息化测绘体系建设纲要》，中国测绘学会承担了纲要的前期研究工作。中国测绘学会组建了由18位专家组成的课题组，7月启动研究工作，对信息化测绘体系建设的重要意义、信息化测绘的涵义与基本特征、信息化测绘体系建设的指导思想和基本原则、信息化测绘体系建设目标、信息化测绘的任务、信息化测绘体系建设的保障措施等方面进行了研究。

【完成《基础地理信息系统数据库验收测试细则》编制】

对数据库的测试验收是基础地理信息系统数据库建设中的重要一环，也是确保数据库质量的最后一道关口。以往对各种比例尺的基础地理信息系统数据库的验收与测试都是临时制定的规定，为规范此项工作，2007年，中国测绘学会组成课题组承担并完成了国家测绘局下达的《基础地理信息系统数据库验收测试细则》编制项目。

科技奖励

【2007年度测绘科技进步奖】

2007年，中国测绘学会继续开展测绘科技进步奖评选工作，受理各单位申报评选科技进步奖的项目99项，为历年之最。经评审委员会评审、奖励委员会批准，评出一等奖6项，二等奖15项，三等奖46项。中日友好人士黑田敏夫先生出资赞助设立了中国测绘学会黑田敏夫测绘科技进步奖，从2007年起开始对获奖者颁发奖金，年奖励额度为30万元人民币。

【2007年优秀测绘工程奖】

2007年优秀测绘工程奖评选是中国测绘学会进行的第二次优秀测绘工程奖评选工作，共受理99个单位的申报项目146项，项目覆盖国民经济各主要应用部门。通过评选，共评出金奖项目12项，银奖项目32项，铜奖项目62项。

科普宣传

【全国学生定向越野锦标赛暨第三届全国测绘行业“四维测绘杯”定向越野大奖赛】

7月21日~25日，中国测绘学会在广西南宁举行了2007年全国学生定向越野锦标赛暨第三届全国测绘行业“四维测绘杯”定向越野大奖赛。来自全国各高等院校、中学以及测绘行业的定向越野运动员1800多人，组成239个代表队参赛，其中，高校组65个，中学组78个，测绘组69个，教师组27个，此外，香港特别行政区也派出由10人组成的代表队参赛。经过几天角逐，广西大学、黑龙江大学并列获得高校组团体总分第一名，桃江中学获得中学组团体总分第一名，浙江建设职业技术学院获得高校丙团体总分第一名，湖南大学获得精英组团体总分第一名。在测绘行业大奖赛方面，山东省测绘学会孙静获测绘成年女子组短距离第一名，山东省测绘学会杜文诚获测绘成年男子组短距离第一名，北京市测绘设计研究院刘晓琳获青年女子组短距离第一名，北京市测绘设计研究院王攀获青年男子组短距离第一名，湖南省第一测绘院刘格斯获测绘学生男子组第一名，广西测绘局易佳曦获测绘学生女子组第一名。

【科普活动周】

5月，中国测绘学会科普专业委员会与北京市测绘学会联合参加了由中国科协在北京朝阳公园举办的“走进奥运、科学运动、健康生活”大型科普咨询、游园活动，制作了以“爱我中国——国家版图教育”为主题的宣传展板，并配以《中国版图知识》读物。另外，组织编印出版了一批测绘科普读物，如《领海基点测量》、《海洋地理科普丛书》、《测绘工程质量监理》等。

人才举荐

【刘先林院士先进事迹宣传】

中国测绘学会积极配合刘先林院士先进事迹宣传活动，号召全国测绘科技工作者学习刘先林院士“热爱祖国、追求真理、严谨求实、执着创新”的宝贵精神和“诲人不倦、甘为人梯、淡泊名利、朴实无华”的优秀品质；向各省、自治区、直辖市测绘学会、团体会员单位发文，要求组织收听、收看中央媒体对刘先林院士先进事迹的报道；组织座谈讨论，积极收集各方面的情况反馈。

【推荐中国青年科技奖】

根据中共中央组织部、人事部、中国科学技术协会联合印发的《关于开展第十届中国青年科技奖候选人推荐与评选工作的通知》（科协发组字

[2006] 63号)，中国测绘学会积极组织推荐工作。由中国测绘学会推荐的中国测绘科学研究院研究员刘纪平，成为第十届中国青年科技奖99名获奖者之一。

【推荐提名院士候选人】

根据中国科协《关于推荐、提名中国科学院、中国工程院院士候选人的通知》要求，中国测绘学会专门组成两院院士推荐提名委员会承担此项工作，由本会推荐的杨元喜研究员当选为中国科学院院士。

【推荐国际测绘组织领导人】

8月，国际制图协会（ICA）在莫斯科召开第十四次全体代表大会，进行领导机构及成员的换届选举，中国测绘学会推荐的香港理工大学教授李志林当选为ICA副主席，武汉大学教授刘耀林当选为制图在危机预警和管理中的应用专业委员会副主席。

【推荐创新研究群体】

根据中国科协、国家自然科学基金委员会关于推选2007年度创新研究群体候选单位的要求，中国测绘学会组织了推荐工作。推荐的武汉大学测绘遥感信息工程国家重点实验室，以龚健雅教授为学术带头人、研究方向为“多传感器对地观测数据精确处理与空间信息智能服务”的研究群体，被国家自然科学基金委员会评为获得资助的研究群体，将连续三年获得共500万元的资助。

组织建设

【2007年学会工作会议】

1月12日，中国测绘学会在北京召开了2007年工作会议，所属各分会、工作委员会和专业委员会主任、各省、自治区、直辖市测绘学会秘书长到会。会议传达了中国科协“全国学会组织工作座谈会”精神，研究讨论了学会2007年工作安排与计划，布置了学会相关的各项工作。

【2007年团体会员工作会议】

7月28日~29日，中国测绘学会在大连召开了2007年团体会员工作会议，团体会员单位近百名代表参加了会议。会议传达了《中国科协关于加强学会工作若干意见》的文件精神，通报了学会的各项主要工作，邀请国家测绘局人事司有关人员作了关于国家实行注册测绘师制度的报告，陈俊勇院士、张祖勋院士也作了学术报告。

【常务理事会议和理事会议】

2007年，中国测绘学会召开了九届四次、五次、六次常务理事会，研究了学会的工作，根据理事所在单位的建议，及时讨论了理事会领导成员、常务理事、理事人员调整事宜。总参测绘局副局长薛贵江接替袁树友局长担任学会副理事长；国家测绘局国土测绘司司长胥燕婴接替闵宜仁副局长担任常务理事；ESRI中国（北京）有限公司胡建国副总经理接替原总经理金洪军担任学会理事，另增补北京大学地球与空间科学院副院长秦其明教授、河北天元地理信息科技工程有限公司董事长李太平高级工程师为理事；经九届五次常务理事会提名，九届三次理事会表决通过，中国科协批准，增补国际制图协会副主席、香港理工大学教授李志林为中国测绘学会九届理事会名誉副理事长；经常务理事会投票，增补白泊为学会副秘书长。

【会员工作】

2007年，中国测绘学会新发展团体会员单位20个，共有团体会员162个；新吸收个人会员1954人，共有在册个人会员10244人。编印学会会讯4期，充实了学会网站内容，加强了学会信息交流。

国际交流

8月3日~11日，中国测绘学会组团参加了在莫斯科举行的国际制图协会（ICA）第十四次全体代表大会暨第二十三届国际制图大会，50多名科技工作者出席会议。王家耀院士代表学会向大会提交了国家报告，中国向大会提交论文20多篇，并选送39件地图作品参加国际地图展览和儿童地图展览，选送的成都地图出版社出版的《都江堰灌溉区域地图》获奖；在此次大会上，中国测绘学会推荐的香港理工大学教授李志林当选为ICA副主席。

9月18日~30日，杨凯理事长率领中国测绘仪器代表团一行13人，到德国参加Intergeo2007国际测量博览会，我国有10家厂商参展；此外，代表团还到瑞士参观了徕卡测量系统公司总部。

测绘仪器分会工作

10月19日~20日，中国仪器仪表协会测绘仪器分会在青岛举办了2007全国测绘仪器信息交流会，参会的国内外测绘仪器生产厂商、经销商、检测维修服务机构和部分用户单位达500多个，仪器展示面积4000多平方米。期间还举办了“加强品牌建设，打造名牌测绘仪器”和“第四届测绘仪器发展高端论坛”的主题交流会，针对行业现状和存在的问题进行了交流和探讨。

中国地理信息系统协会

【组织开展中国地理信息产业政策研究】

由中国地理信息系统协会负责组织实施的国家测绘局科研项目《我国地理信息产业政策研究》各子课题于4月10日~11日通过了专家验收。

【中国地理信息系统优秀工程评选活动】

为推动地理信息产业发展，促进地理信息产业健康成长，受国家测绘局、科技部委托，中国地理信息系统协会组织开展了2007年度GIS优秀工程评选活动。3月23日~10月30日，评审委员会依照评审标准，按申报、初审、复审、现场答辩、实地考察、网上公示的工作流程，严格、公正地完成了2007年度GIS优秀工程评选工作。在全国参选项目中共评出金奖9项、银奖31项、铜奖16项。

【国产空间信息系统软件测评】

中国地理信息系统协会协同软件产业分会，组织专家组在国家遥感中心空间信息系统测评中心开展2007年度国产空间信息系统软件测评活动。3月15日~12月28日，测评专家组按照测评工作条件、标准和工作流程（包括申报、资格审查、现场测试、意见书评定、报批等），科学、公正、严格地完成了软件测评工作。2007年度共有45个软件申报，其中有21个软件受到表彰。

【中国地理信息系统协会第十一届年会】

11月28日~30日，中国地理信息系统协会在北京召开第四次会员代表大会暨第十一届年会。大会进行换届选举，产生第四届理事会，选举陈军为中国地理信息系统协会第四届理事会会长，丛远东为秘书长。年会围绕“GIS技术创新与产业发展”主题共举办了65场学术报告，有27家企业参加了GIS技术展览会，来自全国GIS行业的500余名业内人士参加了大会。

【中国地理信息系统协会章程修改】

经民政部、国家测绘局批准同意，修改后的中国地理信息系统协会章程于5月17日提交协会会长、秘书长会议审议通过，11月29日提交协会第四届理事会，通过了审议和表决。

【转发有关文件】

《国务院办公厅关于加快推进协会商会改革和发展的若干意见》（国办发［2007］36号）对协会的职能做出了明确规定，是促进协会工作的指导性、方向性、政策性文件。12月24日，协会转发该文至各会员单位。

【与企业协同开展GIS创新活动】

3月~11月，中国地理信息系统协会与有关企业协同开展多项GIS创新活动，激励青年科技人员和学生学习、应用GIS技术的热情，增强他们的创造力和动手能力。与ESRI共同推出主题为“以GIS论英雄”的2007“ESRI杯”中国大学生GIS软件开发竞赛，全国有27所高等院校组团参赛。

3月31日，与中科院地理信息产业发展中心组织开展了“SuperMap杯”首届国际GIS学生开源大赛暨第五届全国高校GIS应用开发大赛，全国有23所高等院校组团参赛。

【召开学术研讨会】

12月2日~3日，中国地理信息系统协会GIS理论与方法专业委员会和中山大学地理科学与规划学院在广州联合召开了2007年学术研讨会，与此同时，中山大学地理科学与规划学院、资源和环境信息系统国家实验室联合举办了第二届地理元胞自动机和应用研讨会。

中国全球定位系统技术应用协会

【协会换届工作】

2007年，中国全球定位系统技术应用协会（以下简称GPS协会）第三届理事会（2003－2007）届满，GPS协会全年基本围绕换届开展各项工作。

7月，在北京召开了GPS协会第三届理事会第六次常务理事会议，会上讨论了第三届理事会的工作报告和协会《章程》修改稿，讨论了第四届理事会理事、常务理事、会长、副会长及秘书长、副秘书长候选人人选。

11月1日，GPS协会在北京召开了会员代表大会。大会由GPS协会第三届会长王志刚主持，国家测绘局副局长谢经荣到会并讲话，GPS协会第三届副会长兼秘书长黄云康做了第三届理事会工作报告。本次会员代表大会通过了修改《章程》的报告和修改后的《章程》，以及第三届理事会工作报告，选举产生了135名第四届理事会理事。

11月1日晚，召开了第四届理事会第一次会议，经无记名投票选举产生了41名常务理事；选举产生了新一届协会领导：常志海任会长，张洪涛、钱荣钧、岳明生、薛贵江、杨长风、邱志高、陈品祥、高卫等任副会长，张建国任秘书长；表决通过了专业委员会挂靠单位和主任人选。

【召开第九次年会】

11月2日～3日，GPS协会第九次年会召开，在此次年会上，结合我国卫星导航热点话题分成三个分会场，主题分别为“中国GNSS连续运行站建设与服务”、“中国导航市场发展前景及技术创新”、“车载导航设备技术要求及创新”，参会代表根据自己关心的问题参加相应分会场。与会代表一致认为，会议主题明确，报告精彩，贴近我国卫星导航实际情况，使人受益匪浅。年会还表彰了优秀论文，出版了年会论文集。

【优秀论文评选】

2007年年初，GPS协会发出征集论文的通知，得到广大会员的积极响应，至截稿日共收到论文69篇。参与优秀论文评选的专家一致认为，此次征集的论文总体质量好，选题和写作都达到较高水准。经研究，共评选出优秀论文7篇，其中一等奖1篇，二等奖2篇，三等奖4篇。

【承担中国连续运行参考（基准）站调研】

目前，一些部门和地方政府纷纷建设卫星导航连续运行参考（基准）站，受国家测绘局委托，GPS协会于2006年11月起承担了连续运行参考（基准）站建设现状的调研、分析工作。

GPS协会对北京（北京市信息化办公室）、上海（上海市测绘院、上海天文台）、天津（天津市测绘院、中国地震局一队）、江苏（江苏省测绘局、常州市规划院、苏州开发区测绘中心）、四川（四川测绘局、成都市地震局）、广东（广东省国土厅、广州市规划院、东莞市国土局）、山东（山东省国土厅、山东省气象局、济南市地震局、济南市规划院）、安徽（合肥市规划院）等地连续运行参考（基准）站建设情况做了重点调研，2007年7月底完成了调研报告并通过了专家评审。

调研报告主要分为五部分：一、前言，即项目简述；二、国际连续运行参考（基准）站建设现状；三、中国连续运行参考（基准）站建设概述，侧重列举了三个直辖市的建站模式和应用情况；四、根据目前已建站的情况总结了建设经验和存在的问题；五、根据调研、分析，就中国连续运行参考（基准）站建设及管理工作向国家测绘局提出了8条具体建议。

【编辑2007年版协会会员单位信息手册】

为满足业内外人士查询、沟通的需要，GPS协会每两年编辑一本《中国全球定位系统技术应用协会会员单位信息手册》，2007年，协会按期完成了新版手册的编辑工作。该手册共收录全国三百多个会员单位信息，现势性强，准确性高，受到会员单位广泛好评。

【联合主办第六届中国全球定位系统应用与位置服务产业发展论坛】

9月20日～21日，GPS协会与中国移动通信集团公司、中国联合通信有限公司、中国卫星通信集团公司、中国电子学会通信学分会、中国通信学会通信设备制造委员会、北京信息产业协会等单位一起，联合主办了第六届中国全球定位系统应用与位置服务产业发展论坛，国家发改委、科技部、信息产业部、中国移动、中国联通、铁通、交通通信中心、中国电子学会、北京信息产业协会等单位有关领导及清华大学、北京邮电大学、北京交通大学的知名教授，以及公检法、交通、金融、公交、出租、林业、铁路、工矿、港务、航天、海运、水利、地质勘察等领域关注移动位置定位的专业人士和汽车制造厂、行业应用及芯片厂商代表应邀参加。

论坛主题是“行业用户 LBS 应用案例和以 LBS 为基础的综合服务系统”。论坛上各界人士进行了广泛交流，取得了良好的效果。

【民政部社团检查】

2007 年第一季度，GPS 协会按照业务主管部门的要求，如期向民政部提交了《中国全球定位系统技术应用协会 2006 年度检查的工作报告书》，顺利通过民政部的检查。

法律法规

法　律

中华人民共和国测绘法

2002年8月29日第九届全国人民代表大会常务委员会第二十九次会议通过

第一章　总　则

第一条　为了加强测绘管理，促进测绘事业发展，保障测绘事业为国家经济建设、国防建设和社会发展服务，制定本法。

第二条　在中华人民共和国领域和管辖的其他海域从事测绘活动，应当遵守本法。

本法所称测绘，是指对自然地理要素或者地表人工设施的形状、大小、空间位置及其属性等进行测定、采集、表述以及对获取的数据、信息、成果进行处理和提供的活动。

第三条　测绘事业是经济建设、国防建设、社会发展的基础性事业。各级人民政府应当加强对测绘工作的领导。

第四条　国务院测绘行政主管部门负责全国测绘工作的统一监督管理。国务院其他有关部门按照国务院规定的职责分工，负责本部门有关的测绘工作。

县级以上地方人民政府负责管理测绘工作的行政部门（以下简称测绘行政主管部门）负责本行政区域测绘工作的统一监督管理。县级以上地方人民政府其他有关部门按照本级人民政府规定的职责分工，负责本部门有关的测绘工作。

军队测绘主管部门负责管理军事部门的测绘工作，并按照国务院、中央军事委员会规定的职责分工负责管理海洋基础测绘工作。

第五条　从事测绘活动，应当使用国家规定的测绘基准和测绘系统，执行国家规定的测绘技术规范和标准。

第六条　国家鼓励测绘科学技术的创新和进步，采用先进的技术和设备，提高测绘水平。

对在测绘科学技术进步中做出重要贡献的单位和个人，按照国家有关规定给予奖励。

第七条　外国的组织或者个人在中华人民共和国领域和管辖的其他海域从事测绘活动，必须经国务院测绘行政主管部门会同军队测绘主管部门批准，并遵守中华人民共和国的有关法律、行政法规的规定。

外国的组织或者个人在中华人民共和国领域从事测绘活动，必须与中华人民共和国有关部门或者单位依法采取合资、合作的形式进行，并不得涉及国家秘密和危害国家安全。

第二章　测绘基准和测绘系统

第八条　国家设立和采用全国统一的大地基准、高程基准、深度基准和重力基准，其数据由国务院测绘行政主管部门审核，并与国务院其他有关部门、军队测绘主管部门会商后，报国务院批准。

第九条　国家建立全国统一的大地坐标系统、

平面坐标系统、高程系统、地心坐标系统和重力测量系统，确定国家大地测量等级和精度以及国家基本比例尺地图的系列和基本精度。具体规范和要求由国务院测绘行政主管部门会同国务院其他有关部门、军队测绘主管部门制定。

在不妨碍国家安全的情况下，确有必要采用国际坐标系统的，必须经国务院测绘行政主管部门会同军队测绘主管部门批准。

第十条 因建设、城市规划和科学研究的需要，大城市和国家重大工程项目确需建立相对独立的平面坐标系统的，由国务院测绘行政主管部门批准；其他确需建立相对独立的平面坐标系统的，由省、自治区、直辖市人民政府测绘行政主管部门批准。

建立相对独立的平面坐标系统，应当与国家坐标系统相联系。

第三章 基础测绘

第十一条 基础测绘是公益性事业。国家对基础测绘实行分级管理。

本法所称基础测绘，是指建立全国统一的测绘基准和测绘系统，进行基础航空摄影，获取基础地理信息的遥感资料，测制和更新国家基本比例尺地图、影像图和数字化产品，建立、更新基础地理信息系统。

第十二条 国务院测绘行政主管部门会同国务院其他有关部门、军队测绘主管部门组织编制全国基础测绘规划，报国务院批准后组织实施。

县级以上地方人民政府测绘行政主管部门会同本级人民政府其他有关部门根据国家和上一级人民政府的基础测绘规划和本行政区域内的实际情况，组织编制本行政区域的基础测绘规划，报本级人民政府批准，并报上一级测绘行政主管部门备案后组织实施。

第十三条 军队测绘主管部门负责编制军事测绘规划，按照国务院、中央军事委员会规定的职责分工负责编制海洋基础测绘规划，并组织实施。

第十四条 县级以上人民政府应当将基础测绘纳入本级国民经济和社会发展年度计划及财政预算。

国务院发展计划主管部门会同国务院测绘行政主管部门，根据全国基础测绘规划，编制全国基础测绘年度计划。

县级以上地方人民政府发展计划主管部门会同同级测绘行政主管部门，根据本行政区域的基础测绘规划，编制本行政区域的基础测绘年度计划，并分别报上一级主管部门备案。

国家对边远地区、少数民族地区的基础测绘给予财政支持。

第十五条 基础测绘成果应当定期进行更新，国民经济、国防建设和社会发展急需的基础测绘成果应当及时更新。

基础测绘成果的更新周期根据不同地区国民经济和社会发展的需要确定。

第四章 界线测绘和其他测绘

第十六条 中华人民共和国国界线的测绘，按照中华人民共和国与相邻国家缔结的边界条约或者协定执行。中华人民共和国地图的国界线标准样图，由外交部和国务院测绘行政主管部门拟订，报国务院批准后公布。

第十七条 行政区域界线的测绘，按照国务院有关规定执行。省、自治区、直辖市和自治州、县、自治县、市行政区域界线的标准画法图，由国务院民政部门和国务院测绘行政主管部门拟订，报国务院批准后公布。

第十八条 国务院测绘行政主管部门会同国务院土地行政主管部门编制全国地籍测绘规划。县级以上地方人民政府测绘行政主管部门会同同级土地行政主管部门编制本行政区域的地籍测绘规划。

县级以上人民政府测绘行政主管部门按照地籍测绘规划，组织管理地籍测绘。

第十九条 测量土地、建筑物、构筑物和地面其他附着物的权属界址线，应当按照县级以上人民政府确定的权属界线的界址点、界址线或者提供的有关登记资料和附图进行。权属界址线发生变化时，有关当事人应当及时进行变更测绘。

第二十条 城市建设领域的工程测量活动，与房屋产权、产籍相关的房屋面积的测量，应当执行由国务院建设行政主管部门、国务院测绘行政主管部门负责组织编制的测量技术规范。

水利、能源、交通、通信、资源开发和其他领域的工程测量活动，应当按照国家有关的工程测量技术规范进行。

第二十一条 建立地理信息系统，必须采用符合国家标准的基础地理信息数据。

第五章 测绘资质资格

第二十二条 国家对从事测绘活动的单位实行测绘资质管理制度。

从事测绘活动的单位应当具备下列条件，并依法取得相应等级的测绘资质证书后，方可从事测绘活动：

（一）有与其从事的测绘活动相适应的专业技术人员；

（二）有与其从事的测绘活动相适应的技术装备和设施；

（三）有健全的技术、质量保证体系和测绘成果及资料档案管理制度；

（四）具备国务院测绘行政主管部门规定的其他条件。

第二十三条 国务院测绘行政主管部门和省、自治区、直辖市人民政府测绘行政主管部门按照各自的职责负责测绘资质审查、发放资质证书，具体办法由国务院测绘行政主管部门商国务院其他有关部门规定。

军队测绘主管部门负责军事测绘单位的测绘资质审查。

第二十四条 测绘单位不得超越其资质等级许可的范围从事测绘活动或者以其他测绘单位的名义从事测绘活动，并不得允许其他单位以本单位的名义从事测绘活动。

测绘项目实行承发包的，测绘项目的发包单位不得向不具有相应测绘资质等级的单位发包或者迫使测绘单位以低于测绘成本承包。

测绘单位不得将承包的测绘项目转包。

第二十五条 从事测绘活动的专业技术人员应当具备相应的执业资格条件，具体办法由国务院测绘行政主管部门会同国务院人事行政主管部门规定。

第二十六条 测绘人员进行测绘活动时，应当持有测绘作业证件。

任何单位和个人不得妨碍、阻挠测绘人员依法进行测绘活动。

第二十七条 测绘单位的资质证书、测绘专业技术人员的执业证书和测绘人员的测绘作业证件的式样，由国务院测绘行政主管部门统一规定。

第六章 测绘成果

第二十八条 国家实行测绘成果汇交制度。

测绘项目完成后，测绘项目出资人或者承担国家投资的测绘项目的单位，应当向国务院测绘行政主管部门或者省、自治区、直辖市人民政府测绘行政主管部门汇交测绘成果资料。属于基础测绘项目的，应当汇交测绘成果副本；属于非基础测绘项目的，应当汇交测绘成果目录。负责接收测绘成果副本和目录的测绘行政主管部门应当出具测绘成果汇交凭证，并及时将测绘成果副本和目录移交给保管单位。测绘成果汇交的具体办法由国务院规定。

国务院测绘行政主管部门和省、自治区、直辖市人民政府测绘行政主管部门应当定期编制测绘成果目录，向社会公布。

第二十九条 测绘成果保管单位应当采取措施保障测绘成果的完整和安全，并按照国家有关规定向社会公开和提供利用。

测绘成果属于国家秘密的，适用国家保密法律、行政法规的规定；需要对外提供的，按照国务院和中央军事委员会规定的审批程序执行。

第三十条 使用财政资金的测绘项目和使用财政资金的建设工程测绘项目，有关部门在批准立项前应当征求本级人民政府测绘行政主管部门的意见，有适宜测绘成果的，应当充分利用已有的测绘成果，避免重复测绘。

第三十一条 基础测绘成果和国家投资完成的其他测绘成果，用于国家机关决策和社会公益性事业的，应当无偿提供。

前款规定之外的，依法实行有偿使用制度；但是，政府及其有关部门和军队因防灾、减灾、国防建设等公共利益的需要，可以无偿使用。

测绘成果使用的具体办法由国务院规定。

第三十二条 中华人民共和国领域和管辖的其他海域的位置、高程、深度、面积、长度等重要地理信息数据，由国务院测绘行政主管部门审核，并与国务院其他有关部门、军队测绘主管部门会商后，报国务院批准，由国务院或者国务院授权的部门公布。

第三十三条 各级人民政府应当加强对编制、印刷、出版、展示、登载地图的管理，保证地图质量，维护国家主权、安全和利益。具体办法由国务院规定。

各级人民政府应当加强对国家版图意识的宣传教育，增强公民的国家版图意识。

第三十四条 测绘单位应当对其完成的测绘成果质量负责。县级以上人民政府测绘行政主管部门应当加强对测绘成果质量的监督管理。

第七章 测量标志保护

第三十五条 任何单位和个人不得损毁或者擅自移动永久性测量标志和正在使用中的临时性测量标志，不得侵占永久性测量标志用地，不得在永久性测量标志安全控制范围内从事危害测量标志安全和使用效能的活动。

本法所称永久性测量标志，是指各等级的三角点、基线点、导线点、军用控制点、重力点、天文点、水准点和卫星定位点的木质觇标、钢质觇标和标石标志，以及用于地形测图、工程测量和形变测量的固定标志和海底大地点设施。

第三十六条 永久性测量标志的建设单位应当对永久性测量标志设立明显标记，并委托当地有关单位指派专人负责保管。

第三十七条 进行工程建设，应当避开永久性测量标志；确实无法避开，需要拆迁永久性测量标志或者使永久性测量标志失去效能的，应当经国务院测绘行政主管部门或者省、自治区、直辖市人民政府测绘行政主管部门批准；涉及军用控制点的，应当征得军队测绘主管部门的同意。所需迁建费用由工程建设单位承担。

第三十八条 测绘人员使用永久性测量标志，必须持有测绘作业证件，并保证测量标志的完好。

保管测量标志的人员应当查验测量标志使用后的完好状况。

第三十九条 县级以上人民政府应当采取有效措施加强测量标志的保护工作。

县级以上人民政府测绘行政主管部门应当按照规定检查、维护永久性测量标志。

乡级人民政府应当做好本行政区域内的测量标志保护工作。

第八章 法律责任

第四十条 违反本法规定，有下列行为之一的，给予警告，责令改正，可以并处十万元以下的罚款；对负有直接责任的主管人员和其他直接责任人员，依法给予行政处分：

（一）未经批准，擅自建立相对独立的平面坐标系统的；

（二）建立地理信息系统，采用不符合国家标准的基础地理信息数据的。

第四十一条 违反本法规定，有下列行为之一的，给予警告，责令改正，可以并处十万元以下的罚款；构成犯罪的，依法追究刑事责任；尚不够刑事处罚的，对负有直接责任的主管人员和其他直接责任人员，依法给予行政处分：

（一）未经批准，在测绘活动中擅自采用国际坐标系统的；

（二）擅自发布中华人民共和国领域和管辖的其他海域的重要地理信息数据的。

第四十二条 违反本法规定，未取得测绘资质证书，擅自从事测绘活动的，责令停止违法行为，没收违法所得和测绘成果，并处测绘约定报酬一倍以上二倍以下的罚款。

以欺骗手段取得测绘资质证书从事测绘活动的，吊销测绘资质证书，没收违法所得和测绘成果，并处测绘约定报酬一倍以上二倍以下的罚款。

第四十三条 违反本法规定，测绘单位有下列行为之一的，责令停止违法行为，没收违法所得和测绘成果，处测绘约定报酬一倍以上二倍以下的罚款，并可以责令停业整顿或者降低资质等级；情节严重的，吊销测绘资质证书：

（一）超越资质等级许可的范围从事测绘活动的；

（二）以其他测绘单位的名义从事测绘活动的；

（三）允许其他单位以本单位的名义从事测绘活动的。

第四十四条 违反本法规定，测绘项目的发包单位将测绘项目发包给不具有相应资质等级的测绘单位或者迫使测绘单位以低于测绘成本承包的，责令改正，可以处测绘约定报酬二倍以下的罚款。发包单位的工作人员利用职务上的便利，索取他人财物或者非法收受他人财物，为他人谋取利益，构成犯罪的，依法追究刑事责任；尚不够刑事处罚的，依法给予行政处分。

第四十五条 违反本法规定，测绘单位将测绘项目转包的，责令改正，没收违法所得，处测绘约定报酬一倍以上二倍以下的罚款，并可以责令停业整顿或者降低资质等级；情节严重的，吊销测绘资质证书。

第四十六条 违反本法规定，未取得测绘执业资格，擅自从事测绘活动的，责令停止违法行为，没收违法所得，可以并处违法所得二倍以下的罚款；造成损失的，依法承担赔偿责任。

第四十七条 违反本法规定，不汇交测绘成果资料的，责令限期汇交；逾期不汇交的，对测绘项目出资人处以重测所需费用一倍以上二倍以下的罚款；对承担国家投资的测绘项目的单位处一万元以上五万元以下的罚款，暂扣测绘资质证书，自暂扣测绘资质证书之日起六个月内仍不汇交测绘成果资料的，吊销测绘资质证书，并对负有直接责任的主管人员和其他直接责任人员依法给予行政处分。

第四十八条 违反本法规定，测绘成果质量不合格的，责令测绘单位补测或者重测；情节严重的，责令停业整顿，降低资质等级直至吊销测绘资质证书；给用户造成损失的，依法承担赔偿责任。

第四十九条 违反本法规定，编制、印刷、出版、展示、登载的地图发生错绘、漏绘、泄密，危害国家主权或者安全，损害国家利益，构成犯罪的，依法追究刑事责任；尚不够刑事处罚的，依法给予行政处罚或者行政处分。

第五十条 违反本法规定，有下列行为之一的，给予警告，责令改正，可以并处五万元以下的罚款；造成损失的，依法承担赔偿责任；构成犯罪的，依法追究刑事责任；尚不够刑事处罚的，对负有直接责任的主管人员和其他直接责任人员，依法给予行政处分：

（一）损毁或者擅自移动永久性测量标志和正在使用中的临时性测量标志的；

（二）侵占永久性测量标志用地的；

（三）在永久性测量标志安全控制范围内从事危害测量标志安全和使用效能的活动的；

（四）在测量标志占地范围内，建设影响测量标志使用效能的建筑物的；

（五）擅自拆除永久性测量标志或者使永久性测量标志失去使用效能，或者拒绝支付迁建费用的；

（六）违反操作规程使用永久性测量标志，造成永久性测量标志毁损的。

第五十一条 违反本法规定，有下列行为之一的，责令停止违法行为，没收测绘成果和测绘工具，并处一万元以上十万元以下的罚款；情节严重的，并处十万元以上五十万元以下的罚款，责令限期离境；所获取的测绘成果属于国家秘密，构成犯罪的，依法追究刑事责任：

（一）外国的组织或者个人未经批准，擅自在中华人民共和国领域和管辖的其他海域从事测绘活动的；

（二）外国的组织或者个人未与中华人民共和国有关部门或者单位合资、合作，擅自在中华人民共和国领域从事测绘活动的。

第五十二条 本法规定的降低资质等级、暂扣测绘资质证书、吊销测绘资质证书的行政处罚，由颁发资质证书的部门决定；其他行政处罚由县级以上人民政府测绘行政主管部门决定。

本法第五十一条规定的责令限期离境由公安机关决定。

第五十三条 违反本法规定，县级以上人民政府测绘行政主管部门工作人员利用职务上的便利收受他人财物、其他好处或者玩忽职守，对不符合法定条件的单位核发测绘资质证书，不依法履行监督管理职责，或者发现违法行为不予查处，造成严重后果，构成犯罪的，依法追究刑事责任；尚不够刑事处罚的，对负有直接责任的主管人员和其他直接责任人员，依法给予行政处分。

第九章 附 则

第五十四条 军事测绘管理办法由中央军事委员会根据本法规定。

第五十五条 本法自2002年12月1日起施行。

行政法规

中华人民共和国测绘成果管理条例

2006年5月17日国务院第136次会议通过，2006年5月27日
中华人民共和国国务院令第469号公布，自2006年9月1日起施行

第一章 总 则

第一条 为了加强对测绘成果的管理，维护国家安全，促进测绘成果的利用，满足经济建设、国防建设和社会发展的需要，根据《中华人民共和国测绘法》，制定本条例。

第二条 测绘成果的汇交、保管、利用和重要地理信息数据的审核与公布，适用本条例。

本条例所称测绘成果，是指通过测绘形成的数据、信息、图件以及相关的技术资料。测绘成果分为基础测绘成果和非基础测绘成果。

第三条 国务院测绘行政主管部门负责全国测绘成果工作的统一监督管理。国务院其他有关部门按照职责分工，负责本部门有关的测绘成果工作。

县级以上地方人民政府负责管理测绘工作的部门（以下称测绘行政主管部门）负责本行政区域测绘成果工作的统一监督管理。县级以上地方人民政府其他有关部门按照职责分工，负责本部门有关的测绘成果工作。

第四条 汇交、保管、公布、利用、销毁测绘成果应当遵守有关保密法律、法规的规定，采取必要的保密措施，保障测绘成果的安全。

第五条 对在测绘成果管理工作中作出突出贡献的单位和个人，由有关人民政府或者部门给予表彰和奖励。

第二章 汇交与保管

第六条 中央财政投资完成的测绘项目，由承担测绘项目的单位向国务院测绘行政主管部门汇交测绘成果资料；地方财政投资完成的测绘项目，由承担测绘项目的单位向测绘项目所在地的省、自治区、直辖市人民政府测绘行政主管部门汇交测绘成果资料；使用其他资金完成的测绘项目，由测绘项目出资人向测绘项目所在地的省、自治区、直辖市人民政府测绘行政主管部门汇交测绘成果资料。

第七条 测绘成果属于基础测绘成果的，应当汇交副本；属于非基础测绘成果的，应当汇交目录。测绘成果的副本和目录实行无偿汇交。

下列测绘成果为基础测绘成果：

（一）为建立全国统一的测绘基准和测绘系统进行的天文测量、三角测量、水准测量、卫星大地测量、重力测量所获取的数据、图件；

（二）基础航空摄影所获取的数据、影像资料；

（三）遥感卫星和其他航天飞行器对地观测所获取的基础地理信息遥感资料；

（四）国家基本比例尺地图、影像图及其数字化产品；

（五）基础地理信息系统的数据、信息等。

第八条 外国的组织或者个人依法与中华人民共和国有关部门或者单位合资、合作，经批准在中华人民共和国领域内从事测绘活动的，测绘成果归中方部门或者单位所有，并由中方部门或者单位向国务院测绘行政主管部门汇交测绘成果副本。

外国的组织或者个人依法在中华人民共和国管辖的其他海域从事测绘活动的，由其按照国务院测绘行政主管部门的规定汇交测绘成果副本或者目录。

第九条 测绘项目出资人或者承担国家投资的测绘项目的单位应当自测绘项目验收完成之日起3个月内，向测绘行政主管部门汇交测绘成果副本或者目录。测绘行政主管部门应当在收到汇交的测绘成果副本或者目录后，出具汇交凭证。

汇交测绘成果资料的范围由国务院测绘行政主管部门商国务院有关部门制定并公布。

第十条 测绘行政主管部门自收到汇交的测绘成果副本或者目录之日起10个工作日内，应当将其移交给测绘成果保管单位。

国务院测绘行政主管部门和省、自治区、直辖市人民政府测绘行政主管部门应当定期编制测绘成果资料目录，向社会公布。

第十一条 测绘成果保管单位应当建立健全测绘成果资料的保管制度，配备必要的设施，确保测绘成果资料的安全，并对基础测绘成果资料实行异地备份存放制度。

测绘成果资料的存放设施与条件，应当符合国家保密、消防及档案管理的有关规定和要求。

第十二条 测绘成果保管单位应当按照规定保管测绘成果资料，不得损毁、散失、转让。

第十三条 测绘项目的出资人或者承担测绘项目的单位，应当采取必要的措施，确保其获取的测绘成果的安全。

第三章 利 用

第十四条 县级以上人民政府测绘行政主管部门应当积极推进公众版测绘成果的加工和编制工作，并鼓励公众版测绘成果的开发利用，促进测绘成果的社会化应用。

第十五条 使用财政资金的测绘项目和使用财政资金的建设工程测绘项目，有关部门在批准立项前应当书面征求本级人民政府测绘行政主管部门的意见。测绘行政主管部门应当自收到征求意见材料之日起10日内，向征求意见的部门反馈意见。有适宜测绘成果的，应当充分利用已有的测绘成果，避免重复测绘。

第十六条 国家保密工作部门、国务院测绘行政主管部门应当商军队测绘主管部门，依照有关保密法律、行政法规的规定，确定测绘成果的秘密范围和秘密等级。

利用涉及国家秘密的测绘成果开发生产的产品，未经国务院测绘行政主管部门或者省、自治区、直辖市人民政府测绘行政主管部门进行保密技术处理的，其秘密等级不得低于所用测绘成果的秘密等级。

第十七条 法人或者其他组织需要利用属于国家秘密的基础测绘成果的，应当提出明确的利用目的和范围，报测绘成果所在地的测绘行政主管部门审批。

测绘行政主管部门审查同意的，应当以书面形式告知测绘成果的秘密等级、保密要求以及相关著作权保护要求。

第十八条 对外提供属于国家秘密的测绘成果，应当按照国务院和中央军事委员会规定的审批程序，报国务院测绘行政主管部门或者省、自治区、直辖市人民政府测绘行政主管部门审批；测绘行政主管部门在审批前，应当征求军队有关部门的意见。

第十九条 基础测绘成果和财政投资完成的其他测绘成果，用于国家机关决策和社会公益性事业的，应当无偿提供。

除前款规定外，测绘成果依法实行有偿使用制度。但是，各级人民政府及其有关部门和军队因防灾、减灾、国防建设等公共利益的需要，可以无偿使用测绘成果。

依法有偿使用测绘成果的，使用人与测绘项目出资人应当签订书面协议，明确双方的权利和义务。

第二十条 测绘成果涉及著作权保护和管理的，依照有关法律、行政法规的规定执行。

第二十一条 建立以地理信息数据为基础的信息系统，应当利用符合国家标准的基础地理信息数据。

第四章 重要地理信息数据的审核与公布

第二十二条 国家对重要地理信息数据实行统一审核与公布制度。

任何单位和个人不得擅自公布重要地理信息数据。

第二十三条 重要地理信息数据包括：

（一）国界、国家海岸线长度；

（二）领土、领海、毗连区、专属经济区面积；

（三）国家海岸滩涂面积、岛礁数量和面积；

（四）国家版图的重要特征点，地势、地貌分区位置；

（五）国务院测绘行政主管部门商国务院其他有关部门确定的其他重要自然和人文地理实体的位置、高程、深度、面积、长度等地理信息数据。

第二十四条 提出公布重要地理信息数据建议的单位或者个人，应当向国务院测绘行政主管部门或者省、自治区、直辖市人民政府测绘行政主管部门报送建议材料。

对需要公布的重要地理信息数据，国务院测绘行政主管部门应当提出审核意见，并与国务院其他有关部门、军队测绘主管部门会商后，报国务院批准。具体办法由国务院测绘行政主管部门制定。

第二十五条 国务院批准公布的重要地理信息数据，由国务院或者国务院授权的部门以公告形式公布。

在行政管理、新闻传播、对外交流、教学等对社会公众有影响的活动中，需要使用重要地理信息数据的，应当使用依法公布的重要地理信息数据。

第五章 法律责任

第二十六条 违反本条例规定，县级以上人民政府测绘行政主管部门有下列行为之一的，由本级人民政府或者上级人民政府测绘行政主管部门责令改正，通报批评；对直接负责的主管人员和其他直接责任人员，依法给予处分：

（一）接收汇交的测绘成果副本或者目录，未依法出具汇交凭证的；

（二）未及时向测绘成果保管单位移交测绘成果资料的；

（三）未依法编制和公布测绘成果资料目录的；

（四）发现违法行为或者接到对违法行为的举报后，不及时进行处理的；

（五）不依法履行监督管理职责的其他行为。

第二十七条 违反本条例规定，未汇交测绘成果资料的，依照《中华人民共和国测绘法》第四十七条的规定进行处罚。

第二十八条 违反本条例规定，测绘成果保管单位有下列行为之一的，由测绘行政主管部门给予警告，责令改正；有违法所得的，没收违法所得；造成损失的，依法承担赔偿责任；对直接负责的主管人员和其他直接责任人员，依法给予处分：

（一）未按照测绘成果资料的保管制度管理测绘成果资料，造成测绘成果资料损毁、散失的；

（二）擅自转让汇交的测绘成果资料的；

（三）未依法向测绘成果的使用人提供测绘成果资料的。

第二十九条 违反本条例规定，有下列行为之一的，由测绘行政主管部门或者其他有关部门依据职责责令改正，给予警告，可以处10万元以下的罚款；对直接负责的主管人员和其他直接责任人员，依法给予处分：

（一）建立以地理信息数据为基础的信息系统，利用不符合国家标准的基础地理信息数据的；

（二）擅自公布重要地理信息数据的；

（三）在对社会公众有影响的活动中使用未经依法公布的重要地理信息数据的。

第六章 附 则

第三十条 法律、行政法规对编制出版地图的管理另有规定的，从其规定。

第三十一条 军事测绘成果的管理，按照中央军事委员会的有关规定执行。

第三十二条 本条例自2006年9月1日起施行。1989年3月21日国务院发布的《中华人民共和国测绘成果管理规定》同时废止。

中华人民共和国地图编制出版管理条例

1995年7月10日中华人民共和国国务院令第180号发布，
自1995年10月1日起施行

第一章 总 则

第一条 为了加强地图编制出版管理，保证地图编制出版质量，维护国家的主权、安全和利益，为经济建设、社会发展和人民生活服务，制定本条例。

第二条 本条例适用于各种公开的普遍地图和专题地图的编制和出版。

第三条 编制出版地图，必须遵守保密法律、法规。

公开地图不得表示任何国家秘密和内部事项。

第四条 国务院测绘行政主管部门主管全国的地图编制工作。国务院其他有关部门按照国务院规定的职责分工，负责管理本部门专题地图的编制工作。国务院出版行政管理部门商国务院测绘行政主管部门，负责管理全国的地图出版工作。

省、自治区、直辖市人民政府负责管理地图编制出版工作的部门及其职责，由省、自治区、直辖市人民政府规定。

军用地图和海图的编制管理，按照国务院、中央军事委员会的规定执行。

第二章 地图编制管理

第五条 编制普通地图的，依照《中华人民共和国测绘法》的规定，必须取得相应的测绘资格。

编制专题地图，需要直接进行测绘的，依照《中华人民共和国测绘法》的规定，必须取得相应的测绘资格。

第六条 在地图上绘制中华人民共和国国界、中国历史疆界、世界各国国界，应当遵守下列规定：

（一）中华人民共和国国界，按照中华人民共和国同有关邻国签订的边界条约、协定、议定书及其附图绘制；中华人民共和国尚未同有关邻国签订边界条约的界段，按照中华人民共和国地图的国界线标准样图绘制；

（二）中国历史疆界，1840年至中华人民共和国成立期间的，按照中国历史疆界标准样图绘制；1840年以前的，依据有关历史资料，按照实际历史疆界绘制；

（三）世界各国国界，按照世界各国间边界标准样图绘制；世界各国间的历史疆界，依据有关历史资料，按照实际历史疆界绘制。

中华人民共和国地图的国界线标准样图、中国历史疆界标准样图、世界各国间边界标准样图，由外交部和国务院测绘行政主管部门制定，报国务院批准发布。

第七条 在地图上绘制中华人民共和国省、自治区、直辖市行政区域界线，应当遵守下列规定：

（一）国务院已经划定界线的，或者相邻省、自治区、直辖市人民政府已经协商确定界线的，按照有关文件或者协议确定的界线画法绘制；

（二）相邻省、自治区、直辖市人民政府虽未就界线划分签订协议，但是双方地图上界线绘制一致，并且无争议的，按照双方地图上绘制一致的界线画法绘制；

（三）相邻省、自治区、直辖市人民政府对界线划分有争议，并且双方地图上界线绘制不一致的，按照国务院测绘行政主管部门和国务院民政部门制定并报国务院批准发布的省、自治区、直辖市行政区域界线标准画法图绘制。

第八条 编制地图，应当遵守国家有关地图内容表示的规定。

第九条 编制地图，应当符合下列要求：

（一）选用最新地图资料作为编制基础，并及时补充或者更改现势变化的内容；

（二）正确反映各要素的地理位置、形态、名称及相互关系；

（三）具备符合地图使用目的的有关数据和专业内容；

（四）地图的比例尺符合国家规定。

第三章 地图出版管理

第十条 普通地图应当由专门地图出版社出版，其他出版社不得出版。

设立专门地图出版社或者调整已设立的专门地图出版社的地图出版范围的，应当按照规定程序报国务院出版行政管理部门审批。国务院出版行政管理部门在办理审批手续前，应当征求国务院测绘行政主管部门的意见。

第十一条 中央级专门地图出版社，按照国务院出版行政管理部门批准的地图出版范围，可以出版各种地图。

地方专门地图出版社，按照国务院出版行政管理部门批准的地图出版范围，可以出版除世界性地图、全国性地图以外的各种地图。

第十二条 中央级专业出版社，具备出版地图的专业技术条件的，按照国务院出版行政管理部门批准的地图出版范围，可以出版本专业的专题地图。

地方专业出版社，具备出版地图的专业技术条件的，按照国务院出版行政管理部门批准的地图出版范围，可以出版本专业的地方性专题地图。

第十三条 专业出版社从事旅游图、交通图以及时事宣传图出版业务的，应当具备相应的地图编制专业技术人员、设备和技术条件，向所在地的省、自治区、直辖市人民政府出版行政管理部门提出地图出版申请，经审核同意，并报国务院出版行政管理部门审核批准，方可按照批准的地图出版范围出版。

省、自治区、直辖市人民政府出版行政管理部门在依照前款规定审核地图出版申请时，应当按照国家有关规定征求国务院测绘行政主管部门或者省、自治区、直辖市人民政府负责管理测绘工作的部门的意见。

第十四条 全国性中、小学教学地图，由国务院教育行政管理部门会同国务院测绘行政主管部门和外交部组织审定；地方性中、小学教学地图，可以由省、自治区、直辖市人民政府教育行政管理部门会同省、自治区、直辖市人民政府负责管理测绘工作的部门组织审定。

任何出版单位不得出版未经审定的中、小学教学地图。

第十五条 中、小学教学地图，由中央级专门地图出版社按照国务院出版行政管理部门批准的地图出版范围出版；其他中央级出版社出版中、小学教学地图，以及地方出版社出版地方性中、小学教学地图的，应当经国务院出版行政管理部门商国务院测绘行政主管部门审核批准，方可按照批准的地图出版范围出版。但是，中、小学教科书中的插附地图除外。

第十六条 各出版社、报社、杂志社可以根据需要，在图书、报刊中插附地图。

第十七条 出版或者展示未出版的绘有国界线或者省、自治区、直辖市行政区域界线地图（含图书、报刊插图、示意图）的，在地图印刷或者展示前，应当依照下列规定送审试制样图一式两份：

（一）绘有国界线的地图，跨省、自治区、直辖市行政区域的地图，以及台湾、香港、澳门地区地图，报国务院测绘行政主管部门审核；

（二）省、自治区、直辖市行政区域范围内的地方性地图，报有关省、自治区、直辖市人民政府负责管理测绘工作的部门或者国务院测绘行政主管部门审核；

（三）历史地图、世界地图和时事宣传图，报外交部和国务院测绘行政主管部门审核。

第十八条 出版或者展示未出版的全国性和地方性专题地图的，在地图印刷或者展示前，其试制样图的专业内容应当分别报国务院有关行政主管部门或者省、自治区、直辖市人民政府有关行政主管部门审核。

第十九条 依照本条例第十七条、第十八条的规定负责审核的部门，应当自收到试制样图之日起30日内，将审核决定通知送审单位；逾期未通知的，视为同意出版或者展示。

第二十条 保密地图和内部地图不得以任何形式公开出版、发行或者展示。

第二十一条 地图出版物发行前，有关的中央级出版社和地方出版社应当按照国家有关规定向有关部门和单位送交样本，并将样本一式两份报国务院测绘行政主管部门或者省、自治区、直辖市人民政府负责管理测绘工作的部门备案。

第二十二条 地图的著作权受法律保护。未经地图著作权人许可，任何单位和个人不得以复制、发行、改编、翻译、编辑等方式使用其地图；但是，著作权法律、行政法规另有规定的除外。

第二十三条 出版地图，应当注明地图上国界线画法的依据资料及其来源；广告、商标、宣传画、电影电视画面中的示意地图除外。

第四章 法律责任

第二十四条 违反本条例规定，未取得相应测绘资格，擅自编制地图的，由国务院测绘行政主管部门或者其授权的部门，或者省、自治区、直辖市人民政府负责管理测绘工作的部门或者其授权的部门，依据职责责令停止编制活动，没收违法所得，可以并处违法所得一倍以下的罚款。

第二十五条 违反本条例规定，有下列行为之一的，由国务院测绘行政主管部门或者省、自治区、直辖市人民政府负责管理测绘工作的部门责令停止发行、销售、展示，对有关地图出版社处以300元以上10000元以下的罚款；情节严重的，由出版行政管理部门注销有关地图出版社的地图出版资格：

（一）地图印刷或者展示前未按照规定将试制样图报送国务院测绘行政主管部门或者省、自治区、直辖市人民政府负责管理测绘工作的部门审核的；

（二）专题地图在印刷或者展示前未按照规定将试制样图报有关行政主管部门审核的；

（三）地图上国界线或者省、自治区、直辖市行政区域界线的绘制不符合国家有关规定而出版的；

（四）地图内容的表示不符合国家有关规定，造成严重错误的。

有前款第（三）项、第（四）项所列行为之一的，还应当没收全部地图及违法所得。

第二十六条 违反本条例规定，未经批准，擅自从事地图出版活动或者超越经批准的地图出版范围出版地图的，由出版行政管理部门责令停止违法活动；没收全部非法地图出版物和违法所得，可以并处违法所得5倍以上15倍以下的罚款。

第二十七条 侵犯地图著作权的，依照著作权法律、行政法规的规定处理。

第二十八条 违反本条例规定，公开地图泄露国家秘密，或者产生危害国家主权或者安全、损害国家利益的其他后果的，对负有直接责任的主管人员和其他直接责任人员依法给予行政处分；构成犯罪的，依法追究刑事责任。

第二十九条 地图编制、出版行政工作人员弄虚作假、玩忽职守、徇私舞弊，构成犯罪的，依法追究刑事责任；尚不构成犯罪的，依法给予行政处分。

第五章 附 则

第三十条 本条例自1995年10月1日起实行。

中华人民共和国测量标志保护条例

1996年9月4日中华人民共和国国务院令第203号发布，
自1997年1月1日起施行

第一条 为了加强测量标志的保护和管理，根据《中华人民共和国测绘法》，制定本条例。

第二条 本条例适用于在中华人民共和国领域内和中华人民共和国管辖的其他海域设置的测量标志。

第三条 测量标志属于国家所有，是国家经济建设和科学研究的基础设施。

第四条 本条例所称测量标志，是指：

（一）建设在地上、地下或者建筑物上的各种等级的三角点、基线点、导线点、军用控制点、重力点、天文点、水准点的木质觇标、钢质觇标和标石标志，全球卫星定位控制点，以及用于地形测图、工程测量和形变测量的固定标志和海底大地点设施等永久性测量标志；

（二）测量中正在使用的临时性测量标志。

第五条 国务院测绘行政主管部门主管全国的测量标志保护工作。国务院其他有关部门按照国务院规定的职责分工，负责管理本部门专用的测量标志保护工作。

县级以上地方人民政府管理测绘工作的部门负责本行政区域内的测量标志保护工作。

军队测绘主管部门负责管理军事部门测量标志保护工作，并按照国务院、中央军事委员会规定的职责分工负责管理海洋基础测量标志保护工作。

第六条 县级以上人民政府应当加强对测量标志保护工作的领导，增强公民依法保护测量标志的意识。

乡级人民政府应当做好本行政区域内的测量标志保护管理工作。

第七条 对在保护永久性测量标志工作中做出显著成绩的单位和个人，给予奖励。

第八条 建设永久性测量标志，应当符合下列要求：

（一）使用国家规定的测绘基准和测绘标准；

（二）选择有利于测量标志长期保护和管理的点位；

（三）符合法律、法规规定的其他要求。

第九条 设置永久性测量标志的，应当对永久性测量标志设立明显标记；设置基础性测量标志的，还应当设立由国务院测绘行政主管部门统一监制的专门标牌。

第十条 建设永久性测量标志需要占用土地的，地面标志占用土地的范围为36－100平方米，地下标志占用土地的范围为16－36平方米。

第十一条 设置永久性测量标志，需要依法使用土地或者在建筑物上建设永久性测量标志的，有关单位和个人不得干扰和阻挠。

第十二条 国家对测量标志实行义务保管制度。

设置永久性测量标志的部门应当将永久性测量标志委托测量标志设置地的有关单位或者人员负责保管，签订测量标志委托保管书，明确委托方和被委托方的权利和义务，并由委托方将委托保管书抄送乡级人民政府和县级以上人民政府管理测绘工作的部门备案。

第十三条 负责保管测量标志的单位和人员，

应当对其所保管的测量标志经常进行检查；发现测量标志有被移动或者损毁的情况时，应当及时报告当地乡级人民政府，并由乡级人民政府报告县级以上地方人民政府管理测绘工作的部门。

第十四条 负责保管测量标志的单位和人员有权制止、检举和控告移动、损毁、盗窃测量标志的行为，任何单位或者个人不得阻止和打击报复。

第十五条 国家对测量标志实行有偿使用；但是，使用测量标志从事军事测绘任务的除外。测量标志有偿使用的收入应当用于测量标志的维护、维修，不得挪作他用。具体办法由国务院测绘行政主管部门会同国务院物价行政主管部门规定。

第十六条 测绘人员使用永久性测量标志，应当持有测绘工作证件，并接受县级以上人民政府管理测绘工作的部门的监督和负责保管测量标志的单位和人员的查询，确保测量标志完好。

第十七条 测量标志保护工作应当执行维修规划和计划。

全国测量标志维修规划，由国务院测绘行政主管部门会同国务院其他有关部门制定。

省、自治区、直辖市人民政府管理测绘工作的部门应当组织同级有关部门，根据全国测量标志维修规划，制定本行政区域内的测量标志维修计划，并组织协调有关部门和单位统一实施。

第十八条 设置永久性测量标志的部门应当按照国家有关的测量标志维修规程，对永久性测量标志定期组织维修，保证测量标志正常使用。

第十九条 进行工程建设，应当避开永久性测量标志；确实无法避开，需要拆迁永久性测量标志或者使永久性测量标志失去使用效能的，工程建设单位应当履行下列批准手续：

（一）拆迁基础性测量标志或者使基础性测量标志失去使用效能的，由国务院测绘行政主管部门或者省、自治区、直辖市人民政府管理测绘工作的部门批准；

（二）拆迁部门专用的永久性测量标志或者使部门专用的永久性测量标志失去使用效能的，应当经设置测量标志的部门同意，并经省、自治区、直辖市人民政府管理测绘工作的部门批准。

拆迁永久性测量标志，还应当通知负责保管测量标志的有关单位和人员。

第二十条 经批准拆迁基础性测量标志或者使基础性测量标志失去使用效能的，工程建设单位应当按照国家有关规定向省、自治区、直辖市人民政府管理测绘工作的部门支付迁建费用。

经批准拆迁部门专用的测量标志或者使部门专用的测量标志失去使用效能的，工程建设单位应当按照国家有关规定向设置测量标志的部门支付迁建费用；设置部门专用的测量标志的部门查找不到的，工程建设单位应当按照国家有关规定向省、自治区、直辖市人民政府管理测绘工作的部门支付迁建费用。

第二十一条 永久性测量标志的重建工作，由收取测量标志迁建费用的部门组织实施。

第二十二条 测量标志受国家保护，禁止下列有损测量标志安全和使测量标志失去使用效能的行为：

（一）损毁或者擅自移动地下或者地上的永久性测量标志以及使用中的临时性测量标志的；

（二）在测量标志占地范围内烧荒、耕作、取土、挖沙或者侵占永久性测量标志用地的；

（三）在距永久性测量标志 50 米范围内采石、爆破、射击、架设高压电线的；

（四）在测量标志的占地范围内，建设影响测量标志使用效能的建筑物的；

（五）在测量标志上架设通讯设施、设置观望台、搭帐篷、拴牲畜或者设置其他有可能损毁测量标志的附着物的；

（六）擅自拆除设有测量标志的建筑物或者拆除建筑物上的测量标志的；

（七）其他有损测量标志安全和使用效能的。

第二十三条 有本条例第二十二条禁止的行为之一，或者有下列行为之一的，由县级以上人民政府管理测绘工作的部门责令限期改正，给予警告，并可以根据情节处以 5 万元以下的罚款；对负有直接责任的主管人员和其他直接责任人员，依法给予行政处分；造成损失的，应当依法承担赔偿责任：

（一）干扰或者阻挠测量标志建设单位依法使用土地或者在建筑物上建设永久性测量标志的；

（二）工程建设单位未经批准擅自拆迁永久性测量标志或者使永久性测量标志失去使用效能的，或者拒绝按照国家有关规定支付迁建费用的；

（三）违反测绘操作规程进行测绘，使永久性测量标志受到损坏的；

（四）无证使用永久性测量标志并且拒绝县级以上人民政府管理测绘工作的部门监督和负责保管测量标志的单位和人员查询的。

第二十四条 管理测绘工作的部门的工作人员

玩忽职守、滥用职权、徇私舞弊的，依法给予行政处分。

第二十五条 违反本条例规定，应当给予治安管理处罚的，依照治安管理处罚条例的有关规定给予处罚；构成犯罪的，依法追究刑事责任。

第二十六条 本条例自1997年1月1日起施行。1984年1月7日国务院发布的《测量标志保护条例》同时废止。

部门规章

外国的组织或者个人来华测绘管理暂行办法

2007年1月19日中华人民共和国国土资源部令第38号公布，
自2007年3月1日起施行

第一条 为加强对外国的组织或者个人在中华人民共和国领域和管辖的其他海域从事测绘活动的管理，维护国家安全和利益，促进中外经济、科技的交流与合作，根据《中华人民共和国测绘法》和其他有关法律、法规，制定本办法。

第二条 外国的组织或者个人在中华人民共和国领域和管辖的其他海域从事测绘活动（以下简称来华测绘），适用本办法。

第三条 来华测绘应当遵循以下原则：

（一）必须遵守中华人民共和国的法律、法规和国家有关规定；

（二）不得涉及中华人民共和国的国家秘密；

（三）不得危害中华人民共和国的国家安全。

第四条 国务院测绘行政主管部门会同军队测绘主管部门负责来华测绘的审批。

县级以上各级人民政府测绘行政主管部门依照法律、行政法规和规章的规定，对来华测绘履行监督管理职责。

第五条 来华测绘应当符合测绘管理工作国家秘密范围的规定。测绘活动中涉及国防和国家其他部门或者行业的国家秘密事项，从其主管部门的国家秘密范围规定。

第六条 外国的组织或者个人在中华人民共和国领域测绘，必须与中华人民共和国的有关部门或者单位依法采取合资、合作的形式（以下简称合资、合作测绘）。

前款所称合资、合作的形式，是指依照《中华人民共和国中外合资经营企业法》、《中华人民共和国中外合作经营企业法》的规定设立合资、合作企业。

经国务院及其有关部门或者省、自治区、直辖市人民政府批准，外国的组织或者个人来华开展科技、文化、体育等活动时，需要进行一次性测绘活动的（以下简称一次性测绘），可以不设立合资、合作企业，但是必须经国务院测绘行政主管部门会同军队测绘主管部门批准，并与中华人民共和国的有关部门和单位的测绘人员共同进行。

第七条 合资、合作测绘不得从事下列活动：

（一）大地测量；

（二）测绘航空摄影；

（三）行政区域界线测绘；

（四）海洋测绘；

（五）地形图和普通地图编制；

（六）导航电子地图编制；

（七）国务院测绘行政主管部门规定的其他测绘活动。

第八条 合资、合作测绘应当取得国务院测绘行政主管部门颁发的《测绘资质证书》。

合资、合作企业申请测绘资质应当具备下列条件：

（一）符合《中华人民共和国测绘法》以及外商投资的法律法规的有关规定；

（二）符合《测绘资质管理规定》的有关要求；

（三）合资、合作企业须中方控股；

（四）已经依法进行企业登记，并取得中华人民共和国法人资格。

第九条 合资、合作企业申请测绘资质应当提供下列材料：

（一）《测绘资质管理规定》中要求提供的申请材料；

（二）中方控股的证明文件；

（三）企业法人营业执照；

（四）国务院测绘行政主管部门规定应当提供的其他材料。

第十条 测绘资质许可依照下列程序办理：

（一）提交申请：合资、合作企业应当分别向国务院测绘行政主管部门和其所在地的省、自治区、直辖市人民政府测绘行政主管部门提交申请材料；

（二）初审：国务院测绘行政主管部门在收到申请材料后依法作出是否受理的决定。决定受理的，应当及时通知省、自治区、直辖市人民政府测绘行政主管部门进行初审。省、自治区、直辖市人民政府测绘行政主管部门应当在接到初审通知后20个工作日内提出初审意见，并报国务院测绘行政主管部门；

（三）审查：国务院测绘行政主管部门接到初审意见后5个工作日内送军队测绘主管部门会同审查，并在接到会同审查意见后8个工作日内作出审查决定；

（四）发放证书：审查合格的，由国务院测绘行政主管部门颁发相应等级的《测绘资质证书》；审查不合格的，由国务院测绘行政主管部门作出不予许可的决定。

第十一条 申请一次性测绘的，应当提交下列申请材料一式三份：

（一）申请表；

（二）国务院及其有关部门或者省、自治区、直辖市人民政府的批准文件；

（三）按照法律法规规定应当提交的有关部门的批准文件；

（四）外国的组织或者个人的身份证明和有关资信证明；

（五）测绘活动的范围、路线、测绘精度及测绘成果形式的说明；

（六）测绘活动时使用的测绘仪器、软件和设备的清单和情况说明；

（七）中华人民共和国现有测绘成果不能满足项目需要的说明。

第十二条 一次性测绘应当依照下列程序取得国务院测绘行政主管部门的批准文件：

（一）提交申请：经国务院及其有关部门批准，外国的组织或者个人来华开展科技、文化、体育等活动时，需要进行一次性测绘活动的，应当向国务院测绘行政主管部门提交申请材料。

经省、自治区、直辖市人民政府批准，外国的组织或者个人来华开展科技、文化、体育等活动时，需要进行一次性测绘活动的，应当向国务院测绘行政主管部门和省、自治区、直辖市人民政府测绘行政主管部门分别提交申请材料；

（二）初审：国务院测绘行政主管部门在收到申请材料后依法作出是否受理的决定。经省、自治区、直辖市人民政府批准，外国的组织或者个人来华开展科技、文化、体育等活动时，需要进行一次性测绘活动的，国务院测绘行政主管部门决定受理后，应当及时通知省、自治区、直辖市人民政府测绘行政主管部门进行初审。省、自治区、直辖市人民政府测绘行政主管部门应当在接到初审通知后20个工作日内提出初审意见，并报国务院测绘行政主管部门；

（三）审查：国务院测绘行政主管部门受理后或者接到初审意见后5个工作日内送军队测绘主管部门会同审查，并在接到会同审查意见后8个工作日内作出审查决定；

（四）批准：准予一次性测绘的，由国务院测绘行政主管部门依法向申请人送达批准文件，并抄送测绘活动所在地的省、自治区、直辖市人民政府测绘行政主管部门；不准予一次性测绘的，应当作出书面决定。

第十三条 依法需要听证、检验、检测、鉴定和专家评审的，所需时间不计算在规定的期限内，但是应当将所需时间书面告知申请人。

第十四条 合资、合作企业应当在《测绘资质证书》载明的业务范围内从事测绘活动。一次性测绘应当按照国务院测绘行政主管部门批准的内容进行。

合资、合作测绘或者一次性测绘的，应当保证中方测绘人员全程参与具体测绘活动。

第十五条 来华测绘成果的管理依照有关测绘成果管理法律法规的规定执行。

来华测绘成果归中方部门或者单位所有的，未经依法批准，不得以任何形式将测绘成果携带或者传输出境。

第十六条 县级以上地方人民政府测绘行政主管部门，应当加强对本行政区域内来华测绘的监督管理，定期对下列内容进行检查：

（一）是否涉及国家安全和秘密；

（二）是否在《测绘资质证书》载明的业务范围内进行；

（三）是否按照国务院测绘行政主管部门批准的内容进行；

（四）是否按照《中华人民共和国测绘成果管理条例》的有关规定汇交测绘成果副本或者目录；

（五）是否保证了中方测绘人员全程参与具体测绘活动。

第十七条 违反本办法规定，法律、法规已规定行政处罚的，从其规定。

违反本办法规定，来华测绘涉及中华人民共和国的国家秘密或者危害中华人民共和国的国家安全的行为的，依法追究其法律责任。

第十八条 违反本办法规定，有下列行为之一的，由国务院测绘行政主管部门撤销批准文件，责令停止测绘活动，处3万元以下罚款。有关部门对中方负有直接责任的主管人员和其他直接责任人员，依法给予行政处分；构成犯罪的，依法追究刑事责任。对形成的测绘成果依法予以收缴：

（一）以伪造证明文件、提供虚假材料等手段，骗取一次性测绘批准文件的；

（二）超出一次性测绘批准文件的内容从事测绘活动的。

第十九条 违反本办法规定，未经依法批准将测绘成果携带或者传输出境的，由国务院测绘行政主管部门处3万元以下罚款；构成犯罪的，依法追究刑事责任。

第二十条 来华测绘涉及其他法律法规规定的审批事项的，应当依法经相应主管部门批准。

第二十一条 香港特别行政区、澳门特别行政区、台湾地区的组织或者个人来内地从事测绘活动的，参照本办法进行管理。

第二十二条 本办法自2007年3月1日起施行。

重要规范性文件

关于印发《国家测绘局会议管理办法》的通知

国测办字［2007］2号 2007年1月4日

机关各司（室），局所属各单位：

根据国务院机关事务管理局、财政部印发的《中央国家机关会议费管理办法》（国管财［2006］426号），结合实际，我局对原《国家测绘局会议管理办法》进行了修订，现印发执行。

国家测绘局会议管理办法

第一条 为规范国家测绘局（以下简称局）会议管理工作，提高会议质量和效率，根据《国务院关于进一步精简会议和文件的通知》、《中央国家机关会议费管理办法》以及《国家测绘局工作规则》制定本办法。

第二条 会议分类

（一）一类会议：局或局与其他部委联合召开的，要求各省、自治区、直辖市、计划单列市测绘行政主管部门，新疆生产建设兵团测绘主管部门，局所属单位主要负责人和机关各司（室）（含各内设机构，下同）主要负责人参加的全国性会议。

（二）二类会议：机关各司（室）召开的，要求各省、自治区、直辖市、计划单列市测绘行政主管部门，局所属单位分管领导和机关有关司（室）负责人参加的全国性专业会议。

（三）三类会议：机关各司（室）召开的，要求部分省、自治区、直辖市、计划单列市测绘行政主管部门和局所属单位有关领导及人员参加的专项工作会议。

（四）四类会议：局召开的新闻发布会、局需临时召开的小型会议、局非常设机构召开的会议。

第三条 会议申报和审批

（一）一类会议由办公室将报批文件送财政部审核会签后，经国土资源部报国务院办公厅审批。原则上一类会议每年只能召开一个。

（二）二类会议由机关各司（室）年底前提出计划，经分管局领导审核，由办公室汇总报局长办公会议审定后报国务院办公厅备案。原则上二类会议机关各司（室）每年召开一个，需要超额召开的，应阐述理由。

（三）三类会议由机关各司（室）在年底前提出计划，经分管局领导审核，由办公室汇总报局长办公会议审定。原则上三类会议机关各司（室）每年召开不超过两次，需要超额召开的，应阐述理由。

（四）新闻发布会由有关司（室）提前15天提出预案，经办公室审核后报局长审批；局需临时召开的小型会议，由会议承办司（室）提前以书面形式提出申请，经分管局领导审核，报局长审定；局非常设机构召开的会议，应提前报分管局领导审定。

（五）局所属社团组织召开的全国性会议，须提前30天向局请示，经局长办公会议审批。局直属事业单位和社团组织未经授权不得以局名义召开会议。

（六）已委托局所属有关单位承担的工作，原则上不再以机关各司（室）名义召开有关会议。

第四条 会议天数和人数

一类会议会期一般不得超过3天，与会人员一般不得超过200人，工作人员控制在代表人数的20%以内。

二类会议会期一般不得超过2天，与会人员一般不得超过120人，工作人员控制在代表人数的15%以内。

三类会议会期一般不得超过2天，与会人员一般不得超过60人，工作人员控制在代表人数的10%以内。

第五条 会议管理

（一）局办公室负责管理局的各类会议。会议通知一律以局办公室名义印发，非局办公室发文召开的会议，地方测绘行政主管部门和局所属单位可拒绝参加。

（二）召开列入局年度会议计划的会议和因工作需要临时召开的小型会议，主办司（室）应提前写出签报，内容包括会议时间、地点、议程、出席和参加人员等，报分管局领导审定。

（三）一类会议文件由会议主办司（室）负责准备，报局长办公会议审定，会务工作由办公室负责；二、三类会议文件由会议主办司（室）负责准备，报局长办公会议或局专题会议审定，会务工作由会议主办司（室）负责。

第六条 会议地点

（一）召开会议要贯彻精简、高效、节约的原则，尽量缩短会期，减少会议人员。局各类会议不得在《中共中央办公厅 国务院办公厅关于严禁党政机关到风景名胜区开会的通知》中明确的12个风景名胜区召开；不得在会议期间和会议前后组织公款旅游活动。

（二）在京召开使用财政资金2万元以上的各类会议，必须到中央国家机关会议定点场所召开。

（三）在保密条件许可的情况下，应尽可能采用电视电话会议等快捷、节俭的形式召开会议。

第七条 会议费开支渠道

（一）一、二类会议的会议经费由办公室按有关规定核拨。

（二）三类会议、机关各司（室）确因工作需要召开小型会议的经费，在司重点工作经费中支出。

（三）机关各司（室）不得以任何方式转嫁或摊派会议费用，不得收取会议费和资料费。任何单位和个人有权拒绝参加要求与会人员食宿费用自理的各种会议。

第八条 会议费开支范围

会议费开支包括会议房租费（含会议室租金）、伙食补助费、交通费、办公用品费、文件印刷费、医药费等。

会议主办单位不得组织会议代表游览及与会议无关的参观，也不得宴请与会人员、发放纪念品及与会议无关的物品。

第九条 会议费开支标准

会议费开支实行综合定额控制，各项费用之间可以调剂使用，在综合定额控制内据实报销。会议费综合定额标准如下：

单位：元/人天

会议类别	房租费	伙食补助	其他费用	合计	备 注
一类会议	170	80	50	300	含会议室租金
二类会议	150	80	30	260	含会议室租金

三类会议的会议费综合定额标准参照二类会议执行。在定点饭店召开会议的，房租费、伙食补助费按定点饭店的收费标准执行。

会议召开地代表原则上不安排住宿；工作人员除必须住会的以外，不安排住宿。

其他费用包括交通、文件印刷、夜餐、办公用品、备用药品等。

第十条 会议费报销

机关各司（室）应在会议结束后及时报账，机关行政财务部门要认真把关，严格按规定审核会议费开支，超标准或扩大范围开支的不予报销。

第十一条 会议精神的贯彻落实

按照职责分工，会议精神和决定事项的落实工作由有关司（室）或单位负责，办公室负责对落实情况进行监督和检查。

第十二条 其他事项

（一）测绘系统各单位及相关行业召开会议邀请局有关人员参加的，应通过局办公室统筹安排，原则上不得多人同时参加同一个会议。

（二）局内设机构召开会议邀请各司（室）主要负责人参加的，应由办公室请示局领导后统筹安排。

（三）机关各司（室）负责人和直属单位主要负责人参加会议的，按《关于进一步加强局机关司（室）负责同志和直属单位主要负责同志出差（出访）请示报告工作的通知》中的规定执行。

（四）本办法自印发之日起执行，与本规定不一致的其他相关规定，以本规定为准。

关于印发《国家测绘局新闻发布管理办法》的通知

国测办字［2007］5号 2007年1月22日

局机关各司（室）、局所属各单位：

现将《国家测绘局新闻发布管理办法》印发给你们，请遵照执行。

国家测绘局新闻发布管理办法

为加强测绘宣传工作，推进政务公开，促进与社会公众的沟通和联系，根据国务院办公厅《关于进一步改进和加强政府新闻发布制度建设的意见》（国办发［2006］19号）精神，制定本办法。

一、新闻发布工作的指导思想

新闻发布工作要以邓小平理论和“三个代表”重要思想为指导，全面贯彻落实科学发展观，通过建立健全新闻发言人制度和新闻发布工作机制，推动新闻发布工作逐步走上制度化、规范化轨道，推进依法行政和政务公开，加强与社会公众的沟通和联系，促进测绘事业发展和更好地为经济社会发展服务。

二、新闻发布工作的主要任务

新闻发布工作要紧紧围绕党和政府的工作大局以及测绘事业发展的中心工作，宣传党和国家的方针政策，宣传中央领导同志对测绘工作的重要指示，介绍测绘工作为经济社会发展提供测绘保障和服务所取得的成效以及测绘工作在全面建设小康社会中的重要作用，使各级领导、有关部门和社会各界更加了解测绘、关心测绘和支持测绘，促进测绘事业发展。

三、新闻发布管理和组织实施

国家测绘局办公室归口管理局新闻发布工作，统筹安排局各有关新闻发布事项，牵头组织策划新闻发布活动方案，协调新闻发布各项工作，指导局所属单位的新闻发布工作。机关各司（室）及有关单位承担新闻发布有关素材的准备，配合开展有关工作。

中国测绘宣传中心承担新闻发布的宣传预案制订、会议材料起草、通知新闻媒体参会和宣传预案的落实工作。

四、新闻发布内容

（一）测绘法规规章、重大方针政策、发展规划、重大决策、重要制度制定出台及其执行情况。

（二）全局性工作或重大项目的启动、阶段性进展、成果或重大成就。

（三）重大测绘活动和重要科研成果。

（四）涉及全局的重大问题和广大群众普遍关心的、需要正面回答的热点问题。

（五）突发事件有关情况及其处理措施。

（六）局举办或以局名义举办的重要活动情况。

（七）需要发布的其他重大事项。

新闻发布内容不得违反国家法律和方针政策，不得违背事实，不得泄露国家秘密。

五、新闻发布方式

（一）以国务院新闻办公室名义召开新闻发布会。主要发布与经济社会发展关系密切且广大群众普遍关心的重大测绘活动、决策、事件等，由局长或局新闻发言人作为新闻发布人出席发布会并答记者问。

（二）国家测绘局新闻发布会。主要发布重要测绘工程项目的组织实施情况和有关成果，由局新闻发言人或分管局领导作新闻发布讲话并答记者问。局新闻发布会不定期举行，有关司（室）、单位负责人参加会议。

（三）国家测绘局新闻通气会。主要介绍一段时间内有关测绘重点工作的准备、实施和进展等情况，向新闻单位提供有关新闻宣传素材，加强信息沟通，增进了解，由局新闻发言人或分管局领导向媒体通报情况。局新闻通气会不定期举行，有关司（室）、单位负责人参加会议，并根据需要就有关具体问题作说明。

（四）发布新闻还可根据需要采取接受媒体记者专访，提供新闻稿件，以局新闻发言人名义发布新闻公报、声明、谈话以及答复记者的电话、传真和电子邮件问询等方式。

六、新闻发布程序

（一）新闻发布会和新闻通气会程序

1. 新闻发布会或新闻通气会主题由局办公室商有关司（室）提出，报局领导审定。一般要提前3周确定发布主题。

2. 新闻发布会或新闻通气会前，由局办公室组织召开协调会，研究会议主要内容和宣传预案。

3. 局机关有关司（室）、局所属有关单位准备新闻宣传素材，并提前2周送中国测绘宣传中心。局有关司（室）负责起草局领导发布讲话，提前1周送局办公室审核。

4. 中国测绘宣传中心在有关司（室）、单位提供的新闻素材基础上起草会议材料（新闻通稿、答记者问、有关新闻背景材料等），并提前1周报局办公室审核。

局办公室对有关材料进行审核后提前3天报局领导审定。

5. 中国测绘宣传中心负责联络邀请新闻记者、进行会场布置等会务工作。

（二）接受采访有关规定

1. 局办公室负责对有关新闻单位的采访申请进行统筹协调，确定接受采访的对象，必要时报经局领导确定接受采访对象。有关司（室）、局所属单位要积极配合、支持采访活动。

2. 接受记者采访的对象一般应为局领导、司（室）负责人、局所属单位领导或专家。未经局办公室同意，机关工作人员不得擅自接受媒体记者采访。

关于注册测绘师资格考核认定工作有关问题的通知

测办［2007］24号　2007年4月27日

各省、自治区、直辖市测绘行政主管部门，国务院有关部委、直属机构人事部门，中央管理的有关企业：

为贯彻落实人事部、国家测绘局《关于印发〈注册测绘师制度暂行规定〉、〈注册测绘师资格考试实施办法〉和〈注册测绘师资格考核认定办法〉的通知》（国人部发［2007］14号），切实做好注册测绘师资格考核认定工作，现就有关问题通知如下：

一、注册测绘师资格考核认定的审批工作由人事部、国家测绘局负责。各省、自治区、直辖市测绘行政主管部门和国务院有关部门、中央管理的有关企业应按照《注册测绘师资格考核认定办法》的规定，配合人事部、国家测绘局组织好注册测绘师资格考核认定的申报和审核工作。

二、请各部门、各单位收到本通知后，抓紧对本地区、本部门、本企业有关注册测绘师考核认定申报工作进行部署，确保有关文件传达到每个从事测绘工作的专业技术人员。根据分工，国务院有关部门和中央管理的企业负责测绘业务管理的机构，负责本部门和本企业所属单位注册测绘师资格考核认定的受理和审查工作，并经本部门或企业人事部门复审后向国家测绘局推荐；各省、自治区、直辖市测绘行政主管部门，负责本地区注册测绘师资格考核认定的受理和审查工作，并经所在地人事部门复审后向国家测绘局推荐；军队测绘人员的申报，由总政干部部按照《注册测绘师资格考核认定办法》规定的程序和要求向国家测绘局推荐。

三、各部门、各单位应于2007年8月1日之前将有关材料（均采用A4大小纸张）报送至国家测绘局。报送材料包括：

1. 各省、自治区、直辖市或国务院有关部门、中央管理的企业、军队人事（干部）部门的推荐意见函，函中需要介绍本地区、本部门、本企业注册测绘师考核认定的申报、审查的总体情况。

2.《申报注册测绘师资格考核认定人员情况汇总表》（表样附后），同时报送EXCEL格式电子文档。

3. 申报人的《中华人民共和国注册测绘师资格考核认定申报表》一式2份，同时须提供电子文档。电子表格可在国家测绘局网站上下载。

4.《注册测绘师资格考核认定办法》第三条第（三）、（四）、（五）款规定的各类证书、证明材料复印件，以及证明学术水平的所发表论文的期刊杂志的封面和目录、专业著作的封面和目录及署有作者名字的部分。各部门、各单位在审查、复审上述材料时，均须核查各类证书、相关证明及有关材料的原件，向国家测绘局报送的复印件须由测绘业务机构和人事部门负责人对其真实性签署意见并加盖单位印章。材料的装订顺序依次为学历或学位证书、高级工程师专业技术职务聘书、获奖证书、生产项目和研究成果证书、单位资质证书、获奖项目的主要文件和签署证明、主要技术负责人的任命文件或者聘书、论文和专业著作的封面及目录、其他证明材料。

四、人事部、国家测绘局已经共同成立了“注册测绘师资格考核认定工作领导小组”，负责全国注册测绘师资格考核认定工作。领导小组办公室设在国家测绘局，联系电话：010－68339047、68346619，联系人：张文晖、王久辉，通信地址：北京百万庄三里河路9号，邮编：100830，E－mail：jyrc@sbsm.gov.cn。

附件：申报注册测绘师资格考核认定人员情况汇总表（略）

关于印发甲级测绘资质审批程序规定的通知

测办［2007］26号　2007年4月28日

机关各司（室）：

为进一步完善甲级测绘资质审批程序和方式，按照公正透明、便民高效的原则，行业管理司对2004年7月制定的《甲级测绘资质审批程序规定》进行了修订，现予印发。

甲级测绘资质审批程序规定

第一条 为了进一步规范甲级测绘资质审批程序，贯彻行政许可的公开、便民、高效原则，制定本规定。

第二条 国家测绘局行业管理司（以下简称行管司）负责承办甲级测绘资质审查的管理工作。

行管司市场处（以下简称市场处）具体承办甲级测绘资质的受理审查工作。

第三条 市场处承办人员收到甲级测绘资质申请后，按照《测绘资质管理规定》，对申请材料进行审查。

依法不予受理的，市场处应当在3个工作日内向分管司领导提出不予受理的建议，分管司领导应当在2个工作日内作出决定，并由承办人员填写《甲级测绘资质审查不予受理通知书》（见附件一），送达申请单位，同时退还申请材料。

对申请材料不齐全或者不符合规定形式的，市场处应当在受理期限内一次性告知申请单位需要补正的全部内容，并由承办人员填写《甲级测绘资质审查材料补正通知书》（见附件二），送达申请单位。

对申请材料符合要求的，市场处应当在5个工作日内作出受理决定。填写《甲级测绘资质审查受理通知书》（见附件三），送达申请单位。

第四条 审查

1. 市场处承办人员应当在受理之日起4个工作日内完成初审工作，填写《甲级测绘资质审查表》（见附件四），报市场处负责人。

2. 市场处负责人应当在2个工作日内在《甲级测绘资质审查表》上签署意见，报分管司领导。

3. 分管司领导审核市场处提交的审查意见，对不需会审的，应当在3个工作日内在《甲级测绘资质审查表》上签署意见；对需要会审的，应当在2个工作日内组织召开会审会。

4. 申请导航电子地图制作资质的单位，依法予以受理的，行管司将申请材料送成果司进行保密审查。成果司应当在10个工作日内将意见反馈行管司。

第五条 会审

1. 拟批准大地测量、测绘航空摄影、基础测绘地图编制专业甲级资质，由国土司参加会审；拟批准公开版地图编制（含导航电子地图制作）专业甲级资质，由成果司参加会审。

2. 根据会审意见，分管司领导应当在1个工作日内在《甲级测绘资质审查表》上签署意见。

第六条 公示

1. 市场处收到分管司领导签署同意意见之日起2个工作日内，填写拟作出行政许可决定的公示意见表（见附件五），经行管司司长签署意见后，随同审查表及申请表一并报分管局领导。

2. 分管局领导收到公示意见表后，4个工作日内签批意见。

3. 根据分管局领导签批意见，行管司将拟作出的行政许可决定在国家测绘局网站上公示，公示时间为7个工作日。公示时间不计入行政许可期限。

第七条 决定

1. 公示期内无异议的单位，市场处应当在公示期满后2个工作日内起草批复文件，经行管司司长审签后，报分管局领导审批。

分管局领导收到批复文件后，3个工作日内签批意见。

2. 公示期内有异议的单位，行管司应当认真组织调查核实。调查核实的时间不计入行政许可期限。

经核实无问题的单位，市场处起草批复文件，经行管司司长审签后，报分管局领导审批。

经核实存在问题的单位，行管司视情况做出处理；对于举报的违法违纪问题，移送有关部门处理。

第八条 因特殊原因，行管司在规定期限内不能完成审查工作的，经分管局领导批准，可以延长10个工作日，并应当将延长期限的理由告知申请单位。

第九条 对于申请甲级测绘资质的单位，有下列情形之一的，市场处应当在本处工作日期限内，向分管司领导提出召开司务会审查的建议，经分管司领导审核并报行管司司长同意后，召开司务会：

（一）申请中外合资、合作企业测绘资质的；

（二）申请导航电子地图制作资质的；

（三）出版单位申请地图编制甲级资质的；

（四）需要司务会审查的其他情形。

第十条 市场处应当在分管局领导批准后10个工作日内，向申请人颁发、送达《测绘资质证书》及有关文件。

第十一条 经审查批准的甲级测绘单位，其名称、地址、邮政编码、法人代表、资质证号、发证日期、有效期、业务范围等，在国家测绘局网站上公布。

经审查不予批准甲级测绘资质的，经分管局领导同意后，行管司书面告知申请单位。

第十二条 甲级测绘单位申请增加业务范围，市场处承办人员应当在3个工作日内提出审查建议，填写《甲级测绘单位业务范围变更审批表》（见附件六)，报市场处负责人。

市场处负责人应当在4个工作日内在《甲级测绘单位业务范围变更审批表》上签署意见，报分管司领导。涉及本规定第四条会审内容的，征求有关司意见。

分管司领导应当在3个工作日内在《甲级测绘单位业务范围变更审批表》上签批意见。

市场处承办人员应当在3个工作日内，换发甲级《测绘资质证书》。

第十三条 甲级测绘单位申请名称、地址或者法人代表变更的，市场处承办人员应当在3个工作日内提出审查建议，填写《甲级测绘单位名称变更审批表》（见附件七）或者《甲级测绘单位地址、法人代表变更审批表》（见附件八)，报市场处负责人。

市场处负责人应当在4个工作日内对材料进行审核，并在《甲级测绘单位名称变更审批表》或者《甲级测绘单位地址、法人代表变更审批表》上签批意见。

市场处承办人员应当在3个工作日内，换发甲级《测绘资质证书》。

第十四条 为申请单位换发《测绘资质证书》之前，市场处承办人员应当及时通知申请单位将原《测绘资质证书》交回市场处。

第十五条 甲级测绘资质审批工作应当严格按照本规定执行，并建立相应的资料档案管理制度和责任追究制。

甲级测绘资质审批以保证时效为原则。遇有人员出差等原因不能按本规定实施审批的，上一级领导可以直接作出有关决定。

第十六条 本规定自颁布之日起施行。

关于测绘资质管理有关问题的批复

测办［2007］34号 2007年5月28日

浙江省测绘局：

你局《关于测绘资质管理有关问题的请示》(浙测［2007］40号）收悉。经研究，批复如下：

原则同意你局关于在测绘资质年度注册和日常检查中发现不符合相应资质条件的单位，给予一定整改期限的意见，但整改期限不应超过2个月。对于整改的单位，应当书面通知其存在的问题和拟处理意见，并要求其在规定期限内报送整改材料。经过整改依然不符合测绘资质条件，或者未在规定期限内报送整改材料的，应当降低测绘资质等级或者注销测绘资质。其中，降低甲级测绘单位资质等级或注销甲级测绘单位资质，由省级测绘行政主管部门提出建议，报送国家测绘局决定。

关于印发《国家测绘局重要事项通报规定》的通知

测办［2007］75号 2007年9月20日

局机关各司（室)，局所属各单位：

现将《国家测绘局重要事项通报规定》印发，请遵照执行。各部门、各单位要切实增强效率意识、责任意识，提高工作成效，严格落实各项工作制度，促进测绘工作管理制度化、规范化。

国家测绘局重要事项通报规定

第一条 为进一步落实各项工作制度，促进测绘各项任务的落实，提高测绘管理制度化、规范化水平，特制定本规定。

第二条 国家测绘局重要事项通报内容：重点工作部署、测绘专项任务、重大测绘项目、领导重要批办事项落实进展情况，重要规划计划执行情况，测绘部门预算执行情况，基础测绘进展情况，测绘立法与配套措施研究制定进展情况，重大违法案件查处情况，重要测绘成果管理应用情况，地图审查与地图市场监管情况，测绘舆情分析报告以及测绘重大政策制修订和重要活动宣传报道情况，其他重要事项。

第三条 国家测绘局重要事项通报的类型：

（一）向党中央、国务院以及党中央、国务院领导同志的报告；

（二）向全国测绘系统（必要时发省级人民政府和计划单列市人民政府或相关部门）的通报；

（三）向局领导、各司（室）及所属单位的通报；

（四）向全社会的公告。

第四条 国家测绘局重要事项的通报形式：

（一）测绘专报：用于向党中央、国务院以及党中央、国务院有关部门报告测绘重大事项；

（二）局函报：用于向党中央、国务院领导报告领导批办事项落实情况以及测绘重大事项；

（三）内部情况通报：用于不定期向局领导、各司（室）、各所属单位、省级测绘行政主管部门（含新疆生产建设兵团测绘主管部门）、计划单列市测绘行政主管部门通报重要事项；

（四）局内要情：用于定期向局领导、局机关各司（室）及所属各单位领导通报重要工作动态；

（五）新闻媒体、国家测绘局政府门户网站、国家测绘局公告：采用广播电视专题节目、新闻发布会、《中国测绘报》、国家测绘局门户网站、国家测绘局公告等形式，向全社会通报国家测绘局重要事项。

第五条 国家测绘局重要事项的通报稿件一般由各司（室）根据工作职能负责起草，按照规定程序报领导审签。其他有关单位起草的稿件，原则上要根据稿件内容转相关司（室），经司（室）领导把关后，按照规定程序报领导审签。

第六条 测绘专报、局函报、国家测绘局公告经局办公室统一审核后，呈报局领导签发。内部情况通报、局内要情由局办公室负责对各司（室）提供的稿件进行编辑后，报局领导签发。新闻媒体、国家测绘局政府门户网站向全社会通报国家测绘局重要事项，按照《国家测绘局新闻宣传重要稿件送审管理办法》的规定执行。

第七条 刊登局领导批示要求刊登的稿件时，可将批示主要内容写成按语在文头刊发，一般不刊登局领导同志批示原文。

第八条 国家测绘局重要事项通报的编辑人员要切实增强责任意识、效率意识、质量意识，精心编辑好每一期通报，做到及时、准确、高效；要加强理论学习，提高综合分析能力，及时掌握局的总体工作部署与重点工作的进展，增强通报内容的指导性、科学性、实用性，为有关领导决策提供有价值的参考信息和参谋建议，为推动全局工作发挥好引导和促进作用。

第九条 本规定自二〇〇七年十月一日起施行。

附件：国家测绘局重要事项通报一览表（略）

关于印发《“十一五”期间测绘外事工作基本思路》的通知

国测外字［2007］7号 2007年10月17日

各省、自治区、直辖市、计划单列市测绘行政主管部门，新疆生产建设兵团测绘主管部门，局所属各单位，机关各司（室）：

《“十一五”期间测绘外事工作基本思路》已经

国家测绘局领导审阅同意，现印发给你们，请结合实际认真贯彻执行。

“十一五”期间测绘外事工作基本思路

测绘外事工作是国家整体外交工作和科技外事工作的组成部分，也是测绘事业的重要组成内容。做好测绘外事工作，对于配合国家总体外交策略、服务于测绘事业的中心任务、增强测绘科技自主创新能力、提高中国测绘的国际地位具有重要意义。根据《国务院关于加强测绘工作的意见》、《测绘事业发展第十一个五年规划纲要》，结合测绘外事工作的实际，在认真总结“十五”测绘外事工作经验的基础上，提出“十一五”期间测绘外事工作思路如下。

一、“十五”期间测绘外事工作取得的成绩和存在的问题

“十五”期间，测绘外事工作紧紧围绕测绘事业发展各阶段的中心任务和重点工作开展，取得了一系列成绩：一是保持并扩大与有关国家的合作，通过执行具有实效性的双边合作项目，以“请进来”、“走出去”等方式，引进、消化、吸收国外先进技术与管理经验，促进了测绘科技自主创新能力的提高，直接服务了国家重大测绘专项和基础测绘项目的实施；二是开拓了多种国外培训渠道，配合测绘人才梯队建设，培养了不同层次测绘专业技术与管理人才；三是以官方对外交流带动民间测绘合作，促进了测绘劳务和具有自主知识产权软硬件产品出口；四是努力搭建多边测绘合作平台，通过积极参与国际测绘事务、举办重要国际测绘会议、推荐管理与技术专家在国际测绘组织中担任重要领导职务等，提高了我国测绘的国际地位，扩大了我国测绘的国际影响。

测绘外事工作在取得进展和成绩的同时，仍存在一些问题，面临诸多挑战，主要表现在：测绘外事工作有关规范性制度还不够完善，外事管理工作需要继续加强；部分对外合作交流项目重点还不够突出，项目实效性需进一步提高；外事工作对提高测绘科技自主创新能力的促进作用有待充分发挥，服务于测绘事业发展中心任务的能力需继续增强；在国际测绘组织高层任职的人员出现断层，选拔、推荐专业技术水平、领导能力和外语知识兼备的中青年专家竞争国际测绘组织重要职务的工作力度要进一步加大等。

二、“十一五”期间测绘外事工作的指导思想、发展目标和主要任务

（一）指导思想

以“十一五”测绘事业发展的指导思想和目标为依据，结合国家“十一五”国际科技合作实施纲要确定的国际合作的指导方针和主要目标，努力在拓展测绘对外合作领域、创新合作方式和提高合作成效三个方面取得新突破。继续巩固并发展与有关国家测绘部门和单位的交流与合作，以双边合作研究和人员培训等形式为依托，促进“科技兴测”和“人才强测”战略的实施，进一步增强测绘科技的自主创新能力。以官方测绘合作带动民间测绘交往，支持测绘企事业单位利用自身优势参与国际市场竞争。通过积极参与国际测绘组织事务，举办重要国际测绘会议，争取更多测绘管理与技术专家在国际测绘组织中任职，进一步提高我国测绘的国际影响力。

（二）发展目标

“十一五”期间，测绘国际合作项目的实效性进一步提高，对提高测绘科技自主创新能力的促进作用更为明显，为实施重大基础测绘项目决策提供国外信息咨询支持的能力显著增强，测绘外事推动我国测绘国际影响力的提升、实现我国由测绘大国向国际测绘强国转变的角色更加突出。

1. 建成完善的测绘外事管理体系和服务体系，建立国家测绘局外事工作为测绘系统和行业单位提供有效支持的机制，官方测绘合作带动民间测绘交往取得明显成效。

2. 建成根据实施重大测绘科技攻关项目和基础测绘项目的需要，及时确定相应国际合作项目的机制。通过实施具有实效性的国际合作项目，引进、消化和吸收国外成熟、先进的技术与方法，促进测绘科技自主创新能力的提高。

3. 形成较强的利用国际合作渠道收集、提炼国际测绘科技、测绘成果知识产权保护、测绘管理等相关信息的能力，为测绘立法、管理决策、测绘发展战略研究等提供必要支持。

4. 开拓多层次测绘管理与技术人员赴国（境）

外培训的渠道，基本实现全测绘系统符合条件的领导干部及青年学术技术带头人能够分期分批获得赴国（境）外培训机会。

5. 大力鼓励支持我国测绘管理技术专家参与国际测绘组织事务，力争我国测绘管理技术专家在国际测绘组织中担任高、中级职务人数有较大增加。做好亚太地理信息系统基础设施常设委员会（PC-GIAP）秘书处的各项工作。争取国际摄影测量与遥感学会（ISPRS）秘书处落户我国。

6. 确保第21届国际摄影测量与遥感大会（ISPRS 2008 Beijing）成功举办，达到以“外事”促“内事”目的。

（三）主要任务

“十一五”期间测绘外事工作要根据“转变发展观念、创新发展模式、提高发展质量”的基本要求，配合国家总体外交策略和测绘事业发展的中心任务，多层次、多渠道、全方位开展测绘国际合作。认真谋划和实施具有实质性内容的国际合作项目，推动测绘科技自主创新能力的提高。通过多种方式积极参与多边国际测绘事务，为测绘事业发展创造良好外部环境。

1. 加强外事管理，提高服务水平

“越是改革开放，越要加强外事管理”是中央对开展新时期外事工作确定的原则。加强测绘外事管理是确保测绘外事工作健康有序开展的前提，提高测绘外事工作服务水平是测绘事业发展的必然要求。

进一步认真贯彻执行各项有关外事管理的法规、规章和文件精神，切实强化管理，严肃外事纪律。从项目计划、审批、实施执行等各个环节严格把关，强化项目的实效性，以提高测绘科技自主创新能力为中心，服务于国家总体外交策略和测绘事业发展中心任务。

树立“大测绘外事”的观念，充分利用国家测绘局双边和多边合作交流渠道，为地方测绘系统和行业单位提供项目支持，推动测绘系统和行业单位多层次、多渠道开展对外交流合作。

2. 保持并发展已有合作关系，开拓新的合作渠道和领域

“大国是关键，周边是首要，发展中国家是基础，多边是舞台”，是指导我国外交外事工作的纲领，也是开展测绘外事工作所应遵循的原则。要继续保持现有测绘对外合作交流渠道，采取切实有效措施提高合作水平，根据测绘事业发展的需要，有重点地开拓新的合作领域。通过继续扩大测绘对外开放，形成政府指导、民间参与、机构互动的合作架构，形成全方位、多层次、宽领域的测绘国际合作格局。

以“坚持原则、多做工作、增进共识、扩大合作”为指导，继续深化与美国、加拿大、德国、荷兰、芬兰等西方发达国家的测绘合作，探索“以我为主，按需合作”的主动合作方式，确定一批确实能满足我方现实需要的合作项目；发展与俄罗斯、日本、韩国等周边国家测绘界的友好合作关系，以重点合作项目推动整体合作进展；开拓、推进与巴西等重要发展中国家和部分非洲国家的测绘合作关系，扩大我国测绘在发展中国家的影响，争取发展中国家在多边测绘合作领域对我国的支持。

3. 提高合作质量，增强项目实效性

“以我为主、互利共赢、有利自主创新”是开展测绘对外交流与合作应遵循的原则。在制定和实施测绘国际科技合作项目时，既要着重体现我方的利益，也要考虑外方的兴趣点，最大限度地提高合作质量，增强项目的实效性。根据我方的实际需求，遴选好重点合作伙伴国及相关科研机构，争取将重大测绘科技专项及重点基础测绘项目纳入双边、多边政府或部门间科技合作协议，提升合作层次和质量。

以“平等互利、成果共享、保护知识产权、遵从国际惯例”为原则，确定和执行测绘科技合作项目。在确保国家地理空间信息数据安全的基础上，正确处理好“共享”与“保密”之间的关系，实现测绘科技合作成果的有条件共享。

切实注重提高合作项目的实效性，把有限的合作机会和资金用在能够配合测绘事业发展的重点工作项目上，用在能够增强测绘科技的自主创新能力、技术集成能力和关键技术攻关能力的项目上。

4. 推动民间合作与交流，鼓励参与市场竞争

外交外事工作为经济建设服务是改革开放以来一贯坚持的方针。测绘外事工作要密切配合国家外交战略，“以官促民，官民并举”，通过开展多层次、多形式的政府间交流合作，带动民间测绘交往，为测绘企事业单位参与国际合作与国际市场竞争创造条件。积极开拓对外测绘科技援助的渠道和形式，扩大测绘技术输出和高技术产品出口。

支持测绘科研、教学、生产单位积极参与全球和区域性测绘科技计划，加强与境外有关测绘科研教学机构及跨国公司合作，争取国际科技合作项目，

合办开放型实验室等。创造条件鼓励国内专家学者在国际测绘科技合作项目、合作科研机构中担任领导职务。

在开展官方测绘合作过程中注重引导和发挥学会、协会等民间测绘组织的桥梁和纽带作用，为测绘企事业单位“走出去”参与国际测绘市场竞争，出口具有自主知识产权的测绘软硬件产品，利用智力和劳动力优势参与竞标国（境）外测绘项目创造有利的环境和条件，尽快实现我国测绘市场与国际测绘市场的接轨。

5. 创造培养外向型人才的条件，将更多测绘专家推上国际舞台

既具备高水平的测绘专业知识，又精通外语，是成为外向型测绘专家学者必备的先决条件。缺少懂外语的高级测绘专家是制约提高我国测绘国际影响力的瓶颈。要加快外向型测绘人才的培训力度，为更多测绘专家参与国际测绘项目和国际测绘事务创造条件。

继续利用好现有国（境）外培训渠道，实施长、中、短期培训项目，提高培训质量，同时，根据需要开拓新的培训渠道，建立有效的培训对象选派机制。在国际合作中注重发现并积极培养一批战略科学家和学术带头人，采取有效措施，鼓励他们积极参与国际测绘事务，争取担任国际测绘组织的重要领导职务，增强我国在国际测绘组织中的“话语权”，扩大我国测绘的国际影响力。对于已经成功担任国际测绘组织领导职务的专家学者，从项目和资金方面给予支持。

6. 做好亚太地理信息系统基础设施常设委员会（PCGIAP）秘书处的工作，办好第二十一届国际摄影测量与遥感大会

认真履行国际承诺，承担好亚太地理信息系统基础设施常设委员会（PCGIAP）秘书处的有关工作，确保秘书处运转所需人员和资金条件。利用担任PCGIAP秘书长国的有利条件，积极发挥我国在其各项事务中的主导作用，以进一步提升我国在亚太地区测绘事务中的领导地位。

调动各方面力量，创造各方面条件，争取各方面支持，以积极、认真、负责的态度筹备举办好第二十一届国际摄影测量与遥感大会。要把办会的社会效益放在第一位，力争通过举办大会，宣传我国测绘事业取得的成就，让全社会更了解测绘、更支持测绘。通过成功举办此次大会，树立中国测绘的良好形象，扩大中国测绘的国际影响力，提高中国测绘的国际地位。同时，做好国际摄影测量与遥感学会（ISPRS）执行局的工作，力争将ISPRS秘书处（2008－2012年）设在中国。

三、“十一五”期间测绘外事工作的对策措施

为落实《国务院关于加强测绘工作的意见》、《测绘事业发展第十一个五年规划纲要》提出的各项任务，全面提升测绘国际合作的层次和规模，“十一五”期间，应进一步加强统筹协调，强化测绘外事制度建设，在外事干部队伍、经费投入等方面加大力度，创造有利环境，为测绘国际合作的开展提供有力保障。

（一）健全测绘外事规章制度，规范外事管理

根据《关于全国外事管理工作的若干规定》等党中央、国务院及有关部门颁布的外事规章文件，修订《国家测绘局外事和香港澳门台湾事务管理规定》，制订适合测绘外事工作实际的跨地区（部门）组团出访、接待团组来访、护照签证管理、出国（境）团组保密安全教育、违规查处等专项管理规范，完善外事管理工作流程，加强测绘外事工作条件建设。切实执行“统一领导、归口管理、分级管理、协调配合”的外事管理体制，依据外事规章管人管事。

（二）加强测绘外事干部队伍建设，提高外事干部素质

进一步注重建设和培养高素质的专兼职测绘外事干部队伍。通过定期培训、轮训等方式，提高测绘外事干部的政治素质、业务素质。严格要求测绘外事干部坚持正确的政治方向、立场和观点，树立科学的世界观、人生观和价值观，加强自身修养，严以律己，拒腐防变。促使测绘外事干部进一步熟悉和掌握各类外事政策法规，全面提高外事管理能力、测绘专业知识和外语知识水平。同时，鼓励测绘外事干部大胆创新、勤于思考，充分发挥好参谋助手的作用。

（三）理顺测绘外事经费投入机制，提高资金使用效率

建立国家测绘外事经费财政投入机制，丰富外事项目经费的来源渠道，强化测绘外事事业发展的资金保障，提高测绘外事经费的使用效率。加大国家测绘外事经费投入力度，形成测绘外事经费的经常性投入机制；通过重点对外合作交流项目的优选、申报，争取国家科技国际合作资金、国家自然科学

基金、国家境外培训资金对测绘外事工作和项目的支持；结合国家重大测绘专项和重要基础测绘项目的内容，安排适当经费支持相应的对外合作。同时，进一步建立健全资金使用管理制度，加强项目经费管理和会计监督，提高经费的使用效率。

关于印发《国家测绘局重点实验室建设与管理办法（试行）》的通知

国测国字［2007］12号 2007年4月18日

各省、自治区、直辖市、计划单列市测绘行政主管部门，新疆生产建设兵团测绘主管部门，局所属有关单位，有关高校：

为加强国家测绘局重点实验室建设和运行的管理，加快测绘科技创新体系建设，现将《国家测绘局重点实验室建设与管理办法（试行）》印发你们，请认真贯彻执行。执行中有何问题或意见，请及时反馈国家测绘局国土测绘司。

附件：1.《国家测绘局重点实验室建设申请书》编制提纲

2.《国家测绘局重点实验室建设可行性研究报告》编制提纲

3. 国家测绘局重点实验室可行性论证提纲

4.《国家测绘局重点实验室建设计划任务书》编制提纲

5. 已成立的国家测绘局重点实验室名单

国家测绘局重点实验室建设与管理办法（试行）

第一章 总 则

第一条 为规范和加强国家测绘局重点实验室（以下简称实验室）的建设和运行管理，促进实验室的持续健康发展，使实验室在科技自主创新、产学研结合发挥积极的作用，参照《国家重点实验室建设与管理暂行办法》的有关规定制定本办法。

第二条 本办法所指实验室是指由国家测绘局按照规定程序批准建立，依托测绘系统的科研、生产、教学单位以及相关企业并按规定管理和运行的部门级实验室。国家测绘局鼓励测绘科研、生产、教学单位以及相关企业联合建立实验室。

由国家测绘局组织申报的国家级实验室参照本办法进行管理。

第二章 申请与批准

第三条 国家测绘局根据测绘事业发展、信息化测绘体系建设的需要和国家有关方针政策，提出实验室建设的规划和总体布局。各依托单位提出成立实验室的申请应符合规划和总体布局的要求。

第四条 实验室的依托单位（或联合依托单位的一方）必须是国家测绘局系统所属单位或部门，且能够提供实验室运行所必需的保障条件。

第五条 申请成立实验室的依托单位必须在测绘基础研究、应用基础研究或前沿技术领域具备明显的技术优势，具有优秀的科技人才和相应的研究成果，具备较先进的仪器设备和完善的配套设施并能够提供开放使用，所提出的实验室研究方向符合国家测绘局关于实验室总体布局规划的要求。

第六条 报批程序：

（一）同时具备本办法第四条、第五条规定的申报范围及条件的单位，应以公文正式报送《国家测绘局重点实验室建设申请书》（以下简称《申请书》，编制提纲见附件一）。联合申报单位应共同填报《申请书》，并分别以公文正式报送国家测绘局。

国家测绘局对《申请书》进行初审，提出审查意见并通知申报单位，必要时，国家测绘局将组织进行现场考察。

（二）根据审查意见，申报单位编制《国家测绘局重点实验室建设可行性研究报告》（以下简称《可行性研究报告》，编制提纲见附件二）。

国家测绘局组织由相关领域的技术专家和管理专家等组成的论证委员会对实验室进行现场考察和可行性论证（可行性论证提纲见附件三）。

（三）根据实验室建设总体规划，参考论证委员会意见，国家测绘局提出是否通过可行性论证的意见。对于通过可行性论证的实验室，将通知申报单位在《可行性研究报告》的基础上编报《国家测绘局重点实验室建设计划任务书》（以下简称《建设计划任务书》，编制提纲见附件四）。

《建设计划任务书》经审查合格后，国家测绘局将正式批准成立实验室，并命名和授牌。申报单位按《建设计划任务书》组织实施实验室的建设与运行工作。

第三章　运行与管理

第七条　国家测绘局是实验室的上级主管部门，主要职责是：

（一）贯彻国家有关实验室建设和管理的方针、政策，制定实验室发展规划；

（二）根据学科发展趋势、测绘事业发展需要以及实验室实际运行状况，调整实验室的布局及结构，对实验室进行重组、整合或撤消；

（三）制定实验室建设的相关管理政策；

（四）聘任实验室学术委员会；

（五）组织进行实验室的考核和评估；

（六）从现有实验室中，整合、推荐申报国家级重点实验室。

第八条　实验室依托单位的主要职责是：

（一）为实验室提供配套的项目经费、运行经费及相关的人事、财务等后勤保障；

（二）配合做好实验室的验收、考核和评估工作；

（三）必要时向国家测绘局提出实验室研究方向、任务、目标等重大调整意见。

第九条　根据测绘科技发展规划和自身的研究方向，实验室可直接向国家测绘局申报项目，实验室或其依托单位必须提供不低于申请经费额度的配套经费。国家测绘局将根据申报项目的学术、技术内容以及实验室的评估结果，择优予以支持。

第十条　实验室应加强横向联系和交流，相互合作，发挥各自的优势，实行“开放、流动、竞争、协作”的运行机制和学术委员会领导下的主任负责制。

第十一条　实验室主任应是本领域高水平的学术、学科带头人，具有较强的组织管理和协调能力。在征得国家测绘局同意后，实验室主任由依托单位聘任，任期为五年。实验室主任年龄一般不超过六十岁，每年在实验室工作时间不少于六个月。

第十二条　学术委员会是实验室的决策和咨询机构，主要任务是审议实验室的目标、任务和研究方向，审议实验室的重大学术活动、年度工作计划，审议开放课题。学术委员会会议每年至少召开一次。学术委员会由国内外相关领域优秀专家组成，其中本单位学术委员一般不超过总人数的三分之一。

第十三条　实验室实行课题制管理，研究队伍由固定人员和流动人员组成，按实验室所设学科在实验室主任推荐的基础上公开聘任。其相关费用按依托单位有关规定执行。

第十四条　开放课题由实验室根据测绘科技发展规划和各自的研究方向以项目指南的形式每年向社会公开发布，自由申请，吸引国内外优秀科技人才参与。

第十五条　开放课题经费由实验室依托单位配套经费支付，国家测绘局支持的项目经费主要用于解决基础测绘工作中的重大理论问题研究或应用基础研究课题。开放课题申请经过专家评审后，报学术委员会审核后实施。实验室的年度项目指南和支持的开放课题报国家测绘局备案。

第十六条　实验室固定人员可承担本机构设立的开放课题，但一般不得超过开放课题总经费的50%。同一申请人申请的开放课题不得同时超过两项。开放课题执行国家有关的项目管理规定。

第十七条　实验室应建立对仪器设备、数据、资料和成果等的管理制度。对实验室完成的专著、论文、软件、数据库等研究成果均应署实验室名称，专利申请、技术成果转让、推荐奖励等均按国家有关规定办理。

第十八条　实验室应以学术报告会、技术交流会、研讨会、成果展示会、技术培训等不同形式定期开展学术或技术交流活动。

第十九条　实验室需要更名、变更研究方向或进行结构调整、重组时，须由实验室主任提出书面报告，经学术委员会论证后，由依托单位报国家测绘局审批。

第四章　考核与评估

第二十条　依托单位应每年对实验室工作进行年度考核，并将考核结果报国家测绘局。

第二十一条　在年度考核的基础上，国家测绘局每五年对实验室建设与运行情况进行一次全面评估，同时，在考核的基础上，每年可选择部分实验室进行中期评估。

第二十二条　评估工作本着“公开、公平、公正”和坚持“依靠专家、发扬民主、实事求是、公正合理”的原则进行。参评实验室应认真准备和接受评估，准确真实地提供相关材料，不得以任何方式影响评估的公正性。

第二十三条　每年4月1日前，国家测绘局确定本年度计划评估的实验室名单，并通知依托单位。参评实验室的依托单位于实验室评估清单下达之日后的三个月内，向国家测绘局正式提交实验室评估申请书。

第二十四条　国家测绘局负责遴选评估专家。评估专家应为本学科领域学术水平高、责任心强的一线科学家及少数科研管理专家，参评实验室正、副主任、固定人员，学术委员会正、副主任，依托单位学术委员，实验室依托单位或其他直接相关者不得作为评估专家。

第二十五条　评估由专家组主持，通过听取实验室主任报告、召开座谈会、审查实验室年度报告、抽查实验记录以及个别访谈等形式对实验室的建设与运行情况进行评估，评估的主要内容包括：

（一）科技自主创新能力建设情况及其效果；

（二）重大科技成果及其应用情况；

（三）建设计划或运行计划执行情况；

（四）人才队伍建设情况，特别是人员的开放流动情况；

（五）仪器设备共享管理和运行情况。

第二十六条　实验室主任报告主要对评估期限内实验室运行状况进行全面、系统总结。代表性成果主要是指评估期限内以实验室为基地、以实验室固定人员为主产生的、符合实验室发展方向的重大科研成果，国内外合作研究的重大成果以适当权重考虑。主要成果需有实验室署名，未署名的成果不参加评估。

第二十七条　专家组对实验室记名打分，并提出评估意见。国家测绘局审核专家评估结果，按优秀、合格、不合格三类确定评估结果，并予以公布。

第二十八条　评估结果为“不合格”的实验室，应提出整改措施，并申请参加下一年度的实验室评估。未提出参加下一年度评估申请或下一年度评估结果仍为“不合格”的实验室，将不再列入国家测绘局重点实验室序列。

第二十九条　对评估结果为“优秀”的实验室原则上不再进行中期评估。其他申请不参加评估或中途退出评估的实验室，视为放弃国家测绘局重点实验室资格。

对被评估为“优秀”的实验室，国家测绘局在下一评估期内的项目经费安排中根据科技计划予以优先资助。

第三十条　参评实验室的依托单位应合理安排评估时间，积极支持、配合做好评估工作，评估期间不得安排与评估工作无关的活动。

第五章　附　则

第三十一条　本办法由国家测绘局负责解释。

第三十二条　本办法自公布之日起施行。

附件一：

《国家测绘局重点实验室建设申请书》编制提纲

一、实验室研究方向、内容

二、国内外该学科（领域）最新进展，发展趋势、应用前景

三、建设实验室的目的、意义（实验室建成后对国家和依托单位的作用、贡献）

四、实验室现有研究工作的基础、水平（在国内和国际上的影响和地位；近5年承担的国家及省部级重大科研任务、代表性科研成果和奖励、发明专利，代表性论文或学术专著）

五、科研队伍状况及培养人才的能力（学术带

头人简介及其代表性成果，高水平人才的吸引和稳定，研究生培养情况）

六、已具备的科研条件（科研用房、仪器设备、配套设施）

七、主要工作规划、预期目标、水平（从研究内容、科研条件、人才队伍等方面阐述）

八、开放合作与运行管理设想

九、实验室依托单位意见（配套经费和运行费支持额度）

附件二：

《国家测绘局重点实验室建设可行性研究报告》编制提纲

一、实验室名称、依托单位、主管部门、联系方式

二、建设重点实验室的重要性和必要性

三、国内外及同行单位在相关领域研究开发的现状和发展趋势

四、依托单位在本领域的技术优势和现有基础条件

1. 技术骨干与研发队伍情况

2. 储备的重要科技成果

3. 已有的实验仪器设备

4. 能提供重点实验室建设的经费和配套支撑条件

五、重点实验室的主要目标和任务

1. 主要任务和研究方向

2. 近中期目标及发展战略与思路

六、建设的主要内容

1. 总体设计、结构和布局

2. 组织机构、人员及人才培养

3. 规章制度与运行机制

4. 建设规模与装备

5. 建设周期与进度

6. 经费预算、资金筹措和使用

七、实验室主任、学术委员会主任及委员的提名及其基本情况

八、依托单位意见（保障条件与经费配套等的承诺）

附件三：

国家测绘局重点实验室可行性论证提纲

一、论证对象

已经向国家测绘局提交《申请书》，并列入国家测绘局重点实验室建设计划，申请可行性论证的重点实验室。

二、论证依据

1. 《国家测绘局重点实验室管理办法》

2. 国家测绘局批复的相关文件

3. 国家测绘局批复的《可行性研究报告》

4. 各级主管部门下发的有关文件

三、论证评审内容

（一）基本能力

1. 拥有学术研究开发的基本用房及相关设备等配套设施

2. 具备相关的研究试验及开发能力

3. 仪器设备到位、支撑条件保证、试验条件具备

4. 管理规章制度和组织机构设计合理

5. 人员规模适当、人员结构合理

（二）主要成绩

1. 承担相关的重大科研开发任务及其取得的重大科技成果

2. 为国家测绘管理与决策提供的技术支持和服务

（三）存在的问题及其对策

（四）今后的发展思路与设想

四、论证方式

1. 采取听取汇报及现场考察相结合的形式。

2. 被论证的实验室必须根据《可行性研究报告》中的建设目标，以及论证提纲中的论证内容提供相关的报告和文件。

3. 国家测绘局主持召开实验室可行性论证会议，聘请相关领域的专家及管理人员组成论证委员会，一般为7至11人，其中管理人员一般不超过三分之一。

4. 论证委员会在听取实验室可行性研究报告后，根据论证内容进行实地考察。对实验室的建设及其所形成的能力和业绩进行评议，并提出是否通

过论证的详细意见。

5. 国家测绘局审核全部论证文件，在依托单位落实解决论证时专家指出的各项问题后，对通过论证的实验室予以审批。

附件四：

《国家测绘局重点实验室建设计划任务书》编制提纲

一、实验室基本信息

实验室中英文名称，学科领域，建设承担单位及单位负责人，建设地点。

二、实验室研究方向、主要研究内容及预期研究目标

在分析本领域发展趋势和状况的基础上，结合本实验室已有工作基础，确立研究方向、近期主要研究内容和预期研究目标。

三、队伍建设及人才培养计划

现有队伍和人才培养情况介绍，实验室规模和队伍结构的总体规划，稳定和吸引优秀高水平人才的具体措施，吸引人才计划。

四、实验平台建设与经费

建设经费概算与落实计划，实验室各研究单元的构成（结合研究内容和队伍设置阐述），现有科研条件（仪器设备、科研用房、配套设施）情况，仪器设备购（研）置计划及理由，基建或配套设施改善计划。

五、实验室管理运行机制

实验室日常运行管理，人员聘用及流动，仪器设备管理与使用，开放合作设想。

六、实验室主任、学术委员会主任及委员提名及其基本情况

七、专家论证意见

八、依托单位的支持（包括配套经费和运行费落实情况）

九、主管部门的支持（包括配套经费和运行费落实情况）

十、依托单位意见

十一、主管部门审查意见

附件 1. 实验室固定人员名单（列出姓名、性别、出生年月、职称、研究方向或专业等主要信息。研究、技术和管理人员分别排列，其中研究人员按照研究单元排列。）

附件 2. 学术委员会提名名单

附件 3. 实验室现有主要仪器设备清单

附件 4. 实验室仪器设备购（研）置计划清单

附件 5. 实验室承担的重要科研项目清单

附件 6. 实验室重要获奖清单

附件 7. 实验室重要专著、论文、专利等科研成果清单

附件五：

已成立的国家测绘局重点实验室名单

一、测绘遥感信息工程国家重点实验室（武汉大学）

二、大地测量与地球动力学国家测绘局重点实验室（武汉大学）

三、极地测绘科学国家测绘局重点实验室（武汉大学、黑龙江测绘局）

四、地理空间信息工程国家测绘局重点实验室（中国测绘科学研究院）

五、数字制图与国土信息应用工程国家测绘局重点实验室（武汉大学、四川测绘局）

六、现代工程测量国家测绘局重点实验室（陕西测绘局、同济大学）

七、精密工程测量与测量机器人国家测绘局重点实验室（武汉大学）

八、测试计量技术与通信工程国家测绘局重点实验室（武汉大学）

关于对部分测绘行政许可实行集中受理的通知

国测法字［2007］5号　2007年5月31日

各省、自治区、直辖市、计划单列市测绘行政主管部门，新疆生产建设兵团测绘主管部门，局所属各单位：

为进一步贯彻落实《中华人民共和国行政许可法》规定的便民原则，提高办事效率，提供优质服务，国家测绘局结合现有办公条件，决定自2007年7月1日起对部分测绘行政许可实行集中受理。现将有关事项通知如下：

一、集中受理的测绘行政许可事项包括：涉及国家秘密的基础测绘成果提供使用审批和地图审核。

二、国家测绘局在国家基础地理信息中心设立测绘行政许可集中受理窗口（以下简称受理窗口）。

地址：北京市海淀区紫竹院百胜村1号，邮政编码：100044，电话：68489486，传真：68416047，电子邮件：XZXKSL@ sbsm. gov. cn。

三、自2007年7月1日起，申请人申请纳入集中受理的测绘行政许可，向受理窗口直接递交或者邮寄申请材料，国家测绘局测绘成果管理与应用司将不再直接接受申请材料。

行政许可决定书由受理窗口向申请人统一发放。

申请人根据国家测绘局有关规定通过互联网提出行政许可申请的，按网上受理审批程序执行。

四、纳入集中受理的行政许可，其具体内容和许可程序规定等在受理窗口和国家测绘局网站（www. sbsm. gov. cn）公示，申请人可自行查阅。

五、各省、自治区、直辖市、计划单列市测绘行政主管部门，新疆生产建设兵团测绘主管部门，局所属各单位要做好测绘行政许可实行集中受理的宣传和引导工作，确保测绘行政许可集中受理工作顺利运行。

六、各单位在实行集中受理工作中遇到的情况和问题，请及时反馈国家测绘局测绘成果管理与应用司。

联系人：程军、翟义青

电话：68314767、68310325

关于外国的组织或者个人来华测绘有关审批工作的通知

国家测绘局　总参测绘局

国测法字［2007］9号　2007年6月15日

各省、自治区、直辖市、计划单列市测绘行政主管部门，新疆生产建设兵团测绘主管部门：

为加强外国的组织或者个人来华测绘管理，规范审批程序，依照《中华人民共和国测绘法》及《外国的组织或者个人来华测绘管理暂行办法》（以下简称《暂行办法》）的有关规定，现将外国的组织或者个人来华测绘审批工作有关事宜通知如下：

一、国家测绘局负责外国的组织或者个人来华测绘的审查和管理工作，总参谋部测绘局负责外国的组织或者个人来华测绘的会同审查工作。

二、国家测绘局在收到申请材料并依法作出受理决定后，及时通知相关省、自治区、直辖市测绘行政主管部门进行初审。相关省、自治区、直辖市测绘行政主管部门应依照《暂行办法》开展初审工作。

三、国家测绘局接到初审意见后，依照《暂行办法》，在规定期限内将外国的组织或者个人来华测绘申请材料送达总参谋部测绘局会同审查。

四、总参谋部测绘局收到申请材料后，7个工作日内完成会同审查工作。根据外国的组织或者个人来华测绘活动的不同类型，分别在《中外合资合作企业测绘资质会同审查表》（见附件1）或者《外国的组织或者个人来华一次性测绘活动会同审查表》（见附件2）上签署审查意见，并送达国家测绘局。

五、国家测绘局收到总参谋部测绘局会同审查意见后，按照规定程序和期限作出审查决定。

六、国家测绘局和总参谋部测绘局密切配合，加强合作，认真做好外国的组织或者个人来华测绘审批工作。县级以上地方人民政府测绘行政主管部门要切实加强对本行政区域外国的组织或者个人来华测绘活动的监督管理。

附件1：《中外合资合作企业测绘资质会同审查表》

附件2：《外国的组织或者个人来华一次性测绘活动会同审查表》

附件1：

中外合资合作企业测绘资质会同审查表

会审字［　］号

<table>
<tr><td rowspan="7">申请企业基本情况</td><td colspan="3">企业名称：</td><td>成立时间：</td><td rowspan="2">总参谋部测绘局审查意见</td></tr>
<tr><td colspan="4">企业地址：</td></tr>
<tr><td>邮政编码：</td><td colspan="2">联系人：</td><td>联系电话：</td><td rowspan="10"></td></tr>
<tr><td colspan="3">中外合资 □　中外合作 □</td><td>中方控股：　%</td></tr>
<tr><td colspan="3">中资方：</td><td>外资方：</td></tr>
<tr><td colspan="4">企业批准成立文号：</td></tr>
<tr><td>申请资质等级和业务范围</td><td colspan="3"></td></tr>
<tr><td rowspan="4">提供资料情况</td><td colspan="2">企业法人营业执照 □</td><td colspan="2">中方控股的证明文件 □</td></tr>
<tr><td colspan="2">法定代表人证明资料 □</td><td colspan="2">专业技术人员资料 □</td></tr>
<tr><td colspan="2">主要仪器设备、应用软件资料 □</td><td colspan="2">生产技术质量管理资料 □</td></tr>
<tr><td colspan="2">资料档案管理资料 □</td><td colspan="2">主要业绩资料 □</td></tr>
<tr><td>省局初审意见</td><td colspan="4"></td></tr>
<tr><td colspan="5">根据《外国的组织或者个人来华测绘管理暂行办法》，现将×××关于中外合资、合作企业测绘资质的申请材料（一份）送总参谋部测绘局审查，请于收到申请材料之日起7个工作日内反馈意见。
（签章）
年　月　日</td><td>（签章）
年　月　日</td></tr>
</table>

附件2：

外国的组织或者个人来华一次性测绘活动会同审查表

会审字［ ］号

<table>
<tr><td rowspan="3">申请人
基本情况</td><td colspan="4">申请人（组织或者个人）：</td><td rowspan="2">总参谋部测绘局审查意见</td></tr>
<tr><td colspan="4">申请人国别及住址：</td></tr>
<tr><td>联系人：</td><td colspan="2">电子信箱：</td><td>电话：</td><td rowspan="10"></td></tr>
<tr><td rowspan="4">中方合作
部门或者
单位情况</td><td colspan="4">中方合作部门或者单位名称：</td></tr>
<tr><td colspan="2">通讯地址：</td><td>联系人：</td><td>电话：</td></tr>
<tr><td colspan="2">全程参与测绘活动负责人姓名：</td><td colspan="2">手持移动电话：</td></tr>
<tr><td colspan="4">身份证号：</td></tr>
<tr><td rowspan="4">提供资
料情况</td><td colspan="2">申请表 □</td><td colspan="2">中央或省级人民政府批准文件 □</td></tr>
<tr><td colspan="2">依法应提交的有关部门批准文件 □</td><td colspan="2">申请人身份证明和有关资信证明 □</td></tr>
<tr><td colspan="2">测绘活动及其成果形式的说明 □</td><td colspan="2">使用仪器软件和设备清单与说明 □</td></tr>
<tr><td colspan="2">国内测绘成果不能满足需要说明 □</td><td colspan="2"></td></tr>
<tr><td>省局初审
意见</td><td colspan="4"></td></tr>
<tr><td colspan="5">根据《外国的组织或者个人来华测绘管理暂行办法》，现将×××关于申请来华一次性测绘的申请材料（一份）送总参谋部测绘局审查，请于收到申请材料之日起7个工作日内反馈意见。

（签章）
年 月 日</td><td>（签章）
年 月 日</td></tr>
</table>

关于印发《基础测绘成果应急提供办法》的通知

国测法字［2007］13号　2007年12月28日

各省、自治区、直辖市、计划单列市测绘行政主管部门，新疆生产建设兵团测绘主管部门，局所属各单位：

为在应对突发事件过程中主动快速提供基础测绘成果服务，维护国家和人民生命财产安全，更好地发挥测绘保障作用，根据《中华人民共和国突发事件应对法》、《中华人民共和国测绘法》、《中华人民共和国测绘成果管理条例》等法律法规的规定以及《国家突发公共事件总体应急预案》的要求，我局制定了《基础测绘成果应急提供办法》。该办法已经局务会议审议通过，现予印发，请遵照执行。

基础测绘成果应急提供办法

第一条　为了在应对突发事件过程中主动快速提供基础测绘成果服务，维护国家和人民生命财产安全，更好地发挥测绘保障作用，根据《中华人民共和国突发事件应对法》、《中华人民共和国测绘法》、《中华人民共和国测绘成果管理条例》等法律法规以及《国家突发公共事件总体应急预案》，制定本办法。

第二条　本办法所称突发事件，是指《中华人民共和国突发事件应对法》所规定的突然发生，造成或者可能造成严重社会危害，需要采取紧急处置措施予以应对的自然灾害、事故灾难、公共卫生事件和社会安全事件。

第三条　在应对突发事件时申请使用和提供基础测绘成果，应当遵守本办法。

申请用于预防、监测可能发生的突发事件以及灾后重建等所需的基础测绘成果，按照《基础测绘成果提供使用管理暂行办法》的规定执行。

第四条　基础测绘成果应急提供应当遵循以下原则：

（一）时效性：及时提供应对突发事件所需的各种基础测绘成果；

（二）安全性：按照国家保密法律法规的相关要求提供基础测绘成果，确保国家秘密安全；

（三）可靠性：所提供基础测绘成果的范围、种类、数量等应当与所需一致，各种相关资料应当一致；

（四）无偿性：应对突发事件所需的基础测绘成果无偿提供使用。

第五条　各级测绘行政主管部门应当加强应急服务能力建设，按照职责分工负责相应的基础测绘成果的应急提供和使用审批。

突发事件发生地的测绘行政主管部门应当快速响应，积极做好提供基础测绘成果应急服务的相关工作。

第六条　申请基础测绘成果应急服务，应当具备以下条件：

（一）发生突发事件；

（二）申请人为应对突发事件的相关部门或者单位。

第七条　申请基础测绘成果应急服务，采用简化申请程序的方式办理。

申请人可先电话向相应测绘行政主管部门提出要求，再以加盖本部门印章的传真形式如实提交应急申请材料，主要包括突发事件的概况以及所需测绘成果的范围、种类、数量等。

第八条　各级测绘行政主管部门应当当场或者在4小时内完成基础测绘成果应急服务申请的审核与批复，明确并及时通知相关测绘成果保管单位。

基础测绘成果不能满足应对突发事件需求时，测绘行政主管部门应予以说明，并提出有关应急解决方案。

第九条　基础测绘成果应急提供时，各级测绘行政主管部门可无偿调用所缺的基础测绘成果。被调用方接到调用方加盖本机关印章的书面通知（传真）后，应在8小时内（特殊情况不超过24小时）准备好相关基础测绘成果，并及时通知调用方领取。无正当理由，被调用方不得以任何借口拒绝或者延迟提供。

第十条 测绘成果保管单位负责提供应对突发事件时所需的基础测绘成果。

第十一条 测绘成果保管单位应当根据相关批复或者调用通知（情况特别紧急时，可以依据相关测绘行政主管部门的电话通知），在最短时间内完成基础测绘成果应急提供，一般提供期限为8小时，特殊情况不超过24小时。

第十二条 被许可使用人应当到指定的测绘成果保管单位领取应对突发事件所需的基础测绘成果，并同时按照《基础测绘成果提供使用管理暂行办法》的规定办理领用手续。

情况特别紧急时，测绘行政主管部门可以及时向有关部门送达所需的基础测绘成果。在确保安全的前提下，也可经涉密网络传输有关数据，以提高应急时效。

第十三条 被许可使用人应当在7个工作日内，按照《基础测绘成果提供使用管理暂行办法》的规定，向测绘行政主管部门提交有关申请材料，补齐基础测绘成果使用审批手续。

第十四条 被许可使用人应当严格按照国家有关保密和知识产权等法律法规的要求保管和使用基础测绘成果，并向相应测绘行政主管部门反馈测绘成果应急服务的效用信息。

因应对突发事件领（调）用的基础测绘成果，不得另作他用。

第十五条 在应对突发事件时，有关测绘行政主管部门违反本办法第九条的规定，拒绝或者延迟无偿调用基础测绘成果的，由上一级测绘行政主管部门责令立即改正；对主要负责人、负有责任的主管人员和其他责任人员依法给予处分；构成犯罪的，依法追究刑事责任。

第十六条 申请、审批、提供基础测绘成果过程中存在违规行为，或者擅自将所申请基础测绘成果另作他用的，根据有关法律法规的规定予以处罚；构成犯罪的，依法追究刑事责任。

第十七条 本办法自颁布之日起施行。

关于外籍华人到中资测绘单位工作有关问题的批复

测管函［2007］34号 2007年8月17日

江苏省测绘局：

你局《关于外籍华人到中资测绘单位工作的请示》（苏测［2007］95号）收悉。经研究，现批复如下：

依照《中华人民共和国测绘法》、《中华人民共和国公司法》、《中华人民共和国公司登记管理条例》等法律法规的规定，对外籍华人到中资测绘单位从事测绘活动的，或者由于中资测绘公司的股东变更为外籍华人而使该公司应当依法申请变更登记为中外合资、合作企业的，应当依照《外国的组织或者个人来华测绘管理暂行办法》的有关规定办理。

关于印发《基础测绘成果网络化分发服务系统建设指导意见》的通知

国测成字［2007］1号 2007年2月27日

各省、自治区、直辖市、计划单列市测绘行政主管部门，新疆生产建设兵团测绘主管部门，中国测绘科学研究院，国家基础地理信息中心：

为进一步提高测绘公共服务能力和水平，实现基础测绘成果高效管理，推动测绘成果社会化应用，我局研究提出了《基础测绘成果网络化分发服务系统建设指导意见》，现予印发，请遵照执行。

附件：基础测绘成果网络化分发服务系统建设指导意见

基础测绘成果网络化分发服务系统建设指导意见

《中华人民共和国测绘法》明确要求，“测绘行政主管部门应当定期编制测绘成果目录，向社会公布”，测绘成果（含测绘档案资料，下同）应“按照国家有关规定向社会公开和提供利用”。《2006—2020年国家信息化发展战略》明确指出，我国信息化发展的战略目标之一是“增强政府公共服务能力”、“网络化公共服务能力显著增强”。《全国基础测绘中长期规划纲要》提出，要“不断完善测绘公共服务体系”，“建设基础测绘成果目录数据库与基础地理信息元数据库及其网络化服务系统”。

为了进一步提高测绘公共服务能力和水平，实现基础测绘成果高效管理，推动测绘成果社会化应用，促进国家信息化的进程，现就测绘系统基础测绘成果网络化分发服务系统建设提出如下指导意见。

一、目的和意义

依法开展测绘成果分发服务工作是测绘部门的一项重要职责，建设基础测绘成果网络化分发服务系统，是测绘部门依法行政、履行政府职能、强化测绘行政管理的有效手段。

基础测绘成果网络化分发服务系统主要包括基于互联网的基础测绘成果服务网站和基于单位内部局域网的基础测绘成果分发服务业务系统。

建设基础测绘成果网络化分发服务系统，可以实现基础测绘成果安全高效、方便快捷的服务，促进基础测绘成果的充分利用，有效地减少重复测绘，更好地满足国民经济建设和社会发展对基础测绘成果的需要。

二、指导思想与建设原则

以《中华人民共和国测绘法》、《中华人民共和国测绘成果管理条例》为依据，把测绘保障服务作为出发点和落脚点，落实《全国基础测绘中长期规划纲要》，充分利用高新技术，建立和完善测绘成果公共服务体系，适应国家信息化建设和测绘事业发展对测绘成果分发服务工作的要求。

根据这一指导思想，基础测绘成果网络化分发服务系统建设必须坚持以下原则：

——统筹规划，统一标准

各级测绘行政主管部门根据本指导意见统一规划和部署，协同建设基础测绘成果网络化分发服务系统，防止各自为政。在系统建设中应采用统一的标准和规范，遵循统一的设计原则，保证系统间信息共享与交换。

——分级负责，分步实施

按照分级管理原则，各级测绘行政主管部门做好相应的测绘成果分发服务系统建设，在建设基于互联网的分发服务网站的同时推动基于局域网的业务系统和测绘档案信息化建设。系统建设要结合当地的经济发展现状和各单位的实际情况，明确各自的建设目标和重点，分层推进，分步实施，逐渐完善。

——服务便捷，安全有效

以人为本，针对分发服务工作的实际情况，紧贴分发服务工作的流程，为用户提供友好界面和灵活、实用、方便快捷的网络化服务工具。系统建设应采取必要的措施，在确保国家秘密安全的前提下，高效提供基础测绘成果服务。

三、总体目标和阶段目标

基础测绘成果网络化分发服务系统建设的总体目标是：基本建成覆盖全行业的分发服务元数据库，实现测绘系统内目录信息的及时更新与联动维护，建成测绘系统内标准统一、多级互联、安全可靠的分发服务系统，国家级、省级、市县级测绘成果分发服务系统之间实现目录信息高效互通和非涉密测绘成果实体的在线服务，形成网络化规模和集成式服务能力，提供及时、高效、可靠的测绘成果服务，满足社会越来越旺盛和迫切的需求。

2007年的阶段目标是：国家级分发服务系统完成改版，建成系统内统一的基础测绘成果提供使用审批业务系统，在互联网上发布馆藏档案资料目录及部分行业测绘成果目录。省级分发服务系统（含档案资料信息化）开始建设和改造，实现国家级与10个左右省级分发服务网站的互联互通。

2008—2009年的阶段目标是：基本建成并优化

基于同一标准规范的省级分发服务系统，基本建成覆盖全系统及部分行业的分发服务元数据库，国家级、省级服务网站之间实现目录信息互联互通和快捷查询，实现非涉密测绘成果实体的远程浏览与下载，并向重点市县和行业推广。经济欠发达地区根据实际情况作适当调整。

四、主要任务

（一）元数据库建设与更新

分发服务用测绘成果元数据库是基础测绘成果网络化分发服务系统建设的重要内容。元数据库建设应涵盖各自管理的全部基础测绘成果和测绘档案资料，以及行业汇交的测绘成果目录，包括测绘系统测绘基准成果、基础航空摄影资料、卫星遥感影像、基本比例尺地形图、基础地理信息数据、档案资料及行业测绘成果目录等。

元数据库的建设和更新应遵循相应国家标准、行业标准和《基础测绘成果网络化分发服务系统技术指南》（正在制定，将在完善后下发），并充分考虑分发服务特点，以满足信息发布和用户的需求为前提，最大限度减少数据冗余。

采用统一的元数据管理和发布工具，保证元数据库的持续更新。在覆盖测绘系统和行业的元数据库基础上，建立全国上下互通、联动的测绘成果目录数据体系。

（二）测绘成果服务网站建设和运行维护

基于互联网的服务网站建设是基础测绘成果网络化分发服务系统建设的重点，是测绘行政主管部门政府网站建设的重要组成部分。通过多级互联的服务网站建设和运行，用户可以从系统中的任何入口，查询、检索、浏览、下载所需的国家级、省级、市县级乃至全行业的测绘成果目录信息。

测绘成果服务网站应建设成为功能完善、多级互联的开放式系统，及时发布、维护元数据库信息，具备在线提供非涉密测绘成果实体能力和提供数据上载通道和测绘成果目录网上汇交接口，并及时公布测绘成果非涉密审批信息，便于基础测绘成果的跟踪监管。

国家级服务网站应建设成为提供全国测绘成果目录服务的门户网站。有条件、有需求的网站，应提供用户远程定购等服务。

网站建设应与各级已建或在建的分发服务系统实现有效衔接，避免浪费，稳步推进，并确保网站的日常运行维护。

（三）局域网分发服务业务系统建设和完善

局域网分发服务业务系统建设是测绘成果服务网站建设的基础，决定网站的服务能力和质量，测绘成果服务网站可有效促进局域网分发服务业务系统建设，是分发服务工作的重要环节。

基于互联网和局域网的两个系统建设应采用同一元数据及接口等标准，保证元数据在系统间的无障碍转换与传输。两部分应进行物理分离，确保国家秘密安全。

局域网分发服务业务系统应实现常规分发服务业务各环节的一体化作业，并建立业务化的基础测绘成果提供使用行政审批服务平台。需求较多或经济发达地区，应进行各具特色的功能扩充，在标准化的基础上，鼓励开展个性化服务。在系统建设过程中，应留有向“中国测绘网”扩展的接口。

（四）测绘档案信息化建设

测绘档案信息化建设以档案网络建设为基础，以档案信息资源建设为核心，以扩大档案信息资源开发利用为目标，加快推进档案资源数字化、信息管理标准化、信息服务网络化的进程。

开展测绘档案基础性建设。完善测绘成果档案技术标准，建设和完善局域网络，建成馆藏各类测绘档案目录信息数据库和基于局域网的测绘档案综合管理与服务系统，实现测绘档案规范化管理。

开展馆藏档案资源信息化建设。建成馆藏测绘档案信息数据库，建设和推广相应的业务管理平台，建成全国和区域测绘档案目录中心，建立示范性测绘数字档案馆，在确保国家秘密安全的前提下，实现测绘系统档案馆际间的互联互查，并与档案系统进行连通试点。

（五）提供非涉密测绘成果实体远程服务

各级测绘行政主管部门应当重视网上提供非涉密测绘成果实体服务，尽快制作、整合并上载非涉密影像、地图和档案资料快视，发布标准化网络版地图，远程提供古地图及公开测绘档案资料、1∶100万地图数据、原始影像数据等，积极推进公众版测绘成果的加工、编制和网上服务工作，并鼓励公众版测绘成果的开发利用，促进测绘成果的社会化应用。

各级测绘行政主管部门应根据测绘成果密级的调整、国家保密法规的修订以及网上支付等技术的发展，科学设置网上提供测绘成果实体的内容和具体服务方式。

（六）2007年主要建设任务

国家测绘局组织编写、完善《基础测绘成果网络化分发服务系统技术指南》。国家级分发服务系统进行改版和资源整合，吸收相关省级分发服务系统的优点，以人为本，提供友好界面，提升查询检索响应速度，并与新的测绘成果管理政策相配套。与此同时，进一步丰富国家级分发服务系统的数据资源，实现国家级基础测绘成果目录、国家测绘档案资料馆馆藏档案目录及若干行业测绘成果目录等数据的网上发布，国家级分发服务系统与2—3个省级分发服务系统进行连接或链接，开展协同服务。

尚未开展相关系统建设的省级测绘行政部门，应充分进行调研，了解用户需求，并结合本部门的实际情况，积极开展项目立项工作；已建或在建相关系统的省级测绘行政部门，根据统筹规划和有关标准规范，逐步进行系统的整合、改造及技术上的衔接和优化。

五、主要措施

（一）统一认识，建立机制

《中华人民共和国测绘成果管理条例》对测绘成果服务和利用提出了明确要求，各级测绘行政主管部门应高度重视基础测绘成果网络化分发服务系统建设，并将系统建设纳入年度工作计划，采取切实可行的措施保障系统建设的顺利进行。

在测绘成果目录统一汇交的基础上，各级测绘行政主管部门应建立起数据共享、数据更新以及系统运行维护和完善机制，并制订相应的政策予以保障，协调推进系统的建设。

（二）项目支撑，以点带面

测绘成果分发服务系统建设应积极争取国家和地方的相关项目予以支撑。系统建设及运行所需资金，采取国家测绘局和地方测绘行政主管部门分别负担的方式予以解决。

根据各级分发服务系统的建设情况，国家测绘局将选择几个符合相关技术要求的系统作为典型和示范，并以召开现场会等形式，为其它各级系统建设提供参考或借鉴，提高基础测绘成果网络化分发服务系统建设的效率和质量。

（三）遵循标准，出台《指南》

标准化是数据共享和系统集成的重要前提，是空间数据分发服务和互操作的基础，基础测绘成果网络化分发服务系统必须建立在标准化、规范化之上。各级测绘行政主管部门应遵循相应国家标准和行业标准进行各自系统的技术设计，保证各级系统间相互兼容，避免成为信息孤岛。

国家测绘局尽快出台《基础测绘成果网络化分发服务系统技术指南》，指导各级系统的建设与改造。未建立系统的各级测绘行政主管部门，应在标准化基础上，同时考虑实现内部工作流程与对外信息发布的衔接；已经建设相应分发服务系统的，要按照统一规划和标准，抓紧调整，逐步规范和完善，确保各级系统间实现互联互通。

（四）加大技术支持力度

紧密跟踪测绘领域和相关领域的发展趋势和高新技术，在开放式共享的基础上，建设各级分发服务系统，并促进国内软件和系统集成产业的发展。

根据各省级分发服务系统的共性与特点，国家测绘局将组织相应的专家组对各省的相关方案进行协调、研讨，整合现有资源，采用统一设计、分步实施、逐渐完善的方式进行系统建设，保证系统的相互兼容，降低系统的建设成本。国家测绘局还将根据各级系统建设过程中出现的政策、技术等问题，及时提供专家支持和技术培训等服务。

关于印发国家涉密基础测绘成果资料提供使用审批程序规定（试行）的通知

国测成字［2007］5号 2007年6月27日

国家基础地理信息中心，机关各司（室）：

为加强国家涉密基础测绘成果提供使用审批的管理，进一步规范审批程序和方式，满足测绘行政许可集中受理工作需要，我局制定了《国家涉密基础测绘成果资料提供使用审批程序规定（试行）》，现予印发，请遵照执行。

附件：1. 涉密基础测绘成果审批表

2. 涉密基础测绘成果申请使用受理通知书

3. 涉密基础测绘成果申请使用不予受理通知书
4. 涉密基础测绘成果申请使用补正通知书
5. 涉密基础测绘成果准予使用决定书
6. 涉密基础测绘成果不准予使用决定书
7. 国家秘密基础测绘成果使用申请表
8. 国家秘密基础测绘成果资料使用证明函
9. 涉密基础测绘成果安全保密责任书

附件一：

涉密基础测绘成果审批表

国测成审［2007］0000 号　　　　　　　　　　　　年　月　日

申请人名称			
企事业单位或 社会团体代码			
联系人姓名		联系电话	
申请使用 成果资料名称			
申请使用成果种类、 范围、精度、数量			
任务来源	项目名称		
任务来源	批准单位名称		
任务来源	批准单位性质	☐ 国家机关 ☐ 事业 ☐ 企业 ☐ 军队 ☐ 其他	
任务来源	批准文件号		
使用目的			
申请人提交 的申请材料	☐ 使用申请表	☐ 证明函	

续表

申请人提交的申请材料	□ 财政投资批准文件	□ 申请无偿使用公函
申请人提交的申请材料	□	□
受理窗口审核意见	签字：　　　　　　年　月　日	
承办人员审查意见	□ 申请材料齐全，符合规定要求，准予提供。	
承办人员审查意见	□ 符合无偿使用条件，准予无偿提供。	
承办人员审查意见	□ 使用目的不明确、不合法，不准予提供。	
承办人员审查意见	□ 使用目的与申请使用成果种类、范围及精度不符，不准予提供。	
承办人员审查意见	□ 不符合保密或保管法规等要求，不准予提供。	
承办人员审查意见	因其他原因不准予提供的。 理由：	
承办人员审查意见	签字：　　　　　　年　日　日	
管理处处长复核意见	签字：　　　　　　年　日　日	
司领导审批意见	签字：　　　　　　年　日　日	
局领导审批意见	签字：　　　　　　年　日　日	

注：本审批表由受理窗口负责填写、报送、留存，并作为制作准予或不准予决定的依据。

附件二：

涉密基础测绘成果申请使用受理通知书

国测成受［2007］0000 号

你单位提交的基础测绘成果使用申请表（编号：　　　　）、证明函（编号：　　　　）等申请材料收悉。经审查，有关申请材料齐全、符合规定形式要求，申请使用测绘成果事宜予以受理。

（许可专用章）
年　月　日

注：本通知书送申请人、国家测绘局各一份，受理窗口存档一份。

附件三：

涉密基础测绘成果申请使用不予受理通知书

国测成非受［2007］0000 号

：

你单位提交的基础测绘成果使用申请表（编号：　　　　）、证明函（编号：　　　　）等申请材料收悉。经审查，基于以下原因，申请使用基础测绘成果事宜不予受理：

□ 申请材料不齐全、不符合法定形式
□ 不需要审批
□ 不属于本行政机关审批范围
□ 其他原因不予受理的（需说明）

现退回原申请材料，请查收。

（许可专用章）
年　月　日

注：本通知书送申请人一份，受理窗口存档一份。

附件四：

涉密基础测绘成果申请使用补正通知书

国测成补［2007］0000 号

：

你单位提交的基础测绘成果使用申请表（编号：　　　　）等材料收悉。根据规定要求，需要补正（充）以下有关材料：

□ 使用申请表
□ 证明函
□ 项目批准文件
□ 财政投资批准文件
□ 申请无偿使用公函
□ 其他需要补正（充）的（需说明）

（许可专用章）

年 月 日

注：1. 本通知书送申请人一份，受理窗口存档一份。

2. 补正（充）通知书的顺序号应与受理通知书的顺序号保持一致。

附件五：

涉密基础测绘成果准予使用决定书

国测成准［2007］0000号

：

经国家测绘局审查，准予你单位使用所申请的（国测成受［2007］0000号）下列基础测绘成果，特此通知。

测绘成果名称				
使用目的				
种类、范围、精度、数量				
密级	□ 绝密	□ 机密	□ 秘密	□ 其他
提供方式	□ 无偿提供		□ 有偿提供	

请持本决定书到　　　　　　　　　　　办理测绘成果提供使用手续。

（许可专用章）

年 月 日

抄送：有关基础测绘成果保管单位，申请人所在地省、自治区、直辖市测绘行政主管部门，出具证明函单位，出具申请无偿提供公函单位。

注：本决定书送国家测绘局一份、受理窗口存档一份。附使用要求。

涉密基础测绘成果使用要求

一、准予使用的基础测绘成果属于测绘工作中国家□ 绝密级、□ 机密级、□ 秘密级事项，请按《国家秘密载体保密管理规定》等规章制度进行保密管理，采取有效的保密措施，消除失泄密隐患，确保国家秘密的安全。

涉密基础测绘成果不得擅自复制、转让或转借。

二、绝密级基础测绘成果，必须采取以下保密措施：

1. 非经原确定密级的机关、单位或者上级主管机关批准，不得复制和摘抄。2. 收发、传递和外出携带，由指定人员担任，并采取必要的安全措施。3. 在设备完善的保管装置中保存。经批准复制、摘抄的绝密级成果，依照前款规定采取保密措施。

三、涉密基础测绘成果的使用应严格按照《中华人民共和国测绘成果管理条例》和《基础测绘成果提供使用管理暂行办法》的要求，仅限于本单位范围内，按批准的使用目的使用，不得扩展到所属系统和上下级或同级其他单位。

四、利用涉密基础测绘成果开发生产的产品，未经国务院测绘行政主管部门或省、自治区、直辖市人民政府测绘行政主管部门进行保密处理的，其秘密等级不得低于所用测绘成果的秘密等级。

五、违反国家保密法律法规，发生涉密基础测绘成果泄密事件的机关、单位，应按照《报告泄露国家秘密事件的规定》的要求，向有关保密工作部门或机构报告并查处。

六、首次申请使用涉密基础测绘成果的，被许可使用的申请人应签署国家测绘局印发的《涉密测绘成果安全保密责任书》。

七、准予提供基础地理信息数据的，测绘成果资料保管单位应当与被许可使用的申请人签订基础地理信息数据提供使用许可协议。

（注：1. 本要求附于准予使用决定书后，2.《涉密测绘成果安全保密责任书》见附件九）

附件六：

涉密基础测绘成果不准予使用决定书

国测成非准［2007］0000 号

经国家测绘局审查，你单位申请使用的基础测绘成果（国测成受［2007］0000 号）因下列原因，不准予使用，特此通知。

□ 使用目的不明确、不合法

□ 使用目的与申请使用成果种类、范围及精度不符

□ 不符合保密或保管法规等要求

□ 其他不准予使用的原因（需说明）

你单位若不服本决定，有权依法申请行政复议或者提起行政诉讼。

（许可专用章）

年　月　日

抄送：申请人所在地省、自治区、直辖市测绘行政主管部门，出具证明函单位，出具申请无偿提供公函单位。

注：本决定书送国家测绘局一份、受理窗口存档一份。

附件七：

国家秘密基础测绘成果使用申请表

编号：

<table>
<tr><th colspan="4">申请人基本情况</th></tr>
<tr><td>用户代码</td><td colspan="3">（由审批单位规定）</td></tr>
<tr><td>单位名称</td><td colspan="3"></td></tr>
<tr><td>详细地址</td><td colspan="3"></td></tr>
<tr><td colspan="2">申请人（企业、事业单位或者社会团体）代码</td><td colspan="2"></td></tr>
<tr><td>经办人姓名</td><td></td><td>身份证号码</td><td></td></tr>
<tr><td>邮政编码</td><td></td><td>联系电话</td><td></td></tr>
<tr><td>电子邮箱</td><td colspan="3"></td></tr>
<tr><th colspan="4">申请人负责保密资料管理的机构或人员情况</th></tr>
<tr><td>机构名称</td><td colspan="3"></td></tr>
<tr><td>人员姓名</td><td colspan="3"></td></tr>
<tr><td>邮政编码</td><td></td><td>联系电话</td><td></td></tr>
<tr><td>详细地址</td><td></td><td></td><td></td></tr>
<tr><td>电子邮箱</td><td></td><td></td><td></td></tr>
<tr><th colspan="4">出具证明函机关资料</th></tr>
<tr><td>机关名称</td><td colspan="3"></td></tr>
<tr><td>承办人姓名</td><td colspan="3"></td></tr>
<tr><td>邮政编码</td><td></td><td>联系电话</td><td></td></tr>
<tr><td>详细地址</td><td colspan="3"></td></tr>
<tr><th colspan="4">申请使用基础测绘成果资料的相关内容</th></tr>
<tr><td>使用目的</td><td colspan="3"></td></tr>
<tr><td>项目来源</td><td colspan="3"></td></tr>
<tr><td>成果资料名称</td><td colspan="3"></td></tr>
</table>

续表

种类、范围、精度及数量	
申请人承诺	一、对所提供的申请材料内容的真实性负责。 二、严格遵守《涉密测绘成果安全保密责任书》承诺的事项。 （签字盖章） 年 月 日
负责保密管理机构（或人员）	（签字盖章） 年 月 日
出具证明函机关意见	出具证明函的机关指下列情况之一： 1. 申请人所在地的省、自治区、直辖市测绘行政主管部门； 2. 申请人所属中央国家机关或者单位司（局）级以上机构； 3. 申请人所属军队或者武警部队的师级以上机构。 （签字盖章） 年 月 日
备注	

注：1. 本申请表一式填写三份，报送申请一份，出具证明函机关存查一份，申请人留存一份。
2. 本申请表可由国家测绘局网站下载。

附件八：

国家秘密基础测绘成果资料使用证明函

编号：

：

兹介绍　　单位的　　同志，前往贵单位办理基础测绘成果资料使用审批手续，所填写的《国家秘密基础测绘成果使用申请表》（编号：　　　　）内容属实。

特此证明。

（印章）

年 月 日

附件九：

涉密基础测绘成果安全保密责任书

编号：

为加强涉密基础测绘成果的管理，贯彻落实《中华人民共和国测绘法》、《中华人民共和国保守国家秘密法》和《中华人民共和国测绘成果管理条例》、《中华人民共和国保守国家秘密法实施办法》等有关法律法规，确保涉密基础测绘成果的安全保密，促进成果合法、有效利用，防止发生失泄密事件，防范非法使用行为，请涉密基础测绘成果的申请使用单位认真阅读本责任书并签章确认。

一、本责任书所述“主管部门”为提供涉密基础测绘成果的测绘行政主管部门；“用户”为涉密基础测绘成果的使用单位；提供的“基础测绘成果”为《中华人民共和国测绘法》所规定的属于国家秘密范围的基础测绘数据、信息、图件及相关技术资料等。

二、用户已被告知并承诺按照《中华人民共和国保守国家秘密法》、《中华人民共和国测绘法》、《中华人民共和国保守国家秘密法实施办法》、《中华人民共和国测绘成果管理条例》、《计算机信息系统保密管理暂行规定》、《国家秘密载体保密管理的规定》、《基础测绘成果提供使用管理暂行办法》等相关法律法规及管理文件的要求，对基础测绘成果进行有效管理，做好安全保密工作。

三、用户为基础测绘成果的直接使用者；用户不得擅自复制、转让或者转借基础测绘成果。未经主管部门的书面许可，用户不得以任何形式向第三方（包括所属系统和上级、下级或者同级其他单位）提供基础测绘成果。用户若需委托第三方从事批准用途的应用开发，应与第三方签订相应的基础测绘成果安全保密责任书，实施有效监督和销毁。第三方为外国组织和个人以及在我国注册的外商独资企业和中外合资、合作企业的，用户应当履行对外提供我国测绘成果的审批程序，须依法经国务院测绘行政主管部门或者省、自治区、直辖市测绘行政主管部门批准。

四、基础测绘成果存放设施与条件应符合国家保密、消防及档案管理的有关规定和要求，并建立完善的测绘成果资料保密内部管理制度；经批准复制的秘密载体要进行编号与登记，按同等密级进行管理；涉密计算机系统应按相关规定办理批准使用手续，严防失泄密事件的发生。用户单位被撤销或合并时，应当将基础测绘成果移交给承担其原职能的机关、单位或上级机关，并履行登记、签收手续。

五、利用基础测绘成果开发生产的产品，未经国务院测绘行政主管部门或者省、自治区、直辖市测绘行政主管部门进行保密技术处理的，其秘密等级不得低于所用基础测绘成果的秘密等级。

六、用户有责任和义务进行经常性的保密教育和检查，落实各项保密措施，使所属人员知悉与其工作有关的保密范围和各项保密制度；并支持、配合有关主管部门的基础测绘成果保密检查工作。

七、本责任书自签订之日起生效，对此之前或之后领取的所有基础测绘成果，承诺按此责任书执行。

八、本责任书一式两份，分别由主管部门、用户存档备查。

基础测绘成果申请使用单位（签章）

法人（签字）：

经手人（签字）：

通讯地址：

联系电话：

年 月 日

附件：

测绘成果安全保密相关法规文件目录

一、中华人民共和国保守国家秘密法

二、中华人民共和国测绘法

三、中华人民共和国保守国家秘密法实施办法

四、中华人民共和国测绘成果管理条例

五、国家秘密载体保密管理的规定

六、计算机信息系统保密管理暂行规定

七、国家秘密文件、资料和其他物品标志的规定

八、保密检查的基本要求

九、泄密事件查处办法

十、基础测绘成果提供使用管理暂行办法

说明：本目录仅供用户参考；本目录所列法规文件仅为部分相关法规文件；本目录收集的是2006年12月31日之前颁布的相关法规文件。建议用户及时收集、学习、执行新出台的测绘成果安全保密相关法规文件。

关于印发国家测绘局地图审核程序规定（试行）的通知

国测图字［2007］6号　2007年6月25日

国家测绘局地图技术审查中心，机关各司（室）：

为进一步完善地图审核程序，提高地图审核效率，根据规范集中受理、明确工作职责的要求，国家测绘局修订了《国家测绘局地图审核程序规定（试行）》。现予印发，请遵照执行。

附件：1. 国家测绘局地图审核申请表

2. 地图审核受理通知书

3. 地图审核不予受理通知书

4. 地图审核材料补正通知书

5. 地图技术审查通知书

6. 地图审核意见表

7. 国家测绘局地图审核批准书

8. 国家测绘局地图审核不予批准书

附件1：

国家测绘局地图审核申请表

送审单位（盖章）

<table>
<tr><td rowspan="3">送审单位
基本情况</td><td>单位名称</td><td></td><td>传　真</td><td></td></tr>
<tr><td>电　　话</td><td></td><td>联系人</td><td></td></tr>
<tr><td>地　　址</td><td></td><td>邮　编</td><td></td></tr>
<tr><td rowspan="5">试制样图
相关信息</td><td>图　　名</td><td colspan="3"></td></tr>
<tr><td>规　　格</td><td></td><td>图幅数量</td><td></td></tr>
<tr><td>版　　次</td><td>初版 □　再版 □</td><td>原审图号</td><td></td></tr>
<tr><td>用　　途</td><td colspan="3">公开出版 □　公开展示 □　公开登载 □　书刊插图 □
对外加工 □　境外引进 □　礼品赠送 □　其他（　　）</td></tr>
<tr><td>形　　式</td><td colspan="3">纸质图 □　电子地图 □　地球仪 □　其他产品（　　）</td></tr>
<tr><td rowspan="3">地理底图
资料说明</td><td>所用基本资料名称</td><td colspan="3"></td></tr>
<tr><td>原编制者或出版者</td><td colspan="3"></td></tr>
<tr><td>使用许可证明文件</td><td colspan="3">有 □　无 □</td></tr>
<tr><td rowspan="9">相关材料
提供情况</td><td>地图编制单位及测绘资质等级证书证号</td><td></td><td>证号</td><td></td></tr>
<tr><td>是否有地图出版范围的批准文件</td><td>有 □　无 □</td><td>文号</td><td></td></tr>
<tr><td>是否有新闻出版主管部门的送审函件</td><td>有 □　无 □</td><td>文号</td><td></td></tr>
<tr><td>是否有世界性和全国性地图编制选题的批准文件</td><td>有 □　无 □</td><td>文号</td><td></td></tr>
<tr><td>是否有中小学国家课程教材编写的核准文件</td><td>有 □　无 □</td><td>文号</td><td></td></tr>
<tr><td>是否有保密技术处理的证明文件</td><td>有 □　无 □</td><td>文号</td><td></td></tr>
<tr><td>是否有专业保密部门审查的证明文件</td><td>有 □　无 □</td><td>文号</td><td></td></tr>
<tr><td>境外引进的地图是否有相关证明材料</td><td colspan="3">有 □　无 □</td></tr>
<tr><td>是否有其他书面说明材料</td><td colspan="3">有 □　无 □</td></tr>
<tr><td rowspan="4">受理情况
（受理部门
填写）</td><td>收件日期</td><td colspan="3"></td></tr>
<tr><td>送审样图及材料
是否齐全</td><td></td><td>受理意见</td><td></td></tr>
<tr><td>受理日期</td><td></td><td>经办人签名</td><td></td></tr>
<tr><td>送交审查机构日期</td><td colspan="3"></td></tr>
</table>

填表说明：

1. 送审单位必须加盖公章，并对所填资料和提供的相关材料的真实性负责。
2. “送审单位情况”栏应当如实填写，以便及时联系。
3. “规格”是指地图的开本或比例尺、地球仪的直径、地图产品的尺寸、电子地图的数据格式等。
4. “图幅数量”的单位为“幅”。若是地球仪或者电子地图等不便折算为“幅”的，此栏可以填“无”。

5. 地图出版物应当选择“版次”，其他类型的地图可以不选择。“版次”为再版的，应当填写“原审图号”。

6. “用途”栏选择不超过两项。如没有符合条件或者需要特别说明的，应当在“其他”括号中注明。

7. “所用基本资料名称”和“原编制者或出版者”栏必须填写。除送审单位与“原编制者或出版者”为同一家、测绘行政主管部门提供免费使用的地图以及对外加工的地图外，“使用许可证明”栏必须选择“有”，并提供相关证明材料。

8. “相关材料提供情况”栏填写相应单位或者进行相应的选择。选择“有”的，应当提供相关证明材料；有文号的，还应当填写文号。

9. “□”符号属于选择项目，请在适当的项目后打“√”。

10. 本表除“受理情况”栏之外的所有栏目都必须填写。无内容可填的，请填写“无”。

附件2：

地图审核受理通知书

国审受字（　　）第　　号

______________：

你单位送审的______________有关材料，我局于________年____月____日收到。该材料符合《地图审核管理规定》的有关规定，现予受理。特此通知。

联系电话：010－68489486

（加盖行政许可专用章）

年　月　日

地图审核受理通知书（存根）

国审受字（　　）第　　号

______________：

你单位送审的______________有关材料，我局于________年____月____日收到。该材料符合《地图审核管理规定》的有关规定，现予受理。特此通知。

经办人（签名）：

年　月　日

附件3：

地图审核不予受理通知书

国审受退字（　）第　　号

______________：

你单位送审的______________有关材料，我局于________年____月____日收到。根据下列理由：

现决定不予受理，并退还全部申请材料。特此通知。

联系电话：010－68489486

（加盖行政许可专用章）

年　月　日

地图审核不予受理通知书（存根）

国审受退字（　　）第　号

________：

你单位送审的__________有关材料，我局于______年____月____日收到。根据下列理由：

现决定不予受理，并退还全部申请材料。特此通知。

经办人（签名）：

年　月　日

附件4：

地图审核材料补正通知书

国审补字（　　）第　号

________：

你单位送审的__________有关材料，我局于______年____月____日收到。由于所报材料不齐全或者不符合法定形式，请提交下列补正材料：

特此通知。

联系电话：010－68489486

（加盖行政许可专用章）

年　月　日

地图审核材料补正通知书（存根）

国审补字（　　）第　号

________：

你单位送审的__________有关材料，我局于______年____月____日收到。由于所报材料不齐全或者不符合法定形式，请提交下列补正材料：

特此通知。

经办人（签名）：

年　月　日

附件5：

地图技术审查通知书

图审（　　）第　号

国家测绘局地图技术审查中心：

我局于______年____月____日受理了　　　　提交的__________有关材料，用途为__________。现按照有关规定，请你中心进行相关技术审查。请于______年____月____日前（____个工作日）提出地图技术审查意见，并与试制样图一起送国家测绘局行政许可集中受理窗口。

附件：试制样图（图幅数量__________）一式两份

联系电话：010－68489486

（加盖行政许可专用章）
年　月　日

地图技术审查通知书（存根）

图审（　　）第　号

国家测绘局地图技术审查中心：

我局于______年____月____日受理了　　　　提交的__________有关材料，用途为__________。现按照有关规定，请你中心进行相关技术审查。请于______年____月____日前（____个工作日）提出地图技术审查意见，并与试制样图一起送国家测绘局行政许可集中受理窗口。

附件：试制样图（图幅数量__________）一式两份

经办人（签名）：
年　月　日

附件6：

地图审核意见表

送审单位			
地图名称			
规　　格		图幅数量	
用　　途		样　　式	
受理时间	年　月　日		
技术审查 完成时间	年　月　日		
地图技术 审查意见书	测技检字［　］第　号		
处领导复核	年　月　日		
司领导签发	年　月　日		
备　注			

附件7：

国家测绘局地图审核批准书

审图号：GS（ ） 号

送审单位：
地图名称：
规　　格：
用　　途：

（加盖审批专用章）
签发日期： 年 月 日

说 明

1. 涉及地图著作权事项，由你单位自行负责。
2. 地图技术审查意见书（测技检字［ ］第 号）为本批准书的组成部分。地图存在问题的，必须按照审查意见和样图批注意见进行修改。
3. 必须在地图适当位置载明审图号。
4. 本批准书载明的地图名称、规格、用途不得擅自改变，否则需重新送审。
5. 地图出版物应当自出版之日起60日内向国家测绘局地图技术审查中心送交样本一式两份备案。
6. 涉及专业内容的地图，必须严格遵守保密法律、法规，不得表示任何国家秘密事项。
7. 对外加工的地图产品，必须遵守国家有关规定，并全部运输出境，不得在境内销售、散发。

附件8：

国家测绘局地图审核不予批准书

国审退字（ ）第 号

_______________：

根据地图审核管理的有关规定，我局对你单位送审的_______________进行了审核。因存在的问题较多（详见地图技术审查意见书），不符合国家有关规定。现将该样图退回，请修改后重新送审。

如对本决定有异议，可以依法申请行政复议或者提起行政诉讼。

附件：

1. 地图技术审查意见书（测技检字［ ］第 号）
2. 批注样图一份

联系电话：010－68489486

（加盖审批专用章）
年 月 日

国家测绘局地图审核不予批准书（存根）

国审退字（ ）第 号

_______________：

根据地图审核管理的有关规定，我局对你单位送审的_______________进行了审核。因存在的问题较多（详见地图技术审查意见书），不符合国家有关规定。现将该样图退回，请修改后重新送审。

如对本决定有异议，可以依法申请行政复议或者提起行政诉讼。

附件：

1. 地图技术审查意见书（测技检字［ ］第 号）

2. 批注样图一份

经办人（签名）：

年 月 日

关于印发《测绘行业技师考评管理办法（试行）》的通知

国测人字［2007］30号 2007年8月1日

各省、自治区、直辖市测绘行政主管部门，局所属各单位，机关各司（室）：

现将《测绘行业技师考评管理办法（试行）》印发给你们，请遵照执行。

附件：测绘行业技师考评管理办法（试行）

测绘行业技师考评管理办法（试行）

第一条 为做好测绘行业技师考评工作，根据有关规定，结合测绘行业的实际情况制定本办法。

第二条 技师按照技术等级分为技师和高级技师。

第三条 技师考评工作按照严格标准、德才兼备、注重实绩的原则进行。

第四条 根据《中华人民共和国职业分类大典》，列入测绘行业技师考评范围的职业有大地测量员、摄影测量员、地图制图员、工程测量员、地籍测绘员、房产测量员。

第五条 技师考评分为理论知识考试、技能操作考核和综合评审。

第六条 国家测绘局综合管理技师考评工作；国家测绘局职业技能鉴定指导中心（以下简称“中心”）成立技师评审委员会，统一组织技师的综合评审工作；测绘行业特有工种职业技能鉴定站（以下简称鉴定站）负责理论知识考试与技能操作考核工作。

第七条 申报条件：

（一）取得高级职业资格证书后，连续从事本职业工作7年以上者；或取得高级职业资格证书后，连续从事本职业工作5年以上，经本职业技师正规培训达规定标准学时，并取得结业证书者，可申报技师。

（二）取得技师职业资格后，连续从事本职业工作8年以上者；或取得技师职业资格证书后，连续从事本职业工作5年以上，经本职业高级技师正规培训达规定标准学时，并取得结业证书者，可申报高级技师。

第八条 考评程序：

（一）符合申报条件的人员，向鉴定站办理申报手续，填写《测绘行业技师考评申报表》，提交评审材料和有关高级职业资格证书原件。

评审材料可以是论文、技术工作报告、业绩总结等。

（二）鉴定站对符合条件的人员进行理论知识考试与技能操作考核，并将理论知识考试与技能操作考核合格者的成绩及评审材料上报“中心”。

理论知识考试与技能操作考核均实行百分制，成绩皆达60分以上者为合格。

（三）技师评审委员会组织有关职业评审工作小组按照国家职业标准进行评审。

（四）“中心”将技师考评合格的人员情况汇总，报国家测绘局人事司验印后，向考评合格的人员颁发劳动和社会保障部统一印制的《职业资格证书》。

第九条 鉴定站违反本办法，在社会上造成不良影响的，国家测绘局给予通报批评；情节严重的，吊销其《职业技能鉴定许可证》。

第十条 技师评审工作小组和鉴定站工作人员违反本办法，弄虚作假、徇私舞弊的，将根据人事管理权限给予处分，并停止相关工作。

第十一条 申报技师的人员违反本办法，弄虚作假的，2 年内不得申报技师考评；已经取得职业资格的，予以撤消。

第十二条 本办法由国家测绘局人事司解释。

第十三条 本办法从发布之日起执行。

关于印发《测绘行业职业技能鉴定质量督导管理办法》的通知

国测人字［2007］31 号　2007 年 8 月 1 日

各省、自治区、直辖市测绘行政主管部门，局所属各单位，机关各司（室）：

现将《测绘行业职业技能鉴定质量督导管理办法》印发给你们，请遵照执行。

附件：测绘行业职业技能鉴定质量督导管理办法

测绘行业职业技能鉴定质量督导管理办法

第一章　总　则

第一条 为规范测绘行业职业技能鉴定工作，加强职业技能鉴定管理，提高职业技能鉴定质量，根据劳动和社会保障部《职业技能鉴定质量督导工作规程》制定本办法。

第二条 测绘行业职业技能鉴定质量督导是指国家测绘局、省级测绘行政主管部门及国家测绘局职业技能鉴定指导中心（以下简称“中心”）按照国家职业技能鉴定的有关规定，向测绘行业特有工种职业技能鉴定站派出质量督导员，对其贯彻执行国家职业技能鉴定有关法规政策和职业标准、考评人员聘用、试题试卷提取、考务实践及证书管理等工作进行监督和检查。

第三条 测绘行业职业技能鉴定质量督导应依据国家法律、法规和国家职业标准及其它政策性、技术性文件，遵循客观公正、科学规范的原则开展工作。

第四条 国家测绘局负责全国测绘行业职业技能鉴定质量督导的管理和指导工作，统筹规划本行业质量督导员资格培训、考核和认证工作；各省级测绘行政主管部门负责本地区测绘行业职业技能鉴定质量督导的管理和指导工作，负责本地区测绘行业职业技能鉴定质量督导员人选的推荐工作；“中心”承担测绘行业职业技能鉴定质量督导员（以下简称质量督导员）的资格培训、认证考核，以及相关质量督导工作。

第二章　质量督导员

第五条 质量督导员应具备下列条件：

热爱职业技能鉴定工作，廉洁奉公、办事公道、作风正派，具有良好的职业道德和敬业精神；具备一定的文字表达能力与语言沟通能力。同时还符合以下要求之一：

（一）具有考评人员资格三年或技师资格五年以上；

（二）从事职业技能鉴定行政和技术管理工作；

（三）熟悉鉴定理论或质量管理知识与方针政策，并参加技能考评工作三年以上；

（四）具有测绘专业中专以上或相当于中专以上学历，并在本行业有一定威信。

第六条 质量督导员实行培训考核认证制度。质量督导员应当接受有关法律法规、政策，职业道德，职业技能鉴定管理和督导等内容的培训。

质量督导员资格考核采取笔试方式进行。经培训和考核合格后，由劳动和社会保障部颁发《职业技能鉴定质量督导员》证卡。有效期为三年。

质量督导员三年有效期满须重新培训考核，考核合格后换发新证卡，同时收回旧证卡。考核不合格者，收回旧证卡并注销其质量督导员资格。

第七条 质量督导员实行委派制，由省级以上测绘行政主管部门或“中心”委派，执行测绘行业职业技能鉴定质量督导工作。具体工作职责如下：

（一）对测绘行业职业技能鉴定机构贯彻执行有关职业技能鉴定法规、规章和政策的情况实施督导；

（二）对测绘行业特有职业技能鉴定站及相应考核机构的工作实施督导。包括职业技能鉴定站运行条件和鉴定范围、试题及题库、考评人员资格、参加鉴定人员的资格条件审查、考务管理程序和考场秩序以及职业资格证书管理等；

（三）对群众举报的职业技能鉴定违纪情况进行调查、核实；

（四）对测绘行业职业技能鉴定工作中的重大问题进行调查研究，提出建议。

第三章 质量督导

第八条 职业技能鉴定质量督导分现场督考和经常性检查两种形式。

现场督考主要是对考试现场和工作现场的质量督导。由“中心”制定督考方案，报国家测绘局人事司备案后组织实施。

经常性检查主要是测绘行政主管部门定期对鉴定机构进行单项和全面的质量检查与评估。

第九条 职业技能鉴定质量督导方式主要有：

（一）监督职业技能鉴定活动；

（二）听取情况汇报；

（三）查阅有关文件、档案、资料；

（四）进行个别访问、调查问卷、测试和复核；

（五）现场调查；

（六）撰写督导报告。

第十条 在职业技能鉴定质量督导工作中，被督导单位及有关人员有下列情形之一的，质量督导员可提请其主管部门对该单位按有关规定予以处理。

（一）拒绝向质量督导员提供有关情况和文件、资料的；

（二）阻挠有关人员向质量督导人员反映情况的；

（三）对提出的督导意见，拒不采取改进措施的；

（四）弄虚作假、采取欺骗手段干扰职业技能鉴定质量督导工作的；

（五）打击、报复质量督导员的；

（六）其它影响质量督导工作的行为。

第四章 监督与纪律

第十一条 为有效地对质量督导员的行为进行监督，每次督导活动都要由质量督导员签定责任书，同时被督导单位对质量督导员的督导情况要提出反馈意见。

第十二条 质量督导员在执行督导任务时，必须严格执行质量督导员工作守则和考场规则，实行回避制度。

第十三条 质量督导员实行轮换制度。质量督导员在同一个被督导单位连续从事督导工作一年内不能超过三次；督导小组成员每次轮换不能少于三分之一。

第十四条 质量督导员实行年度考核和评议制度。质量督导员的年度考核和评议工作由“中心”负责，考核结果作为是否委派的主要依据。

对于取得质量督导员资格但两年内未参加督导工作的，应取消其资格，收回质量督导员资格证卡。

第十五条 质量督导员有下列情况之一的，由其所在单位给予批评教育；情节严重的，给予行政处分，同时报请劳动保障部门取消其质量督导员资格。

（一）违反职业技能鉴定有关规定的；

（二）因渎职贻误工作的；

（三）利用职权谋取私利的；

（四）利用职权包庇或打击报复他人，侵害他人合法权益的；

（五）其它妨碍工作正常进行，并造成恶劣影响的。

第五章 附 则

第十六条 本办法由国家测绘局人事司解释。

第十七条 本办法自发布之日起执行。

关于印发《国家测绘局专业技术职务任职资格评审管理办法》的通知

国测人字［2007］32号　2007年8月29日

局所属各单位：

现将《国家测绘局专业技术职务任职资格评审管理办法》印发给你们，请遵照执行。

国家测绘局专业技术职务任职资格评审管理办法

第一章　总　则

第一条　为进一步规范专业技术职务任职资格评审工作，建立客观、科学的人才评价机制，充分调动和发挥专业技术人员的积极性、创造性，按照国家有关政策，并结合我局实际情况，制定本办法。

第二条　专业技术职务任职资格是专业技术人员学术、技术水平的标志，可作为聘任专业技术职务的依据。

第三条　专业技术职务任职资格的评审，要体现公平、公正、择优的原则。

第四条　评审专业技术职务任职资格由个人申报，经单位职改（人事）部门审核后，提交相应评审委员会评审。

第五条　专业技术职务任职资格的评审实行分级管理。中级及以下专业技术职务任职资格的评审结果由各单位职改（人事）部门审定，高级专业技术职务任职资格的评审结果由国家测绘局职称改革工作领导小组办公室审定。

第二章　申报条件

第六条　申报评审专业技术职务任职资格的人员，必须遵守中华人民共和国宪法和法律，具备良好的职业道德和敬业精神，符合相应专业的学术和技术条件要求，近两年年度考核合格。

第七条　中专毕业，取得员级专业技术职务任职资格并聘任在员级专业技术岗位工作四年以上，可申报助理级专业技术职务任职资格评审。

第八条　符合下列条件之一，可申报中级专业技术职务任职资格评审：

（一）大学本科或大学专科毕业，取得助理级专业技术职务任职资格并聘任在助理级专业技术岗位工作四年以上；

（二）大学本科毕业同时取得双学士学位，取得助理级专业技术职务任职资格并聘任在助理级专业技术岗位工作三年以上。

第九条　符合下列条件之一，可申报高级专业技术职务任职资格评审：

（一）大学专科毕业，取得中级专业技术职务任职资格并聘任在中级专业技术岗位工作八年以上；

（二）大学本科毕业（含双学士），取得中级专业技术职务任职资格并聘任在中级专业技术岗位工作五年以上；

（三）获得硕士学位，取得中级专业技术职务任职资格并聘任在中级专业技术岗位工作四年以上；

（四）获得博士学位，取得中级专业技术职务任职资格并聘任在中级专业技术岗位工作二年以上。

第十条　在野外测绘生产一线累计工作满七年，或被评聘（含认定）为初级或中级专业技术职务后连续在野外测绘生产一线工作的，本办法第八条、第九条规定的任职时间年限可以减少一年。

第十一条　工作业绩突出，且符合下列条件之一的，可以不受学历和下一级专业技术职务任职时间的限制，破格申报上一级专业技术职务任职资格：

（一）获得省、部级及以上科学技术奖励的人员，申报中级专业技术职务任职资格评审的；

（二）获得国家级科学技术奖励和省、部级科学技术奖励一等奖的人员，申报高级专业技术职务任职资格评审的；

（三）科技成果转化为商品，取得重大的社会、经济效益的；

（四）参与国家重大测绘工程项目，在其中发挥重要作用的技术骨干，且受到省部级及以上单位表彰的；

（五）在野外测绘生产一线累计工作十年以上，担任检查员、生产作业组长累计五年以上或在科级及以上技术岗位工作三年以上，申报中级专业技术职务任职资格评审的；

（六）评聘为中级专业技术职务，在野外测绘生产一线累计工作二十年以上，在科级及以上技术岗位工作累计六年以上，申报高级专业技术职务任职资格评审的。

第十二条 中专毕业，聘任在生产一线助理级专业技术岗位工作六年以上，工作业绩突出，可破格申报中级专业技术职务任职资格评审。

第十三条 国家承认学历的全日制院校毕业学生，首次申报专业技术职务任职资格，可以由职改（人事）部门在考核合格的基础上认定。具体条件是：

（一）中专毕业，见习期满，可认定具备员级专业技术职务任职资格；

（二）大学专科毕业，见习期满，再从事本专业技术工作二年，可认定具备助理级专业技术职务任职资格；

（三）大学本科毕业，见习期满，可认定具备助理级专业技术职务任职资格；

（四）大学本科毕业同时取得双学士学位，可认定具备助理级专业技术职务任职资格；

（五）研究生毕业并取得硕士学位的，再从事本专业技术工作三年可认定具备中级专业技术职务任职资格；

（六）研究生毕业并获得博士学位的，可认定具备中级专业技术职务任职资格；

（七）博士后期满出站的，经单位考核合格并报国家测绘局职称改革工作领导小组办公室批准，可认定具备高级专业技术职务任职资格。

第十四条 在职取得大学本科及以下学历的人员，在取得学历满一年后方可申报相应的专业技术职务任职资格，且在下级专业技术岗位工作的年限在本办法第七条、第八条、第九条规定的基础上相应增加一年。

第十五条 凡申请参加专业技术职务任职资格评审者，均应符合所在省、自治区、直辖市有关职称外语方面的要求，参加行业主管部门组织的评审的，需符合行业主管部门的要求。

第十六条 申报评审专业技术职务任职资格，应在规定的时间内向单位职改（人事）部门提交有关材料，经审核后提交评审委员会评审。材料包括：

（一）《专业技术职务任职资格评审表》；

（二）专业技术职务聘任证书复印件；

（三）学历、学位证明复印件；

（四）现有专业技术职务任职资格证书复印件；

（五）代表本人学术水平和工作能力的论文著作、工作总结或专题报告、获奖证书复印件；

（六）外语考试成绩或免试证明；

（七）接受继续教育的登记证书复印件；

（八）破格人员的有关证明材料；

（九）评审高级专业技术任职资格者需要提供二位同行专家的推荐意见。

第十七条 已办理离退休手续的人员，均不再评定专业技术职务任职资格。

第三章 评审组织

第十八条 专业技术职务任职资格评审委员会是负责评审专业技术人员是否具备相应专业技术资格条件的组织。其职责是受上级职改（人事）部门的委托，评定申报人的专业技术职务任职资格。

第十九条 中、高级专业技术职务任职资格评审委员会的组建与调整由各单位提出，报国家测绘局职称改革工作领导小组办公室批准；初级专业技术职务任职资格评审委员会由单位自行组建。

第二十条 专业技术职务任职资格评审委员会应由具有较高学术技术水平、作风正派、办事公道、认真负责、群众公认的专家组成。其中，中青年专家应占三分之一以上。高级专业技术职务任职资格评审委员会一般由二十一人以上组成，委员应具有本专业的高级专业技术职务；中级专业技术职务任职资格评审委员会一般由十五人以上组成，委员应具有本专业中级以上专业技术职务，其中具有高级专业技术职务的委员不少于二分之一。

不主要从事专业技术工作的行政领导和已经办理离退休手续的人员一般不参加评审委员会。

第二十一条 专业技术职务任职资格评审委员会实行任期制，每届任期一般为两年。任期届满，应适当调整成员。

第二十二条 专业技术职务任职资格评审委员会应遵循“公正、准确、保密”的原则，严格掌握相应的技术条件，保证评审质量。

第四章 评审与审定

第二十三条 专业技术职务任职资格评审委员进行评审时，出席评审的委员人数不得少于评委会组成人数的三分之二。评审委员在听取职改（人事）部门审核情况报告的基础上，对申报材料进行认真阅审、评议，最后采用无记名投票的方式进行表决，得到赞同票数量达到出席会议委员数量三分之二以上的为通过。

第二十四条 专业技术职务任职资格评审委员按有关规定建立评审记录制度。记录内容包括评审日期、出席评委、评审议程、评审对象及数量、评委投票结果等。记录由评审主持人及记录人签名，并做好保密工作。

评审结束后，评审委员会应在《专业技术职务任职资格评审表》中填写评审结论，由主任委员或副主任委员签字，并加盖评审委员会印章。

第二十五条 各单位职改（人事）部门在评审后一个月内将评审工作报告、通过人员的《高级专业技术职务评审结果审核表》及其《专业技术职务任职资格评审表》、破格人员的有关证明材料报国家测绘局职称改革领导小组办公室审定，在核准后方可办理《专业技术职务任职资格证书》。获得中级以下专业技术职务任职资格的由各单位职改（人事）部门审定后即可办理《专业技术职务任职资格证书》。

第二十六条 凡评审未通过者，不再复议，且原则上十二个月内不得再次申报评审。

第二十七条 本单位不具备评审权的，可以委托其他具备相应评审权的地区、部门或单位的评审委员会评审。程序是：由本人提出申请、所在单位审核同意、上级职改（人事）部门批准并出具委托评审函。高级专业技术职务的委托评审由国家测绘局职称改革工作领导小组办公室出具委托函。

第五章 监 督

第二十八条 国家测绘局职称改革工作领导小组办公室对所属单位的职改（人事）部门和授权组建的各评审委员会的评审工作实施监督、检查，并受理举报和申诉。

第二十九条 评审委员会或委员违反评审程序和规定的，国家测绘局职称改革工作领导小组办公室可视情节，宣布评审结果无效，直至收回评审权或取消评审委员会委员资格。

第六章 附 则

第三十条 本办法由国家测绘局人事司负责解释。

第三十一条 本办法自发布之日起施行，以前所发文件凡与本办法不一致的均以本办法为准。

关于印发《国家测绘局事业单位岗位设置管理实施办法》的通知

国测人字［2007］46号 2007年12月3日

局所属各单位：

经人事部批准，现将《国家测绘局事业单位岗位设置管理实施办法》印发给你们，并就有关事项通知如下：

一、事业单位要在岗位调查的基础上，结合本单位的职责任务、工作性质和人员构成特点，根据本办法尽快制定岗位设置方案（暂不设置特设岗位），填写事业单位岗位设置审核表，并报国家测绘局人事司审核。

二、岗位设置方案核准后，事业单位要按本办法制定具体实施方案并组织实施。现有在册正式工作人员，按照现聘职务或岗位进入相应等级的岗位。

三、事业单位首次进行岗位设置和岗位聘用，岗位结构比例不得突破现有人员结构比例。现有人员的结构比例已经超过核准的结构比例的，应通过自然减员、调出、低聘或解聘的办法，逐步达到规定的结构比例。尚未达到核准的结构比例的，要严格控制岗位聘用数量，根据事业发展要求和人员队伍状况等情况逐年逐步到位。

四、已经实行聘用制度、普遍签订了聘用合同的事业单位，可按照本办法及核准的岗位设置方案，对本单位现有人员确定不同的工作岗位等级，并变更聘用合同相应内容。

尚未实行聘用制度的事业单位，应按照《国务院办公厅转发人事部关于在事业单位试行人员聘用制度意见的通知》（国办发［2002］35 号）要求及核准的岗位设置方案，抓紧实施聘用制度，组织岗位聘用，签订聘用合同。

五、试行事业单位岗位设置管理制度，是事业单位人事制度的一项重大改革，涉及面广，政策性强，情况复杂，关系事业单位广大职工的切身利益。各单位要高度重视，加强领导，精心组织，周密部署；要深入细致地做好职工的思想政治工作，正确处理改革发展稳定的关系，积极稳妥地做好这项工作。

国家测绘局事业单位岗位设置管理实施办法

第一章 总 则

第一条 为深化事业单位人事制度改革，做好我局事业单位岗位设置管理工作，根据《事业单位岗位设置管理试行办法》（国人部发［2006］70 号）和《〈事业单位岗位设置管理试行办法〉实施意见》（国人部发［2006］87 号），结合事业单位的特点，制定本实施办法。

第二条 岗位设置管理中涉及单位领导人员的，按照干部人事管理权限的有关规定执行。

第三条 本办法所称岗位是指事业单位根据其社会功能、职责任务和工作需要设置的工作岗位，应具有明确的岗位名称、岗位等级、职责任务、工作标准和任职条件。

第四条 事业单位要按照科学合理、精简效能的原则进行岗位设置，坚持按需设岗、竞聘上岗、按岗聘用、合同管理。

第五条 国家测绘局负责所属事业单位岗位设置的政策指导、宏观调控和监督管理工作。

四直属局负责其所属事业单位岗位设置的工作指导、组织实施和监督管理工作。

第六条 各事业单位根据岗位设置的政策规定，按照核准的岗位总量、结构比例和最高等级，自主设置本单位的具体工作岗位。

第二章 岗位类别及设置

第七条 事业单位岗位分为管理岗位、专业技术岗位和工勤技能岗位三种类别。

第八条 管理岗位指担负领导职责或管理任务的工作岗位。管理岗位的设置要适应增强单位运转效能、提高工作效率、提升管理水平的需要。

主要承担管理职责的事业单位，应保证管理岗位占主体，一般应占单位岗位总量的一半以上。

第九条 专业技术岗位指从事专业技术工作，具有相应专业技术水平和能力要求的工作岗位。专业技术岗位的设置要符合专业技术工作的规律和特点，适应发展社会公益事业与提高专业水平的需要。

主要以专业技术提供服务的事业单位，应保证专业技术岗位占主体，一般不低于单位岗位总量的 70%。

第十条 工勤技能岗位指承担技能操作和维护、后勤保障、服务等职责的工作岗位。工勤技能岗位的设置要适应提高操作维护技能，提升服务水平的要求，满足单位业务工作的实际需要。

主要承担技能操作维护、服务保障等职责的事业单位，应保证工勤技能岗位占主体，一般应占单位总量的一半以上。

鼓励事业单位后勤服务社会化，已经实现社会化服务的一般性劳务工作，不再设置相应的工勤技能岗位。

第三章 岗位等级及设置

第十一条 根据岗位性质、职责任务和任职条件，对事业单位管理岗位、专业技术岗位、工勤技能岗位分别划分通用的岗位等级。

第十二条 管理岗位分为 8 个等级，即三至十级职员岗位。

事业单位现行的厅级正职、厅级副职、处级正职、处级副职、科级正职、科级副职、科员、办事员依次分别对应管理岗位三到十级职员岗位。

第十三条 管理岗位的最高等级、结构比例以及各等级管理岗位的职员数量根据事业单位的规格、规模、隶属关系，按照干部人事管理有关规定和权限确定。

第十四条 专业技术岗位分为13个等级，包括高级岗位、中级岗位和初级岗位。高级岗位分7个等级，即一至七级。其中正高级的岗位包括一至四级，副高级的岗位包括五至七级；中级岗位分3个等级，即八至十级；初级岗位分3个等级，即十一至十三级，其中十三级是员级岗位。

高级专业技术职务不区分正副高的，暂按现行专业技术职务有关规定执行。

第十五条 专业技术岗位的最高等级和结构比例按照事业单位的功能、规格、隶属关系和专业技术水平等因素，根据现行专业技术职务管理有关规定和行业指导意见确定。

专业技术高级、中级、初级岗位之间的结构比例全局总体控制目标为2:4:4。

高级、中级、初级岗位内部不同等级岗位之间的结构比例控制目标：二级、三级、四级岗位之间的比例为1:3:6，五级、六级、七级岗位之间的比例为2:4:4，八级、九级、十级岗位之间的比例为3:4:3，十一级、十二级岗位之间的比例为5:5。

第十六条 专业技术一级岗位是国家专设的特级岗位，由国家实行总量控制和管理，其人员的确定按照国家有关规定执行。

第十七条 工勤技能岗位包括技术工岗位和普通工岗位，其中技术工岗位分为5个等级，即一至五级。普通工岗位不分等级。

事业单位中的高级技师、技师、高级工、中级工、初级工，依次分别对应一至五级工勤技能岗位。

第十八条 工勤技能岗位的最高等级和结构比例按照岗位等级规范、技能水平和工作需要确定。

工勤技能岗位结构比例，一级、二级、三级岗位的总量占工勤技能岗位总量的比例总体控制目标为50%左右，一级、二级岗位的总量占工勤技能岗位总量的比例总体控制目标为5%左右。

第十九条 根据事业发展和工作需要，事业单位可设置特设岗位。

特设岗位是事业单位中的非常设岗位，主要用于聘用急需的高层次人才等特殊需要。特设岗位不受事业单位岗位总量、最高等级和结构比例限制，在完成工作任务后，按照管理权限予以核销。

特设岗位的设置须经国家测绘局审核后，报人事部备案。

第四章 岗位基本条件

第二十条 事业单位各类岗位的基本任职条件：

（一）遵守宪法和法律。

（二）具有良好的品行。

（三）岗位所需的专业、能力或技能条件。

（四）适应岗位要求的身体条件。

第二十一条 管理岗位一般应具有中专以上文化程度，其中六级以上职员岗位，一般应具有大学专科以上文化程度，四级以上职员岗位，一般应具有大学本科以上文化程度。各等级职员岗位的基本任职条件：

（一）三级、五级职员岗位，须分别在四级、六级职员岗位上工作两年以上。

（二）四级、六级职员岗位，须分别在五级、七级职员岗位上工作三年以上。

（三）七级、八级职员岗位，须分别在八级、九级职员岗位上工作三年以上。

第二十二条 专业技术岗位的基本任职条件按照现行专业技术职务评聘的有关规定执行。各等级专业技术人员的基本任职条件：

（一）二级、三级、四级专业技术岗位，须具有正高级专业技术职务任职资格。

按照国家有关规定评审出的成绩优异的高级工程师可聘用到二至四级专业技术岗位。

（二）五级、六级、七级专业技术岗位，须具有副高级专业技术职务任职资格。

（三）八级、九级、十级专业技术岗位，须具有中级专业技术职务任职资格。

（四）十一级、十二级专业技术岗位，须具有助理级专业技术职务任职资格。

（五）十三级专业技术岗位须具有员级专业技术职务任职资格。

第二十三条 工勤技能岗位基本任职条件：

（一）一级、二级工勤技能岗位，须在本工种下一级岗位工作满五年，并分别通过高级技师、技师技术等级考评。

（二）三级、四级工勤技能岗位，须在本工种下一级岗位工作满五年，并分别通过高级工、中级工技术等级考核。

（三）五级工勤技能岗位，须通过初级工技术等级考核。

第二十四条 事业单位要严格按照岗位的职责和任职条件，按照不低于国家规定的基本条件的要求聘用人员。对于特别优秀且岗位急需的人员，可以按照有关规定破格聘用。

第五章 岗位设置程序

第二十五条 事业单位岗位设置实行核准制度，严格按照规定的程序和管理权限进行审核。

第二十六条 事业单位设置岗位按照以下程序进行：

（一）制定岗位设置方案，填写事业单位岗位设置审核表。

（二）报国家测绘局审核。

（三）在核准的岗位总量、结构比例和最高等级限额内，制定岗位设置实施方案。

（四）广泛听取职工对岗位设置实施方案的意见。

（五）岗位设置实施方案由单位领导班子成员集体讨论通过。

（六）组织实施。

第二十七条 四直属局负责其所属事业单位岗位设置方案的初审、汇总及上报工作。

第二十八条 事业单位的岗位总量、结构比例和最高等级应保持相对稳定。

第二十九条 有下列情形之一的，岗位设置方案可申请变更：

（一）事业单位出现分立、合并，须对本单位的岗位进行重新设置的。

（二）经主管部门批准，增减机构编制的。

（三）按照业务发展和实际情况，为完成工作任务确需变更岗位设置的。

第六章 岗位聘用

第三十条 事业单位应根据管理岗位、专业技术岗位、工勤技能岗位的职责任务和任职条件，按照公开招聘、竞聘上岗的有关规定择优聘用人员。

第三十一条 事业单位应当与聘用人员签订聘用合同，确定相应的工资待遇。聘用合同期限内调整岗位的，应对聘用合同的相关内容作出相应变更。

第三十二条 事业单位人员原则上不得同时在两类岗位上任职，因工作确实需要兼任的，须按人事管理权限审批。

第七章 监督管理

第三十三条 经核准的岗位设置方案作为聘用人员、确定岗位等级、调整岗位以及核定工资的依据。

第三十四条 事业单位不按规定进行岗位设置和岗位聘用的，不予确认岗位等级、不予兑现工资、不予核拨经费。情节严重的，对相关领导和责任人予以通报批评，按照人事管理权限给予相应的纪律处分。

第三十五条 事业单位在岗位设置和岗位聘用工作中，要严格执行有关政策规定，坚持原则，坚持走群众路线。对违反规定滥用职权、打击报复、以权谋私的，要追究相应责任。

第八章 附 则

第三十六条 使用事业编制的社会团体，按本办法执行。

第三十七条 本办法由国家测绘局人事司负责解释。

第三十八条 本办法从发布之日起施行。

地方法规、规章

河北省基础测绘管理办法修正案

2007年4月9日河北省人民政府第80次常务会议审议通过，
2007年4月22日河北省人民政府令［2007］第5号公布，自公布之日起施行

（一）第一条修改为：“为促进和保障全省基础测绘工作开展，适应国民经济和社会发展对基础地理信息的需求，根据《中华人民共和国测绘法》和《河北省实施〈中华人民共和国测绘法〉办法》的有关规定，结合本省实际，制定本办法。”

（二）办法中的“管理测绘工作的部门”修改为“测绘行政主管部门”。

（三）第六条、第七条中的“计划”修改为“发展和改革”。

（四）第九条修改为：“下列基础测绘项目由省测绘行政主管部门负责组织实施：（一）全省统一的平面控制网、高程控制网和空间定位网的建立及复测；（二）属于省测绘行政主管部门分管的一比五千、一比一万基本比例尺地形图的测制和相应尺度的基础地理信息数据的采集；（三）全省性基础地理信息系统的建立和完善；（四）获取基础地理信息的航空摄影和遥感测绘；（五）全省性地图的基础地理底图的编制；（六）建立和维护省基础测绘设施；（七）国务院测绘行政主管部门和省人民政府规定的其他基础测绘项目”。

（五）第十条修改为：“下列基础测绘项目由设区市、县（市）测绘行政主管部门负责组织实施：（一）本行政区域的平面控制网、高程控制网和空间定位网的建立及复测；（二）属于设区市、县（市）测绘行政主管部门分管的一比五百、一比一千、一比二千基本比例尺地形图的测制和相应尺度的基础地理信息数据的采集；（三）本行政区域基础地理信息系统的建立和完善；（四）省测绘行政主管部门和本级人民政府规定的其他基础测绘项目。”

（六）第十一条第二款修改为：“属于省测绘行政主管部门分管范围的山区和平原地区的基本比例尺地形图的更新周期分别不超过十年和五年；属于设区市、县（市）测绘行政主管部门分管范围的基本比例尺地形图的更新周期一般不超过五年。”

（七）第十二条第二款修改为：“基础测绘项目应当发包给依法取得测绘资质证书的单位。”

（八）第十三条第（二）项修改为：“在施测前应当告知测绘项目所在地的测绘行政主管部门”。

（九）第十五条中的“十五日”修改为“90日”。

（十）第十六条修改为：“未经测绘成果所有权人同意，任何单位或者个人不得擅自复制、转让或者转借基础测绘成果。确需复制保密测绘成果的，应当按原密级管理”。

（十一）删去第十八条。

（十二）根据以上修改，对本办法有关条文的顺序作相应调整。此外，对个别文字作了修改。

河北省基础测绘管理办法

河北省人民政府令［2001］第23号

2001年12月13日河北省政府第49次常务会议通过，自2002年2月1日起施行

第一条 为促进和保障全省基础测绘工作开展，适应国民经济和社会发展对基础地理信息的需求，根据《中华人民共和国测绘法》和《河北省测绘条例》的有关规定，结合本省实际，制定本办法。

第二条 本办法所称的基础测绘，是指为向社会提供基础地理信息，由管理测绘工作的部门组织实施的建立大地测量控制网、测制基本比例尺地形图和建立基础地理信息系统的测绘活动。

第三条 在本省行政区域内从事基础测绘活动，必须遵守本办法。

第四条 省、设区市和县（市）人民政府管理测绘工作的部门主管本行政区域内的基础测绘工作。

第五条 基础测绘是为各级人民政府的行政管理决策、经济建设和人民生活服务的一项基础性、公益性事业。

各级人民政府应当加强对基础测绘工作的领导，将基础测绘工作纳入国民经济和社会发展计划及财政预算。

第六条 各级管理测绘工作的部门应当根据当地的经济建设和社会发展需要，会同同级计划、财政等有关部门编制基础测绘规划和年度计划，并按规定程序审批后组织实施。

基础测绘规划和年度计划经批准后，应当分别报上级管理测绘工作的部门和计划部门备案。

第七条 进行基础测绘设施的新建、改建和扩建，管理测绘工作的部门应当按照基本建设程序，报同级计划部门批准并下达年度投资计划后组织实施。

基础测绘设施的日常维护费由同级财政部门核拨。

第八条 各级财政部门应当根据基础测绘年度计划、预算编制原则以及国务院测绘行政主管部门和其他有关部门制定的测绘生产成本费用定额，将基础测绘经费纳入同级财政预算。

第九条 下列基础测绘项目由省管理测绘工作的部门负责组织实施：

（一）全省统一的平面控制网、高程控制网和空间定位网的布设；

（二）1∶10000基本比例尺地形图的测制和相应的基础地理信息数据的采集；

（三）全省基础地理信息系统的建立；

（四）列入本省国民经济和社会发展计划的重点建设工程的前期测绘；

（五）为社会服务的航空、航天和遥感测绘；

（六）利用各种载体传播的普通地图和专题地图的基础地理底图的编制；

（七）省管理测绘工作的部门规定的其他基础测绘项目。

第十条 下列基础测绘项目在上级管理测绘工作的部门的监督指导下，由设区市、县（市）管理测绘工作的部门负责组织实施：

（一）设区市和县（市）的平面控制网、高程控制网和空间定位网的布设；

（二）设区市和县（市）行政区域内相应基本比例尺地形图的测制和相应的基础地理信息数据的采集；

（三）设区市和县（市）的基础地理信息系统的建立；

（四）省管理测绘工作的部门规定的其他基础测绘项目。

第十一条 由省管理测绘工作的部门负责组织布设的全省统一平面控制网、高程控制网和空间定位网的复测改造周期一般不超过十年；由设区市和县（市）管理测绘工作的部门负责组织布设的平面控制网、高程控制网和空间定位网的复测改造周期一般不超过五年。

由省管理测绘工作的部门统一组织测制的1∶10000的山区和平原地区的基本比例尺地形图的更新周期分别不超过十年和五年；由设区市、县（市）管理测绘工作的部门负责组织测制的基本比例尺地形图的更新周期一般不超过四年。

第十二条 基础测绘项目的实施应当实行项目法人责任制，并依照《中华人民共和国招标投标法》等有关法律、法规的规定进行招投标。

基础测绘项目必须发包给取得管理测绘工作的部门颁发的测绘资格证书的单位。

第十三条 基础测绘项目的承包人必须遵守下列规定：

（一）不得转包或者非法分包基础测绘项目；

（二）在施测前向管理测绘工作的部门申请办理测绘项目登记手续；

（三）建立健全各项规章制度和质量管理体系，按照设计文件和国务院测绘行政主管部门制定的测绘技术标准、技术规范的规定施测，保证基础测绘成果的质量。

第十四条 基础测绘成果由管理测绘工作的部门委托并经质量技术监督部门授权的测绘产品质量监督检验机构负责验收。

基础测绘成果未经验收或者验收不合格的，不得提供给他人使用。

第十五条 基础测绘任务完成后，承担基础测绘项目的单位必须自验收合格之日起十五日内，向组织实施基础测绘项目的管理测绘工作的部门提交全部基础测绘成果。

第十六条 未经管理测绘工作的部门批准，任何单位和个人不得擅自复制、转让或者转借基础测绘成果。

第十七条 国家机关进行规划、决策、行政管理和进行国防建设、社会公益事业建设所需的基础测绘成果应当无偿提供，经营性单位所需的基础测绘成果应当有偿使用。有偿使用的具体管理办法由省管理测绘工作的部门会同财政、物价部门制定。

第十八条 违反本办法第十四条第二款和第十六条规定的，由管理测绘工作的部门予以警告，责令限期改正。并可分别情况对有违法所得的，处以违法所得一倍以上三倍以下的罚款，但是最高不得超过三万元；对没有违法所得或者违法所得不能计算的，处以一千元以上一万元以下的罚款。

第十九条 本办法自2002年2月1日起施行。

河北省地籍测绘管理办法修正案

2007年4月9日河北省人民政府第80次常务会议审议通过，
2007年4月22日河北省人民政府令［2007］第5号公布，自公布之日起施行

（一）第一条修改为："为规范地籍测绘行为，保障地籍测绘成果的质量，根据《中华人民共和国测绘法》和《河北省实施〈中华人民共和国测绘法〉办法》等有关法律、法规的规定，制定本办法"。

（二）第五条、第九条第二款、第十四条、第十七条第一款中的"土地管理部门"修改为"国土资源部门"。

（三）第九条中的"二十万元"修改为"30万元"。

（四）删去第十条、第十一条。

（五）第十六条改为第十四条，并将第二款修改为："地籍测绘成果应当经过检查验收，质量合格后方可提供使用"。

（六）第十八条改为第十六条，并修改为："向境外提供未公开的地籍测绘成果，应当依法办理审批手续"。

（七）删去第十九条。

（八）根据以上修改，对本办法有关条文的顺序作相应调整。此外，对个别文字作了修改。

河北省地籍测绘管理办法

河北省人民政府令［2002］第22号
2002年12月18日河北省政府第57次常务会议通过，自2003年2月1日起施行

第一条 为规范地籍测绘行为，保障地籍测绘成果的质量，根据《中华人民共和国测绘法》和

《河北省测绘条例》等有关法律、法规的规定，制定本办法。

第二条 在本省行政区域内进行地籍测绘活动，必须遵守本办法。

第三条 本办法所称的地籍测绘，是指测定、表述地籍要素和相关地形要素的空间位置及其相关属性，以及对相应的成果、数据、信息进行处理、管理、维护和提供等行为。

第四条 省人民政府测绘行政主管部门负责全省的地籍测绘管理工作。设区市和县（市、区）人民政府测绘行政主管部门负责本行政区域内的地籍测绘管理工作。

第五条 县级以上人民政府测绘行政主管部门会同同级土地管理部门编制本行政区域内的地籍测绘规划，并负责规划的组织实施。

第六条 在进行初始土地登记和土地变更登记前，必须实施地籍测绘。

第七条 地籍测绘经费由进行初始土地登记的设区市和县（市、区）人民政府财政部门列支；因土地变更登记实施地籍测绘所需的经费由申请人支付。

地籍测绘经费由测绘行政主管部门负责管理，并接受同级财政部门的监督。

第八条 从事地籍测绘活动的单位必须取得国务院测绘行政主管部门或者省测绘行政主管部门颁发的相应的测绘资质证书，并按照资质证书许可的范围实施地籍测绘。

第九条 地籍测绘项目的单项合同估算价在二十万元人民币以上的，应当依法进行招标投标。

测绘行政主管部门会同同级土地管理部门负责地籍测绘项目招标投标的监督管理。

地籍测绘合同由测绘项目所在地的测绘行政主管部门或其委托的项目法人单位与测绘单位签订。

第十条 地籍测绘单位在施测前，应当依照下列规定向测绘行政主管部门进行地籍测绘项目登记：

（一）测绘面积在二十平方公里以上的一比五百、一比一千和一比二千比例尺，以及在一百平方公里以上的一比五千和一比一万比例尺的地籍测绘项目，向省测绘行政主管部门进行登记。省测绘行政主管部门登记后，应当通知测绘项目所在地的设区市测绘行政主管部门。

（二）测绘面积在三平方公里以上、不足二十平方公里的一比五百、一比一千和一比二千比例尺，以及不足一百平方公里的一比五千和一比一万比例尺的地籍测绘项目，向设区市测绘行政主管部门进行登记。设区市测绘行政主管部门登记后，应当报省测绘行政主管部门备案，并通知测绘项目所在地的县（市、区）测绘行政主管部门。

（三）本条第（一）项和第（二）项规定以外的其他地籍测绘项目，向县（市、区）测绘行政主管部门进行登记。县（市、区）测绘行政主管部门登记后，应当报设区市测绘行政主管部门备案。

第十一条 在施测前，测绘单位应当将地籍测绘项目的技术设计书报测绘行政主管部门核准。其中，技术设计书涉及土地权属调查等内容的，应当同时报土地管理部门核准。

第十二条 实施地籍测绘，应当采用国家统一建立的平面坐标系统，执行国家规定的测绘技术规范及标准，充分利用现有的基础测绘成果，避免重复测绘。

第十三条 建立地籍信息系统，必须采用符合国家标准的基础地理信息数据。

第十四条 实施地籍测绘时，土地管理部门应当向施测单位提供界址点和地籍调查资料。

第十五条 测绘单位依法实施地籍测绘项目时，测绘项目所在地的有关单位和个人应当予以协助，不得以任何理由干涉、拒绝或者阻挠。

第十六条 从事地籍测绘活动，必须保障地籍测绘成果的质量。不得弄虚作假、伪造测绘成果，不得损害国家利益、社会公共利益和他人的合法权益。

地籍测绘成果由土地管理部门和测绘行政主管部门组织测绘产品监督检验机构检验认定。未经认定或者经认定不合格的，不得提供使用。

第十七条 地籍测绘成果由土地管理部门统一管理。土地管理部门应当在每年的1月底前向上一级人民政府测绘行政主管部门汇交地籍测绘成果目录。

省测绘行政主管部门应当定期向社会公布地籍测绘成果目录。

第十八条 向境外提供未公开的地籍测绘成果，以及委托境外机构印制地籍测绘图件或者建立地籍信息系统，应当依法办理审批手续。

第十九条 违反本办法，有下列情形之一的，由县级以上人民政府测绘行政主管部门予以警告，并可对有违法所得的处以违法所得一倍以上三倍以下的罚款，但最高不超过三万元；对没有违法所得或者违法所得不能计算的，处以一千元以上一万元以下的罚款：

（一）未按规定进行地籍测绘项目登记的；

（二）未按规定将地籍测绘项目的技术设计书报测绘行政主管部门核准的；

（三）实施地籍测绘不执行国家规定的测绘技术规范及标准的。

第二十条 测绘行政主管部门和有关部门的工作人员在执行职务中，玩忽职守、滥用职权、徇私舞弊的，由所在单位或有关主管部门给予行政处分；构成犯罪的，由司法机关依法追究刑事责任。

第二十一条 本办法自2003年2月1日施行。1992年4月25日省人民政府发布的《河北省地籍测绘管理办法》（省政府令［1992］第69号）同时废止。

湖北省测绘成果管理办法

2007年3月26日湖北省人民政府常务会议审议通过，
2007年4月19日湖北省人民政府令第300号公布，自2007年6月1日起施行

第一章 总 则

第一条 为加强对测绘成果的管理，提高测绘成果的使用效率，根据《中华人民共和国测绘法》、《中华人民共和国测绘成果管理条例》、《湖北省测绘管理条例》，结合我省实际，制定本办法。

第二条 在本省行政区域内使用、保管、汇交、提供测绘成果，适用本办法。

本办法所称测绘成果，包括下列基础测绘成果和非基础测绘成果：（一）天文测量、大地测量、卫星大地测量、重力测量的数据和图件；（二）航空和航天遥感测绘底片、磁带；（三）各种地图（包括地形图、普通地图、地籍图、行政区划界线图和其他有关的专题地图等）及其数字化产品；（四）工程测量数据和图件；（五）其他有关地理信息数据；（六）与测绘成果直接有关的技术资料等。

第三条 省测绘行政主管部门负责全省测绘成果的统一监督管理。

市（州）、县（市）测绘行政主管部门负责本行政区域测绘成果的统一监督管理。

县级以上人民政府其他有关部门按照职责分工，负责本部门有关的测绘成果工作。

第四条 测绘单位应按国务院测绘行政主管部门和保密工作部门的规定，及时对测绘成果标明密级和保密期限。

第五条 测绘成果知识产权和所有权受法律保护，任何单位和个人不得侵犯测绘成果所有者的合法权益。

第六条 县级以上人民政府应当加强对测绘成果应用的指导协调，建立和健全测绘成果共建共享机制。对在测绘成果管理工作中做出突出贡献的单位和个人应当给予奖励。

第二章 测绘成果汇交

第七条 公共财政投资完成的测绘项目，承担测绘项目的单位应当按照分级管理的原则分别向省测绘行政主管部门和市（州）、县（市）测绘行政主管部门汇交测绘成果资料；其他资金投资完成的测绘项目，项目出资人应当向测绘项目所在地的测绘行政主管部门汇交测绘成果资料。

第八条 基础测绘成果应当汇交成果副本，非基础测绘成果应当汇交成果目录。测绘成果副本和目录实行无偿汇交。

省测绘行政主管部门主要管理本省行政区域内的下列基础测绘成果：（一）国家三等、四等平面控制网、高程控制网和空间定位网建立、复测及维护的成果；（二）1:10000、1:5000国家基本比例尺地图、影像图和数字化产品测制和更新的成果；（三）省级基础地理信息系统的建立和更新的成果；（四）全省基础航空摄影及遥感测绘项目的成果；（五）国务院测绘行政主管部门和省人民政府认为应当由省测绘行政主管部门管理和组织实施的其他基础测绘成果。

市（州）、县（市）测绘行政主管部门主要管理本行政区域内下列基础测绘成果：（一）国家四

等以下（不含四等）平面控制网、高程控制网和空间定位网建立、复测及维护的成果；（二）1:2000至1:500国家基本比例尺地图、影像图和相应数字化产品测制和更新的成果；（三）建立和更新本级基础地理信息系统的成果；（四）上级测绘行政主管部门委托管理和组织实施的其他基础测绘成果。

第九条 测绘单位不得以任何理由拒绝汇交测绘成果的目录或副本，不得汇交经涂改、删节的测绘成果副本。

第十条 外国的组织或者个人依法与中华人民共和国有关部门或者单位合资、合作，经批准在我省行政区域内从事测绘活动的，应由中方合作部门或者单位分别向国家和省测绘行政主管部门汇交测绘成果目录或副本。

第十一条 测绘单位汇交的测绘成果目录或副本，测绘行政主管部门应当及时移交给测绘成果保管单位作为档案资料保存，测绘成果接收和保管单位不得用于赢利。

测绘行政主管部门对接收的测绘成果目录和副本，应定期编制测绘成果目录并向社会公布。

第三章 测绘成果的保管

第十二条 测绘单位接受委托所完成的测绘成果，其原始测绘资料和数据，可以由测绘单位保存，也可以由委托单位保存。测绘单位保存的测绘资料和数据，未经委托单位同意，不得复制、转借、转让或出版。

第十三条 测绘成果保管单位应当建立健全测绘成果资料的保管制度，配备必要的设施，确保测绘成果资料的安全，并对基础测绘成果资料实行异地备份存放制度。

测绘成果资料的存放设施与条件，应当符合保密、消防及档案管理的有关规定。

第十四条 未经原确定密级的单位批准，任何单位和个人不得擅自复制、转让或转借保密测绘成果。收发、传递和外出携带保密测绘成果者，必须按规定采取安全措施。

经批准复制、摘抄的保密测绘成果，须按原件密级管理。

第十五条 县级以上测绘行政主管部门应依法对保密测绘成果的使用、管理情况进行监督检查，并将检查结果报上级测绘行政主管部门和保密工作部门。

第十六条 保密测绘成果的销毁，必须按测绘成果管理权限，经有关管理测绘成果的机构鉴定后，按以下规定审批：

县（市）范围内的测绘成果使用单位销毁保密测绘成果，由县（市）行政负责人批准；

市、州所属的测绘成果使用单位销毁保密测绘成果，由市、州人民政府业务主管部门的行政负责人批准；

省直单位、中央驻鄂单位、大专院校销毁保密测绘成果，由本单位行政负责人批准。

第十七条 被销毁的保密测绘成果，应编目登记并归档保存，鉴定人、监销人、批准人均应在登记册上签名。保密测绘成果销毁后，应向提供该成果的单位备案。销毁绝密级测绘成果的，应向省测绘行政主管部门备案。

第四章 测绘成果的提供与使用

第十八条 县级以上人民政府测绘行政主管部门应积极推进公众版测绘成果的编制工作，鼓励公众版测绘成果的开发使用，促进测绘成果的社会化应用。

第十九条 使用财政资金的测绘项目和使用财政资金的建设工程测绘项目，有关部门在批准立项前应当书面征求本级测绘行政主管部门的意见。测绘行政主管部门应自收到征求意见材料之日起10日内，向征求意见的部门反馈意见。有适宜测绘成果的，应当充分利用已有的测绘成果，避免重复测绘。

第二十条 需要使用本省基础测绘成果的法人或其他组织，应当提出明确的利用目的和范围，持有关证明材料，按照本办法第八条规定的基础测绘成果的管理范围，到管理该成果的测绘行政主管部门办理审批手续后由测绘成果保管单位提供使用。

测绘行政主管部门审查同意的，应当以书面形式告知测绘成果的秘密等级、保密要求以及相关著作权保护要求。

第二十一条 需要使用省外基础测绘成果的，须持所在县、市测绘行政主管部门出具的证明材料和其他有关材料，经省测绘行政主管部门办理有关手续后，到该成果所在的省、自治区、直辖市测绘行政主管部门办理审批手续。

第二十二条 需向国外提供或需让外国人接触

未公开的测绘成果的，必须经省测绘行政主管审查批准并按规定作出处理后，方可对外提供或供外国人参观、使用。省测绘行政主管部门在审批前，应当征求军事主管机关的意见。

第二十三条 基础测绘成果和财政投资完成的其他测绘成果，用于国家机关决策和社会公益性事业的，应当无偿提供。

除前款规定之外，测绘成果依法实行有偿使用制度。但是，各级人民政府及其有关部门和军队因防灾、减灾、国防建设等公共利益的需要，可以无偿使用测绘成果。

依法有偿使用测绘成果的，使用人与测绘项目出资人应当签订书面协议，明确双方的权利和义务。

第二十四条 禁止携带未公开的测绘成果出国。确因工作需要必须携带者，应经省测绘行政主管部门审查批准并进行技术处理。

第二十五条 县级以上测绘行政主管部门应加强对测绘成果的监督管理。测绘单位必须严格执行国家规定的技术标准和技术规范，对测制的成果质量负责。

第五章 法律责任

第二十六条 违反本办法的行为，法律、法规已有处罚规定的，从其规定。

第二十七条 基础测绘成果使用单位未经测绘行政主管部门同意，擅自改变成果的使用目的和范围的，由管理该成果的测绘行政主管部门给予警告，责令改正，并处违法所得1倍以上3倍以下的罚款，最高不得超过3万元；没有违法所得的，处1万元以下罚款。

第二十八条 从事测绘行政管理和测绘成果管理的国家工作人员玩忽职守、滥用职权、贪污受贿、徇私舞弊的，由其所在单位或上级主管机关给予行政处分；构成犯罪的依法追究刑事责任。

第二十九条 本办法自2007年6月1日起施行，湖北省人民政府1992年7月12日以第35号令发布的《湖北省测绘成果管理办法》同时废止。

四川省测绘成果管理办法

2007年5月18日四川省人民政府第118次常务会议通过，
四川省政府令第213号发布，自2007年8月1日起实施

第一章 总 则

第一条 为加强测绘成果管理，维护国家安全，促进测绘成果共建共享与利用，满足经济建设、国防建设和社会发展的需要，根据《中华人民共和国测绘成果管理条例》、《四川省测绘管理条例》等有关法律、法规，结合四川省实际，制定本办法。

第二条 在四川省行政区域内汇交、保管、提供、使用、共享、销毁测绘成果，审核和公布重要地理信息数据，适用本办法。

第三条 本办法所称测绘成果，是指通过测绘形成的数据、信息、图件及其相关技术资料。测绘成果分为基础测绘成果和非基础测绘成果。

下列测绘成果为基础测绘成果：

（一）为建立全国统一的测绘基准和测绘系统及全省统一的平面控制网、高程控制网、空间定位网所进行的天文测量、三角测量、水准测量、卫星大地测量、重力测量所获取的数据和图件；

（二）城市相对独立平面坐标系统的相关数据和图件；

（三）基础测绘航空摄影所获取的数据和影像资料；

（四）遥感卫星和其他航天飞行器对地观测所获取的基础地理信息遥感资料；

（五）国家基本比例尺地形图、影像图及其数字化产品；

（六）基础地理信息系统的数据和信息等。

非基础测绘成果，是指除基础测绘成果以外具有专业内容的测绘成果。

第四条 省测绘行政主管部门负责全省测绘成果工作的统一监督管理。省测绘资料档案馆负责省级测绘资料档案的保管工作。

市（州）、县（市、区）测绘行政主管部门负责本行政区域内测绘成果工作的统一监督管理。

其他有关部门按照职责分工，依法负责本部门有关的测绘成果工作。

第五条 汇交、保管、提供、使用、共享、公布、销毁测绘成果应当遵守有关保密法律、法规，采取必要措施，保障测绘成果的安全。

第二章 成果汇交

第六条 测绘成果实行无偿汇交制度。基础测绘成果应当汇交副本；非基础测绘成果应当汇交目录。

省财政投资完成的测绘项目，由承担测绘项目的单位向省测绘行政主管部门汇交测绘成果副本或者目录；市（州）、县（市、区）财政投资完成的测绘项目，由承担测绘项目的单位向市（州）、县（市、区）测绘行政主管部门汇交测绘成果副本或者目录。

使用其他资金完成的测绘项目，由测绘项目出资人向测绘项目所在地的测绘行政主管部门汇交测绘成果资料。

外国的组织和个人依法在四川省行政区域内从事测绘活动所完成的测绘成果，应当按照国务院测绘行政主管部门的有关规定汇交测绘成果副本。

测绘成果汇交的具体办法由省测绘行政主管部门制定。

第七条 测绘项目出资人或者承担国家投资测绘项目的单位应当自测绘项目验收完成之日起3个月内向测绘行政主管部门汇交测绘成果副本或者目录。

县（市、区）测绘行政主管部门应当在每年3月底以前向市（州）测绘行政主管部门汇交上一年度的测绘成果副本或者目录；市（州）测绘行政主管部门应当在每年4月底以前向省测绘行政主管部门汇交上一年度的测绘成果副本或者目录。

第八条 测绘行政主管部门应当在收到汇交的测绘成果副本或者目录后出具汇交凭证，并在10个工作日内将测绘成果副本或者目录移交给测绘成果保管单位。

省测绘行政主管部门应当编制全省测绘成果资料目录，每两年向社会公布一次。

第三章 成果提供与使用

第九条 基础测绘成果和财政投资完成的其他测绘成果，用于国家机关决策和社会公益性事业的，应当无偿提供。

除前款规定外，测绘成果依法实行有偿使用制度。各级人民政府及其有关部门和军队因防灾、减灾、国防建设等公共利益的需要，可以无偿使用测绘成果。

第十条 凡需使用属于国家秘密的基础测绘成果的法人或者其他组织，应当提出明确的使用目的和范围，提交有关证明材料到测绘行政主管部门办理审批手续。

测绘成果的保密等级和要求、著作权保护、准予使用的范围应当在批准文件中告知。

第十一条 国家秘密基础测绘成果的提供使用，除由国务院测绘行政主管部门审批的以外，省测绘行政主管部门负责受理审批下列国家秘密基础测绘成果的提供使用：

（一）国家四等以上平面控制网、高程控制网以及C级以上空间定位网的数据、图件；

（二）1∶10000、1∶5000国家基本比例尺地形图、影像图及其数字化产品；

（三）多张连续、覆盖范围超过20平方千米的大于1∶5000的国家基本比例尺地形图、影像图及其数字化产品；

（四）基础测绘航空摄影所获取的数据、影像等资料以及获取基础地理信息的遥感资料；

（五）基础地理信息数据；

（六）国务院测绘行政主管部门委托管理的基础测绘成果。

其他国家秘密基础测绘成果的提供使用，由市（州）测绘行政主管部门审批。

第十二条 测绘成果保管单位凭测绘行政主管部门的批准文件向使用单位提供国家秘密基础测绘成果。

第十三条 使用基础地理信息数据的，应当签订使用许可协议。使用单位主体资格发生变化的，应当向省测绘行政主管部门重新提出申请。

第十四条 法人或者其他组织申请使用国家秘密基础测绘成果的，需提交以下材料：

（一）国家秘密基础测绘成果使用申请表；

（二）法人或者其他组织有效身份证明材料；

（三）经办人员有效身份证件；

（四）组织机构代码证；

（五）测绘成果资料档案管理制度材料；

（六）使用国家秘密基础测绘成果的项目设计书、合同书或者有关部门的项目批准文件；

（七）其他有关材料。

第十五条 需要使用其他省、自治区、直辖市国家秘密的基础测绘成果的，应当到省测绘行政主管部门办理转函手续。

需要使用本省军事测绘成果的，凭省测绘行政主管部门出具的证明到成都军区有关部门按照军事测绘成果管理规定办理使用手续。

第十六条 被许可使用单位所取得的国家秘密基础测绘成果，仅限于本单位使用。

第十七条 向境外组织或者个人提供未公开测绘成果的，报省测绘行政主管部门审批。属于国家秘密的，审批前应当征求军队有关部门的意见。

第十八条 县级以上测绘行政主管部门应当加强对测绘成果质量的监督管理，测绘产品质量监督检验机构受测绘行政主管部门委托，负责测绘成果质量监督检验工作。

测绘单位应当对其所完成的测绘成果质量负责，测绘成果质量文件应当由注册测绘师签字并加盖执业印章，任何单位和个人不得篡改、伪造测绘成果。

财政投资完成的测绘成果应当经测绘产品质量监督检验机构验收合格后方可提供使用。

第四章 成果共享

第十九条 县级以上人民政府应当组织有关部门建立地理信息数据交换制度和测绘成果共享机制，建立基础地理信息系统并与省级基础地理信息系统相衔接，避免重复测绘。

各地、各部门建立的基础地理信息系统和专题地理信息系统应当采用符合国家标准的基础地理信息数据。四川省地理空间基础框架是全省统一的地理信息基础公共平台。

第二十条 省测绘行政主管部门应当会同有关部门制定全省测绘成果和地理信息资源共享的相关政策和技术规程，统一数据格式。

第二十一条 县级以上人民政府有关部门应当支持和配合本级测绘行政主管部门做好基础地理信息数据库和系统的维护与更新工作，保持地理信息资料的现势性。

第五章 重要地理信息数据的审核与公布

第二十二条 重要地理信息数据实行统一审核与公布制度。本省行政区域内的重要地理信息数据，任何单位和个人均不得擅自公布。

第二十三条 本省行政区域内的重要地理信息数据，除由国务院测绘行政主管部门审核的以外，由省测绘行政主管部门审核并与有关部门会商后报省人民政府批准。

经省人民政府批准的重要地理信息数据，由省人民政府或者其授权的部门向社会公布。单位和个人应当使用经政府批准公布的重要地理信息数据。

第二十四条 本省行政区域内重要地理信息数据包括：

（一）经相邻市（州）、县（市、区）人民政府联合勘定并经省人民政府批准的市（州）、县（市、区）界线长度、位置及行政区域面积；

（二）四川省版图重要特征点，地势、地貌分区位置等；

（三）拟冠以“四川”、“四川省”、“全川”、“全省”等字样的地理信息数据；

（四）四川省主要河流的源头、长度，湖泊面积、深度；

（五）四川省重要山峰的高程、位置；

（六）其他重要自然和人文地理实体的位置、高程、深度、面积、长度等地理信息数据。

第六章 成果保密与安全

第二十五条 测绘成果使用和保管单位应当明确使用、保管责任，采取有效的防火、防盗、防潮、防有害生物、防磁化、防泄密等措施，确保测绘成果安全。

第二十六条 依据《测绘管理工作国家秘密范围的规定》，测绘成果属于国家秘密测绘成果的，按照不同保密等级和范围进行管理。

携带、传递国家秘密测绘成果应当遵守保密规定。

第二十七条 因自然灾害造成国家秘密测绘成果损毁以及人为因素造成丢失、泄密事故的，应当及时报告事件发生地的测绘行政主管部门和保密等有关部门，有关部门应当及时报上级主管部门。

第二十八条 国家秘密测绘成果未经测绘行政主管部门批准，不得复制；国家秘密测绘成果的复制品，按原保密等级管理。

利用国家秘密测绘成果开发生产的成果或者产品，未经省测绘行政主管部门进行保密技术处理和审核批准，其成果或者产品不得低于所利用的测绘成果的保密等级。

第七章 法律责任

第二十九条 违反本办法规定，不按期汇交测绘成果目录和副本的，依照《中华人民共和国测绘法》第四十七条规定进行处罚。

第三十条 违反本办法规定，测绘成果保管和使用单位有下列行为之一的，由县级以上测绘行政主管部门给予警告，责令改正，并可处2000元以上3万元以下的罚款；构成犯罪的，依法追究刑事责任：

（一）未按规定保管国家秘密测绘成果，造成秘密测绘成果丢失、损毁或者泄密的；

（二）擅自复制、转借、转让、销毁秘密测绘成果的；

（三）造成国家秘密测绘成果损毁、丢失、泄密不及时上报的。

第三十一条 违反本办法规定，测绘成果保管和使用单位有下列行为的，由县级以上测绘行政主管部门给予警告，责令改正，并可处1万元以上3万元以下的罚款；构成犯罪的，依法追究刑事责任：

（一）擅自向境外组织、个人提供未公开测绘成果的；

（二）篡改或者伪造测绘成果的；

（三）未经测绘成果所有者许可，擅自开发、使用、转让或者向第三方提供测绘成果的。

第三十二条 违反本办法规定，未经批准，擅自发布四川省重要地理信息数据的，依照《中华人民共和国测绘成果管理条例》第二十九条的规定进行处罚。

第八章 附 则

第三十三条 本办法自2007年8月1日起施行。1992年12月19日四川省人民政府颁布的《四川省测绘成果管理实施办法》同时废止。

公　告

国家测绘局　建设部公告

国家测绘局 建设部关于启用泰山等第一批 19 座著名山峰高程新数据的公告

（第 1 号　2007 年 4 月 27 日）

根据《中华人民共和国测绘法》、《中华人民共和国测绘成果管理条例》和《风景名胜区条例》，经国务院批准，现将泰山等第一批 19 座著名风景名胜山峰高程新数据公告如下：

一、泰山玉皇顶，高程数据：1532.7 米；

二、华山南峰，高程数据：2154.9 米；

三、衡山祝融峰，高程数据：1300.2 米；

四、恒山天峰岭，高程数据：2016.1 米；

五、嵩山峻极峰，高程数据：1491.7 米；

六、五台山北台叶斗峰，高程数据：3061.1 米；

七、云台山玉女峰，高程数据：624.4 米；

八、普陀山佛顶山，高程数据：286.3 米；

九、雁荡山百岗尖西峰，高程数据：1108.0 米；

十、黄山莲花峰，高程数据：1864.8 米；

十一、九华山十王峰，高程数据：1344.4 米；

十二、庐山汉阳峰，高程数据：1473.4 米；

十三、井冈山五指峰，高程数据：1597.6 米；

十四、三清山玉京峰，高程数据：1819.9 米；

十五、龙虎山龙虎峰，高程数据：247.4 米；

十六、崂山巨峰，高程数据：1132.7 米；

十七、武当山天柱峰，高程数据：1612.1 米；

十八、青城山老君阁，高程数据：1260.0 米；

十九、峨眉山金顶，高程数据：3079.3 米。

即日起在行政管理、新闻传播、对外交流、教学等对社会公众有影响的活动中使用。

特此公告。

重大测绘科技成果公告

项 目 编 号：2007－J－210－2－01

项 目 名 称：基于3S集成技术的LD2000系列移动道路测量系统及其应用

获奖类别及等级：国家科技进步二等奖

主要完成单位：武汉大学、武汉立得空间信息技术发展有限公司

主 要 完 成 人：李德仁 郭 晟 胡庆武 陈智勇 罗才安 李大军 袁剑峰 宋喜喜 朱国红 李宇琪

项目简介：

基于3S集成技术的LD2000系列移动道路测量系统可在高速移动状态下获取厘米级分辨率三维可视化空间信息，已广泛应用于军事测绘、城市应急、公用设施普查、智能交通、铁路测量、地理信息服务等领域。其主要内容包括：

（1）研究了基于3S（GPS、RS、GIS）集成处理的关键技术，包括多传感器高精度同步集成和检校、移动近景影像直接地理参考和解析处理技术；

（2）研究了将3S集成理论应用于空间地理信息采集、处理、分析、管理和应用的技术规范及标准；

（3）解决了陀螺和加速度器集成自主定位定姿硬件组合和集成算法问题，打破了发达国家技术封锁，研制出具有国际先进水平、自主知识产权的MMS产品；

（4）提出了基于GPS/INS/MM组合定位定姿理论及算法，解决了车载复杂环境下地面遥感直接地理参考问题；

（5）提出了将相机几何畸变、辐射改正及内、外方位元素一体化解算的检校模型；

（6）设计了MMS生产体系、技术标准和数据生产技术规范。

主要技术创新点：

（1）提出了基于3S（GPS、RS、GIS）集成技术的多传感器集成采集空间信息的理论和方法，在全国发明了第一套具备完全自主知识产权、达到世界领先水平的移动道路测量系统；

（2）设计并研制了多传感器同步集成的多源数据采集平台，将不同分辨率、不同采集频率和不同数据类型的多种传感器件，高精度集成在统一的时间和空间基准内，解决了多源异构数据的同步数据采集和融合处理问题；

（3）发明了惯性导航元件和加速度器集成的、具备自主知识产权的惯性导航产品（INS），攻克了相关数据处理算法，打破了国外对中国该项关键技术的长期封锁，研制出达到国际先进水平、具有自主知识产权的移动道路测量产品；

（4）提出了GPS/INS（DR，航位推算）/MM定位定姿处理技术，解决了车载复杂环境下的动态、连续、高精度测量问题，实现了立体影像对的直接地理参考，进而实现了无需地面控制的独立测成图；

（5）提出了CCD相机与GPS、INS多传感器一体化检校的理论和方法，并开发出CCD相机检校软件，解决了高精度检校的难题；

（6）提出了无地面控制摄影测量解析模型和地面弱纹理影像特征自动提取和重建方法，研制了国内首套无控制数字摄影测量软件，解决了国外移动测量系统解析处理应用问题；

（7）国际上第一次提出“按需测量”的理论，通过移动道路测量系统获取的地面可量测数字立体影像（DMI）与传统4D（DEM、DOM、DLG、DRG）数据产品集成，形成可量测实景影像服务体系，其功能优于美国的Google Earth服务；

（8）实现了高分辨率、海量CCD图像的高速采集、压缩和存储，以及在高速、动态环境下利用近景摄影测量原理进行地面高分辨率摄影测量，建立起数字地球影像体系中的“地球全息图”；

（9）设计了专门的属性记录器，实现了属性记录自动化，此项技术在国际上属首创，并已获国家专利认可，为空间信息服务POI（兴趣点）的采集和智能交通系统交通规制提供了便捷手段；

（10）提出了移动测量数据与航片、卫片及传统地形图进行地理编码的方法，有效融合各种测量技术获取的数据，解决了传统的4D测绘产品在细小数据采集上的能力不足和数据更新慢的问题；

（11）设计了科学合理的数据处理流程，可高效率地处理多传感器采集到的海量数据，存储在自主设计的开放式数据库中，形成一体化的空间信息生产、管理和质量检查体系。

应用推广情况：

该系统已在国防、测绘、铁路等领域迅速推广应用，其中，在国防领域的成功应用打破国外多年技术封锁；集成在铁路机车上的移动测量应用为世界首创。目前该系统已在国内外实现整机销售20套，相关数据产品及软件销售300余套。

项　目　编　号：2007－J－210－2－08

项　目　名　称：2005珠穆朗玛峰高程测量

获奖类别及等级：国家科技进步二等奖

主要完成单位：国家基础地理信息中心、陕西测绘局

主要完成人：张燕平　岳建利　郭春喜　陈俊勇　张江齐　陈永军　张　鹏　程传录　高国平　孙占义

项目简介：

2005珠穆朗玛峰高程测量，是在总结1975年以来多次珠峰测量经验的基础上，综合采用现代空间大地测量与传统大地测量技术，以相互独立、互为验证的方式实现了珠峰高程严谨精确的测定。通过科学、严谨的观测与数据处理，精确求定了珠穆朗玛峰峰顶岩石面的海拔高程为8844.43米，测量精度±0.21米，峰顶冰雪覆盖层厚度3.50米，实现了迄今为止对珠峰高程最为精确的测量。其主要内容包括：

（1）自格尔木至珠峰地区，跨越冈底斯、喜玛拉雅构造带布设GPS监测网，为分析研究地壳运动变化积累了珍贵的科学资料；在此基础上建立的GPS控制网和GPS联测网，为珠峰测高提供空间位置基准。

（2）施测了近400千米的水准网，将国家高程基准准确地传递至珠峰高程起算点，并形成新的高程异常控制网，利于似大地水准面的确定。

（3）施测了96个重力点，用于局部重力场优化、垂线偏差计算、大地水准面精化以及水准测量改正计算等。

（4）采用GPS雷达探测技术测定了峰顶觇标处的冰雪层厚度，使高度归算至岩石面。

（5）综合利用GPS、水准、重力、地形、全球重力场模型等数据和资料确定珠峰地区的似大地水准面。

主要特点：

（1）涉及学科广：涉及经典大地测量、空间大地测量、高程控制测量、重力测量、雷达探测、激光测距、气象探测及计算机等学科，是一项理论性强、技术复杂的工程。

（2）数据种类多：包含经典测量、GPS、雷达探测等观测数据，及国内外丰富的地形和全球重力场模型数据。

（3）顾及因素多：需要登山、测量、科技等多方人员的密切配合协作，实施中要充分顾及严寒等恶劣的自然环境对仪器和人员的影响。

（4）数据处理难度大：因该地区的观测数据和资料十分有限，加之数据种类多样，使处理难度大大增加。

主要技术创新点：

（1）综合了GPS卫星定位技术、冰雪雷达探测技术、传统大地测量技术以及觇标设计制造技术等手段，创新性地提出了珠峰峰顶测量技术方案，充分考虑了峰顶极端恶劣的自然环境，确保峰顶成功测量和提高测

量精度。

(2) 在我国首次成功采用GPS与地质雷达结合的探测技术精确测定了珠峰峰顶雪面地形以及冰雪覆盖层的厚度。创新性地集成了便携式GPS雷达探测仪，解决了时间同步等关键问题，并首次获得了7100米高海拔地区的实测冰雪传播速度，填补了雷达波速在高海拔地区的资料空白。

(3) 通过模型间的比较，采用爱黎·海斯卡宁均衡模型及34千米均衡深度确定珠峰地区均衡重力异常。综合采用SRTM3、GTOPO30以及中国1:5万DEM等多种地形数据，弥补了珠峰地区的重力资料，特别是高分辨重力资料的严重匮乏。

(4) 以EGM96作为基础模型，使用珠峰周边地区重力数据以及地形数据，采用移去—恢复技术，率先完成了珠峰地区分辨率为2.5′×2.5′的高精度似大地水准面的确定。

(5) 研制集成了实用性强的多功能觇标，集成了GPS接收机天线与激光反射棱镜，可靠耐用的结构设计和材料应用，提高了观测可靠性，实现了多种观测手段的同步观测。

(6) 以现代与传统测绘技术相结合，采用多项技术措施提高测量精度，使珠峰GPS测高的精度与以前的结果相比，提高了20%以上。

(7) 利用相对重力仪与GPS组合，自大本营每上升500米观测一个重力梯度点，将重力测量推进到7659米。利用重力梯度变化趋势，精确推算珠峰顶部的重力值，有效地提高了珠峰海拔高程归算的精度与可靠性。

(8) 布测了跨越4大青藏高原拼合板块的GPS监测网，获得珠峰地区地壳运动规律，反演了青藏高原地球动力学机制。

应用推广情况：

国务院授权公布后，珠峰高程新数据已在行政管理、新闻传播、对外交流、公开出版的地图、教材及社会公众活动中使用，取得了良好的社会效益，引发广泛的测绘科普效应。该项目被评为“2005年度中国基础研究十大新闻”之一。

测绘与地理信息标准公告

国家标准

2007年，国家质量监督检验检疫总局和国家标准化管理委员会以国家标准批准发布公告形式，发布了以下6项测绘与地理信息国家标准：

GB/T 17798—2007《地理空间数据交换格式》，自2007年12月1日起实施；

GB/T 20257.1—2007《国家基本比例尺地图图式 第1部分：1:500 1:1000 1:2000地形图图式》，自2007年12月1日起实施；

GB/T 20257.4—2007《国家基本比例尺地图图式 第4部分：1:250000 1:500000 1:1000000地形图图式》，自2007年12月1日起实施；

GB/T 20258.1—2007《基础地理信息要素数据字典 第1部分：1:500 1:1000 1:2000基础地理信息要素数据字典》，自2007年12月1日起实施；

GB/T 20258.4—2007《基础地理信息要素数据字典 第4部分：1:250000 1:500000 1:1000000基础地理信息要素数据字典》，自2007年12月1日起实施；

GB 21139—2007《基础地理信息标准数据基本规定》，自 2008 年 3 月 1 日起实施。

行业标准

一、2007 年 5 月 21 日，国家测绘局以“国测国字［2007］31 号”文批准发布了以下 4 项测绘行业标准，自 2007 年 7 月 1 日起实施。

《基础地理信息数字产品 1:10000 1:50000 生产技术规程　第 1 部分：数字线划图（DLG）》，编号为：CH/T 1015.1—2007；

《基础地理信息数字产品 1:10000 1:50000 生产技术规程　第 2 部分：数字高程模型（DEM）》，编号为：CH/T 1015.2—2007；

《基础地理信息数字产品 1:10000 1:50000 生产技术规程　第 3 部分：数字正射影像图（DOM）》，编号为：CH/T 1015.3—2007；

《基础地理信息数字产品 1:10000 1:50000 生产技术规程　第 4 部分：数字栅格地图（DRG）》，编号为：CH/T 1015.4—2007。

二、2007 年 12 月 29 日，国家测绘局以“国测国字［2007］49 号”文批准发布了以下 3 项测绘行业标准化指导性技术文件，自 2008 年 2 月 1 日起实施。

《数字城市地理空间信息公共平台技术规范》，编号为：CH/Z 9001—2007；

《数字城市地理空间信息公共平台地名/地址分类、描述及编码规则》，编号为：CH/Z 9002—2007；

《测绘成果质量检验报告编写基本规定》，编号为：CH/Z 1001—2007。

大 事 记

一月

【5 日～2 月 5 日】国家测绘局在局机关及局所属各单位范围内集中开展保密检查，以消除失泄密隐患，确保测绘工作中国家秘密的安全。

【5 日】江苏省测绘局在南京召开基础测绘成果汇报会，向省政府汇报第三轮省级基础测绘工作及成果应用情况。江苏省副省长李全林到会听取汇报并讲话，国家测绘局副局长李维森应邀到会并讲话。省发改委、财政厅和其他相关部门负责人参加会议并发表了意见。

【7 日～16 日】国土资源部副部长、国家测绘局局长鹿心社率团赴巴西访问，签署了《中国国家测绘局与巴西地理信息与统计署关于测绘领域科技合作的议定书》，会见了巴西联邦规划、预算与管理部部长和巴西环境部部长，随后赴南极长城站进行了考察和慰问。

【7 日】山西省测绘局和武汉大学测绘学院联合完成的“山西省高精度三维大地基准的建立及似大地水准面的确定”项目成果通过了由山西省科技厅组织的鉴定。国家测绘局副局长李维森参加鉴定会并讲话，山西省国土资源厅副厅长、省测绘局局长牛来有为会议致辞。

【8 日】辽宁省政府办公厅印发《辽宁省人民政府办公厅关于转发省测绘局等部门辽宁省基础测绘中长期规划的通知》。

【8 日】浙江省测绘局、浙江省建设厅印发《房屋建筑面积测绘成果书（示范文本）》。

【8 日～14 日】由国家测绘局西部测图工程项目部主办、黑龙江测绘局承办的国家西部测图工程 2007 年生产技术培训会在哈尔滨市召开。国家测绘局和西部测图工程项目部的领导，中国测绘科学研究院、中科院地理所、法国 SPOT 公司和陕西、黑龙江、四川、海南、重庆、青海、新疆等测绘生产单位的专家和业务骨干共 78 人参加了会议。

【9 日】国家测绘局、总参测绘局、国家保密局在北京联合召开测绘成果保密与应用座谈会，邀请有关部门、单位、军队和地方的领导、专家分析讨论测绘成果保密与应用工作面临的形势和问题，就妥善处理测绘成果应用与保密的关系，在维护国家安全利益的前提下促进测绘成果的广泛应用提出意见和建议。

【9 日～12 日】海军司令部航海保证部派员赴新加坡参加东亚海道测量组织（EAHC）举办的南中国海主航路浅滩、沉船评价及东亚海道测量能力建设会议。来自中国、韩国、日本、印度尼西亚、泰国、菲律宾、新加坡等 7 国的 16 名代表出席了会议。会议成立了“EAHC 南中国海主航路评价工作组”（EAHC SCS WG），负责协调南中国海周边国家开展南中国海主航路浅滩、沉船评价工作，我国代表香港海事处吴国柱先生当选为 EAHC SCS WG 组长。

【9 日～15 日】海军司令部航海保证部在天津组织召开 2006 年度海洋测绘成果资料检查验收会。经检查，2006 年度海洋测绘成果总体质量优良，符合规范要求，可用于航海图书生产和出版，并评选优秀测绘成果 119 项。

【10 日】中共中央政治局委员、国务院副总理曾培炎在国土资源部副部长、国家测绘局局长鹿心社呈报的《测绘工作 2006 年主要情况和 2007 年工作思路》上批示：测绘工作是经济社会发展的一项重要基础工作。一年多来，国家测绘局认真落实中央各项部署，开拓创新，扎实工作，在推进基础测绘工作，加强队伍建设等方面取得了显著成效。希望你们在新的一年里，按照全面贯彻落实科学发展观的要求，进一步完善体制机制，着力科技创新，加快测绘成果应用，不断提高为国民经济和社会发展服务的能力和水平。

【10 日】国家测绘局副局长宋超智参加全国扶贫工作表彰大会。

【10 日】青海省发改委对青海省测绘局《关于

申请尽快批准实施“数字青海”空间地理信息基础设施建设项目的请示》做出批复，同意实施“数字青海”空间地理信息基础设施建设项目，主要建设内容包括基础设施建设、标准体系建设、基础数据库建设、基础地理信息系统开发建设和专业应用平台开发建设五个方面，建设项目总投资3200万元，由青海省测绘局负责实施，建设期为2006年至2010年。

【13日】国家测绘局副局长宋超智应邀出席西安市建设社会主义新农村规划编制工作研讨会议并讲话。

【14日】“LIDAR技术在海岛礁、滩涂测绘中的应用研究——以江苏沿海滩涂测绘为例”、“江苏省连续运行卫星定位参考站综合服务系统研究与建立”两个项目通过了由刘经南、宁津生、王家耀、王颖等4位院士及国内有关专家组成的鉴定委员会鉴定。

【16日】江苏省测绘局与无锡市签订共建共享协议，开展地理信息数据资源共享与应用。

【16日】云南省发改委和云南省测绘局联合印发《云南省省级基础测绘“十一五”规划》。

【17日】国家测绘局、山东省国土资源厅、威海市人民政府三方签署了《数字威海地理空间框架建设及应用示范合作协议书》，国家测绘局副局长李维森出席签字仪式并讲话。

【17日】在2007年吉林省人大、省政协两会召开前，吉林省测绘局组织省地理信息工程院，精心编制了一套包括《吉林省行政区划图》、《吉林省高速公路规划示意图》、《吉林省工业集中区分布图》、《吉林省中部城市供水工程示意图》等图件在内的“两会代表专用图”，为两会代表提供服务。

【17日】青海省基础地理信息中心保密委员会办公室副主任年光延荣获青海省“四五”全国保密法制宣传教育先进工作者称号。

【18日】国家测绘局党组成员、纪检组长罗兰参加中央国家机关第二十一次党的工作会议。

【19日】国土资源部令第38号发布《外国的组织或者个人来华测绘管理暂行办法》，自2007年3月1日起施行。

【19日】全国国家版图意识宣传教育和地图市场监管协调指导小组第11次联席会议在北京召开，国家测绘局副局长谢经荣主持会议。

【19日】上海市测绘管理办公室召开2007年测绘管理工作会议，提出了上海市2007年测绘管理工作要点。

【22日】北京市规划委员会组织编制的《北京市政务版电子地形图》正式发布，并向全市各级政府机关免费提供使用。

【22日~26日】由1:5万数据库更新工程项目部主办、黑龙江测绘局承办的1:5万数据库更新项目技术讨论培训会在哈尔滨市召开。工程项目部的领导，中国测绘科学研究院、ERSI公司、海军出版社和陕西、黑龙江、四川、海南、重庆等测绘生产单位的专家和业务骨干共52人参加了会议。

【23日】国家测绘局副局长李维森参加全国安全生产电视电话会议。

【23日】国家测绘局副局长宋超智主持召开《中国测绘年鉴》编纂委员会主任会议。

【24日】国家测绘局安全生产委员会召开会议，国家测绘局副局长李维森出席会议并讲话，会议传达了1月23日国务院安全生产电视电话会议精神，就2007年深入做好测绘安全生产工作作出部署。

【24日】人事部、国家测绘局共同颁布《注册测绘师制度暂行规定》、《注册测绘师资格考试实施办法》、《注册测绘师资格考核认定办法》。

【24日】内蒙古自治区测绘工作会议在呼和浩特市召开。

【25日】国家测绘局召开局务会议，学习温家宝总理1月24日在国务院常务会议上的讲话精神。国土资源部副部长、国家测绘局局长鹿心社传达了温家宝总理的讲话，要求国家测绘局机关全体公务员和局直属单位党员领导干部认真学习胡锦涛总书记在中央纪委第七次全体会议上的讲话，以郑筱萸违法违纪案件为鉴戒，切实加强国家测绘局机关、局直属单位的党风廉政建设和反腐败工作。

【25日】国家测绘局召开新闻通气会，向媒体通报《外国的组织或者个人来华测绘管理暂行办法》有关情况。国家测绘局副局长、新闻发言人李维森就办法的出台背景、必要性、重要意义及其主要内容等向与会记者做了详细介绍。

【25日】总参测绘局在北京召开军事测绘发展战略院士座谈会，中国科学院院士高俊，中国工程院院士魏子卿、王任享、王家耀、沈荣骏、许其凤参加了座谈会。与会院士结合军事测绘发展的现状，学习并畅谈了对坚持科学发展观的认识，为形成军事测绘科学发展思路，创新军事测绘科学发展

模式，推动军事测绘科学发展提出新的举措奠定基础。

【25 日 ~26 日】中、俄第九次频率协调会谈在莫斯科圆满结束，北斗卫星导航定位系统与俄罗斯GLONASS系统进行了首轮协调会谈，确立了两系统的平等协调地位，完成了部分频段协调，商定了下一步协调计划。

【25 日】浙江省测绘管理工作会议在温州召开，各市测绘行政主管部门分管领导及测绘管理处（局、办公室）负责人，省测绘局局属单位主要负责人和局机关各处室主要负责人参加会议。

【26 日】中共青海省国土资源厅委员会根据2006年度目标责任及领导干部考核情况，授予青海省测绘局党委书记、局长杨俊岭“2006年度优秀领导干部”荣誉称号。

【28 日 ~29 日】中、日、俄140°E三星共位会谈在莫斯科圆满结束，三方达成了共位临时协议，在国际上开创了多国、多星共位的先河。

【29 日】江苏省国家版图意识宣传教育和地图市场监管协调指导小组成果会议在南京召开。省政府办公厅、省测绘局、中共江苏省委宣传部、省新闻出版局、省工商局、省教育厅、省对外贸易经济合作厅、省通信管理局、省外事办公室、南京海关等单位负责人参加会议。

【30 日】上海市测绘院召开党风廉政建设干部大会，传达了胡锦涛总书记在中央纪律检查委员会第七次全会上的重要讲话，院党委书记陆洁中主持会议并提出要求。

【30 日】浙江省测绘局印发《浙江省测绘资质监督检查实施办法》。

【30 日】河南省直属机关工会工作委员会作出《关于命名2006年度省直先进职工之家和合格职工之家的决定》，郑州测绘学校工会被命名为“先进职工之家”。

【31 日】山西省测绘局和省交通厅签订《关于加强地理信息数据共享与合作的协议书》，以促进基础地理信息数据在交通领域的应用。

【31 日】甘肃省测绘局和甘肃省文物局在兰州召开协调会，共同研究全省长城测绘和资源调查工作。

【31 日】国家测绘局在武汉大学国际软件学院设立“地理空间信息与数字技术国家测绘局工程研究中心”，国家测绘局副局长李维森参加挂牌仪式。

▲山西省阳泉市政府办公厅印发《阳泉市基础测绘“十一五”专项规划》。

▲福建省十届人大五次会议和福建省政协九届五次会议召开，福建省测绘局赶制了会议专用的《福建省地图册》、全开《福建省政区图》和《福州全景图》各1600册（幅），为代表、委员们提供测绘服务，受到好评。

▲江西省测绘局印发《江西省〈测绘资质监督检查办法〉实施细则（试行）》，明确了丁级测绘资质年度注册委托办理制度，细化了测绘资质年度注册检查的主要内容，规定了测绘资质日常监督检查的主要内容及形式，确立了测绘行政主管部门对测绘单位成果质量分级认定制度等。

▲陕西测绘局保密委员会办公室被中央保密委员会办公室、国家保密局授予“全国保密工作先进集体”称号。

二月

【1 日】国家测绘局测绘规划工作座谈会在北京召开，国家测绘局副局长王春峰出席会议并讲话，来自全国14个省（自治区、直辖市）测绘行政主管部门和部分在京直属单位的有关负责人参加了会议。

【2 日】中共中央政治局委员、书记处书记、中央组织部部长、中央人才工作协调小组组长贺国强，在中央组织部副部长、中央人才工作协调小组副组长李建华，国土资源部副部长、国家测绘局局长鹿心社的陪同下看望刘先林院士。

【3 日】第4颗北斗导航定位试验卫星成功发射。

【5 日】国家测绘局党组召开党组会，听取直属机关党委（纪检监察室）的工作汇报。

【5 日】四川省遥感信息测绘院遥感三室被四川省妇联授予“四川省巾帼文明岗”荣誉称号。

【7 日】辽宁省海洋与渔业厅和辽宁省测绘局向辽宁省人民政府上报了《关于开展全省海岸修测工作的请示》，共同组织开展辽宁省海岸修测工作。

【8 日】国家测绘局举行机关离退休老同志春节团拜会。

【8 日】国家测绘局与新闻媒体迎春联谊会在北京召开。国土资源部副部长、国家测绘局局长鹿心社向中央主要媒体的记者致以新春的祝福，国家测绘局副局长、国家测绘局新闻发言人李维森通报了国家测绘局2007年工作重点和宣传重点，国家测绘局副局长宋超智主持会议。人民日报、光明日报、

经济日报、科技日报、新华社、中国新闻社、中央人民广播电台、中央电视台等媒体记者到会，国家测绘局办公室、中国测绘宣传中心有关负责人参加联谊会。

【8日】国家测绘局第七地形测量队承担的全国部分省区一等水准路线踏勘埋石项目（湖北、湖南、江西和福建测区）成果通过国家测绘局专家组评审，总体质量评定为“优”。

【9日】国土资源部副部长、国家测绘局局长鹿心社参加国务院第五次廉政工作会议。

【9日】长城资源调查工作部署会议召开，由我国文物部门和测绘部门合作开展的长城资源调查工作全面展开。国家文物局局长单霁翔、国家测绘局副局长李维森出席会议并讲话。

【9日】国家测绘局召开在京单位民主党派和无党派高级知识分子迎春座谈会。

【9日】山西省国土资源厅、山西省测绘局签订《关于加强地理信息数据资源共享与合作的协议书》，以促进基础地理信息数据在国土资源信息化建设中的应用，加快“数字山西”地理空间基础框架建设。

【9日】陕西测绘局与陕西省发改委联合召开1:5万基础地理信息数据库更新需求座谈会。陕西省国土资源厅、林业厅、交通厅、民政厅、建设厅、水利厅、农业厅、公安厅、旅游局、地矿局、核工业地质局、地震局、煤田地质局等13家省地理空间信息协调委员会成员单位的负责同志和技术专家30多人参加了座谈。

【10日】云南省财政厅和云南省测绘局联合转发《边远地区少数民族地区基础测绘专项补助经费管理办法》。

【12日】总参测绘局局长袁树友，副局长徐广华、薛贵江一行到国家测绘局，代表全体测绘官兵向国家测绘局及测绘系统广大干部职工拜年。国家测绘局领导班子全体成员与袁树友局长一行进行了亲切会谈。

【12日】国家测绘局召开2007年直属单位基础测绘建设工作电视电话会议。

【13日】经国务院批准，周社、燕琴、张江齐3人享受2006年度政府特殊津贴。

【14日】国家测绘局举行春节团拜会，国家测绘局机关、挂靠单位全体干部职工以及在京直属单位的负责同志欢聚一堂，共贺新春。国家测绘局党组书记，局长鹿心社代表局党组对2006年的工作进行了回顾，对2007年工作提出了要求，向广大测绘干部职工致以新春祝福和节日问候。团拜会由国家测绘局副局长王春峰主持。国家测绘局副局长李维森、宋超智、谢经荣、闵宜仁，纪检组长罗兰，老领导金祥文、陈邦柱、常志海出席团拜会。

【14日】安徽省国土资源厅、安徽省发改委向安徽省人民政府报请批准《安徽省基础测绘发展“十一五”规划》。

【14日】四川省遥感信息测绘院遥感一室被全国妇联授予“全国巾帼文明岗”荣誉称号，刘海燕被授予“全国巾帼建功标兵”荣誉称号。

【21日】黑龙江测绘局与美国乔治梅森大学科学学院就建设中美地理空间信息处理与应用联合实验室事宜签署框架协议。

【26日】吉林省基础地理信息中心、省第二测绘院和省测绘产品质检站获“省直机关精神文明建设先进单位”称号，闫晗获“省直机关精神文明建设先进工作者”称号。

【29日】浙江省测绘局、浙江省建设厅、浙江省工商行政管理局联合下发关于推行《房屋建筑面积测绘合同（示范文本）》的通知。

▲山西省基础地理信息院被山西省精神文明建设委员会授予“省级文明和谐单位”称号。

▲江苏省测绘工程院遥感分院副院长、主任工程师黄健被共青团江苏省委、省劳动和社会保障厅授予“2006年度江苏省杰出青年岗位能手”称号。

▲福建省政府办公厅印发《2007年省政府主要工作任务和措施分解表》（闽政办［2007］31号），其中第157项工作任务由福建省测绘局承担，内容为“加强基础测绘保障能力”。

▲《中华人民共和国大地测量图集（2004年版）》正式出版发行。该图集在1986年编制完成的《中华人民共和国国家大地测量图集》的基础上，对建国以来至2003年期间，由国家测绘局、总参测绘局以及各部委、各地区在全国陆地和部分海域布设的大地测量成果和图件资料进行了全面的综合分析和检核，吸收了近年来我国大地测量的一系列生产与科研成果，展示了我国近20年现代大地测量所取得的成就。该图集的编制由陕西测绘局和国家基础地理信息中心承担，国家测绘局大地测量数据处理中心具体组织实施，西安地图出版社印刷出版。

▲甘肃省地图院与省交通厅合作编制完成《社

会主义新农村试点村道路建设规划图集》。

三月

【1日】《外国的组织或者个人来华测绘管理暂行办法》开始施行。

【1日】国际极地年中国行动计划在北京启动，标志着具有重大意义的第四个国际极地年活动在我国拉开帷幕。国家测绘局副局长李维森参加中国行动计划启动仪式。

【1日】吉林省精神文明建设指导委员会发出《关于表彰2004－2006年度全省文明县（市、区）、文明村镇、文明单位和全省精神文明创建工作先进单位的决定》，吉林省测绘局机关连续三届荣获全省“文明单位”荣誉称号。

【1日】黑龙江测绘局极地工程中心吴文会、王连仲圆满完成中国第23次南极长城站科考任务返回哈尔滨。

【5日】国家测绘局、国家发改委联合印发《基础测绘计划管理办法》。

【6日】国家测绘局印发《关于正确使用中国示意性地图的通知》，进一步规范了中国示意性地图的使用。

【6日】河南省遥感测绘院完成的“数码航空摄影在航测数字化生产中的应用”项目荣获河南省测绘科学技术进步一等奖。

【6日】海南测绘局与海南省地震局签订《加强地理信息数据资源共享与合作协议》，海南测绘局局长胥燕婴，海南省地震局局长牟光迅出席签字仪式并讲话。海南测绘局副局长朱杰、海南省地震局副局长李战勇分别在协议书上签字。

【6日～7日】云南省测绘管理工作会议在昆明召开。

【7日】大连市规划局召开《大连市基础测绘工作方案》暨《数字大连地理空间框架建设项目建议书》专家论证会。

【8日～9日】《中国测绘年鉴》编制工作会议在成都召开。国家测绘局副局长、年鉴编委会主任宋超智出席会议并讲话。

【8日】河北省国土资源动态遥感监测项目启动，该项目由河北省国土资源厅委托河北省测绘局承担。

【9日】国家测绘局副局长、局信息化领导小组副组长王春峰主持召开国家测绘局信息化领导小组会议。会议审议了《国家测绘局关于加快推进测绘信息化发展的若干意见》，研究部署近期测绘信息化建设工作，要求各级测绘行政主管部门切实将测绘信息化作为《测绘事业发展第十一个五年规划纲要》和《全国基础测绘中长期规划纲要》组织实施的重要手段。

【9日】吉林省人大常委会召开全体会议，听取了吉林省测绘局局长陈勇关于全省贯彻落实测绘法律法规情况的汇报。

【9日～20日】吉林省人大常委会开展了《吉林省测绘条例》执法检查活动。省人大常委会副主任李介车、南相福、杨庆才分别率领执法检查组赴全省各地开展检查。

【11日～13日】军事测绘科技成果评审会在北京召开。

【13日】福建省顺昌县发生4.9级地震灾害，基于全省三维地理信息系统平台开发的省级抗震救灾三维地理信息指挥系统助力防震应急指挥，提供了强有力的地理信息保障服务。

【13日】陕西测绘局与陕西省交通厅就加强地理信息数据资源共享与合作签订协议，陕西测绘局副局长白贵霞、陕西省交通厅厅长曹森代表双方在协议书上签字。

【13日】郑州测绘学校被中共河南省委高校工作委员会、中共河南省教育厅党组表彰为“2005～2006学年教学工作先进单位”。

【14日】甘肃省测绘局与省文物局联合发文成立甘肃省长城资源调查工作领导小组，负责开展全省长城资源调查工作。

【15日】国家测绘局在北京组织召开我国部分著名山峰高程测量成果评审会，评审通过了第一批著名山峰高程测量成果。

【15日】江西省测绘局与省水利厅签订地理信息数据资源共享与合作协议。协议要求双方按照共建共享、对等互惠、优先合作的原则，建立基础地理信息数据和水利、防汛等专题要素信息数据的共享和交换机制，促进基础地理信息框架要素的快速更新以及基础地理信息在水利信息化建设和水利管理中的应用。

【16日】国家测绘局副局长李维森与总参测绘局副局长薛贵江举行会谈，就合作完成国家1:5万数据库更新工程、联合申报我国海岛（礁）测绘工程专项、共同推进地心坐标系启用工作，以及总参

测绘局参加西部测图工程、总参测绘局向国家测绘局提供北斗机系统交换了意见。

【16日】《重庆市测绘事业发展暨地理空间基础设施建设第十一个五年专项规划》经重庆市人民政府第90次常务会议审议通过，以渝办发［2007］57号文件颁布实施。这是重庆市专门针对测绘事业发展编制的第一部规划。

【20日】甘肃省人民政府副省长石军对测绘工作作出批示。

【21日】国家测绘局在云南昆明召开测绘系统行政执法责任制建设工作会议，对执法责任制工作进行了总结，分析了存在的问题，部署了工作任务。国家测绘局副局长谢经荣出席会议并讲话，吉林、江苏、河北等13个省、市级测绘行政主管部门的有关负责人和专家共20多人参加了会议。

【21日】吉林省第十届人民代表大会常务委员会第三十三次会议召开第一次全体会议。会议听取了省人大常委会副主任李介车关于《吉林省测绘条例》贯彻实施情况的报告。

【22日】江苏省测绘局局长穆广荣向省政协领导作了“十五”基础测绘工作专题汇报，省政协副主席吴瑞林、副秘书长唐立鸣和省政协人资环委员会负责人听取了汇报。

【22日】甘肃省测绘管理工作会议在兰州召开，会议总结了2006年测绘工作，部署了2007年全省测绘管理工作任务。省国土资源厅党组书记、厅长张耕出席会议并讲话，省测绘局党委成员及各处室负责人、全省各市州国土资源局主管局长、测绘管理办公室主任、省测绘局直属事业单位领导参加了会议。

【23日】天津市测绘工作会议召开，天津市各区（县）测绘行政主管部门、各测绘资质单位的主要领导120多人参加了会议。天津市规划局局长任雨来出席会议并讲话，副局长郭凤平作了工作报告。会上举行了天津市规划系统测绘工作先进集体和先进个人颁奖仪式，授予东丽区规划和国土资源局测量队等4个单位“天津市规划系统测绘工作先进集体”称号，授予赵利华等19人“天津市规划系统测绘工作先进个人”称号。

【26日~4月5日】国家测绘局副局长宋超智率团赴澳大利亚考察访问，与澳大利亚新南威尔士大学签署了《中国国家测绘局和澳大利亚新南威尔士大学合作谅解备忘录》。

【26日】安徽省测绘局与安徽省地震局正式签署《关于加强地理信息数据资源共享与合作协议书》。

【27日】辽宁省文物局和辽宁省测绘局联合成立辽宁省长城资源调查工作组织机构，同时编制了《辽宁省长城资源调查工作方案》，上报国家文物局和国家测绘局。

【28日~4月8日】河北省测绘局举办3期测绘行政执法人员岗位培训班，全省450多人参加了培训。

【28日】江苏省测绘管理工作会议在南京召开。会议总结回顾了2006年全省测绘管理工作，研究部署了2007年测绘管理任务。各市、县（区、市）测绘行政主管部门分管领导和测绘管理处（办、科）负责人，省测绘局机关处室负责人，直属单位党政主要负责人参加会议。

【28日】江苏省测绘局被江苏省扶贫领导小组授予“千村万户帮扶先进单位”称号。

【28日】江西省测绘局指导铅山县国土资源局对日本国公民在铅山等地进行非法测绘的行为作出责令停止违法测绘行为、罚款、没收测绘工具和测绘成果的行政处罚。此案是江西省测绘行政主管部门对外国人来华非法测绘进行行政处罚的首例案件。

【28日】河南省人民政府将“河南省地图市场监督联席办公会议”更名为“河南省国家版图意识宣传教育和地图市场监管协调指导小组”，省政府副秘书长张庆义任组长，省国土资源厅副厅长李志民、省测绘局局长曹江水任副组长，办公室设在河南省测绘局，省测绘局副局长贾志伟兼任办公室主任。

【29日】黑龙江省政协主席王巨禄一行考察了黑龙江省地理信息产业园。

【29日】青海省测绘局、武汉大学测绘学院共同完成的科研课题“青海省似大地水准面精化”获2006年度青海省科学技术进步二等奖。

【30日】国家测绘局党组召开2007年专题民主生活会。

【30日】总参测绘局在西安召开《军事测绘软件测评实验室立项综合论证报告》评审会，讨论通过了该论证报告。

【30日】江苏省测绘局、江苏省军区司令部联合印发《江苏省测绘航空摄影管理办法》，进一步规范全省测绘航空摄影管理工作。

【31日】中共国家测绘局直属机关第十次代表

大会在京召开，国家测绘局党组书记鹿心社出席大会并讲话，国家测绘局党组成员、直属机关党委书记罗兰作工作报告。会议选举产生了中共国家测绘局直属机关第十届委员会和纪律检查委员会，一致通过了关于第九届委员会工作报告的决议和关于纪律检查委员会工作报告的决议。

▲大同市人民政府第四十八次常务会议审议通过并颁布实施《大同市基础测绘“十一五”专项规划及年度计划》。

▲山西省测绘局推行行政执法责任制工作受到省推行行政执法责任制领导组的表彰，1 人被评为全省推行行政执法责任制先进个人。

▲江西省测绘局荣获 2006 年度全省保密工作先进单位。

▲陕西省成立长城资源调查领导机构，陕西省文物局局长赵荣、陕西测绘局副局长白贵霞任领导小组组长。陕西省文物局、陕西测绘局以及长城所在市人民政府、文物行政管理部门共同组织实施陕西省的长城资源调查工作。

▲青海省 1:5 万农村公路电子地图制作完成。

四月

【1 日 ~4 日】海军司令部航海保证部派员赴越南参加了中越北部湾湾口外海域划界谈判联合工作组第三轮会谈。中越双方在友好、坦诚和建设性的气氛中，就解决中越北部湾湾口外海域的划界和共同开发问题交换了意见，并达成部分共识。

【2 日】财政部正式批复了国家测绘局 2007 年部门预算。

【2 日】吉林省人大常委会办公厅向省政府发文，提出《吉林省测绘条例》执法检查交办意见。

【2 日 ~3 日】江西省测绘管理工作会议暨第二次测量标志普查总结表彰会在赣州市召开，江西省各设区市测绘行政主管部门分管领导、职能科室负责人、省测绘局局属单位和局机关处室负责人近 60 人参加了会议。

【3 日】国家发改委、国家测绘局联合召开贯彻落实《基础测绘计划管理办法》视频会议。国家发改委副主任杜鹰，国土资源部副部长、国家测绘局局长鹿心社出席会议并讲话。

【3 日】甘肃省发改委、甘肃省测绘局依据《甘肃省基础测绘管理办法》，对全省市县基础测绘计划的内容、指标体系和编制程序进行了细化，印发了《关于转发国家发展改革委 国家测绘局〈基础测绘计划管理办法〉的通知》。

【4 日】全国人大常委会副委员长蒋正华到陕西测绘局视察。蒋正华强调，测绘工作要发挥基础作用，为经济社会发展、国家安全、人民生活提供保障服务。陕西省人大常委会副主任潘连生、国家测绘局副局长李维森陪同视察。

【4 日】江苏省测绘局举行南京邮电大学“大学生实践教育江苏省测绘局基地”揭牌仪式。

【4 日 ~5 日】国家 1:5 万地形数据库更新工程年度总结与协调会在西安市召开，国家测绘局副局长李维森出席会议并讲话，国家测绘局直属单位以及参与缩编更新生产的省、自治区、直辖市测绘部门的有关人员 100 多人参加了会议。

【6 日】国家测绘局、陕西测绘局与西安市政府在西安共同签署《数字西安地理空间框架建设示范项目协议书》，全面启动数字西安地理空间框架建设示范项目。国家测绘局副局长李维森、陕西测绘局副局长白贵霞、西安市副市长黄省身分别代表三方在协议书上签字。

【6 日】湖北省政府发布《湖北省测绘发展“十一五”规划》。

【7 日】国家测绘局与武汉大学签订《国家测绘局与武汉大学科技合作协议》。

【9 日】安徽省发改委、安徽省国土资源厅向安徽省各市人民政府、省政府各部门、各直属机构印发《安徽省基础测绘“十一五”规划》。

【9 日】重庆市人民政府颁布施行《重庆市数字化城市管理建设总体方案》，为重庆市数字化城市综合普查工作和地理信息数据库的开发和维护提供了保证。

【9 日 ~10 日】泰国科技部部长勇育 · 勇塔翁率领代表团一行 11 人访问武汉大学测绘遥感信息工程国家重点实验室。10 日上午，代表团参加了武汉大学和泰国科技部共建“诗琳通地球空间信息科学国际研究中心”谅解备忘录签字和揭牌仪式。

【10 日】国家测绘局印发《关于做好测绘资质管理信息系统试运行工作的通知》，要求各省、自治区、直辖市测绘行政主管部门和甲级测绘单位于 2007 年 5 月 1 日起试运行测绘资质管理信息系统。

【10 日】吉林省测绘工作电视电话会议召开，会议总结了 2006 年全省测绘工作，部署了 2007 年的工作，对 2006 年测绘管理先进集体和先进个人以

及测量标志保护先进个人进行了表彰。国家测绘局副局长谢经荣、省人大副主任刘淑莹、副省长矫正中等出席会议，谢经荣和矫正中作了讲话。省、市（州）、县（市）的发展改革部门、财政部门，各市（州）、县（市）政府主管负责人、测绘部门和测绘单位负责人共600多人参加会议。

【10日】福建省测绘局和福建省海洋与渔业局签署开展地理信息数据资源共享与合作协议，按照“相互支持，优势互补，避免重复，实现双赢”的原则，实现基础地理空间数据和有关海洋与渔业信息的共建共享。

【10日】陕西测绘局副局长白贵霞与陕西省文物局局长赵荣代表双方共同签署《合作开展陕西省长城资源调查及文物保护测量协议书》。

【10日】位于青岛的“中华人民共和国水准原点”举行揭牌仪式，国家测绘局、总参测绘局及青岛市有关领导出席揭牌仪式。

【11日】国家测绘局召开会议，部署国家测绘局行政法规规章清理工作。国家测绘局副局长谢经荣出席会议并讲话。会议传达、学习了国务院、国务院法制办有关行政法规规章清理工作文件及会议精神，听取了国家测绘局行政法规规章清理工作方案汇报，对行政法规规章清理工作提出了明确要求。

【12日】全国测绘标准与质量管理工作会议在苏州召开。国家测绘局副局长李维森作了题为《加强统筹 强化监管 全面履行测绘标准与质量管理政府职能》的工作报告，国家质检总局、科技部、国家标准化管理委员会的有关负责人出席会议并讲话，来自各省、自治区、直辖市、计划单列市测绘行政主管部门以及局直属单位的130多名代表参加会议。

【13日】浙江省测绘局印发《浙江省测绘事业第十一个五年规划纲要》。

【14日】北斗导航定位卫星COMPASS－M1成功发射。

【14日】黑龙江第一测绘工程院刘秀峰圆满完成了历时500多天的中国第22次南极度夏及越冬科考和第23次南极度夏科考工作，顺利返回哈尔滨。

【15日】武汉大学测绘学院博士生郭金来，因创立“中国研究生人才网”荣获第八届“湖北省十大杰出青年”称号。

【16日】北斗卫星导航定位系统向国际电联报送了卫星网络COMPASS－M/－H启用通知并得到确认。这标志着中国卫星导航频率资源最终列入国际电联频率总表，北斗卫星导航定位系统的频率资源得到有效保护。

【16日】黑龙江第三测绘工程院张国林获得“黑龙江省第十届劳动模范”称号。

【16日】江苏省测绘局、江苏省发改委联合印发《江苏省省级基础测绘项目管理办法》。

【16日】海南测绘局潘朱爱被海南省政府授予“海南省机关后勤先进工作者”称号。

【17日】国家测绘局直属单位财务工作会议在北京召开。国家测绘局副局长王春峰出席会议并讲话。

【17日～20日】黑龙江测绘局与芬兰国家技术研究中心在“居住明天——芬兰高科技生态城”研讨暨展示会上，签署了合作备忘录。会议组织召开了主题为“发展地理信息产业，推进生态省建设”的黑龙江测绘局专场交流会，芬兰前任驻华大使本杰明先生、贸工部高级顾问Carola Wictorsson女士、芬兰国家技术研究中心副总裁Kari Larjava以及来自芬兰企业界的人士出席了交流会。

【18日】经国家测绘局青年学术和技术带头人评审委员会评审、国家测绘局批准，黄勇等20人当选为国家测绘局青年学术和技术带头人。

【18日】共青团安徽省直属机关工作委员会决定，授予安徽省第一测绘院团支部2005～2006年度“省直机关五四红旗团支部”称号，授予安徽省第四测绘院团支部吴爽2005～2006年度“省直机关优秀共青团员”称号，授予安徽省第二测绘院团支部樊林松2005～2006年度“省直机关优秀团干部”称号。

【18日】国家测绘局在北京召开国家基础测绘项目“部分省区一等水准路线踏勘埋石”验收会议。由国家基础地理信息中心牵头，陕西、黑龙江、四川、海南测绘局参加的“部分省区一等水准路线踏勘埋石”项目顺利通过验收。

【19日】全国测绘系统政务暨外事工作会议在北京召开。会议总结了近两年来测绘系统政务和外事工作，研究了国家测绘局网站建设的意见，对测绘系统当前和今后一个阶段的政务和外事工作进行部署。国家测绘局副局长宋超智出席会议并讲话。

【19日～20日】全军测绘科技装备工作会议在西安召开。

【19日】安徽省第三测绘院凌邦富被共青团安徽省委授予“安徽省优秀共青团员”称号。

【19日～20日】由国家测绘局、河南省测绘局、平顶山及郑州市两年内共同投资5600万元共建

“数字平顶山”、“数字郑州”地理空间框架建设专家评审及签字仪式分别在平顶山、郑州市举行。

【19日】湖北省政府令第300号发布《湖北省测绘成果管理办法》，自2007年6月1日起施行。

【20日】内蒙古自治区境内长城资源调查工作正式启动。

【21日】国家测绘局组织专家在河南理工大学召开“矿山空间信息技术国家测绘局重点实验室”建设可行性认证会，由陈俊勇、刘先林、高俊三位院士等组成的专家组一致同意通过该重点实验室可行性论证。该项目是全国唯一的矿山测量学科重点实验室。

【22日】云南省首个地理标识——大理古城地理标识落成，云南省测绘局局长杨俊东、大理州副州长舒自明等为标识揭幕。

【22日~23日】国家测绘局所属单位首届乒乓球团体赛在陕西测绘局举行。本次赛事由国家测绘局精神文明建设办公室和直属机关党委主办，陕西测绘局和国家测绘局直属机关工会承办，来自国家测绘局所属单位10支代表队的60多名运动员参加了比赛。

【23日】江苏省测绘局与江苏省交通厅签订共建共享协议，合作开展地理信息数据资源共享与应用。

【25日】中国测绘科学研究院与浙江省测绘局签订关于共建中国测绘科学研究院浙江分院的合作框架协议。

【25日~27日】国家测绘局在哈尔滨市举办直属单位纪检监察干部培训班。

【25日】“成渝经济区（重庆部分）国土资源与环境遥感调查与研究”成果顺利通过国务院西部开发办验收，该项目由重庆市地理信息中心承担，是“西部开发重点区域遥感综合调查与监测”项目的子课题之一。

【26日】河北省测绘局印发《关于深化测绘行政审批制度改革工作的实施方案》，对局行政审批制度改革工作作出部署。

【26日】在上海市2007年精神文明建设工作会议上，上海市测绘院荣获2005~2006年度“上海市文明单位”称号，这是自1987年以来该院连续十届获此殊荣。

【26日】陕西测绘局和新疆维吾尔自治区测绘局联合开展艾丁湖高程重测工作。

【27日】国务院新闻办公室召开新闻发布会，国务院授权国家测绘局、建设部联合公布我国19座著名山峰高程新数据，国家测绘局副局长、新闻发言人李维森介绍了我国重要地理信息数据审核公布政策等方面情况并答记者问。

【27日】国家测绘局印发《国家测绘局2007年立法工作计划》。

【28日】国家西部测图工程2006年度工作总结暨2007年工作部署会议在北京召开，国家测绘局副局长李维森出席会议并讲话。

【29日】国家测绘局直属机关团委举办以“与测绘共奋进 伴测绘共辉煌”为主题的与局直属机关杰出（优秀）青年面对面访谈活动暨“我读经典原著”系列活动启动仪式。国土资源部副部长，国家测绘局局长鹿心社出席活动并讲话；中央国家机关团工委组宣部副部长霍凌出席活动并讲话；国家测绘局党组成员、直属机关党委书记罗兰，国土资源部精神文明建设办公室副主任张晓燕出席活动。

【29日】张掖市城区基础测绘项目通过甘肃省测绘局、张掖市政府共同组织的验收。

【30日】浙江省建设厅、浙江省测绘局印发《浙江省房屋建筑面积测算实施细则（试行）》。

▲上海市测绘管理办公室查处一起日本人在沪违法测绘案件，依法作出责令停止违法测绘行为、没收测绘成果和测绘工具、罚款2万元的行政处罚。

▲陕西省政府批准《“数字陕西”地理空间基础框架建设“十一五”期间主要工作任务和经费概算》。

▲由青海省测绘局、青海省科技厅编制，青海省副省长马建堂作序的《青海省影像地图集》正式出版。

五月

【3日~14日】我国由交通部海事局、海军司令部航海保证部、香港特区海事处和澳门港务局共同组团赴摩纳哥参加国际海道测量组织（IHO）第17届大会。

【8日】河北省测绘局与省保密局联合印发《关于开展全省测绘成果保密检查工作的通知》，并对全省20多家单位进行了抽查。

【8日】上海市人事局和上海市测绘管理办公室联合布置全市注册测绘师资格考核认定工作。

【8日】国家测绘局下发《关于同意数字聊城地理空间框架建设与应用示范项目立项的批复》，将

"数字聊城地理空间框架建设与应用示范"项目纳入国家测绘局数字区域地理空间框架建设示范工程。

【8日】经国家测绘局同意,"数字白银"地理空间框架建设项目纳入国家测绘局数字区域地理空间框架建设示范工程。

【8日】宁夏回族自治区党委办公厅以要情汇报的形式刊发宁夏测绘局贯彻落实胡锦涛总书记在宁夏视察时重要讲话精神的工作思路和具体措施。

【10日】浙江省政协办公厅发出通知,由省政协人口资源环境委员会提出的《关于加快建设浙江省地理空间信息数据交换平台的建议》等12个提案经省政协九届三十七次主席会议审议,被列为省政协主席、副主席分工督办重点提案。

【10日】云南省委常委、常务副省长罗正富、云南省政府副秘书长黄立新一行到云南省测绘局调研。

【13日~20日】海军司令部航海保证部派员参加中越陆地边界联合勘界委员会第二十次首席代表会晤。

【14日~16日】国土资源部副部长、国家测绘局局长鹿心社出席在香港举办的国际测量师联合会(FIG)2007年工作周会议开幕式并发表讲话。在香港期间,鹿心社会见了香港特别行政区行政长官曾荫权、行政会议召集人梁振英、地政总署署长刘励超等,并就加强内地与香港在国土资源管理和测绘工作等领域的交流与合作进行了商谈。鹿心社还访问了香港地政总署、香港测量师学会等单位。

【14日】国家测绘局批复同意"西宁市综合地理信息系统"项目立项,并纳入国家测绘局数字区域地理空间框架建设示范工程计划。

【15日】国家测绘局组织的陆海统一基准与海岛(礁)测绘生产性试验项目设计方案专家论证会在海南文昌召开,会议通过了《陆海统一基准与海岛(礁)测绘生产性试验项目设计方案》和《琼州海峡精密高程传递设计方案》。

【16日】河北省测绘工作会议在石家庄召开,省人大城建环保工委、省政府办公厅、省国土资源厅有关领导出席会议,各设区市国土资源局、测绘管理办公室负责人,各扩权县(市)国土资源局主管局长,甲级测绘单位负责人,省测绘局机关各处室及直属单位主要负责人参加了会议。河北省测绘局局长李振国作了题为《坚持以科学发展观为统领,努力实现全省测绘事业更好更快发展》的工作报告,省国土资源厅厅长周明作了讲话。

【16日】国土资源部副部长、国家测绘局局长鹿心社到深圳考察。广东省副省长林木声,深圳市市长许宗衡、副市长吕锐锋会见了鹿心社一行。

【16日】海南测绘局团委被省直机关工委评为2006年度"五四红旗团委",国家测绘局第七地形测量队团支部被评为2006年度"五四红旗团支部",海南测绘局机关唐颖斌、国家测绘局海南资料信息中心邱爽分别被授予"省直机关优秀团干部"和"省直机关优秀团员"称号。

【17日】国家测绘局西部测图工程项目部在北京组织召开国家西部1:5万地形图空白区测图工程生产管理实施细则、工程质量管理办法(试行)、工程监理实施细则(试行)和成果质量最终检验实施细则等法规文件的评审会。

【17日】甘肃省测绘局和甘肃省文物局印发《甘肃省长城资源调查工作实施方案》。

【18日】国家测绘局召开测绘工程技术研究中心可行性论证会,国家测绘局副局长李维森、闵宜仁,中国科学院院士陈俊勇、中国工程院院士刘先林、中国测绘学会理事长杨凯等参加会议。

【21日~26日】国家测绘局第一大地测量队队长岳建利作为测绘系统的代表,参加在西安召开的陕西省第十一次党代会。

【23日】安徽省基础测绘信息中心张耀波被确定为安徽省第五批学术和技术带头人后备人选。

【23日~25日】沪苏浙地理信息共建共享第六次联席会议在江苏溧阳召开,会议提出在长三角地区按照统一技术标准、统一数据格式,共同建立统一的基础地理信息平台,实现地理信息的共建共享。沪苏浙测绘局(院)的有关负责人出席会议。

【23日】青海省测绘局党委书记、局长杨俊岭当选为青海省第十一次党代会代表。

【25日~27日】测绘学科发展战略国际论坛在北京举行。国家测绘局副局长闵宜仁,教育部、科技部、建设部有关负责人出席论坛开幕式并讲话,近百位海内外测绘学科的学术精英参加论坛活动。

【25日】经国家测绘局批准,国家测绘局管理信息中心在测绘系统内部印发《二〇〇六年测绘统计年报》。

【25日】江苏省政府办公厅印发《江苏省"十一五"省级基础测绘规划》。

【27日~6月5日】国家测绘局派10人团组赴意大利参加国际标准化组织地理信息委员会(ISO/

TC211）第24次全体会议及工作组会议。

【28日】92859部队按照国家军用标准GJB 9001A－2001《质量管理体系要求》建立了质量管理体系，于2007年通过了海军第二方质量管理体系认定审核。

【28日】江西省全省贯彻实施注册测绘师制度工作会议在南昌召开，各设区市测绘行政主管部门、甲乙级测绘资质单位有关负责人及省注册测绘师考核认定工作领导小组成员参加了会议。会议传达了国家测绘局有关会议精神，研究部署了下一步工作安排。

【29日】第21届国际摄影测量与遥感大会国家指导委员会在北京举行第一次会议，检查指导大会筹备工作。委员会主席、科技部原部长徐冠华，委员会主席、国土资源部副部长、国家测绘局局长鹿心社出席会议并讲话。

【30日】国家测绘局组织召开国产数字航空摄影仪（SWDC）系列产品鉴定会。由我国测绘科技工作者自主研发、具有自主知识产权的国产数字航空摄影仪（SWDC）系列产品通过了产品鉴定，标志着我国航空摄影测量仪器研究取得了突破性进展。

【30日】国家测绘局和国家文物局联合组织召开明长城测量项目总体方案专家评审会。

【31日～6月1日】中、欧北斗卫星导航定位系统与伽利略系统首轮频率共用磋商会谈在北京顺利举行。双方就系统信息共享达成共识，并确定了后续会谈的组织运行机制。

▲山西省基础地理信息院总支书记、院长秦炎平被评为“省劳动模范”。

▲福建省测绘局印发《福建省“十一五”基础测绘发展专项规划》主要任务责任分解和项目库。

▲国家测绘局陕西基础地理信息中心与国家测绘局第二地形测量队薛兆元分别荣获陕西省先进集体和先进工作者称号。

▲青海古长城被国家文物局和国家测绘局正式纳入全国长城资源调查范围。

六月

【1日】江苏省测绘局与盐城市签订共建共享协议，开展地理信息数据资源共享与应用。

【1日】国家科技委员会批准武汉大学设立“武汉大气遥感国家野外科学观测研究站”。

【4日】国家测绘局下发《关于同意数字临沂地理空间框架建设与应用示范项目立项的批复》，将“数字临沂地理空间框架建设与应用示范”项目纳入国家测绘局数字区域地理空间框架建设示范工程。

【4日】山东省国土资源厅党组副书记、副厅长徐景颜与山东省民政厅副厅长周云平共同签署《地理信息资源共享与合作协议书》。

【4日】云南省普洱市宁洱县发生地震，云南省地图院应云南省委办公厅要求，紧急制作《视察线路图》，为国务院总理温家宝来灾区视察提供工作用图。

【5日】国家测绘局对第十届全国人民代表大会王松林代表提出的关于提高测绘市场准入条件的第2492号建议予以书面答复。

【5日】第一次全国性重要地理信息数据审核公布工作会议在北京召开，国家测绘局副局长闵宜仁出席会议并讲话。

【5日】河南省副省长张大卫率省政府副秘书长张庆义、省发改委副主任裴志扬、驻马店市副市长刘金志等到河南省测绘工程院考察调研测绘工作，河南省测绘局局长曹江水等陪同考察。

【5日】河南省教育厅印发《关于认定2007年度河南省中等职业学校教师教育技术能力培训基地的通知》，郑州测绘学校被认定为2007年度“河南省中等职业学校教师教育技术能力培训基地”。

【7日】国家测绘局举办构建社会主义和谐社会专题辅导报告会，中央党校社会学教研室主任、博士生导师吴忠民教授应邀作了题为《关于构建社会主义和谐社会的几个问题》的辅导报告。国家测绘局领导班子成员出席报告会，局机关及在京直属单位党员干部200多人参加了报告会。

【7日】国家测绘局政府网站开通测绘成果分发服务专栏（http：//data. sbsm. gov. cn），内容包括国家测绘基准、遥感影像、基础地图数据库以及1:5万～1:100万基本比例尺地形图等。

【7日】黑龙江省副省长刘学良、副秘书长师伟杰一行到黑龙江省地理信息产业园进行工作调研。

【8日】浙江省测绘局与浙江省电力公司签订地理空间数据共建共享协议。

【8日】甘肃省基础地理信息中心主任、高级工程师缪宏钢在文化部、国家文物局召开的全国文化遗产保护工作表彰大会上获“全国文化遗产保护工作先进个人”称号。

【11日～16日】国家测绘局副局长李维森率团赴韩国参加亚太地理信息系统基础设施常设委员会

第13次全体会议。

【11日~13日】中、美北斗卫星导航定位系统与GPS系统首轮频率协调会谈在瑞士日内瓦圆满结束。双方交换了系统信息，确立了后续会谈的组织运行机制。

【11日~13日】成都军区组织爱军精武测绘气象比武竞赛活动，全区25家单位、158名选手参加了竞赛活动。总参测绘局副局长徐广华率工作组到现场指导。

【11日】河北省测绘局与省地震局举行《加强地理信息数据资源共享与合作协议》签订仪式。河北省测绘局局长李振国与省地震局局长周清良在合作协议书上签字。

【11日~22日】江苏省测绘局、江苏省保密局联合开展全省测绘成果保密检查，共抽查了39家测绘成果生产、使用单位。通过检查，进一步加强了测绘成果的保密管理。

【11日~18日】甘肃省长城资源调查工作正式启动。

【11日】由国家基础地理信息中心研发的“长城资源调查数据采集系统”通过了国家文物局组织的专家评审，配发给长城沿线15个省、自治区、直辖市的80多个长城资源田野调查队使用。

【13日】天津市启用测量标志管理信息系统。

【14日】河北省测绘局与解放军某部军地合作（第四次）年会在北京举行，双方就一年来军地测绘生产、科技创新、成果应用、人才培养等方面的做法与体会进行了交流，提出了更好地实现测绘成果共建共享等建议。

【15日】国家测绘局、国务院信息化工作办公室、黑龙江省人民政府共建黑龙江省地理信息产业园签约仪式在哈尔滨市举行，服务外包与地理信息产业发展国际高层论坛同时举办。国土资源部副部长、国家测绘局局长鹿心社，国务院信息化工作办公室副主任陈大卫，黑龙江省副省长刘学良在仪式上发表讲话并签署共建协议。

【15日】国家测绘局和总参测绘局联合印发《关于外国的组织或者个人来华测绘有关审批工作的通知》，进一步加强外国的组织或者个人来华测绘管理工作。

【15日】黑龙江省政协党组副书记周同战等考察了黑龙江省地理信息产业园，参观了园区国际地理信息数据加工基地、测绘与地理信息科普基地和极地科普教育基地。

【15日】上海市高级人民法院对全国首例数字化地图著作权案作出终审判决，认定上海城市通网络信息技术公司、新世界数码科技（上海）有限公司、上海易图通信息技术有限公司等对上海市测绘院侵权事实成立，驳回上诉，维持原判。

【16日】荷兰国际地理信息科学与地球观测学院（ITC）副校长拜伦诗等3人访问黑龙江测绘局，双方签署了2007年“地理信息科学高级培训课程”短期培训的谅解备忘录。

【17日~18日】在黑龙江测绘局的推动下，黑龙江省伊春市政府与芬兰国家技术研究中心（VTT）就共同建设生态伊春签署谅解备忘录。

【17日】“国家馆藏测绘档案资料信息库管理与服务系统”项目通过国家测绘局组织的验收。

【17日】由国家基础地理信息中心牵头，组织陕西、黑龙江、四川测绘局等11个单位实施的“华东华中区域大地水准面精化”项目在北京通过国家测绘局验收。

【18日】财政部核定国家测绘局西部1∶5万地形图空白区测图工程项目预算。

【18日~22日】东亚海道测量组织（EAHC）电子海图工作组会议在新加坡召开。交通部海事局、海军司令部航海保证部、香港特别行政区海事处共同组团参加了会议。会议通报了各国国际标准数字海图出版、发行情况，就英国提出制作、销售东亚地区官方数字海图问题进行了讨论。

【18日】第五届中国·福建项目成果交易会在福州召开，福建省测绘局作为国土资源系统成员单位首次参加。基础地理信息数据库、数字复合产品、三维基础地理信息平台等测绘科技成果吸引了众多客商的关注，3个测绘项目在交易会上签约。

【19日】国家西部1∶5万地形图空白区测图工程实施领导小组专题会议在北京召开。会议听取了项目部2007年1月~6月工作计划完成情况、2007年二期生产计划编制情况等汇报，并对下一步工作提出了要求。

【19日】天津市启用1990年天津任意直角坐标系滨海坐标，在滨海新区启用1972年天津市大沽高程系2003年高程。

【19日】青海省西宁市人民政府办公厅批准实施《西宁市“十一五”基础测绘发展规划》。

【20日】由我国测绘科技工作者自主研发、具

有自主知识产权的SWDC数字航空摄影仪系列产品发布会在北京举行，国家测绘局副局长李维森出席会议并为产品发布揭幕。

【20日】75719部队完成《香港军事地理图集》编制出版任务。图集实现了该地区所有地理信息的综合集成。

【20日】中央军委主席胡锦涛签署通令，给61081部队集体记二等功，给61081部队谭述森高级工程师记一等功，给李贵琦高级工程师记二等功。

【21日】武汉大学测绘学院博士生张胜凯入选奥运火炬护跑手。张胜凯曾2次进入南极生命禁区，是人类第一个登上南极冰穹顶点者，也是全国三好学生标兵。

【22日】“十一五”国家科技支撑计划“信息化测绘技术服务体系关键技术研发与应用”项目启动会在北京召开。国家测绘局副局长李维森和科技部社会发展司有关负责人出席会议并讲话。

【22日】浙江省测绘局永久性测量标志保护管理试点工作验收会在浙江龙游召开。

【22日】福建省测绘局印发《福建省测绘成果汇交暂行规定》，明确了测绘成果汇交人以及各级测绘主管部门负责接收的测绘成果副本和目录的范围等。

【22日】青海省测绘局印发《青海省测绘资质审批程序规定》，对测绘资质的受理、审查、公示、业务范围的变更等作出具体规定。

【25日】国家测绘局印发《国家涉密基础测绘成果资料提供使用审批程序规定（试行）》、《国家测绘局地图审核程序规定（试行）》以及相关格式文本，细化涉密基础测绘成果提供使用审批及地图审核的受理、审查、决定、送达等程序。

【26日】安徽省第三测绘院党支部被中共安徽省直属机关工作委员会授予“省直先进基层党组织”荣誉称号，安徽省第三测绘院张祖干被中共安徽省直属机关工作委员会授予“省直优秀共产党员”荣誉称号。

【27日】中共郑州测绘学校党委被中共河南省教育厅直属机关委员会评为2006年度“五好”党组织，王军德、黄勇2人被河南省直工委评为2005～2006年优秀共产党员。

【28日】国家测绘局编制并印发《全国基础测绘中长期规划纲要“十一五”规划项目表》。

【28日】福建省测绘局印发《福建省基础测绘成果提供使用管理规定》，规范基础测绘成果提供、使用的管理。

【29日】国家测绘局召开纪念建党86周年暨表彰先进党支部、优秀党员和优秀党务工作者大会，局党组书记、局长鹿心社对学习贯彻胡锦涛总书记重要讲话精神作了动员部署，并提出了学习要求。大会由局党组成员、纪检组长罗兰主持，局党组成员、副局长王春峰、李维森、宋超智、闵宜仁出席会议。

【29日】国家测绘局副局长谢经荣、闵宜仁出席“国家测绘局行政许可集中受理厅”揭牌仪式。

▲波兰测绘专家Romuald Kaczynski博士和塔吉克斯坦国家测绘局副局长Habirov Mahmudjon访问河北省测绘局，双方就地籍测量和土地详查的技术手段、精度标准、系统建设等进行了交流。

▲山西省晋城市政府办公厅印发《晋城市基础测绘“十一五”规划（2006－2010）》。

▲江苏省基础地理信息中心数据采集部李福洪被江苏省委省级机关工委表彰为优秀共产党员。

七月

【1日】国家测绘局正式实行测绘行政许可集中受理，首批受理地图审核和国家涉密基础测绘成果资料提供使用审批申请。申请人可向集中受理厅的服务窗口直接递交或者邮寄申请材料，地图审核也可通过国家测绘局地图远程审查系统提出申请，由集中受理厅向申请人统一送达行政许可决定书。

【1日～11日】国家测绘局派11人的代表团赴意大利参加国际大地测量与地球物理联合会/国际大地测量协会第24届代表大会。

【1日】吉林省测绘局人事处党委联合支部被省直党工委命名为2005～2006年度省直机关五好党支部。

【2日】淮河流域发生洪灾，河南境内6座大中型水库水位猛涨。河南省测绘局紧急启动测绘应急预案，为省委、省政府布置抢险救灾工作快速制作《河南省淮河流域防洪工程图》，受到河南省人民政府领导赞扬。

【2日】四川省副省长王宁听取四川测绘局副局长冯先光等的测绘工作汇报。

【3日】国家测绘局副局长宋超智会见来访的韩国测量协会会长曹圭田教授一行。

【3日～4日】国家测绘局在杭州召开全国测量标志维护管理工作经验交流现场会，总结交流先进

经验，明确提出工作要求。国家测绘局副局长谢经荣出席会议并讲话，浙江省人民政府副秘书长陈国平到会祝贺并致辞。

【5日】《数字嘉兴地理信息共享平台建设共建共享协议书》签约仪式在浙江省嘉兴市举行。国家测绘局、浙江省测绘局与嘉兴市人民政府共同签署了协议书，国家测绘局副局长谢经荣出席签约仪式。

【5日】江西省测绘局与江西省气象局联合举行江西省GPS连续运行站网综合服务系统项目汇报会。省测绘局党委书记刘保华、省气象局副局长詹丰介绍了GPS项目建设的背景、内容、作用及有关设想。

【6日】全国地理信息标准化技术委员会主任秘书长会议在北京召开。会议审议了《全国地理信息标准化技术委员会章程（试行）》、《地理信息国家标准审查办法（试行）》、《地理信息标准体系框架（征求意见稿）》、"关于组建地理信息标准化工作组的建议"，并对下一步工作进行了部署。

【10日】国家西部1:5万地形图空白区测图工程实施领导小组专题会议在北京召开。

【10日】青海省测绘局为青海省电视台制作完成"2007年环青海湖国际公路自行车赛"三维景观演示图。

【11日】国家测绘局2007年上半年工作汇报会在北京召开，会议听取了国家测绘局机关各司（室）、局在京所属各单位上半年工作进展和下半年重点工作情况汇报。国家测绘局局长鹿心社主持会议并讲话，国家测绘局副局长王春峰、李维森、宋超智、谢经荣、闵宜仁和纪检组长罗兰出席会议并讲话。

【12日】具有完全自主知识产权、国际首创的新一代航空航天数字摄影测量处理平台——数字摄影测量网格系统（DPGrid）在武汉通过产品鉴定。

【12日】河北省人大城建环保工委与河北省测绘局联合发出通知，安排部署测绘执法调研工作。

【12日~19日】上海市测绘管理办公室、上海市版权局检查执法队和上海市文化市场行政执法总队，先后两次开展反地图盗版执法集中行动，收缴了大量盗版地图。上海电视台等数家媒体进行了跟踪报道。

【12日】经国家测绘局批准，金昌市新农村建设测绘保障试点项目正式启动。

【15日】全国政协委员、国家测绘局原局长陈邦柱参观黑龙江省地理信息产业园。

【18日】新疆昌吉市举行昌吉市测绘局成立揭牌仪式，国家测绘局副局长李维森、新疆测绘局党组书记刘戈青在仪式上讲话，共同为昌吉市测绘局揭牌。

【18日~23日】国家测绘局组织开展了测绘专家西部行活动，邀请陈俊勇、宁津生、李德仁、刘先林、张祖勋等5位院士和部分国家测绘局青年学术和技术带头人赴青海、甘肃、宁夏三地作巡回科技报告，举办学术讲座，开展技术交流。国家测绘局副局长李维森出席了在青海省西宁市举行的测绘专家西部行活动启动仪式。

【19日】国家测绘局与新疆维吾尔自治区人民政府在乌鲁木齐共同签署《合作建设新疆维吾尔自治区应急平台体系基础地理信息平台协议书》，自治区党委常委、自治区副主席努尔兰·阿不都满金，国家测绘局副局长李维森在合作协议书上签字。

【19日】国家测绘局在京召开局保密委员会扩大会议。

【19日】国土资源部直属机关党委常务副书记李建勤率国土资源部、国家海洋局和中国地质调查局直属机关党委相关人员，到国家测绘局就党建工作情况进行座谈交流。

【19日】国家测绘局顺利完成向中央档案馆移交机关文书档案工作。此次中央档案馆共接收国家测绘局移交的机关文书档案4509卷（其中永久卷465卷，长期卷4044卷），时间为1956年~1989年。

【19日】江苏省测绘局、江苏省科协组织2007年江苏省测绘科技进步奖评审，共评选出获奖项目18个。

【20日~24日】国际摄影测量与遥感学会执行局与技术委员会主席联席会议以及第21届国际摄影测量与遥感大会国际顾问委员会会议在北京举行，来自10个国家的24名外宾参加了会议。与会人员听取了大会组织委员会关于大会筹备工作情况的汇报，考察了大会会场及设施。大会国家指导委员会主席、国土资源部副部长、国家测绘局局长鹿心社会见了与会外宾。

【21日~25日】2007年全国学生定向越野锦标赛暨第三届全国测绘行业定向越野大奖赛在广西南宁市举行，广西壮族自治区人大副主任陈光明、国家测绘局副局长闵宜仁出席开幕式。

【23日】中国人民解放军军事地理学会在黑龙

江省佳木斯市召开2007年常务理事暨专家组会议，参加会议的代表共53人。会议以信息化条件下“多源战场环境信息整合、融合问题”为主题，从多领域、多角度开展了研讨。

【24日】国土资源部副部长、国家测绘局局长鹿心社与中国气象局局长郑国光在北京签署《关于加强地理气象信息数据资源共享与技术合作协议书》。

【24日】新疆奎屯市举行“奎屯市地理信息公共服务平台建设项目设计论证会暨合作协议签约仪式”，国家测绘局、新疆维吾尔自治区测绘局和奎屯市政府共同签署协议书。

【24日~25日】华北地区测绘工作交流会在秦皇岛市召开。河北省测绘局、山西省测绘局、内蒙古自治区测绘事业局、北京市测绘设计研究院和天津市测绘院有关负责人参加会议，解放军某部领导应邀出席会议。五省（市）及军队负责人分别介绍了近年来测绘工作的进展情况，交流了在测绘工作统一监管、基础测绘、科技创新、人才培养等方面的经验。

【24日】河南省测绘局、信阳市国土资源局、新县国土资源局三方合作开展的“数字新集地理空间框架建设及应用示范”签字仪式在郑州举行，标志着河南首家“数字乡镇”工程正式启动。

【25日】吉林省基础地理信息中心为省军区制作了《吉林省军区建设新农村试点分布图》。

【26日】国家西部测图工程协调领导小组第二次会议在北京召开，国家西部测图工程协调领导小组组长、国家测绘局副局长李维森主持会议。会议听取了国家测绘局西部测图工程项目部关于2006年以来工作进展情况的汇报以及2007年度测图计划的安排，并就2008年度项目计划征求了意见和建议。随后召开的国家西部测图工程实施领导小组会议对《国家西部1:50000地形图空白区测图工程质量管理办法（试行）》等进行了讨论。

【26日】国家测绘局印发《全国测绘行政执法依据》和《全国测绘行政执法职权分解》，共梳理执法依据23部（件），其中法律1部，行政法规4部，国务院文件2件，部门规章7件，规范性文件9件；梳理执法职权102项，其中市、县级测绘行政主管部门具有执法权49项，约占全部执法项目的50%。

【26日~27日】国家测绘局在大连举办《外国的组织或者个人来华测绘管理暂行办法》培训班，各省、自治区、直辖市测绘行政主管部门有关领导及有关职能部门负责人参加了培训。

【26日】由青海省畜牧兽医科学院、青海省测绘遥感信息中心和中国科学院遥感应用研究所合作完成的2005年三江源自然保护区生态保护和建设工程科研课题，及应用推广“三江源区‘黑土滩’退化草地本底调查”项目，通过青海省科技厅组织的专家评审。

【27日】国家测绘局党组书记、局长鹿心社主持召开党组扩大会，学习传达中共中央关于陈良宇严重违纪问题审查情况和处理决定的通报。

【27日】国家测绘局、总参测绘局在北京举行第二次局长级会商，总结第一次会商以来取得的进展，对下一步合作进行了充分协商。国土资源部副部长、国家测绘局局长鹿心社，总参测绘局局长袁树友出席会议并讲话；国家测绘局副局长王春峰主持会商；国家测绘局副局长李维森、谢经荣、闵宜仁，总参测绘局副局长徐广华、薛贵江出席会议；两局有关司（室）、处负责人参加会议。

【27日】国家测绘局与总参测绘局签署合作开展1:5万数据库更新工程协议书。双方将采用基本一致的技术方案合作开展更新工作，并共享资料与成果。

【29日~8月4日】海军司令部航海保证部派员赴越南参加中越陆地边界联合勘界委员会第二十一次首席代表会晤。中越双方就勘界进程和2007年下半年勘界计划等议题达成了共识。

【30日】国家测绘局完成行政事业单位资产清查工作，清查结果通过专项审计，并将资产清查汇总结果上报财政部。

【30日】国家测绘局与国家安全部有关部门联合召开涉外测绘违法案件查处工作座谈会，部分省级测绘行政主管部门和国家安全部门交流了工作经验，分析了存在的问题，研究了对策与措施，并重点研讨了《国家安全部 国家测绘局关于建立涉外测绘违法活动协作查处机制的意见》。

【30日】国家测绘局在太原组织召开“基于ADS40数字航空摄影测量生产体系的研究”项目成果鉴定会。李德仁、张祖勋院士等组成的鉴定委员会对项目成果进行了鉴定。

【30日~8月7日】中、日第十次双边频率协调会谈在北京顺利举行。北斗卫星导航定位系统与日方QZSS全球卫星导航系统进行了第一次磋商，完成了资料确认和信息介绍，并确立了计算标准。

【30 日】重庆市规划局与重庆市发改委签订《关于加强地理空间信息资源共享与项目合作的协议书》，建立“双赢互补”的共建共享机制。

▲黑龙江测绘局领导班子获得 2006 年度黑龙江省省直党政机关工作目标责任制优秀奖。

▲陕西测绘局与省人大财经委、省政府法制办联合开展测绘法律法规贯彻落实情况大检查。联合检查小组赴宝鸡、咸阳、渭南听取了各市贯彻落实测绘法律法规、加强测绘统一监管情况汇报，并对各地的具体执行情况进行了检查。

八月

【1 日】2000 中国大地坐标系正式启用。总参测绘局成立了工程实施总体组，完成了启用 2000 中国大地坐标系的总体实施方案。

【3 日】云南省测绘局与云南省地震局签订地理信息数据共建共享协议书。

【3 日～4 日】挪威测绘局代表团访问陕西测绘局。

【3 日】国家测绘局组织专家在北京对国家基础地理信息中心牵头编制的“国家现代测绘基准体系基础设施建设”项目建议书进行评审。

【4 日】国土资源部副部长、国家测绘局局长鹿心社率国土资源部调研组在甘肃调研，期间与甘肃省副省长石军一起到甘肃省测绘局考察航测数字化生产基地，并到生产一线看望测绘外业职工。

【4 日～10 日】国际制图协会（ICA）第 14 次全体代表大会暨第 23 届国际制图大会在俄罗斯首都莫斯科召开，国家测绘局副局长闵宜仁率中国国家代表团参加了此次大会。大会选举产生了 ICA 新一届（2007～2011 年）执行委员会成员，我国代表、香港理工大学教授李志林当选为 ICA 副主席，武汉大学教授刘耀林当选为制图在危机预警和管理中的应用专业委员会副主席。会议期间，我国选送的 39 幅地图作品参加了国际制图大会地图作品展览，其中，成都地图出版社出版的《都江堰灌溉区域地图》获得了地图类作品三等奖。

【5 日】人民日报、光明日报、经济日报、科技日报、新华社、中央人民广播电台、中央电视台等中央新闻单位对刘先林院士先进事迹进行集中宣传报道。

【6 日】国家测绘局组织召开局机关党员干部学习刘先林同志先进事迹座谈会和在京所属单位党员干部学习刘先林同志先进事迹座谈会。

【6 日】河南省教育厅印发《关于公布第二批河南省中等职业教育教育教学专家、学科带头人和骨干教师名单的通知》，郑州测绘学校校长李玉潮被认定为河南省中等职业教育教育专家，副校长李骏元被认定为河南省中等职业教育学科带头人，王春祥、王军德、朱文军 3 人被认定为河南省中等职业教育骨干教师。

【6 日】第 29 届奥组委批准中国地图出版社（测绘出版社）在香港发行《北京奥运场馆旅游交通图》及制作发行《北京奥运场馆旅游交通图（香港版）》。

【7 日】国家测绘局向各省、自治区、直辖市、计划单列市测绘行政主管部门，新疆生产建设兵团测绘主管部门，局所属各单位，机关各司（室）印发《关于开展向刘先林同志学习活动的决定》。

【7 日～11 日】海军司令部航海保证部派员赴印度尼西亚雅加达出席东亚海道测量组织（EAHC）“南中国海主航路浅滩、沉船评估工作组会议”。

【8 日】全国政协副主席、中国工程院院长徐匡迪收看《新闻联播・时代先锋》栏目关于刘先林先进事迹的报道后，向刘先林院士发去贺信。

【9 日】四川测绘局与四川省畜牧食品局签订《地理信息数据资源共享与合作协议》。

【10 日】共青团安徽省委决定，命名安徽省基础测绘信息中心为 2006 年度省级青年文明号。

【11 日】国家测绘局印发《关于表彰全国测绘系统法制工作先进集体和先进个人的决定》，对 2002 年《中华人民共和国测绘法》修订实施以来，在全国测绘系统法制工作中表现突出的单位和个人进行表彰。河北省测绘局等 39 个单位被评为全国测绘系统法制工作先进集体，杨伯钢等 95 人获全国测绘系统法制工作先进个人称号。

【11 日】国土资源部副部长、国家测绘局局长鹿心社率调研组到陕西省调研。

【13 日】国家测绘局副局长宋超智代表国家测绘局与中国煤炭地质总局航测遥感局在西安签订第 21 届国际摄影测量与遥感大会（ISPRS）赞助协议，并向该局颁发金牌赞助商荣誉证书。

【14 日～16 日】由江苏省人大副主任叶坚带队的人大代表视察组到江苏省测绘局及南京、宿迁两市视察测绘工作，听取测绘工作情况汇报，检查省测绘数字化基地、GPS 连续运行参考站和测量标志保护情况，与江苏省测绘局、南京和宿迁两市政府

及有关部门进行座谈并交换意见。

【14 日】经第 29 届奥组委授权，由中国地图出版社（测绘出版社）编制出版的第一张带有北京奥运标志的地图——《北京奥运场馆旅游交通图》（场馆篇）正式出版发行，该图提供了北京各奥运场馆的地理位置及公交线路等信息。

【15 日】京、津、沪、渝四市测绘工作交流会在北京召开。国家测绘局副局长宋超智出席会议，来自四地的代表约 40 人参加会议。

【17 日～20 日】武汉大学遥感信息工程学院和测绘遥感信息工程国家重点实验室学生组成的代表队获第五届中国青年遥感辩论赛（星图 EIVI 杯）团体冠军。

【18 日～24 日】人事部、财政部、国家测绘局联合组成调研小组赴西部测图工程西藏测区开展野外测绘工作人员野外津贴情况调研。国家测绘局党组成员、纪检组长罗兰参加调研。

【18 日】国家测绘局和巴基斯坦测绘局签署《中华人民共和国政府和巴基斯坦伊斯兰共和国政府关于延长测绘科技合作议定书有效期的协议》，一致同意将该议定书有效期延长至 2009 年。

【20 日】国家测绘局党组书记、局长鹿心社主持召开局党组扩大会议，传达学习中央和国家机关保密工作会议精神，研究提出了测绘部门做好新形势下保密工作的初步意见和措施。

【21 日】国土资源部副部长、国家测绘局局长、第 21 届国际摄影测量与遥感大会（ISPRS 2008 年大会）国家指导委员会主席鹿心社，会见出席在北京召开的国际摄影测量与遥感学会执行局会议及第 21 届国际摄影测量与遥感大会国际顾问委员会会议的 ISPRS 执行局成员及国际顾问委员会委员。

【21 日】国家测绘局副局长、第 21 届国际摄影测量与遥感大会国家指导委员会常务副主席宋超智向美国天宝公司首席执行官博格兰颁发第 21 届国际摄影测量与遥感大会金牌赞助商荣誉证书。

【23 日】全国测绘成果管理工作会议在兰州召开，会议总结了测绘成果管理工作的成绩，分析了测绘成果管理工作面临的形势，研究提出进一步贯彻实施测绘成果管理条例的工作措施。国家测绘局副局长闵宜仁出席会议并讲话。

【28 日～29 日】国际摄影测量与遥感学会基于影像的地理空间数据库更新国际学术研讨会暨第五届多维动态 GIS 国际学术研讨会在新疆乌鲁木齐举行，来自 13 个国家和地区的 103 名代表参加会议。研讨会由 ISPRS 相关工作组、国家测绘局、国家基础地理信息中心、国家自然科学基金会以及新疆测绘局共同主办。

【28 日】《中国测绘年鉴》（2007 年卷）出版发行。

【28 日】江苏省测绘局、江苏省档案局、江苏省保密局向全省联合印发《江苏省测绘成果管理办法》，自 2007 年 10 月 1 日起施行。

【28 日】《江西省 GPS 基准站网监测系统建设项目可行性研究报告》通过省政府投资项目评审中心组织的专家评审。

【29 日】山西省委常委、山西省常务副省长薛延忠到山西省测绘局调研并参加《中华人民共和国测绘法》修订实施五周年、《山西省测绘管理条例》修订实施四周年大型签名纪念活动。

【29 日】山西省测绘局召开“2007 首次五台山主峰高程测量活动表彰会”。山西省副省长薛延忠及省直工委、省总工会的领导和省测绘局领导出席表彰会。

【29 日】吉林省测绘局利用最新地理信息成果和有关信息，为第三届中国吉林·东北亚投资贸易博览会编制了专用图——《长春交通旅游图》。

【30 日～9 月 1 日】福建省测绘局局长、省测绘学会理事长陈跃进参加福建省科学技术协会第七届代表大会，当选为省科协第七届委员会常委会委员。

【31 日】全国人大环境与资源保护委员会在全国人大会议中心听取国家测绘局贯彻实施《中华人民共和国测绘法》情况的汇报。汇报会由全国人大常委会委员、全国人大环境与资源保护委员会主任委员毛如柏主持；国土资源部副部长、国家测绘局局长鹿心社就国家测绘局贯彻实施测绘法情况作了汇报；全国人大常委会委员、全国人大环境与资源保护委员会副主任委员宋照肃，全国人大常委会委员、全国人大环境与资源保护委员会委员王梅祥，全国人大环境与资源保护委员会委员许健民、李定凡、胡世祥、姜云宝、倪越峰听取汇报；国家测绘局副局长谢经荣参加汇报会。

【31 日～9 月 1 日】全国测绘系统法制工作会议在北京召开，会议总结了测绘法修订实施以来的测绘法制工作，表彰了测绘法制工作先进集体和先进个人，交流了测绘法制建设先进经验，部署了今后一个时期的测绘法制工作。国土资源部副部长、

国家测绘局局长鹿心社出席会议并讲话；国家测绘局副局长谢经荣作工作报告；全国人大环境与资源保护委员会副主任委员宋照肃，全国人大常委会法制工作委员会经济法室主任黄建初，司法部法制宣传司司长肖义舜，国务院法制办公室农业资源环保法制司副司长刘时山出席会议并为先进集体和先进个人代表颁奖。

【31日】安徽省组织开展第二批著名山峰天柱山、琅琊山和齐云山等山峰的高程测量工作。

【31日】河南省人事厅、河南省教育厅作出《关于表彰河南省教育系统先进集体、河南省优秀教师和优秀教育工作者的决定》，郑州测绘学校被评为“河南省教育系统先进集体”，李骏元、时东玉、王建设被评为“河南省优秀教师”。

▲江西省测绘局两项工作列入2007年全省信息化重点工作。

▲国家测绘局第四航测遥感院完成海口市土地利用更新调查，调查成果正式通过国土资源部验收。

▲云南省第一部卫星影像图集《云南城市卫星影像图集》编制出版。

九月

【1日~11月30日】辽宁省测绘局组织辽宁省第一测绘院等3家单位开展辽宁省著名山峰千山、凤凰山、医巫闾山的高程数据测定工作。

【2日~7日】全国人大常委会委员、全国人大环境与资源保护委员会副主任委员宋照肃带领全国人大环境与资源保护委员会执法调研组到新疆维吾尔自治区就《中华人民共和国测绘法》执法情况开展调研。国家测绘局副局长谢经荣陪同调研。

【3日~7日】韩国国土地理院代表团一行5人访问国家测绘局，出席2007年中韩测绘合作联合工作组会议，国家测绘局副局长李维森会见代表团。

【3日~7日】晋冀蒙豫四省区测绘质检工作交流会议在太原召开，晋冀蒙豫四省区测绘质检站负责人参加会议，黑龙江、甘肃、青海、北京等有关单位应邀参加会议。

【4日】中央政治局委员、国务院副总理曾培炎在国土资源部副部长、国家测绘局局长鹿心社陪同下，到甘肃嘉峪关测区看望从事国家基础测绘重点工程——西部1:5万测图工程、1:1万数字化测图工程的野外测绘职工，代表党中央、国务院向野外测绘职工表示亲切慰问。国务院副秘书长张平，甘肃省委书记陆浩、甘肃省省长徐守盛及国务院有关部门负责人陪同慰问。

【4日】刘先林同志先进事迹报告会在北京人民大会堂隆重举行。报告会前，全国政协副主席、中国工程院院长徐匡迪会见了刘先林及报告团全体成员。中央国家机关工委常务副书记杨衍银，国土资源部部长徐绍史，中国工程院常务副院长潘云鹤，中宣部副部长欧阳坚，中央国家机关工委副书记黄燕明，中组部部务委员傅思和，国土资源部党组成员王瑞生，国家测绘局副局长宋超智、闵宜仁，国家测绘局党组成员、纪检组长罗兰出席报告会。

【4日~7日】联合国全球导航卫星系统国际委员会（ICG）第二次会议在印度举行。会议明确中国北斗卫星导航定位系统与美国GPS、俄罗斯GLONASS、欧盟伽利略系统一起被列为全球卫星导航系统“核心供应商”。

【4日】内蒙古自治区人大常委会副主任陈瑞清带领执法检查调研组赴内蒙古自治区测绘事业局考察调研。

【4日】吉林省测绘局和吉林省民政厅签署地理信息资源共建共享合作协议书。

【5日~7日】海军司令部航海保证部派员赴韩国参加了中韩海域划界第二次专家非正式磋商。双方主要就中韩第一阶段海域划界范围、原则和方法，以及相关因素交换了意见。

【5日】陕西测绘局与陕西省民政厅正式签订地理信息数据资源共建共享合作协议，陕西测绘副局长白贵霞和陕西省民政厅副厅长常延生代表双方签订协议。

【7日】河北省测绘局局长李振国、总工程师曹立与来访的瑞典国家海外测量公司总经理汉斯·埃瑞克·维伯格、副总经理陶米·奥斯特伯格一行，就双方合资公司运行及项目合作进行了交流。

【7日】福建省基础地理信息数据库系统（三期）项目通过省“数字福建”领导小组办公室组织的验收。

【9日】“数字太原地理空间框架建设暨山西省重要地理信息统计分析系统建设项目设计书评审会”在山西省太原市召开，国家测绘局副局长李维森出席会议并讲话。

【9日】太原市政府组织举行“太原市基础测绘成果汇报暨‘数字太原基础地理空间框架建设’国家试点项目启动仪式”。国家测绘局、山西省测绘

局、太原市政府签订《数字太原地理空间框架项目建设协议书》。

【10日】国土资源部在地质礼堂举行刘先林同志先进事迹报告会。国土资源部党组书记、部长、国家土地总督察徐绍史，党组副书记、副部长、国家土地副总督察李元，部党组成员、副部长、国家测绘局局长鹿心社，部党组成员、国家土地副总督察甘藏春出席报告会并在会前会见了刘先林及报告团全体成员。

【10日~15日】以全国人大环境与资源保护委员会委员、中国工程院院士许健民为组长的全国人大环境与资源保护委员会《中华人民共和国测绘法》执法调研组到四川省调研，国家测绘局副局长闵宜仁陪同调研。

【10日】武汉大学测绘学院教授宁津生院士获湖北省"师德标兵"和湖北省"五一劳动奖章"称号。

【12日】全国人大环境与资源保护委员会《中华人民共和国测绘法》执法调研汇报会在南昌召开。全国人大环境与资源保护委员会赴江西调研组组长、全国人大环境与资源保护委员会委员姜云宝，调研组成员、全国人大环境与资源保护委员会委员胡世祥，国家测绘局副局长李维森出席会议。会议由江西省人大常委会副主任万学文主持，江西省副省长熊盛文出席会议并讲话。江西省人大环境与资源保护委员会、省政府办公厅、省政府法制办、省国土资源厅、发改委、财政厅、新闻出版局、保密局、国家安全厅、测绘局等有关部门负责人参加会议。

【12日】甘肃省科技厅发布《关于设立甘肃省测绘学会科学技术奖的公告》，正式批准设立"甘肃省测绘学会科学技术奖"。

【13日】国务院印发《国务院关于加强测绘工作的意见》（国发［2007］30号）。

【13日~14日】全国测绘系统行政执法工作座谈会在吉林延吉召开，国家测绘局副局长谢经荣出席会议并讲话，各省、自治区、直辖市测绘行政主管部门分管法制工作的领导和有关职能部门负责人，部分市、县级测绘行政主管部门负责人等40多人参加会议。

【14日】吉林省测绘产品质量监督检查站副站长兼总工程师刘世明被评为第二批吉林省拔尖创新人才。

【15日】国土资源部副部长、国家测绘局局长鹿心社向实施"西部测图工程"的测绘职工致慰问信。

【16日】我国第二套航空重力测量系统交付总参61365部队使用。

【17日】国家测绘局、江西省测绘局与萍乡市人民政府、宜春市人民政府分别签署"数字萍乡"、"数字宜春"地理空间框架建设及应用示范合作协议书。国家测绘局副局长李维森出席签字仪式并讲话。

【19日】"利用星载雷达干涉技术监测地下采矿区域变化实验项目"通过审查验收。该项目由河北省测绘局与澳大利亚新南威尔大学（UNSW）合作研究，利用星载合成孔径雷达对指定地区进行重复观测成像，监测地表细微形变。

【19日~22日】全国地图审核人员培训班在吉林省延吉市举办，160多人参加了培训。

【20日】"东方第一哨"国家版图交接仪式在抚远县乌苏镇"东方第一哨"营地举行，黑龙江测绘局向官兵们赠送了中华人民共和国国家版图及版图知识图册、图书等慰问品，佳木斯军分区副司令员李建昌代表全体官兵表示感谢。

【21日】陕西测绘局与陕西省地震局签订《关于加强地理信息资源共建共享合作协议书》，陕西测绘局副局长白贵霞与陕西省地震局局长胡斌出席签字仪式并讲话。

【21日】第三届"中国国际数字城市大会"在深圳会展中心开幕，深圳市国土资源和房产管理局展出了数字房产、空间基础数据等建设成果。

【22日~24日】中国测绘报社第十六次记者站工作会议在福州召开，国家测绘局副局长宋超智出席会议并讲话。

【25日】由国际摄影测量与遥感学会、国家测绘局主办的SAR与光学影像融合及其应用国际研讨会在成都召开，国家测绘局副局长李维森，中国科学院、中国工程院院士李德仁等出席会议。

【25日】江西省测绘局与江西省地震局签定地理信息数据资源共建共享协议。

【26日】总参测绘局在北京举办刘先林同志先进事迹报告会。总参测绘局、国家测绘局、驻京测绘部队等单位的负责人出席报告会并会见了刘先林院士及报告团全体成员。驻京测绘部队700多名官兵参加了报告会。

【28日】国家测绘局、总参测绘局和国家保密局共同召开会议，研究地形图保密处理技术及其在导航领域的试用情况。

【28日】由国家测绘产品质量监督检验测试中

心编制的《全国重点测绘工程成果质量监督抽检技术方案》在北京通过专家评审。

【29 日】国家测绘局和国家质检总局联合召开全国重点测绘工程成果质量监督检查启动电视电话会议。国土资源部副部长、国家测绘局局长鹿心社，国家质检总局副局长蒲长城出席会议并讲话；国家测绘局副局长李维森主持会议。

【29 日】中央财经领导小组办公室、国家测绘局在北京举行中财办电子财经信息系统合作协议签字仪式及建设方案评审会。专家组一致同意该设计书通过评审。国家测绘局副局长闵宜仁、中财办秘书组组长董兆祥、中财办秘书组蒲淳局长出席签字仪式并讲话。

【29 日】陕西省政府副省长罗振江专门听取陕西测绘局副局长白贵霞就贯彻落实《国务院关于加强测绘工作的意见》的工作汇报，并对陕西贯彻落实国务院意见提出明确要求。

▲由河北省人大城建环保工委组织开展的测绘法执法调研工作顺利结束。调研工作由省人大常委分别带队，省人大城建环保工委领导、省测绘局领导及相关部门负责人组成两个调研组先后深入保定、廊坊、唐山、秦皇岛等市和部分所辖县（市），就《中华人民共和国测绘法》和《河北省实施〈中华人民共和国测绘法〉办法》颁布实施以来各地测绘管理机构建立、职能落实、测绘统一监督管理、基础测绘工作开展和测量标志保护等情况进行了调研。

▲吉林省测绘局重新修订了《吉林省 1:1 万基础地理信息数据采集与更新项目设计书》，制定了《吉林省 1:1 万矢量地形数据（DLG）分层规定》、《吉林省 1:1 万矢量地形数据（DLG）属性项名称及定义》、《吉林省 1:1 万矢量地形数据（DLG）属性表》和《吉林省 1:1 万 DEM 矢量地形数据内容与分层规定》等一系列技术文件，初步建立起了与国家标准相适应的新的生产技术体系。

▲江西省测绘局会同省发改委制定了《九江沿江开发基础设施规划编图工作方案》，成立了项目工作组和协调组。

十月

【3 日】武汉大学资环学院教授艾廷华荣获第九届“全国青年地理科技奖”。

【9 日～12 日】国家测绘局党组书记、局长鹿心社列席中国共产党第十六届中央委员会第七次全体会议。

【9 日】受国家测绘局委托，青海省测绘局在西宁组织召开“柴达木循环经济试验区地理信息系统”和“三江源区生态环境遥感动态监测及预警地理信息系统”项目评审会，专家组一致同意两系统项目设计通过评审。

【10 日】蚌埠市城郊 1:1000 航测地形图成果通过安徽省国土资源厅组织的省级验收。

【10 日】由重庆市地理信息中心承担的建设部试点工程——“重庆市高新区数字化城市管理系统”，顺利通过建设部专家验收。

【10 日】重庆市规划局发布《重庆市基础地理信息电子数据标准》（试行），为全市测绘成果共建共享奠定了基础。

【11 日】第 21 届国际摄影测量与遥感大会全国联络委员会在北京成立，国家测绘局副局长、大会国家指导委员会常务副主席宋超智出席会议并讲话。

【11 日】甘肃省测绘工程院等单位完成的兰州北部地区 1:5000 地形图测绘项目，通过了省级验收。

【12 日】国家西部测图工程专家咨询委员会 2007 年度会议在北京召开，国家测绘局副局长、西部测图工程实施领导小组组长李维森参加会议并讲话。

【12 日】吉林省测绘局与省发改委签定吉林省主体功能区规划前期研究课题协议书，在省测绘局建立主体功能区划分的基础地理信息数据库。

【12 日～13 日】国家测绘产品质量监督检验测试中心举办“全国重点测绘工程成果质量监督抽检培训班”，来自全国各省级测绘质检部门的 32 名测绘专家参加了培训。

【12 日～15 日】全国测绘职业教育教学改革研讨会在郑州举办，会议由全国测绘教育委员会高职高专分会主办、郑州测绘学校承办，与会代表共计 71 人。会议就测绘职业教育专业发展方向、测绘职业教育专业教材建设等进行了研讨。

【13 日】国家测绘局组织召开学习贯彻《国务院关于加强测绘工作的意见》院士专家座谈会。国土资源部副部长、国家测绘局局长鹿心社参加座谈会并讲话，10 位院士和专家发言。

【14 日】山东省国土资源厅在济南组织召开《山东省 1:1 万比例尺基础地理信息数据采集、更新与建库总体设计方案》和《山东省卫星定位连续运行综合服务系统总体设计方案》评审会，国家测绘局副局长李维森出席评审会并讲话。

【15 日 ~22 日】国土资源部党组成员、副部长，国家测绘局党组书记、局长鹿心社出席中国共产党第十七次全国代表大会，并当选为中国共产党第十七届中央委员会候补委员。22 日，出席中国共产党第十七届中央委员会第一次全体会议。

【15 日】全国地理信息标准化技术委员会印发实施《国家地理信息标准体系框架》。

【16 日】国家测绘局副局长李维森在京会见美国地质调查局局长麦耶尔斯博士一行，双方对两局在 1985 年签订《中美测绘科技合作议定书》以来开展的合作表示满意，探讨了今后继续开展测绘科技合作的领域。

【17 日】国家测绘局 2006 年度行政事业财务决算再次获得财政部二等奖。

【17 日 ~19 日】华东六省一市测绘工作交流会在福州召开，华东六省一市测绘主管部门有关负责人、测绘单位代表、特邀代表 70 多人参加会议。会议围绕加强测绘工作的统一监管，抓好基础测绘规划实施，加快基础地理信息更新和进一步扩大共建共享、社会化应用，推进数字区域地理空间基础框架建设、信息化测绘技术体系建设和测绘科技创新等进行了广泛的交流和探讨。

【17 日】由全国政协委员、青海省政协副主席鲍义志、蒲文成率领的青海省政协教科文卫委员会 11 名政协委员到青海省测绘局考察。

【19 日】甘肃省测绘局与省财政厅组织了国家首期边远、少数民族地区基础测绘专项补助临夏市基础测绘项目的验收。项目投入经费 249 万元，建立了城市测绘基准，完成了城市数字化测绘和数据库建设，配备了相应的软硬件设备。

【20 日 ~11 月 19 日】四年一届的国际电联 2007 世界无线电通信大会（WRC -07）在瑞士日内瓦举行，会议通过提案将中国北斗卫星导航系统使用频率扩展为全球业务。

【22 日】国家发改委、国家测绘局联合批复，将浙江省地理信息交换平台建设列入国家空间信息基础设施建设的试点工程予以支持。

【23 日】河南省举行著名山峰鸡公山开测仪式，新华社、中新社、大河报、中国测绘报、信阳日报、信阳电视台等多家媒体现场采访。河南省测绘工程院承担该测量工程。

【24 日】国家测绘局党组书记、局长鹿心社主持召开局党组扩大会，传达、学习党的十七大和十七届一中全会精神。

【24 日】全国国家版图意识宣传教育和地图市场监管协调指导小组第 12 次联席会议在北京召开，国家测绘局副局长闵宜仁主持会议。

【24 日】甘肃省测绘局、省发改委联合下发《关于编报 2008 年基础测绘计划有关事项的通知》，加强各地基础测绘规划与年度计划衔接。

【25 日 ~27 日】由 OGC（Open Geospatial Consortium）和测绘遥感信息工程国家重点实验室联合主办的“OGC - 中国武汉研讨会”在武汉隆重召开。国家测绘局副局长李维森出席研讨会并会见了 OGC 高层负责人。

【27 日】陕西省测绘行业先进集体先进工作者表彰暨陕西测绘局建局 50 周年庆祝大会在西安召开。国家测绘局副局长王春峰、宋超智，全国政协委员、国家测绘局原局长陈邦柱，陕西省副省长罗振江，陕西省政协副主席陆栋，中国科学院、中国工程院院士李德仁，中国工程院院士宁津生、刘先林、魏子卿等出席会议。会上，陕西测绘局和陕西省人事厅联合表彰了陕西省测绘行业先进集体、先进工作者，国家测绘局第一大地测量队等 15 家单位获全省测绘行业先进集体称号，国家测绘局第一地形测量队张长安等 20 人获全省测绘行业先进工作者称号。

【27 日】国家测绘局在全国范围内开展国家版图和地理信息安全宣传网络公益广告作品有奖征集活动。

【27 日】国家测绘局地理空间信息与数字技术工程研究中心在西安挂牌，国家测绘局副局长王春峰、宋超智出席挂牌仪式。该工程研究中心将依托武汉大学空间信息与数字工程研究中心和国家测绘局陕西基础地理信息中心，开展地理空间信息数据的研究和开发。

【27 日】青海省人民政府第 75 次常务会议宣布废止《青海省测绘成果管理实施办法》、《青海省测量标志保护实施办法》。

【28 日 ~11 月 3 日】海军司令部航海保证部派员在北京参加了中越陆地边界联合勘界委员会第二十二次首席代表会晤。本次会晤的主要内容是：总结前期勘界情况，检查比对勘界成果；就如何加快勘界进程交换意见；商谈《中越通航界河水文测量细则》等。

【29 日 ~11 月 2 日】由国家测绘局、国家标准

化管理委员会主办，国家基础地理信息中心、陕西测绘局、全国地理信息标准化技术委员会共同承办的国际标准化组织地理信息技术委员会（ISO/TC 211）第二十五次全体会议及工作组会议在西安召开。来自22个国家、14个国际和地区组织的137名代表和专家参加了会议，其中国外代表110人。国家测绘局副局长王春峰出席会议并会见了ISO/TC211主席、秘书及主要成员。

【30日】国家测绘局副局长、第21届国际摄影测量与遥感大会国家指导委员会常务副主席宋超智向北京东方道迩信息技术有限责任公司颁发第21届国际摄影测量与遥感大会金牌赞助商证书。

【30日】江苏省测绘局与安徽省测绘局在南京市签订共建共享协议，开展地理信息数据资源共享与应用。

▲福建省第一家县级测绘中心——永定县测绘服务中心挂牌成立。

▲济南军区72946部队工程师黄忠红当选中国共产党第十七次全国代表大会代表。12日~24日，黄忠红在北京出席了党代会。会后，分别在总参测绘局和所在部队进行了十七大精神宣讲。

十一月

【1日】国土资源部副部长、国家测绘局局长鹿心社在北京会见以俄罗斯联邦测绘局局长波罗德科为团长的俄罗斯联邦测绘局代表团。

【1日】中国全球定位系统技术应用协会会员代表大会在北京召开。国家测绘局副局长谢经荣出席会议并讲话。

【1日】河北省测量标志保护工作暨先进单位表彰会议在石家庄召开，会议总结了全省测量标志保护工作，表彰了测量标志保护工作先进单位，部署了今后一个时期的测量标志保护工作。与会代表交流了测量标志保护先进经验，并赴测量标志保护现场进行观摩。

【1日】吉林省政府办公厅向各市（州）人民政府，长白山管委全，各县（市）人民政府，省政府各厅委、各直属机构印发《吉林省人民政府办公厅关于切实加强测绘管理工作的通知》。

【2日】国家测绘局在北京召开基础地理信息社会化公益性服务与应用座谈会，国家测绘局副局长王春峰、国家发改委和国务院信息化工作办公室有关负责人出席了座谈会。

【2日】江西省测绘局召开全省测绘成果管理工作会议。

【2日】青岛市国土资源和房屋管理局组织实施的“基于中高分辨率卫星影像的城市动态监测系统”、《青岛市地图集》项目获第二届山东省国土资源科学技术一等奖；“青岛市路网管理信息系统”项目获二等奖。

【5日】中国测绘学会2007年学术年会暨“信息化测绘论坛”在长沙召开，国家测绘局副局长李维森出席会议并讲话。

【5日】国家测绘局、湖南省国土资源厅、湖南省郴州市人民政府在郴州正式签订《数字郴州地理空间框架建设协议书》，国家测绘局副局长李维森出席签字仪式并讲话。

【5日】江苏省发改委批复同意“江苏地理空间信息基础框架一期工程项目初步设计”，项目投资概算3817万。

【6日~10日】国家测绘局副局长王春峰率专题调研组就贯彻落实党的十七大精神和《国务院关于加强测绘工作的意见》到甘肃、宁夏调研。

【6日~9日】国家测绘局副局长李维森率专题调研组就贯彻落实党的十七大精神和《国务院关于加强测绘工作的意见》到贵州、广西调研。

【7日】国家测绘局、甘肃省人民政府合作建设的甘肃省政务地理信息平台及应用项目设计书评审会暨签约仪式在兰州举行，甘肃省副省长石军、国家测绘局副局长王春峰出席签约仪式并讲话。

【7日】根据中老双方协议及国家测绘局的安排，由国家基础地理信息中心牵头，四川测绘局配合实施的老挝测绘技术人员培训第一阶段工作圆满结束。

【8日】国家测绘局副局长宋超智会见来访的荷兰国际地理信息科学与地球观测学院院长莫林纳教授，并就双方在测绘管理与技术人员培训等方面的合作事宜进行商讨。

【8日~9日】国家测绘局副局长谢经荣率专题调研组就贯彻落实党的十七大精神和《国务院关于加强测绘工作的意见》到天津、河北调研。

【9日】福建省测绘局和省民政厅签订《关于加强地理信息数据资源共建与合作的协议》。

【9日】云南省测绘局与云南省交通厅签订地理信息数据共建共享协议书。

【12日】国土资源部副部长、国家测绘局局长

鹿心社到河南调研，强调要深入学习贯彻党的十七大精神，以科学发展观统领测绘工作全局，以贯彻落实《国务院关于加强测绘工作的意见》为契机，全面提高测绘对经济社会发展的保障服务水平。

【12 日~15 日】国家测绘局副局长宋超智率专题调研组就贯彻落实党的十七大精神和《国务院关于加强测绘工作的意见》到江苏、浙江调研。

【12 日~13 日】海军副司令兼参谋长丁一平考察海军驻津测绘部队。丁一平听取了海军司令部航海保证部、海军出版社、92859 部队等单位的情况汇报，参观了各测绘部队驻地，观看了多项测绘科研成果汇报演示，并就海军海洋测绘事业发展战略，面向国防、面向国民经济建设保障等问题提出要求。

【12 日】第 24 次南极科考极地基础测绘工作正式开始。黑龙江测绘局极地测绘工程中心吴学锋、韩惠军、冯海波随中国第 24 次南极科考队出发，执行我国 2007~2008 年度科学考察和后勤保障任务。

【13 日~16 日】日本国土地理院副院长关克率 5 人代表团访问国家测绘局，出席中日测绘科技合作联合工作组第五次会议，双方签署了《中日测绘科技合作联合工作组第五次会议纪要》。

【13 日】由江苏省测绘工程院实施完成的“江苏海事局（长江段）地理信息系统”通过了交通部海事局的验收。

【14 日】国土资源部副部长、国家测绘局局长鹿心社会见新疆维吾尔自治区人民政府副主席努尔兰·阿不都满金一行，双方就进一步加大对新疆测绘工作的支持力度，推进新疆基础测绘工作等问题交换了意见。国家测绘局副局长王春峰、新疆维吾尔自治区政府副秘书长马秦参加会见。

【14 日】经河北省人事厅批准，河北省测绘局赵根庄、陈群国 2 人为河北省新世纪“三三三人才工程”第三层次人选。

【14 日】吉林省测绘局编制完成《吉林省基础测绘“十一五”规划》（草案），经省政府同意，由省发改委印发各市（州）、县（市）人民政府及有关部门。

【14 日】由江苏省信息化领导小组办公室、江苏省测绘局组织的江苏省自然资源与地理空间基础数据库建设工作座谈会在南京召开。省信息产业厅、国土资源厅、水利厅、林业局、环保厅、海洋局等参建单位有关负责人出席会议。会议明确了数据库建设由省测绘局牵头实施。

【14 日】西南片区测绘工作交流会在重庆召开。四川、云南、贵州、西藏、广西、重庆等 6 省区市测绘行政主管部门和有关测绘单位派代表参加会议。会后形成了《关于建立西南地区跨省区市违法测绘联合监督机制的倡议书》和《关于建立西南六省区跨地区基础地理信息建设协调机构的框架协议》等文件。

【14 日】云南省人民政府转发《国务院关于加强测绘工作的意见》。

【16 日】国家测绘局举办学习十七大精神辅导报告会，中央国家机关十七大精神宣讲团成员、劳动和社会保障部茹英杰应邀作专题辅导报告。

【16 日】国家测绘局承办国务院法制办资源环境立法工作座谈会。会前，国土资源部副部长、国家测绘局局长鹿心社，国务院法制办副主任张穹、郜风涛，国家测绘局副局长谢经荣看望了与会代表。

【17 日】国家测绘局直属机关工会第四次会员代表暨表彰大会在北京召开，国家测绘局党组成员、纪检组长、直属机关党委书记罗兰出席大会并讲话。会议对国家测绘局直属机关工会近五年来表现突出的优秀工会工作者、优秀工会积极分子和优秀职工之友予以表彰。

【18 日~25 日】国家测绘局副局长宋超智率团赴台湾参加第五届海峡两岸测绘发展研讨会及相关交流活动。

【19 日】国家测绘局印发《关于加强导航电子地图管理有关规定的通知》，进一步加强导航电子地图管理。

【19 日】江苏省测绘局与江苏省林业局签订共建共享协议，开展地理信息数据资源共享与应用。

【20 日】中华全国工商业联合会十届执行委员会一次会议在北京召开，国家测绘局副局长谢经荣当选全国工商联副主席。

【20 日~21 日】国家测绘局党组中心组（扩大）理论学习暨务虚会在北京召开。会议进一步学习了党的十七大精神，紧密结合贯彻落实《国务院关于加强测绘工作的意见》，对测绘事业发展的全局性、战略性、前瞻性问题进行了深入研讨。国家测绘局党组书记、局长鹿心社主持会议并讲话，国家测绘局党组成员、纪检组组长罗兰，国家测绘局党组成员、副局长王春峰、李维森、闵宜仁，国家测绘局副局长谢经荣出席会议。

【20 日】安徽省人民政府向各市、县人民政

府，省政府各部门、各直属机构转发《国务院关于加强测绘工作的意见》。

【21 日 ~12 月 1 日】国家测绘局副局长李维森率团赴德国、英国访问，签署了《中国国家测绘局与德国联邦测绘局会谈纪要》。

【21 日 ~22 日】国家航天局副局长罗格率领调研组到四川省测绘局调研卫星影像应用情况，国家测绘局副局长王春峰与调研组进行了座谈。

【22 日】“安徽省空间地理信息基础数据库示范工程”获安徽省科学技术奖三等奖。

【23 日】由北京奥组委、国家测绘局、北京市政府联合主办的奥运官方网站观众服务地理信息系统开通仪式在北京举行。国土资源部副部长、国家测绘局局长鹿心社，北京奥组委执行副主席兼秘书长王伟、北京市信息化工作办公室主任朱炎出席开通仪式并讲话。国家测绘局副局长闵宜仁出席开通仪式。

【26 日 ~29 日】国家测绘局直属机关党员干部学习贯彻党的十七大精神研讨培训班在北京举行，局机关全体党员干部，在京所属单位领导班子成员、党办主任，局机关服务中心、测绘学会、管理信息中心、地图技术审查中心、发展研究中心、职业技能鉴定指导中心的全体党员共 140 人分两批参加了研讨培训班。

【26 日】福建省测绘局与省水利厅签署协议，开展地理信息数据资源共享与合作，并成立省测绘局、省水利厅地理空间数据共建共享协调领导小组。

【26 日】青海省财政厅下发青海省测绘局 2007 年边远地区、少数民族地区基础测绘项目经费 340 万元，用于青海省东部农业区 1∶1 万地形图测绘。

【27 日】江苏省测绘局党组理论中心组被省级机关工委评为“县以上党委（党组）中心组理论学习先进集体”。

【27 日 ~28 日】江苏省测绘局在南京组织召开江苏省测绘系统法制工作会议，总结测绘法修订实施以来全省测绘法制建设工作，表彰了 14 个先进集体和 24 名先进个人。

【27 日】江西省人大常委会副主任蒋如铭到江西省测绘局调研，强调要深入学习贯彻党的十七大精神，认真贯彻落实《国务院关于加强测绘工作的意见》，推进信息化测绘体系建设，促进江西测绘事业又好又快发展，全面提升测绘对经济社会发展的保障服务水平。

【29 日】中国地理信息系统协会第四次会员代表大会暨第十一届年会在北京召开，国家测绘局副局长王春峰出席会议并讲话。国务院信息化工作办公室、科技部国家遥感中心、国家发改委地区司、信息产业部信息化推进司的有关负责人出席大会开幕式并致辞。

【30 日】《中华人民共和国测绘法》修订实施五周年座谈会在人民大会堂举行。全国人大常委会副委员长蒋正华，国土资源部部长徐绍史，国土资源部副部长、国家测绘局局长鹿心社出席会议并讲话；全国人大环境与资源保护委员会委员蒋承菘主持座谈会，国务院法制办公室副主任郜风涛、科技部副部长曹健林、总参测绘局局长袁树友、浙江省测绘局局长陈建国在座谈会上发言。

【30 日】黑龙江测绘局极地测绘工程中心王连仲、孙微随中国第 24 次南极科学考察长城站科考队从北京启程赴南极参加科考活动，开展“长城站周边地区航空摄影测量”项目。

【30 日】江苏省基础地理信息中心数据建设部被共青团江苏省省级机关工作委员会表彰为“2006 年度省级机关省级青年文明号”。

【30 日】“甘肃省情信息系统研究项目”获 2007 年度甘肃省科技进步奖二等奖，“甘肃测绘数字化改造及其相关技术研究项目”获 2007 年度甘肃省科技进步奖三等奖。

▲山西省测绘局荣获“2006 ~ 2007 年度省直文明和谐单位标兵”称号，山西省测绘局自 1995 年以来连续 11 年保持了省直文明单位称号。

▲青海省海东地区机构编制委员会做出决定，将该地区地、县两级测绘行政管理职能由建设局正式移交到国土资源部门，同时在地、县两级国土资源局加挂测绘行政管理机构牌子。

十二月

【3 日 ~5 日】国家测绘局党组书记、局长鹿心社参加中央经济工作会议。

【3 日 ~18 日】根据国家测绘局要求，河北省测绘局组织测绘人员对苍岩山、天桂山实施高程测量，并将高程测量数据报国家测绘局。

【3 日】福建省首部以地图形式表现行政区划现状和历史沿革的权威地图集——《福建省行政区划地图集》出版发行。

【3 日】依托张祖勋院士主持研制的新一代航空

航天摄影测量平台——“数字摄影测量网格”成果落户苏州，组建苏州武汉大学影像信息工程研究院。

【5日】2007上海国际导航产业与科技发展论坛（NaviForum 2007）开幕，国家测绘局副局长李维森出席论坛开幕式并致辞。

【5日】国家测绘局同意以国家基础地理信息中心为依托，成立“基础地理信息建设及应用国家测绘局工程技术研究中心”。工程中心拟开展基础地理信息更新与建模、基础地理信息管理与服务、基础地理信息应用和3S集成应用等研发工作。

【6日】国家测绘局召开党组扩大会议，党组书记、局长鹿心社传达并组织学习中央经济工作会议精神。

【7日】国务院发文免去谢经荣的国家测绘局副局长职务。

【7日~9日】国土资源部副部长、国家测绘局局长鹿心社，国家测绘局副局长王春峰参加全国发展改革工作会议。

【8日】对地观测联合实验室第一届学术委员会第二次会议在北京召开，国家测绘局副局长李维森出席会议并讲话。

【9日~18日】国家测绘局青年学术和技术带头人赴荷兰国际地理信息科学与地球观测学院进行交流访问。

【10日】中共江苏省委省级机关工委、共青团江苏省委授予江苏省基础地理信息中心信息集成部和系统开发部“2006年度省级机关省级青年文明号”称号，授予江苏省基础地理信息中心数据采集部李福洪“第八届省级机关优秀青年公仆”称号。

【10日】海南省人民政府办公厅印发《海南省人民政府贯彻落实国务院关于加强测绘工作意见的通知》。

【10日~12日】云南省人大常委会组成调研组对昆明、曲靖两市行政执法工作进行实地考察。

【10日】“数字白银”地理空间框架建设项目设计书通过了国家测绘局组织的评审，国家测绘局、甘肃省测绘局、白银市人民政府签订了“数字白银”地理空间框架建设合作协议。

【11日】国家测绘局根据《财政部关于编制2008年中央部门预算的通知》（财预［2007］61号）要求，结合财政部下达的2008年部门预算“一下”控制数，汇总编制了2008年测绘部门“二上”细化预算并上报财政部。

【11日】河北省测绘局受省国土资源厅委托完成的河北省国土资源变化遥感动态（试验区首次）监测成果通过了专家组的验收。

【11日】陕西测绘局和陕西省民政厅联合召开新闻发布会，正式出版发行《陕西省行政区划图集》。该图集是陕西省出版发行的第一部法定的、权威标定省、市、县、乡（镇）四级行政区域界线标准画法的专题地图集。

【11日】西宁市测绘院组织召开专家评审会，评审通过“西宁市城市综合地理信息系统”项目设计。同时，国家测绘局、青海省测绘局、西宁市人民政府共同签署了数字区域地理空间框架建设示范工程协议书。

【12日】“合肥市卫星定位综合服务系统”通过安徽省国土资源厅组织的省级验收，成为安徽省第一家通过省级测绘行政主管部门认可的卫星定位连续运行参考站网（CORS）系统。

【12日】河南省高校工委、河南省教育厅省级文明学校考察组对郑州测绘学校文明建设情况进行考察。之后，郑州测绘学校被河南省高校工委、河南省教育厅评为“河南省文明学校”。

【12日~13日】中国地图出版社（测绘出版社）主办“测绘科技与学科建设暨《测绘学报》创刊50周年高端论坛”，国土资源部副部长、国家测绘局局长鹿心社致贺信。

【14日】国家自然科学基金委员会主任、中国科学院院士陈宜瑜一行到国家测绘局座谈调研。国土资源部副部长、国家测绘局局长鹿心社会见了陈宜瑜一行，国家测绘局副局长李维森陪同调研。

【14日】国家测绘局第四航测遥感院被海南省妇女联合会授予“三八红旗集体”荣誉称号。

【14日】甘肃省地图院完成的“市域综合电子地图集设计与集成技术研究”项目和省基础地理信息中心完成的“兰州市防空三维环境地理信息系统开发研究”项目，分别通过了省科技厅组织的科技成果鉴定。

【15日】共青团江苏省委授予江苏省基础地理信息中心团委“江苏省五四红旗团委”称号。

【15日】由国家测绘局主办、河南省测绘局与河南理工大学联合承建的矿山空间信息技术国家测绘局重点实验室举行揭牌仪式并召开第一届学术委员会会议。国家测绘局副局长李维森出席揭牌仪式，陈俊勇、刘先林、王家耀等院士、专家参加学术会

议。

【16 日】江苏省测绘局在南京组织2007年度全省优质测绘工程评审，共评选出一等奖7项，二等奖12项，三等奖19项。

【17 日】全国地理信息标准化技术委员会全体会议在北京召开，国家测绘局副局长、标委会主任委员李维森主持会议并讲话。

【17 日】江西省发改委正式批复江西省测绘局和省气象局联合呈报的《关于请批复江西省GPS基准站网监测系统建设项目可行性研究报告的请示》，批准实施江西省GPS基准站网监测系统建设项目。

【17 日】国家基础地理信息中心、中国测绘科学研究院、江西省测绘产品质量监督检验站、江西省测绘发展研究中心、江西省三百山风景名胜区管理局等单位组成专家组，对三百山高程测量成果进行了评估。专家组一致认为该成果可以按有关程序提交审核。

【18 日】中国大陆构造环境监测网络工程执行委员会第一次全体会议暨开工仪式在京举行，国家测绘局副局长李维森出席仪式并讲话，并代表国家测绘局与中国地震局、总参测绘局等5家单位签署了陆态网络共建协议。

【18 日】江苏省测绘局在镇江召开基础测绘成果验收会，镇江市级基础测绘项目顺利通过省级验收。

【19 日】国家西部测图工程实施领导小组2007年会议在北京召开。国家测绘局副局长、西部测图工程实施领导小组组长李维森主持会议，听取西部测图工程2007年工作进展情况汇报，对工程下一步的组织实施工作提出要求。

【19 日】中国极地测绘领域的开拓者和奠基人、武汉大学测绘学院教授鄂栋臣，当选国际欧亚科学院院士。

【20 日】国家1∶5万数据库更新工程领导小组会议在北京召开，国家测绘局副局长、工程领导小组组长李维森主持会议并讲话。

【20 日】国家测绘局在北京召开事业单位岗位设置管理实施工作部署会，局党组成员、纪检组长罗兰出席会议并讲话。会议对局所属事业单位岗位设置管理实施工作做了总体部署。

【20 日】75719部队完成《澳门军事地理图集》编制出版任务。该图集实现了澳门地区所有地理信息的综合集成。

【20 日】“陈永龄院士优秀学生科技创新奖学金”成立仪式在武汉大学开幕。全国测绘界共捐资100多万元，每届奖励25人。

【21 日】国家测绘局在武汉大学召开重点实验室与工程技术研究中心建设工作会。会议对6家重点实验室进行了评估，地球物理与大地测量、地理空间信息工程、数字制图与国土信息应用国家测绘局重点实验室获得前三名。

【21 日】经中组部、人事部、中国科协评审，中国测绘科学研究院刘纪平荣获“第十届中国青年科技奖”。

【21 日】由江苏省发改委统筹协调、江苏省测绘局组织实施的省地理空间基础框架一期工程正式启动。

【21 日】浙江省测绘局与浙江省交通厅签订地理空间数据共建共享协议。

【21 日】国家测绘局副局长李维森出席“第六届夏坚白院士测绘事业创业优秀学生奖学金”和“第一届陈永龄院士优秀学生科技创新奖学金”颁奖大会。

【24 日】国家测绘局在北京组织召开新一代电子政务地理信息服务软件平台开发与建设工作汇报会，国家测绘局副局长李维森、国务院办公厅电子政务办公室主任段国华出席汇报会。

【24 日】兰州军区国防动员委员会印发《西北五省区军地测绘合作办法》，从2008年1月1日实行。

【25 日】福建省民政厅和省测绘局召开媒体通报会，由福建省省长黄小晶作序，副省长陈芸担任顾问的《福建省行政区划地图集》正式出版发行。

【25 日～26 日】国家测绘局党组书记、局长鹿心社主持召开局党组2007年民主生活会。局党组成员、纪检组长罗兰，局党组成员、副局长王春峰、李维森、宋超智、闵宜仁出席会议；中央纪委、中央组织部派员参加会议进行指导。

【25 日】武汉大学测绘学科的《测绘学概论》、《物理大地测量学》被评为国家级重点课程。

【25 日】我国第一个拥有完全自主知识产权的武汉“影像城市”网络地图（map. wuhan. net. cn）正式开通。这套系统是由武汉立得空间信息技术有限公司、测绘遥感信息工程国家重点实验室、中国电信湖北分公司历时一年研发而成。

【26 日】国家测绘局被财政部评为2007年全国行政事业单位资产清查先进单位。

【26 日～27 日】“全军测绘导航信息化建设研

讨会”在北京召开。

【27日】由李德仁院士主持完成的“基于3S集成技术的LD2000系列移动道路测量系统及其应用”荣获2007年度国家科技进步二等奖。

【27日】总参某测绘研究所研究员杨元喜当选为中国科学院院士。

【27日】中国工程院常务副院长潘云鹤院士考察黑龙江省地理信息产业园。

【28日】国家测绘局印发《基础测绘成果应急提供办法》。

【28日】甘肃省测绘工程院赵亚军获“甘肃省技术能手”称号。

【28日】河南省召开全省民主评议政风行风总结表彰会，郑州测绘学校在河南省教育厅直属中专学校中排名第一，在省管中专学校中排名第七。

【29日】以武汉大学测绘遥感信息工程国家重点实验室教授龚健雅为首的“多传感器对地观测网络数据精确处理与空间信息职能服务”科研团队，获得国家基金委批准的创新群体重点资助。

【30日】江苏省基础地理信息中心开发建设的“网上游南京”虚拟旅游环境构建与应用成果，通过了由中国工程院院士刘先林为主任的鉴定委员会鉴定。

▲2007年，国家测绘局共受理甲级测绘资质申请26件，新批准甲级测绘单位22家，不予批准4家；办理甲级测绘单位业务范围变更31件，法人代表变更31件，单位名称变更14件，单位地址变更5件；注销5家甲级测绘单位的测绘资质和5家甲级测绘单位的部分业务范围。截至2007年底，全国共有甲级测绘单位539家。

▲河北省基础地理信息中心和广西桂能信息工程有限公司合作完成的“多重三维激光扫描在山海关长城测绘中的应用”项目，获省科技进步三等奖。

▲在吉林省科协组织的吉林省第六届自然科学学术成果奖评选活动中，省第一测绘院薛晓轩撰写的《RTK使用标准探讨》、线东升撰写的《土地利用现状调查的数字化内业处理》等7篇论文分别获吉林省第六届自然科学学术成果二、三等奖和优秀奖。

▲江苏省基础地理信息中心被中共江苏省委组织部、中共江苏省委宣传部、省发改委、省经贸委、省教育厅、省人事厅、省国有资产监督管理委员会、省总工会等八部门联合表彰为“2004～2006年度全省思想政治工作优秀单位”。

▲江苏省基础地理信息中心被省文明委评为“2005－2006年度江苏省文明单位”。

▲福建省测绘局与省人事厅联合表彰了全省测绘系统先进集体14个、先进工作者28人，与省测绘与地理信息行业协会、测绘学会联合表彰测绘行业先进集体31个、先进工作者40人。

▲江西省基础地理信息中心承担的赣州九县土地利用“两库”建设项目通过验收。

▲陕西测绘局副局长白贵霞当选政协陕西省第十届委员会委员。

中国地图出版社（测绘出版社）

中国地图出版社（测绘出版社）社长、党委书记 赵晓明

中国地图出版社（测绘出版社）是我国唯一的中央级专门地图出版机构，成立于1954年。经过五十多年的发展，目前已经形成了实用参考图、教学地图与教材、期刊杂志、测绘图书、电子地图、教辅、特种地图等业务协调发展的产品格局，在品种数量、经济效益、社会影响及综合实力等方面在全国出版界名列前茅，并一直以地图产品的权威性、现势性、高质量和优质服务享誉全国。建社以来，累计出版各类地图、教材及专业书刊13300多种。其中多部作品荣获国家和部委级奖励，为满足国家经济建设、国防、外交、教育和人民文化生活需要作出了重要贡献。

社长、党委书记：赵晓明
副社长：高锡瑞
副社长：杨树德
副社长：倪庆华
副社长：郭宝
总编辑：徐根才
党委副书记、纪委书记：易树柏

地址：北京市宣武区白纸坊西街3号
邮编：100054
电话：（010）63529243
传真：（010）63529403
网址：http://www.sinomaps.com

中国测绘科学研究院

西部测图—野外踏勘

2007年，中国测绘科学研究院全面贯彻落实科学发展观，抓住机遇，振奋精神，求真务实，拼搏进取，在科技创新、体制保障、文化建设等方面取得了较大进展。

科技创新成果显著：自主研发的数码航空相机填补了国内空白；基础地理信息动态数据库技术取得了两项软件著作权；地形图保密处理技术为导航电子地图产品提供安全保障；以科技实力支撑保障西部测图、海岛（礁）测绘、国土资源调查与监测等国家重大工程的实施。

弘扬测绘文化，营造科技创新良好氛围：大力宣传、学习刘先林院士先进事迹，弘扬爱国精神和拼搏精神；举办形式多样的文体活动，丰富了职工的文化生活；鼓励年青科技人员自主选题，自由探索，打造百花齐放的学术环境。

院　　长：张继贤
党委书记：张双占
副 院 长：赵继成、程鹏飞、辛少华

中测新图公司的团员青年收看刘先林先进事迹专题报道

国家测绘局李维森副局长（左）和刘先林院士（中）、张双占书记（右）在航摄仪产品发布会上

刘先林院士在航摄仪产品发布会上

“十五”期间获各类奖励100余项

国家基础地理信息中心

国家基础地理信息中心坚持以构建数字中国地理空间框架为己任，经过长期的不懈努力，逐步丰富了国家基础地理信息资源和测绘资料档案，具备了对国家级基础地理信息数据库的整体存储与管理能力，培养了一支技术过硬、作风严谨的高素质专业技术队伍，在基础地理数据库建设与更新、基础地理信息分发与服务、测绘成果资料管理与应用、重大测绘工程组织与实施等方面积累了丰富的经验。

2007年，国家基础地理信息中心认真贯彻《国务院关于加强测绘工作的意见》，深入贯彻落实科学发展观，高举信息化测绘服务大旗，紧紧围绕国家测绘局2007年度测绘工作要点，积极推进中心"十一五"事业发展规划的实施，切实加强班子和干部队伍建设，组织实施的工程项目和所承担的工作任务稳步有序推进，其中1:5万数据库更新工程完成了任务总量的近40%，国家基础航空摄影项目完成航摄面积70万平方千米并获取了航摄困难地区90%的卫星影像资料，收集整理测绘档案资料1000余件，中国陆地国界信息管理系统已开通运行，提供系列比例尺地形图近20000幅、45000余张，数字成果近5000GB，为国民经济和社会发展提供了有效的测绘成果服务，在促进测绘成果社会化应用方面做出了应有的贡献。

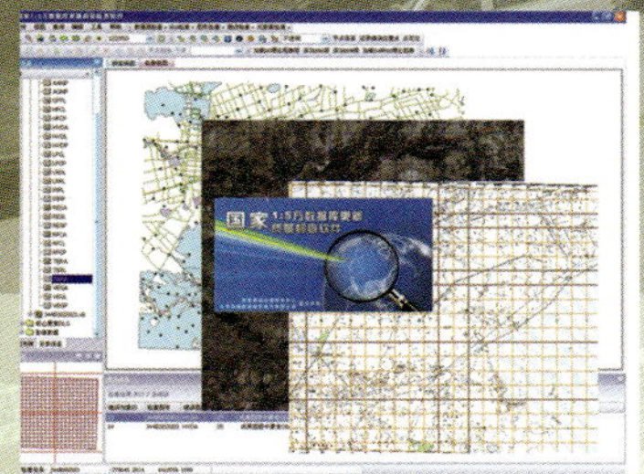

国家1：50000数据库更新数据处理系统

信息化测绘体系关键技术研究项目启动会

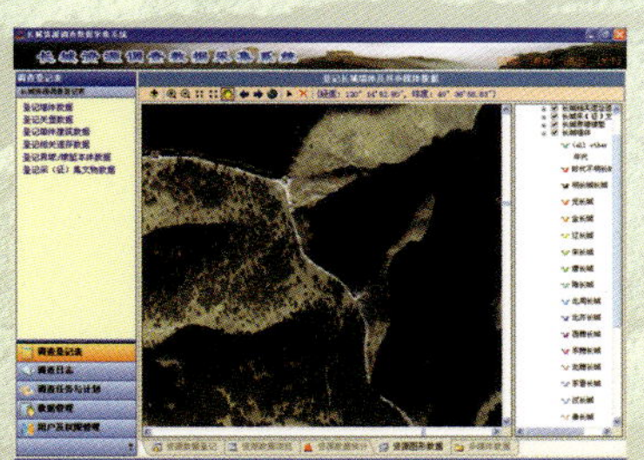

长城资源调查数据采集系统

职工集中学习有关政策与规定

地址：北京市海淀区紫竹院百胜村一号

邮编：100048

电话：010-68414684

传真：010-68424101

邮箱：office@nsdi.gov.cn

网址：http://ngcc.sbsm.gov.cn/

陆地国界信息管理系统开通仪式

河北省第三测绘院

河北省第三测绘院是甲级测绘资质单位，也是河北省专门从事航空摄影测量、遥感测绘、数字影像图制作、地理信息系统建设及工程测量、国土资源调查的骨干单位，并通过了ISO9001国际质量管理体系认证。

河北省第三测绘院现有职工155人，其中测绘专业技术人员130人；拥有全数字摄影测量工作站、扫描仪、绘图仪50余台；全站仪、GPS接收机、经纬仪、水准仪及各类计算机120余台。该院先后参加了南水北调地形图测绘、国家1：25万数据库建设、国家1：1万人口地理信息系统试点工程等多项重要测绘工程；承担了保津、丹拉、青银、京承、石张、承朝等多条高速公路建设测绘任务；为河北省1：1万、1：10万三维立体信息平台建设，省重点工程曹妃甸港口铁路建设以及石家庄、西安等市数码航测成图等提供了测绘保障。

河北省第三测绘院注重新技术应用与开发，先后开发了“数字地形图编绘系统”和“石家庄国家高新技术产业区地籍管理与土地利用分析系统”，并将航测数字模型技术、数码航测成图技术应用在生产中，为高速公路建设和城市规划建设提供了高新技术支撑。完成的“石家庄航空摄影测量”、《海河流域卫星影象防洪图》、“航测数模技术在公路线路设计中的应用”等项目获得了省部级和测绘行业科技进步奖。

河北省第三测绘院积极与交通、水利、石油、规划、电信、铁路等行业建立广泛的合作关系。2006年获河北省“用户满意服务单位”称号，2007年被评为河北省“测绘行业十佳单位”。

利用GPS进行地形图控制测量

法人代表：郭金华
联系电话：0311-85266066、85266061
传　　真：0311-85266066
单位地址：石家庄市中山东路495号

质量管理体系认证证书
河北省第三测绘院
ISO9001：2000

质量认证证书2008

测绘资质证书

利用全数字摄影测量工作站进行地形数据采集

河北省基础地理信息数字化基地作业室

山西省地图集编纂委员会办公室

山西省地图制印中心

山西省地图集编纂委员会成立于1959年，先后有多位省政府领导担任编纂委员会主任。编纂委员会下设办公室，是山西省唯一具有地图编制甲级《测绘资格证书》单位，并通过ISO9001:2000质量体系认证。编纂委员会办公室成立近五十年来，积累了丰富而权威的地图资料，拥有设备完善的计算机制图中心及先进的专业制图软件和彩色地图喷绘仪、海得堡全开激光照排机、德国罗兰四色大对开胶印机等一系列先进的技术设备，是一支技术力量雄厚的专业地图编制队伍。

作为全省规模最大，规格最高，技术力量雄厚，集地图开发、设计、科研和印刷于一体的地图编制单位，多年来一直紧紧围绕着面向政府决策、面向经济建设、面向百姓生活、面向热点话题的服务方针，秉承务实、诚信的优良传统，发挥开拓、探索的创新机制，以超前的意识大胆尝试，先后编制出版了《山西省自然地图集》、《山西省国土资源地图集》、《山西省能源地图集》、《山西省农业地图集》、《山西省历史地图集》、《山西省经济地图集》、《山西省人口地图集》、《山西省旅游地图集》、《山西省灾害地图集》、《山西省环境保护地图集》等一系列具有较高学术价值和社会实用价值的省区大型地图集作品，为山西的经济发展、文化建设和社会进步提供了大量的科学依据。同时，形成了全省的系列挂图和各种不同开本的系列图册，自主研发了《说龙城·游太原》、《太原城市通》、《山西省语音地图》等多媒体电子地图，多项成果获国家和省部级奖项。

面向政府决策

面向经济建设

面向百姓生活

面向热点话题

地址：太原市鱼池街9号　邮编：030002　电话：0351-3535813 3532815
网址：http://www.sxmap.com.cn　E-mail：sxditu@126.com

夯实基础 构建特色 打造精品 当好先行

全力推进山西测绘事业新发展

山西省国土资源厅党组成员、副厅长，山西省测绘局党组书记、局长：牛来有

2007年山西测绘工作按照“夯实基础、构建特色、打造精品、当好先行”的总体要求，全力实施“三五一”工程，扎实推进五项基础工作。特别是《国务院关于加强测绘工作的意见》下发和党的十七大召开后，立即组织干部职工学习贯彻，开展建言献策大讨论，按照十七大精神和国务院《意见》的要求，研究“十一五”后三年和2008年的工作思路、赶超目标以及应当采取的举措，全力推进山西测绘事业新发展。

重点项目取得新突破。出色完成恒山、五台山主峰高程测量。完成“山西高精度三维大地基准的建立及似大地水准面的确定”项目，成果达到国际先进水平。与省文物局联合部署长城资源调查测绘工作。与国家测绘局、太原市政府签署《数字太原地理空间框架项目建设协议书》，联合举行启动仪式启动该项目。山西省重要地理信息数据统计分析、测绘成果档案存储和服务设施两大项目顺利实施。

服务保障取得新成绩。与省国土资源厅、交通厅、水利厅签订《关于加强地理信息数据共享与合作的协议书》，积极与有关厅局联系，推进基础地理信息共建共享。局直属单位为各级政府科学决策、重大工程建设等方面提供了大量卓有成效的保障服务，完成测绘产值和服务值4795万元，比2006年增长9.5%。

基础测绘取得新推进。全力落实“十一五”基础测绘项目经费。组织开展了阳泉测区二期1：1万基础测绘，原平、吕梁测区1：1万成果的出图和民国时期地形图数字化存档项目。太原市建成新的

建言献策大讨论

测量标志管理沁水现场会

常务副省长翻阅新版领导工作用图

常务副省长薛延忠在测绘局调研

山 西 省 测 绘 局

独立坐标系统，各市基础测绘工作稳步推进。科技创新取得新进步。引进国际先进的ADS40数字航空摄影系统，解决了空间地理信息数据快速获取问题。完成的《基于ADS40数字航空摄影测量生产体系的研究》达到国内领先和国际先进水平。机构改革取得新突破。局机关增设离退休人员管理处，强化对离退休人员的管理和服务。省遥感中心、综合地理信息中心、质检站完成机构升格。将省测绘职工教育基地更名为省测绘宣传中心，科学整合宣传资源，加强测绘宣传。成立省测绘职业资格管理中心，初步完善测绘职业资格管理机制。统一监管取得新发展。继续推行行政执法责任制，规范执法行为。完成测绘行政法规、规章和规范性文件清理工作。创新思路开展国家版图意识宣传教育，大张旗鼓开展《测绘法》宣传日活动。坚持实施测绘资质审查和测绘作业证件制度，开展了全省测绘质量专项检查，组织召开“山西省测量标志管理工作经验交流沁水现场会”，全面推广沁水县在管理和维护测量标志方面的经验。项目登记、成果汇交等工作逐步走向规范。文明和谐建设取得新成果。开展创建和谐测绘行业调研，扎实推进“文明和谐单位”创建活动。省局机关进入省直文明和谐单位标兵，7个直属单位进入省直文明和谐单位。省基础地理信息院进入省级文明和谐单位，省工程测绘院三分院获“五一劳动奖状”。

“数字太原”地理空间框架项目启动仪式

ADS40数字航空摄影测量项目鉴定会

基础地理信息数据共建共享签字仪式

慰问老八路

学习刘先林院士先进事迹座谈会

“七一”活动

山西省煤炭地质公司
（山西地宝能源有限公司）

山西省煤炭地质公司
总经理 张春燕

山西省煤炭地质公司（山西地宝能源有限公司）始建于 1980 年，系山西省煤炭工业局直属全民事业单位。公司现有职工 600 人，各类专业技术人员 220 人，其中高级职称及享受国家特殊津贴的教授级高工 20 人，中级职称 120 人，初级职称 80 人，是一支专业性强、业务面广、综合素质高、敬业精神好的专业技术队伍。2007 年，中华人民共和国人事部授予该公司”全国煤炭工业先进单位”称号，山西省人民政府授予该公司“山西省模范单位”称号，山西省文明委授予该公司”山西省文明和谐单位”称号。

测绘资质证书
Certificate of Surveying and Mapping Qualification

测绘资质证书

模范单位

公司所属的地测队、遥感技术中心、地理信息中心等部门主要承担山西省煤炭系统井田控制测量、地形地质测量、摄影测量与遥感测量、地质调查、矿山测量、矿井物探、地质灾害调查、数字化成图、矿山数据库建设、矿山管理信息系统软件开发等工作，是全省煤炭系统中最主要的测绘队伍。公司成立以来，为山西省煤炭系统地质勘查、地形测量、摄影测量与遥感测量、矿山测量做了大量工作，为查处矿山企业越层越界提供执法依据，承担了大量地籍测量、城市规划测量工作，并通过航空摄影手段，对非法煤矿进行监测，取得了准确的非法煤矿分布情况，为有关部门严格执法提供了有利的证据，受到省领导的充分肯定和高度评价。

测绘产品主要生产环节

地址：山西省太原市朝阳街 75 号
邮编：030045
电话：0351-4378829
传真：0351-4378829
邮箱：sxsmtdzgs@163.com
网址：http://www.sxsmtdz.com
http://www.sxcgc.com

辽宁省第一测绘院

宋铁群院长

辽宁省第一测绘院隶属于辽宁省测绘局，拥有50年的历史，科技实力雄厚，人员设备精良，是省内人数最多、综合实力最强的大型甲级资质测绘单位。2000年，以宋铁群院长为核心的领导班子自筹百万元资金建成省内首座数字化测图中心，率领全院职工走上科技振兴之路。8年来，经全体干部职工共同努力，第一测绘院实现了持续、快速、健康、稳定的跨越式发展，并在测绘工程领域和科技产品创新方面成绩卓著。

2008年，辽宁省第一测绘院全体干部职工将继续发扬艰苦奋斗、无私奉献的测绘精神，努力完善测绘服务保障能力，不断拓展基础测绘服务领域，充分发挥测绘事业基础性、公益性特点，为振兴国家测绘事业、振兴辽宁老工业基地、全面推进辽宁“五点一线”沿海经济带建设事业保驾护航，为构建和谐测绘、和谐中国不懈奋斗。

渤海明珠

辽宁振兴 测绘先行

院办公楼全景

领导班子成员合影

院景观图

辽宁省第二测绘院

班子成员

会议室

辽宁省第二测绘院始建于1978年，是首批获国家认证的甲级测绘单位，以航测内外业、地图制图、工程测量、地籍测绘、地下管网测量、房产测绘为主体，以生产全数字测绘产品、建立空间地理信息系统等为主项，具有较强的综合实力。

在经历了多次改革后，辽宁省第二测绘院实现了从无到有，从小到大，从弱到强的转变，完成了从传统测绘体系到现代数字化测绘体系的跨越，并向信息化测绘体系迈进。在构建和谐测绘的道路上，进行了积极的探索和实践。辽宁省第二测绘院于2005年制定了近一个时期的工作发展战略，提出了“拓展业务领域、提升研发水平、做好优质服务、建设三支队伍、构建和谐单位”的发展目标，把“创建团结和谐、富有生机的领导班子，创建充满活力、激人奋进的良性机制，创建全面覆盖、与时俱进的制度规范，创建民主决策、信息畅通的管理模式，创建文明和谐、宽厚仁爱的环境氛围，开创身心舒展、文化丰富的生动局面”作为构建和谐测绘的基础工程来加以实施。

当前，中国测绘正步入一个良好的发展时期，为了跟上时代步伐，辽宁省第二测绘院把提高职工队伍的综合素质作为落实《国务院关于加强测绘工作的意见》的重要步骤，编制了《岗位职责及管理文件汇编》和《测绘职工基本技能培训教材》，建立了《职工履职能力评价》档案，全院职工以蓬勃的精神和昂扬的斗志向创建和谐测绘单位的目标迈进。

地图沙盘

地图产品

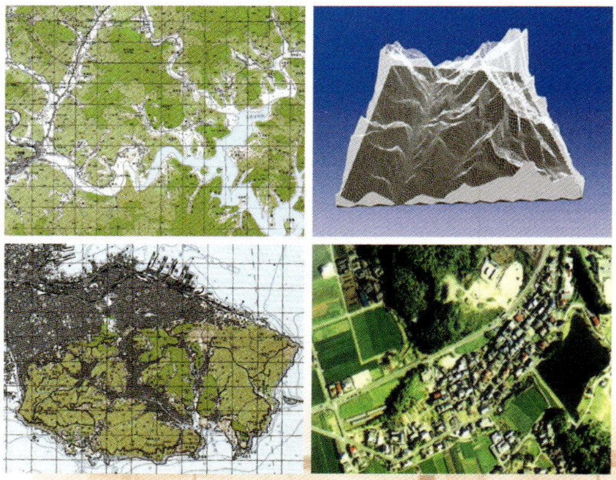

4D产品

内业作业室

辽宁省测绘产品质量监督检验站

辽宁省测绘产品质量监督检验站（辽宁华苑测绘工程监理有限公司）是辽宁省唯一由省质量技术监督局认证和授权的法定测绘监督检验机构和法定测绘仪器检定机构，主要负责全省范围的测绘产品质量监督检验、委托检验、仲裁检验及测绘仪器检定，测绘行业专业技术工种职业技能鉴定，省基础测绘成果验收和测绘科技成果评审鉴定工作。

近年来，随着国民经济的快速发展，测绘项目呈现出投资额度高、项目规模大、生产工序复杂和技术质量不断提升的特点，特别是在我国加入WTO后，世界银行贷款的一些重大测绘项目在管理方式和质量控制手段方面提出了更高的要求，引入测绘工程监理机制是我国测绘市场蓬勃发展的必然结果，借助专业的测绘监理公司对项目进行管理，已成为项目投资者的必然选择。为适应测绘市场发展的需要，2004年6月1日，质检站在全国注册成立了首家测绘工程监理公司——辽宁华苑测绘工程监理有限公司，并取得省测绘局颁发的乙级测绘工程监理资质。近年来，公司承担了控制测量、地籍调查、航空摄影测量及数据库建设等大型世行贷款项目和国家重大建设项目的测绘工程监理工作，在测绘质量控制方面发挥了重要作用，取得了显著成效。

随着监理实践的不断丰富，公司大力加强测绘监理理论研究，组织有关专家和重大测绘项目参与者编写了《测绘工程监理》一书，对测绘工程监理理论进行了探讨，对监理实施程序进行了总结，结合实际案例对监理操作进行了归纳，是一本实践性、可操作性极强的工具用书，对测绘工程涉及到的投资方、生产方和监理方都具有较高的借鉴价值，也是测绘专业院校的一本优秀教学参考书。全国政协委员、原国家测绘局局长金祥文为该书作序，充分肯定了该书的独到之处，高度评价了作者的探索精神。《测绘工程监理》共分7章42节，24万余字，2008年4月由中国地图出版社出版，辽宁华苑测绘工程监理有限公司发行。

辽宁省基础地理信息中心

辽宁省基础地理信息中心(辽宁省测绘科技资料馆)隶属于辽宁省测绘局。主要承担为省领导机关和中央首长视察提供测绘保障服务；建立辽宁省基础地理信息数据库；整理、制作、分发基础地理信息数据，为社会提供咨询服务；开发单机版、网络版地理信息系统；搜集、整理、保存测绘成果资料，管理测绘档案；设计、编制、出版各种电子地图、纸质地图和图集(册)等任务。

主要测绘成果有《基于Arc/Info的基础地理信息数据库的数据模型的研究与设计》、《辽宁省畜禽分布定位及重大动物疫病防控调度指挥系统》、《辽宁省1：10万土壤侵蚀专题地理信息系统》、《辽宁省基础地理数据查询系统》、《辽宁省交通地图册》、《大连市旅游管理信息系统》、《辽宁省电子地图》、《通辽1：5万电力地理信息数据库建设》、《沈阳市多媒体电子地图集》、《辽宁省测量标志管理系统》(单机版、网络版)等，分获辽宁省测绘科技进步一、二等奖。

其中获得省测绘科技进步一等奖的《辽宁省畜禽分布定位及重大动物疫病防控调度指挥系统》是基于.NET技术研发的专业地理信息系统网站，系统采用国产地理信息开发平台SuperMap，成果具有自主知识产权。

左起：鹿心社（国家测绘局局长）、岳铁贵（辽宁省测绘局局长）、张中凯（辽宁省基础地理信息中心主任）

国土资源部副部长、国家测绘局局长鹿心社到辽宁省基础地理信息中心视察测绘保障服务工作。

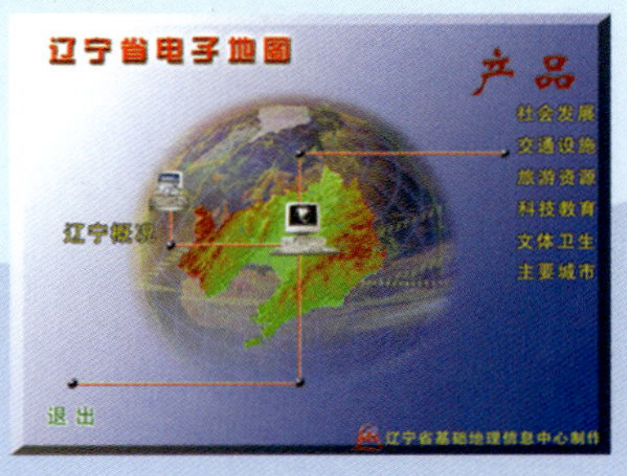

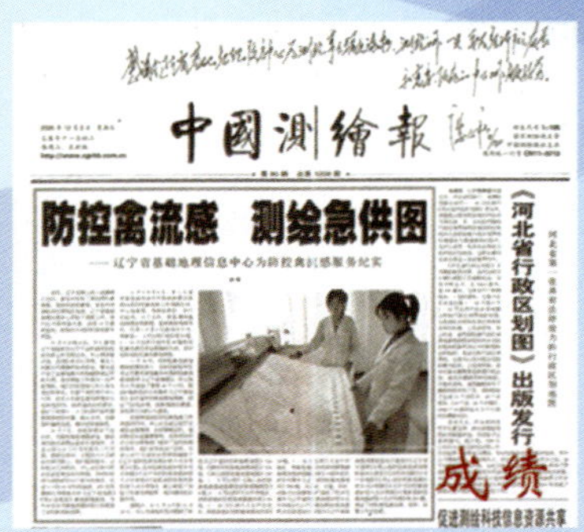

中國測繪報

防控禽流感　测绘急供图

——辽宁省基础地理信息中心为防控禽流感服务纪实

《河北省行政区划图》出版发行

促进测绘科技信息资源共享

地址：沈阳市黄河北大街143-21号　邮编：110034
电话：024-86586606　传真：024-86586606

江苏省测绘产品质量监督检验站

站长：吴炳友（中）

江苏省测绘产品质量监督检验站是江苏省法定的测绘产品质量检验和测绘仪器计量检定机构，隶属于江苏省测绘局，接受江苏省质量技术监督局和国家测绘产品质量监督检验测试中心的指导，是江苏省唯一的省级法定测绘产品质量检验机构。

该站的主要职责是：按照江苏省测绘行政主管部门下达的测绘产品质量监督检验计划，承担全省测绘产品的质量监督检验工作；在江苏省测绘单位资质审查认证及年度注册工作中，承担有关标准的实施监督、质量管理评价及产品质量检验；受用户委托，承担测绘项目合同的技术咨询和测绘产品质量检验；承担测绘产品质量和房屋产权面积争议的仲裁检验；向测绘行政主管部门报送测绘产品质量分析报告；承担测绘仪器的计量检定业务，并对全省测绘单位的计量管理实施监督等。

该站现有在编职工20人，其中研究员级高级工程师1人、高级工程师5人、高级政工师1人、高级会计师1人。拥有仪器检定设备10余台（套），手持测距仪检定基线1条，1.1千米的比长基线场2条，GPS检定场1个，各类测绘产品检验仪器20多台（套）。承担江苏省大地测量、工程测量、地形测量、航空摄影测量等测绘产品质量检验工作，同时承担GPS测量型接收机、全站仪、测距仪等各类测绘专用仪器计量检定工作。

该站秉承“客观、公正、高效、廉洁”的方针，在质量检验工作中方法科学、行为公正、结果准确，受到社会公众的广泛好评。

地形图平面精度检测

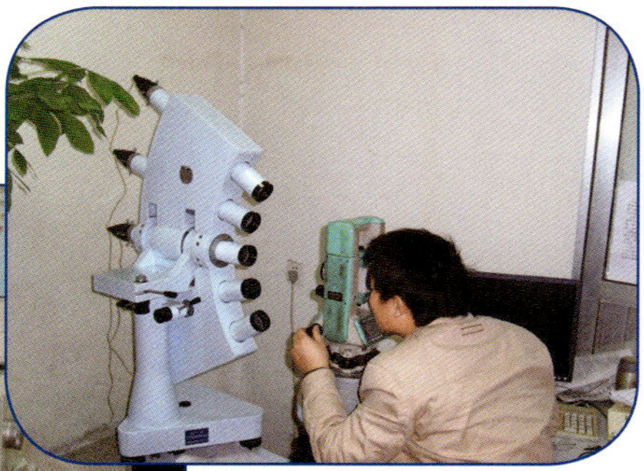

全站仪测角检定

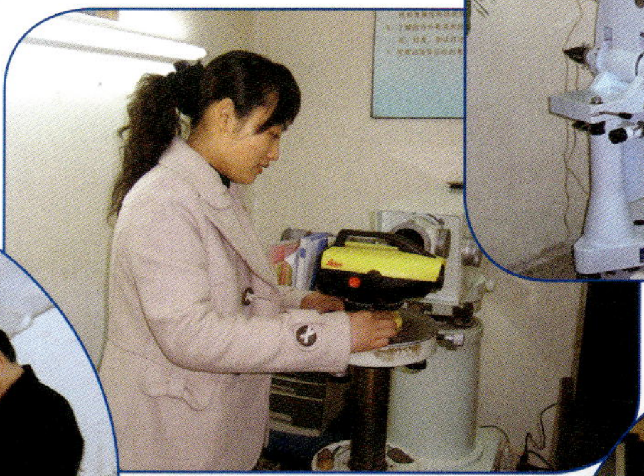

水准仪检定

全站仪测距检定

GPS接收机检定

河南省地质测绘总院

河南省地质测绘总院是国家首批认定的甲级测绘单位，在河南省测绘界率先通过ISO9001国际质量体系认证；是一个集航空摄影测量与遥感测绘，工程测量，地籍、房产测绘，地图编制、印刷，地理信息系统工程及地质勘查，工程勘察，地质灾害评估、治理等为一体的综合性技术服务单位。现有职工295人，工程技术人员占职工总数的73%，其中中高级职称80余人。

省委书记徐光春接见吴孔军院长

河南省地质测绘总院坚持服务于国民经济和社会发展需要，领军建设河南省地质信息连续运行参考系统，以高质量的设计方案赢得了刘经南和王家耀两位院士的赞誉。近年来，该院承担并交付了一大批优质成果。其中，全国1：50万数字地形图空间数据库项目（河南部分）获国家科技进步二等奖；周口市1：1000地形图航空摄影测量项目获中国测绘学会优秀测绘工程银奖；滑县1：1000航测数字化工程获河南省优质测绘工程一等奖；安徽省阜南县1：500全野外数字地籍测量工程被安徽省国土资源厅列为安徽省地籍调查示范工程。

GICS技术方案评审会

河南省地质测绘总院坚持信息化测绘发展方向，推动地理信息业不断进步，优质高效地完成了多个“金土工程”、“数字城市”项目；积极向地质勘查、环境治理等领域渗透，获得了较高的社会声誉。先后荣获了全国测绘质量表彰单位、河南省测绘产品质量优秀单位、全国“五一”劳动奖状、河南省管理创新最佳单位、郑州市文明单位等多项殊荣。

执行西藏测量任务

测绘银奖

河南省境界管理信息系统

荣获2006年度全国五一劳动奖状

广东省地图出版社

广东省地图出版社成立于1980年10月，是广东省国土资源厅（广东省测绘局）直属事业单位，具有全国甲级测绘资质。

该社经过多年的改革发展和完善，实现了从传统的生产加工型向生产经营型的模式转变。坚持“三审三校”制度，建立了计算机彩色桌面出版系统，提高了生产能力和图书质量。地图品种从纸质地图，扩大到数字地图、多媒体电子地图。从单品种向系列化发展，从小幅面地图向大幅面地图革新，形成自己的品牌。

建社以来，广东省地图出版社已编制出版各类图书1300多种，总印数8500多万册（幅），品种包括有各城市旅游图系列、新编地图册系列、新世纪地图集系列、实用地图册系列，其中不少产品获得国际及省部级奖。2005年7月出版的《澳门特别行政区与周边地区地图》荣获西班牙国际制图大会颁发的“地图制图杰出作品奖”，该图在2006年10月由中国测绘学会主办的优秀地图装秀奖评选中荣获金奖。2004年10月出版的《广东省地图集》、《中国道路网地图集》荣获中国测绘学会颁发的“优秀地图作品”二等奖。2005年1月出版的《新编中国地图册》、《中国城市旅行自助手册》和《儿童中国地理磁力拼图》，荣获中国书刊发行业协会颁布的“2004年度全国优秀畅销书”奖。近年来累计获奖33项。

2006年9月22日，该社通过了ISO9001：2000质量管理体系认证。

地址：广州市环市东路468号
电话：(020)87752473
传真：(020)87752473 邮编：510075
网址：http://www.114map.com.cn

愿我们的地图
成为您亲密的朋友

海南测绘局

海南省副省长姜斯宪调研测绘工作

海南省政协调研测绘工作

召开理论中心组学习会

2007年，海南测绘局确定了当前和今后一段时期的工作方向，要求大力抓好《国务院关于加强测绘工作的意见》的贯彻落实，进一步理清测绘工作思路，推动海南测绘事业的发展。

加强基础测绘工作，增强测绘保障能力。开展基础地理信息更新和数据库建设，加快数字海南地理空间基础框架建设；开展环岛经济圈和近海岛屿基本比例尺地形图测绘和滩涂测绘；加快测绘基准现代化建设，建设海南连续运行的卫星空间定位参考站系统；建立陆海统一的空间大地控制网，实施近海主要岛屿与海南岛的高程基准联测。

加强测绘统一监管，提高测绘依法行政能力。加强测绘法规建设，建立健全测绘成果管理、测量标志管理、地图管理等测绘法规；加大测绘执法力度，加强对国家和省基础测绘项目、省重点建设工程测绘项目的质量监管。

加大测绘公共服务力度，提高测绘服务水平。大力开发测绘公共产品，改善测绘公共服务手段；加快构建基础地理信息公共平台，推进海南地理空间信息数据库公共服务平台建设项目；开发多媒体电子地图和相关地理信息产品，为社会公众提供地图产品服务。

加快测绘科技进步，提高自主创新能力。引进高新技术，加快海南省信息化测绘体系建设步伐；以项目为依托，参与海岛（礁）测绘等国家重大测绘工程建设，提高自主创新能力；争取财政等部门加大对测绘科技自主创新、测绘技术标准建设的投入，提高测绘整体服务能力。

加强人才队伍建设，提高队伍整体素质。加大人才培训力度，建立和完善人才引进、使用和评价机制，在实践中培养人才；加强测绘文化建设，提高队伍思想素质，建设一支爱祖国、爱事业，艰苦奋斗、无私奉献的职工队伍。

与地震部门开展数据共享合作

开展测绘法宣传日活动

局领导参加测绘法宣传日活动

四川省第一测绘工程院

作业人员在青藏高原作业

承担国家一等水准测量任务

城市数字化地籍测量

四川省第一测绘工程院（国家测绘局第三大地测量队）建院30余年，系全国首批甲级测绘资质单位。现有职工185人，其中享受国家津贴的测绘专家1人，省部级劳动模范3人，高级工程师11人、工程师98人。拥有价值1600万元的装备，包括双频GPS接收机、高精度电子水准仪和光学水准仪、经纬仪、全站仪、双频激光干涉仪等400多台（套）。2002年，通过了GB/T 19001-2000、ISO 9001：2000质量管理体系认证。

主要业务范围：高精度GPS测量、精密水准测量、天文测量、航空摄影测量与遥感测绘、工程测量、地形测量、地下管线探测、土地资源调查、地籍测绘、界线勘测、房产测绘、全数字化摄影测量、数字化测绘。

该院完成的主要测绘项目有：“中国地壳运动观测网络工程”区域网点69点、基本网点4点；中国公路骨干GPS差分、道路数据差分约6万千米；西部测图工程青海省三江源、可可西里测区1：5万测图177幅以及福建、山西、安徽、湖北等省大地水准面精化工程。

主要获奖项目有：

“南京长江四桥控制测量”、“连云港市市区城乡一体化现代地籍建设工程A标段”获中国测绘学会优质测绘工程银奖；

南充1：500地形测量工程、福建省精化大地水准面试点水准观测获四川省优质测绘工程一等奖，镇江市控制网建设工程获四川省优质测绘工程二等奖；

“华东、华中区域大地水准面精化GPS观测工程（安徽省）”获2004～2006年四川省优质测绘工程银奖；

“水准测量外业记录软件包”获四川省科技进步三等奖；

“GPS跨河水准测量实验与研究”、“GPS观测方案及有关试验”获四川测绘局科技进步二等奖。

该院被中宣部、国家计委、全国总工会评为“全国思想政治工作优秀企业”；被中共四川省委、省政府授予“四川省文明单位”荣誉称号；被四川测绘局评为测绘成果管理先进单位。

中越陆地边界勘界测绘数据采集

环境优美的院办公大楼

作业人员野外午餐

国家测绘局第一航测遥感院

国家测绘局第一航测遥感院（陕西省第五测绘工程院）始建于1956年，是我国最大的摄影测量与遥感以及数字化测绘生产基地之一，具有甲级测绘资质，2000年通过了ISO 9001：2000质量体系认证。

该院现有专业技术人员290余人，其中，高级工程师47人，工程师136人，博士研究生1人，硕士研究生13人。拥有3000多平方米的现代化生产作业场地，装备先进的数据采集和测图设备400台（套）。全院设有9个管理部门，负责生产、技术、质量、市场管理工作，下设遥感分院、工程测量分院和两个全数字摄影测量室、数字化室，以及设计与开发、数据检验、地理信息系统研发中心等专业部门。

50年来，该院承担了1/3以上国土面积的国家基础测绘任务，完成了中国—尼泊尔、中国—巴基斯坦、中国—蒙古边界测图和西昌卫星发射基地、唐山抗震、长江流域抗洪等国家重点工程项目测图任务，参与了国家1：5、1：25万基础地理信息数据库的建设以及陕西省1：1万基础地理信息数据建库、西安市新农村建设、西部测图等重大工程。

为适应社会主义市场经济发展，该院调整了产品结构，开展了数字化测图、近景摄影测量、地形地籍测量、建筑摄影测量、考古摄影测量、地理信息系统工程等多项服务，先后承担二十多个省、自治区、直辖市以及香港特别行政区、美国、日本、南美洲和非洲等国内外测绘任务，获省、部级优质测绘产品奖、科技进步奖8项。

目前，该院正大规模生产各级比例尺数字高程模型（DEM）、数字正射影像图（DOM、RSDOM）、数字栅格地图（DRG）、数字线划图（DLG）等，并长期从事数字城市、卫星遥感立体测图、数码航摄影像（ADS40、DMC、UCD）测图、GIS的研究与开发。

赵力彬院长

西安市建设社会主义新农村规划编制特别贡献奖

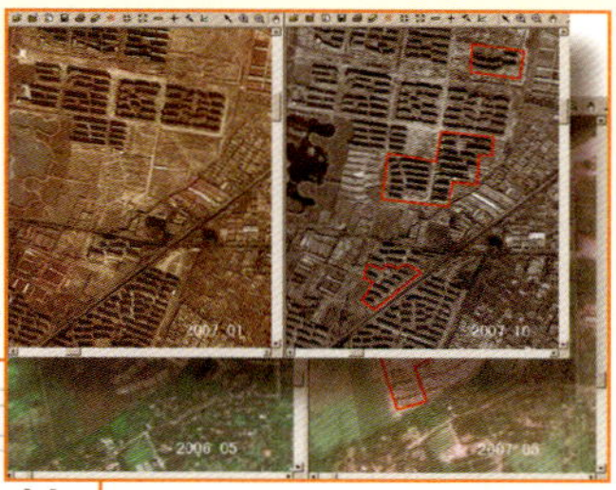

土地动态监测卫星遥感影像图制作

西安市新农村乡镇影像挂图

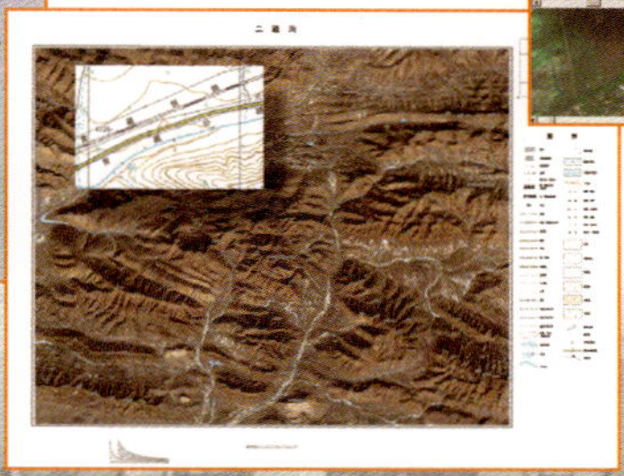

国家西部1：5万地形图空白区测图工程

国家级数字化生产基地

西安地图出版社

西安地图出版社成立于1985年，是西北地区唯一的专业地图出版社，也是具有国家甲级测绘资质的出版机构。

西安地图出版社出版各种地图以及地学、地理和相关的自然科学类图书，同时承担国家指令性基础测绘任务。建社20多年来，西安地图出版社坚持“两为”办社方向，自主开发出地图册类、旅游休闲类、挂图类、少儿类、地方产品类五大系列，上百个品种，产品行销全国地图市场，年销量逾150万册（张）。先后编制出版了《中国文物地图集·陕西分册》《中国活断层图集》《西安历史地图集》《中国知识地图集》《世界知识地图集》《重庆市地图集》等一批国内外有影响的精品图书。与此同时，西安地图出版社还承担了《全国1：25万地形数据库数据采集》《贵州省、云南省行政区域界线图集》《西部数字化测图》等大型测绘任务。

近年来西安地图出版社不断加快自身发展，全面提升地图编制的规模和水平，大量引进人才增加技术力量储备，并通过了ISO9001质量认证。专业队伍、先进技术、精良装备共同形成了参与市场竞争的优势。在地图编制、出版、印刷、发行、广告诸项业务中，西安地图出版社具有为社会提供多方面服务的系统服务功能。

西安地图出版社坚持在测绘行业出成果，在出版领域出好图，在印刷行业出优质品的发展理念，为繁荣地图市场、服务社会，奉献更多的精品图书。

社长：任连胜

地址：西安市友谊东路334号
邮编：710054
电话：(029)87604179
传真：(029)87604179
网址：http://www.xadtcbs.com

统 计 资 料

一、综合

表1 1999－2007年测绘产值（服

单位	1999年		2000年		2001年		2002年	
	产值（万元）	生产率（元/人）	产值（万元）	生产率（元/人）	产值（万元）	生产率（元/人）	产值（万元）	生产率（元/人）
合计/平均值	**132435**	**61644**	**127320**	**61303**	**139422**	**69048**	**167418**	**83454**
北京	4894	67226	6532	91742	8737	115875	14933	190715
天津	2719	51496	3795	79393	4807	100355	5020	104149
河北	1604	22592	1860	26879	2460	35447	2812	42477
山西	1235	11773	1685	18060	2259	38484	2503	43007
内蒙古	733	9852	1112	17321	1495	26840	1879	33494
辽宁	1574	24328	1713	27234	2489	40803	3096	49299
吉林	1984	27141	2470	34211	2261	30846	2750	37263
黑龙江	4308	35081	5020	40549	7188	57321	9618	75613
上海	5263	113183	5322	116711	5519	126005	5862	138255
江苏	1785	18196	2482	25561	2886	31960	3378	39052
浙江	2105	41356	2444	50600	3358	65972	4007	75461
安徽	894	18433	1122	22851	1210	25314	1356	28133
福建	1019	18294	1235	22014	1440	26134	2517	44866
江西	469	8543	650	11818	746	13638	899	16495
山东	1522	23166	1677	22973	2024	28229	1847	26161
河南	1313	20645	1501	23788	1599	25221	2012	32609
湖北	1121	23600	1310	28355	1342	29559	1852	40614
湖南	1585	17889	2007	27607	2107	29142	2974	41021
广东	3238	37695	4563	57980	5400	79646	5971	83745
广西	1560	20181	1730	22497	2640	34153	3432	44921
海南	623	41533	764	50933	822	54800	975	65000
重庆	1612	81827	1450	72139	2354	112095	3700	178744
四川	4480	34621	5969	47186	7945	63969	10238	83644
贵州	747	14449	840	16031	878	12912	1188	19069
云南	1647	29048	2057	37063	2307	40688	2556	49922
西藏	92	22439	111	27073	68	16190	209	50976
陕西	4545	27815	6166	38804	7011	44856	9240	60274
甘肃	874	16429	1020	19466	1036	21583	1378	28412
青海	390	7078	785	15038	1256	24015	1412	38685
宁夏	868	30671	893	31444	1723	62428	1127	40540
新疆	996	17566	925	17453	1013	18553	1606	28425
重庆测绘院								
地理信息中心	1382	102370	2387	176815	2723	206288	2103	159318
测绘研究院	2217	74396	2262	82255	2863	128386	4479	196447
中国地图社	68482	1314433	49644	973412	40514	835340	45000	933610

注：1. 1999－2002年执行国家测绘局印发的《测绘统计指标体系》中测绘产值核算方法，2003年及以后执行国家测绘局
产率是指按年平均从业人员总数计算的人均测绘服务总值。

情况

务总值）及劳动生产率情况

2003 年		2004 年		2005 年		2006 年		2007 年	
服务总值（万元）	生产率（元/人）	服务总值（万元）	生产率（元/人）	服务总值（万元）	生产率（元/人）	服务总值（万元）	生产率（元/人）	服务总值（万元）	生产率（元/人）
188786	**92461**	**224789**	**110023**	**244631**	**116214**	**278516**	**132500**	**309284**	**131415**
7836	96502	11000	132850	11826	140786	16000	188235	20000	233918
9177	155017	10190	172128	8437	168068	8799	176687	9408	177177
3483	51908	4001	59186	4438	66437	5635	85121	6048	91641
2944	53625	3940	72828	4468	84461	4377	77606	4805	80486
2091	34677	1992	32026	2588	41408	4090	60503	5280	80239
3442	54205	4576	67195	5561	79557	6404	96156	4878	71837
2673	36171	2568	34516	4327	58631	4153	56890	5302	77510
11128	86734	14008	96143	17461	112870	20277	137007	25018	109200
6535	157091	6763	168234	6998	175388	10878	276794	8931	228412
4300	50234	4963	84983	5660	96918	7436	109838	8296	145544
4738	90593	5062	97534	5485	109046	6456	131220	7063	109339
1885	39189	2528	51697	3115	63701	4025	81313	4110	75135
3515	63106	4623	88225	4976	111320	5264	120183	5537	99594
1687	30785	2123	38670	2638	49125	3137	57140	4406	82655
1868	26496	2235	32916	4647	71273	6657	127529	10056	110868
2900	47541	3233	53704	4445	73472	5755	91204	6391	101936
2502	54156	3219	69226	3795	100132	4447	95841	5852	127499
4235	56693	5110	69336	6120	79173	7181	96132	9748	115225
7456	82387	7261	78075	6075	67276	7843	84606	7603	82549
4614	59844	5817	74974	7022	90959	7542	100159	9590	88220
1108	55678	1633	72257	1869	74167	2179	83808	2645	96872
5346	253365	5960	273394	6300	283784	10830	347107	10480	183538
11053	91498	12718	104161	14374	116483	13798	129925	16458	104295
1492	23910	1768	37005	2096	34026	3079	39324	2952	54359
2593	55406	2818	64338	3041	65539	4320	90000	4937	99340
183	48158	97	26944	54	15000	73	19211	641	173243
11447	72726	12276	78592	13447	65467	15975	76509	17974	96685
1313	26633	1962	40123	3118	64156	3204	65656	5169	104432
2088	44903	2258	47738	2427	53458	3948	96293	5589	134682
551	21274	350	13410	680	25955	400	15326	812	30875
1821	32518	2129	37615	2435	42056	2575	44397	3332	58150
						2507	124726	3268	100248
3888	277714	3595	247931	4274	296806	3252	225833	4959	344375
6062	255781	6854	243050	2844	99094	6551	218367	11167	267146
47525	996331	55295	1130777	63281	1315613	56030	1234141	44750	898594

批准的测绘服务总值核算方法。2. 1999－2006 年生产率是指按年末职工总数计算的人均测绘产值（服务总值），2007 年生

表2 1991－2007年测绘生产完成情况

年份	测图总数（幅）	地图数字化（幅）	地图编制（幅）		航空摄影（平方公里）
			地形图	专题地图	
1991	23049		1818	7437	189148
1992	32584		711	3201	260832
1993	42385		943	9966	696513
1994	62777		3098	2957	343130
1995	80430	9919	1139	1691	278988
1996	89151	17101	380	3194	136037
1997	55419	25314	2999	－	8487
1998	29549	32826	1671	225	489292
1999	85756	69408	6138	1391914	573733
2000	121840	78560	4104	1243775	369250
2001	128816	60459	2867	3327	829220
2002	173816	91434	8980	3568	497795
2003	228913	59137	2731	2443	730368
2004	293358	65970	15179	2858	1198351
2005	492554	47272	4185	2530	600044
2006	399330	19906	12626	2845	977441
2007	581000	20664	17203	3960	791088
“八五”时期	**241225**	**－**	**7709**	**25252**	**1768611**
“九五”时期	**381715**	**223209**	**15292**	**－**	**1576799**
“十五”时期	**1317457**	**324272**	**33942**	**14726**	**3855778**

表3 1974－2007年测绘成果提供情况

年 份	地形图（万张）	大地成果（万点）	航摄成果（万片）
1974	33.0	4.6	2.0
1975	71.7	10.4	5.9
1976	109.5	14.5	23.1
1977	108.3	35.4	47.1
1978	207.8	29.4	68.1
1979	349.4	35.8	122.8
1980	215.1	58.6	172.7
1981	189.6	73.2	142.7
1982	284.8	56.0	150.1
1983	238.7	86.6	134.4
1984	211.8	46.1	149.9
1985	165.9	32.1	84.4
1986	291.2	17.5	71.9
1987	131.7	15.6	71.6
1988	132.3	27.0	72.0
1989	120.2	10.2	59.4
1990	122.3	9.2	40.8
1991	118.1	9.0	40.7
1992	160.2	9.0	25.7
1993	130.1	5.4	6.8
1994	58.1	4.1	5.2
1995	58.3	3.9	6.9
1996	62.4	3.6	6.3
1997	62.4	4.5	10.1
1998	43.1	5.6	15.6
1999	69.2	4.7	10.1
2000	102.4	5.4	12.8
2001	80.7	5.4	37.2
2002	69.6	6.6	30.3
2003	69.4	14.8	44.7
2004	79.6	10.1	37.8
2005	65.9	7.1	35.2
2006	61.4	15.2	52.5
2007	62.9	15.3	36.2
“七五”时期	**797.7**	**79.5**	**315.7**
“八五”时期	**524.8**	**31.4**	**85.3**
“九五”时期	**339.5**	**23.8**	**54.9**
“十五”时期	**365.2**	**44.0**	**185.2**

注：1997、1998年航摄成果含像片图。

表4　1974－2007年地图、测绘图书出版情况

年　　份	品　种 （种）	总印数 （万幅/万册）	总定价 （万元）
1974	47	3242	563
1975	65	4753	599
1976	76	2690	633
1977	75	2829	818
1978	80	5553	894
1979	117	5171	1566
1980	178	4373	1277
1981	256	4073	1748
1982	211	4069	1692
1983	189	4625	1946
1984	254	5957	3028
1985	262	7895	5274
1986	257	6450	3294
1987	269	8180	4143
1988	364	7877	5305
1989	369	7844	7038
1990	426	10655	9938
1991	611	12543	11119
1992	699	18340	19778
1993	936	16969	23209
1994	970	16712	26992
1995	1027	19793	41708
1996	1264	28718	62149
1997	1429	27602	66819
1998	1584	27914	84501
1999	1847	28604	87377
2000	1621	14800	62453
2001	1586	10818	57996
2002	1947	18432	68063
2003	2040	12587	70093
2004	2297	16241	84872
2005	2266	17657	93139
2006	2433	14963	79591
2007	2331	13199	67724
“七五”时期	**1685**	**40934**	**29718**
“八五”时期	**4243**	**84357**	**122806**
“九五”时期	**7745**	**127638**	**363299**
“十五”时期	**10136**	**75735**	**374163**

表5 1974－2007年测绘事业费、固定资产情况

计量单位：万元

年 份	事业费预 算	事业费支 出	#测 绘事业费	#教 育事业费	#科 学事业费	预算外收 入	固定资产原 值
1974		873.1	757.7	85.4	30.0		801.5
1975	2405.0	2187.6	2014.2	124.0	49.4	6.8	5182.1
1976	3682.5	3549.8	3323.1	153.0	73.7	14.8	9675.2
1977	4148.9	3801.0	3538.4	154.6	108.0	21.3	10511.0
1978	4750.5	4291.6	3923.0	243.9	124.7	41.5	12903.7
1979	5330.3	5170.7	4643.8	338.8	188.3	155.5	17289.2
1980	5770.7	5400.3	4809.0	341.3	250.0	706.3	19975.9
1981	5615.5	5406.6	4772.7	433.1	200.7	800.1	21647.7
1982	5926.2	5517.5	4853.0	444.4	220.1	1012.9	23710.0
1983	6688.9	6341.2	5510.2	593.0	238.0	1189.9	27245.0
1984	7073.5	7110.5	6144.3	582.1	384.1	1856.6	25929.5
1985	9525.4	9871.2	8641.3	679.6	550.3	3025.1	26024.9
1986	8012.7	9946.0	9044.9	778.3	122.8	1382.5	42639.5
1987	9773.9	10047.9	9188.8	714.1	145.0	4271.5	45005.1
1988	12837.4	12286.1	11282.1	859.0	145.0	4740.0	46754.0
1989	14288.3	14014.5	12928.7	892.8	193.0	5393.0	49717.2
1990	13793.5	14084.2	12816.4	1047.4	220.4	6670.8	57038.3
1991	14754.3	15887.0	14588.0	1050.3	246.0	6926.2	61954.2
1992	18359.0	16470.0	14784.0	1409.0	277.0	12254.0	67331.9
1993	19321.0	29026.0	26270.0	1710.0	1046.0	19519.0	80029.0
1994	29052.5	43189.2	39540.2	2570.0	1079.0	22546.4	88903.8
1995	29718.0	42573.0	38930.0	2703.3	940.0	22910.0	90060.5
1996	36368	38769	34064	3224	1481	40178	109581
1997	43618	64583	55833	6799	1951	36543	97119
1998	106330	98085	86824	9348	1913	3092（中央财政）	144191
1999	121677	118960	104818	12639	1503	4137（中央财政）	167167
2000	119879	110859	102385		4138	1098（行政单位预算外资金）	151529
2001	146178	139722	129976		4533	3063	172047
2002	206412	199246	184073		5212	59（中央财政）	189078
2003	195828	190137	173548		7904	462（中央财政）	222907
2004	227936	220367	203534		9985	5044	234932
2005	83162（中央财政）	84338（中央财政）	69043（中央财政）		8154（中央财政）	–	248268
2006	296654	287732	271999		7618	–	267458
2007	394790	368689	114960		7544		277991
"八五"时期	**111205**	**147145**	**134112**	**9445**	**3588**	**84156**	–
"九五"时期	–	–	**383924**	**32010**	**10986**	–	–
"十五"时期	–	–	–	–	–	–	**1067232**

注：1. 1974－1983年、1988－1989年的预算外收入只包括省、自治区、直辖市测绘局（院）。2. 1987年以前的资料不包括国家局机关。3. 1997年固定资产原值缺测绘科大和各出版单位，1998－2002年固定资产原值缺各新闻出版单位。4. 1998－2007年事业费拨款均指收入合计，事业费支出均指支出合计。

表6 1975－2007年仪

年　　份	设　备 总金额 （万元）	大地测量仪器（台/套）			
		总　　数	#经纬仪	#水准仪	#测距仪
1975	4470.5		2124	2583	6
1976	6307.4		2606	3235	9
1977	7844.8		2963	3608	17
1978	9339.1		3177	3775	29
1979	10460.3		3198	3695	58
1980	11359.2		3080	3395	69
1981	12044.1		3015	3148	83
1982	12673.4		3149	3053	89
1983	15291.5		3190	2874	109
1984	13547.8		2721	2449	137
1985	16586.4		2996	2538	185
1986			3426	2670	316
1987	27348.0	7611	3215	2532	328
1988	29397.2	7787	3304	2463	362
1989	31444.4	7814	3262	2432	395
1990	35786.5	7596	3143	2355	408
1991	36332.0	11892	3065	2280	454
1992	37941.0	12441	2977	2190	508
1993	42622.7	12830	2771	2102	551
1994	49277.1	11123	2826	2102	609
1995	55482.1	9351	2843	2070	642
1996	61376.1	9241	2736	2039	632
1997	72399.3	9394	2764	2046	635
1998	83424.4	9010	2608	1989	638
1999	94664.9	8869	2510	1946	1196
2000	100473.6	9058	2558	1966	615
2001	96443.2	5738	1291	1070	375
2002	116794.7	5713	1157	1031	356
2003	129079.5	6000	1185	1061	367
2004	141793.8	5932	1090	1078	452
2005	151876.0	6182	1024	1168	478
2006	169858.4	6201	915	1150	541
2007	180879.3	5694	694	1076	559

注：1997－2007年计算机的数量为数字电子计算机的数量。

器、设备拥有情况

航测光谱遥感仪器（台/套）			印刷设备（台/套）			汽 车（辆）	计算机（台）
总 数	#精 密 测图仪	#解 析 测图仪	总 数	#平 版 印刷机	#复照仪		
	38			19	17	366	
	74			32	29	609	
	96			39	37	754	
	107			43	40	922	
	134			51	46	1128	
	149			49	49	1200	
	161			53	49	1253	
	175			57	49	1246	
	192			60	50	1240	79
	180			52	37	1065	105
	214			60	46	1219	134
	224			61	43	1369	131
1259	225	16	529	81	46	1183	305
1268	233	18	572	87	48	1210	333
1261	241	25	596	97	51	1198	467
1187	241	38	773	90	57	1200	500
1586	245	44	1408	93	60	1212	654
1753	229	53	1592	95	64	1192	800
1782	218	60	1609	98	66	1159	1223
1460	247	61	1252	114	58	1126	1861
1479	258	61	1253	109	56	1095	2512
1574	254	64	1270	111	55	1074	3181
1624	249	69	1277	112	50	1185	4449
1574	201	90	1236	118	50	1099	6582
1687	191	87	1092	224	46	1161	8057
1741	183	91	1070	224	45	1164	9296
716	90	60	629	138	14	940	9758
678	70	57	598	137	10	1045	12623
575	70	44	592	137	8	1183	14750
521	64	48	547	129	7	1257	17187
449	59	44	523	122	5	1425	19125
393	49	43	517	120	4	1582	21907
354	42	28	405	96	1	1633	24528

表7 1974－2007年从业人员及劳动报酬情况

年份	人业人员				劳动报酬			
	年末数（人）		年平均数（人）		劳动报酬总额（万元）		年平均劳动报酬（元/人）	
	数量	较上年增减%	数量	较上年增减%	数量	较上年增减%	数量	较上年增减%
1974	6786		3240		227.7		703	
1975	17051	151.3	9512	193.6	563.4	147.4	592	－15.8
1976	20358	19.4	17769	86.8	1030.7	82.9	580	－2.0
1977	21513	5.7	20286	14.2	1288.9	25.1	635	9.5
1978	23174	7.7	21707	7.0	1505.7	16.8	694	9.3
1979	24609	6.2	24364	12.2	1850.3	22.9	759	9.4
1980	25337	3.0	25246	3.6	2239.0	21.0	887	16.9
1981	25872	2.1	25732	1.9	2296.4	2.6	892	0.6
1982	26620	2.9	26471	2.9	2397.7	4.4	906	1.6
1983	26920	1.1	26850	1.4	2753.7	14.8	1026	13.2
1984	26867	－0.2	26841	－0.03	2970.4	7.9	1107	7.9
1985	26772	－0.4	26781	－0.2	3434.5	15.6	1282	15.8
1986	27483	2.7	27481	2.6	4209.4	22.6	1532	19.5
1987	27511	0.1	27335	－0.5	4525.9	7.5	1656	8.1
1988	27299	0.8	27283	－0.2	5360.8	18.4	1965	18.7
1989	27114	－0.7	27122	－0.6	5695.2	6.2	2100	6.9
1990	27125	0.1	27040	－0.3	6663.5	17.0	2464	17.3
1991	26923	－0.7	26827	－0.8	7035.2	5.6	2622	6.4
1992	26968	0.2	26823	0.0	8587.0	22.1	3201	22.1
1993	26179	－2.9	26272	－2.1	10193.1	18.7	3880	21.2
1994	26288	0.4	26252	－0.1	16949.4	66.3	6456	66.4
1995	25449	－3.2	25808	－1.7	17082.3	0.8	6619	2.5
1996	25732	1.1	25681	－0.5	20220.7	18.4	7874	19.0
1997	25149	－2.3	25335	－1.3	22540.2	11.5	8897	13.0
1998	24116	－4.1	24291	－4.1	23830.8	5.7	9811	10.3
1999	24216	0.4	24169	－0.5	26671.5	11.9	11035	12.5
2000	21023	－13.2	21239	－12.1	28129.9	5.5	13244	20.0
2001	21000	－0.1	20974	－1.2	36057.6	28.2	17192	29.8
2002	21758	3.6	21756	3.7	42985.1	19.2	19758	14.9
2003	21829	0.3	22020	1.2	52751.7	22.7	23956	21.2
2004	22393	0.3	22398	1.7	58947.7	11.7	26318	9.9
2005	22455	0.3	22525	0.6	64537.8	9.5	28652	8.9
2006	23209	3.4	23032	2.3	75438.4	16.9	32754	14.3
2007	23913	3.0	23788	3.3	97779.0	29.6	41104	25.5

注：1. 1974－1983年的统计数字未包括国家局机关的数字。2. 1998、1999年贵州省测绘局未报，2000年湖南省测绘局未报。

二、测绘生产

表8 2007年大地测量情况

单位	GPS测量（点）	三角测量（点）	导线测量（点）	基线测量（条）	水准测量（公里）	重力测量（点）
总计	**44455**	**69**	**1994**	**48**	**81363**	**7**
北京	4306				1929	
天津	1966				2612	
河北	4447				10216	
山西	1858				1712	
内蒙古	766				2494	
辽宁	2554				2636	
吉林						
黑龙江	276				3848	
上海						
江苏	2667				2422	
浙江	2776				3100	
安徽	3488				1697	
福建						
江西	1940				286	
山东	203				1182	
河南	3890				5270	
湖北	2806	69			2848	
湖南	451				3532	
广东	200				356	
广西	617				4627	
海南	145			33	906	
重庆	108		25		1288	
四川	2010				13910	
贵州	508		632		194	
云南	877		240		1470	
西藏						
陕西	2083		1080	15	8319	7
甘肃						
青海	1799				742	
宁夏	835				288	
新疆	516				2988	
重庆测绘院	363		17		491	
地理信息中心						
测绘研究院						
中国地图社						

表 9 2007 年数字

单 位	数字线划地图（DLG）							数字	
		#1:5 万	#1:1 万	#1:5000	#1:2000	#1:1000	#1:500		#1:5 万
总 计	**199534**	**7044**	**25392**	**1525**	**34124**	**49878**	**79706**	**100630**	**1996**
北 京	11162		933		489	149	9591		
天 津	867				711		156	4	
河 北	7784	10	1110	18	101	2729	3816	266	
山 西	5146				2138		3008	3629	
内蒙古	3976		1142		645	922	1265	1774	
辽 宁	13443		719		1781	6447	4496	3615	
吉 林	8192		1312	68	492	1860	4460		
黑龙江	23350	2408	2734	4	7507	2327	7428	72580	1714
上 海	37842	34	322		5952	11320	20214		
江 苏	5586		80		142	4964	400	285	
浙 江	3203	156	2403	604	40			1452	
安 徽	7460	30	615		1004	5683	128	615	
福 建	810		168	232	195	16	199		
江 西	6127		671		597	4859		671	
山 东	6363		1130		20	1053	4160	1230	
河 南	4149		553		2	680	2914	3649	
湖 北	3701		282	7	1003	440	1969	414	
湖 南	7539	40	776	36	812	2133	3618	200	
广 东	761		761					280	
广 西	3902		406	43	1604	197	1652		
海 南	5546	276	2071	240	2436	503		2437	
重 庆	392	41	207		144			207	
四 川	5722	110	906	99	1243	1356	1243	1197	110
贵 州	1050		378		350	12	310	64	
云 南	2738		549		117		2072	549	
西 藏	107						107		
陕 西	11178	821	2561	99	4026	1436	2235	2664	100
甘 肃	2440	29	1030	23	466	693	199	1155	
青 海	180	4	176					96	8
宁 夏									
新 疆	1738		1397	52		93	196	1316	
重庆测绘院	4228	233			107	6	3870	281	64
地理信息中心	2852	2852							
测绘研究院									
中国地图社									

成果生产情况

计量单位：幅

高程模型（DEM）					数字正射影像（DOM）				
#1:1万	#1:5000	#1:2000	#1:1000	#1:500		航片	#1:1万	卫片	#1:1万
12306	**1189**	**12474**	**5442**	**4694**	**245677**	**235283**	**23956**	**10394**	**8581**
					500	500	500		
4									
		266			681			681	681
112		573		2944	14907	14907	162		
1142		632			1142	1142	1142		
631	1	127	2033	823	1696	1696	631		
1170	484	6636	47		168317	166798	605	1519	754
		285			9540	9540			
848	604				3610	2554	1690	1056	1000
615					615	615	615		
					3025	3025	304		
671					4376	4261	4061	115	115
1130		100			2443	2443	1225		
1183			1756	710	4180	3527	1461	653	653
150	86	178			616	466		150	150
200					1172	1028	884	144	
280					4850	944	944	3906	3906
					5315	4988	3073	327	267
		2437			2421	2421			
207					3409	3409	1260		
680		94	313		2315	2217	688	98	
64					132	64	64	68	68
549					938	416	416	522	408
218		1053	1293		2555	2555	218		
1048	14	93			1130	1130	1130		
88					249	88	88	161	23
1316					1491	1471	1348	20	
				217	1610	1480	1447	130	
					2442	1598		844	556

表 10 2007 年非数字摄影测量情况

计量单位：幅

单位	地形图							正射影像图			
		#1:5 万	#1:1 万	#1:5000	#1:2000	#1:1000	#1:500		#1:5 万	#1:1 万	#1:2000
总计	**24021**	**58**	**343**	**29**	**4660**	**5816**	**13015**	**11138**	**213**	**802**	**9989**
北京											
天津	5971				2932	146	2893	5989			5989
河北	4395				16	4379					
山西	64						64				
内蒙古											
辽宁	1330				80	250	900				
吉林	2491				141	526	1824				
黑龙江											
上海								4000			4000
江苏											
浙江											
安徽	4423					250	4173				
福建											
江西											
山东											
河南											
湖北											
湖南								225		224	
广东											
广西								527		527	
海南	550					250	300				
重庆											
四川											
贵州	614				225	15	374	28		28	
云南	2107	2	298		32		1775				
西藏											
陕西	2027	52		29	1234		712	213	213		
甘肃											
青海	49	4	45					156		23	
宁夏											
新疆											
重庆测绘院											
地理信息中心											
测绘研究院											
中国地图社											

表 11　2007 年地图编制情况

单 位	地 形 图 （幅）							专题地图		地图集（册）
		#1:5 万	#1:1 万	#1:5000	#1:2000	#1:1000	#1:500	幅	册	
总 计	**17203**	**713**	**855**	**1450**	**4329**	**4244**	**5537**	**3885**	**75**	**368**
北 京	135		90		45			52	7	2
天 津	1453	50	50		802	551		26		1
河 北	736	10	508	109	109			30		4
山 西								20		4
内蒙古	30			30				58		6
辽 宁	5422		70	48	1034	2756	1514	1047		
吉 林										
黑龙江								100		12
上 海								9		1
江 苏	512		40	472				12	2	
浙 江										
安 徽	92	30		50				100		4
福 建	23	23						171		6
江 西	10	10						30		1
山 东								54		5
河 南	964				169	795		142		2
湖 北								145		8
湖 南	6149				2008	120	4021	243		27
广 东	10	10						77		41
广 西	855	30		731	94			318		4
海 南								94		1
重 庆	41		23					30		1
四 川	98	98						171		78
贵 州								12		3
云 南	271	271						43		
西 藏										
陕 西								171		127
甘 肃								20		3
青 海	43		43					127		
宁 夏	80	31	31					50		1
新 疆	108	108						92		4
重庆测绘院	144	42		10	68	22	2	107		
地理信息中心								300		
测绘研究院	24							4		
中国地图社	3							30	66	22

表 12 2007 年地图数字化情况

计量单位：幅

单位	数字线划地图（DLG）			数字高程模型（DEM）			数字栅格地图（DRG）		
		#1:5 万	#1:1 万		#1:5 万	#1:1 万		#1:5 万	#1:1 万
总　计	**15602**	**36**	**7540**	**746**	**587**	**159**	**4316**	**761**	**2365**
北　京	933		933						
天　津									
河　北	4379								
山　西							217	217	
内蒙古									
辽　宁	255		30						
吉　林									
黑龙江									
上　海									
江　苏									
浙　江									
安　徽	149						370	4	365
福　建									
江　西	288		288						
山　东	12	12							
河　南	92		92						
湖　北	358		120						
湖　南	1080		1020	159		159	60		
广　东									
广　西	4201		4201						
海　南									
重　庆	2300								
四　川	579	15	558	587	587		540	540	
贵　州	189		189						
云　南									
西　藏									
陕　西	55								
甘　肃									
青　海	61		61				3120		2000
宁　夏	394		24						
新　疆	154		24						
重庆测绘院	123	9							
地理信息中心									
测绘研究院									
中国地图社									

表 13 2007 年专题数字产品及数据库建库情况

单 位	专题数字产品		数据库建库			
			新建数据库		更新数据库	
	图幅数（幅）	数据量（MB）	图幅数（幅）	数据量（MB）	图幅数（幅）	数据量（MB）
总 计	**18589**	**800941**	**47808**	**681058**	**60592**	**510759**
北 京	8807	3860			8674	4500
天 津						
河 北	30	6000	1215	2227		
山 西	60	1690	640	256	71	360
内蒙古						
辽 宁	60	840	4073	15631	260	5775
吉 林						
黑龙江			3881	20480	8147	358400
上 海			1	10	36521	32459
江 苏			6366	5117		
浙 江	6144	100996	3874	13638		
安 徽			615	35978	615	36000
福 建			893	2671		
江 西	22		572	16800		
山 东	402	4219	523	4600		
河 南	106	306000	4449	29155		
湖 北	289	987	2186	15422	1867	15102
湖 南			2976	16000	1953	16200
广 东	75	75000	6599	65990	890	8900
广 西	670	67266	990	46279		
海 南	20	483				
重 庆	15	230	1	50		
四 川	3	64000	828	130000		
贵 州	286	54450	880	40159		
云 南	444	50	1360	9500		
西 藏						
陕 西			1990	19900		
甘 肃	12	13654	1849	189133		
青 海	2	152	2	152		
宁 夏	50	650				
新 疆	121	19884	150	1210	781	2343
重庆测绘院	888	30730	895	700	813	30720
地理信息中心						
测绘研究院	83	49800				
中国地图社						

表 14 2007 年航空摄影情况

单 位	航摄面积（平方公里）				**服务总值（万元）
	总 数	黑 白	*彩 色	彩红外	
总 计	**791088**	**701411**	**89497**	**180**	**12632.0**
北 京					
天 津					
河 北	878		878		140.9
山 西	5680	950	4730		905.0
内蒙古	564	564			45.0
辽 宁	3783	2231	1552		330.0
吉 林	31276	31276			251.4
黑龙江	107556	102378	5178		1505.0
上 海					
江 苏	4142	1485	2657		85.5
浙 江					
安 徽					
福 建					
江 西					
山 东	100		100		20.0
河 南	242	126	116		25.8
湖 北	718	76	642		55.6
湖 南	1072	1000	72		180.0
广 东					
广 西					
海 南					
重 庆	3000	2000	1000		600.0
四 川					
贵 州					
云 南					
西 藏					
陕 西	15467	11715	3752		544.6
甘 肃	33889	32108	1781		139.0
青 海					
宁 夏					
新 疆					
重庆测绘院					
地理信息中心					
测绘研究院	117950	112010	5760	180	1973.3
中国地图社					
***其 他	674923	612737	62186		7567.8

* 彩色包括真彩色、假彩色。 ** 经由国家统计局核算司确认的航摄服务总值核算原则为：以当年实际完成的航摄项目所对应的经费结算额度核计航摄服务总值。 *** 其他指由国家测绘局组织实施。

表15 2007年界线测绘和工程测量情况

单 位	界线测绘				工程测量			
	地籍测绘	房产测绘	境界测绘					
	面 积（平方公里）	面 积（万平方米）	测量长度（公里）	点数（点）	图幅数（幅）	测量长度（公里）	面 积（平方公里）	点数（点）
总 计	**4840.0**	**8214.7**	**5497.9**	**5202**	**30973**	**29552.9**	**16735.8**	**33125**
北 京		87.1			1200	1500.0		
天 津	73.9				1329	3271.9	150.9	9066
河 北	1349.0	298.0			3189	3558.0	650.0	
山 西	29.0				25	46.0	25.0	43
内蒙古	30.0				136	308.0	238.0	1715
辽 宁	276.2	1320.0				678.9	213.2	
吉 林	23.0	849.0			230	2664.0	494.8	1500
黑龙江	720.0	313.2			4697	2192.8	1744.0	234
上 海								
江 苏	1503.0				164	274.0		
浙 江	89.8		450.0			27.0		
安 徽	80.0	2.0	211.0	34	120	52.0		
福 建	2.7	637.1				18.0	498.0	
江 西	41.0	5.1			200	200.0	40.0	
山 东	80.0				997	100.0	111.0	
河 南	85.0			748	140	228.0	70.0	101
湖 北	22.0	2.0	35.0	210	590	410.0	232.0	900
湖 南	96.0	2235.2	22.0		284	373.0	203.0	160
广 东	30.0	42.0	180.0		700	382.0	100.0	
广 西	36.0	536.8	2191.0		4008	809.0	401.0	3
海 南	0.8	30.0	1311.0		822	60.0	130.0	40
重 庆	50.0	1580.0	280.0	2600	3200	330.0	120.0	
四 川	95.0	100.0	45.3	1139	1613	7119.0	1002.0	
贵 州	1.0	0.03	386.0		660	476.0	358.0	
云 南	49.0		33.0	6	2193	64.0	8881.0	206
西 藏								
陕 西	33.0	30.0			391	769.0	345.0	872
甘 肃	2.8	2.4			343	120.0	60.0	7000
青 海	35.0	136.9	70.0		2660	833.0	420.0	
宁 夏	0.2	0.2			1007	170.0	186.0	
新 疆					51	1895.0	61.0	109
重庆测绘院	6.6	7.6		105	24	624.3	1.9	11176
地理信息中心			283.6	360				
测绘研究院								
中国地图社								

表16　2007年软件和应用系统开发情况

单　位	项目数量（项）					服务总值（万元）
		按服务对象分				
		政府机关	事业单位	企业单位	社会公众	
总　计	**215**	**143**	**52**	**8**	**12**	**12417.9**
北　京						
天　津	4		2	2		278.2
河　北	3	3				176.0
山　西	14	12		2		324.2
内蒙古	2		1		1	48.0
辽　宁	8	3	5			153.0
吉　林	1	1				36.0
黑龙江	8	6	2			1290.8
上　海						
江　苏	11	11				406.9
浙　江	35	24	9	1	1	824.0
安　徽	1	1				16.0
福　建	5		5			130.0
江　西	1	1				7.0
山　东	3	2	1			634.0
河　南	2	1	1			
湖　北	10	3	5	1	1	350.5
湖　南	6	6				114.0
广　东						
广　西	17	9	5		3	1125.1
海　南	6	6				157.6
重　庆						
四　川	6	6				130.0
贵　州	4	1	3			28.4
云　南	11	7	1	1	2	336.9
西　藏						
陕　西	4	3		1		180.0
甘　肃	5	3	2			161.3
青　海	4	1	3			150.0
宁　夏						
新　疆	9	2	5		2	154.4
重庆测绘院	2		1		1	25.0
地理信息中心	5	5				555.0
测绘研究院	28	26	1		1	4625.6
中国地图社						

表17　2007年实际完成测绘服务总值情况

计量单位：万元

单位	总计					生产				
		完成投资总值			完成经营总值		完成投资总值			完成经营总值
			中央投资	地方投资				中央投资	地方投资	
总计	**309284.1**	**210651.5**	**55172.3**	**155479.2**	**98632.6**	**207070.8**	**174502.1**	**41073.3**	**133428.8**	**32568.7**
北京	20000.0	14809.0	4000.0	10809.0	5191.0	19691.0	14500.0	4000.0	10500.0	5191.0
天津	9408.1	6303.4		6303.4	3104.7	8526.3	6303.4		6303.4	2222.9
河北	6048.3	6031.9		6031.9	16.4	5442.3	5427.1		5427.1	15.2
山西	4805.0	4483.9	288.5	4195.4	321.1	3149.8	2858.1	288.5	2569.6	291.7
内蒙古	5279.7	5279.7	216.3	5063.4		5069.7	5069.7	216.3	4853.4	
辽宁	4877.7	3627.9		3627.9	1249.8	4242.7	3277.9		3277.9	964.8
吉林	5301.7	5301.7	237.4	5064.3		4910.3	4910.3	11.1	4899.2	
黑龙江	25017.7	19819.0	15194.1	4624.9	5198.7	18441.4	15696.3	13384.7	2311.6	2745.1
上海	8930.9	4155.9		4155.9	4775.0	7609.1	4155.9		4155.9	3453.2
江苏	8296.0	7974.7	77.8	7896.9	321.3	7055.6	6780.3	77.8	6702.5	275.3
浙江	7063.3	7063.3		7063.3		5435.9	5435.9		5435.9	
安徽	4109.9	4006.0	17.5	3988.5	103.9	3812.4	3779.5	17.5	3762.0	32.9
福建	5537.4	4146.6	126.0	4020.6	1390.8	4668.9	3401.6	37.0	3364.6	1267.3
江西	4405.5	4237.7	4.0	4233.7	167.8	4225.9	4058.1	4.0	4054.1	167.8
山东	10055.7	8384.4		8384.4	1671.3	8424.0	7660.5		7660.5	763.5
河南	6391.4	6218.4	210.2	6008.2	173.0	5678.6	5592.7	210.2	5382.5	85.9
湖北	5852.2	5225.6		5225.6	626.6	4879.1	4408.4		4408.4	470.7
湖南	9748.0	6321.9	74.1	6247.8	3426.1	5278.9	3802.8	36.1	3766.7	1476.1
广东	7602.8	5596.8	48.8	5548.0	2006.0	5030.8	5030.8	48.8	4982.0	
广西	9589.5	8454.9	251.9	8203.0	1134.6	7303.6	6647.1	251.9	6395.2	656.5
海南	2644.6	1973.1	971.4	1001.7	671.5	2197.9	1781.2	926.6	854.6	416.7
重庆	10480.0	8890.0		8890.0	1590.0	8990.0	7400.0		7400.0	1590.0
四川	16457.7	10202.7	5751.4	4451.3	6255.0	13299.0	9459.3	5395.0	4064.3	3839.7
贵州	2951.7	2876.7		2876.7	75.0	2628.5	2628.5		2628.5	
云南	4937.2	4311.7	218.6	4093.1	625.5	3749.1	3518.7	135.6	3383.1	230.4
西藏	641.0	641.0	550.0	91.0		610.0	610.0	550.0	60.0	
陕西	17973.7	14212.8	8390.2	5822.6	3760.9	13025.5	12577.7	7513.4	5064.3	447.8
甘肃	5169.4	5061.4	697.8	4363.6	108.0	4691.3	4583.3	697.8	3885.5	108.0
青海	5589.3	2792.4	882.9	1909.5	2796.9	5314.9	2691.7	851.2	1840.5	2623.2
宁夏	812.0	468.0	75.0	393.0	344.0	800.0	456.0	73.0	383.0	344.0
新疆	3332.0	2988.2	719.3	2268.9	343.8	2682.7	2607.3	600.3	2007.0	75.4
重庆测绘院	3268.1	2409.8	1120.0	1289.8	858.3	3243.1	2409.8	1120.0	1289.8	833.3
地理信息中心	4959.0	3767.0	3767.0		1192.0	3712.0	3212.0	3212.0		500.0
测绘研究院	11166.7	6783.1	5451.2	1331.9	4383.6	3250.5	1770.2	1414.5	355.7	1480.3
中国地图社	44750.0				44750.0					
*其他	7567.8	7567.8	7567.8							

* 其他指由国家测绘局组织实施完成的航摄项目。

2007 年实际完成测绘服务总值情况（续一）

计量单位：万元

单位	印刷					航摄				
		完成投资总值			完成经营总值		完成投资总值			完成经营总值
			中央投资	地方投资				中央投资	地方投资	
总计	**3864.4**	**639.0**		**639.0**	**3225.4**	**12632.0**	**11835.8**	**7753.0**	**4082.8**	**796.2**
北京										
天津	46.0				46.0					
河北	91.6	90.4		90.4	1.2	140.9	140.9		140.9	
山西						905.0	905.0		905.0	
内蒙古	24.0	24.0		24.0		45.0	45.0		45.0	
辽宁						330.0	330.0		330.0	
吉林						251.4	251.4	226.3	25.1	
黑龙江	731.1				731.1	1505.0	1505.0	619.0	886.0	
上海										
江苏	146.0	100.0		100.0	46.0	85.5	85.5		85.5	
浙江										
安徽										
福建										
江西										
山东	36.0				36.0	20.0	20.0		20.0	
河南	119.0	119.0		119.0		25.8	25.8		25.8	
湖北	235.0	85.0		85.0	150.0	55.6	55.6		55.6	
湖南	714.7	21.4		21.4	693.3	180.0	180.0		180.0	
广东										
广西	200.0				200.0					
海南										
重庆						600.0	600.0		600.0	
四川	1313.3				1313.3					
贵州	3.0	3.0		3.0						
云南	204.7	196.2		196.2	8.5					
西藏										
陕西						544.6	544.6	224.6	320.0	
甘肃						139.0	139.0		139.0	
青海										
宁夏										
新疆										
重庆测绘院										
地理信息中心										
测绘研究院						1973.3	1177.1	852.2	324.9	796.2
中国地图社										
*其他						7567.8	7567.8	7567.8		

* 其他指由国家测绘局组织实施完成的航摄项目。

2007 年实际完成测绘服务总值情况（续二）

计量单位：万元

单 位	成果提供					软件和应用系统开发				
		完成投资总值			完成经营总值		完成投资总值			完成经营总值
			中央投资	地方投资				中央投资	地方投资	
总 计	**6152.6**	**3400.9**	**108.1**	**3292.8**	**2751.7**	**12417.9**	**9658.4**	**3178.2**	**6480.2**	**2759.5**
北 京	234.0	234.0		234.0						
天 津	557.6				557.6	278.2				278.2
河 北	83.9	83.9		83.9		176.0	176.0		176.0	
山 西	117.0	103.0		103.0	14.0	324.2	324.2		324.2	
内蒙古	93.0	93.0		93.0		48.0	48.0		48.0	
辽 宁	32.0				32.0	153.0	20.0		20.0	133.0
吉 林	57.5	57.5		57.5		36.0	36.0		36.0	
黑龙江	103.3	103.3	32.9	70.4		1290.8	1290.8	115.0	1175.8	
上 海	1061.8				1061.8					
江 苏	280.0	280.0		280.0		406.9	406.9		406.9	
浙 江	78.4	78.4		78.4		824.0	824.0		824.0	
安 徽	60.0	51.0		51.0	9.0	16.0	16.0		16.0	
福 建	145.0	145.0		145.0		130.0	110.0		110.0	20.0
江 西	30.0	30.0		30.0		7.0	7.0		7.0	
山 东	75.8				75.8	634.0	634.0		634.0	
河 南	283.9	283.9		283.9						
湖 北	148.0	145.1		145.1	2.9	350.5	347.5		347.5	3.0
湖 南	295.0	270.0		270.0	25.0	114.0	114.0		114.0	
广 东	104.0	104.0		104.0						
广 西	604.0	536.1		536.1	67.9	1125.1	1070.1		1070.1	55.0
海 南	20.5				20.5	157.6	157.6	20.0	137.6	
重 庆	40.0	40.0		40.0						
四 川	109.0	109.0	63.2	45.8		130.0	130.0		130.0	
贵 州	201.8	201.8		201.8		28.4	28.4		28.4	
云 南	162.1	145.9		145.9	16.2	336.9	321.9	70.0	251.9	15.0
西 藏	31.0	31.0		31.0						
陕 西	80.0	80.0		80.0		180.0	180.0	78.1	101.9	
甘 肃	35.0	35.0		35.0		161.3	161.3		161.3	
青 海	59.0	50.0		50.0	9.0	150.0				150.0
宁 夏	12.0	12.0	2.0	10.0						
新 疆	266.0	98.0	10.0	88.0	168.0	154.4	154.4	60.0	94.4	
重庆测绘院						25.0				25.0
地理信息中心	692.0				692.0	555.0	555.0	555.0		
测绘研究院						4625.6	2545.3	2280.1	265.2	2080.3
中国地图社										

2007 年实际完成测绘服务总值情况（续三）

计量单位：万元

单位	质量监督检验					地图图书出版				
		完成投资总值			完成经营总值		完成投资总值			完成经营总值
			中央投资	地方投资				中央投资	地方投资	
总计	**2974.9**	**2697.5**	**682.7**	**2014.8**	**277.4**	**54580.4**	**792.9**	**31.0**	**761.9**	**53787.5**
北京	66.0	66.0		66.0						
天津										
河北	53.1	53.1		53.1						
山西	28.1	28.1		28.1						
内蒙古										
辽宁	20.0				20.0					
吉林	8.0	8.0		8.0						
黑龙江	290.3	290.3	271.0	19.3		1722.5				1722.5
上海	60.0				60.0					
江苏	126.0	126.0		126.0						
浙江	355.0	355.0		355.0						
安徽	82.6	82.6		82.6						
福建	236.0	236.0		236.0		87.0				87.0
江西	106.6	106.6		106.6						
山东	69.9	69.9		69.9		796.0				796.0
河南	77.0	77.0		77.0						
湖北	55.0	55.0		55.0						
湖南	96.8	96.8		96.8		1454.0	596.9		596.9	857.1
广东	97.0	97.0		97.0		2106.0	100.0		100.0	2006.0
广西	96.5	82.1		82.1	14.4					
海南	39.3	34.3	24.8	9.5	5.0					
重庆	50.0	50.0		50.0						
四川	586.1	504.4	293.2	211.2	81.7	1020.3				1020.3
贵州	60.0				60.0	15.0	15.0		15.0	
云南	33.0	33.0	13.0	20.0						
西藏										
陕西	15.4	15.4		15.4		2629.6	81.0	31.0	50.0	2548.6
甘肃	70.4	70.4		70.4						
青海	51.8	50.7	31.7	19.0	1.1					
宁夏										
新疆	145.0	109.8	49.0	60.8	35.2					
重庆测绘院										
地理信息中心										
测绘研究院										
中国地图社						44750.0				44750.0

2007年实际完成测绘服务总值情况（续四）

计量单位：万元

单位	测绘仪器检定					其他				
		完成投资总值			完成经营总值		完成投资总值			完成经营总值
			中央投资	地方投资				中央投资	地方投资	
总计	**2149.2**	**1252.4**	**64.1**	**1188.3**	**896.8**	**7441.9**	**5872.5**	**2281.9**	**3590.6**	**1569.4**
北京	9.0	9.0		9.0						
天津										
河北	60.5	60.5		60.5						
山西	25.5	25.5		25.5		255.4	240.0		240.0	15.4
内蒙古										
辽宁	100.0				100.0					
吉林	38.5	38.5		38.5						
黑龙江	20.0	20.0		20.0		913.3	913.3	771.5	141.8	
上海	200.0				200.0					
江苏	196.0	196.0		196.0						
浙江						370.0	370.0		370.0	
安徽	111.0	49.0		49.0	62.0	27.9	27.9		27.9	
福建	142.0	142.0		142.0		128.5	112.0	89.0	23.0	16.5
江西	36.0	36.0		36.0						
山东										
河南	85.9				85.9	121.2	120.0		120.0	1.2
湖北	129.0	129.0		129.0						
湖南	100.0				100.0	1514.6	1240.0	38.0	1202.0	274.6
广东	265.0	265.0		265.0						
广西	141.5	119.5		119.5	22.0	118.8				118.8
海南	49.8				49.8	179.5				179.5
重庆						800.0	800.0		800.0	
四川										
贵州	15.0				15.0					
云南	25.9	25.9		25.9		425.5	70.1		70.1	355.4
西藏										
陕西	220.6	64.1	64.1		156.5	1278.0	670.0	479.0	191.0	608.0
甘肃	72.4	72.4		72.4						
青海	13.6				13.6					
宁夏										
新疆	65.2				65.2	18.7	18.7		18.7	
重庆测绘院										
地理信息中心										
测绘研究院	26.8				26.8	1290.5	1290.5	904.4	386.1	
中国地图社										

表18　2007年公开版地

出版单位	品种（种）					总印张（千印张）				
	地图			图书	电子地图	地图			图书	电子地图
		新版	重版				新版	重版		
合计	**1917**	**647**	**1270**	**412**	**2**	**357415.6**	**26788.7**	**330626.9**	**17082.0**	**12.0**
黑龙江	150	102	48	85		8867.9	2921.5	5946.4	1957.8	
福建	73	59	14			3138.0	2535.0	603.0		
山东	107	54	53	21		3866.0	940.0	2926.0	1690.0	
湖南	132	110	22	32		3255.6	2316.0	939.6	3097.8	
广东	114	22	92	2	2	10979.1	430.7	10548.4	1.0	12.0
四川	256	95	161	2		6412.4	1365.2	5047.2	38.3	
陕西	290	90	200	154		10800.3	2425.2	8375.1	5027.0	
中国地图社	795	115	680	116		310096.3	13855.1	296241.2	5270.1	

图、测绘图书出版情况

总印数（万幅/万册）				总定价（万元）				
地　图			图　书	地　图			图　书	电　子 地　图
	新版	重版			新版	重版		
13001.5	**1056.1**	**11945.4**	**197.4**	**63212.7**	**9488.7**	**53724.0**	**4479.2**	**32.0**
278.3	136.6	141.7	19.9	3839.2	2269.6	1569.6	188.1	
92.0	74.4	17.6		126.1	100.4	25.7		
372.0	88.0	284.0	41.0	1956.0	496.0	1460.0	845.0	
347.5	240.5	107.0	43.5	1679.2	1223.4	455.8	1089.2	
354.8	15.4	339.4	1.0	3114.3	252.3	2862.0	11.0	32.0
310.5	77.0	233.5	0.1	2576.1	770.2	1805.9	6.8	
392.6	82.8	309.8	39.4	5145.9	1904.3	3241.6	1424.4	
10853.8	341.4	10512.4	52.5	44775.9	2472.5	42303.4	914.7	

表 19　2007 年测绘生产主要经济技术指标

单　位	测绘服务总值（万元）	* 年平均从业人员（人）	全员劳动生产率（元/人）
总计/平均值	**309284.1**	**23535**	**131415**
北　京	20000.0	855	233918
天　津	9408.1	531	177177
河　北	6048.3	660	91641
山　西	4805.0	597	80486
内蒙古	5279.7	658	80239
辽　宁	4877.7	679	71837
吉　林	5301.7	684	77510
黑龙江	25017.7	2291	109200
上　海	8930.9	391	228412
江　苏	8296.0	570	145544
浙　江	7063.3	646	109339
安　徽	4109.9	547	75135
福　建	5537.4	556	99594
江　西	4405.5	533	82655
山　东	10055.7	907	110868
河　南	6391.4	627	101936
湖　北	5852.2	459	127499
湖　南	9748.0	846	115225
广　东	7602.8	921	82549
广　西	9589.5	1087	88220
海　南	2644.6	273	96872
重　庆	10480.0	571	183538
四　川	16457.7	1578	104295
贵　州	2951.7	543	54359
云　南	4937.2	497	99340
西　藏	641.0	37	173243
陕　西	17973.7	1859	96685
甘　肃	5169.4	495	104432
青　海	5589.3	415	134682
宁　夏	812.0	263	30875
新　疆	3332.0	573	58150
重庆测绘院	3268.1	326	100248
地理信息中心	4959.0	144	344375
测绘研究院	11166.7	418	267146
中国地图社	44750.0	498	898594

* 该统计数据以各单位上报的《2007 年测绘系统劳动工资统计年报》E01 表的年平均从业人员总数为准。

三、测绘科技

表 20　2007 年测绘系统测绘科技研究情况

科技活动	研究项目数（项）		完成项目数（项）		经费内部支出（千元）	项目人员（人）		
		#新开项目数		#新开项目数		总数	#科学家和工程师	#客座人员
按活动类型　合计	**372**	**219**	**184**	**87**	**68525**	**1364**	**984**	**140**
其中：								
测绘基础研究	15	10	2		3717	51	37	4
测绘应用研究	177	107	100	42	43413	647	510	68
测绘技术开发	163	98	68	44	20379	606	397	64
测绘软科学研究	17	4	14	1	1016	60	40	4
按计划类型　合计	**372**	**219**	**184**	**87**	**68525**	**1364**	**984**	**140**
其中：								
国家计划	34	23	4	1	18868	150	108	34
部门计划	89	51	28	12	14057	307	226	50
#国家测绘局计划	47	34	11	6	8564	204	158	27
地方计划	28	11	11	6	6560	210	168	3
单位计划	199	126	133	64	24335	619	426	52
其他计划	22	8	8	4	4705	78	56	1

表 21　2007 年直属单位测绘科技研究情况

科技活动	研究项目数（项）	#新开项目数	完成项目数（项）	#新开项目数	经费内部支出（千元）	项目人员（人）总数	#科学家和工程师	#客座人员
按活动类型　合计	**219**	**134**	**83**	**46**	**38310**	**710**	**516**	**119**
其中：								
测绘基础研究	12	10	1		3417	35	25	
测绘应用研究	99	65	39	21	24982	311	251	61
测绘技术开发	101	56	38	24	9571	320	208	58
测绘软科学研究	7	3	5	1	340	44	32	
按计划类型　合计	**219**	**134**	**83**	**46**	**38310**	**710**	**516**	**119**
其中：								
国家计划	31	23	1	1	18448	111	93	34
部门计划	73	44	14	6	12686	249	187	39
#国家测绘局计划	43	31	9	4	8349	192	146	27
地方计划	12	5	3	2	1920	39	33	
单位计划	87	56	59	33	2398	261	173	45
其他计划	16	6	6	4	2858	50	30	1

表 22　2007 年测绘系统测绘科技成果情况

项　目	完成成果（项）	成果登记（项）	已应用成果数（项）	发表论文（篇）			出版科技著作（种）	技术转让收入（万元）	科技成果转化（项）
					国　内	国　际			
数　量	140	76	112	872	841	31	17	650	56

续表

项　目	专利申请受理（项）	专利授权（项）			成果获奖（项）					
			发明专利	国外授权	总数	国际科技奖	国家科技奖	部级科技奖	省级科技奖	社会科技奖
数　量	4	1	1		88	1	11	30	16	30

表 23　2007 年直属单位测绘科技成果情况

项　目	完成成果（项）	成果登记（项）	已应用成果数（项）	发表论文（篇）			出版科技著作（种）	技术转让收入（万元）	科技成果转化（项）
					国　内	国　际			
数　量	30	23	26	343	312	31	2	110	11

续表

项　目	专利申请受理（项）	专利授权（项）			成果获奖（项）					
			发明专利	国外授权	总数	国际科技奖	国家科技奖	部级科技奖	省级科技奖	社会科技奖
数　量	4	1	1		35	1	10	12	4	8

四、财务

表24　2007年中央财政测绘事业单位财务情况

计量单位：万元

事业单位	收入合计					支出合计	固定资产年末数（原值）
		财政拨款收入	事业收入	经营收入	其他收入		
合　　计	**148167**	**95401**	**32309**	**4329**	**16128**	**133335**	**114124**
陕　　西	32739	15338	7907	3571	5923	30895	29629
黑 龙 江	23436	13557	7113	142	2624	23414	21678
四　　川	23408	10957	9257	85	3109	22531	15949
海　　南	4316	1716	1692		908	3635	7316
重庆测绘院	4742	2801	1907	19	14	4642	3655
三亚培训中心	78	30			48	68	4044
北戴河休养院	383	190		194		390	532
地理信息中心	7393	4435	1257	7	1694	7252	13359
测绘研究院	13805	10476	2768	311	249	11388	9731
测绘宣传中心	424	424				421	758
管理信息中心	260	259			0.4	278	340
地图审查中心	234	234				238	112
发展研究中心	359	322	37		0.3	320	97
技能鉴定中心							
测绘学会	500	188			312	491	66
机关服务中心	427	52	371		4	429	138
机关（含本级）	35663	34422			1242	26943	6720

表25　2007年中央财政测绘新闻、出版单位财务情况

计量单位：万元

出版单位	销售收入	利润总额	资产总值	固定资产年末数	
				原　值	净　值
合　　计	**42691**	**7587**	**109673**	**16338**	**6819**
测绘宣传中心	818	1	764	758	606
中国地图社	35899	7478	101709	10484	3830
西安地图社	1987	22	1689	1182	577
成都地图社	2011	58	2743	2707	1274
哈尔滨地图社	1976	28	2768	1207	532

表 26　2007 年地方财政测绘事业单位财务情况

计量单位：万元

事业单位	收入合计					支出合计	固定资产年末数（原值）
		财政拨款收入	事业收入	经营收入	其他收入		
合　计	**246623**	**126968**	**80165**	**28922**	**10568**	**235354**	**148287**
北　京	20458	7574	12209	205	470	18598	11027
天　津	7441	2383	4995		63	6371	7175
河　北	12719	3516	7281		1922	12708	5544
山　西	8451	4065	3205	33	1148	8004	7430
内蒙古	9184	7311		1857	16	8308	7261
辽　宁	10644	4384	6260			10561	9733
吉　林	7625	6854	402		369	7294	7050
上　海	12152	5080		7054	18	11655	9790
江　苏	15328	10628	190	4510		15398	5170
浙　江	10644	6452	3957		235	10426	5309
安　徽	5050	3250	95	907	798	4436	4620
福　建	6584	4369	21	2044	150	6512	3564
江　西	7064	4785		2279		6721	3086
山　东	10607	6369	3633		605	9804	3567
河　南	7946	3887	3836		223	8050	5191
湖　北	9249	4936	3690	309	314	8985	6277
湖　南	14496	7558	5000	1812	126	13868	5362
广　东	13459	5483	5657	2106	213	13342	6092
广　西	12263	5118	5997	56	1092	12607	6707
重　庆	10985	1991	8818		176	9916	2827
贵　州	4908	2143	2755		10	4977	2936
云　南	7150	3599		2679	872	6846	5315
西　藏	975	900	54		21	683	614
甘　肃	5527	3741	1668	114	4	4891	4515
青　海	6114	4033	126	1922	33	5642	1973
宁　夏	2462	1997		462	3	2105	1498
新　疆	7138	4562	316	573	1687	6646	8654

表 27　2007 年直属单位国有资产情况

直属单位国有资产情况（行政事业类）

计量单位：万元

单位	资产负债				固定资本存量及变动			
	资产合计	负债合计	净资产合计	国有资产总额	年初固定资产	本年度增加	本年度减少	年末固定资本
合　　计	**197921**	**30927**	**166994**	**166994**	**105044**	**13616**	**5294**	**113366**
陕　　西	51905	8078	43827	43827	27251	3968	1590	29629
黑 龙 江	31067	4725	26342	26342	19026	3350	699	21677
四　　川	36951	9935	27016	27016	13875	2405	331	15949
海　　南	9971	863	9108	9108	8197	394	1274	7317
重庆测绘院	6331	1056	5276	5276	3081	684	109	3656
三亚培训中心	4708	490	4218	4218	4058	5	18	4045
北戴河休养院	619	35	584	584	497	40	5	532
地理信息中心	17787	1165	16622	16622	13368	873	882	13359
测绘研究院	25129	3924	21205	21205	8410	1376	56	9730
管理信息中心	384	34	350	350	265	115	41	339
地图审查中心	128	1	127	127	68	43		111
发展研究中心	138	2	136	136	1	134	38	97
技能鉴定中心								
测绘学会	300	1	299	299	58	8.4		66
机关服务中心	971	278	693	693	134	5		139
机关（含本级）	11532	340	11191	11191	6755	216	251	6720

直属单位国有资产情况（*新闻出版单位类）

计量单位：万元

单　位	年初国有资产总量	本年增加国有资产	本年减少国有资产	年末国有资产总量
合　　计	**84678**	**7064**	**137**	**91605**
测绘宣传中心	682			682
中国地图社	79468	6370		85838
西安地图社	1148	45		1193
成都地图社	2160	631	48	2743
哈尔滨地图社	1220	18	89	1149

* 新闻出版单位执行企业会计制度。

五、人员

表 28 2007 年从业人员和

直属单位	单位个数	从业人员年末人数					其他从业人员	年末在编职工总数	
			#女性	在岗职工					#不在岗职工
					长期职工	临时职工			
合　计	**63**	**7574**	**2347**	**7429**	**5934**	**1495**	**145**	**5381**	**384**
陕西测绘局	17	1799	607	1671	1617	54	128	1449	319
黑龙江测绘局	15	2302	660	2302	1438	864		1438	
四川测绘局	11	1585	480	1585	1192	393		1068	
海南测绘局	7	284	93	282	282		2	121	
重庆测绘院	1	326	37	326	326			198	
北戴河休养院	1	32	4	32	24	8		21	
地理信息中心	1	145	54	145	145			145	
测绘研究院	1	385	108	385	292	93		295	35
中国地图社	1	492	227	482	414	68	10	443	29
测绘宣传中心	1	37	22	37	37			37	
测绘学会	1	16	4	14	14		2	14	
管理信息中心	1	16	6	15	15		1	15	
地图审查中心	1	15	6	13	13		2	12	1
发展研究中心	1	17	6	17	17			17	
技能鉴定中心	1	9	6	9	8	1		8	
机关服务中心	1	34	4	34	20	14		20	
国家测绘局机关	1	80	23	80	80			80	

和工资

劳动报酬情况（直属）

计量单位：人，万元

从业人员年平均人数					从业人员劳动报酬						不在岗职工生活费
	在岗职工			其他从业人员	总 额	在岗职工工资				其他从业人员劳动报酬	
		长期职工	临时职工			总额	在编职工工资	非在编长期职工工资	临时职工工资		
7640	**7485**	**6007**	**1478**	**155**	**35001.03**	**34507.32**	**28063.10**	**2348.54**	**4095.68**	**493.71**	**751.79**
1859	1721	1667	54	138	7095.96	6694.56	5577.60	1072.48	44.48	401.40	487.49
2291	2291	1445	846		7733.34	7733.34	5315.44		2417.90		
1578	1578	1187	391		7176.29	7176.29	5504.23	362.46	1309.60		
273	271	271		2	1464.71	1448.71	798.44	650.27		16.00	
326	326	326			1026.10	1026.10	838.10	188.00			
37	37	24	13		75.90	75.90	57.10	4.20	14.60		
144	144	144			1444.23	1444.23	1444.23				
418	418	327	91		2713.75	2713.75	2543.95	65.80	104.00		137.91
498	488	420	68	10	4613.00	4552.00	4367.00		185.00	61.00	123.00
37	37	37			424.80	424.80	424.80				
13	11	11		2	81.50	76.20	76.20			5.30	
16	15	15		1	103.30	99.70	99.70			3.60	
15	13	13		2	95.18	88.77	83.44	5.33		6.41	3.39
13	13	13			105.17	105.17	105.17				
6	6	5	1		24.70	24.70	21.60		3.10		
34	34	20	14		165.00	165.00	148.00		17.00		
82	82	82			658.10	658.10	658.10				

表 29　2007 年从业人员和

地方单位	单位个数	从业人员年末人数						年末在编职工总数	
			#女性	在岗职工			其他从业人员		#不在岗职工
					长期职工	临时职工			
合　计	**182**	**16339**	**4516**	**16220**	**15606**	**614**	**119**	**14480**	**162**
北　京	1	869	246	863	863		6	873	10
天　津	1	530	103	530	526	4		493	
河　北	9	660	179	660	660			660	
山　西	12	615	241	615	615			615	
内蒙古	6	678	227	678	678			572	
辽　宁	8	699	290	699	698	1		698	
吉　林	12	709	235	709	709			699	1
上　海	1	388	79	388	388			388	
江　苏	10	559	121	559	559			559	
浙　江	6	674	148	673	673		1	464	
安　徽	10	553	155	553	409	144		484	75
福　建	6	556	103	556	434	122		434	
江　西	7	524	165	524	524			524	
山　东	4	912	181	912	652	260		652	
河　南	10	626	217	625	625		1	625	
湖　北	8	467	176	467	456	11		456	
湖　南	9	845	238	767	722	45	78	757	35
广　东	7	956	249	936	936		20	669	40
广　西	10	1091	243	1090	1073	17	1	760	
重　庆	3	571	99	565	565		6	259	
贵　州	6	543	105	543	543			543	
云　南	10	507	180	501	493	8	6	493	
西　藏	2	37	15	37	37			38	1
甘　肃	6	498	110	498	496	2		493	
青　海	5	415	144	415	415			415	
宁　夏	6	263	71	263	263			263	
新　疆	7	594	196	594	594			594	

劳动报酬情况（地方）

计量单位：人，万元

从业人员年平均人数					从业人员劳动报酬						不在岗职工生活费
	在岗职工			其他从业人员	总额	在岗职工工资				其他从业人员劳动报酬	
		长期职工	临时职工			总额	在编职工工资	非在编长期职工工资	临时职工工资		
16148	**16047**	**15437**	**610**	**101**	**62778.00**	**62610.46**	**57894.27**	**3805.19**	**911.00**	**167.54**	**348.76**
855	848	848		7	8469.83	8421.15	8421.15			48.68	30.71
531	531	527	4		3423.00	3423.00	3383.00	35.00	5.00		
660	660	660			1508.10	1508.10	1508.10				
597	597	597			1862.97	1862.97	1862.97				
658	658	658			1726.70	1726.70	1604.20	122.50			
679	679	678	1		1951.00	1951.00	1949.00		2.00		
684	684	684			2236.13	2236.13	2206.13	30.00			2.10
391	391	391			2008.15	2008.15	2008.15				
570	570	570			2447.30	2477.30	2477.30				
646	645	645		1	3353.20	3349.20	2765.20	584.00		4.00	
547	547	405	142		1376.75	1376.75	1225.57		151.18		177.00
556	556	434	122		1556.31	1556.31	1400.93		155.38		
533	533	533			1145.50	1145.50	1145.50				
907	907	647	260		3623.12	3623.12	3155.12		468.00		
627	626	626		1	1561.76	1560.94	1560.94			0.82	
459	459	448	11		2022.60	2022.60	1996.80		25.80		
846	771	728	43	75	2117.04	2025.26	1949.02		76.24	91.78	49.45
921	917	917		4	5145.63	5142.43	4180.43	962.00		3.20	83.00
1087	1086	1069	17	1	3246.63	3245.67	2793.50	441.49	10.68	0.96	
571	565	565		6	3686.60	3677.00	2048.20	1628.80		9.60	
543	543	543			1236.73	1236.73	1236.73				
497	491	483	8	6	1463.94	1455.44	1441.72		13.72	8.50	
37	37	37			234.10	234.10	234.10				6.50
495	495	493	2		1270.40	1270.40	1266.00	1.40	3.00		
415	415	415			1433.99	1433.99	1433.99				
263	263	263			766.43	766.43	766.43				
573	573	573			1874.09	1874.09	1874.09				

表30 2007年离退休退职人员待遇情况（直属）

计量单位：万元，人

直属单位	离退休退职人员费用					年末累计离退休退职人数		
	总额	离休费	退休费	退职费	补贴		#离休人数	#退休人数
合　计	**9477.96**	**643.82**	**5747.08**	**15.29**	**3071.77**	**3590**	**203**	**3341**
陕西测绘局	2665.40	192.19	1763.22	9.23	700.76	1195	67	1088
黑龙江测绘局	1692.10	89.60	1494.80		107.70	868	25	843
四川测绘局	1661.29	130.42	1057.19	4.50	469.18	694	36	654
海南测绘局	63.10		37.30		25.80	15		15
重庆测绘院	318.20	15.10	233.40	0.80	68.90	171	4	166
北戴河休养院	43.00		43.00			13		13
地理信息中心	219.97	5.47	107.52	0.76	106.22	57	2	54
测绘研究院	665.80	47.14	257.75		360.91	159	20	139
中国地图社	1720.00	78.00	623.00		1019.00	335	25	310
测绘宣传中心								
测绘学会	30.50		15.90		14.60	7		7
管理信息中心	10.10		5.20		4.90	2		2
地图审查中心								
发展研究中心								
技能鉴定中心								
机关服务中心								
国家测绘局机关	388.50	85.90	108.80		193.80	74	24	50

表31 2007年离退休退职人员待遇情况（地方）

计量单位：万元，人

地方单位	离退休退职人员费用					年末累计离退休退职人数		
	总额	离休费	退休费	退职费	补贴		#离休人数	#退休人数
合计	20058.53	1559.90	13135.69	173.46	5189.48	7353	387	6856
北京	1348.81	37.93	833.80	1.85	475.23	503	15	487
天津	591.00	3.00	371.00	1.00	216.00	241	1	237
河北	770.10	105.48	554.72	3.50	106.40	308	28	278
山西	909.63	4.68	554.80		350.15	428	10	418
内蒙古	805.80	67.40	601.10	0.80	136.50	350	22	327
辽宁	1172.00	164.00	1008.00			412	30	382
吉林	620.89	109.40	507.99		3.50	215	25	190
*上海	33.98	20.86			13.12	273	5	268
江苏	765.70	38.00	421.00		306.70	285	15	270
浙江	724.30	52.40	257.40		414.50	202	22	180
安徽	407.31	26.50	310.50		70.31	148	5	143
福建	938.30	25.70	466.98	0.60	445.02	347	10	336
江西	349.00	23.60	198.90		126.50	138	8	130
山东	2358.77	397.93	1160.70	10.14	790.00	445	53	391
河南	457.40	32.44	363.02		61.94	248	13	235
湖北	646.40	28.40	526.90		91.10	306	7	299
湖南	973.14	58.77	870.83	23.50	20.04	441	12	413
广东	1919.80	70.80	724.74	27.00	1097.26	383	26	330
广西	712.89	26.70	429.71		256.48	222	10	212
重庆	142.00	3.00	127.00		12.00	91	1	90
贵州	435.43	15.68	419.75			155	3	152
云南	1039.81	48.18	864.80	101.95	24.88	431	13	362
西藏	56.00		56.00			8		8
甘肃	652.00	90.00	477.00		85.00	241	21	220
青海	514.20	28.50	484.60	1.10		241	10	231
宁夏	155.76	24.47	129.69		1.60	49	5	44
新疆	558.11	56.08	414.76	2.02	85.25	242	17	223

* 上海市测绘院职工已全部纳入上海市养老保险体系，退休人员经费由上海市社保中心统筹支付。

表 32　2007 年机关、事业单位在编在岗职工分类情况（直属）

计量单位：人

直属单位	机关工作人员			事业单位工作人员					
		公务员及其他行政人员	工人		管理人员	专业技术人员	技术工人	普通工人	学徒期、熟练期工人
合　计	**271**	**266**	**5**	**4726**	**885**	**2948**	**869**	**11**	**13**
陕西测绘局	61	56	5	1069	195	684	188	2	
黑龙江测绘局	49	49		1389	186	870	316	4	13
四川测绘局	52	52		1016	172	662	182		
海南测绘局	29	29		92	31	36	21	4	
重庆测绘院				198	34	133	31		
北戴河休养院				21	12		9		
地理信息中心				145	50	79	16		
测绘研究院				260	32	220	8		
中国地图社				414	98	225	91		
测绘宣传中心				37	37				
测绘学会				14	6	8			
管理信息中心				15	7	8			
地图审查中心				11	5	6			
发展研究中心				17	5	12			
技能鉴定中心				8	3	5			
机关服务中心				20	12		7	1	
国家测绘局机关	80	80							

表 33　2007 年机关、事业单位在编在岗职工分类情况（地方）

计量单位：人

地方单位	机关工作人员			事业单位工作人员					
		公务员及其它行政人员	工人		管理人员	专业技术人员	技术工人	普通工人	学徒期、熟练期工人
合　计	**949**	**883**	**66**	**13349**	**1639**	**7845**	**3737**	**122**	**6**
北　京				863	100	356	392	15	
天　津	5	5		488	43	271	174		
河　北	51	44	7	609	86	293	230		
山　西	39	38	1	576	54	377	142	3	
内蒙古				572	60	245	264	3	
辽　宁	28	25	3	670	59	533	78		
吉　林	42	37	5	651	80	365	197	9	
上　海				388	72	183	133		
江　苏	52	49	3	507	54	299	151	1	2
浙　江	39	35	4	425	51	265	106	3	
安　徽	26	22	4	383	37	310	36		
福　建	37	31	6	397	39	250	106	2	
江　西	40	31	9	484	75	259	146	4	
山　东	123	123		529	94	382	53		
河　南	34	30	4	591	46	345	200		
湖　北	36	33	3	420	30	265	119	5	1
湖　南	22	22		700	104	348	248		
广　东	131	131		498	84	271	121	22	
广　西	26	26		734	112	372	248	2	
重　庆	15	15		244	8	236			
贵　州	13	13		530	56	279	189	6	
云　南	29	29		449	61	347	40	1	
西　藏	21	10	11	16		12	2	2	
甘　肃	36	36		457	38	249	142	25	3
青　海	29	25	4	386	79	267	40		
宁　夏	27	27		236	57	122	52	5	
新　疆	48	46	2	546	60	344	128	14	

表 34　2007 年从业人员增减变动情况（直属）

计量单位：人

直属单位	年末从业人员	新增和调入的从业人员	#从农村招聘人员	#从城镇招聘人员	#录用复员转业军人	#录用大学毕业生	#录用中专、技校毕业生	#由其他单位调入	减少和调出的从业人员	#离休	#退休	#除名、开除、辞退	#终止和解除劳动合同	#死亡	#调到其他单位
合　计	**7574**	**470**	**3**	**25**	**8**	**153**	**68**	**120**	**432**		**73**	**33**	**60**	**7**	**116**
陕西测绘局	1799	107			1	26	2	13	138		29	4	26		14
黑龙江测绘局	2302	152		9		24	50	69	111		9	1	2	3	59
四川测绘局	1585	64	3	5	4	20		8	75		11	8	32	1	8
海南测绘局	284	47		8	1	14	16	8	24			18			6
重庆测绘院	326	37				37			15			2			2
北戴河休养院	32	4				1			2		2				
地理信息中心	145	10			2	7		1	9		5			1	3
测绘研究院	385	12				7		5	16		8			2	6
中国地图社	492	3				2		1	25		7				7
测绘宣传中心	37	1				1			3						
测绘学会	16	4				2		2	1						
管理信息中心	16	2				2			1						1
地图审查中心	15	2				1		1							
发展研究中心	17	5				4		1							
技能鉴定中心	9	9				5		3							
机关服务中心	34	4		3				1	1						1
国家测绘局机关	80	7						7	11		2				9

表 35　2007 年从业人员增减变动情况（地方）

计量单位：人

地方单位	年末从业人员	新增和调入的从业人员							减少和调出的从业人员						
			#从农村招聘人员	#从城镇招聘人员	#录用复员转业军人	#录用大学毕业生	#录用中专、技校毕业生	#由其他单位调入		#离休	#退休	#除名、开除、辞退	#终止和解除劳动合同	#死亡	#调到其他单位
合　计	**16339**	**1629**	**103**	**100**	**44**	**391**	**67**	**199**	**998**		**335**	**14**	**111**	**14**	**134**
北　京	869	54	16	7	2	13	2	14	41		23		14		4
天　津	530	46				12	33		19		14				5
河　北	660	21			3	11		7	23		15			2	6
山　西	615	73			3	33	1	36	22		10				12
内蒙古	678	10			3	4	2		8		4			2	
辽　宁	699	44				31	7	6	192		6				7
吉　林	709	28			2	11		6	44		32			1	8
上　海	388	22			1	9		12	23		19				4
江　苏	559	81			3	22		9	152		33	2		1	9
浙　江	674	151	77	50	1	8	1	13	79		13	1	50		12
安　徽	553	29			1	8		2	14		8			1	2
福　建	556	30				5		4	15		7		1		4
江　西	524	14				4		8	39		17	5		1	12
山　东	912	298			2	22		14	37		31			1	3
河　南	626	17			1	11	1	3	22		12			1	6
湖　北	467	20			3	14			27		17		1	1	2
湖　南	845	90	1	5		55		4	43		15		22		4
广　东	956	132	9	13	10	17	10	27	74		17		3	1	7
广　西	1091	52		20	2	18	1	6	72		18	6	19	1	8
重　庆	571	301			2	16		11	1		1				
贵　州	543	7				7			7		4				3
云　南	507	38			3	19	1	4	9		4		1	1	2
西　藏	37														
甘　肃	498	17				13		2	7		6				1
青　海	415	8			2	2		4	3						3
宁　夏	263	10				9	1		3		3				
新　疆	594	36		5		17	7	7	22		6				10

表36 2007年机关党政人才和事业单位管理人才、专业技术人才情况

计量单位：人

单 位	机关党政人才	事业单位管理人才、专业技术人才	
		管理人才	专业技术人才
合 计	**266**	**1174**	**2946**
国家测绘局机关	80		
在京单位：		**312**	**605**
地理信息中心		51	77
测绘研究院		63	220
中国地图社		137	261
测绘宣传中心		15	13
测绘学会		6	8
管理信息中心		7	8
地图审查中心		6	8
发展研究中心		7	10
技能鉴定中心		8	
机关服务中心		12	
京外单位：	**186**	**862**	**2341**
陕西测绘局	56	311	789
黑龙江测绘局	49	215	813
四川测绘局	52	239	591
海南测绘局	29	51	15
重庆测绘院		34	133
北戴河休养院		12	

六、专业人才

表37 2007年测绘系统专业技术人员情况

计量单位：人

类别＼年龄	合计	30岁以下	30－35	36－40	41－45	46－50	51－55	56－60	60岁以上
总 数	**13633**	**3437**	**2452**	**1953**	**2072**	**1572**	**1789**	**354**	**4**
高 级	**1771**	7	134	442	604	226	281	73	4
#教授、研究员	**128**		1	13	64	28	15	5	2
中 级	**4443**	268	1124	872	762	524	734	159	
初 级	**6357**	2464	1052	601	651	743	732	114	
其 他	**1062**	698	142	38	55	79	42	8	

续表

类别＼学历	合计	博 士 研究生	硕 士 研究生	本科	大专	中专	中专以下
总 数	**13633**	**74**	**625**	**5033**	**4036**	**2156**	**1709**
高 级	**1771**	58	224	1254	216	14	5
#教授、研究员	**128**	18	32	77	1		
中 级	**4443**	8	164	1694	1760	548	269
初 级	**6357**	1	125	1825	1861	1273	1272
其 他	**1062**	7	112	260	199	321	163

表38　2007年直属单位专业技术人员情况

计量单位：人

类别＼年龄	合计	30岁以下	30－35	36－40	41－45	46－50	51－55	56－60	60岁以上
总　数	**4171**	**794**	**659**	**706**	**720**	**561**	**604**	**124**	**3**
高　级	**695**	2	56	194	217	86	117	20	3
#教授、研究员	**52**		1	8	25	8	7	1	2
中　级	**1549**	107	336	277	256	216	284	73	
初　级	**1735**	515	254	233	245	255	202	31	
其　他	**192**	170	13	2	2	4	1		

续表

类别＼学历	合计	博　士研究生	硕　士研究生	本科	大专	中专	中专以下
总　数	**4171**	**62**	**284**	**1598**	**1112**	**583**	**532**
高　级	**695**	47	129	475	41	3	
#教授、研究员	**52**	14	14	23	1		
中　级	**1549**	8	68	572	566	205	130
初　级	**1735**	1	39	461	484	357	393
其　他	**192**	6	48	90	21	18	9

表 39 2007 年西部地区专业技术人员情况

计量单位：人

类别＼年龄	合计	30 岁以下	30－35	36－40	41－45	46－50	51－55	56－60	60 岁以上
总 数	**4921**	**855**	**951**	**734**	**820**	**752**	**708**	**100**	**1**
高 级	**521**	2	24	112	199	71	95	17	1
#教授、研究员	**9**				4	2	3		
中 级	**1676**	57	368	328	290	253	319	61	
初 级	**2342**	597	515	268	291	376	277	18	
其 他	**382**	199	44	26	40	52	17	4	

续表

类别＼学历	合计	博 士 研究生	硕 士 研究生	本科	大专	中专	中专以下
总 数	**4921**	**6**	**161**	**1594**	**1549**	**821**	**790**
高 级	**521**	6	64	354	92	2	3
#教授、研究员	**9**		3	6			
中 级	**1676**		54	557	670	279	116
初 级	**2342**		29	615	692	445	561
其 他	**382**		14	68	95	95	110

表 40　2007 年测绘系统专家情况

计量单位：人

类别＼年龄	合计	30 岁以下	30－35	36－40	41－45	46－50	51－55	56－60	61－65	65 岁以上
总　数	**259**		**9**	**25**	**43**	**16**	**15**	**4**	**11**	**136**
院　士	**2**									2
享受政府特殊津贴专家	**204**		2	3	24	15	10	4	11	135
有突出贡献专家	**15**			1	3	1	3		1	6
省部级专家	**72**		9	23	31	4	5			
#国家测绘局	**58**		7	23	26	2				

续表

类别＼学历	合计	博　士研究生	硕　士研究生	本科	大专	中专	中专以下
总　数	**259**	**23**	**44**	**166**	**13**	**11**	**2**
院　士	**2**	1		1			
享受政府特殊津贴专家	**204**	13	22	143	13	11	2
有突出贡献专家	**15**	2	3	10			
省部级专家	**72**	10	32	30			
#国家测绘局	**58**	9	26	23			

指国家测绘局青年学术带头人和技术带头人。

表 41 2007 年直属单位专家情况

计量单位：人

类别＼年龄	合计	30 岁以下	30－35	36－40	41－45	46－50	51－55	56－60	61－65	65 岁以上
总 数	**203**		**4**	**15**	**29**	**9**	**8**	**2**	**9**	**127**
院 士	**2**									2
享受政府特殊津贴专家	**170**			3	17	7	7	2	9	125
有突出贡献专家	**9**						2		1	6
省部级专家	**41**		4	14	18	3	2			
#国家测绘局	**37**		3	13	19	2				

续表

类别＼学历	合计	博 士 研究生	硕 士 研究生	本科	大专	中专	中专以下
总 数	**203**	**19**	**29**	**131**	**11**	**11**	**2**
院 士	**2**	1		1			
享受政府特殊津贴专家	**170**	11	15	120	11	11	2
有突出贡献专家	**9**	2	1	6			
省部级专家	**41**	8	20	13			
#国家测绘局	**37**	8	18	11			

#指国家测绘局青年学术带头人和技术带头人。

表 42 2007 年西部地区专家情况

计量单位：人

类别 \ 年龄	合计	30 岁以下	30－35	36－40	41－45	46－50	51－55	56－60	61－65	65 岁以上
总 数	**60**		**2**	**3**	**10**	**2**	**6**		**2**	**35**
院 士										
享受政府特殊津贴专家	**47**				4	1	5		2	35
有突出贡献专家										
省部级专家	**16**		2	3	9	1	1		1	
#国家测绘局	**14**		2	3	9					

续表

类别 \ 学历	合计	博 士 研究生	硕 士 研究生	本科	大专	中专	中专以下
总 数	**60**	**4**	**9**	**34**	**7**	**6**	
院 士							
享受政府特殊津贴专家	**47**	3	2	29	7	6	
有突出贡献专家							
省部级专家	**16**	1	9	6			
#国家测绘局	**14**	1	8	5			

指国家测绘局青年学术带头人和技术带头人。

七、测绘成果管理与应用

表 43　2007 年测绘成果提供情况（按部门分）

部　门	地形图（张）			大地成果（点）	航摄成果（片）	挂图（张）	地图集（册）
	总数	#1:1 万	#1:5 万				
合　计	**629307**	**149847**	**111447**	**153334**	**361615**	**10285**	**5465**
测　绘	341417	37948	13831	120009	349698	2677	952
地　矿	45686	14445	24123	5205	1313	558	77
地　震	2248	250	1617	208	47	245	2
通　讯	2529	572	1675	35		461	37
林　业	23601	10563	7878	217	12	529	65
交　通	33358	21591	8271	3604	4756	382	65
水　利	18853	10624	5790	1945	295	383	19
电　力	25150	11321	11850	1585	348	262	37
民　政	2581	572	1677	110		283	46
科　教	4225	1794	1790	279	19	289	73
军　事	4455	1962	1846	2326	44	168	19
农　业	2915	1816	621	622		97	24
规　划	6381	4176	1563	1351	102	162	87
建　设	1293	599	523	201	4	29	14
冶　金	1459	556	638	547		29	30
环　保	6951	953	5285	318		215	119
海　洋	1046	823	169	84	124		
土　地	23334	15749	5578	5618	136	123	156
煤　炭	4674	2108	2156	965	55	21	15
石　油	12110	4832	5381	2286	33	40	19
有　色	2387	629	1302	428		69	7
气　象	903	126	594	10		56	26
航空航天	3816	176	2222	3		13	
其　他	57935	5662	5067	5378	4629	3194	3576

表 44　2007 年测绘成果提供情况（按地区分）

地　区	地形图（张）			大地成果（点）	航摄成果（片）	挂图（张）	地图集（册）
	总数	#1:1 万	#1:5 万				
合　计	**629307**	**149847**	**111447**	**153334**	**361615**	**10285**	**5465**
北　京	21214	683		15997			
天　津				98			
河　北	3584	3139	371	1614	76		
山　西	6640	4401	2006	1295	2956	1441	136
内蒙古	21171	6746	9241	6236	13008		
辽　宁							
吉　林	5675	3928	1358	3091	17514	4406	467
黑龙江	17701	6313	10719	9439	32339	17	
上　海	253059	204	16	18629			
江　苏	3785	3326	429	1152		168	82
浙　江	6720	6335	278	14368	201		
安　徽	7255	6673	332	3251	129		
福　建	5528	3647	1652				
江　西	15463	12754	2281	24221	22631		
山　东	5957	3701	1772	4626	761		
河　南	1902	790	950	1491	3940		
湖　北	172	47		388	39		
湖　南	12150	10700	1053				
广　东	5006	4674	280	4725	309		
广　西	18163	15568	1535	11309	83952	357	256
海　南	513	219	294	632	6286		
重　庆							
四　川	23379	17256	6123	7673	13528		
贵　州	22900	15463	4849	1095	753	30	108
云　南	21739	8842	9404			224	
西　藏	59448	34	342			1608	3885
陕　西	10994	8650	1910	475	9259		
甘　肃	2046	54	1100	699	29		
青　海	4895	476	2613	1459	5280	787	70
宁　夏	2579	1949	516				
新　疆	25190	3275	14772	8914	14190	1247	461
地理信息中心	44479		35251	10457	134435		

表45　2007年数字测绘成果提供情况（按部门分）

计量单位：幅，GB

部门	数字线划地图（DLG）						数字栅格地图（DRG）					
	合计		#1∶1万		#1∶5万		合计		#1∶1万		#1∶5万	
	图幅数	数据量	图幅数	数据量	图幅数	数据量	图幅数	数据量	图幅数	数据量	图幅数	数据量
合　计	**114715**	**1124.9**	**45190**	**407.2**	**31435**	**515.6**	**41653**	**974.3**	**13414**	**216.3**	**27738**	**752.0**
测　绘	81075	585.6	27605	153.4	20333	288.7	11267	297.2	1952	38.4	8719	253.1
地　矿	4403	27.6	413	1.2	3780	25.1	4098	116.0	417	5.2	3681	110.9
地　震	15848	103.5	7041	45.3	8012	54.1	611	5.6			611	5.6
通　讯	2	0.002	2	0.002			2	0.01			2	0.01
林　业	5192	18.2	2531	9.1	2569	8.9	1372	28.6	1021	26.8	351	1.8
交　通	11326	57.9	1904	8.0	9350	49.0	807	14.9	558	11.3	249	3.6
水　利	7789	32.0	6345	21.2	1364	10.4	412	8.4	331	6.7	81	1.7
电　力	5757	23.2	4624	14.1	659	7.2	837	9.1	466	5.4	355	3.5
民　政	22108	17.5	185	0.6	21098	11.6	21085	78.8			21085	78.8
科　教	2902	5.5	191	1.0	1545	2.9	586	31.3	20	0.2	566	31.1
军　事	6711	35.1	3859	25.7	2670	8.6						
农　业	16071	4.7	75	0.2	15919	4.4	193	3.3	187	3.3	6	0.03
规　划	14571	59.4	3790	15.7	3301	17.9	2235	24.8	1086	20.7	1149	4.1
建　设	43	0.2	43	0.2			14	0.1	10	0.1	4	0.01
冶　金	113	0.3	104	0.2	9	0.1						
环　保	6406	19.2	1173	5.4	1067	10.6	108	1.6	1	0.01	107	1.6
海　洋	696	4.9	513	4.0	3	0.04	5	0.03	5	0.03		
土　地	14105	26.8	5457	19.8	46	0.3	1428	28.5	1136	25.0	292	3.5
煤　炭	123	0.6	102	0.4	21	0.2	106	1.7	56	1.0	50	0.7
石　油	1939	0.8	15	0.1	1108	0.4	320	3.7	19	0.2	297	3.4
有　色	18	0.04	17	0.03	1	0.01	15	0.1	2	0.02	12	0.04
气　象	1153	20.2	516	11.3	337	7.3						
航空航天	18	0.1	9	0.03								
其　他	15114	81.5	11008	70.2	837	7.8	12049	320.6	6147	71.9	5901	248.7

2007 年数字测绘成果提供情况（按部门分）续

计量单位：幅，GB

部门	数字正射影像（DOM）						数字高程模型（DEM）					
	合计		#1:1 万		#1:5 万		合计		#1:1 万		#1:5 万	
	图幅数	数据量	图幅数	数据量	图幅数	数据量	图幅数	数据量	图幅数	数据量	图幅数	数据量
合　计	**53922**	**7547.6**	**31045**	**1333.6**	**11838**	**3858.0**	**56361**	**605.8**	**25521**	**287.3**	**29287**	**312.2**
测　绘	19302	1149.5	16165	676.7	2248	438.7	24571	147.0	11042	96.9	13238	48.3
地　矿	646	36.3	166	5.1	480	31.2	3782	11.6	344	1.6	3342	9.9
地　震	157	19.0			157	19.0	1982	11.3	783	7.8	1199	3.5
通　讯	553	46.5	553	46.5								
林　业	2566	85.9	2502	84.0			947	6.3	237	4.2	682	2.0
交　通	494	24.0			494	24.0	1092	3.2			1071	3.1
水　利	202	30.4	59	1.8	143	28.6	3280	16.9	3280	16.9		
电　力	9	0.3	9	0.3			286	9.5	267	9.4	19	0.2
民　政	9992	2936.0			9992	2936.0	26638	60.7			25745	58.8
科　教	451	67.5	142	4.3	295	59.2	318	2.4	236	2.2	82	0.3
军　事	517	36.2	176	4.5	227	23.1	6728	118.2	4508	105.8	2164	12.0
农　业	20	0.7	20	0.7								
规　划	25103	1906.4	1355	70.7	652	226.1	1173	5.2	508	3.4	665	1.8
建　设	1	0.03	1	0.03			25	0.1			25	0.1
冶　金							16	0.1			16	0.1
环　保	527	36.9					421	1.2	413	1.1	8	0.1
海　洋	5	0.1	5	0.1			167	1.6	163	1.6	4	0.01
土　地	23395	1129.9	14690	434.4	357	72.1	6472	44.4	4824	32.9	1404	9.9
煤　炭												
石　油	4	0.1	4	0.1			130	0.6			130	0.6
有　色												
气　象							21104	125.8			21104	125.8
航空航天							5	0.01			5	0.01
其　他	194	41.8	92	4.3			14435	39.6	350	3.5	13967	35.9

表46 2007年数字测绘成果提供情况（按地区分）

计量单位：幅，GB

地区	数字线划地图（DLG）						数字栅格地图（DRG）					
	合计		#1:1万		#1:5万		合计		#1:1万		#1:5万	
	图幅数	数据量	图幅数	数据量	图幅数	数据量	图幅数	数据量	图幅数	数据量	图幅数	数据量
合计	**114715**	**1124.9**	**45190**	**407.2**	**31435**	**515.6**	**41653**	**974.3**	**13414**	**216.3**	**27738**	**752.0**
北京	12508	35.0	683	3.4								
天津	2345	17.4	553	1.9	51	0.1						
河北	1252	7.9	340	2.2	809	5.5	374	33.6			374	33.6
山西	6864	38.0	6394	28.9	449	8.2	863	27.1	682	21.1	181	6.0
内蒙古	421	2.5	342	2.3	64	0.2	30	0.1			30	0.1
辽宁												
吉林	3738	24.1	3100	20.5	609	3.0	597	2.7			597	2.7
黑龙江	1617	7.9	69	1.7	1548	6.2	1525	4.6			1525	4.6
上海	16973	3.4										
江苏	4336	40.9	4022	30.6	312	10.2	541	41.1	229	3.8	312	37.3
浙江	5880	83.2	4988	72.3	310	3.6	738	11.1	719	10.9	3	0.03
安徽	693	4.3	301	1.4	392	3.0	405	5.0	390	4.7	15	0.3
福建	4690	106.8	4335	64.4	337	42.0						
江西												
山东	737	2.5	514	1.7	209	0.6	213	0.8			213	0.8
河南	2205	11.9	1741	9.3	464	2.6	66	0.3			66	0.3
湖北	5548	73.2	2998	30.0	513	21.9	6757	68.5	6244	62.4	513	6.1
湖南	2520	19.5	1196	6.0	1288	12.9	452	4.5	452	4.5		
广东	7046	114.3	6558	96.7	488	17.6	444	4.4	320	3.8	124	0.5
广西	1078	10.8	403	2.1	592	7.9	335	2.3	52	0.3	282	1.9
海南	716	9.8	626	1.1	84	8.6	114	1.9	16	0.1	98	1.8
重庆	2751	6.3	1836	5.4			208	1.6	90	0.9	118	0.7
四川	98	0.5			98	0.5	459	2.3			459	2.3
贵州	484	38.1	8	0.1	467	37.8	1386	55.4	1386	55.4		
云南	1995	117.4	972	7.8	965	12.2	269	38.8			269	38.8
西藏												
陕西	807	8.0	181	2.0	596	5.8	51	0.7			51	0.7
甘肃							3831	62.7	2600	45.2	1231	17.4
青海	1742	10.3	162	2.7	1329	6.2	354	2.8	39	1.8	292	0.9
宁夏	31	0.1	31	0.1								
新疆	6263	32.3	2837	12.9	2855	16.2	1963	17.4	195	1.3	1307	10.3
地理信息中心	19377	298.4			16606	282.7	19678	585.0			19678	585.0

2007年数字测绘成果提供情况（按地区分）续

计量单位：幅，GB

地区	数字正射影像（DOM）						数字高程模型（DEM）					
	合计		#1:1万		#1:5万		合计		#1:1万		#1:5万	
	图幅数	数据量	图幅数	数据量	图幅数	数据量	图幅数	数据量	图幅数	数据量	图幅数	数据量
合　计	**53922**	**7547.6**	**31045**	**1333.6**	**11838**	**3858.0**	**56361**	**605.8**	**25521**	**287.3**	**29287**	**312.2**
北　京												
天　津	8789	2184.7	553	93.8	45	19.2						
河　北	3463	100.5	3463	100.5			1099	6.1	501	4.3	598	1.8
山　西	6768	282.2	6319	270.7	449	11.4	6843	41.0	6394	38.0	449	3.0
内蒙古	131	3.3	131	3.3								
辽　宁												
吉　林	195	8.8					757	2.4	120	0.4	608	1.9
黑龙江	29	10.8			29	10.8	1547	9.3			1547	9.3
上　海												
江　苏	744	40.5	628	15.9	116	24.6	2971	23.2	2954	23.1	17	0.1
浙　江	5640	638.3	5013	300.1	327	317.8	5150	64.9	4965	63.9	96	0.3
安　徽	405	22.3	405	22.3			38	0.3	14	0.1	24	0.2
福　建	6224	315.4	4223	117.1			1669	20.0	1651	20.0		
江　西												
山　东	117	8.4	117	8.4								
河　南	691	21.8	691	21.8			464	1.3			464	1.3
湖　北	1711	51.3	1706	51.2			361	0.8	327	0.8	34	0.1
湖　南	276	16.6	118	4.7			98	0.4	73	0.3	25	0.1
广　东	1642	100.5	1049	46.0	593	54.5	3383	105.1	2896	103.6	487	1.5
广　西	5602	252.2	5602	252.2			1063	4.0	349	1.0	686	2.9
海　南	184	37.3	72	2.0	84	21.7	101	0.6			101	0.6
重　庆	190	7.4			70	5.0	2918	9.2	2918	9.2		
四　川							74	0.7			74	0.7
贵　州	199	12.0	66	1.3	133	10.6	2134	21.3	2126	21.3	8	0.03
云　南	153	32.3	112	3.4			111	0.4			70	0.3
西　藏												
陕　西	19	0.5	19	0.5			596	1.6			596	1.6
甘　肃												
青　海							95	0.4			80	0.3
宁　夏												
新　疆	758	18.3	758	18.3			3468	24.5	233	1.4	2795	20.1
地理信息中心	9992	3382.3			9992	3382.3	21421	268.4			20528	266.2

表 47　2007 年测绘成果汇交和地图审核情况

地 区	成果汇交		受理审核地图数量（件）	
	汇交目录（条）	汇交副本（套）	合计	#通过审核
合 计	**52966**	**14095**	**5552**	**5216**
北 京	16000	12782	72	70
天 津	3315	3	8	8
河 北	39		31	31
山 西			46	41
内蒙古			64	64
辽 宁			41	36
吉 林	111	3	52	43
黑龙江	1908	160	56	55
上 海			163	161
江 苏	3589		130	129
浙 江	48	48	232	232
安 徽			40	39
福 建	42	18	83	80
江 西	152	19	40	40
山 东	4764	63	813	813
河 南	826		82	81
湖 北	372		112	112
湖 南	78	26	23	23
广 东	364		98	55
广 西			51	50
海 南	320		36	35
重 庆	400	400	6	6
四 川	1126		72	72
贵 州	628	1	23	23
云 南		4	55	55
西 藏				
陕 西	875		50	50
甘 肃	14414	483	44	44
青 海	3540	37	24	18
宁 夏			276	276
新 疆	55	48	312	312
国家测绘局			2417	2162

八、基本建设

表48 2007年基本建设投资情况

计量单位：万元

建设单位	中央预算	地方预算	自筹资金
合　计	**12095**	**1552**	**10590**
北　京			
天　津			
河　北			334
山　西		300	
内蒙古			
辽　宁			
吉　林	100		
黑龙江	600		901
上　海			
江　苏		530	220
浙　江			
安　徽			
福　建			
江　西			
山　东			
河　南		500	99
湖　北			
湖　南			100
广　东			
广　西			385
海　南			
重　庆			
四　川	400		1072
贵　州			
云　南			
西　藏		72	6
陕　西	450		6034
甘　肃			
青　海			
宁　夏		150	
新　疆			
重庆测绘院	250		222
北戴河休养院			
地理信息中心	160		
测绘研究院			
地图出版社			
测绘宣传中心	45		
管理信息中心			
地图审查中心	20		
发展研究中心	20		
技能鉴定中心			
测绘学会			
国家局本级	10050		1217

表 49 2007 年年末实有房地产情况

单 位	房地产总投资（万元）		房产总面积（平方米）			
		#自 筹		生产用房	住 宅	其 他
合 计	**115731**	**82488**	**1416363**	**571969**	**718320**	**126074**
北 京	9759	9759	88320	25674	58691	3955
天 津	1866	1816	13931	8858	5073	
河 北	3580	2772	83704	17233	60476	5995
山 西	889	376	37640	18632	7975	11033
内蒙古	2383	1584	54504	13986	40518	
辽 宁	534	100	10693	7571	907	2215
吉 林	2915	1861	58247	11669	42531	4047
黑龙江	2750	943	37807	21712		16095
上 海	2931	2518	18271	16923		1348
江 苏	504	187	13804	13804		
浙 江	1175	973	19027	12558		6469
安 徽	1265	606	41206	14784	25430	992
福 建	737	394	14493	9331	5162	
江 西	494	130	14830	9764	1960	3106
山 东	1253		35460	4596	29091	1773
河 南	1408	1211	17595	17205		390
湖 北	5115	4835	58480	19934	36227	2319
湖 南	1515	69	66813	19790	41563	5460
广 东	1690	1013	51635	17898	33737	
广 西	2409	2254	66869	3532	38311	25026
海 南	4045	3057	23255	15123	551	7581
重 庆	1979	1979	10024	10024		
四 川	5634	1858	123414	48828	74586	
贵 州	987	766	35442	10214	25228	
云 南	3301	2244	23723	12990	6223	4510
西 藏	313	82	4282	1880	2402	
陕 西	13795	9713	171934	95351	76433	150
甘 肃	1081	907	18305	15026	2290	989
青 海	581	306	8668	7600		1068
宁 夏	1144	232	17987	5301	8375	4311
新 疆	4171	3935	19388	17584	1804	
重庆测绘院	1619	680	21955	4648	16367	940
地理信息中心	4678	1818	23746	9277	11941	2528
测绘研究院	14057	11672	66252	18163	40331	7758
中国地图社	12998	9838	38490	14506	23984	
北戴河休养院	176		6169		153	6016

表 50 2007 年基建资

单位	基建拨款合计	以前年度拨款	本年度基建基金拨款			本年度自筹资金拨款	本年其他拨款
				中央财政	地方财政		
合计	**68019**	**43632**	**13647**	**12095**	**1552**	**10590**	**150**
北京							
天津							
河北	334					334	
山西	722	422	300		300		
内蒙古							
辽宁							
吉林	100		100	100			
黑龙江	1801	300	600	600		901	
上海							
江苏	1215	465	530		530	220	
浙江							
安徽							
福建	600	600					
江西							
山东							
河南	919	320	500		500	99	
湖北							
湖南	2112	1862				100	150
广东							
广西	5360	4975				385	
海南							
重庆							
四川	5197	3725	400	400		1072	
贵州							
云南							
西藏	391	313	72		72	6	
陕西	20580	14096	450	450		6034	
甘肃							
青海							
宁夏	170	20	150		150		
新疆							
重庆测绘院	905	433	250	250		222	
地理信息中心	160		160	160			
测绘研究院	90	90					
地图出版社							
测绘宣传中心	45		45	45			
管理信息中心							
地图审查中心	20		20	20			
发展研究中心	20		20	20			
技能鉴定中心							
测绘学会							
机关服务中心							
北戴河休养院							
三亚培训中心							
国家局本级	27278	16011	10050	10050		1217	

金拨款、支出情况

计量单位：万元

基建支出合计	交付使用财产	在建工程	建筑安装工程	设备投资	待摊投资	其他投资
47023	**8912**	**38112**	**24427**	**122**	**13647**	**116**
334	334					
330	330					
100	100					
1801		1801	1801			
1215	60	1155	1079		76	
480		480	480			
919	919					
2046	150	1896	1558		338	
1052		1052	811	122	3	116
4993	379	4614	4467		147	
391	391					
18798	5940	12858	12049		809	
21	14	7	7			
905		905	891		14	
160	160					
90		90	90			
45	45					
20	20					
20	20					
13304	50	13254	994		12260	

九、设备

表51　2007年各单位设备总值情况

计量单位：万元

单　位	年末实有设备总值（原值）	本年增加数	本年减少数	单台两万元以上的设备总值（原值）
合　计	**180879.26**	**22593.65**	**10071.42**	**147315.34**
北　京	7354.33	1007.52	813.30	5859.09
天　津	4892.82	482.88	399.22	4152.55
河　北	5357.39	198.68	28.80	4507.59
山　西	5293.92	377.72	392.30	4492.53
内蒙古	4019.82	925.27	262.05	3422.82
辽　宁	4317.38	429.00		3579.50
吉　林	3471.80	667.15	397.09	2981.65
黑龙江	15799.88	2409.10	524.16	13143.74
上　海	8560.37	685.74	83.41	5595.37
江　苏	4950.86	1102.38	173.08	3859.45
浙　江	3532.30	308.04		2624.02
安　徽	3278.52	388.67	316.31	2615.82
福　建	3251.14	319.61	0.54	2415.92
江　西	2604.63	282.53	29.25	2127.02
山　东	2738.36	368.58	211.55	2254.39
河　南	4903.32	608.27	84.27	3781.64
湖　北	3441.98	350.55	104.87	2661.42
湖　南	4606.03	636.10	293.67	3888.70
广　东	4936.66	472.78		4284.37
广　西	5568.91	538.01	1189.61	4419.14
海　南	4248.65	318.22	1059.12	3409.77
重　庆	2621.47	307.27	28.97	2280.56
四　川	13032.73	1477.45	339.88	10843.17
贵　州	2202.22	310.67	100.89	1705.02
云　南	4293.53	336.06	254.91	3555.20
西　藏	373.22	2.62	111.68	337.40
陕　西	16528.65	2406.73	265.73	13930.85
甘　肃	3317.29	602.24	714.65	2552.49
青　海	2602.84	459.14	70.14	2038.81
宁　夏	1419.09	349.76	330.83	1266.51
新　疆	4377.15	631.89		3599.48
重庆测绘院	2029.95	590.23	109.19	1810.89
地理信息中心	7254.14	471.14	997.77	6325.68
测绘研究院	7786.07	1454.96	303.06	6422.98
中国地图社	4383.73	71.82	1.97	3562.51
测绘宣传中心	667.86	55.14		514.56
北戴河休养院	240.36			132.10
管理信息中心	335.81	31.94	41.29	201.04
地图审查中心	47.09	4.20		19.03
发展研究中心	92.67	129.96	37.86	36.42
技能鉴定中心	18.65	18.65		2.24
机关服务中心	125.67	4.98		101.90

表 52　2007 年设备分类情况

计量单位：台/套，万元

设备名称	总值	数量（按用途分）					数量（按质量状况分）			数量（按存在状态分）		
			#生产	#科研	#教学	#办公	完好	待修	待废	在用	闲置	租借
合　计	**180879.26**	**66889**	**46097**	**2274**	**482**	**15582**	**63398**	**104**	**3387**	**63280**	**3566**	**43**
一、大地测量仪器	19803.42	5694	5428	35	85	68	5178	22	494	4906	772	16
其中：												
1. 经纬仪	585.33	694	636	6	28	2	490	1	203	377	306	11
2. 水准仪	1673.33	1076	1028	9	22	5	1005	4	67	885	189	2
3. 平板仪	141.91	345	318	5	10	1	273	9	63	248	97	
4. 测距仪	1203.95	559	532	9	4	7	528	1	30	522	35	2
5. 全站型速测仪	14584.97	2315	2252	2	17	22	2247	6	62	2243	71	1
6. 管道探测仪	1093.49	215	211			4	184		31	210	5	
二、航测光谱遥感仪器	4863.54	354	255	35		19	247	6	101	256	98	
其中：												
1. 航空摄影机	1872.51	12	8	4			12			12		
2. 精密立体测图仪	852.05	42	28				5	1	36	10	32	
3. 纠正仪	157.31	12	11	1			8	2	2	10	2	
4. 正射投影仪	111.89	5	2			1	3		2	3	2	
5. 展点仪	7.45	3	2						3		3	
6. 立体坐标量测仪	78.95	6	5				4		2	4	2	
7. 立体量测仪	17.32	4	3	1			3	1		3	1	
8. 光学转绘仪	0.92	1				1	1			1		
9. 多倍仪												
10. 数据采集仪	115.54	5	2				2		3	2	3	
11. 数字化仪	99.68	50	35			4	37	1	12	35	15	
三、造纸和印刷设备	6886.82	405	338	2	1	39	362		43	367	38	
其中：												
1. 电子分色仪												
2. 烘版机	5.00	3	1	1			2		1	2	1	
3. 晒版机	90.00	30	25			2	24		6	24	6	
4. 打样机	291.94	11	10				8		3	9	2	
5. 拷贝机	77.44	11	11				10		1	10	1	
6. 复照仪	4.50	1	1						1		1	
7. 激光照排系统	844.95	26	25			1	24		2	24	2	
8. 印刷机	4705.39	96	83	1	1	8	90		6	91	5	
9. 晾纸机	3.39	3	2				2		1	2	1	
四、雷达导航设备	16690.52	2047	1842	89	5	98	1997	6	44	1986	60	1
其中：												
1. 卫星导航 GPS 设备	16129.74	1923	1721	89	5	97	1876	6	41	1880	42	1
2. 卫星遥感设备	62.79	12	11			1	12			12		
五、通讯设备	2207.78	3531	2684	47	8	682	3298	3	230	3318	212	1
六、运输设备	37434.15	1753	1251	8	1	473	1725		28	1719	34	
其中：												
1. 载货汽车	1473.65	117	111			5	113		4	113	4	
2. 越野汽车	11953.41	436	367	2		65	423		13	420	16	
3. 自卸汽车	13.80	4	4				4			4		
4. 牵引汽车												
5. 载客汽车	10391.82	514	410	3	1	94	508		6	505	9	

2007 年设备分类情况（续）

计量单位：台/套，万元

设备名称	总值	数量（按用途分）					数量（按质量状况分）			数量（按存在状态分）		
			#生产	#科研	#教学	#办公	完好	待修	待废	在用	闲置	租借
6. 轿车	13061.33	530	241	2		281	526		4	527	3	
7. 专用汽车	260.31	31	29	1		1	31			31		
8. 铁路运输设备	220.26	11	9			2	11			11		
9. 水上交通运输设备	0.89	5	3			2	5			5		
10. 民用飞机												
11. 工矿车辆	2.50	1	1				1			1		
七、计算机及外围设备	75253.62	38849	27149	1811	264	8691	36906	22	1921	37001	1825	23
其中：												
1. 数字电子计算机	41811.56	24528	17555	1253	235	4898	23296	15	1217	23447	1067	14
2. 数、模混合计算机	107.80	115	112			3	101		14	101	14	
3. 磁盘机	872.34	542	365	48	1	105	515		27	514	28	
4. 磁带机	599.98	125	75	10		38	118		7	118	7	
5. 打印设备	1884.02	3374	1746	138	15	1385	3147	5	222	3158	214	2
6. 计算机绘图设备	7854.94	919	713	22	2	151	854	1	64	862	57	
八、其他仪器仪表	3024.86	945	794	23	8	109	914	9	22	910	35	
九、机电设备	13011.12	12197	5574	197	101	5180	11739	30	428	11789	406	2
其中：												
1. 锅炉及原动机	1659.01	94	26		1	44	82		12	82	12	
2. 金属加工设备	44.85	100	57			26	90	6	4	91	9	
3. 起重设备	729.33	39	17			19	37		2	37	2	
4. 泵	93.74	112	34			40	108		4	107	5	
5. 风机	9.85	12	4			3	11		1	11	1	
6. 气体压缩机	2.44	10	9				9		1	9	1	
7. 制冷空调设备	465.96	545	409			134	538		7	535	10	
8. 金属表面处理设备	10.43	11	9			2	11			11		
9. 包装、气动工具	5.87	16	8			5	14		2	14	2	
10. 非金属工业设备	45.20	28	14			4	23		5	24	4	
11. 工程机械设备	16.17	16	4			4	16			16		
12. 木材采集加工设备	8.35	11	5				10		1	10	1	
13. 食品工业专用设备	52.55	179	18		2	55	174	2	3	174	5	
14. 医疗器械	48.96	66	9	1		47	62		4	63	3	
15. 其他行业专用设备	3432.66	2224	1001	78	19	1064	2118	10	96	2131	93	
16. 电机	203.82	229	197			25	215		14	214	15	
17. 变、电、容器	1239.19	601	449	30	1	73	534	1	66	541	60	
18. 生产辅助用电器	556.39	125	55			55	123		2	122	3	
19. 生活电器照明设备	2828.72	5632	2467	66	25	2617	5528	8	96	5556	76	
20. 电气机械设备	33.79	115	78			32	106	1	8	107	8	
21. 电工电子专用设备	30.98	39	26	1	1	9	39			35	4	
22. 广播电视设备	1265.33	1832	599	21	52	861	1768	2	62	1772	58	2
十、其他设备	1703.43	1114	782	27	9	223	1032	6	76	1028	86	

表53 2007年各单位主要设备情况

计量单位：台/套，万元

单位	GPS接收机		全站型速测仪		全数字摄影测量系统		图形工作站		微型电子计算机	
	数量	金额	数量	金额	数量	金额	数量	金额	数量	金额
合计	**1842**	**15576**	**2315**	**14585**	**1023**	**8528**	**669**	**2913**	**16517**	**16880**
北京	26	355.67	102	685.10	18	197.29	22	87.16	593	701.82
天津	38	711.09	75	766.21	6	62.34	25	89.50	326	376.74
河北	12	159.42	69	392.42	25	193.17	2	4.99	473	455.26
山西	28	500.69	50	279.61	55	653.20	33	176.22	397	566.29
内蒙古	54	415.20	47	279.59	54	521.45	22	83.86	403	370.15
辽宁	97	756.86	106	434.66	31	265.50	5	36.97	639	372.60
吉林	33	391.96	82	485.75	49	353.54	23	51.47	348	272.05
黑龙江	184	1211.52	185	1207.32	94	714.98	105	485.49	1515	1744.50
上海	99	1045.14	92	1045.48	1	20.30	12	71.14	469	670.20
江苏	33	366.79	25	160.00	27	267.46	17	69.19	382	321.49
浙江	32	251.90	63	373.38	24	256.46			828	864.92
安徽	56	450.68	57	374.88	52	436.84	11	41.34	366	273.53
福建	48	257.84	73	384.85	18	233.03	1	3.49	443	322.45
江西	17	149.80	48	270.83	14	146.79	14	79.34	276	229.12
山东	23	340.10	27	136.22	21	196.25	61	62.39	277	268.83
河南	41	594.29	88	440.48	54	400.00	10	64.88	629	554.43
湖北	36	213.40	49	259.19	28	161.33	11	52.31	420	366.14
湖南	29	179.02	65	415.43	5	58.25	1	13.95	495	345.73
广东	29	726.32	126	727.69	22	228.92	3	7.80	447	393.28
广西	54	490.80	117	668.08	38	347.37	12	64.81	632	483.52
海南	80	357.71	53	306.41	58	380.78	36	77.05	236	221.47
重庆	25	419.02	66	314.94	10	100.20	3	11.67	314	182.85
四川	133	998.04	182	1123.70	90	523.77	13	74.54	1238	1312.36
贵州	41	169.99	70	322.45	18	181.50	1	6.28	346	257.92
云南	97	494.48	60	401.66	20	221.44	16	92.00	267	255.43
西藏	3	39.00	5	33.70			1	4.32	15	20.97
陕西	198	1799.54	105	903.95	62	604.58	46	330.94	1159	1266.43
甘肃	62	304.95	33	217.99	60	281.02	16	34.32	346	280.83
青海	43	275.96	62	354.78	5	40.30	20	56.19	225	247.53
宁夏	19	168.37	14	80.69	9	87.60	3	14.58	84	115.57
新疆	66	505.91	41	254.90	42	272.00	22	61.32	219	220.05
重庆测绘院	50	285.83	78	482.63	13	120.20			132	96.23
地理信息中心	16	161.60					44	453.50	388	688.84
测绘研究院	39	26.73					7	47.76	612	884.73
中国地图社	1	0.37					50	100.39	398	674.88
测绘宣传中心									53	64.26
北戴河休养院										
管理信息中心							1	2.14	63	63.39
地图审查中心									15	14.20
发展研究中心									20	25.36
技能鉴定中心									13	12.92
机关服务中心									16	20.76

2007 年各单位主要设备情况（续一）

计量单位：台/套，万元

单位	服务器		数字化仪		影像扫描仪		图形扫描仪		GIS 软件	
	数量	金额	数量	金额	数量	金额	数量	金额	数量	金额
合 计	**684**	**4504**	**50**	**100**	**182**	**2909**	**285**	**1644**	**1061**	**2757**
北 京	40	393.33	7	12.32	8	1.18	14	111.64		
天 津	35	213.74	3	6.00	1	17.00	9	49.41	22	96.51
河 北	19	31.42	4	7.70	5	34.84	10	42.73	23	94.61
山 西	13	148.45	4	4.55	3	152.32	14	79.75	64	207.85
内蒙古	9	50.58	1	1.50	1	46.00	10	48.41	1	5.24
辽 宁	20	115.00			5	88.03	5	12.19	16	97.15
吉 林	10	121.31			5	91.15	4	28.07	19	66.89
黑龙江	39	176.66	10	34.81	31	476.61	9	54.84	81	124.62
上 海	18	253.36	2	3.10	9	8.78	13	93.61		
江 苏	36	228.90			1	107.80	11	27.83	10	96.25
浙 江	12	129.93			3	95.70	8	48.16	3	138.00
安 徽	7	45.52	1	1.32	5	64.21	6	39.25	65	136.52
福 建	8	62.44			1	49.00	7	32.75	5	38.32
江 西	10	62.71	1	2.10	1	30.93	7	39.91	9	30.67
山 东	8	55.58			3	53.74	5	33.52	26	165.45
河 南	20	98.87	2	1.19	4	45.05	7	24.77	69	118.98
湖 北	10	49.69	1	3.10	2	34.18	10	141.03	53	115.94
湖 南	8	11.32	2	3.69	14	2.70	7	9.55	6	6.90
广 东	14	77.55			5	134.12	6	22.82	6	42.83
广 西	25	125.17			13	263.51	9	49.96	152	172.45
海 南	14	86.21			3	64.12	4	72.92	73	71.53
重 庆	5	52.42			5	19.54	1	44.70	4	71.67
四 川	34	294.54	1	2.90	15	181.89	10	194.51	158	214.25
贵 州	6	34.28	1	1.50	1	45.80	4	30.60	7	30.10
云 南	13	82.41			4	148.53	24	41.10	70	210.70
西 藏	1	4.96	1	1.20			1	19.20		
陕 西	54	340.23			10	373.89	28	121.41	27	163.14
甘 肃	89	67.16	2	3.96	1	34.00	11	23.10	13	19.49
青 海	4	21.29	1	1.50			5	17.17	20	24.93
宁 夏	3	23.53			1	34.00	4	20.59	5	35.19
新 疆	10	38.50	4	6.60	3	128.20	10	42.72	39	68.08
重庆测绘院	7	31.56					2	22.45	8	58.10
地理信息中心	50	803.43					6	0.90	4	6.85
测绘研究院	1	8.26								
中国地图社	24	111.13	2	0.64	14	75.61			3	27.84
测绘宣传中心	2	9.60			4	6.53				
北戴河休养院										
管理信息中心	6	42.84			1	0.45	2	0.56		
地图审查中心							1	1.35		
发展研究中心										
技能鉴定中心										
机关服务中心							1	0.45		

2007 年各单位主要设备情况（续二）

计量单位：台/套，万元

单　位	水准仪		经纬仪		测距仪		精密立体测图仪		解析测图仪	
	数量	金额	数量	金额	数量	金额	数量	金额	数量	金额
合　计	**1076**	**1673**	**694**	**585**	**559**	**1204**	**42**	**852**	**28**	**1016**
北　京	81	76.27	38	43.97	31	87.18	1	18.04	2	55.00
天　津	80	63.50	29	21.85	4	11.71				
河　北	71	15.14	85	58.71	44	259.23	4	104.04	2	31.50
山　西	24	40.68	10	4.41					2	15.50
内蒙古	34	21.51	24	55.43	7	18.37			1	23.50
辽　宁	33	9.86	3	2.35	23	27.56	2	117.45		
吉　林	11	20.89			1	0.50				
黑龙江	78	243.65	13	5.86	12	24.58	14	215.83	2	118.00
上　海	57	219.84	6	14.05	30	13.71				
江　苏	47	22.43	25	15.96	73	17.83				
浙　江	20	34.65	5	5.45	15	16.49				
安　徽	43	29.62	1	0.61	27	30.58				
福　建	21	1.63	84	51.66	62	31.65				
江　西	31	4.22	8	5.76	7	34.85	2	32.48	3	143.53
山　东	8	17.97			6	1.63				
河　南	27	14.67	17	11.87	9	37.00				
湖　北	13	16.71	4	4.57	17	20.51				
湖　南	17	49.21	16	14.50	17	8.90				
广　东	17	59.00	2	5.44	10	19.98				
广　西	35	27.45	15	5.23	50	72.85				
海　南	24	68.24	5	11.36	3	2.65				
重　庆	15	27.60	36	18.37	10	2.63			1	18.00
四　川	48	127.24	89	64.64	13	30.71	4	63.02	4	182.80
贵　州	4	1.00	1	0.58	1	5.44				
云　南	12	44.30	16	15.12	1	0.50				
西　藏	4	10.88	5	5.89	5	21.76				
陕　西	91	282.42	22	36.15	21	140.42	15	301.19	9	373.77
甘　肃	12	13.17	12	12.07	4	14.21				
青　海	47	21.19	8	10.27	28	70.60				
宁　夏	5	5.89			6	13.98			2	54.01
新　疆	58	30.27	56	39.58	15	90.18				
重庆测绘院	5	32.76	57	42.76	2	16.00				
地理信息中心										
测绘研究院	3	19.47	2	0.86	5	59.76				
中国地图社										
测绘宣传中心										
北戴河休养院										
管理信息中心										
地图审查中心										
发展研究中心										
技能鉴定中心										
机关服务中心										

2007 年各单位主要设备情况（续三）

计量单位：台/套，万元

单位	电子计算机绘图设备		航空摄影机		印刷机		测深仪		管道探测仪	
	数量	金额	数量	金额	数量	金额	数量	金额	数量	金额
合计	**919**	**7855**	**12**	**1873**	**49**	**4057**	**12**	**112**	**215**	**1093**
北京	50	539.54			3	28.02			14	63.04
天津	42	197.92			2	71.81			36	195.93
河北	34	135.15			2	69.82			2	7.50
山西	40	391.45			2	210.39				
内蒙古	16	124.98							1	11.00
辽宁	23	169.92	4	130.84	3	38.48			6	27.85
吉林	25	214.07			1	10.72	2	7.82	3	25.60
黑龙江	93	888.17	4	694.45	5	270.31			5	27.50
上海	32	283.24							29	152.45
江苏	23	192.13			1	63.15				
浙江	11	143.86					1	5.70		
安徽	25	164.03					1	5.90		
福建	17	129.01					1	3.70		
江西	11	91.49								
山东	10	101.19								
河南	23	153.00			3	97.95			5	24.88
湖北	27	307.82			2	76.50				
湖南	33	82.06			10	1629.63				
广东	19	309.73					2	9.55		
广西	38	416.34			2	212.80				
海南	14	144.03					2	73.11		
重庆	6	64.24							35	151.18
四川	59	516.88			2	482.10			64	322.68
贵州	18	151.07			2	67.59				
云南	39	295.29			2	75.53	1	1.86		
西藏	4	50.52								
陕西	70	678.85			5	603.60	1	3.90	3	16.10
甘肃	19	111.01							2	14.49
青海	12	52.96								
宁夏	11	106.65			1	42.81				
新疆	22	212.70			1	5.62			1	4.73
重庆测绘院	8	75.61					1	0.41	9	48.56
地理信息中心	14	222.97								
测绘研究院	5	24.11	4	1047.22						
中国地图社	17	103.61								
测绘宣传中心	4	6.53								
北戴河休养院										
管理信息中心	3	1.01								
地图审查中心	1	1.35								
发展研究中心										
技能鉴定中心										
机关服务中心	1	0.45								

2007 年各单位主要设备情况（续四）

计量单位：台/套，万元

单位	探地雷达		载货汽车		越野汽车		载客汽车		轿车	
	数量	金额	数量	金额	数量	金额	数量	金额	数量	金额
合计	**7**	**408**	**117**	**1474**	**436**	**11953**	**514**	**10392**	**530**	**13061**
北京					8	181.33	63	1101.97	20	497.71
天津							37	500.89	18	400.91
河北			3	20.78	1	9.48	15	1512.23	25	613.22
山西					10	218.94	11	199.08	16	421.87
内蒙古					18	576.34	10	202.08	7	209.15
辽宁			1	5.00	2	75.45	17	195.09	10	255.18
吉林					9	151.22	20	204.33	16	320.61
黑龙江	1	45.69	3	48.34	56	1921.15	55	1073.48	31	806.69
上海					1	25.10	22	384.73	5	120.55
江苏	1	59.44	2	23.74	14	332.07	6	158.99	17	408.16
浙江			7	85.92	2	36.21	10	274.60	12	330.63
安徽					5	62.74	11	155.76	14	322.47
福建			5	99.23			5	143.79	17	338.04
江西			4	51.66	1	32.66	4	83.70	17	408.70
山东			1	6.40	13	235.93	4	92.00	9	213.45
河南			8	66.16	15	207.28	12	122.53	19	387.61
湖北					4	78.28	10	140.93	18	457.13
湖南					6	103.85	18	328.43	20	535.39
广东			20	263.65	6	176.30	9	230.25	14	397.65
广西					35	651.28	20	150.04	11	311.99
海南			4	36.57	10	221.61	13	352.45	20	404.05
重庆	1	44.81	6	66.38	5	71.17	22	294.12	12	256.30
四川	3	210.68	10	183.48	38	1333.00	37	696.99	34	734.09
贵州					9	148.22	6	109.06	12	220.71
云南			3	41.13	26	720.72	10	240.63	14	338.16
西藏					2	113.27	1	4.28	2	44.92
陕西	1	47.68	8	121.31	69	2402.57	27	560.64	22	560.36
甘肃			8	74.91	8	222.70	3	66.12	10	214.58
青海			5	42.04	16	306.40	4	62.94	12	252.71
宁夏			7	65.53	6	109.27	2	57.29	5	106.85
新疆			10	151.46	26	741.19	11	206.71	12	306.64
重庆测绘院			2	19.96	12	347.53	5	79.60	4	83.19
地理信息中心					1	44.00	3	101.15	5	156.80
测绘研究院					1	82.24	1	9.00	16	565.85
中国地图社					1	13.91	8	257.64	23	784.72
测绘宣传中心							1	23.00	5	121.24
北戴河休养院									2	51.15
管理信息中心										
地图审查中心							1	15.30		
发展研究中心										
技能鉴定中心										
机关服务中心									4	101.90

十、测绘行业

表 54 2007 年各等级测绘单位数量和人员情况（按系统分）

系统	测绘单位数（个）					年末测绘从业人员数（人）				
	总数	甲级	乙级	丙级	丁级	总数	#测绘作业证持证人数	#专业技术人员		
								高级	中级	初级
合计	**10952**	**536**	**1652**	**3432**	**5332**	**244524**	**116982**	**22577**	**59871**	**81335**
测绘	211	108	55	39	9	18923	11070	1492	4057	6283
建设	3139	76	266	842	1955	48386	25302	3263	12198	18211
地矿	440	60	168	133	79	16202	7336	1578	4295	5308
水电	861	69	183	333	276	27834	15088	3549	8011	7998
交通	349	35	115	115	84	14736	7539	1891	3637	4776
煤炭	252	13	70	77	92	13695	4562	917	2000	2966
冶金	139	12	47	46	34	6766	3634	451	1249	1685
石油	100	16	31	41	12	4641	2254	349	980	1170
有色	89	15	38	24	12	3867	2238	380	1103	1037
铁道	61	8	28	15	10	8906	3145	1428	2544	2772
土地	1729	21	207	579	922	22548	11579	1586	5648	9046
地震	21	7	8	4	2	1081	741	230	324	341
核工业	34	8	20	6		1075	703	174	368	358
教育科研	103	8	49	38	8	2870	1210	835	871	739
农业	29	2	6	15	6	482	151	58	158	167
林业	60	3	15	18	24	2208	1184	448	713	695
海洋	37	7	6	11	13	1137	389	235	277	321
机械	6	3	2	1		220	58	63	91	66
兵器	4	2	2			141	124	26	45	53
化工	55	3	14	28	10	1972	817	200	410	555
航空航天	6	3	3			308	138	69	79	69
建材	27	5	16	3	3	1045	323	175	312	344
其他	3200	52	303	1064	1781	45481	17397	3180	10501	16375

表 55 2007 年各等级测绘单位数量和人员情况（按地区分）

地区	测绘单位数（个）					年末测绘从业人员数（人）				
	总数	甲级	乙级	丙级	丁级	总数	#测绘作业证持证人数	#专业技术人员		
								高级	中级	初级
合 计	**10952**	**536**	**1652**	**3432**	**5332**	**244524**	**116982**	**22577**	**59871**	**81335**
北 京	192	41	45	51	55	12862	4332	1336	2079	3198
天 津	88	15	21	48	4	4499	3391	637	1190	1474
河 北	582	31	83	153	315	14665	5411	1087	2832	3447
山 西	380	18	40	102	220	6269	3534	526	1718	1997
内蒙古	366	11	78	104	173	10429	3080	626	2037	2232
辽 宁	564	23	117	222	202	10874	8810	842	1944	4291
吉 林	393	11	57	94	231	6136	2308	754	1784	2688
黑龙江	450	22	56	180	192	9015	1398	1042	2477	2684
上 海	127	15	43	54	15	4403	1725	544	988	1224
江 苏	556	26	76	256	198	10392	5601	1094	2737	3865
浙 江	452	22	25	90	315	7796	5142	521	1769	2742
安 徽	345	15	57	64	209	7684	4717	612	2129	3431
福 建	348	13	31	94	210	5538	623	237	1116	2014
江 西	312	14	35	64	199	5253	2527	341	1047	1660
山 东	665	17	65	132	451	12017	7411	1202	3071	4629
河 南	556	22	88	164	282	11193	6791	831	2678	3603
湖 北	498	37	93	197	171	15703	5871	3233	5976	6067
湖 南	554	25	108	177	244	10415	6377	808	2731	3263
广 东	543	27	114	196	206	10328	2843	956	2699	4004
广 西	363	11	39	116	197	7426	3321	392	1604	2545
海 南	77	5	11	19	42	1291	700	84	296	485
重 庆	98	3	23	58	14	1946	1631	116	333	503
四 川	544	25	66	163	290	15863	5865	887	3053	4674
贵 州	348	10	46	113	179	5796	3368	450	1334	1947
云 南	597	13	67	258	259	11053	7239	845	3438	4646
西 藏	32	1	6	15	10	776	431	70	248	302
陕 西	238	32	48	72	86	9918	4854	893	2124	2655
甘 肃	276	12	48	62	154	6460	3046	851	2315	2426
青 海	64	7	18	26	13	3099	1457	161	458	847
宁 夏	81	2	13	24	42	1179	757	169	369	430
新 疆	263	10	35	64	154	4246	2421	430	1297	1362

表 56　2007 年测绘单位完成测绘服务值情况（按系统分）

计量单位：万元

系　统	完成测绘服务值										
	总计	#大地测量	#测绘航空摄影	#摄影测量与遥感	#工程测量	#地籍测绘	#房产测绘	#行政区域界线测绘	#地理信息系统工程	#地图编制	#海洋测绘
合　计	**1850293**	**49185**	**40460**	**133188**	**869960**	**188075**	**178834**	**7307**	**98277**	**126079**	**45145**
测　绘	268348	12891	7443	66535	56760	16274	3882	2096	19551	70752	327
建　设	381597	6140	2176	6104	192227	19808	110205	813	11856	1952	215
地　矿	101641	2791	1338	4813	59421	15954	4279	337	5592	2644	120
水　电	172673	8903	1298	8744	129768	3204	912	871	3333	560	6762
交　通	114552	474	3228	14475	62226	809	184		323	744	24733
煤　炭	43301	2751	1331	5321	24882	2939	237	514	1188	611	46
冶　金	34931	642		1529	18079	4906	53		1446	45	72
石　油	55302	3735	860	350	39327	657	147		744		4867
有　色	23449	1409		320	13054	3937	282	31	1072	70	96
铁　道	106174	1050	2400	2300	98640	417	90		142	128	
土　地	152612	1491	3856	1867	38046	81576	10307	1462	5052	2212	194
地　震	5448	2745			2261	185	10	76	137		
核工业	8744	276		490	4666	1105	130	50	270	212	
教育科研	15448	1260	990	1388	6968	440	75	25	2272	808	818
农　业	4072	18	46		3225	68	5		228	5	
林　业	7866			428	5278	368	63	23	1417		
海　洋	8802				767			20	36	28	4469
机　械	922				922						
兵　器	2438				1540	210	221		417	50	
化　工	8748	412			7002	542			19	88	
航空航天	5825		2600	130	1739	36	415		785		
建　材	6519	23			4184	859	482		135		
其　他	320884	2176	12894	18393	98977	33783	46856	990	42262	45172	2426

注：辽宁未报分项数据。

表 57　2007 年测绘单位完成测绘服务值情况（按地区分）

计量单位：万元

地　区	总计	完成测绘服务值									
		#大地测量	#测绘航空摄影	#摄影测量与遥感	#工程测量	#地籍测绘	#房产测绘	#行政区域界线测绘	#地理信息系统工程	#地图编制	#海洋测绘
合　计	**1850293**	**49185**	**40460**	**133188**	**869960**	**188075**	**178834**	**7307**	**98277**	**126079**	**45145**
北　京	225365	2125	15512	17578	52406	4284	14287	341	26780	89326	350
天　津	98108	3120	207	365	74888	4186	2202	60	1705	1175	5981
河　北	76014	4369	816	2411	42903	8072	4450	59	4104	708	887
山　西	30079	437	4404	733	18603	2337	1550	62	989	953	
内蒙古	28083	2582	60	3046	15579	3841	2003	197	222	234	
辽　宁	65374	–	–	–	–	–	–	–	–	–	–
吉　林	42483	413	650	610	29920	4917	3737		2014	220	
黑龙江	48361	360	1688	14132	18649	3514	2965	15	2274	3603	626
上　海	66208		876	139	39834	3099	2903	620	1446	1065	16188
江　苏	111403	1408	1208	5022	54373	18674	20442	95	3349	1148	4124
浙　江	98634	2426	559	2281	38297	10044	13711	181	7399	1895	2724
安　徽	56587	330	6	2583	16763	7579	28269	452	502	44	59
福　建	41892	1614		4099	20340	3196	6414	71	3960	776	1418
江　西	29546	748	80	2865	15636	4228	3622	110	1484	733	
山　东	84915	1702		4133	39858	20087	11960	1509	3042	581	2034
河　南	56336	2195	258	4382	30537	10260	4775	397	1182	782	22
湖　北	138951	6247	436	17860	83135	10607	5720		9114	1161	4672
湖　南	84798	3360	3498	4020	40131	12216	7140	130	3283	3024	159
广　东	104367	1024	1003	7802	44364	17814	13868	643	6370	6407	5072
广　西	37519	940	837	2219	21332	4357	5260	42	683	1307	419
海　南	6971	173		916	2928	627	717	3	1181	275	28
重　庆	27805	210	1200	786	17849	4140	620	400	1800	600	
四　川	99591	4833	2833	11402	52061	10829	8062	1250	4185	3037	198
贵　州	22290	1562	595	1716	10844	3799	2022	322	634	599	
云　南	51124	3391	346	1969	32034	6486	3154		2564	995	185
西　藏	1174				1021	68	21		1	61	
陕　西	56725	2394	2505	11743	21649	4240	5106		3197	3690	
甘　肃	24815	184	155	4336	14833	1085	1354	65	2426	377	
青　海	8725	182	375	1305	5013	388	387	75	561	439	
宁　夏	5189			200	3560	366	858		119	85	
新　疆	20863	855	353	2534	10618	2737	1057	209	1710	779	

注：辽宁未报分项数据。

表 58　2007 年测绘单位主要

系　统	GPS接收机	全站仪	全数字摄影测量系统	遥感图像处理系统	影像扫描仪	图形扫描仪	图形编辑工作站	绘图仪	航摄仪	GPS导航定位系统	彩色航空摄影处理机	拷贝机
合　计	**23401**	**30840**	**2931**	**922**	**1635**	**5762**	**6408**	**10425**	**172**	**3448**	**54**	**1120**
测　绘	1636	2116	965	40	130	274	764	268	21	173	6	39
建　设	2826	6247	324	83	280	1055	851	2255	11	156	13	179
地　矿	1668	2447	156	69	119	481	629	677	20	442	2	81
水　电	2303	3512	149	37	183	685	416	994	5	345	5	115
交　通	1186	1272	39	22	81	273	163	733		240		67
煤　炭	738	1061	95	84	40	211	300	385	14	164	3	29
冶　金	490	730	238	1	27	78	95	193	4	58		11
石　油	2056	660	41	15	39	94	85	188		165		12
有　色	374	507	36	69	24	109	124	160	7	173		21
铁　道	379	684	99	5	25	142	395	277	4	139		8
土　地	2650	3453	109	125	238	918	729	1801	16	285	4	161
地　震	162	118	4		12	43	29	26		18		1
核工业	134	211	12	11	12	35	36	55		48		10
教育科研	440	657	104	63	44	84	173	133	7	36	1	30
农　业	65	65			6	27	10	36		13		1
林　业	1007	159	4	19	27	84	44	73		94		15
海　洋	140	73	3	8	15	30	32	50	1	52		7
机　械	25	40				17		18				2
兵　器	15	24			1	4	28	7	3	10		
化　工	148	208			7	25	22	58	1	19		5
航空航天	21	28	10		2	2	5	9	3	3	1	3
建　材	131	159	13	1	8	16	13	42		27	1	5
其　他	4807	6409	530	270	315	1075	1465	1987	55	788	18	318

仪器设备情况（按系统分）

计量单位：台/套

水准仪	测距仪	微机	服务器	网络交换机	多波束测深系统	多波频探测仪	测深仪	重力仪	磁带库（磁带机）	侧扫声纳	浅地层剖面仪	海洋磁力仪
29484	**17618**	**129648**	**6088**	**5990**	**382**	**538**	**1517**	**128**	**505**	**58**	**64**	**43**
1093	555	12712	620	379	67	105	11	11	78	2		
6370	5668	22545	1113	1095	40	89	92	3	49		2	
1676	1057	6527	301	335	18	50	66	48	23		8	3
4209	989	14311	544	780	111	31	388	6	19	2	5	3
1770	472	10110	283	473	39	35	471	12	14	15	12	7
1032	439	3015	147	123	7	25	7	2	6			
842	233	1970	85	61	6	33	28	4	7		5	10
434	248	2373	84	130	5	11	73	1	138	6	9	3
513	247	1670	49	61	12	14	13	7	2		1	
695	120	7576	257	221	7	1	17		5			
2808	1426	12144	611	595	1	13	25	2	33	1	2	2
171	83	751	27	24		3	2	14	3		3	4
157	81	584	21	39	2		9	5	5			
1232	193	2897	166	118	3	4	32	5	1			
83	39	335	15	23					1			
183	207	2044	196	107			2		2			
78	26	568	47	28	33	15	92	3	7	21	7	10
53	34	127	3	11		3	3					
11	18	110	8	3	1		3		2			
211	69	592	34	25		3			2			
30	26	190	7	9	1	16	1		1			
142	94	453	20	22	5	2	4					
5691	5294	26044	1450	1328	24	85	178	5	107	11	10	1

表 59 2007 年测绘单位主要

地区	GPS接收机	全站仪	全数字摄影测量系统	遥感图像处理系统	影像扫描仪	图形扫描仪	图形编辑工作站	绘图仪	航摄仪	GPS导航定位系统	彩色航空摄影处理机	拷贝机
合计	**23401**	**30840**	**2931**	**922**	**1635**	**5762**	**6408**	**10425**	**172**	**3448**	**54**	**1120**
北京	1120	880	203	185	99	190	677	283	48	484	19	57
天津	500	484	45	18	30	90	106	191	1	146		7
河北	2346	1533	334	71	74	290	157	498	1	214		27
山西	721	939	87	11	63	238	152	327	11	87	8	25
内蒙古	847	1012	57	4	48	191	64	315	5	315		19
辽宁	946	1361	175	96	29	47	81	294	3	1		1
吉林	293	848	33	3	31	131	86	411	2	26		18
黑龙江	909	1082	194	33	85	215	269	361	5	87	1	22
上海	566	655	25	3	37	74	80	208	2	111		28
江苏	1141	1705	105	35	46	219	226	468	10	82	2	60
浙江	840	1377	93	14	64	249	130	473		121	2	98
安徽	410	672	56	4	44	115	58	213		34		31
福建	230	616	88		7	18	31	230				
江西	278	602	62	19	29	135	184	192	1	18		27
山东	1198	1657	108	17	84	283	471	748	9	95		30
河南	951	1573	124	41	91	288	431	533	7	175	4	70
湖北	1714	1753	217	1	38	284	516	852	7		1	27
湖南	855	1511	48	23	83	406	197	470		43	2	50
广东	1267	1919	103	67	132	321	454	703	11	177	6	95
广西	518	982	62	36	67	218	267	316	1	49	1	76
海南	226	189	30		13	35	77	50		23		10
重庆	97	388	10		2	129	22	123				
四川	1246	1907	169	35	79	430	408	586	6	111		63
贵州	592	767	55	12	52	205	131	239	1	105		47
云南	1366	1555	65	46	116	428	330	525	29	347	1	116
西藏	45	70	1		15	27	10	13			1	1
陕西	883	994	205	121	62	191	480	255	9	159	3	30
甘肃	516	815	88		41	128	138	241				48
青海	78	238		1	9	9	20	22				2
宁夏	109	109	9	3	7	37	28	50	1	57		5
新疆	593	647	80	23	58	141	127	235	2	381	3	30

仪器设备情况（按地区分）

计量单位：台/套

水准仪	测距仪	微机	服务器	网络交换机	多波束测深系统	多波频探测仪	测深仪	重力仪	磁带库（磁带机）	侧扫声纳	浅地层剖面仪	海洋磁力仪
29484	**17618**	**129648**	**6088**	**5990**	**382**	**538**	**1517**	**128**	**505**	**58**	**64**	**43**
824	676	10050	611	515	8	48	14	16	87		1	
676	194	5332	235	138	23	51	123	7	12	8	7	5
1057	474	4972	205	164	13	32	101	9	124	1	4	10
983	399	3080	122	117	5		9	2	5		1	
1018	388	3135	96	91	3	4	22	3				
1354	527	2748	117	57	13	13	37	2		3	2	3
1072	713	1929	125	67	7	1	7	8	9			
1247	805	4878	196	222	7	6	27		6		1	
838	254	3107	143	175	25	45	140	8	20	14	13	7
1802	1126	5405	322	254	30	33	107	6	16	3	2	1
989	898	5968	277	279	13	29	76					
517	460	2074	79	68	7	3	15	4	3			
469	567	1947	94	7		9	44		1			
546	467	2199	75	78	3	5	13	3	3			
1301	982	6264	327	335	20	14	101	6	23	9	13	6
1592	773	5297	208	262	19	23	22	11	19	1	3	
1892	881	11105	424	443	4	1	176	1	4			
1360	679	5933	193	255	18	32	38	6	21		2	
1674	1313	6314	464	471	29	76	256	7	101	16	7	1
970	697	4094	148	276	9	3	45		5			
171	102	828	66	46	4	2	15		4	2		
247	234	1349	31	24		48	14					
1484	1316	8057	398	521	68	24	36	1	18	1	2	1
692	386	3185	300	181	4	3	15	1	8		2	
1623	783	7793	252	308	7	8	37	14	7		3	9
100	23	306	35	25	11	2						
987	562	4938	193	242	3	22	15	9	5			
948	374	2730	170	125	25							
186	97	435	9	4	2		2					
174	67	918	48	56			1	1	1		1	
691	401	3278	125	184	2	1	9	3	3			

十一、国际交流与合作

表60　2007年国际交流与合作情况

出国和接待情况

内　　容	出　　国			接　　待		
	项目数（项）	人　次	涉及国家（地区）个数	项目数（项）	人　次	涉及国家（地区）个数
合　　计	**67**	**283**	**34**	**14**	**196**	**27**
国际会议	20	104	15	2	144	24
合作研究	1	1	1			
考察访问	24	96	20	12	52	11
培训进修	7	33	7			
科技展览	1	3	1			
其　　他	14	46	8			

合作协议情况

	合作议定书或备忘录（个）	合作会谈纪要或工作计划（个）
数　　量	**2**	**2**

十二、教育培训

表 61　2007 年测绘系统职工教育培训情况

计量单位：人，人次

类型＼项目	人才总数	#参加培训人员数	#初次任职培训人数	#任职培训人数	#其他培训人数	#出国出境培训人数	参加培训人员数（按累计培训时间分）12 天以内	13 天至不满 1 个月	1 个月至不满 3 个月	3 个月及以上	参加培训总人次数
机关党政人才	1135	706	8	46	657	17	547	90	53	16	2242
管理人才	2754	2150	/	/	/	146	1656	322	96	76	7725
专业技术人才	16253	11671	/	/	/	48	8135	2705	477	354	29825

续表

类型＼项目	参加培训人次数（按培训类型分）政治理论	专门业务	更新知识	学历学位教育	专业知识	继续教育	职业技能培训	参加培训人次数（按培训渠道分）党校	行政学院	国家测绘局培训机构	其他培训机构	参加培训人次数（按培训方式分）送出培训	办班培训	办班次数（次）
机关党政人才	1172	673	376	21	/	/	/	251	136	216	1639	823	1419	77
管理人才	3682	/	/	188	3855	/		419	87	389	6819	2453	5260	276
专业技术人才	/	/	/	1111		17334	11380	/	/	867	28958	3203	26622	1104

十三、立法执法

表 62　2007 年测绘立法情况（地方）

计量单位：件

单　位	地方性法规		地方政府规章		重要规范性文件	
	新制定	修订	新制定	修订	新制定	修订
合　计				**4**	**14**	
北　京						
天　津					2	
河　北				2		
山　西						
内蒙古						
辽　宁					1	
吉　林						
黑龙江						
上　海					1	
江　苏						
浙　江					4	
安　徽						
福　建					2	
江　西					1	
山　东						
河　南						
湖　北				1		
湖　南						
广　东						
广　西						
海　南						
重　庆						
四　川				1		
贵　州						
云　南						
西　藏						
陕　西						
甘　肃						
青　海						
宁　夏					1	
新　疆					2	

表 63 2007 年测绘行政执法情况（地方）

项目＼类别	合 计	地图市场	测绘市场	地理空间信息数据
开展执法检查（次）	**2695**	1158	756	129
开展重大专项执法行动（项）	**356**	148	84	33
发现违法行为（起）	**610**	369	165	7
查处违法案件（件）	**403**	223	120	4
做出行政处罚案件（件）	**151**	96	27	3

续表

项目＼类别	涉外测绘	测量标志	其他
开展执法检查（次）	20	553	79
开展重大专项执法行动（项）	8	76	7
发现违法行为（起）	10	47	12
查处违法案件（件）	8	38	10
做出行政处罚案件（件）	5	14	6

附　录

单位简介

国家测绘局

一、主要职责

（一）拟定测绘行政法规、规章，制订测绘事业发展规划、测绘行业管理政策、技术标准并依法监督实施。组织并管理基础测绘、国界线测绘、行政区域界线测绘、地籍测绘和其他全国性或重大测绘项目、重大测绘科技项目。

（二）拟定测绘单位资格审查认证管理办法，依法审定测绘单位甲级资格，管理测绘任务登记，依法审批对外提供测绘成果和外国组织、个人来华测绘，依法查处全国性或重大的测绘违法案件，负责有关行政复议。

（三）管理国家基础地理信息数据，组织指导基础地理信息社会化服务；管理国家测绘基准和测量控制系统；与外交部共同编制中华人民共和国地图的国界线标准样图；根据授权审核发布重要地理信息数据；指导监督各类测绘成果的管理和全国测量标志的保护。

（四）制订地籍测绘的规划和技术标准，管理审定地籍测绘资格，确认地籍测绘成果。

（五）依法管理地图编制工作，审查向社会出版、展示的地图，管理并审核地名在地图上的表示。

（六）监督管理国家测绘事业费、专项资金。

（七）组织对外合作交流。

（八）承办国务院及国土资源部交办的其他事项。

二、内设机构

办公室（国际合作司）、财务司（规划司）、国土测绘司、行业管理司（政策法规司）、测绘成果管理与应用司（地图管理司）、人事司、直属机关党委

三、所属单位

（一）直属局

陕西测绘局、黑龙江测绘局、四川测绘局、海南测绘局

（二）直属事业单位

中国地图出版社（测绘出版社）、中国测绘科学研究院、国家基础地理信息中心、中国测绘宣传中心（中国测绘报社）、国家测绘局管理信息中心、国家测绘局地图技术审查中心、国家测绘局测绘发展研究中心、国家测绘局职业技能鉴定指导中心、国家测绘局重庆测绘院、中华地图学社（国家测绘局上海地图制印管理处）、国家测绘局机关服务中心、国家测绘局无锡培训中心、国家测绘局三亚测绘技术开发服务培训中心、国家测绘局北戴河休养院

（三）归口管理的社团组织

中国测绘学会、中国地理信息系统协会、中国全球定位系统技术应用协会

北京市规划委员会

一、主要职责（测绘）

（一）负责起草本市勘察、测绘、设计管理方面的地方性法规、规章草案和政策措施，制订有关勘察设计与测绘行业的地方性标准和规范，指导本行业的体制改革。

（二）负责工程勘察资质、工程设计资质、城市规划编制资质以及从事测绘工作单位资质审查、对外提供未公开的测绘成果、测绘专业技术人员执业资格审查等方面的行政许可工作。

（三）负责勘察设计市场的地籍、工程、房屋等专业测绘市场以及本行业招投标活动的监督管理，负责对本市各类注册人员执业行为的监督管理。

（四）负责对基础地理数据、基础测绘成果的验收、发布、使用等相关的管理工作。

二、直属单位（测绘）

北京市勘察设计与测绘管理办公室

北京市测绘设计研究院

北京市测绘设计研究院

一、主要职责

（一）承担北京市基础测绘任务，建立和维护基本控制网，设置和保护永久性测量标志，测绘和更新北京市基本比例尺地形图，获取基础测绘信息数据，建立北京市基础地理信息系统。

（二）保管北京市基础测绘和规划测量资料档案，负责全市基础地理信息数据的分发服务。

（三）编制北京市基础地理底图、普通地图和行政区划地图。

（四）实施规划监督测量、定线拨地测量、规划道路测量、行政区域界线测绘等具有行政管理职能的测绘工作。

（五）主编北京市地方性测绘技术系列标准。

（六）承担北京市重大工程测绘项目。

二、内设机构

宣传部、组织部（党办）、纪律检查委员会（加挂监察（审计）处牌子）、工会（与团委合署办公）、院办公室、生产经营处（统计办）、科技信息处、质量管理处、人事处、行政（保卫）处、财务处、设备处、离退休干部管理处、地下管线管理办公室、第三产业办公室、劳动服务公司办公室、对外协作办公室、测绘产品质量检验中心、第一测绘分院、第二测绘分院、第三测绘分院、第四测绘分院、第五测绘分院、第六测绘分院、航测遥感中心、制图中心、测绘资料档案室、北京九州宏图技术有限公司、北京安利物业管理有限责任公司、汽车服务公司

三、直属单位

北京市地理信息中心、北京市测绘院职工学校

天津市规划局

一、主要职责（测绘）

（一）负责全市城市测绘管理工作；

（二）制定城市测绘发展规划和计划，负责城市测绘成果的管理和运用；

（三）负责测绘单位的资质管理。

二、内设机构

办公室、业务处、总体规划处、详细规划处、建设管理处市政基础设施处、建设用地处、城市雕

塑和景观处（市规划委员会办公室秘书处）、地名管理处（市地名委员会办公室）、测绘管理处、执法监察处（信访办公室）、政策法规处、人事处、财务处（审计处）、党委办公室、组织部、宣传部

三、直属单位（局属测绘单位）

天津市测绘院、天津市勘察院、天津市建筑设计院、天津市城市建设档案馆

天津市测绘院

一、主要职责

承担整个天津地区的平面控制网、高程控制网的建立和维护，以及为城市规划和建设管理提供多种不同比例尺现势图，同时还承担工程测量、地籍测绘、城市地下综合管线探测、基础地理信息开发和制图等项工作。

二、内设机构

党委办公室、办公室、纪检监察审计室、工会、总工程师办公室、劳动人事处、业务处、基建设备处、质量检查处、财务处、各种经营处

三、直属单位

天津市测绘院地理信息中心、天津市测绘院测绘一院、天津市测绘院测绘二院、天津市测绘院测绘三院、天津市测绘院测绘四院、天津市测绘院测绘五院、天津市测绘院测绘六院、天津市测绘院测绘七院、天津市测绘院测绘八院、天津市测绘院基础院

河北省测绘局

一、主要职责：

（一）拟定有关测绘工作的地方性法规草案、规章及行业管理政策、技术标准，并监督实施；组织并管理基础测绘、行政区域界线测绘、地籍测绘以及其他全省性测绘项目、重大测绘项目、重大测绘科技项目。

（二）组织拟定全省测绘事业中长期发展规划和年度计划；审批各部门在省域内航空摄影与遥感计划。

（三）根据有关法律法规，审查、认证测绘单位资格，管理测绘任务登记；负责对外提供测绘成果和外国组织、个人来冀测绘的审批；依法查处全省性和重大测绘违法案件；负责有关行政复议和行政处罚。

（四）管理省级基础地理信息数据，组织指导基础地理信息社会化服务；管理全省测绘行业标准化工作；依据国家测绘基准和测量控制系统，审批地方独立测绘基准；根据授权审核和发布省级重要地理信息数据；指导管理各类测绘成果；组织并监督全省测绘基础设施建设；指导和管理全省测量标志保护工作。

（五）拟定地籍测绘规划和技术标准；审定地籍测绘资格；确认地籍测绘成果。

（六）管理全省地图编制工作，审查向社会出版、展示的地图，管理并审核地图上的地名表示。

（七）指导全省测绘队伍建设，组织测绘行业职工技术岗位培训和测绘技术工人等级考核工作。

（八）监督管理测绘事业费、专项资金。

（九）组织测绘系统对外合作与交流。

（十）承办省政府和省国土资源厅交办的其它事项。

二、内设机构

办公室、国土测绘处（国际合作处）、行业管理处（监察处）、测绘成果管理处、财务处、人事处、机关党委、老干部处

三、直属单位

河北省第一测绘院、河北省第二测绘院、河北省第三测绘院、河北省制图院、河北省测绘产品质量监督检验站、河北省基础地理信息中心、河北省测绘资料档案馆、河北省基础测绘设施技术保障中心

山西省测绘局

一、主要职责

按照测绘法律法规的规定和政府职能转变的要求，山西省测绘局从经济调节、市场监管、社会管理、公共服务四个方面履行政府管理职能：

（一）草拟全省测绘行政法规、规章，制定全省测绘事业中长期发展规划、测绘管理政策并依法监督实施。指导各地市、各专业部门的测绘工作。

（二）组织、管理和实施全省基础测绘（含空间数据基础设施建设）、行政区域界线测绘、地籍测绘、重点工程测绘和其他全省性或重大测绘项目、重大测绘科技项目，会同有关部门制定相应的测绘规划和技术标准。

（三）管理全省测绘单位资质的认证、审批和测绘任务登记。

（四）管理全省基础地理信息数据，组织指导基础地理信息的社会化服务，依法审核发布全省重要地理信息数据；办理全省中等以上城市和大型建设项目建立相对独立坐标系统的审批、备案；管理和保护本省范围内的测量标志。

（五）依法管理全省测绘市场；监督本省内重大测绘项目和重点工程测绘项目的招投标，依法查处全省性和重大测绘违法案件，负责行政复议和行政处罚；监督管理本省对外提供测绘成果和外国组织、个人来晋测绘。

（六）负责全省测绘成果的管理、确认和质量监督；依法管理本省地图编制工作，审查向社会出版、展示的地图，管理并审核地名在地图上的表示。

（七）组织全省测绘专业技术教育与培训，协助管理全省测绘专业技术职称评审和测绘技术工人等级考核工作；组织全省测绘对外合作交流。

（八）组织拟定全省卫星遥感与航空摄影计划，统一管理全省卫星遥感与航空摄影资料，协调数据的预处理与分发服务；审核报批本省行政区域内民用航空摄影项目和遥感项目，协调各专业遥感项目的实施。

（九）监督与管理全省测绘事业费和测绘专项资金，指导并监督直属单位的国有资产管理。

（十）承办省政府及省国土资源厅交办的其他工作。

二、内设机构

办公室、基础测绘处、测绘市场管理处、地图编制与测绘成果处、权属界线测绘处、计划财务处、人事教育处（机关党委）、离退休干部处

三、直属单位

山西省工程测绘院、山西省基础地理信息院、山西省地图制印中心、山西省地图集编纂委员会办公室、山西省综合地理信息中心、山西省遥感中心（原山西省遥感中心办公室，2007 年经省编办批准更名）、山西省测绘资料档案馆、山西省测绘产品质量监督检验站、山西省测绘职业资格管理中心（原山西省测绘行业特有工种职业技能鉴定站，2007 年经省编办批准更名）、山西省测绘宣传中心（原山西省测绘职工教育基地，2007 年经省编办批准更名）、山西省测绘后勤服务中心、六一六工作站

内蒙古自治区国土资源厅

一、主要职责（测绘）

（一）贯彻执行国家关于测绘管理的方针、政策和法律、法规，研究拟定自治区有关法规、条例；依照规定负责有关行政复议；制订测绘管理的办法。

（二）组织编制和实施基础测绘规划和其他专项规划。

（三）组织编制自治区基础测绘和重大测绘项目规划，实施测绘行业管理，进行测绘资格审查。

（四）组织开展测绘技术的对外合作交流；推进科技进步，推广科技新成果。

二、内设机构

办公室、人事教育处、政策法规处、规划科技

处、财务处、地籍处、耕地保护处、土地利用处、资源储量处、地质勘查处、地质环境处、矿管处、测绘管理处、执法监察局、离退休处、纪检组、机关党委

三、直属单位（测绘）

内蒙古自治区测绘事业局、内蒙古自治区测绘产品质量监督检验站

内蒙古自治区测绘事业局

一、主要职责

（一）承担自治区境内基础测绘工作，工作范围包括基础测绘、重大测绘项目、地籍测绘。

（二）地理信息系统建设。

（三）编制出版自治区行政区域地图、地图集和其他专业性图集。

（四）向社会提供测绘成果，为各级政府及有关部门提供测绘保障服务。

二、内设机构

办公室、人事教育处、财务处、生产技术处

三、直属单位

内蒙古自治区测绘院、内蒙古自治区航空遥感测绘院、内蒙古自治区地图制印院、内蒙古自治区测绘科技档案资料馆（内蒙古自治区地理信息中心）

辽宁省测绘局

一、主要职责

（一）落实国家关于测绘工作的方针政策和法律、法规、规章；拟定全省测绘行政、经济、技术管理法规和技术标准；制订测绘事业发展规划、计划并组织实施；组织实施国家和省的基础测绘，国、省界线测绘、行政区域界线测绘、地籍测绘和全省性或重大测绘项目。

（二）拟定测绘单位资格审查认证管理实施办法和有关测绘资格证书分级标准；依法审定测绘单位资格，监督管理测绘市场；依法审查对外提供测绘成果和外国组织、个人来辽宁省测绘；依法查处全省性和重大的测绘违法案件，负责有关行政复议。

（三）建立全省基础地理信息系统，管理全省基础地理信息数据和空间数据基础设施，组织指导基础地理信息社会化服务；根据授权发布重要地理信息数据。

（四）制订地籍测绘规划、计划；审定地籍测绘资格，组织实施地籍测绘项目，确认地籍测绘成果。

（五）依法管理地图编制工作，审查国、省界线和向社会出版、展示的地图；组织编制全省行政区域（省、市、县）地图；管理并审核地名在地图上的表示；负责全省测量标志保护管理。

（六）指导监督全省测绘技术；管理测绘成果及全省测量控制系统；组织重大测绘科技项目攻关，指导对外测绘科技合作交流。

（七）监督管理测绘事业费和有关专项资金。

（八）承办省政府及国土资源厅交办的其他事项。

二、内设机构

办公室（计划财务处）、国土测绘管理处、测绘行业管理处（地图管理处）、人事教育处、机关党委

三、直属单位

辽宁省第一测绘院、辽宁省第二测绘院、辽宁省第三测绘院、辽宁省测绘产品质量监督检验站、辽宁省基础地理信息中心（辽宁省测绘科技资料馆）、辽宁省测绘局网络技术中心、辽宁省测绘基地管理中心

吉林省测绘局

一、主要职责

（一）贯彻执行国家有关测绘行政法规、规章；起草地方测绘行政法规、规章，研究拟定全省测绘事业发展规划、测绘行业管理政策、技术标准并依法监督实施；组织并管理全省基础测绘、行政区域界线测绘和其他全省性重大测绘项目、测绘科研项目。

（二）拟定全省测绘单位资格审查认证管理办法，依法审查全省测绘单位测绘资格；管理测绘任务登记；依法审批对外提供测绘成果；依法查处重大测绘违法案件；负责有关行政复议。

（三）管理全省基础地理信息数据，组织指导基础地理信息社会化服务；管理国家测绘基准和测量控制系统；审批大城市和国家重大工程项目需建立相对独立的平面坐标系统；根据授权审核发布全省重要地理信息数据；指导监督全省各类测绘成果的管理和测量标志的保护。

（四）会同国土资源管理部门贯彻执行国家地籍测绘规划和技术标准，管理审定地籍测绘资格，确认地籍测绘成果。

（五）依法管理全省地图编制工作，审查向社会出版、展示的地图；管理并审核地名在地图上的表示；依据国界线标准样图，审批国界线画法。

（六）管理全省测绘事业经费和专项资金。

（七）组织对外测绘合作与技术交流。

（八）承办省政府交办的其他事项。

二、内设机构

办公室、规划财务处、行业管理处（政策法规处、行政审批办公室）、测绘成果管理与应用处（地图管理处）、国土测绘处、人事处、直属机关党委

三、直属单位

吉林省第一测绘院、吉林省第二测绘院、吉林省地理信息工程院、吉林省基础地理信息中心（吉林省测绘档案资料馆）、吉林省测绘产品质量监督检查站（吉林省测绘仪器计量检定站）、吉林省测量标志管理站、吉林省测绘局机关服务中心、吉林省测绘行业特有工种职业技能鉴定站、吉林省测绘仪器设备调配中心

黑龙江测绘局

一、主要职责

（一）承担并组织协调国家测绘局下达的国家基础测绘和其他全国性或重大测绘项目的实施，履行黑龙江省人民政府管理测绘工作的职责。

（二）贯彻执行党和国家有关测绘工作的方针政策、法律法规规章，依法拟定、组织实施黑龙江省测绘工作的政策法规规章，并配合有关部门对执行情况进行监督检查。

（三）研究制定黑龙江省测绘工作的方针、政策及黑龙江省测绘事业的发展战略和中长期规划。

（四）依法拟定、编制黑龙江省基础测绘和其他重大测绘项目规划，经省计划主管部门批准后，组织实施。

（五）指导黑龙江省内行政区域界线的测绘工作；指导城市勘察和市政工程测量的测绘工作；会同省土地行政主管部门编制黑龙江省地籍测绘规划，并按规划组织协调地籍测绘工作，统一管理地籍测绘单位的资格认证和质量监督。

（六）负责管理黑龙江省地图编制、出版工作；负责对编制、印刷地图的单位进行资格审查；审批公开地图、内部地图、保密地图等，负责审核在地图上的地名表示工作以及测绘行业标准化工作。

（七）根据授权管理黑龙江省测绘计量工作。

（八）负责全省测绘资质审查、测绘资质证书发放及测绘市场监督管理工作；负责本省行政区域内的测绘项目登记工作，指导和监督全省测绘成果质量管理，查处违法测绘行为。

（九）制订全省测绘技术政策，组织省内重大

测绘科技项目的攻关和科技成果转化；指导黑龙江省测绘专业人才的培养。

（十）指导和监督黑龙江省各类测绘成果的管理；负责测绘成果保密工作，编制测绘成果目录，并向社会发布；负责省内重要地理信息数据的审核和发布。

（十一）指导黑龙江省测量标志保护工作。

（十二）组织指导黑龙江省测绘系统专业技术、岗位培训工作。

（十三）归口管理省级对外测绘科技和经济合作交流；依据有关规定负责对上提供黑龙江省测绘成果的审批工作。

（十四）指导市、地、县测绘工作。

（十五）承办国家测绘局和黑龙江省人民政府交办的其他工作。

二、内设机构

办公室、财务处（审计处）、基础测绘处（技术监督处、综合统计办公室）、成果应用处（资料处）、科技处（国际合作处）、行业管理处（政策法规处）、人事处、地图审查管理处（执法队）、国有资产管理处（基建装备处）、机关党委（纪检监察室、局工会、局团委、局精神文明办公室、计划生育办公室）

三、直属单位

哈尔滨地图出版社、黑龙江第一测绘工程院、黑龙江第二测绘工程院、黑龙江第三测绘工程院、黑龙江地理信息工程院、国家测绘局黑龙江基础地理信息中心（国家测绘局黑龙江测绘资料档案馆、黑龙江省遥感信息中心）、国家测绘局第二航测遥感院（黑龙江省测绘航空遥感中心）、国家测绘局经济管理科学研究所（黑龙江省测绘科学研究所）、国家测绘局黑龙江测绘产品质量监督检验站（黑龙江省测绘产品质量监督检验站）、黑龙江测绘计量仪器检定站（黑龙江省测绘计量仪器检定站）、黑龙江测绘物资供应站（黑龙江省测绘物资供应站）、黑龙江测绘局教育中心、黑龙江测绘局后勤管理中心、黑龙江测绘局会计核算中心、黑龙江测绘局劳动服务管理中心、极地测绘科学国家测绘局重点实验室

四、附属和挂靠单位

黑龙江测绘局离退休干部处、黑龙江测绘局产业发展处、黑龙江测绘局机关服务中心、黑龙江省测绘学会办公室

上海市测绘管理办公室（上海市测绘院）

一、主要职责

（一）组织编制基础测绘规划、参与编制基础测绘年度计划，并组织实施。

（二）负责会同土地行政主管部门编制地籍测绘规划并组织管理地籍测绘。

（三）负责国家测绘法律法规的贯彻执行，负责制订地方性法规和规章草案、政策并组织实施。

（四）负责国家规定权限内的测绘资质审查、发放资质证书和相对独立平面坐标系统的审批。

（五）负责测绘专业技术人员的执业资格管理和测绘作业证件的管理。

（六）负责基础测绘成果的管理。

（七）负责测绘成果质量的监督管理。

（八）负责对编制、印刷、出版、展示、登载地图的管理。

（九）负责组织测量标志的保护工作。

（十）负责市政府、市规划局交办的其他事项。

二、内设机构

办公室（党委办公室）、总工程师办公室（总工程师室）、行业与法规处、计划业务处（基础测绘处）、质量监督处、组织人事处、宣传教育处、财务处

三、直属单位

浦东分院、第二分院、第三分院、第四分院、基础地理信息中心、测绘产品质量监督检验站、测绘职业技能培训中心、第164国家职业技能鉴定所、服务中心

江苏省测绘局

一、主要职责

（一）贯彻执行国家测绘工作的法律、法规和方针、政策，受委托起草全省测绘法规、规章，制定全省测绘事业发展规划，并依法监督实施。

（二）组织、管理全省基础测绘和重大测绘项目。

（三）指导、监督测绘成果管理。根据授权审核发布全省重要基础地理信息，组织指导基础地理信息社会化服务；管理国家测绘基准和测量控制系统；指导测量标志保护工作；负责测绘成果密级管理。依法管理地图编制工作，管理并审核地名在地图上的表示。

（四）依法管理全省测绘市场。负责管理全省测绘单位的测绘资格；管理测绘任务登记；依法审批对外提供测绘成果和外国组织、个人来省测绘；依法查处重大违法测绘案件；负责测绘行政复议。

（五）组织、管理省内行政区域界线测绘，编制本省行政区域界线标准样图；审定行政区划面积、海岸线长度；管理全省地籍测绘工作，制订地籍测绘的规划并组织实施。

（六）管理全省测绘标准化工作，根据授权管理测绘计量工作；依法管理全省测绘产品质量；组织指导全省测绘专业技术人员继续教育。

（七）负责全省测绘航空摄影、航测遥感的审核报批工作；协调全省航空摄影和卫星遥感资料的利用；组织省内测绘重大科技项目攻关和成果转化；归口管理省级测绘对外合作交流，审查测绘重点项目引进。

（八）负责监督、管理测绘事业费和专项资金的使用；负责直属单位的规划、建设和国有资产管理。

（九）承办省政府和省国土资源厅交办的其他事项。

二、内设机构

办公室、规划财务处、国土测绘处、测绘管理处（政策法规处）、人事处、测绘成果管理与应用处（地图管理处）、直属机关党委、纪检监察机构

三、直属单位

江苏省测绘工程院、江苏省基础地理信息中心、江苏省测绘研究所、江苏省测绘资料档案馆、江苏省测绘产品质量监督检验站、江苏省测绘市场管理中心、江苏省测绘培训中心、江苏省测绘局后勤服务中心、江苏省测绘局物资器材供应站

注：唯一下属企业江苏华宁测绘实业公司正在按省政府、省国资委有关要求进行脱钩改革。

浙江省测绘局

一、主要职责

（一）贯彻执行国家测绘工作方针、政策和法律、法规，受委托研究起草有关测绘行政（行业）管理的地方性法规、规章草案，经审议通过后组织实施；监督检查测绘法律、法规、规章的执行；依法查处全省性或重大的测绘违法案件，负责有关行政复议工作；制定全省测绘事业发展中长期规划。

（二）组织并管理全省基础测绘、地籍测绘、行政区域界线测绘、城市测绘和其他重大测绘项目；组织实施省级基础测绘和行政区域界线测绘项目；负责全省以测绘为目的的航空摄影及遥感计划的审核。

（三）管理全省测绘行业的标准化工作；管理与监督测绘基准的应用，负责对建立局部地区相对独立的平面坐标系统的审批和管理测绘行业的计量工作；组织和指导全省测绘产品质量的监督和检验。

（四）主管全省测绘单位的测绘资格（包括地籍测绘、行政区域界线测绘、房产测绘资格）审查和测绘任务登记工作；负责境外组织和个人经批准来本省测绘的任务登记工作。

（五）依法管理全省地图编制工作。审查全省行政区域内公开出版、展示的地方性地图，管理并

审核地名在地图上的表示；会同省民政厅共同编制浙江省地图的行政区域界线标准样图。

（六）管理省级基础地理信息数据，负责建立和完善全省基础地理信息系统，指导市、县的基础地理信息系统建设；根据授权审核并发布本省重要地理信息数据。

（七）依法管理全省测绘成果目录和副本汇交工作，完善和严格执行测绘资料保密安全使用制度；负责本省行政区域内对外提供测绘成果的审批。

（八）负责审核有关部门报送的测绘项目计划，会同有关部门监督管理全省测绘项目招投标工作。

（九）组织协调全省重大测绘科技项目攻关、新产品开发；归口管理全省对外测绘科技、经济合作交流和测绘重点项目引进（包括技术和仪器设备）的审查工作；组织测绘科研成果的鉴定、评奖、交流和推广。

（十）管理和组织维护全省测量标志。

（十一）监督、管理省级测绘事业经费、专项资金。

（十二）承办省政府及省国土资源厅交办的其他事项。

二、内设机构

办公室、政治处、测绘管理与政策法规处、计划财务处、国土测绘与技术监督处、测绘成果与地图管理处

三、直属单位

浙江省第一测绘院、浙江省第二测绘院、浙江省地理信息中心（浙江省遥感数据处理服务中心）、浙江省测绘资料档案馆（浙江省地理空间数据交换中心）、浙江省测绘质量监督检验站（浙江省测绘器具检定站、浙江省房屋面积测绘成果质量鉴定中心、浙江省测绘技能鉴定站）

安徽省国土资源厅

一、主要职责（测绘）

（一）研究拟定有关土地、矿产资源和测绘管理的地方性法规和规章，拟定管理、保护与合理利用土地资源、矿产资源及测绘管理等政策；依法监督土地、矿产资源管理和测绘工作的技术标准、规程、规范和办法的执行，制定有关实施办法细则，并监督实施。

（二）组织编制和实施全省国土规划、土地利用总体规划和其他专项规划；参与报国务院、省政府审批的城市（镇）总体规划的审核；指导审核市、县（市）、乡（镇）土地利用总体规划；组织编制和实施矿产资源保护与合理利用规划、地质勘查、地质灾害防治和地质遗迹保护规划、计划；组织编制全省测绘事业发展规划，负责制定和实施本省基础测绘、地籍测绘和其他重大测绘项目的规划、计划。

（三）组织并管理全省基础测绘、行政区域界线测绘、地籍测绘和其他重大测绘项目；负责测绘单位资格审查发证、测绘任务登记、测绘产品质量监督和管理。

（四）管理全省测绘基准和测量控制系统；根据授权管理测绘行业的计量工作；指导全省测绘行业标准化工作；组织指导全省基础地理信息系统建设和基础地理信息社会化服务；依法管理全省地图编制工作，审查向社会出版、展示的地图，管理并审核地名在地图上的表示。

（五）安排并监督检查国家、省财政拨给的地勘、测绘、土地等事业经费和其他专项资金的使用；组织开展对外合作与交流。

（六）承办省政府交办的其他事项。

二、内设机构

办公室、政策法规处、规划处、财务处、耕地保护处、地籍管理处、土地利用管理处、矿产开发管理处、矿产资源储量处、地质勘查处、地质环境处、测绘管理处、土地开发复垦整理处、执法监察局、科技交流处、人事处、直属机关党委（离退休工作处）、监察室

安徽省测绘局（安徽省测绘总院）

一、主要职责

（一）贯彻执行国家和省有关测绘工作的方针、政策及技术标准；监督检查直属单位测绘技术、质量、规程、规范、产品标准和测绘基准的执行。

（二）承担全省基础测绘、地籍测绘、行政区域界线测绘和其他重大测绘项目的实施工作，参与与测绘有关的重大质量事故、技术争议、技术纠纷的处理，负责测绘项目设计和专业设计审核工作。

（三）承担测绘产品质量监督检验和测绘仪器计量检定的具体事务工作。

（四）组织进行多层次的测绘科技攻关和技术开发工作，推动测绘科技进步和技术创新，促进传统测绘技术体系向数字化测绘高新技术体系的转变。

（五）承担“省级基础测绘设施项目”的实施和省级基础地理信息数据的维护、分发、开发应用及数据供后服务工作，承担省、市、县（市、区）政区图的有关内部图（册）编制工作。

（六）负责机关和直属单位的人事劳动、机构编制管理工作；负责测绘事业费、专项资金使用的监督和国有资产监管工作；负责测绘专业技术人员的岗位培训工作；承担全省测绘行业特有工种职业技能鉴定工作。

（七）承办省政府及省国土资源厅交办的其他事项。

二、内设机构

办公室、综合计划处（国土测绘处）、技术质量处、人事教育处、离退休工作处、机关党委、纪委（监察室）

三、直属单位

安徽省第一测绘院、安徽省第二测绘院、安徽省第三测绘院、安徽省第四测绘院、安徽省测绘档案资料馆（安徽省基础测绘信息中心）、安徽省测绘产品质量监督检验站、安徽省测绘技术培训中心、安徽省测绘仪器计量检定站、安徽省测绘局机关服务中心

福建省测绘局

一、主要职责

（一）贯彻执行国家测绘工作方针、政策和法律、法规，制定地方测绘法规、规章和有关规定，研究制定全省测绘行业管理办法、规定、制度和经济技术政策，监督检查国家和地方测绘法律、法规的贯彻实施。

（二）组织制定全省测绘行业的发展战略中长期规划和年度计划；组织协调全省基础测绘、地籍测绘和其他全省性或重大测绘项目的实施；负责全省测绘行业统计和综合分析工作，管理并审查各部门的航空摄影与遥感计划。

（三）管理全省测绘行业的标准化工作。负责建立和完善全省基础地理信息系统，审核和发布本省基础地理信息数据。

（四）负责管理全省各种地图的编制出版和更新工作，审定图上国界线、行政区划界线的画法；组织和管理本省行政区划界和省内各种界线的测绘。参与处理同邻省和省内各类境界线的争议与纠纷。

（五）管理全省测绘单位的测绘资质认证、审批和测绘任务登记工作，组织指导测绘产品质量监督管理，指导有关专业测绘部门和市（地）县的测绘管理工作。

（六）组织全省测绘基础设施的建设，管理和组织维护全省测量标志；依法审批外国组织、个人来省从事测绘工作。

（七）依法管理全省测绘成果，指导和监督全省测绘成果目录和副本汇交工作，完善和严格执行测绘资料保密安全使用制度，负责全省对外经济、文化、科技交流和合作中提供测绘资料的审批。

（八）组织协调全省重大测绘科技项目攻关、

新产品开发，归口管理全省对外测绘科技、经济合作交流和测绘重点项目引进（包括技术和仪器设备）的审批工作，组织测绘科研成果的鉴定、评奖、交流和推广工作。

（九）审批、发布地方独立测绘基准，对限额以上测绘项目的技术设计进行审定、指导和监督；根据授权管理全省测绘行业的计量工作。

（十）指导全省测绘队伍建设，组织测绘行业职工的岗位培训和知识更新；组织全省测绘行业的中、高级测绘专业技术职务资格的审定工作。

（十一）负责直属事业单位的组织管理，按规定权限任免干部；管理监督测绘事业费及专项资金的使用和负责国有资产管理，会同有关管理部门制定地方测绘产品收费标准和管理测绘市场。

（十二）承办省政府、国家测绘局和省国土资源厅交办的其他事项。

二、内设机构

办公室、规划财务处、测绘管理法规处、基础测绘处、测绘成果和地图管理处、人事教育处（直属机关党委）

三、直属单位

福建省测绘院、福建省地图出版社、福建省基础地理信息中心、福建省测绘产品质量监督检验站、福建省测绘局地图审查中心

江西省测绘局

一、主要职责

（一）贯彻执行国家和省制定的测绘法律、法规，拟订本省测绘地方法规、规章；

（二）组织制定全省测绘事业发展规划；

（三）组织并实施全省基础测绘、重点工程测绘、行政区域界线测绘、地籍测绘及测绘质量监督；

（四）主管全省测绘单位资质审批认证；

（五）依法审查外国的组织或个人来华测绘；

（六）管理全省基础地理信息数据和基础地理信息社会化服务；

（七）依法进行全省测绘行业管理、测绘市场管理、测绘成果管理、测绘技术标准管理；

（八）负责全省测量标志保护管理；

（九）依法管理地图编制工作，审核向社会出版、展示的地图、审核地名在地图上的表示；

（十）根据受权审核发布重要地理信息数据。

二、内设机构

办公室、国土测绘处、行业管理处、测绘成果管理处、财务处、人事处、党委办公室、监察室，另设机关后勤服务中心

三、直属单位

江西省第一测绘院、江西省第二测绘院、江西省第三测绘院、江西省基础地理信息中心、江西省测绘产品质量监督检验站、江西省测绘发展研究中心

山东省国土资源厅（山东省测绘局）

一、主要职责（测绘）

（一）贯彻执行国家有关测绘工作的政策、法律、法规。

（二）拟定全省测绘管理的法规、规章并组织实施。

（三）拟定测绘行业管理的技术标准、规程、规范和办法并组织实施。

（四）监督检查全省各级测绘行政主管部门行政执法和测绘规划执行情况。

（五）查处重大违法测绘案件。

（六）负责测绘行政复议。

（七）组织编制和实施全省测绘事业发展规划和其他专项规划。

（八）组织并管理全省基础测绘、省界线测绘、省内行政区域界线测绘、地籍测绘和其他全省性或重大测绘项目。

（九）负责全省测绘单位资质审查、测绘项目登记和地图编制出版工作。

（十）依法审查向社会出版、展示的地图，管理并审核地名在地图上的表示。

（十一）管理测绘基准和测量控制系统。

（十二）管理全省基础地理信息数据，组织指导基础地理信息社会化服务。

（十三）依法审批对外提供测绘成果和外国组织、个人来鲁测绘。

（十四）根据授权发布山东省重要地理信息数据。

（十五）负责全省测量标志保护工作。

（十六）监督管理国家和省财政拨给的测绘事业经费和其他专项资金。

（十七）组织开展测绘行业的对外合作与交流。

（十八）承办省委、省政府交办的其他事项。

二、内设机构

办公室、政策法规处、规划处、财务处、耕地保护处、地籍管理处、土地利用管理处（集体土地管理处）、征地处、矿产开发管理处、矿产资源储量处、地质环境处、地质勘查处、测绘管理处、执法监察局、科技与外事处、人事处、机关党委、离退休干部处、纪检、监察室

三、直属单位（测绘）

山东省国土测绘院、山东省地图出版社、山东省遥感技术应用中心

河南省测绘局

一、主要职责

（一）拟订全省测绘工作的行政法规和规章，制订测绘事业发展规划、测绘行业管理政策、技术标准。组织并管理基础测绘、省界线测绘、行政区域界线测绘、地籍测绘以及其他全省性测绘项目、重大测绘项目、重大测绘科技项目。

（二）负责全省各类测绘单位资格审查认证和测绘任务登记，负责外国组织和个人在本省区域进行测绘活动的审核工作，依法查处测绘违法案件，负责有关行政复议工作。

（三）管理全省基础地理信息数据，组织指导基础地理信息社会化服务，承担省经济建设和社会化发展信息化空间信息基础框架建设和基础测绘成果应用；管理全省测绘基础和测量控制系统；根据授权审议审核发布重要地理信息数据；指导和管理全省测量标志和全省测绘成果的保护工作。

（四）制定并组织实施地籍测绘的规划和技术标准，监督管理地籍测绘质量，确认地籍测绘成果；负责全省航空遥感计划的审批工作。

（五）审核限额以上测绘项目的立项和技术设计，依法管理全省地图编制工作，审查向社会出版、展示的地图，管理并审核地名在地图上的表示。

（六）负责全省测绘行业技术培训、质量管理、科技开发、对外合作交流工作。

（七）监督管理省测绘事业费和专项资金的使用。

（八）承担省人民政府和省国土资源厅交办的其他事项。

二、内设机构

办公室、测绘管理处、国土测绘处、规划财务处、人事教育处、测绘成果与地图管理处、直属机关党委

三、直属单位

河南省测绘工程院、河南省基础地理信息中心、河南省遥感测绘院、河南省地图院、河南省测绘职工中等专业学校、河南省测绘发展研究中心、河南省测绘产品质量监督检验站、河南省测绘资料档案馆、河南省测绘局机关后勤服务中心

湖北省测绘局

一、主要职责

（一）贯彻执行国家测绘工作的方针、政策和法律、法规，主持拟订全省测绘工作的行政、经济法规，监督检查测绘法律、法规的执行；负责全省测绘工作的行业管理并指导全省测绘工作。

（二）根据国家测绘方针、政策及本省发展战

略，研究制定全省测绘事业发展规划和中长期计划，并对执行情况进行督促检查。

（三）负责编制本省基础测绘和其他重大测绘项目规划、计划并组织实施，会同有关部门编制本省的地籍测绘规划，并按照规划组织协调地籍测绘的实施。

（四）管理全省测绘行业的标准化工作，根据授权管理测绘行业的计量工作，负责建立全省测绘基准和测绘系统。

（五）审核并发布本省的重要地理信息数据，指导和监督全省各类测绘成果的管理，负责指导和组织实施全省测量标志的保护与管理工作。

（六）会同有关部门组织和管理全省行政区域界线的测绘工作，负责管理地名在地图上的表示，统一管理全省地图编制出版和出版前的审查工作。

（七）主管全省测绘单位的测绘资格审查认证并负责颁发测绘资格证书，负责测绘任务的登记、测绘成果汇交、测绘行业统计、测绘产品收费及测绘市场管理等工作，指导和监督全省测绘成果的质量管理。

（八）按照国家测绘科技方针、政策，制定本省测绘科技发展计划，并组织重大测绘科技项目攻关、新产品开发、引进项目的消化吸收以及重大测绘科技成果推广应用和科技成果转化；指导全省测绘专业技术人员的培训。

（九）管理和监督本省测绘事业经费和专项资金的使用。

（十）归口管理全省对外测绘科技、经济合作交流；依法会同有关部门审批外国组织、个人来本省测绘，依据有关规定负责对外提供测绘成果的审批。

（十一）完成上级交办的其他事项。

除以上主要职能外，实际还承担的职责和任务有：

（一）制定本省基础测绘、房产测绘、行政区域界线测绘的规划，组织实施全省基础测绘和重大测绘项目。

（二）负责本省基础地理信息数据库、空间数据基础设施的规划、建设和管理，组织指导基础地理信息社会化服务。

（三）依法查处本省测绘违法案件，负责有关行政复议。

（四）负责全省测绘成果的保密工作。

（五）审查向社会出版、展示的地图。

（六）负责全省重大测绘科技成果评审，技术职称评审、测绘专家推荐、全省测绘专业技能鉴定等工作。

二、内设机构

办公室（财务处）、政策法规与测绘管理处、基础测绘处、地图管理与质量监督处、人事教育处、离退休干部处、机关党委

三、直属单位

湖北省第一测绘院、湖北省第二测绘院、湖北省地图院、湖北省测绘成果档案馆、湖北省基础地理信息中心、湖北省测绘产品质量监督检验站（湖北省测绘仪器鉴定测试所）、湖北省测绘仪器设备管理站、湖北省测绘职工中等专业学校（湖北省测绘局职工培训中心）

湖南省国土资源厅（湖南省测绘局）

一、主要职责（测绘）

（一）组织起草有关测绘管理的法规、规章草案；协调有关部门和本厅有关测绘政策、法规工作，负责测绘普法宣传教育、履行推进测绘依法行政的有关职责；办理有关测绘行政复议事宜；调研和起草综合性测绘行业政策。

（二）组织编制和实施测绘事业发展规划及基础测绘规划；负责测绘综合统计工作等。

（三）负责基础测绘专项资金及国家财政和省财政拨给的测绘其他各项经费的监督管理；组织汇总、编制财务决算；负责厅直属单位经费的计划、分配和管理；对厅机关、直属单位的财务会计工作、国有资产和基本建设财务进行监督管理。

（四）编制上报和实施测绘事业发展规划和基础测绘年度计划；负责管理和组织全省基础地理信息系统、测量控制系统的建立和更新、使用；负责基础地理信息数据、成果的管理、分发、服务，按规定审核发布重要地理信息数据；组织实施基础测

绘、地籍测绘、行政区域界线测绘和其他重大测绘项目；负责审定全省测绘技术标准、规程和规范；审核对外提供测绘成果。

（五）贯彻执行国家测绘法律、法规、规章和测绘行业政策；审核测绘单位等级资格；按照国家规定审核外国组织、个人来湘测绘；负责全省测绘成果和地理信息数据质量的监督管理，负责测量标志的管理和保护；管理地图编制工作，拟定本省各级行政区域界线标准样图，审核地名在地图上的表示，审核向社会出版、展示的地图。

（六）组织对执行和遵守国家、省测绘法律、法规、规章情况进行监督检查；拟定全省测绘执法监督和违法案件查处规定；依法查处测绘违法案件。

（七）编制测绘科技、对外合作与宣传工作规划；对测绘科技项目对外合作工作的实施情况进行监督检查；推进测绘科学技术进步，推广测绘科技新成果；组织开展测绘工作的对外合作与交流；组织安排重大的宣传活动。

二、内设机构（测绘）

办公室、政策法规处、综合规划处、财务处、基础测绘处、测绘行业管理处、执法监察局、科技外事宣传处

三、直属单位（测绘）

湖南省第一测绘院、湖南省第二测绘院、湖南省第三测绘院（湖南省基础地理信息中心）、湖南地图出版社、湖南省测绘产品质量监督检验站、湖南省测绘科技研究所

广东省国土资源厅（广东省测绘局）

一、主要职责

（一）贯彻执行国家有关土地、矿产、测绘管理的方针、政策和法律、法规，拟订本省有关法规和规章制度并组织实施，负责有关行政处罚的听证和行政复议。

（二）编制和实施国土规划、土地和矿产资源保护与合理利用规划、地质勘查规划、地质灾害防治和地质遗迹保护规划及测绘事业发展规划；参与审核上报国务院和省人民政府审批的城市总体规划；指导和审核市、县土地利用总体规划。

（三）监督检查下级人民政府及其国土资源主管部门执行和遵守国土资源管理法律法规的情况，监督检查市、县国土资源主管部门土地、矿产资源规划执行情况；统筹协调国土整治活动；依法保护土地、矿产资源所有者和使用者的合法权益，承办并组织调处重大权属纠纷，直接查处违法违规案件。

（四）实施农地用途管制，指导基本农田保护；拟订未利用土地开发、土地整理、土地复垦和开发耕地政策并进行指导监督，确保耕地面积占补动态平衡。

（五）组织制订地籍管理政策、技术标准；组织土地资源调查、地籍调查、土地统计和动态监测；组织土地确权、城乡地籍、土地定级、土地登记发证等工作。

（六）指导农村集体非农土地使用权的流转管理；指导基准地价、标定地价的制定与公布；承担报国务院、省人民政府审批的各类用地审查、报批工作。

（七）负责矿产资源探矿权、采矿权的审批登记发证和转让审批的管理工作；组织矿产资源调查，负责矿产资源储量管理和地质资料汇交管理工作；依法实施地质勘查行业管理，负责地质勘查单位资质注册登记工作；组织征收矿产资源补偿费；确认采矿权评估结果。

（八）组织监测、防治地质灾害和保护地质遗迹；管理水文地质、工程地质、环境地质勘查和评价工作，监测、监督防止地下水的过量开采与污染，保护地质环境；认定地质遗迹保护区。

（九）组织制订测绘工作规划、计划和技术标准；组织并管理基础测绘、行政区域界线测绘、地籍测绘和其他重大测绘项目；依法实施测绘行业管理，负责测绘单位资质认定；管理测绘成果及其质量、测绘成果汇交和地图编制工作；管理大地测量控制系统，管理、审核、发布重要基础地理信息数据；指导和监督测量标志的保护工作。

（十）负责土地资源、矿产资源、测绘事业的对外合作与交流。

（十一）负责下一级国土资源主管部门领导干

部双重管理的主管方工作。

（十二）归口管理省属地质勘查单位。

（十三）承办省人民政府和国土资源部、国家测绘局交办的其他事项。

二、内设机构

办公室、土地规划与耕地保护处、土地利用管理处、地籍管理处（广东省人民政府调处土地纠纷办公室）、矿产资源管理处、地质勘查与环境处、测绘管理处、执法监察处（广东省国土资源厅执法监察总队）、政策法规处、财务处、科技教育处、人事处、监察室（与纪检组合署办公）、离退休人员管理处、信访处（与执法监察处合署办公）

三、直属单位（测绘）

广东省地图出版社、广东省国土资源厅测绘院、广东省国土资源信息中心（广东省基础地理信息中心）、广东省测绘产品质量监督检验中心、广东省国土资源档案馆、广东省测绘技术公司

广西壮族自治区测绘局

一、主要职责

（一）负责提出自治区测绘行政地方立法项目的建议，根据自治区人民政府委托，起草有关的地方性法规、规章和规范性文件草案并依法监督实施；指导地、市、县测绘管理工作。

（二）拟订测绘事业发展规划，组织并管理基础测绘、国界线测绘、行政区域界线测绘、地籍测绘和其他广西全区性或重大测绘项目。具有地籍测绘行政管理职能。

（三）主管广西全区测绘单位资格审查认证，管理测绘任务登记，依法查处测绘违法案件，负责有关行政复议。

（四）指导管理广西全区基础地理信息数据，指导基础地理信息社会化服务；管理广西全区的国家基础测绘基准和测量控制系统；根据授权审核发布重要地理信息数据；指导各类测绘成果的管理和广西全区测量标志的保护。

（五）拟订地籍测绘的规划和技术标准，审定地籍测绘资格，确认地籍测绘成果。

（六）依法管理广西全区地图编制工作，审查向社会出版、展示的地图，管理并审核地名在地图上的表示。

（七）负责对外提供测绘成果的审批和外国组织、个人来广西测绘的审核，组织对外测绘合作交流。

（八）拟订测绘科技发展规划，组织广西区内重大测绘科技项目攻关和测绘科技成果转化工作；管理测绘专业技术职称及技术工人等级考核工作。

（九）监督管理国家测绘事业费、专项资金。

（十）承办国家测绘局、自治区人民政府及自治区国土资源厅交办的其他事项。

二、内设机构

办公室（财务处）、人事教育处、国土测绘处、行业管理处（政策法规处）、机关党委、纪检组、监察室

三、直属单位

广西第一测绘院、广西第二测绘院、广西航空遥感测绘院、广西地图院、广西壮族自治区测绘档案资料馆、广西壮族自治区测绘产品质量监督检验站、广西壮族自治区基础地理信息中心、广西测绘职业技术学校、广西基础测绘基地服务中心

海南测绘局

一、主要职责

（一）贯彻执行党和国家有关测绘工作的方针政策、法律法规规章，依法拟定并组织实施本省测绘工作的政策法规规章和测绘事业发展规划计划及基础测绘规划。

（二）管理本省测绘行业的标准化工作，根据授权管理本行业的计量工作，检查监督测绘法律、法规的执行。

（三）承担并组织协调国家测绘局下达的国家基础测绘、地籍测绘和其他全国性或重大测绘项目的实施。

（四）负责组织实施本省的测绘工作，配合省发展计划主管部门编制并实施本省的基础测绘年度计划；对有关部门使用财政资金的测绘项目和使用财政资金的建设工程测绘项目批准立项前提出意见，避免重复测绘。

（五）负责省内行政区域界线的测绘工作；会同土地行政主管部门编制本省地籍测绘工作规划并组织实施；负责本省地图编制、出版、展示、登载及地名在地图上的表示的审核工作。

（六）依法主管本省测绘单位的测绘资格审查、资质证书发放、外省驻琼测绘单位资格验证和测绘任务登记工作，监督管理本省测绘项目的招标、投标工作；依法管理全省测绘市场，依法查处重大违法测绘案件，负责测绘行政执法监察。

（七）负责全省测绘成果管理和指导监督测绘成果的质量管理、保密工作。按照测绘成果汇交制度，收集整理、储存测绘成果副本和目录，编制测绘成果目录并向社会公布。

（八）负责省级测绘基准的建立和监督执行。

（九）负责指导全省测量标志保护工作。

（十）组织协调和管理全省基础地理信息系统建设，负责审核并根据授权发布省级重要地理信息数据，指导基础地理信息社会化服务。

（十一）制定本省测绘技术政策，组织省内重大测绘科技项目攻关和科技成果转化。

（十二）指导本省测绘专业技术人才的培养工作。组织实施全省测绘行业专业技术资格评审工作和测绘行业技术工人技能等级考核评定工作；组织指导全省测绘系统专业技术、岗位培训工作。

（十三）归口管理省级对外测绘技术和经济合作交流；依据有关规定负责对外提供本省测绘成果的审批。

（十四）管理和监督测绘事业费和有关专项基金的使用。

（十五）负责对所属事业单位贯彻执行党和国家的方针政策、法律法规规章的检查监督，协同有关部门监管其非经营性国有资产。

（十六）承办国家测绘局和省政府交办的其他工作，指导检查各市县测绘工作。

二、内设机构

办公室、国土测绘处（测绘资料管理处）、行业管理处、财务处、测绘成果管理与应用处、人事处（机关党委办公室、纪检监察室、审计处）

三、直属单位

国家测绘局海南基础地理信息中心、国家测绘局海南测绘产品质量监督检验站（海南省测绘产品质量监督检验站）、国家测绘局第四航测遥感院、国家测绘局第七地形测量队、国家测绘局海南测绘资料信息中心（国家测绘局海南测绘资料档案馆）、文昌测绘职工培训基地

重庆市规划局

一、主要职责（测绘）

（一）贯彻执行国家有关测绘的法律、法规、规章和方针、政策；起草测绘地方性法规、规章（草案）并组织实施。

（二）主管全市测绘工作。负责本市相对独立坐标系统的审查和报批；负责本市地图和各种专题地图的审批和监制；依照《重庆市测绘管理条例》的规定负责测量标志、地籍测绘、行政区域界线测绘的管理；负责全市测绘成果管理。

（三）主管全市测绘行业管理。制定行业发展规划，管理测绘市场；测绘单位资质审查、发证、日常监督工作；负责测绘成果的质量监督；负责对进入本市测绘市场的单位注册登记；负责市域测绘任务登记；负责组织本市测绘人员业务培训。

（四）负责组织、指导、监督、协调全市测绘的监督工作。查处违反测绘法律、法规的行为；依法进行行政复议和行政应诉；对测绘管理行政行为实施监督检查。

（五）主管全市测绘的信息、档案工作。负责测绘成果档案管理；制定测绘行业信息系统建设规划并组织实施。

（六）主管全市测绘的科技工作。组织编制测

绘科技发展规划；审查、报批测绘技术标准、技术经济指标；指导、协调测绘的科研、技术交流以及高新技术推广应用工作。

（七）承办市委、市政府交办的其他事项。

二、内设机构（测绘）

办公室、总工程师办公室、计划财务处、法规监察处、测绘管理处（重庆市测绘管理办公室）、组织人事处（离退休人员工作处）、机关党委、市纪委派驻市规划局纪检组，市监察局派驻市规划局监察室

三、直属单位（测绘）

重庆市规划监察执法大队、重庆市规划信息服务中心（重庆市规划测绘档案馆）、重庆市规划局机关后勤服务中心、重庆市地理信息中心（重庆市遥感中心）、重庆市勘测院（重庆市地图编制中心）

四川测绘局

一、主要职责

（一）贯彻执行国家测绘法律、法规并对执行情况进行监督检查；起草地方测绘法规草案；研究制订省测绘工作的方针、政策、测绘事业的中长期规划和省内的基础测绘、重大测绘项目计划并组织实施。

（二）负责对全省大、中城市和大型建设项目建立相对独立的平面坐标系统的审核、报批；负责全省测绘的航空摄影审查。

（三）负责全省测绘单位的测绘资格审查，测绘工作证件、测绘任务登记管理；负责省外测绘单位、外国或境外地区的组织和个人在全省行政区域内进行测绘或与有关单位合作测绘的验证、登记工作。

（四）归口管理全省地籍测绘；会同省土地管理部门和省有关部门编制地籍测绘规划，并按照规划组织协调地籍测绘工作，统一管理地籍测绘单位的资格认证和质量监督。

（五）会同有关部门组织管理全省各级行政区域界线测绘工作；管理地名在地图上的表示；与省民政部门共同绘制省内县级行政区域界线的标准样图。

（六）负责管理全省地图编制出版工作；负责对编制、印刷地图的单位进行资格审查；审批公开地图、内部地图、保密地图。

（七）负责全省测绘成果管理和监督工作，组织全省测绘成果的接收、搜集、整理、储存，并定期编制测绘成果目录；负责对外提供测绘成果的审批；负责管理全省测绘行业的标准化工作和根据授权管理测绘行业的计量工作；负责全省测绘成果的质量监督，处理测绘成果质量争议。

（八）负责指导全省测量标志的管理和保护工作，审批永久性测量标志的拆迁。

（九）研究制订全省测绘技术政策，组织全省重大测绘科技项目攻关和科技成果转化；指导全省测绘专业人才的培养和测绘专业技术职务任职资格的评审工作。

（十）归口管理省级对外测绘科技和经济合作交流。

（十一）指导市、地、州、县及省级有关部门的测绘工作；管理监督全省测绘事业费和有关专项经费的使用。

（十二）承办省政府和国家测绘局交办的其他事项。

二、内设机构

办公室（中国测绘报四川记者站）、基础测绘管理处（法定测绘管理处）、行业管理处（法规处）、测绘成果处、技术监督处、科技教育处、财务处（审计处）、基建装备处（国有资产管理办公室）、人事处、保卫处、机关党委办公室（与纪检监察室、工会、团委合署办公）

三、直属单位

成都地图出版社、国家测绘局第三大地测量队（四川省第一测绘工程院）、国家测绘局第六地形测量队（国家测绘局地下管线勘测工程院、四川省第三测绘工程院）、国家测绘局第三航测遥感院、成都测绘职工中等专业学校（西南测绘职工培训中心、武汉测绘科技大学西南函授站）、国家测绘局四川测绘产品质量监督检验站（四川省测绘产品质量监督检验站）、国家测绘局测绘产品监督检验测试中心

（四川省测绘科学研究所、四川省测绘信息站）、国家测绘局四川基础地理信息中心（国家测绘局四川测绘资料档案馆）、四川测绘局测绘技术服务中心、四川测绘局机关后勤服务中心

四、附属单位和挂靠单位

离退休干部处、经济开发办公室、四川省测绘学会办公室、《四川测绘》编辑部

贵州省国土资源厅（贵州省测绘局）

一、主要职责（测绘）

（一）贯彻执行国家有关测绘管理的法律、法规和方针、政策，拟定相关的地方性法规、规章；起草测绘管理的规范性文件。

（二）组织编制和实施全省测绘行业发展规划和其他专项规划；参与审核报国务院和省人民政府审批的城市、区域总体规划。

（三）监督检查省以下国土资源行政主管部门测绘行业发展规划的执行情况；负责有关测绘的行政复议和应诉工作。

（四）统一管理全省基础测绘和地籍测绘、行政区域界线测绘等工作，负责工程测量、房地产测绘及其他测绘的行业管理；审查认证测绘资格，管理测绘任务登记和测绘成果汇交；审查对外提供测绘成果和外国组织、个人在黔的测绘事项；管理地图编制，审查向社会出版、展示的地图，审核地名在地图上的表示；负责测量标志的保护。

（五）制定测绘技术标准；管理全省基础地理信息数据，指导地理信息社会化服务工作，审核发布重要地理信息；编制行政区域界线标准样图；监督国家测绘基准、测量控制系统的使用；承担航空、遥感测绘的报审工作。

（六）依法征收、收缴测绘法律法规规定的各项规费、价款；安排和监管国家、省级财政划拨的各类事业经费及其他有关资金、基金。

（七）组织开展有关测绘工作的宣传、教育、科技推广及对外合作与交流工作。

（八）负责全省国土资源系统县（处）级干部的考察、考核、任免、奖惩、培训、管理、协调等工作；负责市（州、地）国土资源局领导班子的绩效考评。领导市（州、地）国土资源行政主管部门的业务工作。

（九）承办省人民政府和国土资源部、国家测绘局交办的其他事项。

二、内设机构（测绘）

测绘行业管理处、测绘项目处

三、直属单位（测绘）

贵州省第一测绘院、贵州省第二测绘院、贵州省第三测绘院、贵州省测绘资料档案馆、贵州省测绘产品质量监督检验站

云南省测绘局

一、主要职责

（一）执行国家测绘法律、法规和规章，贯彻落实国家有关测绘工作的方针和政策，拟定云南省测绘行政法规和规章，制定云南测绘行业管理办法和测绘技术标准并依法监督实施。

（二）编制省测绘事业发展规划和年度计划；负责组织国家和省基础测绘、国界线测绘、行政区域界线测绘、地籍测绘、航空摄影和其他全省性或重大测绘项目的实施；管理全省重大测绘科技项目，组织对外测绘科技交流和重要测绘项目合作。

（三）依法审定测绘单位的测绘资格，依法审批对外提供测绘成果和外国组织、个人来滇测绘；组织测绘法制宣传和测绘执法检查，依法查处全省性或重大的测绘违法案件，负责有关行政复议。

（四）管理全省国家测绘基准和测量控制系统，组织建立和完善省级基础地理信息系统，管理全省基础地理信息数据，组织指导基础地理信息社会化

服务，根据授权审核发布重要地理信息数据；指导监督测绘产品质量和各类测绘成果管理，依法管理云南测量标志。

（五）依法管理云南地图编制出版工作，审查向社会公开出版、展示的地图；与有关部门组织编制云南省行政区域界线标准样图，管理并审核地名在地图上的表示。

（六）负责制定云南省地籍测绘规划并组织实施，审查地籍测绘资格，确认地籍测绘成果。

（七）管理所属事业单位，监督管理测绘事业费和专项资金。

（八）承办云南省委、省政府和省国土资源厅及上级机关交办的其他事项。

二、内设机构

办公室、人事处、计划财务处、国土测绘与科技处、行业管理与政策法规处

三、直属单位

云南省测绘工程院、云南省航测遥感信息院、云南省地图院、云南省测绘资料档案馆（云南省基础地理信息中心）、云南省测绘产品检测站、云南省基础测绘技术中心（信息中心）、云南省测绘局后勤服务中心、云南省测绘科技咨询服务中心

西藏自治区测绘局

一、主要职责

（一）根据国家测绘行政法规、规章，拟订地方性测绘法规、规章草案和实施细则，编制测绘事业发展规划；严格执行国家测绘行政管理政策、技术标准；组织和管理基础测绘、行政区域界线测绘、地籍测绘和其它全区性重大测绘项目。

（二）拟订和执行测绘单位资格审查认证管理办法，审定和管理测绘单位的资格、任务登记，依法审批对外提供测绘成果和外国组织、个人来藏测绘；会同有关部门进行测绘成果保密检查；依法查处全区性重大测绘违规案件，负责有关行政复议。

（三）管理全区基础地理信息数据，组织指导基础地理信息社会化服务；管理在自治区境内的国家测绘基准和测量控制系统；严格监督检查和执行外交部、国家测绘局关于中华人民共和国地图的国界线标准图画法；根据授权审核发布重要地理信息数据；监督管理各类测绘成果和测量标志保护工作；依法管理地图编制工作，审查向社会公开出版、展示的地图，管理并审核地名在地图上的表示。

二、机构设置

办公室、计划财务统计科、行业管理法规科，国土测绘科、测绘资料档案馆

三、直属单位

西藏自治区测绘院

陕西测绘局

一、主要职责

（一）承担并组织协调国家测绘局下达的国家基础测绘、地籍测绘和其它全国性或重大测绘项目的实施。

（二）研究制订所在省测绘工作的方针、政策和所在省测绘事业的发展战略、中长期规划。

（三）组织制订所在省测绘工作的行政、经济法规，管理所在省测绘行业的标准化工作和依据授权管理测绘行业的计量工作，检查监督测绘法律、法规的执行。

（四）指导和监督所在省各类测绘成果的管理；负责指导所在省测量标志保护工作。

（五）会同有关部门组织和管理省内行政区域界线的测绘工作；负责管理所在省地图编制出版工作。

（六）依法主管所在省测绘单位的测绘资格审查和测绘任务登记工作，指导和监督所在省测绘成果的质量管理。

（七）制定所在省测绘技术政策，组织省内重大测绘科技项目攻关和科技成果转化；指导所在省测绘专业人才的培养及测绘行业特有工种职业技能

鉴定与工人技术考核评定。

（八）管理监督本局测绘事业费和有关专项资金的使用。

（九）归口管理省级的对外测绘科技和经济合作交流，依据有关规定负责对外提供所在省测绘成果的审批。

（十）承办国家测绘局和所在省人民政府交办的其它事项。

二、内设机构

办公室、基础测绘管理处、法规处（执法队）、人事处、质量技术监督处、财务装备处、科技教育处、监察审计处、政治思想工作处

三、直属单位

国家测绘局第一大地测量队（陕西省第一测绘工程院，国家测绘局精密工程测量院）、国家测绘局第一地形测量队（陕西省第二测绘工程院）、国家测绘局第二地形测量队（陕西省第二测绘工程院）、国家测绘局大地测量数据处理中心（陕西省第四测绘工程院）、国家测绘局第一航测遥感院（陕西省第五测绘工程院）、西安地图出版社（陕西省第六测绘工程院）、国家测绘局陕西基础地理信息中心（国家测绘局陕西测绘资料档案馆）、陕西测绘局测绘开发服务中心、国家测绘局陕西测绘产品质量监督检验站（陕西省测绘产品质量监督检验站）、陕西测绘仪器计量监督检定中心、西安测绘职工中等专业学校（西北测绘职工培训中心，武汉测绘科技大学西北函授站）、国家测绘局测绘标准化研究所、陕西测绘局物资供应站、陕西测绘局劳动就业服务中心、陕西测绘局后勤服务中心

四、附属和挂靠单位

陕西省测绘局离退休职工服务处、陕西省测绘局会计核算中心、陕西省测绘学会办公室

甘肃省测绘局

一、主要职责

（一）研究制定测绘行业管理政策、技术政策和技术标准，编制全省测绘事业发展中长期规划和年度计划。

（二）建设和管理基础测绘设施，管理全省测绘基准和测量控制系统。

（三）组织管理基础测绘和全省性重大测绘项目，组织实施“数字甘肃”业务。

（四）管理省级基础地理信息数据，负责建立和完善全省基础地理信息系统，组织指导基础地理信息社会化服务。

（五）依法管理全省各种地图的编制和更新，审查向社会出版、展示的地图。

（六）依法管理全省测绘资格认证，规范全省测绘市场行为，依法查处测绘违法案件。

（七）管理测绘质量监督检验工作。

二、内设机构

办公室、国土测绘处、成果地图处、行业管理处、财务处、人事教育处、机关党委

三、直属单位

甘肃省基础地理信息中心、甘肃省地图院、甘肃省测绘工程院、甘肃省测绘产品质量监督检验站、甘肃省测绘局后勤服务中心

青海省测绘局

一、主要职责

（一）依据《青海省实施中华人民共和国测绘法办法》，履行政府测绘管理行政职能，研究制定全省测绘事业发展规划，贯彻执行测绘法律、法规，草拟地方性测绘法规、规章。

（二）管理全省测绘行业标准化工作，监督检查测绘法律、法规的执行情况。

（三）管理全省测绘市场，负责测绘资质管理、测绘从业资格、地图编制审核及涉外测绘经济技术合作。

（四）负责全省测绘科学技术研究工作，组织测绘产品开发和应用。

（五）负责行政区域界限的测绘，审定各种地图上行政区域界限的画法，负责管理全省地图编制出版工作。

（六）审查并管理全省基础地理信息数据资料，管理全省测绘成果档案，负责对外提供测绘成果的审查，指导监督测绘资料保密工作。

（七）负责测绘专业技术人才培训、培养及全省测绘行业职业技能鉴定工作。

（八）负责全省测量标志的保护和普查工作。

（九）指导州、地、市、县测绘管理工作。

（十）承办省政府及国土资源厅交办的其它工作。

二、内设机构

办公室（计划财务处）、测绘管理与政策法规处、基础测绘规划处、人事教育处（机关党委）

三、直属单位

青海省第一测绘院、青海省第二测绘院、青海省基础地理信息中心、青海省测绘产品质量监督检验站

宁夏回族自治区测绘局

一、主要职责

（一）依法监督实施测绘行政法规、规章以及测绘事业发展规划、测绘行业管理政策、技术标准；组织并管理基础测绘、区界线测绘、行政区域界线测绘、地籍测绘和其他全区性或重大测绘项目、重大测绘科技项目。

（二）负责全区测绘单位的测绘资格审查和测绘任务登记；依法查处全区性或重大的测绘违法案件，负责有关行政复议。

（三）管理全区基础地理信息数据，组织指导基础地理信息社会化服务；管理全区测绘基准和测量控制系统；根据授权审核发布自治区重要地理信息数据，负责组织全区测量标志的管理工作。

（四）制定并组织实施地籍测绘的规划和技术标准，管理审定地籍测绘资格，确认地籍测绘成果。

（五）依法管理全区地图编制工作，审查向社会出版、展示的地图，管理并审核地名在地图上的表示。

（六）监督管理自治区测绘事业费、专项资金。

（七）承办自治区人民政府和自治区国土资源厅交办的其他事项。

二、内设机构

办公室、行业管理处、国土测绘处、人事教育处、直属机关党委

三、直属单位

宁夏回族自治区第一测绘院、宁夏回族自治区第二测绘院、宁夏回族自治区基础地理信息中心、宁夏回族自治区测绘产品质量监督检验站、宁夏测绘局服务中心

新疆维吾尔自治区测绘局

2007年12月10日，自治区机构编制委员会下达关于行政编制用于置换新疆测绘局事业编制的通知（新机编办［2007］291号文）：自治区测绘局为自治区国土资源厅管理的副厅级行政机构，下达44名行政编制，核销测绘局40名机关事业编制、4名老干部工作处单列行政编制。

一、主要职责

（一）贯彻国家有关测绘工作的法律、法规、方针、政策，拟订全区地方性测绘法规。制定测绘行业管理政策，并依法监督实施；制定全区测绘事业发展规划，组织并管理基础测绘、行政区域界限测绘、地籍测绘和其他全区性或重大测绘项目、重大测绘科技项目。

（二）按规定负责测绘单位资格审查发证工作，管理测绘任务登记；依法审核对外提供测绘成果、外国组织和个人来疆测绘，组织对外测绘合作交流；

依法查处全区性或重大的测绘违法案件，负责有关行政复议。

（三）管理自治区的基础地理信息数据，组织指导全区基础地理信息社会化服务；管理国家测绘基准和测量控制系统；根据授权审核、发布自治区重要的地理信息数据，指导监督各类测绘成果的管理和全区测量标志的保护。

（四）制定基础测绘、地籍测绘的规划和年度计划并监督实施管理、确认测绘成果。

（五）依法管理地图编制工作，审查向社会出版和展示的地图，管理并审核地名在地图上的表示。

（六）依法监督实施测绘技术标准，指导监督测绘产品质量管理。

（七）组织并指导全区测绘技术人员培训及测绘专业技术职称工作；指导测绘行业职业技能鉴定、测绘行业技术工人技术等级考核。

（八）监督管理自治区测绘事业费和专项资金。

（九）承办自治区人民政府及国土资源厅交办的其他工作。

二、内设机构

办公室、国土测绘技术监督处、行业管理处（政策法规处）、地图管理处（自治区测绘执法办公室）、计划财务处、人事教育处、直属机关党委、监察室、老干部工作处

三、直属单位

新疆维吾尔自治区第一测绘院、新疆维吾尔自治区第二测绘院、新疆维吾尔自治区测绘技术中心、新疆维吾尔自治区测绘档案资料馆（新疆维吾尔自治区基础地理信息中心）、新疆维吾尔自治区测绘产品质量监督检验站、新疆维吾尔自治区测绘局机关服务中心

新疆生产建设兵团国土资源局

一、主要职责（测绘）

（一）编制和实施兵团测绘规划和其他专项规划。

（二）负责兵团地籍管理工作；负责兵团基础测绘的行政管理工作。

（三）加强对基础测绘成果提供使用的管理。

（四）负责局属事业单位的管理工作。

（五）承办兵团交办的其他事项。

二、内设机构

办公室（财务处、兵直国土资源局）、政策法规处（科技宣传处、行政复议办公室、国土资源报社兵团记者站）、地籍管理处（兵团处理土地草场纠纷领导小组办公室、兵团土地确权勘界办公室）、规划处（耕地保护处）、土地利用管理处、矿产资源管理处（矿产资源储备处、地质环境处）、执法监察局

三、直属单位

新疆生产建设兵团土地储备整理中心、新疆生产建设兵团土地事务所

青岛市国土资源和房屋管理局

一、主要职责（测绘）

（一）贯彻执行国家、省有关测绘的方针、政策和法律、法规，拟订有关地方性法规、政府规章草案和行业发展目标及相关政策，并组织实施和监督检查。

（二）负责全市测绘行业管理。制定行业发展规划，管理测绘市场；负责测绘单位资质审查、发证、验证工作；负责测绘成果的质量监督。

（三）负责全市测绘的监督检查工作；查处违反测绘法律、法规的行为。

（四）负责全市测量标志的保护工作。

（五）负责全市测绘的科技、信息、档案工作。负责勘察测绘行业的科研和宣传教育工作，负责测绘成果档案管理、测绘人员专业技术培训，指导下

级管理部门的业务工作。

二、内设机构

办公室、政策法规处、计划信息处、权籍管理处、市场管理处、财务审计处、国有土地处、集体土地处、地质矿产处、房政管理处、房屋安全鉴定办公室、政工处、勘察测绘管理处（事业性质）

三、直属单位

青岛市房地产交易中心、青岛市住宅发展中心、青岛市土地储备整理中心、青岛市住房置业担保中心、青岛市物业管理办公室、青岛市国土资源执法监察支队、青岛市房屋修缮工程质量监督管理站

大连市规划局

一、主要职责（测绘）

（一）宣传贯彻测绘法律法规，拟定全市测绘管理法规，制定大连市测绘行业规章；

（二）依据相关法律法规赋予的职责与业务，公开测绘行政许可事项和行业管理工作职能；传达上级行业管理部门工作信息和有关文件内容；指导并协调各区市县测绘行政管理部门开展测绘管理工作；

（三）编制大连市基础测绘中长期规划；制定大连市测绘工作方案；编制大连市测绘工作年度计划并组织实施；

（四）完成国家测绘局、辽宁省测绘局委托的测绘行政管理事项（主要包括：测绘资质审查、地图编制审核、测绘产品质量检查等）；

（五）建立测绘行业顾客档案，详细记录顾客的基本信息及要求，按照行政许可的职能权限和工作“时限”，及时满足顾客需求；

（六）负责大连市测绘行业管理（主要包括测绘市场秩序管理，地图市场管理，测绘成果质量监管，涉密测绘成果的保密管理等）；

（七）负责大连市城市基础地理信息、数据保管和测绘信息资源共享应用；

（八）统计上报大连市测绘管理工作信息，反馈测绘类顾客需求信息；

（九）及时完成上级领导交办的各项临时性工作。

二、内设机构

办公室、城市规划技术处、村镇规划建设处、建筑规划管理处、政策法规处、地下管网规划处、测绘管理处、党委办公室（机关党委）、纪委（监察室）

三、直属单位

大连市测绘院（大连市基础地理信息中心）、大连市城市规划设计研究院

宁波市规划局

一、主要职责（测绘）

（一）研究拟订全市测绘和城市勘察事业发展规划和年度计划；

（二）负责测绘和城市勘察行业管理；

（三）制订下达并管理宁波市城市规划区内城市勘察、测绘指令性任务计划，组织实施、管理涉及城市规划和建设全局的城市勘察、测绘项目、方案、成果；

（四）归口管理测绘和城市勘察及其成果资料；

（五）负责宁波市城市规划区内建设工程规划管理的城市勘察、测绘管理和保障工作；

（六）负责地理信息系统（GIS）的建设开发和管理工作；

（七）负责全市测绘和城市勘察成果保密审查和地图出版审查；

（八）负责管理本行政区范围内的测量标志和国家委托管理的测量标志；

（九）监督检查城市勘察、测绘法律、法规的实施，配合查处违法城市勘察、测绘行为。

二、内设机构

办公室、政治处、总师办公室、综合用地处、规划编审处、建筑管理处、工程管理处、风景名胜

区规划管理处（区域规划管理处）、测绘管理处（市测绘管理处、市航空遥感办公室）、法规监督处

三、直属单位

宁波市规划设计研究院、宁波市测绘设计研究院、宁波市规划与地理信息中心

深圳市国土资源和房产管理局

一、主要职责（测绘）

（一）负责编制全市测绘规划，制定全市基础测绘计划，经批准后组织实施，并负责基础测绘成果资料的汇总、使用和管理工作。

（二）负责对测绘市场和行业进行监管，受理测绘资格申请审查及初审，负责指导、协调全市测量标志的保护与管理。

（三）负责全市地图编制、出版的初审工作。

（四）负责制定地籍管理的相关规定（包括相关的技术规范和标准），负责全市地籍调查工作，并在此基础上，负责组织完善全市的地籍信息系统。

（五）负责全市专项土地调查和年度土地利用现状更新调查工作；负责与局业务相关的地籍核查工作。

（六）协调、指导分局、国土所开展地籍管理和测绘管理工作。

二、内设机构

办公室、机关党委、政工人事处、政策法规处、计划财务处、地政处、测绘地籍处、地质矿产处、房地产业管理处、执法监察处、房改处、物业监管处、征（收）地拆迁办公室

三、直属单位

深圳市国土资源和房产管理局直属分局、深圳市国土资源和房产管理局宝安分局、深圳市国土资源和房产管理局龙岗分局，深圳市国土资源和房产管理局光明分局、深圳市国土资源和房产管理局石岩所、深圳市国土资源和房产管理局龙华所、深圳市国土资源和房产管理局观澜所、深圳市国土资源和房产管理局新安所、深圳市国土资源和房产管理局西乡所、深圳市国土资源和房产管理局福永所、深圳市国土资源和房产管理局沙井所、深圳市国土资源和房产管理局松岗所、深圳市国土资源和房产管理局布吉所、深圳市国土资源和房产管理局横岗所、深圳市国土资源和房产管理局平湖所、深圳市国土资源和房产管理局龙岗所、深圳市国土资源和房产管理局坪地所、深圳市国土资源和房产管理局坪山所、深圳市国土资源和房产管理局坑梓所、深圳市国土资源和房产管理局葵涌所、深圳市国土资源和房产管理局大鹏所、深圳市国土资源和房产管理局南澳所、深圳市地籍测绘大队、深圳市土地储备中心、深圳市房地产权登记中心、深圳市房地产估价中心、深圳市土地房产交易中心、深圳市住宅售房中心、深圳市住宅开发修缮租赁中心、深圳市国土房产物业管理服务中心、深圳市房产管理培训中心、深圳市住宅与房地产杂志社、深圳市房屋公用设施专用基金管理中心

厦门市国土资源与房产管理局

一、主要职责（测绘）

（一）贯彻执行中央、省和市有关土地、房改、房产、矿产资源、征地拆迁和测绘管理的法律、法规、规章和政策，组织草拟地方性法规、规章和政策，并组织协调和实施。

（二）负责全市测绘行政管理工作；拟定基础测绘、工程测绘管理办法、技术标准并监督实施；组织全市基础测绘；管理大地测量控制系统和市基础地理信息系统，管理测量标志移动和占用的审批工作；负责地图的编制、出版审核；对测绘单位测绘资格进行审核和报批；受理测绘资料出境解密工作；负责测绘工程技术任务书的审查工作；受理测绘任务登记、外来测绘单位测绘资格证书认证和测绘成果、测绘资料管理；负责本系统的科技管理工

作、单项规划和中、长期规划及年度计划；负责审核、协调局系统信息化建设技术方案；协助建立健全土地动态信息监测体系。

（三）负责国土资源、测绘和房地产市场信息的管理。

二、内设机构

办公室、政治处（机关党委）、计划财务处、政策法规处、规划保护处、土地利用管理处、征地拆迁管理处、房地产权籍管理处（市地籍调查领导小组办公室）、房地产市场管理处、房政管理处、住房制度改革工作处、地质矿产管理处（市矿产资源管理办公室）、科技测绘管理处、执法监察处、老干部工作处、监察室

三、直属单位

厦门市公房管理中心、厦门市房地产交易权籍登记中心、厦门市住房公积金管理中心、厦门市测绘与基础地理信息中心、厦门市土地开发总公司、厦门市国土资源与房产测绘档案馆、厦门市房屋安全鉴定所、厦门市湖里国土资源管理所、厦门市思明国土资源管理所

中国地图出版社（测绘出版社）

一、主要职责

（一）地图编制出版。

（二）测绘和地理专业图书出版。

（三）相关教材、教辅和教学参考书出版。

（四）相关技术资料和工具书出版。

二、内设机构

（一）管理服务部门

办公室、人事处（党委办公室、保卫处）、总编办公室、财务处、出版处、经济管理处（质量管理处、审计处）、离退休干部处、后勤服务中心、工会

（二）生产经营部门

中国地图编辑部、世界地图编辑部、地图开发部、图书开发部、特型地图部、广告部、教材发展中心、信息中心、电子产品开发部、教材开发部、期刊编辑部、教辅发展部、发行部、制版部、凯伦公司、博目公司

（三）京外办事处

上海办事处、武汉办事处、西安办事处

中国测绘科学研究院

一、业务范围

中国测绘科学研究院主要从事测绘及相关学科的基础和应用研究，以及国家基础测绘、重大工程测绘和经济建设领域相关的地理信息工程技术的开发和研建。目前的重点研究方向为：现代大地测量与地球动力学、摄影测量与遥感、地图学与地理信息系统和空间信息决策支持系统，形成了独具特色的技术优势和整体实力，具备承担重大科研和生产项目的能力，是国内具有影响力的科研机构。

二、部门设置

（一）职能部门

办公室（保卫处、外事办公室）、财务审计处（国有资产管理处）、科技处（研究生管理处）、人事教育处（党委办公室）

（二）研究机构

大地测量与地球动力学研究所（房山人卫观测站）、摄影测量与遥感研究所、地图学与地理信息系统研究所（国家测绘局地名研究所）、政府地理信息系统研究中心、地理空间信息工程国家测绘局重点实验室

（三）其他院属单位

工会、中国测绘科学研究院离退休人员服务中心、中国测绘科学研究院资产管理服务中心、中国测绘科学研究院人才交流服务中心、中国测绘科学研究院测绘科技信息中心、中测国检（北京）测绘仪器检测中心、北京四维远见信息技术有限公司、中测新图（北京）遥感技术有限责任公司、北京四维空间数码科技有限公司、北京莱赛测绘科技工程

中心、北京测科空间信息技术有限公司、北京四维赛洋科技有限公司、北京翔达物业管理中心

国家基础地理信息中心

一、主要职责

（一）负责管理全国测绘成果资料和档案资料。

（二）负责国家级基础地理信息系统建设、维护、更新、开发及有关研究工作，以及国家测绘局下达的专题数据库的建库。

（三）承办国家测绘局交办的基础测绘和重大测绘项目。

（四）负责航空摄影的组织实施。

（五）负责中国测绘网的应用和维护。

二、内设机构

（一）职能部门

办公室（保卫处）、业务处（科技与国际合作处）、人事处（党委办公室）、财务处、行政处

（二）业务部门

大地测量部、遥感部（航空摄影处）、地图数据库部、档案资料部、信息服务部、专题应用部、工程应用部、网络技术部、1∶5 万项目更新办公室、标准质量处

三、挂靠单位

全国地理标准化技术委员会秘书处、国际标准化组织地理信息技术委员会（ISO/TC211）国内技术归口办公室、国家测绘局中国地壳运动监测网络工程项目办公室、国家测绘局中越边界测绘办公室、国家大地图集办公室、基础地理信息建设及应用国家测绘局工程技术研究中心

中国测绘宣传中心（中国测绘报社）

一、主要职责

（一）面向社会和行业宣传党和国家关于测绘的方针、政策、法律法规。

（二）承办国家测绘局的新闻宣传和我国地理信息数据发布的具体事务。

（三）面向社会开展测绘知识、科技、文化宣传普及工作。

（四）承担原中国测绘报社职能。

（五）承担国家测绘局交办的其他事项。

二、内设机构

办公室、新闻宣传处（总编室）、科普宣传处（采编部）、影视宣传处、《中国测绘》编辑部、通联部、广告部、财务处

国家测绘局管理信息中心

一、主要职责

（一）承担测绘行业重要信息的收集、整理和分析工作，为测绘管理提供信息服务。

（二）承担国家测绘局统计工作的组织管理，负责综合统计和统计数据的分析。经批准，对外提供和发布测绘统计数据。

（三）承担国家测绘局政务信息化建设的实施、管理、维护与推广应用。

（四）承担国家测绘局机关计算机网络设备的采购、管理和维护。

（五）承担国家测绘局政府网站的建设、管理、维护和信息更新。

（六）承担《中国测绘年鉴》的编制工作。

（七）承办国家测绘局交办的其他工作。

二、内设机构

综合处（人事处、测绘年鉴编辑部）、统计处、网络应用管理处

国家测绘局地图技术审查中心

一、主要职责

（一）受国家测绘局委托受理送审地图，承担地图内容技术审查工作，并向局提出审查报告。

（二）承担网上系列国界线标准地图的发布，负责网上地图的监督检查，对违法违规地图向局提出查处意见和建议。

（三）负责公开出版地图的备案工作，定期向局报告备案情况。

（四）受国家测绘局委托承担涉密测绘成果的技术审查。

（五）承办重要地理信息数据的技术审查。

（六）受国家测绘局委托承办重大测绘违法、违规案件的调查和督办。

（七）承办国家测绘局交办的其他工作。

二、内设机构

办公室（人事处）、技术处、网络地图监督处、督察处

注：根据《关于对部分测绘行政许可实行集中受理的通知》（国测法字［2007］5号）规定，自2007年7月1日起，国家测绘局地图审核行政许可实行集中受理，国家测绘局地图技术审查中心不再承担受理送审地图工作。

国家测绘局测绘发展研究中心

一、主要职责

（一）负责组织实施测绘发展战略、改革等重大政策方面的研究工作。

（二）承担测绘事业发展中长期规划和重要专项规划制定的前期性工作。

（三）研究和整理国内外测绘及相关领域发展状况及重要信息，并提出意见和建议。

（四）受国家测绘局委托，承担基础设施建设项目和测绘工程项目立项建议、评估、咨询和可行性研究工作。

（五）承担有关重要文稿的起草工作。

（六）承办国家测绘局交办的其它工作。

二、内设机构

办公室（人事处）、战略与政策研究室、规划与项目研究室

国家测绘局职业技能鉴定指导中心

一、历史沿革

1999年8月，经中编办批准，撤销国家测绘局物资站，成立国家测绘局职业技能鉴定指导中心，为国家测绘局直属事业单位，经费形式为自收自支。2007年，经党组研究决定，重新组建国家测绘局职业技能鉴定指导中心，为财政补助事业单位。

二、主要职责

（一）受国家测绘局委托，受理省级测绘行政主管部门提交的注册测绘师资格注册的申报材料和审查意见，并向局提出审核建议。

（二）协助承担注册测绘师资格考试和继续教育等工作，承办注册管理的具体业务工作。

（三）受国家测绘局委托，受理测绘行业特有工种职业技能鉴定站的设立申请，并向局提出审查

建议。

（四）组织实施测绘行业特有工种职业技能鉴定工作。

（五）承担党政领导干部、机关公务员、测绘经营管理人员和技能人员的培训组织工作。

（六）开展测绘人力资源开发、教育培训的研究工作，为局提供咨询服务。

（七）承办国家测绘局交办的其他工作。

三、内设机构

综合处（人事处、培训处）、执业资格处、职业技能处

国家测绘局重庆测绘院

一、主要职责

承担国家基础测绘任务和重庆地方基础测绘任务。

二、内设机构

办公室、质量管理处、财务处（国有资产管理处）、测绘业务处、人事处（党委办公室）、地理信息中心、后勤服务中心、一分院、二分院、三分院、四分院、国土测绘分院

国家测绘局机关服务中心

一、主要职责

（一）提出局机关行政后勤工作管理办法和后勤服务工作改革意见，拟定有关的规章制度并负责贯彻执行。

（二）与机关签订并履行服务合同；受机关委托对机关行政、离退休干部、机关工会等经费进行日常管理及管理后勤服务经费。

（三）组织实施有关基本建设项目。

（四）管理机关的国有资产；具体组织实施局机关职工住房制度改革，并对在京单位的房改工作进行指导。

（五）负责局住房公积金管理中心的日常工作。

（六）负责就机关职工住房向上级主管部门提出申请；承办局机关职工、离退休干部的医疗保健工作，负责局机关和在京直属单位的计划生育管理工作；管理局机关车队，保证机关工作用车。

（七）负责机关职工交通安全教育和车辆的安全管理；负责在京单位和职工宿舍自管区域的综合治理；开发机关后勤工作对外服务渠道，监督、管理经营性国有资产和所属经营性单位的财务，负责上缴机关投入中心及所属经营性单位的国有资本收益，确保经营性国有资产得到保值和增值。

（八）承担国家测绘局机关交办的其他工作。

二、内设机构

办公室、财务部、基建房改办公室（国家测绘局在京基建房改办公室）、行政处

国家测绘局北戴河休养院

一、主要职责

承办国家测绘局机关的会议接待和全国测绘系统的会议、培训班及职工休养。

二、内设机构

办公室、财务科、业务科、总务科

中国测绘学会

一、业务范围

（一）开展测绘科技的国内学术交流，组织重点学术课题的探讨和高新技术的考察，促进测绘科技成果的推广与应用。

（二）开展和促进民间测绘科技的国际学术交流与科技合作，加强同国外测绘科技团体及学者之间的联系与合作。

（三）围绕测绘科技在国家科技发展中的重大问题，组织测绘科技工作者参与国家科技政策、科技发展战略、相关技术法律法规的制定，以及国家事务的科学决策工作。

（四）接受委托承担科技项目的论证评估、科技成果的鉴定验收、专业技术职务的资格评审、科技文献和标准的编写审定等；组织举办科技成果的展览和演示，提供技术咨询和技术服务。

（五）编辑出版《测绘学报》、《测绘工程》、《中国测绘学科发展蓝皮书》、《中国测绘学会会讯》、测绘科普读物、测绘论文集以及其他有关文献资料；组织摄制有关电子音像制品等。

（六）普及测绘科技知识，传播先进测绘技术、科学管理理论和工程实践经验，开展有关开发青少年智力和普及测绘科技知识的有关活动。

（七）开展继续教育和业务培训工作，帮助本会会员及测绘行业职工补充新知识，提高学术水平。

（八）通过开展各种形式的测绘学术活动，发现优秀测绘科技人才并向有关部门推荐。

（九）评选和推荐测绘方面优秀的学术著作、科技论文、科普作品、专业软件，以及其他科技成果；表彰和奖励优秀测绘科技工作者及有突出成绩的学会专兼职人员。

（十）向国家有关部门反映本会会员的意见、建议和要求，维护全国测绘科技工作者的合法权益。

（十一）举办为本会会员和全国测绘科技工作者服务的各项事业和活动；积极发挥本会在中介服务方面的作用。

（十二）依法创办符合本会章程宗旨的科技性质的各类实体。

二、分支机构

中国测绘学会大地测量专业委员会、中国测绘学会摄影测量与遥感专业委员会、中国测绘学会地图学与地理信息系统专业委员会、中国测绘学会工程测量分会、中国测绘学会测绘仪器专业委员会、中国测绘学会海洋测绘专业委员会、中国测绘学会矿山测量专业委员会、中国测绘学会测绘经济与管理专业委员会、中国测绘学会地籍测绘与土地信息系统专业委员会、中国测绘学会测绘教育专业委员会、中国测绘学会科学普及工作委员会、中国测绘学会咨询工作委员会、中国测绘学会测绘学名词审定专业委员会、中国测绘学会测绘史志工作委员会、《测绘学报》编辑工作委员会、中国测绘学会科技信息网分会

中国地理信息系统协会

一、业务范围

专业交流、业务培训、刊物编辑、国际合作、咨询服务等。

二、分支机构

中国地理信息系统协会理论与方法专业委员会、中国地理信息系统协会标准化与质量控制专业委员会、中国地理信息系统协会空间数据资源专业委员会、中国地理信息系统协会教育与科普专业委员会、中国地理信息系统协会资源与环境专业委员会、中国地理信息系统协会城市信息系统专业委员会、中国地理信息系统协会政务信息系统专业委员会、中国地理信息系统协会 GIS 工程与应用专业委员会、中国地理信息系统协会软件产业分会、中国地理信息系统协会市场工作委员会

中国全球定位系统技术应用协会

一、业务范围

（一）开展行业发展和产业政策等方面的调查研究，为政府加强宏观调控和管理提供咨询建议，向政府反映会员诉求和争取政策支持。

（二）接受委托参与相关法律法规、产业政策、行业标准、行业发展规划、行业准入条件的研究、制定与修订，承担科技项目论证、科技成果鉴定、新产品评优和技术职称资格评审。

（三）组织开展全球定位系统技术应用和发展方面的学术交流、成果推广、科学技术普及活动，宣传推介具有自主创新和产业化前景的技术与产品，为促进全球定位系统技术应用的科技进步和管理进步服务。

（四）推动全球定位系统的社会化应用和产业化发展，开展技术服务，提供科技咨询，举办科技成果和成就展览，组织行业产品的测评、认证和成果推广活动。

（五）协助政府有关部门协调组织跨行业重大全球定位系统科学研究、生产工程的计划实施；

（六）组织全球定位系统技术人员和管理人员的专业技术培训；

（七）加强自律性管理制度建设，制定并组织实施行业职业道德标准，推动行业诚信建设，协调会员关系，规范市场行为，维护公平竞争的市场环境。

（八）促进企业间的沟通、协调与合作。在维护国内产业利益的前提下，积极组织行业内的企业开拓国际市场，开展国内外经济技术交流与合作，建立与国外全球定位系统组织、企业和团体的联系，开展国际全球定位系统技术合作和交流。

（九）编辑出版会刊、科普读物、论文集及有关全球定位系统科技资料。

二、分支机构

中国全球定位系统技术应用协会空间定位专业委员会、中国全球定位系统技术应用协会导航应用专业委员会、中国全球定位系统技术应用协会授时与时间专业委员会、中国全球定位系统技术应用协会仪器设备专业委员会、中国全球定位系统技术应用协会教育与发展专业委员会、中国全球定位系统技术应用协会市场专业委员会、中国全球定位系统技术应用协会环境监测专业委员会

武汉大学

一、学科设置

武汉大学设有 36 个院系，现有 110 个本科专业，281 个二级学科专业具有硕士学位授予权，200 个二级学科专业具有博士学位授予权，29 个一级学科设有博士后科研流动站。拥有 5 个一级国家重点学科（覆盖 29 个二级学科）及 17 个二级国家重点学科，20 个“211 工程”和 13 个“985 工程”建设项目，46 个省级重点学科。

武汉大学测绘学科创建于 1956 年，经过 50 多年的建设与发展，成为武汉大学的优势学科。目前，测绘学科专业主要分布在测绘学院、遥感信息工程学院、资源与环境科学学院、印刷与包装系、测绘遥感信息工程国家重点实验室、中国南极测绘研究中心、国家卫星定位系统工程技术研究中心等 7 个教学、科研单位。

武汉大学测绘学院设 3 个系（测绘工程系、卫星应用工程系、地球物理学系），5 个研究所（航空航天测绘研究所、空间信息工程研究所、测量工程研究所、地球物理大地测量研究所、卫星应用工程研究所），3 个部级重点实验室（地球空间环境与大地测量教育部重点实验室、精密工程测量与测量机器人国家测绘局重点实验室、极地测绘科学国家测绘局重点实验室）以及国际全球导航卫星服务系统（IGS）GPS 永久性卫星跟踪站和 GPS 差分基准站、中国南极测绘研究中心、灾害预防与防治研究中心。拥有 2 个本科专业（测绘工程、地球物理学），2 个

二级学科硕士授权点（固体地球物理学、大地测量学与测量工程），2个一级学科博士学位授权点（测绘科学与技术、地球物理学），2个一级学科博士后科研流动站（地球物理学、测绘科学与技术），其中，测绘科学与技术（含覆盖的二级学科：大地测量学与测量工程、摄影测量与遥感）是一级国家级重点学科。

武汉大学遥感信息工程学院是集遥感、测绘、空间信息工程技术为一体的信息和工程类学院。设有2个系（空间信息工程系、摄影测量与遥感系），8个研究所、中心（实验中心、数字流域研究中心、数字摄影测量与计算机视觉研究中心、遥感自动定位研究中心、定量遥感与应用研究所、MODIS数据处理与应用研究所、LIDAR数据处理与应用研究所、地理信息工程研究所）以及国家遥感中心武汉培训部、亚太经合理事会遥感培训部、国家空间数据基础设施（NSDI）培训中心。拥有2个本科专业（遥感科学与技术、空间信息与数字技术），3个硕士学位授权点（摄影测量与遥感、地图学与地理信息系统、模式识别与智能系统）和1个工程硕士专业，2个博士学位授权点（摄影测量与遥感、地图制图与地理信息工程），1个博士后科研流动站（测绘科学与技术），其中，摄影测量与遥感、地图学与地理信息系统专业是国家重点学科。

武汉大学测绘遥感信息工程国家重点实验室是中国测绘学科唯一的国家级重点实验室。实验室下设15个研究室和中心以及5个成果转化企业。实验室的主要研究方向包括：遥感影像信息处理、空间信息系统、精密空间定位、多媒体通信技术、3S集成与空间信息服务、航空航天摄影测量等。实验室第四届学术委员会集中了国内外21位测绘遥感学科知名专家，其中两院院士13人。实验室拥有6个硕士专业（地图学与地理信息系统、通信与信息系统、计算机与应用技术、大地测量学与测量工程、摄影测量与遥感、地图制图学与地理信息系统）、5个博士专业（地图学与地理信息系统、通信与信息系统、大地测量学与测量工程、摄影测量与遥感、地图制图学与地理信息系统）、1个博士后科研流动站（测绘科学与技术）。

武汉大学资源与环境科学学院设6个系（地理信息科学、地图科学与地理信息工程、资源环境与城乡规划管理、环境科学、环境工程、国土资源管理），3个省、部级重点实验室（地理信息系统教育部重点实验室、数字制图与国土信息应用工程国家测绘局重点实验室、生物质资源化学与环境生物技术湖北省重点实验室）。拥有6个本科专业（地理信息系统、资源环境与城乡规划管理、地理科学、环境科学、环境工程、土地资源管理）和1个专业方向（数字地图和空间信息工程）；7个二级学科具有硕士学位授权点（地图学与地理信息系统、地图制图学与地理信息工程、环境科学、环境工程、土地资源管理、人文地理学、自然地理学），4个一级学科（测绘科学与技术、环境科学与工程、公共管理、地理学）和7个二级学科（地图学与地理信息系统、地图制图学与地理信息工程、环境科学、环境工程、土地资源管理、人文地理学、自然地理学）具有博士学位授权点。其中，地图制图学与地理信息系统、地图学与地理信息系统2个专业为国家重点学科；地图学与地理信息系统、地图制图与地理信息工程、环境科学、环境工程等4个专业为湖北省重点学科；地理信息科学与资源环境专业已列入“211工程”建设学科。4个一级学科设立博士后科研流动站（测绘科学与技术、环境科学与工程、公共管理、地理学）。

武汉大学印刷与包装系设有印刷工程研究室、包装工程研究室、图像传播科学与技术研究中心、多媒体实验中心；拥有印刷工程（含电子出版专业方向）、包装工程（含动画设计专业方向）2个本科专业；3个硕士学位授权点（制浆造纸工程、包装与环境工程、图像传播工程）以及轻工与技术工程硕士学位专业；1个博士学位授权点（图像传播工程）。

二、科研机构

武汉大学现有国家重点实验室4个，国家工程技术研究中心2个，国家野外科学观测研究站2个，教育部重点实验室9个，教育部工程研究中心4个，教育部人文社会科学重点研究基地7个，其他省部级重点实验室及研究中心、研究基地共计46个（其中，国家测绘局批准7个）；另有国家科学研究与人才培养基地10个，国家级实验教学示范中心5个，国家大学生文化素质教育基地1个，省级实验教学示范中心7个。

三、师资力量

2007年底，武汉大学有专任教师3531人。其中，正高级1027人，副高级1185人，中国科学院院士4人，中国工程院院士8人，欧亚科学院士3

人，人文社会科学资深教授8人，“973项目”首席科学家5人，国家级有突出贡献的中青年专家28人。

郑州测绘学校

一、主要职责

面向测绘行业，培养具有较强实际操作能力，特别是具有现代化测绘技术应用能力的合格毕业生。除承担全日制中专教育外，郑州测绘学校还挂有“两站一基地”三块牌子：

（一）“武汉大学郑州函授站”。承担本科、专科函授教育，2007年底，在站函授生1897人，是武汉大学在全国最大的函授站。

（二）“测绘行业特有工种职业技能鉴定站”。按有关要求对毕业生进行测绘职业技能鉴定，通过鉴定的毕业生可获得中级测绘职业资格证书。

（三）“国家测绘局测绘职业技术教育培训基地”。承担全国测绘系统生产单位作业人员的专业技术培训及岗位培训、测绘职业技能鉴定培训工作。

二、专业设置

测量工程技术、航空摄影测量、地图制图与地理信息、房产测绘、国土资源调查与管理

三、部门设置

（一）管理、服务部门

党委办公室、校办公室、教务处、总务处、督导室、人事处、财务设备处、学生工作管理处

（二）教学部门

大地与工程测量教学部、地形与地籍测量教学部、航空摄影测量与遥感教学部、地图制图与地理信息教学部、基础课教学部、政治理论与体育教学部、综合实验室

（三）群众团体

工会、团委

四、直属单位

郑州四维测绘技术公司

全国测绘系统领导干部名录

国家测绘局机关司级以上领导干部名录

局领导

局　长、党组书记	鹿心社
副局长、党组成员	王春峰　李维森　宋超智　闵宜仁
纪检组长、党组成员	罗　兰

办公室（国际合作司）

主　任	吴兆琪
副主任	李　烨　雷德容

财务司（规划司）

司　长	柏玉霜
副司长	黄　鹦　陈常松

国土测绘司

司　长　胥燕婴
副司长　武文忠　孙承志

行业管理司（政策法规司）

司　长　王保立
副司长　马　赟　吴卫东

测绘成果管理与应用司（地图管理司）

司　长　李永雄
副司长　丁明柱　张文晖

人事司

司　长　李永春
副司长　雷　斌　王　权

直属机关党委

专职副书记　刘小波
党组纪检组专职纪检员　李新权
中国测绘职工思想政治工作研究会秘书长　何　锋
直属机关工会主席　刘新英

国家测绘局直属单位领导班子成员名录

陕西测绘局

副局长、党组副书记　白贵霞
副局长、党组成员　臧克福　成燕辉　肖　平
副局长　李朋德
副巡视员　翟建全

黑龙江测绘局

局　长、党组书记　李志刚
副局长、党组成员　王英斌　鲍英华　王冬滨　苗前军
纪检组长、党组成员　孙明晶

四川测绘局

副局长、党组副书记　冯先光
副局长、党组成员　彭光明　余国珊　史同和
纪检组长、党组成员　安英选

海南测绘局

局　长、党组书记　张燕平
副局长、党组成员　朱　杰　黄世伟　杨宏山
纪检组长、党组成员　林杰锋

中国地图出版社（测绘出版社）

社　长、党委书记　赵晓明
党委副书记兼纪委书记　易树柏
副社长　高锡瑞　杨树德　倪庆华　郭　宝
总编辑　徐根才

中国测绘科学研究院

院　长、党委副书记　张继贤
副院长、党委书记　张双占
副院长　赵继成（兼纪委书记）　程鹏飞　辛少华

国家基础地理信息中心

主　任、党委副书记　陈　军
副主任、党委书记　李伟建
副主任　金舒平　彭震中（兼纪委书记）
总工程师　李　莉

中国测绘宣传中心（中国测绘报社）

主　任（社长）　何　锋
副主任（总编辑）　辛　英
副主任（副社长）　徐永清

国家测绘局管理信息中心

主　任　王起民
副主任　叶银虎

国家测绘局地图技术审查中心

主　任　牛　靖
副主任　赵　晖　张万峰

国家测绘局测绘发展研究中心

副主任　张辉峰　刘天安　周德军

国家测绘局职业技能鉴定指导中心

副主任　韩力援　牛　黎

国家测绘局重庆测绘院

院　长、党委副书记　周　社
副院长、党委书记　何明新
副院长　方庆春　杨　洪（兼纪委书记）

国家测绘局机关服务中心

主　任　李　烨
副主任　涂　军

国家测绘局三亚测绘技术开发服务培训中心

主　任　胥燕婴（兼）

国家测绘局北戴河休养院

院　长　贾占录
副院长　刘军乐　张锡浩

中国测绘学会

专职副秘书长　易杰军

中国地理信息系统协会

秘书长　从远东
专职副秘书长　汤　海

西安地图出版社

社长兼党委书记　任连胜

成都地图出版社

社长兼党委书记　戴昌礼

哈尔滨地图出版社

社长兼党委书记　董　学

各省、自治区、直辖市、计划单列市测绘行政主管部门及省级主要测绘单位，新疆生产建设兵团测绘主管部门领导班子成员名录

北京市规划委员会

主　任　黄　艳
副主任、党组书记　王英杰
副主任、党组成员　邱　跃　谈绪祥　周楠森
总规划师、党组成员　施卫良

纪检组长、党组成员	张丽明
委　员	曹跃进　孙　卫
党组成员	郝赛英

北京市勘察设计与测绘管理办公室

主　任	丁秀云
副主任	赵大鹏　李节严　王金坡　叶　嘉

北京市测绘设计研究院

院　长、党委副书记	赵通海
党委书记	黄景山
党委副书记、纪委书记、副院长	周明达
副院长	梁　贵　杨伯钢　王继明　陈品祥
总工程师	陈　倬
总会计师	代　为
工会主席	程　祥
院长助理	王　磊

天津市规划局

党委书记	黄立民
局　长	尹海林
党委副书记	战秋艳
局级巡视员	王东海
纪检书记	刘胜利
副局长	蔺雪峰　鲁承斌　郭凤平
总规划师	霍　兵
总建筑师	郑嘉轩
副局级巡视员	诸　铭

天津市测绘院

党委书记	王以宏
院　长、党委副书记	马华山
常务副院长、党委副书记	刘俊卫
党委副书记	王高运
副院长	韩振镖　曹振明　刘凤杰
工会主席	孙忠祥
总工程师	胡　珂

河北省测绘局

局　长	李振国
副局长	刘克亮　高子健　续铁枢
总工程师	曹　立

山西省测绘局	
局　长、党组书记	牛来有
副局长、党组成员	陈　睿　于建刚
纪检组长、党组成员	王喜瑞
总工程师、党组成员	孔令礼
内蒙古自治区国土资源厅	
厅　长、党组书记	白　盾
副厅长、党组成员	孔燕燕　赵保胜　元重举
纪检组长	沈晋平
副厅长	杨仁选
副厅长、党组成员	王富友
内蒙古自治区测绘事业局	
局　长、党委书记	吴齐文
副局长、党委委员	赵新刚
副局长、党委委员、纪检书记	郭党师
党委委员	田玉明　苏津生
辽宁省测绘局	
辽宁省国土资源厅副厅长、党组成员	
辽宁省测绘局局长、分党组书记	岳铁贵
副局长、分党组成员	柏惠印
副巡视员、分党组成员	金家奇
吉林省测绘局	
局　长、党组书记	陈　勇
副局长、党组成员	张立民　郭　燕　张凤赞
上海市测绘管理办公室（上海市测绘院）	
党委书记	陆洁中
主任（院长）	孙红春
党委副书记兼纪委书记	徐顺福
副主任（副院长）	姜正芳　樊高珉　季善标
总工程师	郭容寰
江苏省测绘局	
江苏省国土资源厅副厅长、党组成员	
江苏省测绘局局长、党组书记	穆广荣
副局长、党组成员	张志红　陈家庆 史照良
党组成员	王　祥
党组成员、纪检组长	龚　琴

浙江省测绘局

局　长、党委书记　陈建国
副局长、党委副书记　凌福来
副局长、党委委员　马建平　周方根

安徽省国土资源厅

厅　长、党组书记　张庆军
巡视员、党组成员　杨先静
纪检组长、党组成员　陈立春
副厅长、总工程师、党组成员　项怀顺
副厅长、党组成员　陈良纲　张祖旺

安徽省测绘局（安徽省测绘总院）

局　长、党委书记　徐铁军
党委副书记、纪委书记　董　宁
副局长、党委委员　薛朝应　朱　平
总工程师、党委委员　余建平

福建省测绘局

福建省国土资源厅党组成员
福建省测绘局党组书记　何清和
局　长　陈跃进
副局长　陈智仁　林孝文

江西省测绘局

江西省国土资源厅党组成员
江西省测绘局党委书记　刘保华
副局长　熊牛儒　钟永辉
纪委书记　宫援朝

山东省国土资源厅（山东省测绘局）

厅　长、党组书记　王文升
副厅长、党组副书记　周莲英　徐景颜
副厅长、党组成员　邵清纯　柏贵生　张庆坤
副厅长　王玉志
党组成员、纪检组长、监察专员　徐家林

河南省测绘局

河南省国土资源厅党组成员
河南省测绘局局长、党委书记　曹江水
副局长、党委委员　贾志伟　禄丰年

湖北省测绘局

局　长、党组书记	张必贵
副局长、党组成员	王卫群
副局长、总工（兼）、党组成员	姜殿惠
副局长、党组成员	郑永益
纪检组长、党组成员	卢跃亭

湖南省国土资源厅（湖南省测绘局）

厅　长、党组书记	葛洪元
副厅长、党组副书记	陈三新
副厅长、党组成员	方先知　胡进安
纪检组长、党组成员	易显奇
副厅长、党组成员	颜学毛

广东省国土资源厅（广东省测绘局）

厅　长	招玉芳
副厅长	张新民　黄德发　黄奕锋　涂高坤
总工程师	杨林安

广西壮族自治区测绘局

广西壮族自治区国土资源厅副厅长、党组成员 广西壮族自治区测绘局局长、党组书记	黄俊华
副局长、党组成员	陈仲怀　朱良毕

重庆市规划局

局　长、党组书记	蒋　勇
副局长、党组成员	扈万泰　汪子发　邱建林
纪检组长、党组成员	郑定渝
总规划师、党组成员	张　远
党组成员	查　红
总建筑师	张　睿

贵州省国土资源厅（贵州省测绘局）

厅　长、党组书记	张克湘
副厅长、党组成员	李在文　周从启　王赤兵
总工程师、党组成员	赵震海
纪检组长、党组成员	安高智
党组成员、机关党委书记	吴学贵

云南省测绘局

局　长、党组书记	杨俊东
副局长、副巡视员、党组成员	王陆忠
副局长、党组成员	刘继元　邹亚光

西藏自治区测绘局

局　长、党总支副书记	王维拉
副局长、党总支书记	边　巴

甘肃省测绘局

局　长、党委书记	牛岸英
副局长、党委委员	苗天宝　陈　钢　赵保林　朱银城

青海省测绘局

局　长、党委书记	杨俊岭
副局长、党委副书记	唐千里
副局长	刘海平　关英良
总工程师	黄伟星

宁夏回族自治区测绘局

宁夏回族自治区国土资源厅党组成员	
宁夏回族自治区测绘局局长	刘大钧
副局长	王志宁　包　敏

新疆维吾尔自治区测绘局

新疆维吾尔自治区国土资源厅党组成员	
新疆维吾尔自治区测绘局党组书记、副局长	刘戈青
局　长、党组副书记	李全战
纪检组长、党组成员	艾合旦木·艾西丁
副局长、党组成员	常戈军

新疆生产建设兵团国土资源局

局　长、党组书记	黄奇龙
副局长、党组成员	刘富超　牛　珏　谢兴松

青岛市国土资源和房屋管理局

局　长、党委书记	张敬吉
副局长、党委委员	陈培新　陈立新　杜本好　李　平
纪委书记、党委委员	孟凡鑫

大连市规划局

党委书记	丛志斌
局　长、党委副书记	董　伟
副局长、党委委员	唐东宁　陈卫兵　周安伟　沈振贤

宁波市规划局

局　长、党委书记	李定邦
副局长	王丽萍

副局长、党委委员	陈鸣达
副局长、总工、党委委员	沈　磊
副局长、党委委员	郑声轩
党委委员、市纪委驻市规划局纪检组组长	刘丽贤

深圳市国土资源和房产管理局

局　长、党组书记	张士明
副局长、党组成员	李加林　郭仁忠　刘永根　黄　珽
党组成员、机关党委书记	户从义
副巡视员	刘永友　刘文早

厦门市国土资源与房产管理局

局长、党委书记	林长树
党委副书记、纪委书记	黄荣发
副局长、党委委员	游有雄　王耀辉　郭俊胜
副局长	陈林灵

测绘人物

全国人大代表

李朋德

全国政协委员

金祥文　陈邦柱　李　莉

院　士

中国科学院

陈述彭（资深院士）　陈俊勇　许厚泽　李德仁　高　俊　杨元喜

中国工程院

李德仁　刘先林　宁津生　魏子卿　王任享　刘经南　王家耀　张祖勋　许其凤

国家测绘局直属单位享受政府特殊津贴人员（1990 年～2006 年）

刘先林　陈俊勇　杨明辉　顾旦生　田伯键　夔中羽　刘永诺　程德群　陈　军　张清浦
胡明城　杜祥明　毛可标　冯浩鉴　朱德愉　刘四宁　胡建国　田　成　穆宝菡　杨　可
叶泰棋　文沃根　邱志成　苗履丰　孙立业　左传惠　徐　善　周英武　徐道盈　贾玉澄
楚良才　李炳亚　赵先恒　梁振英　林宗坚　徐国华　董鸿闻　徐伯清　王惠民　张书荣
许卓群　朱梅珍　薛　璋　王惠然　王福履　蔡金生　王满英　翟声柱　方　恒　华彬文
王　岩　文湘北　麦柏楠　郑家声　林天冲　计伯仁　石奉天　陆用森　赵西林　张武冰
周忠谟　王增藩　方炳炎　张家庆　张伟兼　李道义　邱其宪　周祚域　周祚义　潘新诺
王鸿生　郑卫萍　任维春　陈仁怒　刘肇德　何汉启　黄克明　杨春和　戴其潮　何汉屏
钱天久　谭建国　陈继良　姜翔鸾　张三省　赵一昌　李国智　张定兰　郁期青　席德昆
麻英暖　周光楹　周正谊　潘达忠　吴孟起　龙宗英　端木杰　刘明光　陈　潮　凌大夏
戴秉周　王淑华　金　符　陈振华　黄衍其　秦金泉　佘　植　栾书俊　干福弟　黄武英
李　莉　李广源　蒋景瞳　张筱荣　喻　沧　张苏芬　刘凤德　杨　凯　冯孟华　姚绪荣
卢瑞虹　高文朗　沈安生　施品浩　林晓慧　余国珊　彭安仁　朱长盛　余文芳　周　良
姬恒炼　张学良　苏山舞　王谭强　吴郁芬　郭锡正　李左清　徐承天　李根洪　张燕平
关大任　丘金宏　张　骥　肖国雄　向宗藩　刘纪平　王东华　顾乃福　成燕辉　马林波
张安川　刘若梅　李毓麟　刘宗杰　苗前军　李绍明　郭春喜　庞尚益　张开昶　闵宜仁
王明善　肖学年　张继贤　李英成　孙晓生　万必文　程鹏飞　肖　平　李伟建　古一鸣
王　权　徐开明　蒋　捷　周　敏　杨　升　周　社　燕　琴　张江齐

“新世纪百千万人才工程”国家级人选

张继贤　程鹏飞　郑卫萍　陈　军　刘若梅　王东华　蒋　捷　刘纪平　商瑶玲

有突出贡献的中青年专家

陈俊勇　刘先林　顾旦生　田伯健　杨明辉　林宗坚　夔中羽　苏山舞　郑卫萍　陈　军　刘永诺

先进集体和先进个人名录

全国测绘系统法制工作先进集体和先进个人名单

先进集体（39 个）

河北省测绘局
秦皇岛市国土资源局
临汾市测绘管理处
赤峰市国土资源局
鄂尔多斯市国土资源局
辽宁省测绘局
大连市规划局测绘管理处
长春市规划局测绘行业管理处
哈尔滨市城市规划局
上海市浦东新区测绘管理办公室
江苏省测绘局
江都市国土资源局
常州市国土资源局
浙江省测绘局
宁波市规划局
安徽省国土资源厅
淮南市国土资源局
厦门市国土资源与房产管理局
江西省测绘局
上饶市国土资源局
山东省滨州市国土资源局
河南省测绘局
平顶山市测绘局
湖北省测绘局
荆州市测绘局
岳阳市国土资源局
东莞市国土资源局
梧州市国土资源局
海口市国土环境资源局
四川测绘局
成都市测绘管理办公室

贵阳市测绘管理办公室
昆明市国土资源局
西安市规划局
张掖市国土资源局
青海省海东地区测绘局
吴忠市土地勘测规划队
新疆维吾尔自治区测绘局
伊犁哈萨克自治州国土资源局

先进个人（95 名）

杨伯钢　北京市测绘设计研究院副院长
王金坡　北京市勘察设计与测绘管理办公室分管测绘工作负责人
迟义宸　北京市规划委员会法制处副处长
项邦杰　天津市塘沽区规划和国土资源局测管办主任
赵利华　天津市规划局测绘管理处副主任科员
李维东　天津市规划局政策法规处科员
石卫方　河北省测绘局行业管理处副主任科员
王玉增　河北省保定市国土资源局测绘管理处科员
李占海　河北省石家庄市国土资源局测绘管理处科员
席立华　河北省廊坊市国土资源局测绘管理科科长
于建刚　山西省测绘局副局长
王和平　山西省测绘局测绘市场管理处处长
李泽新　山西省吕梁市国土资源局测绘科科长
郭仕臣　内蒙古自治区乌兰察布市国土资源局党组书记、局长
张占秋　内蒙古自治区呼和浩特市国土资源局测绘管理科、法制科科长
王泳评　内蒙古自治区乌审旗国土资源局测绘科科长
岳铁贵　辽宁省测绘局局长
陈立钧　辽宁省测绘局测绘行业管理处副处长
刘锦中　辽宁省葫芦岛市测绘管理办公室主任
陈　威　吉林省测绘局行业管理处副处长
刘　力　吉林省吉林市规划局局长
林哲浩　吉林省延边朝鲜族自治州建设局副局长
巩志伟　黑龙江省齐齐哈尔市测绘管理处主任
王志强　黑龙江省哈尔滨市城市规划局测绘管理处处长
李延鹏　黑龙江省牡丹江市规划局测绘管理科科长
刘景信　黑龙江省鸡西市规划局测绘管理处主任
李海涛　上海市测绘管理办公室行业与法规处处长助理
陆　飞　上海市崇明县规划管理局党组书记、局长
顾建祥　上海市测绘产品质量监督检验站站长
张　涛　江苏省南京市规划局测绘信息处处长
魏钦稳　江苏省海安县国土资源局党组书记、局长
徐加祥　江苏省盐城市国土资源局主任科员
吴卫东　江苏省测绘局政策法规处处长

施革雄　浙江省金华市规划局副局长
王洪涛　浙江省温州市测绘局副局长
李龙云　浙江省测绘局成果处副处长
尹　云　安徽省合肥市国土资源局地籍和测绘管理处副处长
鲍广生　安徽省蚌埠市国土资源局测绘科科长
尹增发　安徽省池州市国土资源局政策法规科科长
林良光　福建省测绘局测绘管理法规处副处长
周道春　福建省漳州市测绘管理站站长
王秀明　福建省福州市国土资源局测绘管理处处长
贺建红　江西省测绘局行业管理处副主任科员
金耀明　江西省上饶市国土资源局地籍管理科副科长
张均萍　江西省上犹县国土资源局副局长
吕树建　山东省国土资源厅测绘管理处主任科员
许玉恒　山东省聊城市国土资源局党组书记、局长
翟广恩　山东省烟台市国土资源局调研员
赵海滨　河南省测绘局测绘管理处主任科员
张　强　河南省信阳市国土资源局测绘科科长
张书玉　河南省南阳市国土资源局党组成员、副调研员
袁小安　湖北省黄石市测绘局局长
颜家万　湖北省宜昌市测绘局主要负责人
廖春兰　湖北省潜江市测绘管理局测绘管理科科长
李　燕　湖南省衡阳市国土资源局测绘科科长
刘　莉　湖南省国土资源厅政策法规处主任科员
陈均尧　湖南省国土资源厅测绘行业管理处处长
麦镜儒　广东省惠州市国土资源局党组书记、局长
文　靖　广东省广州市国土资源和房屋管理局产权地籍处（市测绘管理办公室）处长
王功慧　广东省国土资源厅政策法规处主任科员
林秋泉　广东省湛江市国土资源局地籍与测绘管理科副科长
罗星烈　广西壮族自治区北海市国土资源局党委委员、副局长
蔡佩玲　广西壮族自治区梧州市国土资源局测绘管理科科长
曹积聪　广西壮族自治区三江侗族自治县人民政府国土资源局党组书记、局长
朱大伟　海南测绘局行业管理处副主任科员
羊明柳　海南省儋州市国土环境资源局副局长
邢福杰　海南省三亚市国土环境资源局地籍与测绘管理科科长
杨　鑫　重庆市规划局测绘管理处主任科员
董世清　重庆市永川区规划局党组成员、副局长
范　洪　重庆市武隆县建设委员会副主任
彭光明　四川测绘局副局长
江静华　四川省绵阳市规划局党组副书记、副局长
贾东生　四川省凉山州测绘办公室负责人
王　敬　贵州省都匀市国土资源局科员
吴永平　贵州省遵义市国土资源局测绘管理科科长
邱　萍　贵州省黔西南州国土资源局测绘管理科科长

沈　鹰　云南省曲靖市国土资源局测绘管理科科长
李文英　云南省临沧市国土资源局地籍测绘科科长
董守昌　云南省德宏州国土资源局测绘管理科科长
杨富伦　西藏自治区测绘局行业管理法规科副科长
冯望云　陕西省咸阳市城乡建设规划局党组书记、局长
韦振华　陕西省榆林市测绘处主任
董彦玲　陕西省渭南市城乡建设局测绘办公室主任
刘宏林　甘肃省测绘局测绘管理处处长
葛新民　甘肃省庆阳市测绘管理办公室主任
徐梅生　甘肃省临夏州国土资源局测绘管理办公室主任
陈复辰　青海省格尔木市测绘管理处副主任
解宝清　青海省海东地区测绘局局长
韩明雄　青海省海西州国土资源局主管测绘工作科员
徐卫国　宁夏回族自治区贺兰县国土资源局规划勘测队负责人
苏少君　宁夏回族自治区灵武市国土资源测绘所所长
贾　强　宁夏回族自治区盐池县国土资源局测绘所所长
刘戈青　新疆维吾尔自治区国土资源厅党组成员、测绘局党组书记
邓尚志　新疆维吾尔自治区塔城地区国土资源局测管办主任
张　蕾　新疆维吾尔自治区和田地区国土资源局（测绘局）土地测绘科科长

全军测绘部队先进集体和先进个人名单

先进集体

集体二等功

总参 61081 部队
广州军区 75719 部队

全国拥政爱民模范单位

总参 61365 部队

先进个人

全国防汛抗旱模范

陈　巍　兰州军区 69027 部队

全军优秀指挥军官

严银江　总参 61365 部队
蒋其伟　海军 92292 部队
叶民文　海军 91561 部队

全军测绘技术能手

张洪柱　沈阳军区 65015 部队
赵成良　北京军区 66444 部队
陈其元　兰州军区 68011 部队
王志林　兰州军区 69028 部队

姜庆峰　济南军区 72946 部队
徐广霞　南京军区 73603 部队
周　旋　广州军区 75719 部队
白深模　成都军区 78138 部队
丰启明　海军 92292 部队
邵　关　海军 91561 部队
邹　丽　空军 95956 部队
荣黎明　第二炮兵 96633 部队
薛　立　第二炮兵 96167 部队
贾赞杰　总装备部 63883 部队
施建平　总参 61363 部队
王兆国　总参 61365 部队
刘晓丽　总参 61512 部队

个人一等功

谭述森　总参 61081 部队

个人二等功

李贵琦　总参 61081 部队
高　俊　中国科学院院士、信息工程大学测绘学院教授
徐思虎　北京军区 66444 部队
曾　光　沈阳军区 65015 部队
刘　浩　沈阳军区 65015 部队
黄文俐　济南军区 72946 部队
戴晓云　兰州军区 68011 部队
王明孝　兰州军区 68029 部队
梁跃辉　兰州军区 69028 部队
何　曼　成都军区 78155 部队
刘立山　海军 91561 部队
甘　康　海军 91561 部队
徐　洪　空军 93920 部队
段丽林　空军 93920 部队
燕党校　空军 93920 部队
王文章　空军 93920 部队

革命烈士并追记二等功

甘　康　海军 91561 部队

海军专业技术能手并立二等功

刘立山　海军 91561 部队

第七届中央国家机关优秀青年名单

优秀青年（3 名）

李海涛　中央国家机关优秀青年

芦仲进　中央国家机关青年“学习奖”
孙占义　中央国家机关青年“奉献奖”

2005～2006年度中央国家机关优秀共青团员

优秀团员（2名）

王尔林　中央国家机关优秀共青团员
黄丽娜　中央国家机关优秀共青团员

其他获省部级表彰的先进集体和先进个人名单

先进集体

北京市测绘设计研究院被首都精神文明建设委员会评为“首都文明单位标兵”

北京市测绘设计研究院被建设部授予“全国建设系统精神文明建设先进单位”称号

山西省工程测绘院三分院被山西省劳动竞赛委员会授予“五一劳动奖状”

国家测绘局陕西测绘资料档案馆被国家档案局、中央档案馆授予“全国档案工作优秀集体”称号

国家测绘局陕西基础地理信息中心被中共陕西省委、陕西省人民政府授予“陕西省先进集体”称号

先进个人

中国测绘科学研究院政府地理信息系统研究中心研究员刘纪平获中组部、人事部、中国科协评审的“第十届中国青年科技奖”

北京市测绘设计研究院中队长王星杰被共青团北京市委评为“青年岗位能手”

北京市测绘设计研究院五分院院长马利被人事部、建设部评为“全国建设系统先进工作者”

山西省基础地理信息院秦炎平被评为山西省劳动模范

上海市测绘院李明获第九届“上海市青年岗位能手”称号

云南省测绘工程院原党委书记蒲洪生被云南省委组织部、云南省人事厅授予“人才工作先进工作者”

云南省测绘局离退办副主任张慧敏被云南省组织部、云南省委老干部局、云南省人事厅授予“全省先进老干部工作者”荣誉称号

云南省测绘局直属机关党委专职副书记（兼纪委书记）孙虎被云南省纪委、云南省组织部、云南省监察厅、云南省人事厅评为全省纪检监察系统先进个人

国家测绘局第二地形测量队薛兆元被中共陕西省委、陕西省人民政府授予“陕西省先进工作者”称号

厦门市国土资源与房产管理局科技测绘管理处处长刘毅光被福建省人事厅、福建省测绘局联合表彰为全省测绘系统先进个人

科技奖励名单

获国家科技奖励项目名单

项 目 编 号：2007－J－210－2－01
项 目 名 称：基于3S集成技术的LD2000系列移动道路测量系统及其应用
获奖类别及等级：国家科技进步二等奖
主要完成单位：武汉大学、武汉立得空间信息技术发展有限公司
主 要 完 成 人：李德仁 郭 晟 胡庆武 陈智勇 罗才安 李大军 袁剑峰 宋喜喜 朱国红 李宇琪

项 目 编 号：2007－J－210－2－08
项 目 名 称：2005珠穆朗玛峰高程测量
获奖类别及等级：国家科技进步二等奖
主要完成单位：国家基础地理信息中心、陕西测绘局
主 要 完 成 人：张燕平 岳建利 郭春喜 陈俊勇 张江齐 陈永军 张 鹏 程传录 高国平 孙占义

2007年中国测绘学会测绘科技进步奖获奖项目名单

一等奖（6项）

项 目 编 号：2007－01－01－01
项 目 名 称：固体地球潮汐理论和地球动力学应用研究
主要完成单位：中国科学院测量与地球物理研究所
主 要 完 成 人：孙和平 许厚泽 李国营 汪汉胜 徐建桥 雷湘鄂 胡小刚 吴 斌 柳林涛 郝兴华
吕纯操 罗少聪 陈晓东 周江存 周百力

项 目 编 号：2007－01－01－02
项 目 名 称：我国1厘米精度城市大地水准面及高精度三维大地测量基准研究
主要完成单位：武汉大学、东莞市国土资源局、广州市城市规划勘测设计研究院
主 要 完 成 人：李建成 刘润荣 方 锋 姚宜斌 李小莲 林 鸿 姜卫平 田勇军 杨 光 席青骥
饶国和 欧海平 黎克敏 刘业光 刁锦通

项 目 编 号：2007－01－01－03
项 目 名 称：卫星导航电子地图高技术产业化示范工程

主要完成单位：北京四维图新导航信息技术有限公司
主 要 完 成 人：孙玉国　曹晓航　张亚非　赖丰福　雷文辉　王　辉　周　勇

项 目 编 号：2007－01－01－04
项 目 名 称：自主产权超轻型飞机低空数码遥感系统研制与应用
主要完成单位：中国测绘科学研究院、中测新图（北京）遥感技术有限责任公司
主 要 完 成 人：李英成　赵继成　丁晓波　李伟建　李学友　薛艳丽　刘晓龙　刘玉贤　张双占　金　澜　郭童英　李　玲　王荣春　李友才　肖金城

项 目 编 号：2007－01－01－05
项 目 名 称：北京市全球卫星定位综合服务系统
主要完成单位：北京市信息资源管理中心、清华大学、北京市测绘设计研究院、中国气象局北京城市气象研究所、北京市地震局、北京市气象局大气探测技术保障中心
主 要 完 成 人：戴连君　过静珺　张凤录　张朝林　吴培稚　陈品祥　聂志锋　洪立波　张　晰　朱照荣　丁志刚　刘　强　潘　锋　彭　凯　陈廷武

项 目 编 号：2007－01－01－06
项 目 名 称：测绘科学数据共享服务体系
主要完成单位：中国测绘科学研究院 、国家基础地理信息中心、黑龙江测绘局、国家测绘局测绘标准化研究所、武汉大学
主 要 完 成 人：李成名　王继周　周　旭　蒋　捷　印　洁　周　荣　王海清　贾云鹏　王　均　赵园春　苗前军　肖　平　李　霖　王春卿　方驰宇

二等奖（15 项）

项 目 编 号：2007－01－02－01
项 目 名 称：基于 Internet 的网络 GPS/VRS 数据处理技术
主要完成单位：西南交通大学、四川地震局减灾救助研究所
主 要 完 成 人：黄丁发　刘经南　周乐韬　廖　华　李成钢　陈维锋　龚　涛　吴耀强　徐　锐　熊永良

项 目 编 号：2007－01－02－02
项 目 名 称：国家基础航空摄影设计与管理业务系统建设
主要完成单位：国家基础地理信息中心、武汉武大吉奥信息工程技术有限公司、武汉大学、辽宁省第三测绘院
主 要 完 成 人：朱　武　王瑞幺　范业稳　廖安平　方圣辉　赵智谨　张　杰　欧阳宏斌　胡骏红　赵有松

项 目 编 号：2007－01－02－03
项 目 名 称：张家界观光电梯全天候自动化监测系统
主要完成单位：中国有色金属工业长沙勘察设计研究院、中南大学
主 要 完 成 人：张学庄　杜年春　曹凌云　王爱公　李　安　陈　翔　黄泽健　向海波　李善驰　黄道明

项 目 编 号：2007－01－02－04
项 目 名 称：广东省连续运行卫星定位服务系统
主要完成单位：广东省国土资源厅、武汉大学卫星导航定位技术研究中心、广东省国土资源厅测绘院

主要完成人：刘经南　张新民　李俊祥　林良彬　刘　晖　叶炳楷　杨蜀江　张玉平　洪镇填　袁学东

项目编号：2007－01－02－05
项目名称：LIDAR技术在海岛礁、滩涂测绘中的应用研究
主要完成单位：江苏省测绘局、北京星球数码科技有限公司
主要完成人：史照良　龚越新　李铁军　虞继进　韩丽娜　戴升山　朱士才　方位达　龚　琴　杜国庆

项目编号：2007－01－02－06
项目名称：地理空间信息专题数据库应用示范工程
主要完成单位：中国测绘科学研究院、全国政协办公厅信息中心、国家广播电影电视总局科技司无线管理处、中国地震台网中心、国家环保总局环境卫星中心筹备办办公室
主要完成人：刘纪平　王　亮　石丽红　赵　荣　范荣双　雷　兵　白建新　周新权　姜立新　申文明

项目编号：2007－01－02－07
项目名称：资源卫星应用系统研究和开发
主要完成单位：中国国土资源航空物探遥感中心、中国土地勘测规划院、中国测绘科学研究院
主要完成人：郭小方　刘顺喜　李英成　张宗贵　尤淑撑　李学友　田庆久　张定祥　丁晓波　杨苏明

项目编号：2007－01－02－08
项目名称：1:10000基础地理信息更新与建库技术设计
主要完成单位：陕西测绘局、山西省测绘局、武汉大学
主要完成人：宋超智　李朋德　王喜瑞　周　一　龚健雅　肖　平　孔令礼　肖学年　张　坤　王晓国

项目编号：2007－01－02－09
项目名称：低空数字测绘航空摄影系统
主要完成单位：河北省第二测绘院
主要完成人：曹　立　张月华　赵英志　潘　然　李洪波　续铁枢　刘永涛　韩　军　周　华　田　挚

项目编号：2007－01－02－10
项目名称：测绘发展规划编制研究
主要完成单位：国家测绘局测绘发展研究中心
主要完成人：张辉峰　周德军　周　星　常燕卿　阮于洲　陈常松

项目编号：2007－01－02－11
项目名称：江苏省连续运行卫星定位参考站综合服务系统研究与建立
主要完成单位：江苏省测绘局、江苏省气象局、武汉大学
主要完成人：史照良　黄建东　戴维斯　姜卫平　宋玉兵　龚越新　仲维健　唐卫明　沈　飞　吴炳友

项目编号：2007－01－02－12
项目名称：特大桥钢索塔建造中精密测控技术的研究及应用
主要完成单位：河海大学
主要完成人：黄　腾　黄张裕　赵仲荣　陈光保　蒋敏卫　李桂华　魏浩翰　梅　红　张　雷　宋　雷

项 目 编 号：2007－01－02－13
项 目 名 称：移动通信网络建设地理信息服务与应用技术研发
主要完成单位：国家基础地理信息中心
主要完成人：王东华　刘丽芬　王　鹏　余　鹏　严荣华　陈利军　汤　海　李雪梅　黄　蔚　万岳武

项 目 编 号：2007－01－02－14
项 目 名 称：基于地学特征的水下辅助导航系统理论与匹配算法仿真研究
主要完成单位：北京大学、海军装备研究院
主要完成人：晏　磊　袁书明　刘岳峰　徐遵义　张飞舟　冯　浩　刘光军　王可东　高　伟　于家城

项 目 编 号：2007－01－02－15
项 目 名 称：厦门市地下管线探测及信息化建设
主要完成单位：厦门市建设与管理局、厦门市城市建设档案馆、厦门精图信息技术有限公司、厦门地震勘测研究中心、保定金迪地下管线探测工程有限公司、河南省地球物理工程勘察院、山东正元地理信息工程有限责任公司
主要完成人：林广元　何庆丰　吴成勇　朱顺痣　黄诗福　林树枝　陈心田　夏蔷哲　徐　宝　孙爱民

三等奖（46 项）

项 目 编 号：2007－01－03－01
项 目 名 称：II 型地图数据采集与处理系统
主要完成单位：总参谋部测绘研究所
主要完成人：刘平芝　杨　云　吴芳华　熊　顺　张卫柱　金　澄　侯溯源

项 目 编 号：2007－01－03－02
项 目 名 称：京津冀晋现代测绘基准体系建设——华北地区大地水准面精化
主要完成单位：国家基础地理信息中心、北京市测绘设计研究院、天津市测绘院、河北省测绘局、山西省测绘局
主要完成人：张全德　陈品祥　王以宏　胡文元　田　挚　郭春喜　陈惠军

项 目 编 号：2007－01－03－03
项 目 名 称：我国地心坐标参考框架维护
主要完成单位：中国测绘科学研究院、国家基础地理信息中心
主要完成人：党亚民　陈俊勇　瞿　锋　秘金钟　章传银　蒋志浩　卫志斌

项 目 编 号：2007－01－03－04
项 目 名 称：东平湖三维防汛决策支持系统
主要完成单位：山东省国土测绘院
主要完成人：相恒茂　钟全保　王　峰　宋拥军　齐永红　陈宝行　焦英华

项 目 编 号：2007－01－03－05
项 目 名 称：数字武汉三维影像服务系统

主要完成单位：武汉市勘测设计研究院
主 要 完 成 人：肖建华　王厚之　余咏胜　张勇强　高光星　王　祥　周　剑

项　目　编　号：2007－01－03－06
项　目　名　称：广西现代空间定位基准的建立及似大地水准面的确定
主要完成单位：广西壮族自治区测绘局、武汉大学、广西第一测绘院
主 要 完 成 人：罗满建　李建成　陈文森　姚宜斌　唐长增　陈　溪　廖超明

项　目　编　号：2007－01－03－07
项　目　名　称：山西省基础地理信息数据库建设
主要完成单位：山西省测绘局
主 要 完 成 人：刘和平　孔令礼　王喜瑞　周耀学　尚彩娥　卫　东　谢　强

项　目　编　号：2007－01－03－08
项　目　名　称：基于 CDC 数据的 S57 国际标准 ENC 生产体系研究与建立
主要完成单位：海军出版社
主 要 完 成 人：韩范畴　贾建军　肖京国　纪宏宇　吕春武　汪　海　李庆伟

项　目　编　号：2007－01－03－09
项　目　名　称：浙江省五万分之一电子地图数据库建设与研究
主要完成单位：浙江省第一测绘院
主 要 完 成 人：花存宏　曾文华　龚丽芳　邹文明　曹纯贫　金洪芳　许大璐

项　目　编　号：2007－01－03－10
项　目　名　称：天山及邻近地区现代地壳运动研究
主要完成单位：新疆地震测绘研究院
主 要 完 成 人：王晓强　李　杰　王　琪　乔学军　程瑞忠　方　伟　朱治国

项　目　编　号：2007－01－03－11
项　目　名　称：天基测控北斗一号控制与数据获取系统
主要完成单位：解放军 61081 部队
主 要 完 成 人：谭述森　张文强　任　晖　焦　诚　温日红　窦长江　张晓丰

项　目　编　号：2007－01－03－12
项　目　名　称：罗兰导航数据北斗播发系统
主要完成单位：解放军 61081 部队
主 要 完 成 人：肖广建　龚大亮　任　凌　刘阳琦　余东峰　张晓欣　杜　燕

项　目　编　号：2007－01－03－13
项　目　名　称：基于 Web Services 架构的多源多尺度数据库集成服务模型研究
主要完成单位：北京市测绘设计研究院
主 要 完 成 人：陈　倬　李兆平　冯学兵　刘　光　唐大仕　刘增良　刘红霞

项 目 编 号：2007－01－03－14
项 目 名 称：湖北省县级行政区域界线详图集
主要完成单位：湖北省地图院、湖北省民政厅区划地名处
主 要 完 成 人：朱体高　汪虹波　何丽华　李永丰　杨　宁　张寒梅　徐之俊

项 目 编 号：2007－01－03－15
项 目 名 称：土地开发整理规划关键技术研究
主要完成单位：中国石油大学（华东）
主 要 完 成 人：樊彦国　李瑞华　周　迪　胡著翱　李翔宇　张淑芹　孙秀玲

项 目 编 号：2007－01－03－16
项 目 名 称：多传感器的航空遥感综合技术系统在秦皇岛市沿海地区测绘的应用
主要完成单位：秦皇岛市国土资源局、北京星球数码科技有限公司、皇岛星球数码科技有限公司
主 要 完 成 人：姚兆荣　郑海林　詹晓明　魏富朝　李铁军　吴建伟　王洪峰

项 目 编 号：2007－01－03－17
项 目 名 称：武汉市基础地理信息集成与综合管理系统
主要完成单位：武汉市勘测设计研究院
主 要 完 成 人：肖建华　罗名海　王厚之　肖剑平　彭清山　高玉荣　赵峻弘

项 目 编 号：2007－01－03－18
项 目 名 称：镇江市高精度三维大地基准的研究与建立
主要完成单位：镇江市勘察测绘研究院、武汉大学测绘学院
主 要 完 成 人：李　明　李建成　刘桂生　姜卫平　龙　滢　姚宜斌　陆旭龙

项 目 编 号：2007－01－03－19
项 目 名 称：精密水准测量在上海市重大生命线工程管理中的应用
主要完成单位：上海市地质调查研究院、上海地铁运营有限公司监护分公司、上海市天然气管网有限公司
主 要 完 成 人：顾卫锋　熊福文　高玉珍　张　旭　殷建国　饶险峰　张列学

项 目 编 号：2007－01－03－20
项 目 名 称：油气管道规划与管理 GIS 平台开发与应用
主要完成单位：中国测绘科学研究院、中国石油天然气股份有限公司规划总院、中国石油天然气股份有限公司管道分公司
主 要 完 成 人：王　亮　张福浩　李玉祥　余志光　张　城　范荣双　谭　海

项 目 编 号：2007－01－03－21
项 目 名 称：常州市连续运行卫星定位服务系统
主要完成单位：常州市测绘院、常州市规划局、武汉大学
主 要 完 成 人：庄文彬　顾春平　刘全海　陆一中　张云青　谢中华　潘伯鸣

项 目 编 号：2007－01－03－22
项 目 名 称：基础地理信息网络分发服务系统技术研究

主要完成单位：福建省基础地理信息中心
主 要 完 成 人：简灿良　袁存忠　余丽钰　陈米思　叶荣青　肖志华　阮红利

项 目 编 号：2007 - 01 - 03 - 23
项 目 名 称：三维激光扫描技术在新疆温泉水电站大比例尺地形图测绘中的应用
主要完成单位：水利部新疆维吾尔自治区水利水电勘测设计研究院测绘工程院
主 要 完 成 人：许映林　李玉平　张天明　李跃魁　王　江　高　闻　帕尔哈提

项 目 编 号：2007 - 01 - 03 - 24
项 目 名 称：YMCS 数字化图检查系统研究
主要完成单位：云南省航测遥感信息院、云南省测绘产品质量监督检验站
主 要 完 成 人：韩　明　欧阳剑波　杨　轶　倪　津　夏先丽　孙荔平

项 目 编 号：2007 - 01 - 03 - 25
项 目 名 称：山地城市三维仿真系统
主要完成单位：重庆市勘测院
主 要 完 成 人：王昌翰　王　莉　李　响　梁建国　张　燕　谢征海　郑持辉

项 目 编 号：2007 - 01 - 03 - 26
项 目 名 称：GPS 基准站数据发布与应用
主要完成单位：上海市测绘院
主 要 完 成 人：季善标　余美义　王妙根　程远达　徐　颖　徐　韬

项 目 编 号：2007 - 01 - 03 - 27
项 目 名 称：昆明市连续运行 GPS 参考站系统
主要完成单位：昆明市测绘研究院
主 要 完 成 人：王贵武　吴俐民　侯至群　陈云波　王　健　钟高飞　李国柱

项 目 编 号：2007 - 01 - 03 - 28
项 目 名 称：齐齐哈尔市地下管线探测工程与地下综合管网管理信息系统
主要完成单位：齐齐哈尔市勘察测绘研究院
主 要 完 成 人：李宝玉　刘曦光　刘明汉　赵景泉　刘海山　郑廷东　孟长虹

项 目 编 号：2007 - 01 - 03 - 29
项 目 名 称：天津市 GPS 连续运行参考站网系统
主要完成单位：天津市测绘院
主 要 完 成 人：于建成　张志全　王文旭　黄　勇　张胜柱　倪冬兰　刘卫国

项 目 编 号：2007 - 01 - 03 - 30
项 目 名 称：内蒙古自治区赤峰测区似大地水准面精化
主要完成单位：内蒙古自治区测绘事业局、武汉大学
主 要 完 成 人：赵新刚　刘　秀　杨俊杰　李建成　张胜利　杨　郁　彭爱文

项 目 编 号：2007－01－03－31
项 目 名 称：重庆市工程地质信息管理系统
主要完成单位：重庆数字城市科技有限公司
主要完成人：冯 睿 朱 圣 吕 楠 许 盛 曹 欣 李 菲

项 目 编 号：2007－01－03－32
项 目 名 称：宁波市基于要素的地理数据联动更新研究
主要完成单位：宁波市测绘设计研究院
主要完成人：徐狄军 施宝湘 金颂伟 陈为民 薛 涛 郑小梅 朱礼俊

项 目 编 号：2007－01－03－33
项 目 名 称：PDA 数字化地形测图系统
主要完成单位：国家测绘局第六地形测量队（四川省第三测绘工程院）
主要完成人：李见阳 应国伟

项 目 编 号：2007－01－03－34
项 目 名 称：龙口煤业公司北皂矿工广及海域井下部分巷道三维数字模拟系统研究
主要完成单位：煤航（集团）实业发展有限公司
主要完成人：陈敬田 刘 敏 田江博 朱永福 高 鹏 车登科 赵节霞

项 目 编 号：2007－01－03－35
项 目 名 称：2006 中国沈阳世界园艺博览会三维漫游系统
主要完成单位：辽宁省第三测绘院
主要完成人：张 奇 高国勇 罗海峰 祁 雪 黄 平 郑宝廷 张金凤

项 目 编 号：2007－01－03－36
项 目 名 称：泉州市地下管线探测工程及其信息管理系统建设项目
主要完成单位：泉州市城乡规划信息中心
主要完成人：陈南阳 黄世清 黄海塔 郑志宏 叶朝阳

项 目 编 号：2007－01－03－37
项 目 名 称：福建省 1:10000 比例尺坡度分级数据库建设
主要完成单位：福建省测绘院、福建省国土资源勘测规划院
主要完成人：姜建慧 温秀萍 毛玉龙 翁其强 俞旭升 陈德勇 陈小鸿

项 目 编 号：2007－01－03－38
项 目 名 称：国家地图档案资料扫描数字化——古地图修复与数字化技术
主要完成单位：国家基础地理信息中心
主要完成人：李伟建 李 培 王小平 鲁 彪 齐 阳 纪云平 乌 玮

项 目 编 号：2007－01－03－39
项 目 名 称：GPS 辅助空中三角测量在新疆基础测绘中的应用
主要完成单位：新疆维吾尔自治区第二测绘院

主 要 完 成 人：邓新安　严海英　裴小威　刘　涛　石　洁　孙艳新

项 目 编 号：2007－01－03－40
项 目 名 称：综合测绘信息服务系统
主要完成单位：北京市测绘设计研究院
主 要 完 成 人：冯学兵　刘　鹏　韩光顺　刘　进　吴爱华　杨　军　赵连柱

项 目 编 号：2007－01－03－41
项 目 名 称：桂中治旱乐滩水库引水灌区工程空间三维 GPS 控制网的优化
主要完成单位：广西壮族自治区水利电力勘测设计研究院、广西第二测绘院
主 要 完 成 人：叶达忠　廖超明　张庆勇　林栋材　米德才　罗继勇　廖之平

项 目 编 号：2007－01－03－42
项 目 名 称：海事地理信息系统 MGIS 二期建设
主要完成单位：上海海事局海测大队
主 要 完 成 人：叶　引　莫建顺　王良玉　唐力放　张　良　吴宇晓　李江涛

项 目 编 号：2007－01－03－43
项 目 名 称：苏州 GPS 连续运行参考站系统
主要完成单位：苏州工业园区测绘有限责任公司
主 要 完 成 人：奚长元　唐文刚　陈中新　范占永　严　津　蒋　华　徐志群

项 目 编 号：2007－01－03－44
项 目 名 称：数字水准仪和光学水准仪室内检定装置
主要完成单位：中国地震局第二监测中心
主 要 完 成 人：罗官德　杨　辉　丁　平　胡　斌　任道胜　陈茹丽　种　宇

项 目 编 号：2007－01－03－45
项 目 名 称：GeoSceneMap 地理信息系统研究
主要完成单位：四川省遥感信息测绘院
主 要 完 成 人：杨　升　蒋红兵　冯碧莲　龚建辉　蒙　印　陈中林　孟传平

项 目 编 号：2007－01－03－46
项 目 名 称：NEWMAPCM 土地勘测定界成图系统
主要完成单位：中国土地勘测规划院、河南省国土资源调查规划院、南阳鑫友数码技术有限公司
主 要 完 成 人：扈传荣　杨祝晖　田群杰　方思勤　王振中　谢玉周　谢龙涛

2007 年优秀测绘工程奖获奖项目名单

金奖（12 项）

项目编号：2007－03－01－01

项目名称："863"磁浮重大专项试验线工程测量项目
申报单位：上海市测绘院
完成单位：上海市测绘院

项目编号：2007-03-01-02
项目名称：国家大剧院施工测量
申报单位：北京城建勘测设计研究院有限责任公司
完成单位：北京城建勘测设计研究院有限责任公司、上海市机械施工有限公司

项目编号：2007-03-01-03
项目名称：泉州至三明高速公路1:2000全数字化航空摄影测量
申报单位：福建省地质测绘院
完成单位：福建省地质测绘院、福建省高速公路建设总指挥部

项目编号：2007-03-01-04
项目名称：广州市"数字市政"空间基础地理信息平台建设项目
申报单位：广州市城市规划勘测设计研究院
完成单位：广州市城市规划勘测设计研究院

项目编号：2007-03-01-05
项目名称：巴基斯坦喀喇昆仑公路改建工程测绘项目
申报单位：新疆地矿测绘院
完成单位：新疆地矿测绘院

项目编号：2007-03-01-06
项目名称：大同矿区航空摄影测量工程
申报单位：煤航（集团）实业发展有限公司
完成单位：煤航（集团）实业发展有限公司、大同煤矿集团公司

项目编号：2007-03-01-07
项目名称：数字平顶山地理空间数据源基础测绘
申报单位：河南省测绘工程院
完成单位：河南省测绘工程院

项目编号：2007-03-01-08
项目名称：中尼边界第三次联合检查测绘工作
申报单位：陕西省第二测绘工程院
完成单位：陕西省第二测绘工程院

项目编号：2007-03-01-09
项目名称：北京城市系列比例尺数字地形图测绘工程
申报单位：北京市测绘设计研究院
完成单位：北京市测绘设计研究院

项目编号：2007－03－01－10
项目名称：国家基础地理信息系统1∶5万地形数据库建库工程
申报单位：国家基础地理信息中心
完成单位：国家基础地理信息中心、陕西测绘局、黑龙江测绘局、四川测绘局、海南测绘局

项目编号：2007－03－01－11
项目名称：深圳市数字化城市管理信息系统信息普查
申报单位：深圳市勘察测绘院有限公司
完成单位：深圳市勘察测绘院有限公司

项目编号：2007－03－01－12
项目名称：上海市徐汇区道路地下管线探测及信息系统工程
申报单位：国家测绘局地下管线勘测工程院
完成单位：国家测绘局地下管线勘测工程院

银奖（32项）

项目编号：2007－03－02－01
项目名称：深圳地铁3号线工程测量
申报单位：中铁二院工程集团有限责任公司
完成单位：中铁二院工程集团有限责任公司

项目编号：2007－03－02－02
项目名称：天津地铁1号线工程精密工程测量
申报单位：铁道第三勘察设计院集团有限公司
完成单位：铁道第三勘察设计院集团有限公司

项目编号：2007－03－02－03
项目名称：广西省级空间三维大地测量基准网（A、B级GPS网和二等水准网）测量
申报单位：广西第一测绘院
完成单位：广西第一测绘院

项目编号：2007－03－02－04
项目名称：江垭水利枢纽工程坝区外部观测
申报单位：湖南省水利水电勘察设计研究院
完成单位：湖南省水利水电勘察设计研究院

项目编号：2007－03－02－05
项目名称：南通市基础控制网建设工程
申报单位：江苏省测绘工程院
完成单位：江苏省测绘工程院

项目编号：2007－03－02－06

项目名称：南京长江四桥控制测量
申报单位：国家测绘局第三大地测量队
完成单位：国家测绘局第三大地测量队

项目编号：2007－03－02－07
项目名称：广州白云国际机场地下管线竣工验收测量
申报单位：广州市城市规划勘测设计研究院
完成单位：广州市城市规划勘测设计研究院

项目编号：2007－03－02－08
项目名称：北京市轨道交通首都国际机场线工程
申报单位：北京市测绘设计研究院
完成单位：北京市测绘设计研究院

项目编号：2007－03－02－09
项目名称：深圳市宝安区松白公路改造工程测量
申报单位：深圳地质建设工程公司
完成单位：深圳地质建设工程公司

项目编号：2007－03－02－10
项目名称：牙林、伊加线铁路航复测工程
申报单位：中铁工程设计咨询集团有限公司
完成单位：中铁工程设计咨询集团有限公司

项目编号：2007－03－02－11
项目名称：湖南省邵阳至怀化高速公路雪峰山隧道测量
申报单位：中交第二公路勘察设计研究院有限公司
完成单位：中交第二公路勘察设计研究院有限公司

项目编号：2007－03－02－12
项目名称：河南黄河濮阳南小堤——彭楼河段二级悬河近期治理试验工程测量项目
申报单位：黄河水文勘察测绘局
完成单位：黄河水文勘察测绘局、河南黄河水文勘测总队

项目编号：2007－03－02－13
项目名称：长江葛洲坝水利枢纽下游河床护底工程扩大生产性试验水文泥沙监测
申报单位：长江水利委员会水文局长江三峡水文水资源局
完成单位：长江水利委员会水文局长江三峡水文水资源局

项目编号：2007－03－02－14
项目名称：长沙至湘潭高速公路路面改造项目工程测量
申报单位：湖南省交通规划勘察设计院
完成单位：湖南省交通规划勘察设计院

项目编号：2007－03－02－15
项目名称：济宁高新区 1∶1000 比例尺航测数字化地形测量
申报单位：山东省地质测绘院
完成单位：山东省地质测绘院

项目编号：2007－03－02－16
项目名称：四川省城市管理信息系统泸州地形图测量工程（UMIS/3）
申报单位：陕西国土测绘工程院
完成单位：陕西国土测绘工程院

项目编号：2007－03－02－17
项目名称：宁波市北仑区 1∶500 基础数字地形图
申报单位：宁波市测绘设计研究院
完成单位：宁波市测绘设计研究院、宁波市规划局北仑分局

项目编号：2007－03－02－18
项目名称：秦皇岛市 1∶2000 全数字基础测绘工程
申报单位：秦皇岛市国土局
完成单位：秦皇岛市国土局、北京星球数码科技有限公司

项目编号：2007－03－02－19
项目名称：天生桥一级水电站水库地形测量工程
申报单位：中国水电顾问集团昆明勘测设计研究院
完成单位：中国水电顾问集团昆明勘测设计研究院

项目编号：2007－03－02－20
项目名称：开滦（集团）有限责任公司矿区航测数字化地形图成图工程
申报单位：煤航（集团）实业发展有限公司
完成单位：煤航（集团）实业发展有限公司

项目编号：2007－03－02－21
项目名称：周口市 1∶1000 比例尺地形图航空摄影测量
申报单位：河南省地质测绘总院
完成单位：河南省地质测绘总院

项目编号：2007－03－02－22
项目名称：嫩江干流齐齐哈尔至通让铁路桥段河道地形测量
申报单位：中水东北勘测设计研究院有限责任公司
完成单位：中水东北勘测设计研究院有限责任公司

项目编号：2007－03－02－23
项目名称：武汉市中心城区 1∶2000 数字地形图全覆盖及更新工程
申报单位：武汉市勘测设计研究院

完成单位：武汉市勘测设计研究院

项目编号：2007－03－02－24
项目名称：河南陆浑水库水下地形测量
申报单位：黄河水文勘察测绘局
完成单位：黄河水文勘察测绘局、河南黄河水文勘测总队

项目编号：2007－03－02－25
项目名称：武汉王家墩地区地理信息系统
申报单位：武汉市勘测设计研究院
完成单位：武汉市勘测设计研究院

项目编号：2007－03－02－26
项目名称：上海道路交通指南（地图集）
申报单位：上海市测绘院
完成单位：上海市测绘院

项目编号：2007－03－02－27
项目名称：福建电信本地网资源管理系统空间地理信息数据库建设
申报单位：福州市勘测院
完成单位：福州市勘测院

项目编号：2007－03－02－28
项目名称：北京市海淀朝阳等五城区城市部件现状调查咨询监理项目
申报单位：建设综合勘察研究设计院
完成单位：建设综合勘察研究设计院

项目编号：2007－03－02－29
项目名称：连云港市区城乡一体化现代地籍建设工程（A标段）
申报单位：连云港市国土资源局、国家测绘局第三大地测量队
完成单位：连云港市国土资源局、国家测绘局第三大地测量队

项目编号：2007－03－02－30
项目名称：汉文版维吾尔文版哈萨克文版《新疆维吾尔自治区地图集》
申报单位：新疆维吾尔自治区第二测绘院
完成单位：新疆维吾尔自治区第二测绘院

项目编号：2007－03－02－31
项目名称：济宁市城区变更地籍调查及地籍管理信息系统建设
申报单位：山东省地质测绘院
完成单位：山东省地质测绘院

项目编号：2007－03－02－32

项目名称：1:50000 地形要素数据库交通数据整合
申报单位：四川省遥感信息测绘院
完成单位：四川省遥感信息测绘院

铜奖（62 项）

项目编号：2007－03－03－01
项目名称：金沙江溪洛渡水电站地下工程施工测量控制网
申报单位：中国水利水电第四工程局
完成单位：中国水利水电第四工程局

项目编号：2007－03－03－02
项目名称：溪洛渡、向家坝出线走廊数字化 GPS 外控工程 GPS－C 级网
申报单位：中国电力工程顾问集团西南电力设计院
完成单位：中国电力工程顾问集团西南电力设计院

项目编号：2007－03－03－03
项目名称：南京市首级高程控制测量工程
申报单位：南京市测绘勘察研究院有限公司
完成单位：南京市测绘勘察研究院有限公司、国家测绘局第一大地测量队

项目编号：2007－03－03－04
项目名称：滨州市 C 级 GPS 控制测量
申报单位：山东省地质测绘院
完成单位：山东省地质测绘院

项目编号：2007－03－03－05
项目名称：瑞安市 GPS 三等网、三等水准基础控制测量
申报单位：浙江省第一测绘院
完成单位：浙江省第一测绘院

项目编号：2007－03－03－06
项目名称：佛山市统一坐标体系建设
申报单位：广东国土厅测绘院
完成单位：广东国土厅测绘院

项目编号：2007－03－03－07
项目名称：银川市基础控制网改造与厘米级似大地水准面精化项目
申报单位：银川市勘察测绘院
完成单位：银川市勘察测绘院、国家测绘局大地测量数据处理中心

项目编号：2007－03－03－08
项目名称：西藏羊湖电厂镇墩变形监测基准网

申报单位：四川中水成勘院测绘工程有限责任公司
完成单位：四川中水成勘院测绘工程有限责任公司

项目编号：2007－03－03－09
项目名称：深圳轨道交通四号线二期工程控制测量
申报单位：深圳市勘察研究院有限公司
完成单位：深圳市勘察研究院有限公司

项目编号：2007－03－03－10
项目名称：北京万达广场二期工程房产面积测量工程
申报单位：中航勘察设计研究院
完成单位：中航勘察设计研究院

项目编号：2007－03－03－11
项目名称：神忻石Ⅰ、Ⅱ回500kV输电线路工程（西段）测绘项目
申报单位：江苏省电力设计院
完成单位：江苏省电力设计院

项目编号：2007－03－03－12
项目名称：北京市城区网改造220kV线路工程测量
申报单位：北京国电华北电力工程有限公司
完成单位：北京国电华北电力工程有限公司

项目编号：2007－03－03－13
项目名称：长沙综合枢纽工程可行性研究坝址区测量
申报单位：湖南省交通规划勘察设计院
完成单位：湖南省交通规划勘察设计院

项目编号：2007－03－03－14
项目名称：南水北调中线工程焦作市区段测量工程
申报单位：焦作市中纬测绘地理信息有限公司
完成单位：焦作市中纬测绘地理信息有限公司

项目编号：2007－03－03－15
项目名称：绥化市中心城区地下管线普查工程
申报单位：绥化市规划设计勘察测绘院
完成单位：绥化市规划设计勘察测绘院、华北地质勘查局五一九大队

项目编号：2007－03－03－16
项目名称：湛江港25万吨级航道工程竣工验收扫海测量
申报单位：广东海事局海测大队
完成单位：广东海事局海测大队

项目编号：2007－03－03－17
项目名称：省道313线伊犁河大桥建设测量工程
申报单位：新疆公路规划勘察设计研究院
完成单位：新疆公路规划勘察设计研究院

项目编号：2007－03－03－18
项目名称：广东LNG站线项目输气干线工程测量
申报单位：深圳市勘察测绘院有限公司
完成单位：深圳市勘察测绘院有限公司

项目编号：2007－03－03－19
项目名称：库车－阿拉尔－和田公路建设测量工程
申报单位：新疆公路规划勘察设计研究院
完成单位：新疆公路规划勘察设计研究院

项目编号：2007－03－03－20
项目名称：郑州市郑东新区金水东路线路工程测量
申报单位：郑州市市政工程勘测设计研究院
完成单位：郑州市市政工程勘测设计研究院

项目编号：2007－03－03－21
项目名称：乌鲁木齐市地下管线普查一、二期工程
申报单位：山东正元地理信息工程有限责任公司
完成单位：山东正元地理信息工程有限责任公司

项目编号：2007－03－03－22
项目名称：750kV官亭－西宁送电线路工程测量
申报单位：中国电力工程顾问集团西北电力设计院
完成单位：中国电力工程顾问集团西北电力设计院

项目编号：2007－03－03－23
项目名称：秦皇岛市综合地下管线普查工程
申报单位：河北省天元地理信息科技工程有限公司
完成单位：河北省天元地理信息科技工程有限公司

项目编号：2007－03－03－24
项目名称：武安市1:1000地形测量及地下管线测量
申报单位：河北建设勘察研究院有限公司
完成单位：河北建设勘察研究院有限公司

项目编号：2007－03－03－25
项目名称：国道213线元江－磨黑高速公路测绘
申报单位：云南省公路规划勘察设计院

完成单位：云南省公路规划勘察设计院

项目编号：2007-03-03-26
项目名称：北京市集体土地地籍调查四等控制测量及平原地区1:200正射影像图制作工程
申报单位：北京市测绘设计研究院
完成单位：北京市测绘设计研究院

项目编号：2007-03-03-27
项目名称：国家大地测量图集编制及电子版制作
申报单位：国家测绘局大地测量数据处理中心
完成单位：国家测绘局大地测量数据处理中心

项目编号：2007-03-03-28
项目名称：常州市城市应急专题地理信息数据项目
申报单位：江苏省基础地理信息中心
完成单位：江苏省基础地理信息中心、常州市土地勘测中心

项目编号：2007-03-03-29
项目名称：黑龙江省土地利用现状调查工程——1:1万正射影像图制作
申报单位：黑龙江省遥感信息中心
完成单位：黑龙江省遥感信息中心、国家测绘局黑龙江基础地理信息中心

项目编号：2007-03-03-30
项目名称：遂宁市城区地籍调查及地籍管理数据库建设
申报单位：中国建筑材料工业地质勘查中心四川总队
完成单位：中国建筑材料工业地质勘查中心四川总队

项目编号：2007-03-03-31
项目名称：武汉市土地利用基础图件与数据更新
申报单位：武汉市规划土地管理信息中心
完成单位：武汉市规划土地管理信息中心、武汉市勘测设计研究院

项目编号：2007-03-03-32
项目名称：防灾三维地形数据制作
申报单位：四川省遥感信息测绘院
完成单位：四川省遥感信息测绘院

项目编号：2007-03-03-33
项目名称：杭州市区2004年度数字国土调查测绘项目
申报单位：山东正元地理信息工程有限责任公司
完成单位：山东正元地理信息工程有限责任公司

项目编号：2007-03-03-34

项目名称：喀什市城区地籍调查项目
申报单位：新疆维吾尔自治区第一测绘院
完成单位：新疆维吾尔自治区第一测绘院

项目编号：2007-03-03-35
项目名称：新疆生产建设兵团分布图
申报单位：新疆兵团勘测规划设计研究院
完成单位：新疆兵团勘测规划设计研究院

项目编号：2007-03-03-36
项目名称：武昌区城市网格化管理与服务系统
申报单位：武汉武大吉奥信息工程技术有限公司
完成单位：武汉武大吉奥信息工程技术有限公司、武汉市武昌区人民政府办公室

项目编号：2007-03-03-37
项目名称：胶州市城区地籍调查及地籍信息系统建设项目
申报单位：山东正元地理信息工程有限责任公司
完成单位：山东正元地理信息工程有限责任公司

项目编号：2007-03-03-38
项目名称：临淄区城乡一体化土地利用现状更新调查及信息系统建设
申报单位：山东省地质测绘院
完成单位：山东省地质测绘院

项目编号：2007-03-03-39
项目名称：浙江省仙居县土地利用现状更新调查
申报单位：浙江省测绘大队
完成单位：浙江省测绘大队

项目编号：2007-03-03-40
项目名称：2006年度四川黑池梁构造三维地震勘探采集项目
申报单位：胜利石油管理局地球物理勘探开发公司测绘中心
完成单位：胜利石油管理局地球物理勘探开发公司测绘中心

项目编号：2007-03-03-41
项目名称：牙克石市1:1万土地利用数据库建库
申报单位：沈阳国源科技发展有限公司
完成单位：沈阳国源科技发展有限公司

项目编号：2007-03-03-42
项目名称：思茅市城建1:1000、1:5000数字化地形测量
申报单位：云南地矿测绘院有限公司
完成单位：云南地矿测绘院有限公司

项目编号：2007－03－03－43
项目名称：喀什阿图什阿克陶基础测绘航空摄影测量外业
申报单位：新疆维吾尔自治区第一测绘院
完成单位：新疆维吾尔自治区第一测绘院

项目编号：2007－03－03－44
项目名称：海南省洋浦经济开发区 1∶1000 航空摄影全数字地形测量
申报单位：国家测绘局重庆测绘院
完成单位：国家测绘局重庆测绘院

项目编号：2007－03－03－45
项目名称：2005 年度深圳市 1∶1000 数字化地形图动态修补测工程（01 测区）
申报单位：深圳地质建设工程公司
完成单位：深圳地质建设工程公司

项目编号：2007－03－03－46
项目名称：柬埔寨王国 8 号公路项目 1∶2000 数字地形测量
申报单位：浙江省测绘大队
完成单位：浙江省测绘大队

项目编号：2007－03－03－47
项目名称：柳州市 1∶500 数字化地形图测绘（B、C、F 区）
申报单位：广西壮族自治区国土测绘院
完成单位：广西壮族自治区国土测绘院

项目编号：2007－03－03－48
项目名称：珠海市城区 1∶500 数字化地形图测绘（金鼎片区）
申报单位：广东国土厅测绘院
完成单位：广东国土厅测绘院

项目编号：2007－03－03－49
项目名称：淮干蓄洪区 1∶5000 地形图测量
申报单位：中水淮河工程有限责任公司
完成单位：中水淮河工程有限责任公司

项目编号：2007－03－03－50
项目名称：广州市白云区永平街东平村 1∶500 数字地形、地籍测量
申报单位：广州市四绘城科信息工程有限公司
完成单位：广州市四绘城科信息工程有限公司

项目编号：2007－03－03－51
项目名称：柳州市石碑坪测区和部分居民点 1∶500 数字化地形图测绘
申报单位：广西第二测绘院

完成单位：广西第二测绘院

项目编号：2007－03－03－52
项目名称：2003 厦门岛西部地区大比例尺数字测图项目 A 标段
申报单位：福建省地质测绘院
完成单位：福建省地质测绘院

项目编号：2007－03－03－53
项目名称：深圳市 1/1000 数字化地形图动态修补工程测绘监理
申报单位：深圳市地籍测绘大队
完成单位：深圳市地籍测绘大队

项目编号：2007－03－03－54
项目名称：兵团农十四师皮墨垦区十二万亩土地平整测量设计
申报单位：新疆兵团勘测规划设计研究院
完成单位：新疆兵团勘测规划设计研究院

项目编号：2007－03－03－55
项目名称：诸永高速公路 1:2000 航空摄影地形测量
申报单位：浙江省测绘大队
完成单位：浙江省测绘大队、山东省地质测绘院

项目编号：2007－03－03－56
项目名称：衢州市城东工业园区 1:500 地形测量
申报单位：浙江省测绘大队
完成单位：浙江省测绘大队

项目编号：2007－03－03－57
项目名称：2003 厦门岛西部地区大比例尺数字测图项目 C 标段
申报单位：国家测绘局第六地形测量队
完成单位：国家测绘局第六地形测量队

项目编号：2007－03－03－58
项目名称：北仑区通途路以北区块数字化地形地籍测量
申报单位：江西核工业测绘院
完成单位：江西核工业测绘院

项目编号：2007－03－03－59
项目名称：柳州市城市 1:500 数字化地形图测绘（AD 区）
申报单位：广西第一测绘院
完成单位：广西第一测绘院

项目编号：2007－03－03－60

项目名称：弥勒县城西南部1:500地形测量
申报单位：云南省测绘工程院
完成单位：云南省测绘工程院

项目编号：2007-03-03-61
项目名称：广州市花都梯面等地区1:2000航测
申报单位：广州市城市规划勘测设计研究院
完成单位：广州市城市规划勘测设计研究院
项目编号：2007-03-03-62
项目名称：珠海市城区1:500数字化地形图测绘（南屏、湾仔、横琴片区）
申报单位：珠海市规划测绘大队
完成单位：珠海市规划测绘大队

首届"优秀测绘期刊奖"获奖名单

一等奖（8项）

编　　号：2007-4-1-1
期刊名称：《测绘学报》
主办单位：中国测绘学会

编　　号：2007-4-1-2
期刊名称：《武汉大学学报·信息科学版》
主办单位：武汉大学

编　　号：2007-4-1-3
期刊名称：《测绘科学》
主办单位：中国测绘科学研究院

编　　号：2007-4-1-4
期刊名称：《测绘科学技术学报》
主办单位：信息工程大学测绘学院

编　　号：2007-4-1-5
期刊名称：《大地测量与地球动力学》
主办单位：中国地震局地震研究所等

编　　号：2007-4-1-6
期刊名称：《测绘通报》
主办单位：测绘出版社

编　　号：2007－4－1－7
期刊名称：《国土资源遥感》
主办单位：中国国土资源航空物探遥感中心

编　　号：2007－4－1－8
期刊名称：《地图》
主办单位：中国地图出版社

二等奖（12 项）

编　　号：2007－4－2－1
期刊名称：《测绘科学与工程》
主办单位：总参谋部测绘研究所

编　　号：2007－4－2－2
期刊名称：《地球空间信息科学学报（英文版）》
主办单位：武汉大学

编　　号：2007－4－2－3
期刊名称：《海洋测绘》
主办单位：海军海洋测绘研究所

编　　号：2007－4－2－4
期刊名称：《遥感信息》
主办单位：科技部国家遥感中心等

编　　号：2007－4－2－5
期刊名称：《测绘文摘》
主办单位：全国测绘科技信息网

编　　号：2007－4－2－6
期刊名称：《测绘信息与工程》
主办单位：武汉大学

编　　号：2007－4－2－7
期刊名称：《地理空间信息》
主办单位：湖北省测绘学会等

编　　号：2007－4－2－8
期刊名称：《铁道勘察》
主办单位：中铁工程设计咨询集团有限公司

编　　号：2007－4－2－9

期刊名称：《地理信息世界》
主办单位：中国地理信息系统协会等

编　　号：2007－4－2－10
期刊名称：《测绘工程》
主办单位：黑龙江工程学院等

编　　号：2007－4－2－11
期刊名称：《测绘与空间地理信息》
主办单位：黑龙江省测绘学会

编　　号：2007－4－2－12
期刊名称：《北京测绘》
主办单位：北京测绘学会等

三等奖（12 项）

编　　号：2007－4－3－1
期刊名称：《测绘标准化》
主办单位：国家测绘局测绘标准化研究所

编　　号：2007－4－3－2
期刊名称：《测绘技术装备》
主办单位：全国测绘科技信息网等

编　　号：2007－4－3－3
期刊名称：《四川测绘》
主办单位：四川省测绘学会等

编　　号：2007－4－3－4
期刊名称：《现代测绘》
主办单位：江苏省测绘学会等

编　　号：2007－4－3－5
期刊名称：《吉林测绘》
主办单位：吉林省测绘学会等

编　　号：2007－4－3－6
期刊名称：《天津测绘》
主办单位：天津市测绘学会

编　　号：2007－4－3－7
期刊名称：《安徽测绘》

主办单位：安徽省测绘学会等

编　　号：2007－4－3－8
期刊名称：《广东测绘》
主办单位：广东省测绘学会

编　　号：2007－4－3－9
期刊名称：《浙江测绘》
主办单位：浙江省测绘局

编　　号：2007－4－3－10
期刊名称：《云南测绘》
主办单位：云南省测绘学会

编　　号：2007－4－3－11
期刊名称：《广西测绘与遥感》
主办单位：广西测绘学会

编　　号：2007－4－3－12
期刊名称：《内蒙古测绘》
主办单位：内蒙古自治区测绘事业局

其他获省部级科技奖励项目名单

河北（1项）

项 目 编 号：JB3－165
项 目 名 称：多重三维激光扫描在山海关长城测绘中的应用
获奖类别或等级：河北省科技进步三等奖
主要完成单位：河北省基础地理信息中心、广西桂能信息工程有限公司
主要完成人：续铁枢　赵根庄　王滋政　曹　立　刘慧杰

山西（1项）

项 目 名 称：山西省基础地理信息数据库建设
获奖类别或等级：2007年度山西省科学技术三等奖
主要完成人：刘和平　孔令礼　王喜瑞　周耀学　尚彩娥　卫　东　谢　强

上海（2项）

项 目 名 称：上海深水港东海大桥工程测量

获奖类别或等级：2007 年度上海市优秀工程勘察二等奖
主要完成单位：上海市测绘院
主要完成人：王智燏　季善标　张瑞卫　胡汀尧　高俊潮　李海涛　方　锦　顾建祥

项目名称：青浦区三维控制网测量
获奖类别或等级：2007 年度上海市优秀工程勘察三等奖
主要完成单位：上海市测绘院
主要完成人：张瑞卫　赵　峰　李　明　黄茂华　向　鑫　邹俊平　陈功亮　孙　彪

安徽（1 项）

项目名称：安徽省空间地理信息基础数据库示范工程
获奖类别及级别：安徽省科学技术奖三等奖
完成单位：安徽省基础测绘信息中心
主要完成人：徐铁军　张耀波　杨友长　张　迁　侯恩兵　段宗来　余建平　马卫春

福建（3 项）

项目名称：厦门市地下管线探测及信息化建设
获奖类别或等级：福建省科学技术奖二等奖
完成单位：厦门市建设与管理局、厦门市城市建设档案馆、厦门精图信息技术有限公司、厦门地震勘测研究中心、保定金迪地下管线探测工程有限公司、河南省地球物理工程勘察院
主要完成人：林广元　何庆丰　吴成勇　朱顺痣　黄诗福　林树枝　陈心田

项目名称：莆田市高精度三维控制网的建立及似大地水准面精化工程
获奖类别或等级：福建省科学技术奖三等奖
完成单位：莆田市国土资源局、武汉大学测绘学院
主要完成人：傅冬阳　王新洲　姚国章　李建成　周庆俊

项目名称：精图 WebGIS 开发平台 - KingMap IS V1.0
获奖类别或等级：福建省科学技术奖三等奖
完成单位：厦门精图信息技术有限公司
主要完成人：孙爱民　姚树元　姚术林　范经谋　沈在鑫

重庆（1 项）

项目名称：重庆市工程地质信息管理系统
获奖类别或等级：2007 年重庆市科技进步三等奖
完成单位：重庆市勘测院
主要完成人：冯　睿　冯永能　何　平　尧红庆　周成涛　朱　圣　侯大伟

四川（1 项）

项目名称：水准测量外业记录软件包
获奖类别或等级：四川省 2007 年科技进步三等奖

完　成　单　位：四川省第一测绘工程院
主 要 完 成 人：王明善　鄢中堡　田道平　李　明　谭昌永

甘肃（2 项）

项　目　名　称：甘肃省情信息系统研究
获奖类别或等级：甘肃省科技进步奖二等奖
完　成　单　位：甘肃省信息化工作办公室、甘肃省测绘局、甘肃省统计局
主 要 完 成 人：火荣贵　李景相　曹建君　刘雅杰　蔡喜琴　莫军凯　沈渭智　段　兴　郭永慧

项　目　名　称：甘肃基础测绘数字化改造及其相关技术研究
获奖类别或等级：甘肃省科技进步奖二等奖
完　成　单　位：甘肃省测绘局
主 要 完 成 人：牛岸英　金　宝　缪宏钢　苗天宝　赵保林　彭晓莹　白建荣

青海（1 项）

项　目　名　称：青海省似大地水准面精化
获奖类别或等级：2006 年度青海省科学技术进步二等奖
完　成　单　位：青海省测绘局、武汉大学测绘学院
主 要 完 成 人：李建成　杨俊岭　姜卫平　刘海平　黄伟星　姚宜斌　郗利华

甲级测绘单位名录（共 536 家）

北京市

建设综合勘察研究设计院
北京城建勘测设计研究院有限责任公司
北京新兴华安房地产工程测绘事务所
北京科菱航睿空间信息技术有限公司
人民交通出版社
北京城际高科信息技术有限公司
北京勤业测绘科技有限公司
北京地星伟业数码科技有限公司
北京天下图数据技术有限公司
中飞四维（北京）航空遥感技术有限公司
中国土地勘测规划院
中国石油集团工程设计有限责任公司
易图通科技（北京）有限公司

地质出版社
高德软件有限公司
北京华星勘查新技术公司
北京国电华北电力工程有限公司
国家林业局调查规划设计院
北京灵图软件技术有限公司
中国科学院遥感应用研究所
北京国电水利电力工程有限公司
北京星天地信息科技有限公司
中兵勘察设计研究院
北京市地质工程勘察院
国家基础地理信息中心
中铁工程设计咨询集团有限公司
北京时正兴测绘工程技术有限公司
中国国土资源航空物探遥感中心
北京苍穹数码测绘有限公司
北京勘察技术工程有限公司
中国测绘科学研究院
中测新图（北京）遥感技术有限责任公司
中国科学院地理科学与资源研究所
北京航天勘察设计研究院
北京爱地地质勘察基础工程公司
中国地图出版社
北京市测绘设计研究院
北京长地友好制图技术有限公司
北京奇志通数据科技有限公司（北京大学数字中国研究院空间数据研究中心）
北京四维图新导航信息技术有限公司
中航勘察设计研究院

天津市

天津港湾水运工程有限公司
中水北方勘测设计研究有限责任公司
天津金宇信息技术有限公司
天津市市政工程设计研究院
天津市测绘院
天津海事局海测大队
中国地震局第一监测中心
铁道第三勘察设计院
中交天津港航勘察设计研究院有限公司
天津市勘察院
天津市地质工程勘察院
国家海洋信息中心
天津市水利勘测设计院

天津水运工程勘察设计院
中交第一航务工程勘察设计院有限公司

河北省

河北省第三测绘院
河北冀东建设工程有限公司
河北省第一测绘院
河北天元地理信息科技工程有限公司（中国冶金地质勘查工程总局一局测绘大队）
核工业航测遥感中心
河北建设勘察研究院有限公司
化学工业第一勘察设计院
河北省地勘局测绘院（河北省欣航测绘院）
中国兵器工业北方勘察设计研究院
河北省制图院
邯郸市博达地理信息工程有限公司
邯郸市恒达地理信息工程有限责任公司
河北省水利水电勘测设计研究院
河北省地勘局石家庄综合地质大队
河北省水利水电第二勘测设计研究院
河北省第二测绘院
河北中核岩土工程有限责任公司
地质矿产部河北水文工程地质勘察院
河北中色测绘中心（中国有色金属工业总公司地质勘查总局测绘中心）
中国建筑材料工业地质勘查中心河北总队
中国石油集团东方地球物理勘探有限责任公司
中勘冶金勘察设计研究院有限责任公司
石家庄市勘察测绘设计研究院
承德舜达有色测绘院
保定新星石化工程有限责任公司
保定金迪地下管线探测工程有限公司
秦皇岛市测绘大队
河北九华勘查测绘有限责任公司（华北地质勘查局五一九大队）
廊坊市中油四维工程勘察有限公司
河北地矿建设工程集团隧道工程公司
河北省煤田地质局物测地质队

山西省

山西省电力勘测设计院
太原市勘察测绘研究院
山西省工程测绘院
山西省第五地质工程勘察院
山西省第三地质工程勘察院
山西省煤炭地质物探测绘院

太原航空摄影有限公司
山西省勘察设计研究院
山西省第六地质工程勘察院
阳泉新宇岩土工程有限责任公司
山西省第二地质工程勘察院
水利部山西水利水电勘测设计研究院/山西省水利水电勘测设计研究院
山西华晋岩土工程勘察有限公司
山西省交通规划勘察设计院
山西省煤炭地质公司
山西省地质测绘院
山西省地图集编纂委员会办公室
山西省基础地理信息院

内蒙古自治区

内蒙古自治区测绘院
内蒙古自治区土地勘测规划院
包钢集团勘察测绘研究院有限公司
内蒙古自治区地图制印院
核工业二〇八大队
内蒙古自治区航空遥感测绘院
内蒙古自治区水利水电勘测设计院
内蒙古交通设计研究院有限责任公司
内蒙古自治区电力勘测设计院
呼和浩特市勘察测绘研究院
包头市测绘院

辽宁省

沈阳市勘察测绘研究院（沈阳市地理信息中心）
辽宁省城乡建设规划设计院
辽宁省第二测绘院
鞍钢集团设计研究院
沈阳地球物理勘察院
辽宁省交通勘测设计院
中国水利水电第六工程局
大连九成测绘信息有限公司
辽宁地矿测绘院
沈阳市公路规划设计院
国家海洋环境监测中心
辽宁省冶金地质勘察局地质勘察研究院
中煤国际工程集团沈阳设计研究院
辽宁经纬测绘科技有限公司
辽宁省第三测绘院
辽宁有色勘察研究院

辽宁省第一测绘院
中冶沈勘工程技术有限公司
辽河石油勘探局（地球物理勘探公司）
中油辽河工程有限公司
大连市勘察测绘研究院有限公司
辽宁省水利水电勘测设计研究院
辽宁电力勘测设计院

吉林省

吉林省水利水电勘测设计研究院
吉林省地理信息工程院
吉林省基础地理信息中心
吉林省地矿测绘院
吉林省第一测绘院
吉林省第二测绘院
中国电力工程顾问集团东北电力设计院
中水东北勘测设计研究有限责任公司
吉林省公路勘测设计院
吉林市勘测设计院
长春市测绘院

黑龙江省

哈尔滨地图出版社
黑龙江农垦勘测设计研究院
国家测绘局黑龙江基础地理信息中心（黑龙江省遥感信息中心）
国家测绘局第四地形测量队（黑龙江第三测绘工程院）
国家测绘局第三地形测量队（黑龙江第二测绘工程院）
齐齐哈尔市水利勘测设计研究院
黑龙江省测绘科学研究所
黑龙江省国土资源勘测规划院
黑龙江省水利水电勘测设计研究院
哈尔滨测量高等专科学校测量工程公司
黑龙江省地质矿产局测绘院
牡丹江市勘察测绘研究院
黑龙江省航道局
佳木斯市勘察测绘研究院
黑龙江龙飞航空摄影有限公司
齐齐哈尔市勘察测绘研究院
哈尔滨市勘察测绘研究院
国家测绘局第二大地测量队（黑龙江第一测绘工程院）
大庆油田工程有限公司
黑龙江地理信息工程院
黑龙江省林业设计研究院

黑龙江省电力勘察设计研究院

上海市

上海市政工程勘察设计有限公司
上海市城市建设设计研究院
上海海洋石油局第一海洋地质调查大队
上海岩土工程勘察设计研究院有限公司
上海京海工程技术公司
上海海事局
上海市测绘院
中船勘察设计研究院
上海市地质调查研究院
中国电力工程顾问集团华东电力设计院
上海达华测绘有限公司
上海市岩土工程检测中心
上海东海海洋工程勘察设计研究院
上海东亚地球物理勘查有限公司
中交三航院勘察工程有限公司

江苏省

江苏省工程勘测研究院有限责任公司
江苏省金威遥感数据工程有限公司
镇江市勘察测绘研究院
淮安市水利勘测设计研究院有限公司
无锡市测绘院有限责任公司
江苏省地质测绘院
苏州工业园区测绘有限责任公司
徐州市勘察测绘研究院
南京北极测绘研究院
常州市测绘院
江苏省测绘工程院
长江口水文水资源勘测局
华东有色测绘院
淮安市测绘勘察研究院
南京市测绘勘察研究院有限公司
南京市国土资源信息中心
江苏省工程物理勘察院
江苏苏州地质工程勘察院
南通市测绘院有限公司
中国化学工程南京岩土工程公司
长江水利委员会长江下游水文水资源勘测局
江苏省地质调查研究院
江苏省电力设计院

江苏省水文地质工程地质勘察院
苏州市测绘院有限责任公司
江苏省基础地理信息中心

浙江省

浙江华东水电测绘有限公司
浙江省电力设计院
浙江省测绘大队
浙江省第一测绘院
浙江省水利河口研究院
温州市勘察测绘研究院
国家海洋局第二海洋研究所
浙江省地理信息中心
宁波国土测绘院
浙江省水利水电勘测设计院
杭州市勘测设计研究院
宁波冶金勘察设计研究股份有限公司
丽水市勘察测绘院
浙江省第一地质大队
浙江煤炭测绘院
中国水利水电第十二工程局
核工业湖州工程勘察院
义乌市勘测设计研究院
浙江省第二测绘院
宁波市测绘设计研究院
中国水电工程顾问集团华东勘测设计研究院
浙江有色测绘院

安徽省

蚌埠市勘测设计研究院
安徽省地质测绘技术院
安徽省第三测绘院
安徽省基础测绘信息中心（安徽省测绘档案资料馆）
安徽省水利水电勘测设计院
马鞍山市华东探测技术有限责任公司
安徽省第四测绘院
芜湖市勘察测绘设计研究院
安徽省长江河道管理局测绘院
安徽省第二测绘院
安徽省第一测绘院
中水淮河工程有限责任公司
安徽省地矿局安庆测绘技术院
安徽煤田地质局物探测量队

合肥市测绘设计研究院

福建省

厦门市测绘与基础地理信息中心
福建省八闽测绘院
福建省地图出版社
福建省水利水电勘测设计研究院
厦门地震勘测研究中心
厦门闽矿测绘院
厦门海洋工程勘察设计研究院
福建省基础地理信息中心
福建省地质测绘院
福建省测绘院
福建省交通规划设计院
福州市勘测院
福建省港航管理局勘测中心

江西省

九江地质工程勘察院
江西省交通设计院
江西有色地质测绘院
江西省水利规划设计院
江西省煤田地质局测绘大队
江西省地矿测绘院
江西省地质矿产勘查开发局赣东北大队
江西省第二测绘院
江西省第三测绘院
江西核工业测绘院
江西省瑞华国土勘测规划工程有限公司
江西省地质矿产勘查开发局赣西地质调查大队
南昌市测绘勘察研究院
江西省第一测绘院

山东省

青岛市勘察测绘研究院
青岛海洋工程勘察设计研究院
济南市勘察测绘研究院
潍坊市勘察测绘研究院
中国石化集团胜利石油管理局
山东省地图出版社
山东省国土测绘院
山东省水利勘测设计院

山东省城乡建设勘察院
山东中煤物探测量总公司
山东省经纬工程测绘勘察院
山东省地质测绘院
中国海洋大学工程勘察设计开发院
淄博市勘察测绘研究院有限公司
山东明嘉勘察测绘有限公司
山东省第四地质矿产勘查院
山东正元地理信息工程有限责任公司

河南省

河南省科学院地理研究所
信阳公路勘察设计院
河南省遥感测绘院
中铁隧道勘测设计院有限公司
河南中化地质测绘院有限公司
河南省中纬测绘规划信息工程有限公司
郑州市规划勘测设计研究院
黄河水文勘察测绘局
河南省电力勘测设计院
中铁大桥局集团第一工程有限公司
河南省基础地理信息中心
河南省交通规划勘察设计院
河南省有色测绘有限公司
河南省测绘工程院
河南省水利勘测总队
黄河勘测规划设计有限公司
河南省地图院
河南省煤田地质局物探测量队
河南省地质测绘总院
小浪底工程咨询有限公司
郑州市市政工程勘测设计研究院
河南省地球物理工程勘察院

湖北省

湖北省电力勘测设计院
中交第二公路勘察设计研究院有限公司
中国南极测绘研究中心
武汉市勘测设计研究院
长江岩土工程总公司（武汉）
机械工业部第三勘察研究院
长江空间信息技术工程有限公司（武汉）
中国石化集团江汉石油管理局地球物理勘探公司

武汉大学设计研究总院
湖北省第一测绘院
中冶集团武汉勘察研究院有限公司
湖北省地图院
湖北省交通规划设计院
湖北省第二测绘院
长江航道局
中国长江三峡工程开发总公司
长江水利委员会水文局
中国电力工程顾问集团中南电力设计院
武汉中地信息工程有限公司
中国石化集团江汉石油管理局勘察设计研究院
中铁大桥勘测设计院有限公司
中南勘察设计院
铁道第四勘察设计院
中交第二航务工程勘察设计院有限公司
中国地震局地震研究所
湖北省水利水电勘测设计院
长江水利委员会长江中游水文水资源勘测局
武汉武大吉奥信息工程技术有限公司
武汉科岛地理信息工程有限公司
湖北省鄂东北地质大队
葛洲坝股份有限公司测绘工程院（中国葛洲坝水利水电工程集团有限公司测绘总队）
武汉立得空间信息技术发展有限公司
湖北省鄂东南地质大队
中国科学院测量与地球物理研究所
武汉市政工程设计研究院有限责任公司
长江三峡勘测研究院有限公司（武汉）
湖北省国土测绘院

湖南省

湖南省资源规划勘测院
湖南省第三测绘院（湖南省基础地理信息中心）
湖南有色测绘院
湖南省第二测绘院
株洲市勘测设计研究院
湖南省第一测绘院
湖南省交通规划勘察设计院
长沙科创岩土工程技术开发有限公司
湖南地图出版社
中国有色金属工业长沙勘察设计研究院
衡阳市规划设计院
株洲中天高科技勘测工程有限公司

湖南省地质测绘院
中国水利水电第八工程局
湖南省工程勘察院
长沙市勘测设计研究院
湖南省勘察测绘院
中南石油局第五物探大队
湖南省水文水资源勘测局
核工业衡阳第二地质工程勘察院
湖南省煤田地质局物探测量队
湖南省水利水电勘测设计研究总院
湘潭市勘测设计院
湖南省地球物理地球化学勘查院
中国水电顾问集团中南勘测设计研究院

广东省

深圳市勘察测绘院有限公司
广州海洋地质调查局
广东省核工业地质局测绘院
深圳市长勘勘察设计有限公司
广东省国土资源厅测绘院
广东省地图出版社
广州市房地产测绘所
广东省水利电力勘测设计研究院
中华人民共和国广东海事局海测大队
广东省国土资源信息中心
中水珠江规划勘测设计有限公司
深圳市易图资讯开发中心
广东省测绘技术公司
广东省地质测绘院
深圳市勘察研究院有限公司
中交广州航道局有限公司
广州市城市规划勘测设计研究院
广州市四维城科信息工程有限公司
深圳市地籍测绘大队
深圳市中正测绘科技有限公司
国家海洋局南海工程勘察中心
广东省惠州七五六地质测绘工程公司
深圳市凯立德计算机系统技术有限公司
广东省电力设计研究院
深圳市爱华勘测工程有限公司
深圳市蓝天鹤测绘有限公司
深圳地质建设工程公司

广西壮族自治区

广西水利电力勘测设计研究院
广西电力工业勘察设计研究院
广西壮族自治区基础地理信息中心
广西第二测绘院
广西壮族自治区国土测绘院
桂林市测绘研究院
广西壮族自治区交通规划勘察设计研究院
广西地图院
广西第一测绘院
柳州市勘察测绘研究院
广西航空遥感测绘院

海南省

国家测绘局海南基础地理信息中心
国家测绘局第四航测遥感院
国家测绘局第七地形测量队
海口市城市规划设计研究院
国家测绘局海南测绘资料信息中心

重庆市

重庆市勘测院
国家测绘局重庆测绘院
重庆市土地勘测规划院（重庆市房屋勘测院）

四川省

四川省交通厅交通勘察设计研究院
四川省地质测绘院
中国第五冶金建设公司
中铁二院工程集团有限责任公司
成都市勘察测绘研究院
四川省基础地理信息中心
中国建筑西南勘察设计研究院
四川省交通厅公路规划勘察设计研究院
四川石油管理局地球物理勘探公司
中国电力工程顾问集团西南电力设计院
四川省核工业地质调查院
四川省建筑设计院
成都地图出版社
四川省冶金地质勘查局测绘工程大队
四川省水利水电勘测设计研究院
四川中水成勘院测绘工程有限责任公司

四川省第一测绘工程院（国家测绘局第三大地测量队）
四川省煤田测绘工程院
四川省遥感信息测绘院（国家测绘局第三航测遥感院）
四川省第三测绘工程院（国家测绘局地下管线勘测工程院）（国家测绘局第六地形测量队）
中机工程勘察设计研究院
中铁二局集团有限公司
四川省地震局测绘工程院
中国冶金建设集团成都勘察研究总院
中国建筑材料工业地质勘查中心四川总队

贵州省

贵州黔美测绘工程院
中铁五局（集团）有限公司
中国水电顾问集团贵阳勘测设计研究院
贵州省第二测绘院
贵州省第一测绘院
贵州省水利水电勘测设计研究院
贵阳市测绘院
贵州有色地质工程勘察公司
贵州地矿测绘院
贵州省第三测绘院

云南省

云南省水利水电勘测设计研究院
昆明市勘察测绘研究院
西南有色昆明勘测设计（院）股份有限公司
云南省地震局形变测量中心
云南省测绘工程院
云南省公路规划勘察设计院
中国有色金属工业昆明勘察设计研究院
中国水利水电第十四工程局
云南省航测遥感信息院
中国水电顾问集团昆明勘测设计研究院
云南省地图院
国家林业局昆明勘察设计院
云南地矿测绘院有限公司

西藏自治区

西藏自治区测绘院

陕西省

咸阳市勘察测绘院

西北有色金属测绘院
西安地图出版社（陕西省第六测绘工程院）
中煤西安设计工程有限责任公司
神华集团神府东胜煤炭有限责任公司
宝鸡市勘察测绘院
陕西省水利电力勘测设计研究院
陕西省公路勘察设计院
中国地震局第二监测中心
西安中勘工程有限公司
西安华测航摄遥感有限公司
西安大地测绘工程有限责任公司
西安长庆科技工程有限责任公司
西安市勘察测绘院
陕西省地质矿产勘查开发局测绘队（陕西国土测绘工程院）
中铁一局集团第五工程有限公司
陕西省煤田地质局物探测量队
陕西天润科技有限责任公司
国家测绘局大地测量数据处理中心
机械工业勘察设计研究院
西安建材地质工程勘察院
国家测绘局第二地形测量队（陕西省第三测绘工程院）
中国电力工程顾问集团西北电力设计院
西北综合勘察设计研究院
中交第一公路勘察设计研究院
中国有色金属工业西安勘察设计研究院
中国水利水电第三工程局
国家测绘局第一航测遥感院（陕西省第五测绘工程院）
国家测绘局陕西基础地理信息中心（国家测绘局陕西测绘资料档案馆）
国家测绘局第一大地测量队（国家测绘局精密工程测量院）
国家测绘局第一地形测量队（陕西省第二测绘工程院）
煤航（集团）实业发展有限公司

甘肃省

甘肃有色工程勘察设计研究院
甘肃省交通规划勘察设计院有限责任公司
甘肃省基础地理信息中心
甘肃省水利水电勘测设计研究院
兰州市勘察测绘研究院
甘肃省地质矿产勘查开发局测绘勘查院
铁道第一勘察设计院
天水三和数码测绘院
甘肃省测绘工程院
兰州市城市建设设计院

甘肃省地图院
中国水电顾问集团西北勘测设计研究院

青海省

青海省地矿测绘院
青海省第二测绘院
青海省水利水电勘测设计研究院
青海省基础地理信息中心
青海省第一测绘院
中国水利水电第四工程局
青海天域北斗数码测绘科技有限公司

宁夏回族自治区

宁夏回族自治区第一测绘院
宁夏回族自治区第二测绘院

新疆维吾尔自治区

新疆维吾尔自治区第一测绘院
新疆生产建设兵团勘测规划设计研究院
新疆维吾尔自治区第二测绘院
新疆时代石油工程有限公司
乌鲁木齐市城市勘察测绘院
新疆地震测绘研究院
水利部新疆维吾尔自治区水利水电勘测设计研究院
新疆国土资源规划研究院
新疆公路规划勘察设计研究院
新疆地矿测绘院

编 辑 说 明

《中国测绘年鉴》由国家测绘局组织编纂。本卷年鉴主要记述测绘行业2007年内对国家经济建设和社会发展有重大影响的事件、活动、成果和重要统计资料等内容，设有特载、测绘管理工作、测绘业务工作、国家测绘局直属单位工作、地方测绘工作、测绘社团工作、法律法规、公告、大事记、统计资料、附录等11个栏目。

年鉴稿件由国家测绘局机关各司（室），局属各单位，总参测绘局编研室，各省、自治区、直辖市、计划单列市测绘行政主管部门，新疆生产建设兵团测绘主管部门，省级主要测绘单位，有关测绘社团，武汉大学，郑州测绘学校等提供。部首彩页和领导批示由国家测绘局办公室、总参测绘局编研室、中国测绘宣传中心和有关测绘单位等提供。中国地理位置图和中国政区图由中国地图出版社提供。根据国家有关规定，年鉴各栏目未收录我国香港、澳门特别行政区和台湾省的资料。

二〇〇八年七月